KB270035

GAME PROGRAMMING
Gems 4

Andrew Kirmse 외 공저 | 류광 역

정보문화사
Information Publishing Group

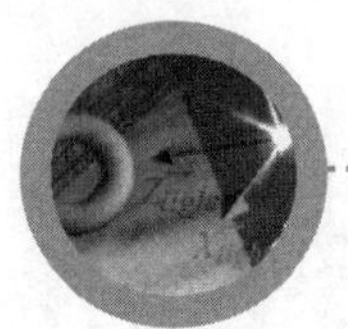

Game Programming Gems 4

Game Programming Gems 4

by Andrew Kirmse

ISBN 1-58450-295-9

Copyright ⓒ 2004 by CHARLES RIVER MEDIA, INC.

초판 1쇄 발행 2005년 1월 15일
초판 2쇄 발행 2010년 11월 8일
저자   Andrew Kirmse 외 공저
역자   류 광
발행인   이상만
발행처   정보문화사
주소   서울 종로구 동숭동 1-81
전화   (02)3673-0037(편집부)/
           3673-0114(대)
팩스   (02)3673-0260
등록   제 1-1013호
ISBN   89-5674-238-3
가격   30,000원

역자의 글

또 다시 GPG 시리즈의 새 번역서를 내게 되어서 무척 기쁩니다. GPG 3 권 이후 2 년여의 공백이 있었습니다. 원래 GPG 시리즈 원서들은 SIGGRAPH에 맞춰서 8 월에 출간되었는데, 4 권은 게임 개발자들에게 더 중요한 행사인 GDC의 내용을 좀 더 잘 반영하기 위해서 2003 년 8 월을 건너뛰고 2004 년 3 월에 출간되었습니다. 아마 앞으로의 책들도 3 월에 나올 것입니다. 번역서는 예전 일정이라면 2004 년 9 월 정도에는 나왔어야 했는데, 여러 가지 사정 때문에 이제야 나오게 되었습니다.

지난 2 년여의 시간 동안, 게임 개발자 웹 공동체의 활동은 좀 부진한 면이 있었던 것 같습니다. 최근 네트웍 프로그래밍 관련 사이트 하나가 운영을 중단했습니다. GpgStudy (http://gpgstudy.com)는 방문자 수 증가에 따른 부작용이 조금 있었고, 포럼 취지와는 맞지 않는 초보적인 단답형 질문들도 많았던 것 같습니다. KGDA 사이트(http://kgda.org)는 개편의 후유증을 겪고 있고요. 그러나 발전을 위한 개편이었으므로 더 큰 기대를 걸어봅니다.

한 가지 흥미롭고도 희망적인 것은, 게임 개발자 개인의 연구 성과나 고민을 드러내는 블로그들이 늘어났다는 점입니다. 개인적으로 또는 회사 업무의 일환으로 연구하고 있는 내용이나 최신 개발 소식 등을 블로그를 통해서 공개하는 게임 개발자들이 많이 생겼습니다. GpGiki의 BlogList 페이지(http://www.gpgstudy.com/gpgiki/BlogList)에 번역서 1 권의 추천사를 써주셨던 서관희님의 블로그(http://kwanny.ntreev.net/tt/index.php)를 비롯해서 몇몇 게임 개발자 블로그들이 나와 있습니다. 블로그들이 뜨면서 긴 튜토리얼이나 강좌 형태의 정보 공유는 좀 줄어들은 느낌이지만, 어쩌면 이것은 웹 상의 정보 공유가 기초적인 주제들에서 벗어나서 좀 더 다양하고 새로운 주제들로 나아가는 현상일 수도 있겠습니다.

비교적 긴 강좌나 튜토리얼 성격의 자료 공유 측면에서는 게임 산업 종합 정보 시스템 (GITISS, http://www.gitiss.or.kr)의 개장이 중요한 소식이 될 것입니다. 웹 공동체의 성격이 큰 곳은 아니고, 양질의 자료가 많이 있는 곳입니다. 특히 가마수트라(http://www.gamasutra. com)나 데브마스터(http://devmaster.net) 같은 유명 해외 사이트의 글들을 정식 저작권 협약 하에 번역한 자료들이 있는데, 어쩌면 몇 년 전 GpGiki에서 원 저자의 동의 없이 무작정 번역하던 호기롭던 시절을 떠올리는 분들도 있을 것입니다.

잠깐 게임 산업 이야기를 하자면, 현재 국내 게임 업계는 양적인 성장을 하고 있긴 하지만 낙관론을 펼치기는 힘든 상황인 것 같습니다. PC용 패키지 게임이 회생할 가능성은 여전히 희박해 보이며, 온라인 게임들은 외화내빈이라고 할 수 있습니다. 이런 다소 암울한 상황은 물론 게임 업계 외적인 요인, 특히 전반적인 경기 침체에서 원인을 찾을 수 있을 것입니다. 어차피 게임은 먹고 사는 일과는 동떨어진 오락 또는 좋게 말해서 문화 상품이며, 할 여건 이 안 되면 안 해도 그만인 것입니다. 비용 대 재미 면에서 TV는 물론이고 어쩌면 소주나, 노래방, 비디오나 소설책, 만화에 밀릴 수도 있는 오락 거리일지도 모르겠습니다.

그런 점을 생각할 때, 아마도 게임 산업의 최악의 악몽은 어딜 봐도 고만고만한 게임들만 넘쳐나서 게임 자체에 흥미를 잃고 다른 오락거리를 찾는 사람들이 많아지는 상황일 것입 니다. 실제로 미국은 그런 사건을 한 번 겪었습니다. 소위 아타리 쇼크라고 하는데, 함량미 달의 게임들을 남발하다가 비디오 게임 산업 자체가 한 순간에 망해버린 적이 있었습니다. Mark Deloura의 서문을 비롯해서 미국의 개발자들이 게임 산업에 대한 걱정을 표현한 글에 서 아타리 쇼크의 그림자를 흔히 볼 수 있습니다.

낮은 품질의 그래픽이나 사운드 같은 요인들도 게임을 함량미달로 만드는 요인이 되겠지 만, 무엇보다도 결정적인 것은 창조의 부재일 것입니다. 상업성에 의한 한계를 제외할 때 창조의 부재는 일차적으로 게임 디자이너의 책임일 것입니다만, 게임 프로그래머들 역시 책임이 있습니다. 게임 디자이너들이 자신의 창조적 능력을 마음껏 펼칠 수 있는 공간과 수 단을 만들어 주는 것이 바로 게임 프로그래머들이기 때문입니다.

좀 비약일지도 모르겠지만, 그런 측면에서 다른 누구도 아닌 게임 프로그래머들이 국내 게 임 산업의 돌파구를 여는 주인공이 될 수 있다는 생각입니다. 이 GPG 4 번역서가 게임 업 계의 앞길을 여는 우리 게임 프로그래머들의 가장 믿을 수 있는 무기가 되길 기원합니다.

다시 번역서 이야기로 돌아가서, 원서와 번역서 사이의 기간이 매우 길었지만 안타깝게도 번역 기간 자체가 예전보다 길지는 않았습니다. 항상 그랬지만 이번에도 탈고를 하면서 조 금 더 시간을 들여서 다듬고 확인했으면 하는 아쉬움이 컸습니다. 번역 스타일에는 별로 변 화가 없었지만 예를 들어 culling을 제외 대신 선별이라고 하는 등 용어 변화가 좀 있었는 데, 영어 원문을 병기했으므로 크게 혼동되지는 않을 것입니다. 역시 항상 그렇듯이, 오역· 오타를 발견하셨다면 GpgStudy에 보고해 주십시오.

올해도 좋은 게임 만드세요!

역자 류 광

역자 소개

1996년부터 프로그래밍 서적 전문 번역가로 활동중이다.

지금까지 「Game Programming Gems(1, 2, 3)」 시리즈를 비롯해서 「OpenGL Game Programming」, 「3D 게임 프로그래밍 & 컴퓨터 그래픽을 위한 수학 제1, 2판」, 「AI Game Programming Wisdom」, 「Direct3D ShaderX: 정점 & 픽셀 셰이더 팁과 트릭」, 「게임 프로그래머를 위한 자료구조와 알고리즘」, 「Game Coding Complete」 등 여러 게임 프로그래밍 서적들을 번역했으며, 또한 잡지 Game Developer 한국어판의 고정 번역자로 활동해왔다.

이 외에도 「Code Reading: 오픈 소스 관점에서 본 코드 읽기」, 「재미있게 빠져드는 C++ 프로그래밍의 함정」, 「Beginning C#」, 「Professional JSP」, 「Beginning XHTML」, 「Professional ADO 2.5 RDS Programming with ASP 3.0」, 「GDI +Programming: C#을 이용한 사용자 지정 컨트롤 작성하기」, 「core PHP Programming」, 「Understanding COM+」, 「The JFC Swing Tutorial」, 「Professional XML Applications」, 「Waite Group의 C++ How-To」 등 다양한 분야의 프로그래밍 서적들을 번역했다.

번역과 게임 개발 외에 소프트웨어 문서화에도 많은 관심을 가지고 있으며, 수많은 오픈소스 프로젝트들의 표준 문서화 형식으로 쓰이는 DocBook의 국내 사용자 모임인 닥북 한국(http://docbook.or.kr/)의 일원으로 활동하고 있다.

현재 번역서 정보 사이트 "occam's Razor"(http://occam.com.ne.kr)와 Game Programming Gems 스터디 사이트 "GPGstudy.com"(http://gpgstudy.com)을 운영하고 있다.

추천사

「Game programming Gems」 시리즈(이하 GPG)의 책을 보면 예전에 3D를 처음 공부할 때 즐겨 보던 「Graphics Gems」라는 시리즈 책이 생각나곤 합니다. 「Graphics Gems」는 이론과 공식만 가득하고 어떻게 적용해야할 지 모를 3D 전문 서적과는 달리 실전에 바로 쓸 수 있는 주옥 같은 팁들로 이루어진 책이였습니다. 예를 들면 빠른 연산을 위해 정수 연산으로 sqrt를 구하는 법 등(그 당시는 sqrt 함수 연산 속도가 상당히 느려서 많이 호출하기에는 부담스러웠음) 수많은 팁들의 모음으로 자료가 부족했던 그 당시 상당히 놀라운 마음으로 본 기억이 있습니다. GPG 역시 많은 저명한 필진들이 지식 공유라는 차원에서 자신이 가지고 있는 강력한 노하우들을 팁 형식으로 엮은 책으로써 벌써 시리즈 4 번째까지 번역이 되어 많은 실무 개발자들에게 도움이 되는 보석 같은 책입니다. 이번에도 게임 개발의 풍부한 지식을 바탕으로 매우 자연스럽게 번역하기로 유명하신 류광님께서 담당하셨습니다. 또한 저희 *R3* 엔진에 추가할 수 있는 좋은 팁들이 포함되어 있을 정도로 현업에 계신 분에게는 당장 사용할 수 있는 좋은 내용으로 가득 차 있습니다.

우리나라 게임 산업의 현재

지난 몇 년 동안 국내 게임 산업은 온라인이라는 매체를 통해 눈부시게 빠른 성장을 보여주었었고 유명한 해외 게임 개발 회사도 국내 시장을 고려할 정도로 온라인 게임에 있어서는 외국에서 인정받는 큰 시장을 가지고 있습니다. 또한 무한한 잠재력을 가지고 있는 중국 시장 및 아시아 시장에서 한국 온라인 게임은 승승장구하며 수출 실적이 하루가 다르게 갱신되고 있습니다. 국내 시장보다 중국 시장에서 성공하기가 더 쉽다라는 이야기로 인해 아예 중국 시장을 타겟으로 게임을 제작중에 있는 회사들도 많은 것으로 알고 있습니다. 그러나 이런 화려함 뒤의 이면의 상황들을 주의 깊게 관찰할 필요가 있습니다. 게임을 만드는데에는 갈수록 많은 자본과 많은 인원이 들어가며, 후발주자일수록 시장 진입이 더욱 어려워지고 있는 상황입니다. 예전처럼 온라인 게임 시장이 급격하게 형성되던 시대와는 달리 선택의 폭이 적은 상황에서 게임을 하던 시대가 아니라 매일같이 쏟아져 나오는 수많은 게임 중에서 선택을 하는 상황입니다. 즉, 제대로 만들지 않으면 유저들을 붙잡을 수 없기 때문에 짧은 기간 동안 적은 인원으로 게임을 만들어야 하는 작은 규모의 개발 회사나 후발주자들이 상대적으로 더 어려워지고 있다라는 점입니다. 또한 이미 시장의 상당 부분을 선점하고 있는 상위 몇 개의 개발사들은 막대한 자금력으로 실력 좋은 게임 개발자들을 확보하여 수십 명이 하나의 프로젝트에 매달리고, 수십 억의 마케팅 비용을 들이는 이른바 대작이라고 불리우는 게임들을 만들고 있습니다.

기술력의 중요성

"기술력이 다가 아니다. 게임은 게임성만으로 승부할 수 있다." 그 말은 100% 맞는 말이지만 작은 규모의 회사는 몰라도 큰 규모의 회사가 이와 같은 논리로 해외 게임 엔진을 무분별하게 수입해서 게임을 만드는 것은 우리나라 기술력의 미래를 어둡게 만들어버리는 좋지 않은 점이라 생각합니다. 초창기부터 우리나라의 게임 개발 능력은 해외에서 기술력과 창작력이 부족하다는 평가를 받으며 어려운 환경에서 게임 개발을 해왔었고, 이제 온라인 게임이라는 분야에서 아시아의 시장을 이끌어 가는 중흥기를 맞이하고 있는 좋은 기회입니다. 또한 이제는 예전처럼 게임을 사랑하는 일부만이 게임 제작을 하는 시점이 아니라 당당히 게임 제작자가 인기 직업 상위에 있을 정도로 많은 사람들이 관심을 가지고 있기 때문에 항상 고질적으로 문제되어 왔던 좋은 인재들을 양성 및 확보할 수 있는 시점이기도 합니다.

하루가 다르게 바뀌어지는 새로운 하드웨어, 새로운 기술들을 접목하는 해외 게임들과 경쟁하기 위해서는 자본과 인력이 가능한 지금의 환경에서 많은 투자와 노력이 필요합니다. 이는 그들의 기술력에서 펼칠 수 있는 게임성을 우리는 흉내낼 수 없기 때문이고 부족한 기술력을 해외 엔진으로 대신할 경우 그들이 정해놓은 틀에서 게임을 만들어야 하는 악순환이 계속 된다는 것을 명심하시길 바랍니다.

당부의 말

이제는 엔씨나 웹젠처럼 게임 하나 잘 만들어 코스닥 시장에 진입하는 소위 말하는 대박신화는 점점 어려워지고 있고 무수하게 많은 게임들이 하루가 다르게 쏟아져 나오고 있습니다. 게다가 유저들의 입맛은 더욱 고급화되어가고 있으며, 게임의 규모는 점점 커져만 가고 있습니다. 대안이라고 생각하고 있는 지금의 중국 시장도 짧은 시간 내에 국내 시장처럼 변모할 것으로 생각됩니다. 그러므로 자본이 많은 회사는 향후 몇 년을 바라볼 수 있는 기술력에 많은 투자를 해야 하며, 작은 규모의 개발사는 게임성에 승부를 낼 수 있는 개발 환경을 만들어야 합니다. 무엇보다도 게임 개발자의 끊임없는 노력이 절실하게 필요한 시점입니다.

끝으로 책과 문서의 내용들은 절대적인 방법이 아니라 정답을 이끌어내는 도구라고 생각하시길 바라며, 모든 정답은 자기 자신의 머리 속에 있다는 것을 인지하고 끊임없이 연구와 공부를 통해 자기 것으로 만들어서 정답을 도출해야 한다는 것을 명심하시길 바랍니다. 우리나라에서도 *DOOM3* 엔진 제작자인 존 카멕과 같은 사람이 나올 수 있길 바랍니다.

장 언 일

| 프로필 |

새로운 기술과 하드웨어 성능을 게임에 적용하기 위해 연구하는 것을 좋아하는 그는 현재 CCR RPG 개발 본부 본부장으로 재직중이다.

- 붉은매 외 다수의 패키지 게임, 3D 엔진 제작
- RF 온라인에 쓰인 R3 엔진 설계 및 제작, 이펙트 프로그래밍 담당

차 례

Section 1 프로그래밍 일반

Section 2 수학

2.5 공분산 행렬을 이용해서 좀 더 잘 들어맞는 경계입체 만들기 ·········· 283

2.6 역기구학을 위한 야코비 전치법 ····································· 295

Section 3 물리

소개 ··· 311

3.1 죽음의 열 손가락: 전투 무력화 알고리즘들 ·························· 313

Section 4 인공지능

Section 5 그래픽

Section 6 네트웍 및 멀티플레이어

Section 7 오디오

감사의 글

이 책을 만들 기회를 준 *Game Programming Gems 3*의 편집자 Dante Treglia와 시리즈 편집자 Mark DeLoura에게 감사합니다. Dante가 제공한 이전 책의 틀들과 조언은 제가 이 작업을 시작하는 데 매우 큰 도움이 되었습니다. Mark는 섹션 편집자들이 글 선별 작업을 하는 동안 사용했던 웹 기반 응용 프로그램을 만들고 운영했으며, 편집 과정에서는 끊임없이 피드백을 제공했습니다.

Charles River Media의 직원들은 항상 빠르게 반응했으며 함께 일하는 게 매우 즐거웠습니다. 주로는 이 책의 발행인이자 시리즈 전체에 참여한 Jenifer Niles와 연락을 했습니다. David Pallai, Meg Dunkerley, Jennifer Blaney 역시 저의 많은 질문들에 답해 주었습니다.

물론 대부분의 작업은 일곱 명의 섹션 편집자들과 수십 명의 저자들이 해낸 것입니다. 이런 종류의 책에 기여한다는 것은 시간이 매우 많이 걸리는 사랑의 실천입니다. 많은 저자들과 편집자들은 추가적인 그림, 원색 일러스트, 그리고 인상적이고 잘 작동하는 데모들과 테스트 프로그램을 제공하는 등 주어진 의무 이상의 노력을 보였습니다. 첨단 산업에서는 보기 드문 그들의 지식 공유 정신이야말로 이 시리즈가 존재하게 하는 원동력입니다.

또한 저를 격려해 주고 끝없는 웃음을 보여준 편집 보조 Jennifer Sloan에게도 고마움을 전합니다.

저자 소개

Marwan Y. Ansari

mansari@ati.com

ATI Research에서 3D Application Research 그룹의 일원으로 일하고 있는 Marwan Y. Ansari 는, Chicago의 University of Illinois에서 컴퓨터 과학을 전공으로 석사학위를 취득하고 DePaul University에서는 컴퓨터 과학과 수학을 전공했다. ATI의 3D Application Research 그룹에 들어가기 전에는, Number Nine Visual Technology에서 OpenGL 드라이버 관련 일을 했으며 ATI의 Digital TV 그룹에도 몸을 담았었다. 이 책에 실린 세피아 색조 변환에 관한 글 이외에도 그는 *ShaderX2*에 기고하기도 했으며 Game Developers Conference에서는 셰이더를 이용한 실시간 비디오 처리란 주제에 대해 강연하기도 했다.

Jonathan Blow

jon@number-none.com

Jonathan Blow는 New York City에 살고 있는 게임 기술 컨설턴트로, 매 달 *Game Developer Magazine*에 기술 컬럼 "The Inner Product"를 기고하고 있다. 또한 모험적인 새로운 유형의 게임 플레이를 격려하고 소개하기 위한 행사인 Experimental Gameplay Workshop을 매년 개최한다.

James Boer

james.boer@gte.net

James Boer의 경력은 동료들의 선의에 찬 쓴 소리를 견뎌내며 작업한 Deer Hunter에서 시작되었다. 거론할만한 그의 다른 게임들로는 *Rocky Mountain Trophy Hunter, Deer Hunter II, Microsoft Baseball 2000, Tex Atomic's Big Bot Battles*(온라인 게임) 등이 있다. James는 전문

프로그래머로서의 경력이외에 게임 산업 관련 출판물에서도 적극적으로 글을 기고한다. 그는 *Game Developer Magazine*에 몇 편의 글들을 실었으며, *DirectX Complete*를 공동 저술했고, *Game Programming Gems I, II*에도 글을 기고했다. 또한 *Game Audio Programming*을 저술하기도 했다. 현재는 Amaze Entertainment의 Black Ship studio에서 기존의, 그리고 차세대 콘솔들을 대상으로 한 크로스 플랫폼 게임들을 개발하고 있다.

Paul Bragiel

paul@paragon5.com

Paul Bragiel은 2000 년부터 Paragon Five의 CEO로 일하고 있다. 그는 여러 핸드헬드 플랫폼들에 대해 25 개 이상의 음악 수주 계약을 중재했다. 또한 그는 세 개의 GBC 게임들과 세 개의 GBA 게임들, 그리고 여러 휴대 전화용 게임들의 총 제작자로 일하기도 했다. GDC와 Assembly 등의 컨퍼런스들에서 강연을 한 적도 있다.

Warrick Buchanan

warrick@chimeric.co.uk

Warrick Buchanan은 Chimeric Ltd의 개발 감독으로, Maxinima와 ScreenSaverMax 제품들을 만들고 있다. 수년 간 여러 게임 개발사들에서 일한 바 있으며, Imaginamtion Technologies Ltd.의 그래픽 카드 드라이버 개발에 참여하기도 했다. 그는 최신 그래픽 카드들에서 트램폴린에 이르는 다양한 장난감들을 가지고 놀면서 여가를 보낸다.

Bill Budge

billbudge@hotmail.com

Bill Budge는 세 살 때 뭔가 만드는 것이 자신의 평생 직업이 될 것임을 알았다. 지금은 블럭을 가지고 노는 대신 C++ 템플릿 메타프로그래밍과 씨름하지만, 그래도 여전히 이것 저것 만드는 일을 즐긴다. 코딩을 하지 않을 때에는 가족과 함께 시간을 보내거나, Peet의 Mocha Fredos를 마시거나, 컴퓨터 책들을 읽는다.

Waldemar Celes

celes@inf.puc-rio.br

Waldemar Celes는 PUC-Rio, Brazil의 전산학과 조교수이다. Tecgraf/PUC-Rio(PUC-Rio의 컴퓨터 그래픽 기술 그룹)의 연구자이자 선임 프로젝트 관리자이기도 한 그는 Cornell University, Waldemar 컴퓨터 그래픽 프로그램의 박사후 과정을 마쳤다. Waldemar는 Lua 프로그래밍 언어의 작성자들 중 한 사람이다. 현재는 실시간 렌더링, 과학 시각화, 물리 시뮬레이션, 분산 그래픽 응용 프로그램 등을 포함한 컴퓨터 그래픽을 연구하고 있다.

Chris Corry

chris@thecorrys.com

Lucasfilm Ltd.의 지사인 LucasArts의 수석 엔지니어인 Chris Corry는 십년 넘게 기술 서적들을 저술하거나, 공동저술하거나, 편집해왔다. *Game Programming Gems*는 그가 참여한 아홉 번째 책이다.

Carsten Dachsbacher

dachsbacher@cs.fau.de

Carsten Dachsbacher는 Erlangen-Nuremberg의 컴퓨터 그래픽 박사 과정을 밟고 있는데, 연구 분야는 상호작용적인, 하드웨어의 도움을 받는 컴퓨터 그래픽이다. 좀 더 구체적으로는 그림자 기법, 점 기반 렌더링, 절차적 모형을 연구한다. 그는 독일 PC 잡지에 컴퓨터 그래픽에 대한 50 개 이상의 글들을 연재한 바 있다. 또한 여러 게임 회사들에서 3차원 게임 엔진에 대한 일을 자유 계약으로 진행하기도 한다.

Mark DeLoura

madsax@satori.org

Mark는 *Game Programming Gems* 시리즈의 창설자이다. 그는 현재 Sony Computer Entertainment America에서 개발자 관계 관리자로 일하고 있으며, 그 직책에 맞게 기술 및 비 기술적인 정보를 전 세계의 게임 개발자들과 공유한다. *Game Developer Magazine*의 수석 편집자를 맡은 적도 있고, 또 Nitendo of America 개발자 지원 그룹의 수석 소프트웨어 엔지니어로 일한 적도 있는 그는 "재미있는 경험"이라는 개념을 더욱 넓히는 데 열정을 쏟아 왔다.

Shekhar Dhupelia

sdhupelia@midwaygames.com

Shekhar는 Midway Games, LLC.에서 온라인 게임플레이 설계와 엔지니어링에 초점을 두고 일하고 있다. 그 전에 Sony Computer Entertainment America(SCEA)에서 수석 엔지니어로 2년 간 일한 그는, SCE-RT 그룹의 핵심 멤버로서 Sony의 PlayStation® 2 온라인 기술과 백엔드 시스템들을 개발하고 진수시켰다. 그 기술은 *SOCOM: US Navy Seals, NFL Gameday 2003, Frequency*를 비롯한 여러 게임들의 기반 기술이 되었다. Shekhar는 단기 계약직으로 High Voltage Software의 Xbox™ Live 용 Microsoft *NBA Inside Drive 2004* 개발에 참여하기도 했다. 전산학 학사 학위는 DePaul University에서 받았다. Midway에서 현재 참여하고 있는 게임은 2004년 상반기 출시된 *NBA Ballers*이다.

Thomas Di Giacomo

thomas@miralab.unige.ch

Thomas Di Giacomo는 iMAGIS 연구실 및 Atari 전 Infogrames R&D 부서에서 다해상도 애니메이션 방법들에 대한 석사 학위를 수료했다. 현재는 MIRALab, University of Geneva에서 연구 조교이자 Ph.D. 후보생이다. 그의 작업은 애니메이션에 대한 LOD와 물리 기반 애니메이션에 초점을 두고 있다.

Michael Dougherty

mdougher@hotmail.com

Michael Dougherty는 현재 Microsoft의 Xbox Advanced Technology 그룹에서 일하고 있다. 전문 분야는 그래픽 기법과 시스템 성능이다. Michael은 University of Washinton에서 컴퓨터

공학 학위를 땄다. 그는 그의 모든 노력들에 무한한 지원과 인내를 제공한 그의 아내 Jessica와 딸 Elyse에게 감사의 뜻을 전하고자 한다.

George Drettakis

George.Drettakis@sophia.inria.fr

George Drettakis는 1988 년 그리스 Crete에서 전산학 Ptychion(학사 학위)를 받았다. 또한 캐나다 University of Toronto에서 Eugene Fiume의 지도 하에 1990 년에는 전산학 석사를, 1994 년에는 박사 학위를 받았다. iMAGIS, Grenoble, France, UPC/LiSi graphics Barcelona, VMSD-GMD Germany에서 ERCIM 박사후 과정(1994-1995)을 마친 그는 1995 년 iMAGIS의 종신 INRIA 연구자에 지명되었으며 교수 자격 학위를 얻었다(Grenoble, 1999). 2000 년 7 월에는 INRIA Sophia-Antipolis로 옮겨서 REVES 연구 그룹을 설립, 주도하고 있다. 최근 연구 작업으로는 그림자, 조명, 이미지로부터 재구축, 상호작용적 렌더링 등이 있다.

Eddie Edwards

eddie@tinyted.net

Eddie는 *Wolfenstein 3D*와 *DOOM*의 공식 Archimedes 이식 작업으로 게임 업계의 경력을 쌓기 시작했다. 그 이후에는 Cranberry Source, Argonaut, Mucky Foot, Naughty Dog(SCEA) 등에서 일하면서 *Jak & Daxter* 개발에 일반 저수준 코더로 참여했다(특히 그는 그 게임의 오디오 엔진을 작성했다). 지금은 다시 잉글랜드로 돌아와서 Psygnosis(SCEE)의 Graphics 그룹을 이끌고 있다.

David Etherton

etherton@rockstarsandiego.com

David는 1996 년에 Rockstar San Diego(당시는 여전히 Angel Studios였다)에 합류했다. 그는 그 개발사가 출시한 여러 게임들에서 렌더링과 저수준 최적화 작업을 수행했는데, 특히 *Midtown Madness, Midtown Madness 2, Midnight Club, Midnight Club 2*의 개발에 깊이 관여했

다. 현재는 Rockstar의 크로스플랫폼 게임 라이브러리(2000 년 이후 나온 모든 게임들의 기반이 되었다) 개발을 이끌고 있으며, 연구 및 개발 감독이기도 하다.

Glenn Fiedler

gaffer@gaffer.org

Glenn Fiedler는 높이필드 전문가로, 그 지식을 Irrational Games에서 *Tribes: Vengeance*에 활용하고 있다. 이전에는 *Freedom Force*의 길찾기 및 물리 시스템을 높이필드로 완전히 재작성한 경험을 가지고 있다. Glenn은 언젠가는 자신의 가공할 프로그래밍 스킬들을 돌출물(overhang)을 지원하는 기법들까지 포괄할 수 있도록 확장하는 날이 오길 희망한다.

Peter Freese

pfreese@ncaustin.com

Peter는 1990 년대 초반 데이터베이스 프로그래머들을 위한 그래픽 도구보다는 게임을 만드는 게 낫겠다고 결정한 후 그 때부터 지금까지 게임 업계에서 활발히 일해 왔다. 몇 개의 교육용 게임들(수상 경력도 있다)을 만든 후에는, 1994 년 Edmark의 동료였던 Nick Newhard와 함께 Q Studios를 설립하고 통속적인 3D 슈팅 게임 *Blood*를 개발했다. 그 게임은 발행사 Monolith를 유명하게 만들었다. Sierra Studios의 마지막 어드벤처 게임인 *Gabriel Knight 3*에 쓰인 그래픽 엔진을 개발한 후 그는 Origin Systems의 *Ultima Online 2* 팀에 합류해서 MMP 게임 개발의 세계로 진입했다. 2001 년 Peter는 NCsoft Austin의 Core Technology 그룹을 설립하고 거기서 NCsoft의 여러 온라인 게임들에 쓰인 최신 그래픽 엔진 기술 개발을 주도하고 있다.

Bert Freudenberg

bert@isg.cs.uni-magdeburg.de

Bert Freudenberg는 독일 University of Magdeburg에서 비실사 실시간 렌더링 기법들을 연구하면서 Ph.D 학위를 준비하고 있다. 연구 논문들을 작성하거나 EuroGraphics, SIGGRAPH 등의 컨퍼런스에서 강연을 하는 것 이외에, OpenGL Shading Language 명세와 책 저술

(Addison-Wesley, 2003)에도 시간을 투자하고 있다. Bert는 아이들과 놀거나 재미있는 장난을 가르치길 즐기며, 특히 크로스플랫폼 Squeak 환경을 주무르면서 여가를 보낸다. 최근에는 OpenCroquet 운영체제에도 관심을 가지게 되었는데, 1980 년대 처음으로 프로그래밍을 시작한 후 별로 변한 것이 없는 컴퓨팅 분야에 대한 불만이 주된 이유이다.

Paul Glinker

paul@glinker.com

Atari 2600에 감명을 받은 Paul은 7 살 때 16K RAM을 장착한 TRS-80 Co-Co-2에서 처음으로 프로그래밍을 시작했다. 13 살에는 8086에서 C를 다루기도 했다. 고등학교 시절에는 컴퓨터 연구를 즐기면서 얻은 영감과 격려에 힘입어서 작성한 아케이드 스타일의 게임을 동네 컴퓨터 상점에 팔기도 했다. 그는 Laurentian University에서 전산학 우등 학위(Honors degree)를 받았다. 그의 교수는 그의 인생에 강한 영향을 미쳤으며, 전산학의 원리들을 게임 개발에 어떻게 적용할 것인지에 대해 기꺼이 토론해 주었다. 2000 년에 Rockstar Games에 프로그래머로 입사해서 지금까지 일하고 있다.

Mario Grimani

mariogrimani@yahoo.com

Mario Grimani는 20 년 이상의 경력을 가진 업계 베테랑이다. 그는 Ion Storm, Ensemble Studios, Verant Interactive, Sony Online Entertainment 같은 주요 스튜디오들에서 일해 왔다. Ensemble Studios에서는 컴퓨터 플레이어의 경쟁력 개선을 위한 AI 전문가로 일했다. 그는 *Age of Empires II: The Age of Kings, Age of Empires II: The Conquerors*의 스크립팅 시스템과 컴퓨터 플레이어 AI를 개발했다. *Age of Mythology* 개발 초기 단계에서는 AI 아키텍처의 개발을 주도했다. 새로운 MMO RTS 장르의 창출을 돕기 위해 Verant Interactive에 합류해서는 *Sovereign*의 수석 프로그래머를 맡기도 했다. 현재는 Sony Online Entertainment에서 *Everquest II*의 여러 게임 시스템들을 구현하고 있다. Mario는 University of Zagreb, Croatia에서 전기공학 학사 학위를, Southwest Texas State University에서 전산학 석사 학위를 땄다.

John Hancock

jhancock93@post.harvard.edu

John Hancock은 1999 년 Carnegie Mellon University(CMU)에서 로봇공학 박사 학위를 받았다. CMU에서는 로봇 차량의 시각 및 네비게이션 알고리즘들을 연구했다. 박사 학위를 받은 후에는 Activision에서 게임 업계 경력을 시작했다. 거기서 그는 *Star Trek: Armada*(2000 년 3 월 출시)의 공동 수석 프로그래머이자 AI 개발자로 일했다. 2000 년 5 월에는 LucasArts로 옮겨서 *Star Wars: Obi-Wan*과 *Star Wars: Bounty Hunter*의 개발에 참여했다. 현재는 *Star Wars: Republic Commando*의 분대 AI를 개발하고 있다.

Søren Hannibal

sorenhan@yahoo.com

Søren Hannibal은 1985 년부터 자고 먹고 꼭 필요한 만큼만 공부하는 것을 빼고는 계속 프로그래밍을 해왔다. 최근에는 *Enter the Matrix*의 애니메이션 시스템을 작성했으며, 현재는 Shiny Entertainment에서 프로그래머로 일하고 있다.

Matthew Harmon

matt@matthewharmon.com

Matthew Harmon은 대학 시절부터 게임을 개발했다. 영화 이론 및 비평을 전공하면서 그는 subLogic Coporation을 위해 *Microsoft Flight Simulator* 개발에 참여했다. 그 이후 그는 Mission Studios Corp.와 Velocity Development에서 수석 프로그래머과 개발 감독으로 일했다. 최근에는 eV Interactive Corporation을 공동 설립해서 게임 개발, 그리고 군사 훈련과 시뮬레이션 전투장에서의 게임 기술 활용에 주력하고 있다. 여가 시간에는 집에서 아들 Alex와 Greg와 즐거운 시간을 보낸다.

Oliver Heim

Oliver.Heim@intel.com

Oliver Heim은 Intel의 Graphics Core Engineering 그룹의 선임 소프트웨어 엔지니어로, 통합 칩셋들을 위한 Direct3D 장치 드라이버를 개발한다. 이전에는 Intel의 Grahpics and 3D Technology 그룹에서 Shockwave3D 게임 엔진을 위한 실시간 충돌 검출과 물리 알고리즘을 개발했으며, 복사도, 광선 추적, 광자 매핑 같은 실시간 전역 조명 알고리즘들도 연구했다. 1999 년 Intel에 합류하기 전에는 3 년 간 Clemson University의 가상 현실 연구소의 디렉터로 일했다. Oliver는 University of Georgia에서 전산학 학사 학위와 석사 학위를 받았다. 여가 시간에는 집 뒷뜰에서 기타를 치거나 북부 California의 폭포수에서 카약을 탄다.

Jim Hejl

jhejl@ea.com

Jim Hejl은 Electronic Arts의 선임 소프트웨어 엔지니어이자 Tiburon 스튜디오의 연구 개발 그룹의 일원이다. 그 전에는 *John Madden Football*(2000-2003)의 개발에도 참여했다. 그는 태피(taffy, 땅콩을 넣은 버터볼)를 사랑하지만, 그의 일을 더 사랑한다.

Pete Isensee

pkisensee@msn.com

Pete Isensee는 Microsoft Xbox Advanced Technology 그룹의 수석 엔지니어이다. 전문 분야는 네트워킹, 성능, 보안이다. 그는 전산학 학위를 가지고 있다. 여가 시간에는 예외를 몇 개 던지나, 거의 모든 것을 잡아낸다.

Toby Jones

tjones@humanhead.com

Thobias Jones는 Xbox와 PC 용 게임을 만드는 Human Head Studios의 프로그래머이다. 그는 University of Wisconsin, Platteville에서 전산학 학사 학위를 받았다. Thobias는 PC 초창기부터 프로그래밍을 해왔으며, 재미 삼아 3차원 그래픽과 컴퓨터 아키텍처를 연구한다. 프로그래밍을 하지 않을 때에는 애니메이션을 보거나 자신의 회사인 Genkisoft를 통해서 셰어웨어들을 발행한다. 그의 작업은 천생연분 Jess의 지원이 없다면 불가능할 것이다.

Andrew Kirmse

ark@alum.mit.edu

Andrew는 *Meridian 59*(1996)을 공동 제작, 감독했으며 *Star Wars: Starfighter*(2001)에서는 그래픽 프로그래머로 일했다. 그는 Massachusetts Institute of Technology(MIT)에서 물리학, 수학, 전산학 학위를 땄다. 그는 *GPG* 시리즈에 꾸준히 기고했다. 지금은 LucasArts에서 일하고 있다.

Adam Lake

adam.t.lake@intel.com

Adam Lake는 Hillsboro, Oregon에 있는 Intel Microprocessor Research Lab(MRM)의 선임 소프트웨어 엔지니어로, 차세대 컴퓨터 그래픽 아키텍처들과 프로그래밍 모형들에 주력하고 있다. 그는 컴퓨터 그래픽, 가상 현실, 기하 압축, 전자상거래, 비실사 렌더링 분야에 대한 여러 출판물들과 20 개 이상의 특허들을 가지고 있다. Intel에서 일하기 전에는 Chapel Hill의 University of North Carolian(UNC)에서 컴퓨터 그래픽과 가상 현실을 연구했으며 전산학 학사 학위를 받았다. UNC-Chapel Hill에서 공부하기 전에는 Los Alamos National Laboratory의 Applied Theoretical Physics and Computational Science Methods(XCM) 그룹에서 일하면서 "Justine"이라는 컴퓨터 보조 설계 응용 프로그램을 만들었다. Adam에 대한 좀 더 자세한 정보는 *http://www.cs.unc.edu/~lake/vitae.html*에 나와 있다. 여가 시간에는 산악과 도로에서 자전거를 타거나 하이킹과 캠핑을 즐기며 독서, 스노우보딩, 주말 드라이빙도 즐긴다.

Jay Lee

jlee@ncaustin.com

Jay Lee는 EDS 분야에서 General Motors, Exxon, Sprint 등의 회사들에게 정보 기술 서비스를 제공하면서 10 여년을 보낸 후 게임 업계에 들어왔다. Sierra에서 프로그래머로 출발한 그는 *Gabriel Knight 2, Betrayal at Antara, Colliers Encyclopedia, SWAT 2* 등의 게임들을 만들었다. Origin Systems에 합류하면서 온라인 다중 플레이어 게임의 세계에 진입한 그는 *Ultima Online 2*의 데이터베이스 프로그래머 및 스크립팅 담당자로 일했다. 현재는 Austion, TX의 NCsoft Corporation에서 *Tabula Rasa*의 기술 수석 및 데이터베이스 프로그래머로 일하고 있다.

Noel Llopis

llopis@convexhull.com

Noel Llopis는 *C++ for Game Programmer*[1])의 저자이며, *Game Programming Gems* 시리즈에도 기고했다. 최근에는 Day 1 Studios의 MechAssault를 위한 기술을 개발했다. 현재는 다음 게임을 위한 기술을 개발, 구현하느라 바쁘다. 그는 전반적인 아키텍처에서부터 그래픽, 충돌 검출에 이르기까지 게임 엔진의 모든 측면에 초점을 두고 있다. 그는 University of Massachusetts Amherst에서 컴퓨터 공학 학사 학위를 받았으며, Chapel Hill의 University of North Carolina에서 전산학 석사 학위를 받았다.

Thomas Lowe

tomlowe@kromestudios.com

영국 Warwick University에서 전산학 우등 학위를 받았으며 컴퓨터 게임에 대한 변함없는 열정을 가지고 있던 그는 Brisbane, Australia의 Krome Studios에서 프로그래머로 게임 업계에 발을 들여놓았다. 거기서 그는 4 년 간 서핑, 액션 플랫폼 게임을 비롯한 다양한 장르의 주요 콘솔들과 PC용 게임들을 만들고 출시했다. Tom은 동역학 시뮬레이션, 특수 효과, 수학, 캐릭터 조종을 전문으로 한다.

---

1) 역주: 번역서는 "게임 프로그래머를 위한 C++", 최현호 역, 정보문화사, 2004.

Frank Luchs

gameprogramminggems@visiomedia.com

1983 년, Frank Luchs는 Atari 컴퓨터를 위한 자신의 첫 번째 음악 프로그램을 작성했으며, 그 때부터 음악/프로그래밍 경력을 시작했다. 그는 영화와 TV를 위한 음악의 프로듀싱 및 작곡에서부터 커스텀 응용 프로그램 및 멀티미디어 소프트웨어를 위한 사운드 디자인 및 프로그래밍 등 다양한 프로젝트들을 수행했다. 그는 수백 개의 노래, 광고 음악, 영화 음악 작품들(독일에서 가장 유명한 범죄물인 *Tatort* 등)을 제작, 작곡했다. 그는 가상 악기들을 전문으로 하는 Visiomedia Software Corporation의 창립자이다. VisionMedia에서 그는 소프트웨어 신디사이저 Saccara, Chephren, Cheops의 기반으로 쓰인 Sphinx Modular Media System을 개발했다. Frank는 현재 독일 뮌헨에서 영화 분야에 종사하고 있다. 프로그래밍을 하지 않을 때에는 신디사이저를 주무르면서 전자 교향곡을 작곡한다.

Nadia Magnenat-Thalmann

thalmann@miralab.unige.ch

Nadia Magnenat-Thalmann는 지난 20 년 간 가상 인간에 대한 연구 분야를 개척해왔다. 그는 여러 분야에서 학사, 석사 학위를 받았으며, University of Geneva에서 양자 물리학 박사 학위를 받았다. 1977 년에서 1989 년까지 그녀는 캐나다의 University of Montreal에서 교수로 재직했다. 1989 년에는 University of Geneva에서 MIRALab을 설립했다.

Carl S. Marshall

Carl.S.Marshall@intel.com

Carl S. Marshall은 Intel Labs의 Future Platform Labs의 선임 소프트웨어 엔지니어이다. 그는 Clemson University에서 전산학 석사 학위를 받았으며, 거기에서 가상 현실의 다양한 분야들을 연구했다. 그는 *Game Programming Gems 2*와 *3*에도 글을 기고했으며, Shockwave3D 그래픽 엔진의 NPR 및 다른 여러 측면들에 대한 작업을 했다. 현재 Carl은 실시간 비실사 그래픽 엔진 및 미래의 하드웨어 아키텍처를 연구하고 있다.

Adam Martin

gpg@grexengine.com

Adam은 10 년 이상 가상 세계와 그것을 만들기 위한 그래픽, 처리, 분산 시스템 등의 기술들에 주력해왔다. 그는 Cambridge University에서 전산학 학위를 받았으며, IBM의 연구소들에서 두 번 일했으며, IT 컨설턴트 회사 하나도 공동 설립했다. 그는 Cambridge L50,000 비즈니스 플랜 공모전을 공동 운영했으며, 자신의 경험과 조언을 창업자들에게 기꺼이 공유하고자 한다. 2001 년에는 MMOG 개발과 미들웨어에 대한 자신의 기존 연구를 상업화하기 위해 Grex Games를 설립했으며, 컨퍼런스에서 GrexEngine 아키텍처에 대해 강연을 하기도 한다.

Maic Masuch

masuch@isg.cs.uni-magdeburg.de

Maic Masuch는 University of Magdeburg에서 일하는 독일 최초의 컴퓨터 게임 교수이다. 그는 1996 년부터 컴퓨터 개발 과정을 가르치고 있다. 그의 지도 하에서 간단한 어드벤처에서부터 비폭력적 다중 플레이어 FPS, 상호작용적 VR 설비에 이르기까지 다양한 학생 게임 프로젝트들이 개발되었다. 그의 연구 관심 분야는 게임 개발을 위한 방법과 도구들, 그리고 혁신적인 사용자 인터페이스이다. 현재 그는 지능적인 개발 도구, 영화적 스토리텔링, 비실사 렌더링, 자동적인 게임플레이 분석 등에 대한 연구를 지도하고 있다. Maic은 또한 아동을 위한 교육 매체 저작 및 에듀테인먼트 시스템을 개발하는 회사인 Impara의 공동 설립자이다.

Dave McCoy

david.mccoy@comcast.net

Dave McCoy는 Microsoft Xbox Advanced Technology 그룹에서 일하는 그래픽 아티스트이다. 그는 1991 년부터 게임을 위한 아트 디렉터, 디자이너, 제작자로 일했다. 그는 게임 그래픽에 대한 여러 책과 간행물들에 글을 기고했으며, 그래픽 기법에 대한 특허도 두 개 가지고 있다.

Ádám Moravánszky

adam.moravanszky@novodex.com

Ádám Moravánszky는 그가 공동 설립한 물리 미들웨어 회사 NovodeX AG의 핵심 기술 그룹을 맡고 있다. 그는 헝가리, 독일, 미국의 학교들에서 공부한 후 Zurich의 Swiss Federal Institute of Technology(ETH)에서 전산학 학사 학위를 받았다.

Frederic My

fmy@fairyengine.com

1985 년 그의 나이 14 세에 Frederic은 프로그래밍을 시작했으며, TO7-70과 Amstrad CPC로 취미 삼아 두 개의 게임을 작성했다. 1990 년대 중반에는 여가 시간의 대부분을 그의 재능 있는 친구 Alexis Vaginay와 함께 PC 용 데모를 프로그래밍했다. 학업을 마친 후에는 게임 업계에 들어와서 어셈블리와 C++로 3차원 엔진과 도구들을 만들었다. 컴퓨터를 껐을 때에는 달리기나 사이클을 즐기거나 *Buffy* 재방송을 본다.

James F. O'Brien

job@eecs.Berkeley.edu

Dr. James F. O'Brien은 U.C. Berkeley의 전산학 교수이다. 그는 30 개 이상의 학술지 및 회의 논문들을 저술했다. 특히 명성 높은 ACM SIGGRAPH에 8 개의 논문들을 기고한 바 있다. U.C. Berkeley의 교수 일 외에, 그는 Game Developers Conference와 SIGGRAPH 등을 포함한 여러 회의에서 여러 가지 기술 강연과 단기 강좌들을 진행했다. 그의 연구는 주로 오프라인과 상호작용 애니메이션에 대한 물리 기반 시뮬레이션에 초점을 둔다.

Chris Oat

Coat@ati.com

Chris Oat는 ATI의 3D Application Research Group의 소프트웨어 엔지니어로, 거기서 실시간 3D 그래픽 응용 프로그램을 위한 혁신적인 렌더링 기법들을 연구하고 있다. 요즘 주된 초점은 현재와 미래의 그래픽 플랫폼들을 위한 픽셀 셰이더 및 정점 셰이더 개발이다. Chris는 RenderMeonkey 개발 팀의 초창기 멤버로 일했으며, 좀 더 최근에는 ATI의 데모들과 화면 보호기들을 위한 셰이더 프로그래머로 일했다. 그는 *Game Programming 3, 4, ShaderX, ShaderX2* 등의 책들에 고급 렌더링 기법에 대한 글들을 기고했다. 그는 Boston University를 나왔다.

John M. Olsen

infix@xmission.com

John Olsen은 1989 년 University of Utah의 전산학과를 졸업하기 훨씬 전부터 여러 종류의 그래픽 소프트웨어들을 만들었으며, 현재는 Microsoft를 위해 Xbox 게임을 만들고 있다. 그는 *Game Programming Gems*와 *Massively Multiplayer Game Development*[2] 시리즈 등을 비롯한 여러 컴퓨터 그래픽 및 게임 개발 관련 서적들에 글을 썼으며, Game Developers Conference에서 강연도 했다. 그는 자동화된 AI 행동들, 스테레오그래픽 이미지 생성, 네트워킹, 데이터 조직화와 분석에 관심을 가지고 있다.

Marcin Pancewicz

highway@idreams.com.pl

Marcin Pancewicz는 폴랜드의 Infinite Dreams의 전업 프로그래머이다. 그는 게임 개발에 필요한 2차원 게임 엔진과 도구들을 만든다. 그는 폴랜드의 Gliwice에 살고 있으며, 코딩을 하지 않을 때에는 14 년 된 Trans Am을 손본다.

Kurt Pelzer

kurt.pelzer@gmx.net

Kurt Pelzer는 Piranha Bytes의 소프트웨어 엔지니어로, 거기서 PC 게임 *Gothic, Gothic II*(그 둘은 2001 년과 2002 년 독일의 "올해의 RPG" 상을 수상했다), 애드온 *Gothic II: The Night*

---

2) 역주: 번역서는 "최고의 전문가들에게 배우는 온라인 게임 개발 테크닉", 한쿨임팀 역, 정보문화사, 2004.

*of the Raven*을 만들었다. 그 전에는 Codecut의 선임 프로그래머로 일하면서, 여러 실시간 시뮬레이션과 그들의 고성능 3D 엔진 Codecreatures에 기반한 기술 데모들(예를 들면 SIEMENS AG를 위한 Shanghai TRANSRAPID 트랙의 시뮬레이션, 그리고 잘 알려진 *Codecreatures Benchmark Pro* 등)을 만들었다. 그는 *ShaderX2*와 *GPU Gems*에 글을 기고했다.

Borut Pfeifer

borut_p@yahoo.com

Borut Pfeifer는 1998 년 Georgia Tech을 졸업하고는 소프트웨어 개발의 여러 분야를 경험했다. 2001 년 5 월에는 White Knukle Games를 설립하고, 2003 년까지 거기서 수석 디자이너 및 게임플레이/AI 프로그래머로 일했다. 현재 그는 Radical Entertaiment에서 일하며, 게임 개발에 대한 여러 글들을 저술했다.

Karén Pivazyan

pivazyan@stanford.edu

Karén Pivazyan은 컨설팅 경력 9 년의 게임 AI 아키텍트이다. 그는 게임 업계에는 별로 알려지지 않은 학계의 기법들을 도입해서 게임 AI의 난제를 해결하는 데 전문적인 지식을 가지고 있다. 그는 6 살 때부터 컴퓨터 게임을 플레이했으며 10 살 때부터 게임을 작성했다. 그는 MIT와 Standord University에서 학위를 받았다. Ph.D. 학위의 주제는 다중에이전트 시스템 학습의 개발에 대한 것이었다. 최신의 심리학을 이용해서 인간의 행동을 모형화하는 데에도 열정을 가지고 있다. 그는 가르치는 일과 게임 AI 입문서 저술을 계획하고 있다.

Nick Porcino

nporcino@lucasarts.com

Nick Porcino는 LucasArts의 R2 그래픽 그룹을 맡고 있다. 그는 1981 년에 첫 번째 Apple][용 컴퓨터 게임을 만들었고, 1984 년에는 Colecovision 용 첫 번째 콘솔 게임을 만들었다. 가끔은 게임 업계를 떠나기도 했는데, 캐나다의 Royal Roads Military College에서 자율적 잠수정을 위한 AI를 만들기도 했고 일본 Bandai에서 장난감, 멋진 거대 로봇, 선형 가속기 같은 것을 만들기도 했다. 그러나 항상 게임 업계로 다시 돌아왔으며, 지금도 여전히 게임 업계에서 일한다. 현재 그는 차세대 플랫폼들을 위한 핵심 기술들을 개발하고 공유하는 데 열을 올리고 있다.

Mark T. Price

mark@suddenpresence.com

Mark는 개인용 컴퓨터가 처음 나왔을 때부터 계속 게임을 만들고 있다. 1979 년 CP/M 시스템에서 시작해서 Apple과 Atari를 거치고 PC를 지나 지금은 GameBoy Advance를 위한 게임을 만들고 있다. 안타깝게도 시장에 출시된 게임은 별로 없다. 1987 년 대학을 졸업한 그는 게임 개발을 전업으로 하는 게 별로 가망이 없어 보여서 전업 게임 프로그래머가 되지는 않았다. 그는 여러 해 동안 Reuters Ltd.에서 일하면서 실시간 네트웍 주식 시장 정보 시스템을 개발했다. 그 시스템은 미국과 캐나다의 60,000 명 이상의 소매 주식 중개인들이 사용했다. 2001 년 때가 왔음을 느낀 그는 다시 게임 업계로 들어와서 게임과 멀티미디어 수주 회사인 Sudden Presence를 공동 설립했다. 현재 그는 거기서 최고 과학자로 일하고 있다.

Matt Pritchard

mpritchard@ensemblestudios.com

Matt Pritchard는 Ensemble Studios의 선임 개발자로, *Age of Empires* 시리즈를 비롯한 여러 게임들을 만들었다. 그 회사에서 그는 아직 발표되지 않은 게임을 만들거나 온라인 게임에서 치팅을 사용하는 사람들과 싸운다. 여가 시간에는 아이들을 돌보거나, 집을 치우거나, 175 MPH로 달리는 스테이션 웨건을 이상하다고 생각하는 사람들을 설득한다.

Justin Quimby

justin@turbinegames.com

Justin Quimby는 Turbine Entertainment Software의 수석 엔지니어이다. Brown University를 졸업한 그는 지난 5 년 간 여러 *Asheron's Call* 프렌차이즈 비디오 게임들과 *The Lord of the Rings: Middle-Earth Online*을 만들고 상도 수상했다. 현재 그는 어릴 때부터의 꿈이었던

*Dungeons & Dragons Online*을 만들고 있다. MMP 시장을 석권하려는 Turbine의 야망을 돕지 않을 때에는 Zeppelins에 대한 글을 읽거나, Emperor의 이름으로 Orc 군대와 싸우거나, T에 대해 문외한들과 논쟁을 벌인다.

Steve Rabin

steve@aiwisdom.com

Steve Rabin은 10 년 경력의 게임 업계 베테랑으로, 현재는 Nintendo of America에서 일하고 있다. 그는 또한 *Game Programming Gems 1, 2, 3, 4*의 저자인 동시에 *Game Programming Gems 2*의 AI 섹션 편집자 겸 *AI Game Programming Wisdom* 시리즈의 창립자 및 수석 편집자이기도 하며, Game Developers Conference에서는 AI에 관해 강연하기도 했다. 그는 University of Washington에서 로봇공학을 전공하고 컴퓨터 공학 학사 학위를 받았다. 그는 회사를 다니면서 틈틈이 University of Washington에서 전산학 석사 학위를 따기 위해 공부도 한다.

Graham Rhodes

grhodes@nc.rr.com

Graham은 20 년 이상 계산 기하학, 실시간 3차원 그래픽, 물리 등 게임 프로그래밍의 여러 측면들을 경험했다. 현재는 Applied Research Associates, Inc.의 제1 과학자이다. ARA에서 그는 *WorldBook Multimedia Encyclopedia*(CD-ROM에 담긴 Windows 버전)의 여러 교육용 미니 게임들에 쓰인 게임 엔진을 개발했다. 그 미니 게임들 중에는 사용자에게 제어 비행을 가르치기 위한 장난감 글라이더와 비행접시의 실시간 물리 시뮬레이션도 있다. 몇 년 간 Graham은 NASA의 Next Generation Revolutionary Analysis and Design Environment Smart Assembly Modeler(NextGRADE SAM) 개발을 이끌었다. 그는 *Game Programming Gems 2*에 기고했으며 GDC와 XGDC 게임 개발자 회의에도 참석했다. 최근에는 해안 석유굴착기 승무원들을 위한 1인칭 안전 교육 게임의 개발을 주도하기도 했다.

Thomas Rolfes

tr@circensis.com

Thomas Rolfes는 Criterion과 Kuju의 게임 및 기술 팀에서 있했으며, Lionhead에서는 수석 기술 프로그래머로서 엔진과 *Redline Racer Dreamcast, Microsoft Train Simulator, Lotus Challenge PS/Xbox, Black & White 2* 같은 게임들을 만들었다. 그는 독일의 University of Munster와 University of Hagen에서 물리와 전산학 학위를 방았다. 그는 행성 궤도에 대한 책에 참여하기도 했으며, 셰이더 프로그램을 작성하지 않을 때에는 망원경을 만든다.

Greg Seegert

gseegert@alum.wpi.edu

Greg Seegert는 Stainless Steel Studios의 그래픽 프로그래머로, *Empires: Dawn of the Modern World*와 *Empire Earth*를 만들었다. 지저분한 case 문들을 작성하거나, 다른 스레드의 전역 변수를 수정하거나 goto 문들을 작성하면서 시간을 보내지 않을 때에는 Stainless Steel Studios의 상층 간부들에게 최신의 멋진 Nvidia나 ATI 기술 데모를 구현할 시간을 달라고 투정을 부린다. 그는 대부분의 RTS 게이머들이 아직도 가지고 있는 5 년 전의 주류 CPU, GPU들에서 언젠가는 벗어날 수 있을 거라는 희망으로 중고 PC 자선 행사를 벌여 볼까 생각중이다.

Jake Simpson

jmsimpson@maxis.com

Jake Simpson은 사람들에게 그가 실제로 했던 것보다 훨씬 더 오랫동안 게임을 만들어 왔다고 말한다. 1968 년 태어난 그가 1960 년대에 Eliza 개발에 참여했을 리는 없지만, 그래도 그냥 그러려니 하자. 그는 6 년 간 Midway Chicago에서 아케이드 게임들을 만들었으며 (*Revolution X, WWF Wrestlemania, NBA JAM(Nani* 에디션*), Mortal Kombat III* 등), Raven Software에서는 4 년 간 *Heretic II, Soldier of Fortune I & II, Star Trek Voyager: Elite Force, Jedi Knight II* 등에 참여했다. 현재는 Maxis에서 *The Sims 2.0*의 샷건 객체를 만드느라 고생중이다.

Roger Smith

roger@fingersofdeath.com

Roger Smith는 Titan Corporation의 그룹 최고 기술 중역이자 Modelbenders LLC.의 사장이다. 그는 군대를 위한 시뮬레이션 시스템들을 개발하며 시뮬레이션 및 가상 세계 기술들을 위한 유료 강좌도 진행한다. 또한 컨퍼런스, 학술지, 서적을 위한 기술 논문들도 계속 쓰고 있다. 그는 4 년 간 Game Developers Conference에서 튜토리얼을 진행하고 있으며 여러 대학들에서 정규적으로 강의를 한다. 죽음의 손가락(Fingers of Death)에 깔린 개념에 매료된 그는 Don Stoner와 함께 같은 이름의 웹 사이트를 운영하고 있다.

Russ Smith

russ@q12.org

Russ Smith는 관절 강체 동역학의 시뮬레이션을 위한 오픈소스 라이브러리인 Open Dynamics Engine의 작성자이다. Russ는 또한 MathEngine의 게임 업계용 제품들의 핵심부, 이족 보행 로봇 시뮬레이션의 제어, 영화 제작을 위한 가상 캐릭터의 시뮬레이션 등에도 관여했다.

Marco Spoerl

mspoerl@gmx.de

Marco는 Codecult Software의 엔진 프로그래머로서 컴퓨터 그래픽 분야의 전문 경력을 시작했다. 거기서 그는 Codecreatures Game Development System과 Codecreatures Benchmark Pro를 개발했다. 전산학부를 졸업하고 잠시 자유계약 소프트웨어 개발자로 일했던 그는 현재 뮌헨의 Krauss-Maffei Wegmann의 훈련 및 시뮬레이션 부서에서 일하고 있다.

Marc Stamminger

stamminger@cs.fau.de

Marc Stamminger는 University of Erlangen-Nuremberg에서 컴퓨터 그래픽 박사 학위를 받았다. 그의 박사 논문 주제는 전역 조명 계산을 위한 유한요소법이었다. 그 이후 독일 Saarbracken의 Max-Planck-Instutite for Computer Science와 프랑스의 INRIA Sophia-Antipolis에서 박사 후 과정을 마쳤다. 연구 초점을 상호작용적 컴퓨터 그래픽으로 바꾼 후에는 그림자 알고리즘과 점 기반 렌더링을 연구했다. 2002 년에는 독일 Weimar의 Bauhaus University에서 컴퓨터 기반 게이밍에 대한 강의를 했으며, 2002 년 10 월부터는 University of Erlangen-Nuremberg에서 컴퓨터 그래픽 및 가시화 교수로 있다.

Jonathan Stone

jon@doublefine.com

Jonathan Stone은 Atari 800 Basic으로 첫 번째 비디오 게임을 작성했으며, 1992 년부터 전문 게임 프로그래머로 일하고 있다. 최근 출시된 타이틀로는 Blizzard North의 *Diablo II*를 들 수 있다. 현재는 Double Fine Productions에서 Xbox 용 *Psychonauts*를 만들고 있다.

Don Stoner

don@fingersofdeath.com

Don Stoner는 Titan Corporation의 소프트웨어 엔지니어이다. 그는 군대를 위한 시뮬레이션 시스템을 개발한다. 이전에는 시뮬레이션 사건들의 시각화를 위한 도구들과 네트워킹 다중 시뮬레이션을 위한 도구들을 개발했었다. 현재는 Radio Systems Trainers 개발에서 음성 인식 부분을 만들고 있다. 이전에 그는 Army Military Intelligence and Special Forces의 일원으로 전투 작전, 신호 방해, 정찰, 감시 등을 수행했었다. 그는 Dr. Roger Smith에 고용되어서 Fingers of Death 작업에 참여하고 있으며, Roger처럼 그 개념에 점점 빠져들고 있다.

Thomas Strothotte

tstr@isg.cs.uni-magdeburg.de

Thomas Strothotte는 University of Magdeburg의 교수로, 1993 년부터 그래픽 및 상호작용 시스템 학과장을 맡고 있다. 그가 관심있어 하는 연구 주제는 스마트 그래픽, 이미지-텍스트 응집성, 일러스트 렌더링, 비실사 렌더링, 가상 공동체이며, 응용 분야로는 의학 일러스트레이션, 기술 문서화, 컴퓨터 게임에 관심을 가지고 있다. Thomas는 McGill University에서 전산학 박사 학위를 받았다.

Natalya Tatarchuk

natashat35@yahoo.com

Natalya Tatarchuk는 ATI Research, Inc.의 3D Application Research 그룹에서 일하는 경력 소프트웨어 엔지니어이다. 거기서 그녀는 RenderMonkey IDE 프로젝트의 팀장으로 효율적인 실시간 셰이더 개발을 위한 도구들을 개발하고 있다. 그녀는 그래픽 업계에서 6 년 이상 일해왔으며, ATI에 들어가기 전에는 3D 모델링 응용 프로그램과 과학 시각화 일을 했다. Natalya는 *ShaderX2*에 글을 기고했다. Microsoft Meltdown Seatle, GDC, GDC Europe 등에 참석했다. Natalya는 Boston University를 졸업했다.

Pierre Terdiman

pierre.terdiman@novodex.com

Pierre Terdiman은 15 년 이상 컴퓨터 프로그래밍을 해왔으나, 진지한 코딩 인생은 Atari ST의 데모씬에서 시작했다. 그 분야에서 그는 전체화면 프로그래밍의 즐거움을 배웠다(좌절도 겪었다). RAYflect(현재는 EOVIA)에서 Pierre는 주사선 렌더러와 A 버퍼 안티앨리어싱을 맡았다. Pierre의 개인 프로젝트들에는 현재 많은 게임 회사들과 그래픽 회사들이 사용하는 Flexporter와 Opcode 등이 포함된다. 좀 더 최근에는 Elsewhere Entertainment의 차기작 Symbiosis를 위한 물리 엔진을 구현했다. 2001 년에는 웹 용 3차원 기술을 전문으로 하는 회사 Synthetic3를 설립했다. 지금은 NovodeX에 들어가서 고급 충돌 검출 및 물리 라이브러리를 만들고 있다.

Jerry Tessendorf

jerryt@rhythm.com

Jerry Tessendorf는 Rhythm & Hues Studios의 효과 기술 디렉터 및 소프트웨어 개발자이다. 그는 20 년 이상 응용 물 시뮬레이션 소프트웨어를 개발했으며 *Titanic, Waterworld, X2: X-Men United*를 비롯한 여러 영화들의 물 효과 소프트웨어를 책임졌다. 그의 실시간 물 시뮬레이션은 게임과 방위 시뮬레이션 응용 프로그램들에 쓰였다. 물 외에도 그는 구름, 입자, 모발 렌더링을 위한 커스텀 알고리즘과 소프트웨어를 개발했다. 광선 추적, 그래픽의 미분 기하학, 루프 양자 중력 같은 것들에도 관심을 가지고 있다. Jerry는 Brown University에서 물리학 박사 학위를 받았다.

Paul Tozour

ptozour@austin.rr.com

Paul Tozour는 1994 년부터 게임 업계에서 일해왔으며, Red Orb Entertainment, Gas Powered Games, Microsoft Game Studios, Ion Storm을 거쳤다. 현재는 Austin, Texas의 Retro Studios에서 *Metriod Prime* 속편의 AI를 개발하고 있다. Paul은 *Game Programming Gems*와 *AI Game Programming Wisdom* 시리즈에 여러 AI 글들을 썼다.

Joe Valenzuela

jvalenzu@infinite-monkeys.org

Joe Valenzuela는 Activision의 자회사인 Treyarch의 프로그래머이다. 또한 OpenAL의 Linux 구현의 주 작성자이자 관리자이다.

Jim Van Verth

jimvv@redstorm.com

Jim Van Verth는 Red Storm Entertainment의 창립자들 중 하나이다. 거기서 그는 7 년 간 주로 수석 엔지니어로 일하면서 Tom *Clancy's Politika*와 *Force 21* 같은 프로젝트를 수행했다.

Jim은 UNC Chapel Hill에서 과학 시각화와 컴퓨터 그래픽을 공부하고 전산학 석사 학위를 받았다. 그는 바람 많고 황량한 곳에 있는 흉가에서 그의 아내와 딸, 그리고 배고픈 개 50 마리와 함께 산다. 그는 또한 종종 허풍을 떨기로 유명하다 - 사실 개는 한 마리 뿐이다.

Scott Velasquez

scottv@gearboxsoftware.com

Scott Velasquez는 Gearbox Software의 오디오 및 게임 프로그래머로, *Counterstrike: Condition Zero, Nightfire* 개발에 참여했다. 현재는 PC 용 Halo를 마무리하고 있다. Scott는 소트웨어 공학 학사 학위를 가지고 있다. Gearbox에 들어가기 전에는 Cinematix Studios에서 PS2/PC 엔진 개발을 도왔다. Cinematix에 있을 때 그는 오디오 엔진과 다중 관점 카메라 개발을 책임졌으며, 렌더링 시스템에도 관여했다. 일을 하지 않을 때에는 그의 아내와 딸과 함께 시간을 보낸다.

Alex Vlachos

Alex@Vlachos.com, http://alex.vlachos.com

1998 년부터 ATI에서 일해온 Alex Vlachos는 현재 ATI의 3D Application Research 그룹의 간부 엔지니어이며, ATI의 Demo 팀 수석 프로그래머로서 3D 엔진 개발에 주력하고 있다. 그는 PN 삼각형이라고 알려진 N 패치(곡면의 표현 방식으로 Microsoft의 DirectX8의 일부이다)와 TRUFORM을 개발했다. *Game Programming Gems 1, 2, 3, 4*와 Interactive 3D Graphics(I3DG) ACM 심포지엄, *ShaderX, ShaderX2*에 글을 기고했다. Alex는 Boston University를 나왔다.

Tao Zhang

zhangtao@cc.gatech.edu

Tao Zhang은 중국의 Peking University에서 전산학 학사 학위를 받았다. 현재는 Georgia Institute of Technology의 박사 과정을 밟고 있으며, 거기서 컴파일러, 아키텍처, 보안을 열심히 연구했다. 컴퓨터 게임에 매료된 후부터 그는 항상 게임 공동체에 기여하고자 하는 마음을 가지고 있다.

TJ Wagner, *Day 1 Studios*

앞표지는 Day 1 Studios, LLC와 Microsoft Game Studios가 Xbox 비디오 게임 시스템을 위해 개발한 게임 *MechAssault II*의 한 장면이다.

게임 내의 모든 기하구조는 3ds Max로 만들고 그 안에서 커스텀 재질 및 텍스처 플러그인들을 통해서 매핑했다. 그런 후에는 게임 자산들을 익스포트하고 자사의 게임 세계 구축 도구를 이용해서 게임 레벨 안에 배치했다.

MechAssault II 렌더링 엔진은 전적으로 셰이더 주도적 엔진으로, 커스텀 셰이더 컴파일러와 링커를 이용해서 즉석으로 정점 셰이더들을 조합하는 능력을 가지고 있다. 엔진은 다중 패스 법선 맵 조명을 통한 정점 당 조명과 조명 매핑 등 다양한 렌더링 기법들을 사용한다. *MechAssault II*는 또한 가변적인 피사체 심도와 고 동적 대역 조명을 흉내내기 위한 이미지 후처리도 수행한다.

게임 안의 모든 건물들은 플레이어가 동적으로 부술 수 있도록 만들어져 있다. 건물에 피해를 입히면 건물 기하구조가 실시간으로 변형된다. 피해가 매우 심하면 건물이 무너지기도 한다. 건물이 무너지는 시컨스들은 자사의 효과 도구들을 이용해서 디자이너가 스크립트화해 둔 것이다.

표지에 나와 있는 장면은 플레이어가 조정하는 BattleArmor가 VTOL에 매달려 있으며 적 지역으로 하강하기 직전의 모습이다. 하강 케이블은 보석(gem)을 끌어당기고 있다. VTOL을 조종하는 AI 또는 플레이어가 BattleArmor를 건물에 충돌시키는 일이 없도록 빌어보자.

들어가기 전에

Mark DeLoura, madsax@satori.org

*Game Programming Gems 4*의 독자 여러분 반갑습니다! *Game Programming Gems* 시리즈의 이전 책들과 마찬가지로, 이 책은 프로그래머들이 마주치는 매우 다양한 문제들을 탐구합니다. 독자가 지금 마주하고 있는 기술적인 난제는 이미 다른 어떤 사람이 어딘가에서 해결한 것일 수 있습니다. 바퀴를 다시 발명할 필요는 없는 법. 독자가 거인의 어깨에 올라선다면(즉 다른 사람들의 해결책을 사용한다면), 독자 역시 다른 사람에게 어깨를 빌려주는 거인이 될 기회를 가질 것입니다. 다른 사람들의 알고리즘을 확장하고 자신의 성과를 공유하는 것 - 그것이 바로 우리 업계의 성장 방식이며, 독자 스스로가 매일 매일 프로그래밍 과제에 열중할 수 있게 하는 힘이기도 합니다.

독자가 매일 마주치는 난제들을 좀 더 잘 반영할 수 있도록 하기 위해서, 이번 책에서는 게임 물리에 대한 섹션을 독립시켰습니다. 게임 플랫폼들이 좀 더 강력해짐에 따라, 실시간 물리의 구현도 점차 대중화되고 있습니다. 이후의 게임들은 물리를 투명한 방식으로 추가하기 시작할 것입니다. 투명한 방식이란, 그냥 수많은 물체들이 플레이어가 예상하는 대로, 물리적으로 반응하는 것을 말합니다. 그렇게 되면 창발적인 게임플레이의 가능성이 더욱 커지고, 따라서 게임의 재미도 늘어날 것입니다. 예를 들어 무기가 없어도, 의자를 던져서 좀비를 처치할 수도 있겠죠.

이 책에 실린 글들은 1996 년에 출시된 최초의 3차원 대규모 다중 플레이어 온라인 롤플레잉 게임인 *Meridian 59*의 개발자 Andrew Kirmse가 잘 다듬었습니다. Andrew는 현재 LuacasArts의 선임 프로그래머로, 거기서 *Star Wars: Starfighter* 같은 게임들을 만들고 있습니다. 그는 또한 *Game Programming Gems 3*의 네트웍 및 멀티플레이어 섹션을 편집했으며, *Game Programming Gems 1*과 2에도 글을 기고했었습니다.

업계 현황

이 책의 출판을 준비하는 현재, 우리는 차세대 비디오 게임 콘솔들에 대한 정보를 기다리고 있습니다. 차세대 콘솔들을 효과적으로 다루기 위해 배워야 할 기술들은 어떤 것일지 다들 궁금해 하고 있지만, 그 콘솔들이 제공할 새로운 기능들은 아직 미스터리에 싸여 있습니다.

지금의 좀 더 직접적인 관심은 아마도 휴대용 게임 기기들일 것입니다. Nintendo GameBoy 가 나온 지 10 년이 지났지만(여러 가지 버전들이 있었습니다), 작년에야 다른 개발사들도 경쟁력 있는 플랫폼들을 들고 휴대용 게임 기기 시장으로 뛰어들기 시작했습니다. Nokia의 N-Gage Tapwave의 Zodiac, Sony의 PSP, 그리고 Microsoft가 소매 속에 숨기고 있는 그 무엇까지, 핸드헬드 게이밍 시장은 이제 급격한 폭발을 눈앞에 두고 있습니다.

이는 개발사들에게 좋은 시기라 할 수 있습니다. 콘솔 타이틀을 만드는 비용은 상당히 증가되어 위험 부담도 매우 큽니다. 따라서 개발 비용이 적게 드는 또 다른 플랫폼이 생긴다는 것은 절대적으로 이득이 됩니다. 독자가 자취방 개발자라면 더욱 환영할만한 일입니다. 거대 발행사들을 제외할 때, 양질의 게임 하나를 만들기 위해 20 억 원 이상을 투자하는 여력이 있는 회사가 몇 개나 되겠습니까?

게임 제작 비용의 상승은 업계에 몇 가지 바람직하지 않은 문제들을 야기했습니다. 혁신이 점점 줄어든다는 것이 그 대표적인 예입니다. 어쨌든, 발행사들이 위험을 감수하지 않으려고 하는 것을 비난하기는 힘든 일입니다. 몇 십억의 거금을 투자한다면 당연히 안전한 길을 택하려 하겠죠. 그런 경향 때문에 후속작들, 기존 게임의 복제판, 그리고 라이선스 제품들이 매우 많이 나오고 있습니다. 이해하지 못하는 것은 아니지만 그리 탐탁한 것도 아닙니다. 게임 플레이어의 입장에서 생각해 본다면, 같은 종류의 게임을 반복해서 플레이하는 게 그리 즐거운 일은 아닐 테니까요.

그럼 해결책은 무엇일까요? 혁신을 계속하기 위해 우리 모두를 해방시킬 수 있는 길은 무엇일까요? 제가 정답을 가지고 있지는 않지만, 도움이 될만한 생각은 하나 있습니다.

기여

사람들은 왜 개발자들이 *Game Programming Gems* 시리즈에 글을 계속 기고하는지 궁금해 합니다. 이 시리즈에 글을 기고하는 것은 자신의 기술적 전문 지식을 경쟁자들에게 주어버리는 일이 아닐까 하는 것이죠. 사실 다른 분야에서는 이런 일이 없습니다. Coca-Cola®는 자신의 비법을 Pepsi®와 공유하지 않습니다. 그렇다면 우리가 경쟁작들을 만드는 다른 발행사나 개발사들과 우리의 알고리즘을 공유하는 이유는 무엇일까요?

그 점을 이런 각도에서 생각해 봅시다. 게임을 만들 때마다 매번 코드 기반을 새로 작성해야 한다면, 예를 들어 게임 저장 라이브러리를 매번 다시 작성해야 할 것입니다. 그렇게 하고 싶은 사람이 있을까요? 그보다는, 시간과 고통을 줄일 수 있는 방법을 찾는 게 나을 것입니다. 만일 이전에 작성했던 게임 저장 라이브러리를 한 친구에게 줘버렸다면 어떨까요? 시간을 들여 애써 만든 라이브러리를 그냥 줘버리는 게 이상하다고 생각할 수도 있겠지만, 거기에는 그럴만한 가치가 있습니다. 아마 그 친구도 정확히 동일한 문제를 겪고 있었을 것입니다. 그 역시 메모리 조각모음 루틴을 매번 작성하느라 지쳐 있었을 테지요. 그러나 둘이 라이브러리들을 공유한다면 라이브러리를 개발하는 데 걸리는 시간은 반으로 줄어들 것입니다. 해볼만한 가치가 있는 일이 아닐까요?

좀 더 높은 수준에서, 예를 들어 여러분이 발행사에서 일하는 사람이고, 두 개발 스튜디오들을 담당하고 있으며, 그 두 스튜디오가 각자 모든 코드를 처음부터 작성한다고 합시다. 그들이 같은 종류의 저수준 라이브러리들을 다시 작성한다면, 여러분은 그 둘을 결합해서 개발 비용을 줄이고 싶을 것입니다. 한 게임의 기본 루틴들은 게임 자체에 그리 큰 영향을 미치지 않기 때문에, 두 스튜디오가 각자 그런 루틴들을 개발하게 하는 것은 낭비입니다. 개발 스튜디오의 입장에서 보면, 이런 공유는 개발 시간을 절약해서 게임에 새로운 특징과 기능을 추가하는 데 보다 집중할 수 있도록 돕는 것입니다. 그러면 더 좋은, 그리고 더 잘 팔리는 게임이 만들어질 것입니다. 개발사에게 서비스를 제공하고 게임의 이익 일부를 돌려받는 것이 발행사의 일이라고 할 때, 유용한 코드를 제공하는 것 역시 서비스의 일부로 생각할 수 있을 것입니다. 이런 생각은 발행사와 개발사 모두에게 득이 됩니다.

이제 한 단계 더 올라가 봅시다. 게임 업계는 커다란 산업입니다. 게임을 만드는 개발 스튜디오는 천 개가 넘습니다. 천 개의 스튜디오들이 같은 라이브러리를 계속 다시 만들고 있다면 참으로 큰 낭비가 아닐 수 없습니다. STL 같은 라이브러리가 만들어진 이유도 모든 사람의 시간을, 궁극적으로는 돈을 줄이기 위한 것 아니었나요? 만일 스튜디오들이 하나의 추상적인 수준에서 협력할 수 있다면, 각 스튜디오는 자신의 게임을 좀 더 고유하게 만드는 데 더 많은 시간을 사용할 수 있을 것입니다. 모두가 자신의 저수준 코드(이는 시간이 지남에 따라 복잡해지기만 할 뿐입니다)만 작성하고 있다면 창조적인 일을 할 시간이 없을 것이며, 따라서 누구도 혁신적인 게임을 만들 수 없을 것입니다.

공유와 공평한 분배

이런 생각에 반대하는 사람은 없을 것입니다. 그런데 만일 다른 사람이 공유한 코드를 사용해서 이득만 보고, 자기의 것은 공유하지 않으려는 사람들이 있으면 어떻게 될까요? 그러면 시스템 전체가 깨져버립니다. 모두가 그런 생각을 가진다면 컨퍼런스도, 책도, 잡지도, 어떠한 정보 공유도 불가능할 것입니다. 경제가 제대로 돌아가려면 모두가 기여를 해야 합니다.

이는 세금도 마찬가지입니다. 만일 모두가 세금을 내지 않는다면 정부는 붕괴될 것입니다. 도로는 망가지고, 다리는 무너지고, 거리에 눈이 쌓여도 아무도 치우지 않을 것입니다. 각자 자기가 사는 곳을 열심히 치우고 고칠 수는 있겠지만, 그것은 돈을 내고 전문가들에게 일을 맡기는 것보다는 효율성이 떨어지는 일입니다. 우리 모두가 자신의 자원 일부를 기여한다면, 특히 전문가적인 능력을 가지고 있는 부분을 기여한다면, 업계의 모든 전문가들이 기여한 것들로부터 우리 모두가 혜택을 받을 수 있을 것입니다.

세금으로 운영되는 사회에서, 자신의 것을 꼭 쥐고 있는 사람들, 즉 세금을 내지 않는 사람들은 공동체의 재산 일부를 훔치고 있는 것과 같습니다. 내가 세금을 내지 않으면 부족한 부분을 채우기 위해 다른 누군가가 세금을 더 내야 합니다. 게임 개발 공동체도 마찬가지입니다. 여러분은 공동체의 각 일원으로부터 약간의 지혜를 제공받고 있습니다. 여러분이 예를 들어 훌륭한 메모리 카드 라이브러리를 가지고 있는데 그것을 기여하지 않는다면, 여러분에게 지혜를 나눠준 모든 사람들은 그 라이브러리를 작성하느라 자신의 시간을 낭비할 것이며, 결과적으로 여러분은 모든 사람들로부터 조금씩의 시간을 훔치고 있는 셈이 됩니다. 이런 상황이라면 이 업계에 혁신이 부족하다고 불평할 수 있는 사람은 아무도 없을 것입니다. 여러분 자신이 다른 모두에게 메모리 카드 라이브러리를 직접 작성하라고 강요하고 있으니, 그들이 혁신을 위해 사용할 시간이 없는 것도 당연한 일이죠.

지금까지 공유 경제의 작동 방식과 그것이 우리 개발 공동체에서 왜 그렇게 중요한지를 간략하게 이야기했습니다. 공동체에 기여하는 각 개인은 다른 모두의 아이디어들로부터 혜택을 얻을 뿐만 아니라 공동체로부터 긍정적인 피드백을 받는다는 점도 중요합니다. 피드백은 코드의 개선점이라던가, 약간의 명성, 심지어는 돈일 수도 있습니다.

물론 다른 사람과 공유할 수는 없는, 업무상 기밀에 속하는 정보도 물론 있을 것이고, 그런 것을 공유하지 않는 것은 이해할만한 일입니다. 예를 들어 엄청난 픽셀 셰이더를 개발했다면 그것을 사용한 게임을 출시하기 전까지 그 기법을 공유하지 않는 것도 이해할만한 일입니다. 그러나 일단 게임이 출시되면 그 기법은 게임을 분석하고자 하는 사람이면 누구에게도 열려진 것임을 생각해야 합니다. 시간이 지남에 따라, 개발자들이 공유하고자 하는 기법들의 양이나 질, 복잡도는 점점 증가하며, 그러다 보면 이 책, *Game Programming Gems* 시리즈의 네 번째 책과 같은 책들이 나오게 됩니다. 이는 전 세계의 수많은 사람들이 GPG 시리즈가 존재함을 알고 있기 때문입니다. 지금까지 이 시리즈에는 미국, 캐나다, 잉글랜드, 프랑스, 독일, 스위스, 호주, 브라질을 비롯한 많은 국가의, 200 여명의 사람들이 글을 기고해 왔습니다. 공유 경제가 많은 사람들에게 효과가 있음은 분명한 일입니다.

게임 개발 공동체에 여러분이 무엇을 기여할 수 있을지 항상 고민합시다. 방법은 많습니다. 이 시리즈에 글을 기고할 수도 있고, 잡지 기사를 쓰거나 책을 쓸 수도 있고, 또는 여러분의 웹 사이트에 글을 올릴 수도 있으며, 아니면 여러분의 최신 게임의 소스 코드를 공개할 수도 있습니다. 그냥 가만히 있는 것보다는 정보를 공유할 때 더 많은 것을 얻을 수 있을 것입니다. 우리는 다른 사람의 아이디어를 읽으면서 전산학을 배웁니다. 우리의 후배 게임 개발자들 역시 그런 식으로 게임 제작 기법들을 배울 것입니다. 그들이 매번 바퀴를 다시 발명하지 않아도 된다면, 혁신을 위한 시간을 가질 수 있을 것이며, 그러면 우리 모두가 즐길 수 있는 새로운 체험을 만들어낼 것입니다. 게임 플레이어로서의 우리 모두가 바라는 일이 바로 그것 아닌가요?

서 문

Andrew Kirmse, *LucasArts Entertainment*
Companyark@alum.mit.edu

지난 몇 년 간 게임 개발에 대한 실용적인 서적들이 쏟아져 나왔습니다. 그런 현상을 만들어낸 주된 이유는 아마 *Game Programming Gems* 시리즈의 성공일 것입니다. 이번 책을 포함한 **GPG** 시리즈는 전문 게임 개발자들이 자신의 비법을 자기 회사 바깥에 있는 사람들과 상세하게 공유할 수 있는 몇 안 되는 장소입니다. 이 책을 통해서 오늘날 가장 진보한, 그리고 가장 잘 팔리는 게임들의 화면 뒤에 숨어 있는 비법을 만나게 되길 바라며, 그 비법들을 독자의 게임에도 적용하길 희망합니다.

실용적인 책을 만든다는 것은, 즉시 사용할 수 있는 최신 지식과 몇 년 후에 빛을 발할 통찰 사이의 균형을 맞추는 일입니다. 게임 개발은 매우 전문화되고 있기 때문에, 일곱 섹션들의 글들을 선택하고 편집하는 일을 우리는 다음과 같은 업계 전문가들에게 위임했습니다.

- **프로그래밍 일반**: Chris Corry, LucasArts Entertainment Company
- **수학**: Jonathan Blow
- **물리**: Graham Rhodes, Applied Research Associates, Inc.
- **인공지능**: Paul Tozour, Retro Studios/Nintendo
- **그래픽**: Alex Vlachos, ATI Research, Inc.
- **네트웍 및 멀티플레이어**: Pete Isensee, Microsoft
- **오디오**: Eddie Edwards, Sony Computer Entertainment Europe

이 책에서 처음 마련된 물리 섹션은 여러 게임들에서 실시간 물리 시뮬레이션 및 동역학의 중요성이 높아졌음을 반영한 것입니다. 예전에는 물리가 비행 시뮬레이션과 자동차 경주 게임에만 쓰였지만, 지금은 차량이나 관절 캐릭터가 나오는 대부분의 게임들에서 중요한 구성요소가 되고 있습니다. 이 섹션의 글들은 "게임 프로그래머를 위한 물리 입문"에서부터 실시간 변형의 최근 진보에 이르기까지 다양한 주제를 포괄하고 있습니다.

물리 섹션 외에도, 이 책에서 처음인 것들이 더 또 있습니다. 첫 번째 여성 저자(축하합니다!)가 등장했으며, 학계의 좀 더 커다란 기여가 있었고, 그래픽에서는 현대적인 하드웨어의 픽셀 셰이더와 정점 셰이더에 근거한 기법들이 등장했습니다. 이 책의 원색화보들을 첫 번째 *Game Programming Gems*의 것들과 비교해 보면 이 분야가 얼마나 빠르게 발전하고 있는지 느낄 수 있을 것입니다. 특히 활발한 연구가 진행되는 분야는 그림자로, 이 책의 그래픽 섹션에도 새로운 그림자 기법들이 나와 있습니다. 또한 하드웨어 기능들에 모든 관심이 집중되어 있는 와중에도, 약간의 현명함만으로 매우 흥미로운 시각적 효과를 얻을 수 있는 기법들에 관한 글들도 실려 있습니다.

이 책을 활용하는 방법

우리는 독자의 책장이 아니라 책상 위에 계속 놓여 있을 책을 만들고자 노력했습니다. 독자가 새로운 문제에 마주쳤다면, 우선 그것이 이미 해결된 문제는 아닌지 살펴보십시오. 많은 경우 부록 CD-ROM의 코드를 적절히 적용할 수 있을 것이며, 그대로 가져다 쓸 수도 있을 것입니다. 독자가 어떤 특정 영역의 전문가라면 아마 그 영역의 글들부터 읽을 것입니다. 그러나 다른 섹션들(특히 "프로그래밍 일반")에도 독자의 게임에 남아 있는 거슬리는 문제의 해법이 들어 있을 수 있습니다. 또한 다음 프로젝트에서 다른 분야의 일을 맡게 된다면 이 책으로 돌아와서 해당 섹션들을 읽어보십시오.

각 섹션의 글들은 대체로 복잡성이 증가하는 순서로 배치되어 있습니다. 숙련된 개발자라도 앞부분의 글들에서 도움을 얻을 수 있을 것이며, 초보자라면 뒷부분의 글들이 필요한 때가 올 것입니다. 각 섹션의 글들은 뒤로 갈수록 해당 주제에 대한 지식을 더 많이 요구하며 수학적 복잡도 역시 증가합니다. "수학" 섹션과 "물리" 섹션의 경우에는 선형 대수에 대한 지식이 특히 유용하며, 몇몇 글들은 기본적인 적분, 미분 방정식, 수치 해법들을 사용합니다.

시리즈의 이전 책들에 비해 이번 책은 그 범위가 확장되었기 때문에, 이전과는 다른 언어들과 써드파티 API들을 사용하는 글들도 생겼습니다. 대부분의 코드는 여전히 C++로 작성되었지만 몇몇 인터프리터 언어들(Java, 파이썬)도 등장했습니다. 그래픽 글들은 OpenGL, DirectX, 그리고 여러 가지 셰이더 언어들을 자유로이 사용합니다. 우리는 핵심 기법들을 특정 API에 국한되지 않는 방식으로 서술하려고 노력했습니다.

완전한 원을 떠올리며

몇 년 전에 게임 개발 일을 시작한 사람이라면 게임 만들기에 대한 흥미를 촉발시킨 순간을 기억하고 있을 것입니다. 제 경우는, 초등학교 6 학년 때 "삼각함수"라는 일종의 마법을 이용해서 컴퓨터 화면에 하나의 원을 그릴 수 있음을 알게 되었을 때가 바로 그런 순간이었습니다. 그런 순간 이후 저는(아마 독자도) 이제는 너덜너덜해졌을 책들, 예를 들면 Knuth의 *The Art of Computer Programming*, Sedwick의 *Algorithms*, *Graphics Gems* 시리즈, 또는 Foley와 van Dam의 *Computer Graphics*에 있는 브레젠햄(Bresenham) 원 그리기 알고리즘 설명을 읽으면서 조금씩 성장을 했습니다. 몇 년 전 어떤 면접에서 원 그리기 알고리즘을 유도해 보라는 질문을 받았을 때, 저는 6 학년 때 Atari 800에서 원을 그렸던 순간을 따뜻한 마음으로 떠올렸습니다.

독자가 게이밍 전문가라면, 이 책이 그런 경이로운 감정을 다시 깨우길 희망합니다. 지금 막 시작한 개발자라면, 평생의 직업과 탐험을 촉발시킬 아이디어를 찾길 희망합니다.

부록 CD에 대해

책의 **CD-ROM**에는 본문에서 언급된 모든 코드가 들어 있다. 코드가 포함된 글들은 다음과 같다.

- 1.2 HTML 기반의 로깅 및 디버깅 시스템
- 1.3 클럭: 게임의 심장 박동
- 1.5 자유목록 템플릿을 이용한 메모리 단편화 해결
- 1.6 C++ 일반 트리 컨테이너
- 1.7 약한 참조와 널 객체의 미덕
- 1.8 게임 개체 관리를 위한 시스템
- 1.9 Windows와 Xbox를 위한 주소 공간 관리식 동적 배열
- 1.10 임계 감쇠식 가속/감속 평활화
- 1.11 유연한 즉석 객체 관리자
- 1.12 커스텀 RTTI 속성을 이용한 객체 스트리밍과 편집
- 1.13 속도를 희생하지 않고 XML 사용하기
- 2.1 메르센느 트위스터를 이용한 조브리스트 해시
- 2.2 절두체와 카메라 정보 추출
- 2.3 커다란 세계 좌표의 정밀도 문제 해결
- 2.4 비균일 스플라인
- 2.5 공분산 행렬을 이용해서 좀 더 잘 들어맞는 경계입체 만들기
- 2.6 역기구학을 위한 야코비 전치법
- 3.1 죽음의 열 손가락: 전투 무력화 알고리즘들
- 3.3 벌레뜨 기반 물리 엔진 작성
- 3.4 강체 동역학의 구속조건들
- 3.5 동역학 시뮬레이션을 위한 빠른 접촉 줄이기
- 3.6 상호작용적인 수면
- 3.7 다층 물리를 이용한 빠른 변형
- 3.8 빠르고 안정적인 변형을 위한 양상 해석
- 4.3 NPC 의사결정: 무작위성 다루기

- 5.2 닫히지 않은 메시를 위한 GPU 그림자 입체 구축
- 5.3 원근 그림자 맵
- 5.4 결합된 깊이 및 ID 기반 그림자 버퍼
- 5.7 실시간 망점처리: 빠르고 간단한 양식화된 셰이딩
- 5.8 3차원 모형에 팀 색상을 적용하는 기법들
- 5.10 표본화된 장면 휘도를 이용한 동적 감마 보정
- 5.15 지평선을 이용한 지형 차폐 선별
- 6.2 서버 당 수천의 클라이언트들
- 6.4 클라이언트-서버 환경에서 병렬 상태기계의 실용적인 적용 방법
- 6.5 비트 패킹: 한 가지 네트웍 압축 기법
- 7.3 동적 변수와 오디오 프로그래밍
- 7.4 오디오 스크립팅 시스템 만들기
- 7.5 EAX와 ZoomFX를 이용한 환경 음향 솔루션 구현

또, 이 예제 코드의 링크에 필요한 써드파티 라이브러리들의 복사본도 수록되어 있다.

*www.GameProgrammingGems.com*에는 정오표, 갱신을 포함한 이 책에 대한 좀 더 자세한 정보가 있다.[3]

시스템 요구사항

Windows: Intel Pentium-시리즈, AMD Athlon 또는 그 이후의 프로세서 권장. Windows 98 (64MB RAM) 또는 Windows 2000 (128MB RAM) 또는 그 이후 필수. 최적의 성능을 위해서는 3D 그래픽 카드를 권장함. DirectX 9와 GLUT 3.7 또는 그 이상 필수.

Linux: Intel Pentium-시리즈, AMD Athlon 또는 그 이후의 프로세서 권장. Linux 커널 2.4.x 또는 그 이후 필수. 32MB RAM 권장. 최적의 성능을 위해서는 3D 그래픽 카드를 권장함. XFree86 4.0, GLUT 3.7, OpenGL 드라이버, glibc 2.1 또는 그 이후 필수. 3D 하드웨어 지원 대신 Mesa를 사용할 수도 있음.

---

3) 역주: 번역서에 대해서는 www.gpgstudy.com을 참고하시길

Section 1
프로그래밍 일반

Chris Corry, *LucasArts*

게임 개발자 두 명을 한 방에 몰아넣고 이야기를 시켜보면 아마 많은 부분에서 의견이 일치하지 않는다는 점을 알게 될 것이다. 게임 업계의 프로그래머들에게서는 독불장군식이나 자기주장이 뚜렷한 반골 기질을 많이 발견할 수 있다. 만일 모든 게임 프로그래머들의 의견이 일치하는 지점이 있다면, 그것은 컴퓨터 및 비디오 게임을 만드는 일이 결코 쉬워지지는 않으리라는 점일 것이다. 쉬워지기는커녕 한 해 한 해 지날수록 게임은 오히려 점점 더 복잡하고 기술적으로 난해해질 뿐이며, 게임의 복잡성에 대한 관리가 오늘날의 게임 프로그래머에게 가장 큰 난제 중 하나가 되었을 정도이다. 그래서 많은 게임 프로그래머들이 오락 업계 외부에서 비롯된 소프트웨어 개발 분야의 혁신들을 받아들이고 있는 것도 놀랄 일은 아니다. 또한 그런 경향이 이 책의 프로그래밍 글들에 반영된 것 역시 놀랄 일은 아니다.

그런 경향에 대한 명백하고도 널리 퍼진 예라면 콘솔과 PC 게임 개발에서의 C++ 사용을 들 수 있다. 몇 년 전만 해도 콘솔 게임을 C++로 작성한다고 하면 회의와 냉소를 받기 쉬웠지만, 이제는 그렇지 않다. C++를 그냥 "좀 더 나은 C" 정도가 아닌, 게임의 아키텍처와 기술적 설계의 모든 측면에 심대한 영향을 미치는 완전한 수준의 객체지향 프로그래밍 언어로써 사용하는 프로그래머들이 점점 더 많아지고 있다. 물론 게임 프로그래머에게 속도는 여전히 최상의 가치이며 그래서 순수한 C나 어셈블리, 심지어는 마이크로코드까지 파고들 필요성이 완전히 사라지지는 않겠지만, C++를 이용한 견고한 객체지향적 설계와 좋은 성능이 양립할 수 없는 것은 아니라는 깨달음이 점점 전파되고 있는 것도 사실이다. 이 섹션의 대부분의 저자들도 그런 깨달음을 바탕에 깔고 있다.

이러한 현상이 C++의 객체지향적 프로그래밍에만 그치는 것은 아니다. 템플릿 메타 프로그래밍, STL, UML, 설계 패턴 등 게임 업계에서 그리 환영받지 못했던 많은 기술들과 방법론들이 어느새 우리들 사이에 침투해서, 아주 오래 전부터 게임을 만들어 온 개발자들까지도 그런 기술들을 받아들이고 있다. 이 섹션에는 그런 기술들과 도구들을 언급하는 글들이 많다. 우리가 그런 새로운 기술들에 좀 더 익숙해지고 정통하게 된다면, 그런 기술들은 게임 프로그래밍에서 필수적이고 당연한 도구들로 자리 잡을 것이다.

게임 업계에는 재미있고 새로우며 독특한 것들이 매우 많다. 주로는 우리가 하는 일이 바로 재미를 위한 상품을 만드는 것이라는 데서 그 이유를 찾을 수 있겠지만, 다른 업계에 비해 게임 업계에서는 최신의 하드웨어 및 소프트웨어 기능을 경험할 기회가 풍부하다는 점도 좋은 이유가 될 것이다. 수많은 기술적 혁신들로 가득 찬 게임 업계이다 보니, 게임 개발 공동체에서 상세히 조사된 적이 없는 "외부"의 기술들을 게임 개발자들이 편협하고 의심스러운 시선으로 바라보는 것도 그리 놀랄만한 일이 아니다.

그러나 이제는 그런 태도를 버려야 하지 않을까? 게임 업계 바깥의 소프트웨어 개발자들 역시 우리가 매일 마주치는 것과 정확히 동일한 문제들을 겪곤 한다. 2, 3 년짜리 프로젝트를 진행하는 동안 쉽게 개선할 수 있는 유연한 파일 형식을 어떻게 만들 것인가? 커다란 자료를 메모리에 효율적이고도 빠르게 로드하려면 어떻게 해야 할 것인가? 설계 상의 의사결정과 프로그래밍 상의 의사결정의 분리를 극대화하고 그럼으로써 사용자 친화적인 도구를 만들어 궁극적으로는 고품질의 내용 생성에만 집중할 수 있으려면 어떻게 할 것인가? 이런 문제들을 고민하는 것이 게임 업계만은 아니다. 눈을 외부로 조금만 돌리면 얼마든지 많은 것을 배울 수 있다. 기업 소프트웨어 개발을 전문으로 다루는 잡지라던가 UML, Java, SQL 데이터베이스의 활용에 대한 간행물을 하나 집어 들고 읽어보라. 아마 놀랄 것이다.

1.1 게임 디버깅의 과학

Steve Rabin, *Nintendo of America Inc.*
steve@aiwisdom.com

게임이든 다른 분야이든, 소프트웨어를 디버깅한다는 것은 쉬운 일이 아니다. 숙련된 프로그래머라면 아주 어려운 버그도 쉽게 식별하고 수정할 수 있겠지만, 초보자들한테는 그런 것들이 당황스럽고도 극복할 수 없는 과제일 수 있다. 더욱 골치 아픈 것은, 버그의 근원을 찾을 수 있을지 그리고 찾는 데 얼마나 걸릴지 미리 알 수 없다는 점이다. 요령은 당황하지 말고 체계적인 방식으로 버그 찾기에 집중하는 것이다. 이 글에 나오는 기법과 지식으로 무장한다면 아무리 어려운 버그라도 물리칠 수 있을 것이다.

이 글에서 제시하는 5 단계 디버깅 공정을 이용한다면 까다로운 디버깅 과제를 단순화할 수 있다. 버그를 찾고 식별하는 데 걸리는 시간을 최소화하기 위해서는 잘 정의된 공정을 규율 있게 밟아나갈 필요가 있다. 특별히 어려운 버그에 접근할 때에는 좀 더 전문적인 요령들이 필요한데, 이를 위해 이 글에서는 경험을 통해 검증된 몇 가지 가치 있는 비법들도 제시한다. 그리고 여러 가지의 골치 아픈 디버깅 시나리오들도 제시한다. 이를 통해서 특정 버그 패턴을 다룰 때 무엇을 해야 하는지 이해할 수 있을 것이다. 게임의 디버깅에는 좋은 도구들이 필수적이다. 그래서 이 글에서는 게임 프로그래밍에 고유한 디버깅 상황에서 도움이 되는 게임 내 디버깅 도구들도 이야기한다. 마지막으로, 애초에 버그를 만들지 않도록 하기 위한 몇 가지 간단한 기법들도 살펴본다.

5 단계 디버깅 공정

전문적인 프로그래머들은 가장 어려운 버그도 빠르고 능숙하게 추적하는 초인적인 능력을 가지고 있다. 그들이 문제의 원인을 본능적으로 알아내는 모습을 보면 경외심마저 일 정도이다. 그런 특별한 재능에는 경험이 큰 역할을 하겠지만, 그런 프로그래머들의 경우 가능한 원인들을 조사하고 좁혀나가는 하나의 체계적인 방법을 몸에 익히고 있다는 점 역시 간과해서는 안 된다. 다음의 5 단계 공정은 그러한 체계를 재현하기 위한 것으로, 독자가 버그를 방법론적이고 집중된 방식으로 추적해 나가는 데 도움이 될 것이다.

단계 1: 문제를 일관되게 재현한다

어떤 버그이든, 중요한 것은 버그를 일관되게 재현할 수 있어야 한다는 점이다. 무작위로 나타나는 버그를 교정하는 것은 매우 어려운 일이며, 시간 낭비가 될 가능성이 크다. 거의 모든 버그들은 정확한 상황이 주어지면 일관되게 발생하므로, 독자나 테스팅 부서의 일차적인 과제는 그런 정확한 상황을 밝혀내는 것이다.

테스터가 "플레이어가 적을 죽였을 때 가끔 게임이 다운됩니다." 같은 보고를 했다고 하자. 이런 종류의 버그 보고는 너무 애매하다. 특히, 일관되게 발생하는 것 같지 않은 버그의 경우에는 훨씬 더 상세한 보고가 필요하다. 플레이어가 적을 죽이는 것은 당연하고도 흔한 일이므로, 그게 게임이 폭주(crash)하는 주된 원인은 아닐 것이다.

재현이 복잡한 버그의 경우 "재현 단계(repro step)"들을 상세하게 작성할 수 있다면 디버깅에 큰 도움이 된다. 예를 들어 다음의 재현 단계들은 앞의 버그 보고에 비하면 훨씬 나은 정보이다.

재현 단계:

1. 단일 플레이어 게임을 시작한다.
2. 맵 44에 대해 Skirmish를 선택한다.
3. 적 주둔지를 찾는다.
4. 원거리 무기를 이용해서 주둔지의 적들을 공격한다.
5. 결과: 90 퍼센트의 확률로 게임이 다운된다.

테스터가 이러한 재현 단계들을 작성한다면 다른 사람들도 해당 버그를 쉽게 재현할 수 있다. 버그의 재현 이외에도, 버그로 이어지는 일련의 사건들을 추적하고 기록하는 것이 중요한 이유는 더 있다. 세 가지를 들 수 있는데, 첫 번째로, 이러한 정보는 버그의 발생 원인에 대한 가치 있는 단서이다. 두 번째로, 이러한 정보는 버그 수정 이후 버그가 정말로 제거되었는지를 점검하는 데에도 유용하다. 세 번째로, 이후에 같은 버그가 다시 나타나지는 않는지를 검사하는 회귀 검사에 사용할 수 있다.

이러한 정보가 버그의 직접적인 원인을 말해 주는 것은 아니지만, 일단은 버그를 일관되게 재현하는 것이 중요하다. 버그가 발생하는 상황을 정확히 식별했다면, 다음으로 할 일은 유용한 단서들을 수집하는 것이다.

단계 2: 단서 수집

버그를 재현할 수 있게 되었다면 다음으로는 단서들을 수집해야 한다. 단서는 가능한 원인들 중 가망이 없는 것들을 제거하는 역할을 한다. 단서들을 충분히 모으면 버그의 원인이 명백해지므로, 모든 단서들을 추적하고 단서들이 뜻하는 바를 이해하는 데 노력을 집중해야 한다.

여기서 한 가지 명심해야 할 것은, 수집한 단서가 오해를 부르거나 부정확할 수도 있다는 점이다. 잘못하면 아무 문제없는 코드를 살펴보느라 시간을 낭비할 수도 있다. 그런 일을 방지하려면, 주어진 단서가 다른 단서나 사실들과 모순되지는 않는지 점검해야 한다.

앞의 버그 보고 예를 계속 살펴보자. 게임은 특정한 적 주둔지에 대한 원거리 공격 도중에 폭주한다. 따라서 원거리 무기나 적과의 거리 등을 조사해 보고 싶은 마음이 들 것이다. 그러나 성급하게 그런 피상적인 단서에 집착하는 것은 좋지 않다. 해당 상황을 좀 더 자세히 살펴보고 게임이 정확히 어떻게 폭주하는지를 조사할 필요가 있다. 좀 더 확실한 증거가 필요하다.

상황을 좀 더 살펴본다면, 예를 들어 화살이 적에 닿았을 때 게임이 폭주한다는 사실을 알게 될 수도 있다. 이 때 화살 객체에 대한 코드를 디버깅해 보면 예를 들어 화살 객체가 잘못된 포인터를 역참조하며, 그 포인터는 화살을 쏜 캐릭터를 가리켜야 하며, 그 포인터를 통해 해당 캐릭터에 접근해서 해당 캐릭터의 경험치를 증가시켜야 한다는 등의 좀 더 구체적인 단서들을 찾아낼 수 있을 것이다. 그 정도까지 밝혀냈다면 버그의 원인을 찾은 것이라고 생각할 수도 있겠지만, 진정한 원인은 아직 드러나지 않았다. 애초에 잘못된 포인터가 왜 생겼는지를 밝혀야 한다.

단계 3: 오류 지적

단서들을 충분히 모았다면, 다음으로는 오류를 찾고 지적하는 데 집중한다. 방법은 크게 두 가지이다. 첫 번째는 버그의 원인에 대한 가설을 만들고 그 가설을 증명 또는 반증하는 것이다. 두 번째는 분할정복이라는 좀 더 방법론적인 방식을 사용하는 것이다.

방법 1: 가설과 증명

버그를 일으킨 원인이 무엇인지 구체적으로 서술한 것이 바로 가설이다. 그런 가설을 만들었다면, 증명 또는 반증할 검증 과정을 설계한다.

이 예의 경우 다음과 같은 단서들과 게임 디자인 상의 사실들이 주어져 있다.

- 화살을 쏘았을 때, 화살 객체에는 그것을 쏜 캐릭터를 가리키는 포인터가 설정된다.
- 화살이 적에 맞았으면 화살을 쏜 캐릭터에게 보상이 주어진다.
- 보상을 위해 포인터를 역참조할 때 게임이 폭주한다.

화살이 날아가는 도중에 가끔 포인터가 깨진다는 가설을 세웠다고 하자. 그런 다음에는 이 가설을 증명 또는 반증하기 위한 검증 방법을 설계하고 자료를 수집해야 한다. 한 가지 검증 방법은, 화살을 쏘았을 때 화살의 발사자 포인터를 어떤 저장소에 보존해 두고, 게임이 폭주했을 때 화살이 가지고 있는 포인터와 보존된 포인터를 비교하는 것이다. 그것이 다르다면 화살이 날아가는 도중에 포인터가 깨진 것이다.

만일 둘이 같다면 가설은 틀린 것이다. 그렇다면 또 다른 가설을 만들어서 시험해 볼 수도 있고, 아니면 단계 2로 돌아가서 단서들을 좀 더 수집할 수도 있다. 여기서는 또 다른 가설을 만든다고 하자.

화살의 발사자 포인터가 깨지지 않는다면(이것 자체가 새로운 단서이다), 화살이 발사된 후 그리고 적에 도달하기 전에 발사자가 소멸되었을지도 모른다. 이러한 가설을 점검하기 위해, 적 주둔지 안에서 죽은(그리고 메모리에서 제거된) 모든 캐릭터들의 포인터를 보존해 두고, 게임이 폭주했을 때 그 포인터들을 화살의 잘못된 포인터와 비교해본다. 만일 화살의 잘못된 포인터에 일치하는 죽은 캐릭터 포인터가 존재한다면 가설이 맞는 것이다. 즉 화살이 날아가는 동안 그것을 발사한 캐릭터가 소멸되었기 때문에 잘못된 포인터가 생긴 것이다.

방법 2: 분할 정복

두 가지 가설을 통해 버그를 찾아낸 앞의 사례는 분할 정복(divide and conquer)이라는 개념도 보여준다. 포인터가 문제라는 것은 알았지만, 포인터가 잘못된 값으로 변한 것인지 아니면 어떤 사건에 의해 무효화된 것인지는 밝히지 못했다. 그리고 첫 번째 가설을 점검함으로써 그 두 가능성 중 하나를 제거할 수 있었다. 셜록 홈즈가 말한 대로, "불가능한 것을 모두 제거하고 나면, 설사 증명할 수는 없다고 해도 남은 하나가 바로 진실이다."

분할 정복 방법은 그냥 실패의 지점을 식별하고, 거기서부터 입력들을 통해 오류의 근원으로 역추적해 들어가는 것이라고 할 수도 있다. 게임이 폭주하지는 않는 버그의 경우, 초기의 오류가 전파되어서 궁극적으로 실패를 야기하는 어떤 특정한 지점이 존재한다. 그 초기 오류를 찾기 위해서는, 모든 입력 경로들에 대해 중단점(조건부 중단점이든 일반 중단점이든)들을 설정하고, 그 중단점들을 점검해서 출력을 깨뜨리는, 따라서 버그를 발생시키는 하나의 입력을 집어내는 방법이 흔히 쓰인다.

실패의 지점에서 역추적해 들어갈 때에는 지역 변수들이나 스택의 상위에 있는 함수들에서 뭔가 이상한 것이 있는지 살펴봐야 한다. 게임이 폭주하는 버그의 경우에는 NULL 값이나 극단적으로 큰 값들에 주목할 필요가 있다. 부동 소수점 관련 버그라면 NAN이나 스택 상의 좀 더 위쪽에 있는 매우 큰 값들을 살펴봐야 할 것이다.

어쨌든 증거들로 여러 가능성들을 추측하고, 가설을 시험하고, 또는 체계적인 검색을 통해서 수상한 부분을 추적하다 보면 언젠가는 문제를 발견할 것이다. 이 단계에서는 스스로를 믿고, 침착하게 빈틈없이 원인을 추적하는 것이 핵심이다. 이후에 이 단계에서 사용할 수 있는 좀 더 구체적인 기법들을 이야기하겠다.

단계 4: 문제 고치기

버그의 진정한 원인을 식별했다면 그에 대한 해결책을 고안하고 구현해야 한다. 그런데 그러한 버그 교정(fix)은 프로젝트의 진행 단계에도 적합해야 한다. 예를 들어 개발의 후반부에서는 버그 하나를 잡기 위해 내부적인 자료구조나 아키텍처를 변경하는 것이 비합리적일 수 있다. 개발 단계에 따라서는, 구현할 교정의 종류에 대해 수석 프로그래머나 시스템 아키텍트가 결정을 내릴 필요가 있다. 중대한 시기에서, 개별 엔지니어(신참이든 경력이 좀 붙었든)들은 숲을 보지 못하고 잘못된 결정을 내리곤 한다.

버그 교정은 버그가 있는 코드를 작성한 바로 그 프로그래머가 구현하는 것이 이상적이다. 그게 불가능한 경우라도, 코드에 손대기 전에 코드의 원저자와 교정을 논의하는 정도는 해야 한다. 그러면 비슷한 문제에 대해 이전에 행해진 시도들 및 새 해결책에 의해 발생할 수 있는 새로운 문제들에 대해서 어느 정도 감을 잡을 수 있다. 맥락을 충분히 이해하지 않고 다른 사람의 코드를 변경하는 것은 위험한 일이다.

앞에서 말한 게임 예를 계속 이어나가자면, 문제의 근원은 더 이상 존재하지 않는 객체를 가리키는 잘못된 포인터였다. 이런 종류에 대한 한 가지 좋은 해결책은, 애초부터 잘못된 포인터에 의한 문제가 발생하지 않도록 하는 또 다른 간접층을 추가하는 것이다. 이를 위해 포인터를 직접 다루지 않고 핸들을 사용하는 방법이 흔히 쓰인다.

그러나 포인터 대신 핸들을 도입한다는 것은 상당한 코드 구조의 변화를 필요로 하는 일이어서, 만일 어떤 이정표나 중요한 데모의 준비가 코앞에 닥친 경우라면 일반적인 해법 대신 당면 문제에 특화된 좀 직접적인 교정(발사자가 삭제되었을 때 그에 대한 화살의 포인터를 무효화하는 등)을 구현하고 싶을 것이다. 그런 종류의 임시방편을 구현했다면, 이후에 다시 고려할 수 있도록 그 사실을 기록해둘 필요가 있다. 그런 종류의 임시방편을 그대로 놔두었기 때문에 몇 달 후에 더 큰 문제가 발생하는 일도 흔하다.

버그를 발견하고 교정했다고 일이 끝난 것은 아니다. 동일한 문제가 다른 방식으로 드러나지는 않는지 점검해 보는 것도 매우 중요하다. 시간이 더 걸리긴 하겠지만, 특정한 하나의 현상이 아니라 근본적인 버그가 고쳐졌는지를 확인할 수 있다는 점에서 가치가 있는 일이다. 앞의 게임 예라면 화살 이외의 다른 발사 무기에 대해서도 같은 점검을 해야 할 것이며, 더 나아가서 꼭 무기가 아니라도 삭제될 수 있는 객체의 포인터를 다른 객체가 참조하는 부분은 모두 점검할 필요가 있을 것이다. 그런 점검을 통해서, 구현된 해결책으로 해결한 것이 특정한 증상이 아니라 핵심적인 문제의 원인임을 확인해야 할 것이다.

단계 5: 해결책의 검사

해결책을 구현한 다음에는 그것으로 실제로 버그가 수정되었는지 확인하기 위한 검사를 수행해야 한다. 첫 번째로 할 일은, 원래의 재현 단계들을 다시 밟아서 버그가 더 이상 나타나지 않음을 확인하는 것이다. 해결책을 구현한 프로그래머뿐만 아니라 테스터 등 다른 사람이 개별적으로 같은 확인 절차를 밟게 하는 것도 좋은 생각이다.

두 번째로 할 일은, 해결책에 의해 다른 어떤 버그가 생기지는 않았는지 확인하는 것이다. 게임을 충분한 시간동안 실행해서 해결책이 다른 부분에는 영향을 주지 않았음을 확인해야 한다. 버그 하나를 고쳤더니 다른 시스템들이 깨지는 일은 드물지 않으며, 특히 개발 막바지에는 그런 일이 많다. 프로젝트 막바지에서는 버그 교정이 빌드에 나쁜 영향을 주지는 않는지 점검하기 위해 모든 버그 교정들을 팀장이나 다른 개발자가 검토할 필요가 있다.

전문적인 디버깅 요령들

지금까지 이야기한 기본적인 디버깅 단계들을 밟는다면 대부분의 버그를 찾고 교정할 수 있을 것이다. 다음은 가설을 만들거나, 단서를 증명/반증하거나, 실패 지점을 찾고자 할 때 도움이 될만한 요령들이다.

가정을 의심한다

디버깅을 할 때에는 열린 마음을 유지하고 가정을 너무 많이 만들지 말아야 한다. 어떤 간단한 부분이 문제없이 작동하리라고 순진하게 가정하면 원인 탐색의 범위를 너무 일찍 좁혀서 원인을 완전히 놓칠 위험이 있다. 예를 들어서 관련 소프트웨어나 라이브러리가 항상 최신 버전일 것이라고 가정하는 것은 금물이다. 가정들이 실제로 유효한지 점검하면 불필요한 혼란을 미연에 방지할 수 있다.

상호작용과 간섭을 최소화한다

시스템들이 서로 상호작용하기 때문에 디버깅이 복잡해지기도 한다. 문제와 무관한 하위 시스템을 비활성화시켜서(예를 들면 사운드 시스템을 비활성화시키는 등) 그러한 상호작용을 줄이도록 노력할 것. 때로는 비활성화시킨 시스템에 문제의 원인이 존재한다는 단서를 발견하기도 한다.

무작위성을 최소화한다

종종 프레임률이나 실제 난수 등에 의해 생긴 변동성 때문에 버그를 재현하기 어려울 때가 있다. 게임이 가변 프레임률을 사용한다면 "프레임 당 지나간 시간"을 하나의 상수로 고정시켜 볼 것. 난수의 경우라면 난수 발생기를 끄거나 또는 항상 같은 난수열이 나오도록 종자값을 고정시키는 것이 도움이 된다. 플레이어 역시 무작위성의 중요한 근원이나, 플레이어는 프레임률이나 난수처럼 임의로 제어할 수가 없다. 플레이어의 무작위성을 반드시 제어해야 한다면 플레이어 입력을 기록하고 디버깅 시에 그것을 재생해서 항상 동일한 행동이 나오도록 하는 방식을 고려해 보라 [Dawson01].

복잡한 계산을 여러 단계로 나눈다

수많은 계산들이 한 줄에 결합되어 있다면, 그 코드를 여러 단계로 나누는 게 문제를 식별하는 데 도움이 될 수 있다. 예를 들어서 계산식의 한 부분의 결과가 이상하게 형변환된다거나 연산 순서가 의도한 것과 다르게 평가되는 경우 원하는 결과를 얻을 수 없는데, 계산을 여러 단계로 분할하면 그런 문제를 쉽게 찾아낼 수 있다. 또한 계산의 중간 결과들을 점검하기에도 편하다.

경계 조건들을 점검한다

전형적인 "하나 모자라는 오류(off-by-one)"는 누구나 흔히 겪는 문제이다. 알고리즘들에서, 특히 루프 부분에서 그런 범위 문제가 없는지 점검해 볼 필요가 있다.

병렬 계산을 분할한다

스레드나 프로세스 간의 경쟁 조건(race condition)이 의심스럽다면 코드를 직렬화해서 버그가 사라지는지 점검한다. 스레드들의 경우 추가적인 지연을 도입해서 문제가 이동하는지 살펴본다. 문제가 경쟁 조건임이 드러난다면, 그 부분을 격리시켜 시험해봄으로써 문제의 범위를 좁힐 수 있다.

디버거의 기능을 활용한다

조건부 중단점, 메모리 감시, 레지스터 감시, 스택, 어셈블리/혼합 디버깅 등의 활용법을 숙지해야 한다. 그런 수단들은 버그 식별에 핵심적인 단서와 확실한 증거를 찾는 데 도움이 된다.

최근 변경된 코드를 점검한다

소스 버전 제어 시스템이 디버깅에 도움이 되기도 한다. 코드가 잘 작동하던 날짜와 더 이상 작동하지 않게 된 날짜를 알고 있다면, 그 사이에 변경된 파일들을 집중적으로 살펴볼 필요가 있다. 적어도 문제가 되는 하위 시스템이나 소스 파일을 집어내는 데에는 효과가 있다.

버그가 도입되기 전의 코드로 게임을 빌드해서 현재 버전과 비교해 보는 것도 도움이 된다. 예전 버전과 새 버전을 디버거로 돌려서 주요 변수들의 값을 비교해 보면 좋은 단서들을 발견할 수 있을 것이다.

버그를 다른 사람에게 설명한다

버그를 다른 사람에게 설명하다 보면 자신이 취했던 방식들을 다시 되짚어보게 되고, 그러면 빼먹고 점검하지 않은 부분이 머리에 떠오를 수 있다. 또한 설명을 듣던 다른 프로그래머가 다른 가설을 제공할 수도 있다. 다른 사람에게 설명하는 것의 위력을 과소평가하면 안 되며, 다른 사람에게 조언을 구하는 것 역시 주저해서는 안 된다. 버그와의 전쟁에서는 팀 동료가 바로 아군이자 강력한 무기 중 하나이다.

동료와 함께 디버깅한다

사람마다 경험이 다르고 버그를 다루는 전술이 다르기 때문에 다른 사람과 함께 디버깅을 하면 얻는 것이 많다. 새로운 기술을 배울 수도 있고, 전에는 시도하지 못했던 새로운 각도에서 버그를 공략할 수도 있다. 한 사람이 모니터와 키보드를 가지고 디버깅하는 동안 다른 사람이 어깨 너머로 이것저것 훈수를 두는 식으로 디버깅을 진행한다면 버그를 좀 더 효과적으로 추적할 수 있을 것이다.

문제에서 잠시 벗어나라

문제에 코를 박고 있으면 오히려 문제를 명확하게 보지 못할 수도 있다. 그런 경우라면 그 상황에서 벗어나 잠시 산책이라도 해보는 게 좋다. 긴장을 풀고 새로운 마음으로 다시 공략해 보라. 때로는, 잠시 쉬는 동안에도 무의식적으로 계속 문제를 고민하다가 문득 해답이 떠오르는 일도 생긴다.

외부의 도움을 요청한다

도움을 받을 곳은 많이 있다. 콘솔 게임을 만드는 경우라면, 콘솔 제조사에서 게임 개발자를 돕기 위해 준비해둔 팀에게 도움을 청할 수 있다. 그 곳의 연락처를 챙겨둘 것. 3대 콘솔 제조사 모두 전화 및 전자우편 지원을 제공하며, 개발자들이 서로 도울 수 있는 뉴스그룹들도 운영한다.

어려운 디버깅 시나리오와 패턴들

버그들이 나타나는 방식들을 잘 살펴보면 특정한 패턴들을 식별할 수 있다. 어려운 디버깅 시나리오들에서는 그런 패턴들이 열쇠이다. 이 부분은 경험이 중요하다. 이전에 본 패턴이라면 해당 버그를 좀 더 빨리 찾아낼 가능성이 크다. 그럼 몇 가지 시나리오들과 패턴들을 살펴보자.

버그가 릴리스 빌드에서만 나타나고 디버그 빌드에서는 나타나지 않는다

릴리스 빌드에서만 버그가 나타난다면 변수를 제대로 초기화하지 않았거나 최적화된 코드에 버그가 있는 것이다. 대체로, 디버그 빌드는 코드가 명시적으로 초기화하지 않은 변수들을 알아서 0으로 초기화해준다. 그러나 릴리스 빌드의 경우는 그러한 초기화가 일어나지 않으며, 그래서 그와 관련된 버그가 드러난다.

이런 종류의 버그를 추적하는 한 가지 방법은, 디버그 빌드에서 시작해 한 번에 하나씩 최적화 옵션을 켜나가면서 새로 빌드하고 점검하는 것이다. 특정 최적화 옵션을 켰을 때 버그가 나타난다면 그 부분에 문제가 있을 가능성이 있다. 예를 들어 디버그 빌드에서는 일반적으로 함수가 인라인되지 않는데, 최적화된 빌드를 위해 함수가 인라인되었을 때 버그가 튀어나오기도 한다.

릴리스 빌드에도 디버그 기호들을 포함시킬 수 있다는 사실을 모르는 개발자들이 있는 것 같다. 릴리스 빌드에 디버그 기호를 포함시키면 최적화된 코드를 디버깅할 수 있으며, 일부 디버깅 시스템들을 활성화 상태로 유지할 수 있다. 예를 들면 예외 처리부가 완전한 스택 추적(이를 위해서는 디버그 기호들이 필요하다)을 통해서 폭주 지점을 찾아나가게 하는 것이 가능하다. 이는 테스터들이 반드시 게임의 최적화된 버전을 실행해야 하며 그러면서도 스택을 통해 폭주를 찾아야 하는 경우에 특히 유용한 기법이다.

무관해 보이는 뭔가를 수정했을 때 버그가 사라진다

버그와 완전히 무관한 뭔가를 변경했을 때(무해한 코드 한 줄을 추가하는 등) 버그가 사라진다면 타이밍 문제이거나 메모리 덮어쓰기 문제일 가능성이 있다. 버그가 사라진 것처럼 보여도, 사실은 그냥 코드의 다른 부분으로 옮겨간 것일 수 있다. 따라서 여기서 디버깅을 종료해선 안 된다. 버그가 여전히 남아 있어서 이후 좀 더 미묘한, 또는 거의 잡아낼 수 없는 방식으로 다시 나타날 수 있기 때문이다.

정말로 간헐적인 문제들

앞에서 이야기했듯이, 대부분의 문제들은 정확한 상황이 주어지면 항상 재현된다. 그러나 상황을 완전히 제어할 수 없는 경우라면 문제가 다시 나타나기를 기다리는 수밖에 없다. 여기서의 핵심은 문제가 발생했을 때 최대한 많은 정보를 기록해 두는 것이다. 언제 또 다시 버그가 나타날지 모르므로 나타났을 때 최대한 많은 것을 알아내야 한다. 또 다른 유용한 요령은, 문제 발생시에 수집한 자료와 제대로 동작할 때 수집한 자료를 비교하고 차이를 집어내는 것이다.

도저히 이해할 수 없는 행동

코드와 변수를 짚어 나가다 보면, 아무 것도 건드리지 않았는데 변수의 값이 변하는 상황을 만나기도 한다. 이런 종류의 정말로 이상한 행동은 시스템이나 디버거의 동기화가 깨졌기 때문일 수 있다. 해결책은 "캐시 플러싱(cache flushing) 수준을 증가시켜서" 시스템을 재동기화하는 것이다.

Scott Bilas는 다음과 같은 네 가지 재동기화 방법을 제시했다(캐시 플러싱 수준이 낮은 것에서 높은 것으로의 순서임).

- **재시도(Retry)** – 게임의 현재 상태를 비우고 다시 실행한다.
- **재빌드(Rebuild)** – 컴파일 임시 목적 파일들을 지우고 전체를 다시 빌드한다.
- **재부팅(Reboot)** – 컴퓨터의 메모리를 비우고 다시 시작한다.
- **재설치(Reinstall)** – 재설치를 통해서 도구, 운영체제의 파일들과 설정들을 다시 갱신한다.

이 네 가지 '재'로 시작하는 방법들 중에서 가장 중요한 것은 재빌드이다. 종종 컴파일러는 의존성들을 제대로 추적하지 않으며 그래서 수정된 코드를 다시 컴파일하지 않는 실수를 저지르기도 한다. 그러면 도저히 이해할 수 없는 결과가 나올 수 있다. 이런 경우 완전한 재빌드를 수행하고 나면 문제가 사라진다.

도저히 이해할 수 없는 행동을 다룰 때에는 디버거를 의심할 필요가 있다. 뭔가가 어긋나서 디버거가 변수의 실제 값을 제대로 반영하지 못할 수 있는데, 그런 의심이 든다면 printf 등으로 변수의 실제 값을 출력해서 확인해봐야 할 것이다.

내부 컴파일러 오류

가끔은 컴파일러가 컴파일을 포기하고 내부 컴파일러 오류(internal compiler error)라는 메시지와 함께 뻗어버리기도 한다. 이런 오류들은 코드의 구문적인 문제일 수도 있고 컴파일러 소프트웨어의 결함일 수도 있다(예를 들면 메모리 한계를 초과하거나 최신의 템플릿 기능을 제대로 지원하지 못하는 등). 내부 컴파일러 오류를 만났다면 다음 단계들을 밟아보는 게 도움이 될 것이다.

1. 완전한 재빌드를 수행한다.
2. 컴퓨터를 다시 부팅하고 완전한 재빌드를 수행한다.
3. 컴파일러가 최신 버전인지 점검한다.

4. 사용하는 라이브러리들의 버전을 점검한다.

5. 같은 코드가 다른 컴퓨터에서는 컴파일되는지 본다.

이 단계들을 다 거쳐도 문제가 여전히 남아 있다면 오류를 발생시키는 코드 부분을 식별해 볼 것. 가능하다면 분할 정복 기법을 이용해서 내부 컴파일러 오류가 사라질 때까지 코드를 조금씩 줄여나가 보라. 일단 오류가 발생하는 지점을 찾았다면 코드를 눈으로 조사해서(이 때 다른 사람들이 함께 검토해 주면 좋을 것이다) 무엇이 문제인지 살펴볼 것. 만일 코드에 문제가 없는 것 같다면, 컴파일러가 좀 더 의미 있는 오류 메시지를 낼 때까지 코드를 재배치해 보라. 정 안 되면 다른 컴파일러로 컴파일해 볼 필요도 있다. 버그는 새 버전의 컴파일러 때문이고 예전 컴파일러는 코드를 제대로 컴파일할 수도 있다.

이상의 모든 시도가 실패했다면 비슷한 문제를 웹에서 찾아볼 것. 그래도 아무 단서도 나오지 않는다면 컴파일러 제조사의 도움을 받아야 할 것이다.

자신의 코드가 문제가 아닌 것 같다면

항상 자신의 코드를 의심해야 한다. 그러나 코드에 아무 문제가 없음이 확실하다면, 다음으로 할 일은 사용하는 라이브러리나 컴파일러의 최신 패치를 해당 웹 사이트에서 찾아보는 것이다. 또는 라이브러리나 컴파일러의 readme 파일을 다시 읽어보거나, 웹 사이트에서 알려진 버그 항목 중에 관련된 것이 있는지 찾아볼 것. 비슷한 문제를 겪은 다른 사람들이 우회책이나 수정 방법을 제공하고 있을 수도 있다.

흔하지는 않겠지만 버그가 다른 사람의 라이브러리 때문이거나 하드웨어 결함 때문일 가능성은 항상 존재하며, 그 버그를 발견한 최초의 사람이 바로 독자일 수도 있다. 이런 문제를 다루는 가장 빠른 방법은 해당 문제만을 격리해서 보여주는 작은 예제 프로그램을 만들어서 라이브러리나 하드웨어 제조사에게 보내는 것이다. 그럼 그 쪽에서 문제를 좀 더 조사하고 해결책을 제시할 것이다. 어쨌든 문제가 다른 사람의 작업에서 비롯된 것이라면 그 사람들이 문제를 인식하고 재현할 수 있도록 돕는 게 가장 빠른 길이다.

내부 시스템의 이해

정말로 어려운 버그를 찾기 위해서는 내부적인 시스템을 이해할 필요가 있다. 그냥 C나 C++를 상세히 아는 것으로는 부족하다. 정말로 좋은 프로그래머가 되려면 컴파일러가 고수준의 개념들을 구현하는 방법을 이해해야 하며, 어셈블리도 알아야 하고, 하드웨어의 세부적인 사항도 알아야 한다(특히 콘솔 개발의 경우). 고수준 언어들은 모든 저수준의 복잡한 세부들을 가리고 있어서, 뭔가가 정말로 망가졌을 때 고수준 언어가 제공하는 추상들 밑에 깔린 것들을 이해하지 않고서는 문제를 해결하기가 힘들 수 있다. 고수준 추상들이 어떻게 결함을 노출하는지에 대해서는 "The Law of Leaky Abstractions" [Spolsky02]를 참고하기 바란다.

그럼 게임 프로그래머가 알아야 할 내부적인 사항들로는 무엇이 있을까? 다음 몇 가지가 필수일 것이다.

- **컴파일러가 코드를 구현하는 방식을 알아야 한다.** 상속, 가상 함수 호출, 호출 규약, 예외 등이 어떻게 구현되는지 알고 있어야 한다. 컴파일러가 메모리를 할당하고 메모리 정렬을 다루는 방법도 알 필요가 있다.
- **하드웨어 세부 사항을 알아야 한다.** 예를 들면 특정 하드웨어의 캐싱 문제들(캐시 안의 메모리가 메인 메모리와 다른 경우 등), 주소 정렬 제약조건들, 엔디안 방식, 스택 크기, 형식의 크기들 (int, log, bool 등) 등등.
- **어셈블리의 작동방식과 어셈블리 코드 읽는 법을 알아야 한다.** 그러면 최적화된 빌드를 디버깅할 때, 특히 디버거가 원래의 소스 코드를 제대로 보여주지 못할 때 많은 도움이 된다.

이런 사항들은 미리 확실하게 파악해 두지 않으면 정말로 어려운 버그와 싸울 때 아킬레스 건으로 작용할 수 있다. 내부 시스템을 이해하고 작동 방식과 규칙들을 상세히 알아둘 것.

디버깅 보조를 위한 기반 추가

적절한 도구 없이 디버깅을 한다는 것은 매우 어려운 일이다. 게임 자체에 디버깅 수단과 도구들을 집어넣으면 디버깅이 훨씬 쉬워진다. 다음은 버그를 추적할 때 큰 도움이 되는 도구들이다.

게임플레이 도중 게임 변수들을 변경

실행시점에서 게임 변수들을 변경할 수 있으면 디버깅과 버그 재현이 매우 쉬워진다. 키보드를 이용해서 변수를 변경할 수 있는 명령행 인터페이스를 제공하는 게임들은 이미 많이 보았을 것이다. 그런 게임에서는, 예를 들어 특정 버튼 하나를 누르면 게임 화면 위에 디버그 텍스트와 키보드로 명령을 입력할 수 있는 프롬프트가 나타난다. 만약 게임의 날씨를 폭풍우로 바꾸고 싶다면 여기서 "weather stormy"를 프롬프트 상에 입력하는 것이다. 이런 종류의 인터페이스는 변수나 특정 게임 상태의 값을 조율하고 점검할 때에도 편리하다.

시각적인 AI 진단

일반적인 디버거들은 AI 문제들을 진단하기에는 좀 부족하다. 디버거들은 특정한 한 순간에서의 정보를 보기에는 좋지만 게임플레이 도중 AI 시스템이 어떻게 진화해 나가는지를 보고자 할 때에는 적합하지 않다. 또한 일반적인 디버거는 게임 세계의 공간적인 관계를 보는 데에도 불편하다. 해결책은 임의의 캐릭터를 감시할 수 있는 시각적인 진단 도구를 게임에 직접 추가하는 것이다. 텍스트와 3D 선들의 조합을 적절히 이용한다면 길찾기 같은 주요 AI 시스템이나 캐릭터의 경계 인식, 현재 목표 같은 정보를 쉽게 추적하고 오류를 점검할 수 있다 [Tozour02], [Laming03].

기록 기능

게임에서는 수많은 캐릭터들이 서로 상호작용함으로써 매우 복잡한 행동을 만들어낸다. 그런 상호작용에 문제가 있어서 버그가 생긴 경우, 버그를 일으킨 각 캐릭터의 개별 상태와 사건들에 대한 기록이 매우 중요한 자료가 된다. 각 캐릭터마다 주요 사건과 그 시간을 담은 로그를 개별적으로 만들어 둔다면 실패 원인을 추적하기가 훨씬 쉬워진다 [Rabin00a], [Rabin02].

게임플레이 기록/재생 기능

앞에서도 언급했지만, 버그를 추적하려면 버그를 재현할 수 있어야 한다. 버그 재현의 궁극적인 수단은 플레이어 입력을 기록하고 재생하는 것이다 [Dawson01]. 그런 기능은 매우 드문 다운 현상들의 경우 정확한 원인을 짚는 데 핵심적인 수단이 된다. 그런데 이런 기능을 지원하기 위해서는 게임이 예측가능해야 한다. 즉 특정 초기 상태와 특정 플레이어 입력은 항상 동일한 결과를 내야 한다. 그렇다고 이것이 플레이어가 예측할 수 있는 게임을 만들어야 한다는 의미인 것은 아니다. 이는 단지 난수 발생, 초기 상태, 입력을 적절히 다루고 [Lecky-Thompson00], [Freeman-Hargis03], 다운이 되었을 때 입력을 저장하는 기능을 갖추는 [Dawson99] 차원의 문제일 뿐이다.

메모리 할당의 추적

모든 할당에 대해 완전한 스택 추적을 수행할 수 있는 메모리 할당자를 갖출 것. 정확히 어디서 메모리를 요청했는지 기록해 두면 메모리 누수의 원인은 쉽게 밝혀낼 수 있다.

폭주 시 최대한 많은 정보를 출력

사후 디버깅은 매우 중요하다. 이상적으로는, 폭주 상황에서 호출 스택, 레지스터들, 그리고 관련 상태 정보를 갈무리해서 화면에 출력하거나, 파일에 기록하거나, 또는 개발자에게 전자우편으로 보낼 수 있어야 한다. 이런 종류의 수단은 폭주의 근원을 찾는 시간을 수 시간에서 몇 분으로 줄여준다. 이는 폭주가 아티스트 또는 디자이너의 컴퓨터에서 일어났으며 폭주를 일으킨 상황을 그들이 제대로 기억하지 못하는 경우에 특히나 유용하다.

팀 전체를 교육

이것은 프로그램으로 구현할 수 있는 것이 아니라, 팀이 수단으로 사용할 수 있는 하나의 정신적인 기반이라 할 수 있다. 팀원들이 오류 대화상자를 무시하지 않도록, 또 버그를 발견했을 때 관련 정보를 모으는 방법을 숙지하도록 가르쳐야 한다. 테스터, 아티스트, 디자이너들을 교육하는 데 시간을 들이면, 이후 디버깅에서 그보다 더 많은 시간을 절약할 수 있을 것이다.

버그 방지

디버깅에 대해 이야기하면서 애초부터 버그를 방지할 수 있는 방법을 지적하지 않고 넘어갈 수는 없다. 다음의 지침들을 따른다면 버그를 만들어내는 일 또는 있는 줄도 모르고 있던 버그와 마주치는 일을 피할 수 있다. 어떤 경우이든, 장기적으로는 버그를 줄이는 데 도움이 될 것이다.

컴파일러의 경고 수준을 가장 높은 수준으로 설정하고, 경고를 오류로 취급하게 한다. 경고들을 최대한 교정하고, 나머지는 #pragma로 꺼버릴 것. 종종 자동적인 형변환이나 기타 경고 수준 문제들이 미묘한 버그를 만들어낸다.

게임이 여러 컴파일러들에서 컴파일되게 한다. 게임이 여러 컴파일러들에서, 또 여러 플랫폼들에 대해서 제대로 빌드되도록 노력하다 보면 좀 더 견고한 코드를 만들어낼 수 있다. 예를 들어 Nintendo GameCube용 게임을 약간 수정한 버전이 Win32에서도 돌아가게 만들어 볼 것. 이런 시도는 또한 어떤 버그가 특정 플랫폼에 국한된 것인지 아닌지를 구별하는 데에도 도움이 된다.

독자적인 메모리 관리자를 작성한다. 이는 콘솔 게임의 경우 필수적이다. 게임이 어떤 메모리를 어떻게 쓰는지 파악하고 메모리 범람에 대한 보호책을 마련해야 한다. 메모리 범람

(overrun)은 종종 추적하기가 매우 어려운 버그를 만들어내므로, 애초에 범람이 전혀 일어나지 않도록 하는 장치를 만들 필요가 있다. 디버그 빌드에서 메모리 범람 방지 블럭을 사용하면 버그가 스스로 명백히 드러나기 전에 미리 발견할 수 있다. PC 개발의 경우, 반드시 메모리 관리자를 직접 작성해야 하는 것은 아니다. 왜냐하면 VC++의 메모리 시스템이 상당히 강력할 뿐만 아니라, 메모리 관련 오류를 식별하는 데 도움이 되는 SmartHeap 같은 도구들도 존재하기 때문이다.

단언문을 이용해서 가정들을 확인한다. 함수 시작 부분에 인수들에 대한 가정(포인터가 NULL이 아니어야 한다거나 인수 값의 범위 등)을 확인하기 위한 단언문들을 추가한다. 그리고 어떤 switch 문의 default 사례에 도달하는 일이 없어야 한다면 그 case 절에 대해 단언문을 추가한다. 표준적인 assert 매크로를 좀 더 강력한 형태로 확장하는 것도 가능하다 [Rabin00b]. 예를 들어, 경우에 따라서는 단언문이 호출 스택을 출력하는 게 매우 유용할 수 있다.

변수를 항상 선언과 함께 초기화한다. 변수를 선언할 때 어떤 의미 있는 값을 배정할 수 없는 상황이라면, 변수가 한 번도 제대로 설정되지 않았음을 의미하는 어떤 특별한 값을 배정한다. 예를 들면 0xDEADBEEF나 0xCDCDCDCD 등. 그냥 0으로 할 수도 있다.

루프와 if 문의 본문을 항상 중괄호로 감싼다. 의도한 코드를 명시적으로 감싸는 것이 코드의 가독성에도 좋고 이후 코드를 수정하거나 추가할 때 실수를 방지하는 데에도 좋다.

구분하기 힘든 변수 이름들을 피한다. 예를 들어 m_objectITime과 m_objectJTime은 거의 같아 보인다. 루프 카운터로 "i"와 "j"를 사용하는 것 역시 비슷한 문제이다. 둘은 쉽게 혼동할 수 있으므로, j 대신 k를 사용하거나 또는 좀 더 의미 있는 이름을 사용하는 것이 좋다. 변수 이름의 인식 차이에 대한 좀 더 자세한 정보는 [McConnell93]을 참고할 것.

동일한 코드가 여러 장소에 존재하지 않도록 한다. 같은 코드가 여기저기에 있는 것은 좋지 않다. 코드를 변경해야 할 때 한 곳만 변경하고 다른 곳은 변경하지 않을 가능성이 크기 때문이다. 코드를 중복해야 할 필요가 있는 것 같다면, 일단 코드의 기능성을 다시 생각하고 코드의 주요 부분을 한 곳으로 집중해 볼 것.

마법의(하드코딩된) 수를 피한다. 코드에 숫자를 직접 사용하면 그 수치의 의미와 중요도를 쉽게 까먹을 수 있다. 주석이 없으면 코드를 읽는 사람은 작성자가 왜 그 수치를 택했으며 그 의미가 무엇인지를 알아차리기 힘들다. 마법의 수를 꼭 사용해야 한다면 상수나 매크로를 이용해서 의미 있는 이름을 붙여야 할 것이다.

테스팅할 때 코드 포괄도를 확인한다. 어떤 하나의 코드 조각을 작성했다면, 그것이 모든 분기에서 정확히 실행되는지 점검해야 한다. 특정 분기에서 그 부분이 전혀 실행되지 않는다면 버그가 들어 있을 가능성이 있다. 이런 확인 과정을 통해서 절대로 실행되지 않는 분기를 집어내기도 한다. 이런 문제는 빨리 발견할수록 좋다.

결론

이 글은 게임을 효과적으로 디버깅하는 데 도움이 되는 기법들을 이야기했다. 디버깅을 하나의 예술이라고 말하기도 하는데, 이는 사람들이 경험을 통해서 디버깅을 더 잘하게 되기 때문일 뿐이다. 이 글에 나온 5단계 디버깅 공정을 몸에 익히고, 버그 패턴들을 식별하는 안목을 갖추고, 게임에 디버깅 보조 도구들을 통합하고, 자신만의 디버깅 기법들을 쌓아 나간다면 얼마 안 가서 어려운 버그를 체계적으로 추적하고 박멸할 수 있는 디버깅 달인이 될 것이다. 그리고 버그의 사전 방지에도 신경을 쓴다면 버그 하나 없는 깨끗한 게임을 만들 수 있을 것이다.

감사의 글

이 글을 위해 훌륭한 제안들과 개인적인 경험, 지혜를 제공해 준 Scott Bilas와 Jack Matthews에 감사한다. 디버깅에 대해서는 수많은 관점들이 존재하는데, 이 두 사람은 이 글의 조언을 적절히 조절하는 데 매우 가치 있는 의견을 제공해 주었다.

참고자료

[Dawson99] Dawson, Bruce, "Structured Exception Handling," *Game Developer Magazine* (Jan 1999), pp. 52-54.

[Dawson01] Dawson, Bruce, "Game Input Recording and Playback," *Game Programming Gems 2*, Charles River Media, 2001. 번역서는 "게임 입력의 기록 및 재생," *Game Programming Gems 2*, 정보문화사, 2002.

[Freeman-Hargis03] Freeman-Hargis, James, "The Statistics of Random Numbers," *AI Game Programming Wisdom 2*, Charles River Media, 2003. 번역서는 "난수의 통계학," *AI Game Programming Wisdom 2*, 정보문화사, 2004

[Laming03] Laming, Brett, "The Art of Surviving a Simulation Title," *AI Game Programming Wisdom 2*, Charles River Media, 2003. 번역서는 "시뮬레이션 게임 생존 비법," *AI Game Programming Wisdom 2*, 정보문화사, 2004

[Lecky-Thompson00] Lecky-Thompson, Guy, "Predictable Random Numbers," *Game Programming Gems*, Charles River Media, 2000. 번역서는 "예측 가능한 난수," *Game Programming Gems*, 정보문화사, 2000.

[McConnell93] McConnell, Steve, *Code Complete: A Practical Handbook of Software Construction*, Microsoft Press, 1993.

[Rabin00a] Rabin, Steve, "Designing a General Robust AI Engine," *Game Programming Gems*, Charles River Media, 2000. 번역서는 "범용적이고 견고한 AI 엔진의 설계," *Game Programming Gems*, 정보문화사, 2000.

[Rabin00b] Rabin, Steve, "Squeezing More Out of Assert," *Game Programming Gems*, Charles River Media, 2000. 번역서는 "assert의 비법들," *Game Programming Gems*, 정보문화사, 2000.

[Rabin02] Rabin, Steve, "Implementing a State Machine Language," *AI Game Programming Wisdom*, Charles River Media, 2000. 번역서는 "상태 기계 언어의 구현," *AI Game Programming Wisdom*, 정보문화사, 2003.

[Spolsky02] Spolsky, Joel, "The Law of Leaky Abstractions," *Joel on Software*, 2002, 웹 주소 *http://www.joelonsoftware.com/articles/LeakyAbstractions.html*.

[Tozour02] Tozour, Paul, "Building an AI Diagnostic Toolset," *AI Game Programming Wisdom*, Charles River Media, 2002. 번역서는 "AI 진단 도구 만들기," *AI Game Programming Wisdom*, 정보문화사, 2003.

1.2 HTML 기반의 로깅 및 디버깅 시스템

James Boer
james.boer@gte.net

게임을 디버깅하는 것은 다른 전통적인 응용 프로그램을 디버깅하는 것보다 훨씬 어려운데, 주된 이유는 입력 조건이 무작위, 실시간적이기 때문이다. 일반적으로, 게임 이외의 응용 프로그램들에서는 버그에 도달하는 단계들을 정확하게 재현하는 것이 그리 어렵지 않다. 그러나 게임에는 예측불가능한 사용자 입력, 복잡한 실시간 게임 환경, 그리고 AI 같은 비결정론적 요소들에서 비롯한 약간의 무작위성 등 버그 재현을 어렵게 하는 요인들이 많이 존재한다. 버그가 발생한 시점은 문제를 분석하고 원인을 추적하는 데 필요한 정보가 이미 오래 전에 사라져버린 후인 경우도 많다. 또한 릴리스 빌드를 실행하는, 또는 디버거가 깔려 있지 않은 시스템에서 게임을 실행하는 테스터들이 버그를 발견하기도 한다. 이런 난감한 환경에서 게임 개발자가 어렵고 미묘한 버그의 원인을 효과적으로 추적하려면 무엇이 필요할까? 한 가지 답이 바로 이벤트 로깅이다.

로깅 시스템의 장점

테스터는 별의별 종류의 버그를 보고한다. "캡틴 키노의 레벨 6 막바지에서 자르보비아 행성의 파이어봇 떼거리를 만났죠. 그런데 슈퍼점프를 하면서 슈퍼울트라하이퍼 광선총으로 마지막 로봇을 죽이면 로봇이 갑자기 마카레나 춤을 추더군요." 이런 종류의 버그는 찾기도 고치기도 어렵다. 버그 재현이 극도로 힘들거나 지루할 뿐만 아니라, 버그를 재현한다고 해도 애초에 코드가 그런 이상한 상태로 들어가게 만든 요인을 쉽게 알 수가 없다.

로깅 시스템은 바로 그런 종류의 버그 추적 작업을 돕는다. 로깅 시스템은 핵심 사건들과 변수들, 통계 수치들을 포매팅된 텍스트 파일로 출력해 주며, 프로그래머는 그것을 분석함으로써 코드가 버그 상태로 돌입한 근원을 찾아나간다. 로깅 시스템을 이용하면 엄청난 양의 코드를 일일이 짚어 나가지 않고도 시간의 흐름에 따라 자료를 감시할 수 있는 능력이 생긴다.

이벤트 로깅이란

이벤트 로깅(event logging)이라는 것은 이후의 조회와 분석을 위해 실시간 사건들과 메시지들을 기록해 두는 것을 말한다. 가장 간단한 형태라고 한다면 기본적인 디스크 출력 함수를 이용해서 변수의 값이나 메시지 설명 같은 게임 내의 정보를 실시간으로 기록하는 것이다. 예를 들어 변수의 값을 조사한다고 할 때, 디버거로는 주어진 한 순간의 변수 값만을 볼 수 있지만, 이런 로깅 정보가 있으면 시간의 흐름에 따른 변수의 변경 내역까지 편하게 살펴볼 수 있다. 그런데 이벤트 로깅 시스템은 이벤트들을 실시간적으로 조회, 기록하긴 하지만 실제로 그 자료를 개발자가 살펴보는 것은 모든 사건들이 일어난 후이다. 따라서 이런 이벤트 로깅을 통한 디버깅은 "사후 부검 디버깅"이라고 할 수 있다. 다만, 대부분의 사후 부검 디버거들이 응용 프로그램 폭주의 직접적인 원인을 추적하기 위해 고안된 것인 반면, 이런 종류의 시스템은 코드에 대한 충분한 자료를 기록하기만 한다면 행동에 대한 버그를 추적하는 데에도 적합하다.

그런데 폭주를 일으킨, 즉 디버깅이 필요한 코드 부분이 어떠한 자료도 기록하지 않았다면 어떻게 해야 할까? 이 경우 그냥 코드에 필요한 로깅 정보를 추가하고 문제가 다시 나타나기를 기다리면 된다. 이벤트 로깅은 마법의 탄환이 아니라 디버깅 도구들 중 하나일 뿐이며, 프로그래머의 능동적인 계획과 관여가 필요하다. 이벤트 로깅은 그리 부담이 크지 않으며, 따라서 어떤 시점에서라도 어느 정도의 기록을 남기는 것은 별로 문제가 되지 않는다는 점이 매력이다. 일반적으로, 일단 시스템에 적절한 로그 메시지를 추가했다면 그 메시지를 굳이 제거할 이유가 없으며, 시스템을 더 많이 사용함에 따라 게임 상태에 대한 좀 더 많은 정보를 로그를 통해서 얻을 수 있게 된다.

로깅 시스템은 어떤 식으로 작동해야 할까? 모든 상황에 완벽한 설계는 없다. 이 글에서는 무작정 쌓인 디버깅 자료를 효율적으로 정렬하는 한 가지 방법을 제시하겠다.

HTML과 호출 스택 추적

게임 자료를 텍스트 파일에 기록하는 로깅 시스템을 만드는 것 자체는 그리 어렵지 않다. 기록된 많은 양의 자료를 사람이 쉽게 분석할 수 있는 형태로 만드는 게 더 어렵다. 분석하기가 좀 더 편한 형태의 로그를 만들려면, 특정한 메시지들을 다른 종류의 메시지들과 쉽게 구별할 수 있게 만드는 포매팅 수단이 필요하다. 또한, 기록된 일련의 메시지들 안에서 특정 사건에 대해 어떠한 기준을 부여할 수 있도록 각 사건의 상대적 시간도 기록할 필요가 있다. 그리고 로그 이벤트들의 맥락을 제공하는 것도 도움이 된다. 그러면 게임 코드를 따라 어떠한 논리를 추적해 나가는 일이 쉬워진다. 이 글이 말하는 로깅 시스템은 또한 모든 메시지의 위치와 근원을 식별하기 위한 호출 스택도 사용한다. 마지막으로, 다른 모든 디버깅 도구들과 마찬가지로, 최종 실행 파일(또는 임의의 중간 빌드)을 컴파일할 때 로깅 시스템을 완전히 제거하는 것이 쉬워야 한다.

이런 기술적인 요구사항들 외에도, 로깅 시스템은 통합하고 사용하기가 쉬워야 한다는 점 역시 중요한 사항이다. 고기능이지만 복잡한 시스템의 경우 소프트웨어 공학의 경이가 될 수는 있어도 사용자로부터는 외면을 당하기 쉽다는 것이 경험으로 얻은 진리이다. "단순함과 실용성"이 디버깅 도구의 핵심이다.

우선 세 가지 핵심 메커니즘을 이용해서 자료 분석 문제를 해결하고자 한다. 첫 번째이자 가장 눈에 쉽게 드러나는 메커니즘은 자료를 HTML(HyperText Markup Language)로 포매팅하는 것이다. HTML의 경우 인정된 텍스트 기반 표준이며, 기본적인 포매팅 규칙이 매우 간단하며, 우리가 원하는 거의 모든 종류의 포매팅을 제공할 정도로 유연하며, 요즘 쓰이는 컴퓨터들 중에 HTML 표시기, 즉 웹 브라우저가 없는 시스템은 없다는 등의 여러 가지 장점을 가지고 있다. HTML을 이용하면 여러 가지 포매팅 과제들을 상당히 쉽게 완수할 수 있다. 그리고 아마도 가장 중요한 장점이라면, 기록된 이벤트들의 호출 스택을 목록 1.2.1에 나온 것과 같은 기본적인 들여쓰기를 통해서 쉽게 표현할 수 있다는 것이다. 이 목록은 어떤 야구 게임에서 얻은 예제 로그 출력이다.

목록 1.2.1 로그 출력의 예

```
HittingBrain::updateSwing()
    HittingBrain::updatePitchData()
        HittingBrain::calculateSwingTimingAndPosition()
        Expected pitch time: 0.857448
        Expected pitch location: (-8.150428, -8.516977)
        Actual pitch time: 1.244251
        Actual pitch location: (8.695169, 7.850054)
Update = 38185, Game Time = 00:10:36.41
```

이것은 게임 시작 후 약 10 분 정도가 경과되었을 때의 한 사건에 해당하는 것이다. 로그를 보면 클래스 함수 `HittingBrain::updateSwing()`이 `updatePitchData()` 함수를 호출했으며 그 함수는 `calculateSwingTimingAndPosition()` 함수를 호출했음을 알 수 있다. 그 함수가 바로 이 메시지의 근원이다. AI는 공을 치려고 시도했다. AI로서는 안쪽 속구를 기대했으나, 실제로는 좀 더 낮은 바깥쪽 체인지업이었다. 이 기록 자료에 근거한다면 AI 타자가 너무 일찍 스윙해서 공을 맞추지 못했을 가능성이 크다. 이런 종류의 상세한 역사적 자료를 이용한다면 게임에서 일어난 사건들을 시간적으로 살펴보고 문제가 발생하기 전에 게임 안에서 실제로 일어난 일을 알아낼 수 있다.

또한, 목록 1.2.1에는 나타나 있지 않지만, 텍스트에 색을 입히거나 임의의 로그 메시지에 고유한 포매팅을 적용하는 것이 가능하다. 메시지 범주 별로 고유한 색과 스타일을 부여하는 정도가 적당할 것이다. 그렇게 하면 로그 파일 안의 수많은 메시지들 중 특정 범주의 메시지를 쉽게 찾을 수 있다.

작동 방식

 로깅 시스템의 전체 코드는 부록 CD-ROM에 들어 있다. 이 글에서는 좀 더 상세히 살펴볼 만한 부분만 선택적으로 이야기하겠다. 이 이벤트 로깅 시스템은 사용하기가 상당히 간단하다. 할 일은 크게 세 가지로, 시스템 자체의 관리, 함수 추적, 메시지 기록이다. 시스템 자체의 관리로는 시스템의 초기화, 갱신, 종료가 있다. 이 부분은 목록 1.2.2의 예제로 충분할 것이다.

목록 1.2.2 로깅 시스템의 시동과 종료

```
// 프로그램 시작 부분에서
LOG_INIT("gamelog.html");

//...

// 다음은 게임 갱신 루프의 매 반복마다 호출된다.
// m_GameTickDelta는 지난 게임 틱으로부터 흐른 초를 담은
// 부동소수점 변수이다.
LOG_UPDATE(m_GameTickDelta);

//...

// 프로그램 종료 부분에서
LOG_TERM();
```

다음으로, 추적하고자 하는 함수의 시작 부분에 함수 표식을 삽입해야 한다. 일반적으로 이 부분은 가장 주된 게임 루프 갱신 함수 안에 매크로들을 집어넣는 방식으로 처리한다. 목록 1.2.3에 함수 표식과 함께 간단한 로그 메시지를 추가하는 예가 나와 있다.

목록 1.2.3 로깅 매크로들을 삽입

```
SomeClass::DoSomething(int value)
{
    FN("SomeClass::DoSomething()");
    LOG("A value of %d was passed to this function",
        value);
}
```

모든 함수에 **FN** 매크로를 추가한다는 게 좀 지겨울 것 같지만, 그래도 그렇게 해야 이후에 로그 메시지가 정확히 어디서 비롯된 것인지를 추적할 수 있다. 이 함수와 이 함수를 호출하는 다른 함수들에 이러한 매크로를 추가함으로써, 목록 1.2.1에 나온 것처럼 트리 형태의 함수 이름들을 짚어 나가기만 하면 누가 누구를 호출했는지 직접 확인할 수 있는 형태의 출력을 얻게 된다.

이 예에서는 매크로를 이용해서 구현 세부를 어느 정도 은폐했는데, 그렇게 하는 것이 코드를 입력하거나 읽기에 더 쉽다. 또한 assert 매크로와 마찬가지로, 최종 릴리스를 빌드할 때 로깅 시스템을 완전히 제외시키기에도 용이하다.

호출 스택 추적 시스템은 함수의 범위를 추적하기 위한 작은 임시 객체를 사용한다. 목록 1.2.4는 **FN** 매크로의 정의와 그 매크로가 생성하는 객체의 클래스 정의이다.

목록 1.2.4 FN 매크로의 구현

```
#define FN(var_1)   EventLogFN obj__scope(var_1)

// 자동적인 스택 푸시, 팝을 위한 보조 클래스
class EventLogFN
{
public:
    EventLogFN(const char* szFunction);
    ~EventLogFN();
};

EventLogFN::EventLogFN(const char* szFunction)
{
    g_Log.pushFunction(szFunction);
}

EventLogFN::~EventLogFN()
{
    g_Log.popFunction();
}
```

자료 멤버가 없는 경량의 객체를 스택에 생성하므로, 이 매크로가 유발하는 추가부담은 매우 작다. 더 나아가서, 경량의 객체를 보장하기 위해 문자열을 상수 문자 포인터로 한정했다. 상수 문자열만을 사용하므로 동적인 메모리 할당이나 문자열 복사는 일어나지 않는다. 따라서 이 매크로에 임시 문자열 자료를 넘겨주는 것은 금물이다(예를 들어 표준 `string` 객체의 `c_str()` 함수를 사용해선 안 된다).

로그 항목을 HTML 형식으로 출력할 것이므로, HTML의 색 표현이나 포매팅 능력을 적극적으로 활용하지 않을 이유가 없다. 메시지의 종류마다 다른 색을 사용하고 논리적인 코드 분리에 따라 메시지들을 나눠서 출력하면 보기가 좋을 것이다. 목록 1.2.5는 임의의 메시지에 적용할 수 있는 포매팅 플래그들이다.

목록 1.2.5 로그 포매팅 플래그들

```
#define LOG_COLOR_RED        0x00000001
#define LOG_COLOR_DK_RED     0x00000002
#define LOG_COLOR_GREEN      0x00000004
#define LOG_COLOR_DK_GREEN   0x00000008
#define LOG_COLOR_BLUE       0x00000010
#define LOG_COLOR_DK_BLUE    0x00000020
#define LOG_BOLD             0x00000040
#define LOG_ITALICS          0x00000080
#define LOG_UNDERLINE        0x00000100
#define LOG_PRINTF           0x00000200
#define LOG_DEBUG_OUT        0x00000400
#define LOG_DISABLE          0x00000800
```

색을 바꾸는 플래그들도 있고 메시지 텍스트의 모양을 바꾸는 플래그들도 있다. 그리고 텍스트를 다른 디버깅 위치(stdout이나 디버그창 등)로 보내게 하는 플래그들도 있다. 여러 개의 플래그들을 OR로 결합하는 것도 가능하다. 범주별로 특정 플래그들의 조합을 매크로로 정의해 두고 필요할 때마다 사용하면 편할 것이다.

중복된 `LOG` 함수들 중에는 이 플래그를 받는 버전이 존재한다. 또한 `printf`처럼 여러 개의 인수들을 받아서 적절히 포매팅해 주는 버전도 있다. 목록 1.2.6은 미리 정의된 포매팅 플래그들을 이용해서 메시지를 기록하는 예이다.

목록 1.2.6 여러 가지 로그 호출들의 예

```
#define LOG_AI    LOG_DEBUG_OUT|LOG_BOLD|LOG_COLOR_RED
#define LOG_AUDIO LOG_ITALICS|LOG_COLOR_BLUE
```

```
LOG(LOG_AI, "Test AI message");
LOG(LOG_AUDIO, "Test Audio message");
```

출력 결과에서 이 두 메시지는 각자 다른 색깔과 포매팅으로 나타나므로 쉽게 구별할 수 있다.

실제의 HTML 출력을 만드는 부분도 상당히 단순하다. HTML의 포매팅 태그들은 〈태그이름〉 형태이다. 주로 쓰이는 태그 이름들은 하나나 두 개 정도의 영문자로 이루어져 있는 경우가 많다. 예를 들어 문단에 해당하는 HTML 태그는 <p>이다. HTML에서 모든 태그는 여는 태그와 닫는 태그의 쌍으로 이루어진다. 닫는 태그는 태그 이름 앞에 슬래시가 붙는다. 예를 들어 문단은 </p>로 닫는다. 이 이벤트 로깅 시스템은 문단(<p>), 글꼴(<font>), 순서 없는 목록(<ul>) 등의 기본적인 포매팅 태그들과 굵게(<b>), 이탤릭(<i>), 밑줄(<u>) 같은 기본적인 텍스트 꾸미기 태그들만 사용한다.

각 태그마다 그에 해당하는 이벤트 로깅 클래스의 멤버 함수가 존재한다. 이 덕분에 일련의 HTML 포매팅 태그들을 출력하는 코드를 목록 1.2.7처럼 깔끔하게 작성할 수 있다. 목록 1.2.7은 `EventLogger::logOutput()` 함수의 일부로, 표준 로그 메시지에 주어진 포매팅 태그를 이용해서 한 줄의 포매팅된 텍스트를 출력하는 방법을 보여준다.

목록 1.2.7 한 줄의 로그 텍스트를 여러 포매팅 호출들로 분할

```
// 포매팅된 HTML을 출력 버퍼에 기록한다.
writeIndent();
writeStartListItem();
writeStartFont("Arial", 2, r, g, b);
writeText(nFlags, m_szLogBuffer);
writeEndFont();
writeEndListItem();
writeEndLine();
```

출력 버퍼가 쓸모없는 자료로 가득 차는 일을 방지하기 위해, 실제로 출력될 메시지와 관련이 있는 자료만을 표시하도록 한다. 다른 말로 하면, 로깅 시스템은 매 프레임마다가 아니라 메시지 로그 요청이 발생한 프레임에서만 출력을 기록한다. 마찬가지로, 전체 프레임에 대해 코드 경로를 추적해서 출력하지도 않는다. 스택 출력은 실제로 기록된 메시지의 위치를 정확히 보여줘야 할 때에만 수행한다. 이 두 가지 최적화 덕분에 최종적인 로그 파일이 상당히 읽기 쉬워진다. 좀 더 자세한 작동 방식은 부록 CD-ROM의 소스 코드를 참고하면 될 것이다. 함수 스택 안의 위치를 추적하는 부분만 빼면 대부분 아주 간단한 코드이다.

몇 가지 유용한 힌트들

다른 모든 도구와 마찬가지로, 이 시스템을 효과적으로 사용하려면 이 시스템의 강점과 약점을 이해하는 것이 중요하다. 다음은 이에 관련된 몇 가지 힌트와 제안들이다.

- 이 시스템은 스레드에 안전하지 않다. 스레드 안전을 위해서는 스택 호출들에 스레드별 문맥을 부여하거나, 또는 각 스레드로부터 비롯된 자료를 추적하기 위한 개별적인 객체를 둘 필요가 있다.

- 전역 객체의 생성자나 소멸자에 로깅 메시지나 함수 표식을 추가할 때에는 주의를 기울여야 한다. 로깅 시스템이 초기화되기 전에 그런 객체들의 생성자가 호출되면 로깅이 실패한다.

- 매 프레임마다 변수를 추적하는 용도로 이 시스템을 사용하는 것은 그리 바람직하지 않다(불가능하지는 않지만). 이 시스템은 AI 개체의 상태 변화를 기록하는 등의 어떤 주기적인 사건의 추적에 사용할 때 가장 효과적이다. 매 프레임마다 변수 값을 출력하면 로그 파일의 크기가 매우 커질 수 있다(특히 게임을 아주 오래 실행한다면).

- 이 시스템은(현재의 구현에서는) 게임 폭주 버그를 잡는 데에는 그리 적합하지 않다. 그보다는 간헐적이고 이해하기 힘든 버그에 더 적합하다.

- 다른 모든 디버깅 도구와 마찬가지로, 이 시스템을 지능적으로 사용하는 것은 프로그래머의 몫이다. 어떤 함수에 로그 매크로와 함수 표식을 추가할 것이고 어떤 자료를 주로 기록할 것인지를 제대로 가려내려면 어느 정도의 시간이 필요할 것이다.

- 이 시스템은 기본적으로 디버깅을 위한 것이지만, 코드 읽기 도구로, 즉 프로젝트의 커다란 코드 영역의 기본적인 실행 흐름을 파악하는 데 사용할 수도 있다.

결론

이벤트 로깅이 어떤 궁극의 실시간 디버깅 기법은 아니라 하더라도, 프로그래머의 디버깅 과제를 돕는 강력한 도구인 것만은 틀림없는 사실이다. 특히 이벤트 로깅은 문제가 겉으로 드러나기 전에 프로그램 안에서 일어난 사건들을 추적하는 데(이는 전통적인 디버거로는 쉽게 할 수 없는 일이다) 큰 도움이 된다. 이 글이 소개한 이벤트 로깅 시스템은 HTML이라는 대중적인 표준을 사용하기 때문에 로그 자료를 얼마든지 창조적으로 포매팅할 수 있다. 예를 들어 각 메시지 범주마다 서로 다른 CSS(Cascading Style Sheets) 속성이 부여된 HTML을 출력하고 특정 범주만을 좀 더 강조하는 여러 버전의 CSS 스타일시트를 준비할 수도 있을 것이다. 더 나아가서, HTML 대신 XML을 출력하도록 시스템을 수정해서 많은 양의 출력 자료를 좀 더 효율적으로 살펴보거나 다른 도구의 입력으로 사용할 수 있게 만들 수도 있다. 또는, Excel 같은 스프레드시트에서 읽어 들일 수 있도록 탭이나 쉼표로 구분된 형태의 텍스트 파일을 출력하게 할 수도 있을 것이다.

이벤트 로깅 시스템은 도구일 뿐이다. 프로젝트마다 요구사항이 다르므로, 독자의 프로젝트를 디버깅하는 데 가장 적합한 실시간 정보가 무엇인지는 독자 스스로가 판단해야 한다. 이 글에 나온 것과 같은 로깅 시스템을 적절히만 사용한다면, 아주 골치 아픈 종류의 버그를 추적하고 교정하는 작업이 좀 더 쉬워질 것이다.

1.3 클럭: 게임의 심장 박동

Noel Llopis, *Day 1 Studios*
llopis@convexhull.com

게임에서 클럭(clock)은 모든 것을 주도한다. 클럭은 시간을 흐르게 한다. 시간이 흘러야 게임 세계 안의 물체들이 움직이고 카메라가 플레이어를 따라간다. 심지어 게임 끝 장면의 크레디트도 시간이 흘러야 스크롤된다. 시간을 다룰 때에는 그냥 필요할 때마다 시스템 타이머로부터 시간을 얻는 방식을 사용하기도 하는데, 그런 방법에는 몇 가지 문제점들이 있다.

- 한 프레임 안의 여러 지점들에서 시간을 조회하면 그 때마다 다른 값이 반환될 수 있으며, 그러면 화면의 물체들을 갱신할 때 물체가 이상하게 워프하는 모습이 나타나기도 한다.
- 게임을 일시 중지하되 특정 부분만 계속 실행되게(예를 들면 게임이 정지된 상태에서 사용자 인터페이스가 애니메이션되거나 카메라가 계속 선회하는 등) 할 때 문제가 있을 수 있다.
- 프레임률 변동 때문에 애니메이션이나 카메라 이동이 눈에 띄게 떨리는 현상이 나타날 수 있다.

시간의 기초

클럭이라는 것을 무시하고, 그냥 한 프레임(프레임 하나라는 것은 CPU 성능에 따라 결정될 수도 있고 모니터의 수직 동기 신호 사이의 시간에 의해 결정될 수도 있다)에 최대한 많은 것을 집어넣는다면 어떻게 될까? 그러면 컴퓨터의 빠르기에 따라 게임이 돌아가는 속도가 달라진다. 빠른 컴퓨터에서는 게임의 모든 것이 더 빠르게 움직이며, 그래서 아예 플레이가 불가능할 수도 있다.

특정한 빠르기의 컴퓨터 시스템에서만 실행되는 게임을 만들고자 하는 것이 아니라면, 클럭을 이용해서 게임이 시스템의 빠르기와 무관하게 돌아가도록 해야 한다. 심지어는 항상 같은 종류의 하드웨어에서 실행되는 게임들도 PAL과 NTSC 비디오 시스템의 비디오 주파수 차이 때문에 클럭을 이용한다.

대부분의 게임들은 하나의 메인 게임 루프를 중심으로 조직화된다. 그 루프는 게임이 실행되는 동안 매 프레임마다 한 번씩 실행된다. 한 프레임 안에서 일어나는 모든 것들은 바로 그 루프 안에서 수행되어야 한다. 다음은 한 프레임 안에서 일어나는 주요한 사건들이다.

- ◾ 사용자의 입력을 점검
- ◾ AI 처리
- ◾ 네트웍 패킷 처리
- ◾ 게임 세계의 물체들을 갱신
- ◾ 보여줘야 할 것들을 화면에 표시

이런 사건들이 반드시 위에 나온 순서대로 일어나는 것은 아니다. 그리고 어떤 게임들은 렌더링 품질을 보장하기 위해서 AI나 게임의 시뮬레이션 부분을 매 프레임마다 수행하는 것이 아니라 몇 프레임 걸러서 수행하기도 한다. 또한 한 프레임 안에서 게임 세계들을 여러 번 갱신한다거나 특별한 메시징 단계를 거치는 경우도 있다. 여러 가지 변형들이 존재하긴 하지만, 어쨌든 이런 기본적인 메인 루프와 크게 다르지는 않다.

일반적으로 루프 안에서는 한 객체가 이전에 갱신된 후로 지난 시간을 구하고, 그 이전 갱신 이후 필요한 변경들을 식별하고, 현재의 정확한 상태를 반영하도록 객체를 갱신하는 등의 연산을 수행한다. 이런 연산들은 매 프레임마다 일어나기 마련이므로, 이전에 객체가 갱신된 후로부터 지난 시간은 지난 프레임의 지속 시간과 대략 일치한다.

게임이 시간을 다루는 방식은 크게 두 가지이다. 하나는 가변 프레임 간격이고 또 하나는 고정 프레임 간격이다. PC용 게임들은 대부분 가변 프레임 간격을 사용한다. 콘솔 게임들 중에도 가변 프레임을 사용하는 것들이 많이 있다. 가변 프레임 간격이란 한 프레임에 걸리는 시간이 그 프레임에서 화면에 그리는 것들에 따라 다를 수 있다는 뜻이다.

고정 프레임 간격은 주로 콘솔 게임들에서 볼 수 있다. 콘솔 게임의 경우에는 실행 하드웨어를 미리 파악할 수 있으며, 따라서 한 프레임에 걸리는 시간을 미리 결정해서 고정시켜 둘 수 있다(보통 그 시간은 디스플레이의 수직 동기 신호 간격의 배수이다). 고정 프레임 접근방식에서는 이후에 말할 여러 가지 문제들이 그리 심하게 나타나지 않지만, 그래도 이 글에서 언급하는 깔끔한 조직화와 몇 가지 기법들이 도움이 될 것이다.

클럭 시스템 조직화

바람직한 클럭 시스템이 갖춰야 할 요건들을 나열하자면:

- 현재 시간과 한 프레임의 지속 시간을 신뢰성 있게 제공한다.
- 프로그램의 다른 부분과는 독립적으로 게임플레이 시간을 정지하거나 비례한다.
- 시간을 초기값으로 되돌리거나 임의의 값으로 설정할 수 있다.
- 가변 프레임 간격과 고정 프레임 모두를 지원한다.
- 간격 차이가 큰 일련의 프레임들 때문에 생기는 결함을 방지한다.
- 정밀도 문제를 방지한다.

이런 시스템을 위해서는 클럭이라는 개념과 타이머라는 개념을 구분할 필요가 있다.

클럭은 게임 안에서 단 하나만 존재하며, 타이머는 여러 개 존재할 수 있다. 타이머는 클럭에 의해 움직인다. 클럭은 현재 시간을 보고하며, 항상 증가하기만 한다. 클럭을 중지시키거나 임의로 조작할 수는 없다. 현실의 시간을 마음대로 조작할 수 없는 것과 마찬가지이다.

타이머는 게임 내의 개별적인 용도에 따라 여러 개를 만들어서 사용할 수 있다. 타이머는 기본적으로 클럭에 의해 작동하며, 사용자가 직접 조작하는 것이 가능하다. 정지, 재설정뿐만 아니라 중앙 클럭보다 시간이 더 빠르게 또는 느리게 가게 만들 수도 있다. 즉, 각 타이머는 시간을 자기 나름의 요구에 맞게 취급할 수 있으며 프레임의 지속 시간 역시 임의로 해석할 수 있는 것이다.

클럭은 시간을 어디서 얻을까? 일반적으로는 플랫폼이 제공하는 고해상도 시스템 타이머로부터 시간을 얻는다. 그러나 클럭 시스템을 만들 때에는 시간 값 생성 서비스를 시간원(time source)이라고 하는 논리적인 개념으로 추상화하는 게 도움이 된다. 시간원은 플랫폼 의존적인 타이머들을 사용할 수도 있고 파일에서 시간 값들을 읽어올 수도 있고 디스플레이의 수직 동기 신호 개수에 기반해서 시간을 계산할 수도 있다. 어떤 경우이든, 클럭은 특정 시간원과는 독립적으로 항상 동일하게 작동한다.

편의를 위해, 지금까지 이야기한 세 가지 개념, 즉 클럭, 타이머, 시간원을 개별적인 C++ 클래스로 만들어 보자. 그림 1.3.1은 이 클래스들 사이의 관계를 보여주는 UML 도표이다.

이 클래스들의 완전한 구현은 부록 **CD-ROM**에 있다. CD에는 그 외에도 이 글에 나오는 나머지 기능들의 구현과 일련의 단위 검사(unit test)들이 수록되어 있다.

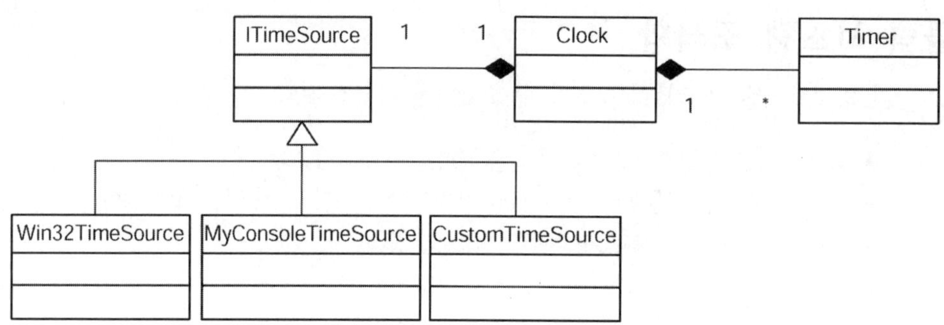

그림 1.3.1 클럭 시스템을 구성하는 클래스들에 대한 UML 클래스 다이어그램

각 프레임의 시작에서 클럭 멤버 함수 `FrameStep()`을 호출한다. 이에 의해 클럭은 시간원으로부터 갱신된 시간을 얻고 그것으로 자신의 내부 시간 값을 갱신한다. 그리고 클럭에 의존하는 모든 타이머들을 갱신한다. 일단 그 멤버 함수가 호출되고 나면, 현재 시간과 지난 프레임의 간격은 다음번에 `FrameStep()`이 호출될 때까지 그대로 유지된다. 이런 방식은 타이머 조회 시 계산이 일어나지 않으므로 효율적이며, 또한 한 프레임 안에서는 항상 같은 값을 얻게 되므로 객체들을 안정된 기준 하에서 갱신할 수 있다. 이에 의해 같은 프레임 안에서의 안정적인 시간 측정 문제가 해결된다.

타이머들은 서로 독립적이므로, 중앙 클럭이나 다른 타이머에 대한 영향을 걱정하지 않고 특정 타이머를 임의로 조작하는 것이 가능하다. 예를 들어 게임 타이머를 정지시키면 게임 안의 모든 행동들이 멈추지만, 사용자 인터페이스는 GUI 타이머를 사용하므로 게임 내부와는 무관하게 계속 애니메이션된다. 그리고 슬로우 모션 폭발 장면이나 불릿 타임 등 인상적인 시각 효과를 위해 타이머를 실제 시간보다 빠르게 또는 느리게 만드는 것도 가능하다.

그리고 클럭 시스템에 임의의 값을 제공할 수 있다는 점도 이 시스템의 중요한 장점이다. 그냥 원하는 값을 담은 새 시간원을 적용하기만 하면 된다. 그런데 임의의 시간이라는 것에는 어떤 용도가 있을까? 예를 들어 게임 내 동영상 녹화 시에 특정한 클럭 값들을 공급하고 재생 시에 그 클럭 값들을 사용한다면(동영상 자료 내에 클럭 값들을 보존해 두어야 할 것이다) 좀 더 정확한 타이밍으로 게임 내 동영상을 재생할 수 있다.

마지막으로, 게임이 고정 프레임 간격 접근방식을 사용한다면, 항상 고정된 값을 제공하는 간단한 시간원을 사용하면 된다. 이렇게 하면 고정 프레임 간격의 요구를 만족하면서도 클럭 시스템의 다중 타이머 능력을 활용할 수 있다.

결함 방지

지금까지는 이 클럭 시스템이 글의 앞부분에서 언급한 클럭 관련 문제들을 어떻게 해결하는지에 대해 주로 살펴보았다. 그러나 아직 이야기하지 않은 골칫거리가 있는데, 바로 시간 결함 문제이다. 시간 결함들이 생기는 원인은 크게 세 가지이다. 이들을 차례로 살펴보자.

스파이크

타이머를 통해서 주되게 얻고자 하는 것은 프레임의 시간 간격, 다시 말하면 이전 프레임의 시작(또는 마지막으로 객체들을 갱신하기 시작했던 때) 이후에 지나간 시간의 양이다.

그림 1.3.2는 일련의 프레임들의 간격을 그래프로 나타낸 것이다. 전반적으로는 균등한 시간 간격들 중에 두 개의 뾰족한 스파이크(spike)들이 보이는데, 이런 스파이크들은 드물지 않다. 특히 PC 게임의 경우에는 하드 디스크에 접근하거나 커다란 텍스처를 비디오 카드에 업로드하는 등의 이유로 이런 스파이크들이 발생한다.

어떤 물체가, 예를 들어 자동차 하나가 일정한 빠르기로 화면을 가로질러 가는 도중에 이런 스파이크가 발생하면 어떻게 될까? 사용자에게는 차가 잠시 멈췄다가 다시 원래 빠르기로 이동하는 것처럼 보일 것이다.

만일 이전 프레임의 간격을 이용해서 게임 세계 안의 물체의 변경량을 결정한다면, 차는 스파이크에 의해 잃은 시간을 보상하기 위해서 순간 이동을 하는 모습을 보일 것이다. 이는 논리적으로 정확한 행동이지만, 바람직하지는 않다. 긴 프레임 다음에 순간 이동 프레임이 나오는 것이므로 사용자가 보기에도 좋지 않으며, 또한 커다란 시간 간격으로 게임 세계를 갱신하면 물리 및 충돌 갱신이나 시뮬레이션 피드백 루프 등에서 문제가 될 수 있다.

대부분의 경우, 그렇게 큰 시간 차이가 발생하지 않도록 한다면 더 나은 결과를 얻을 수 있다. 한 가지 방법은 지난 프레임 하나가 아니라 지난 n 개의 프레임 간격들의 평균을 사용하는 것이다. 여기서 n은 5에서 10 정도이다. 그 정도 값이면 프레임 변동을 어느 정도 반영하면서도 커다란 스파이크를 피할 수 있다. 그림 1.3.2의 실선은 지난 5 프레임의 평균들에 해당한다.

그런데 10 초나 5 분 정도의 정말로 큰 스파이크는 어떻게 해야 할까? 그 정도의 큰 스파이크라면 10 개를 평균한다고 해도 평준화되지 않는다.

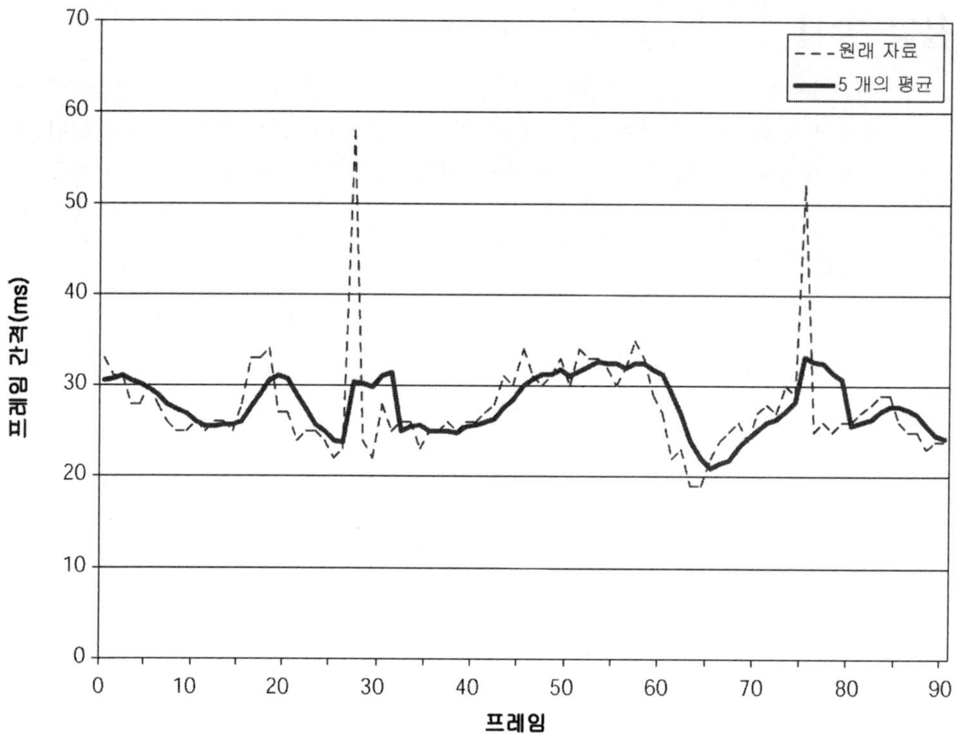

그림 1.3.2 게임의 한 부분의 프레임 간격들. 점선은 걸러지지 않은 원래의 값들이고 실선은 최근 5 프레임의 평균이다.

그 정도로 큰 스파이크는 디버깅 상황에서 흔히 일어난다. 게임 루프 도중에 디버거로 게임의 실행을 정지하고 변수 몇 개를 살펴보거나 함수 호출을 몇 개 따라가다 보면 몇 분의 시간은 금방 지나간다. 다시 게임을 재개하면 해당 프레임의 시간 간격이 엄청나게 큰 값이 되며, 그래서 특별한 처리를 하지 않는 한 대부분의 물체들이 게임 세계의 경계를 벗어날 정도로 빠르고 멀리 움직이게 된다. 또한 고정 간격 물리 시뮬레이션을 사용하지 않는 한, 모든 물리 계산들이 무의미한 결과를 낸다.

이에 대한 한 가지 대비책은, 프레임 간격에 상한을 두는 것이다. 게임이 적어도 초 당 30 프레임(프레임 당 33 ms에 해당)으로 돌아가야 한다면, 보통의 상황에서 한 프레임이 250 ms 이상 걸리는 일은 없어야 할 것이다. 250 ms이면 초 당 4 프레임이다. 프레임 간격의 상한을 250 ms 정도로 두면, 디버거로 실행을 중지했다가 다시 재개했을 때의 시간 간격은 250 ms가 되고(이전의 몇 프레임들과 평균을 낸다면 좀 더 작은 값이 될 것이다), 그러면 게임을 다시 정상적으로 실행할 수 있을 것이다.

수직 동기

게임의 프레임 갱신 빈도와 모니터나 TV의 화면 갱신 빈도가 다르면 화면이 소위 "찢어지는" 현상이 생길 수 있다. 그런 현상을 피하기 위해, 다음 번의 수직 회귀를 기다렸다가 다음 프레임을 그리는 방법이 흔히 쓰인다. 그런 방법에서는 한 프레임에 필요한 모든 것을 수행하고, 수직 동기를 기다리고, 수직 동기가 오면 준비된 후면 버퍼를 표시한다.

그런데 오늘날의 PC나 콘솔에 장착된 고도로 병렬적인 그래픽 시스템들에서는 이런 방식이 비효율적이다. 대부분의 경우, 게임에서 그래픽 처리기에 보낸 모든 그래픽 명령들은 하드웨어의 처리 대기열에 쌓이게 되며, 실행의 흐름은 그 명령들이 그래픽 처리기에서 완수되기 전에 즉시 게임으로 되돌아온다. 이런 부분을 제대로 고려하지 않으면 프레임마다 프레임 간격의 차이가 매우 큰 상황이 벌어진다. 그리고 이런 상황은 앞서의 단순한 평균 방식으로도 해결되지 않는다.

초 당 30 프레임을 유지하기 위해 60 Hz 디스플레이의 수직 동기를 기다린다고 하자. 그런데 현재 보이는 장면은 갱신 및 렌더링이 매우 짧은 시간 안에 끝날 정도로 단순하다고 하면, 그래픽 처리기에 보낸 명령들을 처리기가 수행하고 수직 동기 후에 버퍼들을 전환하기 전에 메인 루프가 다음 프레임을 시작하게 된다.

이전 프레임의 실제 간격과 메인 루프의 갱신 간격의 차이가 누적되면서 문제가 발생한다. 게임이 그래픽 명령들을 계속 그래픽 처리기에 보내다 보면 그래픽 처리기의 대기열이 꽉 차게 되며, 처리기가 대기열을 비우기 위한 시간 때문에 가끔씩 특별히 긴 프레임이 발생한다.

일반적으로 메인 루프의 시간 간격은 물체들을 갱신하는 용도로 쓰인다. 수직 동기 덕분에 렌더링 상의 프레임률 자체는 초 당 30 프레임으로 고정된다고 해도, 물체들을 갱신하는 데 쓰이는 시간 간격이 가끔씩 커지기 때문에 애니메이션이나 물체의 운동이 눈에 띄게 덜컥대는 현상이 나타나게 된다.

이런 문제를 가지고 있는 플랫폼이라면, 후면 버퍼들을 교체하는 코드에 적절한 플랫폼 고유의 장벽을 추가해서 게임이 그래픽 프로세서보다 한 프레임 이상 더 나아가지 않도록 해야 할 것이다. 그러면 시간 간격이 일정해지고, 그러면서도 하드웨어 병렬성에 의한 이점은 그대로 유지할 수 있다.

정밀도

클럭과 타이머를 다룰 때 한 가지 골치 아픈 문제는 바로 정밀도이다. 정밀도 문제는 간단히 말하면 시간을 어떤 형식으로 나타낼 것이며 그 값의 오차는 얼마나 될 것인지에 대한 문제이다.

고생대부터 흐른 시간을 나노 초 단위로 표현할 수 있을 정도의 초고해상도 타이머를 가진 플랫폼이라고 해도, 게임 안에서 이산적인 시간 값들을 어떻게 표현할 것인가의 문제는 여전히 남는다. 레벨이 시작된 이후로 흐른 초의 개수를 float에 담을 것인가? 아니면 밀리 초 개수를 커다란 정수에 담을 것인가? 또는 완전히 다른 방식을 사용할 것인가? 답은 게임과 플랫폼에 따라 다르므로, 여러 가지 접근방식들의 장단점을 이해하는 것이 중요하다.

시간 값을 흐른 시간의 밀리 초 개수로 정수에 담는 방식은 시스템 프로그래밍을 경험해 본 사람들에게 친숙한 방식이다. 이런 방식을 흔히 "틱(tick)" 인터페이스라고도 하는데, 하나의 틱이 1 밀리 초이다. 이 접근방식은 고정된 정밀도를 가지나, 해상도가 1 ms이므로 그리 정밀하지는 않다. 예를 들어 프레임률이 60 Hz이면 한 프레임에 16.6667 ms가 걸리게 되는데, 1 밀리 초 단위의 정수 방식에서는 항상 반 밀리 초 정도가 잘려나간다. 또 다른 단점은, 32 비트 정수로는 약 49 일 정도만 표현할 수 있다는 점이다. 만일 게임이 그 이상으로 계속 실행되어야 한다면 다른 방식을 사용하거나 아니면 시간이 순환되게 하는 구조를 집어넣어야 한다. 마지막으로, 밀리 초 단위의 정수는 물리 계산은 물론 간단한 위치 갱신에도 그리 편하지 않다. 대부분의 경우는 일단 부동소수점 수로 변환한 후에 계산을 수행해야 한다.

계산에 대해서는 초를 의미하는 값을 담은 단정도 부동소수점(float)을 사용하는 게 더 자연스럽다. 그러나 float 역시 고유한 정밀도 문제를 가지고 있다. 정수와 달리 float은 값이 작을 때 정밀도가 높고 값이 커질수록 정밀도가 떨어진다. 32 비트 float의 경우 4 시간이 지나면 해상도가 약 1 ms 정도로 떨어지고, 3 일 정도가 지나면 약 15 ms가 된다. 15 ms는 60 Hz에서 한 프레임 정도 밖에 되지 않는다. 시간이 더 지나면 해상도는 더욱 더 나빠진다.

신뢰성으로 치자면 64 비트의 배정도 부동소수점(double)이 훨씬 좋다. 오랜 기간동안 지속되고 수학 계산에도 편리한 형태이다. 단점은, 32 비트 플랫폼에서는 64 비트 부동소수점 연산이 상당히 비쌀 수 있다는 것이다.

64 비트 플랫폼이 대중화되기 전까지는, 내부적으로는 64 비트의 정밀도를 유지하고, 게임에서는 구체적인 요구에 가장 적합한 형식을 사용하는 것이 현명한 방법일 것이다. 프레임

간격에 대해서는 float을 사용하는 게 좋을 것이다. 일반적으로 프레임 간격은 매우 작으므로 float으로도 충분히 정밀하게 나타낼 수 있다.

그림 1.3.3은 주어진 시간 주기에 대한 32 비트 정수와 float, double의 정밀도를 나타낸 것이다. y 축(정밀도)은 로그 축척임을 주의할 것. 정수는 전체 구간에서 1 ms의 고정된 정밀도를 제공하지만, float은 시간이 지남에 따라 정밀도가 점점 떨어진다. 그래도 16 시간까지는 5 ms 이하의 해상도를 제공한다. 그리고 처음 4, 5 시간까지는 int 보다 나은 정밀도를 보인다. double은 훨씬 큰 정밀도를 가진다. y 축을 로그 축척으로 표현했어야 할 정도이다. 80 시간이 흐른 후에도 해상도는 0.00000023 수준이다.

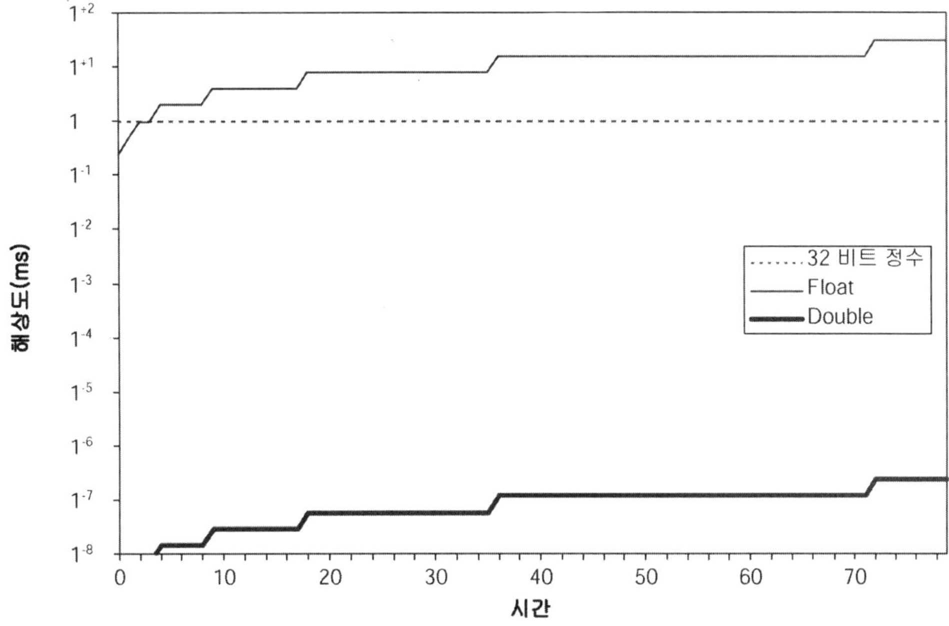

그림 1.3.3 세 가지 시간 표현의 정밀도

결론

게임 클럭은 생각보다 까다로운 주제이다. 이 글은 클럭/타이머 시스템을 위한 깔끔한 조직화 방법을 하나 제시하면서, 클럭을 다룰 때 마주치게 되는 주요한 함정들과 그것을 피하는 방법을 이야기했다. 부록 **CD-ROM**에는 클럭 시스템의 완전한 구현 코드와 일련의 단위 검사 코드들이 수록되어 있다.

타이머가 다른 타이머에 의존할 수 있게 하고, 그럼으로써 하나의 계통적인 의존성 트리를 구성할 수 있도록 하는 식으로 이 시스템을 확장하는 것도 재미있을 것이다. 그렇게 한다면 예를 들어 공통의 부모 속성들을 변경함으로써 일단의 타이머들 전체의 속성을 변경하는 등 타이머들을 좀 더 효율적으로 관리할 수 있다. 매트릭스 스타일의 불릿 타임이나 슬로우 모션 폭발 장면 등 시간의 빠르기가 다른 장면들을 많이 사용하는 게임이라면 그런 방식이 유용할 것이다.

1.4 커다란 크로스플랫폼 라이브러리의 설계와 유지

David Etherton, *Rockstar San Diego*
etherton@rockstarsandiego.com

프로젝트 예산이 하늘 높은 줄 모르고 치솟는 오늘날의 게임 업계에서, 발행사들은 더 큰 이익을 위해 같은 게임을 여러 플랫폼들에 대해서 출시하려 한다. 다른 플랫폼으로의 이식 작업은 원 개발사가 직접 할 수도 있고 외주에 맡길 수도 있다. 어떤 경우이든 이식에 의해 게임의 품질이 떨어져서는 안 될 것이다. 거의 대부분, 처음부터 이식을 염두에 두고 게임을 개발하는 것이 더 나은 이식 결과를 낸다. 발행사들은 다중 플랫폼 이식에 너무 많은 추가 비용을 소비하는 데 주저하기 마련이므로, 개발사로서는 이식 작업을 원 게임의 개발과 최대한 병렬적으로 진행하는 것이 좋을 것이다.

설계

라이브러리의 코드를 작성하기 전에, 우선 라이브러리의 기본적인 구조를 설계할 필요가 있다. 커다란 개발사의 평균적인 프로젝트는 수십 개의 서로 다른 라이브러리들로 구성된다. 라이브러리들은 크게 공유 엔진에 관련된 것과 해당 프로젝트 코드에 관련된 것으로 나뉜다. 일부 하위시스템은 다른 것들보다 훨씬 복잡할 수 있으며, 그런 경우 기능성을 여러 개의 개별적인 모듈들로 분할하는 것이 좋다. 예를 들어 물리 라이브러리라면 충돌 검출과 충돌 반응을 각자 개별적인 모듈로 두는 등.

인터페이스와 구현은 항상 최대한 분리해야 한다. 인터페이스가 다른 인터페이스에 직접적으로 의존하는 일은 피할 것. 예를 들어 다음보다는

```cpp
// Class.h
#include "object1.h"
#include "object2.h"

class Object3
{
```

```
private:
    Object1 m_Obj1;
    Object2 m_Obj2;
};
```

다음이 거의 항상 더 좋은 방식이다.

```
// Class.h
class Object1;
class Object2;

class Object3
{
private:
    Object1 *m_Obj1;
    Object2 *m_Obj2;
};
```

그러나 성능 면에서는 후자가 떨어진다. 포인터가 아니라 객체를 직접 소유하게 해야 인라인 여지가 늘어난다.

C++로 코딩을 한다면 public 멤버 변수는 절대 두지 말 것. 모든 것에 대해 항상 접근 함수들을 제공하라. 그러면 나중에 마음이 바뀌어서 구현을 고쳐도 인터페이스가 깨지지 않는다. 가능한 부분에는 클래스 팩토리를 사용하라. 단, 그런 경우 거의 모든 진입점이 가상함수가 된다는 단점이 존재한다. 가상 함수는 추가적인 성능 상의 부담을 야기하며, 특히자료 캐시가 작은 플랫폼에서는 성능이 더욱 떨어진다.

코드가 점점 커짐에 따라, 쓰이지 않은 클래스들을 잘라내고 순환 의존성(피하려고 해도 생겨나기 마련이다)을 풀어줘야 하는 일이 생긴다. 예를 들어 두 클래스가 각자 상대방의 자료를 사용하는 경우에는, 그 공유 자료를 개별적인 클래스로 옮기고 두 클래스가 각각 그새 클래스를 참조하게 하면 된다. 저수준 코드에서 좀 더 높은 수준의 코드 쪽으로 호출해올라갈 필요가 있다면, 함수 포인터나 가상 클래스 팩토리를 이용해서 의존성을 해결하라.이런 종류의 기법들은 [Lakos96]에 좀 더 많이 나와 있다.

모듈들마다 고유한 접두어를 사용하면(그래픽 모듈은 **gfx**, 물리 모듈은 **ph** 등) 기호 이름들의 충돌을 피할 수 있으며 기초적인 수준의 문서화 효과도 얻을 수 있다. 궁극적으로는C++ 이름공간을 도입해서 gfxTexture 대신 gfx::Texture 같은 형태의 이름들을 사용하는 쪽으로 나아가야 할 것이다.

몇 가지 중요한 추상화 사항들

모든 파일 연산들을 추상화하라. stdio가 특정 플랫폼에서는 제대로 작동하지 않을 수 있다. 그리고 파일 작업을 깔끔하게 추상화해 두면 엔진에 압축이나 아카이브 지원을 추가하기도 쉽다. 하드 디스크가 없는 콘솔 게임기에서 로딩 시간을 줄이려면 디스크 파일 총 개수를 최대한 줄여야 한다. 또한 동시에 여러 개의 파일들을 열어두는 일은 피해야 한다. 디스크 탐색 시간이 길어지기 때문이다. 간단한 해결책은, 전체 파일들을 메모리로 읽어 들인 후에 파싱을 하는 것이다.

난수 발생기를 직접 작성하고 난수가 필요한 모든 곳에서 사용하라. 여러 개의 난수열 지원은 필수이다. 리플레이 모드를 결정론적으로 만들려면 시뮬레이션 관련 난수들과 카메라 관련 난수들을 명확히 구분할 수 있어야 한다. 직접 작성한 난수 발생기의 또 다른 이점은, 모든 플랫폼들에서 일관된 결과를 얻을 수 있다는 것이다.

입력 장치들에 대한 간접층을 마련하라. 고수준 코드에서 "R" 키나 왼쪽 아날로그 스틱을 명시적으로 점검해서는 안 된다. 고수준 코드가 하드웨어 입력 장치 정보 대신 추상적인 명령들을 점검할 수 있게 하는 형태의 관리자를 도입할 것. 그러면 이후에 게임 디자이너가 게임 컨트롤 방식을 변경한다거나 버튼 개수가 적은 컨트롤러를 사용하는 새 플랫폼으로 이식할 때 작업이 좀 더 쉬워진다.

플랫폼이 기본으로 제공하는 메모리 관리자 대신 독자적인 메모리 관리자를 사용하는 것도 좋은 생각이다. 인터넷에는 안정적이며 무료로 사용할 수 있는 malloc/free 구현들이 존재한다 [Lea00]. 메모리 관리를 일관되게 하면, 새로 할당된 메모리가 항상 알려진 동일한 상태로 초기화되게 만들 수 있다.

빌드 시스템

빌드 시스템은 구성하기 쉬워야 하며 특정 모듈의 변화를 빌드 전체에 신뢰성있게 적용할 수 있어야 한다. 그런 측면에서 본다면 makefile이 훨씬 더 관리하기 쉽다. 모든 주요 IDE와 여러 고급 텍스트 편집기들은 명령행에서 *make*를 실행하고 그에 대한 오류 메시지를 IDE나 편집기 안에서 표시해서 사용자가 관련 소스 코드 행으로 쉽게 이동할 수 있게 하는 기능을 제공한다. makefile을 다룰 때에는 최대한 많은 make 규칙들을 하나의 공통의 makefile에 몰아넣어야 한다. 개별 모듈 makefile에는 모듈 이름, 모듈 라이브러리를 구성하는 파일들만 있어야 하며, 필요하다면 유스케이스(use-case) 테스트들이 포함될 수도 있다. 대부분의 컴파일러들은 의존성 목록을 자동으로 생성하나, 필요하다면 공개된 *makedepend* 유틸리티를 사용해서 빌드 공정을 더 원활하게 만들 수도 있다.

인터넷에는 여러 가지 버전의 *make*들이 존재한다. 아마도 가장 널리 쓰이는 것은 GNU make일 것이다 [GNU02]. *jam* [Jam02] 등 makefile보다 이해하기 쉬운 형식의 구성 파일을 사용하는 도구들도 나와 있다.

빌드 구성들

대부분의 개발 도구들은 Debug와 Release라는 두 가지 빌드 구성만을 제공한다. 그러나 특정한 종류의 버그를 찾기 위해서는 좀 더 다양한 빌드 구성들을 마련해 둘 필요가 있다. 다음의 주요 범주들 각각을 포괄하는 구성 집합을 만들어 놓으면 편리할 것이다. 두 가지 선택이 가능한 범주가 5 개이므로 총 32 개의 구성이 가능하다.

- ◼ 디버그 정보 존재 여부
- ◼ 최적화의 활성화 여부
- ◼ 단언문(assert) 활성화 여부
- ◼ 트레이스 활성화 여부
- ◼ 게임 내 개발 및 조율 도구 활성화 여부

대체로 디버깅 정보를 생성하게 하면 컴파일과 링크에 시간이 많이 걸리므로, 디버깅 정보 생성 옵션을 항상 켜놓지는 않을 것이다. 최적화는 디버깅에 영향을 미치지만, 대부분의 경우에는 최적화 옵션을 켜놓을 것이다. 단언문만 독립적으로 켜거나 끄는 것 역시 중요하다. 특히 디버깅 정보는 그대로 두고 단언문만 컴파일에서 제외시키는 것은 단언문들이 버그의 재현에 영향을 주는 경우에 꼭 필요하다.

5 가지 범주, 총 32 개의 구성들 중 비합리적이거나 거의 쓰이지 않는 조합의 구성들도 존재할 것이다. 필요할 때마다 빠르게 커스텀화할 수 있는 구성 별 헤더 파일들을 만들어 두는 것도 좋을 것이다.

컴파일러 경고 수준은 최대한 높이는 것이 좋다. 모든 플랫폼에 대해 경고 수준을 허용할 수 있는 한도 내에서 최대한 높게 설정할 것(Visual Studio의 경우는 /W, gcc는 -Wall 등). 컴파일러 중에는 특히 더 까다로운 것들이 있다. 같은 코드를 여러 컴파일러들로 컴파일해 보면, 코드를 실행시키기 전에라도 버그를 발견할 가능성이 높아진다. 그리고 경고를 오류로 취급하게 하는 옵션도 활성화시킬 것. 그러면 코드의 깨끗함을 유지할 수 있으며, 별 문제

가 없어 보이는 코드를 다른 팀에게 배포했는데 그 팀이 작업하는 플랫폼에서 오류와 경고
가 발생하는 일을 피할 수 있다.

빌드 전용 컴퓨터를 준비할 것. 한 프로그래머가 코드를 다른 팀원들이 사용할 수 있도록
체크인할 때에는 빌드 전용 컴퓨터에 로그인해서 코드를 갱신하고 프로젝트의 핵심 구성을
빌드해야 한다. 이렇게 하면 누군가가 체크아웃했다가 다시 체크인하지 않았거나 빠져 있
는 파일을 빠르게 식별할 수 있으며, 그럼으로써 다른 프로그래머의 작업을 날려버리는 위
험을 방지할 수 있다. 매일 밤 빌드 전용 컴퓨터로 모든 가능한 구성들을 재빌드하고 발생
한 오류들을 팀에게 전달하도록 해야 한다. 아주 커다란 프로그래밍 팀이라면 매일 밤이 아
니라 끊임없이 빌드를 수행해야 할 수도 있을 것이다.

PC-lint™ [Gimpel03] 같은 외부 소스 코드 유효성 점검 도구도 사용해 볼 것. lint 유의 도구
들은 코드에 대해 종종 컴파일러보다 더욱 상세한 정적인 의미 분석을 수행하며, 빌드 시
심각한 논리적 오류를 지적해 줄 수 있다.

세부 사항들

일반적인 관점에서 이식성 있는 코드의 작성에 관련된 문제들을 다루는 책이나 자료는 많
이 있다. 이 글에서는 게임의 관점에서 본 문제들에 초점을 둔다. 미들웨어를 사용하든 아
니면 해당 플랫폼의 기본 API를 사용하든, 항상 독자적인 추상층을 도입하는 것이 좋다. 그
러면 나중에 새 플랫폼이나 새 미들웨어를 도입할 때 전환이 쉬워진다.

스칼라 형식의 크기들

스칼라 형식의 특정한 크기에 의존하거나 특정한 스칼라 형식이 다른 어떤 스칼라 형식과
같은 크기일 것이라는 가정을 깔고 있는 코드는 위험하다. 여러 정수 형식들에 대해, 부호
여부와 비트 수를 반영하는 형정의들(U16, S32 등)을 필수 포함 헤더 파일에 넣어두고 항상
그것들을 사용할 것.

엔디안 방식

바이트 엔디안(endian)을 다루는 게 그리 어려운 것은 아니다. 가장 큰 문제는 다른 플랫폼
에서 기록되었을 수도 있는 이진 자료를 읽을 때 발생한다. 한 가지 방법은, 적절한 바이트
교환을 수행해 주는 Read/WriteInt, Read/WriteShort, Read/WriteFloat 함수들을 일관되게 사용

하는 것이다. 또는, 같은 플랫폼 안에서만 쓰일 것이 아니라면 이진 파일 자체를 아예 사용하지 않는다는 방침을 세워놓을 수도 있다.

구조체 필드 순서

가능하다면 구조체 필드들을 크기 순으로 정렬해 볼 것. 필드들이 char 하나, int 하나, 다시 char 하나 순이라고 할 때, 컴파일러가 필드들 사이에 임의로 바이트들을 채우거나 필드 순서를 완전히 다시 배치할 수도 있다. C++의 경우, 상속된 클래스의 객체에는 부모 클래스의 자료 멤버들도 포함되며, 다형적인 객체 인스턴스들에는 클래스 가상 함수 테이블(vtable)로의 포인터도 포함된다는 점을 잊어서는 안 된다. 최신 게임 콘솔들은 모두 어떠한 종류이든 SIMD 명령 집합을 지원하는데, SIMD의 경우 일반적으로 하나의 워드 이상의 좀 더 엄격한 정렬을 요구한다. 구조체를 채울 때 이런 정렬 요구사항을 반드시 염두에 두어야 한다. 구조체가 정렬 요구를 제대로 만족하는지가 확실하지 않다면, 자주 생성되는 객체의 크기를 실행시점에서 출력해서 확인해봐야 할 것이다. 필요하다면 ANSI 표준 offsetof 매크로를 이용해서 차이를 추적하는 것도 좋을 것이다.

가상 함수 테이블 포인터

구조체에서 vtable 포인터의 위치는 컴파일러마다 다를 수 있다. vtable 포인터의 위치를 고정시키는 게 중요하다면, 가상 소멸자 하나만 담고 있는 빈 클래스를 기반 클래스로 두는 방법이 있다. 이 방법을 이용하면 vtable 포인터가 항상(모든 플랫폼에서) 객체의 제일 처음 부분에 위치하게 된다.

```
class Base
{
    virtual ~Base() { }
};
```

플랫폼에 따라서는 가상 함수 테이블의 함수 당 항목 크기가 4 바이트 이상일 수 있다. gcc 구식 버전에서 그런 문제가 생기는데, 그런 버전에서는 -fvtable-thunks=3을 사용해 볼 것.

단언문

단언문(assertion)의 가치는 [Rabin00]을 참고할 것. 단언문은 크로스플랫폼 라이브러리에서 특히나 중요한데, 왜냐하면 크로스플랫폼 라이브러리는 이후에 코드를 완전히 이해하지 못하는 다른 누군가가 사용할 것이기 때문이다. 고정 크기 배열들에 대해서는 항상 템플릿 방식의 배열 클래스를 사용하는 것이 좋다. 보통의 배열을 사용할 때보다 컴파일 시간이 더 오래 걸릴 수 있겠지만 성능 상의 추가부담은 거의 없으며, 게다가 범위 위반을 점검하는 것도 가능하다. 따라서 메모리를 덮어쓰는 일을 미리 방지할 수 있으며, 결과적으로 디버깅 시간을 줄일 수 있다. 이런 장치는 사용하기 편하면서도 안정적이어야 하는 자원 처리 도구들에 꼭 필요하다.

조건부 컴파일

조건부 컴파일을 사용하는 목적은 크게 두 가지이다. 첫 번째는 같은 플랫폼에 대해서 빌드 구성에 따라 서로 다른 코드를 컴파일하는 것이고, 또 하나는 서로 다른 플랫폼에 대해 각자 다른 코드를 컴파일하는 것이다. 전자는 일종의 필요악인 반면, 후자의 경우 어느 정도는 클래스 팩토리로도 같은 목적을 달성할 수 있다. 조건부 컴파일은 코드를 지저분하게 만들기 때문에 최소한으로만 사용해야 한다. 인터페이스에서는 거의 사용하지 말아야 하며, 플랫폼 의존적 인터페이스들을 그렇지 않은 것들로부터 완전히 분리해야 한다. 조건부 컴파일을 사용할 때에는 #ifdef SYMBOL 형태보다 #if SYMBOL을 사용하는 것이 좋다. 모든 gcc 기반 플랫폼들은 -Wundef를 지원한다. 이 옵션을 지정하면 컴파일러는 정의되지 않은 전처리기 기호를 평가하려는 부분에 대해 경고를 표시한다. 이러면 다음 예처럼 뜻하지 않게 특정 코드 블럭이 컴파일에서 제외되는 사태를 피할 수 있다.

```
#ifdef XBOOX    // XBOX의 오타. 뜻하지 않게 코드가 제외된다.
    ...
#endif
```

미리 컴파일된 헤더

미리 컴파일된 헤더(precompiled header)들은 거의 항상 도움이 되지만, 잘못 사용하면 해가 될 수도 있다. 일부 플랫폼은 미리 컴파일해 둘 모든 헤더들을 포함하는 하나의 포함 파일을 모든 소스 모듈의 제일 첫 머리에 두는 방식을 권장한다. 결과적으로는 빌드 시간이 매우 단축된다. 다만 모든 플랫폼의 모든 컴파일러가 미리 컴파일된 헤더를 지원하지는 않는다는 점이 문제이다. 만일 수많은 헤더 파일들을 포함하는 하나의 커다란 헤더 파일이 매번 컴파일되어야 한다면 빌드 시간은 극도로 길어질 것이다. 모든 대상 플랫폼/컴파일러들이 미리 컴파일된 헤더를 지원하는 것이 아니라면 생각을 해봐야 할 문제이다. 그냥 미리 컴파일된 헤더를 아예 사용하지 않을 수도 있다. 적절한 선행 선언들을 이용한다면 인터페이스 안의 의존성들을 최소화할 수 있으며, 미리 컴파일된 헤더에 의존하지 않고도 빌드 시간을 크게 줄일 수 있다. 미리 컴파일된 헤더를 사용하기로 했다면, 다음처럼 미리 컴파일된 헤더를 지원하지 않는 경우에 대해서도 대비책을 만들어 두는 것이 좋을 것이다.

```
// Class.h
#if !__PCH
#include "subclass1.h"
#include "subclass2.h"

class Subclass3 ...

// Class.cpp
#if !__PCH
#include "class.h"
#include "subclass4.h"
#else
#include "Everything.h"
#endif
```

미리 컴파일된 헤더를 사용하지 않는다면, 주어진 코드에 해당하는 헤더 파일을 항상 제일 먼저 포함시키도록 할 것. 그러면 클래스 인터페이스 안에 이전에 포함시킨 파일에 의해 만들어진 의존성이 숨겨져 있는 일을 피할 수 있다.

테스팅

모든 라이브러리에는 유스케이스 테스트들, 즉 라이브러리의 기능성을 시험해 보는 간단한 테스트 케이스들이 있어야 한다. 유스케이스 테스트들은 라이브러리가 여러 플랫폼들과 여러 릴리스들에서 일관된 기능성을 제공하는지 확인할 수 있는 수단이며, 일종의 문서화 역할도 한다. 테스트들을 수행할 때에는, 주어진 출력이나 스크린샷을 미리 알고 있는 정확한 결과와 비교하는 방식의 자동화된 테스트 기법을 도입해서 라이브러리 릴리스 공정 도중에 코드가 자동적으로 검사되게 하는 방식이 바람직할 것이다.

결론

대형 크로스플랫폼 라이브러리의 개발은 현재 게임 개발 산업에서의 중대한 노력이다. 이는 프로젝트가 미들웨어들을 사용한다고 해도 마찬가지이다. 현재, 특정한 하나의 플랫폼이 시장을 완전히 장악하고 있지는 않기 때문에, 여러 플랫폼들을 지원하는 데 노력을 들이는 것은 대단히 합리적인 전략이다. 한 플랫폼에 대해 게임을 완성한 후 다른 플랫폼들을 고려하는 것보다는, 개발 초기부터 여러 플랫폼들을 염두에 두고 체계적으로 개발을 진행하는 것이 다중 플랫폼 지원에 대한 잠재적인 문제들을 피하는 데 더 유리할 것이다.

참고자료

〔Gimpel03〕 Gimpel Software, "PC-Lint," 웹 주소 *http://www.gimpel.com/*, March 2003.

〔GNU02〕 Free Software Foundation, "GNU Make," 웹 주소 *http://www.gnu.org/software/make/make.html*, April 20, 2002.

〔Jam02〕 Perforce Software Inc., "Jam," 웹 주소 *http://www.perforce.com/jam/jam.html*, March 2002.

〔Lakos96〕 Lakos, John, *Large-Scale C++ Software Design*, Addison-Wesley Publishing Co., 1996.

〔Lea00〕 Lea, Doug, "A Memory Allocator," 웹 주소 *http://g.oswego.edu/dl/html/malloc.html*, April 4, 2000.

〔Rabin00〕 Rabin, Steve, "Squeezing More Out of Assert," *Game Programming Gems*, Charles River Media, 2000. 번역서는 "assert의 비법들," *Game Programming Gems*, 정보문화사, 2000.

1.5 자유목록 템플릿을 이용한 메모리 단편화 해결

Paul Glinker, *Rockstar Games Toronto*
paul@glinker.com

게임에서는 실행시점에서의 동적인 메모리 할당과 해제를 금기시하는 경향이 있다. 상황에 따라서는 동적인 할당과 해제가 매우 편리하지만(심지어는 바람직할 수도 있다), 메모리 단편화 때문에 성능이 떨어질 수 있으며 참조 국소성에도 문제가 있다. 이 글에서는 템플릿화된 자유목록을 이용해서 단편화나 참조 국소성 문제를 겪지 않고 실행시점 할당 및 해제의 편리함을 얻을 수 있는 방법을 소개한다.

문제점

메모리를 빈번하게 할당, 해제하면 메모리 단편화(*memory fragmentation*)가 심해진다. 그러면 전체적으로는 자유(free) 메모리가 충분하다고 해도 응용 프로그램이 요청한 크기의 메모리를 담을만한 연속적인 메모리 블럭이 없기 때문에 메모리 할당을 실패하거나 메모리 할당에 엄청난 시간이 소모되는 사태가 벌어진다(그림 1.5.1). PC의 경우 운영체제는 요청된 크기의 연속적인 메모리 블럭을 마련하기 위해 디스크 교체 파일(swap file)을 갱신하며, 그러면 엄청난 시간이 소비된다. 콘솔의 경우에는 더 심각하다. 교체 파일이라는 것이 없으므로 메모리 할당에 실패하게 되고, 게임이 이를 제대로 처리하지 않으면 게임이 다운될 가능성이 있다.

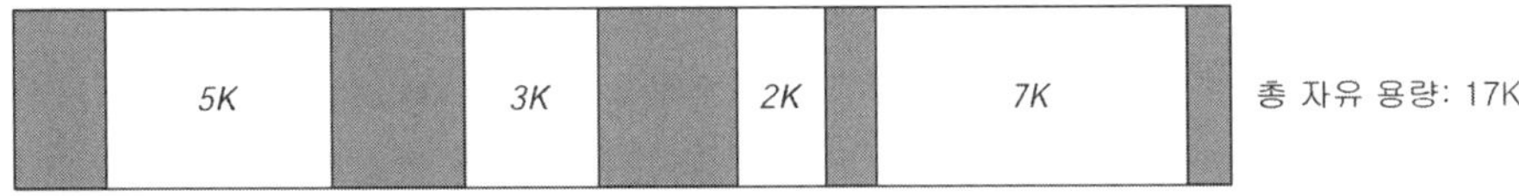

그림 1.5.1 단편화된 힙에 총 17K의 자유 메모리가 존재한다. 그러나 7K 이상의 메모리 할당 요청을 만족할만한 연속적인 메모리 블럭은 없다.

잦은 할당과 해제는 또한 참조 국소성(*locality of reference*)을 나쁘게 한다. 참조 국소성이란 응용 프로그램이 근처의 메모리 위치들을 참조하는 방식과 관련된 것이다. 응용 프로그램이 힙 여기저기에 흩어져 있는 메모리 위치들을 연속적으로 참조할 때 이를 "참조 국소성이 나쁘다"라고 일컫는다. 여기 저기 흩어져 있는 메모리들을 참조하다 보면 캐시 적중 실패가 발생한다. 캐시 실패는 모든 아키텍처에서 성능에 악영향을 미치며, 자료 및 명령 캐시의 크기가 작은 콘솔에서는 특히나 더하다. 응용 프로그램이 인접한 메모리 위치들을 연이어 참조할 때에는 참조 국소성이 좋다고 말한다 [Ravenbrook03]. 참조 국소성이 좋으면 캐시 실패가 덜 일어나고, 그래서 응용 프로그램의 성능이 좋아진다. 메모리 할당과 해제가 잦으면 그러한 좋은 참조 국소성을 바라기가 힘들다.

기본 메모리 관리자 역시 성능에 나쁜 영향을 줄 수 있다. 기본 메모리 관리자는 다양한 상황들을 고려해서 만들어진 범용적인 메모리 관리자이다. 응용 프로그램이 메모리 블럭을 요청하면 메모리 관리자는 사용 가능한 블럭들의 목록 중 가장 적합한 것을 찾기 위해 검색을 수행해야 할 수 있으며, 적절한 것이 없는 경우 하나의 할당에 너무 많은 공간을 낭비하는 일이 없도록 기존의 커다란 블럭을 여러 개의 작은 블럭들로 나누어야 할 수도 있다. 블럭을 해제하면 메모리 관리자는 단편화를 줄이기 위해서 그 블럭을 이웃의 자유 블럭들과 합치려 할 수 있다 [Flynn97]. 메모리 관리자가 단편화를 줄이기 위해 노력하는 것은 바람직한 일이나, 그러기 위해 CPU 사이클을 너무 많이 소비한다면 부담스러운 일이다.

해결책

자유목록(freelist)을 사용하면 실행시점 할당 및 해제의 편리함을 유지하면서도 관련 문제들을 피할 수 있다.

자유목록이란 이름 그대로 자유로운(할당되어 있지 않은) 메모리 블럭들의 목록이다. 자유목록은 메모리 관리자 안에서 흔히 볼 수 있다. 응용 프로그램이 메모리를 할당하면 메모리 관리자는 요청된 크기를 담기에 충분한 블럭을 자유목록에서 찾아서 할당해준다. 응용 프로그램이 메모리를 삭제하면 해당 블럭을 다시 자유목록에 추가한다.

앞에서 언급했듯이, 범용적인 기본 메모리 관리자가 사용하는 자유목록은 가변 크기 블럭과 기타 시간을 많이 소비하는 문제들을 처리해야 할 수 있다. 이 글에서 말하는 자유목록은 범용성을 위한 불필요한 시간 소비를 피하기 위해 기본 메모리 관리자와는 독립적으로 존재하는 독자적인 자유목록이다. 좀 더 구체적으로는, 실행시점에서 빈번하게 할당하고 삭제하고자 하는 자료형마다 개별적인 자유목록을 만들고 그것을 이용해서 메모리를 직접 할당하고 삭제할 수 있게 한다. 예를 들어, 트리 노드를 할당하고 삭제한다고 하면 이런 코드가 될 것이다.

```
CTreeNode *pNode = new CTreeNode;
delete pNode;
```

그러나 이 글에서 말하는 자유목록을 이용할 때의 코드는 이런 식이다.

```
TFreeList<CTreeNode> TreeNodePool(1024);
CTreeNode *pNode = TreeNodePool.NewInstance();
TreeNodePool.FreeInstance(pNode);
```

이러한 자유목록 구현에는 몇 가지 요구사항들이 존재한다. 자유목록은 메모리 단편화를 제거해야 하며, 참조 국소성을 개선해야 하며, 빨라야 하며, 인터페이스가 단순해야 하며, 재사용이 가능해야 하며, 형식에 안전해야 한다. 이런 요건들을 만족하는 자유목록이라면 얻을 수 있는 이득은 사용상의 사소한 번거로움보다 훨씬 클 것이다.

구현 세부

글 제목에서도 알 수 있듯이, 이 자유목록은 템플릿이다. 템플릿을 사용하는 이유가 단지 재사용성에만 있는 것은 아니다. 추가적인 이유는 차차 밝혀질 것이다. 우선 템플릿을 다음처럼 선언한다.

```
template <class FLDataType>
```

TFreeList를 인스턴스화할 때 가장 먼저 할 일은 FLDataType 객체들의 배열과 FLDataType 포인터들의 배열을 할당하는 것이다. 그런 다음에는 포인터 배열을 하나의 고정 크기 스택으로 사용해서 각 FLDataType 객체들에 대한 포인터들을 저장한다.

```
TFreeList(int iNumObjects)
{
    ASSERT(iNumObjects > 0);

    m_pObjectData = new FLDataType[iNumObjects];
    m_ppFreeObjects = new FLDataType*[iNumObjects];

    ASSERT(m_pObjectData);
    ASSERT(m_ppFreeObjects);

    m_iNumObjects = iNumObjects;
    m_bFreeOnDestroy = true;

    FreeAll();
}
```

```cpp
void FreeAll(void)
{
    int iIndex = (m_iNumObjects-1);

    for (m_iTop = 0; m_iTop < m_iNumObjects; m_iTop++)
    {
        m_ppFreeObjects[m_iTop] =
                &(m_pObjectData[iIndex--]);
    }
}
```

FreeAll() 멤버 함수가 포인터 스택을 채우는 작업을 담당한다. 이 부분을 생성자 밖으로 뺀 것은, 생성 시점이 아니더라도 모든 것들을 한 번에 해제할 수 있도록 하기 위해서이다.

그런데 위에 나온 생성자는 FLDataType이 기본 생성자를 가지고 있다는 가정을 깔고 있다. 그렇지 않은 경우를 위해서, 미리 할당된 자료를 받는 생성자도 준비한다.

```cpp
TFreeList(FLDataType    *pObjectData,
          FLDataType   **ppFreeObjects,
          int            iNumObjects)
{
    ASSERT(iNumObjects > 0);

    m_pObjectData = pObjectData;
    m_ppFreeObjects = ppFreeObjects;

    ASSERT(m_pObjectData);
    ASSERT(m_ppFreeObjects);

    m_iNumObjects = iNumObjects;
    m_bFreeOnDestroy = false;

    FreeAll();
}
```

프로그램이 인스턴스를 요청하면 포인터 스택의 첫 번째 포인터를 뽑아서 돌려준다.

```cpp
FLDataType *NewInstance(void)
{
    ASSERT(m_iTop);
    return m_ppFreeObjects[--m_iTop];
}
```

인스턴스를 해제할 때에는 그 인스턴스를 다시 포인터 스택에 넣는다.

```cpp
void FreeInstance(FLDataType *pInstance)
{
    ASSERT( (pInstance >= &(m_pObjectData[0])) &&
            (pInstance <=
            m_pObjectData[m_iNumObjects-1])));
    ASSERT(m_iTop < m_iNumObjects);
    m_ppFreeObjects[m_iTop++] = pInstance;
}
```

이 자유목록의 장점

이 구현은 앞에서 말한 요구사항들을 모두 만족한다. 단편화를 방지하며, 국소 참조성을 증가시키며, 기본 메모리 관리자보다 빠르며, 인터페이스가 단순하며, 재사용할 수 있으며, 형식에 안전하다.

객체들을 저장하는 방식 때문에 단편화는 전혀 생기지 않는다. 주어진 형식의 객체들을 연속적인 블럭 안에 미리 할당해 두고, 할당 요청이 들어오면 그 블럭 안의 객체를 돌려준다. 개별 블럭들이 모두 동일한 크기이므로 할당과 해제를 빈번하게 수행한다고 해도 단편화는 생기지 않는다(그림 1.5.2).

그림 1.5.2 연속적인 메모리 블럭 안의 자유 부분들이 좀 흩어져 있긴 하지만, 모든 할당과 해제가 고정된 크기로 일어나므로 단편화 문제는 생기지 않는다.

참조 국소성이 좋아지는 것도 마찬가지 이유에서이다. 객체들을 하나의 연속적인 블럭 안에 미리 할당해 두었기 때문에 말 그대로 참조가 국소적으로 일어난다. 이 덕분에, 같은 형식의 객체들에 연달아서 접근할 때 캐시 실패가 덜 일어나게 된다. 그러나 응용 프로그램이 여러 형식의 객체들을 번갈아서 참조한다면 이런 이점이 생기지 않을 수 있다.

참조 국소성의 향상 이외에도 성능에 도움을 주는 요인이 존재한다. 기본 메모리 관리자와는 달리 이 자유목록의 NewInstance() 함수는 모든 블럭이 같은 크기라는 점을 활용할 수 있다. 적합한 크기의 메모리 블럭을 검색할 필요가 없기 때문에 성능이 크게 향상된다.

그런데 템플릿이 주는 장점은 무엇일까? 템플릿 없이도 이런 자유 목록을 구현하는 게 불가능하지는 않겠지만, 템플릿을 사용하게 되면 두 가지의 장점이 생긴다. 첫 번째 장점은, 컴파일러가 객체들을 메모리 경계에 맞게 적절히 정렬해 준다는 점이다. 이러한 메모리 정렬은 PC에서 중요한 문제이고 콘솔에서는 결정적인 문제이다. 두 번째는 컴파일러 오류 점검이다. TFreeList에 들어 있는 형식이 아닌 형식의 자료를 할당하거나 해제하려는 실수를 컴파일러가 정확하게 지적해준다.

자유목록의 효과적인 사용법

TFreeList의 기본 생성자는 FLDataType의 기본 생성자를 사용한다. 이 점을 활용하는 방법이 있다. FLDataType 객체의 기본적인 초기화 작업은 해당 생성자에서 수행하게 하면 된다. 객체 생성 이후에 뭔가 조정할 것이 있다면 Reset 같은 멤버 함수를 두어도 될 것이다. 예를 들면:

```
CParticle *pParticle = ParticlePool.NewInstance();
pParticle->Reset(SMOKE01, orientation, vel);
```

주의 사항

TFreeList를 이진 트리 같은 어떤 컨테이너 클래스와 함께 사용할 때에는 TFreeList가 각 트리 인스턴스의 멤버가 되게 해야 한다. 다음과 같은 방식으로 전역 트리 노드 풀을 만든다면,

```
TFreeList<CTreeNode> g_TreeNodes(MAX_TREENODES);
```

트리를 많이 생성하는 응용 프로그램에서는 여전히 참조 국소성이 나빠진다. TFreeList를 트리 클래스의 한 멤버로 만들어서, 메모리 안에서 할당들이 물리적으로 가까운 곳에 위치하도록 만드는 것이 좋다.

```
m_pNodePool = new TFreeList<CTreeNode>(iMaxTreeSize);
```

TFreeList에는 포인터 스택만큼의 메모리 추가부담이 존재한다. 포인터 스택은 코드를 빠르고 간단하고 이해하기 쉽게 만들기 위해서 존재하는 것이다. 포인터 스택 없이 자유목록을 구현하는 것도 가능하다. 그런 경우 각 자유 인스턴스의 처음 네 바이트에 다음 자유 인스턴스를 가리키는 포인터를 덮어쓰는 방식을 사용할 수도 있으나, 그러면 가상 함수 테이블을 가리키는 인스턴스 포인터를 파괴할 수도 있다(인스턴스 제일 처음에 가상 함수 테이블 포

인터가 배치되는지는 컴파일러 구현마다 다를 수 있다). 그런 경우라면 객체에 대해 위치지정 new(placement new)를 수행해야 한다. 그리고 이 방법은 자료 요소들의 크기가 `sizeof (FLDataType*)`보다 작은 경우에는 통하지 않을 수도 있다는 점을 주의하기 바란다.

결론

지금까지 자유목록의 개념과 그 구현인 `TFreeList`를 소개했다. 이제 독자도 이런 프로그래밍 기법을 원하는 장소에 원하는 만큼 사용할 수 있을 것이다.

이러한 자유목록은 동적 연결 목록이나 스택, 대기열, 여러 종류의 트리 등 대부분의 컨테이너 클래스들에 도움이 된다 [Headington94]. 작업 관리자 [Harvey02]나 입자 시스템, 플레이어 관리자 역시 자유목록을 통해서 성능을 향상할 수 있을 것이다. 또한 인공지능 응용 프로그램에서 게임 상태 객체들을 저장하는 데 사용한다면 전통적인 검색 알고리즘들 [Russell95]의 속도를 증가시킬 수 있다. 네트웍 응용 프로그램의 자원 제어를 위한 메커니즘으로 자유목록을 사용할 수도 있으며, 그 외에도 자원들이 엄격하게 정규화될 필요가 있는 곳이라면 어떤 상황이든 이 자유목록을 활용할 수 있을 것이다.

이 글에서 지적한, 실행시점의 동적인 할당, 해제가 일으키는 문제들은 자유목록을 사용함으로써 피할 수 있다.

고유한 메모리 관리자를 만들어서 사용하는 독자라면 외부의 자유목록 클래스를 독자의 메모리 관리 시스템에 도입하고 자유목록이 통계적 추적 정보를 메모리 관리자에게 자동적으로 통지하도록 설정해 보는 것도 좋을 것이다.

참고자료

〔Flynn97〕 Flynn, Ida M., and Ann McIver McHoes, *Understanding Operating Systems, Second Edition*, PWS Publishing Company, 1997.

〔Harvey02〕 Harvey, Michael, and Carl S. Marshall, "Scheduling Game Events," *Game Programming Gems 3*, Charles River Media, 2002. 번역서는 "게임 이벤트의 일정 관리," *Game Programming Gems 3*, 정보문화사, 2003.

〔Headington94〕 Headington, Mark R., and David D. Riley, *Data Abstraction and Structures Using C++*, D.C. Heath and Company, 1994.

〔Ravenbrook03〕 Ravenbrook Limited, "The Memory Management Reference," 웹 주소 *http://www.memorymanagement.org*, June 2003.

〔Russell95〕 Russell, Stuart, and Peter Norvig, *Artificial Intelligence*, *A Modern Approach*, Prentice Hall, 1995.

1.6 C++ 일반 트리 컨테이너

Bill Budge, *Electronic Arts*
billbudge@hotmail.com

게임 프로그래밍에서 트리는 배열과 목록만큼이나 중요한 자료구조이다. 캐릭터의 골격, 장면 그래프, 공간 분할, 계통적 경계 입체들은 대부분 트리 형태로 저장된다. 자원 처리 도구들의 경우에는 셰이더나 파싱된 스크립트 코드를 나타내기 위해 트리를 사용하기도 한다.

메모리를 효율적으로 사용하며 빠른 탐색과 수정이 가능한 트리를 구현하기란 쉽지 않은 일이다. 캐릭터 골격이나 계통적 충돌 검출 등 성능이 매우 중요한 경우 실행시점의 트리 연산을 피하기 위해 트리를 특별한 배열 형태로 전처리해서 사용하기도 한다. 그런 형태의 자료구조는 매우 빠르고 효율적이지만 수정하기가 매우 힘들며, 따라서 게임 실행 도중 캐릭터에 뼈대를 더 붙인다거나 객체들을 갱신하는 등의 동적인 트리 활용에는 바람직하지 않다. 게이머들이 좀 더 상호작용적인 환경을 요구함에 따라, 효율적이고도 유연한 트리 자료구조의 유용성은 더욱 높아진다.

C++에서 쉽게 구할 수 있는 트리 구현들은 게임 실행에 사용하기에는 너무 느리거나 메모리를 너무 많이 사용한다 [Kovachev02], [Peeters03]. 그러나 빠르고 효율적인 트리 라이브러리를 만드는 게 불가능한 것은 아니다. 이 글은 그러한 라이브러리의 설계 방법을 설명한다.

재사용할 수 있는 라이브러리

재사용 가능한 트리 컨테이너를 설계하는 방법은 여러 가지이다. 가장 간단한 것은 C 프로그래머들이 흔히 하는 방식인, void 포인터를 담는 트리이다. C 라이브러리를 만드는 경우라면 이 방식을 택해야 할 것이다. 단점으로는 형식 안정성 부족, 과도한 형변환, 트리와 그 요소들을 모두 힙에서 개별적인 객체로 할당해야 한다는 부담 등이다.

"전통적인" C++ 방식은 상속에 의존하는 것이다. 하나의 노드 클래스와 노드들을 담을 트리 클래스 하나를 정의하고, 클라이언트는 그 기반 노드 클래스로부터 원하는 노드 형식을 파생해서 트리에 추가한다. 이런 방식 역시 형식 안정성, 수많은 하향 형변환 등의 문제를 가지고 있다. 또한 클라이언트는 새로운 종류의 트리를 만들 때마다 매번 새로운 노드 클래스를 정의해야 한다.

"현대적인" C++ 방식은 일반화된 컨테이너를 구현하는 것이다. 이 경우에는 형식이 T인 객체들을 담은 트리 템플릿을 만든다. 이런 접근방식의 가장 좋은 예는 C++ 표준 템플릿 라이브러리(STL)이다. 일반(generic) 라이브러리는 매우 유연하고 효율적이다. 이 글에서 소개하는 일반 트리 라이브러리도 STL의 방식을 따른다.

트리의 개요

트리(tree)는 노드들을 자연의 나무처럼 분기되는 형태로 연결해서 저장하는 컨테이너이다. 관례 상, 트리는 상하를 뒤집어서 표기한다(그림 1.6.1). 하나의 트리 노드는 0 또는 그 이상의 자식 노드들을 가지며, 따라서 노드 자체가 하나의 트리가 될 수 있다. 다른 말로 하면 트리는 재귀적인 구조이다. 자식들을 가진 노드를 내부 노드 또는 가지(branch) 노드라고 부르고, 자식이 없는 노드를 말단 노드 또는 잎(leaf) 노드라고 부른다. 트리에 대한 훌륭한 개요를 원한다면 *The Art of Computer Programming: Fundamental Algorithms* [Knuth73]을 보라.

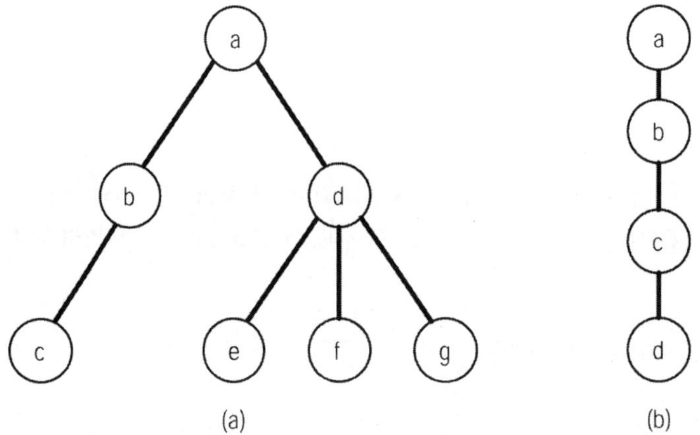

그림 1.6.1 트리의 예

트리의 내용을 운행하는 방법으로는 여러 가지가 있다. 전위 운행(pre-order traversal)은 각 노드를 먼저 방문하고 그 다음에 그 자식 노드들을 방문한다(그림 1.6.1(a)의 경우 a-b-c-d-e-f-g). 후위 운행(post-order traversal)은 자식들을 먼저 방문한 후 노드를 방문한다(c-b-e-f-g-d-a). 마지막으로 수준별 운행(level-order traversal)은 루트를 방문하고, 그런 다음 그의 자식 노드들을 방문하고, 그 다음으로 그 아래의 자식 노드들을 방문하는 식으로 한 수준씩 내려간다 (a-b-c-d-e-f-g). 게임 실행 코드에서 가장 중요한 운행 방식은 전위 운행이다. 이 운행은 골격 애니메이션 시스템에서 변환들을 계산하는 자연스러운 순서와 일치하며, 시야 절두체로 장면 그래프를 선별하거나 계통적인 경계 입체들의 교차를 찾을 때의 순서와도 일치한다. 후위 운행은 모든 자식들을 평가한 후에야 부모를 평가할 수 있는 형태의 작업이 필요한 곳, 예를 들어 스크립트나 셰이더의 해석 등에 유용하다. 수준별 운행은 별로 쓰이지 않는다. 이 글의 경우에는 매우 빠른 전위 운행을 트리 라이브러리 설계 원칙의 하나로 삼는다.

대부분의 경우, 게임의 트리 응용에서 자식들을 방문하는 순서는 중요하지 않다. 그런 트리들을 지향 트리(oriented tree) 또는 순서 없는 트리(unordered tree)라고 하는데, 이런 트리의 후위 운행은 전위 운행을 반대 방향으로 수행함으로써 흉내낼 수 있다. 노드 순서가 중요한 트리는 순서 있는 트리라고 하는데, 이 경우에는 자식들을 역순으로 트리에 추가함으로써 후위 운행 효과를 얻을 수 있다. 이 글에서는 전진/후진 전위 운행만을 구현한다.

트리의 구현

트리 노드는 간단히 노드와 그 자식 노드들을 담은 목록 또는 동적인 벡터로 구현할 수 있다. 이런 방식에서는 노드의 추가나 제거 같은 트리 수정 연산들을 쉽게 수행할 수 있다. 운행 역시 쉽다. 다음은 한 트리의 내용을 전위 운행을 통해서 하나의 스트림에 출력하는 예이다.

```
struct tree
{
    T _value;
    std::vector<tree> _children;
};

void OutputTree(tree& t, Stream& output)
{
    output << t._value;
    int childCount = t._children.size();
    for (int i = 0; i < childCount; i++)
        OutputTree(t._children[i], output);
}
```

이 방식은 메모리를 많이 낭비한다는 단점이 있다. 평균적으로, 효율적인 동적 벡터 구현은 할당된 메모리의 25에서 33 퍼센트 정도를 낭비한다. 벡터 대신 연결된 목록(linked list)을 사용할 수도 있지만, 목록으로 구현한다고 해도 하나의 더미 노드가 끼어드는 것이 일반적이다. 어떤 경우이든 트리의 각 노드마다 메모리 낭비가 생긴다.

트리를 운행하기 위해 재귀 함수를 사용해야 한다는 점도 문제이다. 재귀는 우아하나 비효율적이다. 재귀를 명시적인 스택과 루프로 대체하면 함수 호출 부담을 줄일 수 있지만, 그래도 트리를 운행하는 데 비용이 많이 든다. 어떤 운행 방법을 사용하든, 트리에 대한 모든 연산에 대해 이런 형태의 코드를 중복해야 한다. 이는 지루할 뿐만 아니라 유지보수를 어렵게 만들 수 있다. 만일 벡터를 목록으로 바꾼다면 어떻게 될까? 그러면 모든 처리 함수들의 for 루프를 일일이 수정해야 한다. 이런 방식보다는, 운행 로직을 라이브러리에서 격리시키는 것이 더 나은 설계일 것이다.

다행히, 트리를 좀 더 효율적으로 만드는 것이 가능하다. 다음의 node 구조체는 단 두 개의 포인터만으로 하나의 트리를 표현한다.

```
struct node
{
    T _value;
    node* _first_child;
    node* _next_sibling;
};
```

이런 구조에서는, 주어진 노드의 _first_child를 방문하고 그 자식 노드의 _next_sibling을 NULL이 나올 때까지 계속 따라가면 주어진 노드의 모든 자식들을 방문할 수 있다. 이전의 방식에 비해 메모리 낭비가 적긴 하지만, 속도 문제가 완전히 해결된 것은 아니다. 트리를 운행하기 위해서는 여전히 재귀나 스택이 필요하다. 그리고 트리 수정 함수를 구현하는 것도 어렵다. 이러한 문제들은 포인터들을 좀 더 추가해서 해결할 수 있다. 포인터 두 개를 추가해서 노드 당 포인터 네 개가 되도록 하면 전위 운행과 트리 수정 모두를 효율적으로 수행하게 만들 수 있다.

```
struct node
{
    T _value;
    node* _parent;            // 루트의 경우에는 NULL
    node* _prev_sibling;      // 이전의 형제 노드
    node* _next;              // 전위 운행에서의 다음 노드
    node* _last_descendant;   // 말단의 경우에는 자기 자신
};
```

_next 포인터 덕분에 전위 운행은 그냥 한 번의 간접으로 일어나게 된다. 그런데 그 반대
방향의 운행이 필요하면 어떻게 될까? _prev 포인터를 추가해야 할까? 그럴 필요는 없다.
다음은 주어진 노드의 전위 운행에 대한 이전 노드를 트리 크기와 무관하게 상수 시간으로
계산해서 돌려주는 node의 멤버 함수 prev()이다.

```cpp
node* prev() const
{
   node* prev = NULL;
   if (_parent)  // 트리 전체의 루트에는 이전 노드가 없다.
   {
      if (_parent->_next == this)  // 첫 번째 자식이면
         prev = _parent;
      else
         prev = _prev_sibling->_last_descendant;
   }
   return prev;
}
```

다음의 운행 함수들 역시 상수 시간으로 수행된다.

```cpp
node* first_child() const
{
   node* child = NULL;
   if (_next && (_next->_parent == this))
      child = _next;
   return child;
}

node* last_child() const
{
   node* child = first_child();
   if (child)
      child = child->_prev_sibling;
   return child;
}
node* next_sibling() const
{
   node* sib = _last_descendant->_next;
   if (sib && (sib->_parent != _parent))
      sib = NULL;
   return sib;
}
```

```
node* prev_sibling() const
{
    node* sib = NULL;
    if (_parent && (_parent->_next != this))
        sib = _prev_sibling;
    return sib;
}
```

_prev_sibling 포인터는 이전의 형제 노드를 가리킨다. 이전의 형제 노드가 없는 첫 번째 자식 노드의 경우 이 포인터는 마지막 형제 노드를 가리킨다. 이에 의해 자식 노드들은 하나의 순환 단일 연결 목록을 형성한다(그림 1.6.2). 이런 방식을 사용한 것은, 한 노드의 마지막 자식 노드를 상수 시간으로 얻기 위해서이다.

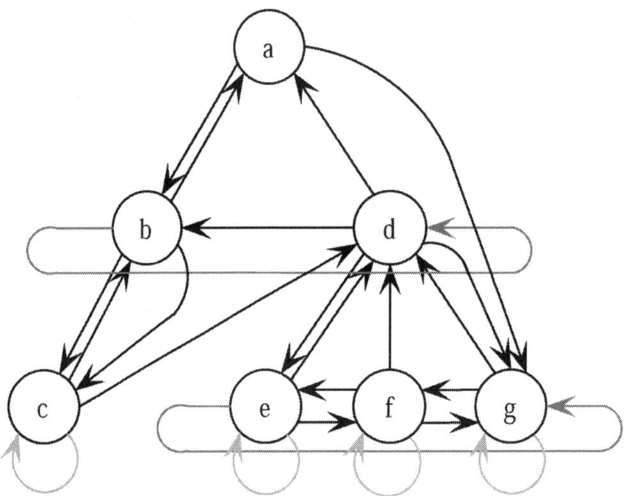

그림 1.6.2 트리의 포인터 다이어그램

이상의 트리 운행 함수들을 이용해서 트리를 수정하는 함수들을 구현한다. 모든 수정 함수들은 다음의 트리 멤버 함수들의 관점에서 구현된다.

```
void insert_subtree(TreeT& child, TreeT* next);
void remove_subtree(TreeT& child);
```

_last_descendant 포인터의 존재 때문에, 트리에 하나의 노드를 추가하기 위해서는 해당 위치로부터 루트 노드까지 거슬러 올라가며 모든 노드들을 갱신해야 한다. 트리를 구축할 때에는 일반적으로 새 자식 노드들을 전위 순서로 추가하는데, 그런 경우에도 루트 노드로 거슬러 올라가면서 모든 노드들을 갱신하는 일이 일어난다. 최악의 경우(그림 1.6.1b) 갱신

비용은 트리 노드 개수의 제곱에 비례한다. 그러나 실용적인 관점에서 이것은 별 문제가 되지 않는데, 왜냐하면 그러한 최악의 경우는 드물 뿐 아니라, 트리는 일반적으로 초기화 시점에서 구축된 이후 그리 자주 수정되지 않기 때문이다. 이런 비효율이 정말로 문제가 된다면, 자식들을 역순으로 추가하는 방법을 사용할 수 있다.

STL과 잘 맞는 트리 인터페이스

지금까지 트리의 구현 방법을 이야기했다. 이제 인터페이스를 설계해 보자. STL의 코드를 최대한 활용하고 STL에 익숙한 개발자들이 쉽게 사용할 수 있도록 하기 위해, 트리를 STL 컨테이너와 비슷한 방식으로 만들어 보겠다.

STL 컨테이너들은 내부 표현을 노출하지 않으면서도 자신의 내용에 순차적으로 접근할 수 있도록 하는 반복자(iterator)들을 제공한다. 반복자라는 개념 덕분에 STL은 알고리즘과 컨테이너를 분리할 수 있었다. 알고리즘들은 적절한 반복자를 제공하기만 한다면 어떠한 컨테이너에 대해서도 작동한다. 만일 트리를 그런 방식으로 설계한다면(즉 노드들은 숨기고 T 객체를 참조하는 반복자들을 제공한다면), 다음과 같은 코드가 가능해진다.

```
tree<T> t;
tree<T>::iterator it;
for (it = t.begin(); it != t.end() ++it) {}

// <algorithm>을 사용
void MyTFunction(const T& t);
for_each(t.begin(), t.end(), MyTFunction);
```

그런데 반복자들은 오직 T 객체들만을 노출하며, 트리의 계통적 구조는 숨겨져 있다. 이는 매우 불편한 일이다. 트리를 처리할 때에는 노드의 부모나 자식 노드를 참조하는 일이 빈번하게 일어난다. 앞의 예제에서는 그런 상대적인 노드들에 접근할 방법이 없다. 반복자에 이웃 노드들로 가는 멤버 함수를 추가할 수도 있겠지만, 그런 경우 첫 번째 예만 해결될 뿐 두 번째 예는 해결하지 못한다. 또, 반복자에 멤버 함수를 추가한다는 것 자체가 그리 좋은 생각이 아니다. 반복자는 최대한 포인터처럼 행동해야 하며, 포인터에 멤버 함수가 없는 것처럼 반복자에도 멤버 함수가 없는 것이 합리적이다 [Alexandrescu02].

문제는 STL 컨테이너 개념이 트리에 잘 맞지 않는다는 데 있다. 트리는 T 객체들의 순차적인 열이 아니다. 트리는 T 객체들을 담은 계통적인 구조이다. STL 컨테이너 개념과는 좀 멀어지겠지만, 과감히 트리의 내부 구조를 실질적으로 강조하는 쪽으로 가보도록 하자. 핵심 개념은, 하나의 트리가 여러 트리들의 순차열이며, 트리 반복자들은 그 하위 트리들을 노출한다는 것이다.

그런데 T 객체를 어떻게 얻어야 할까? 그냥 value라는 이름의 **public** 자료 멤버로 노출시키면 된다. T 객체는 어차피 클라이언트에 속하는 것이므로 굳이 캡슐화할 필요가 없다. 이제 이런 형태의 코드를 작성할 수 있다.

```
tree<T> t;
for (tree<T>::iterator it=t.begin(); it!=t.end() ++it)
{
    tree<T> subtree& child = *it;
    if (!child.is_root())
        child.value *= child.parent()->value;
}
void MyTreeFunction(tree<T>& t);
for_each(t.begin(), t.end(), MyTreeFunction);
```

경우에 따라서는 하위 트리로 내려가지 않고 현재의 자식들만 차례로 훑는 작업도 필요하다. 이를 위해, 자식들에 접근하기 위한 child_iterator 반복자를 제공하기로 하자. child_iterator는 next_sibling()과 prev_sibling() 함수들을 이용해서 효율적으로 구현할 수 있다. iterator와 child_iterator 모두 증가, 감소 연산자를 가진 양방향 반복자이다. 마지막으로, **STL**의 활용도를 더욱 높이기 위해서 역방향 반복자들과 역방향 자식 반복자들도 구현한다. 기존 반복자들을 참고해서 몇 줄씩만 코딩하면 된다.

트리 운행 함수들이 갖추어져 있으므로 반복자들을 구현하는 게 별로 어렵지 않다. 끝에서부터 역방향으로 나아갈 수 있도록 마지막 값을 적절히 처리하는 부분만 신경을 써주면 될 것이다. 끝 부분에 더미 노드를 연결시켜 두는 방식은 std::list 같은 **STL** 컨테이너에는 잘 통하지만 트리에서는 그렇지 않다. 트리 노드 당 하나의 더미 노드가 필요한데, 이는 상당히 비효율적이다. 그 대신, 반복자가 현재 트리를 가리키는 포인터와 함께 그 트리의 루트 트리를 가리키는 포인터도 가지게 한다. 이렇게 하면, 반복자의 현재 포인터를 NULL로 설정함으로써 그 반복자가 끝을 가리킨다는 점을 표현할 수 있다. 감소 연산자는 반복자가 NULL을 가리키는지 점검하고, 그렇다면 현재 포인터가 루트 트리의 마지막 후손을 가리키게 한다. 그 외의 경우에는 list 반복자들과 비슷한 방식으로 작동한다. 이 반복자들은 자신이 가리키는 하위 트리들이 삭제되지 않는 한 유효하다.

다음으로, 트리에 대한 간단한 생성자와 소멸자를 정의하고, 또 트리가 완전한 값 의미구조(value semantics)를 가질 수 있도록 복사 생성자와 배정 연산자도 정의한다. 이 두 함수들은 "깊은" 복사를 수행한다. 이들은 트리를 좀 더 편하게 구축하는 데 도움을 준다.

```cpp
tree();
tree(const T& t);
tree(const TreeT& copy);
~tree();
const tree& operator=(const TreeT& rhs);
```

이 트리는 부분 트리들의 순차열이므로, 목록과 비슷한 면이 많다. 따라서 std::list의 인터페이스를 흉내내도 이상한 일은 아닐 것이다.

```cpp
void push_back(const TreeT& subtree);
void push_front(const TreeT& subtree);
void pop_back();
void pop_front();
iterator insert(iterator it, const TreeT& subtree);
iterator erase(iterator it);
void clear();
iterator splice(iterator it,
    iterator first, iterator last);
iterator splice(iterator it,
    child_iterator first, child_iterator last);
```

splice 함수들은 내부의 포인터들을 조작함으로써 트리 노드들을 이동시킨다. 이는 부분 트리들을 복사하고 원본을 삭제하는 것보다 훨씬 효율적이다.

하나의 tree를 매개변수로 받는 함수는 T 형의 객체도 받아들일 수 있는데, 이는 tree 클래스에 explicit가 지정되지 않은 tree(const T& t) 형태의 생성자가 존재하기 때문이다. tree<T>와 T는 일대일로 대응하므로 이런 암묵적인 변환은 별로 문제가 되지 않는다. 이는 암묵적인 변환이 문제가 되지 않는 드문 경우 중 하나이다.

마지막으로, 트리에 고유한 연산들 몇 가지도 정의한다.

```cpp
bool is_root() const;
bool is_leaf() const;
bool is_descendant_of(const TreeT& ancestor);
size_t size() const;    // 후손들의 개수
size_t degree() const; // 자식들의 개수
size_t level() const;  // 트리 안에서의 깊이
```

STL은 예외 안전이라는 정책을 가지고 있다. 예외 안전성(exception safety)은 컨테이너가 담고 있는 T 객체들이 어떠한 예외를 던진다고 해도 컨테이너 자체는 변하지 않는다는 의미이다. 대부분의 게임들은 예외를 사용하지 않지만, 예외 안전성을 제공한다고 해도 아주 많

은 일이 필요한 것은 아니다. 이 트리 컨테이너는 [Sutter00]에 나온 기법들을 이용해서 STL 수준의 예외 안전성을 보장한다. 그러나 컨테이너 자체는 어떠한 예외도 던지지 않는다.

메모리 할당은 항상 게임 프로그래머들에게 민감한 주제이다. 게임에 쓰일 라이브러리라면 클라이언트가 메모리 할당 방식을 임의로 제어할 수 있도록 해야 한다. STL 컨테이너 템플릿들은 그러한 요구사항을 만족한다. STL 컨테이너들은 추가적인 인수로 할당자(allocator)를 받으며, 클라이언트는 필요하다면 독자적인 메모리 할당 메커니즘을 구현한 할당자를 제공함으로써 메모리 할당을 제어할 수 있다. 이 트리 라이브러리 역시 그런 것을 허용하지만, 한 가지 문제가 있다. 하나의 트리가 부분 트리들을 재귀적으로 담는다는 우아한 개념 때문에, 할당자 객체를 저장할만한 장소가 마땅치 않다. 한 가지 해결책은, 트리와 노드를 개별적인 개념들로 만들고 트리에 할당자를 저장하는 것이다. 그러나 그렇게 하면 트리 객체 없이는 트리 노드를 조작할 수 없으므로 트리를 사용하기가 좀 더 번거로워진다.

요구사항을 조금만 낮추면 우아한 트리 개념을 해치지 않고도 할당자의 장점을 대부분 끌어낼 수 있다. 그냥 할당자를 트리 클래스의 정적 멤버로 두는 것이다. 이렇게 하면 트리의 템플릿 인스턴스 하나 당 하나의 할당자만 사용할 수 있다는 한계가 생기지만, 그 한계가 STL 표준의 방식에 비해 크게 제한적인 것은 아니다 [Plauger01]. [Isensee02]에 나온 것과 같은 적절한 할당자만 있다면, 실행시점에서 매우 효율적인 트리를 얻을 수 있다.

결론

이 글에서 소개한 트리 라이브러리는 임의의 형식의 객체들을 담는 트리를 생성한다. 템플릿 인스턴스화에 의해 코드 크기가 증가되는 현상이 걱정된다면, tree<void*>를 인스턴스화하고 개별적으로 형식에 안전한 트리 포인터 인터페이스를 파생하는 식으로 형식에 안전한 C 스타일의 트리를 얻는 것도 가능하다 [Meyers98]. 이처럼, 템플릿 컨테이너는 강력하고도 유연하다.

이 글에서 소개한 트리 라이브러리는 트리를 구축하는 것도 쉽다. T 객체들을 std::list와 비슷한 형태의 간단한 인터페이스를 통해서 트리에 추가할 수 있다. 트리는 값 의미구조(복사 생성자와 배정 연산자)를 가지므로, 트리 전체를 하나의 배정문으로 복사할 수 있다. 그리고 기존의 트리들을 이어 붙여서 새로운 트리를 만드는 splice 함수들도 제공한다.

일단 트리를 구축한 다음에는, 전/후진 전위 운행을 매우 빠르게 수행할 수 있다. 자식 반복자들을 이용해서 재귀적인 운행을 수행하는 것도 가능하다.

```
// 재귀를 이용한 전위 운행
void DoSomething(tree<T>& t)
{
    t.value.DoSomething();
    tree<T>::child_iterator it;
    for (it=t.begin_child(); i!=t.end_child() ++i)
        DoSomething(*it);
}

// 재귀를 이용한 후위 운행
void DoSomething(tree<T>& t)
{
    tree<T>::reverse_child_iterator it;
    for (it=t.rbegin_child(); i!=t.rend_child() ++i)
        DoSomething(*it);
    t.value.DoSomething();
}
```

부록 CD-ROM에는 tree<T>를 사용하는 방법을 보여주는 예제 코드가 수록되어 있다.

참고자료

〔Alexandrescu01〕 Alexandrescu, Andrei, *Modern C++ Design*, Addison-Wesley, 2001. 번역서는 *제네릭 프로그래밍과 디자인 패턴을 적용한 Modern C++ Design*, 인포북, 2003.

〔Isensee02〕 Isensee, Pete, "Custom STL Allocators," *Game Programming Gems 3*, Charles River Media, 2002. 번역서는 "커스텀 STL 할당자," *Game Programming Gems 3*, 정보문화사, 2003.

〔Knuth73〕 Knuth, Donald, *The Art of Computer Programming: Fundamental Algorithms*, Addison-Wesley, 1973.

〔Kovachev02〕 Kovachev, Alexander, "Tree data class for C++," 웹 주소 *http://www.codeproject.com/cpp/treedata_class.asp*, January 13, 2002.

〔Meyers98〕 Meyers, Scott, *Effective C++*, Addison-Wesley, 1998.

〔Peeters03〕 Peeters, Kasper, "tree.hh: An STL-like C++ Tree Class," 웹 주소 *http://www.damtp.cam.ac.uk/user/kp229/tree/*, April 17, 2003.

〔Plauger01〕 Plauger, P. J., et al., *The C++ Standard Template Library*, Prentice Hall, 2001.

〔Sutter00〕 Sutter, Herb, *Exceptional C++*, Addison-Wesley, 2000. 번역서는 *Exceptional C++: C++ 프로그래머를 자극하는 47개의 재미있는 퍼즐 문제*, 인포북, 2003.

1.7 약한 참조와 널 객체의 미덕

Noel Llopis, *Day 1 Studios*
llopis@convexhull.com

프로그래머들에게 포인터는 애증의 대상이다. 포인터는 작고 효율적이며, 메모리를 마음대로 주무를 수 있게 해준다. 그러나 작은 실수로도 메모리 누수나 허공에 뜬 포인터를 만들어내고, 프로그램이 폭주하게 만든다.

이 글은 메모리 안에서 객체들을 이리 저리 이동시킴으로써 생기는 문제들을 살펴본다. 객체들을 이동시키는 일은 게임 자원들에 대해 흔히 행하는 작업이다. 이 글에서 논의하는 기법들 중 일부는 메모리에 객체를 적재하거나 메모리에서 제거하는 문제와도 관련이 있다. 약한 참조가 C++ 포인터에 비해 어떤 장점을 가지고 있는지 살펴볼 것이며, 그에 관련된 주제로 포인터를 사용하기 전에 포인터가 NULL인지 점검할 필요가 없게 하는 널 객체를 소개하고 널 객체가 주는 유용한 효과 몇 가지도 살펴볼 것이다.

포인터 사용

포인터는 매우 편리하며, 게임 프로그래머들은 많은 곳에 포인터를 사용해왔다. 그러나 포인터가 적합하지 않은 과제들도 틀림없이 존재한다. 그럼 게임에서 동적인 자원들을 어떻게 다루는지 살펴보자. 여기서 자원(resource)은 텍스처, 기하구조, 사운드 등 디스크로부터 로드하는 모든 것을 가리킨다.

포인터를 다룰 때 마주치는 주된 문제들 중 하나는 자원의 수명을 결정하는 것이다. 커다란 텍스처 하나를 로드했으며 모형 두 개가 그 텍스처를 사용한다면, 두 모형은 메모리 안의 같은 위치를 가리켜야 한다. 그런데 모형 중 하나를 파괴하는 경우에는 어떻게 해야 할까? 아직 한 모형이 텍스처를 사용하고 있으므로 텍스처를 삭제해서는 안 된다. 이를 위해서는 텍스처가 여전히 쓰이고 있다는 것을 알아낼 수 있어야 한다. 또한 텍스처가 더 이상 쓰이지 않는다는 것도 알아낼 수 있어야 한다. 그래야 두 모형 모두 삭제되었을 때 메모리에서 텍스처를 삭제할 수 있다. 삭제를 하지 않는다면 메모리가 새는 결과로 이어진다.

C++ 언어 자체에 이런 상황을 극복할 수 있는 기능은 없으므로, 독자적인 해결책을 구현해야 한다. 흔히 쓰이는 한 가지 해결책은 참조 계수 방법(reference counting)이다. 방식은 이렇다. 한 모형이 텍스처에 대한 포인터를 얻을 때마다 그 텍스처의 참조 횟수를 증가시킨다. 모형이 삭제되면 텍스처의 참조 횟수를 감소시키고, 그 횟수가 0이 되면 텍스처도 삭제한다. 이런 방식의 경우 개념은 간단하지만 코드가 지저분해질 수 있으며, 여러 가지 프로그래밍 실수를 만들어내는 근원이 되기도 한다.

이 문제와 관련된 것으로, 자원을 메모리 안에서 이동시킨다거나, 임시적으로 제거했다가 다시 로딩하는 것 역시 문제가 된다. 한 텍스처가 게임 세계의 작은 한 부분에서만 쓰인다면, 플레이어가 세계의 다른 곳으로 옮겨갈 때 텍스처를 메모리에서 내리고 플레이어가 다시 그 지역으로 돌아왔을 때 텍스처를 메모리로 로드하는 것이 메모리 사용을 절약할 수 있는 방법이다. 그런 방법을 사용한다면 플랫폼의 메모리 한계나 레벨의 메모리 제약조건 하에서 메모리를 좀 더 자유롭게 사용할 수 있을 것이다.

텍스처를 메모리에서 제거할 때에는, 해당 텍스처를 가리키는 포인터를 가진 게임 구성요소에게 그 사실을 알려서 해당 포인터를 무효화하게 해야 한다. 그렇지 않으면 게임은 메모리에 존재하지 않는 텍스처를 사용하려 할 것이며, 결과적으로는 게임이 폭주할 수 있다. 지금 당장은 현재 보이는 곳이 그 텍스처가 쓰이는 지역이 아니라서 게임이 해당 텍스처에 접근할 필요가 없다고 해도, 이후 플레이어가 다시 그 텍스처가 필요한 지역으로 돌아와서 텍스처를 다시 로드하면 이전과는 다른 메모리 위치에 텍스처가 로드될 가능성이 크다. 이런 문제를 해결하기 위해서는 그 포인터를 사용하는 모든 객체들에 대해 해당 포인터의 값을 갱신하도록 해야 한다.

이에 대한 좋은 해결책을 갖춘다면, 모형이 카메라로부터 멀리 떨어져 있을 때에는 몇 개의 밉맵만을 담은 임시 텍스처들을 로드하고 모형이 가까이 있을 때에는 가장 상세한(용량이 가장 큰) 버전만 로드하는 식으로 활용하는 것도 가능할 것이다.

전산학의 수많은 딜레마들과 마찬가지로, 이런 문제 역시 하나의 간접층을 도입함으로써 해결할 수 있다. 한 가지 가능한 해결책은 포인터 대신 핸들을 사용하는 것이다. 각각의 자원에는 그 자원을 고유하게 식별하는 식별자를 부여한다(자원 관리 시스템이 해당 자원을 로드할 때 배정하면 될 것이다). 그 식별자가 바로 핸들이다. 그리고 게임이 자원에 접근할 때에는 핸들을 거치게 한다. 매 프레임에서 게임이 한 모형을 표시한다거나 텍스처에 접근해야 하는 어떤 계산을 수행할 때마다, 자원 관리자에게 주어진 핸들에 해당하는 포인터를 요청한다. 그 포인터가 NULL이 아니면 그 포인터를 가지고 원하는 일을 하면 된다.

자원은 자원 관리자가 관리해 주며, 프로그램은 항상 핸들이라는 간접을 통해서 포인터를 얻어 사용하므로, 자원을 해제하거나 메모리 안에서 옮김으로써 생기는 문제는 더 이상 일어나지 않는다. 그러나 자원을 사용할 때마다 핸들을 주고 포인터를 얻어오기란 상당히 번거로운 일이다. 게다가 포인터가 NULL이 아닌지도 매번 점검해야 한다. 또한 "단 몇 프레임" 동안 포인터를 보존해서 쓰려고 했는데 그 사이에 해당 자원이 말없이 해제되어서 문제가 생길 가능성도 있다.

이 글의 나머지 부분은 보통의 포인터를 사용하는 것만큼이나 편리하면서도 앞서 이야기한 문제들을 대부분 피할 수 있는 한 가지 해결책을 소개한다.

약한 참조

이 글에 한할 때, 약한 참조(*weak reference*)란 참조 자신과 참조가 가리키는 객체 사이에 적어도 하나의 간접층이 존재하는 형태의 참조를 의미한다. 앞에서 이야기한 핸들 역시 약한 참조이다. 핸들과 실제 객체 사이에 핸들-포인터 연관이라는 간접층이 존재하기 때문이다. 반면 보통의 C 포인터는 객체가 있는 메모리를 직접 가리키므로 약한 참조가 아니라 강한 참조이다.

메모리 관리에 대한 책이나 자료에서 말하는 약한 참조는 이 글에서 말하는 약한 참조와 다른 의미인 경우가 많다는 점을 주의하기 바란다. 메모리 관리의 맥락에서는 자신에 대한 강한 참조를 가지지 않은 객체들은 시스템이 해제한다. 그리고 객체가 약한 참조를 가지고 있다고 해도 암묵적인 해제가 방지되는 것은 아니다.

그림 1.7.1은 전체적인 시스템의 조직화 방식을 보여주는 UML 다이어그램이다. 똑똑한 포인터(ResourcePtr)는 자원을 직접 가리키지 않고 대신 자원에 대한 실제 포인터를 소지하는 중간 객체(ResPtrHolder)를 가리킨다. 자원 관리자는 하나의 맵 컨테이너를 이용해서 자원 이름과 자원 포인터 소지자를 연관시킨다. 하나의 자원을 갱신하거나 무효화해야 할 때에는 소지자의 해당 내용을 변경시키기만 하면 된다. 그러면 게임의 모든 똑똑한 포인터들이 자동적으로 정확한 값을 사용하게 된다.

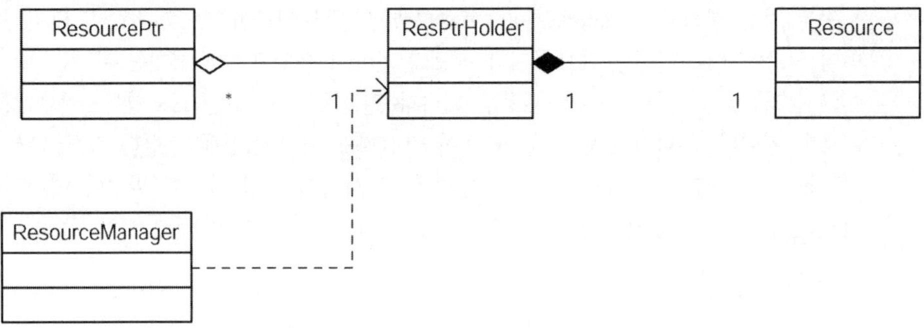

그림 1.7.1 자원 시스템의 클래스 조직도

똑똑한 포인터

보통의 포인터와 같은 방식으로 행동하는 것 같지만 추가적인 논리를 내장하고 있는 똑똑한 포인터(smart pointer)를 만들려면 어떻게 해야 할까? 그리 어렵지 않다. 특히 객체의 수명 결정이나 쓸 때 복사(copy-on-write) 의미구조 같은 몇 가지 난제들을 다룰 필요가 없기 때문에 별로 어려울 것이 없다. 그냥 operator->와 operator* 등 포인터처럼 보이게 하는 데 필요한 몇 가지 연산자들을 재정의하면 될 뿐이다. 그리고 접근할 객체의 형식에 대한 안전을 보장하려면 템플릿으로 구현할 필요가 있다. 똑똑한 포인터에 대한 좀 더 자세한 논의를 원하는 독자라면 [Meyers96]과 [Alexandrescu01]을 참고하기 바란다.

다음은 이 글이 제시하는 똑똑한 포인터의 인터페이스에서 가장 흥미로운 부분이다. 전체 소스 코드는 약간의 유닛 테스트들과 함께 부록 **CD-ROM**에 수록되어 있다. 연산자들이 객체에 직접 접근하는 대신 포인터 소지자라는 간접층을 거친다는 점에 주목하기 바란다.

```
template <class ResType>
class ResourcePtr
{
public:
    ResourcePtr(const ResourcePtr<ResType> & ResourcePtr);
    explicit ResourcePtr(ResType * pRes);
    ResourcePtr(ResPtrHolder * pHolder = NULL);
    ~ResourcePtr();

    ResourcePtr<ResType> & operator= (
        const ResourcePtr<ResType> & ResourcePtr);

    ResType * operator->() const
    {
        return static_cast<ResType *>
```

```
                     (m_pResHolder->pRes);
   }

   ResType & operator*() const
   {
      return *(static_cast<ResType *>(
                     (m_pResHolder->pRes));
   }

   bool operator==(ResourcePtr<ResType> res) const;
   bool operator!=(ResourcePtr<ResType> res) const;
   bool operator< (ResourcePtr<ResType> res) const;

private:
   ResPtrHolder * m_pResHolder;
};
```

이 똑똑한 포인터의 한 가지 중요한 측면은, 그 크기가 보통 포인터와 같다는 점이다(현재 대부분의 플랫폼에서 32 비트). 이 덕분에 똑똑한 포인터의 복사나 매개변수 전달, 그 외에 보통 포인터로 할 수 있는 모든 일들을 효율적으로 수행할 수 있다. 더 나아가서, 똑똑한 포인터는 핸들 기반이 아니라 포인터 기반이므로 성능 상의 추가부담이 거의 없다. 자원에 접근할 때마다 핸들을 참조할 필요가 없다. 유일한 추가부담이라면 한 번의 포인터 역참조 뿐이다. 추가부담이 아예 없는 것은 아니지만, 제공하는 장점에 비한다면 거의 없다고 봐도 무방하다.

자원 포인터 소지자

자원 포인터 소지자(resource pointer holder) 클래스는 매우 단순하다. 그냥 자원 자체에 대한 포인터를 담는 것일 뿐이다. 각 소지자 객체를 생성할 때에는 반드시 동적으로 할당해야 한다. 이 객체들을 배열이나 벡터의 일부로 집어넣을 수는 없다. 왜냐하면 다른 소지자들의 메모리 위치를 변경하는 일 없이 소지자를 생성하고 삭제할 수 있어야 하기 때문이다. 따라서 반드시 동적으로 할당되어야 한다. 작은 객체들을 빈번하게 동적으로 할당하면 메모리의 낭비가 심해질 수 있는데, 이에 대한 한 가지 해결책은 메모리 풀에서 객체가 생성, 해제될 수 있도록 소지자 클래스에 대한 new, delete 연산자들을 적절히 재정의하는 것이다 [Llopis03], [Glinker04]. 그러면 메모리 낭비도 없고 실행시점 성능도 매우 좋아진다.

ResPtrHolder 클래스 자체는 템플릿이 아니라는 점도 주목할만하다. ResPtrHolder를 ResType에 대한 템플릿으로 만든다면 ResourcePtr 클래스 안에서 지저분한 정적 형변환 연산자를 사용할 필요가 없어지겠지만, 좀 더 깊게 생각하면 형변환 책임을 그냥 자원 관리자 클래스로 넘기는 것일 뿐임을 알 수 있을 것이다. 그런 형변환들을 자원 관리자 클래스로 넘기면 오히려 여러 가지 복잡한 문제들이 생긴다. 특히 모든 활성 자원들을 관리하는 하나의 전역 자원 관리자를 두려고 하면 득보다 실이 더 커진다.

보통의 포인터와 같은 모습으로 행동하게 한다는 목표는 이와 같은 똑똑한 포인터를 통해서 해결할 수 있다. 자원 수명 문제는 어떨까? 자원 수명 문제는 똑똑한 포인터가 참조하는 자원 포인터 소지자에 참조 계수 기능을 추가해서 해결하면 된다. 똑똑한 포인터를 생성, 소멸할 때마다 소지자의 참조 횟수를 증가 또는 감소시키고, 더 이상 자신을 참조하는 포인터가 없으면 해당 자원을 파괴한다(이 때 자원 관리자에게도 그 사실을 알려줘야 한다). 부록 **CD-ROM**에는 이런 방식의 참조 계수를 사용하는 똑똑한 포인터 시스템의 코드가 수록되어 있다.

자원 관리자

이 글에서 말하는 자원 관리자는 자원 이름과 자원 포인터 소지자 사이의 관계를 저장하는 하나의 커다란 맵이다. 자원 관리자는 자원 자체가 아니라 소지자들을 다룬다는 점이 중요하다. 모든 연산들은 소지자에 대해 수행되며, 덕분에 게임의 똑똑한 포인터들이 깨지는 일을 피할 수 있다.

게임의 아키텍처에 따라서는 게임의 모든 자원들에 대해 하나의 전역 자원 관리자를 사용할 수도 있고, 아니면 자원 종류마다 개별적인 관리자를 둘 수도 있다. 후자의 접근방식은 관리하고자 하는 자원 종류와 특성에 맞는 좀 더 효율적인 자원 관리(자원 해제, 교체 등) 알고리즘을 개별 자원 관리자에 배치할 수 있다는 장점이 있다.

자원 이름과 자원 포인터 소지자를 연관시키는 맵을 구현하는 방법도 여러 가지이다. 가장 간단한 방법은 string과 자원 포인터 소지자의 쌍을 std::map에 담는 것이다. 성능이 중요하다면, 좀 더 효율적인 연관 함수를 직접 작성하거나 아니면 문자열 대신 정수를 키로 사용하는 방법(자원 로드 시점에서 자원 이름의 해시나 **CRC**로부터 정수를 얻는 등)도 고려해 볼 필요가 있다. 메모리에 여유가 있다면, 메모리를 좀 더 사용하지만 상수 시간으로 원소에 접근하는 std::hash_map을 사용할 수도 있다.

널 객체

이제 자원 해제나 이동에서 생기는 문제는 해결이 되었다. 그럼 포인터의 **NULL**을 매번 점검해야 하는 문제를 살펴보자.

개념

이미 NULL 포인터 점검(조건문을 통해서든 아니면 assert를 이용해서든)에 익숙해져서 별다른 문제를 느끼지 못하는 독자도 있을 것이다. 그러나 마음을 비우고 자신의 코드를 다시 들여다보면 프로그래머의 의도했던 바가 수많은 NULL 점검 코드에 가려져 있다는 사실을 깨달을 수 있을 것이다. 코드 가독성을 그리 중요하게 여기지 않는 독자라도, NULL 점검을 위한 조건 평가들이 성능에 나쁜 영향을 미친다는 점은 인정하지 않을 수 없을 것이다.

만일 자원 포인터가 항상 유효하다고 가정할 수 있다면 어떨까? 그러면 포인터가 NULL인지 점검할 필요가 사라진다. 그러나 자원을 한 번 로드해서 메모리에 계속 담아두는 것이 아니라 동적으로 로드해야 한다면 그런 가정이 힘들어진다.

이를 해결해 주는 개념이 바로 널 객체(null object)이다. 널 객체는 하나의 자원이나, 실제 자료를 담고 있는 것은 아니다. 자료를 아예 담지 않거나 자원이 제대로 작동하는 데 필요한 최소한의 자료만을 담는다. 예를 들어서 텍스처에 대한 널 자원라면 4×4 크기의 완전히 투명한 텍스처가 된다. 이러한 개념은 다른 종류의 자원에도 적용할 수 있다. 정점 하나짜리 메시, 아무 소리도 안 나는 짧은 효과음, 아무 것도 움직이지 않는 한 프레임짜리 애니메이션 등.

어떠한 자원을 메모리로부터 내린다고 할 때, 보통의 방식에서는 메모리를 해제한 후 해당 자원 포인터 소지자 안의 포인터를 NULL로 설정한다. 그러나 널 객체를 사용할 때에는 그 포인터를 NULL로 설정하는 대신 해당 자원 형식의 널 객체를 가리키게 한다. 이렇게 하면 포인터가 항상 유효한 자원(실제로 쓸모 있는 자원은 아니라고 해도)을 가리키므로 프로그램이 NULL을 점검할 필요가 없다.

널 객체를 프로그램이 사용했을 때 플레이어가 느낄 정도의 결함이 생겨서는 안 되므로, 널 객체는 보이지 않는(또는 들리지 않는) 자료를 담고 있어야 한다. 예를 들어 플레이어가 새로운 영역으로 뛰어간다고 할 때, 현재 시점에서 멀리 떨어져 있는 도로 표지판의 텍스처는 당장 로드할 필요가 없으므로, 투명한 최소 크기의 텍스처를 담은 널 객체로 대체할 수 있을 것이다. 그런데 이후 거리가 어느 정도 가까워져서 텍스처를 실제로 로드하고 나면 도로 표지판이 갑자기 나타나게 된다. 플레이어가 인식할 정도로 가깝지는 않은 상황에서 표지판이 튀어나온다면 별 문제가 없겠지만, 항상 그렇게 되길 바랄 수는 없다. 이상적으로는, 널 객체의 최소한의 텍스처와 실제로 로드된 텍스처를 점진적으로 혼합할 수 있도록 한다면 좋을 것이다.

널 객체가 제대로 작동하려면 모든 자원 종류에 대해 하나씩의 널 자원을 준비해 둬야 한다. 그렇게 하면 널 자원들은 해당 종류의 다른 모든 자원들과 항상 동일한 방식으로 행동할 수 있다. 프로그램이 어떤 하나의 텍스처에 접근하는 경우 프로그램은 아마도 그 자원에 대해 텍스처 고유의 함수들을 호출할 것이므로, 널 텍스처 자원은 그런 함수들에 대해서 실제 텍스처 자원과 동일한 행동을 보여야 한다.

잠재적인 문제들

널 객체를 다룰 때 주의해야 할 사항 몇 가지를 살펴보자.

첫 번째로, 프로그램이 자원 안에서 어떤 특정한 자료를 찾으려 하는데 널 자원 객체에 그런 자료가 존재하지 않으면 문제가 생긴다. 예를 들어 프로그램이 이미 메모리에서 해제된 특정 지형 텍스처에 접근하려 한다면, 자원 관리 시스템은 작은 널 텍스처 객체를 프로그램에게 돌려줄 것이다. 그런데 게임의 모든 실제 지형 텍스처들이 128×128 크기이고 프로그램은 그런 사실에 근거해서 지형 텍스처의 (100,100) 위치의 픽셀을 참조하려 할 수 있다. 프로그램이 실제로 가지고 있는 것이 4×4 크기의 널 객체라면 문제가 발생하게 된다. 이상적으로는, 애초부터 메모리에서 해제된 자원에 접근하려는 시도가 일어나지 않게 해야 할 것이다. 그런 시도는 일종의 버그로 봐야 한다(이에 대해서는 잠시 후에 더 이야기하겠다). 설사 그런 시도를 허용한다고 해도, 자원 관리 시스템이 임의로 자원들을 로드하고 해제할 수 있는 시스템에서는 프로그램이 각 자원에 어떠한 가정도 하지 않도록 해야 할 것이다.

프로그램이 자원을 수정하려고 할 때에도 문제가 발생한다. 다행히 그런 상황은 그리 흔하지 않다. 대부분의 자원들은 공유 자원으로 쓰이며, 따라서 읽기 전용으로 취급한다. 그러나 텍스처에 어떤 추가적인 표시를 찍는다거나 기하구조를 동적으로 변경하는 등 자원 수정이 필요한 경우도 있으므로, 자원 관리 시스템은 그런 시도에 대해 적절한 대비책을 가지고 있어야 한다. 널 자원은 같은 종류의 모든 자원들에 대해 공동으로 쓰이므로, 예를 들어 투명 텍스처 널 객체에 빨간 픽셀들을 추가하면 그 텍스처가 쓰이는 모든 곳이 빨갛게 변해버린다. 널 자원들에 대해 읽기 전용 표식을 붙여두고 자원을 변경하는 함수가 반드시 읽기 전용 여부를 점검한 후에 자원을 수정하도록 만든다면 그런 사태를 피할 수 있다. 만일 함수들이 그런 것에 신경 쓰지 않고 투명하게 일을 처리할 수 있도록 만들고 싶다면, 널 자원들이 변경 요청들을 받아들이긴 하되 널 자원이 가지고 있는 실제 자원은 변경되지 않도록 하는 방법도 있다.

확장

이렇게 해서 널 객체를 자원 관리 시스템에 통합시키는 것까지 이야기했다. 이제 한 걸음 더 나아가서, 자원 관리 시스템을 더욱 유용하게 만드는 방안들을 생각해 보자. 예를 들어, 프로그램이 널 객체를 실제로 표시하려고 하는 일을 하나의 버그로 간주한다면 어떨까? 그런 경우에는 널 객체들을 최대한 두드러지게 만들어야 할 것이다. 널 텍스처라면 밝은 분홍색으로, 널 사운드라면 크고 거슬리는 방형파(square wave)로, 그리고 널 기하구조라면 커다란 구 등으로 만들어 사람의 주의를 즉시 끌 수 있도록 하면 될 것이다. 또한 게임이 표현하려고 시도했던 널 자원에 대한 항목을 게임 로그에 기록하는 기능을 널 객체에 집어넣을 수도 있다.

그러나 최종 제품에서 그런 거슬리는 자원들이 플레이어에게 노출되어서는 안 될 것이므로, 릴리스 모드에서는 이전처럼 드러나지 않는 자원들을 사용해야 할 것이다.

결론

이 글에서는 포인터를 이용해서 게임 자원들을 사용할 때 발생하는 문제들을 살펴보고 그에 대한 한 가지 유연한 대안을 제안했다. 이 글이 제시한 해결책은 자원의 수명을 좀 더 자유로이 통제하며, 자원의 이동도 가능하게 한다. 게임이 실행되는 도중에도 자원을 메모리에서 내릴 수 있다. 이러한 새로운 능력들은 보다 커다란 게임 레벨이나 끊김이 없는 게임 세계를 만드는 데 도움이 될 것이다.

이 글에서는 또한 사라진 자원을 대신하는 특별한 자원인 널 객체라는 개념도 소개했다. 널 자원들은 같은 종류의 다른 자원들과 동일하게 작동하며, 게임 코드가 자원을 사용할 때마다 자원의 유효성을 점검해야 하는 번거로움을 해결해 준다. 널 자원들은 게임이 직접 표시한다고 해도 눈에 띄지 않도록 보이지 않는 자료를 사용하나, 디버깅 목적이라면 눈에 잘 띄는 자료를 사용할 수도 있다.

참고자료

〔Alexandrescu01〕 Alexandrescu, Andrei, *Modern C++ Design*, Addison-Wesley, 2001. 번역서는 *제네릭 프로그래밍과 디자인 패턴을 적용한 Modern C++ Design*, 인포북, 2003.

〔Glinker04〕 Glinker, Paul, "Fight Memory Fragmentation with a Templated Freelist," *Game Programming Gems 4*, Charles River Media, 2004. 본서 "자유목록 템플릿을 이용한 메모리 단편화 해결".

〔Hawkins02〕 Hawkins, Brian, "Handle-Based Smart Pointers," *Game Programming Gems 3*, Charles River Media, 2002. 번역서는 "핸들 기반의 똑똑한 포인터," *Game Programming Gems 3*, 정보문화사, 2003.

〔Llopis03〕 Llopis, Noel, *C++ for Game Programmers*, Charles River Media, 2003. 번역서는 *게임 프로그래머를 위한 C++*, 정보문화사, 2004.

〔Meyers96〕 Meyers, Scott, *More Effective C++*, Addison-Wesley, 1996. 번역서는 *More Effective C++*, 인포북, 2003.

1.8 게임 개체 관리를 위한 시스템

Matthew Harmon, *eV Interactive Corporation*

matt@matthewharmon.com

신참 게임 개발자들의 한 가지 특징은, 셰이더나 입자 시스템, 3차원 사운드 등 게임의 "출력" 측면에만 빠삭하다는 것이다. 그런 요소들은 필수적이며 재미있기도 하지만, 느슨하게 널려 있는 코드 모듈들을 하나의 완전한 게임으로 통합시키는 일은 흥미가 다소 떨어질 수 있는 과제들이다. 이 글은 바로 그런 덜 흥미로운 요소들 중 하나인 게임 개체의 관리에 초점을 둔다.

이 글은 개체 관리의 특정한 구현보다는 전반적인 원칙과 개념을 이야기하기 위해서 C를 사용한다. C로도 다형성과 잘 캡슐화된 구현을 갖춘 시스템을 만들 수 있으며, 그런 시스템을 C++나 Java, C#로 변환하는 것도 어렵지 않다.

개요

요즘 게임들은 많은 개수의, 매우 다양한 개체(entity)들을 사용한다. 게임 세계에는 플레이어뿐만 아니라 수많은 적들과 물체들이 돌아다닌다. 그런 것들이 돌아다니는 환경을 채우는 것은 지형, 건물, 하늘 등이다. 그리고 내부적으로는 웨이포인트, 트리거, 스크립트 등이 플레이어의 게임플레이를 보조한다. 또한 점수 계산, 피해치 계산, 물리 시뮬레이션 등이 게임 세계의 논리와 규칙을 형성한다.

이런 모든 것들은 특수 목적의 요소들로 각자 다루는 것보다는 공통의 구조와 의사소통 방법을 제공하는 하나의 시스템으로 통합하는 것이 더 편리하다. 개체 관리에 대한 메시지 기반 접근방식은 수많은 문제들을 해결할 수 있으며, 대부분의 주요 게임 요소들을 통합하는 방법을 제공한다.

모든 것들은 메시지를 통해서 일어난다

메시지 기반 시스템에서, 개체가 수행하는 모든 것은 메시지에 대한 반응의 형태로 일어난다. 하나의 개체를 화면에 표시할 때에는 화면 표시를 지시하는 메시지를 그 개체에게 보낸다. 개체가 게임 세계 안에서 이동하게 할 때 역시 마찬가지로 그에 해당하는 메시지를 개체에 보낸다. 아무런 메시지도 받지 않은 개체는 그냥 아무 일도 하지 않고 그대로 있는다.

Win32에서 창을 관리하는 API도 이런 방식을 사용한다. Windows GUI는 모든 것을 응용 프로그램이나 다른 창 또는 운영체제가 보낸 메시지에 대한 반응으로 처리한다. 그런 창들과 마찬가지로 게임 개체들 역시 다른 개체들의 내부 자료나 구현에 대해서는 아무 것도 알지 못한다. 개체들은 그냥 잘 정의된 메시지들을 보내거나 반응할 뿐이다. 또한, 개체들은 자신이 이해하지 못하거나 자신과 상관없는 메시지들은 무시할 수 있다.

짧은 예제

간단한 예제를 통해서 이 시스템을 살펴보는 게 좋을 것 같다. 플레이어가 미사일을 발사하는 경우를 생각해 보자. 플레이어와 미사일 모두 개체이므로, 이 과제는 메시지 전달을 통해서 해결할 문제이다. 사실, 다음은 플레이어와 미사일에 한정되지 않고 모든 종류의 개체가 모든 종류의 발사체를 발사할 때 사용할 수 있는 코드이다.

```
ENTITY* FireProjectile(
      char*    className, // 생성할 발사체의
                          // 종류
      ENTITY* shooter,   // 발사자/발사체의
                          // 소유자
      ENTITY* parent)    // 장면 그래프 부모
{
   ENTITY*   entProj;    // 발사체 개체
   VECTOR3   pos;        // 발사자/발사체의
                         // 위치
   VECTOR3   dir;        // 발사자의 방향 벡터
   VECTOR3   velocity;  // 발사자의 속도 벡터


   // 발사체를 장면 그래프의 'parent'의
   // 한 자식 객체로 생성한다.
   entProj = EntCreate(className, parent, 0, 0);
```

```
    if (entProj)
    {
        // 발사자의 위치, 방향,
        // 속도를 얻는다.
        EntSendMessage(entShooter, EM_GETPOS,
                    (int)&pos, 0);
        EntSendMessage(entShooter, EM_GETDIR,
                    (int)&dir, 0);
        EntSendMessage(entShooter, EM_GETVELOCITY,
                    (int)&vel, 0);

        // 새 발사체를 설정한다.
        EntSendMessage(entProj, EM_SETPOS,
                    (int)&pos, 0);
        EntSendMessage(entProj, EM_SETDIR,
                    (int)&dir, 0);
        EntSendMessage(entProj, EM_SETVELOCITY,
                    (int)&vel, 0);
        EntSendMessage(entProj, EM_SETOWNER,
                    (int)entShooter, 0);
        EntSendMessage(entProj, EM_START, 0, 0);
    }

    return(entProj);
}
```

모든 것은 개체이다

개체 관리 시스템을 구축할 때의 핵심은, 모든 것을 메시지를 통해 제어할 수 있는 개체로 생각해야 한다는 것이다. 발사체나 지형, 게임 스크립트 등은 상당히 다른 존재들이므로 이들을 모두 개체라는 하나의 개념으로 통합해서 생각한다는 게 어려울 수도 있겠지만, 개체 관리 시스템의 위력과 단순함은 모두 그러한 개념적 통합으로부터 비롯된다는 점을 간과해서는 안 된다.

예를 들어 하나의 총알을 다룰 때에는 위치를 갱신해야 하며, 충돌을 점검해야 하며, 화면에 표시해야 한다. 지형 역시 화면 표시와 충돌 점검이 필요하나 일반적으로 위치를 갱신하지는 않는다. 레벨의 "승리 조건"을 점검하는 스크립트는 매 프레임마다 실행되어야 하나, 다른 종류의 메시지에는 반응할 필요가 없다. 총알, 지형, 스크립트라는 개체들을 메시지를 이용해서 통합한다면 어떻게 될까? 표 1.8.1은 이들이 어떤 메시지들을 처리해야 하는지를 정리한 것이다.

표 1.8.1 총알, 지형, 스크립트 개체들이 처리하는 여러 메시지들

	총알	지형	스크립트
갱신	처리	무시	처리
표시	처리	처리	무시
충돌 점검	처리	무시	무시
충돌 점검에 대한 반응	무시	처리	무시

이러한 구조에서는, 게임 세계에서 "물리적으로" 존재하지는 않는 논리 스크립트라고 해도 다른 개체들과 동일한 방식으로 취급할 수 있다. 이러한 개체 메커니즘은 좀 더 복잡한 게임 코드에 대한 단순하면서도 간단한 래퍼(wrapper) 역할을 할 수 있다.

시스템의 구성요소들

개체 관리 시스템은 다음과 같은 네 개의 기본적인 구성요소들로 이루어진다.

- **개체 메시지들**: 개체들 사이의 의사소통을 정의한다.
- **개체 코드**: 개체 클래스를 구현하는 코드와 자료
- **클래스 목록**: 등록된 개체 클래스들의 목록을 관리한다.
- **개체 관리자**: 개체들을 생성하고, 개체 트리를 관리하고, 하나나 그 이상의 개체들에 대한 메시지 전달을 지원한다.

개체 메시지

메시지는 개체에게 뭔가를 수행하라고 요구하는 하나의 함수 호출이라 할 수 있다. 대부분의 개체들은 정의된 모든 메시지들의 일부에만 반응하면 된다. 따라서 개체들은 자신이 이해하지 못하거나 반응할 필요가 없는 메시지들은 그냥 무시할 수 있다.

DESTROY 같은 간단한 메시지들은 추가적인 자료가 필요 없다. 그러나 SETPOSITION 같은 메시지는 추가적인 매개변수가 필요하다. Win32의 예를 따라, 이 시스템은 두 개의 범용적인 매개변수 var1과 var2를 지원한다. 이들은 정수 형식으로 선언되지만 실제의 형식은 전달된 메시지 자체의 정의를 따른다. SETPOS의 경우 var1 매개변수는 위치를 담은 3D 벡터의 주소를 의미한다. 메시지가 이러한 구조라 할 때, 표준적인 개체 메시지 처리 함수는 다음과 같은 형식이다.

```
// 메시지 처리 함수 형식
typedef int(ENT_PROC)(
    ENTITY* ent,     // 이 개체 컨테이너를
                     // 가리키는 포인터
    EM      message, // EM_... 개체 메시지
    int     var1,    // 범용 매개변수 1
    int     var2);   // 범용 매개변수 2
```

C++ 구현에서는 정확한 형식의 매개변수를 받는 가상 함수를 활용할 수 있으므로 매개변수 var1과 var2를 강제로 형변환할 필요가 없다. 함수의 반환값은 개체 트리를 따라가는 재귀 수행을 계속할 것인지의 여부를 의미한다. 이런 장치 덕분에, 개체 트리가 하나의 장면 그래프처럼 행동하게 만드는 것도 가능하다.

각 메시지의 의미와 작동 방식은 모든 게임 개체들이 지켜야 할 약속이다. 그런데 코드 상에서 메시지 자체는 그냥 열거형 상수일 뿐이다. 따라서 다음 예처럼 적절한 문서화가 중요하다.

```
typedef enum entMessageTag
{
    // 클래스 연산들
    EM_CLSINIT, // 클래스 초기화
                // var1=char* 자료 경로
    EM_CLSFREE, // 클래스 해제
    EM_CLSNAME, // 클래스 이름을 var1에

    // 생성과 파괴
    EM_CREATE,  // 개체를 생성
    EM_START,   // 개체를 활성화
    EM_SHUTDOWN,// 개체를 안전하게 파괴
    EM_DESTROY, // 개체를 즉시 파괴

    // 표준 행동들
    EM_UPDATE,  // var1 = int 지나간 시간(초)
    EM_DRAW,    // 보통의 렌더링

    // 자료 접근
    EM_SETPOS,  // var1 = VECTOR3* 위치
    EM_GETPOS,  // VECTOR3 위치를
                // var1에 복사

    ...
} EM;
```

새 메시지를 추가할 때에는 이 열거형에 새로운 값을 추가하면 된다. 이전 개체들은 새 메시지를 그냥 무시할 뿐이므로, 새 메시지를 추가해도 기존 개체의 코드를 고칠 필요는 없다.

개체 코드

C에서 개체는 구조체 하나와 메시지를 처리하는 하나의 함수의 쌍이다. 그 외에 각 개체 클래스마다 자원 핸들, 게임 플레이 조율 값 등 보조적인 정적 클래스 자료를 둘 수도 있다. 다음은 미사일 개체에 대한 기본적인 개체 코드이다(기능적인 부분은 생략했음).

```c
// 미사일 클래스
typedef struct missileTag structure
{
    char        name[MAX_NAME];
    VECTOR3     velocity;       // 속도 벡터
    VECTOR3     position;       // 세계 공간 위치
    VECTOR3     forceAccum;     // 힘 누적기
    MATRIX4     matModel;       // 방향 행렬
} MISSILE;

// 클래스 전역 자원, 변수들
// CLSINIT 메시지에서 로드하고
// CLSFREE 메시지에서 해제한다.
static MODEL    mdlMissile;
static SOUND    launchSound;
static float    thrust = 10000.0f;

// 메시지 처리기
int MissileProc(
    ENTITY*  entity,        // 이 개체의 컨테이너
    EM       message,       // 처리할 메시지
    int      var1,          // 범용 매개변수 1
    int      var2)          // 범용 매개변수 2
{
    MISSILE* e;  // 실제 개체 자료를 가리키는 포인터

    // 컨테이너에서 개체의 클래스 자료를 얻는다.
    e = ((MISSILE*)entity->data);

    // 미사일 개체가 처리해야 할
    // 메시지들을 처리한다.
    switch(message)
    {
```

```c
        // 클래스 연산들:
        case EM_CLSNAME:
            strcpy((char*)var1, "MISSILE");
            return(TRUE);
        case EM_CLSINIT:
            return( ClsInit((char*)var1) );
        case EM_CLSFREE:
            return( ClsFree() );

        // 생성 및 파괴
        case EM_CREATE:
            return( Create(ent) );
        case EM_SHUTDOWN:  // 미사일의 경우는
                           // EM_DESTROY와 동일
        case EM_DESTROY:
            return( Destroy(e) );
        case EM_START:
            return( Start(e, var1, var2) );
        // 표준 행동들
        case EM_UPDATE:
            return( Update(e, var1) );
        case EM_DRAW:
            return( Draw(e) );

        // 자료 접근
        case EM_SETPOS:
            V3Copy(&e->position, (VECTOR3*)var1);
            return(TRUE);
        case EM_SETVEL:
            V3Copy(&e->velocity, (VECTOR3*)var1);
            return(TRUE);
        case EM_SETDIR:
            return(SetDirection(e,(VECTOR3*)var1));
        default:
            return(DefEntityProc(message, var1,
                        var2));
    }
    return(TRUE);
}
```

이러한 메시지 처리기의 첫 번째 매개변수는 시스템 안의 임의의 종류의 개체를 참조하기 위한 일반적 개체 컨테이너의 포인터이다. 이에 대해서는 잠시 후에 좀 더 이야기하겠다. 컨테이너 포인터를 통해서 컨테이너의 내부 자료를 얻은 후에는, switch 문을 이용해서 주

어진 메시지를 실제로 처리한다. `default` 케이스는 일종의 상속 기능을 흉내내기 위한 것으로, **Win32**의 `DefWindowProc`과 비슷한 방식이다.

클래스 목록

개체 클래스는 외부에 대해 오직 메시지 처리기들만 노출한다. 이는 **Win32**의 윈도우 클래스와 비슷한 방식이다. 클래스 목록은 그러한 메시지 처리기들의 목록(연결 목록 또는 벡터)을 관리하며, 개별 클래스를 텍스트 이름을 통해서 참조하거나 생성할 수 있게 한다. 하나의 클래스를 뜻하는 구조체는 다음처럼 상당히 간단하다.

```
typedef struct entityClass
{
    char                name[64];      // 고유한 클래스 이름
    ENT_PROC*           clsProc;       // 클래스의 메시지 처리기
    struct entityClass*  next;         // 목록의 다음 클래스
} ENTCLASS;
```

목록에 클래스를 등록할 때에는 `EntCreateClass` 함수를 사용한다. 이 함수는 주어진 클래스를 클래스 목록에 추가하고, 그 클래스의 `clsProc`에 `EM_CLSNAME` 메시지를 전송해서 클래스의 이름을 얻는다. 그런 다음 `clsProc`에 `EM_CLSINIT`를 전송해서 클래스의 초기화(자원 로드 등)를 수행하게 한다. 다음은 게임 초기화 도중 클래스들을 초기화하는 코드의 예이다.

```
void GameInitClasses(
    char*   dataPath)        // 개체들이 사용할
                             // 자료들이 있는 경로
{
    EntCreateClass(PlayerProc,  dataPath, 0);
    EntCreateClass(MissileProc, dataPath, 0);
    ...
}
```

클래스를 파괴할 때에는 `EntDestroyClass`나 `EntDestroyAllClasses` 함수를 사용하면 된다. 이들은 주어진 클래스 또는 모든 등록된 클래스에 `EM_CLSFREE` 메시지를 보내서 마무리 작업을 수행하게 한다.

개체 관리자

개체 관리자는 개별 개체를 생성, 파괴하며 개체들을 담은 목록을 관리한다. 개체들은 하나의 간단하고 일반적인 "컨테이너" 구조체를 통해서 노출된다. 컨테이너는 요청된 개체의 메시지 처리 함수와 개체의 내부 자료를 가리키는 포인터들을 돌려준다. 이 컨테이너 덕분에 시스템은 모든 개체들을 동일한 방식으로 처리할 수 있다. 또한 개체 트리나 목록의 운행을 위한 필드들과 고유 ID 필드(guid 멤버)도 있다. 고유 ID는 네트웍 상에서 개체들을 동기화하는 데 쓰인다.

```
typedef struct entityTag
{
    ENT_PROC*           Proc;           // 메시지 처리 함수
    void*               data;           // 개체의 내부 자료
    int                 guid;           // 네트웍 동기화를 위한 ID
    struct entityTag    *parent;        // 부모 또는 NULL
    struct entityTag    *prevSibling;   // 이전 형제 또는 NULL
    struct entityTag    *nextSibling;   // 다음 형제 또는 NULL
    struct entityTag    *child;         // 첫 번째 자식
} ENTITY;
```

개체 관리자의 핵심 함수들을 살펴보자. 우선 개체를 생성하는 함수는 다음과 같다.

```
ENTITY* EntCreateEntity(char        *className,
                        ENTITY      *parent,
                        int         var1,
                        int         var2);
```

이 함수는 클래스 목록에서 className에 해당하는 클래스를 찾고, 그런 클래스가 있으면 새 ENTITY 구조체를 생성하고, 그것을 개체 트리 안에서 parent의 자식으로 등록한다. 그런 다음 클래스의 메시지 처리 함수를 가리키는 포인터 Proc을 등록하고, Proc에 EM_CREATE 메시지를 var1, var2와 함께 보낸다. CREATE 처리부에서 개체는 자신의 클래스 자료를 위한 공간을 할당하고 그 주소를 data에 배정한다.

```
int EntDestroyEntity(ENTITY* ent);
```

이 함수는 개체가 DESTROY 메시지를 받았을 때 호출하는 것으로, ENTITY 컨테이너 구조체를 해제하고 트리로부터 제거한다. 개체를 실제로 파괴하려면 개체에 EM_DESTROY 메시지를 보내야 한다.

```
int EntSendMessage(ENTITY    *ent,
                   EM         message,
                   int        var1,
                   int        var2);
```

개별 개체에 주어진 메시지를 주어진 매개변수들과 함께 보낸다.

```
int EntSendMessageGuid(int  guid,
                   EM       message,
                   int      var1,
                   int      var2);
```

앞의 함수와 동일하나, 포인터가 아니라 고유 **ID**를 사용해서 개체를 지정한다. 포인터가 의미가 없는 네트웍 동기화 작업에 유용하다.

```
void EntSendMessagePre(ENTITY   *ent,
                   EM           message,
                   int          var1,
                   int          var2);
```

하나의 개체와 그 개체의 모든 자식들에게 메시지를 전달한다. 자식들은 전위(pre-order) 순서로 운행된다. 어떤 개체가 메시지를 처리한 후 FALSE를 돌려주면 거기서 재귀가 끝난다. 이러한 계통적 선별 능력 덕분에, 개체 트리를 장면 그래프나 충돌 트리로 사용하는 것이 가능하다. 물론 중간에 재귀를 끝내지 않고 전체를 훑는 것 역시 유용하게 쓰인다.

이러한 개체 관리자에 이름으로 개체를 찾거나, 개체 트리를 재배치하거나, 개체들을 훑으면서 각 노드에 대해 콜백 함수를 호출하는 등의 기능을 추가한다면 더욱 견고한 개체 관리자가 될 것이다.

메시지 기반 게임 루프

개체들끼리도 서로 의사소통을 할 수 있으며 사실 많은 일이 개체들 간의 메시지 전달을 통해서 일어나지만, 게임 자체를 돌아가게 만드는 핵심적인 메시지들을 전달하는 일은 게임의 메인 루프가 담당한다. 거의 모든 "게임 코드"는 개체 자체에 들어 있기 때문에, 루프는 본질적으로 하나의 메시지 분배기(dispatcher) 역할을 한다.

```
void GameProcessInput()
{
    GetInputEvents(&inputEvent);
```

```
        MapInputEventsToGameEvents(&inputEvent,
                          &gameEvent);
        EntSendMessage(entPlayer, EM_USERINPUT,
                (int)&gameEvent, 0);
}

void GameUpdateWorld()
{
    EntSendMessagePre(entWorld, EM_UPDATE,
                    elapsedMs, 0);
    EntSendMessagePre(entWorld, EM_POSTUPDATE, 0, 0);
}

void GameDraw()
{
    // 모든 개체들이 자신을 그리게 한다. 그 다음에
    // 오버레이들을 그리게 한다.
    EntSendMessagePre(entWorld, EM_DRAW, 0, 0);
    EntSendMessagePre(entWorld, EM_DRAWSHADOW, 0, 0);
    EntSendMessagePre(entWorld, EM_DRAWOVERLAY, 0, 0);

    // 디버그 모드에서는 개체에 대한 추가적인 정보를 표시한다.
    if (debugMode)
        EntSendMessagePre(entWorld, EM_DRAWDEBUG,
                    0, 0);

    // 현재 선택된 개체에 대한 시각적인 편집 표시를
    // 그린다.
    if (editMode)
        EntSendMessage(entBeingEdited, EM_DRAWEDIT,
                    0, 0);
}
```

클래스 메시지들

개체들을 사용하려면 해당 개체의 클래스를 초기화해야 하며, 더 이상 사용하지 않게 되면 개체 클래스를 해제해야 한다. 이 메시지들은 개별 개체가 아니라 클래스 전체에 적용되므로, 개체 메시지 처리기에 한 번만 전달된다. 클래스들은 그 특성에 따라 게임을 시작할 때 초기화될 수도 있고 각 레벨을 로드할 때 초기화될 수도 있다.

EM_CLSINIT

이 메시지는 모든 개체 클래스들에게 한 번만 전송된다. 이 메시지를 받은 클래스는 디스크로부터 자신의 자원들을 로드하거나, 클래스 전역의 "정적" 변수들을 초기화하거나, 게임 내 편집이 가능한 매개변수들의 기호 테이블을 생성하는 등의 적절한 초기화 작업을 수행한다. 이 메시지에 대한 매개변수로 가장 일반적인 것은 응용 프로그램의 자료 디렉터리 경로이다.

EM_CLSFREE

클래스가 자원들과 메모리를 해제할 기회를 제공한다. 클래스는 그 특성에 따라 게임을 종료할 때 해제될 수도 있고 레벨이 끝날 때 해제될 수도 있다.

EM_CLSNAME

클래스 리스트는 이 메시지를 통해서 클래스의 이름을 알아낸다. 이 이름은, 드물긴 하지만 개체가 다른 개체와 통신할 때 그 개체의 클래스를 알아야 하는 경우에 쓰인다.

기본적인 개체 메시지들

가장 간단한 형태의 게임에서, 개체는 생성, 파괴, 갱신, 표시되어야 한다.

EM_CREATE

개체 관리자는 개체의 컨테이너를 생성한 후 즉시 이 생성 메시지를 각 개체에 보낸다. 이 메시지를 받은 개체는 자신의 내부 자료에 필요한 메모리를 할당하고 필요한 기본값들을 설정한다. C++의 객체 생성자를 흉내낸 것으로, 실제로 객체 생성자가 하는 일을 수행한다고 생각하면 된다.

EM_SET/GET_POS, _DIR, _VELOCITY, _YAW, _COLOR 등

이 "접근자" 메시지들은 개체에 대한 해당 자료를 설정하거나 조회할 때 쓰인다. 개체가 일단 생성된 후에는, 이런 메시지들을 이용해서 세계 안에서의 객체의 위치나 방향을 설정한다.

EM_START

객체를 생성하고 위치나 기타 주요 정보를 설정한 후에는 이 시작 메시지를 보낸다. 이 메시지를 받은 개체는 초기 효과음을 재생하거나 초기 애니메이션 상태를 설정한다. EM_CREATE 메시지에서는 할 수 없는 초기화 기회를 제공하는 것이라고 생각하면 된다.

EM_DESTROY

객체의 소멸자와 마찬가지로, 이 메시지는 개체에게 메모리 해제라던가 객체가 생성한 자식 개체들의 파괴 등 적절한 마무리 작업을 수행할 기회를 제공한다. 일반적으로 이 메시지는 레벨이 끝나거나 게임이 종료될 때 쓰인다. 이 메시지는 객체를 즉시 파괴한다. 개체의 지연된 파괴를 위해서는 EM_SHUTDOWN을 사용해야 한다.

EM_SHUTDOWN

개체를 즉시 파괴하는 대신 천천히 소멸되게 할 필요도 생기게 된다. 예를 들어 불을 끄는 경우 불과 연기가 모두 단번에 사라지는 것보다는 불이 꺼진 후 잠시 동안은 연기가 남아 있는 것이 더 자연스럽다. 그런 경우 불 개체에게 "더 이상 연기를 만들지 말고, 마지막 연기 조각이 사라지면 그 때 가서 자신을 파괴하라"라는 명령을 전달하는 용도로 이러한 EM_SHUTDOWN 메시지를 사용할 수 있다. 게임의 정상적인 실행 도중에는 EM_DESTROY보다 EM_SHUTDOWN이 더 바람직할 것이다. 물론 개체들 중에는 EM_SHUTDOWN과 EM_DESTROY가 동일한 코드를 수행하는 것들이 더 많을 것이다.

EM_DRAW

이 메시지를 받은 개체는 자신을 렌더링해야 한다. 이것은 "보통" 게임 모드 렌더링에 해당한다. 그 외의 렌더링은 잠시 후에 이야기하겠다.

EM_UPDATE

이 메시지를 받은 개체는 세계 안의 자신의 위치나 기타 정보를 갱신한다. 가변 시간 갱신을 사용하는 게임이라면 지난 프레임 이후 흐른 시간을 메시지 매개변수로 전달해야 할 것이다. 그리고 고정 프레임률 게임이라면 이 EM_UPDATE 메시지를 정기적인 간격으로 전달해야 할 것이다.

EM_POSTUPDATE

충돌 검출이나 일부 AI 처리들 중에는 모든 개체들이 갱신된 이후의 세계의 "새로운" 상태를 알아야 하는 것들이 있다. 그런 경우 모든 개체들이 EM_UPDATE를 처리한 직후에 이 EM_POSTUPDATE를 세계에 보내면 된다.

EM_USERINPUT

이 메시지는 입력 장치 이벤트들이나 상태 갱신들을 플레이어가 현재 제어하고 있는 개체들에 전달하는 데 쓰인다. 사용자 입력과 그 처리를 이처럼 메시지를 통해서 연결하면, 예를 들어 디버그 모드에서 사용자 입력 자료를 받을 개체를 쉽게 변경할 수 있다.

게임플레이와 환경 메시지들

게임 환경에 대한 정보를 주고받거나 중요한 게임플레이 요소를 구현하는 데에도 메시지를 사용할 수 있다.

EM_FORCE

어떠한 힘을 전파하는 데 사용할 수 있다. 예를 들면, 폭발성 개체가 하나의 EM_FORCE 메시지를 세계 전체에 보낸다. 이 메시지를 받은 개체들은 메시지에 서술된 폭발력의 효과를 계산하고 그 결과를 자신의 힘 벡터에 누적한다.

EM_DAMAGE

피해를 적용할 때 사용할 수 있다. 예를 들면, 발사체 개체가 대상에 적중하면 하나의 EM_DAMAGE 메시지를 대상 개체에 보낸다. 이 때 발사체가 가하는 피해치 등의 정보를 메시지 매개변수로 전달한다.

EM_GIVEPOINTS

점수나 경험치 계산 등에 사용할 수 있다. 예를 들면: 어떤 개체가 파괴되었을 때, 그 개체를 파괴한 발사체의 소유자에게 이 메시지를 점수와 함께 보낸다. 이런 방법을 이용하면 개체들만으로 완전한 하나의 점수 계산 시스템을 구현할 수 있다.

시스템 확장: 몇 가지 고급 메시지들

이 메시지들은 고수준 기능성을 추가하는 게 얼마나 쉬운지를 보여준다. 새로운 메시지들을 추가한다고 해도 기존 개체들을 고칠 필요가 없다. 기존 개체들은 그냥 새 메시지들을 무시할 뿐이다.

EM_DRAWOVERLAY

모든 "보통" 렌더링을 수행한 후에 또 다른 렌더링을 수행해야 하는 개체도 있을 수 있다. 예를 들어 플레이어가 태양을 바라본다면, 장면에 섬광이나 후광이 나타나야 한다. 그런 경우 EM_DRAW를 보내서 보통의 렌더링을 수행한 후에 EM_DRAWOVERLAY를 보내서 추가적인 렌더링을 수행하게 하면 된다.

EM_DRAWSHADOW

마찬가지로, 많은 그림자 알고리즘들은 보통의 렌더링 이후에 수행된다. EM_DRAWSHADOW 메시지는 개체들에게 자신의 그림자 효과를 렌더링할 기회를 제공한다.

EM_SETOWNER

개체 트리를 장면 그래프로 사용하는 경우, 개체들 사이의 소유 관계를 설정하기 위해 EM_SETOWNER를 사용할 수 있다. 예를 들어 플레이어 개체가 로켓을 발사했다면 새 로켓에 이 메시지를 보내서 자신이 그 로켓을 발사한 소유자임을 알려준다.

EM_IMDEAD

개체가 곧 파괴될 것임을 알려야 할 때도 있다. 예를 들어 두 엘프가 같은 오크를 추적한다 고 하자. 한 엘프가 오크를 공격해서 죽였다면 다른 엘프는 더 이상 추적을 할 필요가 없 다. 이런 경우, 오크는 자신의 EM_DESTROY 처리부에서 세계 전체에 EM_IMDEAD 메시지를 보낸다. 그 메시지를 받은 두 번째 엘프는 추적을 중지하고 다른 목표를 찾는다. 이런 방식 에서는 널 개체 포인터를 계속 점검할 필요가 없다.

다음은 지금까지 이야기한 메시지들을 이용해서 피해치, 점수, "죽음 통지"를 처리하는 방 법을 보여주는 예로, EM_DAMAGE에 대한 반응으로 호출되는 함수이다.

```
// EM_DAMAGE 메시지를 처리한다.
static DamageHandler(
    ENTITY* me,         // 이 개체
    ENTITY* sender,   // var1 = 피해를 입히는 개체
    int     hitVal)   // var2 = 피해치
{
    // 송신자의 소유자(발사체인 경우)
    ENTITY* owner=NULL;

    // HP를 깎는다. 0보다 작으면 죽은 것이다.
    me->hitPoints -= hitVal;
    if (me->hitPoints < 0)
    {
        // 죽었음. 송신자의 소유자를
        // 얻는다.
        EntSendMessage(sender, EM_GETOWNER,
                  (int)&owner, 0);

        // 소유자가 존재한다면 송신자는 발사체이다.
        // 따라서 발사체의 소유자에게 점수를 부여한다.
```

```
        // 소유자가 없다면 송신자 자체에 점수를
        // 부여한다.
        if (owner)
            EntSendMessage(owner, EM_GIVEPOINTS,
                      me->points, 0);
        else
            EntSendMessage(sender, EM_GIVEPOINTS,
                      me->points, 0);

        // 세계에 죽음을 알린다.
        EntSendMessagePre(world, EM_IMDEAD, 0, 0);

        // 자신을 파괴한다.
        EntSendMessage(me, EM_SHUTDOWN, 0, 0);
    }
}
```

충돌 처리

충돌 처리는 게임에서 가장 어려운 과제들 중 하나이다. 통합된 충돌 시스템이 없는 상황이라면 메시지로 대신할 수 있다. 다음 예는 좀 단순화시킨 것이지만, 메시지를 복잡한 상호작용의 지원에 사용할 수 있음을 잘 보여준다.

EM_TESTHIT

이 메시지는 수신자에게 적중 판정(hit test)을 수행하라는 요청이다. 충돌 판정의 종류가 다양하다면, 수행할 판정의 종류를 서술하는 충돌 판정 구조체를 이 메시지와 함께 전달할 필요가 있다. 예를 들어 총알이라면 반직선 대 다각형 판정으로 충분하겠지만, 커다란 차량이라면 입체 대 입체 판정이 필요할 것이다.

어떤 경우이든, 수신자는 판정을 수행하고 결과를 호출자에게 알려줘야 한다. 이러한 방식에서는 필요하다면 특정 개체 클래스가 충돌을 나름의 고유한 방식으로 수행할 수 있다. 또한 이 방식은 물리적 충돌뿐만 아니라 3D 선택(picking)이나 시선(line-of-sight) 판정에도 사용할 수 있다.

EM_IHITYOU

하나나 그 이상의 EM_TESTHIT 메시지들을 받은 개체가 어떠한 개체와 실제로 충돌했음을 알게 되었다면, EM_IHITYOU 메시지를 충돌한 개체에게 보내서 충돌 사실과 반응 방식을 알려준다.

네트웍 게임을 위한 확장

메시지 몇 개만 추가하면 네트웍 게임의 요구를 처리할 수 있도록 이 개체 시스템을 확장할 수 있다. 이러한 시스템에서는 고수준 게임 코드의 도움을 거의 받지 않고도 네트웍 양쪽의 개체들을 동기화시키는 것이 가능하다. 이러한 시스템을 사용하면 개체들을 실제 네트웍 전송 메커니즘으로부터 완전히 격리할 수 있다. 개체들은 그냥 메시지를 주고받을 뿐이다.

EM_SERVERUPDATE

서버 노드들은 AI, 의사결정, 위치 갱신을 처리하기 위해 EM_SERVERUPDATE를 보낸다. 추가적으로, 여러 노드들에 있는 서버 개체들이 네트웍 패킷을 전송해서 자신들을 동기화하는 것도 가능하다.

EM_CLIENTUPDATE

클라이언트 노드들이 AI나 물리 계산은 수행하지 않고 그냥 개체들의 추측 항법(dead-reckoning)만을 수행하면 될 때에는 표준 EM_UPDATE 대신 이 메시지를 사용한다.

EM_NETPROCESS

네트웍 패킷을 받은 게임 루프는 이 메시지를 통해서 그것을 개체들에게 전달한다. 이에 의해, 각 개체 클래스는 각자 효율적인 방법으로 네트웍 동기화를 수행할 수 있게 된다. 이는 서버에 있는 개체와 원격에 있는 해당 개체 사이에 직접적인 통신 통로를 마련하는 것이라 할 수 있다.

개발 및 디버깅 메시지들

개발, 디버깅, 게임 편집 도중에만 사용하는 특별한 메시지들을 지원하는 게 유용한 경우가 있다. 다음은 몇 가지 일반적인 예이다.

EM_DEBUGDRAW

이 메시지를 받은 개체는 추가적인 디버깅 정보를 표시한다. 개체의 이름을 개체 위에 표시하는 등.

EM_EDITDRAW

이 메시지는 게임이 "편집" 모드일 때 유용한 추가적인 정보를 그리게 하는 용도로 쓰일 수 있다. 예를 들어 전투 시뮬레이션에 플레이어를 감지하기 위한 레이더 장비가 있다고 하자. 레이더 기지 개체는 이 EM_EDITDRAW에 반응해서 레이더 감지 범위를 하나의 와이어프레임 구로 표시한다.

EM_GETVARTABLE

이 메시지를 받은 개체는 자신의 변수들을 편집용 대화상자에 제공한다. 이를 통해서 각 개체 클래스에 고유한 커스텀 편집 기능을 제공할 수 있다.

이점들

이상의 메시지 기반 개체 시스템의 실용적인 이점을 요약하자면:

- **동질성**: 다종다양한 게임 개체들을 동일한 시스템으로 관리하고 제어할 수 있다. 복잡한 코드를 얇은 개체 래퍼 안에 숨길 수 있다는 정도만으로도 충분히 유용하다.
- **기능의 분리**: 렌더링, 동역학, 게임 논리, 심지어는 클라이언트 대 서버 과제들까지도 서로 확실하게 분리할 수 있다. 이는 대형 프로젝트에서 필수적인 요소이다.
- **단일 접근 지점**: 개체의 모든 제어들은 하나의 단일한 접근 지점인 EntSendMessage 함수를 통해서 일어난다. 따라서 메시지 기록, DLL 인터페이싱, 시스템과 스크립팅 언어의 연결 등이 쉬워진다.
- **전체적인 추상화**: 총알 발사의 과정이 미사일 발사 과정과 동일하다. 클래스 이름만 바꾸고 같은 메시지를 보내면 된다. 복잡한 개체들은 더 많은 메시지들을 처리하며, 단순한 개체들은 자신이 알지 못하는 메시지들을 그냥 무시한다.
- **확장성**: 새로운 기능을 추가하려는 경우 새 메시지를 만들기만 하면 된다. 이전의 개체들은 새 메시지를 무시하므로, 기능을 추가해도 기존 코드를 고칠 필요가 없다. 물론 기존 개체를 수정해서 새로운 기능을 지원하게 만드는 것도 가능하다.
- **제한된 의존성**: 순수한 메시지 주도적 시스템에서, 각 개체 모듈에 포함시켜야 할 것은 메시지 목록(또는 그 기반 클래스) 뿐이다.
- **쉬운 재사용**: 적절한 구조를 갖추고 있다면, 어떠한 변경 없이도 개체들을 새로운 게임에서 다시 사용할 수 있다. 이는 새로운 개념의 빠른 프로토타이핑을 가능하게 한다. 예를 들어 적절한 메시지들을 지원하기만 한다면, 1인칭 슈팅 게임의 하늘 개체는 비행 시뮬레이션 게임에서도 제대로 작동한다.

예제 코드

 부록 CD-ROM에는 개체 관리 시스템의 뼈대를 보여주는 C 코드가 수록되어 있는데, 본격적인 시스템 구축을 시작하는 데 도움이 되는 하나의 틀일 뿐, 제대로 작동하는 버전은 아니다. C++나 C#, Java 구현의 출발점 역할도 할 수 있다. 이 C 구현에 나오는 강제적인 형 변환과 switch 문들, 그리고 함수 포인터들은 좀 구식이긴 하지만, 어떤 언어로도 강력한 개체 시스템을 작성할 수 있음을 보여주는 좋은 예로 받아들이기 바란다.

C++ 구현

클래스와 가상 함수를 지원하는 프로그래밍 언어를 사용한다면 메시지 기반 개체 시스템이 좀 더 단순하고 유지하기 쉬워진다. 그런 언어라면, 개체 클래스들이 하나의 안정적인 기반 클래스로부터 필수 함수들을 상속받게 할 수 있다. 그리고 직접적인 메시지 전송은 하나의 멤버 함수 호출로 구현할 수 있다. 전체 개체 트리에 대한 메시지 전송은 좀 더 복잡하겠지만 관리할 수 있는 수준일 것이다.

개체를 생성할 때 파생된 클래스에 대해 new 연산자를 사용할 수도 있겠지만, 텍스트 이름을 통해서 개체들을 생성할 수 있도록 C 버전이 사용하는 클래스 등록/개체 팩토리 기능성을 유지하는 것도 좋을 것이다. 그렇게 하면 소스 파일 의존성을 줄일 수 있으며 개체의 클래스 정의를 알지 못해도 개체들을 생성하고 관리할 수 있다.

결론

게임 개발에서, 견고한 개체 관리 시스템을 작성하는 것은 매우 가치 있는 작업이다. 개체 관리 시스템은 게임의 나머지 부분을 채워 넣을 하나의 전체적인 틀이라 할 수 있다. 더욱 중요하게는, 개체 관리 시스템은 빠른 프로토타이핑과 개발을 가능하게 하는 일단의 표준들과 관례들을 확립한다. 그러한 시스템을 구현하고 기존 코드를 그에 맞게 수정하는 데에는 시간이 걸리겠지만, 새 기능들을 추가할 때 많은 시간을 절약할 수 있으므로 전체적으로는 이득이 크다.

1.9 Windows와 Xbox를 위한 주소 공간 관리식 동적 배열

Matt Pritchard, *Ensemble Studios*
mpritchard@ensemblestudios.com

대부분의 게임 프로그래머들은 동적으로 자라거나 줄어드는 배열을 관리하는 과제에 마주친다. 우리는 그러한 작업을 직접적인 알고리즘적 접근방식을 통해서 처리해 왔으며, 그런 접근방식은 수년 간 그리 많이 변하지 않았다. 요즘의 프로그래머들은 클래스나 템플릿을 통해서 이러한 기초적인 배열 관리 공정을 자동화하고 있다. 그러나 이 글에서는 오래된 기초적인 공정의 비교적 새로운 변형 하나를 소개한다. 그 변형은 매우 큰 또는 아주 활동적인 배열들에 대해 그리 명백하지는 않지만 실질적인 성능 향상을 제공한다.

전형적인 동적 메모리 관리

배열 관리에 대한 표준적인 접근방식은 대략 이런 것이다.

1. 각 배열에 대한 다음과 같은 정보를 private 변수들에 저장, 갱신한다.
   - 개별 배열 원소의 크기(바이트 단위)
   - 현재 가능한 최대 배열 원소 개수
   - 게임이 실제로 사용하는 배열 원소 개수
   - 최대 배열 원소 개수를 담을 만한 크기로 동적 할당된 메모리 블럭을 가리키는 포인터

2. 프로그램이 배열에 원소를 추가할 때에는 다음 단계를 밟는다.
   - 원소 개수가 현재 가능한 최대 개수보다 작으면, n 번째 원소를 가리키는 포인터를 돌려준다(여기서 n은 현재 쓰이는 원소 개수 더하기 1). 크면 배열을 키운 후 이 단계를 다시 시도한다.

3. 배열을 키울 때에는 다음 단계들을 밟는다.

   a. 배열의 최대 원소 개수를 지정된 양만큼 또는 알고리즘으로 얻은 양(현재 크기의 두 배 등)만큼 증가시킨다.

   b. 새 최대 개수의 원소들을 담을 만큼 큰 새 메모리 버퍼를 할당한다.

   c. 게임이 이미 사용하고 있는 배열 원소들을 새 배열 버퍼에 복사한다.

   d. 기존의 배열 버퍼를 해제하고 배열의 기준 포인터를 새 할당 위치로 설정한다.

4. 일반적으로, 배열에서 원소를 개별적으로 삭제할 때에는 버퍼를 줄이지 않는다. 그러나 배열 전체를 명시적으로 비울 때에는 배열 버퍼를 해제하는 경우가 있으며, 또는 배열 버퍼를 다시 초기화하기도 한다.

이 책의 독자라면 이런 기법들에 익숙할 것이다. 성능 최적화의 관점에서 볼 때, 이 알고리즘에서 유일하게 흥미로운 부분은 배열을 키우는 공정이다. 특히 배열을 한 번에 얼마나 키우느냐가 관심의 대상이다. 배열을 키우는 것은 비싼 작업이므로 배열 성장 횟수를 최소화할 수 있는 증가량을 결정해야 하는데, 그러기 위해서는 응용 프로그램의 전반적인 행동 방식이나 특성을 조사해야 할 것이다.

부록 **CD-ROM**의 `ArrayManager.h`와 `ArrayManager.cpp`에 있는 `CArrayManager` 클래스는 이러한 기법들의 전형적인 **C++** 구현을 보여준다. 수록된 `CArrayManager` 클래스는 `CArrayItem` 원소들의 동적인 배열을 관리한다. 위에 나온 기법들 대부분은 `Initialization()` 과 `AddItem()` 메서드에 구현되어 있다. 이 `CArrayManager` 클래스는 단지 이 글이 이야기하는 기본적인 메커니즘과 틀을 보여주기 위한 것일 뿐으로, 혼란을 피하기 위해 비본질적인 기능성은 모두 생략되어 있다. `CArrayItem` 클래스는 실제로 배열에 담을 구조체나 클래스 인스턴스의 할당과 복사를 처리해 주는 일종의 대리인 역할을 한다. 보다 정교한 구현이라면 `CArrayItem` 클래스에 의존하지 않고 템플릿 방식의 자료형을 사용하는 게 나을 것이다.

좀 더 자세히 들여다보면

앞서 이야기한 기법들은 아마도 가장 간단한 동적 배열 구조로, 알고리즘 자체나 구체적인 구현 언어만 생각한다면 별로 개선할 여지가 없다. 그러나 한 발 물러서서 전체적인 상을 들여다본다면 성능에 직접적으로 영향을 미치는 요인을 발견할 수 있을 것이다. 그것은 바로 운영체제이다. 운영체제는 컴파일된 코드에 플랫폼 메모리 서비스를 제공한다. 일반적으로는 해당 구현 언어의 특정한 실행시점 라이브러리를 통해서 그러한 서비스를 제공한다.

현재의 Windows 운영체제들과 Xbox 콘솔은 프로그램에 두 가지 것을 제공하는데, 하나는 전용 주소 공간이고, 또 하나는 하드 디스크 상의 교체 파일(swap file) 페이징을 통한 가상 메모리이다. 전자에 의해 프로그램은 메모리 전체를 자기 혼자 사용하는 것처럼 느끼게 되며, 후자에 의해 실제로 존재하는 물리적 RAM보다 더 많은 메모리를 사용할 수 있게 된다. Xbox처럼 파일 페이징이 없는 플랫폼에서도, 가상 메모리는 프로그램이 연속된 범위의 주소들로 존재하는 메모리를 요청하고 사용할 수 있게 한다(그 요청을 만족할만한 물리적 RAM 메모리의 빈 영역이 존재하지 않는다고 해도). 이러한 현대적인 메모리 관리 능력을 적절히 활용하면, 앞서 말한 기존의 배열 관리 알고리즘의 성능을 향상시킬 수 있다.

이 글 나머지 부분에서 이야기하는 기법들은 PC와 Xbox에서 사용 가능한 32 비트 Windows 플랫폼 API에 특화된 것임을 기억하기 바란다. PlayStation 2나 Gamecube 등 다른 여러 게이밍 하드웨어 플랫폼들의 경우에는 가상 메모리를 지원하는 메모리 관리 하드웨어가 없거나, 응용 프로그램이 주소 공간을 제어할 수 있는 수단을 운영체제가 제공하지 않는다. 따라서 이 글의 기법은 전적으로 Win32에 국한된 것으로 봐야 한다.

주소 공간 관리 != 메모리 관리

PC나 Xbox 프로그램이 new나 malloc 같은 서비스를 이용해서 메모리를 할당할 때, 언어의 실행시점 라이브러리는 먼저 자신이 관리하는 전용 힙 안에서 해당 요청을 만족할만한 공간을 찾는다. 만일 요청된 블럭이 너무 크거나 힙의 단편화가 심하면, 라이브러리는 운영체제에게 좀 더 많은 메모리를 요구한다. 메모리 할당을 운영체제에게 넘겨주면 운영체제는 두 가지 일을 한다.

운영체제는 우선 프로그램에게 이미 제공한 주소 범위들의 목록에서 요청된 블럭 크기를 담기에 충분한 자유 주소들의 범위를 찾는다. Windows에서 프로그램이 사용할 수 있는 전체 주소 공간 범위는 2 기가바이트가 좀 못 되는데, 왜냐하면 0x00000000 근처의 주소들은 널 포인트 실패들을 잡기 위해 예약되어 있고, 2 기가바이트(0x7FFFFFFF)에서 32 비트로 나타낼 수 있는 최대 주소인 4 기가바이트(0xFFFFFFFF) 사이의 주소들은 운영체제가 사용하도록 예약되어 있기 때문이다.

적당한 주소 범위를 찾았다면, 운영체제는 그 주소들에 할당할 물리적 RAM을 찾는다. RAM은 페이지 단위의 조각들로 주어지는데, 한 페이지의 크기는 Win32에서 4K이다. 운영체제는 물리적 RAM에서 할당되지 않은 메모리 페이지들을 찾는다. 그리고 PC의 경우 할당되지 않은 물리적 메모리가 충분하지 않으면 실행중인 다른 프로그램으로부터 물리적 메모리를 되찾아온다. 이를 위해, 운영체제는 다른 프로그램의 가상 주소 공간에 있는 메모리 내용을 교체 파일로 옮기고 그에 해당하는 물리적 메모리 페이지들을 비운다. 이처럼 물리적 **RAM**이나 교체 파일 안에 저장 공간을 할당하는 작업을 메모리 커미팅(*committing*)이라고 부른다.

프로그램이 접근할 수 있는 모든 메모리 주소들에 실제로 메모리가 배정되어 있는 것은 아니라는 점을 이해하는 것이 중요하다. 응용 프로그램은 운영체제에게 요청해서 실제로 할당을 받은 메모리 주소 범위만 사용할 수 있으며, 그렇지 않은 주소에 접근하려 하면 메모리 제어기가 그러한 시도를 감지해서 프로그램 실패를 발동시킨다. 한 주소 범위에 해당하는 메모리 페이지들이 물리적 **RAM** 안에서 어떤 특정한 순서를 따르는 것은 아니다. 물리적 메모리 페이지들이나 가상 메모리 페이지들을 각 프로그램의 주소 공간에 연관시키는 일을 메모리 제어기가 투명하게 처리해 주기 때문이다. 운영체제 덕분에, 프로그램은 그냥 하나의 크고 연속적인 메모리 블럭만을 볼 뿐이다.

성장 과정의 재고찰

동적 배열이 성장해야 할 때마다, 성능에 악영향을 주는 일들이 일어난다.

첫 번째는 응용 프로그램이 기존 배열의 크기를 늘려야 하며 따라서 배열의 현재 크기보다 큰 새 메모리 블럭을 할당해야 하는 경우에 생긴다. 운영체제는 프로그램의 주소 공간 안에서 새 블럭을 위한 공간을 찾고, 그 공간에 연결될 자유 메모리 페이지들을 찾아야 하며, 프로그램이 볼 때 그 페이지들이 하나의 연속적인 메모리 블럭처럼 나타나게 하도록 메모리 제어기를 다시 프로그래밍해야 한다. 그리고 기존 배열의 내용을 새 배열로 옮겨야 하므로, 두 메모리 버퍼(기존의 배열 자료를 담은 버퍼와 확장된 새 배열의 버퍼)가 동시에 존재해야 한다. 이는 일시적인 메모리 할당 크기가 배열 자료 크기의 적어도 두 배, 그리고 실행시점 메모리 관리자가 사용하는 재할당 전략에 따라서는 그 이상의 크기로 치솟을 수 있음을 의미한다. 동적 배열의 크기가 클수록, 배열을 복사하기 위해서는 다른 어떤 할당된 메모리 페이지들을 디스크로 교체해야 할 가능성이 커진다(복사가 완료되는 즉시 그에 쓰인 메모리의 3분의 1에서 반 정도가 즉시 해제된다고는 해도). Xbox처럼 디스크 교체 파일이 존재하지 않는 플랫폼에서는, 확장된 배열을 담을만한 자유 메모리가 충분하다고 해도 복사 과정에서 두 버퍼를 동시에 담을만한 자유 메모리가 없다면 프로그램이 배열을 키울 수 없다.

그리고 배열 내용을 복사하는 일 역시 성능에 악영향을 미칠 수 있다. 복사를 위해서는 배열 원소 모두를 읽어야 한다. 원소 자체에 대해서는 아무런 일을 하지 않는다고 해도, 그냥 원소들을 읽는 것만으로도 CPU 캐시에 큰 변화가 일어날 것이며, 그러면 좀 더 중요한 자료가 캐시에서 밀려날 수 있다. 그리고 복사를 마친 후 원래의 버퍼를 삭제하면 응용 프로그램 힙이 더욱 단편화될 수 있다. 또한, 복사에 의해 배열 자료의 주소가 변할 것이므로, 프로그램의 다른 부분에서는 개별 배열 원소를 가리키는 포인터를 보존해 두고 그것을 이용해서 원소에 직접 접근하는 최적화를 포기해야 한다. 프로그램은 원소의 배열 색인을 저장하고 원소가 필요할 때마다 색인으로부터 해당 원소를 가리키는 포인터를 재계산해야 한다.

마지막으로, 동적 배열이 성장함에 따라 "비활성 공간(slack space)" 메모리의 문제가 발생한다. 비활성 공간 메모리란 할당은 되었지만 아직 어떤 것도 저장되지 않았으며 따라서 다른 용도로는 사용할 수 없는 메모리이다. 배열의 증가 크기를 크게 잡으면 배열을 재할당해야 하는 경우가 줄어들지만, 대신 배열의 비활성 공간의 평균적인 양이 늘어난다.

더 나은 성장 방법

이 글이 말하는 기법에 깔린 핵심 개념은, 프로그램의 주소 공간을 물리적 메모리와는 독립적으로 배정, 관리할 수 있다는 것이다. 프로그램이 원한다면 운영체제는 그런 방식을 허용하며, 이를 통해서 동적 배열의 메모리를 좀 더 효율적으로 관리할 수 있다.

주소 공간 관리식 동적 배열은 배열 초기화와 메모리 페이지 배정 방식이 다르다. 배열 초기화 시에 원하는 크기의 주소 공간 범위를 할당하되, 그 주소들에 대한 물리적 메모리는 배정(commit)하지 않는다. 이후 배열이 성장하면, 새 배열 원소들에 필요한 주소들에 대해 메모리 페이지들을 동적으로 배열한다. 기존 방식과 크게 다르지 않을 것 같지만, 실제로는 여러 중요한 장점들을 제공한다.

- 배열이 성장할 때마다 배열 자료 전체의 메모리 복사를 수행할 필요가 없다. 복사에 시간이 전혀 걸리지 않으며, CPU 캐시도 비워지지 않는다.
- 배열을 키울 때 운영체제의 메모리 관리자가 해야 할 일이 훨씬 적다. 운영체제는 새로 확장된 배열을 뒷받침할 메모리 페이지들만 찾아주면 된다. 새로 성장한 배열 전체를 담는 데 충분한 메모리 주소들을 찾는 일은 할 필요가 없다. 또한 새 주소 공간 관리에 대해서도 할 일이 없다.
- 배열 성장에 대해 운영체제가 할 일이 훨씬 적으므로 배열을 작은 크기로 자주 키워도 큰 부담이 없다. 배열을 작은 크기로 키우면 비활성 공간의 양이 줄어든다.
- 배열 복사본을 담을 버퍼를 할당할 필요가 없으며 배열 안의 비활성 공간도 줄어들기 때문에, 가상 메모리 시스템의 부담이 적어지며 페이지 파일의 활동도 적어진다. Xbox 콘솔처럼 페이지

파일이 존재하지 않는 플랫폼에서는, 기존 방식에서는 배열을 키우기에 충분한 공간이 없었던 경우에도 배열을 키울 수 있게 된다.

▣ 배열 자료에 쓰이는 주소가 변하지 않으므로 개별 요소를 가리키는 포인터를 보존해 두고 언제든지 사용할 수 있다. 매번 포인터를 재계산할 필요가 없다.

▣ 배열 원소를 제거하거나 삭제했을 때 배열이 사용하는 메모리를 줄이는 것도 가능하다. 메모리 페이지들이 배정된 메모리 영역 끝 부분에 실제로는 쓰이지 않는 메모리 페이지가 존재한다면 배열 관리자는 그것을 해제할 수 있다. 하나의 페이지가 해제되었을 때 그 즉시 운영체제가 그 페이지에 대해 뭔가를 하는 것은 아니다(이후에 다른 어떤 메모리 할당 요청에 의해 그 페이지가 필요해져야 처리가 일어난다).

주소 공간 관리식 배열의 활용

부록 **CD-ROM**의 `ArrayManager2.h`와 `ArrayManager2.cpp` 파일에는 `CAddressSpaceArrayManager` 클래스의 정의와 구현이 들어 있다. 이 클래스의 인터페이스 자체는 앞의 `CArrayManager`와 동일하나, 구현은 지금까지 이야기한 주소 공간 관리식 동적 배열 기법을 사용한다.

이 클래스의 경우에는 `Initialization()` 메서드가 좀 더 많은 일을 한다. 앞에서는 배열의 최대 크기와 현재 쓰이는 크기를 배열 원소 개수의 관점에서 취급했지만, 이 메서드의 경우에는 배열 원소뿐만 아니라 메모리 페이지 개수도 관리한다. 이 메서드는 우선 최대 배열 크기를 담을만한 주소 공간을 예약한다. 이를 위해 `MEM_RESERVE` 매개변수로 `VirtualAlloc()`을 호출한다. 그런 다음에는 `MEM_COMMIT` 매개변수로 다시 `VirtualAlloc()`을 호출해서 초기 예상 개수의 배열 원소들을 저장할 실제 메모리를 준비한다. 메모리 페이지들을 실제로 배정할 배열 원소 개수를 `m_Num_Elements_Committable` 멤버 변수에 저장해 둔다. 이 변수의 값은 배정된 메모리 페이지들에 실제로 담길 수 있는 배열 원소 개수를 반영하기 위해 `Initial_Size` 변수로부터 계산해 올린 것임을 주목하자. 원소들을 추가할 때에는 이 값을 점검해서 추가적인 메모리 페이지 배정이 필요한지 결정한다. 이는 꼭 필요할 때에만 메모리 페이지들을 새로 배정할 수 있도록 하기 위한 것이다.

```
void CAddressSpaceArrayManager::Initalize
            (int Maximum_Size, int Initial_Size)
{
    // 지정된 용량으로 배열을 초기화한다.
    // (이 부분은 생성자로 옮길 수도 있다)
    m_Element_Size = sizeof (CArrayItem);

    // 예약해 둘 페이지 개수를 계산한다.
```

```
  m_Maximum_Pages_Commitable =
    (( m_Element_Size * m_Maxiumum_Num_Elements )
      + OS_Page_Size - 1) / OS_Page_Size;

  // 주의: 이것을 다음 페이지 크기에 맞게 올릴 수도 있음.
  m_Maximum_Num_Elements = Maximum_Size;

  // 이 배열 인스턴스를 위한 주소 공간을 예약한다.
  m_Array_Data = VirtualAlloc(NULL,
    m_Element_Size * m_Maxiumum_Num_Elements,
    MEM_RESERVE, PAGE_READWRITE);

  if (!m_Array_Data)
    assert("address allocation failed");

  // 초기의 배열 개수에 맞게 메모리 페이지들을 배정한다.

  // 배정할 메모리 페이지 개수를 계산한다.
  m_Num_Pages_Committed =
    ((Initial_Size * m_Element_Size)
      + OS_Page_Size - 1) / OS_Page_Size;

  // 배정할 수 있는 배열 개수를 다음 페이지 크기까지
  // 올린다.
  m_Num_Elements_Committable =
    (m_Num_Pages_Committed * OS_Page_Size) /
    m_Element_Size;

  // 메모리를 배정한다.
  void* result = VirtualAlloc(m_Array_Data,
    m_Num_Pages_Committed * OS_Page_Size,
    MEM_COMMIT, PAGE_READWRITE);

  if (!result)
    assert("memory commit failed");

  m_Num_Elements_Used = 0; // 아직 원소가 추가되지 않았음.
}
```

32 비트 Windows에서, 주소 범위의 예약과 예약된 주소 범위에 대한 메모리 배정 모두 VirtualAlloc()이라는 API 함수로 처리한다. 페이지 크기는 OS_Page_Size 변수에 들어 있다. 최소 페이지 크기는 4 KB이다.

이 클래스의 핵심은 AddItem() 메서드이다. 이 메서드는 CArrayItem 구조체의 포인터를 받고 그 구조체의 자료를 배열의 끝에 추가한다. 이 메서드는 우선 원소의 개수가 배열이 담을 수 있는 최대 원소 개수에 도달했는지 점검한다. 도달했다면 오류를 발생시킬 수도 있고 전통적인 성장 기법을 사용해서 배열을 키우게 할 수도 있을 것이다. 아래의 예제 코드에서는 오류를 발생시킨다. 도달하지 않았다면 다음으로는 메모리 페이지들을 더 배정해야 하는지 점검한다. 만일 더 배정해야 한다면, 한 번에 배정할 새 페이지 개수를 결정해야 한다. 여기서는 비활성 공간을 최소화하기 위해 한 번에 한 페이지씩 추가하지만, 응용 프로그램이 페이지 개수를 지정할 수 있게 하는 어떤 조율 인터페이스를 클래스에 추가할 수도 있을 것이다. 추가적인 페이지들을 배정하기 위해 다시 VirtualAlloc()을 호출하는데, 이 때에는 MEM_COMMIT와 새 페이지 개수, 그리고 새 페이지들이 놓일 주소들을 매개변수로 전달한다. 컴파일러가 주소 오프셋을 배열 원소의 크기로 키우지 않도록 하기 위해서 byte 포인터로 형변환을 해준다는 점도 주목하기 바란다. 호출을 한 후에는 메모리 관리용 멤버 변수들을 갱신하고 원소 자료를 배열 끝에 복사한다.

```cpp
void CAddressSpaceArrayManager::AddItem
                    (CArrayItem* the_Element)
{
  if (m_Num_Elements_Used >= m_Maximum_Num_Elements)
  {
    // 오류를 발생시킬 수도 있고 다른 방법으로 배열을 키울 수도 있다.
    assert("Array exceeded maximum size");
      }


  // 배정된 메모리 페이지가 부족하면
  if (m_Num_Elements_Used==m_Num_Elements_Committable)
  {
    // 배열의 주소 범위에
    // 페이지들을 더 추가한다.

    // 추가할 페이지 개수. 다른 방식으로 결정할 수도 있다.
    int  Num_Pages_To_Grow = 1;

    void* result = VirtualAlloc(
        (byte*)m_Array_Data +
        m_Num_Pages_Committed * OS_Page_Size,
        Num_Pages_To_Grow * OS_Page_Size,
        MEM_COMMIT, PAGE_READWRITE);

    m_Num_Pages_Committed = m_Num_Pages_Committed +
                    Num_Pages_To_Grow;
```

```
    // 메모리에 담을 수 있는 배열 원소 개수를 갱신
  m_Num_Elements_Committable =
      (m_Num_Pages_Committed * OS_Page_Size)
       / m_Element_Size;
  }

  // 원소를 배열 끝에 추가
  m_Array_Data[m_Num_Elements_Used] = *the_Element;

  // 실제로 쓰이는 배열 원소 개수를 갱신
  m_Num_Elements_Used++;
}
```

이 메서드가 제일 처음 점검하는 배열의 최대 크기에 대해서도 고려할 것들이 있다. 최대 크기는 실제 상황에서는 결코 도달하는 일이 없을 정도로 커야 하지만, 그렇다고 주소 공간을 낭비할 정도로 커서도 안 된다. 32 비트 **Windows**에서 하나의 응용 프로그램은 2 기가바이트에 약간 못 미치는 주소 공간을 사용할 수 있다. 2 기가바이트라면 대부분의 프로그램들이 필요로 하는 양보다는 훨씬 많지만, 배열 최대 크기를 너무 크게 잡으면 2 기가의 주소 공간도 부족한 사태가 벌어질 수 있다.

그리고 주소 범위를 예약할 때 `VirtualAlloc()` **API** 함수는 항상 **64 K**의 경계에서 시작하는 메모리 주소를 돌려준다는 점도 기억해 두어야 할 것이다.

배열 원소를 제거하는 메서드는 `RemoveItem()`이다. 이 메서드는 배열에서 마지막 배열 원소를 제거할 원소의 위치에 덮어쓴다. 이에 의해 그 원소가 제거되는 효과뿐만 아니라 빈틈을 메우는 효과까지 생긴다. 기존 동적 배열 관리자에 비해 `CAddressSpaceArrayManager`가 추가적으로 하는 일은, 쓰이지 않게 된 메모리 페이지를 검출하고 해제해서 프로그램에게 되돌려주는 것이다. 이를 위해 **Windows API** 함수 `VirtualFree()`를 사용한다. **Windows**에서 페이지들을 해제할 때, 애초에 배정했던 순서나 크기를 지킬 필요가 없다. 왜냐하면 운영체제가 필요에 따라 메모리 블럭들을 적절히 통합하거나 분할해 주기 때문이다. 배열 끝에 있는 배정된 메모리 페이지가 현재 쓰이지 않는 것이면, 이 메서드는 `MEM_DECOMMIT`와 해제할 메모리 페이지 주소 및 크기를 인수로 해서 `VirtualFree()`를 호출한다.

```
void CAddressSpaceArrayManager::RemoveItem
                  (int the_Element_Index)
{
  if (the_Element_Index < 0 ||
      the_Element_Index >= m_Num_Elements_Used)
  {
```

```
    assert("Bad Array Element Index");
}

// 마지막 배열 원소를 덮어쓰는 방식으로
// 원소를 제거하고 빈틈을 메운다.
m_Num_Elements_Used--;
if (the_Element_Index < m_Num_Elements_Used)
{
  m_Array_Data[the_Element_Index] =
    m_Array_Data[m_Num_Elements_Used];
}
// 배정된 페이지를 해제해야 하는지 판단
int Unused_Memory = (m_Num_Elements_Committable
    m_Num_Elements_Used) * OS_Page_Size;
if (Unused_Memory > OS_Page_Size)
{
  // 배정된 마지막 메모리 페이지를 해제
  m_Num_Pages_Committed--;
  VirtualFree((byte*)m_Array_Data +
        m_Num_Pages_Committed * OS_Page_Size,
        OS_Page_Size, MEM_DECOMMIT);

  // 배정된 메모리에 들어갈 수 있는
  // 배열 원소 개수를 재계산
  m_Num_Elements_Committable =
        (m_Num_Pages_Committed * OS_Page_Size) /
        m_Element_Size;
}
}
```

결론

주소 공간 관리식 동적 배열은 현대적인 운영 체제가 프로그램에 제공하는 메모리 관리 능력의 이점을 활용함으로써 성능을 향상시킨다. 이 기법은 배열의 원소 개수가 컨테이너의 수명 도중 자주, 그리고 크게 변하는 경우나 배열이 특정 시점에서 매우 커질 수 있는 경우에 적합하다. 크기가 변하지 않는 작은 배열들의 경우에는 이 기법이 별로 도움이 되지 않는다. 크거나 자주 변하는 배열의 경우라면 전통적인 기법 대신 이러한 주소 공간 관리식 기법을 사용함으로써 메모리 낭비를 줄이고 효율성과 성능을 향상시킬 수 있다.

1.10 임계 감쇠식 가속/감속 평활화

Thomas Lowe, *Krome Studios*
tomlowe@kromestudios.com

평활화(smoothing 平滑化. 또는 평탄화)는 게임의 모든 부분의 품질을 높이는 데 큰 도움이 되는 매우 유용한 개념이다. 평활화는 성급하고 변덕스럽고 거칠게 보이는 게임을 매끄럽고 잘 다듬어지고 자연스러워 보이는 게임으로 변모시킨다.

평활화라는 것은 어떠한 값을 목표 값까지 시간에 따라 점진적으로 변화시키는 방법을 말한다. 시간에 따라 변하는 값이면 스칼라, 벡터, 색, 각도 가릴 것 없이 어떤 것이라도 평활화할 수 있으며, 따라서 평활화 기법은 게임의 거의 모든 부분에 적용할 수 있다. 몇 가지 예를 들어보자.

- **카메라 이동**: 어떤 물체를 따라가는 카메라는 변덕스러운 움직임을 보일 수 있다. 특히 물체 자체가 변덕스럽게 움직이거나 카메라가 게임 세계 기하구조와 충돌할 때 더욱 그렇다. 카메라를 평활화하면 좀 더 자연스럽고 플레이어의 눈에도 편한 모습이 나온다.
- **유연한 경로 따르기**: 한 점을 어떤 경로를 따라 움직일 때 경로를 곧이곧대로 따라가게 하는 게 아니라 적절히 빗나가게 할 수 있다. 또한 경로 방향의 급격한 변경을 누그러뜨리고 경로의 시작과 끝에서 매끄럽게 가속 또는 감속되게 할 수 있다.
- **상태 변화**: 물체의 복잡한 행동을 구현할 때, 물체가 한 상태에서 다른 상태로 전이됨에 따라 위치나 속도가 급격하게 변할 수 있다. 평활화로 그런 결함을 제거해서 플레이어가 눈치 채지 못하게 할 수 있다.
- **사용자 인터페이스**: 화면의 한 부분에서 다른 부분으로 텍스트나 어떤 항목을 움직인다거나 항목의 크기 또는 색을 변경할 때에도 평활화를 이용해서 좀 더 매끄럽고 세련된 모습을 만들 수 있다.

이 글은 임계 감쇠 용수철 모형(critically damped spring model)에 기반한 가속/감속(ease-in/ease-out) 평활화 방법 하나를 살펴보고, 그것을 구현한 사용하기 쉬운 함수도 제시한다. 그 함수는 안정적이고도 강력한 평활화 도구의 하나로 사용할 수 있다.

여러 가지 방법들

여러 가지 평활화 방법들을 먼저 살펴보자.

S 곡선

지정된 시간 주기 동안 하나의 정적인 값에서 다른 정적인 값으로 평활화하는 것이 목적이라면 S 곡선을 사용하는 것이 간단하다. 사인파의 한 부분이나 두 개의 포물선 조각으로 C^1 연속성을 제공하는 S 곡선을 얻을 수 있다. 가속도의 연속성을 위해서는 C^2 곡선이 필요한데(그림 1.10.1), C^1보다는 비용이 더 든다.

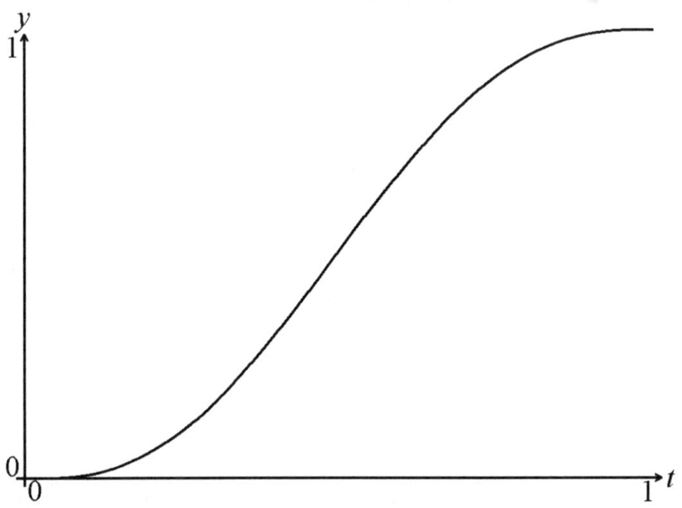

그림 1.10.1 C^2 S 곡선: $y = 6t^5 + 15t^4 - 10t^3$

지수 감쇠

지수 감쇠도 흔히 쓰인다. 이런 형태이다.

```
y = y + (desiredY - y) * 0.1f * timeDelta
```

여기서 `timeDelta`는 갱신들 사이의 시간 간격으로, 초 단위이다.

이 모형은 목표가 변하는 경우에도 사용할 수 있다. 또한 "시작으로부터 흐른 시간"을 유지할 필요도 없다. 이 방법은 "감속"에만 해당하며, 초기의 움직임은 급격하다(그림 1.10.2).

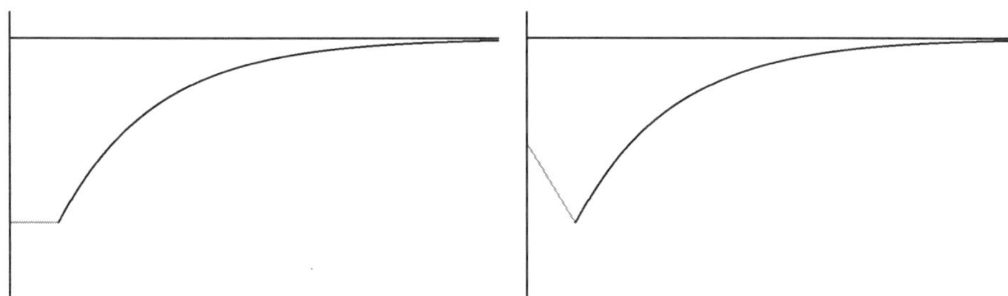

그림 1.10.2 지수 감쇠. 왼쪽은 초기 정적, 오른쪽은 초기 이동.

임계 감쇠 용수철

이 모형은 지수 감쇠의 견고함과 S 곡선의 가속(ease-in)을 합친 것이라 할 수 있다. 즉 변하는 목표를 향해 평활화하면서도 연속적인 속도를 유지할 수 있다. 지수 감쇠 기법과는 달리 속도 변수를 반드시 관리해야 한다(그림 1.10.3).

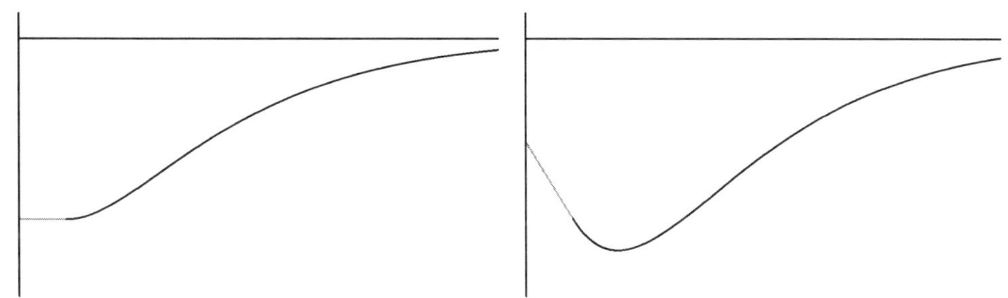

그림 1.10.3 임계 감쇠 용수철. 속도에 급격한 변화가 없다.

감쇠 용수철과 임계 감쇠

그럼 임계 감쇠 용수철 모형을 좀 더 자세히 살펴보자. 이 기법은 감쇠 용수철(damped spring, 저항이 있는 용수철)을 근거로 한다. 용수철 끝의 한 점(y)에는 용수철의 원래 길이(바람직한 위치 y_d)에서 늘어난 길이 만큼에 비례하는 힘이 가해진다. 이것이 후크의 법칙(Hooke's law)이다. 감쇠 용수철에는 추가적으로 점의 속도와 반대 방향인 힘도 가해진다. 감쇠 용수철의 한 점 y의 운동은 다음과 같은 미분 방정식으로 표현할 수 있다.

$$m\frac{d^2y}{dt^2} = k(y_d - y) - b\frac{dy}{dt} \tag{1.10.1}$$

여기서 m은 점의 질량, k는 용수철 상수(용수철의 세기), b는 감쇠 상수(저항 정도)이다.

이 상수들은 용수철이 y_d를 향해 다시 돌아오는 정도에 영향을 미친다. 평활화 함수의 맥락에서 이야기한다면, 현재의 값이 바람직한 값으로 접근하는 정도에 영향을 미친다고 할 수 있다. b가 작으면 용수철이 너무 돌아와서 진동하게 되고, 크면 용수철이 원래 위치에 천천히 수렴한다. b가 그 사이의 어떤 특정한 값일 때 용수철은 진동하지 않으며 y_d에 최적의 수렴률로 접근하는데, 그런 것을 임계 감쇠라고 한다. 구체적으로, $b^2 = 4mk$일 때 그런 현상이 나타난다. 이를 이용해서 식 1.10.1을 단순화하면:

$$\frac{d^2y}{dt^2} = \omega^2(y_d - y) - 2\omega\frac{dy}{dt}, \ \text{여기서} \ \omega = \sqrt{\frac{k}{m}} \tag{1.10.2}$$

ω(오메가)는 용수철의 자연 진동수로, 이것은 용수철의 세기 또는 뻣뻣한 정도를 뜻하는 값이다.

구현

그럼 이 모형을 구현해 보자. 목표는, 원하는 위치, 시간 주기, 그리고 평활화에 영향을 미치는 계수를 입력할 때 하나의 위치와 속도를 갱신하는 함수를 작성하는 것이다. 이런 식이다.

```
y = SmoothCD(y, desiredY, velY, smoothness);
```

임계 감쇠 용수철 모형(식 1.10.2)을 표준적인 수치 적분 기법들을 이용해서 근사하는 것도 가능하지만, 정확한 닫힌 형식의 해(즉 해석적 해)가 존재하므로([Stone99] 참고) 근사법을 사용할 필요는 없다. 해석적 해는 다음과 같다.

$$y(t) = y_d + ((y_0 - y_d) + (\dot{y}_0 + \omega(y_0 - y_d))t)e^{-\omega t} \tag{1.10.3}$$

여기서 y_0은 초기 위치이고 $\dot{y}_0$은 초기 기울기 또는 속도이다.

시간을 한 단계 전진시켰을 때의 위치와 그것의 미분인 속도를 구하면:

$$y_1 = y_d + ((y_0 - y_d) + (\dot{y}_0 + \omega(y_0 - y_d))\Delta t)e^{-w\Delta t} \tag{1.10.4}$$

$$\dot{y}_1 = (\dot{y}_0 - (\dot{y}_0 + \omega(y_0 - y_d))\omega\Delta t)e^{-\omega\Delta t} \tag{1.10.5}$$

이 두 공식들은 하나의 시간 간격 Δt가 지난 후의 새 위치와 속도를 나타낸다. 따라서 이 공식들을 함수에 그대로 사용하면 된다.

평활화 계수로는 ω를 사용할 수도 있지만, 용수철 세기보다는 일종의 평활화 시간(smooth time)이라는 것으로 평활화 함수를 제어하는 게 더 직관적이다. 평활화 시간은 "최대 속도로 움직였을 때 목표에 도달하리라 예상되는 시간"이라고 정의할 수 있을 것이다(그림 1.10.4). 이 정의는 두 가지 이유로 유용하다. 첫 번째로, 평활화 시간은 움직이는 목표를 향한 평활화에서 저항에 의한 지연 시간(lag time)에 해당하며, 그래서 지연 계산이 쉬워진다. 두 번째로, 이 시간으로부터 용수철 자연 진동수를 쉽게 얻을 수 있다. 변환 공식은 $\omega = 2 \,/\,$ *평활화 시간*으로, 식 1.10.2에서 유도한 것이다.

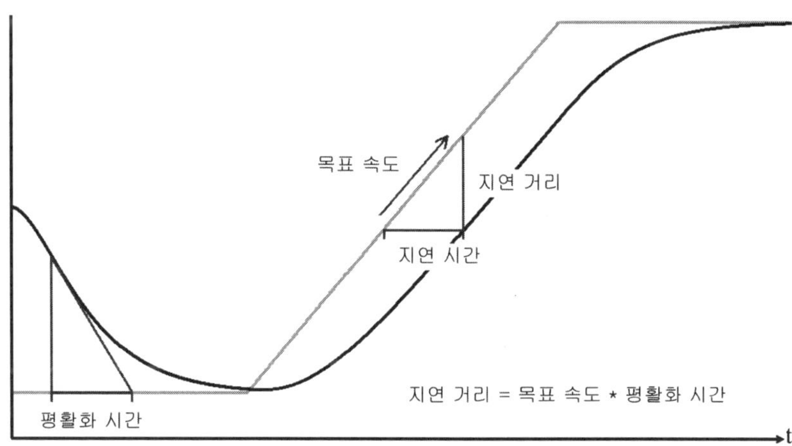

그림 1.10.4 평활화 시간과 지연 시간은 같다.

평활화 공식에는 지수 계산이 포함되어 있는데, 지수 계산은 계산량이 많다. 다행히, 우리가 사용할 범위에 대해 지수 계산을 정확히 근사할 수 있는 방법이 존재한다. 일단 함수의 구현을 보자.

```
float SmoothCD(float from,
               float to,
               float &vel,
               float smoothTime)
{
  float omega = 2.f/smoothTime;
  float x = omega*timeDelta;
  float exp = 1.f/(1.f+x+0.48f*x*x+0.235f*x*x*x);
  float change = from - to;
  float temp = (vel+omega*change)*timeDelta;
```

```
vel = (vel - omega*temp)*exp;        // 식 5
return to + (change+temp)*exp;        // 식 4
}
```

e^x는 다음과 같은 테일러 전개를 몇 차수까지만 잘라서 근사할 수 있다.

$$e^x \approx \sum_{i=0}^{n} \frac{x^i}{i!} \tag{1.10.6}$$

앞의 함수는 x를 $w\triangle t$로 두고 이 공식으로 근사한 e^x의 역수(즉 $1/e^x$)를 취해서 $e^{-w\triangle t}$를 계산한다.

계수들을 가장 흔히 쓰이는 범위 안에서 적절히 조정하면 좀 더 나은 근사를 얻게 된다. 이 함수는 대략 $0 < x < 1$의 범위를 사용하며, 이에 의한 exp 변수의 근사 오차는 0.1% 이하이다. 이러한 근사는 PC 플랫폼에서 exp() 함수보다 약 80 배나 빠르다. 더 높은 차수의 다항식들을 사용한다면 보다 정확한 근사를 얻을 수 있다.

최대 평활화 속력 도입

마지막으로 한 가지 간단한 개선 방법을 소개하겠다. 어떤 것이냐 하면, 최대 평활화 속력(maximum smooth speed)이라는 개념을 도입하는 것이다. 물체와 목표물이 속력 s로 움직인다면 지연 거리는 $s *$ *평활화 시간*이다. 따라서 목표까지의 거리를 그 지연 거리보다 길지 않은 거리로 제한한다면, s는 최대 속력이 된다.

이러한 개념은 change 변수를 설정한 후에 점차적으로 최대 속력에 다가가도록 수정하는 방식으로 구현하면 된다.

```
float maxChange = maxSpeed*smoothTime;
change = min(max(-maxChange, change), maxChange);
```

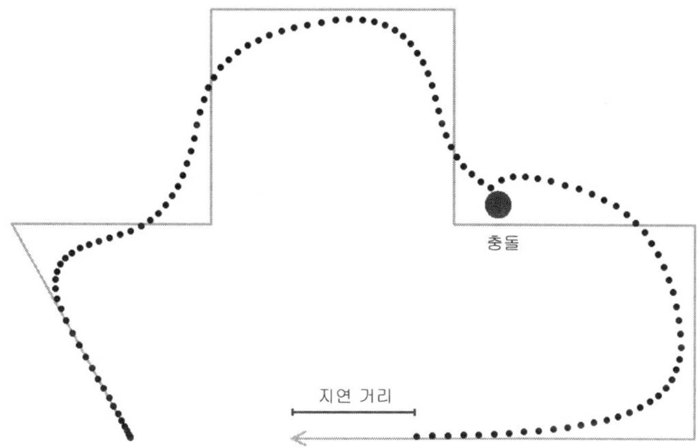

그림 1.10.5 벡터의 평활화를 통해 경로를 적절히 빗나가게 한다.

결론

임계 감쇠 용수철 평활화는 간단한 알고리즘으로 구현할 수 있다. 이 글에 나온 구현은 정확한 해석적 해에 대한 하나의 정밀한 근사이며, 시간 간격이나 평활화 시간의 크고 작음에 관계없이 항상 안정적이다. 평활화는 부동소수점 수나 색, 벡터 등 어떤 것에도 적용할 수 있으므로 템플릿 함수로 구현하는 게 편할 것이다. 실제로 부록 **CD-ROM**에는 템플릿 버전의 함수도 수록되어 있다.

참고자료

〔Stone99〕 Stone, B. J., "A Summary of Basic Vibration Theory," 웹 주소 *http://www.mech.uwa.edu.au/bjs/Vibration/OneDOF/1DOF.pdf.*

1.11 유연한 즉석 객체 관리자

Natalya Tatarchuk, *ATI Research, Inc.*
natashat35@yahoo.com

최근 많은 게임들의 심장부에는 데이터베이스가 있다. 이 데이터베이스는 모든 실행시점 게임 객체들을 관리하고 관련 수명 서비스들을 제공하는 데 쓰인다. 수명 서비스에는 객체의 생성, 파괴, 캐싱, 질의, 저장, 불러오기 같은 연산들이 포함된다. 이런 연산들은 같은 자료 관리 시스템 안에 있는 다양한 종류의 객체들에 대해 수행되어야 하는 경우가 많다. 따라서 게임의 데이터베이스 요소를 개발하는 프로그래머라면 유연성, 편리함, 효율성을 추구할 필요가 있다.

과거에는 객체 할당과 관리에 대해 직접적인 템플릿 구현을 사용하고, 또 여러 종류의 객체들의 유연한 생성을 위한 관련 기법들을 곁들이는 식으로 이러한 문제를 해결했다. [Bilas00]에는 템플릿을 이용한 핸들 기반 자원 관리자 구현 방법의 예가 나와 있으며, [Hawkins02]에는 핸들 기반 똑똑한 포인터를 이용한 객체 관리 메커니즘에 대한 논의가 있다. 그러나 이러한 접근방식들에는 일정한 제약들이 존재하며, 그래서 개발자가 객체 관리 시스템을 개발하다가 막다른 골목에 부딪히기도 한다. 예를 들어, 게임에 쓰이기로 계획된 모든 가능한 객체 형식들을 게임 프로그래머가 다 알 수 없는 경우가 있다. 또는, 기술 스태프가 프로젝트 진행 도중 언제라도 새로운 종류의 객체를 추가하라고 할 수도 있다. 만일 게임 객체 관리자가 하나의 독립적인 라이브러리 형태로 꾸려져 있으며 라이브러리가 이미 완성된 후 시스템에 새로운 객체 형식들을 추가해야 하는 경우에는 문제가 심각하다. 유연한 객체 관리 시스템이 없는 상태에서 위에 언급된 기법들만 사용한다면, 앞서 말한 일이 벌어질 때마다 전체 프로젝트를 다시 컴파일하거나, 적어도 객체 관리 부분은 완전히 다시 컴파일해야 한다. 이 글은 객체 생성 및 파괴를 위한 커스텀 클래스들과 실행시점에서 형식 정보를 평가할 수 있는 커스텀 객체 관리 시스템을 사용해서 동적인 객체 관리 문제를 해결하고자 하는 한 가지 접근방식을 설명한다.

객체 관리의 "구식" 방법

객체 관리 시스템을 구현할 때에는 수많은 프로그래밍 프로젝트들에서 즐겨 쓰인 어떤 공통의 기법에 의존하는 경우가 있다. 공통의 기법이란 바로 상속의 남용이다. 이런 접근방식에서는 우선 객체를 위한 기반 클래스를 만들어 두고, 객체 관리자는 그 기반 클래스를 자신이 관리하는 모든 종류의 객체들을 대표하는 형식으로 사용한다. 구체적인 객체에 대한 클래스는 그 기반 객체 클래스를 상속해서 만든다. 모든 객체 클래스들은 가상 함수들을 통해서 공통의 기능성을 공유하며, 객체 파괴 시의 문제를 피하기 위해 가상 소멸자도 구현한다. 객체들이 그런 요건을 갖추고 있다고 할 때, 객체 관리자는 기반 클래스 형식을 통해서 모든 파생 클래스 객체들을 관리할 수 있다. 이러한 접근방식에는 두 가지 중요한 한계가 있다. 첫 번째로, 이런 접근방식에서는 시스템 안의 모든 객체들에 대한 하나의 공통의 출발점(즉 최상위의 기반 클래스)이 존재해야 한다. 다른 말로 하면 모든 객체 클래스들을 컴파일 시점에서 알고 있어야 하는데, 이는 상당한 제한이다. 객체 관리자가 관리할 수 있는 새로운 객체 클래스를 추가하려면, 개발자는 반드시 그 기반 클래스에 대한 정보를 가져야 한다. 두 번째로, 모든 객체 클래스들은 반드시 동일한 저수준 함수들을 구현해야 하는데, 매우 다양하고 아무 관계도 없는 객체 형식들을 동일한 하나의 객체 관리자로 관리하려 하는 경우 이는 매우 불편한 제한이 된다.

또 다른 접근방식으로, 자료 저장소와 객체 접근 함수들이 템플릿들로 된 관리자 클래스를 사용하는 방법도 있다. 이 경우에는 프로젝트에서 사용하고자 하는 임의의 자료형에 대한 템플릿을 가진 컨테이너 클래스를 만들고, 저장된 자료를 템플릿 멤버 함수들을 통해서 접근하고 조작한다. 이 접근방식에도 몇 가지 문제점들이 존재한다. 템플릿이라는 것은 쓰이기 전에 먼저 적절히 인스턴스화되어야 한다. 앞의 방식과 마찬가지로, 이는 모든 가능한 객체 형식 조합들을 컴파일 시점에서 개발자가 알고 있어야 한다는 뜻이다. 따라서 새 클래스를 추가하려면 시스템을 다시 컴파일해야 한다.

그냥 객체들을 void 포인터를 이용해서 객체 관리자에 저장하고, 각 객체에 대한 메모리 관리를 객체 관리자의 바깥으로 옮기는 방식도 있다. 상당히 무식한 방식인 것 같지만 실제로는 대단히 많이 쓰이고 있다. 이 기법은 사실 애초에 객체 관리자를 만들고자 했던 이유 자체를 훼손하는데, 왜냐하면 이 기법에서 객체 관리자는 그냥 일종의 임시적인 객체 저장소 역할밖에 하지 않기 때문이다.

유연한 즉석 객체 관리자

이상의 논의를 염두에 두고, 자료 주도적 게임 하위 시스템 안에서 엄청난 실행시점 유연성을 제공하는 한 가지 객체 관리 시스템의 설계를 살펴보자. 이 시스템의 핵심적인 장점은, 게임을 실행하기 전에 반드시 객체 형식들을 알 필요가 없으며, 그러면서도 형식에 안전한 방식으로 객체들을 관리할 수 있다는 점이다. 즉 컴파일 시점에서 모든 객체 클래스들을 반드시 명시적으로 정의해야 하는 것이 아니다. 새 객체 형식들을 실행시점에서 자동적으로 시스템에 추가할 수 있으며, 그에 따른 추가비용도 없다. 또한 이 접근방식은 모든 게임 객체들이 공통의 기반 클래스로부터 파생되어야 한다는 제한도 없다. 이 글이 제시하는 시스템은 개별 객체의 메모리 해제를 정확히 처리해 주는 커스텀화된 객체 파괴 메커니즘도 제공한다. 구체적인 구현에서는 템플릿과 다형성을 이용한다. 이 구현을 컴파일하려면 멤버 템플릿을 지원하는 컴파일러(Microsoft Visual Studio C++ 등)가 필요하다.

실행시점 형식 정보

이 글에서 말하는 접근방식을 사용하려면, 프로젝트에서 실행시점 형식 정보(Runtime Type Identification, RTTI)를 활성화시켜야 한다. 실행시점 형식 정보는 객체의 형식을 프로그램 실행 도중에 결정할 수 있게 하는 메커니즘으로, 최근의 모든 C++ 컴파일러들은 언어 수준에서 이를 지원한다. 일반적으로 실행시점 형식 정보 메커니즘은 가상 함수 테이블(vtable)에 추가적인 포인터 하나를 배치하는 식으로 구현되며, 따라서 RTTI를 사용하면 프로그램 크기가 커진다. RTTI 가상함수 포인터는 해당 자료형에 대한 `typeinfo` 구조체를 가리키는데, 이 `typeinfo` 구조체의 인스턴스는 클래스마다 하나씩만 만들어진다. 따라서 프로그램이 많이 커지지는 않으며, 다형성을 적극적으로 사용하는 프로그램의 경우 RTTI는 상당한 장점을 제공한다. RTTI를 활성화하면 컴파일러는 프로젝트가 사용하는 모든 클래스에 대해 형식 정보를 자동적으로 생성한다는 점을 기억해 두기 바란다.

RTTI는 크기뿐만 아니라 속도에도 영향을 미친다. C++에서, 실행시점에서 형식 정보를 조회하는 수단은 크게 두 가지이다. 하나는 `typeid` 연산자이고 또 하나는 `dynamic_cast` 연산자이다. `typdeid`가 포함된 표현식의 작동 방식은 상당히 간단하다. `vtable`을 통해서 `typeinfo` 포인터를 얻고 그것으로 해당 `typeinfo` 구조체 안의 적절한 정보에 접근하는 것일 뿐이다. 따라서 `typeid` 연산자는 상수 시간으로, 완전히 결정론적인 방식으로 작동한다. `dynamic_cast` 연산자의 경우, C++ 실행시점 라이브러리는 우선 원본 객체 형식으로부터 실행시점 형식 정보를 얻고 대상 자료형에 대한 RTTI 자료를 얻는다. 그런 다음에는 대상 자료형이 원본 자료형과 호환되는지 점검한다. `dynamic_cast`를 구현하는 데 쓰이는 내부 루틴들은 반드시 기반 클래스들의 목록을 훑어야 하므로, 추가부담이 `typeid`보다 약간 더 크다. 그리고 주어진 하나의 dynamic_cast 연산에 걸리는 시간은 그와 관련된 클래스들의 상속 구조의 복잡성과 관련이 있다는 점도 기억하기 바란다. 이는 복잡한 상속 구조의 경우에는 클래스들을 훑는 데 더 많은 시간이 걸리기 때문이다(특히 다중 상속이 관여된 경우는 더욱 그렇다). 그러나 대체로 이러한 추가부담의 비용은 적당한 수준이며, 성능이 매우 중요한 부분을 제외한다면 동적인 실행시점 형식 식별 능력이 주는 장점으로 상쇄될 수 있다. 실행시점 형식 정보의 사용법에 대한 좀 더 자세한 논의는 [Eckel03]을 보라. 그리고 독자적인 동적 실행시점 형식 식별 시스템을 구현하고 싶다면 [Wakeling01]이 도움이 될 것이다.

일부 프로그래머들은, RTTI를 사용하면 익명의 다형성 포인터로부터 형식 정보를 밝혀낼 수 있으므로 초보자들은 RTTI를 오용하는 쪽으로 빠질 위험이 크다고 경고한다. 절차적 프로그래밍 쪽에서 온 프로그래머들은 RTTI를 남용하는 수많은 switch 문들로 프로그램을 조직화하려는 유혹에 빠지기 쉽다. 그리고 그런 식으로 프로그램을 만들면 다형성과 캡슐화의 수많은 이점이 사라진다. 위의 걱정이 괜한 것은 아니므로, 초보 C++ 프로그래머들은 훌륭한 객체 지향적 설계가 사려 깊은 다형적 객체 계통구조와 템플릿들의 구축에 의존하며 RTTI는 꼭 필요한 경우에만 사용해야 한다는 점을 빨리 깨달아야 한다. 이 글의 접근방식은 좋은 프로그래밍 관행을 어기지 않고 프로그래머에게 도움이 되는 쪽으로 RTTI를 사용하는 한 가지 예라 할 수 있다.

객체 관리자 클래스 구현

객체들의 저장과 관리를 위한 시스템은 ObjectManager 클래스에 구현되어 있다. 부록 CD의 ObjectManager.h에는 이 시스템을 구현하는 예제 코드가 수록되어 있다. 이 객체 관리자 클래스는 전체 시스템에 대한 진입점이다. 이 객체 관리자는 모든 객체들을 자신의 내부 객체 데이터베이스의 항목들로 저장하며, 각 객체 항목의 자료를 관리하고, 기존 객체 항목들에 적용되는 모든 연산들에 대해 형식 안전성을 점검한다. 또한 객체 항목과 그 자료의 해제도 제어한다. 각 객체 항목은 데이터베이스 안에 개별 객체를 저장하는 데 쓰인다. 단순함을 위해, 객체 관리자는 STL map을 이용해서 시스템의 모든 객체 항목들을 저장한다. 이 구현에서는 객체의 이름을 시스템 안의 고유한 객체 식별자로 사용하는데, 실시간 제품에서 이러한 접근방식은 제한적이고 비효율적일 수 있다. 이보다 더 정교하고 편리한 객체 저장 및 식별 방식도 있을 수 있다. 예를 들어 객체를 생성할 때 객체에 고유한 객체 ID를 부여하고 그것을 객체 관리자에 등록한 후, 객체를 사용할 때에는 ID를 이용해서 해당 객체에 접근하는 방식도 생각해 볼 수 있다.

객체 관리자는 내부적으로 모든 객체 항목들을 객체 컨테이너들에 저장한다. 각 컨테이너는 하나의 객체를 담으며, 객체의 전체 수명동안 메모리 관리 서비스들을 제공하는 역할을 한다. 객체 관리자는 `AddObjectEntry()` 메서드를 통해서 새 객체들을 추가하는 메커니즘을 제공하는데, 그 메서드는 데이터베이스 안에서 고유한 객체 식별자로 쓰일 객체 이름과 객체 컨테이너 안에 저장될 실제 객체를 받는다. 지정된(데이터베이스에 추가될) 객체의 자료형은 멤버 템플릿을 통해서 식별한다. 객체 항목을 데이터베이스 추가하는 과정에서, 객체 관리자는 객체를 저장할 새 객체 컨테이너를 생성한다. 그 객체 컨테이너는 실행시점에서의 객체 자료형 결정과 그 이후 객체 항목에 대해 일어나는 모든 조작들에 대한 형식 안전성 점검에 이 멤버 템플릿을 이용한다. 객체 컨테이너가 객체의 자료형을 식별하는 방법은 잠시 후에 좀 더 이야기하겠다.

시스템에서 객체를 제거하는 방법은 두 가지이다. 하나는 `RemoveObjectEntry()`를 호출하는 것이고, 또 하나는 `DeleteObjectEntry()`를 호출하는 것이다. 전자는 그냥 객체 관리자에서 객체를 제거할 뿐이며 객체를 실제로 파괴하지는 않는다. 반면 후자는 객체를 관리자로부터 제거할 뿐만 아니라 객체에 대해 적절한 소멸자를 호출해서 객체를 실제로 파괴하고 객체에 할당된 메모리를 해제한다. 객체 관리자는 기존 객체에 대한 형식에 안전한 자료 배정을 위한 메커니즘으로 `SetObjectEntryData()`를 제공하는데, 이 메서드는 객체 식별자(이 구현의 경우 객체의 이름)와 새 객체를 받는다. 진정으로 형식에 안전한 객체 관리자 시스템을 만들기 위해서, 새 객체의 형식과 객체 컨테이너에 있는 해당 객체의 형식을 비교해서 둘이 일치할 때에만 배정이 일어나도록 한다. 만일 일치하지 않으면 배정을 실패로 돌린다. 예를 들어서 객체 데이터베이스 안에 이름이 "Merlin"인 `SorcererCharacter` 형식의 객체가 저장되어 있다고 하자. 나중에 `MedusaCharacter` 클래스의 인스턴스로 "Merlin" 항목에 있는 자료를 대체하려고 하면 객체 관리자는 새 객체가 이미 저장되어 있는 객체의 자료형과 일치하지 않으므로 배정을 거부한다.

편의를 위해, 객체 관리자는 두 가지의 객체 항목 자료형 조회 수단들을 제공한다. 하나는 `GetObjectEntryType()` 메서드로, 이것은 객체 항목의 식별자만을 받으며 객체 항목에 저장되어 있는 자료의 실제 `type_info` 포인터를 돌려준다. 그리고 또 하나는 `CheckObject` `EntryType()` 메서드로, 주어진 자료와 객체 항목의 식별자를 이용해서 실행시점에서 자동적으로 자료형을 점검한다. 이 메서드는 클래스의 서로 다른 여러 인스턴스들을 파일에 저장하기 위한 직렬화 기능을 구현할 때 유용하다. 또한 주어진 자료형의 모든 객체들을 찾고 그것들을 먼저 저장하는 용도로도 사용할 수 있다. 단순명료함을 위해, 이 글에서 이야기한  클래스들과 부록 **CD-ROM**에 수록된 클래스들은 기본적인 뼈대에 해당하는 구현만을 제공한다. 그 클래스들을 좀 더 복잡한 객체 관리 작업을 수행할 수 있도록 확장하는 것이 어렵지는 않을 것이다.

객체 컨테이너 구현

시스템의 핵심은 ObjectContainer 클래스이다. 이 클래스는 객체 관리자 안에서 실제 객체를 관리하는 데 쓰인다. 이 글이 제시하는 구현에서 관리자 클래스를 다시 컴파일하지 않고도 새 객체 형식을 추가할 수 있는 것은, 이 클래스가 완전한 템플릿 클래스가 아니라 멤버 템플릿 함수를 가진 구체 클래스이기 때문이다. 객체 관리자에 새 객체를 추가할 때, 관리자는 그 객체를 감싸며 그 객체의 자원을 관리하기 위한 객체 컨테이너 인스턴스를 생성한다. 이 글에서는 객체 컨테이너에서 객체의 형식 점검, 자료 배정 및 교환, 그리고 객체 자료 해제를 수행하는 방법만을 이야기한다. 그럼 객체 컨테이너 구현을 좀 더 자세히 살펴보자. 각 객체 컨테이너는 다음과 같은 값들을 저장한다.

```
void*        m_pData;
IDestroyer*  m_pDestroyer;
type_info*   m_pTypeName;
```

객체 컨테이너 인스턴스를 생성할 때에는 모든 자료 멤버들을 널(null)로 설정한다. 그러나 객체 컨테이너 항목에 처음 자료를 배정할 때에는 SetData() 메서드(목록 1.11.1)의 매개변수로 전달된 실제 객체를 m_pDatafield에 넣는다. 자료를 배정할 때 객체 컨테이너는 배정된 자료의 형식 정보를 결정하고 그 자료 값을 위한 저장소를 만든다. 자료형의 일치를 점검할 때 자료형의 식별자(이름)만 사용한다면 충돌이 있을 수 있으므로, 해당 클래스의 type_info 포인터로 실제의 형식 정보를 사용한다. 지금까지의 작업이 SetData() 메서드의 9 행에서 13 행까지에 해당한다. 그런 다음에는 m_pTypeName 멤버에 새로 배정된 자료의 형식 식별자를 넣는데, 이 멤버는 형식에 안전한 자료 배정에 쓰인다.

목록 1.11.1 객체 배정에 쓰이는 SetData 메서드

```
1. template<class DataType>
2. bool SetData( DataType& const dataValue )
3. {
4.     // 이 객체에 이미 자료가 저장되어 있으면
5.     // 삭제한다.
6.     if ( m_pData )
7.         delete_ptr ( m_pDestroyer );
8.
9.     // 주어진 자료를 담을 저장소를 만든다.
10.    DataType* pData = new DataType (dataValue);
11.
12.    // 자료를 배정한다.
13.    m_pData = pData;
14.
```

```
15.    // 이 객체의 형식 정보를 저장한다.
16.    m_pTypeName = const_cast <type_info *>
17.                    (&(typeid(DataType)));
18.
19.    // 이 객체의 자료를 파괴하기 위한
20.    // 파괴자 객체를 생성한다.
21.    m_pDestroyer = new Destroyer<DataType> ( pData );
22.
23.    return true;
24.}
```

객체 컨테이너가 제공하는 GetTypeID() 메서드는 저장된 객체의 형식 정보를 조회하기 위한 것인 반면, CheckType() 메서드는 입력 객체가 이 객체 컨테이너 인스턴스 안에 이미 저장된 객체 형식과 일치하는지를 점검하기 위한 것이다. IsEmpty() 메서드는 이 객체 컨테이너 인스턴스가 비어 있는지 아니면 객체가 들어 있는지를 알려준다.

파괴자 구현

목록 1.11.1의 21 행을 보면 컨테이너 인스턴스가 Destroyer 객체를 생성한다는 사실을 알 수 있다. 이 객체는 컨테이너가 삭제될 때 컨테이너에 담긴 객체를 적절히 파괴하기 위한 것이다. 그럼 메모리 해제 과정을 좀 더 자세히 살펴보자. 이 글에서 말하는 객체 관리 시스템의 한 가지 목표가, 관리자 코드를 다시 컴파일하지 않고도 새로운 클래스를 추가할 수 있게 하는 것임을 기억하기 바란다. 다형적 객체들을 데이터베이스에 저장할 때에는 흔히 가상 소멸자를 가진 기반 클래스로부터 시작되는 상속 구조를 사용하곤 한다. 기반 클래스가 가상 소멸자를 가지고 있어야 그로부터 파생된 객체들에 대해 delete 연산자를 적용할 때 객체가 제대로 파괴된다. 데이터베이스가 관리하는 모든 객체들이 공통의 기반 클래스를 가지고 있다면, 모든 객체 메모리는 제대로 해제된다. 공통의 기반 클래스를 가지지 않아도 되도록 하기 위해서 객체들을 void 포인터로 저장할 수도 있다. 그러나 그렇게 하면 객체의 적절한 파괴를 직접 제어해 주어야 한다. 이러한 설계 문제는 각 객체 컨테이너가 객체의 파괴를 전담하는 또 다른 객체를 가지게 함으로써 해결할 수 있다.

객체 컨테이너는 Destroyer 객체에 대한 인터페이스 포인터를 저장한다. 목록 1.11.2가 Destroyer 구현 코드이다(부록 CD의 Destroyer.h에도 있다). 인터페이스는 생성, 소멸자만 제공한다. 이 인터페이스 자체는 템플릿이 아니며, 따라서 객체 컨테이너 클래스는 템플릿 형식을 지정할 필요 없이 실행시점에서 직접 사용할 수 있다. 이 인터페이스의 구현인 Destroyer 클래스는 오직 실행시점에서만 형식을 알 수 있는 객체를 파괴하기 위한 것으로, 흔히 볼 수 있는 클래스 팩토리 패턴 [Gamma95]을 뒤집은 것이라 할 수 있다.

Destroyer 구현은 두 단계로 작동한다. 실제 객체를 저장하기 위해 ObjectContainer 인스턴스의 SetData() 메서드를 호출할 때, 컨테이너는 해당 객체의 형식을 템플릿 인수로 해서 Destroyer의 인스턴스를 생성한다. Destroyer 인스턴스는 객체의 자료형을 알고 있으므로(템플릿 인수를 통해서), 저장된 객체의 메모리를 제대로 해제할 수 있다.

목록 1.11.2 객체 관리자가 사용하는 Destroyer 패턴

```
class IDestroyer
{
public:
    IDestroyer () {};
    virtual ~IDestroyer () {};
};

template <class T> class Destroyer : public IDestroyer
{
public:
    Destroyer()
    {
        m_pData = NULL;
    }

    Destroyer ( T* pValue )
    {
        m_pData = pValue;
    }

    virtual ~Destroyer()
    {
        if ( m_pData )
            delete ( m_pData );
    }

private:
    T* m_pData;
};
```

객체 데이터베이스의 구현에서 템플릿이 많이 쓰였긴 하지만, 객체 관리의 "구식" 방법 절에서 이야기한 일반화된 템플릿 방식 객체 관리와는 달리 이 구현에는 완전한 형태의 템플릿 클래스가 없다. 객체 컨테이너는 템플릿 클래스가 아니라 템플릿 멤버 함수를 가진 구체 클래스이다. 어찌 보면 별 차이가 아닌 것 같지만, 완전한 템플릿 클래스가 아니기 때문에 객체 관리자와 실제 객체 클래스들이 컴파일 시점에서 서로 의존하지 않아도 된다는 커다

란 장점이 생긴다. 이 덕분에 객체 관리자 코드를 재컴파일하거나 수정하지 않고도 새로운 자료형들을 쉽게 추가할 수 있다.

결론

이 글에서는 완전한 컴파일 시점 형식 식별 없이도 객체들을 관리할 수 있는 유용한 객체 관리자 구현의 한 가지 접근방식을 살펴보았다. 이 글에서 말한 방법은, 핵심 객체 관리 시스템을 재컴파일하지 않고도 새 객체 클래스들을 게임 개발 도중 아무 때나 추가할 수 있다는 점에서 템플릿 저장소와 획일적인 상속 구조를 사용하는 좀 더 표준적인 접근방식들에 비해 우월하다.

참고자료

〔Bilas00〕 Bilas, Scott, "A Generic Handle-Based Resource Manager," *Game Programming Gems*, Charles River Media, 2000. 번역서는 "범용 핸들 기반 자원 관리자," *Game Programming Gems*, 정보문화사, 2000.

〔Eckel03〕 Eckel, Bruce, *Thinking in C++: Practical Programming*, *Second Edition*, Prentice Hall, 2003.

〔Gamma95〕 Gamma, Erich, et al., *Design Patterns: Elements of Reusable Object-Oriented Software*, Addison-Wesley, 1995.

〔Hawkins02〕 Hawkins, Brian, "Handle-Based Smart Pointers," *Game Programming Gems 3*, Charles River Media, 2002. 번역서는 "핸들 기반의 똑똑한 포인터," *Game Programming Gems 3*, 정보문화사, 2003.

〔Wakeling01〕 Wakeling, Scott, "Dynamic Type Information," *Game Programming Gems 2*, Charles River Media, 2001. 번역서는 "동적인 형 정보," *Game Programming Gems 2*, 정보문화사, 2002.

1.12 커스텀 RTTI 속성을 이용한 객체 스트리밍과 편집

Frederic My
fmy@fairyengine.com

게임 레벨을 불러오거나 저장하는 것은 간단한 과제가 아니며, 게임 개발이 진행되는 동안 레벨 자료를 조작하기 위한 도구도 함께 개선시켜 나가야 경우에는 더욱 골치 아픈 문제가 된다. 이 글에서 말하는 기법들의 목적은, 레벨을 구성하는 변수들의 스트리밍과 편집 과정을 최대한 자동화하고 기존 자료 파일과의 호환성 문제를 단순화하거나 제거하는 것이다. 이 글에서 이야기하는 방법은 확장된 실행시점 형식 정보(RTTI) 시스템, 각 변수 형식에 연관된 속성들, 그리고 객체 팩토리라는 서로 연동되는 세 가지의 단순한 요소들에 기반한다.

확장 RTTI

RTTI는 프로그램이 사용하는 클래스들에 대한 메타데이터를 저장하는 시스템이다. [Wakeling 01]에 서술된 구현의 경우, 한 클래스의 메타데이터는 클래스 식별자(예를 들면 클래스 이름)와 그 클래스의 부모 클래스(다중 상속은 지원하지 않는다)의 메타데이터에 대한 포인터로 구성된다. 주어진 객체가 속한 클래스의 메타데이터는 그 객체의 주소로부터 시작해서 관련된 클래스 계통구조의 메타데이터 트리를 훑는 식으로 얻을 수 있다. 이러한 메타데이터는 C++ 객체가 주어진 클래스 또는 그에서 파생된 클래스의 인스턴스인지를 점검할 때 흔히 쓰인다. 그러한 점검은 예를 들어 다형성이 관련된 상황에서, 기반 클래스에서 파생 클래스로의 형변환(하향 형변환)을 실행시점에서 안전하게 수행하려 할 때 필요하다.

C++ 언어는 RTTI 메타데이터에 대한 규정을 가지고 있으며, 요즘 나온 컴파일러들은 모두 실행시점 형식 정보를 자동으로 생성해준다. 한 예로, C++ RTTI를 이용해서 안전한 형변환을 수행하려 할 때에는 다음처럼 dynamic_cast 연산자를 사용한다.

```
// pBase는 'Base' 클래스의 객체를 가리킨다.
// 'Derived'는 'Base'를 상속한다.
Derived* pDerived = dynamic_cast<Derived*>(pBase);
```

pBase가 실제로 Derived 클래스의 객체를 가리킨다면, pDerived에는 그 객체의 주소가 배정된다. 그렇지 않으면 NULL이 배정된다.

[Wakeling01]이나 [Eberly00]처럼 RTTI 시스템을 직접 구현하는 것도 가능하다. 그런 접근방식의 장점은, 특정 컴파일러의 RTTI 구현에 의존하지 않아도 되고, 반드시 모든 클래스에 대해 RTTI 메타데이터를 만들 필요가 없다는 점이다(일부 작은 클래스들은 RTTI로부터 얻는 이득이 없다). 또한 C++ 표준에 정해진 것 이상의 메타데이터를 정의하고 활용할 수 있다는 것 역시 커다란 장점이다.

다음 코드(부록 CD에도 수록되어 있다)가 하는 일이 바로 그것이다. RTTI 정보를 저장하는 데 사용하는 이 CRTTI 클래스는 C++의 표준적인 메타데이터 이외에도 임의의 응용 프로그램 자료를 담을 수 있는 m_pExtraData 멤버를 제공한다(MFC 클래스 라이브러리에서도 이와 비슷한 기법이 쓰인다).

```
class CRTTI
{
public:
    CRTTI(const CStdString& strClassName,const CRTTI*
        pBase,CExtraData* pExtra=NULL) :
        m_strClassName(strClassName),
        m_pBaseRTTI(pBase), m_pExtraData(pExtra) {}
    virtual ~CRTTI() {}

    const CStdString& GetClassName() const
        { return m_strClassName; }
    const CRTTI* GetBaseRTTI() const
        { return m_pBaseRTTI; }
    CExtraData* GetExtraData() const
        { return m_pExtraData; }

protected:
    const CStdString    m_strClassName;
    const CRTTI*        m_pBaseRTTI;
    CExtraData*         m_pExtraData;
};
```

이 클래스를 이용해서 독자의 클래스에 커스텀 실행시점 형식 정보를 통합한다. 그러한 작업을 좀 더 편하게 수행하기 위한 매크로가 네 가지 있다.

- DECLARE_RTTI는 클래스의 선언에 하나의 정적 CRTTI 멤버를 추가하고, 그 멤버에 접근하기 위한 가상 함수 GetRTTI()를 정의한다.

- DECLARE_ROOT_RTTI는 상속 계통구조의 루트 클래스 선언에 넣는다. 이 매크로는 DECLARE_RTTI의 요소들 이외에 RTTI 시스템에 필요한 메서드들도 삽입한다.

- IMPLEMENT_ROOT_RTTI는 루트 클래스의 구현 파일 안에서 사용하는 것으로, DECLARE_ROOT_RTTI로 선언된 정적 메타데이터를 초기화한다. 이 매크로는 클래스 이름을 매개변수로 받는다.

- IMPLEMENT_RTTI는 IMPLEMENT_ROOT_RTTI와 비슷하나, 루트 클래스가 아니라 개별 파생 클래스에서 쓰이며 클래스 이름 외에 부모 클래스의 이름도 받는다. [Wakeling01]의 구현처럼 이 구현도 다중 상속은 지원하지 않는다.

다음은 이러한 **RTTI** 매크로들을 실제로 사용하는 예이다.

```cpp
// RootClass.h
#include "RTTI.h"
class CRootClass
{
    DECLARE_ROOT_RTTI;
    ...
};

// RootClass.cpp
#include "RootClass.h"
IMPLEMENT_ROOT_RTTI(CRootClass);
...

// Derived.h
#include "RootClass.h"
class CDerived : public CRootClass
{
    DECLARE_RTTI;
    ...
};

// Derived.cpp
#include "Derived.h"
IMPLEMENT_RTTI(CDerived,CRootClass);
...
```

이러한 클래스들이 갖춰졌다고 할 때, 다음 코드에서 보듯이 몇 가지 간단한 매크로들(부록 CD의 RTTI.h에 있다)과 메서드들을 이용해서 표준 **RTTI** 기능성에 접근할 수 있다.

```
// C++의 dynamic_cast 연산자와 동일한 기능이다.
Derived* pDerived = DYNAMIC_CAST(Derived,pBase);

// pBase가 Derived 클래스의 인스턴스를
// 가리키는지 점검한다.
if (IS_EXACT_CLASS(Derived,pBase)) { ... }

// pDerived가 Base 또는 그 파생 클래스의
// 인스턴스를 가리키는지 점검한다.
if (IS_KIND_OF(Base,pDerived)) { ... }

// pDerived가 속한 클래스의 메타데이터를 가리키는
// 포인터를 얻고, 관련 클래스 계통구조의 메타데이터
// 트리를 올라가는 예이다.
const CRTTI* pRTTI = pDerived->GetRTTI();
while (pRTTI)
{
    pRTTI = pRTTI->GetBaseRTTI();
}
```

다음 절에서는 클래스 속성들을 지원하기 위한 추가적인 메타데이터 정보를 위해 m_pExtraData 멤버를 사용하는 방법을 살펴보겠다.

속성

이 글에서 말하는 속성(property)은 클래스 안의 변수를 대표하는 것으로 [Cafrelli01], 하나의 이름과 하나의 형식(변수가 메모리 안에서 차지하는 크기를 의미한다), 클래스 정의의 시작을 기준으로 한 그 변수의 위치 오프셋, 그리고 추가적인 텍스트 설명과 몇 가지 플래그들로 구성된다. 플래그들은 그 변수가 편집 가능한지 또는 읽기 전용인지, 저장되어야 하는지 등의 정보를 담는다. 속성은 한 클래스에 대해 한 번만 정의하면 그 클래스의 모든 인스턴스들에서 사용할 수 있다. 속성이 특정 변수에 대한 포인터가 아니라 오프셋을 가지는 이유도 바로 그것이다. 변수에 접근할 때에는 그 오프셋을 객체 인스턴스의 주소에 더한다.

기존 클래스들에 속성을 정의하기 전에, 클래스 메타데이터에 속성들을 정의할 것임을 시스템에 알려야 한다. 그래야 프로그램이 그 객체가 속한 클래스의 속성들이나 그 파생 클래스들의 속성들에 접근할 수 있다. 이후 객체 인스턴스를 편집하거나 스트리밍할 때 이러한 속성 접근이 필요해진다.

ExtraProp.h에는 이러한 작업을 도와주는 매크로가 두 개 있다. 바로 DECLARE_
PROPERTIES와 IMPLEMENT_PROPERTIES이다. 전자는 다음과 같이 사용한다.

```cpp
class CMyClass : public CPersistent
{
    DECLARE_RTTI;
    DECLARE_PROPERTIES(CMyClass,CExtraProp);
public:
    // ... 클래스의 원래 인터페이스 ...
protected:
    bool m_boSelected;  // 속성의 실제 값을 담을 변수
};
```

이 **RTTI** 편집/저장 시스템을 사용하고자 하는 클래스는 반드시 CPersistent 클래스를 상
속해야 한다. 이 클래스는 스트리밍 과정을 책임지는데, 잠시 후에 좀 더 자세히 살펴보겠
다. **RTTI**만 필요하고 속성은 필요하지 않은 경우라면 DECLARE_RTTI 매크로만 사용하면
된다.

위에서 DECLARE_PROPERTIES 매크로에는 해당 클래스 이름과 함께 CExtraProp이라는
또 다른 클래스의 이름이 쓰였다. CExtraProp 클래스는 **CRTTI**에서 추가적인 메타데이터
를 저장하는 데 쓰이는 빈 CExtraData 클래스로부터 파생된 것으로, 그 자체도 하나의
속성 목록을 가지고 있다. DECLARE_PROPERTIES 매크로는 CMyClass에 정적인
CExtraProp 멤버 하나를 삽입한다. 이 정적 인스턴스에 CMyClass의 속성들이 저장된다.
매크로는 또한 속성 목록에 접근하기 위한 정적 메서드 GetPropList()도 삽입하며,
DefineProperties()라는 정적 메서드의 선언도 삽입한다. 이 메서드는 cpp 파일에서
프로그래머가 직접 구현해야 한다.

```cpp
#include "MyClass.h"
#include "Properties.h"

IMPLEMENT_RTTI_PROP (CMyClass,CPersistent);
IMPLEMENT_PROPERTIES(CMyClass,CExtraProp);

bool CMyClass::DefineProperties()
{                                    // 정적 메서드
    REGISTER_PROP(Bool,CMyClass,
        m_boSelected, "Selected",
        CProperty::EXPOSE|CProperty::STREAM,
        "help or comment");
    return true;
}
```

IMPLEMENT_RTTI_PROP는 IMPLEMENT_RTTI의 변형으로(이 두 매크로들은 둘 중 하나만 사용할 수 있다), 클래스 **RTTI** 자료 멤버가 DECLARE_PROPERTIES가 정의한 CExtraProp 객체 인스턴스를 가리키도록 초기화한다. 루트 클래스에서 속성을 지원해야 하는 경우에는 이 매크로 대신 IMPLEMENT_ROOT_RTTI_PROP 매크로를 사용하면 된다. 이러한 매크로들은 클래스의 속성들을 **RTTI** 시스템에 연결하는 역할을 한다.

IMPLEMENT_PROPERTIES의 인수들은 DECLARE_PROPERTIES과 같다. 이 매크로는 정적 CExtraProp 멤버를 정의하는데, 이 때 생성자에 DefineProperties()의 주소를 넣는다.

DefineProperties()는 이름에서 알 수 있듯이 클래스의 속성들을 초기화하는 역할을 한다. 이 메서드는 속성들을 저장할 CExtraProp 인스턴스가 생성될 때 한 번만, 자동적으로 수행된다.

마지막으로, REGISTER_PROP은 새 속성을 클래스에 추가할 때 사용한다. 앞의 예에서는 이 매크로로 "Selected"라는 부울 형 속성을 CMyClass의 m_boSelected 변수에 연결했다. 이 속성은 편집이 가능하고(CProperty::EXPOSE 플래그), "help or comment"라는 텍스트 설명을 가지며, 외부 파일에 저장된다(CProperty::STREAM 플래그). 속성의 형식은 Propertices.h 파일 안에 정의된 열거형 값들을 이용해서 지정한다. 위의 예에서 Bool이 그런 값들 중 하나이다.

이 예제는 의도적으로 단순하게 만든 것이다.
잠시 후에 보게 되겠지만 DefineProperties()에는 매크로들 이외의 요소들도 들어갈 수 있다. 표 1.12.1은 예제 프로그램이 사용하는 속성들을 나열한 것이다.

표 1.12.1 예제 프로그램이 구현한 속성들

변수 형식	REGISTER_PROP에 쓰인 이름	속성 클래스
bool	Bool	CPropBool
float	Float	CPropFloat
unsigned long	U32	CPropU32
문자열 (CStdString)	String	CPropString
2d / 3d / 4d 벡터	Vect2D / 3D / 4D	CPropVect2D/3D/4D
포인터, 똑똑한 포인터	Ptr, SP	CPropPtr, CPropSP
특수한 예	Fct	CPropFct

다음은 기존 클래스에 속성을 추가하는 과정을 정리한 것이다.

1. 클래스가 **RTTI** 시스템을 지원하지 않는다면, 지원을 위한 매크로부터 추가한다.

2. CExtraProp 클래스를 두 번째 인수로 해서 DECLARE_PROPERTIES 매크로와 IMPLEMENT
_PROPERTIES 매크로를 추가한다. 이러면 클래스의 메타데이터 정보 블록에 속성 목록 하나가
추가된다.

3. IMPLEMENT_RTTI_PROP를 이용해서 **RTTI** 시스템과 속성들 사이의 연결을 만든다
(IMPLEMENT_RTTI가 있었다면 제거한다). 루트 클래스의 경우에는 이름에 **ROOT**가 붙
은 매크로들을 사용한다.

4. 편집하거나 스트리밍할 변수들을 속성들과 연결하기 위해 DefineProperties()를 구
현하고 REGISTER_PROP으로 속성 정의들을 생성한다.

속성을 편집에 사용하기

그럼 메모리 안의 객체 인스턴스 내용을 표시하거나 수정하기 위해 속성들을 사용하는 방
법을 살펴보자.

속성 값 표시

객체 인스턴스의 멤버 변수들의 값을 표시하려면, 클래스의 메타데이터에 접근해서 메타데
이터 안의 속성들을 얻고 속성과 연결된 멤버 변수의 값을 얻어야 한다. 다음이 그런 작업
을 수행하는 예이다.

```cpp
// pObj는 CPersistent에서 파생된 한 클래스의
// 한 객체 인스턴스를 가리킨다.
const CRTTI* pRTTI = pObj->GetRTTI();
while (pRTTI)
{
    CExtraData* pData  = pRTTI->GetExtraData();
    CExtraProp* pExtra =
            DYNAMIC_CAST(CExtraProp,pData);
    if (pExtra)
    {
        CPropList* pList = pExtra->GetPropList();
        if (pList)
        {
            CProperty* pProp = pList->GetFirstProp();
```

```
        while (pProp)
        {
            // 이제 속성의 값을 얻고 적절히 사용한다.
            Display(pProp->GetValue(pObj));
                // ...
            pProp = pList->GetNextProp();
        }
    }
}
pRTTI = pRTTI->GetBaseRTTI();
}
```

이 예에서 보듯이, 속성은 객체의 주소를 매개변수로 받고 그에 해당하는 변수의 값을 문자열로 돌려주는 가상 GetValue() 메서드를 가지고 있다. 문자열이므로 콘솔 창이나 편집 컨트롤에 그대로 표시하면 된다. 만일 문자열이 아니라 변수의 실제 형식의 값을 얻는다면 다음처럼 하면 된다.

```
// pProp는 CProperty* 포인터이다.
CPropFloat* pFloat = DYNAMIC_CAST(CPropFloat,pProp);
if (pFloat)
{
    float fValue = pFloat->Get(pObj);
    ...
}
```

형변환을 하려면 해당 속성의 정확한 형식을 알아야 한다. 속성 클래스는 커스텀 RTTI 시스템을 사용하므로, 속성의 형식을 알아내는 것도 어렵지 않다.

CProperty에는 속성 등록 시 정의된 다른 여러 정보(이름, 형식, 도움말 텍스트, 플래그들)를 돌려주는 메서드들도 있다. 부록 CD의 예제 프로그램은 그런 메서드들을 이용해서 MFC 그리드 컨트롤 [Maunder02]을 적절히 채운다. 그리드 컨트롤 덕분에 커스텀 대화상자를 여러 개 만들 필요가 없었으며, 그래서 코드 유지보수 부담을 줄이고 사용자에게 단일한 인터페이스를 제공할 수 있었다.

속성 값 편집

대부분의 경우 속성 값 편집은 속성 값 표시만큼이나 간단하다. 다음과 같은 과정을 밟으면 된다.

▣ 새 값이 콘솔 창이나 편집 컨트롤에 입력된 문자열이라면, 그 문자열을 그냥 CProperty 클래스의 SetValue() 메서드에 넣으면 된다. 문자열이 속성의 형식에 잘 맞지 않는다면(예를 들어 float 속성에 대해 "a00"이 입력되었다면), 속성 변수는 변하지 않으며 SetValue()는 속성 수정에 실패했다는 뜻으로 false를 돌려준다. 그렇지 않으면 문자열이 해당 속성의 형식에 맞게 적절히 변환되고 그 값으로 속성 변수에 설정된다.

▣ 속성의 실제 형식을 알고 있는 경우라면 적절한 형변환과 접근 메서드를 이용해서 속성 변수를 직접 변경할 수 있다.

다른 어떤 객체 인스턴스를 가리키는 포인터 등, 직접 표시하거나 편집하는 게 무의미한 형식의 속성이라면 다음 두 가지를 고려해야 한다.

▣ 사용자에게 16진 주소를 직접 표시할 수는 없다. 대신 포인터가 가리키는 객체의 논리적인 이름을 표시해야 할 것이다.

▣ 사용자는 해당 형식의 기존 객체들의 목록 중 포인터가 실제로 가리키는 객체를 선택할 수 있어야 한다.

그 외에 색 선택 대화상자에서 색을 선택한다거나 오일러 각도들의 형태로 사원수를 설정하는 등의 맞춤형 편집 방법이 필요한 속성도 있을 수 있다. 그런 특별한 요구를 처리하기 위해, CPersistent는 기본적인 표시 및 수정 행동 이외의 커스텀 행동을 수행할 수 있도록 하는 여러 가상 메서드들을 제공한다.

▣ SpecialGetValue()는 표시될 문자열을 제공한다. 포인터 속성의 경우 포인터에 담긴 주소가 아니라 포인터가 가리키는 객체의 이름을 이 메서드가 돌려주게 하면 된다.

▣ SpecialEditing()은 특별한 방식의 편집 행동이 필요할 때 사용자 입력을 처리하는 용도로 쓰인다. 일반적으로는 여기서 적절한 대화상자를 띄우고 그 결과를 처리하는 일을 수행한다. 예를 들면 사용자로 하여금 목록에서 객체를 고르게 하는 용도로 사용할 수 있다.

▣ ModifyProp()은 사용자가 새 값을 입력할 때 SetValue() 이전에 호출된다. 속성 편집을 SetValue()만으로는 처리하기 힘들고 추가적인 입력 처리가 필요한 경우에 유용하다.

구현 상의 세부 사항은 부록 CD의 해당 코드를 참고하기 바란다.

저장

부록 CD에 있는 예제 프로그램은 객체를 XML 형식과 이진 형식으로 저장하는 기능도 가지고 있다. 이 글에서는 사람이 읽을 수 있는, 태그들로 자료 블럭을 구분하는 XML 형식으로 저장하는 것에 초점을 둔다.

각 객체 자료 정의는 <data class=... ID=...> 태그로 시작하고 </data> 태그로 끝난다. class 특성은 객체의 형식을 가리키며, 자료 로드 시 이 값을 이용해서 해당 클래스의 인스턴스를 생성한다. ID 특성은 이 객체가 다른 어떤 객체의 포인터가 가리키는 객체일 때 그 객체가 이 객체를 식별할 수 있도록 하기 위한 것이다. 이 특성의 값은 당연히 고유해야 하는데, 어떻게 고유함을 보장할까? 이 구현의 경우에는 그냥 객체의 메모리 주소를 사용한다 [Eberly00]. 이 접근방식의 주된 단점은, 주어진 하나의 레벨을 로드한 후 여러 번 저장한다고 할 때, 저장 전에 어떠한 수정도 가하지 않는다고 해도 완전히 동일한 파일들이 만들어지지 않을 가능성이 크다는 점이다. 왜냐하면 객체 인스턴스의 주소는 매번 다를 것이기 때문이다.

객체의 모든 속성들을 디스크에 기록하는 서비스는 CPersistent 클래스가 제공한다. 따라서 스트리밍을 지원하고자 하는 객체의 클래스는 CPersistent 클래스를 상속해야 한다. 그럼 객체를 저장하는 과정을 살펴보자. 객체 변수의 값을 표시하는 것과 크게 다르지는 않지만, 포인터들을 다루는 데 좀 더 주의를 기울여야 한다.

다른 저장 가능 객체를 참조하는 포인터 속성을 가진 객체를 저장할 때, 다음과 같은 과정을 밟아야 한다.

1. 속성들의 값을 파일에 기록한다. 포인터 속성의 경우 그 값은 자신이 가리키는 객체의 주소이다. 앞에서 이야기했듯이, 메모리 주소는 파일 안에서 객체의 ID로 쓰이므로, 특별한 변환은 필요가 없다.

2. 포인터가 NULL이 아니라면, 포인터가 가리키는 객체의 주소를 내부적으로 관리하는 참조 목록에 추가한다.

3. 현재 객체의 스트리밍이 끝나면, 참조 목록에서 객체 주소들을 뽑고 그 객체들도 차례로 저장한다.

4. 또 다른 클래스를 이용해서 저장된 객체 주소들을 보관한다. 이는 하나의 객체 인스턴스가 같은 파일 안에서 여러 번 저장되는 일을 막고, 자료들의 순환 참조를 가능하게 하기 위한 것이다.

이러한 구조에서는, 장면의 루트를 저장하면 재귀적인 과정을 통해서 장면 전체가 저장된다.

불러오기

불러오기에서는 저장 파일에 들어 있는 클래스와 **ID** 정보를 이용해서 그에 해당하는 객체를 생성한다. 이는 객체 팩토리가 해결하고자 하는 문제와 정확히 동일하다 [Alexandrescu 01]. 일단 객체 인스턴스를 생성한 후에는 자료를 읽어서 채워 넣는다. 이를 위해, 파일에서 저장된 속성들을 읽어 들이고, 앞에서 사용자가 입력한 값으로 속성의 변수를 변경할 때와 마찬가지 방식으로 속성 변수들을 설정한다.

포인터는 여전히 특별하게 취급해 줘야 한다. 새 객체 인스턴스는 저장된 객체와는 다른 주소를 가질 것이며, 또한 객체의 포인터 속성이 가리킬 객체가 아직 만들어져 있지 않을 수도 있다. 이를 해결하려면 저장된 인스턴스 ID와 실제 객체 주소를 연결시킬 수 있어야 한다.

연결

연결 과정에서는 모든 객체들을 로드한 후 포인터 속성들의 값을 참조된 인스턴스의 실제 메모리 주소로 대체한다. 이를 위해 생성된 객체들을 **STL** map 하나에 채우는데, 이 때 키는 파일에 있는 객체 **ID**이고 값은 팩토리가 돌려준 새 주소이다. 포인터 속성의 값을 파일에서 읽을 때에는 다음과 같은 과정을 밟는다.

1. 속성은 자신의 해당 포인터를 NULL로 설정한다. 이후 NULL은 그 속성 포인터 값이 아직 제대로 설정되지 않았음을 가리키는 용도로 쓰인다.

2. 파일에 있는 객체 ID는 그 객체를 저장할 때의 객체의 메모리 주소이다. 만일 파일의 객체 ID 자체가 0이면, 객체를 저장할 때 그 속성 포인터가 아무 것도 가리키지 않았던 것이므로 더 이상의 처리가 필요 없다.

3. ID가 0이 아니면 속성은 CLinkLoad 객체를 생성하고, 그것을 불러오기가 끝난 후 복원해야 할 연결들을 담은 목록에 추가한다. CLinkLoad 인스턴스는 포인터 속성을 가진 객체의 주소, 이 속성의 주소, 그리고 참조되는 객체의 ID를 저장한다.

이런 식으로 모든 객체들을 생성하고 불러온 후에는, 실제 연결 과정을 다음과 같이 진행한다.

1. 목록의 각 CLinkLoad 인스턴스에 대해, 생성된 객체의 맵에서 참조되는 객체의 ID에 해당하는 주소를 찾는다.

2. 그 주소를 매개변수로 해서 CLinkLoad 객체에 있는 속성의 Link() 메서드를 호출한다.

이 메서드는 그 주소를 해당 포인터 변수에 배정하는 역할만 한다.

포인터의 연결이 실패하면(예를 들어 ID가 맵에 없었다던가 등), 그냥 해당 포인터를 NULL 로 설정한다. 이 해결책이 완전한 것은 아니지만, 그래도 존재하지 않는 객체를 가리키는 포인터는 만들어지지 않는다. 어차피 연결이 실패한다는 것은 파일이 깨졌거나 기타 심각 한 문제가 존재한다는 뜻이므로, 이 정도 해법으로 충분할 것이다.

마지막으로, 로드된 객체들, 즉 연결 과정에서 만들어진 맵에 있는 객체들 각각에 대해 CPersistent의 PostRead() 메서드를 호출한다. 그 맵은 팩토리가 돌려준 모든 객체를 담고 있다. 이에 의해 각 객체는 해당 클래스 고유의 초기화를 수행한다 [Brownlow02].

이전 파일과의 호환성: 클래스 설명

이렇게 해서 스트리밍 시스템을 전체적으로 살펴보았다. 그럼 새 속성을 추가하는 등 클래스 의 속성들을 누군가가 변경했을 때 생기는 일을 살펴보자. 속성들이 변했다면, 실행 파일 안에서 등록된 속성들은 이전에 만들어진 파일들에 담긴 것들과 일치하지 않게 된다. 따라 서 프로그램은 그 파일로부터 객체들을 제대로 불러올 수 없다.

이런 문제는 저장 파일 자체 또는 다른 어떤 관련 파일에 저장 파일이 담고 있는 자료에 대한 설명을 저장하는 식으로 해결할 수 있다. 즉, 각 클래스에 대해, 그 파일이 작성되었을 때 클래스와 그 부모 클래스가 가지고 있던 속성들(이름들과 형식들)의 목록을 파일에 기록 하는 것이다. 예를 들어 그런 방식으로 게임 엔진이 하나의 구(sphere) 인스턴스를 저장한다 면 다음과 같은 모습이 될 것이다.

```
<class name="CRefCount" base="">
</class>

<class name="CPersistent" base="CRefCount">
    <prop name="Name" type="String"/>
</class>

<class name="CEngineObj" base="CPersistent">
</class>

<class name="CEngineNode" base="CEngineObj">
    <prop name="Subnodes" type="Fct"/>
    <prop name="Rotation" type="Vect4D"/>
    <prop name="Position" type="Vect3D"/>
    <prop name="Draw Node" type="Bool"/>
    <prop name="Collide" type="Bool"/>
</class>
```

```
<class name="CEngineSphere" base="CEngineNode">
   <prop name="Radius" type="Float"/>
   <prop name="Section Pts" type="U32"/>
   <prop name="Material" type="Fct"/>
</class>
<data class="CEngineSphere" id="0xD7E7C0">
   sphere0001
   0
   0; 0; 0; 1
   10; -0.5; 0
   true
   true
   1
   8
   0x0
</data>
```

CPersistent 클래스는 참조 계수 기능[Meyers96]을 가진 CRefCount라는 또 다른 클래스로부터 파생되었음을 알 수 있다. 그리고 CEngineObj 클래스에는 어떠한 속성도 정의되어 있지 않은데, 이는 이 클래스에 멤버 변수가 없다는 뜻이 아니라 단지 저장될 속성 멤버가 없다는 뜻이다.

이 예를 보면 알 수 있듯이, 저장된 객체의 메모리 주소는 0xD7E7C0이고 이름은 "sphere0001"이며 위치는 (10; 0.5; 0) 등이다. CEngineSphere 클래스나 그 부모 클래스(CEngineNode 등)의 다른 인스턴스를 같은 파일에 저장한다면, 클래스 설명들이 다시 기록되지 않고 새 <data ...> 블록만 기록된다. 이 예에서는 여러 가지 속성 형식들(bool, float, 32 비트 정수, 문자열, 벡터)이 쓰였다. "함수" 형식("Fct")에 대해서는 잠시 후에 이야기하겠다.

이전 파일과의 호환성: 정합

클래스 설명들을 하나의 파일에 저장하고, 객체 인스턴스들은 다른 한 파일에 저장했다고 하자. 로딩 루틴은 클래스 설명을 먼저 로드하고 그것을 현재 프로그램의 메모리 안에 있는 클래스 정보와 비교한다. 이처럼 파일에 있는 클래스 속성들과 메모리에 현재 존재하는 것들 사이의 연관 관계를 설정하는 과정을 "정합(matching)"이라고 부르기로 하자. 이 과정에서 세 가지의 경우가 생길 수 있다.

■ 프로그램에 있는 속성과 이름, 형식이 같은 속성이 외부 파일에도 존재한다면, 그 속성에는 파일의 자료를 넣는다. 정합 과정에서 비교하는 것은 속성의 이름과 형식이다. 즉 클래스 설명 안의 속성 순서는 중요하지 않으며, 따라서 속성들의 순서를 바꾸거나 심지어 클래스 계통구조 안에서 이동시켜도 된다(예를 들어 앞의 예에서 CEngineObj 클래스의 Collide 속성을 CEngineNode 클래스로 옮겼다고 해도, 그 전에 저장한 파일을 여전히 읽을 수 있다). 이는 한계이기도 한데, 왜냐하면 저장된 클래스 계통구조 전체에서 이름과 속성이 같은 속성이 둘일 수 없기 때문이다. 이런 규칙을 강제하려면, 속성들을 등록할 때 같은 이름과 형식의 속성이 존재하는지 점검할 필요가 있다.

■ 속성이 파일에는 존재하고 프로그램에는 존재하지 않는다. 이 경우 속성은 폐기되며(제거하거나 이름을 바꾼다) 속성의 자료는 무시된다. 좀 더 정확하게는 ReadUnmatched() 가상 메서드가 호출되는데, 이 가상 메서드를 적절히 구현함으로써 응용 프로그램은 파일에 존재하지 않는 속성의 경우를 임의로 처리할 수 있다.

■ 속성이 프로그램에는 존재하고 파일에는 존재하지 않는다. 이 경우는 속성에 넣을 값이 없는 것이므로 해당 클래스 생성자가 설정한 기본 값을 그대로 유지한다. 파일이 저장된 이후에 추가된 속성이 이런 경우이다. 이후 다시 파일을 저장하면 클래스 설명과 자료 모두에 새 속성이 추가된다.

속성 정합 과정은 기본적으로 CPersistent의 RecursiveMatch() 메서드와 MatchProperty() 메서드가 담당한다. 이 메서드들은 파일의 각 속성을 프로그램의 것과 연관시킨다. 파일 로드 과정에서, 객체 자료는 저장 파일에 있는 속성들에 해당하는 프로그램의 속성들과 연관된다. 따라서 정합은 클래스의 객체 인스턴스들이 파일에 아무리 많이 존재하더라도 클래스 당 한 번씩만 일어난다.

"함수" 속성들

지금까지는 몇 가지 기본 자료형들(bool, unsigned long, float)과 클래스들(문자열, 벡터), 포인터들에 대한 구현만을 살펴보았다. 그런 속성들은 크기가 알려져 있는 클래스의 멤버 변수에 연관된다. 그런데 포인터들의 목록 같은 어떤 컬렉션의 내용을 저장한다고 하면 어떻게 할까? 컬렉션이 몇 개의 객체들을 담을 것인지는 미리 알 수 없으며, 컬렉션에 저장되는 객체의 형식도 컬렉션마다 다르다. 또한 컬렉션에 접근하는 방식 역시 컬렉션마다 다를 수 있다. 이런 특수한 경우를 다루기 위한 것이 CPropFct 클래스이다.

"함수" 속성들은 프레임웍이 Get(속성 변수를 문자열로 변환), Set(문자열을 속성의 변수 형식으로 변환), Write(파일에 기록), Read(파일에서 읽기), Link 연산을 수행하고자 할 때 호출할 함수들을 지정하기 위한 것이다. 다음은 CEngineNode::DefineProperties()에서 발췌한 예이다.

```
CProperty* pProp = REGISTER_PROP(Fct,...);
CPropFct*  pFn   = DYNAMIC_CAST(CPropFct,pProp);
pFn->SetFct(NULL,NULL,WriteNodes,ReadNodes,LinkNodes);
```

일부 포인터들은 NULL로 설정할 수 있다. 위의 예는 주어진 속성에 대해 오직 스트리밍과 연결 연산들만 등록하는 것이다. 매개변수로 주어진 세 함수들은 노드 포인터들을 담은 **STL list**의 저장, 불러오기, 연결 작업을 수행한다.

- WriteNodes()는 컬렉션에 저장된 포인터들의 개수를 기록하고, 각 포인터의 값을 기록한다〔Beardsley02〕.
- ReadNodes()는 저장된 포인터 개수를 읽고, 각 포인터에 대해 연결 과정에 쓰일 CLinkLoad 객체를 생성한다.
- LinkNodes()는 ReadNodes()가 생성한 각 객체에 대해 호출된다. 이 함수는 참조된 주소를 로드된 객체들의 목록에 삽입한다.

물론 이는 하나의 예일 뿐이다. 하나의 클래스는 필요한 만큼의 "함수" 속성들을 가질 수 있다.

요령과 조언

이 글에서 말한 속성, **RTTI** 시스템은 다음과 같은 몇 가지 흥미로운 요령들을 지원한다.

- 여러 속성들을 하나의 같은 변수에 연결시킬 수 있다. 예를 들어서, 하나의 각도를 게임 엔진이 사용하는 라디안 단위의 속성과 사람에게 익숙한 도(degree) 단위 각도의 속성으로 표현할 수 있다.
- 한 클래스의 속성들은 그에 해당하는 RTTI 메타데이터의 추가적인 자료에 해당하는 CExtraProp 클래스 형태로 저장된다. 지금까지 말한 것 이외의 행동이나 정보를 위해서 CExtraProp의 파생 클래스를 만들어 사용하는 것이 가능하다. 단, CExtraProp 파생 클래스에는 클래스 계통구조를 존중해야 하는 자료만 추가하면 된다는 점을 주의할 것. 그렇지 않은 자료라면 그냥 정적 변수에 넣어도 된다.
- 속성을 등록할 때에는 그 속성이 사용자 인터페이스에 표시될 것인지, 읽기 전용인지를 지정한다. 그런데 한 클래스의 인스턴스들의 값을 표시하고 싶긴 하지만 파생된 클래스의 인스턴스에서는 숨기고 싶을 수도 있다. 또한 어떤 속성을 특정한 객체 인스턴스에 대해서만 편집할 수 있게 하고 싶을 수도 있다. 예를 들어 편집 도구에서 어떤 카메라들은 사용자가 이동시킬 수 있게 하고 어떤 카메라들은 고정시켜야 하는(즉 위치 속성을 읽기 전용으로) 경우 등. 이런 요구는 해당 클래스에서 IsPropExposed()와 IsPropReadOnly() 메서드를 적절히 재정의하는 식으로 만족시킬 수 있다.

개선 사항

RTTI 시스템을 좀 더 유용하게 만들 수 있는 몇 가지 추가적인 기능들을 생각해 보자.

- 파일 호환성 문제는 게임의 개발 과정에서만 신경 쓰면 된다. 게임을 완성한 후에는 모든 파일들을 최종 버전으로 저장하면 되기 때문이다. 그리고 그렇게 되면 클래스 설명들은 제거할 수 있다. 로딩 루틴이 클래스 설명을 찾지 못한다 해도 그냥 프로그램을 믿고 프로그램에 있는 이름과 형식에 근거해서 자료를 뽑으면 그만이다.
- 현재 시스템은 집합화(aggregation), 즉 한 클래스가 다른 클래스 형식의 멤버 변수를 가지는 것을 지원하지 않는다. 소유 클래스의 인스턴스를 저장할 때에는 소유되는 클래스 인스턴스의 속성들도 모두 저장되어야 한다. 이런 기능은 시스템에 새로운 속성 종류 하나만 추가하면 구현할 수 있지만, 꼭 그럴 필요는 없다. 왜냐하면 포인터 속성으로도 같은 효과를 충분히 얻을 수 있기 때문이다.
- 속성의 값이 변할 때(`ModifyProp()`나 `SetValue()`를 통해), 어떤 관리자 단일체를 통해서 변경 과정을 추적하는 것이 가능하다. 그런 기능이 있다면 편집 도구의 실행 취소(undo), 재실행(redo) 명령도 간단히 구현할 수 있다.

결론

이 글은 각 클래스에 대해서 작용하는 커스텀 RTTI에 속성들을 추가함으로써 C++ 객체의 편집, 저장, 불러오기를 자동화하는 한 가지 방법을 제시했다. 이 방법은 객체들 사이의 연결(포인터 등)과 불러오기 시점에서의 연결 재생성도 지원한다. 저장 시점에서의 속성 설명을 기록하고 불러오기 과정에서 그것을 프로그램 안에 있는 정보와 비교함으로써, 잠재적인 파일 호환성 문제도 깔끔하게 해결된다.

이 방법이 부과하는 추가부담은 그리 크지 않다. 속성들은 메모리를 그리 차지하지 않는 정적인 객체들이다. 시간을 가장 많이 잡아먹는 작업은 파일을 불러올 때 저장 파일에 있는 속성들과 프로그램 안에 있는 것들을 비교하는 과정인데, 그러한 과정도 클래스 당 한 번만 일어나므로 큰 부담은 되지 않는다. 속도가 중요하다면 사람이 읽을 수 있는 XML 형식 대신 이진 파일을 사용할 수도 있다. 부록 CD의 예제에 그러한 구현도 포함되어 있다.

참고자료

〔Alexandrescu01〕 Alexandrescu, Andrei, *Modern C++ Design*, Addison-Wesley, 2001. 번역서는 *제네릭 프로그래밍과 디자인 패턴을 적용한 Modern C++ Design*, 인포북, 2003.

〔Beardsley02〕 Beardsley, Jason, "Template-Based Object Serialization," *Game Programming Gems 3*, Charles River Media, 2002. 번역서는 "템플릿 기반 객체 직렬화," *Game Programming Gems 3*, 정보문화사, 2003.

〔Brownlow02〕 Brownlow, Martin, "Save Me Now!" *Game Programming Gems 3*, Charles River Media, 2002. 번역서는 "자동화된 게임 저장 구현," *Game Programming Gems 3*, 정보문화사, 2003.

〔Cafrelli01〕 Cafrelli, Charles, "A Property Class for Generic C++ Member Access," *Game Programming Gems 2*, Charles River Media, 2001. 번역서는 "범용 C++ 멤버 접근을 위한 속성 클래스," *Game Programming Gems 2*, 정보문화사, 2002.

〔Eberly00〕 Eberly, David H., *3D Game Engine Design*, Morgan Kauffman, 2000.

〔Maunder02〕 Maunder, Chris, "MFC Grid Control 2.24," 웹 주소 *http://www.codeproject.com/miscctrl/gridctrl.asp*, July 14, 2002.

〔Meyers96〕 Meyers, Scott, *More Effective C++*, Addison-Wesley, 1996. 번역서는 *More Effective C++*, 인포북, 2003.

〔Wakeling01〕 Wakeling, Scott, "Dynamic Type Information," *Game Programming Gems 2*, Charles River Media, 2001. 번역서는 "동적인 형 정보," *Game Programming Gems 2*, 정보문화사, 2002.

1.13 속도를 희생하지 않고 XML 사용하기

Mark T. Price, *Sudden Presence/phobia lab*

mark@suddenpresence.com

게임 제작에서는 게임이 사용하는 자료를 만드는 게 큰 일 중 하나에 속한다. XML 같은 표준화된 메타데이터 형식은 자료를 생성하고 편집하는 기존 도구들을 재활용할 수 있게 한다는 점에서 큰 도움이 된다. 그러나 XML에도 몇 가지 단점이 존재하는데, 특히 자료 크기가 커지고 로드와 파싱에 시간이 많이 걸린다는 점은 가장 큰 걱정거리라 할 수 있다.

이 글에서는 XDS(eXtensible Data Stream)라고 하는 새로운 이진 파일/스트림 형식을 소개한다. 이것은 XML의 표현 능력을 그대로 유지하면서도 텍스트 파일을 다루는 것과 관련된 단점은 나타나지 않는 강력한 형식이다. 또한 이 글에서는 게임 개발 도중 XML에서 XDS로 매끄럽게 전이할 수 있도록 XML과 XDS 자료 모두를 지원하는 하나의 툴킷도 소개한다.

XML을 사용하는 이유

XML이 나온 지 수년이 지났다 [W3C100]. 그리고 그 시간 동안 XML은 개방성과 상호운용성 면에서 매우 가치 있는 표준임이 증명되었다. 게임 개발 쪽에서도 XML이 좋다는 사람들이나 특정 작업에 XML을 사용해서 효과를 봤다는 이야기는 끊이지 않고 있다. 그렇다고 XML이 게임 개발 분야에서 자리를 잡은 것은 아닌 것 같다. 이 모든 게 과대광고일 뿐일까? 그럼 XML의 장, 단점을 주로 게임 개발에 비추어서 간략히 살펴보도록 하자.

장점

XML은 중요하다. XML은 현대적인 소프트웨어 개발에서 중요한 도구로, 단점도 있지만 그것을 사용함으로써 얻는 이득이 단점들을 능가한다. 모든 문제에. 대한 해결책은 아니더라도, 확실히 유용한 용도가 있음은 틀림없는 사실이다.

저장 기법에는 여러 가지가 있겠지만 [Olsen00], [Boer01], XML이 다른 독점적 자료 형식에 비해 가지는 가장 큰 장점이라면 상당히 커다란 업계를 배경으로 한, 잘 확립된 표준이라는 점을 꼽을 수 있을 것이다. 편집기에서부터 프리젠테이션 도구, 변환 도구 등 독자의 프로젝트에 즉시 사용할 수 있는 XML 지원 도구들은 수없이 많다. 게임 자료에 XML을 사용하면 게임 자료에 대해 그런 도구들을 즉시 최대한 활용할 수 있게 된다. 예를 들어 XML 편집기를 하나 구하고 게임 자료를 서술하는 XML 스키마 [W3C301]를 거기에 추가하면, 코드 한 줄 작성하지 않고도 게임을 위한 간단한 레벨 편집기가 생기는 셈이 된다. 이는 게임 디자인 팀이 좀 더 빨리 게임 자료를 만들어낼 수 있게 된다는 뜻이다.

개발 도중 게임 자료 형식이 변한다고 해도 이미 만들어 둔 자료를 폐기하거나 새 자료 형식으로 변환할 필요가 없다. 그냥 XML 변환 스크립트를 작성하고 그것으로 자료를 새 형식으로 모두 변환하면 된다 [W3C299].

XML을 사용하면, 디자이너들은 게임 자료를 자신이 직접 변경하고 그 결과를 게임 안에서 즉시 확인할 수 있다. 반대로, 게임에서 뭔가 이상한 것을 보았다면 편집기나 웹 브라우저로 XML 파일을 열고 조사해서 문제를 식별하고 수정할 수 있다.

단점

물론 단점도 있다. 우선 게임의 입장에서는 XML을 읽는 것이 고유한 이진 파일 형식을 읽는 것보다 더 복잡하다. 이 때문에, 범용 XML 라이브러리들은 대체로 크고 복잡하다. 완전한 기능을 갖춘 XML 라이브러리들의 경우 컴파일된 코드가 1 메가 이상인 경우도 드물지 않다. 안 그래도 메모리를 많이 사용하는 게임에서 이는 상당한 부담이다. 또한 XML은 자료 파일이 디스크 상에서 차지하는 공간과 그것을 읽는 데 걸리는 시간도 증가시킨다.

마지막으로, 디자이너가 게임 자료를 브라우저로 보거나 편집기로 수정할 수 있다면 최종 사용자도 그렇게 할 수 있다. 이는 게임의 MOD 공동체를 활성화하는 데에는 도움이 되겠지만, 플레이어들에게 알리고 싶지 않은 게임 내부의 비공개 사항들을 보호하는 데에는 그렇지 못하다.

간단히 말해서, 게임 설계와 개발 도중에는 XML의 장점이 빛을 발하지만 최종 제품에는 이진 자료가 더 적합한 것이다. 이상적으로는 XML이 주는 장점들을 최대한 활용하면서도 느린 코드, 커다란 메모리와 디스크 용량에 의한 비용은 물지 않을 수 있다면 좋을 것이다. 바로 그러한 것을 목표로 만들어진 것이 XDS 메타 형식이다.

XDS 메타 형식의 간략한 소개

XDS는 원래 상세한 3D 모형 형식을 위해서 고안된 것이지만, 얼마 안 있어 다른 모든 종류의 자료에도 쓰이게 되었다. XDS는 XML에 필적하는 표현 능력을 가진 이진 자료 메타 형식이다. XDS가 XML과 비슷하긴 하지만, 그렇다고 단순히 토큰화된 XML인 것만은 아니다. 기본적으로 XML은 가독성과 이식성을 위해 고안된 것이지만, XDS는 파싱 속도와 크기 효율을 위해 고안된 것이다. 실제로 XDS는 그 두 가지 목표를 만족하면서도 XML의 이식성과 국제화 능력을 유지한다.

XML처럼 XDS의 모든 자료도 태그로 구분된다. 그러나 XML과 달리 XDS의 태그들은 2 바이트 식별자이며, 일반적으로 이 태그들이 한 자료 블록에서 유일한 추가부담이다. XDS의 자료 요소들은 강한 형식 점검을 따르며, 해당 C/C++ 형식의 자료가 메모리 안에 저장되는 것과 동일한 형태로 파일 안에 저장된다. XDS는 정수, 열거형 정수, 문자열, 고정소수점 및 부동소수점, 배열, 구조체, 그리고 임의의 그래프 자료구조 등 생각할 수 있는 거의 모든 C/C++ 자료형들을 지원한다.

XDS 파일은 짤막한 헤더 다음에 임의의 개수의 레코드들이 오는 형태이다. 스트림의 이름, 문자 인코딩 방식, 자료형, 특성, 요소, 추가적인 자료 레코드를 지정하는 레코드들이 있고, 물론 실제 자료와 주석을 담은 레코드, 그리고 스트림의 끝을 의미하는 레코드들도 있다.

XDS의 자료 레코드는 하나의 짧은 헤더 다음에 임의의 개수의 특성들과 요소들, 하위 레코드들이 오는 형태이다. XDS 형식은 한 번의 읽기 호출로 한 레코드 전체를 읽을 수 있도록 최적화되어 있다.

XDS의 유연성의 핵심은 XDS 자료 스트림 정의(Data Stream Definition, DSD)에 있다. DSD는 그 자체가 하나의 XDS 파일로, 내용 스트림을 정의하는 레코드들만을 담는다. 즉 DSD는 자료 레코드도 담지 않는 것이다. DSD는 XML의 스키마(schema)와 비슷한 면이 많다. XML 스키마가 XML 파일의 내용을 정의하듯이, DSD는 XDS 스트림 안에 존재하는 형식들과 레코드들, 특성들, 요소들을 정의한다. 또한 하나의 XML 스키마가 그 자체로 하나의 XML 문서이듯이, 하나의 DSD도 하나의 정상적인 XDS 스트림이다. XML과 다른 면이라면, XDS 파일의 자료는 해당 DSD가 없다면 해석할 수 없다는 점이다.

DSD는 XDS 스트림 안에 내장할 수도 있고, 아니면 개별적인 파일로 두고 XDS 스트림에 그 파일에 대한 참조 정보를 집어넣을 수도 있다. 또, XDS 스트림에는 DSD에 대한 어떠한 정보도 두지 않고 XDS 파일을 읽을 프로그램 자체에 스트림 정의를 둘 수도 있다.

XDS 툴킷

XML과 XDS를 독자의 프로젝트의 파이프라인에서 즉시 사용해 볼 수 있도록, 두 가지 도구와 하나의 라이브러리로 구성된 개발 툴킷 하나와 XDS 메타 형식의 완전한 명세서를 부록 CD에 수록했다. 이들은 웹에서 다운받아도 된다 [SP03]. 툴킷의 전체 소스 코드도 포함되어 있다. 이 도구들은 Windows 플랫폼에 대해 작성된 것이지만, 다른 플랫폼으로도 쉽게 이식할 수 있도록 만들어졌다.

XDS 툴킷의 두 도구는 xdsMakeSchema와 xdsConvert이다. 이들은:

■ C/C++ 소스를 분석해서 프로그램이 사용하는 자료형과 변수들을 수집한다.
■ 수집한 자료로 XML 스키마 정의들, XDS DSD들, 그리고 DSD들과 #define들을 담은 C 헤더 파일들을 생성한다.
■ 주어진 XDS DSD를 만족하는 XML 인스턴스 문서를 XDS 자료 파일로 변환한다.

XDS 툴킷에 포함된 **XDS Lite API** 라이브러리는 다음과 같은 기능을 제공한다.

■ XML 인스턴스 문서를 읽는다.
■ XDS 자료 파일을 읽는다.
■ XDS 자료 파일을 기록한다.

그림 1.13.1은 두 도구와 라이브러리, 그리고 그것들이 생성한 파일들의 관계를 나타낸 것이다.

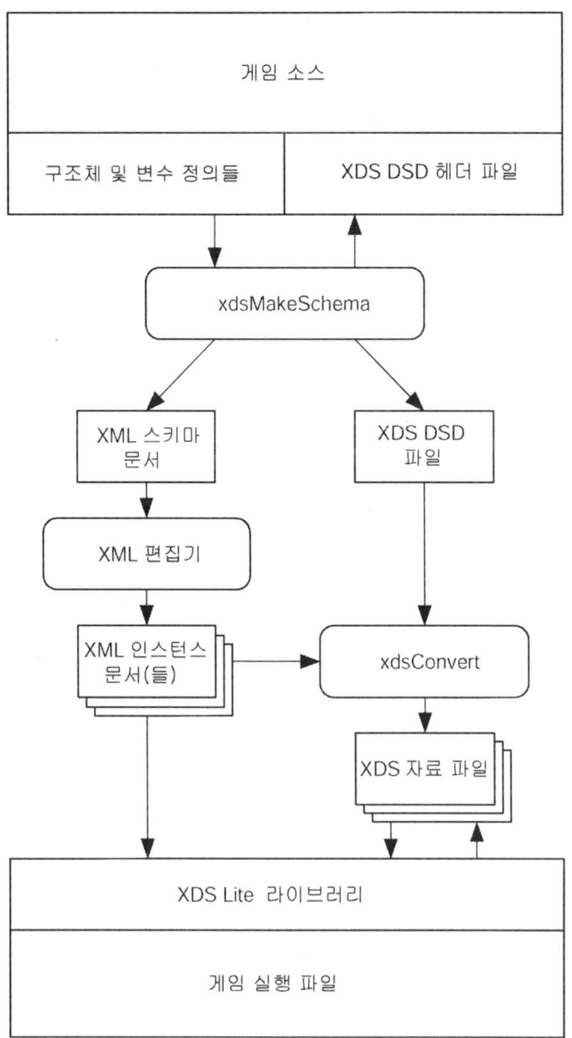

그림 1.13.1 XDS 툴킷의 자료 흐름

XDS 툴킷 사용례

XDS를 사용하는 시스템을 구현하는 게 얼마나 간단한 일인지 보여주기 위해서, 기본적인
XDS 자료 스트림의 생성 과정을 단계 별로 살펴보도록 하겠다. 이 예에서는 간단한 게임의
파워업 아이템 정의들을 담은 자료 파일을 생성하고 불러와 볼 것이다. 다음은 이 목적을

위해 사용할 자료구조와 그에 대한 인스턴스 변수 하나를 정의하는 "powerups.h"라는 헤더 파일이다.

```c
struct PowerUp_t
{
    char szName[10];        // 표시용 이름
    char szImage[16];       // 이미지 파일 이름

    // 건강치 증가/감소 (-128에서 127)
    signed char iHealth;

    // 임시적인 능력/벌칙
    // (값은 초 단위 지속 기간)
    unsigned char iInvulnerability;
    unsigned char iFastMove;
    unsigned char iHighJump;
    unsigned char iStunPlayer;

    // 추가적인 생명치 (개수)
    unsigned char iLifeUp;
};

// 전역 파워업 정의 변수
extern struct PowerUp_t *g_PowerUps;
```

단계 1: 소스에서 형식 자료를 뽑는다

XML 자료 파일을 작성하기 전에, 우선 XML 스키마 정의 문서가 필요하다. 이 문서는 프로그램의 자료형들과 변수들, 그리고 그들이 어떤 식으로 조직화되어 있는지를 서술한다. 그러한 스키마에서 파워업 자료구조를 정의하는 부분은 이런 모습이다.

```xml
<xs:complexType name="PowerUp_t" final="#all">
    <xs:sequence>
        <xs:element name="szName">
            <xs:simpleType>
                <xs:restriction base="xs:string">
                    <xs:maxLength value="10"/>
                </xs:restriction>
            </xs:simpleType>
        </xs:element>
        <xs:element name="szImage">
            <xs:simpleType>
                <xs:restriction base="xs:string">
```

```
          <xs:maxLength value="16"/>
        </xs:restriction>
      </xs:simpleType>
    </xs:element>
    <xs:element name="iHealth" type="xs:byte"/>
    <xs:element name="iInvulnerability"
      type="xs:unsignedByte"/>
    <xs:element name="iFastMove"
      type="xs:unsignedByte"/>
    <xs:element name="iHighJump"
      type="xs:unsignedByte"/>
    <xs:element name="iStunPlayer"
      type="xs:unsignedByte"/>
    <xs:element name="iLifeUp"
      type="xs:unsignedByte"/>
  </xs:sequence>
</xs:complexType>
```

이 예에서 보듯이, **XML** 스키마 문서는 금세 덩치가 불어나며, 간단한 자료 하나를 정의하는 데에도 입력할 것이 많다. 다행히 지금 예에서는 xdsMakeSchema 도구를 이용해 C/C++ 소스에서 형식 정보를 직접 뽑아내어 이런 문서를 생성할 것이므로 걱정할 필요가 없다.

xdsMakeSchema 도구는 효과적이지만 아주 똑똑하진 않다. 이 도구는 주어진 소스 코드에서 모든 전역 자료형들과 변수 정의들을 무작정 추출한다. 이 때문에, 이 도구를 사용하기 전에 C/C++ 소스를 적절히 준비할 필요가 있다. 즉, 이 도구에 전달할 소스에는 자료 파일의 기반으로 사용할 형식들과 변수들만 들어 있어야 한다.

xdsMakeSchema는 명령행 도구로, 사용법은 다음과 같다.

```
xdsMakeSchema [-C] [-m macroFile]
    [-D name [= definition ]] [-U name ]
    [-s streamName] [-r recordName [: lengthSize ]]
    [-o outFile] input-files
```

-s와 -r 옵션을 주지 않으면 스트림 이름은 기본 이름인 "xdsStream"이 되며 "xsdData Record"라는 하나의 레코드 형식만 존재하게 된다. 그러나 여러 개의 레코드 형식들을 가지게 하는 것이 가능하며 또 그렇게 해야 하는 경우도 많다. 추가적인 레코드 형식들을 정의할 때에는 도구 실행 시 -r 옵션을 사용하면 된다.

다음은 파워업 아이템 정의에 대한 **XML** 스키마 문서(powerups.xsd), **XDS DSD** (powerups.dsd), **XDS DSD** 헤더 파일(powerups_dsd.h)을 얻기 위해 이 도구를 실행하는 예이다(모두 한 줄로 입력해야 함).

```
xdsMakeSchema -s Powerups -r Powerup:2 -o powerups.xsd
    -o powerups.dsd -o powerups_dsd.h powerups.h
```

단계 2: XML 인스턴스 문서 작성

이제 사용할 **XML** 스키마 문서가 생겼다. 앞에서 말했듯이, **XML** 편집기들은 **XML** 스키마 문서를 이용해서 그 스키마를 만족하는 **XML** 인스턴스 문서를 만들어낸다. 여기서의 **XML** 인스턴스 문서는, 간단히 말하면 우리가 원하는 자료를 우리가 원하는 형식으로 담고 있는 문서이다.

편집하고자 하는 자료가 좀 더 복잡하다면 자료에 대한 문서 템플릿을 만드는 데 시간을 투자해 보는 것도 좋을 것이다. 최근의 진보된 **XML** 편집기들의 경우 특정한 양식의 빈칸들을 채우면 자동적으로 문서 템플릿을 만들어 주는 기능을 제공하기도 한다. 또, 그런 양식들이 어느 정도 상호작용적인 기능까지 제공하는 경우도 있다.

이 예의 파워업 아이템 자료는 상당히 간단하므로 그냥 직접 편집하기로 하겠다. **XML** 편집기를 열고, 생성된 **XML** 스키마에 근거해서 새 **XML** 인스턴스 문서를 만들면 되는데, 구체적인 방법은 독자가 사용하는 **XML** 편집기에 따라 다를 것이다. 그림 1.13.2는 **XML Spy**의 경우이다.

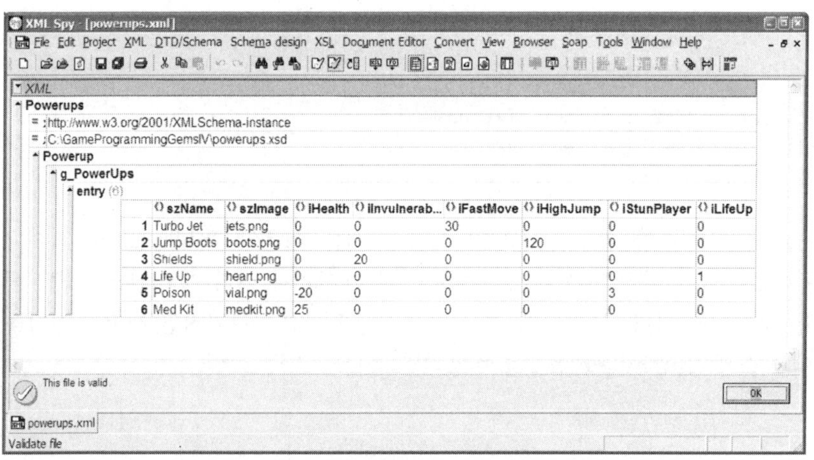

	szName	szImage	iHealth	iInvulnerab...	iFastMove	iHighJump	iStunPlayer	iLifeUp
1	Turbo Jet	jets.png	0	0	30	0	0	0
2	Jump Boots	boots.png	0	0	0	120	0	0
3	Shields	shield.png	0	20	0	0	0	0
4	Life Up	heart.png	0	0	0	0	0	1
5	Poison	vial.png	-20	0	0	0	3	0
6	Med Kit	medkit.png	25	0	0	0	0	0

그림 1.13.2 XML Spy 편집기를 이용해서 게임 자료를 편집

단계 3: XDS Lite API를 게임과 통합

편집기로 만든 **XML** 자료를 게임에서 읽어 들이려면 우선 **XDS Lite** 라이브러리를 컴파일해야 하며, 그런 후에는 **XDS DSD** 헤더 파일을 통해 게임에서 라이브러리의 함수들을 호출해야 한다. 그런데 라이브러리 소스 코드를 컴파일하기 전에 해야 할 일이 조금 있다.

이 라이브러리는 유연성을 위해 코드의 많은 부분에 "#ifdef"를 걸어 놓았다. 그리고 라이브러리를 프로그램과 통합하는 작업을 단순하게 만들기 위해서 콜백 함수들을 여러 개 사용한다. 이 때문에, 이 라이브러리를 사용하려면 먼저 라이브러리를 적절히 구성해야 하며, 콜백 함수들도 구현해야 한다.

라이브러리의 모든 구성 사항들은 "XDSconfig.h"라는 헤더 파일 안에 들어 있는데, 제공된 소스에는 그 헤더 파일이 없고 대신 "XDSconfig_sample.h"라는 예제 구성 헤더 파일이 있다. 그것을 복사하고 독자의 필요에 따라 적절히 수정하면 된다. 그럼 중요한 구성 사항들을 살펴보자.

주요 구성 사항

```
XDS_SUPPORT_XML - XML 파일을 읽으려면 이것을 정의(#define)해야 함.
XDS_SUPPORT_WRITING - XML 파일을 읽으려면 이것을 정의해야 함.
```

콜백 함수 선언

```
int XDS_READ(void *hFile, void *buf, int iSize);
int XDS_WRITE(void *hFile, void *buf, int iSize);
void *XDS_ALLOC(void *buf, int iSize, int iMemType);
void XDS_FREE(void *buf);
void XDS_PROCESSNODE(unsigned short nodeType, void *nodeData,
    unsigned long nodeSize);
void XDS_ERROR(const char *errText);
```

각 항목이 무엇에 쓰이며 어떤 일을 해야 하는지는 "XDSconfig_sample.h" 파일의 주석에 좀 더 자세히 나와 있다. 대부분의 콜백 함수들은 추가적인 설명이 필요 없을 정도로 간단하지만, XDS_PROCESSNODE 함수는 좀 더 설명이 필요할 것 같다.

XDS_PROCESSNODE 함수는 입력 스트림에서 하나의 완전한 자료 블럭을 다 읽었을 때마다 호출된다. 이 함수에 전달되는 자료는 XDS_ALLOC 콜백 함수에 의해 할당된 것이며, 해제는 라이브러리가 아니라 프로그램이 책임져야 한다. XDS_PROCESSNODE의 nodeType 매개변수로 사용할 수 있는 값들은 **XDS DSD** 헤더 파일에서 정의된다. 이 예의 경우 그 헤더 파일은 앞에서 생성한 "powerups.dsd.h"이다. 다음은 그 파일 중 해당 값들을 정의하는 부분이다.

```
#define XDS_Powerups_Powerup      0x0100    // 레코드
#define XDS_Powerups_PowerUp_t    0x0101    // 형식
#define XDS_Powerups__xdsType1    0x0102    // 형식
#define XDS_Powerups_g_PowerUps   0x0103    // 요소
```

이 #define 이름들은 스트림 이름, 레코드 이름, 그리고 "powerups.h"에 있는 형식과 변수 이름들에 근거해서 만들어진 것이다. "_xdsType1"은 자동으로 생성된 익명 형식으로, PowerUp_t 객체들의 배열을 담는 역할을 한다. g_PowerUps가 PowerUp_t를 가리키는 포인터이기 때문에 이러한 형식이 필요한 것이다.

XDS_PROCESSNODE 콜백 함수의 구현은 각 자료 형식을 적절히 처리하는 하나의 switch 문 형태로 구현하는 것이 일반적이다. 다음은 이 파워업 아이템 예에 대한 구현이다.

```
#include "powerups.h"
#include "powerups_dsd.h"

extern int g_iPowerUpCount;
void XDS_PROCESSNODE(unsigned short  nodeType,
  void            *nodeData,
  unsigned long   nodeSize)
{
  switch(nodeType)
  {
  case XDS_Powerups_Powerup:
      // 레코드 시작 - 아무 일도 하지 않음
      break;

  case XDS_Powerups_g_PowerUps:
      // 파워업 자료 - 저장한다.
      g_PowerUps = (struct PowerUp_t *)nodeData;
      g_iPowerUpCount = nodeSize /
        sizeof(struct PowerUp_t);
      break;
  }
}
```

단계 4: 자료를 게임에 읽어 들인다

라이브러리가 적절히 구성, 설정되어 있다고 할 때, 다음으로 할 일은 실제로 자료를 읽어 들이는 것이다. 지금까지 준비한 것들 덕분에, 자료를 읽는 것은 매우 간단하다.

```
#define DEFINE_DSD
#include "powerups_dsd.h"

FILE *fp = fopen("powerups.xml", "rb");

struct xdsHandle *h = xdsInit(fp, "Powerups",
   &XDSDSD_Powerups[0]);

while (xdsReadRecord(h))
    ;

xdsFini(h);
```

POSIX fopen() 함수는 그냥 예시의 목적으로만 쓰인 것이다. 독자가 실제로 사용할 I/O 시스템은 독자의 환경과 요구에 맞게 선택하면 된다. 사실 XDS_READ와 XDS_WRITE 콜백 함수가 존재하는 이유도 그런 선택권을 개발자에게 주기 위한 것이다.

xdsInit()의 XDSDSD_Powerups 인수는 XDS DSD 이진 자료를 담고 있다. 이 자료 자체는 앞에서 xdsMakeSchema로 만든 "powerups_dsd.h" 안에 정의되어 있다. 라이브러리는 이것을 근거로 사용해서 **XML** 자료를 C/C++ 구조체로 변환한다.

단계 5: 좀 더 빠르게

이 파워업 예제는 상당히 작기 때문에 **XML** 파일로 자료를 읽는 게 그리 느리지 않다. 그러나 어떤 게임 레벨 전체를 **XML**로 저장한다면 크기와 속도 저하가 무시할 수 없을 정도가 된다. 자료 읽기 속도를 올리기 위해서 우선적으로 할 일은 xdsConvert를 이용해서 **XML** 자료를 XDS로 변환하는 것이다.

xdsConvert 역시 명령행 도구이다.

```
xdsConvert [ d DSD-file ] [ -x DSD | Comments |
   Signature | Name ] [ -o output-file ] input-files
```

-x 옵션은 출력 스트림에 기록되지 말아야 할 형식들을 지정하는 데 쓰인다. 이 옵션은 여러 개 지정할 수 있다. -o로 지정하는 출력 파일 이름은 입력 파일 이름과는 달라야 한다.

입력 파일들은 여러 개 지정할 수 있다. 즉 xdsConvert는 여러 개의 입력 파일들을 하나의 출력 파일로 합칠 수 있다.

파워업 정보를 담은 **XML** 파일을 변환하는 예는 다음과 같다(한 줄로 입력해야 함).

```
xdsConvert -d powerups.dsd x Name x Comments
   -o powerups.xds powerups.xml
```

변환된 **XDS** 자료 파일을 게임에서 사용하는 것은 아주 간단하다. 앞의 코드에서, 그냥 fopen()의 파일 이름을 변환된 **XDS** 파일 이름으로 바꾸면 된다. **XDS Lite** 라이브러리는 파일 내용을 보고 자동적으로 파일 형식을 판단한다.

단계 6: 좀 더 작게

"XDSconfig.h" 헤더 파일에는 여러 가지 구성 옵션들이 있으며, 그들 모두는 라이브러리의 크기와 속도에 영향을 미친다. 그 중 가장 큰 영향을 미치는 옵션 세 개를 살펴보자.

게임 개발 막바지에 이르면 **XML** 파일은 더 이상 사용할 필요가 없어질 것이고, 그러면 **XML** 지원 코드를 **XDS Lite** 라이브러리에서 제거해도 되는데, 이는 "#define XDS_SUPPORT_XML"을 주석으로 처리함으로써 해결할 수 있다. 이러면 라이브러리의 코드 크기와 메모리 요구량이 상당히 줄어든다.

게임 저장 파일의 읽기, 쓰기에 이 라이브러리를 사용할 것이 아니라면 파일 기록 기능은 없어도 된다. "#define XDS_SUPPORT_WRITING"을 주석 처리하면 파일 기록 기능이 제외된다. 이 역시 라이브러리의 코드 크기와 메모리 요구량을 줄여주나, **XML** 지원을 제거할 때만큼은 아니다.

마지막으로, 라이브러리를 최소한의 크기로, 그리고 최대한 빠르게 만들고 싶다면 "#define XDS_SUPPORT_COMPACTDSD"의 주석을 제거하는 방법이 있다. 이 선택은 파일 기록 기능과 함께 작동하긴 하지만, 선택 가능한 모든 구성 옵션들과 호환되지는 않음을 주의하기 바란다. 만일 이 옵션이 다른 어떤 옵션과 호환되지 않으면 라이브러리를 다시 컴파일할 때 오류가 날 것이다.

종합

표 1.13.1은 게임 개발 프로젝트에서 **XML**과 **XDS**의 가장 바람직한 용도에 대한 지침이라 할 수 있다. 이 지침을 따른다면 **XML**과 **XDS**의 각 장점을 극대화하고 단점을 최소화하는 식으로 그 둘을 적재적소에서 최대한 활용할 수 있을 것이다.

표 1.13.1 프로젝트 단계 별 XML, XDS 용도

개발 단계	자료 형식과 라이브러리
프로젝트 시작/프로토타입	모든 자료에 XML을 사용한다. XML과 XDS 모두를 지원하는 버전의 XDS Lite 라이브러리를 사용한다. 전용 레벨 편집기가 완성되기 전까지는 표준적인 XML 편집기를 사용한다.
레벨 디자인/조율/조정	자주 수정되는 자료에는 XML을, 안정된 자원들에는 XDS를 사용한다. XML과 XDS 모두를 지원하는 버전의 XDS Lite 라이브러리를 사용한다.
통합 테스팅	모든 자료에 XDS를 사용한다. XDS만 지원하는 버전의 XDS Lite 라이브러리를 사용한다.
승인 테스팅/베타/릴리스	모든 자료에 XDS를 사용한다. XDS만 지원하는 버전의 XDS Lite 라이브러리 또는 최적화된 커스텀 XDS 판독기를 포함한 라이브러리를 사용한다.

결론

XDS 메타 형식은 빠르고도 유연하다. 부록 CD에 수록된 도구들과 라이브러리를 이용하면 XDS를 활용하는 게 어렵지 않을 것이다. 그 도구들을 이용하면, 일단 기존의 **XML** 편집기로 작성한 매우 유연하며 가독성 좋은 **XML** 자료로부터 출발해서 그보다 훨씬 **빠르며** 게임 내 자료구조들에 직접 로드할 수 있는 **XDS**로 자연스럽게 옮겨갈 수 있다.

그러나 그 도구들과 라이브러리는 XDS 메타 형식의 전체 기능성 중 일부만을 사용할 뿐이다. 완전히 일반화된 **XDS** 판독기(reader)는 출시 이후에도 내용이 계속 변하는 네트웍 게임들에 특히나 더 매력적일 것이다. 그런 판독기를 잘 설계된 통신 계층의 일부로 사용한다면, 네트웍을 통해 전송하는 자료의 형식들을 이전 버전들과의 호환성을 유지하면서도 자유롭게 변경할 수 있을 것이다.

참고자료

〔Boer01〕 Boer, James, "A Flexible Text Parsing System," *Game Programming Gems 2*, Charles River Media, 2001. 번역서는 "유연한 텍스트 파싱 시스템," *Game Programming Gems 2*, 정보문화사, 2002.

〔Olsen00〕 Olsen, John, "Fast Data Load Trick," *Game Programming Gems*, Charles River Media, 2000. 번역서는 "빠른 데이터 로드 기법," *Game Programming Gems*, 정보문화사, 2000.

〔SP03〕 "XDS Resources" 웹 주소 *http://www. suddenpresence. com/xds*.

〔W3C100〕 W3C, "Extensible Markup Language (XML) 1.0 (Second Edition)," 웹 주소 *http://www. w3. org/TR/REC-xml*, October 6, 2000.

〔W3C299〕 W3C, "XSL Transformations (XSLT) 1.0," 웹 주소 *http://www. w3. org/TR/xslt*, November 16, 1999.

〔W3C301〕 W3C, "XML Schema Part 0: Primer," 웹 주소 *http://www. w3. org /TR/xmlschema-0/*, May 2, 2001.

Section 2
수학

Jonathan Blow

jon@number-none.com

지난 몇 년 간, 이런 종류의 소개문들은 "게임 프로그래머가 일을 제대로 하려면 수학을 많이 알아야 한다" 같은 말로 시작하면서 그를 뒷받침하는 여러 가지 사례들을 늘어놓곤 했다. 실제로 *Game Programmaing Gems 3*에서 John Byrd가 쓴 소개문에는 타당하면서도 명백한 사례들이 몇 가지 나와 있다. 하지만 나는 그런 전례를 따르지 않을 생각이다. 왜냐하면 굳이 그런 걸 강조할 필요도 없기 때문이다. 지금은 게임 프로그래머가 수학을 배워야 한다는 사실을 당연한 것으로 받아들인다. 한 예로, 올해 메일링 리스트[4]에서 가장 뜨거운 주제들 중 하나는 구면조화함수(spherical harmonics)의 용법이었다.

이제 우리는, 난해한 수학이 우리가 자주 마주치는 특정한 엔지니어링 문제들을 해결하는데 꼭 필요한 요소임을 잘 알고 있다. 나는 거기서 한 걸음 더 나아가, 기이하고도 깊은 이유들로 인해, 수학이 우리가 하는 일의 절대적인 중추라고 주장하고 싶다. 이 분야의 달인이 되기 위해서는 이 점을 견지하고 우리의 시스템에 대한 수학적인 사고방식을 개발해야 한다.

게임 제작은 모의 실행되는 세계를 구축하는 것이라 할 수 있다. 모의 실행되는 세계는 종종 체스판처럼 추상적이고 이산적이다. 근래에 들어(컴퓨팅 능력의 증가로 인해) 우리는 좀 더 구체적이고 연속적이며 고도로 상호작용적인 시스템을 만들고 있다. 이 때에 우리는 어김없이 시간, 공간, 수치 등 물리에서 가져온 개념들을 다루게 된다.

우리는 우리가 실제로 살고 있는 세상에 대한 비유이자 종종 모방이기도 한 작은 세계를 구축하려 한다. 이러한 사실은 바로 물리적 세계에 대한 "수학의 비이성적 효과(The

---

4) 역주: 아마도 Game Development Algorithms 리스트일 것이다. 수학이나 기타 고급 알고리즘들에 대한 논의가 활발히 진행되는 곳으로, Jonathan의 이름도 자주 볼 수 있다. 등록 신청 및 아카이브는 http://lists.sourceforge.net/lists/listinfo/gdalgorithms-list를 참고할 것

Unreasonable Effectiveness of Mathematics)"라고 하는 중요한 개념과 연관된다. 이에 대한 배경 지식은 R.W. Hamming의 논의 [Hamming80]와 Eugene Wigner의 초기 논고 [Wigner60]를 보기 바란다. 여기서 그 저자들의 논의를 되풀이하지는 않겠다. 그 논의의 요지인 즉, 수학은 우리의 세계를 서술하기 위한 "올바른" 언어인 것처럼 보이며, 누구도 그 이유를 진정으로 이해하지는 못한다는 것이다. Hamming은 "우리는 세계가 수학과 상당히 비슷한 어떤 논리적 패턴으로 조직화되어 있는 것처럼 보이는 현상을, 즉 수학이 과학과 공학의 언어임을 언제, 어디서라도 설명하기 시작해야 한다."라고 말하고 있다.

Hamming과 Wigner는 수학적 개념(예를 들면 복소수 체계 등)이 처음에는 어떠한 물리적 용도 없이 수학의 한 분야에서 발생되었다가, 이후 그것이 물리학의 특정 측면에 대한 정확한 서술임이 판명된 여러 가지 사례들을 제공한다. 관찰을 통해 발견되지 않은 물리적 현상을 수학이 예측한 경우도 있다.

과학의 시대에 태어나고 자란 우리들은 수학과 실세계 사이의 이러한 일치를 당연한 것으로 받아들이는 경향이 있지만, 한 발 뒤로 물러나서 우리가 가진 기본적인 생각들을 다시 되씹어 보면 그러한 일치가 얼마나 놀라운 것인지 새삼 느끼게 된다. 그러한 일치가 게임 제작 활동과는 어떤 관련이 있을까? 비이성적 효과라는 개념을 아주 단순하고도 과감하게 설명하자면, 물리적 세계가 수학으로(다른 것들도 있겠지만) 구성되어 있다고 보는 관점이 상당히 타당하다는 이야기이다.

우리는 실세계와 비슷한 무언가를 만들고자 하며, 실세계는 수학으로 이루어져 있다. 그렇다면 수학 없이 어떻게 실세계와 비슷한 무언가를 만들 수 있겠는가? 물리적 세계가 어떠한 수학적 개념들(도함수 또는 초복소수 등)을 담고 있는 만큼, 세계를 깊숙이 체현하려면 그런 개념들에 통달할 필요가 있다.

이러한 관점은 우리가 대부분의 시간을 소비하는 알고리즘과 자료구조보다 수학이 더 근본적이라는 결론으로 이어질 수 있다. 어떤 의미로는, 수학이 바로 우리가 만들고자 하는 것이고, 알고리즘과 자료구조는 그냥 구현 상의 세부일 뿐이다.

시간이 흘러, 게임 제작 기술이 훨씬 더 진보하고 물리에 대한 추구 역시 더욱 강해진다고 하자. 그렇다면 우리는 물리적 세계의 작은 부분과 거의 구분할 수 없는 게임들을 만들 것이다. 그런 상황이라면 고등 물리학자들을 "실험 형이상학자"라고 볼 수 있으며, 선구적인 게임 엔진 제작자를 "구축 형이상학자"라고 볼 수 있을 것이다. 현재로서는 게임 프로그래머와 물리학자를 같은 선상에 둔다는 게 좀 우스울 수도 있겠지만, 우리가 좀 더 노력한다면, 그리고 시간이 지난다면 그런 상황에 도달할 수 있을 것이다.

게임 프로그래밍은 아직 유아기에 머물고 있지만, 언젠가는 고급 시뮬레이션 기법들을 통해서 실세계의 저수준 행동들을 밝혀나가는 일도 생겨나게 될 것이다. 이 섹션의 글들은 아기 걸음마에 해당하는 것이라 할 수 있다. 그런 걸음걸음을 따라가다 보면 우리는 좀 더 큰 무언가로 성장하게 될 것이다.

너무 거창한 이야기를 한 것 같은데, 좀 더 단기적인 관점에서 본다면, 이 섹션의 글들은 우리가 매일 마주치는 공학적 문제들을 푸는 데 도움을 주기 위한 것들이다.

참고자료

〔Hamming80〕 Hamming, R. W., "The Unreasonable Effectiveness of Mathematics," *American Mathematical Monthly*, Vol. 87, No. 2 (February 1980), 웹 주소 *http://www. lecb. ncifcrf. gov/~toms/Hamming. unreasonable. html.*

〔Wigner60〕 Wigner, Eugene, "The Unreasonable Effectiveness of Mathematics in the Natural Sciences," *Communications in Pure and Applied Mathematics*, Vol. 13, No. 1 (February 1960). New York: John Wiley & Sons, Inc, 웹 주소 *http://www. dartmouth. edu/~matc/MathDrama/reading/Wigner. html.*

2.1 메르센느 트위스터를 이용한 조브리스트 해시

Toby Jones, *Human Head Studios, Inc.*
tjones@humanhead.com

많은 게임들에서, 어떠한 의사결정을 내리기 위해서는 게임 상태들을 깊고 넓게 검색해야 한다. 일단 하나의 게임 상태를 계산했다면, 하나의 평가 함수를 이용해서 그 상태의 장, 단점을 결정한다. 이는 체스 [Moreland01], 바둑 [Huima00], 오델로 같은 게임들에서 흔히 쓰이는 기법이며, 주요 체스 게임들 중 많은 것들이 그런 기법의 변형을 사용한다. 이런 기법은 전략 게임들, 특히 턴 방식 전략 게임들에도 매우 적합하다. 캐릭터들에 대해 이산적인 상태들을 정의할 수 있다면, 고수준 캐릭터 AI 역시 이런 기법을 사용할 수 있다.

좋은 검색 기법은 한정된 시간 안에서 많은 개수의 게임 상태들을 평가할 수 있어야 한다. 전략 게임의 특성 상, 게임 상태들은 반복될 수 있으며, 서로 다른 움직임들의 집합들에서 같은 상태가 나타나는 것도 가능하다. 한 게임 상태에 대한 평가 함수 수행 시간은 성능에 큰 영향을 미치곤 하므로, 평가 함수의 실행 횟수를 최소화할 필요가 있다.

체스의 경우, 이전에 평가했던 모든 체스판 상태 내용들을 보존하는 식으로 평가 횟수를 줄일 수 있다. 새 체스판을 평가할 때에는 먼저 그것을 캐시에 있는 기존 체스판들의 목록과 비교하고, 만일 이전에 평가했던 체스판 상태라면 그냥 그 결과를 사용하면 된다. 목록의 검색은 선형적인 연산(즉 $O(n)$)이나, 해시를 이용하면 상수 시간에 근접할 정도로 검색 시간을 개선시킬 수 있다.

조브리스트 해시

조브리스트 해시(Zobrist hash)는 한 게임 상태의 해시 키를 이전 게임 상태의 해시 키를 이용해서 빠르게 계산하는 방법이다 [Zobrist70]. 조브리스트 해시는 어떤 특정한 해시 함수를 가리키는 것이 아니라, 해싱에 매우 적합한 게임 상태에 기반해서 키들을 생성하는 하나의 방법을 의미한다. 조브리스트 해시의 몇 가지 핵심적인 사항들을 이야기하자면:

■ 조브리스트 해시는 간단하고 빠른 연산들로 구현할 수 있다.

■ 전체 해시를 재계산하지 않고도 연산들을 되돌릴 수 있다.

■ 비슷한 게임 상태들이 상당히 다른 키들을 만들어내므로 해시 충돌이 줄어든다.

조브리스트 해시의 세부적인 구현 방법은 응용에 따라 다르지만, 그 개념은 동일하다. 게임 상태를 그 게임 상태의 매개변수들을 뜻하는 난수들과 결합한다. 이 때 결합은 하나의 빠른 수학 연산을 통해서 일어나는데, 그 연산은 반드시 결합법칙과 교환법칙을 만족해야 한다. 이는 연산들을 임의의 순서로 되돌릴(undo) 수 있어야 하기 때문이다. 난수들을 사용하는 이유는, 비슷한 상태들을 적용한다고 해도 여러 개의 비트들이 다른 해시 키들을 만들어내기 위한 것이다.

예를 들어 체스판의 졸(pawn)들의 집합에 대한 조브리스트 키를 만든다고 하면, 체스판의 각 칸에 난수를 배정하고, 졸들이 있는 칸의 값들을 모두 더한다.

이제 그 졸들 중 하나를 움직인다고 하자. 조브리스트 해시의 매력은, 새 키를 만드는 데 그리 많은 일이 필요하지 않다는 점이다. 그냥 현재 졸 위치의 값을 현재 키에서 빼고 새 위치의 값을 더하면 된다. 덧셈은 결합법칙과 교환법칙을 만족하므로, 그 새 해시 키는 해시 키를 완전히 새로 계산했을 때 나온 결과와 동일하다. 이러한 특징 덕분에 검색 트리를 구축하는 시간이 크게 줄어든다.

조브리스트 해시의 구현

체스에서는 64 비트 키가 주로 쓰인다. 체스판에는 2^{64} 개 이상의 유효한 위치들이 존재하지만, 검색 가능한 위치들의 개수는 그보다 훨씬 작다. 따라서 64 비트 키로도 충분히 가능하다.

n 차원 조브리스트 테이블을 만들고 거기에 64 비트 난수들을 채운다. n은 해당 게임 상태 매개변수들의 개수에 따라 다르다. 체스의 경우 일반적으로 매개변수들은 말의 위치, 말의 종류, 말의 색이다. 다음에 둘 말의 색 역시 하나의 차원이 될 수 있지만, 지금 다루고자 하는 것은 체스판의 상태이지 체스 말의 상태가 아니므로 그 차원을 추가할 필요는 없다. 그 부분은 다른 어딘가에서 처리하면 된다.

```
uint64_t m_aZobristTable[BOARD_SIZE]
    [NUM_PIECES]
    [NUM_COLORS];
```

이제 각 말의 매개변수들을 배타적 논리합(XOR)으로 합친다. 배타적 논리합은 같은 입력을 사용했을 때 가역적이라는 장점을 가지고 있다. 체스판의 모든 말들에 대해, 각 말의 위치와 종류, 색을 조브리스트 테이블의 색인들로 해서 값들을 배타적 논리합으로 합쳐 키를 만든다.

```
uZobristKey ^= m_aZobristTable[pos][piece][color];
```

이 키 값은 XOR로 합쳐진 것이므로, 말 하나를 움직일 때에는 원래 위치의 값을 키와 XOR하고 그런 다음 새 위치의 값을 다시 키와 XOR하기만 하면 된다.

일단 키를 만든 후에는, 만일 현재 플레이어가 검은 색이면 하나의 64 비트 상수를 키에 XOR한다. 아니면 상수를 항상 키에 XOR해서 현재 플레이어를 변경할 수도 있다. 수를 둘 플레이어를 조브리스트 테이블의 한 차원으로(다음에 둘 말의 색 형태로) 둘 수도 있지만, 이렇게 하나의 상수를 사용하면 해시 키를 완전히 다시 재계산하지 않고도 현재 플레이어를 빠르게 전환할 수 있다.

계산된 조브리스트 키를 해시 키로 사용하는 방법은 여러 가지겠지만, 가장 간단한 방법은 이 키를 해시 테이블 크기로 나눈 나머지(modulo)를 주소로 사용하는 것이다. 충돌은 속도를 위해 안정성을 포기해도 큰 문제가 없을 정도로 드물다. 일반적으로, 조브리스트 해시를 사용할 때 충돌은 대부분 해시 테이블이 너무 작기 때문에 일어난다. 해시 테이블은 가상 메모리를 요구하지 않는 한도 안에서 물리적 메모리를 최대한 사용할 정도로 커야 한다.

해시 테이블 충돌의 최소 개수는 조브리스트 테이블의 수치들의 선택과 관련되어 있다. 난수들을 사용하기 때문에, 하나의 게임 말을 옮기면 상당히 다른 조브리스트 키가 만들어진다. 조브리스트 테이블의 수치들은 의도적으로 신중히 선택할 수도 있겠지만, 그냥 고도로 무작위적인 난수들을 사용해도 된다. C rand() 함수를 이용해서 조브리스트 테이블 수치들을 만들기도 하는데, rand() 함수는 그리 무작위적이지 않으며 오직 15 비트 난수들만 만들어낸다. 따라서 빠르고, 64 비트이며, "좀 더 무작위적인" 난수 생성 함수가 필요하다.

메르센느 트위스터

메르센느 트위스터(Mersenne Twister)는 엄청나게 긴 주기와 고차의 균일분포를 가진 빠른 의사난수 생성기이다. 의사난수라는 것에 어떤 수학적 정의가 존재하는 것은 아니지만, 메르센느 트위스터는 많은 사람들이 강력한 의사무작위성 검사 방법이라고 간주하는 k 분포 검사를 비롯해 여러 검사들을 만족했다.

메르센느 트위스터의 바람직한 특성들을 들자면:

- 64 비트 수를 생성하도록 구현을 개조하는 게 쉽다.
- 623 차의 균일분포 성질은 생성된 수의 모든 비트들이 상당히 무작위임을 보장한다.
- 주기, 즉 반복이 일어나기 전까지의 난수 개수가 $2^{19937}-1$이나 된다.
- 간단하고 빠른 연산들로 구현할 수 있다. 캐시 지원도 쉽다. 많은 구현들이 rand()보다 훨씬 빠르다.

이들 모두는 어떠한 범용 난수 발생기에 대해서도 바람직한 특성들이나, 조브리스트 해시에서 사용할 때 중요한 것은 처음 두 특성이다.

기존의 발생기들은 여러 가지 결함들을 가지고 있는데, 메르센느 트위스터는 그런 결함들을 해결하기 위해 고안된 것이다. 메르센느 트위스터는 다음과 같은 선형 점화식을 근거로 한다.

$$x_{k+n} = x_{k+m} \oplus (x_k^u \mid x_{k+1}^\lambda)A \tag{2.1.1}$$

x는 w 비트 워드이다. x_k^u는 x_k의 상위 $w-r$ 비트이고, x_{k+1}^λ는 x_{k+1}의 하위 r 비트이다. $\oplus$와 $\mid$는 각각 **XOR**와 결합 연산자[5])이다. w, r, m, n, A는 모두 상수 매개변수들이다.

A는 다음과 같은 형태의 $w \times w$ 행렬이다.

$$\begin{pmatrix} 0 & I_{w-1} \\ a_{w-1} & a \end{pmatrix} \tag{2.1.2}$$

I_{w-1}은 하나의 단위행렬이고 a는 $a_{w-2} \ldots a_0$을 뜻하는 하나의 벡터이다. 모든 메르센느 트위스터 매개변수들은 생성된 난수의 특성에 영향을 미치지만, 이런 형태의 행렬을 선택한 이유는 빠른 비트 연산들로 구현할 수 있기 때문이다.

워드를 생성한 후에는, k 분포를 개선하기 위해 다음과 같은 변환들을 적용한다.

$$y = x \oplus (x \gg u)$$

$$y = y \oplus ((y \ll s) \cap b)$$

---

5) 역주: 즉, x_k의 상위 $w-r$ 비트들과 x_{k+1}의 하위 r 비트들을 연결해서 하나의 w 비트 워드를 만드는 역할을 한다.

$$y = y \oplus ((y \ll t) \cap c)$$

$$y = y \oplus (y \gg l) \tag{2.1.3}$$

$u,\ s,\ t,\ l,\ b,\ c$는 모두 메르센느 트위스터 구현의 상수 매개변수들이고, $\ll$와 $\gg$는 각각 왼쪽, 오른쪽 비트 이동, 그리고 $\cap$는 비트단위 AND이다.

메르센느 트위스터는 매개변수화된 알고리즘이며, 어떤 매개변수들을 사용하느냐에 따라 난수의 성질이 결정된다. 추천되는 구현인 MT19937의 경우는 다음과 같은 수치들을 사용한다.

$$w = 32, \quad n = 624, \quad m = 397, \quad r = 31$$

$$u = 11, \quad s = 7, \quad t = 15, \quad l = 18 \tag{2.1.4}$$

$$A = 0x9908B0DFA$$

$$b = 0x9D2C5680$$

$$c = 0xEFC60000$$

메르센느 트위스터의 구현

우선 크기 624의 배열 s_aMT에 32 비트 수(종자)들을 채운다. 모두가 0이 아니라면 어떤 수들이라도 상관없다. [Matsumoto98]의 참조 구현은 종자를 지정한 난수 발생기를 사용하나, 여기서는 그냥 고정된 소수들로 채우기로 한다. 어떤 종자이든 동일한 주기를 가지므로, 이 부분에서는 참조 구현을 반드시 따를 필요가 없다.

이제 m_ix를 s_aMT의 색인으로 해서 32 비트 난수를 생성한다.

```
static const int        MT_W = 32;
static const int        MT_N = 624;
static const int        MT_M = 397;
static const int        MT_R = 31;
static const uint32_t   MT_A = 0x9908b0df;
static const int        MT_U = 11;
static const int        MT_S = 7;
static const uint32_t   MT_B = 0x9d2c5680;
static const int        MT_T = 15;
static const uint32_t   MT_C = 0xefc60000;
```

```
static const int        MT_L = 18;
static const uint32_t    MT_LLMASK = 0x7fffffff;
static const uint32_t    MT_UMASK = 0x80000000;

uint32_t y;
y = s_aMT[m_ix++];
y ^= y >> MT_U;
y ^= y << MT_S & MT_B;
y ^= y << MT_T & MT_C;
y ^= y >> MT_L;
```

이런 식으로 배열의 원소 624 개를 모두 사용한 후에는 배열을 갱신한다. 아마도 여기가 메르센느 트위스터에서 가장 복잡한 부분일 것이다.

```
for(int kk = 0; kk < MT_N; kk++)
{
   uint32_t ui = (s_aMT[kk] & MT_UMASK) |
       (s_aMT[(kk + 1) % MT_N] & MT_LLMASK);
   s_aMT[kk] = s_aMT[(kk + MT_M) % MT_N] ^
       (ui >> 1) ^ ((ui & 0x00000001) ? MT_A : 0);
}
```

실제 구현에서는 루프를 펼쳐서 나머지 연산들을 제거하는 최적화를 적용하기도 한다.

메르센느 트위스터는 32 비트 수를 생성하지만, [Matsumoto98]에는 일련의 두 32 비트 수들을 합쳐서 하나의 64 비트를 생성하는 것도 유효하다고 나와 있다.

메르센느 트위스터의 경우 암호화에 적합한 것은 아니나, 잡음 생성이나 rand()의 **빠른** 대안 등 좋은 용도를 많이 가지고 있으며, 고차의 균일분포 성질 덕분에 고도로 무작위적인 수들을 요구하는 조브리스트 테이블을 채우는 용도에 매우 적합하다.

결론

조브리스트 해시는 게임 상태의 반복 평가를 줄이는 데 도움이 된다. 평가 횟수를 줄인다면 좀 더 복잡한 평가 함수를 이용해서 **AI**를 보다 똑똑하게 만들 수 있는 가능성이 열린다. 메르센느 트위스터는 빠르고 견고하다는 점에서 rand() 대신 사용하기에 매우 적합하다. 메르센느 트위스터는 조브리스트 해시와 함께 사용할 때뿐만 아니라 다른 분야에서 독자적으로 사용하기에도 훌륭한 난수 생성 알고리즘이다.

참고자료

〔Huima00〕 Huima, Antti, "A Group-Theoretic Zobrist Hash Function," 웹 주소 *http://http://persoweb. francenet. fr/~fgrieu/zobrist. pdf*, December 31, 2000.

〔Matsumoto98〕 Matsumoto, Nishimura, "Mersenne Twister: A 623-dimensionally equidistributed uniform pseudorandom number generator," 웹 주소 *http://www. math. keio. ac. jp/~matumoto/emt. html*, January 1998.

〔Moreland01〕 Moreland, Bruce, "Computer Chess," 웹 주소 *http://www. seanet . com/~brucemo/chess. htm*, 2001.

〔Zobrist70〕 Zobrist, A. L., "A New Hashing Method with Application for Game Playing," Technical Report 88, University of Wisconsin, April 1970.

2.2 절두체와 카메라 정보 추출

Waldemar Celes, *Computer Science Department, PUC-Rio*

celes@inf.puc-rio.br

그래픽 알고리즘들 중에는 물체 공간 안에서의 시야 절두체 관련 정보와 카메라 매개변수들을 알아야 하는 것들이 있다. 예를 들어 선별(culling) 알고리즘을 위해서는 경계입체와 시야 절두체 평면들의 교차 여부를 알아내야 한다. 다해상도 알고리즘들에서 적절한 세부수준을 계산하려면 카메라 매개변수들이 필요하다. 그리고 빌보드를 배치하기 위한 간단한 알고리즘이라도 그런 정보(시선 방향과 카메라 위쪽 방향 등)가 필요하다. 그러한 알고리즘들을 특정한 그래픽 엔진과 독립적인 형태로 설계하려 한다면, 카메라 위치와 방향 정보를 엔진에 의존할 수는 없고 직접 구해야 한다. 다행히 변환 행렬들(모델링, 뷰, 투영)에서 절두체와 카메라 정보를 추출하는 간단한 방법이 존재한다.

이 글에서는 그러한 정보를 쉽게 추출하는 방법에 대해서 상세히 살펴본다. 방법은 사용하는 그래픽 API에 따라 조금 다를 수 있는데, 이 글은 우선 OpenGL을 중심으로 이야기한 후 다른 API들에 대해 적용하는 방법을 설명한다. 그리고 이 방법을 임의의 투영 변환들에 대해 확장하는 방법도 이야기한다.

평면 변환

정점이 렌더링 파이프라인의 기하 단계를 거치면서, 정점의 좌표는 물체 공간에서 절단 공간에 이르기까지 여러 가지 공간(좌표계)들로 변환된다 [Akenine-Möller02]. 그림 2.2.1은 전형적인 렌더링 파이프라인에 존재하는 일련의 공간들과 그에 해당하는 변환 행렬들을 나타낸 것이다. 시야절두체는 절단 공간 안의 정규화된 시야 입체를 나타내는, 축에 정렬된 하나의 상자로 변환된다.

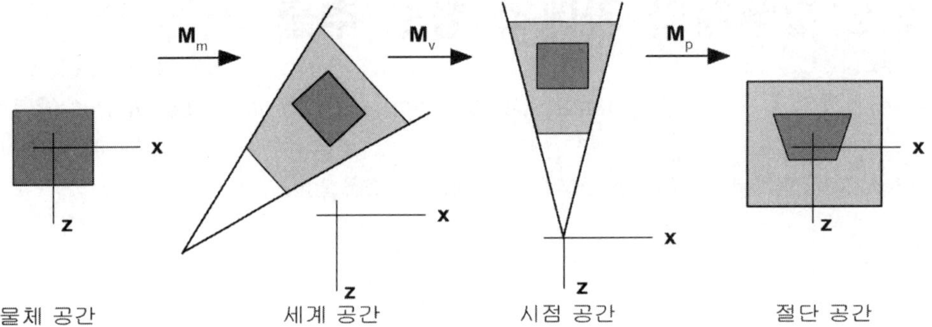

그림 2.2.1 렌더링 파이프라인의 흐름에 따라 배치된 공간들과 변환 행렬들. 성능 상의 이유로, OpenGL 에서는 모델 변환 행렬 *Mm*과 뷰 변환 행렬 *Mv*를 하나의 모델뷰 행렬 *Mmv*로 결합해서 사용한다.

한 공간의 정점 **V**를 다른 공간으로 변환할 때에는 그에 해당하는 변환 행렬 **M**을 곱한다. 그러면 변환된 정점 **V′**=**MV**가 나온다. 다각형들을 변환할 때에도 바로 그 행렬이 쓰인다. 사실 다각형을 변환한다는 것은 다각형의 모든 정점들을 변환한다는 뜻이다.

그런데 정점의 변환에 사용한 행렬 **M**을 항상 평면(그리고 법선)을 변환하는 데 사용할 수 있는 것은 아니다. 그림 2.2.2를 보자. 이것은 하나의 단위 입방체에 전단(shear) 변환을 적용하는 것이다. 전단 행렬을 이용해서 입방체의 오른쪽 평면을 변환하면 부정확한 결과가 나온다(그림 2.2.2(b)). 법선 벡터가 해당 표면과 더 이상 수직이 아니게 되는 것이다. 그럼 평면(그리고 법선 벡터)을 변환하기 위해서는 어떤 행렬을 사용해야 할까?

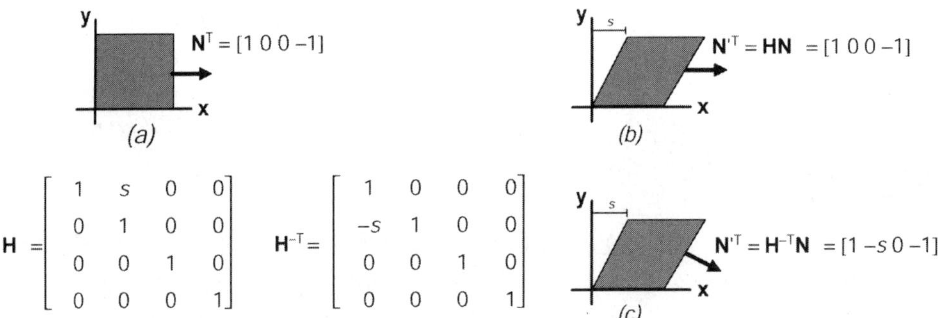

그림 2.2.2 전단 변환 행렬 H로 평면을 변환하는 경우: (a) 원래의 모형, (b) 잘못된 평면 변환, (c) 정확한 평면 변환

[Foley96]에도 나와 있듯이, 평면은 정점을 변환하는 데 쓰인 행렬의 역행렬의 전치행렬(이하 역전치행렬)로 변환할 수 있다. 평면 방정식은 다음과 같이 주어진다.

$$ax + by + cz + d = 0 \qquad (2.2.1)$$

평면 방정식의 계수들을 하나의 4차원 열벡터 $\mathbf{N}^{T} = [a\ b\ c\ d]$로 나타내고 동차좌표를 이용해서 그 평면 상의 점 $\mathbf{P}^{T} = [x\ y\ z\ 1]$을 표기한다면, 평면 방정식을 다음과 같이 벡터 형태로 쓸 수 있다.

$$\mathbf{N}^{T}\mathbf{P} = 0 \qquad (2.2.2)$$

점 $\mathbf{P}$를 행렬 $\mathbf{M}$으로 변환한다고 할 때, 위의 관계를 그대로 유지하면서 평면을 변환하는, 즉 다음 식을 만족하는 행렬 $\mathbf{Q}$를 찾아야 한다.

$$\mathbf{N'}^{T}\mathbf{P'} = (\mathbf{QN})^{T}(\mathbf{MP}) = 0 \qquad (2.2.3)$$

이 식을 다시 쓰면:

$$(\mathbf{QN})^{T}(\mathbf{MP}) = \mathbf{N}^{T}\mathbf{Q}^{T}\mathbf{MP} = \mathbf{N}^{T}(\mathbf{Q}^{T}\mathbf{M})\mathbf{P} \qquad (2.2.4)$$

만일 $\mathbf{Q}^{T}\mathbf{M} = \mathbf{I}$이면 $\mathbf{N}^{T}(\mathbf{Q}^{T}\mathbf{M})\mathbf{P} = \mathbf{N}^{T}\mathbf{IP} = \mathbf{N}^{T}\mathbf{P} = 0$이 된다. 따라서 $\mathbf{Q} = (\mathbf{M}^{-1})^{T} = \mathbf{M}^{-T}$이다. 결론적으로, 행렬이 임의의 변환들을 포함하고 있다고 해도 가역적이기만 하면(즉 특이행렬이 아니면) 그 행렬의 역의 전치 행렬을 이용해서 평면을 변환할 수 있는 것이다. 그림 2.2.2(c)는 전단 행렬의 역전치를 적용해서 행렬을 제대로 변환한 예이다.

만일 법선 벡터만 제대로 변환하면 되는 경우라면 $\mathbf{N}^{T} = [a\ b\ c\ 0]$이며, 그러면 고려해야 할 것은 행렬의 왼쪽 위 3×3 부분뿐이다 [Turkowski90]. 이 경우 행렬은 각도를 보존하지 않는 변환들(전단 변환이나 비균일 비례 등)은 포함할 수 있지만 원근 변환을 포함해서는 안 된다. 또, 정점 행렬이 오직 강체 변환들과 균일 비례들로만 구성되어 있다면 특별한 처리가 필요 없다. 즉 정점을 변환하는 행렬을 평면에 그대로 적용하면 되는 것이다.

정점을 변환하는 행렬의 역전치행렬로 평면을 변환한다는 사실에서, 변환된 평면으로부터 원래의 평면을 추출하는 방법을 알아낼 수 있다. 한 공간의 평면을 행렬 $\mathbf{Q}$를 이용해서 다른 공간으로 변환했다고 할 때, 그 역행렬인 $\mathbf{Q}^{-1}$을 변환된 평면에 적용하면 평면은 다시 원래의 공간으로 되돌아간다. 따라서 정점 $\mathbf{M}$을 변환하는 데 쓰인 행렬을 알 수 있다면, 그것의 전치행렬이 바로 평면의 역변환에 필요한 행렬인 것이다($\mathbf{Q}^{-1} = \mathbf{M}^{T}$).

절두체 정보 추출

시야 절두체는 여섯 개의 평면들, 즉 왼쪽, 오른쪽, 위, 아래, 가까운, 먼 평면들로 정의된다. 그림 2.2.3은 그러한 평면들을 2차원적으로 표현한 것이다. 절단공간 안에서의 평면들을 알고 있다고 할 때, 정점들을 변환하는 데 사용한 행렬의 전치를 적용해서 이 평면들을 다시 물체 공간으로 되돌릴 수 있다.

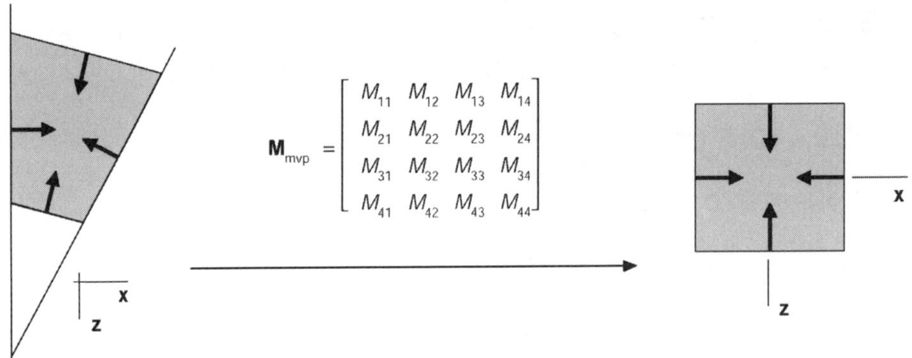

$$\mathbf{M}_{mvp} = \begin{bmatrix} M_{11} & M_{12} & M_{13} & M_{14} \\ M_{21} & M_{22} & M_{23} & M_{24} \\ M_{31} & M_{32} & M_{33} & M_{34} \\ M_{41} & M_{42} & M_{43} & M_{44} \end{bmatrix}$$

그림 2.2.3 물체 공간과 절단 공간의 시야 절두체 평면들과 정점 변환 행렬

OpenGL의 경우를 보자. 모델뷰 행렬을 $\mathbf{M}_{mv}$, 투영 행렬을 $\mathbf{M}_p$라고 하자. 이 둘을 결합하면 하나의 모델뷰-투영 행렬 $\mathbf{M}_{mvp}=\mathbf{M}_p\mathbf{M}_{mv}$가 된다. 이것은 정점들을 물체 공간에서 절단 공간으로 변환한다(그림 2.2.3). 그리고 이것의 전치행렬 $\mathbf{M}_{mvp}^{\mathrm{T}}$는 절단 공간의 평면들을 물체 공간으로 변환한다.

절단 공간의 정규화된 시야 입체는 변환된 시야 절두체를 나타낸다. 따라서 그 정규화된 입체 평면들로부터 물체 공간의 시야 절두체 평면들을 얻을 수 있다. 평면 방정식의 계수 행렬을 모델뷰-투영 행렬에 곱하기만 하면 된다. 사실 완전한 행렬 벡터 곱하기를 수행할 필요도 없다. 정규화된 시야 입체는 축에 정렬된 입방체이며 절단 공간 안의 평면 방정식들은 상당히 단순하기 때문에, 물체 공간의 평면들을 행렬 성분들로 직접 표현할 수 있다.

왼쪽 평면을 생각해 보자. OpenGL에서 정규화된 입체는 대각선 정점들이 $(-1, -1, -1)$과 $(1, 1, 1)$인 하나의 입방체이다. 따라서, 절단 공간에서 왼쪽 평면의 법선 벡터는 (a', b', c') $= (1, 0, 0)$로 주어진다. 점 $(-1, 0, 0)$이 그 평면에 속한다는 사실로부터 평면의 계수들을 알아낼 수 있다. 점의 좌표들을 평면 방정식에 대입하면 $1(-1) + d' = 0$, 즉 $d'=1$이다. 따라서 절단 공간의 왼쪽 평면은 $\mathbf{N'}^{\mathrm{T}} = [1 \quad 0 \quad 0 \quad 1]$이며, 이것을 전치행렬로 변환하면:

$$\mathbf{N} = \mathbf{M}_{mvp}^{\mathrm{T}}\,\mathbf{N'} = [M_{11}+M_{14} \quad M_{12}+M_{42} \quad M_{13}+M_{43} \quad M_{14}+M_{44}]^{\mathrm{T}} \tag{2.2.5}$$

다른 평면들 역시 이런 식으로 구할 수 있다. 다음은 그런 방식으로 얻은 각 평면의 계수들이다. [Gribb01, Akenine-Möller02]에는 같은 결과를 얻는 다른 방법이 나와 있다.

$$\mathbf{N}_{left} = [M_{41} + M_{11} \quad M_{42} + M_{12} \quad M_{43} + M_{13} \quad M_{44} + M_{14}]^{\mathrm{T}}$$

$$\mathbf{N}_{right} = [M_{41} - M_{11} \quad M_{42} - M_{12} \quad M_{43} - M_{13} \quad M_{44} - M_{14}]^{\mathrm{T}}$$

$$\mathbf{N}_{bottom} = [M_{41} + M_{21} \quad M_{42} + M_{22} \quad M_{43} + M_{23} \quad M_{44} + M_{24}]^{\mathrm{T}}$$

$$\mathbf{N}_{top} = [M_{41} - M_{21} \quad M_{42} - M_{22} \quad M_{43} - M_{23} \quad M_{44} - M_{24}]^{\mathrm{T}}$$

$$\mathbf{N}_{near} = [M_{41} + M_{31} \quad M_{42} + M_{32} \quad M_{43} + M_{33} \quad M_{44} + M_{34}]^{\mathrm{T}}$$

$$\mathbf{N}_{far} = [M_{41} - M_{31} \quad M_{42} - M_{32} \quad M_{43} - M_{33} \quad M_{44} - M_{34}]^{\mathrm{T}}$$

$$(2.2.6)$$

카메라 정보 추출

절두체 평면들을 알아냈다면, 필수적인 카메라 매개변수들은 모두 외적과 평면 교점들을 통해서 알아낼 수 있다. 그리고 모델뷰 행렬을 이용해서 시점 공간에서 물체 공간으로의 변환 정보도 알아낼 수 있다.

시선 방향 벡터와 상향 벡터

카메라가 바라보는 방향, 즉 시선 방향은 가까운 평면의 법선 벡터 $\mathbf{V}_{dir}^{\mathrm{T}} = [a_{near} \quad b_{near} \quad c_{near}]$의 방향과 같다. 모델뷰 행렬만으로도 같은 방향을 얻을 수 있다. 모델뷰 행렬은 원근 변환을 포함하지 않으므로, 시점 공간에서의 가까운 평면의 법선 벡터 $\mathbf{V}_{dir}'^{\mathrm{T}} = [0 \quad 0 \quad -1]$을 물체 공간으로 변환하면 된다. 그 결과는 $\mathbf{V}_{dir}^{\mathrm{T}} = -[M_{31} \quad M_{32} \quad M_{33}]$으로, 여기서 $\mathbf{M}$은 모델뷰 행렬이다.

카메라의 위쪽을 가리키는 상향 벡터를 얻는 방법도 두 가지이다. 우선 왼쪽, 오른쪽 절두체 평면의 법선 벡터들의 외적으로 구할 수 있다. 즉 $\mathbf{V}_{up}^{\mathrm{T}} = [a_{left} \quad b_{left} \quad c_{left}] \times [a_{right} \quad b_{right} \quad c_{right}]$이다. 아니면 시선 방향에서와 마찬가지로 시점 공간에서의 상향 벡터 $\mathbf{V}_{up}'^{\mathrm{T}} = [0 \quad 1 \quad 0]$을 모델뷰 행렬을 이용해서 물체 공간으로 변환해도 된다. 그 결과는 $\mathbf{V}_{up}^{\mathrm{T}} = [M_{21} \quad M_{22} \quad M_{23}]$으로, 여기서 $\mathbf{M}$은 모델뷰 행렬이다.

시선 벡터와 상향 벡터가 단위 벡터이어야 한다면 어떨까? 만일 시선 벡터를 정규화된 절두체 평면들로부터 얻었다면 그 시선 벡터는 이미 정규화되어 있는 것이다. 그렇지 않다면 명시적으로 정규화해야 한다. 상향 벡터의 경우에는 항상 정규화해야 한다.

카메라 위치

그래픽 알고리즘들 중에는 관찰자(카메라 또는 시점)의 위치를 알아야 하는 것들이 있다. 안타깝게도 관찰자의 위치는 변환 행렬로부터 얻을 수 있는 것들 중 가장 비싼 정보이다. 어쨌든, 관찰자 위치 역시 절두체 평면들로부터 얻을 수도 있고 모델뷰 행렬로부터 얻을 수도 있다. 이 정보는 원근 투영의 경우에만 의미가 있다는 점 역시 지적하고 넘어갈 필요가 있겠다. 직교 투영의 경우 관찰자는 무한대의 위치에 놓여 있으며 오직 시선 방향만 중요하다.

절두체 평면들을 사용하는 경우에는 여섯 평면들 중 세 평면들, 예를 들어 왼쪽, 오른쪽, 위 평면들의 교점을 구하면 된다. $\mathbf{A}$, $\mathbf{P}$, $\mathbf{B}$가 다음과 같을 때 $\mathbf{AP}=\mathbf{B}$를 풀면 되는 문제이다.

$$\mathbf{A} = \begin{bmatrix} a_{left} & b_{left} & c_{left} \\ a_{right} & b_{right} & c_{right} \\ a_{top} & b_{top} & c_{top} \end{bmatrix}, \quad \mathbf{P} = \begin{bmatrix} x \\ y \\ z \end{bmatrix}, \quad \mathbf{B} = \begin{bmatrix} -d_{left} \\ -d_{right} \\ -d_{top} \end{bmatrix} \tag{2.2.7}$$

크레이머의 법칙(Cramer's rule)을 이용한다면 몇 개의 행렬식들을 계산해야 한다.

$$\mathbf{P} = \begin{bmatrix} \det\mathbf{A}_a / \det\mathbf{A} \\ \det\mathbf{A}_b / \det\mathbf{A} \\ \det\mathbf{A}_c / \det\mathbf{A} \end{bmatrix} \tag{2.2.8}$$

여기서 $\mathbf{A}_i$는 행렬 $\mathbf{A}$에서 i 번째 열을 $\mathbf{B}$로 치환한 것이다. $\det\mathbf{A}$가 0이면 관찰자가 무한대에 있다는 뜻이다(직교 투영).

이번에는 모델뷰 행렬을 이용하는 방법을 보자. 시점 공간의 카메라 위치를 모델뷰 행렬의 역행렬을 이용해서 물체 공간으로 되돌리기만 하면 된다(이 경우는 평면이 아니라 정점을 변환하는 것이므로 그냥 역행렬을 사용한다). 그런데 완전한 역행렬을 계산할 필요도 없다. 시점 공간에서 카메라는 원점에 위치하며, 그 위치를 동차좌표로 나타내면 $\mathbf{P'}_T = [0 \ \ 0 \ \ 0 \ \ 1]$이다. 네 번째 성분만 0이 아니므로, 변환을 위해서는 역행렬의 네 번째 열만 알면 된다. 즉 $\mathbf{P}^T = [M_{14}^{-1} \ \ M_{24}^{-1} \ \ M_{34}^{-1}]$, $\mathbf{M}^{-1}$은 모델뷰 행렬의 역이다.

가까운 평면, 먼 평면까지의 거리

물체 공간에서의 가까운, 먼 평면까지의 거리를 알아야 하는 경우도 있다. 물체 공간에서의 카메라 위치를 알고 있으며 가까운, 먼 평면들이 이미 정규화되어 있다면, 그들에 대한 거리는 다음과 같은 평면 방정식들로 구할 수 있다.

$$D_{near} = -a_{near}P_x - b_{near}P_y - c_{near}P_z - d_{near}$$

$$D_{far} = a_{far}P_x + b_{far}P_y + c_{far}P_z + d_{far} \tag{2.2.9}$$

만일 모델뷰 행렬에 비강체 변환이 포함되어 있지 않으면 시점 공간에서의 이 거리들을 구하는 것도 가능하다. 그런 경우 투영 행렬을 이용해서 절단 공간의 가까운, 먼 평면들을 시점 공간으로 옮길 수 있다. 그러면 거리는 $D_{near} = -d_{near}$, $D_{far} = d_{far}$로 주어지는데, 여기서 d는 시점 공간에서의 정규화된 평면 방정식의 독립 성분이다.

시야각

수직, 수평 시야각 θ_v, θ_h 역시 절두체 평면들로부터 구할 수 있다. 평면들이 물체 공간 안에서 정규화되어 있다면, 두 각도는 다음과 같이 내적을 통해서 구한다.

$$\cos(\pi - \theta_v) = [\, a_{bottom} \;\; b_{bottom} \;\; c_{bottom} \,] \cdot [\, a_{top} \;\; b_{top} \;\; c_{top} \,]$$

$$\cos(\pi - \theta_h) = [\, a_{right} \;\; b_{right} \;\; c_{right} \,] \cdot [\, a_{left} \;\; b_{left} \;\; c_{left} \,] \tag{2.2.10}$$

절두체가 대칭이 아니라면(가상현실 응용 프로그램에서는 그런 절두체를 흔히 사용한다), 수직, 수평 각각 두 가지 각도가 나올 수 있다. 그런 경우에는 가까운 평면의 법선 벡터가 필요하다. 예를 들어 왼쪽 수평 시야각은 가까운 평면 법선 벡터와 왼쪽 평면 법선 벡터의 내적을 통해서 구해야 할 것이다.

임의의 투영 변환

다른 그래픽 API에서도 같은 결과를 얻을 수 있다. 절단 공간에서의 적절한 평면 방정식들만 고려하면 된다. 예를 들어 DirectX의 경우 가까운 평면과 먼 평면은 각각 $z = 0$, $z = 1$로 주어진다. 다른 정보 역시 같은 방식으로 추출할 수 있다.

더 나아가서, 이상의 방법들을 임의의 투영 변환에 대해 일반화할 수 있다. 모든 3차원 투영 변환들은 4×4 비특이행렬로 표현될 수 있다는 점(그리고 모든 4×4 비특이행렬은 투영 변환이 될 수 있다는 점)은 이미 알려져 있다 [Penna86], [Davis01]. 더구나, 한 점을 한 공간에서 다른 공간으로 변환할 수 있다면 평면 역시 그렇게 할 수 있다. 점과 평면은 3차원 투영 공간 안에서 이중의 실체들이기 때문이다.

따라서 어떠한 평면이라도 그에 해당하는 정점 변환 행렬만 있다면 원래의 공간으로 되돌릴 수 있다. 예를 들어 화면 매핑을 변환 행렬에 결합했다면, 화면 좌표로부터 시야 절두체 정보를 뽑아내는 것도 가능하다.

물론 추출된 정보는 해당 변환의 의미에 맞게 사용해야 한다. "카메라 위치"라는 것은 원근 절두체의 뾰족한 꼭지점에 해당한다. 다른 용도들을 이해하기 쉽도록, Heckbert와 Herf가 고안했으며([Heckbert97]), [Akenine-Möller02]에 설명되어 있는 그림자 계산에 쓰이는 투영 변환을 생각해 보자. 거기에 제안된 투영 행렬은 밑면이 평행사변형인 피라미드를 축에 정렬된 입방체로 사상한다. 피라미드의 꼭지점은 광원의 위치에 해당하며 평행사변형 밑면은 그림자 수신 물체에 해당한다. 피라미드의 왼쪽, 오른쪽 면들은 각각 평면 $x=0$, $x=1$로 변환되며 위, 아래 면들은 각각 평면 $y=0$, $y=1$로 변환된다. 피라미드 밑면은 $z=1$로 변환되며, 그에 평행한 평면은 $z=\infty$로 변환된다(그림 2.2.4).

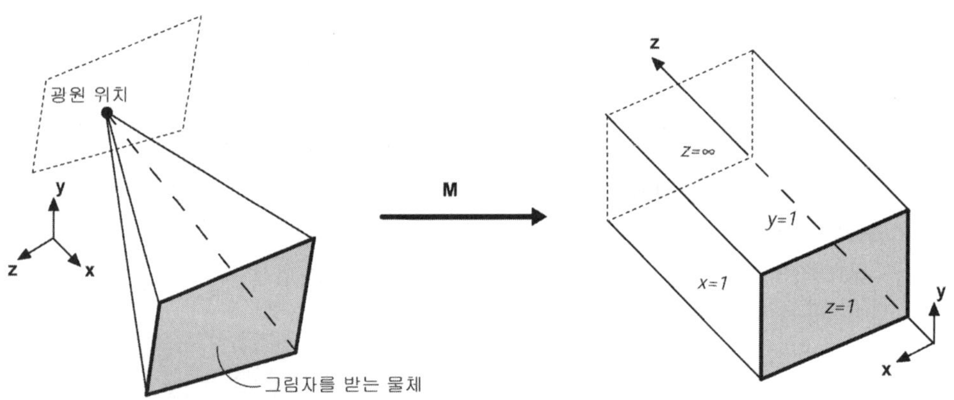

그림 2.2.4 밑면이 평행사변형인 피라미드의 투영 변환

이런 형태의 투영 행렬로부터 광원 위치나 수신 객체의 경계 같은 유용한 정보를 복원할 수 있다. 그런 정보를 추출하려면, 우선 평면들을 다시 물체 공간으로 되돌려야 한다. 이 때 투영 기하에서 무한대에 있는 평면을 $[0001]^T$로 표현할 수 있다는 점을 기억해야 한다. 물체 공간으로 다시 변환한 후에는 좌, 우, 위 평면들의 교점을 계산해서 광원 위치를 얻을 수 있다. 수신 물체의 경계 정점들은 피라미드의 가까운(밑면) 평면과 측면 평면들의 교점들을 계산해서 구할 수 있다.

구현

 부록 CD-ROM에는 OpenGL 변환 행렬들에 기반해서 절두체 정보와 카메라 정보를 추출하는 C++ 코드가 수록되어있다. 이 구현은 코드의 범용성을 위해서 오직 절두체 평면들만 사용해 정보를 추출한다. 구체적인 응용에 따라서는 이전 절들에서 이야기한 것처럼 모델 뷰 행렬 등 다른 출처를 이용해서 원하는 정보를 뽑는 게 더 효율적일 수도 있을 것이다. 수록된 코드는 또한 임의의 투영 변환들로부터 정보를 추출하기 위한 기반 클래스들도 제공한다.

클래스 생성자

코드의 `VglFrustum` 클래스는 **OpenGL** 행렬로부터 절두체와 카메라 정보를 돌려주는 메서드들을 제공한다. 이 클래스의 객체를 생성할 때에는 원하는 정보를 추출하는 데 쓰일 변환 행렬들을 생성자에 넘겨준다. 이 클래스는 다음과 같은 세 가지 생성자를 제공한다.

```
VglFrustum (float* Mmv, float* Mp);
VglFrustum (float* Mmvp);
VglFrustum ();
```

행렬들은 **OpenGL**에서 쓰이는 것과 같은 열 우선 방식의 배열이다. 모델뷰 행렬과 투영 행렬을 가지고 있다면 첫 번째 생성자가 편할 것이다. 생성자는 그 두 행렬들을 하나의 행렬로 합친 후 절단 공간에서 물체 공간으로 정보를 추출하는 데 사용한다. 그런 합쳐진 행렬을 이미 가지고 있다면 두 번째 생성자를 사용하는 게 좋을 것이다. 이 생성자는 또한 시점 공간의 정보를 추출하는 데에도 유용하다. 그런 경우에는 이 생성자에 투영 행렬을 넣으면 된다. 마지막 생성자는 그래픽 **API**의 현재 상태를 질의해서 직접 행렬들을 얻는다. 렌더링 파이프라인 안에서 이 생성자를 사용하는 것은 최대한 피해야 하는데, 왜냐하면 상태 조회를 위해서는 **CPU**와 **GPU** 사이의 동기화가 일어나야 하기 때문이다.

질의 메서드들

`VglFrustum` 객체를 생성한 후에는 여러 메서드들로 절두체와 카메라 정보를 얻으면 된다. 절두체 정보를 위해서는 물체 공간에서의 해당 평면 계수들을 돌려주는 `GetPlane()` 같은 메서드들이 있다. 이 메서드들은 정규화되지 않은 평면 정보를 돌려주며, 따라서 정규화가 필요하다면 사용자가 직접 정규화를 수행해야 한다. 카메라 정보의 경우에는 `GetViewDir()`, `GetEyePos()` 같은 메서드들이 있다.

기반 클래스들

VglFrustum 클래스는 AlgFrustum 클래스를 상속한다. 이 클래스는 임의의 투영 변환으로부터 평면 방정식들을 추출하는 기능을 가지고 있다. 이 클래스는 변환된 공간의 평면 방정식을 설정하기 위한 정적 메서드 SetCanonicalPlane()을 제공한다. 그런 평면을 다시 물체 공간으로 복원할 때에는 GetPlane() 메서드를 사용한다. 일단 평면 방정식들을 얻은 후에는 Intersect(), Cross() 같은 AlgPlane과 AlgVector 클래스의 편의성 메서드들을 사용해서 위치와 방향을 얻을 수 있다. 이런 기반 클래스들을 이용하면 DirectX API에 적합한 절두체 클래스를 만드는 것이 어렵지 않을 것이다.

결론

그래픽 알고리즘들 중에는 물체 공간 안에서의 시야 절두체 관련 정보와 카메라 매개변수들을 알아야 하는 것들이 있다. 이 글은 그러한 정보를 효율적이고도 실용적인 방식으로 추출하는 방법을 제시했다. 또한 일반적인 투영 변환으로부터 그러한 정보를 추출하는 방법도 이야기했다. 게임 프로그래머에게, 이러한 변환들을 확실히 이해하는 것은 중요한 문제이다. 왜냐하면, 그러한 변환들을 이해하면 특정한 계산을 수행할 최적의 공간을 정확히 판단할 수 있게 되기 때문이다.

참고자료

〔Akenine-Möller02〕 Akenine-Möller, Tomas and Eric Haines, *Real-Time Rendering*, *Second Edition*, A. K. Peters, 2002. 번역서는 *Real-Time Rendering 2판*, 정보문화사, 2003.

〔Davis01〕 Davis, Tom, "Homogeneous Coordinates and Computer Graphics," Mathematical Circles, 웹 주소 *http://www.geometer.org/mathcircles*, November 20, 2001.

〔Foley96〕 Foley, James, Andries van Dam, et al., *Computer Graphics, Principles and Practice, Second Edition*, Addison-Wesley, 1996.

〔Gribb01〕 Gribb, Gil and Klaus Hartmann, "Fast Extraction of Viewing Frustum Planes from World-View-Projection Matrix," 웹 주소 *http://www2.ravensoft.com/users/ggribb/plane%20extraction.pdf*, June 15, 2001.

〔Heckbert97〕 Heckbert, Paul S. and Michael Herf, "Simulating Soft Shadows with Graphics Hardware," Technical Report CMU-CS-97-104, Carnegie Mellon University, 웹 주소 *http://www.cs.cmu.edu/~ph/shadow.html*, January 1997.

〔Penna86〕 Penna, Michael A. and Richard R. Patterson, *Projective Geometry and its Applications to Computer Graphics*, Prentice-Hall, 1986.

〔Turkowski90〕 Turkowski, Ken, "Properties of Surface Normal Transformations," in Glassner, Andrew, *Graphics Gems*, Academic Press, 웹 주소 *http://www.worldserver.com/turk/computergraphics/index.html*, 1990.

2.3 커다란 세계 좌표의 정밀도 문제 해결

Peter Freese, *NCsoft Core Technology Group*
pfreese@ncaustin.com

거대하고 연속적인 게임 세계를 만들다 보면, 언젠가는 부동소수점 정밀도로 인한 문제에 부딪힌다. 거의 모든 게이밍 플랫폼들은 좌표들에 32 비트 부동소수점 수를 사용하는데, 그런 float 형식으로 전형적인 1인칭 슈팅 게임의 레벨보다 더 큰 세계의 커다란 좌표 값들을 나타내려면 상당한 정밀도 오차를 감수해야 한다. 이 글은 커다란 좌표들을 배정도 형식으로 전환하지 않고도 빠르고 효율적으로 처리할 수 있는 한 가지 기법을 이야기한다.

이 글에서 말하는 기법에서는 원하는 정밀도 범위에 대해 정규화되는 하나의 정수 세그먼트를 세계 좌표 위치(주로 세 개의 부동소수점 성분들로 구성된다)에 포함시킨다. 그 정수는 오프셋 역할을 한다. "세그먼트"나 "오프셋" 같은 용어는 예전의 세그먼트 메모리 주소 공간에서 따온 것으로, 재정규화 등 다른 많은 개념들도 그런 주소 공간 관리의 개념들과 비슷하다.

문제 설명

이진 부동소수점 연산에 대한 IEEE 754 표준은 흔히 IEEE 부동소수점이라고 부르는 것을 정의한다 [Goldberg91]. 단정도 32 비트 IEEE 형식에서, 한 비트는 부호 비트이고 그 다음 8 비트는 지수 필드, 그리고 나머지 23 비트는 정규화된 수의 소수부이다(표 2.3.1).

표 2.3.1 IEEE 부동소수점 비트 배치

지수	부호	소수부(가수)
S	EEEEEEEE	FFFFFFFFFFFFFFFFFFFFFFF

주어진 한 32 비트 부동소수점 수의 정밀도는 해당 지수에 대한 가수(mantissa)의 최하위 비트(least significant bit, LSB 또는 최소유효비트)의 자릿값의 반과 같다. 이를 입도(granularity)

라고 하자. 첫 번째 1의 자릿값은 2^E이며(지수 바이어스는 무시할 때) 소수부에 23 비트가 있으므로, LSB의 자릿값은 2^{E-24}이다. 예를 들어 1에 매우 가까운 부동소수점 수의 입도는 2^{-24}로, 이는 약 0.0000001192이다. 그리고 1000에 가까운 값의 입도는 $0.000061(2^{-13})$까지 올라가며, 100,000에 가까운 값의 입도는 $0.0078125(2^{-7})$이다. 실질적인 예를 들자면, 만일 게임 세계가 미터 단위를 사용하며 100 km 제곱의 정사각형이라 할 때, 32 비트 부동소수점으로는 세계의 모서리에 있는 공간을 오직 입도 7.8 mm로밖에 표현할 수 없다. 더 큰 좌표들을 표현하려 하면 정밀도는 더욱 떨어진다. 미대륙 크기의 영역(서해안에서 동해안까지 약 4500 킬로미터)을 표현하려 하면, 원점에서 가장 먼 해안에서의 입도는 0.5 미터 정도밖에 되지 않는다(그림 2.3.1).

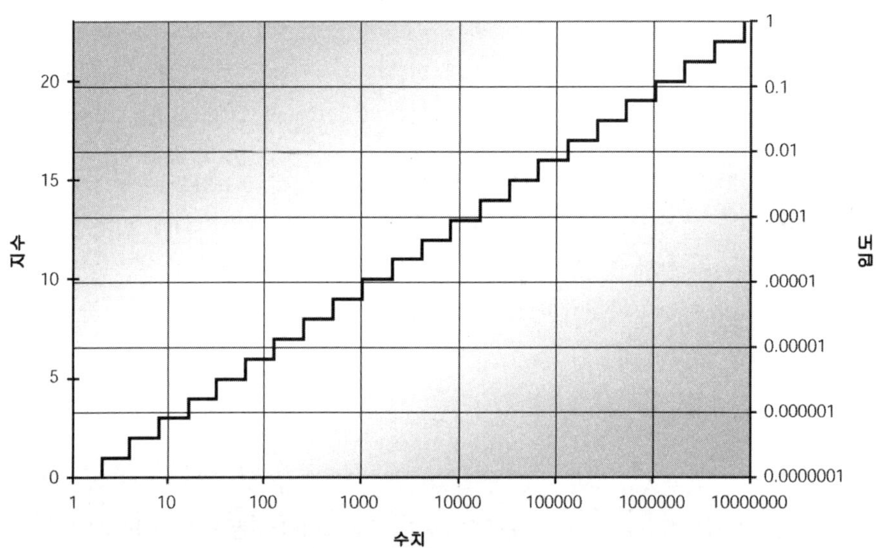

그림 2.3.1 부동소수점 입도

정밀도 오차의 증상들

그렇다면, 너비가 몇 킬로미터 정도밖에 되지 않는 실외 영역을 만드는 경우에는 정밀도를 걱정하지 않아도 될까? 안타깝게도, 정밀도 오차의 증상은 겉보기에는 적당한 정밀도 이상을 제공하는 범위 안에 있는 수들에 대해서도 얼마든지 나타날 수 있다. 그런 현상의 주된 이유는, 우리가 수들을 단순히 위치를 나타내는 데에만 쓰는 게 아니라 다른 여러 계산들에도 사용하면서, 그런 계산들을 거쳐 오차가 누적, 증폭된다는 데 있다. 모형 뼈대 같은 계통적 객체 그래프를 생각해 보자. 뼈대 애니메이션을 수행할 때에는 카메라 공간 안에서 메시의 위치와 방향을 계산하기 위해 일련의 행렬들을 계속 곱하게 된다. 행렬 곱들이 계속되면, 정밀도 오차는 애니메이션에서 시각적인 불연속이 드러나거나 물리 시뮬레이션의 행동이 이상하게 변하는 수준까지 올라갈 수 있다.

일련의 수학 계산들의 각 단계에서 도입된 오차의 양을 정밀하게 계산하는 것이 가능하며 [Wilkinson94], 따라서 오차가 어떠한 최대 한계에 이르면 특별한 처리를 해주는 방식도 사용할 수 있겠지만, 그러려면 정교하고 복잡한 노력이 필요하다. 그냥 정밀도 문제가 명백해지면 적절히 처리하는 방식이 훨씬 더 간단하다. 그럼 정밀도 오차의 전형적인 증상들을 몇 가지 나열해 보자.

- **인접한 물체들을 정확히 정렬할 수 없다.** 엄청난 오차에 의한 증상으로, 수치적 입도의 한계 때문에 물체를 원하는 위치나 원하는 방향으로 배치할 수가 없는 것이다. 주로 이상한 각도를 가진 물체들에서 일어난다.
- **메시 연결부에 틈이 생긴다.** 첫 번째 문제의 좀 더 미묘한 변형인데, 매우 작은 오차라도 눈에 잘 띈다는 점이 중요하다. 지형 메시에서 같은 기하 위치들을 사용하는 연결부가 오차 때문에 벌어지면 하늘이나 배경색이 드러난다. 여러 개의 착용 가능한 메시들로 이루어진 캐릭터 모형에 틈이 생겨서 보기 싫은 모습이 되기도 한다.
- **떨리는 애니메이션. 골격 애니메이션을 사용하는 모형이 떨리거나 흔들린다.** 특히 휴지(idle) 애니메이션처럼 미묘하고 커다란 규모의 움직임이 없는 애니메이션이라면 그런 결함이 더욱 눈에 잘 띈다. 이러한 흔들림은 손이나 발처럼 골격의 루트로부터 먼 뼈대일수록 크게 나타난다. 발 뼈대의 움직임이 지면에 제대로 들어맞지 않는 현상도 생긴다.
- **충돌 오차.** 모든 물리 시스템이 수치적 불안정성에 영향을 받긴 하지만, 좌표가 클수록 그 영향이 크다. 그리고 행렬의 역에 관련된 변환들에서는 좌표 정밀도 오차의 크기가 더욱 커질 수 있다. 교차 판정들이 연산 순서에 크게 의존한다면 오차가 더 심각해질 수 있다. 예를 들어 물체 A를 물체 B에 대해 판정하면 물체 A가 B를 통과했다는 결과가 나오지만 물체 B를 물체 A에 대해 판정하면 두 물체가 아직 만나지 않았다는 결과가 나올 수도 있다.

이러한 증상이 커다란 좌표들에서는 나타나지만 세계 좌표계 원점과 가까운 좌표들에서는 나타나지 않는다면, 원인은 커다란 수치들에 의한 오차일 것이다. 예를 들어 캐릭터가 (0, 0)에서는 아무 문제가 없지만 (15356, 9436)에서는 흔들린다면 부동소수점 정밀도 문제일 가능성이 매우 크다.

앞서 이야기한 여러 렌더링 오류들은 그래픽 하드웨어에 의해 더욱 과장될 수 있다. 최대의 성능을 위해, 대부분의 GPU들은 수학 연산을 24 비트나 16 비트 부동소수점 같은 제한된 정밀도로 수행한다. s16e7 24 비트 형식은 16 비트 가수를 사용하는데, 이는 단정도 부동소수점의 것보다 7 비트나 적다. 즉 정밀도 입도가 2^7=128 배나 되는 것이다. 그리고 16 비트 형식의 입도는 거기에서 또 64 배가 된다.

표 2.3.2 몇 가지 10 제곱수들에서의 입도

값	E	23 비트 가수	16 비트 가수	10 비트 가수
1	0	0.00000012	0.00001526	0.00097656
10	3	0.00000095	0.00012207	0.00781250
100	6	0.00000763	0.00097656	0.06250000
1000	9	0.00006104	0.00781250	0.50000000
10000	13	0.00097656	0.12500000	8.00000000
100000	16	0.00781250	1.00000000	64.00000000
1000000	19	0.06250000	8.00000000	512.00000000

여기서 한 가지 중요한 점은, 단위의 선택이 정밀도 오차에 영향을 미치지는 않는다는 점이다. 다른 말로 하면, 세계의 단위가 1 킬로미터이든 아니면 1 미터나 1 밀리미터이든, 정밀도 오차가 문제가 될 정도로 커지는 규모에 대해서는 별 차이가 없다는 뜻이다. 표 2.3.2에서 보듯이, 정밀도 오차들은 그에 연관된 수치들과 동일한 단위로 측정되며, 오차에 영향을 주는 것은 오직 수치 자체의 규모이다. 세계를 미터 단위로 측정했을 때 10000 미터에서 겪는 정밀도 오차는 킬로미터 단위 세계의 10 킬로미터에서 겪는 정밀도 오차와 같다.

잠재적인 해결책들

부동소수점 정밀도 문제의 이상적인 해결책에는 다음과 같은 특성들이 나타나야 한다.

- ▣ **개선된 좌표**. 정밀도 위치에 의존적인 정밀도 입도 문제 때문에 물체의 배치에 어려움을 겪어서는 안 된다.
- ▣ **산술 오차의 감소**. 회전 변환이나 거리 벡터 계산 같은 수치 조작에서 추가적인 정밀도 손실이 생겨서는 안 된다.
- ▣ **최소의 성능 부담**. 렌더링, 충돌 검출, 선택 같은 전형적인 작업들에 심대한 영향을 줄 정도의 성능 상의 추가부담이 있어서는 안 된다.
- ▣ **그래픽 파이프라인과의 호환성**. 계산 결과를 그래픽 하드웨어에 적합한 방식으로 그래픽 하드웨어에 전달할 수 있어야 한다. 하드웨어 고유의 수치 형식들을 유지할 수 있으면 좋다.

이 글이 제시하고자 하는 해결책으로 넘어가기 전에, 정밀도 문제에 대한 다른 여러 방법들을 간단하게나마 살펴보는 것도 좋을 것이다. 상황에 따라서는 오히려 이들이 코드에 미치는 영향이 적은, 적절한 해결책일 수도 있다.

더 큰 부동소수점 형식

정밀도 문제를 생각할 때 가장 먼저 떠오르는 해결책이라면 아마도 그냥 더 큰 부동소수점 형식을 사용하는 방식일 것이다. IEEE 배정도 64 비트 부동소수점은 52 비트 가수를 사용하는데, 이는 단정도 부동소수점의 23 비트 가수의 두 배 이상이다. 추가적인 29 비트 덕분에 정밀도가 536,870,912 배나 높다. 배정도 부동소수점을 사용하는 게 좋은가는 플랫폼에 따라 다르다. 요즘의 소비자용 CPU들은 부동소수점 계산을 단정도 모드로도 수행할 수 있고 배정도 모드로도 수행할 수 있다. 그러나 수행 속도는 단정도로 계산하는 게 훨씬 더 빠르다. 대부분의 게임들이 FPU 상태를 단정도 모드로 설정해 두고 게임을 실행하는 것도 그런 이유에서이다. 그리고 단정도는 저장 용량도 반 밖에 되지 않는다. 매우 상세한 기하구조의 경우 이는 상당한 절약이다. 마지막으로, 대부분의 그래픽 API들은 단정도 부동소수점만을 다루며, 그래픽 하드웨어는 내부적으로 그보다 더 낮은 정밀도를 사용하기도 한다. 게임 엔진이 배정도 부동소수점을 사용한다고 해도 하드웨어가 그보다 낮은 정밀도로 변환을 수행한다면 정밀도 문제는 여전히 발생하게 된다.

세계 변환을 제거

대부분의 그래픽 파이프라인들은 대략 다음과 같은 방식으로 정점들에 일련의 변환들을 가한다.

$$M_{world} \rightarrow M_{view} \rightarrow M_{projection}$$

세계 변환(M_{world})은 모형 공간의 좌표들을 세계 공간으로 변환한다. 여기서 모형 공간은 정점들이 해당 모형의 국소 원점에 상대적으로 정의되는 공간을 말하며, 세계 공간은 정점들이 장면 안의 모든 물체들에 공통인 한 원점에 상대적으로 정의되는 공간을 말한다. 본질적으로, 세계 변환은 모형을 세계에 배치하는 역할을 한다. 시야 변환 또는 뷰 변환(M_{view})은 관찰자를 세계에 배치하고 정점들을 카메라 공간으로 변환한다. 뷰 행렬은 세계의 물체들을 카메라의 위치(카메라 공안의 원점)와 방향을 기준으로 배치한다. 커다란 좌표들의 경우 M_{world}와 M_{view} 모두 정밀도 오차를 야기할 수 있다.

엔진에 따라서는 M_{world}, M_{view}, $M_{projection}$을 렌더링 파이프라인에 개별적으로 제출할 수도 있고 그들 중 둘을 하나로 합쳐서 제출할 수도 있다. 예를 들어 M_{world}와 $M_{viewprojection}$을 보낼 수도 있고 $M_{worldview}$와 $M_{projection}$을 보낼 수도 있는데, 후자의 경우는 많은 정밀도 문제를 피할 수 있다. 특히 애니메이션 떨림에 유용하다.

예를 들어 하나의 골격 계통구조에서 정점들이 다음과 같은 변환들을 거친다고 하자.

$$[M_{bone} \times M_{parentbone} \times \ldots \times M_{rootbone}] \rightarrow M_{view} \rightarrow M_{projection}$$

일반적으로 모든 뼈대 변환들은 왼쪽에서 오른쪽으로(골격 계통구조의 루트쪽으로) 결합된다. 이에 의해 정점들을 세계 공간(여기서 정점의 혼합, 조명 등이 일어난다)으로 변환하는 일단의 행렬들이 만들어진다. 만일 루트 뼈대 행렬 $M_{rootbone}$을 자식 뼈대 변환들과 결합하기 전에 뷰 행렬 M_{view}과 먼저 결합한다면, 렌더링 정밀도 오차를 루트 뼈대와 뷰 행렬을 결합하는 하나의 연산으로 격리시킬 수 있다.

$$[M_{bone} \times M_{parentbone} \times \ldots \times (M_{rootbone} \times M_{view})] \rightarrow M_{projection}$$

뷰 행렬을 반드시 따로 제출해야 하는 파이프라인이라면, 그냥 단위행렬을 제출하면 된다. 모든 정점 혼합, 조명, 기본도형 계산들은 시야 공간에서 일어나므로 추가적인 오차는 생기지 않는다.

이러한 방법이 애니메이션의 눈에 띄는 결함을 누그러뜨리고 프로젝트 막바지에 정밀도 문제를 조금이나마 해결하는 수단이 될 수는 있겠지만, 세계의 원하는 위치에 물체를 정확히 배치할 수 없는 기본적인 정밀도 문제를 해결해 주지는 않는다. 그리고 이 방법은 뷰 행렬이 변할 때마다(본질적으로 뷰 행렬은 카메라가 움직일 때마다 변한다) CPU 쪽에서 추가적인 변환을 수행해야 한다.

먼 위치

이 글이 제시하는 해결책은 앞에서 나열한 모든 요구조건들을 만족한다. 이 해결책은 본질적으로 고정소수점과 부동소수점을 혼합한 형태이다. 위치 벡터는 일반적으로 세 개의 부동소수점 성분들로 구성되지만, 이 해결책에서는 거기에 부동소수점 원점을 나타내는 하나의 정수 성분을 추가한다. 이 정수 성분이 쓰이는 방식이 초창기 32 비트 프로세서들의 세그먼트 방식 주소 공간 기법과 비슷하기 때문에, 부동소수점 성분들과 정수 성분은 세그먼트와 오프셋으로, 그리고 이들을 합한 것은 먼 위치(far position)[6]라고 부르기로 하겠다. 이 글에 나오는 클래스, 자료구조의 완전한 코드는 부록 CD-ROM에 들어 있다. 간결함을 위해, 본문에서는 축약된 정의만 제시한다.

```
class FarPosition
{
private:
    FarSegment      m_segment;
    Vector3         m_offset;
    static float    s_segmentSize;
};
```

공간의 모든 위치들은 어떠한 개념적인 고정점에 상대적으로 측정된다. 그러한 고정점을 원점이라고 부른다. 부동소수점 수의 입도는 크기에 의존적이므로, 위치가 원점에서 멀수록 입도도 커진다. 측정하고자 하는 위치에 가깝게 원점을 옮긴다면 측정의 입도를 작게 할 수 있다. 이 글이 제시하는 먼 위치는 원점을 동적으로 재배치함으로써 정밀도를 최대화한다. 한 먼 위치의 세그먼트 성분은 2차원 공간에서의 한 원점을 나타낸다. 여기서는 세계 모형의 높이가 y 축에 해당한다고 가정한다. 그러면 2차원 공간은 XZ 평면이 된다. 세그먼트를 XZ 평면에만 적용하는 것은, 실외 환경 렌더링에서 정밀도 오차는 높이가 아니라 수평 위치의 크기에서 주로 발생하기 때문이다.

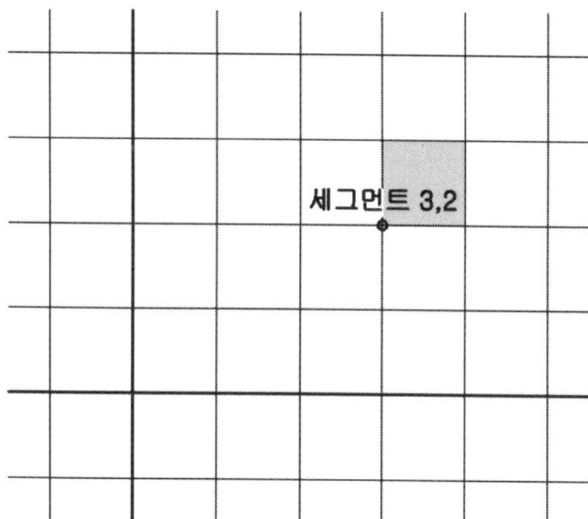

그림 2.3.2 세그먼트 배치의 예

그림 2.3.2는 세계 원점에 상대적인 한 세그먼트의 배치를 보여준다. 세그먼트 공간은 세그먼트 원점에 상대적인 모든 점들로 구성된다. 지금 우리는 가능한 정밀도를 최대한 활용하

---

6) 역주: 세그먼트 방식 주소 공간을 다루는 데 쓰이던 far pointer, far address를 빗댄 것

려는 것이므로, 세그먼트 공간이 세그먼트 원점에서 한 세그먼트 크기 안의 오프셋들로만 구성될 수 있도록 세그먼트 공간을 정규화한다(회색 칸이 그러한 정규화된 세그먼트 공간이다).

세그먼트 크기 선택

세그먼트 크기의 단위는 어느 정도 임의적이다. 우리가 원하는 정밀도에 대해 표현 범위를 최대화하고 재정규화 부담을 최소화할 수 있는 값으로 이 단위를 조율하기 편하도록, 이 단위를 전역 상수로 정의해 둔다. 오프셋들을 재정규화할 때, 오프셋들은 한 세그먼트 크기의 범위로 제한된다. 이 덕분에 허용 가능한 최대 정밀도 오차에 상한을 둘 수 있게 된다. 실외 환경에 기반한 전형적인 인간 아바타를 미터 단위로 다룬다고 할 때 세그먼트 크기는 1024.0f가 적당하다. 측정 단위나 규모가 다르다면 다른 세그먼트 크기를 택해야 할 것이다.

세그먼트 값은 오프셋들의 원점을 정수 단위로 표현한 것이므로, 세그먼트 크기 1024.0f는 상당히 커다란 범위를 제공한다. 세그먼트는 하나의 부호 있는 16 비트 값으로 표현할 수 있으며, 그러면 표현할 수 있는 최대 세그먼트 범위는 ±33553408.0f (32767 * 1024.0f)이다. 이는 지구 표면의 2차원 투영 전체를 나타내기에도 충분한 범위이다.

두 개의 16 비트 세그먼트 좌표들을 하나의 32 비트 값으로 합친다고 하면 `FarPosition` 구조체의 크기는 오프셋을 나타내는 세 개의 부동소수점 수들까지 합쳐서 총 16 바이트이다. 이는 구조체의 바이트 정렬, 채움에도 적합한 크기이다.

세그먼트에 해당하는 `FarSegment`의 정의는 다음과 같다.

```cpp
union FarSegment
{
    struct
    {
        int16   x, z;
    };

    int32       xz;

    FarSegment() {};
    FarSegment( ZeroType ) : xz(0) {};
};
```

두 개의 세그먼트 좌표를 하나의 32 비트 값으로 꾸리기 위해 공용체(union)를 사용했다. 덕분에 각 좌표를 초기화하고 비교하기가 간단하고 빠르다. `ZeroType`을 받는 생성자는 알려진 상태로의 초기화를 위한 것으로, 이를 통해서 명시적인 초기화 생성자와 빈 생성자 모두를 편하게 제공할 수 있다(표준 컨테이너 클래스들에 이 구조체를 담을 때 유용하다).

재정규화 방법

먼 위치들을 유용하게 사용할 수 있으려면 전통적인 위치들을 먼 위치로 부호화하고 다시 원래대로 변환하는 수단이 있어야 한다. 하나의 먼 위치를 전통적인 벡터 표현으로 변환하는 것은 상당히 간단하다. 그냥 세그먼트를 세그먼트 크기에 맞게 비례시킨 후 오프셋에 더하면 된다.

```
Vector3 FarPosition::GetApproximateVector() const
{
    Vector3 v = m_offset;
    v.x += m_segment.x * s_segmentSize;
    v.z += m_segment.z * s_segmentSize;

    return v;
}
```

간단한 대신 한 가지 주의할 점이 있다. 이 연산을 수행하면 표준 부동소수점 표현 범위에 속하는 결과가 나온다. 즉 제한된 정밀도의 값이 되는 것이다. 따라서 이러한 변환 연산은 꼭 필요할 때에만 수행해야 한다. 멤버 함수 이름 GetApproximateVector()에 approximate라는 단어가 있는 것은 이런 점을 강조하기 위한 것이다.

전통적인 벡터 위치를 먼 위치로 변환하는 것도 별로 어렵지 않다.

```
void SetFromVector( const Vector3& vector )
{
    m_segment.xz = 0;
    m_offset = vector;
    Normalize();
}
```

처음에 벡터를 저장했을 때의 먼 위치는 정규화되지 않은 상태이다. 오프셋의 크기는 아직 모르며, 적당한 세그먼트 크기라고 결정했던 것보다 훨씬 클 수도 있다. 그래서 이 멤버 함수는 정규화를 수행하는 다음과 같은 멤버 함수를 호출한다.

```
void FarPosition::Normalize()
{
    if ( fabsf(m_offset.x) >= s_segmentSize )
```

```
    {
        m_segment.x += FloatToInt(m_offset.x / s_segmentSize);
        m_offset.x = fmodf(m_offset.x, s_segmentSize);
    }

    if ( fabsf(m_offset.z) >= s_segmentSize )
    {
        m_segment.z += FloatToInt(m_offset.z / s_segmentSize);
        m_offset.z = fmodf(m_offset.z, s_segmentSize);
    }
}
```

정규화가 끝나면 오프셋 x와 z는 (-s_segmentSize, +s_segmentSize) 범위가 된다. 이 정규화 과정에는 부동소수점에서 정수로의 변환이 쓰이는데, 빠른 변환을 위한 표준적인 최적화 기법을 적용할 필요가 있음을 주의할 것.

표준적인 벡터 위치를 먼 위치로 변환할 때, 그 결과는 오직 원래의 벡터만큼만 정확하다. 먼 위치의 증가된 정밀도를 활용하려면, 렌더링만이 아니라 그 이전의 모든 절대적 위치 표현들에 대해 먼 위치를 사용해야 한다. 즉 애초부터 물체들의 위치가 먼 위치 형식으로 저장되어 있어야 할 것이며, 편집기들은 먼 위치들로 물체들을 다룰 수 있어야 한다. 절대 위치들을 세 개의 부동소수점 값들로 변환할 때마다 정밀도가 손실되며 일단 손실된 정밀도는 복원할 수 없음을 명심해야 한다.

정규화는 오직 오프셋의 크기에만 의존하므로, 정규화되지 않은 오프셋이 나올 수 있는 먼 위치 연산들에는 정규화를 결합시킬 수 있다.

```
void FarPosition::Translate( const Vector3& vector )
{
    m_offset += vector;
    Normalize();
}
```

먼 위치의 활용을 위해서는 특정한 세그먼트에 상대적인 오프셋들을 얻을 수도 있어야 한다. 그러한 일을 하는 메서드는 다음과 같다.

```
Vector3 FarPosition::GetRelativeVector( const FarSegment& segment ) const
{
    Vector3 r = m_offset;
    r.x += (m_segment.x - segment.x) * s_segmentSize;
    r.z += (m_segment.z - segment.z) * s_segmentSize;
    return r;
}
```

이런 상대적 오프셋이 필요한 이유는 먼 위치를 렌더링 파이프라인에 사용하는 방법을 이야기할 때 좀 더 명확해질 것이다.

다음으로, 두 개의 먼 위치들 사이의 거리(변위)는 오프셋들과 세그먼트들 사이의 차이들을 적절히 비례시킨 후 더해서 얻는다.

```
Vector3 operator-( const FarPosition &lhs, const FarPosition &rhs )
{
    matVector3 r = lhs_offset - rhs.m_offset;
    r.x += (lhs.m_segment.x - rhs.m_segment.x) * s_segmentSize;
    r.z += (lhs.m_segment.z - rhs.m_segment.z) * s_segmentSize;
    return r;
}
```

두 먼 위치 사이의 스칼라 거리가 필요하다면, 그냥 위에서 얻은 벡터의 스칼라 길이를 취하면 된다.

먼 위치들을 세계 공간 Vector3 좌표들로 변환하고 그들에 대해 표준적인 벡터 뺄셈을 수행하는 식으로 변위를 구할 수도 있겠지만, 그러면 정밀도가 손실된다. 위치들이 원점에서 먼 경우 손실은 상당히 크다.

두 점 사이의 거리가 상당히 멀다면, 하나의 Vector3으로 그 거리 벡터를 표현할 때 정밀도 오차가 생길 수 있다. 그러나 게임에서 그 정도로 먼 물체들 사이의 상호작용이 필요한 경우는 별로 없으므로 큰 문제가 되지는 않을 것이다. 그냥 두 점 사이의 거리를 판단하는 게 목적이라면, 최대 절대 오차가 아니라 최대 상대 오차 안의 결과로도 충분할 것이다.

렌더링 파이프라인과의 통합

이렇게 해서 위치들을 대단히 큰 정밀도로 표현하는 수단이 생겼다. 그럼 이를 렌더링 파이프라인에 사용하려면 어떻게 해야 할까? 렌더링 엔진들은 위치 벡터가 아니라 행렬 변환을 다룬다. 정밀도 오차를 최소화하는 행렬을 만들려면 어떻게 해야 할까? 답은 상당히 간단하다. 모든 행렬들을 같은 세그먼트 공간 안에서 만들면 된다. 다만, 그 구현은 좀 복잡할 수도 있다.

위치와 방향을 표현하는 한 가지 자연스러운 방법은, 위치를 하나의 Vector3으로, 그리고 방향을 하나의 사원수로 나타내는 것이다.

```
class Transform
{

private:
    Quaternion          m_quaternion;
    Vector3             m_position;

    mutable Matrix4x4   m_matrix;
};
```

이런 클래스는 또한 필요할 때가 되어서야 4×4 행렬을 생성하고 결과를 객체 안에 보존해 두는 능력도 가지고 있을 것이다. 이 클래스를 먼 위치들에 대한 변환을 나타낼 수 있는 형태의 클래스로 바꾼다면 다음과 같은 모습이 된다.

```
class FarTransform
{
public:
    void SetBasisSegment( FarSegment segment );
    const matTransform& GetLocalTransform() const;
    mutable bool        m_bPositionDirty;
    mutable FarSegment  m_basisSegment;
};
```

이 클래스는 먼 위치의 국소 변환과 하나의 기저 세그먼트를 가지고 있다. 기저 세그먼트는 국소 변환이 일어날 세그먼트 공간이다. 같은 기저 세그먼트 또는 세그먼트 공간 안에서 모든 렌더링 변환들(즉 모든 변환 행렬들)을 생성하기 때문에, 렌더링을 그냥 평소대로 진행할 수 있다. 이를 위해서는 카메라를 포함한 장면 그래프의 모든 루트 객체들이 `FarTransform`들을 사용해야 한다. 개별 뼈대 변환 등 루트가 아닌 객체들은 표준적인 변환 표현들을 사용해도 되는데, 왜냐하면 그런 객체들이 가진 오프셋들은 그 부모와의 차이가 별로 크지 않기 때문이다. 이는 또한 꼭 필요하지 않은 곳에서 먼 위치를 사용함으로써 생기는 추가부담을 줄이는 효과도 낸다.

필요에 따른 기저 재정규화

기저 세그먼트는 어떤 걸 써야 할까? 답은 먼 위치를 어떻게 사용하느냐에 따라 다를 수 있다. 렌더링의 경우라면 카메라 위치에 기반한 기저 세그먼트를 사용하는 게 당연한 선택이다. 카메라가 움직이는 경우(대부분 그런 경우겠지만) 정규화된 카메라 위치의 세그먼트는 카메라가 그 세그먼트 크기 이상으로 움직였을 때에만 변경하면 된다. 오프셋은 세그먼트 원점을 중심으로 양과 음의 거리를 가질 수 있으므로, 카메라가 세그먼트 원점 가까이에서 선회하는 등의 경우에는 세그먼트를 바꿀 필요가 없다.

렌더링과 무관하며 어떤 공간 영역 안에서 여러 물체들이 상호작용을 하는 경우라면(예를 들어 서버에서 커다란 세계의 한 영역 안에 일어나는 일들을 처리하는 등), 그 영역의 중심에 고정된 기저 세그먼트를 사용하는 게 좋을 것이다. 그러면 해당 영역 안의 모든 물체들을 국소 변환들만으로 처리할 수 있을 것이며, 그러면 정밀도 오차가 최소화된다.

기저 세그먼트가 변할 때에는 어떤 일이 일어날까? 우선 주목할 것은, 렌더링할 객체의 국소 변환이 현재의 기저 세그먼트에 상대적이 되도록 해야 한다는 점이다. 이를 위해서는 해당 객체에 마지막으로 쓰인 기저 세그먼트를 기억할 수 있어야 하는데, FarTransform에 이미 그런 용도의 멤버가 있다. 다음은 기저 세그먼트를 설정하는 멤버 함수이다. 새 기저 세그먼트가 현재의 기저 세그먼트와 다르면 국소 변환들을 무시해야 하므로 그에 해당하는 플래그를 설정해 둔다.

```
void FarTransform::SetBasisSegment( FarSegment segment )
{
    if ( segment != m_basisSegment )
    {
        m_bPositionDirty = true;
        m_basisSegment = segment;
    }
}
```

이후 국소 변환을 수행할 때에는 그 무효화 여부 플래그를 점검하고 만일 참이면 새 기저 세그먼트에 상대적이 되도록 국소 변환을 재배치한다.

```
const Transform& FarTransform::GetLocalTransform() const
{
    if ( m_bPositionDirty )
    {
        // 위치를 저장
        m_localTransform.SetPosition(
            m_position.GetRelativeVector(m_basisSegment));
        m_bPositionDirty = false;
    }
    return m_localTransform;
}
```

세계 공간 대 국소 공간

먼 위치를 통합할 때 가장 힘든 점은, 지금 통합하고자 하는 먼 위치에 관련된 개체에 대해서가 아닌 한, 세계 공간에 대해서는 어떠한 의미도 부여할 수가 없다는 점이다. 다른 모든 위치 표현들은 현재 기저 세그먼트에 상대적이다. 두 개의 국소 변환들은 오직 같은 기저 세그먼트 안에 있을 때에만 같은 연산 안에서 사용할 수 있다. 4×4 행렬 하나나 부동소수점 성분 세 개로 된 벡터 하나는 하나의 국소적인(기저에 상대적인) 변환이나 위치를 나타내는데, 그 행렬이나 벡터를 담은 객체를 조사하지 않고서는 그것들의 기준이 되는 기저를 알 수가 없다. 모든 것이 상대적이라는 개념은 혼동을 야기할 수 있으며, 따라서 잠재적인 버그의 근원이 된다.

또한 계산을 수행할 때에는 상대 위치 정보와 절대 위치 정보를 구분할 필요가 있다. 먼 위치는 절대 위치를 표현하기 위한 것이며, Vector3은 상대 위치(오프셋)를 표현하기 위한 것이다. 이러한 구분 때문에 이들에 대해 수행할 수 있는 연산에 한계가 생긴다. 예를 들어 두 개의 먼 위치들을 더하는 연산자는 만들 수 없다. 그러한 연산을 수행한 결과의 범위가 무의미할 뿐만 아니라 세그먼트 넘침이 생길 수도 있기 때문이다. 예를 들어 수백 개의 물체들의 평균 위치를 찾기 위해서 물체들의 세그먼트 좌표들과 오프셋들을 개별적으로 합한다고 하자. 그러면 세그먼트 값들이 가용 범위를 넘어설 가능성이 크다. 이런 문제를 제대로 해결하려면 하나의 기준 세그먼트를 정하고 그 안에서 모든 상대적인 오프셋들을 합해야 할 것이다.

```cpp
typedef vector<FarPosition> VFP;
FarPosition FindAveragePosition( const VFP &positions )
{
    if ( positions.empty() )
        return FarPosition(Zero);

    FarSegment segment = positions.front().GetSegment();
    Vector3 offset(Zero);
    for ( VFP::iterator it = positions.begin(); it != positions.end(); ++it )
    {
        offset += it->GetRelativeVector(segment);
    }
    FarPosition average;
    average.SetSegment(segment);
    average.SetOffset(offset / positions.size());
    average.Normalize();
    return average;
}
```

이 함수는 벡터의 첫 번째 위치의 세그먼트를 기준 위치로 사용한다. 그런 다음 그 세그먼트 공간 안에서 각 위치의 상대 위치를 누적한다. 물체들이 서로 상당히 가깝다면 수천 개의 상대 위치들을 누적해도 정확한 결과를 얻을 수 있다. 수백 만 개의 멀리 떨어진 물체들 같은 극단적인 경우라면 넘침이 생기지는 않는다고 해도 전통적인 오프셋 방식에서와 같은 성격의 정밀도 문제가 생길 가능성이 크다. 그러나 게임에서 멀리 떨어져 있는 많은 수의 물체들을 다뤄야 하는 경우는 거의 없으므로 별 문제가 되지 않는다.

국소 공간으로의 이동

절대 세계 공간의 어떤 물체를 비루트 장면 그래프 노드의 국소 공간으로 이동시켜야 할 때가 있다. 예를 들어 충돌 교차 판정이나 반직선을 이용한 선택 등에 그런 일이 필요하다. 반직선 선택의 경우, 반직선의 원점을 하나의 먼 위치로 표현한다. 반직선의 방향은 보통의 **Vector3**으로 표현해도 된다. 그리고 최대 선택 거리를 뜻하는 스칼라도 있어야 한다. 이러한 반직선을 하나의 `FarTransform`이 나타내는 국소 물체 공간으로 변환하려면 두 가지 일이 필요하다. 하나는 반직선 원점을 변환하는 것이고, 또 하나는 반직선 방향을 변환하는 것이다.

반직선 방향을 변환하는 것은 간단하다.

```
// 입력:
// Vector3 vDir = 세계 방향
// FarTransform transform
Transform& localTransform = transform.GetLocalTransform();
Matrix4x4& invMatrix = localTransform.GetInverseMatrix();
Vector3 localDir = invMatrix.TransformVector(vDir);
```

이는 일반적인 벡터를 사용할 때와 동일한 방식이다. 반직선 원점을 변환하는 것 역시 보통의 벡터 위치를 변환할 때와 비슷하나, 정규화 방식이 조금 다르다.

```
// 입력:
// FarPosition vOrg
Vector3 relOrg = vOrg.GetRelativeVector(transform.GetBasisSegment());
Vector3 localOrg = invMatrix.TransformPoint(relOrg);
```

역행렬로 점을 변환하기 전에, 국소 변환의 기저 세그먼트에 상대적인 위치를 찾는다. 그 기저 세그먼트가 무엇인지는 중요하지 않다. 중요한 것은 그 기저 세그먼트가 국소 변환이 존재하는 상대 공간과 일치한다는 점이다. 이 계산에서 최대의 정밀도를 얻어야 한다면, 연산의 시초에서 그 기저 세그먼트를 `FarTransform` 안에 있는 정규화된 `FarPosition`의 세그먼트로 설정해 둘 수도 있다. 이는 `FarTransform`에 이미 설정되어 있는 적절한 기저 세그먼트에 의존할 수 없는, 렌더링과는 무관한 시스템에서 중요한 문제가 될 것이다.

성능 상의 고려사항들

먼 위치를 구현할 때 실수하기 쉬운 사항들이 몇 가지 있다. 앞에서도 말했듯이, 모든 변환들의 상대적인 성질을 간과하면 세그먼트 넘침이나 이동 문제가 생길 수 있다. 그런 문제가 존재하면 간단한 테스트 사례에서는 잘 돌아가는 코드가 물체와 카메라, 기저 세그먼트 모두가 변하는 환경에서는 이상한 결과를 보이는 상황이 벌어질 수 있다.

일반적으로, 먼 위치를 사용했을 때 추가되는 성능 상의 부담은 무시할 수 있을 정도이다. 그 이유를 들자면:

- 정규화 판정들은 간단한 부동소수점 비교일 뿐이며, 또한 동적인 루트 노드 객체에 대해서만 수행하면 된다.
- 렌더링에서, 기저 재정규화는 카메라가 마지막에 쓰인 세그먼트의 원점에서 X 또는 Z 축으로 세그먼트 크기 이상 이동했을 때에만 발생한다.
- 그냥 루트 변환 위치들을 갱신해서 기저를 재정규화할 수도 있다. 이를 위한 계산은 몇 번의 정수, 부동소수점 연산들로 가능하다.

세계의 여러 영역들을 동시에 보여주기 위해서 여러 개의 카메라들을 사용할 때 한 가지 문제가 발생할 수 있다. 각 카메라가 완전히 다른 물체들을 보여줄 정도로 멀리 떨어져 있다면 시스템은 아무 결함 없이 돌아갈 것이다. 그러나 카메라들이 같은 물체들을 보여줄 정도로 가까이 있는데 카메라 위치들의 세그먼트들이 서로 다르다면, 각 카메라 뷰를 렌더링할 때마다 물체의 변환의 기저 세그먼트가 갱신된다. 즉 카메라들이 기저 세그먼트를 가지고 싸우는 격이 되며, 각 렌더링마다 기저 재정규화가 일어나는 것이다. 그런 상황은 예를 들어 한 카메라로는 사용자의 관점을 보여주고 또 다른 카메라로는 장면 안의 물체들에 대한 환경 맵들을 렌더링할 때 벌어질 수 있다. 이런 상황에 대한 해결책은, 한 개체가 렌더링에 쓰일 기저 세그먼트를 결정하도록 만드는 것이다. 항상 기본 카메라가 그런 개체가 되도록 할 수도 있고, 또는 플레이어 아바타의 위치에 따라 결정되도록 할 수도 있다.

결론

커다란 세계를 만드는 개발자들은 부동소수점 정밀도에 관련된 문제를 반드시 해결해야 한다. 이 글에서 제시한 먼 위치는 부동소수점 정밀도 문제에 대한 빠르고, 하드웨어 친화적이며, 조율 가능한 해결책을 제공한다. 이 방법은 고정밀도의 부동소수점 형식이나 특별한 부동소수점 트릭을 요구하지 않는다. 다만, 세계 공간이라는 것에 대한 사고방식을 근본적으로 바꿀 필요가 있다.

참고자료

[Goldberg91] Goldberg, David, "What Every Computer Scientist Should Know About Floating-Point Arithmetic," *ACM Computing Surveys*, March 1991.

[Wilkinson94] Wilkinson, James H., *Rounding Errors in Algebraic Processes*, Dover Publications, 1994.

[원색화보 1]

두 물체가 서로 충돌하는 애니메이션의 프레임 시퀀스. 각 물체는 강체 부분과 변형 가능한 부분이 결합된 혼성 모형으로 시뮬레이션된다. 변형 가능한 부분은 모달 시뮬레이션을 사용한다. J. O'Brien, C Shen, K. Hauser 제공. ⓒ Copyright 2003 U.C. Berkeley. 허락 하에 게재.

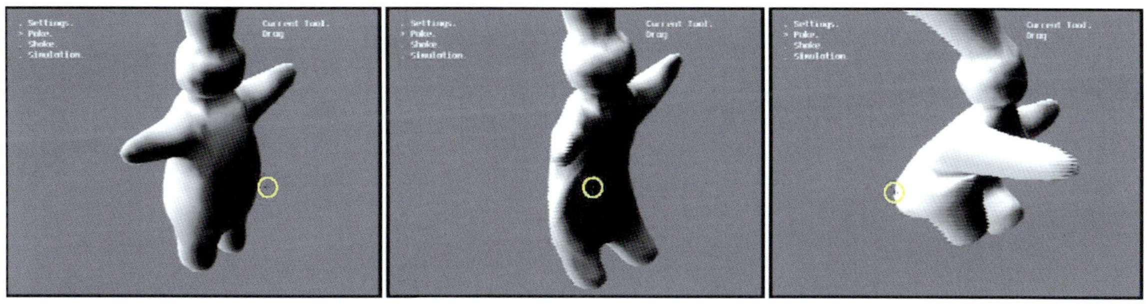

[원색화보 2]

Sony PlayStation2 전용의 한 데모 프로그램의 스크린샷들. 동그라미는 사용자가 탄성이 있는 모형을 찌르거나 당기는 데 사용하는 커서를 나타낸다. J. O'Brien, C Shen, K. Hauser 제공. ⓒ Copyright 2003 U.C. Berkeley. 허락 하에 게재.

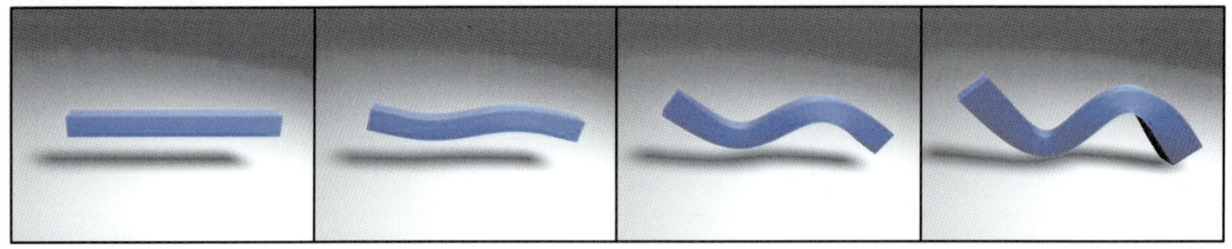

[원색화보 3]

이 그림은 선형화에 의한 왜곡을 보여준다. 첫 번째 영상은 변형되지 않은 막대이다. 그 다음 영상들은 변형을 점차 크게 한 결과이다. 작은 변형에서는 시각적 결함이 그리 크게 나타나지 않지만, 더 큰 변형에서는 눈에 띄는 왜곡이 생긴다. 마지막 영상을 보면 끝쪽이 부풀었을 뿐만 아니라 전체적인 길이도 부자연스럽다. J. O'Brien, C Shen, K. Hauser 제공. ⓒ Copyright 2003 U.C. Berkeley. 허락 하에 게재.

[원색화보 4]

두 행은 사발의 변형을 위에서 본 모습과 옆에서 본 모습이다. 오른쪽의 세 열은 사발의 진동 양상들의 처음(고유값들로 정렬했다) 세 가지로, 사발 가장자리에 횡단 충격을 가해서 생긴 서로 다른 고유값들을 가진 비강체 양상들이다. J. O'Brien, C Shen, K. Hauser 제공. ⓒ Copyright 2003 U.C. Berkeley. 허락 하에 게재.

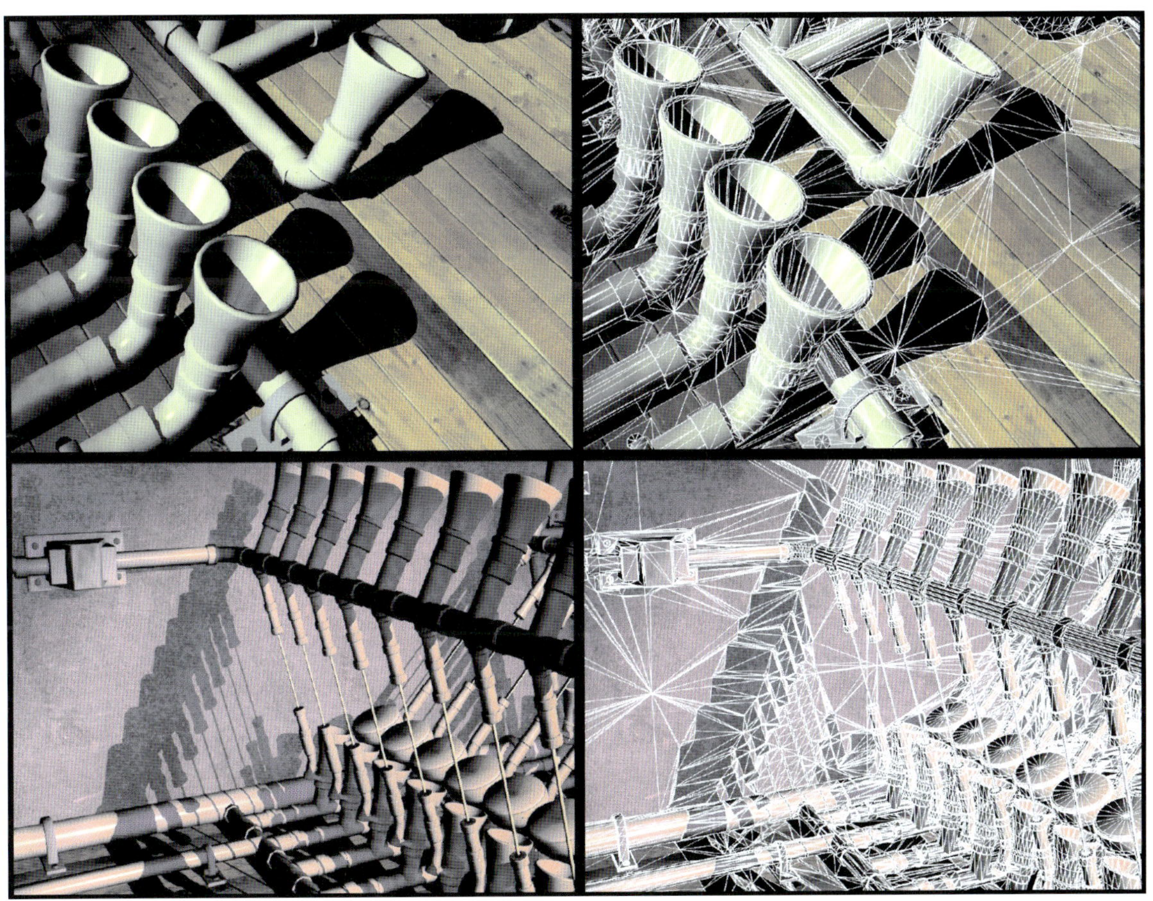

[원색화보 5]

흰 와이어프레임은 빠른 정적 그림자 그리기를 위한 분할 기하구조를 보여준다. ⓒ ATI Technologies, Inc. 허락 하에 재인쇄.

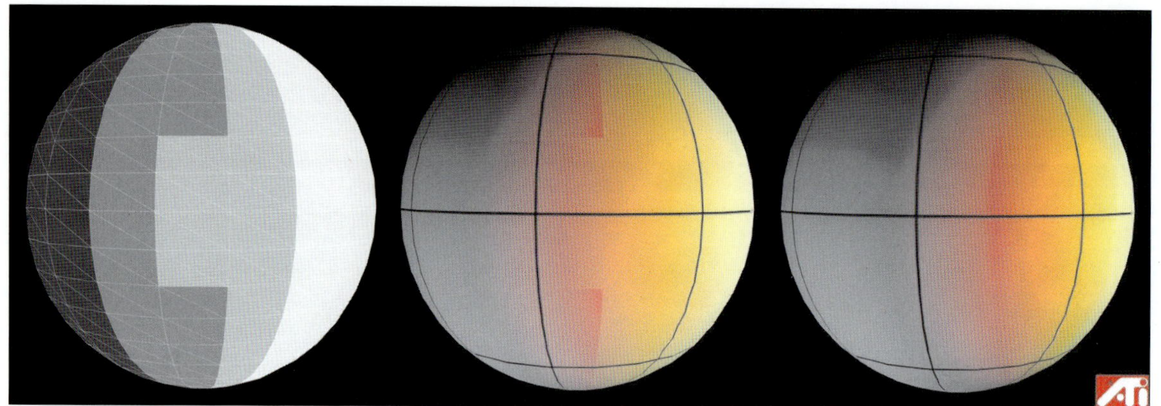

[원색화보 6]

(왼쪽) 하나의 구를 다각형에 빛을 기여하는 광원들의 개수에 따라 여러 개의 메시들로 분할한 모습. 가장 밝은 색조의 메시는 세 개의 장면 광원들이 비추는 것이고, 가장 어두운 메시는 영향을 주는 장면 광원이 없는 것이다. (가운데) 각 메시를 기여 광원 개수에 해당하는 개별 셰이더로 조명한 결과. 광원 기여 여부는 전처리 과정에서 면 법선을 이용해서 결정하지만, 실행 시점에서의 실제 조명은 정점 법선을 통해서 계산된다. 이러한 불일치 때문에 조명의 불연속성이 생긴다. (오른쪽) 선별 불일치의 보정을 위해 빛의 감쇠가 매끄럽게 일어나게 나도록 분산 조명을 조정한 결과. ⓒ ATI Technologies, Inc.

[원색화보 7]

(왼쪽) 다각형에 빛을 기여하는 정적 장면 광원들의 개수에 따라 여러 메시들로 분할된 구를 픽셀 당 조명을 위한 범프 맵을 이용해서 렌더링한 모습. 픽셀 당 법선이 표면 법선과 크게 차이가 나는 부분에서 조명 불연속이 보인다. (오른쪽) 분산 조명을 조정해서 그러한 불연속을 보정한 결과. ⓒ ATI Technologies, Inc.

전통적인 방식의 텍스처와 조명으로 렌더링한 데모 레벨(오른쪽 상단)을 실시간 망점처리를 통해서 어두운 만화 스타일로 바꾼 모습. 음영과 명암을 펜선 빗금의 개수를 통해서 표현하는 방식을 유심히 볼 것. ⓒ 2001 Bert Freudenberg, isg. 허락 하에 재인쇄.

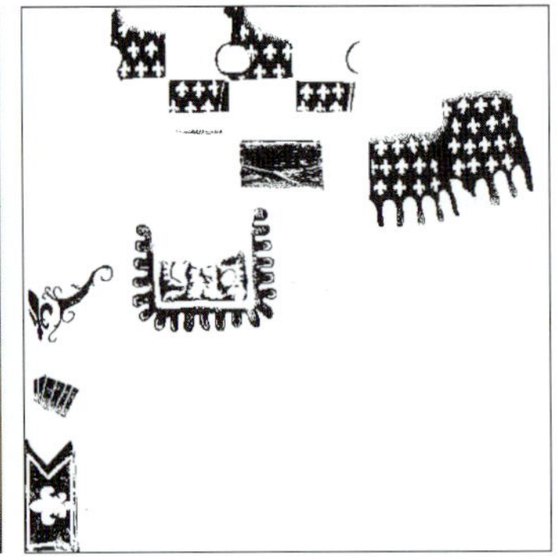

[원색화보 9]

(왼쪽) 군사 유닛에 팀 색상을 입히는데 쓰이는 텍스처와 알파맵들. 알파는 팀 색상이 적용될 부분을 지정한다. (오른쪽) 그 텍스처를 사용하는 청색 유닛. © Copyright 2003 Stainless Steel Studios, Inc. Empires: Dawn of the Modern World™은 Statiless Steel Studios의 트레이드마크임. 허락 하에 재인쇄.

[원색화보 10]

원색 이미지와 그것을 실시간으로 세피아 색조로 변환한 결과. Marwan Y. Ansari 제공. 허락 하에 재인쇄.

[원색화보 11]

(왼쪽) 분산 조명을 적용한 전형적인 장면. 한낮의 햇빛 아래인데도 이미지가 흐릿해 보인다. (오른쪽) 같은 장면을 표본화된 장면 휘도에 기반해서 감마를 조정한 결과. ⓒ 2003 Dave McCoy/Michael Dougherty. 허락 하에 재인쇄.

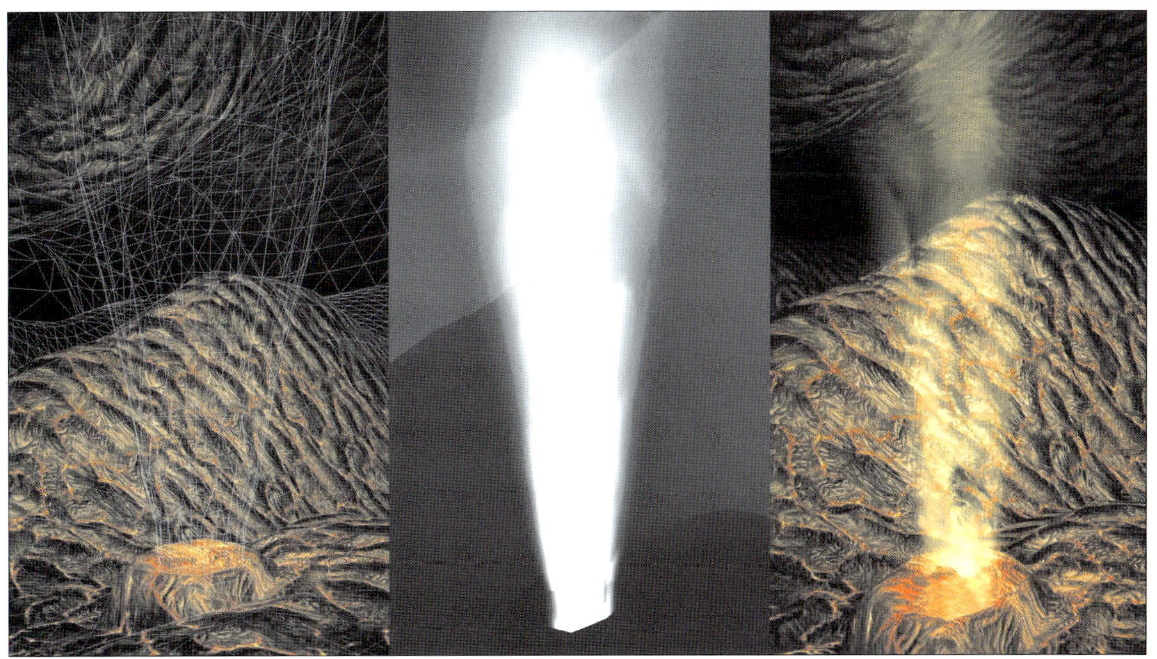

[원색화보 12]

(왼쪽) 뜨거운 기체 배출구에 대한 열 기하구조를 와이어프레임 모드로 나타낸 것. (가운데) 이 배출구의 왜곡값들을 높이와 N·V로 비례시켜서 날카로운 모서리를 제거한 모습. (오른쪽) 최종적인 왜곡된 이미지. ⓒ ATI Technologies, Inc. 허락 하에 재인쇄.

[원색화보 13]

게임플레이의 한 요소인 "그라인드 로프"를 둥근 비균일 스플라인을 이용해서 생성했다. ⓒ Copyright 2003 Krome Studios. Krome Studios의 허락 하에 재인쇄.

2.4 비균일 스플라인

Thomas Lowe, *Krome Studios*
tomlowe@kromestudios.com

스플라인(spline)은 구부러진 경로로, 일반적으로는 3차원 공간 안에서 노드라고 부르는 일련의 점들로 정의된다. 스플라인 곡선의 형태를 좀 더 자세히 서술하기 위해 각 노드마다 노드 위치 이외의 정보를 담기도 한다. 일반적으로 스플라인은 `GetPosition(float time)` 같은 간단한 함수를 호출하는 식으로 평가되는데, `time`에는 0에서 1 사이의 값이 쓰인다.

이 글은 세 종류의 비균일 3차 스플라인을 설명한다. 비균일 스플라인(nonuniform spline)은 그 속도가 노드 사이의 거리에 무관하다는 유용한 성질을 가지고 있는데, 그러한 성질은 게임 개발에서 특히나 유용하다. 이 글에서 말하는 세 종류의 스플라인은 다음과 같다.

- **둥근 비균일 스플라인**: 속도가 대략적으로 일정하다. 트랙을 따라가는 기차에 유용하다.
- **매끄러운 비균일 스플라인**: C^2, 즉 가속도에 연속이다. 입자 효과 경로에 유용하다.
- **시간 지정 비균일 스플라인**: 매끄러운 비균일 스플라인의 변종으로, 시간 간격을 명시적으로 지정할 수 있다. 컷씬 카메라 등에 유용하다.

스플라인의 종류

다음은 흔히 쓰이는 스플라인 종류들이다. 그림 2.4.1에 기본 종류들의 예가 나와 있다(좀 더 자세한 정보는 [Demidov03]을 볼 것). C^n은 스플라인의 n 차 도함수가 연속이라는 뜻이다.

- **베지에 곡선(Bezier curve)**: 이것은 오직 시작 노드와 종료 노드만을 통과하며 모든 도함수들에서 연속이다. 다른 종류의 스플라인들과 달리, 베지에 곡선은 노드가 추가될 때마다 복잡도가 증가한다.
- **캐트멀-롬 스플라인(Catmull-Rom spline)**: 모든 노드를 통과한다. C^1 연속.
- **코차네크-바텔 스플라인(Kochanek-Bartels spline)**: 캐트멀-롬 스플라인의 확장으로, 노드마다 추가적인 매개변수들이 필요하다.

- ■ **자연 3차 스플라인(natural cubic splines)**: 모든 노드를 통과한다. C^2 연속.
- ■ **3차 B 스플라인(Cubic B-spline)**: 모든 노드를 통과하지 않는다. C^2 연속.
- ■ **NURBS**: B 스플라인의 확장으로, 노드마다 추가적인 매개변수들이 필요하다. 정확한 원, 쌍곡선, 타원을 정의할 수 있다.

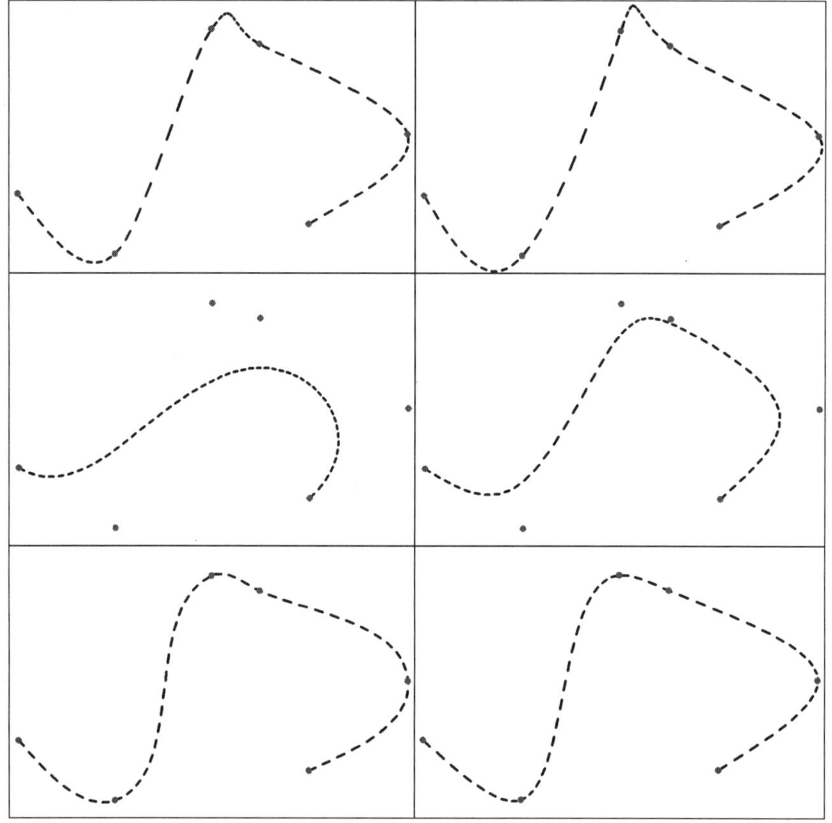

그림 2.4.1 여러 종류의 스플라인들. 왼쪽에서 오른쪽, 위에서 아래로: 캐트멀-롬, 자연 3차, 베지에, B 스플라인, 둥근 비균일, 매끄러운 비균일.

기본적인 3차 스플라인 이론

이 글에서 말하는 비균일 스플라인은 캐트멀-롬 및 자연 3차 스플라인과 매우 비슷하다. 이들 모두는 모든 노드들을 통과한다(이는 고수준의 제어를 가능하게 하는 유용한 성질이다). 또한 이들은 모두 조각별 곡선이다. 즉 두 노드 사이의 곡선 조각 각각은 개별적인 시간 함수이다. 마지막으로, 이들 모두는 $p(t) = at^3 + bt^2 + ct + d$ 형태의 3차 곡선이다. $p(t)$는 시간 t에서의 위치를 뜻한다.

3차원 스플라인은 각 차원에 대해 3차이다. 이를 벡터 형태로 표기한다면:

$$\mathbf{p}(t) = \mathbf{a}t^3 + \mathbf{b}t^2 + \mathbf{c}t + \mathbf{d}$$

어떠한 행렬 $\mathbf{A}$에 대해, $\mathbf{p}(t) = [t^3 \quad t^2 \quad t \quad 1]\mathbf{A}$ (2.4.1)

하나의 조각만 볼 때, 삼차 곡선은 하나의 시작 위치와 종료 위치, 그리고 시작 속도와 종료 속도(또는 접선들)로 완전히 정의할 수 있다(그림 2.4.2).

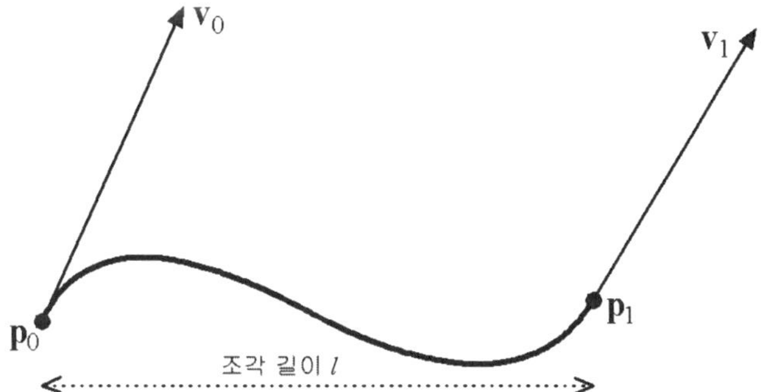

그림 2.4.2 네 개의 벡터들로 하나의 3차 곡선을 정의한다.

이 조각 안에서 t가 0에서 1로 선형적으로 증가한다면, 이 노드 속도 벡터들을 한 시간 단위 이후의 위치 변화로 볼 수 있다. 더 나아가서, 행렬 $\mathbf{A}$를 완전히 만들어낼 수 있다.

$\mathbf{A} = \mathbf{HG}$이므로

$$\mathbf{p}(t) = \mathbf{tHG}$$ (2.4.2)

여기서 $t = [t^3 \quad t^2 \quad t \quad 1]$ $\quad \mathbf{H} = \begin{bmatrix} 2 & -2 & 1 & 1 \\ -3 & 3 & -2 & -1 \\ 0 & 0 & 1 & 0 \\ 1 & 0 & 0 & 0 \end{bmatrix}, \quad \mathbf{G} = \begin{bmatrix} \mathbf{p}_0 \\ \mathbf{p}_1 \\ \mathbf{v}_0 \\ \mathbf{v}_1 \end{bmatrix}$ 이다.

여기서 t는 시간 벡터이고, **H**는 에르미트(Hermite) 보간 행렬, **G**는 기하 행렬이다. 에르미트 보간 행렬은 앞에서 말한 곡선 조각의 정의를 만족하는 고유 행렬이다. 이 행렬의 유도에 대해서는 [Hermite99]를 볼 것. 이제 $0 \leq t \leq 1$의 임의의 시간에서의 곡선 조각의 위치를 알 수 있게 되었다. 부록 **CD-ROM**의 예제 코드에는 식 **2.4.2**를 구현한 `GetPositionOnCubic()` 함수가 있다.

캐트멀-롬 스플라인과 자연 3차 스플라인 둘 다 이러한 3차 곡선 조각들로 구성된다. 차이는 노드 속도 벡터를 선택하는 방식뿐이다. 이들은 균일 스플라인인데, 균일이라고 하는 것은 노드들이 시간선을 따라서 같은 간격으로 놓인다는 것이다. 임의의 시간(0에서 1 사이)에서의 곡선 상의 위치를 얻으려면, 그에 해당하는 적절한 조각과 그 t 값을 얻고 식 **2.4.2**를 적용하면 된다.

둥근 비균일 스플라인

그림 2.4.3의 왼쪽은 캐트멀-롬 스플라인으로 만든 경주로이고, 오른쪽은 둥근 비균일 스플라인으로 만든 것이다. 왼쪽 스플라인에서는 균일한 간격의 노드들의 속도나 형태가 상당히 왜곡되어 있지만, 오른쪽은 속도와 형태가 매우 규칙적임을 주목하기 바란다.

이런 특징 때문에, 둥근 비균일 스플라인(rounded nonuniform spline, RNS)은 공간적인 곡선(철로나 로프 기하구조 등) 또는 일정한 비율로 따라가야 하는 경로(적의 순찰 경로나 레일 위를 달리는 물체 등)에 유용하다. 그리고 RNS는 모서리가 부드러워야 하는 경우, 그리고 운행 속력을 외부에서 제어해야 하는 경우에도 유용하다. 그림 2.4.3의 경주로가 바로 그런 예이다.

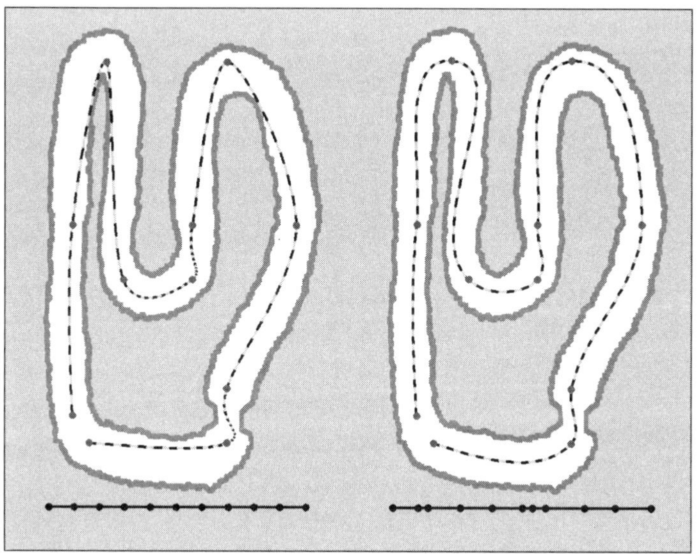

그림 2.4.3 캐트멀-롬 스플라인(왼쪽)과 비균일 스플라인(오른쪽)의 비교. 각 경주로 아래에는 노드들이 배치된 시간선이 나와 있다.

구현

그럼 RNS를 구현하는 한 가지 방법을 살펴보자. 우선 스플라인의 시간선을 조각 길이들에 비례해서 분할한다(이는 비균일한 부분이다). 이 때 노드들 사이의 직선거리로 조각 길이를 근사할 수도 있다. 이러한 분할은, 물체가 스플라인을 균등하게(즉 시간 증가가 일정하게) 따라간다고 할 때, 노드 쌍 사이에서의 평균 속도가 모든 노드 쌍들에서 일정하게 된다는 뜻이다. 다음은 이에 대한 간단한 자료구조와 함수의 의사코드이다.

```
struct Node {
    Vector position, velocity;
    float distance; // 배열의 다음 노드까지의 거리
} node[10];

Vector GetPosition(float time)
{
    float distance = time * maxDistance;
    float currentDistance = 0.f;
    int i = 0;
    while (currentDistance + node[i].distance <
        distance && i < 10)
    {
```

```
        currentDistance += node[i].distance;
        i++;
    }
    float t = distance - currentDistance;
    // i는 조각 번호, t는 세그먼트를 따르는 시간

    // 이 함수의 나머지 부분은 잠시 후에 나옴
}
```

각 조각은 하나의 3차 함수로, 시간 범위는 조각마다 다를 수 있다. 만일 조각을 범위 $0 \leq t \leq 1$로 다시 비례한다면 각 조각에 대해 식 2.4.2를 계속 사용할 수 있다. 우선 시간을 변환하는 공식은 다음과 같다.

$$\Delta t^s = \Delta t^w * \Omega / l \tag{2.4.3}$$

여기서 Ω는 스플라인을 따라가는 운행 속력으로, 이는 스플라인의 길이를 스플라인을 따라가는 데 걸리는 전체 시간으로 나눈 것과 같다.

이 공식을 풀어 설명하자면, 전체 시간에 스플라인을 따라가는 속력을 곱하고 그것을 조각의 길이로 나눠서 조각의 t 값(0에서 1)을 얻는다는 뜻이다. 이 공식에 의하면, 10 미터짜리 조각은 1 미터짜리 조각보다 운행하는 데 10 배의 시간이 걸린다($\Delta t^s = 1$).

식 2.4.3에서 다음을 유도할 수 있다.

$$\mathbf{v}^S = \mathbf{v}^W * l / \Omega \tag{2.4.4}$$

노드 속도는 운행 속력이 1이라 가정했을 때의 세계 속도 형태로 저장된다. 즉:

$$\mathbf{v}^S = \mathbf{v}^N * l \tag{2.4.5}$$

다른 말로 하면, GetPositionOnCubic()에 넘겨주는 속도는 정확한 시간축척이 되도록 조각 길이를 곱한 속도이어야 하는 것이다. 이제 이상의 논의를 반영한 코드를 앞의 함수에 추가한다.

```
t /= node[i].distance; // t가 0 - 1 범위가 되게 한다.
Vector startVel = node[i].velocity * node[i].distance;
Vector endVel = node[i+1].velocity * node[i].distance;
return GetPositionOnCubic(node[i].position, startVel,
                node[i+1].position, endVel, t);
```

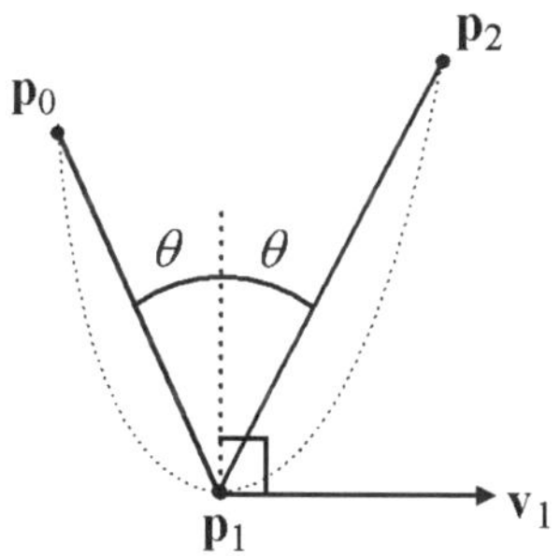

RNS 구현의 두 번째 부분은 노드 속도들을 얻는 것이다(이것이 RNS의 '둥근'에 해당한다). 노드 속도가 단위 길이가 되게 하고(노드에서의 속도들이 노드들 사이의 평균 속도와 같게 되도록), 이전 속도와 다음 속도 사이의 각도를 반으로 나눈다(그림 2.4.4). RNS의 생성과 접근에 대한 완전한 코드는 부록 CD-ROM에 들어 있다.

그림 2.4.4 노드의 속도 벡터 선택

매끄러운 비균일 스플라인

그림 2.4.5는 매끄러운 비균일 스플라인(smooth nonuniform spline, SNS)을 RNS 및 자연 3차 스플라인(매끄러운 균일 스플라인)과 비교한 것이다. SNS의 속도는 RNS처럼 노드의 간격과는 무관하나, 곡선의 움직임이 자연 3차 스플라인처럼 매끄럽다는 점을 주목하기 바란다.

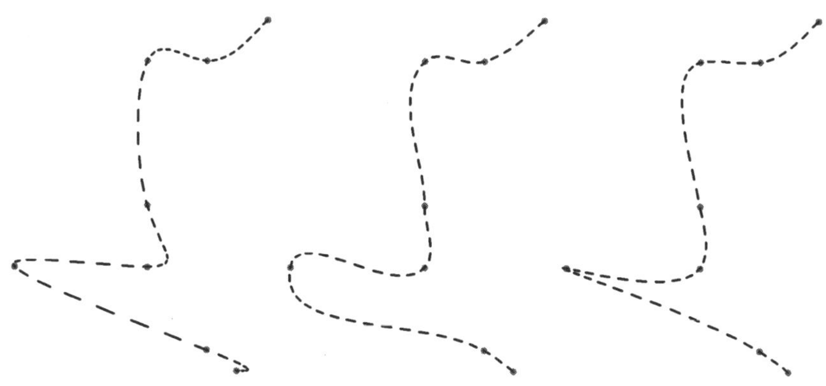

그림 2.4.5 자연 스플라인, RNS, SNS

SNS는 C^2 연속이다. 이는 C^1인 RNS와 달리 가속도가 급격히 변하는 일 없이 연속이라는 뜻이다. SNS는 매끄러운 시간 곡선으로, 가속, 감속이 매끄러우며 둥글게 선회하는 일이 없는 물체의 운동을 나타내기에 이상적이다. 예를 들면 카메라의 운동이나 비행접시의 비행 경로, 필기체의 근사, 입자 효과의 궤적 등에 사용할 수 있다. 또, 3ds max의 "point curve"에 쓰이는 것도 이 SNS라는 점 역시 언급할 필요가 있을 것 같다.

구현

SNS는 기본적으로 RNS와 같은 방식이나, C^2 연속이 되도록 노드 속도들을 선택한다는 점에서 차이를 보인다. 구현에서 어려운 부분은 노드 위치에 따라 노드 속도들을 만들어내는 부분뿐이다.

SNS가 C^2 연속이 되도록 하려면, 각 노드의 속도 벡터를 선택할 때 이전 3차 조각의 종료 가속도가 다음 조각의 시작 가속도와 같게 만들어야 한다(그림 2.4.6).

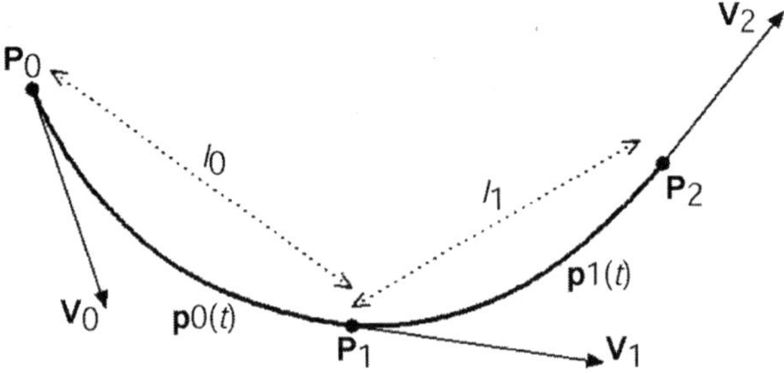

그림 2.4.6 SNS는 $a0^W(1)=a1^W(0)$일 때 C^2 연속이다.

그럼 가속도 공식을 구해 보자. 식 2.4.2를 이용해서 하나의 조각에 위치 함수를 만들면 다음과 같다.

$$\mathbf{p}(t)=(2\mathbf{p}_0-2\mathbf{p}_1+\mathbf{v}_0^S+\mathbf{v}_1^S)t^3+(-3\mathbf{p}_0+3\mathbf{p}_1-2\mathbf{v}_0^S-\mathbf{v}_1^S)t^2+\mathbf{v}_0^S t+\mathbf{p}_0 \tag{2.4.7}$$

이에 대한 1차, 2차 도함수들은:

$$\mathbf{v}^S(t)=3(2\mathbf{p}_0-2\mathbf{p}_1+\mathbf{v}_0^S+\mathbf{v}_1^S)t^2+2(-3\mathbf{p}_0+3\mathbf{p}_1-2\mathbf{v}_0^S-\mathbf{v}_1^S)t+\mathbf{v}_0^S \tag{2.4.8}$$

$$\mathbf{a}^S(t)=6(2\mathbf{p}_0-2\mathbf{p}_1+\mathbf{v}_0^S+\mathbf{v}_1^S)t+2(-3\mathbf{p}_0+3\mathbf{p}_1-2\mathbf{v}_0^S-\mathbf{v}_1^S) \tag{2.4.9}$$

그런데 지금 우리는 세계 기준의 가속도를 찾고 있다. 식 2.4.3을 이용해서 가속도를 표현하면:

$$\mathbf{a}^W = \mathbf{a}^S * \Omega \,/\, l^2 \tag{2.4.10}$$

이것으로 식 2.4.9를 변환하고 식 2.4.6에 적용하면 다음이 나온다.

$$\frac{6(2\mathbf{p}_0 - 2\mathbf{p}_1 + \mathbf{v}_0^S + \mathbf{v}_1^S) + 2(-3\mathbf{p}_0 + 3\mathbf{p}_1 - 2\mathbf{v}_0^S - \mathbf{v}_1^S)}{l_0^2} = \frac{2(-3\mathbf{p}_1 + 3\mathbf{p}_2 - 2\mathbf{v}_1^S - \mathbf{v}_2^S)}{l_1^2} \qquad (2.4.11)$$

다음으로, 식 2.4.5를 적용하고 $\mathbf{v}_1$에 대해 풀면:

$$\mathbf{v}_1^N = \frac{l_1(3(\mathbf{p}_1 - \mathbf{p}_0)/l_0 - \mathbf{v}_0^N) + l_0(3(\mathbf{p}_2 - \mathbf{p}_1)/l_1 - \mathbf{v}_2^N)}{2(l_0 + l_1)} \qquad (2.4.12)$$

이렇게 해서 각 노드의 속도를 그에 인접한 두 노드의 속도로 표현할 수 있게 되었다. 만일 첫 번째 노드와 마지막 노드(이후에 정의한다)에 노드 속도를 배정할 수 있다면, 이 방정식계를 풀 수 있는 방법은 두 가지가 된다.

첫 번째로, 식 2.4.12는 하나의 삼중대각(tridiagonal) 방정식계를 형성한다. 이를 풀기 위해서는 O(n)의 시간이 필요하다. 삼중대각계의 해법에 대해서는 [RecipesC93]을 볼 것.

두 번째 방법은 각 노드에 식 2.4.12를 반복적으로 적용하는 것으로, 예제 코드는 이 방법을 구현한다. 스플라인에 하나의 평활화 필터를 반복 적용해서 매 단계마다 가속도의 불연속성을 줄여나가는 방식이라 할 수 있다. 실제 구현에서는 두세 번의 반복으로도 충분히 정확한 결과가 나온다. 부록 **CD-ROM**의 `Smooth()` 함수를 참고할 것.

이러한 필터가 있다면, **SNS**는 RNS에서 모든 노드들을 더한 후에 `Smooth()`를 여러 번 호출한 것과 동일하다(그림 2.4.7).

그림 2.4.7 SNS의 예

시간 지정 비균일 스플라인

시간 지정 비균일 스플라인(timed nonuniform spline, TNS)은 SNS의 한 확장으로, 각 노드에 다음 노드까지의 시간 간격을 뜻하는 매개변수를 추가한 것이다. TNS 역시 C^2 연속이다.

그림 2.4.8은 같은 점들로 생성한 세 가지 TNS로, 각 노드의 시간 간격만 다르게 한 것이다 (각 곡선 아래의 시간선을 주목할 것).

시간 간격을 지정할 수 있다는 능력 때문에, TNS는 컷씬 카메라 경로나 플라이쓰루 경로를 만드는 데 매우 적합하다. 공간의 임의의 위치에 점들을 배치하고 시간 간격들을 적절히 설정함으로써 카메라가 정확하고도 매끄럽게 곡선 경로를 따라가게 할 수 있다.

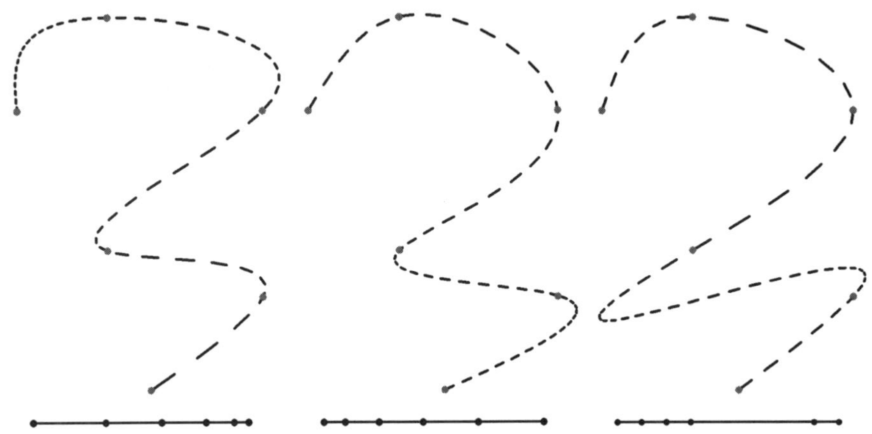

그림 2.4.8 각 노드에 서로 다른 시간 간격들을 지정해서 만든 세 가지 시간 지정 비균일 스플라인들

이 스플라인의 구현은 SNS의 간단한 확장으로, 조각 길이 대신 각 조각에 대해 지정된 시간 간격을 사용하는 것일 뿐이다.

그림 2.4.8의 오른쪽 스플라인을 보면, 커다란 시간 간격에 해당하는 곡선 조각은 다음 노드로의 직선 경로를 상당히 크게 돌아간다는 점을 알 수 있다. 종종 이런 곡선은 바람직하지 않으며, 그래서 수정을 필요로 한다. 크게 돌아가는 효과를 누그러뜨리는 한 가지 방법은, 각각의 평활화 이후에 해당 부분의 노드 속도 벡터들을 작아지는 방향으로 비례시키는 것이다. 다음이 그러한 속도 축소에 쓰이는 공식이다.

$$\mathbf{v}_1^{N*} = 4 n_0 n / (n_0 + n)^2 \tag{2.1.13}$$

여기서 n은 실제 조각 길이 나누기 시간 구간이다. 그림 2.4.9는 이 공식의 효과를 보여준다.

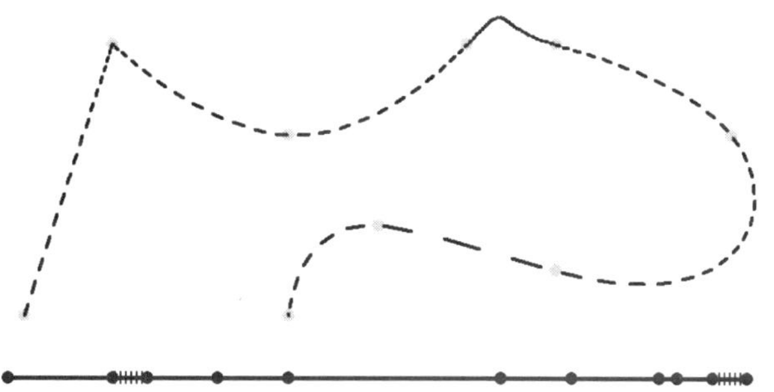

그림 2.4.9 제약이 있는 TNS. 두 배가 된 노드들은 카메라가 정지한 후 매끄럽게 출발할 수 있게 한다.

시작, 종료 노드 속도 계산

이제 시작 노드와 종료 노드 속도들만 계산하면 스플라인을 만들 수 있다. 다행히 이 문제에 대해서는 상당히 간단한 표준 해법이 존재한다. 종료 노드에서 가속도가 0이 되도록 하는 속도를 택하면 된다(곡선에 더 이상의 힘이 가해지지 않는다는 가정 하에서). 시각적으로 볼 때 이는 곡선이 양 끝 위치들에서 직선이 된다는 의미이다.

시간 $t = 0$에서의 식 2.4.9는:

$$\mathbf{a}^S(0) = 2(-3\mathbf{p}_0 + 3\mathbf{p}_1 - 2\mathbf{v}_0^S - \mathbf{v}_1^S) = 0 \tag{2.4.14a}$$

이것과 식 2.4.5를 이용해서 속도를 구하면:

$$\mathbf{v}_0^N = (3(\mathbf{p}_1 - \mathbf{p}_0)/l_0 - \mathbf{v}_1^N)\,/\,2 \tag{2.4.14b}$$

이것이 스플라인의 시작 노드에서의 속도이다. 종료 노드에서의 속도도 같은 방식으로 구할 수 있다.

$$\mathbf{v}_n^N = (3(\mathbf{p}_n - \mathbf{p}_{n-1})/l_{n-1} - \mathbf{v}_{n-1}^N)\,/\,2 \tag{2.4.14c}$$

스플라인 상의 속도와 가속도 얻기

하나의 조각을 고려할 때, 식 2.4.8과 2.4.9는 행렬 형태로 표현할 수 있다. 그러면 행렬 $\mathbf{H}$만 다른 형태의 식 2.4.2가 된다.

$$\mathbf{H}_{velocity}=\begin{bmatrix} 0 & 0 & 0 & 0 \\ 6 & -6 & 3 & 3 \\ -6 & 6 & -4 & -2 \\ 0 & 0 & 1 & 0 \end{bmatrix} \qquad \mathbf{H}_{acceleration}=\begin{bmatrix} 0 & 0 & 0 & 0 \\ 0 & 0 & 0 & 0 \\ 12 & -12 & 6 & 6 \\ -6 & 6 & -4 & -2 \end{bmatrix} \qquad (2.4.15)$$

표준적인 참조 함수를 사용할 수도 있겠지만, 그런 함수는 조각 공간 안의 한 값을 돌려준다. 세계 속도를 얻기 위해서는 식 **2.4.4**를, 세계 가속도를 얻기 위해서는 식 **2.4.10**을 적용해야 한다.

이런 추가적인 성질들은 매우 유용하게 사용될 수 있다. 예를 들어 속도 벡터는 스플라인 경로를 따르는 물체의 방향으로 사용할 수 있으며, 가속도는 물체가 기울어지는 정도라던가 현재의 곡률, 또는 추진력의 방향 등으로 활용할 수 있다.

최적화

스플라인 접근 함수 `GetPosition()`의 속도를 높일 수 있는 약간의 여지가 존재한다. 이 함수는 세그먼트들에 대해 선형 검색을 수행하는데, 루프가 아무리 빠르다고 해도 복잡도는 여전히 O(n)이다. 세그먼트 길이를 누적적으로 저장해 둔다면 세그먼트들에 대해 이진 검색을 수행할 수 있다. 알다시피 이진 검색의 시간 복잡도는 $O(\log_2 n)$이다.

스플라인의 임의의 점을 조회하는 것이 아니라 스플라인을 처음부터 따라가는 경우라면, 현재 조각과 시작 노드로부터의 거리를 보존해둠으로써 참조에 걸리는 시간을 조각 개수에 무관한 상수 시간으로까지 끌어올릴 수 있다. 또한 그런 상황에서는 식 **2.4.2**의 4×4 행렬 곱셈 **HG**를 한 번만 계산해 두고 재사용할 수 있다. 그러면 함수는 그냥 한 번의 벡터 변환 정도만을 수행하면 된다. 벡터 유닛을 가진 **CPU**의 경우라면 이러한 연산들을 병렬적으로 매우 빠르게 수행할 수 있다. 스플라인을 일정한 Δt로 따라가는 경우에는 각 3차 조각의 평가를 더욱 최적화할 수 있다. 이 때 함수는 그냥 세 번의 벡터 덧셈만을 수행하게 된다.

```
acc += jerk;
vel += acc;
pos += vel;
```

여기서 `jerk`는 3차 곡선의 3차 도함수(상수)이다. `acc`, `vel`, `pos`에는 적절한 초기 값들이 주어진다.

결론

이 글에서는 스플라인을 따라가는 점의 타이밍과 속도를 개발자가 원하는 대로 제어할 수 있는 세 종류의 비균일 스플라인들을 설명했다. 시간과 속도를 자유롭게 제어할 수 있기 때문에 차량처럼 일정한 속도로 움직이는 물체라던가 컷씬의 카메라 경로처럼 타이밍 정보가 부여되어야 하는 경로에 매우 적합하다. 그런 분야에서는 더 높은 차수의 연속성이나 기타 목표들을 염두에 두고 고안된 전통적인 스플라인들보다 이런 비균일 스플라인들이 더 적합하다.

참고자료

〔Demidov03〕 Demidov, Evgeny, "An Interactive Introduction to Splines," 웹 주소 *http://www. people. nnov. ru/fractal/Splines/Intro. htm.*

〔Hermite99〕 "Hermite Splines," 웹 주소 *http://www. siggraph. org/education/materials/HyperGraph/modeling/splines/hermite. htm.*

〔RecipesC93〕 Press, William H., et al., *Numerical Recipes in C, Second Edition*, Cambridge University Press, 1993, 웹 주소 *http://www. library. cornell. edu/nr/bookcpdf. html.*

2.5 공분산 행렬을 이용해서 좀 더 잘 들어맞는 경계입체 만들기

Jim Van Verth, *Red Storm Entertainment*

jimvv@redstorm.com

게임을 개발할 때, 교차 판정이나 충돌 검출의 속도를 높이기 위해서 물체의 어떤 단순화된 형태(경계상자 등)를 사용하곤 한다. 그러한 경계 입체들은 일반적으로 모형의 국소 축 방향에 따라 정렬되나, 그러면 물체를 딱 맞게 감싸지는 못할 수 있다(즉, 최소 부피의 경계 입체가 되지 못한다). 이러한 문제를 해결하기 위해 공분산 행렬(covariance matrix)이라고 하는 물체의 통계적 측정 수단을 사용하기도 한다. 공분산 행렬을 고유벡터 같은 선형대수 개념들과 함께 사용하면, 물체를 대략적으로 감싸는 타원체의 주, 부 축들에 정렬된 하나의 좌표계를 찾을 수 있다. 그리고 그 축들에 대한 최대, 최소 범위를 찾으면 모형의 좌표계를 그대로 사용했을 때보다 모형을 좀 더 가깝게 감싸는 경계 입체를 만들 수 있다.

이 글은 공분산 행렬과 그 생성 방법을 이야기하고, 고유벡터에 대해서도 간략히 소개한다. 그런 후에는 공분산 행렬을 위한 고유벡터들을 계산하는 방법에 대해서 설명하고, 공분산 행렬과 고유벡터들로 얻은 좌표축들을 이용해서 경계 상자나 기타 경계 입체들을 만드는 방법을 이야기한다.

공분산 행렬

하나의 모형을 3차원 공간 안에서 n 개의 점 $\{\mathbf{p}_1, \ldots, \mathbf{p}_n\}$들로 이루어진 하나의 점 구름이라고 생각하자. 그리고 그 점들의 분포에 대한 하나의 통계 수치를 취하고, 그 점들이 서로 다른 좌표축들 안에서 어떤 관계를 가지고 있는지 알고 싶다고 하자. 3차원 점의 경우 그러한 측정들을 x, y, z 좌표들의 집합 안에서의 분산(variance)이라고 부르며, xy, yz, xz 쌍들 사이의 분산을 공분산(covariance)이라고 부른다. 분산과 공분산은 비슷한 크기의 자료 집합(예를 들어 나이, 중량, 병력을 포함한 환자들의 목록)의 특성들을 측정하는 데 쓰인다. 이 예의 경우에는 각 점의 x, y, z 값들의 집합을 크기는 같지만 잠재적으로는 독립적인 자료 집합들로 취급한다.

한 변수(예를 들면 x 좌표)의 분산은 자료 집합의 점들이 집합의 평균으로부터 얼마나 차이가 나는가를 나타낸다. 분산은 평균과의 차이의 제곱을 합한 것을 자료의 개수로 나눈 결과이다. 예를 들어 x 좌표들의 집합 $\{x_1, \ldots, x_m\}$이 그 평균 $\overline{x}$와 얼마나 다른가를 알고자 한다면:

$$\mathrm{var}_x = \frac{1}{(n-1)} \sum_{i=1}^{n} (x_i - \overline{x})^2 \tag{2.5.1}$$

n 대신 $n-1$을 사용한 것은 추정의 바이어스를 보정하기 위한 것이다. 이 경우에서 전체적인 평균은 n 개의 점들의 집합의 무게중심이다. 즉:

$$\overline{\mathbf{p}} = \frac{1}{n} \sum_{i=1}^{n} \mathbf{p}_i \tag{2.5.2}$$

x 좌표만 본다면:

$$\overline{x} = \frac{1}{n} \sum_{i=1}^{n} x_i \tag{2.5.3}$$

분산이 크다는 것은 자료가 넓게 퍼져 있다는 뜻이고, 작다는 것은 자료들이 평균 근처에 몰려 있다는 뜻이다. 분산의 제곱근을 표준편차(standard deviation)라고 부른다.

공분산은 두 개의 자료 집합들이 서로 얼마나 독립적인지를 나타낸다. 예를 들어 x 좌표 집합과 y 좌표 집합 사이의 공분산은 다음과 같이 계산한다.

$$\mathrm{cov}_{xy} = \frac{1}{(n-1)} \sum_{i=1}^{n} (x_i - \overline{x})(y_i - \overline{y}) \tag{2.5.4}$$

x와 z, y와 z 사이의 공분산도 이와 비슷한 방식으로 계산한다. 공분산의 크기가 작다는 것은 집합들이 서로 독립적으로 변한다는 뜻이다. 공분산이 0이면 두 집합은 서로 완전히 무관하다. 공분산이 크다는 것은 집합들이 함께 변한다는 뜻이다. 공분산이 양이면 두 집합은 전반적으로 함께 증가하거나 함께 감소한다. 음이면, 하나가 감소할 때 다른 하나는 증가한다는 뜻이다. 이러한 정의들에 의해, 같은 자료 집합 안의 공분산은 그 집합의 분산과 같다. 즉 $\mathrm{var}_x = \mathrm{cov}_{xx}$이다.

각 좌표쌍에 대한 분산과 공분산을 점들의 집합에 대한 하나의 공분산 행렬 $\mathbf{C}$로 결합할 수 있다.

$$C = \begin{bmatrix} \text{var}_x & \text{cov}_{xy} & \text{cov}_{xz} \\ \text{cov}_{xy} & \text{var}_y & \text{cov}_{yz} \\ \text{cov}_{xz} & \text{cov}_{yz} & \text{var}_z \end{bmatrix} \tag{2.5.5}$$

이것은 대칭행렬이다. 이 사실은 이후 유용하게 쓰인다.

이러한 공분산 행렬의 용도는 무엇일까? 공분산 행렬은 특정 방향에 대한 분산의 크기를 알려준다. 어떤 단위 벡터와 이 행렬을 곱했을 때, 그 단위 벡터가 분산이 큰 쪽을 향하고 있었다면 더 긴 벡터가 나오고, 분산이 낮은 쪽을 향하고 있었다면 더 짧은 벡터가 나온다. 단위 구를 공분산 행렬로 변환하면 타원체가 나온다. 그 타원체의 장축은 분산이 큰 쪽, 즉 점들이 좀 더 퍼져 있는 쪽을 가리킨다. 그리고 타원체의 단축은 분산이 작은, 즉 점들이 몰려 있는 쪽을 가리킨다. 그 방향은 모형의 짧은 축과 대략 일치한다. 따라서 모형의 국소 좌표축들을 그대로 사용하는 대신 이러한 타원체의 좌표축들을 이용해 모형의 경계 입체를 만들면 모형에 좀 더 잘 들어맞는 경계 입체가 나온다. 그러한 타원체 좌표축들을 주축 (principal axis)들이라고 부른다(그림 2.5.1).

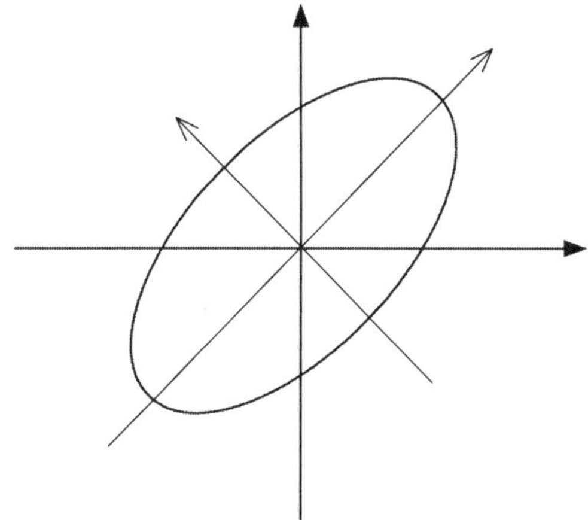

그림 2.5.1 공분산 행렬의 타원체와 주축들

그럼 이러한 주축들을 어떻게 찾아낼까? 우선 특수한 경우부터 생각해 보자. 모든 공분산 값들이 0이면 세 좌표들이 완전히 독립적이며, 따라서 주축들은 국소 좌표축들과 같은 방향이다. 국소 좌표축 하나는 점 구름에서 거리가 가장 긴 방향을 가리키며, 또 하나는 가장 짧은 방향을 가리킨다. 결론적으로, 공분산 행렬은 다음과 같은 형태의 대각행렬이 된다.

$$C_{aligned} = \begin{bmatrix} \text{var}_x & 0 & 0 \\ 0 & \text{var}_y & 0 \\ 0 & 0 & \text{var}_z \end{bmatrix} \tag{2.5.6}$$

그러나 모형의 자료가 이런 식인 경우는 거의 없을 것이다. 일반적으로는 좀 더 수월한 변환이 가능하도록 행렬을 조금 수정해야 한다. 어떻게 수정하느냐 하면, 주축들로 이루어진 공간으로 변환할 벡터를 회전시키고, 공분산 행렬을 적용하고, 다시 반대로 회전시킨다. 이를 하나의 행렬로 결합하면 앞에 나온 것과 비슷한 대각행렬이 나온다.

$$D = R^T C R \tag{2.5.7}$$

이러한 과정을 대각화(diagonalization)라고 부른다.

회전행렬 R은 직교행렬이므로, 그 열벡터들은 하나의 좌표계를 위한 직교 기저를 형성한다. 그 열벡터들은 또한 원래의 공분산 행렬에 대한 주축들과도 동일하며, 경계 입체 구축에 사용할 수 있다. 다음 절에서는 고유벡터들을 이용해서 이러한 회전을 찾는 방법에 대해 살펴보겠다.

다음은 점들의 집합으로부터 평균과 공분산 행렬을 생성하는 코드이다. 공분산 행렬은 대칭이므로 상삼각 성분들만 계산하면 된다. 잠시 후에 나오겠지만, 어차피 하삼각 부분은 사용하지 않는다. 그리고 행렬을 $1/(n-1)$로 정규화하지도 않는다. 이 글의 목적에서는 그런 정규화가 필요하지 않다.

```
void CovarianceMatrix( Vector3* points,
   int numPoints, const Vector3& mean,
   float C[6] )
{
   int i;

   // 평균을 계산
   mean = points[0];
   for (i = 1; i < numPoints; ++i)
   {
      mean += points[i];
   }
   float recip = 1.0f/numPoints;
   mean *= recip;

   // 행렬의 각 성분을 계산
   memset( C, 0, sizeof(float)*6 );
```

```
for (i = 0; i < numPoints; ++i)
{
    Point diff = points[i] - mean;
    C[0] += diff.x*diff.x;
    C[1] += diff.x*diff.y;
    C[2] += diff.x*diff.z;
    C[3] += diff.y*diff.y;
    C[4] += diff.y*diff.z;
    C[5] += diff.z*diff.z;
}
}
```

고유값과 고유벡터

주축들을 찾기 위해서는 행렬의 고유값(eigenvalue)과 고유벡터(eigenvector)를 이해해야 한다. $n{\times}n$ 행렬 $\mathbf{A}$가 있다고 하자. 영벡터가 아닌 벡터 $\mathbf{x}$에 대해, 다음처럼 $\mathbf{Ax}$가 $\mathbf{x}$의 스칼라 배라고 하면,

$$\mathbf{Ax} = \lambda\mathbf{x} \tag{2.5.8}$$

λ를 $\mathbf{A}$의 고유값(eigenvalue)이라고 부른다. 이는 어떠한 행렬로 벡터를 변환했을 때 벡터 공간 안의 어떤 벡터들은 방향은 변하지 않고 크기만 변할 수도 있다는 뜻이다. 식 2.5.2는 다음처럼 표현할 수 있다.

$$(\mathbf{A} - \lambda\mathbf{I})\mathbf{x}=\mathbf{0} \tag{2.5.9}$$

앞에서 말했듯이 $\mathbf{x}$는 $\mathbf{0}$이 아니므로, 양변의 행렬식을 취하면:

$$\det(\mathbf{A} - \lambda\mathbf{I})=0 \tag{2.5.10}$$

이를 $\mathbf{A}$의 특성 방정식(characteristic equation)이라고 부른다. 이 방정식을 λ의 모든 값들에 대해 풀면 $\mathbf{A}$의 고유값들이 나온다. $n{\times}n$ 행렬의 경우 특성 방정식은 λ의 n 차 다항식으로 전개되는데, 이를 특성 다항식이라고 한다. 지금 경우는 3×3 행렬을 다루는 것이므로, 특성 다항식은 3차 방정식이다. 일반적인 행렬은 복소수 고유값들을 가질 수도 있지만, 공분산 행렬은 실수들만으로 구성되며 대칭이기 때문에 고유값들 역시 모두 실수이다.

하나의 실수 고유값에 해당하는 고유벡터는 수없이 많다. 그러한 고유벡터들로 구성된 벡터 공간을 고유공간(eigenspace)이라고 부른다. 주어진 고유벡터에 대한 고유공간은 주어진 고유값 λ의 값을 식 2.5.8에 넣고 $\mathbf{x}$에 대해 풀면 나온다.

고유값들은 기하적인 특성들도 가지고 있다. 일부 행렬에서(특히 대칭행렬들에서) 행렬의 고유값은 그 행렬이 벡터의 크기를 얼마나 변하게 하는지를 알려준다. 이러한 성질을 잘 활용하는 좋은 예가 [Blinn02]에 나와 있다. 그림 2.5.2는 하나의 단위원을 나타내는 벡터들에 다음과 같은 행렬을 적용해서 얻은 결과이다.

$$A = \begin{bmatrix} 3 & 1 \\ 1 & 3 \end{bmatrix} \qquad\qquad (2.5.11)$$

타원의 장축의 길이는 4이며, 이는 이 행렬의 첫 번째 고유값에 해당한다. 그리고 장축의 방향은 해당 고유벡터 집합과 같다. 단축 역시 마찬가지로, 단축의 길이는 2이고 행렬의 또 다른 고유값에 해당한다. 방향은 해당 고유벡터 집합과 같다.

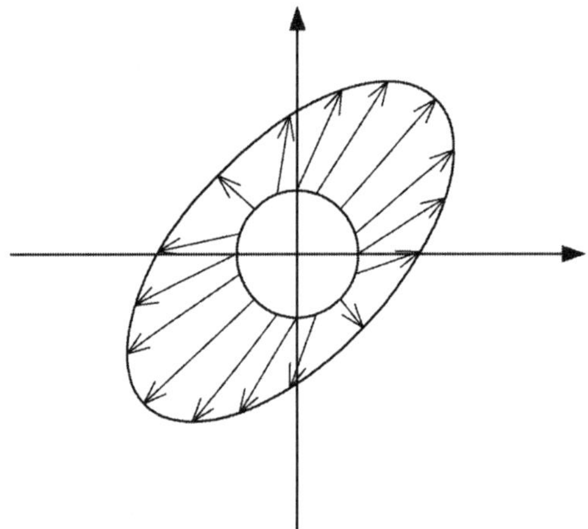

그림 2.5.2 단위원에 대한 행렬의 효과. (1, 1)과 (-1, 1)을 가리키는 벡터들의 방향은 변하지 않았다.

그림 2.5.2를 보고 그림 2.5.1을 떠올릴 수 있었을 것이다. 두 그림을 겹쳐 보면, 그림 2.5.2의 고유벡터들이 그림 2.5.1의 주축들과 일치함을 알 수 있다. 여기서 행렬의 고유벡터들을 계산함으로써 주축들을 구할 수 있을 것이라는 가설을 얻을 수 있다.

이런 가설과 관련된 대칭행렬의 또 다른 중요한 특징들이 있다. 첫 번째로, 대칭행렬은 반드시 하나의 수직 고유벡터 집합을 가진다. 두 번째로, 대칭행렬은 직교대각화가 가능하다. 좀 더 자세히 설명하자면, 대칭행렬 A에 대해 $R^T A R$이 대각행렬인 직교행렬 R이 존재하는 것이다. 이는 식 2.5.7과 같은 형태이다. 따라서 R을 찾는다면 주축들도 찾을 수 있다.

그럼 $\mathbf{R}$은 어떻게 구할까? 대칭행렬 $\mathbf{A}$의 직교 고유벡터들을 정규화하면 $\mathbf{R}$의 열들이 나온다. 공분산 행렬의 경우 그 열들이 바로 주축들이다. 결론적으로, 고유벡터들만 있으면 주축들을 찾을 수 있다. 앞에서 얻은 가설은 정확했던 것이다.

공분산 행렬의 고유벡터 계산

일반적인 $n{\times}n$ 행렬의 고유값, 고유벡터를 계산하는 방법은 여러 가지다([Burden93] 또는 [Press93]을 볼 것). 그 중 흔히 쓰이는 한 가지 방법으로 하우스홀더법(Householder method)이라는 것이 있다. 이 방법은 행렬을 하나의 삼중대각행렬로 분해하고 그것을 더욱 대각화해서 고유값들과 고유벡터들을 계산한다. 그러나 이 방법의 경우 일반적이고 정밀하긴 하지만 계산량이 과도하다. 3×3 공분산 행렬의 경우에는 그냥 행렬의 특성 다항식(이 경우 3차 다항식이다)을 직접 풀어서 고유값들과 고유벡터들을 구하는 게 빠르다.

행렬 $\mathbf{C}-\lambda\mathbf{I}$의 행렬식은 다음과 같다.

$$\begin{vmatrix} c_{11}-\lambda & c_{12} & c_{13} \\ c_{21} & c_{22}-\lambda & c_{23} \\ c_{31} & c_{32} & c_{33}-\lambda \end{vmatrix} = A\lambda^3 + B\lambda^2 + C\lambda + D \tag{2.5.12}$$

여기서,

$$A = -1$$

$$B = c_{11} + c_{22} + c_{33}$$

$$C = -c_{11}c_{22} + c_{12}^2 - c_{11}c_{33} + c_{13}^2 - c_{22}c_{33} + c_{23}^2$$

$$D = c_{11}c_{22}c_{33} + 2c_{12}c_{13}c_{23} - c_{11}c_{23}^2 - c_{22}c_{13}^2 - c_{33}c_{12}^2 \tag{2.5.13}$$

이 3차 다항식의 근들이 바로 고유값 λ_i들이다. 각 고유값에 대해 행렬 $\mathbf{M}_I = \mathbf{C}-\lambda_i\mathbf{I}$을 계산하고, 다음의 선형계를 풀어서 고유벡터 $\mathbf{v}_i$들을 얻는다.

$$\mathbf{M}_I\mathbf{v}_I = 0 \tag{2.5.14}$$

이 세 개의 1차 방정식들을 풀면 세 개의 고유벡터들이 나온다.

[Eberly02]에는 이 방정식의 해들과 그에 해당하는 고유벡터들을 계산하는 한 가지 효과적인 방법이 나와 있다. 이 글의 경우에는 부록 **CD-ROM**에 있는 `GetRealSymetricEigenvectors()` 함수에 고유벡터 구하기가 구현되어 있다. 그 함수는 고유값들을 세 가지 경우로 분류하고, 각 경우에 따라 적절히 고유벡터들을 만들고, 그것들을 해당 고유값의 내림차순으로 정렬한다. 이 과정에 관련된 좀 더 자세한 수학적 내용에 대해서는 앞에서 언급한 **Eberly**의 글을 참고하기 바란다.

경계 입체의 구축

점 구름의 좌표계 기저에 필요한 모든 것(즉 무게중심과 고유벡터들)을 알았으므로, 이제 경계 입체를 만들 수 있다.

우선 경계 상자를 만드는 방법부터 보자. 점 구름의 각 점을 취하고, 그것으로부터 무게중심을 빼서 변위 벡터를 만들고, 그것과 각각의 정규화된 고유벡터 사이의 내적들을 취한다. 그러면 그 변위 벡터를 각 기저 벡터에 투영한 길이들이 나온다. 그 내적 값들의 최소, 최대를 취하고, 그것들로 점 구름의 새 기저 벡터들에 정렬된 경계 상자를 결정하면 된다. 이에 해당하는 코드는 다음과 같다.

```
void ComputeBoundingBox(
      const Vector3* points, int nPoints,
      Vector3& centroid, Vector3 basis[3],
      Vector3& min, Vector3& max )
{
   float C[6];
   CovarianceMatrix( points, nPoints, centroid, C );

   GetRealSymmetricEigenvectors( C,
   basis[0], basis[1], basis[2] );

   min.Set(MAX_FLT, MAX_FLT, MAX_FLT);
   max.Set(MIN_FLT, MIN_FLT, MIN_FLT);

   // 각 점에 대해
   for ( int i = 0; i < nPoints; ++i )
   {
      Vector3 diff = points[i]-centroid;
      for (int j = 0; j < 3; ++j)
      {
         float length = diff.Dot(basis[j]);
```

```
            if (length > max[j])
                max[j] = length;
            else if (length < min[j])
                min[j] = length;
        }
    }
}
```

무게 중심이 상자의 중심과 반드시 일치하는 것은 아니므로, 최대, 최소 거리가 다를 수 있다. 필요하다면 무게 중심을 적절히 이동시켜서 이를 조정하는 것도 가능하다.

경계 상자 외에 흔히 쓰이는 경계 입체는 원기둥이다. 경계 원기둥을 계산하는 방법은 이렇다. 우선 점 구름의 장축을 구한다. 장축은 가장 큰 고유값에 해당하는 고유벡터에 놓인다. 그 축을 따른 원기둥의 최대 길이는 경계 상자에서와 같은 방법으로 구할 수 있다. 즉 각 점과 무게중심 사이의 차이 벡터를 축 벡터에 투영하고(내적) 그 최대값을 얻으면 된다. 원기둥의 반지름은 고유벡터와 무게중심에 의해 형성된 축 선과 각 점 사이의 거리들의 최대값을 사용하면 된다. 앞에서 축에 투영한 거리를 이 계산에 재사용할 수 있다.

```cpp
void ComputeBoundingCylinder(
        const Vector3* points, int nPoints,
        Vector3& centroid, Vector3& axis,
        float& min, float& max, float& radius )
{
    float C[6];
    CovarianceMatrix( points, nPoints, centroid, C );
    Vector3 v2, v3;
    GetRealSymmetricEigenvectors( C, axis, v2, v3 );

    min = MAX_FLT;
    max = MIN_FLT;
    float maxDistSq = 0.0f;

    // 각 점에 대해
    for ( int i = 0; i < nPoints; ++i )
    {
        // 축을 따른 최대, 최소 거리를 찾는다.
        Vector3 diff = points[i]-centroid;
        float length = diff.Dot(axis);
        if (length > max)
                max = length;
        else if (length < min)
            min = length;
```

```
    // 반지름을 계산한다.
    Vector3 proj = (diff.Dot(axis))*axis;
    Vector3 distv = diff - proj;

    float distSq = distv.Dot(distv);
    if (distSq > maxDistSq)
        maxDistSq = distSq;
    }

    radius = sqrtf(maxDistSq);
}
```

원기둥 양 끝을 반구로 막은 형태인 캡슐 역시 비슷한 방식으로 만들 수 있다. 다만 반구 마개들을 계산하려면 좀 더 많은 계산이 필요할 것이다. 좀 더 자세한 사항은 [Eberly01]나 [VanVerth04]를 참고하기 바란다.

이러한 경계 입체들은 무게중심과 고유벡터들로 정의되는 공간 안에서 만들어진다. 만일 경계 상자 공간을 모형 공간으로 변환해야 한다면, 다음 행렬을 사용하면 된다.

$$\mathbf{M}_{BM} = \left[\begin{array}{ccc|c} \mathbf{v}_1 & \mathbf{v}_2 & \mathbf{v}_3 & \overline{\mathbf{P}} \\ \hline \mathbf{0}^T & & & 1 \end{array} \right] \tag{2.5.15}$$

결론

이 글에서는 공분산 행렬의 성질을 이용해서 모형에 좀 더 잘 들어맞는 경계 입체를 만드는 방법 하나를 소개했다. 모형의 점들을 그대로 사용하는 것만큼 빠르지는 않지만 그래도 상당히 효율적이며, 필요하다면 오프라인 상에서 계산해 둘 수도 있다.

이 방법이 모든 경우에서 경계 입체를 계산하는 가장 적합한 방법인 것은 아니다. 경우에 따라서는 모형 공간에 정렬된 경계 상자를 사용하는 게 좋을 수도 있다. 예를 들어 빠른 교차 판정을 위해 탱크 몸체를 근사하는 경계 상자를 이용하는 경우, 이 글의 방법으로 만든 최소의 경계 상자는 모형 밑바닥에 대각선으로 놓일 것이다. 그런 상자는 지면과의 충돌 판정을 어렵게 만든다.

또한 이 글의 방법이 모형에 정확히 들어맞는 경계 입체를 만들어내지 못할 수도 있다. 이에 대해서는 [O'Rourke85]를 참고할 것. 공분산 행렬은 하나의 통계적 측정이기 때문에, 자료 집합의 점들이 너무 중복되거나, 오목한 형태이거나, 희소하거나, 균일하지 않으면 오차가 생길 가능성이 크다. 중복된 자료는 삼각형 꼭지점들이 계산에 여러 번 포함되는 경우에 발생한다. 이런 이유로, 점 구름보다는 삼각형 메시를 다루는 게 더 낫다. 오목한 물체의 경우, [Gottschalk96]은 내부의 점들이 누락되는 일을 피하기 위해 모형의 자료 자체보다는 모형의 볼록 덮개(최소볼록집합)를 사용하라고 권한다.

희소하거나 균일하지 않은 자료의 경우는 삼각형을 따라서 균일하게 표본들을 추출하고 그것을 입력 자료로 사용할 수도 있다. 더 나은 해결책은 전체 형태에 대해 입체 적분을 취해서 공분산 행렬을 생성하는 것인데, 이는 본질적으로 모형을 무한대의 해상도로 표본화하는 것이라 할 수 있다. 그런 식으로 얻은 행렬을 관성 텐서 행렬이라고 부르며, 물리 시뮬레이션의 회전 동역학 계산에 유용하게 쓰인다. 모형으로부터 관성 텐서들을 만드는 방법에 대해서는 [Mirtich96]이나 [Eberly03]을 볼 것.

이상의 경우를 제외한 대부분의 경우에서는 공분산 행렬을 모형 정점 자료에 직접 사용해도 쓸만한, 적어도 모형 공간에서 직접 얻은 것보다는 훨씬 나은 근사가 나온다. 이 글이 제공하는 코드를 그대로 또는 필요에 따라 개선해서 사용한다면 좀 더 나은 경계 상자를 만들 수 있을 것이며, 그러면 충돌 검출이나 선별 판정을 좀 더 정밀하게 수행할 수 있을 것이다.

참고자료

〔Blinn02〕 Blinn, Jim, "Consider the Lowly 2x2 Matrix," *Notation, Notation, Notation*, Morgan Kaufmann Publishers, 2002.

〔Burden93〕 Burden, Richard L. and J. Douglas Faires, *Numerical Analysis*, PWS Publishing Company, 1993.

〔Eberly01〕 Eberly, David H., *3D Game Engine Design*, Morgan Kaufmann Publishers, 2001.

〔Eberly02〕 Eberly, David H., "Eigensystems for 3×3 Symmetric Matrices," Technical Report, 웹 주소 *http://www. magic-software. com*, 2002.

〔Eberly03〕 Eberly, David H., *Game Physics*, Morgan Kaufmann Publishers, 2003.

〔Gottschalk96〕 Gottschalk, S., M.C. Lin and D. Manocha, "OBB-Tree: A Hierarchical Structure for Rapid Interference Detection," *Proceedings of SIGGRAPH '96*.

〔Mirtich96〕 Mirtich, Brian, "Fast and Accurate Computation of Polyhedral Mass Properties," *Journal of Graphics Tools*, $1(2)$: pp. 31 - 50, 1996.

〔O'Rourke85〕 O'Rourke, J., "Finding Minimal Enclosing Boxes," *Internat. J. Comput. Inform. Sci.*, Vol. 14 (June 1985), pp. 183 - 199.

[Press93] Press, William H., Brian P. Flannery, Saul A. Teukolsky, and William T. Vetterling, *Numerical Recipes in C*, Cambridge University Press, 1993.

[VanVerth04] Van Verth, James M. and Lars M. Bishop, *Essential Mathematics for Games and Interactive Applications*, Morgan Kaufmann Publishers, 2004.

2.6 역기구학을 위한 야코비 전치법

Marco Sporel, *KMW*
mspoerl@gmx.de

게임에서 목표 지향적 운동을 구현하는 경우에는 미리 작성된 애니메이션 자료를 사용하는 게 그리 적합하지 못하다. 고고학자나 특수요원 등 게임의 캐릭터가 어떤 물체를 잡거나 버튼을 누르려 할 때, 실제 목표가 아니라 그 너머에 있는 어떤 가상의 객체를 집거나 또는 벽 안으로 손가락을 밀어 넣는 장면을 많이 봤을 것이다. 그런 결함을 해결하기 위해서는 애니메이션을 실행시점에서 조정해야 한다. 그런 용도로 쓰이는 것이 바로 실시간 역기구학(inverse kinematics)이다.

역기구학 문제를 풀기 위한 알고리즘은 매우 많으나, 대부분 실시간에 사용하기에는 부담스럽다. 다행히 Chris Welman은 자신의 석사 논문에서 상호작용적 환경에 적합한 방법 두 가지를 기술하고 있다 [Welman93]. 그 중 하나가 순환적 좌표 하강(Cyclic Coordinate Descent, CCD)으로, 또 다른 글 [Weber02]에도 상세히 서술되어있다. 이 글에서는 Welman 논문의 두 번째 알고리즘을 설명한다. 그 알고리즘은 전치된 야코비(Jacobi) 행렬을 사용하기 때문에 야코비 전치법(Jacobian transpose method)이라고 불린다. 야코비 전치법의 경우 CCD에 비해서는 덜 알려져 있지만 일반적으로 CCD보다 더 나은 결과를 내는데, 이는 연결들을 훑으면서 하나씩 처리하는 게 아니라 역기구학 사슬 전체를 한 번에 조작하기 때문이다.

시험 환경

야코비 전치법의 설명을 위해 완전한 골격 애니메이션 시스템을 예로 드는 것은 오히려 논점을 흐릴 수 있으므로, 이 글에서는 몇 개의 관절들로 이루어진 하나의 사슬을 사용하겠다. 그 사슬의 각 구성요소를 노드라고 하자. 하나의 노드는 부모를 가리키는 포인터와 자신의 자식들을 가리키는 포인터들의 배열, 그리고 부모에 상대적인 자신의 변환(이동과 회전. 비례는 없음) 정보로 구성된다. 예제 구현에서는 회전을 표현하는 데 사원수를 사용한다. 사슬의 첫 번째 노드를 루트라 부르고, 마지막 노드를 작용자(effector)라고 부른다. 작용자는 반드시 목표에 도달해야 하며, 루트로부터 시작되는 모든 노드들로 이루어진 역기구학 사슬(이를 조작자(manipulator)라고 부른다)은 작용자가 목표물에 도달할 수 있는 형태로 배치되어야 한다.

그림 2.6.1은 다섯 개의 노드로 된 역기구학 사슬의 초기 상태이다. 작용자는 그냥 간단한 하나의 좌표축으로 표시되어 있는데, 왜냐하면 작용자의 길이는 미리 정의되지 않기 때문이다. 오른쪽에 있는 좌표축은 목표점을 나타낸다. 작용자가 그 목표점을 감싼 구 안에 들어가면 작용자가 목표점에 도달했다고 간주한다.

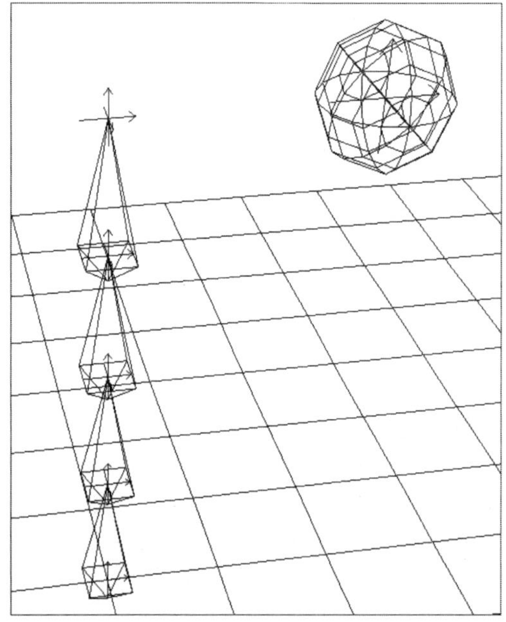

그림 2.6.1 조작자의 초기 구성

부록 CD-ROM에는 이 글의 예제 프로그램의 완전한 소스 코드가 수록되어 있다. 그리고 독자가 이 방법과 CCD를 비교해 볼 수 있도록, CCD 구현도 함께 수록해 두었다.

야코비 행렬이란

순기구학에서는 작용자의 위치 x를 다음과 같은 방식으로 계산한다.

$$x = f(q) \tag{2.6.1}$$

여기서 q는 알려진 관절 변수들(예를 들면 회전과 이동)이다. 즉 순기구학에서는 알려진 것들을 이용해서 알지 못하던 위치를 얻는다. 그러나 역기구학은 그 반대로, 알고 있는 위치에 도달하는 것이 목적이다. 그래서 식 2.6.1의 역을 사용한다.

$$q = f^{-1}(x) \qquad\qquad (2.6.2)$$

어려운 점은 함수 f가 비선형이라는 데 있다. 식 2.6.1의 q에서 x로의 사상에는 유일한 해가 존재하나, 식 2.6.2의 x에서 q로의 사상에는 해가 여러 개가 존재할 수 있다. 이를 해결하기 위해서는 문제를 선형화해야 한다. 이를 위해, 관절 속도와 작용자의 속도 사이의 다음과 같은 관계를 이용한다.

$$\dot{x} = J(q)\dot{q} \qquad\qquad (2.6.3)$$

이 관계는 다음과 같은 형태의 야코비 행렬로 주어진다.

$$J = \frac{\partial f}{\partial q} \qquad\qquad (2.6.4)$$

간단히 말해서, 야코비 행렬 J는 관절 변수 q들이 변함에 따라 작용자의 위치와 방향이 어떻게 변하는지를 나타낸다. 야코비 행렬은 $m \times n$ 크기의 행렬로, n은 조작자의 관절 개수이고 m은 작용자 벡터 x의 크기이다. 일반적으로 작용자 위치와 방향을 나타내기 위해서는 6개의 성분들이 필요하며, 따라서 m은 6이 된다. 야코비 행렬의 i 번째 열은 i 번째 관절의 변화에 따른 작용자의 위치와 방향의 점진적 변화를 나타낸다. 야코비 행렬을 구했다고 할 때, 다음의 공식(식 2.6.3의 역이다)을 반복적으로 적용하면 역기구학 문제를 풀 수 있다.

$$\dot{q} = J^{-1}(q)\dot{x} \qquad\qquad (2.6.5)$$

그런데 이것을 적용하기 위해서는 역행렬을 구해야 한다. 실시간 환경에서는 역행렬 계산이 부담스럽다. 의사 역행렬을 이용한 좀 더 빠른 접근방식이 있긴 하지만, 그런 방법에서는 J가 정방행렬이 아닐 때 특이성에 관련된 문제가 발생한다 [Schreiber98]. 이 글이 말하는 방법은 역행렬 대신 전치행렬을 사용한다.

야코비 전치법에 대한 간략한 설명

역기구학 문제의 목표는 작용자가 주어진 목표에 도달하게 하는 것이다. 목표 도달 여부를 판정하기 위해서는 어떤 형태로든 오차 측정이 필요하다. 현재의 작용자 위치 $x_e(t)$와 목표 위치 $x_t(t)$가 주어졌을 때 둘 사이의 오차는 다음과 같은 거리 벡터로 주어진다.

$$e(t) = x_e(t) - x_f(t) \tag{2.6.6}$$

오차 e가 작용자를 목표 위치로 당기는 힘 벡터 f라고 생각하자. 벡터 f를 이용해서 조작자의 끝을 당기는 복합력 F를 만든다.

$$F = [f_x,\ f_y,\ f_z,\ 0,\ 0,\ 0\ ]^T \tag{2.6.7}$$

이것은 Welman의 버전과는 다름을 주의할 것. Welman의 버전은 다음과 같다 [Welman93].

$$F = [f_x,\ f_y,\ f_z,\ m_x,\ m_y,\ m_z]^T \tag{2.6.8}$$

m은 어떠한 축에 대한 비틀림인데, 이 글의 경우에는 목표의 방향을 고려하지 않으므로 이 비틀림을 생략한다. 어쨌든, [Paul81]에 서술된 가상의 작업의 원칙을 이용해서, 힘 F와 내부 힘들을 일반화한 τ 사이의 관계를 다음과 같이 표기할 수 있다.

$$\tau = J^T F \tag{2.6.9}$$

그런데 τ는 무엇을 의미할까? 정교한 동역학 시뮬레이션의 경우 τ는 관절 변수 가속도들의 벡터라 할 수 있다. 그러나 이 글에서는 τ를 그냥 관절 속도들의 벡터로 간주한다.

$$\dot{q} = J^T F \tag{2.6.10}$$

이제 식 2.6.10을 적분하면 작용자를 목표 쪽으로 움직이는 새 벡터 q가 나온다. 실제로, 적분 후의 q는 각 노드에 적용할 회전 각도들을 담고 있다. 그에 해당하는 회전축들은 야코비 행렬을 구축할 때 결정된다.

야코비 행렬을 계산하는 것 자체는 상당히 간단하다. 이 예에서는 회전 관절만을 사용하며 (즉 각 노드의 이동은 고정되어 있다), 그런 경우 i 번째 관절에 대한 야코비 행렬의 열은 다음과 같이 주어진다 [Welman93].

$$J_i = \begin{bmatrix} [\,(p - j_i) \times axis_i\,]^T \\ [\,axis_i\,]^T \end{bmatrix} \tag{2.6.11}$$

여기서 p는 작용자의 세계 공간 위치이고 j_i는 관절 i의 세계 공간 위치, 그리고 $axis$는 관절 i의 국소 회전축이다.

요약하자면, 야코비 전치법은 다음과 같은 방식으로 작동한다.

1. 작용자와 목표 사이의 거리 벡터와 그 크기를 계산한다.

2. 거리가 특정 임계값 이하이면 목표에 도달한 것으로 간주하고 9 번으로 넘어간다.

3. 야코비 행렬과 회전축들을 계산한다.

4. 야코비 행렬을 전치시킨다.

5. 힘 f를 결정한다.

6. 관절 속도들을 계산한다.

7. 관절 속도들을 적분해서 관절 회전들을 얻고 그 회전들을 적용한다.

8. 단계 2로 돌아간다.

9. 최종 결과를 조작자에 적용한다.

알고리즘 구현

야코비 전치법으로 역기구학 문제를 풀려면 우선 야코비 행렬 자체를 구해야 한다. 이 구현에서, 식 2.6.11로 p와 j_i를 얻는 것은 간단하다. 그런데 회전축들은 어떻게 결정해야 할까? 노드들에 고정된 회전축이 부여되어 있지는 않으므로, 그냥 관절에서 목표를 향하는 벡터와 관절에서 작용자를 향하는 벡터에 수직인 벡터를 회전축으로 사용한다.

```
for( iColumn = 0, iLinkIndex = 1; iColumn < iLevel;
    ++iColumn, ++iLinkIndex )
{

    // 현재 노드의 위치

    m_arrCurrentTM[ iLinkIndex ].GetTranslation( vecLink );

    // 현재 노드에서 목표를 가리키는 벡터

    vecLinkTarget = m_vecTargetPosition - vecLink;

    // 현재 노드에서 현재 작용자 위치를 가리키는 벡터

    vecLinkEnd = vecEnd - vecLink;

    // 축을 계산한다.

    m_arrAxis[ iColumn ] = CVector3::CrossProduct( vecLinkTarget,
        vecLinkEnd );
    m_arrAxis[ iColumn ] .Normalize();
```

```
    // 야코비 행렬의 위쪽 성분을 계산한다.

    vecEntry = CVector3::CrossProduct( vecLinkEnd, m_arrAxis[ iColumn ] );

    // 야코비 행렬을 완성한다.

    for( iRow = 0; iRow < 3; ++iRow )
    {
      m_arrJacobian[ iRow * iLevel + iColumn ] = vecEntry[ iRow ];
      m_arrJacobian[ ( iRow + 3 ) * iLevel + iColumn ] =
          m_arrAxis[ iColumn ][ iRow ];
    }
}
```

iLevel은 조작자에 있는 연결들의 개수이며, 이는 곧 야코비 행렬의 성분들의 개수이기도 하다. 다음으로는 야코비 행렬을 전치시킨다.

```
for( iRow = 0; iRow < 6; ++iRow )
   for( iColumn = 0; iColumn < iLevel; ++iColumn )
     m_arrJacobianTransposed[ iColumn * 6 + iRow ] =
         m_arrJacobian[ iRow * iLevel + iColumn ];
```

식 2.6.7의 힘 f는 작용자와 목표 사이의 거리 벡터이다. 앞에서 말했듯이 이 벡터 자체는 작용자를 목표 쪽으로 당기는 데 쓰이며, 벡터의 크기는 알고리즘의 반복 여부를 결정하는 데 쓰인다.

```
// 작용자의 위치를 결정한다.

m_arrCurrentTM[0].GetTranslation( vecEnd );

// 목표로 도달하게 하는 벡터

vecDifference = vecEnd - m_vecTargetPosition;

// 목표가 얼마나 멀리 있는가?

fError = vecDifference.GetMagnitude();

// 힘 벡터를 계산한다.

farrForce[0] = vecDifference.GetX();
farrForce[1] = vecDifference.GetY();
farrForce[2] = vecDifference.GetZ();
```

```
farrForce[3] = 0.0f;
farrForce[4] = 0.0f;
farrForce[5] = 0.0f;
```

이제 식 2.6.10을 이용해서 관절 속도들을 구한다.

```
// q'들을 구한다.

for( iRow = 0; iRow < iLevel; ++iRow )
{
    m_arrQDerivate[ iRow ] = 0.0f;

    for( iColumn = 0; iColumn < 6; ++iColumn )
      m_arrQDerivate[ iRow ] += m_arrJacobianTransposed[ iRow * 6 + iColumn ]
          * farrForce[ iColumn ];
}
```

이렇게 해서 기본적인 계산이 끝났다. 이제 관절 속도들을 적분하고 그 결과들을 적용한다.

```
// 적분 및 적용

for( iIndex = 0, iLinkIndex = 1; iIndex < iLevel; ++iIndex, ++iLinkIndex )
{
    axisAngle.SetAxis( m_arrAxis[iIndex] );
    axisAngle.SetAngle( m_arrQDerivate[iIndex] * 0.01f )
    quatAlign.SetQuaternion( axisAngle );
    quatAlign.Normalize();

    // 사원수를 저장한다.

    ...

}
```

코드에서 알 수 있듯 간단한 오일러 적분법을 사용한다. 이것이 가장 정확한 방법은 아니지만, 가장 빠른 것은 확실하다. [Welma95]처럼 룽게-쿠타(Runge-Kutta)법 같은 좀 더 정교한 방법을 사용하는 것은 독자의 숙제로 남기겠다. 마지막으로, 결과 값을 해당 관절에 대한 회전각으로 사용해서, 앞서 계산한 축을 중심으로 해당 관절을 회전시킨다.

앞에서도 말했듯이 이 글에서는 회전에 사원수를 사용한다. 야코비 전치법의 경우에는 회전축-회전각 방식을 일관되게 사용하는 게 더 나을 수 있다. 그런 방식에서는 앞서 설명한 변환이 필요하지 않기 때문에 적분의 결과들을 적용하기가 더 간단하다. 그러나 이 글의 예제 야코비 전치법 구현은 범용 CCD 기법과 공통의 기반 클래스를 공유하며, 그 기반 클래스가 사원수를 많이 사용하기 때문에 야코비 전치법도 사원수를 사용하게 되었다.

야코비 전치법 구현의 전체 소스 코드가 부록 CD-ROM에 수록되어 있다. 핵심은 CIKSolverJacobianTranspose.cpp에 있는 `CIKSolverJacobianTranspose::Solve()` 함수이다.

결과 및 비교

식 2.6.10을 한 단계의 오일러 적분법으로 풀기 때문에, 단계 크기를 신중하게 결정해야 한다. 그림 2.6.2는 예제 구현에 여러 단계 크기들을 적용했을 때의 결과를 비교한 것이다(최대 반복 횟수는 100이다).

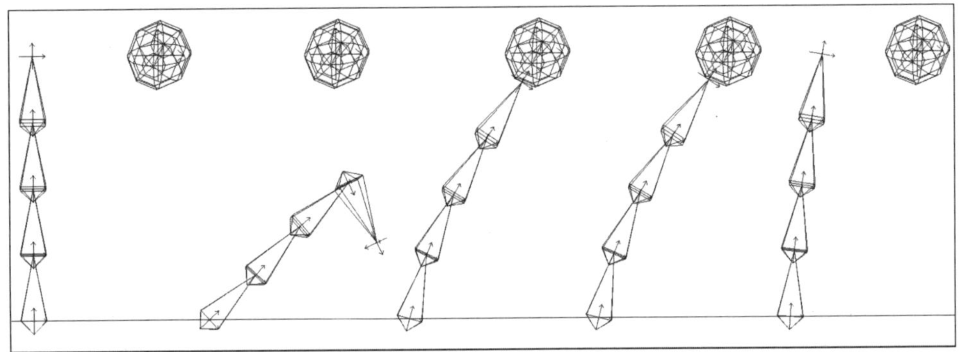

그림 2.6.2 오일러 적분 단계 크기 비교. 왼쪽에서 오른쪽으로: 초기 설정, 0.1, 0.01, 0.001, 0.0001

단계 크기가 0.1일 때에는 알고리즘을 아무리 많이 반복해도 해에 수렴하지 않는다. 단계 크기를 0.0001로 했을 때에는 반복 횟수를 늘려야 목표에 도달할 수 있었다. 단계 크기가 0.01일 때 가장 적당한 결과를 냈다. 다음의 모든 테스트들은 0.01을 사용한다.

그럼 야코비 전치법(이하 JT)의 결과를 범용적인 CCD 구현의 결과와 비교해 보자.

첫 번째 시험 사례에서, 목표는 작용자의 오른쪽 아래에 있다. 관절 사슬은 일곱 개의 노드들로 이루어져 있으며, 회전에는 어떠한 구속조건도 없다. 최대 반복 횟수는 100이다. 그림 2.6.3은, 야코비 전치법의 경우 조작자 전체에 대해 회전들을 균등하게 분배하지만 CCD는 각 연결을 개별적으로 취급한다는 중대한 차이를 잘 보여준다.

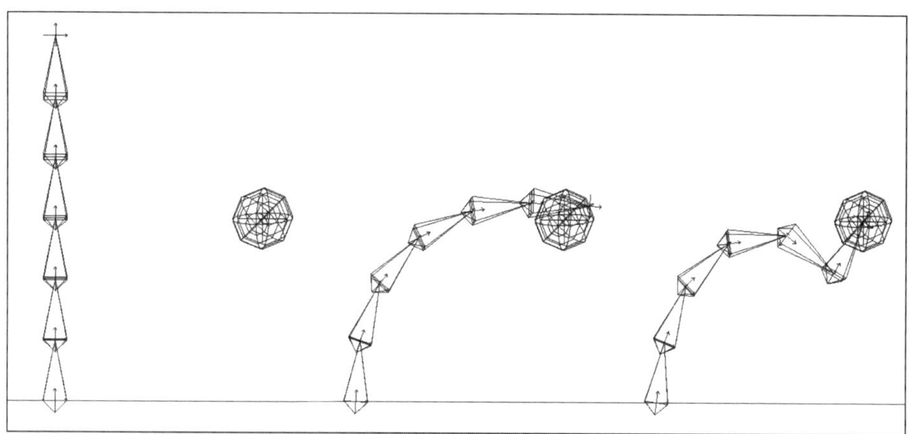

그림 2.6.3 구속이 없는 간단한 설정. 왼쪽에서 오른쪽으로: 초기 설정, JT, CCD

그림 2.6.4는 앞의 예에 관절이 ±50 도만 회전할 수 있다는 구속을 가한 것이다. CCD의 결과는 좀 나아졌으며, JT는 앞에서와 같다. 각도 구속은 그냥 간단한 오일러 각도 한정 방식을 사용했다.

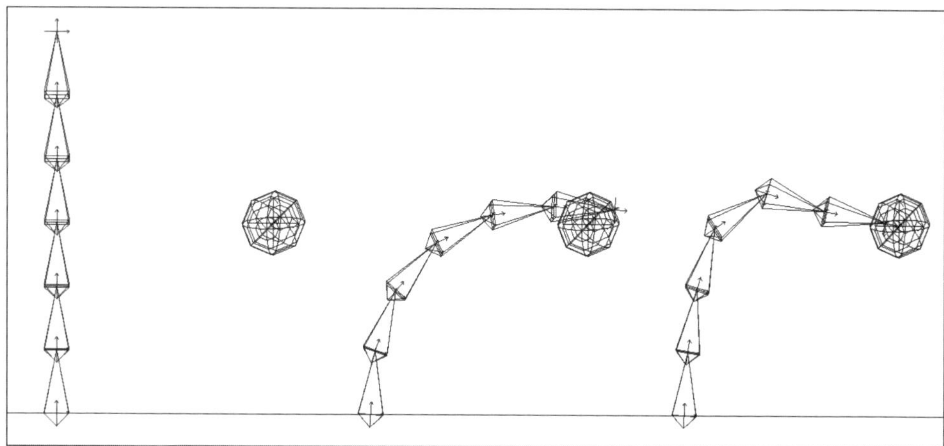

그림 2.6.4 간단한 구속조건 설정. 왼쪽에서 오른쪽으로: 초기 설정, JT, CCD

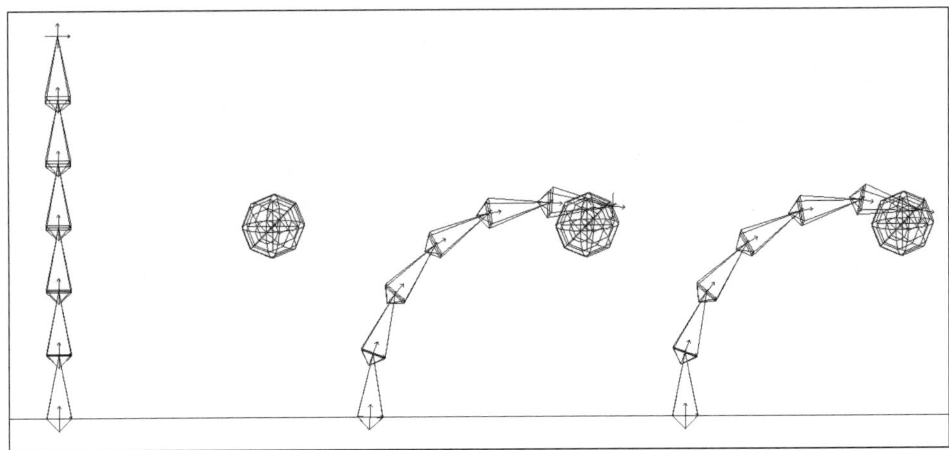

그림 2.6.5 구속조건을 좀 더 강화한 예. 왼쪽에서 오른쪽으로: 초기 설정, JT, CCD

그림 2.6.5는 각도를 좀 더 제한한 것이다(±20 도). 둘 다 목표에 도달하지 못했으며, CCD는 좀 더 나은 모습이 되었다.

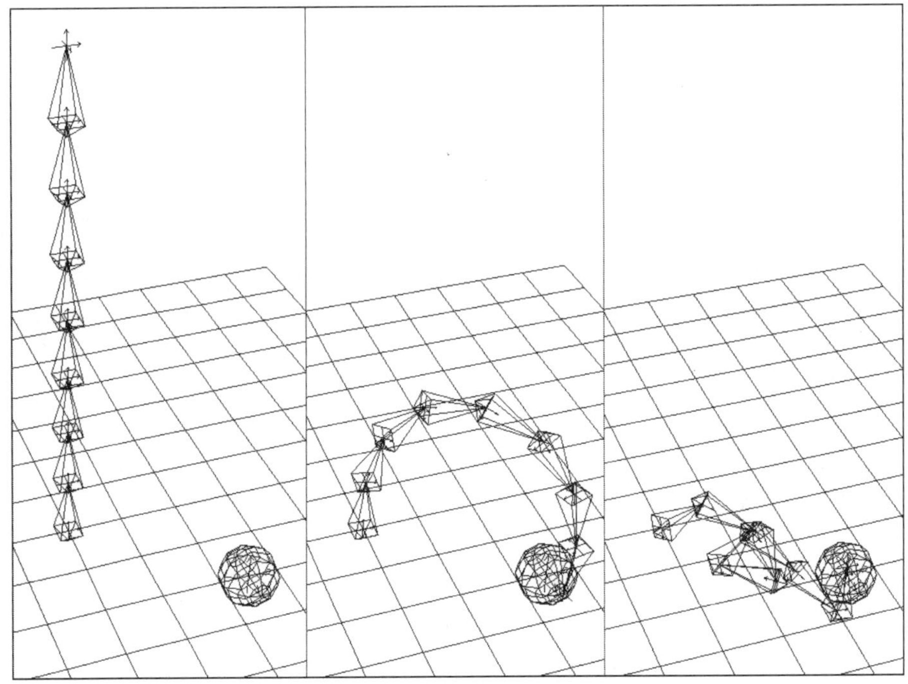

그림 2.6.6 좀 더 복잡한 설정. 구속조건 없음. 왼쪽에서 오른쪽으로: 초기 설정, JT, CCD

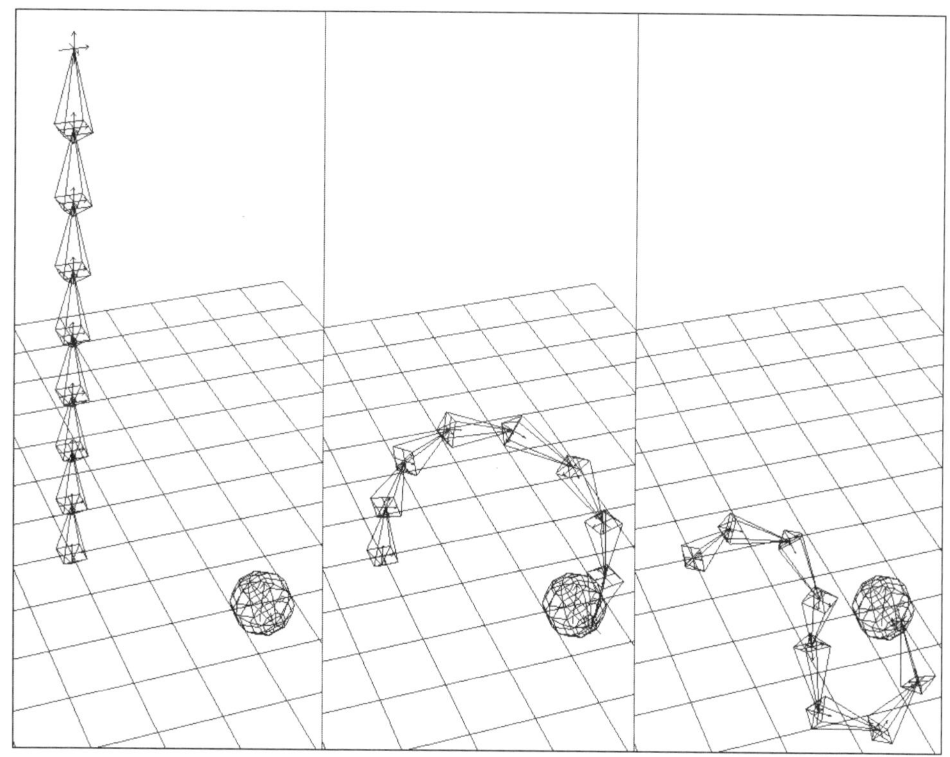

그림 2.6.7 복잡한 설정에 구속조건을 적용한 경우. 왼쪽에서 오른쪽으로: 초기 설정, JT, CCD

이번에는 좀 더 복잡한 설정을 보자(그림 2.6.6). 목표는 작용자와는 좀 먼 바닥 위에 놓여 있다. 사슬은 9 개의 노드들로 이루어져 있다. 구속조건은 없으며, 최대 반복 횟수는 역시 100이다. JT는 매끄럽게 목표에 도달한 반면, CCD는 상당히 혼란스러운 해를 냈다.

2차원 사례와 마찬가지로, 회전에 ±50 도의 구속조건을 가한 것이 그림 2.6.7이다. JT는 매 끄러운 결과를 냈으나, CCD의 경우 이전보다는 나아졌지만 여전히 바람직하지 않은 결과 를 냈다.

마지막으로, 그림 2.6.8은 구속조건을 ±20 도로 더욱 강화한 것이다. CCD는 목표에 도달하 지 못했다.

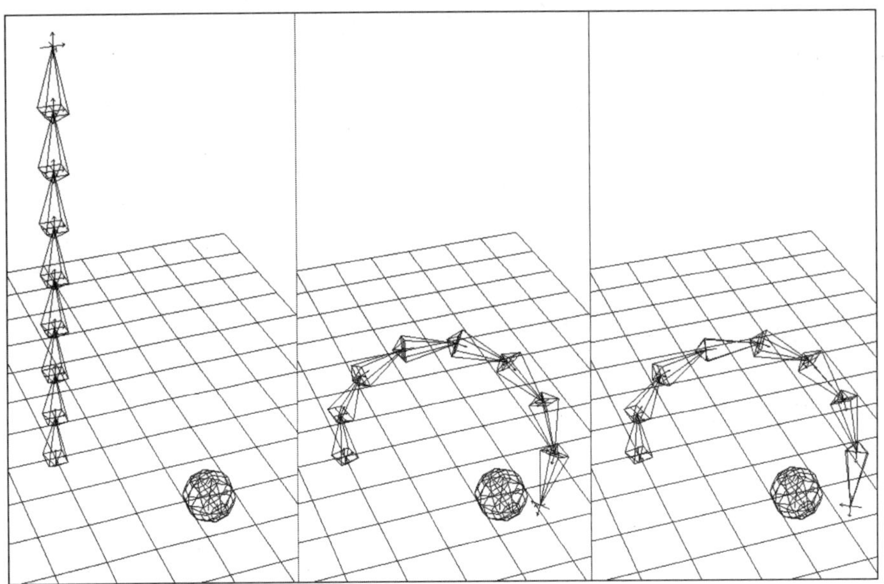

그림 2.6.8 복잡한 설정에 구속조건을 좀 더 강화한 경우. 왼쪽에서 오른쪽으로: 초기 설정, JT, CCD

결론

이 글에서는 순환적 좌표 하강(CCD) 대신 사용할 수 있는, 구속이 없거나 회전 한계가 큰 환경에서 우월한 결과를 내는 한 가지 역기구학 해법인 야코비 전치법을 소개했다. 이 방법 은 노드 회전들이 균등하게 분포된, 좀 더 나은 결과를 만들어낸다.

이 글에서는 자유도에 대한 구속조건들이 존재하는 경우는 다루지 않았다. 명료함을 위해, 이 글이 제시한 예제 구현은 알고리즘으로 얻은 사원수를 오일러 각도로 변환하는 과정에 서만 회전각을 한정한다(피치/요/롤 한계를 이용해서). 다행히 야코비 전치법은 매 단계마다 다시 계산되므로, 이러한 방식이 수렴 조건에 어떤 주목할만한 영향을 주지는 않는다. 회전 을 한정하는 좀 더 정교한 방법을 원하는 독자라면 [Weber02]나 [Blow02] 같은 자료를 보기 바란다. 또, [Welman93]에는 구속조건의 도입에 대한 장이 있으니 참고하면 좋을 것이다.

마지막으로, 결과를 목표의 위치뿐만 아니라 방향과도 일치시키는 문제에 대해 한 마디 언 급하겠다. 앞에서도 말했듯이 이 글에서 사용한 식 2.6.7은 Welman의 원래 공식(식 2.6.8)에 서 비틀림 힘을 제거한 것이다. 만일 목표의 방향과 일치시키고자 한다면, 작용자의 방향을 목표의 방향에 사상하는 하나의 토크(torque, 돌림힘)를 결정하고 그에 해당하는 축을 조작 자의 끝을 끌어당기는 데 쓰이는 힘에 집어넣는 방법을 고려해 보기 바란다.

참고자료

〔Blow02〕 Blow, Jonathan, "Inverse Kinematics with Joint Limits," *Game Developer* Vol. 9, No. 4 (April 2002): pp. 16 - 18.

〔Paul81〕 Paul, R. P., Robot Manipulators: *Mathematics, Programming*, and Control, MIT Press, 1981.

〔Schreiber98〕 Schreiber, Guenther, and G. Hirzinger, "Singularity Consistent Inverse Kinematics by Enhancing the Jacobian Transpose," German Aerospace Center—DLR, 웹 주소 *http://www. robotic. dlr. de/Guenter. Schreiber/ark1998. pdf.*

〔Weber02〕 Weber, Jason, "Constrained Inverse Kinematics," *Game Programming Gems 3*, Charles River Media, 2002. 번역서는 "구속조건이 있는 역기구학," *Game Programming Gems 3*, 정보문화사, 2003.

〔Welman93〕 Welman, Chris, "Inverse Kinematics and Geometric Constraints for Articulated Figure Manipulation," Master's Thesis, Simon Frasier University, September 1993.

Section 3
물리

Graham Rhodes, *Applied Research Associates, Inc.*
grhodes@nc.rr.com

고백하건대, 나는 호기심 많기로 유명한 물리학자 리처드 파인만(Richard Feynman)을 여러 해 동안 존경해왔다. 그가 물리적 우주에 대한 우리의 이해에 기여한 바 때문에 그를 존경하는 것은 아니다. 파인만은 물리학을 넘어서 삶의 모든 측면을 즐겼다. 그는 놀기 좋아하고, 새로운 경험을 위한 기회라면 무엇이든 뛰어들었다. 게임을 좋아한 그는, 칼텍의 한 파티에서 타고난 탐정 기질을 발휘해서, 파티 참가자의 책 냄새를 가지고 그 책의 주인을 맞춰 좌중을 즐겁게 만들기도 했다. 로스 알라모스(Los Alamos)[7] 시절에는 자물쇠와 금고 열기를 즐기기도 했다(의도는 단지 금고가 그 내용물을 좀 더 잘 지킬 수 있도록 설계 상의 결함을 지적하자는 데 있었을 뿐이다). 또한 퍼즐 풀기 기법들을 이용해서 드레스덴 사본(Dresden Codex)[8]을 해독하기도 했다. 파인만은 소묘와 회화를 공부하기도 했으며, 숙달된 봉고 드럼 연주자이기도 했다.

내가 경험해본 여러 산업 분야들 중에서, 이런 종류의 배우고 경험하고 즐겨보고자 하는 열정이 가장 필요한 곳은 바로 게임 개발이다. 최근 몇 년 간 물리학은 게임 개발에서 중요한 여러 분야들 중 하나가 되었다. 비행 시뮬레이션 게임은 애초부터 실시간 물리가 그 핵심을 이루고 있었으며, 자동차 경주 게임도 어느 정도는 그렇다. 그러나 이제는 실시간 물리가 모든 장르로 확산되고 있다. 생각해 보면, 게임에 실시간 물리를 도입해서 얻을 수 있는 이득은 크게 세 가지인 것 같다. 첫 번째로(아마도 가장 큰 이득일 텐데), 적절한 파이프라인 도구들이 주어진다면, 물리는 아트 팀이 만들어야 하는 애니메이션의 수를 줄임으로써 게임의 애니메이션 제작비용을 크게 줄일 수 있다. (캐릭터 애니메이션의 경우 캐릭터에 개성을 부여하기 위해서는 모션 캡처나 아티스트가 직접 제작한 키프레임 애니메이션이 계속 필요하겠지만, 그런 것들을 물리 기반 애니메이션들과 혼합함으로써 무한한 행동들을 만들어낼 수 있다.) 두 번째로, 물리는 게임 세계의 캐릭터들과 물체들 사이의 임의의 상호작용을 시뮬레이션할 수 있으며, 그럼으로써 아티스트가 만들어낸 애니메이션만으로는 얻을 수 없는 어떤 창발적인 행동을 가능하게 한다.

---

7) 역주: 2차대전 당시 맨하탄 프로젝트를 수행하던 곳을 뜻한다.
8) 역주: 고대 마야 문명의 문서

실시간 물리의 세 번째 이득은 마케팅과도 관련된 것으로, 물리가 일종의 유행이라는 데 있다. 인터넷 게시판들을 보면 헝겊인형 캐릭터 물리학이나 상호작용적인 물의 장점을 논의하는 골수 게이머들을 종종 볼 수 있다. 얼마 안 있으면 연체 동역학과 전적으로 역학에만 근거한 캐릭터에 대한 논의들도 일어날 것이다. 그러나 궁극적으로 이런 유행의 양상은 사라지게 될 것이다. 지금은 그런 유행의 측면이 더 큰 이득이 될 수도 있겠지만, 본질적으로는 개발비용을 줄이고 보다 나은 게임을 만들 수 있게 된다는 점에서 실시간 물리의 진정한 이득을 구해야 할 것이다.

Game Programming Gems 4권의 이 물리 섹션에는 게임을 만드는 데 필요한 광범위한 주제들이 들어 있다. 우선, Roger Smith와 Don Stoner는 하나의 공격이 목표물을 무력화하는 확률을 평가하는 데 사용할 수 있는, 실제 군사 실험에 근거한 여러 공식들을 제공한다. 이를 현명하게 사용한다면 게임의 무력화 로직을 크게 개선할 수 있을 것이다. Marcin Pacewicz와 Paul Bragiel은 단순화된 차량 물리학에 대한 한 가지 우아한 모형을 제시한다. 이 모형은 휴대용 게임 콘솔에 적합할 정도로 빠르다. 또한 위에서 내려다보는 시점의 육해공 차량들의 시뮬레이션에도 응용하는 것이 가능하다. 그 글 다음으로는 정교한 충돌 반응을 가진 복잡한 강체 동역학 시스템을 개발하는 데 도움이 되는 글 세 개가 차례로 소개된다. 첫 번째로 Nick Porcino는 물리 기반 게임 세계의 토대로 사용할 수 있을만한 객체지향적 벌레드 적분 기반 강체 엔진 하나를 소개한다. Russ Smith는 강체 구속조건의 수학을 직관적인 방식으로 설명해서 복잡한 메커니즘과 관절체 상호작용 시뮬레이션의 신비를 파헤친다. Ádám Moravánszky와 Pierre Terdiman은 충돌 검출과정에서 접촉 다형체들의 복잡도를 줄이는 접근방식 몇 가지를 소개한다. 접촉들을 줄임으로써 충돌 반응 계산에서 안정성을 향상시킬 수 있다(그리고 계산 비용을 줄이는 것도 가능하다). 그 세 가지 글 다음에는, Jerry Tessendorf가 수면 시뮬레이션의 새로운 방법인 iWave를 소개한다. 이 방법은 파동들과 물체들 사이의 상호작용을 손쉽게 지원한다. 마지막 두 글은 연체의 시뮬레이션을 위한 참신한 기법들을 설명한다. Thomas Di Giacomo와 Nadia Magnenat-Thalmann은 괜찮은 빠르기와 안정성으로 광범위한 변형들을 시뮬레이션할 수 있는, 연체 시뮬레이션을 위한 다층적 접근방식 하나를 설명한다. 마지막으로, James O'Brien은 양상해석의 기초를 설명한다. 양상해석은 게임에서 연체들의 실시간 시뮬레이션에 사용할 수 있는 기법으로, 시뮬레이션 시간 간격 또는 프레임률에 무관하게 100 퍼센트의 안정성을 제공한다.

물리 저작 도구들이 개선되고 있긴 하지만, 아직은 여전히 사용하기 어려운 수준이다. 그리고 물리 엔진들은 그들이 주장하는 것에 비해 덜 안정적이다. 이 섹션의 글들을 이용해서 독자의 게임 엔진을 개선하고 뭔가 새로운 것을 만들 수 있으면 좋겠다는 것이 나의 희망이다. 그리고 그 과정에서 게임의 미래를 열 수 있다면 더욱 좋을 것이다.

3.1 죽음의 열 손가락: 전투 무력화 알고리즘들

Roger Smith, Don Stoner, *Titan Corporation*
roger@fingersofdeath.com, don@fingersofdeath.com

좋은 슈팅 게임을 위해서는 좋은 무력화(killing) 알고리즘이 필요하다. 이 글은 일련의 전투 의사결정의 사실성을 증가시키는 데 사용할 수 있는 여러 가지 전투 알고리즘들을 제시한다. 이들 대부분은 미합중국 군대를 위해 개발된, 하나나 그 이상의 실제 전투 시뮬레이션에서의 사용을 위해 검증을 받은 것들이다.

현재 1인칭 슈팅 게임들에 쓰이는 무력화 알고리즘들의 경우 나쁘지는 않지만, 가끔은 기하구조, 통계, 확률, 집합화 등을 도입해서 좀 더 정확하고 효율적으로 처리했으면 좋았을 상황들도 발견할 수 있다. 특히 대규모 다중플레이어 게임이나 실시간 전략 게임들에서는 개별 병사의 시선(line-of-sight, LOS)이나 헤드샷 같은 요소를 생략한 행동들이 주로 이루어지는데, 이 글에서는 그런 경우에 사용할 수 있는 알고리즘들도 제공한다. 장르에 따라서는 실제 사격 실험에 근거한 다중 무력화 방식 알고리즘이 도움이 될 수도 있다. 1인칭 슈팅 게임의 경우 이 글의 알고리즘 일부를 적들에게 적용하는 것도 가능하다. 그러나 상세한 LOS 알고리즘들은 사람이 조종하는 아바타에 더 적합할 것이다.

띠 과녁 맞히기

첫 번째 죽음의 손가락은 사격자가 길이나 강, 긴 차량 행렬, 또는 뱀 같은 생물을 맞추었는지 판단하는 간단한 방법이다(그림 3.1.1). 목표물을 지나치거나 못 미치게 쏘는 게 불가능할 정도로 긴 목표물이라면, 목표 적중의 확률은 오직 목표물의 너비와 무기 발사 패턴의 표준 편차에 의존한다. 이 간단한 알고리즘은 [Parry95]에 근거한 여러 가지 소모(attrition) 알고리즘들에 깔린 논리와 수학을 도입하는 좋은 방법이기도 하다.

탄착점들의 편차는 무기의 정확성, 사격자의 안정성과 기술, 총탄의 특성, 그리고 바람 등에 영향을 받는다.

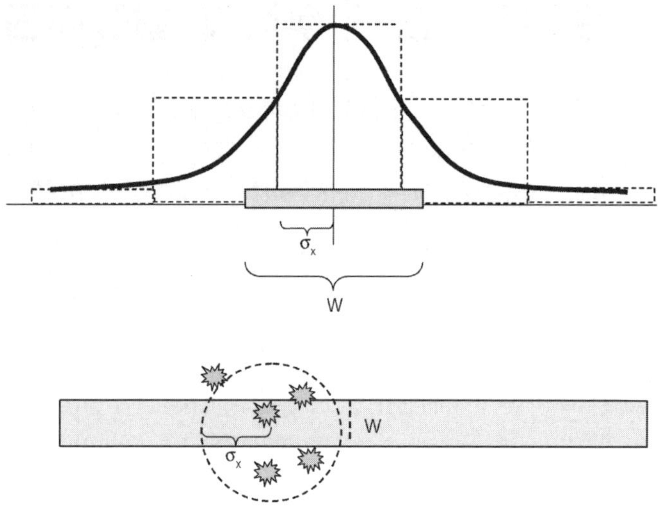

그림 3.1.1 띠 과녁의 적중 확률

띠 과녁의 적중 확률(P_h)을 계산하는 공식은 다음과 같다.

$$P_h = 2W/\sqrt{2\pi}\sigma_x \qquad\qquad (3.1.1)$$

여기서 W는 과녁의 너비, σ_x는 탄착점들의 x 방향 표준 편차이다.

이 공식은 탄착 패턴의 분포가 x, y 차원 모두에서 동일한 표준 편차를 가진다는 가정을 깔고 있다.

ON THE CD

부록 CD에는 이 알고리즘들에 대한 모든 코드가 수록되어 있다.

원형 과녁 맞히기

두 번째 죽음의 손가락은 둥근 형태의 목표물을 맞힐 확률을 서술한다. 앞의 알고리즘과 마찬가지로, 이것 역시 모든 사격자들(사람, 기계 모두)의 모든 사격이 특정한 요인들에 의해 영향을 받는다고 가정한다.

이 알고리즘은 두 개의 매우 간단한 변수들에 의존한다. 하나는 과녁의 반지름이고, 또 하나는 탄착점들의 표준 편차이다. 이 편차는 평균값이 0인 정규분포에 기반하는데, 평균이 0인 이유는 사격자가 과녁의 중심을 겨냥하기 때문이다 [Parry95]. 알고리즘은 각 탄환이 과녁에 맞았는지의 여부만 알려줄 뿐, 실제 탄착 위치를 계산하지는 않는다. 그 덕분에 탄환이 x, y 방향 모두로 분산되는 것에 관련된 계산을 생략할 수 있게 되었다.

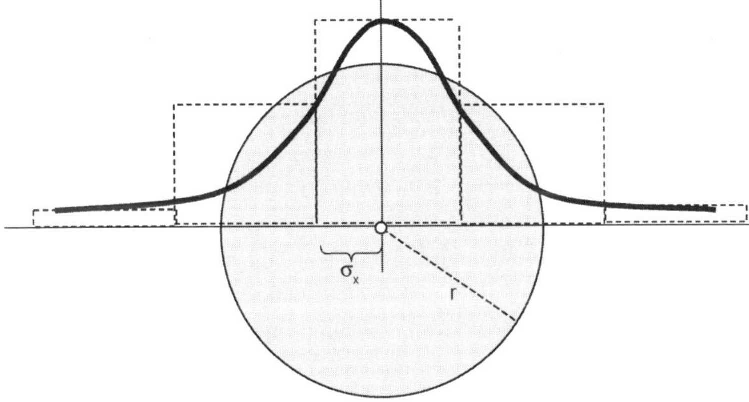

그림 3.1.2 원형 과녁의 적중 확률

원형 과녁의 적중 확률(P_h)을 계산하는 공식은 다음과 같다.

$$P_h = 1 - e^{-\left(r^2/2\sigma_x^2\right)} \tag{3.1.2}$$

여기서 r은 과녁의 반지름, σ_x는 탄착점들의 x 방향 표준 편차이다.

사각형 과녁 맞히기

대부분의 목표물들은 원형이 아니다. 사람의 흉부나 차량 등을 대상으로 할 때에는 사각형 형태의 과녁에 대한 적중 알고리즘이 더 유용하다. 지금 이야기할 알고리즘은 사각형 과녁의 길이와 너비까지 고려한다 [Parry95] (그림 3.1.3).

사각형 과녁의 적중 확률(P_h)을 계산하는 공식은 다음과 같다.

$$P_h = \sqrt{A*B}$$

$$A = 1 - e^{-\left(2L^2/\pi\sigma_x^2\right)}$$

$$B = 1 - e^{-\left(2W^2/\pi\sigma_y^2\right)} \tag{3.1.3}$$

여기서,

L은 x 방향의 과녁 길이,

W는 y 방향의 과녁 너비,

σ_x는 탄착점들의 x 방향 표준 편차,

σ_y는 y 방향 표준 편차이다.

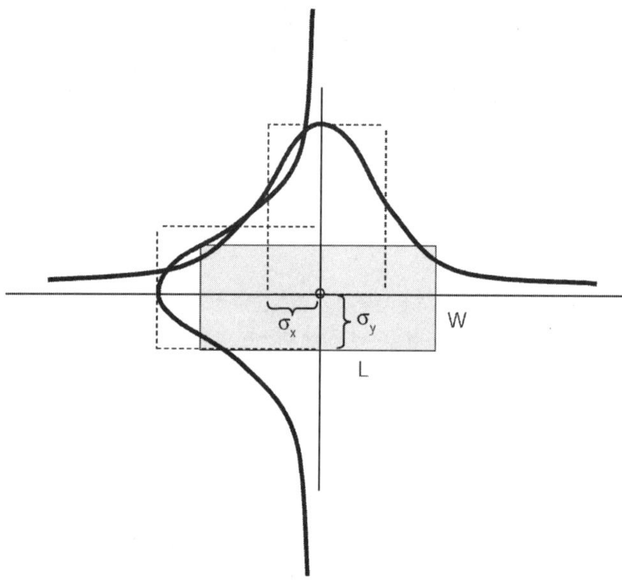

그림 3.1.3 사각형 과녁의 적중 확률

여기서는 무기의 x 방향 표준 편차와 y 방향 표준 편차를 따로 적용한다. 무기에 따라서는 이들이 서로 다를 수도 있다. 예를 들어 미식축구 쿼터백이 패스를 한다고 할 때, 공의 고도에 대한 분산은 왼쪽, 오른쪽 분산보다 더 클 것이다. 미사일이나 투석기로 던진 돌 역시 마찬가지이다.

작은 목표에 대한 산탄 사격

목표를 산산이 부수기 위해 로켓이나 소형 폭탄 등의 폭발성 탄환 여러 개로 탄막을 형성하는 경우가 있다. 그런 경우 개별 로켓의 탄착점을 계산하고 누적하는 것보다는 전체 탄막의 무력화 효과를 계산하는 게 더 빠르다.

이 알고리즘은 탄약 하나의 피해 범위가 점 과녁에 겹칠 확률을 계산한다. 피해 범위가 과녁 전체를 덮을 수 있기 때문에 과녁 자체의 크기는 고려하지 않는다 [Parry95] (그림 3.1.4).

$$P_k = 1 - e^{-\left(na/2\pi\sigma_x^2\right)}$$

여기서,

n은 탄막의 탄환 개수,

a는 과녁에 대한 탄환 하나의 유효 피해 범위,

σ_x는 탄착점들의 x 방향 표준 편차이다.

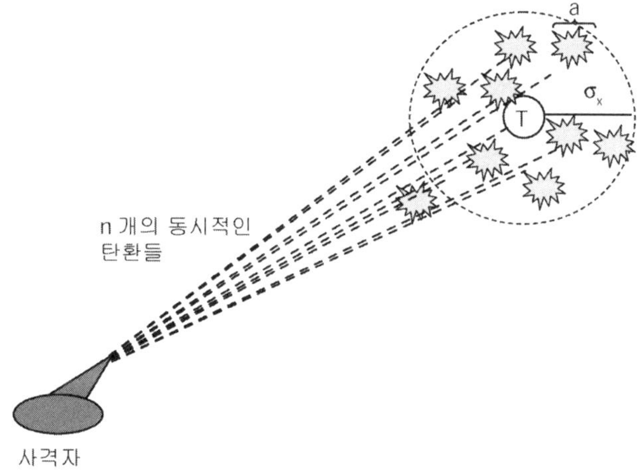

그림 3.1.4 동시적인 탄환들의 탄막이 목표물을 무력화할 확률

연속 곡사

대포나 투석기의 효과를 더 높이기 위해, 탄환을 한 번 발사할 때마다 관측병이 그 결과를 보고하고 발사자는 그에 맞게 조준을 수정하는 방식을 사용하기도 한다. 그런 형태의 탄막의 효과는 앞서 이야기한 산탄식보다 더 우월하다. 그런 연속 곡사의 확률은 다음과 같은 공식으로 얻는다 [Parry95] (그림 3.1.5).

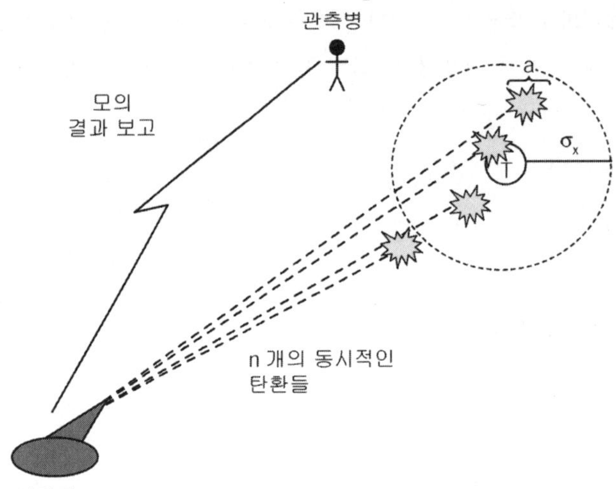

그림 3.1.5 관측병의 보고를 통해 보정하는 연속 곡사의 효과

$$P_k = 1 - e^{-\left(\left(a^2/2\sigma_x^2 \right) * \sum_{i=2}^{n} (i-1)/i \right)}$$

(3.1.4)

여기서,

n은 탄막의 탄환 개수,

a는 과녁에 대한 탄환 하나의 유효 피해 범위,

σ_x는 탄착점들의 x 방향 표준 편차이다.

네 가지 무력화 종류

일반적으로, 군사 시뮬레이션들은 실제 전투에서 흔히 나타나는 네 가지 종류의 무력화들을 사용한다. 첫 번째는 기동(mobility) 무력화로, 이것은 목표물이 더 이상 움직이지 못하게 되는 것이다. 단 목표물은 여전히 살아 있으며 반격을 하거나 다른 단위와 통신을 할 수 있다. 두 번째는 화력(firepower) 무력화로, 목표물의 공격 능력을 제거하는 것이다. 목표물은 여전히 살아서 움직일 수 있다. 세 번째는 기동 및 화력 무력화로, 목표물은 살아있되 움직이거나 무기를 사용할 수 없다. 그러나 다른 단위와 통신하거나, 관측하거나, 군수물자를 소비하거나, 상황에 따라서는 구조 작전을 유발하는 것이 가능하다. 마지막은 전면 무력화로, 간단히 말하면 비행기가 산산조각 나거나, 탱크가 불타거나, 병사가 죽는 것을 말한다.

이 네 가지 무력화를 벤 다이어그램으로 표시한 것이 그림 3.1.6인데, 무력화 종류들 사이의 관계를 명확하게 보여주긴 하지만, 실제 적용에서 각각의 경우에 대한 구체적인 무력화 종류를 빠르게 판단할 수 있으려면 이들을 분리시킬 필요가 있다. 그림 3.1.7이 그런 목적으로 만든 그림으로, 온도계 형태를 띠고 있다. 무력화 종류 각각을 온도계의 개별적인 공간에 할당했기 때문에, 난수 하나로 무력화 종류를 결정할 수가 있다.

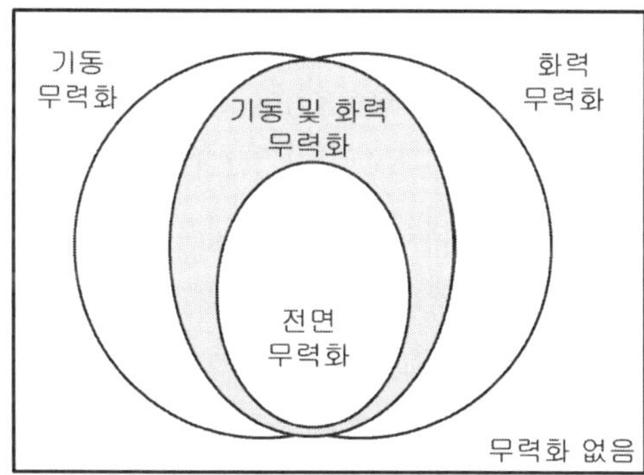

그림 3.1.6 주요 무력화 종류들

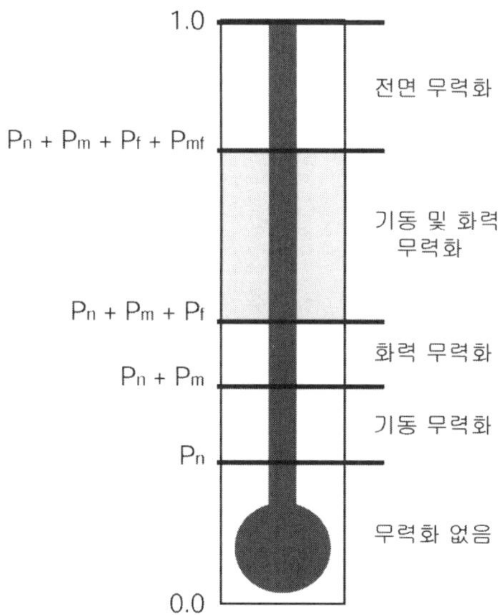

그림 3.1.7 무력화 온도계

실제 사격 프로젝트들에서는 실제 무기로 실제 목표를 사격하고 그 결과를 측정해서 여러 가지 상황들에서의 각 무력화 종류의 확률을 계산한다. 시뮬레이션과 게임 개발에서는 그런 생생한 자료를 얻을 수 없기 때문에, 실험 자료의 일반적인 경향들을 식별하고 그것들을 흉내낼 수 있는 공식을 만들어야 한다. 그런 공식은 또한 이후 추가될 새로운 무기/목표 쌍들에 적용할 수 있는 유연성도 가지고 있어야 한다. 어떤 한 시뮬레이션 프로젝트에서, 개발팀은 실제 사격 실험에서 얻은 기동, 화력, 전면 무력화 자료 사이의 한 가지 뚜렷한 관계에 주목했다. 그리고 그 관계를 통해서 그들은 하나의 "기동 또는 화력 무력화의 확률(P_{MoF}, 그림 3.1.7에서 기동 무력화, 화력 무력화, 기동 및 화력 무력화를 합친 영역에 해당한다)"의 제곱근을 사용해 다른 나머지 무력화들의 확률을 계산하는 간단한 공식을 만들어냈다. 그들이 주목한 관계는, 목표물이 피해를 입었을 때 기동 무력화는 90 퍼센트의 확률로 일어나고($P_M = 0.9 * P_{MoF}$), 화력 무력화 역시 90 퍼센트($P_F = 0.9 * P_{MoF}$), 그리고 전면 무력화는 50 퍼센트의 확률로 일어났다는 것이다($P_K = 0.5 * P_{MoF}$).

그러나 이 정보를 그림 3.1.7에 직접 적용할 수는 없다. P_M은 단지 기동 또는 화력 무력화의 90 퍼센트가 이동 무력화를 포함한다는 뜻일 뿐, 모든 교전 결과의 90 퍼센트에서 기동 무력화가 일어났음을 의미하는 것은 아니다. 따라서 하나의 난수를 취하고 그것으로 목표물에 어떤 무력화를 적용할 것인지 판단할 수 있도록 확률들을 분리시킬 필요가 있다. 다음이 그런 식으로 확률들을 분리시킨 결과이다.

$$P_n = 1.0 - P_{MoF}$$

$$P_m = P_{MoF} - P_F = 0.1 * P_{MoF}$$

$$P_f = P_{MoF} - P_M = 0.1 * P_{MoF}$$

$$P_k = 0.5 * P_{MoF}$$

$$P_{mf} = P_{MoF} - P_m - P_f - P_k = 0.3 * P_{MoF} \tag{3.1.5}$$

아래첨자가 소문자인 확률들은 그 확률이 해당 무력화 종류 하나만의 확률임을 나타낸다. 예를 들어 P_m은 기동 무력화 하나만 일어날 확률이고 P_n은 어떠한 무력화도 일어나지 않을 확률이다.

이러한 독립적인 무력화 확률들은 무력화 온도계에서 영역을 구분하는 선들을 결정한다. 부록 **CD-ROM**에는 이러한 확률들을 구현한 코드가 수록되어 있다.

화학탄, 소이탄, 영역 마법

화학탄이나 기타 약제의 산포 패턴에는 여러 가지가 있다. 다음의 간단한 알고리즘은 방출된 화학제의 부피, 그리고 방출 위치와 목표 사이의 거리에 기반해서 무력화 확률을 계산한다. 게임의 경우에는 소이탄의 확산이나 영역 마법, 기타 사악하고 기이한 무기에 이 알고리즘을 사용할 수 있을 것이다.

$$P_k = \left(\sqrt[3]{nw_r} \sqrt{2\pi} \right) * e^{-0.5*\left(k*d^2/nw_r\right)^2} \tag{3.1.6}$$

여기서,

n은 주어진 지점에 영향을 미치는 탄환들의 개수,

w_r은 각 탄환 안의 화학제의 중량(킬로그램 단위),

d는 탄착점과 목표 위치 사이의 거리(미터 단위),

k는 화학제의 산포 특성을 나타내는 하나의 상수이다. 앞에서 언급한 실험 결과에 근거할 때, 0.00135로부터 시작해서 조율해 나가는 것을 권한다.

이 공식을 이용해서 각 탄환을 개별적으로 다룰 수도 있고, 여러 개의 탄환들을 하나의 타격 지점을 중심으로 하는 하나의 공격으로 통합할 수도 있다. k는 화학제의 점성과 밀도를 나타내는 상수로, 원하는 효과가 나올 때까지 이 상수를 잘 조율해야 할 것이다.

쐐기 형태의 파편 범위

미사일이 목표 비행기에 직접 충돌하는 경우는 별로 없다. 그보다는, 비행기 가까운 지점에서 미사일을 폭파시키고 그 파편들에 의해 비행기가 피해를 입도록 하는 것이 일반적이다. 미사일 파편들은 폭발 지점에서 도넛 또는 구면 형태로 퍼진다 [Ball85]. 이 알고리즘은 비행기, 용 등을 목표로 한 폭발성 발사체, 소이탄, 폭발 마법에 사용할 수 있다(그림 3.1.8).

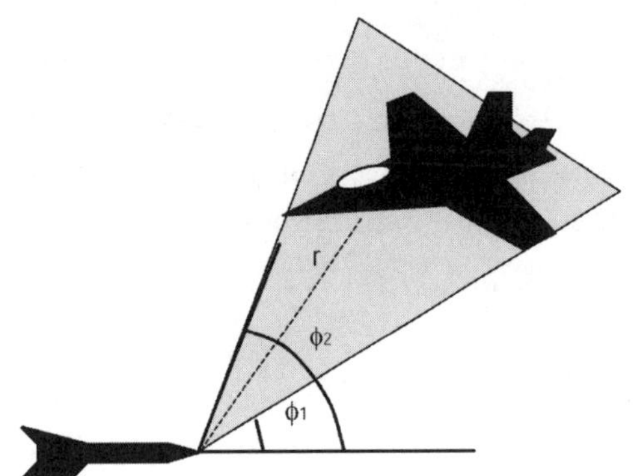

그림 3.1.8 파편 쐐기 안에서 목표물이 무력화될 확률

$$x = nA_v / \left(2\pi r^2 (\cos\phi_1 - \cos\phi_2) \right)$$

$$P_k = 1 - e^{-x} \tag{3.1.7}$$

여기서

n은 미사일 탄두의 파편 개수,

A_v는 목표물의 피해 범위의 면적(제곱미터 단위),

r은 폭발 지점에서 목표물로의 범위(미터 단위),

ϕ_1은 미사일 궤적과 목표물 피해 범위의 가까운 변 사이의 각도,

ϕ_2는 미사일 궤적과 목표물 피해 범위의 먼 변 사이의 각도이다.

수풀 때리기

일단의 사냥꾼들이 지형이나 수풀에 숨어 있는 사냥감들을 찾아다니는 형태의 교전도 있다 [Shubik83]. 많은 사냥꾼들이 커다란(개체 수가 많은) 사냥감 군집을 찾아다니는 경우, 사냥감들의 포획이나 무력화를 개별 사냥꾼 및 사냥감의 이동과 시선 차원에서 처리하는 대신 어떤 집합적인 차원에서 처리할 수도 있다. 앞에서와 마찬가지로, 이런 접근방식은 AI가 제어하는 사냥꾼들에 의한 사냥과 포획에 유용하며, 그것이 특히 플레이어의 화면 밖에서 일어나는 경우에 더욱 유용하다.

이에 대한 알고리즘의 핵심은 사냥감 군집의 변화를 사냥꾼들의 수와 효율성에 근거해서 계산하는 것이다. 추가로 사냥감이나 포식자의 종류(작은 설치류, 중간 크기의 늑대, 커다란 코끼리 등)가 알고리즘에 영향을 미치게 할 수도 있을 것이다.

이 알고리즘을 사용하려면 주어진 상황(개방 지형, 숲, 도시 등)에서 각 사냥감 종류에 대한 각 사냥꾼의 사냥감 검출 확률을 정의해야 한다. 또한 사냥감의 회피, 도주, 생존 능력을 차별화하기 위한 어떤 "난이도" 요인도 선택해야 한다. 이러한 수치들은 실험과 관찰을 통해서 방법론적으로 결정해야 할 것이다(그림 3.1.9).

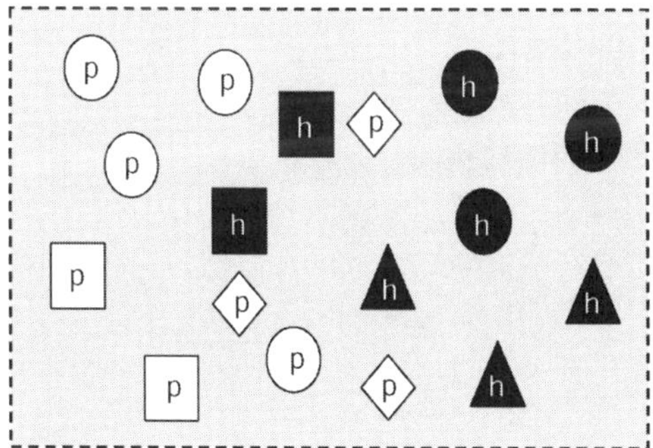

그림 3.1.9 여러 종류의 사냥꾼들이 여러 종류의 사냥감들을 사냥한다.

$$x = \left((k_j / p) * \sum_{i=1}^{n} D_{i,j} * h_i \right)$$

$$A_j = p_j * (1 - e^{-x}) \tag{3.1.8}$$

여기서,

A_j는 동물 종류 j의 무력화 횟수,

p_j는 사냥감 종류 j의 개체수,

k_j는 사냥감 종류 j의 난이도(범위는 [0,1]),

p는 모든 종류의 사냥감 총 개체수,

n은 사냥감 종류의 수,

$D_{i,j}$는 사냥꾼 종류 i가 사냥감 종류 j를 검출할 확률,

h_i는 사냥꾼 종류 i의 개체수.

수풀 때리기 - 사냥감들의 간격을 고려

마지막으로, 앞의 것을 약간 수정한 알고리즘을 보자. 수학자들과 통계학자들이라면 앞의 알고리즘이 수풀 안의 사냥감들의 밀도를 고려하지 않는다는 점을 쉽게 알아챌 것이다. 한 수풀 안의 사냥감 수가 두세 마리인 경우보다는 수백 마리 정도에 달할 때 사냥감을 찾아내기가 훨씬 더 쉬운 것은 당연한 일이다. 그런 점을 고려해서, 수학자들과 통계학자들은 사냥감 사이의 공간이 중요한 요인으로 작용하는 Lulejian 모형이라는 것을 만들었다 [Shubik83]. 이 알고리즘의 맥락은 앞의 알고리즘과 같지만, 수학 공식은 사냥감들 사이의 공간을 고려한다는 점에서 차이를 보인다. k_j의 정의도 조금 다른데, 이 모형에서 k_j는 사냥감 종류 j에 대한 사냥꾼의 평균 파괴율을 뜻한다.

$$x = \left(\sum_{i=1}^{n} k_{j*}h_j \right) / (s*p)$$

$$A_j = p_j*(1 - e^{-x}) \qquad\qquad (3.1.9)$$

여기서,

A_j는 동물 종류 j의 무력화 횟수,

p_j는 사냥감 종류 j의 개체수,

s는 검색 공간 안의 사냥감들 사이의 평균 간격(미터 단위),

p는 모든 종류의 사냥감 총 개체수,

n은 사냥감 종류의 수,

k_j는 사냥감 종류 j에 대한 사냥꾼의 평균 파괴율(범위는 [0,1]),

h_i는 사냥꾼 종류 i의 개체수.

결론

이 글이 소개한 알고리즘들은 컴퓨터 게임에 적용할 수 있는 수많은 전투 무력화 알고리즘들 중 몇 가지일 뿐이다. 이 알고리즘들에 쓰인 기하, 확률, 통계, 물리 개념들은 다른 여러 문제들에 대한 접근방식들로도 유용한 예들이다. 군사 시뮬레이션 전문가들은 경험, 수학, 창조성, 기타 여러 과학들을 적용해서 자신의 시뮬레이션에 적합한 공식들을 만들어내는데, 게임 개발자도 그런 방식을 배워야 할 것이다. 실험을 두려워하지 말기를.

참고자료

〔Ball85〕 Ball, Robert E., *The Fundamentals of Aircraft Combat Survivability Analysis and Design*, AIAA Press, 1985.

〔Parry95〕 Parry, Samuel, editor, *Military OR Analyst′s Handbook: Conventional Weapons Effects*, Military Operations Research Society, 1995.

〔Shubik83〕 Shubik, Martin, editor, *Mathematics of Conflict*, Elsevier Science Publishers, 1983.

3.2 CPU가 제한된 시스템을 위한 차량 물리 시뮬레이션

Marcin Pancewicz, *Infinite Dreams*,
Paul Bragiel, *Paragon Five*
highway@idreams.com.pl, paul@paragon5.com

첫 번째 톱다운 레이싱 게임을 만들면서 우리는 CPU가 제한된 시스템에서도 작동하는 빠르고 유연한 물리 엔진을 만드는 문제에 부딪히게 되었다. 당시 우리는 스노모빌에서부터 경주용 자동차, 그리고 헬리콥터나 호버크라프트 같은 비육상 차량에 이르기까지 다양한 차량들을 다룰 수 있는 엔진을 필요로 했다. 이 글에서는 그런 엔진의 세부적인 내용을 이야기한다. 우리는 그러한 엔진을 시스템 자원이 매우 제한된 한 휴대용 콘솔에서 돌아가도록 손질을 했다. 이 글이 독자의 물리 엔진 제작에 도움이 되길 바란다.

가정과 개요

움직이는 차량을 신중히 관찰하면, 차량의 운동에는 두 가지 기본적인 요소가 존재한다는 사실을 알 수 있다. 하나는 추력[9]과 제동에 의한 가속이고, 또 하나는 조타(steering, 방향 조정)이다. 이 두 요소들이 개별적으로 시뮬레이션되도록 문제를 분리하면, 계산이 비싸지 않은 단순화된 물리 법칙들을 이용하는 매우 유연한 시스템을 만들 수 있다. 계산을 단순화하기 위해 다음과 같은 가정을 둔다.

- 차량의 추력은 오직 현재 방향으로의 가속만 발생시킨다. 제동은 그 반대 방향의 가속을 발생시킨다.
- 각 프레임의 시간 간격은 정확히 1.0으로 고정한다. 이 덕분에 가속도를 차량의 이전 속도에 더하기만 하면 갱신된 속도가 나온다.
- 차량은 자유로이 회전할 수 있다. 이 부분은 "조타" 절에서 다시 이야기하겠다.

---

9) 역주: 이는 엔진에 주입되는 연료의 양을 결정하는 스로틀 밸브의 개방 정도로 표현된다.

차량 운동, 회전각, 가속도를 시뮬레이션하는 데 쓰이는 독립 변수들이 그림 3.2.1에 나와 있다. 다음 절에서는 가속과 조타를 설명하겠다.

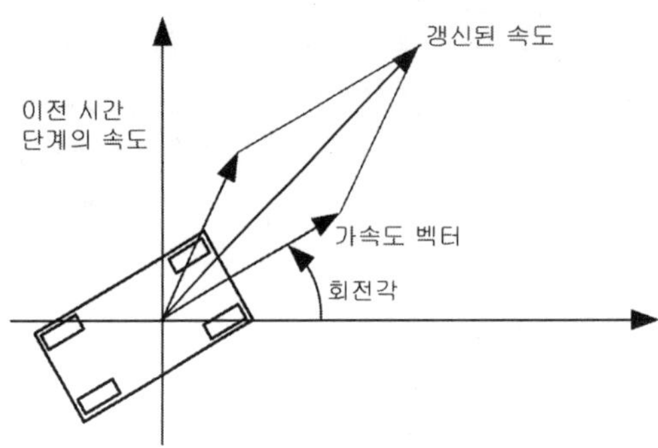

그림 3.2.1 차량 운동의 단순화된 매개변수들

차량의 현재 방향 벡터의 가속, 감속

차량의 가속은 차량에 가해지는 힘에 직접적으로 의존하나, 물리 계산을 단순화하는 목적이라면 차량이 필요에 따라 제한된 방식으로 가속된다고 가정할 수 있다.

가속이 일정하고 초기 속력이 N이라면 현재의 운동 속도는 가속도에 시간을 곱한 것과 같다.

$$v = at \tag{3.2.1}$$

여기서 v는 속도, a는 가속도, t는 초기 상태 이후 흐른 시간이다.

그러나 경주 게임에서 가속도가 일정한 경우는 별로 없다. 가변적인 가속도를 위해서는 게임 루프의 매 반복마다 다음과 같은 공식을 이용해서 얻은 값을 현재 속도 v에 더해야 한다.

$$v'(\mathrm{t}) = a \tag{3.2.2}$$

(아포스트로피(′)는 t에 대한 미분을 뜻한다. 따라서 이 공식은 속도의 시간 도함수가 가속도라는 뜻이다.) 다음의 공식은 명시적 오일러 법을 이용한 식 3.2.2의 수치 적분이다. 앞에서 시간 간격을 항상 1.0으로 둔다고 가정했는데, 이는 단순함을 위해, 그리고 부동소수점 계산 횟수를 줄이기 위한 것이다. 1.0 이외의 시간 간격을 사용하려 한다면, a를 이전 속도에 더하기 전에 먼저 a에 시간 간격을 곱해야 한다. 다음은 현재 속도를 갱신하는 공식이다.

$$v_n = v_{n-1} + a \tag{3.2.3}$$

이 공식은 모든 이상적인 주행 조건들에 적용될 뿐만 아니라, 차량에 어떤 외부 힘들이 작용하는 비이상적인 조건들에도 적용된다. 외부 힘들이 존재하는 경우에는 그냥 그것들을 a의 계산에 포함시키면 된다. 명시적인 오일러 적분이 가장 안정적인 기법인 것은 아니지만, 매우 빠르다는 장점을 가지고 있으며 또 이 글에서 말하는 단순한 엔진의 목적을 위한 것으로는 충분히 정확하다. 용수철 같은 힘이 관여하지 않는 한, 상당히 안정적이기도 하다.

좀 더 사실적인 운동을 얻으려면 마찰을 고려해야 한다. 마찰을 도입하는 한 가지 간단한 방법은, 각각의 반복에서 물체의 이전 속력을 상수 비율로 감소시키는 것이다. 물리학의 관점에서는 이것을 정확한 방법이라고 할 수 없지만, 이 글의 목적으로는 충분하다. 이 글에서는 마찰(friction)을 f라고 부르기로 한다. 이것은 마찰의 효과를 나타내는 한 값일 뿐, 실제의 마찰력을 의미하지는 않는다. f의 값은 현재 지형에 따라 변할 수 있다.

이제 마찰까지 고려한 공식을 보자.

$$v_n = fv_{n-1} + a \tag{3.2.4}$$

이 공식에서 속도 v와 가속도 a는 벡터이고 마찰 계수 f는 스칼라이다.

a를 계산할 때 외부 힘들을 포함시키지 않았다면, 식 3.2.4의 가속은 오직 추력 즉 차량에 가해진 엔진의 토크 또는 제동에 의해 생긴 것이다. 제동에 대해서는 다음 절에서 이야기하겠다. 가속도 벡터는 극좌표를 통해서 나타내는 게 편하다. 극좌표를 이용하면 차량의 방향을 쉽게 설정할 수 있으며(방향을 하나의 회전각 rot로 나타낸다), 가속에 의한 힘을 벡터의 길이와 동일한 하나의 값으로 나타낼 수 있다. 그림 3.2.2에서 보듯이, 극좌표계를 보통의 데카르트 좌표계로 변환하는 것은 매우 쉬운 일이다.

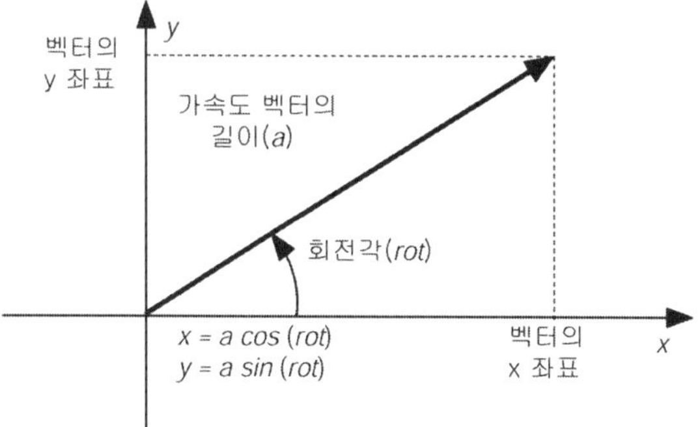

그림 3.2.2 극좌표에서 데카르트 좌표로의 변환

개념이 간단하기 때문에 코드도 간단하다.

```
// 데카르트 좌표 x, y로 표현된 2D 벡터
// Vnm1에 스칼라 마찰 계수 F를 곱한다.
Vn_x = Vnm1_x*F; // nm1은 n-1을 뜻함
Vn_y = Vnm1_y*F;

// 그런 다음 극좌표로 표현된
// 가속도 벡터를 더한다.

Vn_x += A*cos(rot);
Vn_y += A*sin(rot);
```

이렇게 해서 가속 페달을 밟으면 차가 가속되고 가속 페달을 떼면 차가 멈추게 만들었다.

입력 장치의 시뮬레이션

대부분의 휴대용 콘솔에서 가속 페달은 그냥 온/오프 두 가지 상태만을 가진 하나의 버튼이다. 실제 차에 그와 같이 최대 가속과 무가속 두 가지만 존재하는 가속 페달이 달려 있다면, 페달을 밟을 때마다 갑자기 목이 뒤로 젖혀지고 발을 뗄 때마다 갑자기 이마가 앞 유리에 부딪히는 경험을 하게 될 것이다.

이에 대한 한 가지 해결책은, 가속 버튼을 누르고 있으면 점차 가속이 증가하고 떼면 점차로 가속이 감소하게 만드는 것이다. 이 때 적절한 초기 가속 값과 최대 가속 값을 지정해 두어야 한다. 그리고 가속이 증가하는 비율이나 감소하는 비율을 적절히 조율할 필요도 있다. 이를 도해로 나타낸 것이 그림 3.2.3이다. 이 그림에 나온 행동에 의해, 버튼을 떼면 차량은 적절히 느려진다.

종종, 다른 플레이어와의 충돌을 피하기 위해서 등의 이유로 제동 페달을 꽉 밟아야 할 때가 있다. 그런 상황에서는 제동 버튼을 사용해야 한다. 제동 버튼의 구현은 매우 간단하다. 플레이어가 제동 버튼을 눌렀다면 식 3.2.4에서 a 대신 음의 b 값을 사용해야 한다. b는 제동 가속(즉 감속)을 나타낸다. 이 글에서 말하는 b는 실제 차에서처럼 차량에 가해지는 추가적인 마찰을 나타내는 것이 아니라, 차라리 후진 기어를 선택했을 때의 효과와 같다고 봐야 한다. 이것이 정확한 모형은 아니겠지만 게임에서의 전체적인 효과는 매우 비슷하며, 게다가 제동 버튼을 후진 버튼으로 사용할 수도 있다는 추가적인 장점이 생긴다.

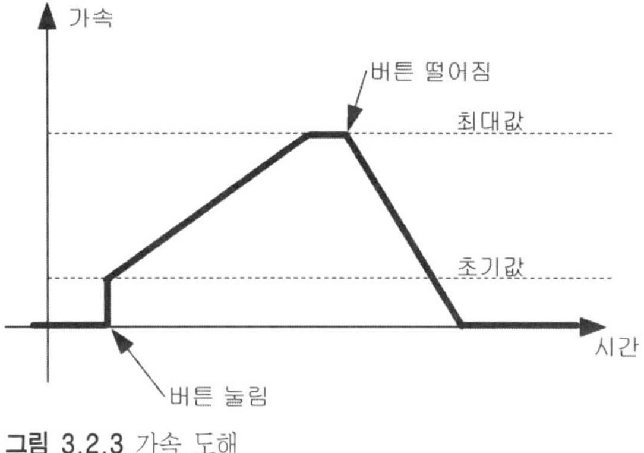

그림 3.2.3 가속 도해

조타

대부분의 휴대용 콘솔들에는 사용할 수 있는 버튼이 그리 많지 않다. 예를 들어 Nintendo GameBoy Advance(GBA)에는 두 개의 표준 버튼, 두 개의 어깨 버튼, 그리고 4방향 패드가 있을 뿐이다. 이 구현에서 우리는 여러 가지 무기들과 터보 기능을 위해 몇몇의 버튼들을 사용해야 했으므로, 조타를 위한 버튼은 단 두 개만 남아 있는 상황이었다. 다행히 조타를 위해서는 버튼 두 개로도 충분하다.

가장 간단한 방법은 두 버튼을 각각 차량의 회전각의 증가, 감소에 할당하는 것이다. 가속 버튼과 마찬가지로, 이 조타 버튼들은 온/오프 두 가지 상태만을 가진다. 이는 매 프레임마다 회전각(rot)이 고정된 양(drot)만큼 변해야 한다는 뜻이다.

$$rot_n = rot_{n-1} - drot \tag{3.2.5}$$

*drot*을 예를 들어 5 도로 고정한다면 차량의 회전각은 고정된 비율로 변할 것이다. 이는 실제 차량의 비례 조타 행동과는 다른, 부자연스러운 방식이다. 실제 차량의 방식을 흉내내기 위해서는, 역시 가속 페달과 마찬가지로 조타 버튼이 눌린 시간에 따라 회전 속력이 변하게 만들어야 하며, 어떠한 초기값과 최대값도 설정해야 한다. 또한 버튼이 눌렸을 때와 떨어졌을 때의 변화 비율을 서로 다르게 할 필요도 있다(그림 3.2.4).

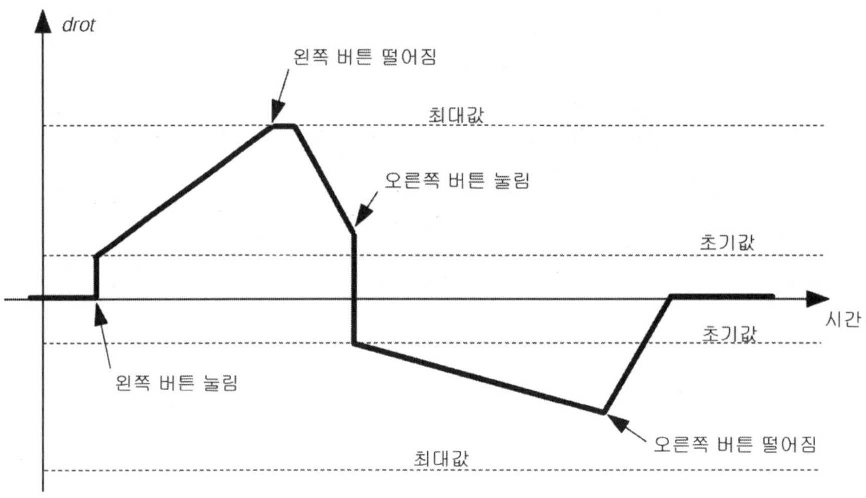

그림 3.2.4 회전각의 변화

종합

지금까지 이야기한 두 가지 간단한 메커니즘만으로도 플레이어가 차량을 원하는 대로 조종하게 만들 수 있다. 가속과 조타가 분리되어 있기 때문에 스키드나 180 도 회전 주차 같은 흥미로운 효과도 가능하다. 예를 들어 최대 속력으로 차를 몰다가 가속 버튼을 누른 채로 조타 버튼을 계속 누르고 있으면 차가 회전하면서 드리프트가 일어난다(그림 3.2.5). 이를 통해서 매우 멋진 자동차 경주 장면을 연출할 수 있다.

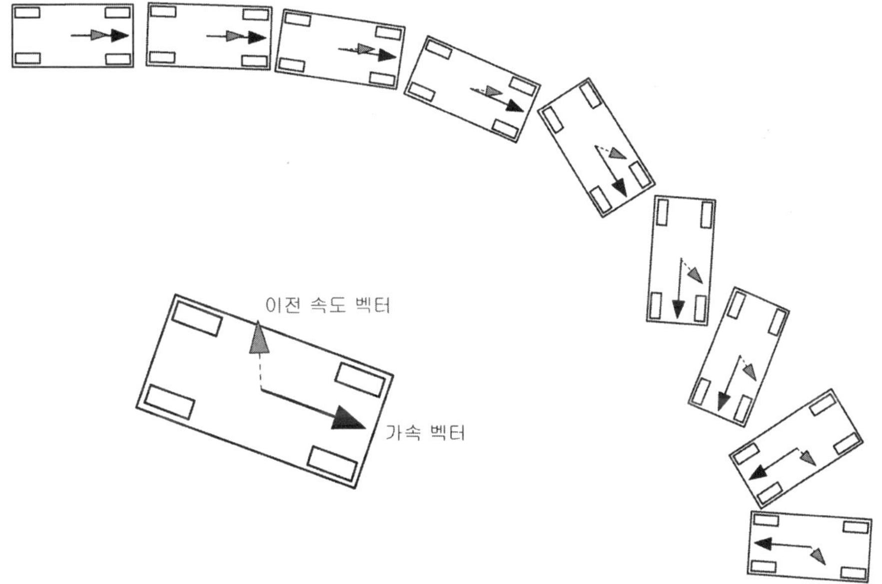

그림 3.2.5 일련의 프레임들에서의 차량의 회전, 가속, 속도 벡터

지형의 영향

각 프레임에서 차량은 자신이 달리고 있는 지형의 종류를 감지한다. 각 지형 종류마다 가속, 마찰, 회전에 영향을 미치는 변수들이 부여되어 있다. 그런 변수들을 적절히 설정하면 기름이 흘러 있는 도로라던가 얼음이 덮인 다리, 진흙탕 등 차량의 주행 특성에 커다란 영향을 미칠 수 있는 여러 가지 효과들을 만들어낼 수 있다. 시뮬레이션의 메인 함수에 있는 차량 물리 계산 부분에 다음과 같은 형태의 코드를 추가하면 된다(고정소수점 연산에 대해서는 다음 절에서 이야기하겠다).

```
...
// 지형의 영향을 계산한다.
// 지형에 따라 다음과 같은 가속, 조타 매개변수들을
// 수정한다:

//    accel          = 가속도의 최대 크기
//    friction       = 마찰 계수
//    start_drot     = 회전각 변경량의 초기값
//    max_drot       = 회전각 변경량의 최대값
//    delta_drot     = 회전각 증가량
//    return_drot    = 회전각 감소량
```

```
char terrain = getMask(car_pos_x, car_pos_y);

switch(terrain){
// 표준적인 도로 표면
case TERR_ROAD :
    // 51 == 0.2*256 = .2(8 비트 고정소수점 연산)
    accel = 51;
    // 64225 == 0.98(16 비트 고정소수점 연산)
    friction = 64225;
    // 0x100 == 1 == 1/256(256이 360 도에 해당)
    start_drot = 0x100;
    // 0x500 == 5/256(256이 360 도에 해당)
    max_drot = 0x500;
    // 0x80 == 0.5/256(256이 360 도에 해당)
    delta_drot = 0x80;
    return_drot = 0x80;
    break;
// 얼음이 덮인 도로
case TERR_ICE :
    accel = 51;
    friction = 65208;      // 0.995(16 비트 고정소수점 연산)
    start_drot = 0x40;     // 0.25/256
    max_drot = 0x700;
    delta_drot = 0x20;
    return_drot = 0x20;
    break;
...
```

구현 문제들

부동소수점 처리기가 없는 플랫폼에서 계산 속도를 최대화하고 추가부담을 최소화하기 위해서는, 수치 계산에서 고정소수점 수를 사용해야 한다. 고정소수점 수에서는 소수점의 위치가 고정되어 있다. 그림 3.2.6은 소수부가 여덟 비트인 경우이다.

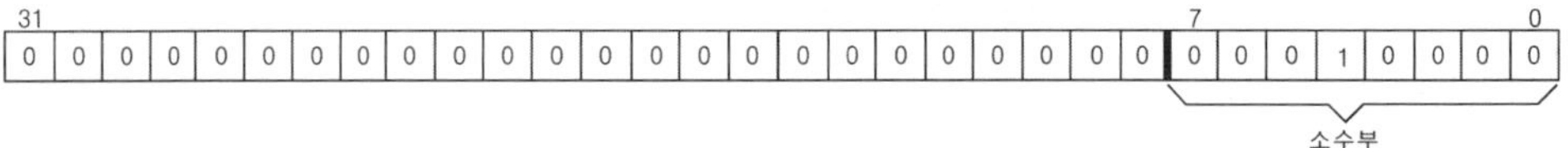

그림 3.2.6 소수점 이하가 여덟 자리인 고정소수점 수. 하나의 32 비트 정수로 표현된다.

이런 고정소수점 수의 실제 값은 주어진 수를 하나의 고정된 분모로 나눈 결과이다. 소수부가 8 비트인 고정소수점의 경우 분모는 $2^8 = 256$이다. 따라서 그림 3.2.6에 나온 값 1000_2는 $16/256 = 0.6245$에 해당한다.

CPU와 컴파일러는 고정소수점 수에 대해 알지 못하며, 그냥 보통의 정수 변수로 취급한다. 정수에 대한 연산은 매우 빠르다. 고정소수점의 덧셈과 뺄셈에 대해서는 특별히 처리해 줄 것이 없지만, 곱셈의 경우에는 추가적인 처리가 필요하다. 일단 곱셈을 수행한 다음에는 결과 비트들을 고정소수점 비트 개수만큼 아래쪽(오른쪽)으로 이동해야 한다. 다음은 고정소수점 수를 그냥 곱한 예이다.

$$0000\ 0000.0001\ 0000\ =\ 16\ /\ 256\ =\ 0.0625$$
$$\times$$
$$0000\ 0000.0010\ 0000\ =\ 32\ /\ 256\ =\ 0.125$$
$$=\ 0000\ 0010.0000\ 0000\ =\ 512\ /\ 256\ =\ 2.0$$

0.0625에 0.125를 곱했는데 2.0이라는 잘못된 값이 나왔다. 제대로 된 결과를 얻으려면 2.0을 오른쪽으로 여덟 비트 이동시켜야 한다. 그러면 고정소수점 수 0.00000010이 나오는데, 이를 실제 값으로 변환하면 $2/256 = 0.0078125$이다. 이것은 $16/256 \times 32/256 = 0.0625 \times 0.125$의 정확한 결과이다.

고정소수점 수와 정수의 곱셈에는 특별한 처리가 필요 없지만, 고정소수점과 정수의 덧셈이나 뺄셈을 위해서는 먼저 정수를 왼쪽으로 적절히 비트이동해서 고정소수점 수로 만들어야 한다. 고정소수점 수를 정수로 변환할 때에는 그냥 오른쪽 비트이동으로 소수부를 없애면 된다.

고정소수점의 나누기는 어떻게 할까? 우리의 경우 그냥 커다란 몫 참조표를 만들어 두고 그것을 참조하는 식으로 나누기를 구현했는데, 정밀도는 좀 떨어지지만 대단히 빠르게 결과를 얻을 수 있었다.

사인, 코사인 같은 삼각함수 역시 그런 접근방식을 사용할 수 있다. 우리는 완전한 원의 1/256 단위 각도를 나타내는 32 비트 값(16 비트 고정소수점 정밀도를 가진)들의 참조표를 사용했다. 그 참조표를 참조하는 다음과 같은 매크로를 정의해 두면 편할 것이다.

```
#define  _SIN16(a) (sincos16[(a)&0xff])
#define  _COS16(a) (sincos16[(((a)&0xff)+64)])
```

코사인 매크로가 사인 매크로와 같은 참조표를 사용한다는 점에 주목하자. 코사인은 사인을 90 도만큼 이동시킨 것이며, 따라서 90 도에 해당하는 $64(90/360 = 64/256)$를 색인에 더해 주면 된다. 이렇게 하면 메모리 낭비를 줄일 수 있다.

게임 엔진에서 마찰 계수 같은 일부 매개변수들은 작은 변화에도 매우 민감하므로, 우리는 그런 변수들에 대해서 소수부가 16 비트인 고정 소수점을 사용하기로 했다. 그런 고정소수점 수는 비례시킬 때 좀 더 주의가 필요하나, 기본적인 원리는 8 비트 고정소수점과 같다.

개발 도중 우리는 작은 음의 고정소수점 값에 양의 값을 곱할 때 이상한 일이 벌어진다는 사실을 발견하게 되었다. 곱셈을 하다 보면, 승수가 1이 아닌데도 곱셈 결과가 피승수와 정확히 같은 경우가 생기는 것이었는데, 조사를 해보니 결과가 넘쳤기 때문이었다. 이에 대한 해결책으로, 우리는 피승수가 음이면 먼저 양으로 바꾼 후 곱셈을 하고 그 결과를 다시 음으로 바꾸는 방법을 사용했다. 즉:

```
if (value < 0)
    value = -(((-value) * any_factor)>8);
else
    value = (value * any_factor)>8;
```

개선 방안들

이 엔진에서 가속이나 조타는 선형적인 성질을 가지고 있으며, 그러한 성질은 이 엔진의 정확도에 대한 주된 한계로 작용한다. 이를 개선하기 위한 한 가지 방법은, 가속이나 조타 버튼을 계속 누르고 있을 때의 행동을 정의하는 하나의 참조표를 사용하는 것이다. 즉, 버튼을 누르거나 뗀 후 64 또는 128 프레임 동안의 좀 더 사실적인 가속, 조타 변화량들을 담은 크기 64 또는 128의 배열(원소는 소수부가 8 비트인 16 비트 고정소수점 값)을 정의해 두고 참조하는 식이다. 그림 3.2.7은 그런 용도로 사용할 수 있는 값들의 그래프로, 재연소 장치(afterburner)의 급격한 폭발이 일어나고, 그 효과가 점차 감소되다가 뒤늦게 터보 컴프레서가 시작되는 현상을 흉내낸 것이다.

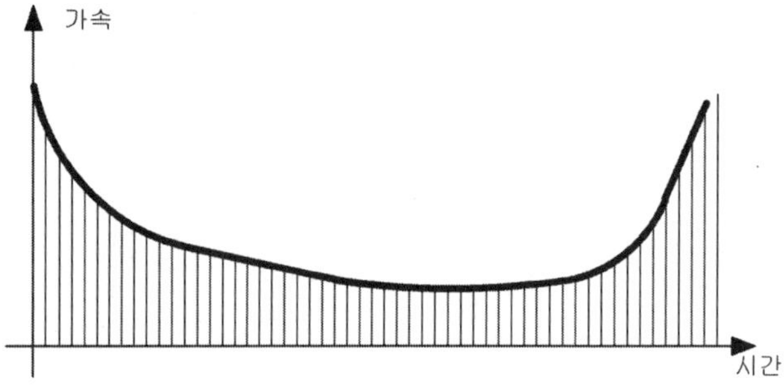

그림 3.2.7 복잡한 가속 변화 흉내내기

결론

이 글에 나온 알고리즘과 예제 코드들은 그냥 기본적인 뼈대일 뿐이므로, 독자의 요구에 따라 정확하게 조율할 필요가 있다. 이러한 시스템을 상용 게임에서 구현하려면 모든 차량과 지형 매개변수들을 정밀하게 조율할 수 있는 편집기 등의 개발 보조 도구들이 필요할 것이다. 그런 도구들이 갖추어져 있다면 자동차 경주뿐만 아니라 슈팅이나 플랫폼 게임 등 물체들이 물리 법칙에 따라 움직이는 어떠한 2차원 게임에도 이 엔진을 활용할 수 있을 것이다.

3.3 벌레뜨 기반 물리 엔진 작성

Nick Porcino, *LucasArts*

nporcino@lucasarts.com

게임에는 날씨, 상자, 차량, 기계, 캐릭터 등 물리적인 공정이 필요한 실체들이 포함된다. 그런 공정을 수식들로 모형화할 수만 있다면, 공정을 모의실행하는 알고리즘을 유도하는 것이 가능하다. 여러 가지 물리 시스템들 중 게임에서 특히 중요한 것은 강체 동역학이다. 강체 동역학 시뮬레이션은 강체(rigid body, 剛體)들의 계를 모형화한다. 그러한 계 안의 강체들은 물리적 속성들을 가지며, 서로 충돌하거나 접촉할 수 있다. 그 강체들에 힘을 적용함으로써 강체들이 움직이게 된다.

상당히 정확하고 정교한 물리 엔진을 만드는 일도 생각보다는 훨씬 쉬울 수 있다. 이 글은 부록 CD-ROM에 수록되어 있는 간단한 물리 엔진의 예를 통해서 물리 엔진 작성법을 보여준다.

물리 엔진에 대해

시뮬레이션에는 여러 종류가 있다. 오프라인 시뮬레이션은 실제 사물보다 느리게 진행된다. 그리고 온라인 시뮬레이션은 실제 사물과 같은 속도로 진행된다. 상호작용적 시뮬레이션은 루프 안에서 사람이 시뮬레이션과 상호작용할 수 있을 정도로 빠르게 실행된다. 실시간 시뮬레이션의 경우는 시스템이 특정한 빠르기로 갱신됨을 보장한다. 여기서 이야기할 물리 엔진은 시뮬레이션 안에 물체가 너무 많지만 않다면 상호작용 시뮬레이션에 해당하는 수준의 성능을 낼 수 있다.

게임에는 물리 엔진 이외에도 렌더링, 파일 시스템, AI 등 다른 많은 구성요소들이 존재하는데, 물리 엔진이 그런 요소들의 기능을 제공하는 것은 아니며, 또한 그런 것들과 직접적으로 상호작용해서도 안 된다. 다른 말로 하면, AI 시스템이나 렌더링 시스템이 물리 엔진에게 강체의 변환 행렬 같은 정보를 요구할 수는 있어도, 물리 엔진이 어떤 AI 기능이나 렌더링 기능을 제공해서는 안 되는 것이다.

게임에 초점을 둔 물리 엔진에 대한 글들을 보면, 용수철 시스템을 모형으로 하는 비강체들에 대해서는 벌레뜨(Verlet) 적분을 사용하고 [Jakobsen03], 강체들에 대해서는 상미분 방정식을 사용하는 [Hecker96], [Baraff97] 경우가 많다. 이 글은 각효과(angular effect)와 함께 사용한다면 벌레뜨 적분기를 강체 시뮬레이션에도 적용할 수 있음을 보여준다. 그리고 물리 엔진의 충돌 검출 기능은 주로 구속법(contraint methods) [Smith04] 또는 벌칙 시스템 [Jakobsen03]에 초점을 두고 있다. 이 글에서 제시하는 엔진은 비교적 최근의 기법인 충격 기반 동역학 시뮬레이션과 미세 충돌 [Mirtich95]을 사용한다.

이 글에서는 구속이나 관절이 있는 물체의 시뮬레이션, 운동 방정식들을 이야기하지 않는다. 그런 기초적인 부분에 대해서는 Chris Hecker의 글 [Hecker96]이나 David Baraff의 훌륭한 연재 [Baraff97]를 보기 바란다. [Smith04]에는 야코비 구속에 대한 논의가 들어 있다.

강체

강체를 표현하는 객체는 동적 속성들과 정적 속성들을 가진다. 강체 객체의 동적인 속성으로는 위치와 속도, 방향, 각속도, 각운동량이 있다. 그리고 정적 속성으로는 물체의 크기, 질량, 관성 텐서, 속도 감소율(마찰에 의한), 충돌 계산에 쓰이는 정보 등이 있다. 관성 텐서(inertia tensor)는 강체의 부피와 질량에 대한 3중 적분이다. 이것은 강체의 질량이나 형태가 변할 때마다 다시 계산해야 한다. 강체 객체는 또한 강체의 회전 가능 여부, 충돌에 참여하는 방식, 활성화 여부와 같은 다른 일반적인 정보도 가질 수 있다.

강체의 새로운 동적 상태를 계산하기 위해서는 이전 시간 간격 끝에서의 강체의 동적인 상태를 기억하고 있어야 한다. 이를 위해, 한 프레임 안에서 강체에 가해지는 힘들과 토크들(마찰도 포함해서)을 누적해둔다. 그리고 그 결과를 적분기(integrator)가 사용한다.

적분기

적분기에는 암묵적 적분기와 명시적 적분기가 있다. 암묵적 적분기는 현재 시간 간격을 결정하기 위한 방정식계를 풀어야 한다. 반면 명시적 적분기는 명시적인 유한 차분들을 이용해서 시스템을 반복 전진시킨다. 명시적 적분기의 가장 간단한 형태는 명시적 오일러 적분기이다. 벌레뜨 적분기는 2차 명시적 차분 기반 적분기로, 운동 방정식의 테일러급수 전개의 두 단계(앞쪽으로 한 단계, 뒤쪽으로 한 단계)를 더해서 만든다 [Verlet67].

$$x(t+d) = x(t) + v(t)dt + F(t)dt^2/2m + \dots \tag{3.3.1}$$

$$x(t - d) = x(t) - v(t)dt + F(t)dt^2 / 2m + \ldots \tag{3.3.2}$$

식 3.3.1과 3.3.2를 더한 것이 게임 엔진에서 흔히 볼 수 있는 기본적인 벌레뜨 적분기이다.

$$x(t + dt) = 2x(t) - x(t - dt) + F(t)dt^2 / m + O(dt^4) \tag{3.3.3}$$

식 3.3.3은 강체의 위치만으로 계산할 수 있다. 속도는 각 시간 단계에서 근사된다. 이 적분기는 속도들을 명시적으로 유지, 갱신하는(속도를 신뢰성있게 근사할 수 없기 때문이다) 적분기들에 비해 메모리를 덜 사용한다. 이 적분기는 옷감이나 유한요소계 같이 계산이 비싼 시뮬레이션들에 특히 적합하다. 식 3.3.3의 주된 단점은, 가해진 힘에 의해 생긴 가속도가 위치와 근사된 속도에 직접 더해지기 때문에 적분기가 정확한 해로부터 매우 빠르게 이탈 (발산)한다는 점이다.

많은 엔진들은 커다란 감쇠(damping)를 통해서 이러한 적분기의 발산을 줄이지만, 그렇게 하면 시뮬레이션에서 눈에 띄는 오차가 발생할 수 있다. 특히, 시스템에서 에너지가 급격히 감소해서 시뮬레이션이 느슨하고 생기 없는 느낌을 주게 된다. 옷감 시뮬레이션 등 일부 응용에서는 감쇠 운동이 바람직하며, 기본적인 벌레뜨 적분기의 싼 계산 비용이 큰 장점이 된다. 그러나 강체 동역학에 관련된 시뮬레이션에서는 좀 더 안정적인 적분기가 필요하다.

벌레뜨 적분기에는 두 가지 변형이 있는데, 하나는 소위 개구리 뛰기 적분기(Leap Frog integrator)이고, 또 하나는 속도 기반 벌레뜨 적분기이다. 개구리 뛰기 적분기는 하나의 적분 단계를 분할하고 속도 계산의 중점에서의 위치와 위치 계산의 중점에서의 속도를 평가한다. 개구리 뛰기 적분기의 경우, 보다 나은 수치적 정밀도를 제공하긴 하지만, 속도들은 여전히 적분이 아니라 유도를 통해서 결정된다. 속도 기반 벌레뜨 적분기는 각 단계에서 위치와 속도를 명시적으로 평가한다. 벌레뜨 적분기들 중 가장 정확하나, 대신 속도들을 저장하는 데 메모리를 소비해야 한다.

속도 기반 벌레뜨 적분기의 형태는 다음과 같다.

$$x(t + dt) = x(t) + v(t)dt + a(t)dt^2 / 2 \tag{3.3.4}$$

이 방정식에서 x 는 위치, t 는 시간, dt 는 시간 간격, v 는 속도, a 는 가속도이다. 가속도는 프레임에 주어진 모든 외부 힘들의 합을 물체의 질량으로 나눠서 얻는다.

$$a = F / m \tag{3.3.5}$$

외부 힘들의 근원으로는 용수철, 모터, 역장, 중력, 마찰, 점성 등이 있다.

$$F = F_{external} - \sum_{i=\text{용수철들}} d_i k_i x_i \qquad (3.3.6)$$

$F_{external}$ 은 용수철 이외의 모든 힘들을 나타내며, 그 나머지 부분은 용수철에 해당한다. 단위 벡터 d는 용수철의 현재 방향으로, 용수철에 달린 질량 또는 물체를 기준으로 한 방향이다. k는 용수철의 뻣뻣한 정도를 나타내는 계수이고, x는 용수철의 현재 길이에서 용수철의 휴지(rest, 용수철에 아무런 힘도 가해지지 않은 원래의 상태) 길이를 뺀 것이다. 용수철이 늘어나면, 용수철은 물체를 용수철 방향으로 끌어당긴다. 줄어들면 용수철은 물체를 그 반대 방향으로 민다. 용수철 감쇠항은 용수철의 감쇠 상수에 주어진 시간 간격 동안의 용수철의 길이 변화를 곱한 것으로, 이것은 식 3.3.6에서 빼낼 수 있다.

실제의 적분 단계는 단순한 고등학교 물리보다 훨씬 복잡하다. 속도 갱신 방정식에는 시간 간격의 중점과 끝에서의 가속도 계산이 포함된다.

$$v(t + dt) = v(t) + [a(t) + a(t + dt)] \, dt / 2 \qquad (3.3.7)$$

옷감 같은 연체의 경우에는 여기서 적분이 끝난다. 그러나 강체의 경우에는 회전 운동 효과도 적분에 포함시켜야 한다. 각속도(angular velocity)는 각운동량(angular momentum)에서 유도하는데, 이는 각운동량의 적분이 각속도의 적분보다 훨씬 간단하기 때문이다 [Hecker96]. 새 시간 간격에서의 각운동량은 토크(torque, 돌림힘) 곱하기 시간 간격을 이전 시간 간격에서의 각운동량에 누적한 것이다.

$$L(t + dt) = L(t) + [T(t) + T(t + dt)] \, dt / 2 \qquad (3.3.8)$$

여기서 L은 각운동량이고 T는 토크이다. 식 3.3.6에서 힘들을 계산할 때, 용수철들은 토크항으로 고려해야 한다. 그림 3.3.1에 나와 있듯이 토크가 가해지는 지점은 물체가 용수철에 부착된 지점이다.

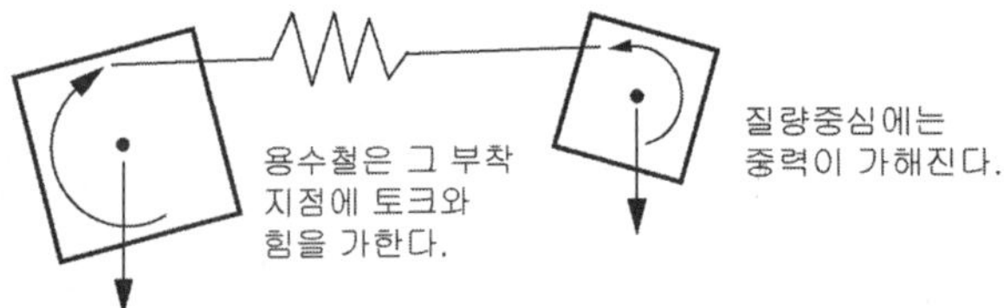

그림 3.3.1 용수철 부착지점이 물체의 질량중심이 아닐 때 용수철에 의해 토크가 생긴다.

한 힘이 강체의 한 점에 가해질 때, 토크는 그 점과 질량중심 사이의 벡터와 그 점에 가해지는 힘 벡터의 외적으로 계산된다. 물리 시뮬레이션에서 용수철 시스템을 좀 더 정확하게 취급하고자 한다면 [Kačić03]을 볼 것. 각속도는 다음처럼 계산한다.

$$\omega = (RIR^T)^{-1}L/m \tag{3.3.9}$$

여기서 ω는 각속도, R은 방향 행렬, I는 관성 텐서, L은 각운동량, m은 질량이다. 괄호 안의 행렬 곱은 관성 텐서를 세계 공간에서 물체 공간으로 변환하는 것이다. 강체 자료구조를 생성할 때 텐서의 역을 미리 구해 두었다면 역행렬 계산을 생략할 수 있다. 그리고 질량 나누기 역시 그런 식으로 미리 계산해 둘 수 있다. 더 나아가서, 동적인 대칭 물체의 관성 텐서는 대각행렬이며 구의 경우에는 대각 성분들이 모두 동일하다는 점을 이용하면 계산을 더욱 최적화하는 것이 가능하다. 그런 경우들을 적분기 안에서 특수하게 처리하면 회전 효과의 계산이 대단히 단순해진다. 부록 CD-ROM의 예제 코드는 사원수를 위한 추가적인 최적화 기법도 보여준다.

물리 엔진

이 글에서 소개하는 벌레뜨 기반 물리 엔진이 일반적인 강체를 완전하게 지원하는 것은 아니다. 다음은 시스템의 안정성을 증가시키고 시스템 자원 소비량을 최소화하며 계산의 속도를 높이기 위해서 가한 몇 가지 단순화 사항들이다.

- 회전 운동 효과들의 계산을 단순화하기 위해, 강체의 위치가 기하중심이 아닌 질량중심에 해당하도록 한다.
- 관성 텐서를 완전히 지원하지는 않는다. 대신, 엔진은 동적인 대칭 물체들(상자, 구, 원환체 등)만을 지원하는데, 그런 물체들에서 관성 텐서는 대각행렬이며, 그런 사실은 적분기를 단순하게 만든다.
- 마찰은 운동의 반대 방향으로 가해지는 하나의 단순한 힘으로 간주한다. 놀랍게도 쿨롱 (Coulomb) 마찰은 속력과 접촉면 너비 모두에 대해 일차독립이며, 쿨롱의 모형에서 마찰력은 단지 표면들 사이의 법선력의 함수일 뿐이다.

부록 CD-ROM에 수록된 물리 엔진은 강체에 대한 인터페이스를 제공하며(PhysicsEngine.h), 시뮬레이션을 수행하며, 충돌을 해소한다. 시뮬레이션 단계 이후 각 강체의 변환 행렬에 접근하는 것도 가능하다. 강체의 위치, 속도, 방향은 사용자에게 직접 노출되지만, 가속도와 각속도, 각가속도는 그렇지 않다. 그런 속성들은 초기 조건들과 프레임 도중 가해진 힘, 토크에 기반해서 엔진이 유도하는 것이므로 사용자에게 굳이 노출할 필요가 없다. 그림 3.3.2는 이 물리 엔진을 구현하는 클래스들 사이의 관계를 나타낸 것이다.

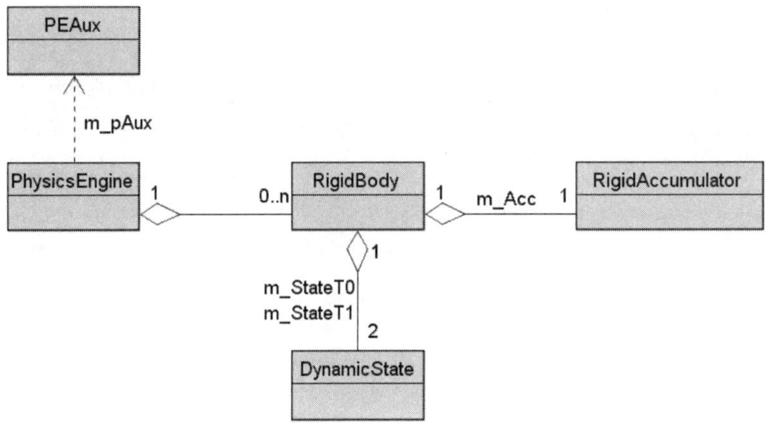

그림 3.3.2 물리 엔진 클래스들

PhysicsEngine은 물리 엔진의 주 인터페이스이다. PEAux는 내부 구현이다. RigidBody
는 두 개의 DynamicState 객체들과 하나의 RigidAccumulator 객체를 가진다. 질량 같
은 강체의 정적 속성들은 RigidBody 자체의 멤버들로 저장된다. PhysicsEngine이
RigidBody 객체 포인터들을 직접 제공하지는 않으며, 대신 강체가 생성될 때 강체에 대한
고유한 식별자를 돌려준다는 점에 주목하자. 반환된 식별자들을 관리하는 것은 게임 메인
의 책임이다. 식별자는 해당 RigidBody 객체의 속성들을 조회, 설정하거나 그 변환 행렬을 얻
을 때 사용한다. 이러한 접근방식은 관리자(**Manager**) 소프트웨어 설계 패턴을 따른 것이다.

시뮬레이션 루프

모든 강체들을 시뮬레이션에 추가하고 적절히 초기화했다면, 응용 프로그램의 메인 루프는
프레임 당 한 번씩 PhysicsEngine의 Simulate() 메서드를 호출한다. 이 때 매개변수로
는 이전 호출 이후 흐른 시간을 넣는데, 시뮬레이션의 안정성을 위해서는 그 시간 값이 특
정한 상한(1/20 초 등) 이상인 경우 그 상한으로만 한정해서 사용해야 한다. 마찬가지 이유
로, 그 시간 간격 값에 0을 사용해서도 안 된다. 그러나 1/120 같은 매우 작은 값은 괜찮다.
수치적 안정성에 대한 조건들을 논의하기에는 지면이 부족하므로, 이에 대해서는 [Kačić03]
을 보기 바란다. 정리하자면, 이 물리 엔진의 시뮬레이션 과정은 대략 다음과 같다.

```
강체들을 생성하고 상태 T1로 초기화한다.
시뮬레이션
    이전 상태 T1을 상태 T0으로 복사한다.
    속도 += (a * dt) / 2, 식 3.3.7
    각운동량 += (T * dt) / 2, 식 3.3.8
    식 3.3.4로 위치를 계산한다.
```

식 3.3.9로 각속도를 계산한다.
식 3.3.6으로 힘들을 계산한다.
식 3.3.1로 토크들을 계산한다.
식 3.3.5로 가속도 a를 갱신한다.
속도 += (a * dt) / 2, 식 3.3.7
각운동량 += (T * dt) / 2, 식 3.3.8
충돌 검출 및 해소
정규화

시뮬레이션 과정은 상당히 간단하다. 우선, 시뮬레이션을 위한 모든 내부 상태들을 초기화한다. Simulate() 메서드 안에서의 적분 이전에, 현재 값들을 이전 값들로 복사하고, 새 값들을 현재 값들로 복사하는 등의 적분 전 단계 과정을 수행한다. 그런 다음에는 세 가지 운동 방정식들을 적분한다. 실제 코드에서는 힘들을 적분의 중간점에서 평균적으로 적용할 수 있도록 식 3.3.7과 3.3.8을 적절히 분리시켜 사용한다는 점에 주의하기 바란다. 구속조건 시스템을 구현하는 경우라면, 구속조건들 역시 중간점에 적용해야 한다. 그런 다음에는 충돌(매우 특화된 형태의 구속조건이다)을 검출, 해소한다. 오차의 누적이나 기타 정밀도 문제 때문에 행렬들이 직교가 아니게 되는 경우가 발생한다면, 내부 값들을 적절히 재정규화한다.

충돌 검출 및 해소

PhysicsEngine은 충돌 검출과 해소를 처리한다. 명료함을 위해, 이 글에서 이야기하는 버전은 기본적인 기하구조만을 다룬다. 충돌 검출, 해소를 위한 알고리즘은 [Nettle00]에 서술된 일반적인 틀을 따른다. 간단히 요약하자면, 모든 물체들은 초기에는 서로 충돌하지 않는다. 시뮬레이션 도중, 물체가 이동한 궤적 영역들 사이의 교점들을 서술하는 방정식들을 풀어서 잠재적인 충돌을 검출하고, 운동을 실제로 수행하기 전에 임시적인 충격을 가해서 충돌을 해소한다 [Mirtich95]. 이동 궤적 교차 판정으로 정확한 충돌 지점과 충돌 시간을 얻기 때문에 적법하지 않은 상황들은 아예 발생하지 않으며, 따라서 어떤 특화된 발견법적 충돌 해소 방법(충돌이 발생하지 않을 때까지 운동 경로를 한 단계씩 뒤로 돌리는 등)은 필요가 없다. 충돌 해소에 쓰이는 방정식은 [Hecker96]의 3 부에서 유도된 충격량 계산 공식이다.

$$j = \frac{-(1+e)v \cdot n}{n \cdot n(M_A^{-1} + M_B^{-1}) + [(I_A^{-1}(r_{AP} \times n)) \times r_{AP} + (I_B^{-1}(r_{BP} \times n)) \times r_{BP}] \cdot n} \tag{3.3.10}$$

여기서 j는 충돌에 의한 충격량, e는 복원 계수, v는 두 물체의 상대 속도, n은 충돌 법선, M은 강체 A와 B의 질량, I는 관성 텐서, r은 강체 A와 B의 질량중심에서 충돌 지점 P를 잇는 벡터이다.

이 물리 엔진은 충격에 기반해서 충돌을 해소하므로, 정지 마찰 모드와 운동 마찰 모드를 전환할 필요가 없다. 엔진은 모든 충돌들을 운동 충돌로 취급하며, 미끄러짐은 미세 충돌(micro-collision) [Mirtich95]을 통해서 처리한다. 이 덕분에 복원력 계산을 생략할 수 있다. 연속 접촉을 포함한 모든 접촉 모드들은 물체에 일련의 작은 충격들을 가하는 식으로 처리된다(물체들이 정지해 있던지, 미끄러지던지, 아니면 구르던지 모두 동일한 방식으로). 충격 기반 시뮬레이션에서는 정지해 있는 물체조차도 물체를 받치고 있는 표면과의 매우 작고 빠른 충돌들을 겪는다. 이런 충돌들은 접점에서 얻을 수 있는 정보만으로 해소된다. 미세 충돌 충격들과 물체의 속도가 충분히 작아지면 물리 엔진은 물체를 휴지 상태로 두고, 다른 물체나 힘이 개입하기 전까지는 그것들을 적분하지 않는다.

실제 응용에서, 미세 충돌 기법은 좀 더 전통적인 동역학/정역학 모형으로 수렴된다 [Mirtich95]. 그런 모형이 수치적으로 더 안정적이고 견고한데, 왜냐하면 서로 다른 마찰 모드들로 전환할 때 불연속성이 생기지 않기 때문이다. 모든 물체들은 정지한 후에는 휴지 상태가 된다. 예를 들어 수백 개의 상자들이 바닥에 가만히 놓여 있는 방을 시뮬레이션하는 경우 그 상자들은 CPU 시간을 전혀 소모하지 않는다.

충돌 처리와 게임 로직

두 물체가 서로 충돌한 순간에 응용 프로그램이 뭔가 행동을 취할 수 있도록 하기 위해서, 이 물리 엔진은 하나의 콜백 인터페이스를 제공한다. 물리 엔진은 콜백 호출 매개변수들을 통해서 몇 가지 유용한 정보를 응용 프로그램에게 전달한다. 응용 프로그램은 그러한 정보를 물체가 깨질 정도로 충돌이 강했는지 결정하는 등의 용도로 사용한다. 콜백 함수는 응용 프로그램이 충돌에 반응해야 하는지의 여부를 의미하는 값을 반환한다. 이러한 반환값은 무시해야 할 충돌이 있는 경우에 유용하다. 예를 들어 게임 디자인 상에서 외계인 피는 나무를 그냥 통과하지만 철은 통과하지 못한다고 설정되어 있을 수도 있다.

PhysicsEngine은 시뮬레이션 단계 도중 콜백 객체를 통해서 충돌을 통지한다. 응용 프로그램은 충돌 통지를 원하는 방식대로 처리하면 되지만, 단 충돌 처리 도중 PhysicsEngine의 메서드들을 호출해서는 안 된다. 이는 엔진 안의 어떤 상태가 유효하지 않게 되는 일을 방지하기 위한 것이다. 시뮬레이션 단계가 끝난 이후에는 응용 프로그램이 Get 함수들을 이용해서 강체의 변환 행렬이나 기타 유용한 정보를 얻을 수 있다.

복잡한 기하구조를 지원하려면

단순한 구나 평면, 상자 이상의 좀 더 복잡한 기하구조를 지원해야 한다면 [Kačić03]에 나온 것 같은 벌칙(penalty) 기반 충돌 해소 방법을 추천한다. 그런 시스템에서는 모든 접점 또는 물체 간 침투 지점들에 길이 0의, 가능한 한 가장 뻣뻣한 용수철들을 도입하고, 충돌이 받아들일 수 있을 정도로 해소될 때까지 작은 시간 단계들로 시스템을 적분한다. 충돌이 해소되고 나면 그 용수철들을 제거한다. 용수철의 뻣뻣함 상수는 적분기의 안정성과 관련되어 있다. 관심 있는 독자라면 [Kačić03]에 자세한 내용이 있으니 참고하기 바란다. 라그랑지 곱수 (Lagrange-multiplier) 기반의 기법들도 잘 작동한다. 이에 대해서는 [Smith04]를 보기 바란다.

플랫폼 고유의 고려사항들

가능하다면 벡터와 사원수 객체들을 참조가 아니라 값으로 전달하는 게 좋다. 많은 Vector3, Quaternion 구현들은 SIMD(x86의 경우 SSE, PS2의 경우 VU0, PPC의 경우 AltiVec 등)이다. 값 전달을 사용하면 객체를 하나의 SIMD 레지스터에 담아 전달할 수 있다. 이 글의 예제 코드는 그런 최적화를 무시하고 그냥 하나의 Real 배열을 사용한다. Microsoft와 Codewarrior 의 최신 컴파일러들로 얻은 코드를 디스어셈블해 보면, SIMD 값들을 참조나 포인터로 전달할 때에는 불필요한 load, store가 많이 들어 가 있는 반면 값으로 전달하는 경우에는 빠르고 간결한 코드가 만들어져 있음을 알 수 있다. 그리고 값 전달을 이용하면 함수 호출들 사이의 연산들을 최적화할 수 있는 여지도 커진다. 다만 값 전달에 의해 임시 객체가 생성되는 것은 주의해야 한다. 이런 부분에 대한 컴파일러의 최적화 능력은 제조사마다, 또 버전마다 다르다.

엔진의 확장

물리 엔진에서 선별(culling)은 중요한 측면이다. 포탈 기반 게임 엔진의 예를 생각해 보자. 활성화되지 않은 포탈 영역에 대해 물리 시뮬레이션을 수행한다는 것은 말이 되지 않는다. 이를 해결하기 위한 한 가지 방법은, 각 영역마다 고유한 PhysicsEngine 인스턴스를 두는 것이다. 단, 그러면 또 다른 문제가 발생한다. 객체(플레이어 캐릭터 등)들은 영역과 영역을 넘나들며, 따라서 PhysicsEngine 인스턴스들도 넘나들게 된다. 이 경우 한 엔진 인스턴스에서 객체를 제거하고 다른 엔진 인스턴스에 객체를 추가하면 되겠지만, 그 과정에서 어떤 불연속이 생기지 않도록 주의해야 한다.

세부수준(LOD) 역시 관심을 기울일 만한 부분이다. 세부수준을 위해 구현할 수 있는 훌륭한 요령들은 많이 있다. 몇 가지를 살펴본다면, 우선 물체 속도의 수직 방향 성분이 대략 0 이라면(얼음 위를 미끄러져 나가는 하키 퍽 등) 중력은 제외할 수 있으며, 그러면 충돌 해소 계산을 상당히 줄일 수 있다(충돌 점검은 여전히 필요하지만, 물체가 중력에 의해 바닥을 누르지는 않으므로 그 부분에 대해서는 충돌 해소가 필요하지 않다). 경계 입체를 구나 평면으로 바꿔서 충돌 검출이 좀 덜 정확한 반면 보다 빠르게 일어나도록 할 수도 있다. 충돌 검출을 아예 꺼버릴 수도 있고, 회전 운동 적분 역시 꺼버릴 수 있다. 물체의 정지 여부에 대한 조건을 느슨하게 만들어서 멈춰 있는 물체들은 웬만하면 계속 멈춰 있게 만들 수도 있다. 이런 모든 경우들에서, LOD가 더 높은 수준으로 변경될 때마다 물체들을 유효한 상태들로 조정해야 한다.

PhysicsEngine 개발의 다음 단계는 구속조건 시스템을 도입하는 것이 될 텐데, 이는 하나의 전체로서 다루어도 모자랄 정도로 커다란 주제이다. [Jakobsen03]에는 용수철 시스템과 관절 신체가 잘 설명되어 있다. 구속조건 시스템은 [Smith04]에 상세히 서술되어 있다.

충돌 시스템은 OPCODE [Terdiman00] 같은 정교한 충돌 처리 시스템을 도입한다면 크게 개선할 수 있다. 이 책에서 [Moravánszky04]는 빠른 처리를 위해 접촉을 줄이는 방법을 논의한다.

애니메이션 엔진과의 통합 역시 시도해볼만 한 일이며, 그를 통해서 헝겊인형 효과와 이차적 애니메이션의 구현이 가능할 것이다. 그런 통합의 경우, 어느 순간이 되면 애니메이션 엔진이 꺼지고 물리 엔진이 작동하는데, 그 순간에는 물리 계산을 위해 애니메이션 시스템으로부터 몇 가지 수치들을 유도해야 한다. 속도는 애니메이션의 이전 두 프레임 위치들과 시간 간격을 통해서 쉽게 얻을 수 있다. 그러나 각운동량을 얻는 것은 좀 더 어려운 문제로, 이 글에서 이야기하기는 적당치 않다. 어쨌든, 관절로 연결된 캐릭터 신체 부위들을 원기둥이나 입방체 같은 물리 엔진이 이미 알고 있는 입체들로 모형화하는 것에서부터 출발해야 할 것이다. 좀 더 자세한 내용은 [Baraff97]을 보라.

결론

이 글에서는 여러 가지 흥미로운 기법들을 포함하는 하나의 물리 엔진에 대해서 살펴보았다. 강체 동역학과 연체 동역학 모두를 위한 속도 기반 벌레트 적분기가 소개되었으며, 게임에서의 적용과 관련된 사항들도 언급되었다. 그리고 미세 충돌과 충격량에 기반한 충돌 처리에 대해서도 이야기했다. 이 글에서는 또한 물리 엔진 개발을 둘러싼 몇 가지 미신들이 깨지길 바라는 마음에서, 물리 엔진 개발에서 흔히 마주치는 함정들을 지적했으며, 회전 운동의 적분 같은 어려운 측면을 포함하는 물리 엔진도 직접 만드는 것이 생각보다는 그리 어렵지 않음을 보여주었다.

참고자료

〔Baraff97〕 Baraff, David, "Physically Based Modeling, Principles and Practice, Online SIGGRAPH '97 Course Notes," 웹 주소 *http://www-2. cs. cmu. edu/~baraff/sigcourse/index. html,* 1997.

〔Hecker96〕 Hecker, Chris, *Game Developer Magazine Physics Series,* 웹 주소 *http://www. d6. com/users/checker/dynamics. htm,* October 1996-June 1997.

〔Jakobsen03〕 Jakobsen, Thomas, "Advanced Character Physics," 웹 주소 *http://www. gamasutra. com/resource_guide/20030121/jacobson_01. shtml,* January 21, 2003.

〔Kačić03〕 Kačić-Alesic, Zoran, Marcus Nordenstam, and David Bullock, "A Practical Dynamics System," *Eurographics/SIGGRAPH Symposium on Computer Animation* (2003).

〔Mirtich95〕 Mirtich, Brian, and John Canny, "Impulse-based Simulation of Rigid Bodies," in *Proceedings of 1995 Symposium on Interactive 3D Graphics,* April 1995, 웹 주소 *http://www. cs. berkeley. edu/~jfc/mirtich/impulse. html.*

〔Moravánszky04〕 Moravánszky, Ádám, and Pierre Terdiman, "Fast Contact Reduction for Dynamics Simulations," *Game Programming Gems 4,* 2004.

〔Nettle00〕 Nettle, Paul, "Generic Collision Detection for Games Using Ellipsoids," 웹 주소 *http://www. fluidstudios. com/publications. html,* October 5, 2000.

〔Smith04〕 Smith, Russell, "Constraints in Rigid Body Dynamics," *Game Programming Gems 4,* 2004.

〔Terdiman00〕 Terdiman, Pierre, "OPCODE, Optimized Collision Detection," 웹 주소 *http://www. codercorner. com/Opcode. htm,* 2000.

〔Verlet67〕 Verlet, L. "Computer experiments on classical fluids. I. Thermodynamical properties of Lennard-Jones molecules," *Phys. Rev. ,* 159, 98-103, 1967.

3.4 강체 동역학의 구속조건들

Russ Smith, *Open Dynamics Engine*의 작성자
russ@q12.org

최근의 컴퓨터 게임들은 더욱 사실적인 가상 세계로 플레이어들을 몰입시키고 있다. 사실감을 증가시키는 요인으로는 정교한 렌더링, AI, 그리고 좀 더 상세한 게임 객체 운동 시뮬레이션 등을 들 수 있다. 이제는 게임 속의 차들이 실제 차들처럼 미끄러지고 굴러야 하며, 다리 위를 걸어가면 다리가 흔들려야 하고, 벽에 뭔가 부딪히면 벽이 무너져 내려야 하며, 캐릭터들은 그럴듯한 방식으로 넘어져야 한다.

이러한 운동들을 만들어내고자 할 때 흔히 사용하는 방법은 강체 시뮬레이션이다. 일부 시뮬레이션 라이브러리들은 경첩관절, 구상관절 등 표준적인 관절 종류들을 제공하며, 사용자는 그런 관절을 이용해서 물체들을 연결한다. 그런 기능이 제공된다면 좀 더 창조적인 상황의 시뮬레이션도 가능하다. 예를 들어, 롤러코스터의 카트가 트랙에 붙어 있게 하는 새로운 종류의 관절을 만들 수도 있을 것이고, 차바퀴를 차대에 연결하는 일종의 현가장치(서스펜션)를 만들 수도 있을 것이다.

이 글은 속도 구속조건을 사용하는 일반적인 데카르트 좌표/라그랑지 곱수 기반 강체 시뮬레이터([Baraff96]에 나온 것 같은)에 대해 새로운 관절을 만드는 것이 얼마나 쉬운 일인지를 보여준다. 이 글은 오픈소스 강체 시뮬레이션 라이브러리인 Open Dynamic Engine(ODE)을 예로 든다 [Smith03]. 그리고, 축약 좌표법(reduced coordinate method) [McMillan94] 같은 기법들은 다루지 않는다. 이 글에서는 고등 수학을 사용하지 않고 단순한 부품들로부터 관절을 만드는 방법에 대해서 살펴보게 될 것이다. 또, 이 글은 독자가 강체 시뮬레이션의 기본적인 개념들에 익숙하다고 가정한다. 그렇지 않은 독자라면 [Witkin97]과 [Hecker96] 같은 글을 먼저 보는 것이 좋을 것이다.

기초

강체 시뮬레이션에서, 각 강체는 6의 자유도(셋은 위치, 셋은 방향)로 시작한다. 구속조건들은 그 자유도들 중 일부를 시스템에서 제거한다. 구속조건(constraint)은 강체들이 서로에 대해 상대적으로 움직일 수 있는 방식에 대한 수학적인 제약으로, 시뮬레이터가 강제한다. 예를 들면, 시뮬레이터는 각 강체에 가해지는 힘들의 계산에 자동적으로 구속조건들을 집어넣는다. 구속조건들은 강체들의 쌍을 연결하는 관절(joint)의 형태로 존재하곤 한다. 이 글에서 관절과 구속조건은 같은 의미로 쓰인다.

속도와 가속도

이 글에서는 강체 i의 선속도와 각속도를 각각 $[v_{ix}\ v_{iy}\ v_{iz}]$와 $[\omega_{ix}\ \omega_{iy}\ \omega_{iz}]$로 정의한다. 선속도는 강체의 기준점(point of reference, POR)에서 측정되며, 각속도는 그 기준점에 대한 회전이다. POR의 위치는 벡터 $\mathbf{p}_i$로 나타낸다. 종종, 한 강체의 POR은 그 강체의 질량중심이다. 각 강체는 또한 선가속도와 각가속도 벡터들을 가지는데, 이들은 해당 속도 벡터의 시간 도함수이다. 편의 상, 여기서는 그 값들을 하나의 6 성분 벡터로 묶어서 취급한다(표기는 $\mathbf{x}$의 시간 도함수를 나타낸다).

강체 i의 속도: $\mathbf{v}_i = [\ \dot{\mathbf{p}}_i\quad \Omega_i\ ]^{\mathrm{T}} = [\ v_{ix}\quad v_{iy}\quad v_{iz}\quad \omega_{ix}\quad \omega_{iy}\quad \omega_{iz}\ ]^{\mathrm{T}}$

강체 i의 가속도: $\mathbf{a}_i = [\ \ddot{\mathbf{p}}_i\quad \dot{\Omega}_i\ ]^{\mathrm{T}} = [\ \dot{v}_{ix}\quad \dot{v}_{iy}\quad \dot{v}_{iz}\quad \dot{\omega}_{ix}\quad \dot{\omega}_{iy}\quad \dot{\omega}_{iz}\ ]^{\mathrm{T}}$ $\hspace{2cm}$ (3.4.1)

운동 방정식

강체 i는 뉴턴 법칙 $\mathbf{f}_i = \mathbf{m}_i\mathbf{a}_i$의 영향 하에서 움직인다. 여기서 $\mathbf{M}_i$는 질량 행렬이고 $\mathbf{f}_i$는 강체에 가해지는 힘과 토크이다(이하, 힘(force)은 힘과 토크 모두를 가리킨다). $\mathbf{f}_{ir}$이 비대칭 회전 관성에 의한 회전 토크이고 $\mathbf{f}_{ie}$가 "외부에서 비롯된"(또는 사용자가 제공한) 어떠한 힘이며 $\mathbf{f}_{ic}$가 구속력이라 할 때, $\mathbf{f}_i = \mathbf{f}_{ir} + \mathbf{f}_{ie} + \mathbf{f}_{ic}$이다. $\mathbf{f}_{ic}$는 강체 운동이 구속조건들을 만족하게 하기 위해서 시뮬레이터가 매 시간 간격마다 계산하는 힘이다.

속도 구속조건

강체에 대한 하나의 속도 구속조건은 강체의 속도 벡터가 어떤 특정한 값들만 가지게 하는 제약이다. 강체를 공간의 한 고정된 점에 연결하는 경첩(hinge) 관절이 바로 그러한 단일 속도 구속조건의 예이다. 단일 강체 구속조건은 다음과 같은 행렬 방정식 $\mathbf{J}_1\mathbf{v}_1 = \mathbf{c}$ 형태로 표현된다.

$$\begin{bmatrix} J_{11} & J_{12} & J_{13} & J_{14} & J_{15} & J_{16} \\ \vdots & \vdots & \vdots & \vdots & \vdots & \vdots \\ J_{m1} & J_{m2} & J_{m3} & J_{m4} & J_{m5} & J_{m6} \end{bmatrix} v_1 = \begin{bmatrix} c_1 \\ \vdots \\ c_m \end{bmatrix} \qquad (3.4.2)$$

시뮬레이터는 $\mathbf{v_1}$이 항상 이 방정식을 만족하게 하는 $\mathbf{f}_{1c}$를 계산하며, 그럼으로써 구속조건이 적용된다. $\mathbf{J}$는 구속 야코비 행렬(constraint Jacobian)이라고 부르는데, 이 행렬은 m 개의 행들을 가진다. m은 구속의 차수(order)로, 이 구속조건이 시스템에서 제거하는 자유도의 개수를 의미한다. 일반적으로 $\mathbf{J}$와 $\mathbf{c}$의 성분들은 강체의 정확한 위치와 방향에 의존하며, 따라서 그 성분들을 매 시간 간격마다 다시 계산해야 한다. 두 강체들의 구속조건에는 앞에서와 비슷한 형태의 방정식 $\mathbf{J_1}\mathbf{v_1} + \mathbf{J_2}\mathbf{v_2} = \mathbf{c}$가 적용된다. 여기서 $\mathbf{v_1}$, $\mathbf{v_2}$는 연결된 두 강체들의 속도들이다. 셋 이상의 강체들에 가해지는 구속조건들을 하나의 방정식으로 표현하는 것이 가능하나, 별로 유용하지는 않으며 ODE는 그런 구속조건을 지원하지 않는다.

구속조건의 구성요소들

구속조건 코드는 매 시간 간격마다 $\mathbf{J}$와 $\mathbf{c}$를 계산한다. $\mathbf{J}$와 $\mathbf{c}$를 행 별로 계산하고 각 행이 특정한 하나의 축에 따른 속도를 개별적으로 제어하도록 만드는 것이 가능하다. 그럼 매우 간단한 단일 강체 구속조건의 예들을 보고, 그것들을 결합해서 좀 더 복잡한 구속조건을 만드는 예로 나아가자.

구속조건 1: z 축 이동 금지(POR을 X-Y 평면으로 제한)

다음과 같은 단일 강체 구속조건을 생각해 보자(그림 3.4.1 #1).

$$[0 \quad 0 \quad 1 \quad 0 \quad 0 \quad 0]\mathbf{v_1}=0 \qquad (3.4.3)$$

이 곱셈을 전개하면 v_{1z}가 0과 같다는 식이 나온다. 따라서 이 구속조건은 강체의 **POR** 속도의 **Z** 성분을 0으로 만든다. 다른 말로 한다면, 이 구속조건은 강체의 **POR**이 X-Y 평면에서만 움직이게 만드는 것이다. 이 구속조건이 실제의 **Z** 위치를 이야기하는 것은 아니라는 점에 주의하기 바란다. 이 구속조건은 위치가 아니라 속도만을 제약할 뿐이다.

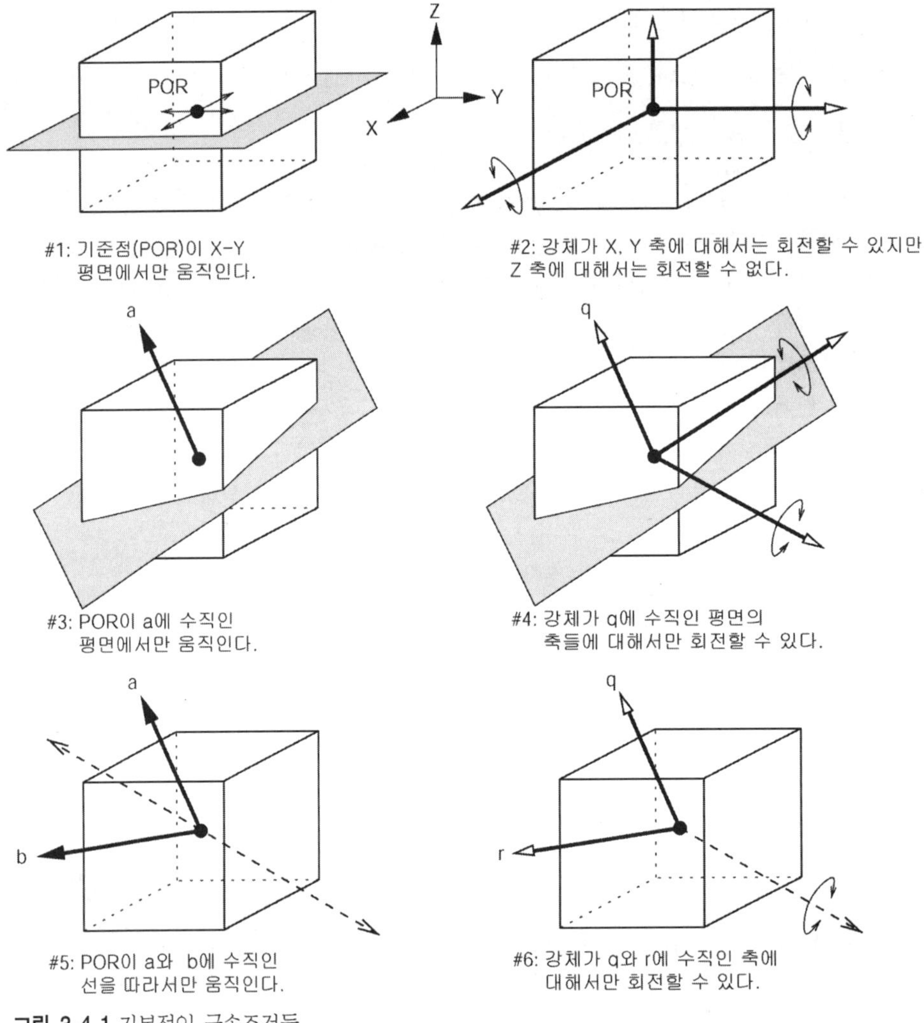

그림 3.4.1 기본적인 구속조건들

구속조건 2: Z에 대한 회전 금지

이런 구속조건을 보자(그림 3.4.1 #2).

$$[0 \quad 0 \quad 0 \quad 0 \quad 0 \quad 1\,]\mathbf{v}_1 = 0 \tag{3.4.4}$$

이것은 $\omega_{1z} = 0$이라는 뜻이다. 즉 이 구속조건은 강체가 Z 축을 중심으로는 회전하지 못하게 한다. Z 축에 수직인 축들을 중심으로는 회전할 수 있다.

구속조건 3: POR을 임의의 평면으로 제한

다음의 구속조건은(그림 3.4.1 #3):

$$[a_x \quad a_y \quad a_z \quad 0 \quad 0 \quad 0]\mathbf{v}_1 = 0 \tag{3.4.5}$$

구속조건 1과 비슷한데, 벡터 $[a_x \ a_y \ a_z]$에 해당하는 POR 속도를 0으로 만든다. 다른 말로 하면, 이 구속조건은 POR을 법선이 $[a_x \ a_y \ a_z]$인 평면에서만 움직이게 하는 것이다. 벡터 $\mathbf{a}$가 단위 벡터일 필요는 없다.

구속조건 4: 임의의 축에 대한 회전 금지

다음은 구속조건 3과 비슷한 것으로, 임의의 축 $\mathbf{q}$에 대한 회전을 금지한다(그림 3.4.1 #4). $\mathbf{q}$에 수직인 평면의 축들에 대한 회전은 가능하다.

$$[0 \quad 0 \quad 0 \quad q_x \quad q_y \quad q_z]\mathbf{v}_1 = 0 \tag{3.4.6}$$

구속조건 5: POR을 임의의 선에 한정

POR이 한 방향과 그 반대 방향으로만(즉 한 직선을 따라서만) 움직이게 하려면(그림 3.4.1 #5), 구속조건 2 두 개를 두 행으로 사용하면 된다.

$$\begin{bmatrix} a_x & a_y & a_z & 0 & 0 & 0 \\ b_x & b_y & b_z & 0 & 0 & 0 \end{bmatrix} \mathbf{v}_1 = \begin{bmatrix} 0 \\ 0 \end{bmatrix} \tag{3.4.7}$$

이에 의해 POR 속도는 $\mathbf{a}$나 $\mathbf{b}$ 방향의 성분을 가지지 못한다. 그 결과로, POR은 $\mathbf{a}\times\mathbf{b}$ 방향의 선을 따라서만 움직인다.

구속조건 6: 한 고정축에 대한 회전

구속조건 5와 비슷하게, 회전이 한 축에 대해서만 일어나도록 할 수 있다. 다음은 강체의 회전을 축 $\ddot{\mathbf{o}}=\mathbf{q}\times\mathbf{r}$으로만 제한하는 구속조건이다(그림 3.4.1 #6).

$$\begin{bmatrix} 0 & 0 & 0 & q_x & q_y & q_z \\ 0 & 0 & 0 & r_x & r_y & r_z \end{bmatrix} \mathbf{v}_1 = \begin{bmatrix} 0 \\ 0 \end{bmatrix} \tag{3.4.8}$$

구속조건 7: POR 또는 회전 고정

구속조건 5를 다음처럼 세 행으로 확장하면

$$\begin{bmatrix} a_x & a_y & a_z & 0 & 0 & 0 \\ b_x & b_y & b_z & 0 & 0 & 0 \\ d_x & d_y & d_z & 0 & 0 & 0 \end{bmatrix} \mathbf{v}_1 = \begin{bmatrix} 0 \\ 0 \\ 0 \end{bmatrix}, \quad \text{또는} \quad \begin{bmatrix} 1 & 0 & 0 & 0 & 0 & 0 \\ 0 & 1 & 0 & 0 & 0 & 0 \\ 0 & 0 & 1 & 0 & 0 & 0 \end{bmatrix} \mathbf{v}_1 = \begin{bmatrix} 0 \\ 0 \\ 0 \end{bmatrix} \quad (3.4.9)$$

이는 $v_{ix}=v_{iy}=v_{iz}=0$이라는 뜻이다. 이 구속조건을 적용하면 강체의 POR는 공간의 한 점에 고정된다. 세 벡터들이 서로 독립적이지 않다면(예를 들어 한 벡터가 다른 벡터를 비례시킨 버전이라면) 시뮬레이터는 각 구속 방향에 대해 얼마만큼의 힘을 가해야 하는지 결정할 수 없으며, 그래서 시뮬레이션이 불안정해진다. POR과 마찬가지 방식을 이용해서 회전을 고정 시킬 수도 있다. 그리고 구속조건 7과 6을 결합해서 간단한 단일 강체 경첩 관절을 만드는 것이 가능하다.

게임에 유용한 구속조건들

앞의 예들은 기본적인 구속조건 원리들을 보여주는 것들이었다. 그럼 이들을 바탕으로 해서 게임에 실제로 유용할만한 구속조건들을 만들어보자. 그 과정에서 두 강체에 대한 구속조건을 만드는 방법, 벡터 c를 활용하는 방법, 그리고 강한 접촉과 힘 한계들을 모터나 제동기를 만드는 데 사용하는 방법을 배우게 될 것이다.

밧줄-도르래 구속조건

두 발판이 하나의 밧줄과 두 개의 도르래로 연결된 상황을 생각해 보자(그림 3.4.2). 벡터 **a**와 **b**는 발판이 움직일 수 있는 방향을 뜻한다. 플레이어가 발판 A에 올라서면 플레이어의 무게 때문에 아래로 내려가고 발판 B는 위로 올라가게 된다. 이를 사실적으로 흉내내려면 발판 A의 낙하 속력이 플레이어의 무게에 비례해야 하며, 또한 B에 추가적인 물체가 있다면 그 중량에 의해 A의 낙하가 느려져야 한다. 이러한 효과를 그냥 게임 로직으로 만들어 낼 수도 있겠지만, 각각의 물리적 사실감을 보장하기 위해서는 각 개체마다 추가적인 처리가 필요하다. 그러나 명시적인 코딩 대신 강체 시뮬레이션을 이용하면 모든 물리적 행동들을 그런 추가적인 처리 부담 없이 흉내낼 수 있다.

이런 상황에 대한 구속조건을 어떻게 만들어야 할까? 두 강체에 대한 구속조건은 $\mathbf{J}_1\mathbf{v}_1 + \mathbf{J}_2\mathbf{v}_2 = \mathbf{c}$ 형태임을 생각해 보자. $\mathbf{c} = 0$으로 두면 $\mathbf{J}_1\mathbf{v}_1 = -\mathbf{J}_2\mathbf{v}_2$가 되는데, 이는 각 강체의 속도가 각각 특정한 방향을 따르며 서로가 서로의 속도에 제한을 가한다는 뜻이다. 이런 점을 고려해서 밧줄-도르래 구속조건을 만들면 다음과 같은 모습이 된다.

$$[\,a_x \quad a_y \quad a_z \quad 0 \quad 0 \quad 0\,]\mathbf{v}_1 + [\,b_x \quad b_y \quad b_z \quad 0 \quad 0 \quad 0\,]\mathbf{v}_2 = 0$$

이것은 강체 1의 $\mathbf{a}$ 방향의 POR 속도가 강체 2의 $-\mathbf{b}$ 방향의 POR 속도와 반드시 일치해야 한다는 뜻이다($\mathbf{a}$와 $\mathbf{b}$의 상대적인 길이들은 허용). 선속도 대신 각속도에 대해 이런 식으로 구속을 가한다면 맞물린 두 톱니바퀴를 흉내낼 수도 있다.

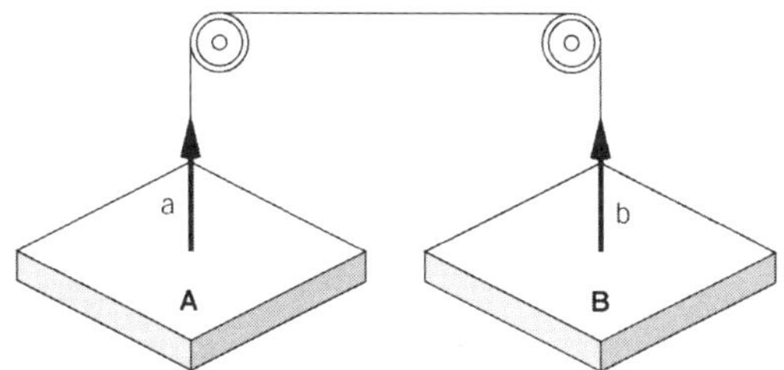

그림 3.4.2 밧줄-도르래 구속조건

나사못 구속조건

나사못 구속조건은 이름에서 짐작할 수 있듯이 강체가 특정한 방향으로 움직이면서 그 방향을 축으로 회전하게 만든다. 이런 효과는 구속조건의 한 행에 선속도 성분과 각속도 성분 모두를 집어넣으면 얻을 수 있다. 그 행은 강체의 직선운동과 회전운동이 서로에 의해 제약을 받게 만든다. 예를 들어 다음 구속조건은

$$[\,a_x \quad a_y \quad a_z \quad q_x \quad q_y \quad q_z\,]\mathbf{v}_1 \;=\; \mathbf{a}\cdot\dot{\mathbf{p}}_1 + \mathbf{q}\cdot\dot{\boldsymbol{\omega}}_1 = 0 \tag{3.4.10}$$

(이해를 돕기 위해 선형 부분과 회전 부분을 분리해 두었다) 축 $\mathbf{a}$ 방향의 선속도가 축 $\mathbf{q}$에 대한 각속도에 어떠한 스칼라를 곱한 것과 같아야 한다는 뜻이다. 나사못 구속조건에서는 $\mathbf{a}$와 $\mathbf{q}$가 같은 방향을 가리킨다.

구상관절

구상관절(ball-and-socket joint)은 사슬의 고리들을 연결하거나 헝겊인형의 사지를 연결하는 등 여러 용도로 쓰인다. 그림 3.4.3에 이러한 구상관절의 예가 나와 있다. 그림에서 $\mathbf{g}_1$과 $\mathbf{g}_2$는 각각 강체 1, 2의 POR에서 공의 중심을 잇는 벡터들이다. 각각의 $\mathbf{u}_1$, $\mathbf{u}_2$, $\mathbf{u}_3$ 방향에서 바

라볼 때, 공의 속도가 강체 1에서 측정할 때나 강체 2에서 측정할 때나 같게 나오도록 만들고 싶다고 하면, 각 방향 벡터에 대해 $\mathbf{u}_i \cdot (\dot{\mathbf{p}}_1 + \dot{\mathbf{g}}_1) = \mathbf{u}_i \cdot (\dot{\mathbf{p}}_2 + \dot{\mathbf{g}}_2)$이라는 구속조건이 생긴다. 그런데 이 구속조건은 공의 관점에서 본 것이다. 각 강체 POR에 대해 상대적인 구속조건을 만들기 위해서는 이동 규칙(shifting rule)이라는 것을 사용해야 한다.

이동 규칙이라는 것은, 다음과 같은 한 구속조건이 강체 1과 2에 상대적인 점 $\mathbf{g}_1$과 $\mathbf{g}_2$에 대해 지정된 것이라면

$$\mathbf{a}_1 \cdot (\dot{\mathbf{p}}_1 + \dot{\mathbf{g}}_1) + \mathbf{q}_1 \cdot \boldsymbol{\omega}_1 + \mathbf{a}_2 \cdot (\dot{\mathbf{p}}_2 + \dot{\mathbf{g}}_2) + \mathbf{q}_2 \cdot \boldsymbol{\omega}_2 = c \tag{3.4.11}$$

그에 동등한 POR 기준의 구속조건은 다음과 같음을 말한다.

$$\mathbf{a}_1 \cdot \dot{\mathbf{p}}_1 + (\mathbf{q}_1 + \mathbf{g}_1 \times \mathbf{a}_1) \cdot \boldsymbol{\omega}_1 + \mathbf{a}_2 \cdot \dot{\mathbf{p}}_2 + (\mathbf{q}_2 + \mathbf{g}_2 \times \mathbf{a}_2) \cdot \boldsymbol{\omega}_2 = c \tag{3.4.12}$$

이 이동 규칙은 POR에서의 선속도와 각속도의 상호 제한을 정확히 반영한다. 이것을 각 $\mathbf{u}_i$에 대한 구상관절에 적용하면:

$$\mathbf{u}_i \cdot \dot{\mathbf{p}}_1 + (\mathbf{g}_1 \times \mathbf{u}_i) \cdot \boldsymbol{\omega}_1 - \mathbf{u}_i \cdot \dot{\mathbf{p}}_2 - (\mathbf{g}_2 \times \mathbf{u}_i) \cdot \boldsymbol{\omega}_2 = 0 \tag{3.4.13}$$

이것을 $\mathbf{u}_1 \ldots \mathbf{u}_3$에 대해 풀고 세 구속조건 행들을 행렬로 표기하면 다음과 같은 구상관절 구속조건이 나온다.

$$\begin{bmatrix} 1 & 0 & 0 & 0 & g_{1z} & -g_{1y} \\ 0 & 1 & 0 & -g_{1z} & 0 & g_{1z} \\ 0 & 0 & 1 & g_{1y} & -g_{1x} & 0 \end{bmatrix} \mathbf{v}_1 + \begin{bmatrix} -1 & 0 & 0 & 0 & -g_{2z} & g_{2y} \\ 0 & -1 & 0 & g_{2z} & 0 & -g_{2x} \\ 0 & 0 & -1 & -g_{2y} & g_{2x} & 0 \end{bmatrix} \mathbf{v}_2 = \begin{bmatrix} 0 \\ 0 \\ 0 \end{bmatrix}$$

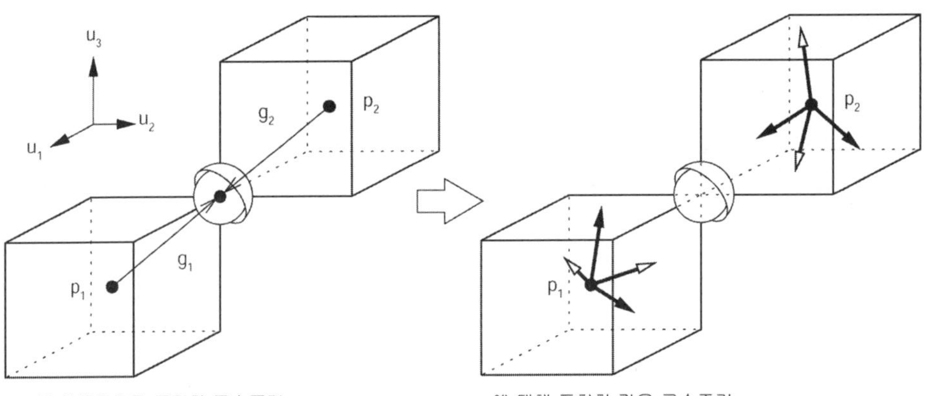

p+q에 상대적으로 표현한 구속조건   p에 대해 표현한 같은 구속조건

그림 3.4.3 이동 규칙을 이용해서 만든 구상관절

경첩관절

경첩관절(hinge joint)은 구상관절에 또 다른 구속조건 행 두 개가 추가된 것으로, 두 행은 강체가 경첩 회전축에 정렬되도록 만든다. 이 두 행들은 축 $\mathbf{q}$와 $\mathbf{r}$ 각각에 대한 회전을 금지하는 구속조건 6을 일반화한 것이다.

$$\begin{bmatrix} 0 & 0 & 0 & q_x & q_y & q_z \\ 0 & 0 & 0 & r_x & r_y & r_x \end{bmatrix} \mathbf{v}_1 + \begin{bmatrix} 0 & 0 & 0 & -q_x & -q_y & -q_z \\ 0 & 0 & 0 & -r_x & -r_y & -r_x \end{bmatrix} \mathbf{v}_2 = \begin{bmatrix} 0 \\ 0 \end{bmatrix} . \tag{3.4.14}$$

강한 접촉으로 물체들을 쌓기

게임에는 플레이어가 밀거나, 뚫고 나가거나, 날려버릴 수 있는 물체들의 더미(stack)가 나오기도 한다. 강체들을 쌓기 위해서는 강체들 사이의 비침투 접촉을 모형화해야 한다. 사용자가 계산한 구속력을 각 강체에 가하는 식의 벌칙 접근방식은 조율하기가 어렵고 불안정해지는 경향이 있다. 정말로 필요한 것은, 두 강체가 한 접점에서 만나 서로를 밀 때에는 힘의 크기가 같고 방향이 각기 반대이되, 강체가 떨어질 때에는 어떠한 힘도 가하지 않는 방식의 강한 접촉(hard contact) 구속조건이다. 이는 힘 한계(force limit)들을 가진 구속조건으로 만들 수 있다.

우선, 힘 한계들이 일반적으로 어떻게 작동하는지 살펴보자. 강체 1, 2에 가해지는 구속힘 벡터 $\mathbf{f}_{c1}$과 $\mathbf{f}_{c2}$는 해당 강체에 관련된 구속조건 행들의 가중합이다. m 개의 행들에 가중치 $\lambda_1 \dots \lambda_m$(이들은 시뮬레이터가 계산한 라그랑지 곱수 값들이다)들이 부여된다고 하자. 그리고 다음과 같은 관계가 성립한다고 하자.

$$\mathbf{f}_{c1} = \mathbf{J}_1^{\mathrm{T}} \lambda \quad \mathbf{f}_{c2} = \mathbf{J}_2^{\mathrm{T}} \lambda, \text{ 여기서 } \lambda = [\lambda_1 \cdots \lambda_m] \tag{3.4.15}$$

보통의 한계가 없는 구속조건에서는 해석기(solver)가 $\lambda_1 \cdots \lambda_m$에 대해 어떤 값이라도 사용할 수 있다. 다른 말로, 해석기는 구속조건을 만족하기 위해서라면 "어떤 것이라도" 취할 수 있는 것이다. 힘 한계는 해석기가 예를 들면 $\lambda_{\mathrm{iLO}} \le \lambda_{\mathrm{i}} \le \lambda_{\mathrm{iHI}}$ 같은 어떤 특정 범위 안의 구속력들만 적용하도록 제한한다. 만일 더 큰 힘들이 필요한 상황이라면 λ_i는 한계들 중 하나로 한정될 것이며, 그러면 구속조건이 완전히 만족되지 않는다. 힘 한계가 존재하면 시뮬레이터는 각 시간 단계에서 선형 상보 문제(linear complementary problem, LCP)를 풀어야 한다 [Murty88]. ODE 같은 시뮬레이터들에서는 어떤 구속조건 행에도 힘 한계들을 사용할 수 있다.

접촉 구속조건을 만들기 위해서, 하나의 힘 $\lambda\mathbf{a}$가 접점에서 강체들에 가해지도록 POR 이동 규칙을 구속조건 3의 강체 두 개 버전에 적용한다. λ가 양의 값이라면 $\lambda\mathbf{a}$는 강체들이 서로 침투하지 않도록 강체들을 밀어낸다. 만일 $\lambda_{LO}=0$, $\lambda_{HI}=\infty$으로 설정한다면, 그리고 λ가 양의 값이라면, 두 강체들이 서로 침투하지 않게 하는 정확한 반발력이 강체들에 적용될 것이다. 만일 λ가 음이라면 힘 한계에 의해 그 값은 0이 될 것이며, 그러면 두 강체는 아무 저항 없이 서로 떨어진다. 종종 두 강체들이 침투하지 않게 하려면 여러 개의 접점들이 필요하다. 이는 강체의 기하구조에 따라 다르다.

한 가지 교묘한 요령은, $\lambda_{LO}=-M$, $\lambda_{HI}=\infty$으로 설정해서 강체들이 자성을 띠게 하는 것이다. 이는 두 강체들이 서로 분리되도록 당기려면 0이 아닌 어떠한 힘 M이 가해져야 한다는 뜻이다.

모터 만들기

차가 움직이려면 어떤 종류이든 모터(원동기)가 있어야 한다. 하나의 모터를 모형화하는 가장 간단한 방법은, 바퀴와 차대 사이에 토크를 가하는 것이다. 그러나 이 경우 몇 가지 문제가 발생할 수 있는데, 특히 커다란 토크가 가해질 때 불안정성이 야기될 수 있다. 또 다른 방법은, 0이 아닌 $\mathbf{c}$를 이용해서 바퀴와 차대 사이에 일정한 각속도를 설정하는 하나의 구속조건 행을 사용하는 것이다. 일반적으로 $\mathbf{c}$가 0이 아니면 강체의 속도는 구속조건이 지정한 방향을 따라 설정된다(예를 들어 구속조건 3은 $\mathbf{c}=c_z$로 설정함으로써 $\mathbf{a}$ 방향의 POR 속도가 반드시 c_z가 되게 한다). 구속조건 6과 7을 결합해서 얻은 단일 강체 경첩관절에 다음과 같은 행을 추가한다고 하자.

$$[\,0 \quad 0 \quad 0 \quad s_x \quad s_y \quad s_z\,]\mathbf{v}_1=[\,c_s\,]$$

여기서 $\mathbf{s}=(\mathbf{q}\times\mathbf{r})/|\mathbf{q}\times\mathbf{r}|$은 단위 길이 경첩 회전축이다. 이것은 경첩 회전축에 대한 각속도가 c_s인 "강화된" 경첩관절이다. 그런데 이 모터 모형은 토크 제한과 관계없이 항상 목표 속도에 도달한다는 문제가 있다.

이러한 문제는 모터 구속조건 행에 대해 $\lambda_{LO}=-f_{\max}$, $\lambda_{HI}=f_{\max}$을 설정해서 보정할 수 있다. 그러면 모터는 목표 속도에 도달하기 위한 토크를 $\pm f_{\max}$ 이상으로는 가할 수 없게 된다. 만일 모터가 강체를 하나의 시간 간격 안에서 원하는 속력까지 끌어올리는 것이 가능하다면, 그냥 그렇게 하면 된다. 그렇지 않은 경우에는 원하는 속력에 이를 때까지 여러 시간 단계들에 걸쳐서 최대 상한 토크를 가한다. 이런 방식에서는 실제의 모터에서처럼 외부에서 가해지는 토크가 구속 토크와 경쟁을 할 수 있다. $f_{\max}$를 0으로 하면 모터를 끄는 효과가 되고, 결과적으로 모터 구속조건 행의 영향은 사라진다. f_{max}가 클 때, 이 모터는 토크를 직접 적용하는 모터보다 훨씬 더 안정적이다. 또한 이 모형은 자동차에서 흔히 볼 수 있는, 기어박스가 부착된 엔진(내부의 마찰이 최대 속력을 제한한다)을 좀 더 잘 반영한다.

제동과 건조 마찰

자동차에는 모터뿐만 아니라 제동기(브레이크)도 있어야 한다. 모터와 마찬가지로 그냥 속력을 줄이는 토크를 바퀴에 직접 적용할 수도 있으나, 역시 불안정성이 생길 수 있다. 바퀴의 원판 브레이크에 가해지는 제동은 힘 한계를 가진 모터에서 목표 속도를 0으로 설정하는 식으로 흉내낼 수 있다. 이 경우 구속조건은 $\pm f_{max}$를 넘지 않는 하나의 토크를 가함으로써 관절 속도를 0으로 만든다. f_{max}의 값은 브레이크 페달을 얼마나 힘껏 밟았느냐에 따라 다르다. 전혀 밟지 않았다면 f_{max}는 0이 되고, 따라서 구속조건은 적용되지 않는다. 이처럼 힘 한계를 가진 모터로 바퀴를 돌리면, 그냥 그 모터를 제동에 사용할 수 있다(추력과 제동 모두에 같은 구속조건들을 사용할 수 있으므로).

위치 오차 보정

시뮬레이터가 완벽하다면, 모든 강체들을 시작 위치에 두고, 구속조건들을 추가하고, 시뮬레이션을 돌리면 된다. 그러면 구속조건들이 계속 완벽하게 적용될 것이다. 그러나 현실에서는 시뮬레이터가 완벽하지 않으며 강체의 위치와 방향에 수치적 오차들이 끼어든다. 특히 강체가 빠르게 회전할 때 더욱 그렇다. 오차가 끼어들지 않게 하는 한 가지 좋은 방법은, 구속조건의 **c**에 0이 아닌 성분들을 적절히 배치함으로써 강체가 제 위치에서 벗어났을 때 구속조건 자체가 강체의 위치를 적절히 보정하도록 만드는 것이다.

구속조건이 강체의 위치에 직접 영향을 주지는 못한다. 구속조건은 오직 강체의 속도에만 영향을 미친다. 그러나 구속조건의 "목표"가 강체의 위치(또는 두 강체의 상대 위치)를 고정시키는 것이라면, 강체들이 잘못된 위치에서 바람직한 위치로 움직이도록 **c**를 설정하는 것이 가능하다. 예를 들어 구속조건 1에서 목표가 $p_{1z} = 0$을 강제하는 것이라면 $c_z = -k p_{1z}$로 설정해서 위치 오차에 따라 속도를 적절히 비례시킬 수 있다. 이 구속조건을 적용하면, 시간이 지남에 따라 위치 오차가 k에 의해 정의되는 비율로 감소한다. k가 너무 크면 한 시간 간격 안에서의 보정량이 필요 이상으로 커져서 위치가 불안정해질 수 있다. 일반적으로, 각 구속조건 행에 대해 $c = -\mathrm{error}/h$로 설정하는 것이 적당하다. 여기서 error는 **J**의 해당 행으로 주어진 방향 벡터 또는 축을 따라서 측정한다. 예를 들어, 구상관절에서는 오차를 $\mathbf{u}_1 \ldots \mathbf{u}_3$을 따라 측정한다.

부록 CD-ROM에 수록된 예제

부록 CD-ROM에는 이 글에서 언급한 모든 구속조건들을 ODE를 이용해서 구현한 예제 소스 코드가 수록되어 있다. 또한 ODE 자체의 완전한 소스 코드와 문서화, 예제 프로그램도 들어 있다. 거기에는 이 글에서 다루지 않은 여러 가지 실제적인 세부 사항들이 들어 있으니 자신만의 구속조건을 만들고자 하는 독자라면 참고하기 바란다.

결론

이 글은 여러 종류의 간단한 구속조건 행들로부터 새로운 강체 속도 구속조건을 만들어내는 방법을 보여주었다. 이 글에서 제시한 기본적인 구속조건들과 이동 규칙, 그리고 c 벡터와 힘 한계 개념을 적절히 사용한다면 어떤 종류의 구속조건이라도 만들 수 있을 것이다. ODE 같은 시뮬레이션 라이브러리들은 미리 정의된 구속조건들을 제공할 뿐만 아니라 사용자가 직접 구속조건들을 정의할 수 있게도 하며, 그 덕분에 사용자는 자신에게 주어진 구체적인 동역학 과제를 원하는 대로 모형화할 수 있는 능력을 가지게 된다.

참고자료

〔Baraff96〕 Baraff, David, "Linear-time Dynamics Using Lagrange Multipliers," *Computer Graphics Proceedings*, Annual Conference Series: pp. 137-146, 1996.

〔Hecker96〕 Hecker, Chris, "Rigid Body Dynamics," 웹 주소 *http://www.d6.com/users/checker/dynamics.htm*.

〔McMillan94〕 McMillan, Scott, *Computational Dynamics for Robotic Systems on Land and Under Water*, Ph.D. Thesis, The Ohio State University, Columbus, OH, 1994.

〔Murty88〕 Murty, Katta G., "Linear Complementarity, Linear and Nonlinear Programming," 웹 주소 *http://ioe.engin.umich.edu/people/fac/books/murty/linear_complementarity_webbook/*, 1988.

〔Smith03〕 Smith, Russell, "The Open Dynamics Engine," 웹 주소 *http://q12.org/ode/*.

〔Witkin97〕 Witkin, Andrew, and David Baraff, *Physically Based Modeling: Principles and Practice* (Online SIGGRAPH '97 Course notes), 웹 주소 *http://www-2.cs.cmu.edu/~baraff/sigcourse/index.html*.

3.5 동역학 시뮬레이션을 위한 빠른 접촉 줄이기

Ádám Moravánszky, Pierre Terdiman, *NovodeX AG*
adam.moravanszky@novodex.com, pierre.terdiman@novodex.com

전형적인 물리 파이프라인은 다음과 같은 세 가지 부분들로 이루어진다.

- **충돌 검출**: 장면 안의 물체들 사이의 충돌을 검출한다.
- **접촉 생성**: 충돌 자료로부터 접촉점들을 생성한다.
- **동역학 시뮬레이션**: 접촉들이 의미하는 비침투 구속조건들을 강제하고 물체의 자세를 갱신한다.

접촉한 물체들의 상호작용을 시뮬레이션하기 위해서는, 비침투 구속조건(nonpenetration constraint)들을 간결한 방식으로(구속조건에 의한 동역학을 효율적으로 시뮬레이션할 수 있도록) 표현할 수 있어야 한다. 그런 수단으로 도입된 것이 접점(contact point)으로, 로봇공학에서는 [Lozano-Pererz83]에 의해 접점이라는 개념이 도입되었으며, 컴퓨터 그래픽 쪽에서는 [Hahn88] 등의 논문을 통해서 도입되었다. 접점은 충돌한 형태들 사이의 국소 비침투 제약 조건을 나타낸다. 발현된 접점의 개수는 시뮬레이션의 정밀도, 안정성, 빠르기에 직접적으로 영향을 미친다. 충돌한 형체들 각 쌍에 대해서 하나의 접점이면 충분할 것 같지만, 그러면 고품질의 시뮬레이션이 나오지 않는다. 반대로 접점이 너무 많으면 파이프라인의 동역학 부분 구현에 따라서는 안정성이나 성능에 문제가 있을 수 있다. 이 글은 발현된 접점들의 개수를 줄이는 접촉 줄이기 알고리즘 몇 가지와 그에 관련된 작업 과제들(접촉 전처리, 접촉 클러스터링, 접촉 영속화)을 이야기한다.

접촉 줄이기

충돌 검출 알고리즘들은 메시를 삼각형이나 부피 요소들로 분해한 후 그 각각의 요소들에 대해 독립적으로 접점을 만드는 방식을 사용하곤 한다. 이 방식에서는 교차하는 요소들이 많을 경우 접점이 너무 많이 생길 수 있다. 특히 요소들의 해상도가 높거나, 물체들의 상호 침투 정도가 높을 때 더욱 그렇다.

검출된 접점들이 접촉의 국소 기하구조들을 적절하게 표현한다고 해도, 접점이 너무 많으면 몇 가지 불이익이 생길 수 있다. 우선, 접점이 많으면 진정한 접촉력을 구하기 위한 동역학 알고리즘은 과잉결정 문제[10]를 풀어야 하는데, 그러면 계산 비용이 높아진다. 그런 알고리즘들에 걸리는 시간은 적어도 접점 개수의 제곱에 비례한다 [Baraff92], [Anitescu99]. 따라서 접점들이 필요 이상으로 많으면 큰 불이익이 생기게 된다. 더 나아가서, 그러한 과결정계를 나타내는 행렬은 계산에 좋지 못한 영향을 미친다. 해석기가 그런 행렬을 분해하려면 많은 계산이 필요하며, 일부 반복적인 해석기들은 같은 개수의 구속조건들을 가진 선형 독립 문제를 풀 때보다 많은 반복을 수행해야 할 수도 있다.

상호작용적 동역학 시뮬레이션에 쓰이는 많은 근사 알고리즘들의 성능은 구속조건의 개수에 선형적으로 비례하기 때문에 [Jakobsen01], 접점이 필요 이상으로 많다는 것이 실용적인 측면에서 큰 문제가 되지 않을 수 있다. 그러나 그런 비싸지 않은 알고리즘들은 쓰인 접점들의 개수에 민감한 경우가 있는데, 이는 그런 알고리즘들이 각 접촉에 어떠한 벌칙 힘 (penalty force) 또는 충격을 가하며, 그런 효과는 접점 개수가 가변적일 때 이상한 결과를 낼 수 있기 때문이다. 벌칙 방법에 근거한 해석기들은 여전히 게임에서 널리 쓰이고 있다. 그리고 그들 중 일부는 단일 접촉 경우(평면 위를 구르는 구 등)에 특화된 여러 상수들과 임계치들을 사용한다. 그런 방법들은 이상적인 경우에서는 잘 작동하겠지만, 동시적인 접촉 수가 늘어나서 이상적인 경우로부터 멀어지게 되면 시뮬레이션이 점점 불안정해진다. 예를 들어 평면 위에 원환체가 놓여 있다고 하자. 각 정점 위치마다 하나의 접촉을 만든다면 이상적인 상황과는 많이 동떨어진 힘들이 생성될 것이며, 또한 메시의 분할 정도에 크게 의존할 것이다. 접촉 개수를 줄이는 게 그런 안정성 문제를 해결하는 데 도움이 된다 [Kim02]. 이런 이유로, 접점의 개수는 시뮬레이션의 사실성을 해치지 않는 한도 안에서 최대한 줄이는 게 좋다. 이 글에서는 이 문제를 두 단계로 해결한다. 첫 번째는 충돌 형체들을 전처리하는 것이고, 두 번째는 접점들을 클러스터링(덩어리로 묶는 것) 하는 것이다.

전처리 개요

접촉에는 적어도 두 가지 종류가 있다.

- 시뮬레이션 전반에 대해 영향을 미치지 않으므로 폐기할 수 있는 접촉들
- 하나의 접촉으로 합쳤을 때 정확성은 좀 떨어져도 충분히 그럴듯한 시뮬레이션을 낼 수 있는 접촉들

---

10) 역주: 미지수보다 방정식이 더 많은 경우를 말한다.

접촉 전처리는 첫 번째 종류의 접촉들을 다룬다. 전처리 단계는 주어진 형체의 모든 잠재적 접촉들을 조사한다. 주어진 형체에 따라서는 모든 잠재적 접촉들을 조사하지 못할 수도 있다. 그러나 조사가 가능한 경우에는 시뮬레이션에서 중요한 역할을 하지 않는 잠재적 접촉들을 모두 폐기한다. 중복된 접촉들을 제거하는 가장 좋은 방법은 애초에 중복된 접촉들을 만들지 않는 것이라는 점에서, 이러한 전처리는 매우 강력한 접근방식이다.

클러스터링 개요

접촉 클러스터링(clustering)은 두 번째 종류의 접촉들을 다룬다. 클러스터링은 특정한 접촉들을 좀 더 작은 집합으로 줄인다. 단, 비침투 구속조건의 본질을 변경하지 않는 한도 안에서만 그런 식으로 줄여나간다. 물체가 평평한 평면에 놓여 있는 등의 아주 간단한 경우, 유효한 접촉 법선들은 모두 평면 법선과 동일하며, 모든 접점들은 그 평면에 또는 그 아래에 놓여 있을 것이다. 평면 아래의 접점과 평면 사이의 거리는 그 점에서의 국소 침투 깊이이다. 침투를 무시할 때, 접촉들의 여러 집합들이 같은 평면 안의 같은 볼록 덮개(최소볼록집합)를 형성한다면, 강체 시뮬레이션의 관점에서 그 접촉 집합들은 모두 동일하다고 할 수 있다.

사실 평면 표면 위에 놓인 강체에 가능한 운동의 종류는 셋뿐이다.

- 표면에서 멀어진다. 이 경우 접촉면은 사라진다.
- 표면을 밀다가 결국에는 표면을 따라 미끄러진다.
- 볼록 덮개의 한 변을 중심으로 구르다가 표면을 벗어난다.

결론적으로, 이런 단순한 상황에서 접촉 행동에 영향을 주는 것은 공통의 접촉 법선 방향과 접점들을 감싸는 볼록 덮개의 변들뿐이다. 따라서 볼록 덮개 가장자리에 있지 않은 모든 접점들을 폐기해도 비침투 구속조건의 본성은 변하지 않는다.

경우에 따라서는 볼록 덮개 가장자리에 있는 접점들을 더욱 줄일 수 있다. 그림 3.5.1처럼 바닥 위에 원기둥이 놓여 있는 경우에는 특히 더 그렇다. 우리는 볼록 덮개 영역의 감소를 최소화하면서 볼록 덮개 정점들을 제거하는 알고리즘 하나를 개발한 적이 있다. 그 알고리즘을 적용해서 정점들을 줄였더니 원기둥이 넘어지지 말아야 하는데 넘어지는 확률도 줄어들었다. 그러나 이런 식의 엄격한 접근방식을 직접적으로 구현하면 계산량이 너무 과도해진다. 그보다는 축에 정렬된 접점들의 경계를 이용해서 볼록 덮개를 근사하는 쪽으로 개선하는 것이 좋다. 이러한 근사 버전은 실제 상황에서 단일한 물체(그림 3.5.1)와 복합 물체(그림 3.5.4) 모두에 대해 매우 잘 작동한다.

영속화의 개요

접촉 개수를 줄인 후에는 남은 접촉들을 영속화한다. 매 시뮬레이션 프레임에서 만들어지는 접점들은 강한 시간 응집성을 가지는 경향이 있다. 다른 말로 하면, 일련의 프레임들에서 만들어진 접점들은 서로 상당히 비슷하다. 그리고 이러한 유사성을 명시적으로 이용함으로써 몇 가지 이득을 얻을 수 있다. 첫 번째로, 접촉력들에 대한 일부 반복 알고리즘들은 임의의 초기 추측 힘으로부터 시작할 수 있다. 그 추측이 해에 가까울수록 알고리즘은 더 빨리 해에 수렴한다. 이러한 과정을 예열 시동(warm starting)이라고 부른다. 이전 프레임의 접촉력을 초기 추측으로 사용해서 알고리즘을 예열 시동할 수 있는데, 이는 현재 프레임의 접촉력이 이전 프레임의 접촉력과 비슷할 것이라는 가정을 깔고 있다. 그 가정이 맞는다면 좀 더 빠르게 해를 얻는 것이 가능하다. 물론 이는 이전 접점들과 현재 접점들 사이의 유사성을 찾을 수 있는 경우에만 해당한다.

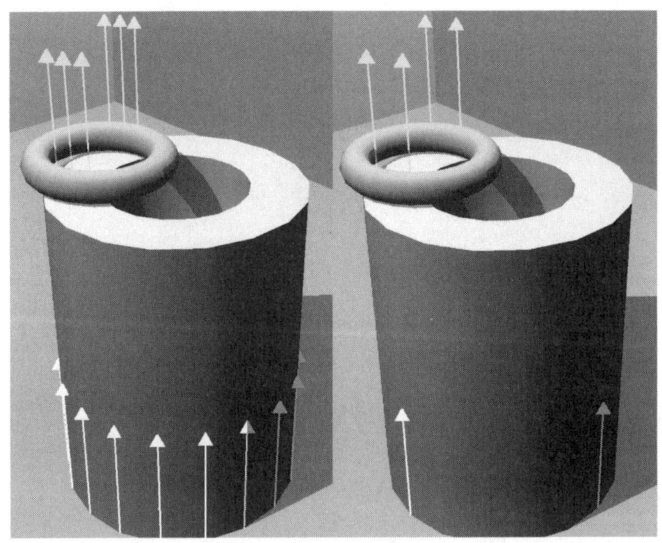

그림 3.5.1 접촉 줄이기 이전과 이후의 접촉들. 평면 위에 놓여 있는 원기둥과 원환체는 메시들로 취급된다.

접촉 영속화는 서로에 대해 미끄러지지 말아야 하는 두 물체 사이의 정지 마찰을 최대한 정확하게 시뮬레이션하는 목적으로도 사용할 수 있다. 이러한 미끄러짐 방지는 각 시간 단계에서 두 물체들의 접점들에서의 상대적 접선 속도를 0으로 제한함으로써 강제할 수 있다. 오차가 누적되면 물체들은 접촉의 접선면을 따라서 점점 미끄러지게 된다. 물체들 사이의 관절을 라그랑지 곱수(Lagrange multiplier) 기반 기법을 이용해서 시뮬레이션할 때에도 그런 문제가 생길 수 있다. 즉, 자세 공간의 오차가 관절에서 누적되는 것이다. 이런 오차를 해소하려면 우선 그 오차를 측정할 수 있어야 한다. 관절의 경우에는 관절이 각 강체의 국소좌 표계 안에서 정확히 어디에 위치해야 하는지를 알고 있으므로 오차를 계산하기 쉽다. 접촉의 경우에는 접촉이 만들어졌을 때의 또는 정지마찰 조건이 적용되기 시작했을 때의 접점 위치를 알아야만 오차를 계산할 수 있다. 이런 문제에 대한 하나의 해답이 영속적인 접촉이다.

전처리 세부사항

접점을 줄이는 가장 효율적인 방법은 애초에 접점들을 만들어내지 않는 것인데, 이런 개념 을 실제로 적용하는 것의 가능 여부는 구체적인 충돌 검출 알고리즘의 종류에 따라 달라진 다. 여기서는 게임 객체들과 정적 환경을 나타내는 메시 사이의 충돌 검출을 위한 상자-메 시 접촉 생성 알고리즘 하나만을 예로 사용해서 이야기하겠다.

그래픽에 사용하는 자료 집합을 충돌 검출에도 그대로 사용하는 경우가 많은데, 가장 널리 쓰이는 그래픽 표시 형식은 색인화된 삼각형 목록이다. 삼각형들은 방향을 가지고 있다고 가정하나(삼각형의 한쪽 면은 모형의 바깥쪽을 향하는 전면이고 또 다른 면은 안쪽을 향하 는 후면이다), 그 이상의 가정은 없어야 한다. 메시가 비다양 변(nonmanifold edge) 또는 T자 접합부를 많이 가지고 있으면 충돌 알고리즘의 효율성이 떨어진다.

메시의 모든 삼각형들이 상자와 교차함을 충돌 검출 시스템이 보고했다고 할 때, 각 삼각형 과 상자 형체 사이의 접촉이 개별적으로 만들어진다. 하나의 접촉 생성 과정에서는 삼각형 각 변, 각 꼭지점과 상자 사이의 교차 계산들이 수행된다. 이런 방식에서는, 두 삼각형이 공 유하는 변이 상자와 충돌하는 경우 중복된 접점이 생길 수 있다.

다음과 같은 종류의 메시 변들은 교차 판정을 수행할 필요가 없으며, 전처리 과정 내내 무 시할 수 있다.

- 내부 변, 즉 법선이 같은 인접한 두 삼각형 사이의 변. 이런 변들은 평면 다각형을 삼각형들로 분할하는 역할만 할 뿐, 실제의 기하학적 특징을 나타내지는 않는다. 따라서 안심하고 무시할 수 있다.
- 오목 변, 즉 전면들이 예각을 이루는 인접한 두 삼각형들 사이의 변. 다른 물체가 이런 변과 접 촉한다면 어차피 변을 공유하는 두 삼각형들 중 하나와도 접촉할 것이므로, 굳이 이 변에 대해 서 판정을 수행할 필요가 없다.

결과적으로 충돌 검출 시스템은 경계 변(두 삼각형이 공유하지 않는 변)들과 볼록 변(경계 변도, 내부 변도, 오목 변도 아닌 변)들만 점검하면 된다(그림 3.5.2). 그리고 볼록 변의 경우 그 변을 낀 두 삼각형 중 하나에 대해서만 점검해야 접점이 중복되지 않는다. 비다양 변들은 그냥 볼록 변들로 취급하는데, 이는 그런 변들이 특별한 주의가 필요할 정도로 자주 나타나지는 않는다는 가정을 깔고 있는 것이다.

그림 3.5.2 굵고 검은 변들만 충돌 판정에 쓰인다(Arkane Studios가 제공한 게임 레벨임).

일부 꼭지점들도 비슷한 방식으로 무시할 수 있다.

- 오목 변에 연결된 꼭지점을 오목 꼭지점이라고 하자. 이런 점들은 모두 무시할 수 있다. 오목 변을 무시할 수 있는 이유와 동일하다.
- 내부 변에만 연결된 꼭지점을 내부 꼭지점이라고 하자. 이런 점들도 모두 무시할 수 있다.
- 나머지 모든 꼭지점들을 판정하되, 접촉의 중복을 피하기 위해 한 꼭지점을 한 번씩만 판정한다.

이러한 규칙들을 활용하면 충돌 검출 계산을 상당히 줄일 수 있으며, 충돌 계산을 통해서 나오는 접점들의 개수도 크게 줄일 수 있다.

이 규칙들은 전처리 단계에서 구현하는 것이 가장 바람직하다. 우선 각 삼각형마다 추가적으로 6 비트의 저장소를 할당한다. 삼각형의 세 꼭지점, 세 변이 각각 한 비트씩 사용한다. 그 비트는 해당 꼭지점 또는 변이 접촉 계산에 쓰여야 하는지를 나타낸다. 처음에는 각 삼각형의 모든 여섯 비트들을 0으로 두고 시작한다. 그런 다음에는 메시의 삼각형들을 훑으면서 삼각형 각 변 레코드를 만든다. 하나의 변 레코드에는 그 변을 이루는 두 정점들에 대한 참조와 그 변이 속한 하나의 삼각형에 대한 참조를 설정한다. 그런 식으로 변들을 다 처리한 후에는, 같은 두 꼭지점에 관련된 둘 이상의 변들이 변 목록 안에서 서로 인접한 위치가 되도록 변 목록을 정렬한다. 같은 두 꼭지점 사이의 변들이 여러 개 연달아 나온다면, 그 중 하나만 점검한다. 그 변이 볼록 변이나 경계 변이면, 그 변에 해당하는 삼각형의 6 비트들 중 그 변과 변의 두 꼭지점에 해당하는 세 비트를 1로 설정한다. 변이 오목 변이면 정렬된 변 목록의 해당 레코드에 그 사실을 기록해 두되 그 이상의 행동은 취하지 않는다. 이런 식으로 변 목록의 모든 변들을 처리한 후에는 두 번째 패스를 수행한다. 두 번째 패스에서는 오목 변으로 기록된 변들을 찾아서 그 변을 사용하는 모든 삼각형들의 세 꼭지점 비트들을 0으로 비운다.

접촉 클러스터링 세부사항

접촉 클러스터링 알고리즘은 우선 접점들을 접촉 법선에 따라 분류한다. 충돌 검출의 종류에 따라서는 모든 접점들이 동일한 법선 방향을 가질 수 있다. 두 임의의 볼록 형체들 사이의 충돌이 그런 예이고(그림 3.5.3), 또 평면과 임의의 형태 사이의 충돌도 그런 예이다(그림 3.5.1).

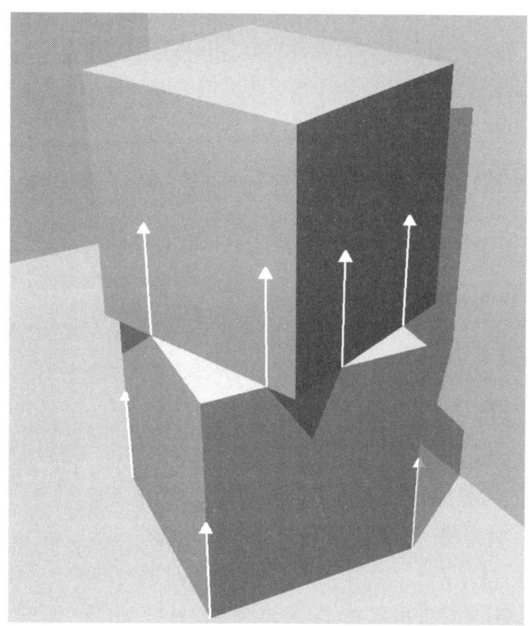

그림 3.5.3 두 볼록 형체들이 충돌하면 비슷한 법선 방향을 가진 접촉들이 만들어진다.

이런 경우에서는 접촉 법선에 따라 접점들을 한 데 묶는 과정을 건너 뛸 수 있다. 이런 경우가 아니라면 두 가지 접근방식이 있는데, 하나는 입방체 맵을 사용하는 것이고 또 하나는 k 평균 기반 알고리즘을 사용하는 것이다. 첫 번째 것은 서로 다른 법선 방향들이 그리 많지 않은 경우에 적합하고, 두 번째 것은 같은 법선이 거의 없는 매끄러운 형태에 더 적합하다.

입방체 맵 클러스터링

이 알고리즘은 주어진 입력 접촉들의 집합과 하나의 이산적인 접촉 클러스터들의 집합으로 시작한다. 각 클러스터는 비슷한 법선을 가진 접촉들의 한 그룹을 나타낸다. 입방체 맵은 각 접촉 법선을 해당 클러스터로 사상하기 위한 참조 맵으로 쓰인다. 일반적으로 이런 참조가 법선 벡터 양자화보다 더 빠르다. 단위 입방체의 여섯 면을 각각 하나의 정규 N*N 격자로 분할한다. 각 격자의 각 칸은 그 방향의 법선에 해당하는 클러스터를 의미하며, 이에 의해 법선들을 총 $6N^2$ 개의 클러스터들에 사상할 수 있다. 이것은 법선 마스크에 쓰이는 사상들 중 하나와 비슷하다 [Zhang-Hoff97]. 메모리를 절약하기 위해, 접촉 클러스터들을 명시적으로 할당하지는 않는다. 대신 클러스터 색인을 즉석에서 계산하고 그것들을 기준으로 해서 접촉들을 클러스터 별로 정렬한다. 그런 다음에는 각 클러스터를 순서대로 처리하면서 접촉들을 줄여나간다.

K 평균 클러스터링

입방체 맵 기반 알고리즘은 법선들이 매우 밀접하게 뭉쳐 있을 때 잘 작동한다. 그렇지 않고 일단의 법선들이 서로 다른 입방체 맵 칸들로 흩어져 있는 경우도 있다. 특히 구 등의 둥근 형태들과 고도로 분할된 기하구조 사이의 충돌 검출에서 그렇게 법선들이 분산되기 쉽다. 또한 그런 경우에는 접점 자체도 많아지는 경향이 있으므로, 접촉 줄이기의 좋은 대상이 된다. k 평균 클러스터링 알고리즘은 자료 분석에서 널리 알려져 있는 수단이다. 입력 벡터들의 집합이 주어지면 이 알고리즘은 클러스터의 개수 k를 찾아내고, 입력 벡터들을 빠르게 각 클러스터에 사상한다. 그 과정에서 클러스터 중심들을 구한다. 이 글의 경우에는 접촉 법선들이 입력 벡터들이다. 법선들에 의해 형성되는 "자연스러운" 클러스터들의 개수를 미리 알아내는 것은 어려운 일이다. 구 대 고해상도 삼각형 메시 충돌의 경우 k를 3으로 잡고 시작하는 게 좋은 결과를 낸다고 알려져 있다. k가 크면 자연스러운 클러스터들이 분할되는 경향이 있으며, 알고리즘 실행 시간도 길어진다. 클러스터를 하나만 사용하는 것은 모든 법선들의 평균을 클러스터 중심으로 사용하는 것과 같은데, 그런 중심을 사용하면 반대 방향의 법선들은 생략되는 결과가 된다.

우리가 경험한 바에 의하면, 자연스러운 클러스터들 안의 입력 자료가 주어졌을 때, k 평균 알고리즘은 임의의 초기 클러스터 배치를 사용해서 단 세 번의 반복 만에 수렴한다. k 평균 알고리즘이 세 클러스터들을 식별한 후에는 각 클러스터의 평균 법선을 조사한다. 세 클러스터 법선들 중 둘이 서로 충분히 가깝다면(오차가 어떤 작은 입실론 이내) 자연스러운 클러스터가 셋 미만이라고 간주하고 클러스터들을 병합한다. 따라서 클러스터는 항상 하나나 둘, 아니면 셋이다.

클러스터 줄이기

입방체 맵을 이용해서든 아니면 k 평균을 이용해서든 법선들을 각각의 클러스터로 사상했다고 하자. 그런 후에는 각 클러스터에 대해, 그 클러스터 안의 모든 접촉 평면들의 평균이 되는 하나의 투영 평면을 계산한다. 그런 다음에는 서로 수직이자 그 평면의 법선 벡터에 수직인 두 벡터를 구한다. 그 두 벡터와 평면 법선은 하나의 기저를 형성한다. 그런 다음에는 클러스터의 모든 접촉 법선들을 내적을 이용해서 그 평면에 투영하고 앞에서 구한 두 기저 벡터 방향의 성분들을 기록해 둔다. 구현 세부에서, 접촉 객체들의 빈번한 복사를 피하기 위해서는 접촉 색인들을 사용하는 것이 좋다.

클러스터의 모든 접촉들을 이런 식으로 처리하고 나면, 다음과 같은 다섯 종류의 접촉들만 남게 된다.

■ 평면의 접촉 투영들을 감싸는 2차원 AABB를 형성하는 네 접촉
■ 가장 큰 침투 깊이를 가진 접촉 하나

이 다섯 종류의 접촉 각각에 동일한 접촉들이 중복되어 있을 수도 있는데, 간단한 $O(n^2)$ 루프로 중복을 제거할 수 있다. 여기까지 마친 후에 남아 있는 접촉들을 동역학 엔진에게 보낸다(그림 3.5.4).

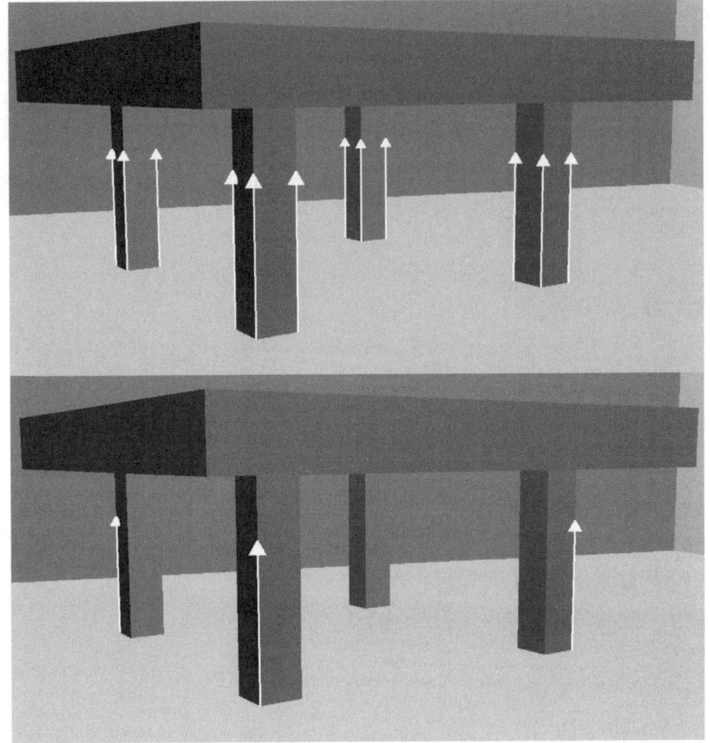

그림 3.5.4 복합 물체들도 접촉 줄이기의 혜택을 받을 수 있다.

영속화 세부사항

물리 엔진이 접촉 영속화를 지원하지 않는다면, 해싱을 통해서 영속화를 구현할 수 있다. 시뮬레이션의 한 단계에서, 접촉들을 이중 버퍼 접촉 벡터에 기록해 둔다. 이중 버퍼링은 이전 단계의 접촉들을 현재 단계에서도 사용할 수 있게 하기 위한 것이다. 접촉 영속화는 이전 접촉들과 현재 접촉들을 분석해서 둘 사이의 연관성을 찾는다.

접촉 식별자

원래의 접촉 구조체에는 접촉한 두 물체의 참조(핸들 또는 포인터)를 담는다. 접촉 영속화를 위해, 그 구조체에 64 비트 접촉 ID 필드를 하나 추가한다. 접촉 생성 루틴(즉 접촉 구조체를 채우는 부분)에서는 각 접촉의 ID 필드에 고유한 값을 설정해야 한다. 이 64 비트 식별자를 정의하는 한 가지 간단한 방법은, 64 비트를 32 비트 두 부분으로 나누고 각각에 접촉한 두 물체의 특징(정점, 변, 면 등)을 의미하는 값을 넣는 것이다. 이러한 식별자들은 식별자를 설정하는 접촉 생성 코드에만 의존하며, 접촉을 고유하게 식별할 수만 있다면 다른 방식으로 정의해도 문제가 없다. 엔진에 따라서는 물체의 특징이 정점이나 변, 면뿐만 아니라 복셀 색인 같은 것일 수도 있다.

해싱

먼저, 이전 단계의 모든 접촉들에 대해 해시 값들을 만들고 그것을 하나의 해시 테이블에 저장한다. 그런 다음 현재 접촉들의 해시 값을 얻고, 그 값을 이용해서 이전 접촉의 해시 테이블에서 비슷한 접촉을 찾는다. 이러한 알고리즘에서의 핵심은 해시 값들에서 물체와 접촉 식별자들이 쓰이는 방식에 있다. 각각의 활성 쌍(즉 충돌하는 두 물체의 쌍)에 대한 영속 자료를 명시적으로 저장해 두는 접근방식과 비교할 때 이러한 접근방식이 가지는 장점은:

- 기존 물리 엔진에 이러한 기능을 추가할 때 코드를 그리 많이 고치지 않아도 된다.
- 주된 해싱 부분의 코드는 그리 길지 않다(한 페이지 정도). 그 외에는, 접촉 생성 루틴에 ID를 생성하는 코드 몇 줄만 더 추가하면 된다.
- 빠르다(실험 결과 $O(n)$의 행동을 보였다).
- 이전 접촉과 현재 접촉의 유사성을 조사하기 위해 위치나 법선을 조사하지 않으므로 안정적이다.
- 각각의 활성 쌍마다 실제의 영속화 접촉 배열을 관리해야 하는 다른 접근방식들과는 달리, 복잡한 메모리 관리를 사용하지 않는다.

이 방식의 주된 단점은, 정점-면 접촉이 변-변 접촉이 되는 경우에는 영속성이 사라진다는 점이다.

결론

이 글에서는 근사 볼록 덮개 계산을 적용하기 전에 접촉들을 그 법선에 따라 묶고, 접점들을 특징 기반 식별 시스템을 통해서 영속화하는 식으로 접촉들을 줄이는 한 가지 접근방식이 소개되었다. 우리의 구현에서, 접촉 줄이기 알고리즘을 거친 후의 각 접점 그룹에 대해 마찰력은 한 번씩만 계산되었는데, 이전에는 각 접촉마다 개별적으로 마찰력을 계산해야 했다. 이 알고리즘은 성능에 커다란 악영향을 미치지 않았으며, 고해상도 메시들의 경우에는 접점들이 줄어들어서 오히려 성능과 안정성이 더 개선되었다. 적극적인 접촉 제거의 근사적 성질 때문에 시뮬레이션 정확도가 눈에 띄게 떨어지지는 않았는데, 기본적으로 이는 가장 큰 침투 깊이를 가진 접점들은 제거되지 않기 때문이다.

참고자료

[Anitescu99] Anitescu, Mihai, F.A. Potra, and D. Stewart, "Time-Stepping for Three-Dimensional Rigid-Body Dynamics," *Computer Methods in Applied Mechanics and Engineering*, Vol. 177 pp. 183-197, 1999.

[Baraff92] Baraff, David, "Dynamic Simulation of Non-Penetrating Rigid Bodies," Ph.D. thesis, Department of Computer Science, Cornell University, 1992.

[Hahn88] Hahn, J.K., "Realistic Animation of Rigid Bodies," *Computer Graphics (Proc. SIGGRAPH)*, Vol. 22, pp. 229-308, 1987.

[Jakobsen01] Jakobsen, Thomas, "Advanced Character Physics," Proceedings of the Game Developer's Conference 2001, San Jose, 2001.

[Kim02] Kim, Young J., Miguel A. Otaduy, Ming C. Lin, and Dinesh Manocha, "Six Degree-of Freedom Haptic Display Using Localized Contact Computations," Tenth Symposium on Haptic Interfaces For Virtual Environment and Teleoperator Systems, March 2425, 2002.

[Lozano-Perez83] Lozano-Perez, T., "Spatial Planning: A Configuration Space Approach," *IEEE Transaction on Computers*, C-32(2) pp. 108-120, 1983.

[Zhang-Hoff97] Zhang, Hansong, and Kenny Hoff, "Fast Backface Culling Using Normal Masks," *ACM Symposium on Interactive 3D Graphics*, Providence, 1997.

3.6 상호작용적인 수면

Jerry Tessendorf, *Rhythm & Hues Studios*
jerryt@rhythm.com

1996 년 이후부터, *워터월드, 타이타닉, 제5 원소, 퍼펙트 스톰, X2 XMen United, 니모를 찾아서* 같은 영화들을 통해서 컴퓨터로 생성한 사실적인 바닷물 표면들을 흔히 볼 수 있게 되었다. 그런 수면(water surface) 생성에 쓰이는 알고리즘들은 대부분 신중하게 만들어진 무작위 잡음에 빠른 푸리에 변환(Fast Fourier Transform, FFT)을 반복적으로 적용해서 시간에 따라 주파수 의존적인 위상 전이를 일으킨다 [Tessendorf02]. 그런 알고리즘들을 게임에서 큰 수정 없이 응용하는 방법도 제시되었는데 [Jensen01], [Arete03], 그를 통해 평범한 하드웨어에서 초 당 30 프레임 정도의 속도로 아름다운 바닷물을 만들어낼 수 있었다.

그러나 FFT 알고리즘이 물체들과 수면 사이의 상호작용까지 해결해 주지는 않는다. 예를 들어 FFT 시뮬레이션에서는 계류를 헤치고 나가는 캐릭터 주위에 플레이어가 제어하는 운동을 직접적으로 반영하는 난류가 나타나게 한다거나, 물살을 가르는 제트 스키에 의해 난류가 생기게 하거나, 욕조 안의 물결이 앞뒤로 요동치게 만드는 것이 어렵다. 일반적으로, FFT 접근방식에 의해서 물에 놓인 임의의 물체가 수면과 사실적인 방식으로 상호작용하게 만들려면 상당한 프레임률 저하를 감수해야 한다. 그러한 성능 상의 문제 때문에, 수면 시뮬레이션에서 한 프레임 안의, 그리고 프레임들 사이에서의 수면 높이 자료 변경 방식에는 많은 제한이 따랐다.

이 글은 그런 한계를 극복한 새로운 수면 파동 전파 계산 방법인 iWave를 소개한다. iWave 는 앞에서 언급한 계류, 제트 스키, 욕조 시나리오들을 제대로 처리한다. 어떤 형태의 물체이든 수면에 놓았을 때 적절한 파도가 만들어지고, 또 물체에 도달한 파도들은 사실적인 방식으로 반사된다. 전체 iWave 알고리즘은 하나의 2차원 에돌이(convolution, 회선) 연산과 몇 가지 마스킹 연산들로 구성되는데, 그 연산들은 모두 하드웨어 가속에 적합하다. 하드웨어의 도움이 없다고 해도, 소프트웨어 전용 구현만으로 1 GHz 처리기에서 128×128 수면 높이 격자를 30 fps 이상으로 시뮬레이션하는 것이 가능하다. 더 큰 격자라면 물론 프레임률이 떨어질 것이며, 더 작은 격자라면 올라갈 것이다. 시뮬레이션 빠르기는 격자 점들의 개수에 정비례한다. 이 알고리즘은 FFT를 사용하지 않기 때문에 고도로 상호작용적이며 응용 범위도 넓다.

선형 파동

그럼 수면 파동의 운동 방정식들을 간략히 살펴보자. 유체 동역학에 대한 좀 더 자세한 내용이라면 [Kinsman84]를 보는 것이 좋다. 이 글의 목적에 적합한 운동 방정식은 선형화된 베르누이 방정식(linearized Bernoulli's equation)이라고 하는 것이다. 이 글에서 사용하는 방정식은 다음과 같다 [Tessendorf02].

$$\frac{\partial^2 h(x, y, t)}{\partial t^2} + \alpha \frac{\partial h(x, y, t)}{\partial t} = -g\sqrt{-\nabla^2 h(x, y, t)} \tag{3.6.1}$$

상당히 낯선 연산자가 보이는데, 그에 대해선 잠시 후에 이야기하겠다. $h(x, y, t)$는 시간 t에서의 수평 위치 (x, y)의 수면의 높이로, 수면의 평균 높이를 기준으로 한 값이다. 좌변의 첫 번째 항은 파동의 수직 속도이고, α가 있는 두 번째 항은 속도 감쇠율이다. 일반적으로 수면 파동 방정식에서는 이런 항을 사용하지 않지만, 종종 수치적인 불안정성을 누그러뜨리는 데 유용한 경우가 있다. 우변은 질량 보존과 중력 복원력의 결합에서 비롯된 것이다. 역삼각형 연산자는 질량 보존 연산자(mass conservation operator)로, 의미는 다음과 같다.

$$\sqrt{-\nabla^2} \equiv \sqrt{-\frac{\partial^2}{\partial x^2} - \frac{\partial^2}{\partial y^2}}$$

이 글에서는 이것을 수면의 수직 미분계수라고 부르기로 한다. 이것은 이동되는 물의 총 질량을 보존하는 효과를 낸다. 한 지점에서 수면의 높이가 올라가면 그 부분에 더 많은 물이 몰리게 되는데, 질량 보존을 위해, 그 근처에서는 몰린 물의 양만큼 수면이 낮아진다.

식 3.6.1의 우변을 평가하는 방법은 다음 절에서 이야기하겠다. 이 글 나머지 부분에서, 수면 높이는 그림 3.6.1처럼 격자 기반으로 계산된다. 수평 위치 (x, y)와 격자 위치 (i, j) 사이의 관계는 $x_i = i\Delta$, $y_j = j\Delta$이다. 여기서 Δ는 격자 간격으로, x, y 방향 모두 동일하다. 색인 i는 1에서 N까지, j는 1에서 M까지이다.

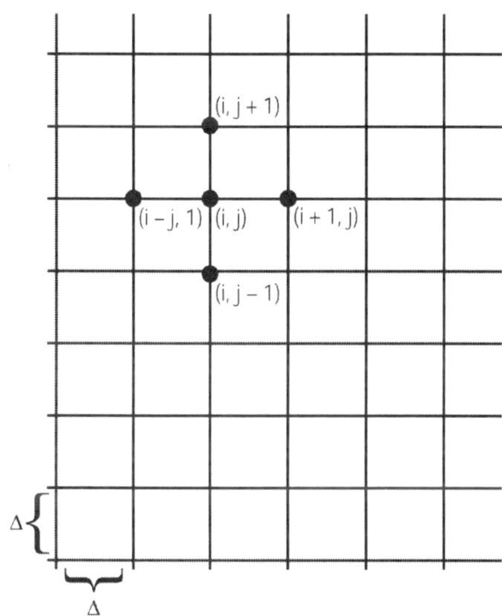

그림 3.6.1 수면 높이를 계산하기 위한 격자

수직 미분계수 연산자

함수에 작용하는 여타의 선형 연산자와 마찬가지로, 수직 미분계수 연산자는 그것이 가해지는 함수에 대한 하나의 에돌이로 구현할 수 있다. 이 절에서는 이 에돌이를 구축하고 격자 상의 높이 자료에 적용해 보겠다. 또한 에돌이의 최적 크기를 결정하고 탭 너비를 계산해 보겠다.

높이 격자에 작용하는 수직 미분계수 연산자를 에돌이 형태로 표현한다면:

$$\sqrt{-\nabla^2}\,h(i,j) = \sum_{k=-P}^{P} \sum_{l=-P}^{P} G(k,l)h(i+k,j+l) \tag{3.6.2}$$

에돌이 핵(kernel)은 정방형으로, 그 크기는 $(2P+1)\times(2P+1)$이며 시뮬레이션 시작 전에 미리 계산해서 하나의 참조표에 저장해 둘 수 있다. 핵의 크기 P는 시뮬레이션의 빠르기와 시각적 품질에 영향을 미친다. P는 적어도 6으로 해야 물 같은 움직임이 나온다.

그림 3.6.2는 핵 요소 $G(k,0)$을 k의 함수로 표시한 것이다. 두 수직 점선은 $k=6$, $k=-6$인 지점이다. 그래프에서 보듯이, k가 크면 핵은 거의 0이 되고, 점선 바깥의 k들은 에돌이에 별로 기여하지 않는다. $k=5$, $k=-5$처럼 좀 더 작은 값들에서 에돌이를 멈추면 에돌이의 평가가 더 빨라지긴 하겠지만 $k=6$, $k=-6$에서의 작은 기여들 일부가 소실될 수 있다. 경

험으로 볼 때 6을 사용하면 매우 그럴듯한 파도가 나오지만, 계산 시간이 빡빡한 경우라면 k 값을 더 줄여도 된다. 다만, 그런 경우 결과가 시각적으로 그리 사실적이지 못할 수 있다. 핵을 $|K|{<}6$에서 종료하면 진동이 상당히 희생된다. 이상의 분석은 적절한 파동 비슷한 시뮬레이션을 얻고자 할 때 $P{=}6$을 추천하는 이유이기도 하다.

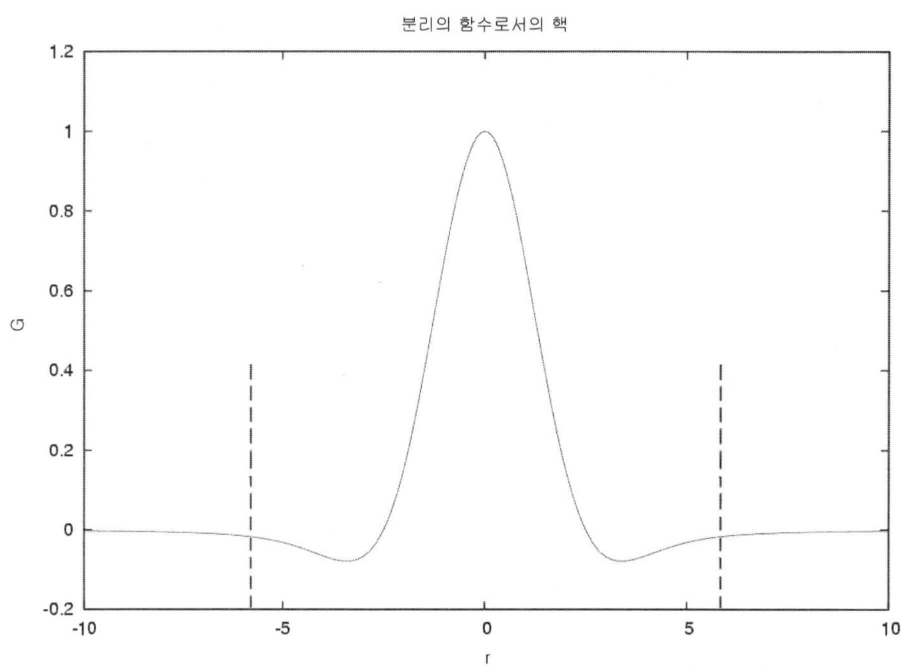

그림 3.6.2 수직 미분계수 핵의 단면. 두 점선 사이는 $|K|{<}6$ 영역이다.

핵 값들을 계산해서 하나의 참조표에 저장하는 것은 비교적 간단하다. 우선 핵의 중앙값이 1이 되도록 핵을 비례시키는 하나의 수치를 계산한다. 공식은 다음과 같다.

$$G_0 = \sum_n q_n^2 \exp(-\sigma q_n^2)$$

이 합에서 $q_n{=}n\triangle q$이고 n은 1에서 10,000이다. 정확도를 위해서는 $\triangle q$를 0.001로 잡는 것이 좋다. 계수 σ는 합이 적당한 값으로 수렴하게 만드는 역할을 하는데, 1을 사용해도 된다. 이러한 값을 계산해 두었다고 할 때, 핵의 값은 다음과 같다.

$$G(k, l) = \sum_n q_n^2 \exp(-\sigma q_n^2) J_0(q_n r)/G_0$$

여기서 $r = \sqrt{k^2 + l^2}$이다. 핵 요소들의 계산 시간은 비교적 작은 편이고, 게다가 시뮬레이션 도중에는 핵 요소들이 변하지 않으므로 시뮬레이션을 시작하기 전에 미리 계산해 둘 수 있다.

이제 베셀 함수(Bessel function) $J_0(x)$ 항목만 계산하면 위의 공식을 계산할 수 있다. 이 베셀 함수는 C 표준 수학 라이브러리에 j0()이라는 함수로 구현되어 있다. 독자의 C 표준 라이브러리에 그 함수가 없다면 [Abramowitz72]에 나온 근사를 사용해도 된다. 거기에 나온 공식은 적합된(fitted) 매개변수 형태이지만, 단정도 요구조건 내에서는 충분히 정확하며 이 시뮬레이션에 대해서 잘 작동한다.

각 시간 단계에서 에돌이를 수행할 때, 특정 하드웨어 구성에 대해서든 소프트웨어 구현에 대해서든 계산을 최적화할 수 있는 여지가 있다. 소프트웨어 최적화는 에돌이 핵의 두 대칭성을 이용하는 것이다. 핵은 회전 대칭, 즉 $G(k, l) = G(l, k)$이며 두 축에 대해 반사 대칭, 즉 $G(k, l) = G(-k, -l) = G(k, -l) = G(-k, l)$이다. 이러한 대칭성을 활용하지 않고 식 3.6.2를 직접 평가할 때에는 총 $(2P + 1)^2$ 번의 곱셈과 덧셈들이 필요하다. 그러나 대칭성을 활용하면 에돌이를 다음처럼 표기할 수 있다($G(0,0)$을 1로 두었다고 할 때).

$$value(i, j) = h(0,0) + \sum_{k=1}^{P} G(0, k) \times [h(i, j{\pm}k) + h(i{\pm}k, j)] \quad \text{// 상하좌우 방향의 네 덧셈들}$$

$$+ \sum_{k=1}^{P} G(k, k) \times [h(i{\pm}k, j{\pm}k)] \quad \text{// 대각선 방향의 네 덧셈들}$$

$$+ \sum_{k=1}^{P-1} \sum_{l=k+1}^{P} G(k, l) \times [h(i{\pm}k, j{\pm}l) + h(i{\pm}l, j{\pm}k)] \quad \text{// 나머지 여덟 덧셈들}$$

덧셈은 여전히 $(2P + 1)^2$ 번이 필요하지만 곱셈은 $(P + 1)P / 2$ 번밖에 안 된다.

이런 종류의 에돌이는 SIMD 파이프라인에 적합한 형태로 변형할 수 있다. 따라서 그래픽 카드들이나 DSP들로 이 에돌이를 효율적으로 수행하는 것이 가능하다.

파동의 전파

이제 높이 격자의 수직 미분계수를 평가할 수 있으므로, 시간에 따라 수면의 전파를 계산할 수 있다. 가장 간단한 방법은 시간을 명시적으로 진행시키는 것이다. 암묵적인 방법이 좀 더 정확하고 안정적이긴 하지만, 대신 느리다. 이 글에서는 선형 방정식을 풀어야 하므로, 명시적인 접근이 더 빠르고 마찰의 존재 하에서 안정적이다. 그리고 시간 간격의 크기를 디스플레이 프레임률에 맞게 설정하는 것도 가능하다. 필요하다면 마찰을 매우 작게 유지할 수도 있으나, 게임의 목적 상, 파동의 근원이 사라지면 파동들이 흩어지도록 하는 것이 더 낫다.

명시적 해법을 만들기 위해서는 식 3.6.1의 시간 도함수들을 유한 차분들로 바꿔 써야 한다. 2차 도함수 항은 대칭 차분들로 둘 수 있으며, 흩어지는 마찰 항은 전방 차분으로 둘 수 있다. 시간 간격이 $\triangle t$라고 할 때, 다음 시간 단계에서의 높이 격자를 그러한 항들로 표현하면:

$$h(i, j, t+\triangle t) = h(i, j, t)\frac{2-a\triangle t}{1+a\triangle t} - h(i, j, t-\triangle t)\frac{1}{1+a\triangle t}$$

$$-\frac{g\triangle t^2}{1+a\triangle t}\sum_{k=-P}^{P}\sum_{l=-P}^{P}G(k, l)h(i+k, j+l, t) \qquad (3.6.3)$$

자료구조의 관점에서 볼 때, 이러한 전파 알고리즘은 세 개의 높이 격자 복사본들을 가지고 수행할 수 있다. 이 글에서 그 세 높이 격자들은 부동소수점 배열로, 각각 `height`, `vertical_derivative`, `previous_height`이다. 시뮬레이션 도중 배열 `height`는 항상 새 높이 격자를 담으며 `previous_height`는 이전 시간 단계의 높이 격자를 담는다. 그리고 `vertical_derivative`는 이전 시간 단계의 높이 격자의 수직 미분계수를 담는다. 이 배열들은 시뮬레이션을 시작하기 전에 0으로 채워 두어야 한다. 다음은 전파를 수행하는 과정을 의사코드로 나타낸 것이다.

```
float height[N*M];
float vertical_derivative[N*M];
float previous_height[N*M];

// ... 배열들을 0으로 초기화한다. ...

// ... 프레임 루프 시작 ...

// --- 전파 코드 ---
// 핵으로 높이를 에돌이시킨다.
// 그 결과를 vertical_derivative에 넣는다.
Convolve( height, vertical_derivative );

float temp;
for(int k=0; k<N*M; k++)
{
    temp  = height[k];
    height[k] = height[k]*(2.0-
                    alpha*dt)/(1.0+alpha*dt)
            - previous_height[k]/(1.0+alpha*dt)
```

```
            - vertical_derivative[k]
              *g*dt*dt/(1.0+alpha*dt);
    previous_height[k] = temp;
}
// --- 전파 코드 끝 ---

// ... 프레임 루프 끝 ...
```

vertical_derivative와 previous_height의 값들은 파동의 모습을 꾸미는 데 유용하다. 예를 들어서 큰 vertical_derivative 값은 파동들을 평균 위치로 되돌리는, 중력에 의한 커다란 인력을 의미한다. 큰 vertical_derivative 값을 가진 위치의 높이를 previous_height의 해당 높이와 비교하면 그 부분이 파동의 마루인지 또는 골인지를 판단할 수 있다. 만일 마루이면 그 부분에 물거품 텍스처를 입혀서 좀 더 그럴듯한 모습을 만들 수 있을 것이다. 그러나 이것이 물리학이나 해양학에 기반한 정확한 알고리즘은 아니며, 그냥 파도의 모습을 관찰해서 얻은 것일 뿐이다. 어쨌든 핵심은, 추가적인 두 격자 vertical_derivative와 previous_height를 단지 파동의 전파에서뿐만 아니라 파동 높이 격자의 시뮬레이션과 렌더링에도 활용할 수 있는 여지가 존재한다는 점이다.

장애물과 파원의 상호작용

지금까지 수면 시뮬레이션에서 파동들을 전파하는 한 가지 방법에 대해 살펴보았다. 이 글에서는 비교적 빠른 에돌이를 이용해서 전파를 수행하나, 지금까지 설명한 수준의 전파는 이 글의 도입부에서 이야기한 FFT 접근방식으로도 충분히(어쩌면 에돌이보다 더) 효율적으로 수행할 수 있다. 에돌이 방법의 진정한 매력은, 약간의 2차원적 처리를 추가함으로써 물과 물체 사이의 고도로 사실적인 상호작용과 물체 주위의 난류를 쉽게 만들어낼 수 있다는 것이다.

2차원 처리로 상호작용성을 만들어낼 수 있다는 사실은 일종의 기적이라고도 할 수 있다. 유체 동역학 시뮬레이션에서는 일반적으로 격자의 경계(가장자리)와 그 근처의 유체 속도를 어떠한 경계 조건에 따라 재설정하는데, 이를 위해서는 경계에 대한 기하학적 정보가 필요하다(경계의 바깥쪽 법선 등). 그러나 이 글에서 이야기하는 방법은 그런 분석이 전혀 필요 없다. 이 점이 바로 이 접근방식이 빠른 이유 중 하나이다.

파원

유체의 운동을 만드는 한 가지 방법은 유체에 어떤 변위의 근원, 즉 파원을 놓는 것이다. 파원은 높이 격자와 같은 크기, 같은 차원을 가진 하나의 2차원 격자 $s(i, j)$로 표현한다. 유체에 아무런 운동도 일어나지 않게 하려면 파원 격자를 모두 0으로 두어야 한다. 파동이 솟거나 가라앉게 할 부분에 해당하는 파원 격자에는 양 또는 음의 값을 설정한다. 그런 식으로 적절한 파원 격자를 만들었다면, 식 3.6.3의 전파 과정을 시작하기 전에 높이 격자를 $h(i,j) = h(i,j) + s(i,j)$로 갱신한다. 파원은 프레임 당 에너지 입력이므로, 항구적인 에너지 주입을 원하는 것이 아니라면 시뮬레이션이 진행됨에 따라 파원도 변해야 한다. 하나의 단발성 파원은 동심원 형태의 잔물결을 만든다.

장애물

이 접근방식에서는 장애물을 만드는 것이 대단히 쉽다. 장애물 역시 수면과 같은 부동소수점 높이 격자 형태로 존재하며, 기본적으로는 두 개의 극단적인 값들을 가진다. 장애물 격자는 장애물이 존재하는 곳을 가리키는 하나의 마스크로 작동한다. 장애물이 존재하지 않는 부분에 해당하는 격자 위치의 값은 1.0으로 설정한다. 장애물이 존재하는 위치는 0.0으로 설정한다. 그리고 장애물 가장자리에 해당하는 위치들에는 0.0과 1.0 사이의 값을 배정한다. 그 중간 영역은 장애물 가장자리에 대한 일종의 안티앨리어싱 역할을 한다.

이러한 장애물 마스크를 수면의 높이 격자에 곱하면, 장애물이 있는 곳의 수면 높이는 0이 되고 그렇지 않은 곳은 원래의 수면 높이가 된다. 이렇게만 하면 장애물의 효과가 만들어진다. 또한 파동이 전파되다가 장애물에 부딪혀서 반사되는 효과나 파동이 장애물 사이의 좁은 틈새를 통과하면서 복잡하게 반사되는 효과도 저절로 생겨난다. 더 나아가서, 장애물의 형태에 제한이 완전히 사라지며, 장애물을 사용자가 원하는 대로 애니메이션할 수도 있게 된다.

파원과 장애물 적용에 대한 의사코드는 다음과 같다.

```
float source[N*M], obstruction[N*M];
// ... 파원 격자와 장애물 격자가 설정되어 있다고 할 때...

for(int k = 0; k < N*M; k++)
{
    height[k] += source[k];
    height[k] *= obstruction[k];
}

// ... 전파를 적용한다.
```

항적

항적은 수면 위로 물체가 지나가면서 생겨난 자국을 말하는데, iWave에서는 항적을 자연스럽게 만들어낼 수 있다. 항적은 장애물과 파원을 결합한 것이라 할 수 있다. 장애물 주변에 안티앨리어싱 영역이 있다고 할 때, source[k]= 1.0-obstruction[k]로 설정하기만 하면 된다. 장애물을 움직이면서 그에 따라 장애물 격자를 갱신하고 위의 공식으로 파원 격자를 갱신하면 V 형의 켈빈 항적을 포함한 자연스러운 항적이 만들어진다. 또한 장애물 주변에 일종의 고물파(stern wave)와 장애물 측면 파동들도 생겨난다. 이러한 항적의 구체적인 형태, 시기, 크기는 장애물의 형태와 움직임에 따라 다르다.

순환 파동

iWave는 먼 바다의 파도 같은 영구적인 대규모 파동 현상을 만들어내는 데에는 그리 효과적이지 못하다. iWave로 얻을 수 없는 그런 "순환 파동"을 명시적으로 시뮬레이션하지 않고도 얻을 수 있는 방법이 존재한다.

순환 파동들은 다른 어떤 절차를 통해서 만들어진 하나의 높이 격자로 구성된다. 예를 들어서 **FFT** 방법들로 바다 파동들을 만들고 그것을 하나의 높이 격자에 저장해 두는 등. 여기서는 주변 파동과 장애물 사이의 상호작용을 계산하려는 것일 뿐이므로, 순환 파동들이 장애물 영역 외부의 시뮬레이션에 기여해서는 안 된다. 다음은 파동 전파 이전에, 그리고 장애물과 파원의 적용 바로 다음에 높이 격자를 수정하는 의사코드이다.

```
float ambient[N*M];

// ... 이 시간 단계에 대한 순환 파동 격자를 계산

// ... 장애물과 파원을 적용한 직후에...
for (int k = 0; k < N*M; k++)
{
    height[k] -= ambient[k]*(1.0-obstruction[k]);
}
// ... 이제 전파를 적용한다.
```

이 방법을 이용하면 어떤 형태의 순환 파동들도 임의의 형태와 애니메이션을 가진 물체와 상호작용할 수 있다.

격자 경계

이제 격자의 경계를 처리하는 방법을 살펴보자. 문제는, 에돌이를 적용하려면 에돌이의 중앙 격자 점에서 네 방향으로 거리 P에 있는 격자 점들의 자료가 필요하다는 것이다. 만일 중앙 격자 점이 격자의 한 가장자리에서 P 미만의 점들만큼 떨어져 있다면 에돌이에 필요한 자료가 부족하게 되며, 따라서 부족한 자료를 특정한 조건에 따라 생성해서 공급해야 한다. 이런 목적으로 쉽게 적용할 수 있는 경계 조건은 두 가지가 있는데, 하나는 주기적 경계이고 또 하나는 반사 경계이다.

주기적 경계

이것은 파동이 한 경계를 넘으면 그 반대쪽 경계에서 다시 나타나게 하는 것이다. 경계 근처에서 에돌이를 수행할 때, 식 3.6.3의 격자 좌표들($i+k$와 $j+l$)이 범위 $[0, N-1]$과 $[0, M-1]$을 벗어날 수 있다. 나머지 연산 `(i+k)%N`을 가하면 결과는 항상 $[N+1, N-1]$ 안에 들어간다. 결과가 항상 양이 되게 하기 위해 나머지 연산을 두 번 적용할 수도 있다. 즉 `((i+k)%N + N)%N`. $j+l$에 대해서도 이런 나머지 연산을 가하면 주기적 경계 조건이 강제된다.

반사 경계

반사 경계는 경계에 닿은 파동을 반사시킨다. 장애물이 파동을 반사하는 것과 같은 방식이다. 좌표 $i+k$가 $N-1$보다 크면 $2N-i-k$로 바꾼다. 좌표가 0보다 작으면 부호를 반대로 해서(즉, $-i-k$) 양의 좌표가 되게 한다. $j+l$ 좌표에 대해서도 같은 과정을 수행한다.

두 종류의 경계 처리를 효율적으로 구현하기 위해서는, 격자를 다음과 같은 아홉 영역으로 나누는 게 좋다.

1. 격자의 내부. 즉 $i \in [P, N-1-P]$와 $j \in [P, M-1-P]$인 영역.

2. 오른쪽 영역. 즉 $i \in [N-P, N-1]$과 $j \in [P, M-1-P]$.

3. 왼쪽 영역. 즉 $i \in [0, P-1]$과 $j \in [P, M-1-P]$.

4. 위쪽 영역. 즉 $i \in [P, N-1-P]$과 $j \in [0, P-1]$.

5. 아래쪽 영역. 즉 $i \in [P, N-1-P]$과 $j \in [M-P, M-1]$.

6-9. 나머지 네 모서리.

각 영역에 대해 최적화된(불필요한 조건문이나 나머지 연산을 생략한) 코드를 수행하면 된다.

표면장력

지금까지의 이야기는 중력 파동의 전파를 시뮬레이션하는 것에 대한 논의였다. 중력 파동은 대략 1 피트나 그 이상의 규모의 수면 운동을 관장한다. 더 작은 규모의 수면 파동을 위해서는 표면장력을 고려해야 한다. 표면장력은 더 작은 공간 축척에서 파동이 좀 더 빠르게 전파되도록 만들고, 그래서 수면이 좀 더 단단하게 보인다. 이 글의 목적에 한해서, 표면장력의 특성은 하나의 길이 척도 L_T로 표현할 수 있다. 이 계수는 표면장력 파동의 최대 크기를 결정한다. 표면장력을 도입하기 위해 수정해야 할 부분은 에돌이 핵의 계산뿐이다. 표면장력을 도입했을 때의 핵 계산은 다음과 모습이 된다.

$$G(k, l) = \sum_n q_n^2 \sqrt{1 + q_n^2 L_T^2} \exp(-\sigma q_n^2) J_0(q_n r) / G_0$$

이 변경 이외의 나머지 부분은 동일하다.

결론

iWave 수면 전파 방법은 수면의 상호작용적 교란을 만드는 데 있어 매우 유연한 접근방식이다. 이 방법은 2차원 에돌이와 약간의 간단한 2차원 영상 처리 기법들에 근거하기 때문에, 소프트웨어 전용 구현에서도 상당히 높은 프레임률을 얻을 수 있다. 또한 하드웨어 가속도 가능하므로 많은 게임 플랫폼들에서 iWave를 더욱 잘 활용할 수 있다. 수면과 물체 사이의 상호작용 가능성이 커짐에 따라, 게임 개발자는 이전에는 생각하지 못했던 좀 더 새로운 게임플레이 요소들을 만들어낼 수 있을 것이다.

참고자료

〔Abramowitz72〕 Abramowitz, Milton, and Irene A. Stegun, *Handbook of Mathematical Functions*, Dover, 1972. Sections 9.4.1 and 9.4.3.

〔Arete03〕 Arete Entertainment, 웹 주소 *http://www.areteis.com*.

〔Jensen01〕 Jensen, Lasse, online tutorial, 웹 주소 *http://www.gamasutra.com/gdce/jensen/jensen_01.htm*, 2001.

〔Kinsman84〕 Kinsman, Blair, *Wind Waves*, Dover, 1984.

〔Tessendorf02〕 Tessendorf, Jerry, "Simulating Ocean Water," *Simulating Nature*, SIGGRAPH Course Notes, 웹 주소 *http://users.adelphia.net/~tessendorf/*, 2002.

3.7 다층 물리를 이용한 빠른 변형

Thomas Di Giacomo, Nadia Magnenat-Thalmann,
MIRALab, C.U.I., University of Geneva
thomas@miralab.unige.ch, thalmann@miralab.unige.ch

플레이어에게 높은 수준의 상호작용을 제공하는 것은 게임의 주된 목표들 중 하나이다. 그 럴듯하게 펄럭이는 옷감이나 스키닝과 결합된 얼굴 애니메이션, 연체 시뮬레이션 같은 변 형(deformation) 기법은 플레이어에게 제공하는 몰입감과 게임플레이를 향상시킬 수 있다. 그러나 변형은 계산하기가 비싼데, 주로는 상당한 물리 계산량과 충돌 처리 때문이다. 최근 들어 변형 계산을 더욱 빠르게 수행하는 방법들이 제시되긴 했지만, 게임들은 여전히 변형 가능한 물체들을 별로 사용하지 않는다. 변형들을 완전한 게임 엔진에 관련된 다른 모듈들 과 자원들에 통합하는 비용은 여전히 비싼 편이며, 물리에 기반한 변형을 구현한다는 것은 아직도 상당히 난해한 일이다.

이 글은 게임 환경에 약간의 생명력을 불어넣는 용도로 사용할 수 있는, 정교하고도 값싼 제어 가능 변형들을 간단하고도 효율적으로 생성하는 방법 하나를 소개한다. 주된 아이디 어는, 연체 시뮬레이션에서 흔히 사용하는 질량-용수철 시스템을 2계층 문제로 단순화시켜 서 좀 더 빠르게 수행한다는 것이다. 이 글에서 설명하는 애니메이션 시스템은 얇거나 두꺼 운 선형 변형적 물체들(부피 변형이 가능한 선, 파이프, 뱀 등)에 잘 작동하며, 사전 모형화 단계에서 두 질량-용수철 계층의 연결 관계를 적절히 변경하면 피부 변형([Jianhua94]와 상 당히 비슷한)이나 옷소매 같은 다른 물체들에도 적용하는 것이 가능하다.

그런 변형 가능한 물체들을 게임 환경에 통합하는 것도 상당히 쉽다. 부록 CD-ROM에는 표 준 PC에서 작동하는 예제 코드가 들어 있으며, 또 이 글에서는 핸드헬드 PDA와 프로그래 밍 가능한 GPU에 이식하는 방법에 대해서도 어느 정도 이야기한다.

물리 기반 애니메이션 LOD와 관련 작업들

렌더링 기하구조에서의 세부수준(LOD)과 비슷하게, 물리 기반 애니메이션에도 변형 계산에 관련된 과도한 CPU와 메모리 비용을 줄이기 위해 LOD를 사용할 수 있다. 이러한 LOD는 속도와 사실감 사이의 절충을 제어하는 수단이라 할 수 있다. 물리를 위한 LOD에 대한 이전과 최근 연구 성과들은 게임 엔진에서의 실시간 물리의 사용을 더욱 현실적으로 만들어 줄 것이다.

물리 LOD

물리 기반 애니메이션 엔진의 속도를 증가시키는 방법은 크게 두 가지이다. 하나는 비싼 단계들, 구체적으로 말하면 충돌 검출과 시간 적분을 최적화하는 것이다. 또 하나는 애니메이션에 LOD를 사용하는 것이다. 기하구조의 렌더링에서와 마찬가지로, 애니메이션은 규모가 변적이며 경우에 따라서는 단순화시킬 수 있다. 예를 들어 물체의 운동이 너무 빠르거나, 너무 멀리서 일어나거나, [Berka97]에 나온 것처럼 사람의 눈으로 일일이 추적하기 힘들 정도로 많은 물체들이 움직이거나, 별로 중요하지 않은 운동이라면 복잡한 계산을 생략할 수 있다. 그런 경우들에 대해 운동을 단순화하거나 정련하기 위해서는 LOD 수준들 사이의 매끄러운 전이를 보장하는(수준들 사이의 전이가 일어날 때 애니메이션이 튀지 않도록) 적응성 애니메이션 엔진을 만들어야 한다. 예를 들어 인간형 관절 모형이라면 운동의 표본화 빈도를 줄임으로써, 그리고 관절의 자유도를 줄임으로써 LOD 개념을 적용할 수 있다 [Granieri95]. LOD를 엔진에 통합한다고 할 때, 일부 LOD 수준들에 대해서는 물리 기반 애니메이션들을 구현하고 다른 LOD 수준들에 대해서는 절차적 애니메이션을 구현하는 식의 혼성 모형을 채용할 수도 있다. 아니면 모든 LOD 수준들에 대해 동일한 기법을 사용하는 하나의 다해상도 애니메이션 엔진을 만들 수도 있을 것이다. 그러한 애니메이션 엔진에서는 게임 도중 언제라도 원하는 시각적 품질이나 사용 가능한 자원, 또는 성능 목표에 기반해서 적절한 LOD를 선택할 수 있다. LOD 수준 간의 전이는 두 가지 LOD 기법이 혼재하는 혼성 모형보다 단일한 기법만 사용되는 다해상도 모형이 더 매끄럽다. 반면 애니메이션의 복잡도나 다양성 면에서는 혼성 모형이 좀 더 유연하다.

혼성 모형

혼성 모형은 LOD를 지원하는 하나의 애니메이션 안에서 절차적 애니메이션과 물리 기반 애니메이션을 각각 다른 LOD 수준들에서 결합한 것이다. 한 예로, [Carlson97]은 일족 로봇을 가장 복잡하고 사실적인 수준에서 가장 빠른 수준까지 세 개의 수준들로(구체적으로 말하면 동역학, 기구학, 단일 입자 운동) 시뮬레이션한다. 이 수준들 사이의 전이는 항상 가능한 것이 아니라 물체가 특정한 상태에 도달했을 때에만 일어날 수 있다. 자연스럽게 애니메이션되는 환경이 필요한 경우라면 "Animating Prairies in Real-Time" [Perbet01]이나 "Real-Time Animation of Trees" [Di Giacomo03]을 참고하기 바란다. 이들 역시 비슷한 LOD 개념을 사용한다. 이들은 운동들을 3차 또는 1차로(원하는 평활화 정도에 따라) 혼합해서 수준들 사이의 전이를 평활화한다. 일부 혼성 시스템들은 빠른 변형을 위해 다층 질량-용수철 시스템을 사용하는데, 예를 들어 옷감의 주름을 표현하기 위해서 [Kang02]는 두 개의 질량-용수철 시스템들을 순환식으로 연결한다. 둘 중 하나는 전체적인 물리 기반 변형을 위한 거친 메시이고, 또 하나는 작은 기하 변형을 위한 조밀한 메시이다. 후자가 작은 주름들을 만들어낸다. [D'Aulignac99]에는 다층 질량-용수철 망의 또 다른 예가 있다. 그 예에서는 인간 메시의 변형을 흉내내기 위해 다층 질량-용수철 망을 사용한다.

혼성 모형이 유용하려면, 각 LOD 방법들이 세부수준에 따라 자원 비용을 적절히 조정할 수 있어야 한다. 또한 각 방법들은 인접한 세부수준 결과들이 매끄럽게 전이될 수 있도록 결과를 제한할 수 있어야 한다.

다해상도 LOD 모형들

물리 LOD를 위한 기존의 다해상도 모형들은 주로 질량-용수철과 유한요소망을 사용한다. 이런 모형들은 대체로 물리 노드들을 시간에 따라 동적으로 국소 정련 또는 단순화시킨다. 예를 들어 [Hutchinson96]은 특정한 구속조건이 강제될 때(예를 들면 용수철들 사이의 각도가 특정한 임계치를 넘으면) 질량-용수철 시스템을 정련한다. 그리고 [Brown01]은 계산을 줄이기 위해 단순화된 질량-용수철 시스템을 사용한다. 응용 분야에 따라서는(외과 수술 절단 등) 변형의 국소성을 활용해서 물리 계산을 몇 안 되는 제어점들로 국소화하고 그 결과로 생긴 변형들을 다른 노드들에 전파시킨다. 실시간 응용 프로그램의 경우에는 [Debunne01]에 나온 것 같은 적응 기법을 점진적 메시 및 적응적 시간 단계와 함께 사용해서, 그리고 [Capell02]를 동적 변형의 시뮬레이션을 위한 다해상도 계통적 부피 분할과 함께 사용해서 유한요소법을 가속할 수도 있다. 어쨌든, 창조성과 약간의 시간을 투자한다면 지금까지 인용한 성과들 모두를 독자의 게임 엔진에 통합해서 좀 더 동적이고 상호작용적인 게임 세계를 만들어낼 수 있을 것이다.

다층 질량-용수철 물리를 통한 빠른 변형

실행 속도는 게임의 주된 관심사 중 하나이므로, 동역학에서 계산해야 하는 점들의 수를 줄일 필요가 있다. 그런 관점에서 볼 때 이 글에서 말하는 물리 기반 애니메이션의 세 가지 주요 특징들은 다음과 같다. 우선, 물리에 쓰이는 메시는 렌더링에 쓰이는 해당 메시보다 훨씬 더 적은 정점들과 면들로 구성된다. 두 번째로, 변형은 2층 질량-용수철 망에 의해 시뮬레이션되는데, 첫 번째 층은 전반적인 운동을 제어하는 척추에 해당하고, 두 번째 층은 한 차원에서만(계산을 제한하기 위해) 움직인다. 두 번째 층은 물체의 형태와 전반적인 부피 변형(예를 들어 다른 물체와의 충돌에 의한 압축 등)을 관장한다. 이 두 계층이 결합해서 생기는 효과를 쉽게 이해할 수 있도록, 변형 가능한 형태 전체를 하나의 일반화된 원기둥이라고 하겠다. 척추 계층은 원기둥의 늘어남, 비틀림, 원기둥 축에 대한 회전을 계산한다. 두 번째 층은 국소적으로 제한된 방사성 변형을 계산한다. 마지막으로, 이 글의 시스템은 빠른 계산과 안정성을 위해 벌레드 적분(Verlet integration)을 사용한다. 다층 질량-용수철 시스템은 계산량을 크게 줄일 수 있기 때문에 게임에서 변형을 구현하는 데 이상적이다.

척추 계층의 표현과 시뮬레이션

이 글의 방법에서 척추 계층은 질량-용수철 망과 비슷한 하나의 끈(string)으로, 객체의 "골격(skeleton)"을 늘리거나, 비틀거나, 회전하게 만든다(그림 3.7.1).

척추는 선형 용수철로 연결된 질량들로 구성된다. 양 끝의 질량을 제외한 나머지 질량들은 하나의 부모와 하나의 자식을 가진다. 한 쪽 끝의 부모가 없는 질량을 루트 질량이라고 부른다.

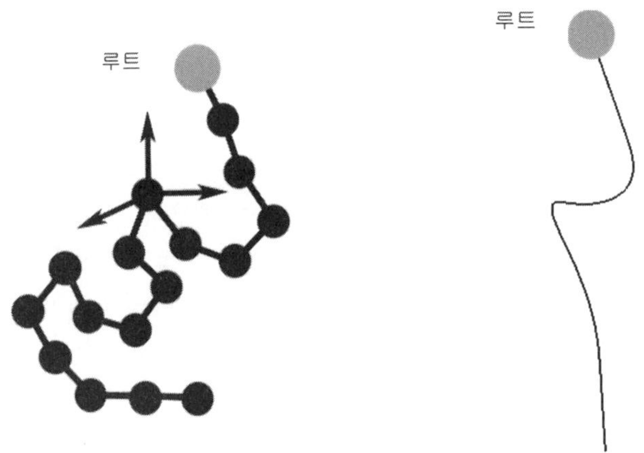

그림 3.7.1 척추 용수철 시스템(왼쪽), 그리고 충분한 질량들과 적절한 용수철 길이를 적용해서 얻은 결과(오른쪽). 제일 위의 회색 질량이 루트 질량이다. 루트 질량의 운동은 사용자가 제어한다.

척추의 운동을 시뮬레이션하는 것은 어렵지 않다. 각 질량 i에 대해, 1차원 망에 적용되는 후크의 법칙(Hooke's law)을 이용해서 하나의 힘 f^i(이 글에서 굵은 글자는 벡터를 뜻한다)를 계산한다.

$$\vec{f}^{\,i} = -k_s^i \frac{\vec{x}^{\,i} - \vec{x}^{\,i-1} - l_0^i}{\|\vec{x}^{\,i} - \vec{x}^{\,i-1}\|} + k_s^{i+1} \frac{\vec{x}^{\,i+1} - \vec{x}^{\,i} - l_0^{i+1}}{\|\vec{x}^{\,i+1} - \vec{x}^{\,i}\|} \tag{3.7.1}$$

k_s는 용수철의 뻣뻣함 정도를 나타내는 계수이며, l_0은 용수철의 휴지 길이이다. 이 글에서는 둘 다 상수로 간주한다. x_i는 i 번째 질량의 위치이다. 사용자가 루트 질량의 위치를 임의로 조정할 수 있게 하려면(마우스를 통해서 등) 루트 질량에 대해서는 내부 힘과 외부 힘들을 적용하지 않아야 한다. 비슷한 방식으로, 장면 안의 다른 물체가 루트 질량의 위치를 제한할 수도 있다. 예를 들면 가상 캐릭터의 손에 루트 질량이 부착되어 있는 등. 더 나아가서, 필요하다면 루트 질량과 비슷한 고정 노드들을 척추에 더 추가할 수도 있다. 일단 모든 질량에 대해 힘을 계산한 후에는 벌레뜨 적분으로 운동을 한 시간 단계 진행시켜서 척추의 형태를 갱신한다.

부피 변형 계층

두 번째 질량-용수철 계층은 부피 변형을 시뮬레이션한다. 이 계층은 일련의 단면(cross section)들로 이루어지는데, 각 단면은 네 개의 방사상의 질량들로 구성된다. 이 단면들은 부피 변형을 위한 외피(envelope)를 나타낸다. 최상의 변형을 위해서는 척추 계층의 각 질량에 각각 하나씩의 단면을 만들어야 하겠지만, 더 적은 단면들을 사용하는 것도 가능하다. 네 개의 부피 외피 질량들은 선형 구속 탄성 용수철로 척추 질량과 연결된다. 그림 3.7.2의 왼쪽이 그러한 부피 외피 단면이다.

위에서 본 모습

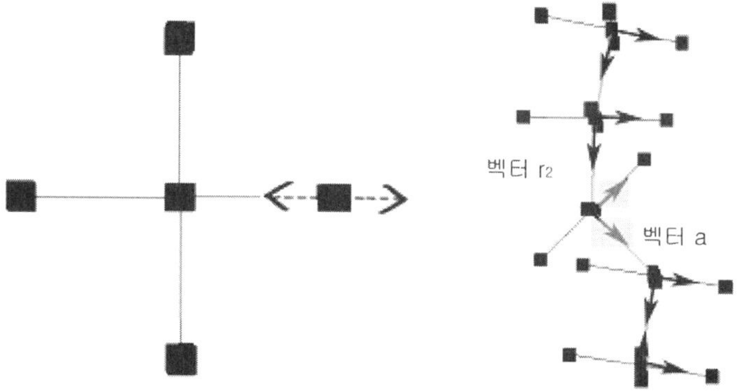

그림 3.7.2 1차원 방사상 변형(왼쪽), 그리고 척추 구조에 따른 외피 반지름을 한 프레임에 대해 재구축한 모습

그림 3.7.2에 나와 있듯이, 각각의 방사상 질량은 그 반지름 방향을 따라 1차원적으로만 움직일 수 있다. 부피 변형의 시뮬레이션은 척추 시뮬레이션보다 약간 더 복잡하다. 시뮬레이션이 1차원적이라서 동역학 계산이 크게 줄어들긴 하지만, 결과적인 운동 역시 1차원이다. 3차원 변형을 위해서는 반지름을 다음과 같이 갱신해야 한다. 우선, 각 프레임에서, 모든 단면 반지름 벡터 r_i를 그에 해당하는 척추 용수철 방향 a에 수직이 되도록 변환한다(그림 3.7.2의 오른쪽 참고). 이러한 계산을 수행하는 코드는 다음과 같다.

```
void UpdateRadii(vec a, vec* r1, vec* r2, vec* r3, vec* r4)
{
    // 축과 같은 평면이 아닌 벡터를 찾는다.
    if (a->x!=0)
        r1 = {-a->y, a->x, a->z};
    else if (a->y!=0)
        r1 = {a->y, -a->x, a->z};
    else
        r1 = {a->z, a->x, -a->y};

    // 나머지 세 벡터들을 계산한다.
    CrossVector(a, r1, r2);
    // CopyVector(대상, 원본)
    CopyVector(r3, -r1);    CopyVector(r4, -r2);
    Normalize(r1);          Normalize(r2);
    Normalize(r3);          Normalize(r4);
}
```

갱신된 반지름들은 단면 질량들이 움직일 수 있는 방향들을 정의한다. 단면의 네 벡터 r_i들을 정규화하는 것은 단면 질량들의 물리적 갱신을 단순화하기 위한 것이다.

새 단면 반지름들을 계산한 다음에는, 변형된 후크 법칙을 이용해서 각 단면 질량에 대한 1차원 힘들을 계산한다.

$$f^i = -k_s^i(x^i - l_0^i)\frac{x^i \, \vec{r}^i}{\| x^i - l_0^i \|} \vec{r}^i \tag{3.7.2}$$

여기서 i는 현재 단면의 각 외피 질량의 색인으로, 범위는 [0, 3]이다. x^i는 현재 방사상 벡터 r^i에 대한 질량 i의 현재 위치에 해당하는 실수 값이며, l_0은 r에 대한 용수철의 휴지 위치이다. 힘 f^i는 이웃 외피 질량들과는 독립적이다(외피 질량들끼리는 용수철로 연결되어 있지 않으므로). 이 힘은 단면 질량들에만 적용되며 척추 구조의 해당 부모 축 노드들에는 적용되지 않는다는 점도 주의하기 바란다. 따라서 부피는 보존되지 않는다. 다만, 축 노드들의 위치를 벌레뜨 적분으로 조정함으로써 부피의 차이를 줄이는 것은 가능하다.

벌레뜨 적분을 이용한 변형 갱신

힘들을 계산한 후에는 시간에 대해 척추와 외피 질량들을 적분해서 그 위치들을 갱신한다 (뉴턴의 제 2 운동 법칙). 이에 의해 변형이 갱신된다. 적분은 시뮬레이션의 안정성과 빠르기를 결정한다는 점에서 물리 기반 엔진의 중요한 과정이다. 새 위치를 갱신할 때 벌레뜨 적분 대신 명시적 오일러 적분을 사용할 수도 있다. 벌레뜨 적분의 장단점에 대한 좀 더 자세한 논의는 이 책에서 Nick Porcino의 글 "벌레뜨 기반 물리 엔진 작성"을 참고하기 바란다. 기본적인 형태의 벌레뜨 적분기는 질점의 속도보다는 현재 위치와 이전 위치에 근거한, 속도를 사용하지 않는 방식이다.

$$\begin{cases} \vec{x}_{t+\triangle t} = \alpha\,\vec{x}_t - \beta\,\vec{x}_{t-\triangle t} + \vec{a}\triangle t^2 \\ \vec{x}_{t-\triangle t} = \vec{x}_t \end{cases} \qquad (3.7.3)$$

여기서 $x_{t+\triangle t}$는 다음 위치, x_t는 현재 위치, $x_{t-\triangle t}$는 이전 위치, $\triangle t$는 상수 시간 간격, a는 가속도, α와 β는 끌림(drag) 계수이다. 예를 들어서 $\alpha=2$, $\beta=1$로 두면 끌림은 전혀 일어나지 않으며, $\alpha=1.99$, $\beta=0.99$로 두면 끌림이 약간 일어난다. 이 적분 방식은 속도를 사용하지 않기 때문에 위치와 속도의 불일치가 생기는 일이 없으며, 따라서 시스템의 안정성이 보장된다(표 3.7.1에 안정성 수치가 나와 있다. 이 안정성 수치는 시스템이 발산할 때의 상대적인 힘의 세기이다).

표 3.7.1 두 명시적 적분법들의 비교. 같은 시간 간격, 같은 개수의 질량들과 용수철들을 이용해서 충돌이 있을 때와 없을 때 모두를 시험한 결과이다.

적분 방법	빠르기	안정성
벌레뜨	36에서 40 fps	$\rangle\ 10^6$
명시적 오일러	37에서 40 fps	1

물리 모형에서 렌더링 메시를 생성

게임에서 변형을 위한 물리 모형은 렌더링용 메시에 결합하지 않으면 쓸모가 없다. 이상적으로, 비싼 스키닝 계산을 피하기 위해서는 렌더링 기하구조와 물리 모형을 직접적으로 연관시켜야 한다. 두 번째 질량-용수철 계층의 외피 질량들을 서로 연결해서 렌더링을 위한 하나의 성긴 메시를 만들 수도 있겠지만, 그러면 고품질의 시각적 결과를 내기가 힘들다. 그러나 그 성긴 메시를 NURBS나 기타 분할 표면 기법을 위한 하나의 제어 메시로 사용한다면 아티스트가 개별적인 스킨을 작성하는 일 없이도, 그리고 비싼 프레임 당 스키닝 계산을 수행하지 않고도 고품질의 렌더링 메시를 얻을 수 있다. 예를 들어서 외피 질량들을 NURBS 기반 보간의 제어점들로 간주하면, NURBS 표면 분할들을 오프라인에서 계산해 두고 실행 시점에서 낮은 비용으로 정점들을 생성할 수 있다. 이 때 에르미트(Hermite) 보간이 이상적이다. 에르미트 보간의 입력은 위치 두 개(즉 외피 질량 위치들)와 그 위치들에서의 두 벡터(즉 해당 반지름 벡터)이다.

```
void CEnvNod::GeomNodesConstruction()
{
    // 반지름에 투영된 1차원 위치
    vec pos = 3DGlobalPosition();
    vec brosPos = m_Bros->3DGlobalPosition();
    // 보간을 위한 미분계수들
    vec der = 1.5*brosPos;
    vec brosDer = -1.5*pos;

    CInterp in = CInterp(pos, der, brosPos, brosDer);
    CAlpha alp = CAlpha(0.f, 1.f);
    m_NurbsPts[0] = in(alp(0.f));
    // 보간 결과를 m_NurbsPts 노드들에 저장
    for(int s = 1; s <= Accuracy; s++)
        m_NurbsPts[s] = in(alp((float)s/Accuracy));
}
```

단순함을 위해 질량 위치들을 반지름에 투영했음을 주목할 것. 보간 간격, 점들의 개수, 그리고 그에 따른 다각형 개수는 조정 가능하다. 렌더링 단계의 빠르기와 그 결과의 사실성 사이의 적절한 절충선에 도달할 때까지 이 수치들을 적절히 조정해야 할 것이다(그림 3.7.3).

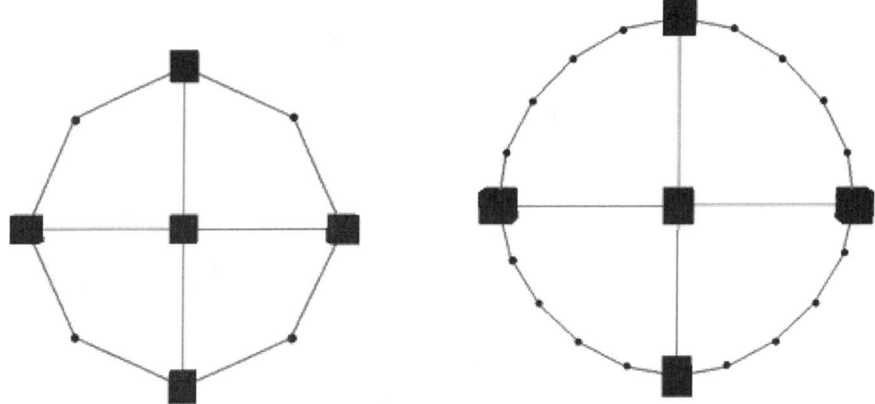

그림 3.7.3 같은 애니메이션 구조에 대해, 원하는 NURBS 분할의 정확성에 맞춰 메시의 다각형 개수를 조절할 수 있다. 왼쪽은 다각형 두 개, 오른쪽은 다각형 다섯 개에 해당한다.

이런 식으로 기하 정점들을 계산하면 외피 질량들의 변형에 따라 기하구조를 매끄럽게 수정할 수 있게 된다. 그림 3.7.4의 왼쪽을 볼 것. 이런 식으로 보간한 노드들을 척추 계층의 방향을 따라 해당 수직 이웃들과 연결시켜서 일련의 사각형들을 형성한다(그림 3.7.4의 오른쪽). 이 때 렌더링을 위한 적절한 법선들도 생성해야 할 것이다.

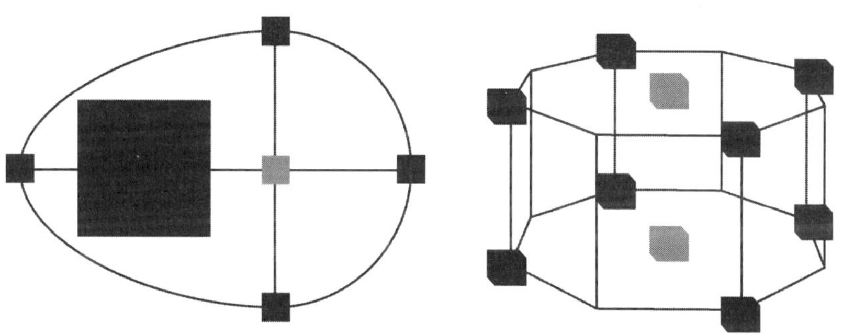

그림 3.7.4 물체와 경계상자의 내부 충돌에 의한 방사상 변형(왼쪽), 그리고 NURBS 점들을 이용한 메시 구축(오른쪽). 회색은 축 질량들.

구현 예제

부록 CD-ROM에는 이 기법의 PC용 예제 구현이 수록되어 있다. 다른 플랫폼이나 다른 렌더링 API로의 이식이 어렵지 않도록, 계산과 렌더링 코드를 적절히 분리시켜 놓았다. 그림 3.7.5는 PC 예제 구현으로 얻은 몇 가지 결과이다.

이 방법은 휴대용 게임 콘솔들과 PDA들에도 이식할 수 있다. PocketPC 같은 PDA에서 그래픽 응용 프로그램을 개발할 때 주의해야 할 사항들이 몇 가지 있다. 첫 번째로, 그런 기기들에는 외부 비디오 제어기가 없다(적어도 실용적인 것은 없다). 두 번째로, 그런 기기들은 그래픽 파이프라인이 없으며, VRAM이 없기 때문에 소프트웨어 프레임버퍼를 메인 시스템 RAM에 저장해야 한다. 코드와 프레임버퍼 모두 시스템 메모리에 저장해야 하므로 소프트웨어의 실질적인 복잡도가 크게 제한된다. 마지막으로, 대부분의 그래픽 자료들은 부동소수점이지만 PocketPC에는 부동소수점 처리기가 없다. 따라서 정수 기반 하드웨어에서의 수학연산에 대한 신중한 고려가 필요하다. 필자는 소박하지만 직접적인 방법을 이용해서 PocketPC용 구현을 만들어 보았다. 그 코드는 결과들을 PC 버전과 비슷한 방식으로 계산하나, 부동소수점 에뮬레이션을 사용한다는 점에서는 차이를 보인다. 렌더링 직전에 좌표들을 정수로 변환하고 그래픽 API(구체적으로는 PocketGL)의 고유 범위에 맞게 비례시킨다. 예를 들면 이런 식이다.

```cpp
// PocketGL 정수 위치를 돌려주는 함수
const vec* CIntPGLConversion::ConvertObjPosition()
{
    return ((int) iMaxPocketGL*m_vecPosition/fMaxGL);
}
// 매 프레임마다 호출되는 함수

void mainLoop()
{
    // 부동소수점으로 계산
    object->CheckWorldCollisions();
    object->ComputeForce();
    object->Integrate();
    // 결과를 정수로 변환
    convertor->ConvertObjMesh(object->m_Mesh);
}
```

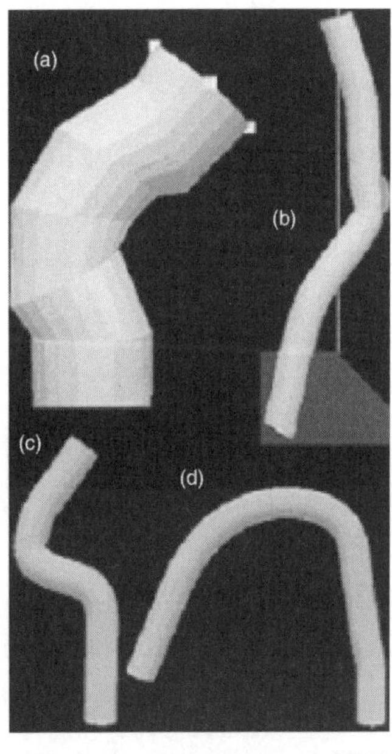
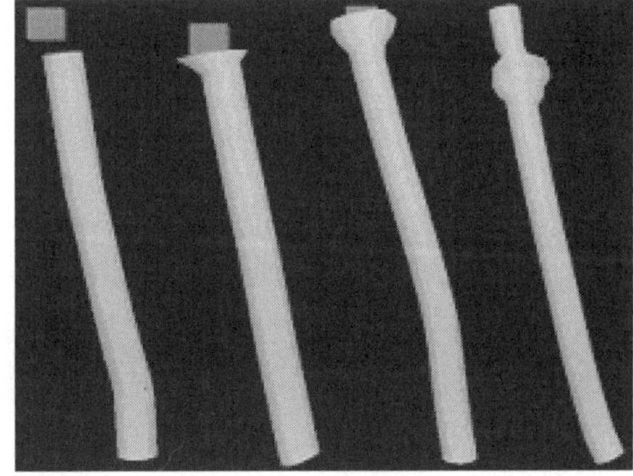

그림 3.7.5 왼쪽의 (a)는 사각형들과 법선들의 생성을 보여준다. (b)는 벽과의 충돌에 의한 외피 변형, (c)와 (d)는 그 결과로 렌더링된 물체들. 오른쪽은 물체 내부의 충돌이 물체를 어떻게 변형하는지 보여주는 그림이다. 이 스크린샷들은 표준 PC 구현의 실시간 애니메이션들에서 찍은 것이다.

GPU 하드웨어 셰이더에서 이 글의 방법을 구현해 애니메이션 속도를 더욱 높일 수도 있다. 이 방법 중 반지름의 직교성 계산, 벌레뜨 적분 등 여러 부분을 그래픽 하드웨어에서 구현하는 것이 가능하다.

표 3.7.2는 PC와 PocketPC 구현들의 성능을 측정한 것이다. 정밀도 수치는 기하구조 구축에 쓰인 분할들의 개수이다.

표 3.7.2 두 구현의 성능

질량 개수/NURBS 정밀도	PC 버전(fps)	PocketPC 버전(fps)
축 1 + 방사상 1 * 4/정밀도 1	85	24
축 10 + 방사상 10 * 4/정밀도 2	84	23
축 20 + 방사상 20 * 4/정밀도 4	83	10
축 40 + 방사상 40 * 4/정밀도 6	82	7
축 100 + 방사상 100 * 4/정밀도 6	80	3
축 150 + 방사상 150 * 4/정밀도 6	76	〈 1

결론

이 글에서는 물리적으로 아주 정확한 애니메이션은 아니겠지만 그래도 값싸고 시각적으로 그럴듯하며 다양한 게이밍 플랫폼들에서 쉽게 구현할 수 있는 한 가지 변형 방법을 이야기했다. 이 방법은 주로 동적인 노드들의 개수를 제한함으로써, 그리고 그 중 일부를 1차원으로 한정함으로써 물리 계산량을 줄인다. 이 방법이 좋은 결과를 내는 주된 요인으로는 2층 접근방식, 성긴 물리 메시를 렌더링용 고해상도 메시의 생성을 위한 제어 메시로 사용, 용수철들 사이의 구속조건, 벌레뜨 적분이 제공하는 안정성 등을 들 수 있을 것이다. 그리고 이 방법은 다른 플랫폼 상의 임의의 게임 엔진에 통합하는 것이 비교적 간단하다. 또한 CPU와 메모리 사용량도 적당한 수준이다.

참고자료

〔Berka97〕 Berka, Roman, "Reduction of Computations in Physic-Based Animation Using Level of Detail," *Proceedings of Spring Conference of Computer Graphics*, 1997.

〔Brown01〕 Brown, Joel, et al., "Real-Time Simulation of Deformable Objects: Tools and Application," *Proceedings of Computer Animation*, 2001.

〔Capell02〕 Capell, Steve, et al., "A Multiresolution Framework for Dynamic Deformations," *Proceedings of Symposium on Computer Animation*, 2002.

〔Carlson97〕 Carlson, Deborah, et al., "Simulation Levels of Detail for Real-Time Animation," *Proceedings of Graphics Interface*, 1997.

[D´Aulignac99] D´Aulignac, Diego, et al., "Modeling the Dynamics of the Human Thigh for a Realistic Echographic Simulator with Force Feedback," *Proceedings of Conference on Medical Image Computing-Assisted Intervention*, 1999.

[Debunne01] Debunne, Gilles, et al., "Dynamic Real-Time Deformations Using Space & Time Adaptive Sampling," *Computer Graphics Proceedings* (SIGGRAPH 2001).

[Di Giacomo03] Di Giacomo, Thomas, et al., "Real-Time Animation of Trees," *Graphics Programming Methods*, Charles River Media, 2003.

[Granieri95] Granieri, John, et al., "Production and Playback of Human Figure Motion for Visual Simulation," *Proceedings of Graphics Interface*, 1995.

[Hutchinson96] Hutchinson, David, et al., "Adaptive Refinement for Mass/Spring Simulations," *Proceedings of Eurographics Workshop on Computer Animation and Simulation*, 1996.

[Jianhua94] Jianhua, Shen, et al., "Human Skin Deformation from Cross Sections," *Proceedings of Computer Graphics International*, 1994.

[Kang02] Kang, Young-Min, et al., "Bilayered Approximate Integration for Rapid and Plausible Animation of Virtual Cloth with Realistic Wrinkles," *Proceedings of Computer Animation*, 2002.

[Perbet01] Perbet, Frank, et al., "Animating Prairies in Real-Time," *Proceedings of Symposium on Interactive 3D Graphics*, 2001.

3.8 빠르고 안정적인 변형을 위한 양상 해석

James F. O'Brien, *University of California, Berkeley*

job@eecs.berkeley.edu

상용 게임들에서는 입자 시스템, 강체 시뮬레이션, 관절체 시뮬레이션을 더욱 자주 볼 수 있게 되었다. 이들은 게임 안의 여러 물체들이 플레이어의 행동에 반응해서 본질적으로 무한한 범위의 사실적인 행동들을 할 수 있게 만든다. 그러나 그림 3.8.1처럼 단단한 물체가 구부러지고, 뒤틀리고, 늘어나거나 뭉개지는 등으로 형태가 변할 수 있으려면 어떤 형태로든 변형 가능한 물체 시뮬레이션이 필요하다.

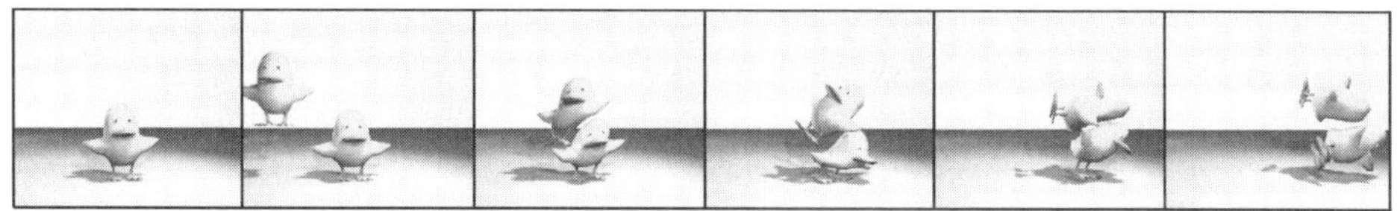

그림 3.8.1 두 물체가 서로 충돌하는 애니메이션의 프레임 시퀀스. 각 물체는 강체 부분과 변형 가능한 부분이 결합된 혼성 모형으로 시뮬레이션된다. 변형 가능한 부분은 양상(modal) 시뮬레이션을 사용한다. J. O'Brien, C Shen, K. Hauser 제공. © Copyright 2003 U.C. Berkeley. 허락 하에 게재

단순한 저해상도 물체들은 예를 들어 기본적인 질량-용수철 시스템을 이용해서 게임 안에서 쉽게 모형화할 수 있다. 그러나 단순한 변형 시뮬레이션 방법들을 좀 더 흥미롭고 복잡한 물체들에 사용하려 하면 사실성이 떨어진다거나 계산량 과도, 안정성 부족 등의 문제가 발생한다. 변형 시뮬레이션 방법들은 수치적 시간 적분을 이용해서 물체의 행동을 계산하며, 사소하지 않은 시스템에서 안정적인 적분 방법은 상당히 비쌀 수 있다. 게다가 사실적인 재질 매개변수들을 가진 커다란 시스템은 안정성 문제 때문에 매우 작은 시간 간격을 사용해야 하는데, 그러면 시뮬레이션 시간이 비현실적으로 느려지게 된다.

이 글은 특정한 변형 가능 물체들을 매우 효과적인 방식으로 모형화하는 데 쓰이는 양상 해석(modal analysis) 또는 양상 시뮬레이션이라고 기법을 설명한다. 기본적인 개념은, 질량-용수철 시뮬레이션이나 유한요소 시뮬레이션 같은 기존의 변형 시뮬레이션을 해석하고 그것을 서로 상호작용하지 않는 개별적인 수학적 구성요소들로 분할한다는 것이다. 그 구성

요소를 양상(mode)이라고 부른다. 양상들은 서로 상호작용하지 않기 때문에 각 양상의 행동을 독립적으로 분석할 수 있으며, 각 양상의 행동을 파악한 후에는 바람직하지 않은 행동을 가진 양상들을 폐기할 수 있다. 나머지 양상들 각각은 수치적 시간 적분이 필요 없을 정도로 단순하기 때문에 간단한 해석적 해를 이용해서 그 행동을 계산할 수 있다. 양상 시뮬레이션 자체는 수치 시간 적분을 사용하지 않으므로 불안정해지지 않는다. 안정성 문제가 없기 때문에 커다란 시간 간격을 사용하는 것이 가능하며, 크고 복잡한 모형이라도 몇 개의 양상들만으로 충분하기 때문에 각 단계의 계산이 저렴하다. 예를 들어 그림 3.8.2에 나온 모형은 871 개의 정점들로 되어 있는데, 양상해석을 거치면 단 40 개의 양상들만 남는다. 이 덕분에 Sony PlayStation 2에서 CPU 시간의 일부만 사용해서도 실시간으로 시뮬레이션을 실행할 수 있다.

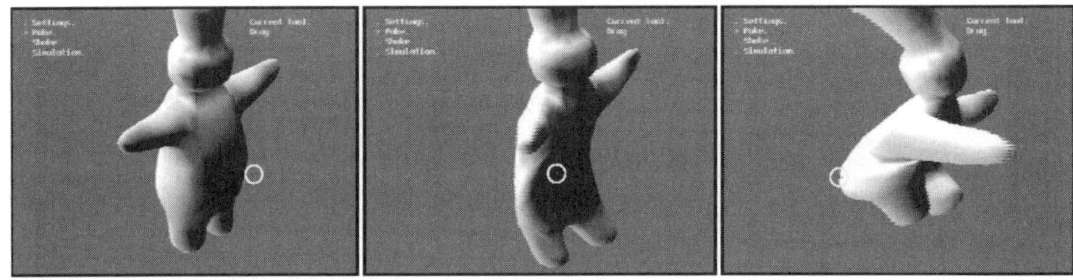

그림 3.8.2 Sony PlayStation2 전용의 한 데모 프로그램의 스크린샷들. 동그라미는 사용자가 탄성을 가진 모형을 찌르거나 당기는 데 사용하는 커서를 나타낸다. J. O′Brien, C Shen, K. Hauser 제공. ⓒ Copyright 2003 U.C. Berkeley. 허락 하에 게재

양상 시뮬레이션 사용은 기본적으로 두 단계로 이루어진다. 첫 번째 단계는 내용 개발 도중 수행하는 양상 분해로, 계산적으로 비싸며 정교한 소프트웨어가 필요하다. 두 번째 단계는 게임 플레이 도중에 일어나는 실제의 양상 시뮬레이션으로, 계산이 매우 싸고 구현하기도 쉽다.

양상 해석의 적합성

양상 시뮬레이션은 매우 빠르고 안정적이지만, 세 가지의 기본적인 한계를 가지고 있다. 첫 번째이자 가장 심각한 한계는, 양상 분해를 위해서는 원래의 시스템을 선형화해야 한다는 것이다. 이 때문에 양상 시뮬레이션을 적용할 수 있는 물체의 종류가 어느 정도 제한된다. 특히, 물체를 크게 구부리거나 비틀기 위해서는 비선형 변형이 필요한데, 그런 것을 선형화된 양상 시뮬레이션으로 모형화하면 눈에 띄는 왜곡이 생기게 된다. 그림 3.8.3은 곧은 막대를 점차 구부리는 과정을 보여주는 것이다. 그림에서 볼 수 있듯이, 작은 변형들에서는 결함이 눈에 잘 띄지 않지만 커다란 변형에서는 심하게 과장된 모습이 나타난다. 이러한 왜곡 때문에, 양상 시뮬레이션은 찌그러지거나 늘어나기는 하지만 크게 구부러지거나 비틀리지는 않는 아담한 물체들에 적합하다. 물론 상황에 따라서는(만화 비슷한 게임 등) 선형화에 의한 과장된 왜곡이 바람직할 수도 있다.

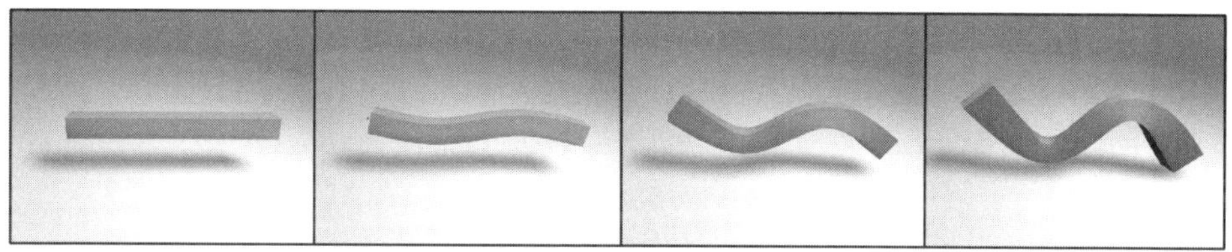

그림 3.8.3 이 그림은 선형화에 의한 왜곡을 보여준다. 첫 번째 영상은 변형되지 않은 막대이다. 그 다음 영상들은 변형을 점차 크게 한 결과이다. 작은 변형에서는 시각적 결함이 그리 크게 나타나지 않지만, 더 큰 변형에서는 눈에 띄는 왜곡이 생긴다. 마지막 영상을 보면 끝 쪽이 부풀었을 뿐만 아니라 전체적인 길이도 부자연스럽다. J. O'Brien, C Shen, K. Hauser 제공. ⓒ Copyright 2003 U.C. Berkeley. 허락 하에 게재

두 번째 한계는, 양상 분해 계산을 위해서는 상당한 양의 작업이 필요하다는 것이다. 분해 계산의 세부 사항은 잠시 후에 이야기하겠다. 어쨌든, 분해 계산에는 크고 희소한 행렬에 대한 부분적 고유분해의 계산이 필요하고, 그 과정은 상당히 비쌀 수 있다. 다행히, 게임 개발 도중에 미리 양상 분해를 계산하고 그 결과로 얻은 양상들을 물체의 일부로 저장해 둘 수 있다. 따라서 게임이 새로운 물체를 즉석에서 동적으로 생성하는 것이 아닌 한, 이 한계가 특별히 장애로 작용하지는 않을 것이다.

마지막 한계는, 양상 해석이 비교적 고등의 수학에 의존하며, 그래서 개발자가 그 개념을 바로 이해하는 게 어려울 수 있다는 점이다. 다행히도, 고등 수학이 필요한 시뮬레이션 방법들의 유도 과정과는 달리 최종적인 알고리즘은 상당히 간단하다.

양상 분해

양상 시뮬레이션 사용의 첫 번째 단계에서는 주어진 물체를 서술하는 적절한 양상들의 집합을 찾아내야 한다. 이 과정은 상당한 계산을 필요로 하나, 앞서 말했듯이 게임플레이가 아닌 내용 개발 도중에 수행하는 것이므로 큰 문제가 되지 않는다. 어떤 측면에서 보면 플레이어의 컴퓨터에서 수행되어야 할 계산 작업을 미리 게임 개발자의 컴퓨터에서 계산해 두는 것이라 할 수 있다. 여기서 분해를 이해하는 데 필요한 기본 지식을 설명하긴 하지만, 분해 과정을 직접 구현하는 대신 써드파티 소프트웨어들(잠시 후에 몇 개 추천하겠다)을 사용할 수도 있을 것이다.

원래 시스템

분해하고자 하는 변형 가능 시뮬레이션을 위한 운동 방정식들이 다음과 같다고 가정한다.

$$K(\mathbf{p}) + C(\dot{\mathbf{p}}) + M(\ddot{\mathbf{p}}) = \mathbf{f} \tag{3.8.1}$$

변수 $\mathbf{p}$는 시뮬레이션의 형상(configuration, 구성)을 서술하는 매개변수들(예를 들면 질량-용수철 모형이나 유한요소 모형의 노드 위치들)의 벡터이다. 그리고 기호 위의 점은 시간에 대한 미분을 의미한다. K는 위치들을 입력받고 탄성력들을 돌려주는 비선형 함수이다. 예를 들어 질량-용수철 시스템을 사용한다면, K는 모든 노드들에 대해 가해지는 용수철 힘들을 계산하는 함수가 될 것이다. C는 속도들을(위치들도 가능) 입력받고 감쇠력들을 돌려주는 비선형 함수이다. 변수 $\mathbf{f}$는 충돌이나 사용자 입력 등에 의한 외부 힘들의 벡터이다. 마지막으로, M은 가속도들을 입력받고 그 가속도들을 생성하는 데 필요한 힘들을 돌려준다. 간단히 말하면 뉴턴의 제 2 법칙 $f=ma$의 일반화라고 할 수 있다.

식 3.8.1은 매우 일반적인 형태인데, 이런 공식을 도입한 이유는 원래의 시뮬레이션 방법이 만들어내는 구체적인 방정식들은 중요하지 않기 때문이다. 이 글에서는 식 3.8.1만을 이용해서 시뮬레이션의 행동을 요약하는 일단의 행렬들을 만들어내며, 그 이후의 모든 수학 계산들은 그 행렬들을 사용한다. 이것이 계산 결과가 원래의 시뮬레이션 방법과 무관하다는 뜻인 것은 아니다. 원래의 방법이 나쁘면 바람직하지 않은 비등방성, 비동차성이 행렬들에 끼어들게 되고, 결과적으로 양상 시뮬레이션에도 나쁜 영향을 미친다.

선형화

시뮬레이션할 시스템을 설명하는 식 3.8.1 형태의 방정식을 만들었다면, 다음으로는 양상 분해를 위해 시스템을 선형화(linearization)한다. 그림 3.8.3에서 이야기한 오차들은 이 선형화 단계에서 도입된다.

식 3.8.1의 선형화를 위해서는 그 식의 각 항에 대한 적절한 선형 근사를 찾아야 한다. 첫 번째 항 $K(\mathbf{p})$의 경우에는 하나의 테일러급수를 만들고 2차 이상의 항들을 모두 제거한다. 그러면 다음이 나온다.

$$K(\mathbf{p}) = K(\mathbf{p}_0 + \mathbf{d}) \approx K(\mathbf{p}_0) + K(\mathbf{p}_0) \cdot \mathbf{d} \tag{3.8.2}$$

여기서 $\mathbf{p}_0$은 전개의 중심이 되는 형상이고, $\mathbf{d} = \mathbf{p} - \mathbf{p}_0$은 전개 지점과 함수를 평가하고자 하는 지점 사이의 변위이다. $\mathbf{K}$는 1차 편미분들의 행렬로, K의 야코비 행렬이라고 부른다. 이 때 $K_{ij} = \partial K_i / \partial p_j$이다. $\mathbf{p}_0$을 물체가 가만히 있는(외부 힘이 전혀 가해지지 않는) 형상으로 설정한다면 $K(\mathbf{p}_0)=0$이 되고, 그러면 K의 선형화는 다음과 같은 모습이 된다.

$$K(\mathbf{p}) \approx \mathbf{K} \cdot \mathbf{d} \tag{3.8.3}$$

이 경우 $\mathbf{K}$는 $\mathbf{p}_0$의 선택에 의존한다고 할 수 있다. 이 행렬 K를 시스템의 뻣뻣함 행렬 (stiffness matrix)라고 부르는데, 대부분의 준암묵적(semi-implicit) 적분 방식에 쓰이는 야코비 행렬과 같은 것이다.

유한요소나 질량-용수철 시스템의 경우 K는 개별 방정식들을 조합해서 얻는다. 따라서 $\mathbf{K}$는 시스템의 각 요소 또는 스프링에 대해 하나의 작은 요소 뻣뻣함 행렬을 계산하고 그것들을 이용해서 전체 시스템에 대한 전역 행렬을 구성해서 얻을 수 있다. 이 행렬들은 매우 자주 쓰이기 때문에, 대부분의 유한요소 교재들에는 여러 가지 유용한 요소 종류들에 대한 요소 뻣뻣함 행렬들이 나와 있다.

C와 M의 선형화도 위와 비슷한 방식으로 수행할 수 있지만, 더 쉬운 방법이 있다. $\mathbf{M}$은 $f=ma$를 표현한 것이므로, $\mathbf{p}$가 위치 변수인 시스템들에서는 대부분 M이 이미 선형화되어 있다. 대부분의 유한요소 교재들에는 뻣뻣함 행렬들뿐만 아니라 요소 질량 행렬들도 나와 있으니 적절한 것을 골라서 사용해도 되고, 아니면 $\mathbf{M}$이 대각행렬이고 각 대각 성분이 해당 노드의 질량인 하나의 '뭉친(lumped)' 질량 행렬을 사용해도 된다. $\mathbf{p}_0$은 상수이므로 $\ddot{\mathbf{d}}=\ddot{\mathbf{p}}$고 $M(\ddot{\mathbf{p}}) \approx \mathbf{M} \cdot \ddot{\mathbf{d}}$라고 할 수 있다. 감쇠 함수 C는 어떠한 함수도 될 수 있으므로 일반적인 선형화 방법을 이야기하기는 힘들다. 다만, 롤리 감쇠(Raleigh damping)라고 부르는 기법에서는 $\mathbf{C}=c_1\mathbf{K}+c_2\mathbf{M}$이라는 관계를 통해서 감쇠 행렬 $\mathbf{C}$를 두 개의 계수 c_1과 c_2로 결정할 수 있다. K, C, M을 선형화했다면, 이제 3.8.1을 다음과 같은 선형화된 버전으로 바꿀 수 있다.

$$\mathbf{K} \cdot \mathbf{d}+\mathbf{C} \cdot \dot{\mathbf{d}}+\mathbf{M} \cdot \ddot{\mathbf{d}}=\mathbf{f} \tag{3.8.4}$$

그리고 만일 $\mathbf{C}$를 롤리 감쇠를 이용해서 치환한다면:

$$\mathbf{K} \cdot \mathbf{d}+(c_1\mathbf{K}+c_2\mathbf{M}) \cdot \dot{\mathbf{d}}+\mathbf{M} \cdot \ddot{\mathbf{d}}=\mathbf{f} \tag{3.8.5}$$

고유분해

이제 식 3.8.5를 개별적인 양상들로 분해해야 한다. 이를 위해서는 일반화된 고유문제 (generalized eigenproblem)라고 하는 것을 풀어야 한다. 지면 관계 상 여기서는 결과만 이야기하겠다. 좀 더 자세한 설명은 [O'Brien02]이나 [Maia98]에서 볼 수 있으며, 대부분의 유한 요소법 교재들에도 나와 있을 것이다.

행렬 $\mathbf{K}$는 대칭이고 $\mathbf{M}$은 대칭이자 부호가 양이므로, 다음과 같은 관계를 만족하는 가역행렬 $\mathbf{W}$와 대칭행렬 Λ를 찾을 수 있다.

$$\mathbf{K} \cdot \mathbf{W} = \mathbf{M} \cdot \mathbf{W} \cdot \Lambda \qquad (3.8.6)$$

$\mathbf{W}$의 열들은 시스템의 일반화된 고유벡터(eigenvector)들이며, 그에 해당하는 Λ의 성분들은 그 고유벡터들의 고유값(eigenvalue)들이다. 식 3.8.5에 $\mathbf{W}^{\mathrm{T}}$를 미리 곱하고 $\mathbf{d}$와 $\mathbf{f}$를 다음의 관계를 이용해서 각각 $\mathbf{z}$와 $\mathbf{g}$로 치환한 후,

$$\mathbf{z} = \mathbf{W}^{-1} \cdot \mathbf{d} \qquad \mathbf{d} = \mathbf{W} \cdot \mathbf{z} \qquad \mathbf{g} = \mathbf{W}^{\mathrm{T}} \cdot \mathbf{f} \qquad \mathbf{f} = \mathbf{W}^{-\mathrm{T}} \cdot \mathbf{g} \qquad (3.8.7)$$

그 결과를 정리하면 다음과 같은 대각 방정식이 나온다.

$$\Lambda \cdot \mathbf{z} + (c_1 \Lambda + c_2 \mathbf{I}) \cdot \dot{\mathbf{z}} + \ddot{\mathbf{z}} = \mathbf{g} \qquad (3.8.8)$$

이제부터 $\mathbf{d}$의 값들은 원래의 공간 좌표로 표현되는 값들로, 그리고 $\mathbf{z}$의 값들은 양상 좌표로 표현되는 값들로 칭하도록 하겠다.

이러한 변환 밑에 깔린 개념은 3차원 좌표계들을 전환할 때의 개념과 동일하다. 즉 수치에 어떤 근본적인 변화가 있는 것이 아니라 단지 서로 다른 좌표계를 사용하는 것일 뿐이다. 그러나 일부 그래픽 문제들의 경우 적절한 좌표계를 사용했을 때 더 쉽게 풀리는 것처럼, 시뮬레이션을 다룰 때 공간 좌표들 대신 양상 좌표들을 사용하면 상당한 이점을 얻을 수 있다. 식 3.8.8은 대각이므로, $\mathbf{W}$와 Λ을 구했다면, 문제를 우선 대각 방정식들을 이용해서 공간 좌표에서 양상 좌표로 변환해 풀고 그런 다음 그 해를 다시 공간 좌표로 변환하는 것이 같은 문제를 공간 좌표들로 직접 푸는 것보다 훨씬 더 효율적이다. 푸리에 변환을 사용해 본 독자라면 이런 개념에 상당히 익숙할 텐데, 왜냐하면 양상 변환이 어떤 의미로는 일종의 일반화된 푸리에 변환이기 때문이다. 물론 $\mathbf{W}$와 Λ를 계산하려면 상당한 양의 작업이 필요하나(예를 들면 고유계 찾기 등), 모든 행렬들은 상수이므로 미리 한 번만 계산해 놓으면 된다.

해석적 해들

대각행렬을 다룬다는 것에도 많은 장점들이 있지만, 이 분해의 진정한 장점은 대각 방정식 계가 사실은 서로 상호작용하지 않는 분리된 방정식들의 집합이라는 점에서 비롯된다. 서

로 상호작용하지 않는 분리된 방정식들이라는 것은, 식 3.8.8의 각 행이 다른 행들과 독립적이며, 따라서 그것들 각각을 스칼라 2차 미분 방정식으로 표현할 수 있다는 뜻이다.

$$\lambda_i z_i + (c_1 \lambda_i + c_2)\dot{z}_i + \ddot{z}_i = g_i \tag{3.8.9}$$

이런 종류의 방정식들에 대한 동차 해는 이미 알려져 있다.

$$z_i = a_1 e^{t\omega_i^+} + a_2 e^{t\omega_i^-} \tag{3.8.10}$$

여기서 t는 시간, a_1과 a_2는 이후 z_i의 초기 값들에 의해 결정될 상수들이다. 그리고 ω는 다음과 같이 주어진다.

$$\omega_i^{\pm} = \frac{-(c_1 \lambda_i + c_2) \pm \sqrt{(c_1 \lambda_i + c_2)^2 - 4\lambda_i}}{2} \tag{3.8.11}$$

근호 안이 0이 되는 것은 특수한 경우에 해당하므로, 그 부분이 0에 가까운지 미리 점검하고 그렇다면 같은 부호의 어떤 작은 값(예를 들면 10^{-4})으로 치환할 필요가 있다. 마지막으로, 경우에 따라서는 식 3.8.10을 다음처럼 미분해서 시스템의 속도를 얻을 수 있으면 유용하다.

$$\dot{z}_i = a_1 \omega_i^+ e^{t\omega_i^+} + a_2 \omega_i^- e^{t\omega_i^-} \tag{3.8.12}$$

양상의 이해와 폐기

각각의 양상은 $\mathbf{W}$의 각 열에 해당하며, z_i의 값들 중 하나를 변경함에 따라 $\mathbf{W}$의 해당 열로 주어지는 물체의 변위 필드가 물체에 더해짐으로써 물체의 형태가 변하게 된다. 그림 3.8.4에서 보듯이, $\mathbf{W}$의 열들은 기본적인 형태들이며, 그 기본 형태들을 조합함으로써 물체의 임의의 형상을 만들어낼 수 있다.

그림 3.8.4 두 행은 사발의 변형을 위에서 본 모습과 옆에서 본 모습이다. 오른쪽의 세 열은 사발의 진동 양상들의 처음(고유값들로 정렬했다) 세 가지로, 사발 가장자리에 횡단 충격을 가해서 생긴 서로 다른 고유값들을 가진 비강체 양상들이다.

식 3.8.10과 3.8.11을 보면 각 양상의 행동 방식도 알 수 있다. 식 3.8.11의 근호 안의 값이 음수이면 ω^+와 ω^-는 켤레복소수가 되며, 그러면 식 3.8.10은 감쇠하는 사인 곡선처럼 행동한다. 이 경우를 "과소감쇠되었다"(underdamped)라고 칭한다. ω의 허수부는 양상의 주파수이다(단위는 초 당 라디안). 그리고 실수부(부호는 음)는 그 양상의 진동이 감쇠되는 비율을 결정한다. 근호 안의 값이 양이면 $\omega+$와 $\omega-$는 두 개의 서로 다른 실근이다. 이 경우를 "과도감쇠되었다"(overdamped)라고 칭한다. 이 경우에는 0을 향해 지수적으로 감쇠하는 행동이 나온다.

각 양상의 행동의 특성을 파악했다면, 각 양상의 필요 여부를 고려해서 추가적인 이득을 끌어낼 수 있다. 좀 더 구체적으로 말하면, 모형화하고자 하는 현상에 중요한 영향을 미치지 않는 양상들은 폐기할 수 있는 것이다. 만일 특정 양상에 연관된 고유값 λ_i가 크다면 그 양상의 분리할 수 있는 변위를 야기하는 데 필요한 힘도 클 것이다. 주어진 한 환경에서는 가해진 힘들의 크기에 대한 상한과 관찰할 수 있는 운동의 진폭에 대한 하한이 존재할 것이다. 예를 들어 실내 환경을 모형화한다고 할 때, 60,000 N(커다란 트럭을 멈추게 하는 힘 정도 된다)을 넘는 힘들을 만나지는 못할 것이며, 0.1 mm 미만의 변위들을 관찰할 수도 없을 것이다. 따라서 **w**가 **W**의 한 열이고 λ이 그에 해당하는 고유값일 때, 만일 $\|w\|/\lambda$이 **최소해상도/최대힘**보다 작으면 그 열에 해당하는 양상은 시뮬레이션에 영향을 못 미치는 것이므로 제외시킬 수 있다. 또한 디스플레이 갱신율의 반보다 더 큰 비율로 진동하는 과소감쇠 양상들은 보기 싫은 시간적 앨리어싱을 만들어낼 것이므로, 그런 양상들을 제거하면 시뮬레이션 결과가 실제로 향상될 수 있을 것이다.

대부분의 물체들의 경우, 거의 모든 양상들은 너무 뻣뻣해서 또는 주파수가 너무 높아서 폐기된다. 수천 개의 노드들로 된 한 물체에서 유지해야 할 양상들이 50 개 정도밖에 되지 않는 경우도 흔하다. 그리고 유지해야 할 양상들의 개수는 모델의 해상도와는 거의 무관하다.

그래서 매우 복잡한 시뮬레이션 모형들이라고 하더라도 적은 수의 양상들로 줄어들며, 그 덕분에 시뮬레이션 도중의 계산량도 크게 감소한다.

$\lambda = 0$인 양상들도 존재할 수 있다. 일반적으로 그런 양상들은 물체의 강체 양상들이며, 물체가 가진 이동이나 회전 자유도들에 해당한다. 자유롭게 떠다닐 수 있는 3차원 물체는 여섯 개의 0 양상들을 가지는데, 이들은 세 개의 이동 자유도들과 세 개의 회전 자유도들에 해당한다. 이러한 강체 양상들은 다른 곳에서 처리할 것이므로("혼성 시뮬레이션" 절 참고), 여기서는 폐기해야 한다.

양상 시뮬레이션

식 3.8.10으로 주어지는 각 양상의 해는 그 양상이 시간에 따라 어떻게 행동하는지를 결정한다. 계수 a_1과 a_2의 적절한 값을 안다면, 그 시뮬레이션의 행동을 결정하는 것은 간단하다. 유지된 양상들에 대해 식 3.8.10을 평가해서 $\mathbf{z}$를 결정하고 식 3.8.7을 이용해서 그것을 다시 원래의 공간 좌표들로 변환하기만 하면 된다.

양상의 갱신

어떠한 시간 t에서 각 양상의 a_1, a_2 값을 알고 있으며, 그것들을 식 3.8.10에 넣어서 각 양상의 현재 z_i 값을 구했다고 하자. 각 양상의 z_i의 새 값을 계산하는 한 가지 명백한 방식은, $t = t + \triangle t$로 시간을 갱신한 후 식 3.8.10을 다시 평가하는 것이다. 그러나 이런 방식은 두 가지 단점을 가지고 있다. 우선, 지수의 계산은 매우 비싼 작업이며, 두 번째로, 외부 힘들을 적용하는 경우 계산이 복잡해진다는 것이다. 그 대신 $e^{a+b} = e^a e^b$를 활용할 수 있다. 이를 우리가 원하는 갱신에 적용하면 다음과 같은 공식이 나온다.

$$a_1 e^{(t+\triangle t)\omega_i^+} + a_2 e^{(t+\triangle t)\omega_i^-} = a_1 e^{t\omega_i^+} e^{(\triangle t)\omega_i^+} + a_2 e^{t\omega_i^-} e^{(\triangle t)w_i^-} \tag{3.8.13}$$

이것은, 각 항에 그냥 어떤 복소수 값을 곱하기만 하면 각 항을 갱신할 수 있다는 뜻이다. $\triangle t$가 모든 프레임에서 일정하다면(실제로 물리 시뮬레이션에는 고정 시간 간격을 쓰는 경우가 많다) 각 항에 곱할 값들 역시 일정하며, 따라서 미리 계산해 둘 수 있다.

식 3.8.13을 활용하려면 각 양상에 대해 네 가지 값들을 저장해야 한다. 처음 두 값 ϕ_i^-와 ϕ_i^+는 $a_1 e^{tw_i^+}$과 $a_2 e^{tw_i^-}$의 현재 값을 담으며, 나머지 두 값 φ_i^+와 φ_i^-는 미리 계산된 값 $e^{(\triangle t)\omega_i^+}$과 $e^{(\triangle t)\omega_i^-}$을 담는다. 시간 $\triangle t$의 진행에 따라 이 값들을 갱신한다고 할 때, 각 양

상마다 두 번의 복소수 곱셈만, 즉 $\phi_i^+ = \phi_i^+ \varphi_i^+$, $\phi_i^- = \phi_i^- \varphi_i^-$ 만 수행하면 된다. z_i의 값은 ϕ_i^-와 ϕ_i^+를 합해서 얻고, 속도는 ϕ_i^-와 ϕ_i^+를 각각 ω_i^+와 ω_i^-에 곱하고 그 결과들을 합해서 얻는다.

초기 조건들과 외부 힘들

시뮬레이션이 속도가 0이고 $\mathbf{p}=\mathbf{p}_0$인 상태에서 시작한다면, ϕ_i^-와 ϕ_i^+의 초기치들은 그냥 0이다. 그러나 시뮬레이션이 휴지 상태 이외의 어떤 특정한 상태로부터 시작해야 하는 경우도 있다. 즉 시뮬레이션이 어떤 특정한 초기치들로부터 시작하도록 만들어야 하는 것이다. z와 $\dot{z}$의 초기치들을 계산하는 것은 간단하다.

$$\mathbf{z}=\mathbf{W}^{-1}\cdot(\mathbf{p}-\mathbf{p}_0) \qquad\qquad \dot{\mathbf{z}}=\mathbf{W}^{-1}\cdot\dot{\mathbf{p}} \qquad\qquad (3.8.14)$$

각 양상에 대한 ϕ_i^-와 ϕ_i^+의 적절한 값은 다음과 같은 공식으로 주어진다.

$$\phi_i^\pm = \frac{z_i}{2} \pm \frac{(c_1\lambda_i+c_2)z_i+2\dot{z}_i}{2\sqrt{(c_1\lambda_i+c_2)^2-4\lambda_i}} \qquad\qquad (3.8.15)$$

어떠한 외부 힘들의 집합 $\mathbf{f}$를 시스템에 적용하는 방법은 이렇다.

우선 그 힘이 어떠한 시간 구간에 대해 일정하다고 간주하고, 힘에 의한 충격 $\triangle t\mathbf{f}$를 계산하고, 그 충격을 $\triangle t\mathbf{g}=\mathbf{W}^{\mathrm{T}}\cdot(\triangle t\mathbf{f})$를 이용해서 양상 좌표들로 변환한다. 그 충격에 의해 양상의 속도 $\triangle\dot{\mathbf{z}}=\triangle t\mathbf{g}$이 변한다. 전체 시스템은 선형이므로, ϕ_i^-와 ϕ_i^+의 변화들은 z_i를 0으로, $\dot{z}_i$를 $\triangle\dot{z}_i$로 두고 식 3.8.15를 평가한 결과들을 원래의 ϕ_i^-와 ϕ_i^+에 합해서 구할 수 있다.

혼성 시뮬레이션

앞에서 물체의 강체 양상들을 폐기했는데, 이는 양상 시뮬레이션이 강체 행동을 모형화하는 데 적합하지 않기 때문이다. 강체 행동은 표준적인 강체 시뮬레이션 방법을 적용하는 것이 훨씬 낫다. 이동, 회전과 변형 모두가 가능한 물체를 시뮬레이션하려면 물체 운동의 각 측면을 그에 가장 적합한 시뮬레이션 방법으로 모형화해야 한다. 강체 양상들은 본질적으로 변형 양상들과는 분리되어 있으므로, 이런 식으로 시뮬레이션을 나눠도 이상한 결과가 나오지는 않는다.

이러한 개념을 혼성 시뮬레이션이라고 하는데, 원래 [Terzopoulos88]에서 제안된 것이다. 이런 식이다. 적절한 질량과 물체의 정지 형상에 해당하는 관성 모멘트를 가진 물체에 대해 표준적인 강체 시뮬레이션을 만든다. 그런 다음 양상 시뮬레이션 같은 변형 가능 시뮬레이션을 그 강체의 국소 좌표 기준계에 내장한다. 물체에 가해지는 외부 힘들은 강체와 양상 시뮬레이션 모두에 적용해야 한다.

종합

지금까지는 기본적인 양상 시뮬레이션의 구축에 관련된 여러 요소들을 상세히 살펴보았다. 다음은 그 모든 것들을 한 데 합치는 방법을 간략히 정리한 것이다.

I. 내용 생산 과정에서 물체의 양상 서술들을 미리 계산해 둔다.

   1. 모형화하고자 하는 물체의 질량-용수철 또는 유한요소 시뮬레이션을 구축한다.

   2. 그 모형에 기반해서, 주어진 정지 형상에 대한 시스템 행렬들($\mathbf{K}$, $\mathbf{C}$, $\mathbf{M}$)을 결정한다.

   3. 해당 양상들과 고유값들($\mathbf{W}$, $\mathbf{W}^{-1}$, $\mathbf{\Lambda}$)을 계산한다.

   4. 불필요한 양상들을 폐기하고, 나머지 양상들에 대해 $\omega_i^{\pm}$를 결정한다.

   5. 프레임률이 고정되어 있다면, φ_i^{+}와 φ_i^{-} 값들도 미리 계산해 둔다.

II. 게임플레이 도중에 시뮬레이션을 수행한다.

   1. 시뮬레이션의 초기 상태(p와 $\dot{p}$의 초기치 등)를 결정한다.

   2. 식 3.8.14와 3.8.15를 이용해서 각 양상의 초기 ϕ_i^{+}와 ϕ_i^{-}를 계산한다.

   3. 애니메이션의 각 프레임에서:

   a. 물체에 가해지는 임의의 힘들 $\mathbf{f}$를 결정한다.

   b. $\triangle \dot{z} = \mathbf{W}^{\mathrm{T}} \cdot (\triangle t \mathbf{f})$를 계산하고 식 3.8.15를 이용해서 각각의 ϕ_i^{-}와 ϕ_i^{+}의 변화량을 계산한다.

   c. $\phi_i^{\pm} = \phi_i^{\pm} \varphi_i^{\pm}$으로 두어서 시스템을 한 시간 간격만큼 진행시킨다.

   d. $z_i = \phi_i^{+} + \phi_i^{-}$으로 $\mathbf{z}$의 새 값을 계산한다.

   e. $\mathbf{p} = \mathbf{p}_0 + \mathbf{W} \cdot \mathbf{z}$으로 $\mathbf{p}$를 갱신한다.

   f. $\mathbf{p}$의 좌표들을 이용해서 물체를 표시한다.

시뮬레이션의 실시간 부분에서 가장 비싼 대목은 z로부터 p들을 재구축하는 단계이다. 이 연산은 본질적으로 기저 형태들의 가중혼합을 계산하는 것이다. 그러나 일반적으로 원래의 시뮬레이션보다는 훨씬 싸다. 이는 폐기하지 않은 양상들에 해당하는 W의 열들과 W^{-1}의 행들만 사용하면 되기 때문이다. 그리고 이 연산을 그래픽 하드웨어를 이용해서 수행하는 것도 가능하다([James02] 참고).

결론

부록 CD-ROM에 수록된 소스 코드는 이 글에서 설명한 방법 중 실시간 부분을 구현한다. 또한 혼성 시뮬레이션, 구속조건, 충돌도 구현한다. 구속조건과 충돌에 쓰인 방법들에 대해서는 [Hauser03]에 상세히 설명되어 있다.

그리고 몇 가지 예제 모형들과 그에 대한 양상 분해 결과도 수록되어 있다. 질량-용수철 시뮬레이션이나 유한요소 시뮬레이션을 제대로 구현해 놓은 독자라면, 다음으로 필요한 것은 희소 대칭행렬의 고유분해를 계산하는 루틴일 것이다. 작은 시스템이라면 Matlab, Numerical Recipes [Press02], LAPACK 같은 것을 사용하면 될 것이다. 대형 시스템이라면 ARPACK, TRLAN 같은 큰 희소 행렬에 특화된 소프트웨어를 사용해야 할 것이다. 그런 패키지들에서는 사용자가 고유값들의 범위를 직접 지정할 수 있기 때문에 폐기하고자 하는 양상들의 계산을 생략할 수 있다. 고유분해 계산 방법들에 대한 참고자료로는 [Bai99]를 추천한다. 그리고 Nastran, ABAQUS, ANSYS 같은 유한요소 소프트웨어 패키지들에는 양상 분해를 계산하는 도구들이 포함되어 있다.

양상해석에 대한 훌륭한 교재들은 많이 있다. 양상해석에 대한 교재인 [Maia98]은 양상해석에 깔린 수학, 물리학 이론들을 상세히 설명하며, 실제 응용에 대해서도 논의한다. 유한요소법에 대한 여러 교재들([Cook89] 등)에도 양상해석에 대한 장들이 포함되어 있다. 물론 유한요소법에 대한 방대한 논의도 들어 있다. 마지막으로, 상호작용적 응용 프로그램을 위한 양상 시뮬레이션을 논의하는 논문들로는 [Pentland89], [Stam97], [O'Brien02], [James02], [Hauser03] 등이 있다.

참고자료

[Bai99] Bai, Z., et al., "Templates for the Solution of Algebraic Eigenvalue Problems: A Practical Guide," SIAM, Philadelphia, 1999.

[Cook89] Cook, R. D., D. S. Malkus, and M. E. Plesha, *Concepts and Applications of Finite Element Analysis*, Third Edition, John Wiley & Sons, New York, 1989.

[Hauser03] Hauser, K. K., C. Shen, and J. F. O'Brien, "Interactive Deformation Using Modal Analysis with Constraints," *Graphics Interface 2003*, June 2003, pp. 247-256.

[James02] James, D. L., and D. K. Pai, "DyRT: Dynamic Response Textures for Real Time Deformation Simulation with Graphics Hardware," SIGGRAPH 2002, August 2002, pp. 582-585.

[Maia98] Maia, N., and J. Silva, *Theoretical and Experimental Modal Analysis*, Research Studies Press, Hertfordshire, England, 1998.

[O'Brien02] O'Brien, J. F., C. Shen, and C. M. Gatchalian, "Synthesizing Sounds from Rigid-Body Simulations," *SIGGRAPH 2002 Symposium on Computer Animation*, July 2002, pp. 175-181.

[Pentland89] Pentland, A., and J. Williams, "Good Vibrations: Modal Dynamics for Graphics and Animation," SIGGRAPH 89, July 1989, pp. 215-222.

[Press02] Press, W. H., et al., *Numerical Recipes in C++, Second Edition*, Cambridge University Press, 2002.

[Stam97] Stam, J., "Stochastic Dynamics: Simulating The Effects of Turbulence on Flexible Structures," *Computer Graphics Forum*, 16(3): August 1997, pp. 159-164.

[Terzopoulos88] Terzopoulos, D., and K. Fleischer, "Deformable Models," The Visual Computer, 4(6):1988, pp. 306-331.

Section 4
인공지능

Paul Tozour, *Retro Studios / Nintendo*
ptozour@austin.rr.com

최근 들어 나는 여러 대학교들에서 "게임 인공지능 입문(Introduction to Game AI)"이라는 제목의 두 시간짜리 강연을 하기 시작했다. 여기서 그 강연을 되풀이하려는 것은 아니지만, 요지만 소개한다면 이런 것이다: 게임의 인공지능은 단일한 하나의 문제가 아니라 여러 문제들의 커다란 집합이다. 더 나아가서, 모든 게임은 그마다 각기 다른 문제들의 집합을 가지고 있다. AI는 전적으로 게임 디자인에 의존하며, 모든 새로운 게임 디자인은 각자 고유한 AI 문제들을 제기한다. 서로 다른 50 개의 게임이 있다고 할 때 각 게임에서 쓰이는 AI라는 용어가 각자 완전히 다른 것을 가리킨다고 해도 놀랄 일은 아니다.

이 섹션은 게임 AI의 그러한 다양성을 매우 잘 보여주고 있다. John Olsen은 끌개와 밀개를 소개한다. Karén Pivazyan은 동적 프로그래밍으로 무작위성을 처리하는 몇 가지 방법들을 제시한다. Borut Pfiefer는 극적 긴장 수준을 프로그래밍적으로 조정함으로써 게임의 난이도를 체계적으로 조율하는 몇 가지 방법들을 보여준다. Jonathan Stone은 3인칭 카메라 네비게이션 기법들을 상세히 설명한다.

부울 논리, 이산적인 if-then 규칙들, 그리고 결정론적 유한상태기계는 오랫동안 게임 AI의 중심을 차지하고 있었다. 그러나 업계가 성숙하고 게임 AI 개발에 대한 우리의 기준이 더욱 높아짐에 따라, 이제는 AI 시스템들을 "소프트 컴퓨팅"에 좀 더 가깝게 옮기는 방법이 요구되고 있다. 즉, 이제는 불확실성, 부분적인 진실, 부정확성을 견고하게 처리할 수 있는, 그리고 단순한 if-then 규칙들을 판정하는 것이 아니라 커다란 규칙 집합의 출력을 분석하고 그 결과를 연속적인 값들을 가진 출력들로 결합할 수 있는 시스템이 필요한 것이다.

그런 흐름 속에서, 많은 AI 개발자들은 퍼지 논리, 베이즈 신뢰망, 소박한 베이즈 분류자, 뎀스터-샤퍼 이론 같은 기법들을 이용해서 게임 AI를 소프트 컴퓨팅 쪽으로 이동시켰다. 그러나 많은 경우, 우리가 주어진 문제를 완전히 이해하고 그 문제에 절묘하게 특화된 해결책을 만들 수만 있다면 더 간단한 접근방식들로 보다 나은 결과를 얻을 수 있다. 그런 측면에서, 분산 추론 및 편의성 기반 의사결정 아키텍처에 대한 John Hancock의 글에 매우 높은 평가를 내리고 싶다.

마지막으로, 내가 "게임 AI 입문" 강연에서 항상 받게 되는 질문 한 가지를 소개하겠다. 그 질문은 이런 것이다: "그래픽을 위한 하드웨어 가속기는 있는데 AI를 위한 가속기는 왜 없을까요? 하드웨어 가속 그래픽의 놀랄 만한 성공에 비추어 본다면, AI 분야도 어떤 형태이든 하드웨어 가속이 도움이 되지 않을까요?"

이에 대한 내 대답은 예나 지금이나 "아니요"이다. 계산능력을 더 추가하는 것은 별 도움이 되지 않는다. AI는 소프트웨어 문제이다. 그리고 게임 AI는 개발비용과 업계 성숙도의 문제이기도 하다. 앞에서도 말했듯이 50 개의 게임이 있으면 AI도 50 개가 있는 것이다. 50 가지 AI 모두에 도움이 되는 어떤 특화된 하드웨어를 상상하기는 어렵다.

물론 이 문제를 좀 더 깊숙이 들어가자면 할 이야기는 많다. 내가 그 질문에 "아니요"라고 답한다고 해서 하드웨어 활용에 반대한다는 뜻은 아니다. 내가 강조하고자 한 것은, 게임 AI는 항상 유연하고 범용적인 하드웨어를 필요로 한다는 점이다. 기술이 발전함에 따라 컴퓨터의 계산능력 역시 계속 증가하게 되며, 우리는 그 계산능력을 게임 AI를 위해 좀 더 잘 사용하는 방법을 찾아내야 한다. 특히 프로그래밍 가능한 하드웨어는 게임 AI에 대해 엄청난 가능성을 열어줄 것이다. Thomas Rolfes는 그 쪽 분야의 현재 기술 수준과 미래의 전망을 탐구해 보고자 하는 독자에게 훌륭한 출발점을 제시한다.

4.1 3인칭 카메라 네비게이션

Jonathan Stone, *Double Fine Productions*
jon@doublefine.com

3인칭 관점은 3차원 게임 세계를 탐험하는 매우 매력적인 방식이다. 3인칭은 플레이어 캐릭터를 외부에서 바라보는 관점이므로, 1인칭에서보다 플레이어 캐릭터와 그 주변 환경 사이의 상호작용을 좀 더 세부적으로 표현할 수 있으며, 또한 플레이어의 정체성을 좀 더 강하게 느낄 수 있게 한다.

그러나 복잡한 장면에서 3인칭 카메라가 세계와 매끄럽게 상호작용하게 하려면 몇 가지 중요한 기술적 난제들을 극복해야 한다. 이 문제를 그냥 카메라의 위치들을 고정시킨다거나 미리 결정된 경로만을 따르게 하는 식으로 해결할 수도 있지만, 그런 방법은 사용자가 게임 세계를 자유롭게 탐험할 수 있는 능력을 제한한다는 단점을 가지고 있다. 복잡한 환경을 무제한적으로 탐험할 수 있게 하려면 동적이고도 사용자가 제어 가능한 카메라를 설계해야 한다.

이 글에서는 역동적인 3인칭 카메라 시스템 구축의 기본적인 단계들을 개괄하고, 카메라가 장면을 네비게이션할 때 장면에 갇히거나 가려지는 등의 까다로운 문제들에 대한 몇 가지 해결책들을 설명한다.

카메라 배치와 움직임

이 글에서 말하는 3인칭 카메라 시스템은 기본적으로 추적 카메라(chase camera)이다. 추적 카메라는 *Zelda 64*와 *Rayman 2* 같은 고전적인 액션 게임들에서부터 *Jak and Daxter, Splinter Cell*에 이르기까지 많은 게임들에서 쓰여 왔다. 추적 카메라는 일반적으로 게임 세계 안을 움직이는 캐릭터의 뒤쪽 위에서 캐릭터를 따라가지만, 사용자가 특정 부분을 상세히 조사할 수 있도록 또는 카메라 관점을 바꿔서 거리를 판단할 수 있도록 사용자의 입력에도 반응한다.

이러한 시스템을 만드는 첫 번째 단계는, 카메라 회전을 위한 응시(look-at) 지점이자 카메라 위치의 기준점이 될 플레이어 캐릭터 상의 목표 지점을 결정하는 것이다. 일반적으로 이 지점은 플레이어 캐릭터의 경계원기둥 꼭대기에 가까운 한 점이거나 그 바로 위로 짧은 거리에 있는 한 점이다.

다음으로는 예를 들면 카메라가 목표 지점으로부터 ρ 미터 떨어져 있어야 하며 수평에 대한 고도각 ϕ를 유지해야 한다 등으로 카메라와 그 지점 사이의 "이상적인" 공간 관계를 정의해야 한다.

구면좌표

이러한 관계를 서술할 때 구면좌표계를 사용하면 편하다. 구면좌표계에서는 3차원 공간의 모든 위치를 원점(이 예의 경우는 카메라 목표 지점)과의 거리와 원점에 대한 회전으로 나타낸다. 하나의 구면좌표 벡터의 세 성분은 원점과의 거리 ρ, z 축에 대한 반시계 방향 회전각(방위(azimuth)라고도 한다) θ, 그리고 xy 평면에 대한 부호 있는 회전각(고도(altitude)라고도 한다) ϕ이다. 고도 좌표의 표기는 응용 프로그램마다 다를 수 있는데, 여기서는 ϕ가 원점에서 봤을 때 xy 평면과의 부호 있는 각도를 나타낸다고 하겠다. xy 평면 위의 위치들은 고도가 0에서 90 도 사이이고, xy 평면 아래의 위치들은 0에서 -90 도 사이이다.

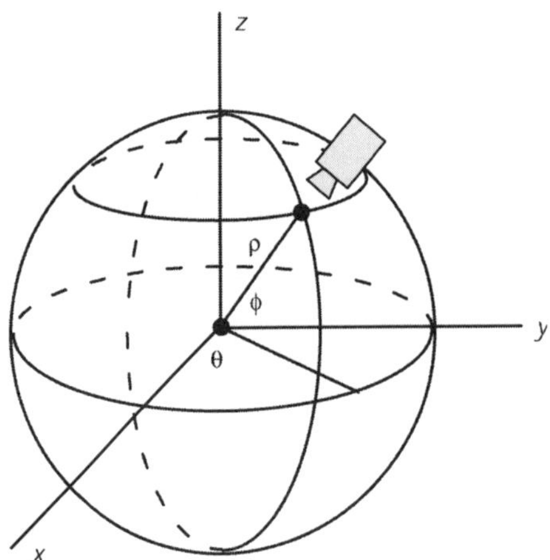

그림 4.1.1 구면좌표계로 표현한 추적 카메라

구면좌표계에서 카메라와 목표 사이의 이상적인 변위는 벡터 $(\rho,\ \theta,\ \phi)$로 정의할 수 있다. 이것을 매 프레임마다 데카르트 세계공간의 위치로 변환하기 위해서는 다음과 같은 공식들을 사용해야 한다.

$$x = \rho \cos\theta \sin\left(\phi + \frac{\pi}{2}\right) \tag{4.1.1}$$

$$y = \rho \sin\theta \sin\left(\phi + \frac{\pi}{2}\right) \tag{4.1.2}$$

$$z = \rho \cos\left(\phi + \frac{\pi}{2}\right) \tag{4.1.3}$$

데카르트 좌표들을 다시 구면좌표들로 변환하는 공식은:

$$\rho = \sqrt{x^2 + y^2 + z^2} \tag{4.1.4}$$

$$\theta = \tan^{-1}\left(\frac{y}{x}\right) \tag{4.1.5}$$

$$\phi = \cos^{-1}\left(\frac{z}{\rho}\right) - \frac{\pi}{2} \tag{4.1.6}$$

용수철 시스템

세계공간 안에서의 카메라의 이상적인 위치를 정의했다면, 카메라를 그 이상적인 위치로 보간하는 방법이 필요하다. 전체 시스템이 완전히 동적이므로, 즉 카메라와 목표 지점 모두 프레임마다 변할 수 있으므로, 그냥 카메라를 고정된 시간 간격에 대해 보간하는 것으로는 부족하다. 목표가 계속 변하는 상황에서도 연속성을 유지하기 위해서는 매 프레임마다 카메라의 속도에 어떠한 가속도 시스템을 적용해야 한다. 그러한 용도로 사용할 있는 것이 감쇠 용수철 시스템(damped spring system)이다. 이 시스템에서는 용수철의 가속도를 용수철의 휴지(rest, 용수철에 아무런 힘도 가해지지 않은 원래의 상태) 위치에 대한 현재 변위에 반대인 방향으로 물체에 적용하며, 또한 용수철의 감쇠 가속도를 물체 속도의 반대 방향으로 가한다 [Treglia00]. 이를 공식으로 표현하면:

$$F = m_a = -k_s x - k_d v \tag{4.1.7}$$

여기서 x는 용수철의 변위, v는 물체의 속도, 그리고 a는 결과적인 물체의 가속도이다. k_s 와 k_d는 각각 용수철과 감쇠 상수로, 가속의 용수철 성분과 감쇠 성분을 제어한다. 카메라 시스템의 경우 x는 세계공간에서 카메라의 이상적 위치와 현재 위치 사이의 거리를 나타내며, 결과 가속도 a는 카메라를 이상적 위치로 매끄럽게 몰고 가는 역할을 한다.

용수철 시스템의 용수철 상수와 감쇠 상수를 결정할 때에는 시스템의 감쇠율(damping ratio)을 고려해야 한다. 감쇠율은 다음과 같이 정의된다.

$$\zeta = \frac{k_d}{2\sqrt{k_s}}$$

ζ가 1인 용수철 시스템을 "임계 감쇠되었다"(criticaly damped)라고 칭한다. 임계 감쇠 시스템에서는 용수철이 주어진 k_s 값에 따른 최소 시간 안에 휴지 상태로 돌아온다. ζ가 1보다 작으면 용수철은 과소감쇠된다고 하며, 휴지 상태가 되기 전에 진동을 겪는다. ζ가 1보다 크면 과도감쇠이며 휴지 상태에 도달할 때까지 더 많은 시간이 소요된다. 카메라 시스템에서는 임계감쇠를 사용하는데, 그게 가장 효율적인 카메라 운동을 만들어내기 때문이다.

카메라 갱신

이제 카메라의 운동 방식을 결정했으므로, 매 프레임마다 카메라를 갱신하고 그것을 플레이어를 기준으로 한 이상적인 위치를 향해 보간하는 함수를 만들어보자. 우선 추적 카메라를 표현하기 위한 클래스를 다음과 같이 정의한다.

```
class ChaseCamera
{
    Vec3 m_vPosition;          // 카메라 위치
    Vec3 m_vVelocity;          // 카메라 속도
    Vec3 m_vTargetPos;         // 목표 위치
    Vec3 m_vIdealSpherical;    // 이상적인 구면 좌표들
    Mat4 m_mView;              // 뷰 행렬
};
```

카메라를 갱신하는 멤버 함수는 다음과 같다.

```
void ChaseCamera::Update(float fTime)
{
    // 목표 위치에 상대적인 카메라의 현재 위치에 기반해서
    // 이상적인 방위 좌표를 계산한다.
    m_vIdealSpherical.y = atan2f(
      m_vPosition.y  m_vTargetPos.y,
      m_vPosition.x  m_vTargetPos.x);

    // 세계공간의 이상적 카메라 위치를
    // 계산한다.
    Vec3 vIdealPos = m_vTargetPos +
      SphericalToCartesian(m_vIdealSpherical);
```

```
            // 그 이상적 위치를 향한 용수철 가속도를
            // 계산한다.
            Vec3 vDisplace = m_vPosition  vIdealPos;
            Vec3 vSpringAccel = (-m_fSpringK * vDisplace) -
              (m_fDampingK * m_vVelocity);

            // 오일러 적분을 이용해서 카메라의 속도와
            // 위치를 갱신한다.
            m_vVelocity += vSpringAccel * fTime;
            m_vPosition += m_vVelocity * fTime;

            // 뷰 행렬을 만든다.
            m_mView = MatrixLookAt(m_vPosition, vTargetPos,
              GetWorldUpVector());
}
```

이 함수는 우선 추적 카메라가 목표를 중심으로 자동 회전할 수 있도록 하기 위한 이상적인 방위를 갱신한다. 이것은 "게으른" 회전으로, 플레이어가 원형으로 이동했을 때 카메라가 그대로 남아있게 만든다. 이는 *Rayman 2* 같은 플랫폼 스타일 게임에서 흔히 볼 수 있는 행동이다. 이 부분을 생략하면 플레이어가 어디로 움직이든 이상적 방위가 변하지 않으므로 카메라는 옆걸음 방식으로 이동할 것이다. 사용자가 좀 더 정교한 조준을 해야 하는 *Splinter Cell* 같은 3인칭 게임에서는 이런 옆걸음 행동이 좋은 효과를 낸다.

플레이어가 어떤 퍼즐을 풀기 위해 또는 장면 안에서 벌어지는 일을 좀 더 잘 관찰하기 위해서 장면을 다른 각도로 바라보고 싶을 수도 있다. 그러려면 사용자가 카메라를 어느 정도는 직접 제어할 수 있게 만들어야 한다. 이를 위해, 갱신 함수 제일 첫 머리에 다음처럼 사용자 입력이 카메라 방위에 영향을 미치게 하는 코드를 추가한다.

```
// 사용자 입력과 감쇠에 근거해서
// 카메라 방위 가속도를 계산한다.
float fAzimuthAccel =
  (GetUserInput(kINPUT_AZIMUTH) * m_fAzDriveK)
  (m_fAzimuthVel * m_fAzDampingK);
// 카메라의 방위 속도를 갱신한다.
m_fAzimuthVel += fAzimuthAccel * fTime;

// 그것을 카메라 위치에 적용한다.
Vec3 vCurSpherical = CartesianToSpherical(
  m_vPosition  m_vTargetPos);
vCurSpherical.y = NormalizeAngle(vCurSpherical.y +
  m_fAzimuthVel * fTime);
m_vPosition = SphericalToCartesian(vCurSpherical);
```

이러면 사용자의 입력이 카메라의 방위 속도에 하나의 가속도를 제공하며 감쇠 효과가 그 방위 속도를 다시 0 쪽으로 끌어당기는 하나의 상호작용적인 감쇠 시스템이 만들어진다. 함수 `GetUserInput()`은 입력 장치의 상태(아날로그 콘솔 조이스틱은 수평 방향 위치 등)에 따라 -1에서 1 사이의 값을 돌려준다고 가정한 것이다. `m_fAzDriveK`와 `m_fAzDampingK`는 이러한 제어 방식의 빠르기와 반응성을 결정하는 상수로, 게임 디자이너가 적절히 조정해야 할 것이다. 이 시스템의 최대 빠르기는 `m_fAzDriveK / m_vAzDampingK`이다(단위는 단위 시간 당 라디안). 조이스틱을 왼쪽이나 오른쪽으로 최대한 밀었을 때 그러한 최대 빠르기가 된다.

카메라 장면 경계들

지금까지 완전히 개방된 게임 환경 안에서 플레이어를 매끄럽게 따라가는 하나의 추적 카메라에 대해서 살펴보았다. 그러나 실제 게임의 장면들에는 벽이나 천장 같은 어떤 경계들이 존재하는데, 카메라가 그런 경계들을 뚫고 지나가서는 안 된다. 카메라가 장면을 벗어나게 그냥 두면 게임 세계를 벽 뒤에서 본 장면을 렌더링하게 되고, 그러면 충실한 환경의 환상이 깨진다. 카메라가 렌더링될 세계 안에서만 있게 하려면 장면의 내부와 외부를 구분할 수 있어야 한다.

충돌 기하구조

렌더링될 세계 기하구조가 특정한 제약이 없는 다각형들의 집합일 뿐이라면 장면의 경계를 정의하는 개별적인 충돌 기하구조를 둘 필요가 있다. 이 충돌 기하구조는 일반적으로 렌더링용 세계보다는 적은 수의 다각형들로 구성되며, 장면 내부 판정을 최적화할 수 있도록, 틈이 없는 입체(즉 2 다양체)가 되어야 한다. 삼각형 메시의 경우 틈이 없는 입체가 되기 위해서는 각 삼각형의 세 변에 각각 정확히 하나의 이웃 삼각형만 연결되어 있어야 하며, 메시에 T자 접합부나 겹친 다각형들이 존재해서는 안 된다.

이런 꽉 짜인 충돌 기하구조를 마련했다면, 장면의 내부를 특정한 조건을 만족하는 점들의 집합이라고 정의할 수 있다. 어떤 조건이냐 하면, 점에서 임의의 방향으로 반직선을 쏘았을 때 그 점을 향해 있는(즉 표면 법선이 반직선과 반대 방향인) 충돌 기하구조의 한 다각형과 반직선이 만나야 한다는 것이다. 반대로, 점에서 쏜 반직선이 충돌 기하구조와 전혀 만나지 않거나 점을 향하지 않는 충돌 기하구조 다각형과 만나는 점들은 장면의 외부에 있는 것이다. 이제 세계 안의 한 위치가 장면의 내부인지 아닌지를 알고 싶다면, 그냥 거기서 아무 방향으로나 반직선을 쏘고 첫 번째로 만나는 다각형의 표면 법선을 점검하기만 하면 된다.

카메라 구

지금까지는 카메라를 세계공간 안에서 돌아다니는 하나의 점으로 간주했다. 그러나 장면 경계 문제를 효과적으로 해결하기 위해서는 카메라에 부피를 부여하는 게 더 바람직하다. 카메라를 반지름이 r인 구라고 간주하고 장면 경계와의 충돌을 판정한다면 카메라는 항상 장면 경계로부터 최소한 r만큼 떨어지게 된다. r을 충분히 큰 값으로 설정하면, 렌더링되는 물체가 카메라 시야 절두체의 가까운 평면에 잘려서 내부가 들여다보이는 일을 피할 수 있다.

움직이는 카메라 구와 충돌 기하구조의 교차를 계산하기 위해서는 동적인 구 대 삼각형 판정이 필요하다. 동적인 구 대 삼각형 교차 판정이란 직선 선분을 따라 움직이는 구가 그 이동 경로 도중 주어진 삼각형과 교차하는지를 판정하는 것을 말한다. 만일 교차가 있다면, 판정은 교차가 일어나기 직전까지 구가 움직인 선분 경로의 가장 끝점을 돌려준다. 구가 그 선분 경로를 따라 움직여서 생긴 궤적을 구의 직선 일소(line-swept-sphere)라고 칭한다 [Moller02].

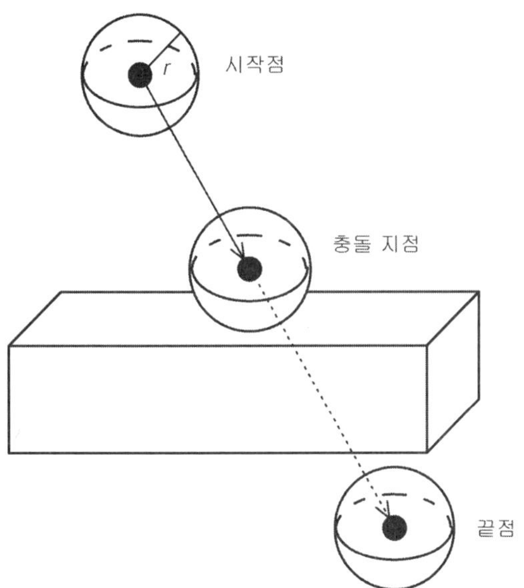

그림 4.1.2 동적인 구 대 장면 판정

장면의 충돌 기하구조를 계통적 장면 그래프(세계공간의 특정 영역에 있는 다각형들에 효율적으로 접근할 수 있는 구조이다)에 저장하면 충돌 기능성을 동적인 "구 대 장면" 판정으로 확장할 수 있는데, 이 판정은 이 글의 카메라 충돌 알고리즘의 핵심적인 구성요소이다. 이것은 반직선 투사와 비슷하나, 반직선이 반지름 r의 "두께"를 가질 수 있다는 점이 다르다(그림 4.1.2).

이러한 교차 판정들을 이용해서 카메라를 장면 안에 가두는 두 가지 알고리즘을 만들 수 있다. 두 가지를 각각 가상 카메라 충돌과 물리적 카메라 충돌이라고 부르겠다. 그럼 이들을 차례로 살펴보자.

가상 카메라 충돌

첫 번째 알고리즘인 가상 카메라 충돌 모형은 구현하기가 더 쉽다. 이 방법에서는 매 프레임마다 가상의 구를 카메라에서 목표까지 이동시킨 궤적을 사용한다. 그 궤적이 장면과 교차한다면, 충돌 지점을 카메라의 새 위치로 사용한다. 교차가 없으면 카메라의 위치를 그대로 유지한다.

이 알고리즘은 카메라가 모든 장면 장애물들과 차단물들을 피하기 위해 앞으로 건너뛰는 식의 시각적 효과를 낸다. 모든 장애물들을 통과했다면, 다른 말로 구의 직선 일소와 카메라 사이에 아무 것도 없게 되면, 카메라의 용수철 메커니즘은 카메라를 다시 보통의 거리 ρ가 되도록 보간한다. 이 방법으로 카메라를 확실하게 장면 안에 가두는 것은 가능하지만, 그 대신 프레임 응집성(frame coherence)이라고 하는 비용을 지불해야 한다. 예를 들어 플레이어가 방 중앙의 둥근 기둥을 돌아서 걸어간다면 카메라는 그 기둥 안으로 파고 들어가지 않기 위해서 기둥의 반대편으로 건너뛰게 된다. 이러한 건너뛰기는 불연속적이며, 그래서 카메라의 매끄러운 움직임이 잠시 동안 깨지게 된다. 작은 카메라 장애물들이 많이 있는 좀 더 복잡한 환경에서는 이러한 불연속성들이 보다 자주 일어날 것이고, 그러면 플레이어가 방향 감각을 잃을 수 있다.

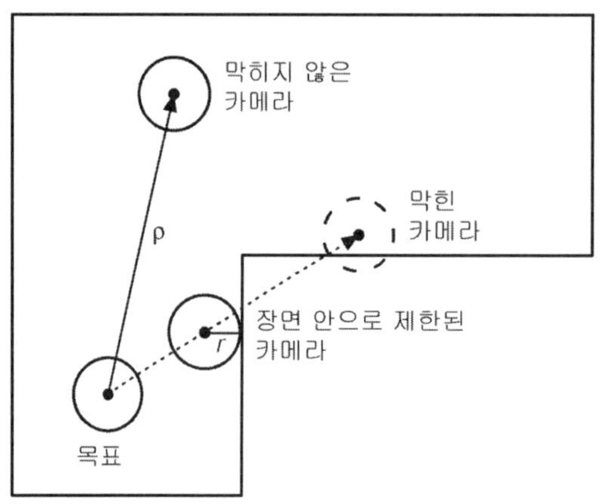

그림 4.1.3 가상 카메라 충돌

한 가지 개선 방안으로, 카메라가 장애물에 실제로 부딪히기 전에 장애물을 검출할 수 있도록 카메라 구의 반지름 r을 더 크게 잡고, 앞쪽 시간에 대해 카메라를 보간할 수도 있다. 그러나 이 방법으로 불연속성이 완전하게 제거되는 것은 아니다. 왜냐하면 카메라를 전진 보간할 때에도 카메라가 장면의 실제 경계와 부딪혀서 앞 쪽으로 건너뛰는 일이 생길 수 있기 때문이다(어떤 경우이든, 단 한 프레임이라도 장면의 외부를 보여줘서는 안 된다). 그렇긴 하지만, 많은 상황에서 카메라의 움직임을 매끄럽게 하는 효과는 분명히 있다. 그 방법 외에, 이상적인 구면 좌표 ρ를 최대한 작게 잡아서 불연속성을 최소화할 수도 있다. 이론적으로 생길 수 있는 가장 큰 건너뛰기는 카메라의 이상적 위치에서 거리 0인 위치로 건너뛰는 것인데, 그 때의 건너뛰는 거리가 바로 ρ이기 때문이다.

물리적 카메라 충돌

두 번째 접근방식은 카메라를 하나의 고형 물체로 간주하고 충돌 시 카메라가 미끄러지게 만드는 것이다. 이 방식은 플레이어 물리 처리에서 충돌을 해소할 때 흔히 쓰이는 알고리즘 [Melax01]에 기반한 것이기 때문에 물리적 카메라 충돌 모형이라고 부른다. 카메라의 경계 구가 장면의 경계와 교차하면, 카메라의 이전 위치에서 현재의 유효하지 않은 위치까지 구를 이동시킨다. 그 궤적이 장면 충돌 기하구조의 한 다각형과 교차하면, 카메라 이동의 나머지 성분을 이용해서 구를 그 다각형의 평면을 따라 미끄러뜨린다. 이 미끄러짐 벡터 역시 장면 기하구조의 다른 다각형과 교차할 수 있으므로, 같은 과정을 카메라의 이동이 끝날 때까지 또는 특정한 판정 횟수에 도달할 때까지 반복해야 한다(그림 4.1.4).

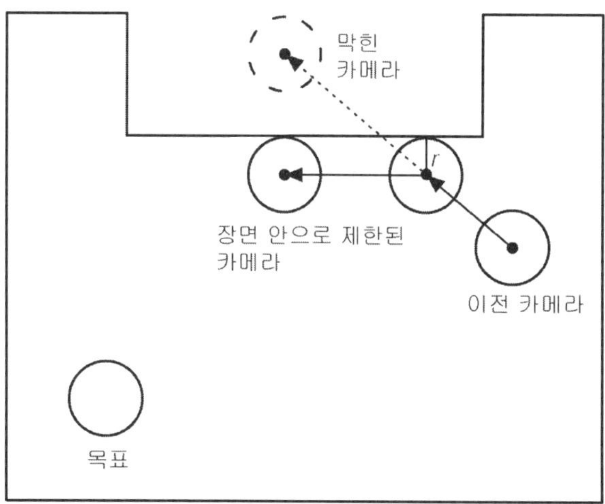

그림 4.1.4 물리적 카메라 충돌

물리적으로, 이 알고리즘은 카메라가 장면 경계들에 의해 밀리는 모습을 만들어낸다. 카메라는 작은 장애물들 주위를 미끄러져 가며, 커다란 장애물에 밀리다가는 점점 느려져서 멈추게 된다. 세계공간 안에서의 카메라 위치는 연속적인데, 이는 카메라가 이전 프레임에서의 자신의 위치를 기준으로 장면 경계에 한정되기 때문이다. 앞에서 든 예처럼 플레이어가 방 안의 원형 기둥을 돌아서 걸어간다면, 카메라는 그 기둥의 가장자리를 매끄럽게 미끄러져 가면서 충돌을 피한다.

물리적 모형의 단점은, 미끄러짐 계산 때문에 카메라의 고도와 방위가 변할 수 있으며, 그래서 잠재적으로 사용자의 카메라 제어를 방해할 수 있다는 점이다. 사용자가 의도적으로 카메라를 커다란 장애물 안으로 직접 회전시킨다고 할 때, 그런 사용자의 의도와는 달리 카메라가 장애물 가장자리에서 멈출 수 있는 것이다. 좁은 공간에서 플레이어가 특정한 방향을 향해 카메라를 제어하려는 경우 이런 현상이 일어나면 플레이어는 당황할 수 있다. 이런 상황은 충돌 반응 시 카메라의 이상적인 반지름을 일시적으로 줄이고 플레이어가 카메라에서 멀어지면 다시 반지름을 증가시키는 식으로 최소화할 수 있다.

카메라 차단

이렇게 해서 카메라가 장면을 벗어나지 않게 만들었다. 그러나 장면 안의 물체들에 의해 카메라의 시야가 막히는, 즉 플레이어가 보이지 않게 되는 상황은 여전히 일어날 수 있다. 그런 상황을 카메라 시야의 차단이라고 칭한다. 앞서 이야기한 단순한 가상 충돌 모형의 경우에는 카메라를 시야가 막히지 않는 가장 가까운 위치로 건너뛰게 만들기 때문에 이런 상황이 자동적으로 처리된다. 그러나 물리적 모형은 차단을 명시적으로 처리해 주어야 한다. 이 문제에 대한 해법은 크게 차단의 검출, 차단 없는 시야 찾기, 그리고 길찾기라는 세 단계로 나뉜다.

주어진 프레임에서 카메라 시야가 차단되는지를 판정하는 한 가지 간단한 방법은 카메라로부터 목표까지의 동적 구 판정을 수행하는 것이다. 그러면 충돌 기하구조가 시야를 차단하는지를 빠르게 알아낼 수 있다. 그러나 실제 구현에서는 플레이어의 전반적인 가시성을 판정하며 바닥과 천장의 작은 물체들이 시야를 가리는 정도는 무시할 수 있는 좀 더 확실한 판정 방법이 필요하다. 이를 위해, 카메라로부터 목표 근처의 여러 높이의 지점들에 대해 둘 이상의 동적 구 판정들을 수행한다. 그 판정들 중 하나라도 막히지 않았다는 결과가 나오면, 주어진 시야는 막히지 않은 것이라고 결론을 내린다.

그러한 판정 방법을 적용했을 때 현재 시야가 차단되었다는 결론이 나오면, 깨끗한 시야를 제공하는 새로운 카메라 위치를 찾아야 한다. 그리고 그 위치는 원래의 시야와 최대한 가까운 곳이어야 한다. 이를 위한 검색 방법의 세밀함 정도는 환경의 복잡도에 따라 다를 것이다. 환경이 비교적 간단하고 직교적이면(즉 기울어진 바닥이나 비스듬한 표면들이 없으면), 카메라 구면좌표 위치의 방위 성분 같은 하나의 차원에 대해서만 검색을 수행해도 될 것이다. 그러나 인간 크기의 캐릭터가 굴곡과 바위가 많은 지형을 걸어 다니는 등의 복잡한 환경이라면 카메라의 고도까지 고려한 2차원적 검색 방법을 사용해야 한다.

1차원 검색의 경우에는 넓은/좁은 너비 검색을 통해서 방위 변화가 최소가 되는 깨끗한 시야를 효율적으로 찾을 수 있다(그림 4.1.5). 넓은 검색 단계에서는 커다란 간격을 이용해서 원래 시야와 가장 가까운 깨끗한 시야를 찾는다. 그런 다음에는 좁은 검색 단계로 들어가, 작은 간격을 이용해서 반대쪽으로 검색해 좀 더 정밀한 결과를 얻는다. 이런 방법을 이용하면 상당히 정확한 결과를 얻을 수 있지만, 계산이 너무 비싸기 때문에 계산 결과를 보존해 두고 최대한(플레이어가 보존된 결과의 목표 위치에 도달할 때까지 또는 보존된 결과가 플레이어의 이후 움직임에 의해 무효화될 때까지) 재사용해야 할 것이다.

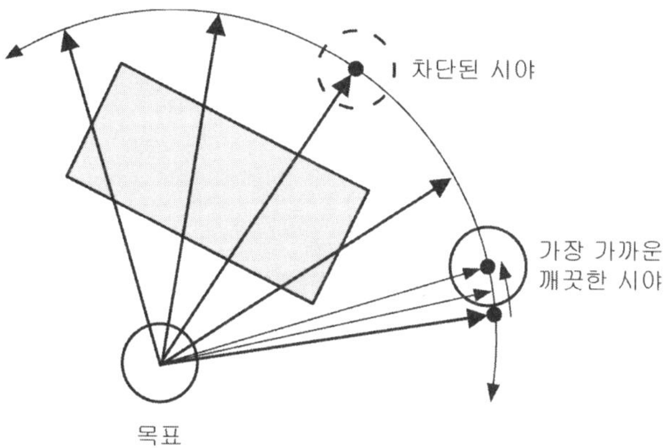

그림 4.1.5 1차원에서 깨끗한 시야 찾기

2차원의 경우는 여러 가지 검색 방법들이 가능한데, 넓은/좁은 너비 검색을 2차원적으로 확장하는 방법은 방위/고도의 변화량을 $(0°, 0°)$에서 $(\pm180°, \pm90°)$로 차츰 증가시키면서 검색을 수행하는 것이다. 넓은 너비 검색에서 깨끗한 시야를 찾았다면, 그 반대 방향으로 좁은 너비 검색을 통해서 결과를 정교하게 만든다. 처음에는 고도를 0 쪽으로 줄여나가고, 그런 다음 방위를 줄여나가는 식으로 검색하면 된다. Helbing과 Strothotte는 변화량 $(0°, 0°)$에서 시작해서 고도와 방위를 동시에 조금씩 늘려 나가는 나선형의 검색 방법을 제안한 바 있다 [Helbing00].

이렇게 해서 깨끗한 시야를 제공하는 새 위치를 찾았다고 할 때, 차단된 카메라 위치와 새 위치 사이에 깨끗한 시선이 존재한다면 새 위치를 카메라의 이상적 위치로 설정하고 용수철 시스템을 통해서 카메라를 그 위치로 매끄럽게 보간시키면 된다. 그러나 그 시선 자체도 장면의 기하구조에 의해 막혀 있는 경우가 많으며, 그런 경우라면 길찾기가 필요하다.

이를 위해 일반화된 3차원 길찾기 접근방식 [Smith02]을 사용할 수도 있다. 그러한 방식에서는 게임 세계를 볼록한 구역들로 분할하고, 그들 사이의 연결성 정보를 오프라인에서 계산한다. 카메라 네비게이션에 특화된 좀 더 간단한 접근방식은, 게임 세계 안에서의 플레이어의 경로에 있는 연결성 정보를 활용하는 것이다. 최근 플레이어 카메라 목표 구 위치들의 순환 버퍼를 계속 갱신하면서, 거기에 담겨 있는 위치들을 일종의 웨이포인트들(카메라를 차단되지 않은 새 위치로 이끄는)로 사용한다. 카메라가 차단되었으며 새 위치 역시 막혀 있다면, 카메라의 시야 안에 있는 웨이포인트들 중 목표에서 가장 먼 것을 택해 그것을 새로운 이상적 위치로 사용한다. 그런 식으로 웨이포인트를 따라 가다가 원래의 새 위치가 직접 보이는 곳이 되면 웨이포인트 경로에서 벗어나 그 새 위치로 간다.

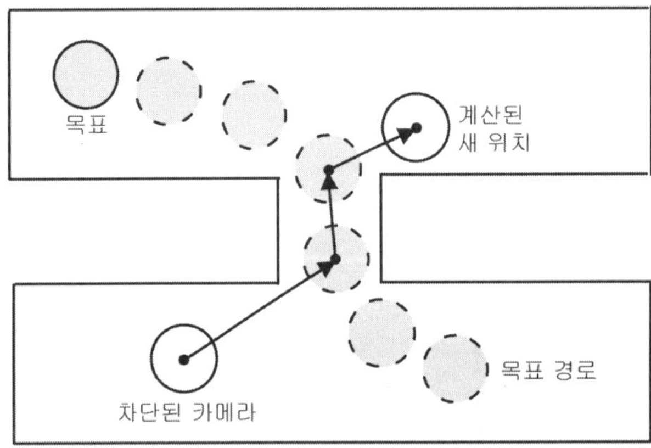

그림 4.1.6 경로 따라가기

이 알고리즘을 이용하면, 카메라가 그림 4.1.6처럼 복도를 통해 다른 방으로 들어간 플레이어를 제대로 따라가게 만들 수 있다. 이렇게 얻은 경로가 완전한 3차원 길찾기 알고리즘으로 얻은 경로보다 매끄럽지는 않을 것이다. 그런 알고리즘은 카메라 경로를 미리 계획하고 선분들을 스플라인으로 매끄럽게 만들 수도 있다. 그렇긴 해도, 이 알고리즘은 플레이어가 복잡한 환경 안을 빠르게 돌아다니는 동적인 상황에서 잘 작동한다. 경우에 따라서는 카메라가 플레이어 목표 자체에 너무 가까워져서 카메라의 시선 방향이 급격히 뒤집히는 상황도 생길 수 있다. 그런 상황이라면 카메라를 플레이어 목표점으로부터 최소한의 거리를 유지할 수 있도록 밀어내야 할 것이다.

장면의 단순화

몇몇 카메라 상황들은 네비게이션 알고리즘에만 의존하기보다는 카메라를 위한 장면 표현 또는 렌더링용 장면 자체를 단순화했을 때 더욱 효과적으로 해결될 수도 있음을 기억해 두기 바란다. 장애물이 많은 조밀한 게임 세계의 경우 카메라 시야의 변화가 빈번해서 사용자가 혼란을 느낄 수 있다. 그런 상황들을 피할 수 있다면 게임플레이가 좀 더 매끄러워질 것이다.

카메라의 환경을 단순화하는 한 가지 방법은, 레벨 디자인 단계에서 잠재적인 차단물들을 식별하고 카메라의 가장 일반적인 경로를 가로막는 것들을 적절히 제거하거나 이동시키는 것이다. 또 다른 접근방식은 카메라를 가로막는 물체를 반투명하게 렌더링하는 것인데, 이 경우 카메라의 깨끗한 시야를 계산할 때 그런 물체들은 고려하지 않아도 된다는 장점이 생긴다. 다만 자주 사용하면 게임 세계의 사실감이 떨어질 수 있다.

결론

이 글에서는 역동적이고 사용자가 제어할 수 있는 3인칭 카메라 시스템을 구축하는 몇 가지 방법들에 대해서 이야기했다. 또한 카메라를 장면 안으로 제한하는 문제와 카메라 시야가 차단되는 문제에 대한 몇 가지 해결책도 제시했다. 카메라 이동의 매끄러움과 사용자 제어의 유연성, 그리고 복잡한 장애물 회피 사이의 최상의 절충은 게임마다 다르다. 그러나 이 글에서 이야기한 개념들은 여러 게임 디자인들에서 쓸모가 있을 것이다. 아래의 참고자료들은 이 글에 나온 수학적 개념이나 기법을 좀 더 깊게 공부하고 싶은, 그리고 이 글이 다룬 주제를 좀 더 연구하거나 새로운 영감을 얻고자 하는 독자를 위한 것이다.

참고자료

〔Helbing00〕 Helbing, Ralf, and Thomas Strothotte, "Quick Camera Path Planning for Interactive 3D Environments," 웹 주소
http://http://isgwww. cs. uni-magdeburg. de/~helbing/publ/quickplanning-sg00. pdf.

〔Melax01〕 Melax, Stan, "BSP Collision Detection as Used in MDK2 and NeverWinter Nights," 웹 주소 *http://www. gamasutra. com/features/20010324/ melax_01. htm,* 2001.

〔Moller02〕 Akenine-Mller, Tomas, and Eric Haines, *Real-Time Rendering, Second Edition,* A K Peters, Ltd. , 2002. 번역서는 *Real-Time Rendering 2판,* 정보문화사, 2003.

〔Smith02〕 Smith, Patrick, "Polygon Soup for the Programmer's Soul: 3D Pathfinding," *GDC 2002 Conference Proceedings*, 2002.

〔Treglia00〕 Treglia, Dante, "Camera Control Techniques," *Game Programming Gems*, Mark DeLoura, Editor, Charles River Media, Inc., 2000. 번역서는 "카메라 제어 기법," *Game Programming Gems*, 정보문화사, 2000.

4.2 이야기식 전투: AI를 이용해서 액션 게임의 긴장감 높이기

Borut Pfeifer, *Radical Entertainment*
borut_p@yahoo.com

게임을 즐기는 독자라면 아마 고도로 스크립트화된 AI를 가진 게임을 경험해 본 적이 있을 것이다. 그런 게임들에서는 플레이어가 게임을 특정한 방식으로만 진행하게 된다. 즉 게임 디자이너는 게임의 보조(pace)를 완전히 제어할 수 있는 것이다. 이러한 보조 제어는 게임을 처음 플레이할 때에는 좋은 효과를 내지만, 일단 한 번 게임을 마친 후 다시 플레이하는 입장에서는 적이 어디에서 출몰하는지, 그리고 그 적이 취할 행동이 무엇인지를 다 알고 있게 된다. 그러한 예측가능성은 게임플레이 체험의 재미를 떨어뜨린다. 게임을 다시 시작하는 때에도 처음과 같은 재미를 선사할 수 있으려면, 게임 디자이너는 모든 가능한 경로를 스크립트화해 두어야 한다.

반대로, 완전히 체계적인 게임 세계를 만들어내는 게임은 보조 제어를 전적으로 플레이어에게 맡긴다. 플레이어가 게임의 현재 목표를 이해하지 못한다면 아무 목적 없이 게임 안을 떠돌게 되는데, 이 경우 역시 재미있는 게임플레이 체험은 불가능하다. 게임의 재유희성(replayability)을 얻는 대신 고도로 효과적인 보조 제어는 포기해야 하는 것이다.

이상적으로는, 플레이어가 게임을 진행하는 보조를 디자이너가 적절히 조정할 수 있도록 하는 어떤 메커니즘들이 있다면 좋을 것이다. 그런 메커니즘들은 디자이너에 의해서 주도되겠지만, 더 나아가서는 플레이어의 경험과 숙련도를 고려해서 극적 긴장을 흥미로운 방식으로 키우거나 줄이는 좀 더 동적인 게임플레이 환경도 만들 수 있을 것이다.

이 글은 액션 게임의 난이도와 보조를 동적으로 조정할 수 있는 AI 시스템에 대해서 이야기한다. 그러한 시스템을 사용하면 보조가 명확히 지정된 게임 요소들을 재유희성 및 좀 더 자유로운 형태의 게임플레이와 결합할 수 있을 뿐만 아니라, 디자이너가 보조가 잘 지정된 레벨을 만들어내는 것도 훨씬 쉬워진다. 이유는, 그런 시스템의 경우 디자이너가 특정 영역의 전반적인 난이도에 대한 지침만 지정하면 되기 때문이다. 보통의 시스템에서는 디자이너가 적 위치, 생성 지점, 무기, 시간 등을 일일이 명시적으로 지정해야 한다. 플레이어의 숙련도에 맞게 조율되는 시스템에서는 디자이너가 게임플레이를 일반적인 사용자의 숙련도가 아니라 디자이너 자신의 숙련도에 맞게 조율해버려서 평균적인 플레이어에게 게임이 너무 어려워지는 문제도 방지할 수 있다. 또한, 게임플레이의 보조가 변할 때 난이도가 좀 더 매끄럽게 전이된다는 장점도 있다.

극적 긴장

그림 4.2.1은 재미있는 책이나 영화, 비디오 게임, 심지어 스포츠 경기에서 흔히 볼 수 있는 극적 긴장의 상승과 하강 단계들을 나타낸 것이다. 극적 긴장(dramatic tension)을 과정에 대한 행위자의 참여 정도라고 볼 수도 있지만, 좀 더 구체적으로는 행위자가 알고 있는 정보와 알지 못하는 정보의 복합적인 척도를 뜻한다고 할 수 있다. 예를 들어, 미스테리 소설은 이야기가 진행됨에 따라 누가 살인자인지에 대해 더 많은 의문점들이 생겨난다. 또, 새로운 정보가 계속 드러나면서도 그 정보는 또 다른 가려진 정보를 암시하기도 한다. 게임에서, 이러한 미지 정보는 플레이어 성공의 불확실성에 해당한다. 긴장 전개 과정에는 가장 높은 지점인 절정(climax)이 존재한다. 긴장은 절정에서 최고조에 달하며 그 이후부터는 점차 해소된다. 절정의 위치는 다양할 수 있는데, 일반적으로는 결말에서 그리 멀지 않은 지점에 놓여지며, 그 이후 짧은 시간 안에 긴장이 감소되는 형태가 가장 재미있다고 간주된다. 절정 다음에 긴장이 해소되는 짧은 구간을 흔히 대단원(denouement)이라고 부른다.

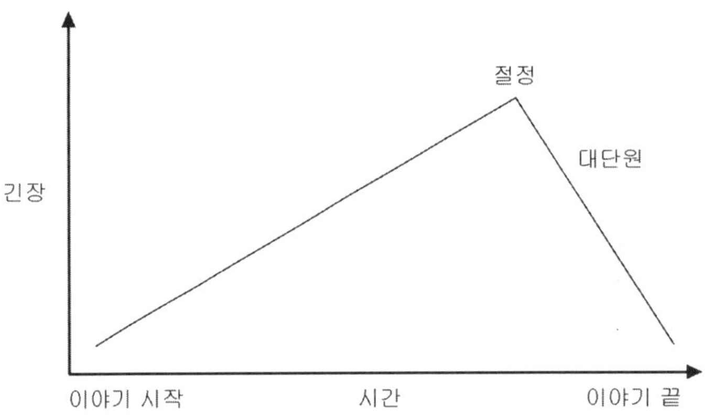

그림 4.2.1 기본적인 극적 구조

책이든, 영화이든, 아니면 게임에서의 플레이어 체험이든, 이야기의 극적 구조는 실제로 위의 그림에 비해 보다 다채롭다. 절정에 이르기까지 긴장이 전반적으로 고조되는 것은 여전하지만, 많은 경우 긴장의 고조는 직선 형태가 아니라 국소적인 고개와 골짜기의 반복으로 이루어진다. 게임에서 그런 국소적인 고개는 "보스 전투" 같은 어려운 도전들에 해당하며, 국소적인 골짜기는 새 레벨의 시작 같이 긴장이 비교적 낮은 기간에 해당한다(그림 4.2.2).

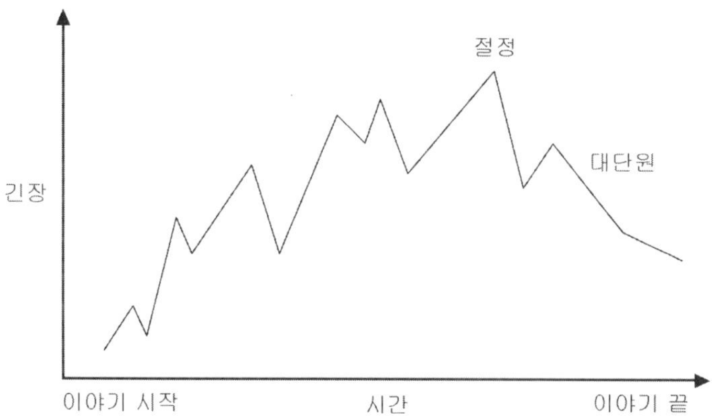

그림 4.2.2 좀 더 사실적인 극적 구조

*Computers as Theatre*의 저자 Brenda Laurel는 그 책에서 극적 모형을 하나의 사용자 인터페이스 설계 패러다임으로 주창한다 [Laurel91]. 이는 기본적으로 극적 모형이 행위에 초점을 두며, 행위가 상호작용성을 정의하기 때문이다. 행위는 시간을 압축하는 쪽으로 강화된다. 이는 이야기 안에서 사건들이 체험자의 감정을 증폭시킬 수 있도록 선택, 배치, 표현되기 때문이다. 극을 구성하는 개별 사건들은 모두 중심적인 행위 또는 움직임 안에서 함께 결합된다.

이런 특징들은 주로 서술에 의존하는 전통적인 단선형 이야기에서와 차이를 보인다. 그런 이야기에서는 사건들이 오히려 시간을 확장할 수 있다(특정한 순간에 집중해서 그 순간을 좀 더 세부적으로 서술함으로써). 또한 개별 사건들의 인과관계가 그리 강하지 않고 우연적일 수도 있다.

게임의 극적 긴장 개념은 이야기의 전개와 연관되지 않는다. 극적 긴장은 플레이어의 숙련도와 게임이 플레이어에게 제공하는 도전 사이의 관계를 언급하는 것이다. Mihaly Csikszentmihalyi는 최적 체험 또는 몰입(flow)을 주제로 한 자신의 심리학 연구에서 어떤 주어진 과제에 대한 사람의 숙련도와 그 과제를 수행하면서 체험한 도전 사이의 관계, 그리고 과제 수행 도중의 몰입 체험 여부에 대해서 연구한 바 있다 [Csikszentmihalyi90]. 몰입은 시간의 흐름을 잃을 정도로 하나의 과제에 집중해 있는 상태를 가리킨다. 그러한 몰입 체험의 특성들은 우리가 "재미있다"라고 말하는 상황의 특성들과 동일하다.

일반적으로 플레이어는 낮은 숙련도에서 게임 플레이를 처음 시작해서 점차로 숙련도를 높여 가게 된다. 숙련도는 높아지는데 도전은 계속 같은 수준에 머문다면 플레이어는 지루함을 느끼게 될 것이다. 일반적으로는 도전 역시 높아지지만, 그 비율이 숙련도의 증가 비율과는 다른 경우가 많다. 그리고 그 차이는 그림 4.2.3과 같은 난이도-숙련도 공간 안에서 플레이어가 떠도는 방식을 결정한다.

그림 4.2.3의 지점 A는 플레이어가 게임을 방금 시작했을 때이다. 플레이어는 게임에 대해 거의 아무 것도 모르며, 도전은 아주 작다. 그 지점에서 도전이 극적으로 증가한다면 게임의 난이도가 플레이어의 숙련도를 크게 초과할 것이므로 플레이어는 좌절하게 된다. 그것이 바로 지점 B이다. 플레이어가 포기하지 않고 게임을 계속 한다면 언젠가는 그 부분을 넘길 수 있는 기술을 배우게 될 것이다.

게임의 도전이 숙련도에 비해 느리게 증가한다면 게임이 너무 쉬워서 플레이어가 지루함을 느끼게 된다(지점 C). 도전이 증가하면 게임의 난이도가 플레이어의 숙련도와 일치하며, 그러면 플레이어는 다시 몰입 상태로 들어가서 최상의 게임플레이를 체험하게 된다(지점 D).

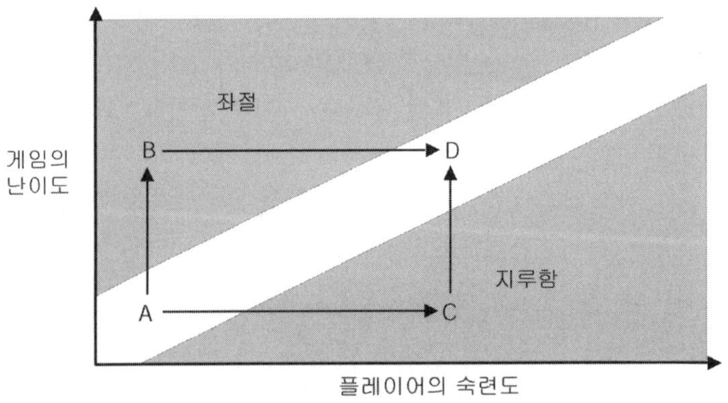

그림 4.2.3 플레이어 게임 체험의 흐름

스크립팅이나 기타 메커니즘을 통한 게임 보조 제어의 목표는 플레이어의 숙련도와 게임의 난이도가 어느 정도 일치하는 "몰입" 영역(그림의 흰 부분) 안에 플레이어가 계속 남아 있도록 만드는 것이다. 그러나 플레이어마다 학습 속도가 다르며, 게임 진행 방식에 따라 마주하는 도전의 수준 역시 다르기 때문에, 모든 플레이어는 지루함과 좌절, 그리고 몰입 사이를 계속 떠돌게 된다.

그림 4.2.3에는 절정이나 해소 같은 개념이 없다. 플레이어가 몰입 상태에 있는 한, 플레이어의 숙련도는 제공된 도전의 수준과 대략 동일하다. 따라서 학습된 기술들의 적용에 의해

생기는 긴장의 만족스러운 해소 지점들은 숙련도 및 도전과 대략 같은 영역에 속하게 될 것이다.

그런데 몰입 체험의 핵심적인 요소는 명확한 목표를 가지는 것이므로, 절정으로의 효과적인 해소를 제공하려면 행위 목표의 성취라는 개념을 도입해야 한다. 게임플레이의 한 구간의 끝을 향해 긴장(그리고 난이도)을 줄여나가고 플레이어가 배운 게임플레이 기술들을 강조한다면, 플레이어에게 더욱 큰 성취감을 제공할 수 있다. 그러나 난이도를 너무 낮추면 지루함이 생길 수 있다.

Matears와 Stern의 2003 Game Developers' Conference 강연 "Facade: A One Act Interactive Drama" [Mateas03]처럼 AI를 상호작용적 이야기의 극적 구조를 제어하는 용도로 사용하는 문제는 AI 연구의 한 분야가 되고 있다. 이러한 프로젝트들 중에는 자연어 처리 같은 고상한 2차 기술적 목표와 관련된 것들이 많지만, 상호작용적 환경의 종류에 관계없이 기본적인 목표는 동일하다. 그 목표란, 어떠한 시스템을 사용해서 플레이어의 체험을 조정하기 위해 환경 안에서 생기는 사건들을 제어한다는 것이다. 그러한 시스템은 일반적인 극적 구조에 근거해서 플레이어가 유쾌하게 느끼는 보조를 만들어낼 수 있도록 여러 사건들을 혼합하며, 플레이어가 항상 최적의 체험을 얻을 수 있도록 도전들을 그에 필요한 기술들에 맞게 조정하는 일종의 시퀀서로 작동한다.

개요

그러한 시스템을 만드는 과정은 대략 다음과 같다.

1. 게임 디자인의 요소들 중 어떤 것들이 플레이어의 발전에 따라 동적으로 변할 수 있는지를 식별한다. 그런 요소들은 이후 플레이어가 체험하는 난이도를 조정하는 데 쓰인다.

2. 그러한 동적 변화 요소들의 난이도를 서술하는 수단을 결정한다.

3. 디자이너가 전반적인 난이도 수준을 제어할 수 있는 수단을 정의한다. 다른 말로 하면, 게임의 어떤 영역이 다른 영역들보다 더 어려워야 하는지를 시스템이 알 수 있는 수단을 정의하는 것이다.

4. 게임플레이 도중의 임의의 지점에서 사용자의 숙련도를 측정하는 방법을 정의한다.

5. 동적 게임플레이 요소와 플레이어가 최종적으로 느끼는 난이도 사이의 관계를 설정한다. 이 관계는 동적 요소들을 이용해서 난이도를 조절하는 방식, 다른 말로 하면 플레이어의 숙련도를 기준으로 쾌적한 체험이 되도록 동적 플레이 요소들을 혼합하는 방식을 제어한다.

디자이너의 제어권

디자이너가 결정하는 것은 크게 두 가지이다. 하나는 게임의 각 영역의 상대적인 난이도이고, 또 하나는 개별적인 동적 요소들의 난이도 평가 함수이다.

그 두 가지 부분에 대한 일반적인 접근방식 두 가지가 존재한다. 첫 번째이자 더 직접적인 접근방식은, 게임 디자이너가 게임 개발 도중 오프라인 상태에서 시스템에 결정 사항을 알려줄 수 있는 수단을 만들어주는 것이다. 두 번째 접근방식은 게임 실행 도중 두 부분의 결정을 동적으로 변경하는 메커니즘을 만들고 그 변경 방식을 게임 디자이너가 정의하게 하는 것이다.

대부분의 게임들은 어떠한 공간적 탐험을 수반하므로, 게임의 한 레벨의 특정 영역에 난이도를 배정하는 것은 어려운 일이 아니다. 플레이어가 레벨의 한 영역에 들어서면, 게임은 그 영역의 특성들을 이용해서 난이도를 조정한다. 각 영역마다 난이도 변위(가장 쉬운 것에서 가장 어려운 것까지를 5 단계로 나누는 정도면 충분하다)를 두고, 이후 그 변위는 플레이어의 숙련도에 근거한 목표 난이도를 결정하는 데 사용한다. 예를 들어 각 영역마다 그 영역에서 출몰하는 적 종류와 그 재생 지점들의 정보가 부여되어 있으며 각 적마다 적의 난이도 등급이 부여되어 있다고 하면, 게임은 재생할 적의 종류와 개수를 적절히 설정함으로써 영역의 난이도를 결정할 수 있다. 만일 플레이어의 시야 안에서 적들이 생성되어서는 안 된다면, 플레이어가 보지 못하는 구석이나 문 뒤의 재생 지점들을 선택해야 할 것이다.

이와는 달리, 게임의 임의의 지점의 상대적 난이도를 결정하는 방식도 가능할 것이다. 한 가지 간단한 방식은, 주어진 레벨에서 플레이어에게 남아 있는 게임플레이의 양에 따라 난이도를 결정하는 것이다. 플레이어가 레벨의 끝으로 갈수록 난이도를 높이다가 끝에서 얼마 남지 않은 부분부터는 난이도를 낮춘다면 그림 4.2.1 같은 전형적인 극적 구조를 보이게 될 것이다. 플레이어가 한 지역에서 너무 오래 머물러 있다면 난이도를 좀 낮춰서 극적 긴장의 자연스러운 골짜기를 만들어내는 것도 좋은 생각이다. 그러면 플레이어는 다시 용기를 얻어 앞으로 나아갈 것이다.

그럼 두 번째 접근방식, 즉 개별 동적 요소의 난이도 평가 방식을 결정하는 부분에 대해서 생각해 보자. 동적 요소에 생성할 적의 종류와 개수가 포함되어 있다면, 각 적에도 어떤 고정된 난이도가 부여되어 있을 것이다. 그 난이도를 계산하는 메커니즘을 정의하는 방식은 시스템의 복잡도를 높인다는 점에서 바람직하지 않다. 오히려 디자이너의 발견법적 평가를 통해서 결정하는 것이 시스템의 복잡도를 크게 높이지 않고도 다양한 잠재적 요인들(무기 피해치, 범위, 정확도, 이동과 공격 속도, 사용하는 AI 전략 등)을 보충하는 좋은 방법이 될 것이다. 개별 요소에 연관된 난이도가 자주 바뀐다면 요소의 난이도를 정의하는 어떤 메커니즘이 필요하겠지만, 그러면 조율이 어려워진다. 예를 들면 플레이어에 대한 적의 강점에 크게 영향을 미치는 하위요소들(무기 변경, 일시적 속도 증가, 보호막 등)이 변할 수 있는 경우에 그런 상황이 만들어진다. 그런 경우 게임은 디자이너가 그러한 각 하위 요소에 부여한 난이도 계수들의 어떠한 조합에 기반해서 요소의 난이도를 계산해야 할 것이다.

난이도 계산

플레이어의 숙련도에 따라 난이도를 조정하는 게임들은 많이 있다. 예를 들어 자동차 경주 게임에서는 뒤쳐진 차들이 선두 자동차를 따라잡을 수 있도록 속도 증가를 적용하곤 한다. 보조 제어를 위한 난이도 조정을 위해서는 플레이어의 숙련도를 계속 평가해야 한다. 액션 게임 또는 전투 중심 게임의 난이도 모형에는 다음과 같은 요소들이 포함된다.

- **적을 물리치는 데 걸리는 시간**: 플레이어가 적과 처음 만났을 때부터 적을 무력화할 때까지의 시간.
- **적의 난이도 수준**: 1(가장 쉬움)에서 10(가장 어려움) 사이의 수. 디자이너가 설정한다.
- **동시 적 수**: 적을 플레이어가 물리쳤을 때 플레이어와의 전투에 참여하고 있던 다른 적들의 수.

이 밖에도 플레이어의 정확성 등 다른 요인들도 있겠지만, 단순한 측정을 위해서는 플레이어 숙련도의 가장 핵심적인 요소들만 선택하는 것이 중요하다. 매우 강력한 무기라면 플레이어의 정확성은 낮더라도 적을 빠르게 물리칠 수 있다. 즉 플레이어의 정확성은 그리 결정적인 요인이 아닌 것이다. 위에 나열한 기본적인 요소들만(기본적으로는 시간만) 고려해도 플레이어가 하나의 적을 물리칠 때마다 비본질적인 요소들(플레이어가 강력한 무기를 얼마나 잘 유지하는가, 얼마나 정확하게 사용하는가 등등) 역시 자동적으로 참작할 수 있게 된다.

궁극적으로는, 주어진 시간에서의 게임의 난이도에 대한 하나의 판정 수치를 계산하는 간단한 공식이 필요하다. 그런 공식은 플레이어에 대한 난이도가 높을수록 큰 값을 내야 할 것이다. 플레이어가 물리친 적의 난이도 수준이 높을수록 플레이어의 숙련도 역시 높고 플레이어가 적을 물리치는 데 걸리는 시간이 길수록 플레이어의 숙련도가 낮을 것임은 쉽게 직관할 수 있을 것이다. 이를 공식화하면:

> 플레이어 숙련도 = 적 난이도/적을 물리치는 데 걸린 시간

이상적으로는, 이 계산이 적의 난이도 등급과 상당히 비슷한 형태의 일련의 숫자들을 만들어내야 할 것이다. 이 공식의 결과는 1에서 10 등의 범위 안에 놓여야 한다(1은 가장 낮은 숙련도, 10은 가장 높은 숙련도). 난이도 조정 시스템은 이 결과를 이용해서 적들을 선택하

므로, 두 수치들이 상대적으로 대략 동일한 축척을 가지는 것이 좋다. 이를 위해, 시간을 하나의 상수로 비례시킨다. 그 상수는 난이도의 기본 단위를 의미한다. 다른 말로 하면, 그 기본 단위는 전형적인 초보 플레이어(숙련도 1)가 게임을 처음 시작하면서 간단한 적(난이도 1)을 가장 간단한 도구(기본 무기, 기본적인 파워업 아이템 등)로 처치하는 데 걸리는 시간에 해당한다.

그리고 플레이어가 현재 마주하고 있는 적들의 수도 고려해야 한다. 예를 들어 플레이어가 네 명의 적을 동시에 상대하는 것은 한 명의 적과 개별적으로 싸우는 것보다 더 힘들 것이기 때문이다. 이러한 요인은 하나의 비율로 작용하는데, 여러 명의 적들과 싸움으로써 야기되는 실제의 난이도 증가는 게임의 디자인에 따라 다를 수 있으므로 이 요인이 앞의 공식을 어떻게 비례시키는가를 결정해야 한다.

이 예의 경우 적과 개별적으로 싸울 때의 난이도를 기준으로, 적이 하나 추가되면 난이도가 1.125 배 증가하고, 둘 추가되면 1.25 배, 그리고 셋 이상이 추가되면 1.5 배가 된다고 하겠다. 따라서 플레이어가 네 명의 적과 동시에 싸우면서 그 중 하나를 물리치는 것은 적 하나와만 싸울 때보다 1.5 배 더 어렵다.

이런 비율들은 게임 디자인과 밀접하게 관련된다. 예를 들어 여러 명의 적들을 동시에 공격할 수 있는 무기가 존재하는 게임과 한 번에 오직 한 명의 적만을 공격할 수 있는 게임에서 이 비율들은 다를 수밖에 없기 때문이다. 또, 이 비율 문제는 상당히 주관적일 수 있으므로, 디자이너 단독으로 정하는 것보다는 여러 테스터들의 게임 플레이 결과를 취합해서 결정하는 것이 좋다. 이 과정에서 플레이어와 싸우는 적들의 난이도도 고려할 수 있겠지만, 그에 의한 복잡도 증가에 비해 정확도의 증가는 별로 크지 않다.

최종적인 공식은 다음과 같다.

> 플레이어 숙련도 = (적 난이도 * 여러 명에 의한 비율) / (적을 물리치는 시간 * 난이도 기본 단위)

이러한 공식을 이용하면 임의의 시점에서의 난이도를 비교적 정확하게 평가할 수 있다. 게임은 또한 플레이어의 최근 게임 체험을 파악할 수 있도록 최근의 종합 숙련도를 계속 갱신할 필요가 있다. 이 종합 숙련도는 최근 전투의 개별 난이도들의 평균으로 계산하면 된다.

플레이어 숙련도를 계속 측정하면, 지난 몇 분간의 게임플레이의 평균적인 난이도를 파악할 수 있다. 이 때 흐른 시간에 비례한 가중 평균은 그리 바람직하지 않은데, 왜냐하면 플레이어가 성과를 빠르게 변경함으로써 일시적으로 난이도를 낮추는 식으로 시스템을 속이는 게 가능해지기 때문이다. 그냥 지난 5 분의 숙련도 평가치들을 유지하는 정도가 적당하다. 5 분이면 플레이어의 숙련도가 그리 많이 변하지 않으면서 앞서 이야기한 방식의 속임수를 방지하기에 적당할 정도로 짧은 시간이다.

난이도 조정

게임은 측정한 플레이어 숙련도를 근거로 해서 목표 난이도를 결정해야 한다. 이 때, 게임 각 부분들의 난이도 차별화 방식을 결정하는 데 쓰인 방법으로 플레이어 숙련도를 수정하고 그 결과를 목표 난이도로 사용한다. 게임이 각 영역에 난이도를 배정하는 접근방식을 사용하는 경우, 해당 영역 안에서의 플레이어의 숙련도를 측정하고 그것을 목표 난이도와 비교해서 적절히 조정을 하면 된다. 게임이 전반적인 난이도 변화 방식(플레이어의 게임 진척 정도 또는 플레이어가 달성한 목표들의 개수에 비례하는 등)을 정의하는 메커니즘을 사용한다면, 그런 메커니즘에 근거해서 목표 난이도를 결정할 수 있다. 그러나 그에 필요한 동적 요소들을 선택하고 생성하는 방법은 동일하다.

영역들로 난이도를 정의하는 경우, 디자이너는 각 영역에 대해 1(가장 쉬움)에서 5(가장 어려움) 사이의 한 값을 배정한다. 초기 목표 난이도로는 플레이어의 숙련도를 사용한다. 숙련도 계산 시 난이도와 비교할 수 있는 수치가 나오도록 적절히 비례시켰기 때문에 그렇게 할 수 있는 것이다. 한 영역의 각 난이도 수준에 대해, 그에 해당하는 수정자를 이 목표 난이도에 곱한다. 예를 들어 난이도가 1이면 목표 난이도는 초기 목표의 반이 되게 하고, 5이면 두 배가 되게 하는 식이다.

이와는 달리 디자이너가 수정자들을 직접 지정하게 할 수도 있지만, 위에서 말한 간접적 방식이 두 가지 면에서 더 우월하다. 첫 번째로, 제한된 개수의 이산적인 난이도 상태들이 있으면 디자이너는 각각의 난이도 수준(다섯 단계라면 매우 쉬움, 쉬움, 보통, 어려움, 매우 어려움 등)이 어떤 결과를 내는지 좀 더 직관적으로 알 수 있다. 두 번째로, 간접적인 방식에서는 수정자를 변경함으로써 결과적인 난이도를 변경할 수 있다. 예를 들어 수정자 2.0이 게임을 충분히 어렵게 만들지 않는다면, 그냥 "매우 어려움" 난이도를 위한 수정자를 변경하기만 하면 된다. 그런 방식이 아니라면 게임의 각 영역의 난이도를 일일이 조율해야 할 수도 있다.

플레이어가 어떤 한 영역 안에 있을 때, 그 영역은 최종적인 목표 난이도에 맞는 적절한 동적 요소들을 선택해야 한다. 수정자들을 결정하는 메커니즘과 비슷한 메커니즘을 이용하는 경우, 예를 들어 플레이어가 미션 목표들을 반 정도 달성했다면 목표 난이도를 만들기 위해 플레이어 숙련도에 1.5를 곱할 필요가 있다.

선택할 수 있는 동적 요소들이 있고, 그 요소 각각에 난이도 등급이 매겨져 있고, 최종적인 목표 난이도가 있다면 이제 목표 난이도에 맞게 그 요소들을 배치해야 한다. 예를 들어 동적 요소가 적의 종류들과 개수라면 강한 적 하나와 쉬운 적 하나, 같은 난이도의 적 둘, 또는 약한 적 넷 등의 여러 조합들이 가능할 것이다. 이 부분에서는 사실 디자이너의 감각이 요구되는데, 게임의 디자인 목표들을 강조할 수 있도록 조합들을 짜는 것이 바람직할 것이다. 물론 그냥 목표 난이도 내에서 무작위로 요소들을 선택할 수도 있다.

장단점

이러한 시스템을 사용할 때 고려해야 할 몇 가지 설계 문제들이 있다. 난이도와 플레이어 체험 사이의 관계는 임의의 입력 매개변수들(예를 들면 1에서 10 사이의 상대적 난이도)에 의해 표현되는데, 그러한 매개변수들을 디버깅하고 조율하는 것은 어렵고도 시간이 많이 걸리는 일이 될 수 있다. 따라서 메커니즘들과 관계들을 최대한 단순하게 유지해야 할 필요가 있으며, 그러면 디자이너의 기본적인 입력들로 플레이어를 위한 동적인 체험을 만드는 것이 가능해진다.

상호작용적 체험을 민감하게 조정하기 위해 이런 종류의 규칙 기반 시스템들을 사용할 때에는, 그 작동 방식이 플레이어에게 노출되지 않도록 하는 것이 중요하다. 상호작용적 음악이 좋은 예이다. 게임이 임의의 시점에서 플레이어의 행동에 따라 곡조를 바꾸는 경우, 플레이어는 어떤 행동을 취할 때 게임 내부에서 무엇이 어떻게 변하는지를 쉽게 알아챌 수 있다. 예를 들어 적이 가까이 위치할 때 긴장감 넘치는 음악이 재생된다고 하면 플레이어는 그 음악으로 미리 적의 공격을 대비하게 될 것이다. 처음에는 그런 것이 플레이어의 흥미를 유발할지 몰라도, 반복되면 오히려 게임의 재미를 떨어뜨릴 수 있다. 마찬가지로, 난이도 조정 시스템은 플레이어가 시스템을 쉽게 속일 수 없도록 플레이어의 이전 게임 체험을 계산에 넣어야 한다. 예를 들어 약한 적을 일부러 천천히 죽이면 난이도가 떨어져서 게임이 매우 쉬워지는데, 그런 일을 방지하려면 하나의 숙련도 측정에 기반해서 바로 난이도를 조정하는 대신 긴 시간 동안의 숙련도 측정 결과들을 총합하는 방식을 사용해야 할 것이다.

이 시스템은 게임의 보조가 잘 짜여져 있다는 느낌을 주면서도 재유희성의 희생 같은 문제를 피할 수 있도록 고안된 것이다. 적은 수의 입력들을 통해서 난이도를 제어하기 때문에 동적인 환경에서도 게임의 난이도를 조율하기가 쉬우며 잘 짜여진 보조의 게임플레이를 만들어낼 수 있다. 또한 디자이너가 사용자가 선택한 정적인 난이도 수준("쉬움", "보통", "어려움" 등) 각각에 대해 서로 다른 보조들을 일일이 설정해 둘 필요도 없다. 이는 플레이어가 게임 레벨을 직접 만드는 것에도 도움이 된다. Bioware의 NeverWinter Nights의 편집 도구에서 사용자는 적 출현들을 그룹화, 무작위화할 수 있다. 그러나 NeverWinter에서의 전투는 모두 특성 기반이므로(플레이어의 민첩함과는 무관하다), 이 글에서 이야기하는 시스템과 달리 플레이어의 숙련도나 최근 전투의 난이도를 고려하지 않는다.

이 시스템은 전투 중심의 한 액션 게임을 위해 구체적인 디자인 목표를 가지고 고안된 것이지만, 극적 긴장 구조를 이용해서 플레이어의 체험을 조정한다는 개념은 다른 게임들에도 유용할 것이다. 이러한 개념은 일반 소프트웨어에서 사용자의 목표를 예측함으로써 사용자의 체험을 개선시키려는 시도와도 비슷하다. 예를 들어 워드 프로세서는 사용자가 자주 입력하는 편지지 윗부분의 인쇄 문구를 기억하고는 그 중 일부를 자동적으로 채워준다. 그런 시스템이 사용자의 체험을 부정확하게 이끌 수도 있지만(사용자의 목표를 잘못 추측하는 등), 제대로만 작동한다면 사용자는 상호작용적인 체험에 좀 더 집중할 수 있다. 게임의 경우 이는 사용자가 좀 더 일관적이고 흥미로운 체험을 누릴 수 있으며 너무 느리거나 너무 빠른 보조의 순간이 줄어든다는 뜻이다.

이러한 원칙들이 현재 널리 쓰이고 있는 것은 아닌데, 이는 아마도 개발 팀들이 짧은 일정과 제한된 예산으로 인해서 이런 부분에는 미처 신경을 쓰지 못하기 때문일 것이다. 그러나 게임 시장이 좀 더 넓어진다면, 플레이어의 상상력을 사로잡기 위해서 좀 더 일관적인 극적 체험을 제공하는 게임들도 점점 많아지게 될 것이다.

결론

이 글은 사용자의 최근 플레이 내역을 이용해서 액션 게임의 난이도를 조정하는 **AI** 시스템을 설명했다. 적의 난이도를 플레이어가 이전에 적들을 처치하는 데 걸린 시간에 기반해서 조정함으로써, 디자이너는 플레이어의 숙련도에 맞는 적절한 난이도를 제공할 수 있게 된다.

참고자료

〔Mateas03〕 Mateas, Michael, and Andrew Stern, "Facade: A One Act Interactive Drama," *Game Developer's Conference 2003*.

〔Csikszentmihalyi90〕 Csikszentmihalyi, Mihaly, Flow: *The Psychology of Optimal Experience*, Harper Collins, 1990.

〔Laurel91〕 Laurel, Brenda, *Computers as Theater*, Addison-Wesley, 1991.

4.3 NPC 의사결정: 무작위성 다루기

Karen Pivazyan, *Stanford University*
pivazyan@stanford.edu

게임 AI는 모든 의사결정 지점에서 NPC들이 취할 행동을 계산하는 데 많은 노력을 기울인다. 경로를 찾는 것, 건설을 위한 유닛들을 선택하는 것, 공격 행동을 택하는 것 등이 그러한 의사결정의 좋은 예이다. 이런 의사결정은 예를 들어 지금 보병을 만들면 다음 턴에서는 공중 공격을 수행할 수 없게 되는 등으로 미래에까지 영향을 미치게 된다.

따라서 지금 눈앞의 상황에서 국소적으로 최상의 결정을 내리는 것으로는 부족하다. 하나의 행동이 이후의 선택들에 전반적으로 어떤 영향을 미치는지를 고려해야 한다. 좀 더 구체적으로는, 지금부터 시작해서 미래의 어떤 목표에 이르기까지의 최상의 의사결정들의 순서열을 만들어내야 하는 것이다. 정적인 장애물들에 대한 길찾기 같은 결정론적인 환경에서는 그러한 목적으로 A* 같은 검색 알고리즘을 사용한다.

그러나 예를 들어 어떤 마법사의 경우 주문을 시전할 때마다 여러 가지 효과들 중 하나가 발현된다고 하자. 그런 무작위성은 A*를 무력하게 만든다. 알고리즘을 뜯어 고쳐서 해결된다면 다행이겠지만, 최악의 경우에는 완전히 잘못된 결정이 나올 수 있다. 문제는, 게임에는 무작위성이 끼어들기 마련이라는 점이다. 공격 굴림, 마법 효과(지속 기간, 효과 범위), 기술 사용(숨기, 훔치기) 등은 모두 무작위적인 결과를 만들어낸다. 이런 문제를 어떻게 처리해야 할까?

이 글에서는 그런 무작위성을 가진 다단계 의사결정 문제를 해결하는 한 가지 알고리즘을 설명한다. 기본적인 알고리즘은 동적 프로그래밍(dynamic programming, DP)이라고 하는 것이다. 훌륭한 Tetris 플레이어를 만드는 것에서부터 세계 정상급 백개몬 플레이어의 훈련에 이르기까지 다양한 과제들에서 DP의 여러 변형들이 성공적으로 쓰였다.

개요

동적 프로그래밍 알고리즘은 확률론적 지도(stochastic map) 상의 두 지점들 사이의 최단 경로를 찾는다. 확률론적 지도는 결정론적 지도와 상당히 다르다. 결정론적 지도에서, 고정된 행동들의 순서열은 항상 같은 종점에 도달한다. 그러나 확률론적 지도에서 한 행동의 결과는 무작위적이며, 따라서 고정된 행동들의 순서열이 매번 다른 종점에 도달할 수 있다.

단순함을 위해서, 이 글은 2차원 확률론적 지도 상에서의 경로를 찾는 문제에 초점을 둔다. 그러나 A*와 마찬가지로 DP 알고리즘이 길찾기만을 위한 것은 아니다. 이 글 끝 부분에서 DP의 또 다른 용도들이 이야기될 것이다. 일단 지금은 롤플레잉 게임의 길찾기를 예로 든다.

그림 4.3.1에서, 술 취한 하플링 하나가 술집까지 가는 길을 찾고자 한다. 하플링은 D4에서 시작하며, 도달해야 할 목표는 A6이다. 이 예의 하플링은 매우 취해 있기 때문에 길을 똑바로 가지 못한다. 하플링이 의도한 곳으로 걸어 갈 확률은 0.5이고, 의도한 방향의 왼쪽 또는 오른쪽으로 걸어 갈 확률은 각각 0.25이다. 예를 들어 D4에서 북쪽을 향해 간다고 했을 때, C4로 갈 확률은 0.5, D3이나 D5로 갈 확률은 각각 0.25이다. 하플링은 벽에 부딪히면 다시 원래 칸으로 돌아간다.

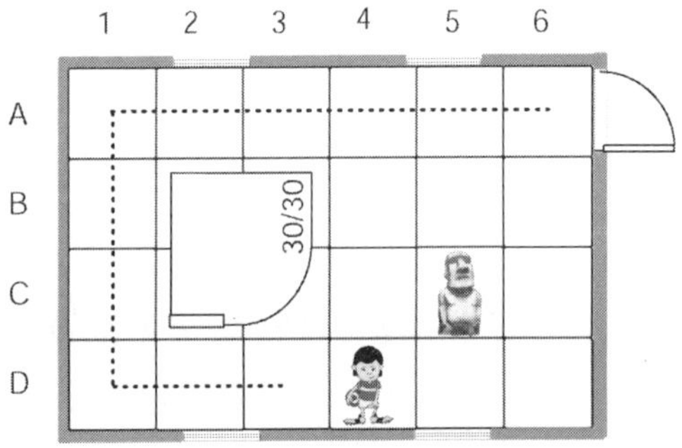

그림 4.3.1 함정이 있는 미로

D4에서 A6으로 향하는 최단 경로를 찾는다고 하자. 이 때, 불확실함은 무시하고 하나의 행동이 항상 의도한 결과를 낸다고 가정한다면(예를 들어 D4에서 서쪽으로 가면 반드시 D3에 도달하는 등) A*를 사용할 수 있다. 그러나 A*로 찾은 경로를 그대로 따라가게 한다고 해도 행동의 진정한 무작위성 때문에 술 취한 하플링은 미리 계산된 경로에서 벗어날 가능성이 크다. 계산된 경로에서 벗어난다면 최단 경로를 다시 계산해야 하는데, A*가 기존 검색 결과를 재활용하지 못하고 전체 경로를 완전히 다시 계산해야 하기 때문에 상당한 CPU 시간과 메모리가 낭비된다. 실제로 이 맵의 경우 하플링은 목표에 도달하기 전에 거의 모든 칸을 방문할 가능성이 크고, 따라서 A*는 쓸데없는 낭비일 뿐이다.

자원 낭비도 문제지만 그보다 더 큰 문제가 있다. A*를 확률론적 지도에 적용하면 완전히 부정확한 경로가 나온다. 그림 4.3.1의 C5에 있는 개체가, 자기에게 부딪힌 것은 뭐든지 잡아먹는 거인이라고 하자. A*는 하플링이 C4, B4, B5나 D6, C6, B6을 통해서 거인을 지나쳐 갈 수 있을 거라고 가정한다. 그러나 술 취한 하플링은 정해진 경로를 항상 똑바로 걸어가지는 못한다. 하플링이 경로를 따르다가 거인에게 뛰어들어서 잡아먹힐 확률이 50 퍼센트 이상이다. 이런 점을 고려한다면, 최상의 경로는 왼쪽으로 멀리 돌아가는 것이다(점선).

DB 알고리즘은 확률론적 지도를 처리하기 위해 고안된 것으로, 그림 4.3.1의 최적 경로를 쉽게 찾아낼 수 있다. 알고리즘 자체는 매우 간단하다. A*와 비교할 때, DP는 좀 더 많은 자료를 요구하는데, 특히 맵 상의 불확실성을 지정해 주어야 한다. 그리고 A*만큼 빠르지가 않다. 결정론적 지도에서는 시작에서 끝까지의 가장 짧은 경로를 찾는 것으로 충분하지만, 확률론적 지도의 경우에는 모든 시작 상태에서 목표까지의 최적 경로를 찾아야 한다. 그러나 그 과정의 속도를 높이는 몇 가지 최적화 기법들이 존재한다. 그런 것들에 대해서는 이 글 끝 부분에서 이야기하겠다.

동적 프로그래밍 알고리즘

이제부터 DP 알고리즘 자체를 살펴보도록 하겠다. 그 과정에서는 DP와 A*가 서로 비교되므로, 이 글은 독자가 A*에 대해서 어느 정도는 알고 있다고 가정한다. A*에 대해서는 AI *Game Programming Wisdom*에 몇 가지 글이 있다([Matthews02]와 [Higgins02]). 그리고 DP 이론과 실제를 수학적으로 서술한 글로는 [Bertsekas01]이 있다.

우선 경로 비용의 개념을 살펴보자. 최단 경로를 검색하는 모든 알고리즘들은 어떠한 방식으로든 경로들을 비교해야 한다. 가장 직관적인 방식은 경로의 길이를 비교하는 것이다. 경로 길이를 개별적인 이동 길이의 합이라고 생각하면 이해에 도움이 될 것이다. 예를 들어 그림 4.3.1에서 D4에서 A6에 이르는 경로의 유클리드 길이는 $\sqrt{2}+1+\sqrt{2}=3.8$이다. 그런데 맵에 여러 가지 지형이 존재하면 어떻게 될까? 산을 넘는 것은 평지를 가로지르는 것보다 힘들며, 따라서 산 칸에는 예를 들어 비용 10을, 평지 칸에는 비용 1을 부여해야 할 것이다. 이런 경우 경로의 비교는 유클리드 길이가 아니라 경로의 총 비용에 기반해야 한다. 또, 이제는 부정확해진 최단 경로라는 용어 대신 최적(최소비용) 경로라는 말을 사용해야 한다.

이는 단순한 용어 재정의 이상의 변화이다. 비용을 이용하면 길이와는 완전히 무관한 것들에 기반해서 경로들을 비교할 수 있게 된다. 특히, 그림 4.3.1의 거인 칸에 매우 큰 비용(100 등)을 부여함으로써 그 칸을 최대한 피하게 만들 수 있다.

DP 알고리즘은 다음과 같은 자료를 요구한다.

- 목표 칸
- 각 칸의 비용
- 각 행동의 효과에 대한 확률표

그림 4.3.2는 그림 4.3.1의 미로에 대한 목표와 비용들을 나타낸 것이다. 목표 칸의 비용은 0 임을 주목하자. 그리고 목표 칸은 하나의 싱크 칸(sink cell)이다. 즉, 일단 거기에 도달한 NPC는 멈추게 된다(더 이상의 행동을 하지 않는다). DP 알고리즘은 최저비용 경로를 찾기 때문에, 음의 비용을 배정하는 데에는 신중을 기해야 한다. 만일 전체적인 음의 비용 때문에 지도 안에 하나의 루프가 생기면 알고리즘은 그 루프로 빠져들어서 더 작은 비용을 가진 경로를 무한히 만들어내게 된다.

그리고 DP의 경우에는 시작 칸이 없다는 점도 주목하기 바란다. 시작 칸이 없는 이유는, 알고리즘이 모든 위치들에서 목표로 가는 최적 경로들을 동시에 계산하기 때문이다. 이런 방식은 불확실성 때문이다. 불확실성 때문에 NPC는 지도의 어느 지점에도 도달할 수 있으며, 따라서 어느 지점에서든 다음에 할 일을 결정할 수 있어야 한다(이 부분에 일정한 최적화를 적용할 수 있는데, 이에 대해서는 나중에 이야기하겠다).

마지막으로, 표 4.3.1은 이 미로에 대한 확률표이다. 미로가 간단하기 때문에 각 행동의 결과에 대한 확률은 지도 전체에서 동일하다. 일반적으로는 위치마다 다를 수 있고 실제로 다르게 해야 하는 경우가 많다.

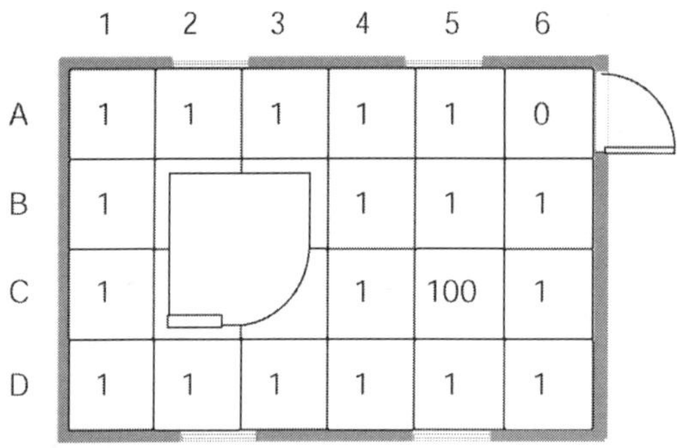

그림 4.3.2 칸 비용들

표 4.3.1 행동 효과에 대한 확률표

행동	결과	확률
북	북	0/5
	서	0.25
	동	0.25
동	동	0.5
	북	0.25
	남	0.25
남	남	0.5
	서	0.25
	동	0.25
서	서	0.5
	북	0.25
	남	0.25

알고리즘

알고리즘은 칸 값들의 배열 V를 사용한다. 이 배열은 지도 자체와 같은 크기이다. 알고리즘은 이 배열을 반복적으로 갱신하고 모든 칸으로부터 목표로의 추정 누적 비용을 저장한다. 알고리즘이 끝났을 때의 칸 값 배열에는 실제 경로 비용이 저장되어 있다. 다음은 DP 알고리즘의 과정을 요약한 것이다.

1. V의 모든 칸들을 칸 비용들로 초기화한다.

2. 각 칸에 대해:

   a. 그 칸에서 할 수 있는 각 행동에 대해:

   행동 값 U를 계산한다.

   b. 가장 작은 행동 값 U를 택한다.

   c. 칸의 값을 가장 작은 행동 값 더하기 칸 비용으로 설정한다.

   $$V = U_s + 비용$$

3. 반복한다.

그림 4.3.3은 처음 세 번 반복들의 칸 값 배열과 최적 경로로 수렴된 칸 값 배열을 나타낸 것이다. 앞의 알고리즘에서 몇몇 단계들은 설명이 좀 더 필요할 것 같다. 단계 2a에서 행동 값 U는 인접 칸들의 값과 그 확률의 곱을 모두 합친 것이다. 예를 들어서 D5에서 북쪽으로 가는 행동의 값은 D4로 갈 확률과 D4 값의 곱, C5로 가는 확률과 C5 값의 곱, D6으로 갈 확률과 D6 값의 곱을 모두 더한 것이다. 그림 4.3.3 반복 1의 경우 이 값은 $0.25 * 1 + 0.5 * 100 + 0.25 * 1 = 50.5$이다.

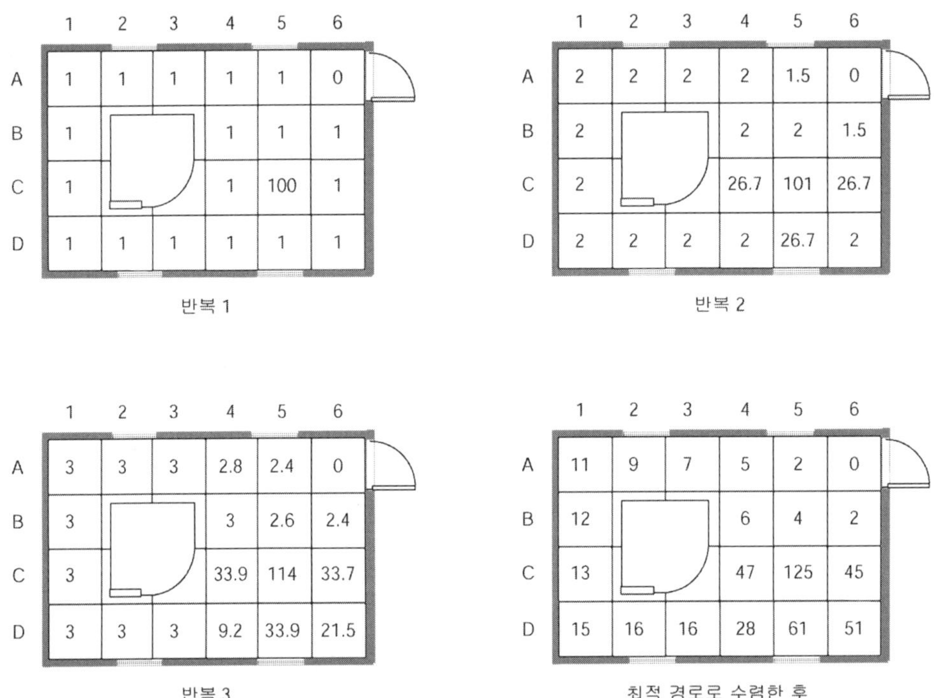

그림 4.3.3 여러 반복들에서의 값 배열

단계 2c에서는 각 칸의 값을 칸의 비용과 비용이 가장 작은 행동의 값을 더한 것으로 갱신한다. 예를 들어 그림 4.3.3의 반복 1에서 D5에는 세 개의 행동, 즉 서쪽, 북쪽, 동쪽으로의 이동이 존재하며 각각의 비용은 25.75, 25.75, 50.5이다. 따라서 반복 2에서의 D5의 새 값은 1(D5의 비용) 더하기 25.75인 26.75가 된다.[11]

---

11) 역주: 그림의 경우에는 칸이 부족해서 26.7로 표시한 것이라고 보면 된다.

마지막으로 단계 3도 짚고 넘어가야 할 것 같다. 이 알고리즘을 몇 번이나 반복해야 할까? DP에 깔린 이론에 따르면, 값 배열은 언젠가는 수렴하지만 수렴하기까지 오랜 시간이 걸릴 수 있다. 최적의 경로를 찾기 위해 값 배열의 수치들이 아주 정확해야 하는 것은 아니기 때문에, 필요한 것은 단 몇 번의 반복뿐이다. 대략적인 원칙을 말하자면, 최적 경로 안의 움직임 개수와 같은 횟수만큼은 알고리즘을 반복해야 한다. 그런데 최적 경로는 아직 알지 못한다. 따라서 이 부분은 어느 정도의 추측과 가정이 필요한, 즉 과학보다는 예술에 가깝다고 할 수 있다. DP는 일종의 세부수준(level-of-detail) 알고리즘이다. 즉, 당장 해가 필요하다면 근사적인 해를 바로 얻을 수 있고, 반면 더 많은 시간과 자원을 사용할 수 있다면 그만큼 더 정확한 해를 얻을 수 있다(그런 면에서 "언제든지(anytime)" 알고리즘이라고 부르기도 한다).

그럼 칸 값 배열에서 최적 경로를 얻는 방법에 대해 살펴보자. 최적 경로는 행동 배열 A에 저장된다. 이 배열의 크기는 지도의 크기와 같다. 다음은 최적 경로를 얻는 과정이다.

1. 행동 배열 A를 가능한 행동들 중 하나로 초기화한다.
2. 각 칸에 대해:
   a. 그 칸에서 가능한 각 행동에 대해:
      i. 칸 값 배열 V를 이용해서 행동 값 U를 계산한다.
   b. 가장 작은 행동 값을 가진 행동을 배열 A에 저장한다(그런 행동이 여러 개인 경우 고정된 순서로 선택하거나 무작위하게 선택한다).

그림 4.3.4는 칸 값 배열을 1, 2, 3회 반복했을 때와 수렴한 이후 상태에서 찾은 최적 경로들이다.

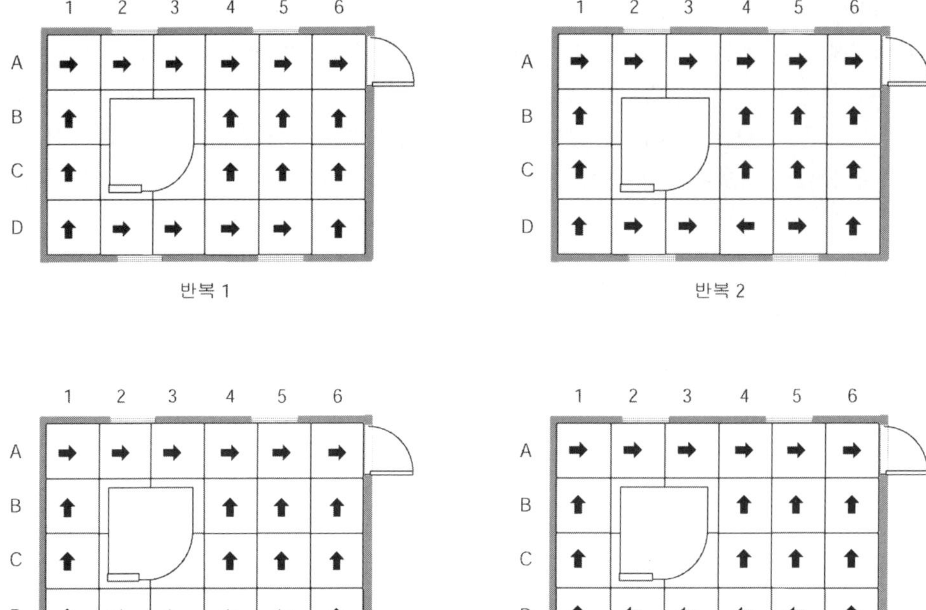

그림 4.3.4 찾아낸 최적 경로들

예제 코드

행동 효과의 확률표를 위한 자료구조로 시작하자.

```cpp
struct CAction {
    float m_probStraight;
    float m_probLeft;
    float m_probRight;
    float m_probBack;
}
```

맵 자료는 클래스 CMap에 저장된다. 배열 m_walls는 벽 위치들을 담으며, m_costs는 칸 비용들을 담는다.

```cpp
class CMap {
    bool    m_walls[WIDTH][HEIGHT];  // true는 벽
    CAction m_actionProbs;
```

```
    float   m_costs[WIDTH][HEIGHT];
}
```

이 멤버 변수들 외에도, CMap은 여러 가지 맵 접근 함수들을 제공한다. 그리고 여기에는 나와 있지 않지만, 값을 저장하고 그에 대한 접근 함수들을 제공하는 CValue라는 보조 클래스도 있다. 이 두 클래스들 덕분에 주 알고리즘의 표현이 간단해진다. 실제 코드의 경우에는 성능을 위해서 이들을 주 알고리즘 코드에 통합할 수도 있다(간단히 통합할 수 있다).

자료구조들과 알고리즘 자체를 담는 주 클래스는 CDynamicProgrammingAlg이다.

```
class CDynamicProgrammingAlg {
private:
    CMap      m_map;
    CValue    m_value;
    char      m_bestAction[WIDTH][HEIGHT];
    int       m_goalRow, m_goalCol;

    float ComputeCostW(int row, int col);
    float ComputeCostE(int row, int col);
    float ComputeCostS(int row, int col);
    float ComputeCostN(int row, int col);

public:
    void Iterate();
}
```

배열 m_bestAction은 m_value 배열로부터 계산한 최적 행동을 담는다. 이 알고리즘의 핵심은 메서드 Iterate()에 들어 있다. 이 메서드는 동적 프로그래밍 알고리즘의 한 반복을 수행한다.

```
void CDynamicProgrammingAlg::Iterate() {
    float cost, cost_N, cost_S, cost_W, cost_E;

    for (int row = 0; row < WIDTH; row++) {
        for (int col = 0; col < HEIGHT; col++) {
```

지도의 각 칸에 대해 네 가지 행동의 비용을 계산한다. 네 가지 함수들 중 ComputeCostN()의 코드는 잠시 후에 나온다.

```
if (!m_map.isWallN(row, col))
    cost_N = ComputeCostN(row, col);
```

```cpp
if (!m_map.isWallS(row, col))
    cost_S = ComputeCostS(row, col);
if (!m_map.isWallW(row, col))
    cost_W = ComputeCostW(row, col);
if (!m_map.isWallE(row, col))
  cost_E = ComputeCostE(row, col);
```

일단 모든 행동들의 비용을 계산한 후에는 칸이 목표 칸이거나 벽일 때 등의 특별한 경우들을 처리한다. 그런 특별한 경우가 아니라면, 비용이 가장 작은 행동을 택하고 그것을 m_bestAction 배열에 저장한다. 그리고 그 비용 자체는 칸 값 배열을 갱신하는 데 사용한다.

```cpp
 // 목표 칸인 경우
if ((row == m_goalRow) && (col == m_goalCol)) {
    cost = 0;
    m_bestAction[row][col] = GOAL;
}

// 벽인 경우
else if (m_map.isWall(row, col)) {
    cost = 0;
    m_bestAction[row][col] = WALL;
}

// 북쪽 행동이 가장 작은 비용이면
else if (cost_N <=_min(cost_S, cost_W, cost_E)) {
    cost = cost_N;
    m_bestAction[row][col] = NORTH;
}

// 남쪽 행동이 가장 작은 비용이면
else if (cost_S <=_min(cost_N, cost_E, cost_W)) {
    cost = cost_S;
    m_bestAction[row][col] = SOUTH;
}

// 서쪽 행동이 가장 작은 비용이면
else if (cost_W <=_min(cost_N, cost_S, cost_E)) {
    cost = cost_W;
    m_bestAction[row][col] = WEST;
}

// 동쪽 행동이 가장 작은 비용이면
else {
    cost = cost_E;
```

```
        m_bestAction[row][col] = EAST;
}


// 칸 값 배열 갱신
m_value.set(row,col)=cost+m_map.getCost(row,col);
} } }
```

이제 행동 비용을 계산하는 방법을 보자. 여기서는 북쪽 이동에 대한 함수만 소개하겠다.

```
float CDynamicProgrammingAlg::ComputeCostN(int row, int col) {
    float prob_north = m_map.getProbStraight(row, col);
    float prob_east = m_map.getProbRight(row, col);
    float prob_west = m_map.getProbLeft(row, col);
```

북쪽으로 가려고 해도, 불확실성 때문에 실제로는 동쪽이나 서쪽으로 갈 수도 있다. 만일 서쪽이나 동쪽이 벽으로 막혀 있으면, 하플링은 원래의 자리로 되돌아온다.

```
float prob_N = m_map.getProbStraight(row, col);
float prob_E = m_map.getProbRight(row, col);
float prob_W = m_map.getProbLeft(row, col);

if (m_map.isWallE(row, col))
    prob_E = 0;

if (m_map.isWallW(row, col))
    prob_W = 0;

return prob_N * m_value.getValueNorthOf(row, col) +
    prob_W * m_value.getValueWestOf(row, col) +
    prob_E * m_value.getValueEastOf(row, col) +
    (1 - prob_N - prob_W - prob_E) *
    m_value.getValue(row, col);
```

최적화

지금까지 제시한 알고리즘은 커다란 지도에 대해서는 약간 비효율적일 수 있다. 그럼 알고리즘 수행 속도를 높일 수 있는 몇 가지 최적화 방안들을 간략히 살펴보자. 우선, 시작과 목표 칸을 포함하고 그 바깥의 칸들은 제외한 부분적인 지도에 대해서만 알고리즘을 수행한다면 좀 더 빠르게 결과를 얻을 수 있다. 이후에 더 많은 자원을 사용할 수 있게 되면, 지도를 더 키우고 부분 지도의 처리 결과를 더 커진 칸 값 배열을 위한 초기 값들로 사용한다. 지도를 키워감에 따라 알고리즘의 첫 번째 적용에서 얻은 결과를 갱신해야 하겠지만, 그래도 처리 시간을 상당히 줄일 수 있다.

두 번째 최적화 방안은 DP가 세부수준 알고리즘이라는 점에서 착안한 것이다. 알고리즘을 한 번만 반복해도 어느 정도는 쓸만한 경로들이 나온다. 그리고 반복할 때마다 좀 더 개선된 경로들이 생긴다. 따라서 알고리즘을 여러 프레임들로 분산해서 반복하고 그에 따라 NPC가 점차 더 나은 경로를 따르게 하는 것이 가능하다.

DP의 다른 용도들

그럼 DP를 다른 게임 상황들에 적용하는 방법을 살펴보자.

NPC 엘프 마법사가 플레이어와 마법 전투를 벌인다고 하자. DP 알고리즘을 사용하려면 목표 상태, 행동들, 상태 공간, 비용들을 결정해야 한다. 목표 상태는 간단하다. 플레이어가 죽는 것이 목표이다. 행동은 플레이어에게 피해를 입힐 수 있는 공격 마법이나 항상 엘프 마법사를 치료하는 방어 마법을 시전하는 것, 다른(좀 더 유리한) 위치로 이동하는 것 등이 있다. 상태는 전투에 관련된 모든 것을 서술해야 한다. 이 경우 상태는 남은 주문 개수, 엘프와 플레이어의 생명치, 위치 등이 될 텐데, 이를 하나의 벡터(남은 주문, 엘프 생명치, 플레이어 생명치, 엘프 위치, 플레이어 위치)로 표현할 수 있다. DP가 검색할 상태 공간은 모든 가능한 상태 벡터들의 집합이 된다. 행동은 그 상태들을 연결한다. 예를 들어 회복 마법 시전은 1의 확률로 상태 (a, b, c, d, e)를 $(a-1, b+30, c, d, e)$로 연결한다. 상태 비용은 플레이어에게 남은 생명치와 같다고 두면 된다.

이러한 설정에서, 값 배열의 크기는 그 상태 공간의 크기와 같다. DP 알고리즘은 이전과 같은 방식으로 작동한다. 즉, 각 상태에 대해 각각의 행동 비용을 계산하고, 비용이 가장 작은 행동을 택하고, 그에 따라 상태 값 배열을 갱신한다. 수렴이 되고 나면 값 배열에서 최적 행동들을 추출한다.

위의 예에서 마법 전투에 대한 대략적인 서술을 선택한 것은, 검색을 쉽게 설정하기 위해서이다. 실제 응용에서는 좀 더 세부적인 설정도 가능하다. 예를 들어 매직 미사일, 수면, 방패 마법 등의 개별 주문에 대한 행동들을 설정할 수도 있을 것이다. 그리고 검색의 대상이 되는 상태에 캐릭터의 장비라던가 수면, 기상, 마비 같은 여러 캐릭터 상태들을 추가할 수도 있을 것이다. 그러한 개선에 맞게 알고리즘을 수정하고 검색 시간을 좀 더 늘린다면, 더욱 정교하고 흥미로운 전략들을 얻는 것이 가능하다.

결론

이 글에서는 확률론적 지도에서의 최적 경로를 계산할 때 겪는 어려움들을 이야기했으며, A*로는 그런 불확실성이 포함된 지도를 제대로 다룰 수 없다는 점도 살펴보았다. 그런 후에는 그런 불확실성을 처리하기 위해 고안된 동적 프로그래밍(DP) 알고리즘을 소개하고, 확률론적 맵에 대해 DP를 구현하는 상세한 방법과 다른 게임 상황에 DP를 적용하는 방법을 이야기했다.

기본적인 DP를 좀 더 다양한 게임 시나리오들에 적용할 수 있도록 확장하는 방법은 많이 있다. 특히 게임 개발자에게 흥미로운 것은, 행동 확률들이나 심지어는 전체 상태 공간을 미리 설정하지 않고도 DP를 적용할 수 있도록 학습/표본화 기능을 추가하는 것이다. 그런 확장에서, 알고리즘은 스스로 또는 플레이어에게 대항해서 게임을 하는 과정에서 자신에게 필요한 자료를 학습한다. 훌륭한 DP 기반 테트리스, 백개몬 플레이어를 만들 때 바로 그런 확장이 쓰인다. 이러한 확장을 강화 학습(reinforce learning) 또는 신경-동적 프로그래밍(neuro-dynamic programming)이라고 부르는데, 관심 있는 독자는 [Bertsekas96]나 [Sutton98]를 참고하기 바란다.

참고자료

〔Bertsekas96〕 Bertsekas, Dimitri, *Neuro-Dynamic Programming*, Athena Scientific, 1996.

〔Bertsekas01〕 Bertsekas, Dimitri, *Dynamic Programming and Optimal Control: Second Edition*, Athena Scientific, 2001.

〔Higgins02〕 Higgins, Dan, "Generic A* Pathfinding," *AI Game Programming Wisdom*, Charles River Media, 2002. 번역서는 "범용적인 A* 길찾기," *AI Game Programming Wisdom*, 정보문화사, 2003.

〔Matthews02〕 Matthews, James, "Basic A* Pathfinding Made Simple," *AI Game Programming Wisdom*, Charles River Media, 2002. 번역서는 "쉽게 설명한 기본적인 A* 길찾기," *AI Game Programming Wisdom*, 정보문화사, 2003.

〔Sutton98〕 Sutton, Richard, *Reinforcement Learning: An Introduction*, MIT Press, 1998.

4.4 객체지향적인 효용 기반 의사결정 아키텍처

John Hancock, *LucasArts*

jhancock93@post.harvard.edu

게임의 인공지능은 임의적인 규칙들이나 발견법을 이용해서 의사결정을 수행하곤 한다. 그래서 인공지능이 되는대로 만들어졌다는 인상을 주는 경우도 있다. 발견법(heuristic) 자체가 문제인 것은 아니다. 잘 선택된 발견법은 귀중한 CPU 사이클을 절약해준다. 마찬가지로, 게임에서는 임의적인 또는 비최적의(그러나 재미있는) 결과들이 용인될 수 있는 경우가 많다. CPU 효율성이 관련된 것이 아닌 한, 게임 AI 프로그래머들이 항상 문제에 대한 최적의 해를 추구하는 것은 아니다. AI 적수가 완벽하다면 오히려 플레이어가 좌절할 수도 있다.

그러나 아키텍처의 경우에는 그런 "되는대로" 방식을 허용해선 안 된다. 수없이 내포된 if-else 규칙들로 이루어진 난잡한 의사결정 트리 로직을 본 적이 많을 것이다. 몇 개의 if-else 문들로 로직을 짜는 것은 문제가 되지 않지만, 조건문 개수가 많아짐에 따라 AI 로직은 점점 더 읽고 유지하고 확장하기가 어려워진다. 허접한 아키텍처는 코드의 유연성과 유지보수성을 떨어뜨리며 궁극적으로는 제품에 해가 된다. 또, 개발 과정 후반부에 게임 디자인이 바뀌는 경우도 많기 때문에, 적응성 있는 코드의 가치는 매우 크다고 할 수 있다.

이 글은 유연성과 유지보수성 측면에서 기존의 명시적인 의사결정 트리 아키텍처보다 훨씬 우월한, 객체지향적인 효용 기반 의사결정 아키텍처를 하나 소개한다. 이 글이 서술하는 원칙들은 의사결정 이론 논문들로부터 가져온 것으로, 실시간 전략 게임 *Star Trek: Armada*의 무기 선택 AI와 *Start Wars: Obi-Wan*의 캐릭터 AI 상태기계 아키텍처 등을 비롯한 여러 상황들에 적용된 바 있다. 전통적인 AI 전문가 시스템과 마찬가지로, 이 아키텍처는 인간 지능을 발견법적 규칙들의 형태로 부호화함으로써 지능을 이끌어낸다.

의사결정을 자동화하기 위해, 디자인 변경에 적응하기 위해, 그리고 명시적이고 난잡한 의사결정 로직을 피하기 위해 학습 방법들을 사용할 수도 있지만, 게임에 학습 방법들을 적용하기란 그리 만만한 일이 아니다. AI를 훈련시키는 것은 어렵고도 시간이 많이 걸리는 일인데, 왜냐하면 AI의 성과를 평가하기 위해서는 전체 게임을 계속 완수해야 하고 또 게임을 한 번 끝까지 수행하는 데에는 몇 분에서 몇 시간이 걸릴 수도 있기 때문이다. 게다가 AI의 성과 평가에 대한 신뢰성 문제도 존재한다. 승리, 패배 같은 성과 측정들은 AI 자체만큼이나 다른 경쟁 AI와 플레이어의 행동에 의존하므로 믿을만한 측정 결과를 얻는다는 보장이 없다. 마지막으로, "재미"라는 것을 위한 적합도 함수도 없다.

운이 좋아서 적절한 훈련 자료를 구할 수 있다면(사람 플레이어로부터 수집하는 등), 신경망 [Champandard02]이나 소박한 베이즈 분류자 [McCallum98], 의사결정 트리 생성기 [Quinlan93] 등의 방법들을 이용해서 명시적인 의사결정 로직 작성을 피하거나 줄일 수 있을 것이다. 그런 기법을 이용해서 얻은 통계적 정보와 학습된 정보를 인간의 지식과 함께 이 글에서 말하는 아키텍처 안에 통합해 넣는 것도 어렵지 않다. 그러나 이 글은 최적의 의사결정 알고리즘을 자동으로 학습하기 위한 훈련 자료가 존재하지 않는다고 가정한다.

의사결정 트리

유한상태기계(finite state machine, FSM) 아키텍처는 게임 AI의 기초로 널리 쓰인다. 유한상태기계의 상태 전이들을 결정하는 데에는 의사결정 트리가 자주 쓰인다. 예를 들면 이런 식이다.

```
if (IsInjured())
    RunAway();        // 우선순위 1: 자신을 보호한다.
else if (IsEnemyPresent())
    Attack();         // 우선순위 2: 적을 죽인다.
else if (HeardNoise())
    Investigate(); // 우선순위 3: 정보를 수집한다.
else
    Patrol();         // 딱히 할 일이 없을 때
```

이 정도의 의사결정 트리라면 잘 작동하고 읽기도 쉽지만, 이보다 더 복잡한 일을 하려고 하면 코드가 금방 지저분해진다. 어렵게 말하면, 의사결정 트리는 잠재적인 의사결정 개수의 성장에 대한 규모가변성이 좋지 않은 것이다. 비슷하지만 근본적으로 다른 AI 종류가 10 개라면 위와 같은 명시적인 의사결정 트리도 10 개가 필요하다. 또는 각 AI의 차이를 반영하는 추가적인 분기들을 가진 하나의 커다란 의사결정 트리를 둘 수도 있다. 비슷하지만 조금씩 다른 10 개의 의사결정 트리들을 만들다 보면 코드 중복의 가능성이 커지고, 따라서 버그가 중복될 가능성도 커진다.

한편, 커다란 하나의 의사결정 트리를 사용하는 경우 새로운 적을 추가하거나 새로운 행동을 추가할 때마다 의사결정 트리를 크게 뜯어고쳐야 할 수 있다. 어떤 경우이든, 의사결정

트리(들)의 유지보수와 확장에 많은 시간이 걸리고 실수를 저지르기도 쉬워진다. 그러나 객체지향적 설계를 이용해서 암묵적인 의사결정 트리를 구현한다면 유지보수와 확장이 좀 더 쉬워진다.

객체를 이용한 좀 더 나은 아키텍처

상태 패턴 [Gamma95]은 AI 행동이나 상태를 함수 대신 객체로 구현하라고 권한다. 그런 패턴을 이용하면 코드를 고치지 않고도 임의의 개수의 행동들을 수용할 수 있는 암묵적인 의사결정 트리를 만들 수 있다.

각 AI가 AIState 객체들을 담는 States라는 컨테이너를 가진다고 하자. AIState 객체는 자신의 절대적 중요도(하나의 부동소수점 수 형태이다)를 평가하고 돌려주는 GetUtility() 함수를 제공한다. 그 중요도가 바로 이 글 제목의 효용(utility, 效用)이다. AI의 Select State() 함수는 그 함수를 이용해서 최적의 상태를 선택한다.

```
AIState* CharacterAI::SelectState()
{
    AIState* pBest = NULL;
    float bestUtility = 0.0f;
    for (AIStateList::iterator j = States.begin();
        j != States.end(); ++j)
    {
        float utility = (*j)->GetUtility(this);
        if (utility > bestUtility)
        {
            pBest = *j;
            bestUtility = utility;
        }
    }
    return pBest;
}
```

이러한 구조에서는 SelectState()를 전혀 고치지 않고도 한 캐릭터에 새로운 상태를 추가하거나, 기존 상태를 제거하거나, 상태 기능성을 변경할 수 있다. AIState 파생 클래스들은 일반적으로 CharacterAI에 의존하나, CharacterAI 자체는 상태의 구체적인 세부 사항과 무관하다. 또한 한 캐릭터가 특정 상태/행동을 소유하거나 사용하지 않는 경우에는 효용을 계산하지 않으므로 효율적이다.

의사결정 이론은 효용을 명확하게 정의한다. 구체적인 정의는 잠시 후에 이야기하겠다. 일단 지금은 한 행동의 효용을 그 행동이 고수준 목표들을 만족하는 정도에 각 목표의 상대적 중요도를 곱한 것이라고 정의하겠다. 1인칭 슈팅 게임에서 가장 중요한 두 가지 고수준 목표는 살아남는 것과 적을 죽이는 것이다. 2차적인 목표로는 탐험, 아이템 획득, 정보 수집 등이 있다. 이런 목표들에 중요도에 따라 등급을 매기고, 그 등급을 해당 상태의 효용을 계산하기 위한 우선순위로 사용한다.

하나의 상태가 현재의 목표들과 무관하거나 목표들을 만족하지 못하는 것이라면 그 효용은 0이어야 한다. 예를 들어 AI가 공격할 적이 없다면 Attack 상태는 쓸모가 없으며 따라서 효용은 0이어야 한다. 앞의 "의사결정 트리" 절에 나온 코드에는 암묵적인 우선순위들이 존재한다. 그 코드에서 가장 우선순위가 높은 행동은 RunAway이고, 그 다음이 Attack, 그 다음이 Investigate, 마지막이 Patrol이다. 우선순위를 결정할 때에는 하나의 비례 상수를 정하고 그것을 일관되게 적용하는 것이 중요하다. 특히 구체적인 효용 측정 방법이 없는 경우에는 더욱 그렇다.

각 행동의 효용 함수들을 다음과 같이 정의한다면, 효용 기반 아키텍처는 앞의 의사결정 트리와 동일하게 작동하게 된다.

```cpp
float RunAway::GetUtility(CharacterAI *AI) const {
    return AI->IsInjured() ? 0.9f : 0.0f;
}
float Attack::GetUtility(CharacterAI *AI) const {
    return AI->IsEnemyPresent() ? 0.6f : 0.0f;
}
float Investigate::GetUtility(CharacterAI *AI) const {
    return AI->HeardNoise() ? 0.3f : 0.0f;
}
float Patrol::GetUtility(CharacterAI *AI) const {
    return 0.1f;
}
```

이런 방식이 명시적인 의사결정 트리보다 더 복잡해 보일 수도 있지만, 추가적인 유연성 증가가 복잡도 증가를 상쇄하고도 남는다. 이런 방식에서는 AI가 제어하는 각 캐릭터의 의사결정 트리를 고치지 않고도 행동들의 조합을 통해서 새로운 AI들을 만들어낼 수 있다. 새 상태를 구현할 때에는 다른 상태들에 적절히 상대적인 값을 돌려주는 GetUtility() 함수를 구현해 주어야 하지만, 의사결정 트리를 뜯어고치는 것에 비하면 훨씬 쉬운 일이다.

이러한 효용의 애매한(fuzzy) 성질은 FSM을 좀 더 유연하게 만드는 데 매우 효과적이나, 많은 수의 효용 함수들을 잘 조화된 방식으로 작성하는 것이 어려울 수 있다. 그런 어려움을 덜기 위해서는 효용이라는 것을 측정하거나 정의하는 구체적인 수단이 필요하다. 효용을 좀 더 엄밀하게 정의하기 위해서는 기대값이라는 개념이 필요한데, 그럼 무기 선택의 예를 통해서 기대값(expected value)의 개념을 살펴보자.

기대값

의사결정 모듈은 어떠한 불확실한 상태 정보의 존재 하에서 행동들 중 하나를 선택한다. 게다가 행동의 결과 자체가 불확실한 경우도 많다.

게임에서, 과거와 현재에 대한 완벽한 정보를 가지는 AI를 만드는 것은 불가능하지 않지만, 완벽한 정보는 계산하거나 저장하기가 비싸며, 또한 AI가 접근해서는 안 되는 게임 정보에 접근하는 일종의 "속임수"가 될 수도 있다. AI가 어느 정도는 미래의 정보를 예측할 수 있을지 몰라도, 플레이어의 이후 행동까지 확신 있게 예측하기란 불가능한 일이다. 따라서 게임 AI 역시 불확실성의 존재 하에서 의사결정을 내리게 된다.

의사결정 상황에서 사람이 어떤 특정한 행동 방침을 선택하게 되는 것은, 여러 선택들 중 그것이 가장 나은 결과를 가져올 것으로 믿기 때문이다. 그렇다면 '가장 나은' 또는 최적의 결과란 무엇일까?

여러 정의가 가능하겠지만, 의사결정 이론에서 "최적"의 한 가지 일반적인 정의는 "최대 기대값"이다. 한 행동의 기대값은 그 행동의 평균적인 이득으로, 수학적으로는 모든 가능한 결과들의 확률 p_i에 그 결과의 이득 r_i를 곱한 것을 합한 것이다. 즉:

$$E(V) = \sum_i p_i r_i$$

이 이론을 FPS의 한 캐릭터가 최고의 무기를 장비하는 문제에 적용해 보자. 무기라는 것은 결국 적을 죽이기 위한 것이므로, 무기의 기대값은 주어진 대상에 입힐 수 있는 예상 피해치(또는 피해 비율)로 정의할 수 있다. 각 무기 객체에는 그 무기가 입힐 수 있는 피해치를 돌려주는 GetExpectedDamage() 함수가 정의되어 있다고 하자. 이런 설정 하에서, 무기를 선택하는 의사결정 함수는 앞의 SelectState()와 거의 동일할 것이다. 그냥 무기 목록을 훑으면서 예상 피해치가 가장 큰 무기를 택하면 된다.

그럼 GetExpectedDamage()의 구현을 좀 더 살펴보자. 만일 피해치가 대상과의 거리에 따라 달라진다면 거리를 매개변수로 받을 필요가 있다.

```
virtual float GetExpectedDamage(float Distance) const;
```

대상과의 거리는 무기의 적중 확률에도 영향을 미칠 것이며, 만일 적을 맞히지 못했다면 피해치는 0이 되어야 한다. 따라서:

```
float Weapon::GetExpectedDamage(float Distance) const {
    return HitChance(Distance) * Damage(Distance);
}
```

Weapon 클래스의 모든 하위 클래스들은 이 GetExpectedDamage() 함수와 HitChance() 함수, Damage() 함수를 자신에 맞게 재정의할 수 있다.

변화를 위한 계획

훌륭한 프로그래머는 변화에 대비할 줄 안다. GetExpectedDamage()의 현재 서명은 샷건, 소총 등 전적으로 거리에만 근거해서 기대 피해치를 추정할 수 있는 단순한 무기에 대해서는 충분하겠지만, 폭발성 무기에는 부족하다. 예를 들어 수류탄의 기대 피해치를 추정할 때에는 의도하지 않은 무고한 희생에 해당하는 피해를 빼야 할 것이다. 그러나 의도하지 않은 피해의 발생 가능성과 그 양을 예측하기 위해서는 피해 반경 안에 있는 동료의 수 등의 추가적인 정보가 필요하다. 개발 도중에 GetExpectedDamage()에 새로운 매개변수를 추가하면 그 함수의 모든 선언들과 정의들, 그리고 호출문들을 변경해야 한다. 따라서 애초부터 함수 서명의 변화를 대비하고 좀 더 유연한 인터페이스를 설계하는 것이 바람직하다.

그러한 목적 하에서, 함수에 필요한 자료를 하나로 묶어 함수에 전달하는 용도로 쓰이는 보조적인 구조체 WeaponContext를 도입하기로 하자. 그러면 함수들은 다음과 같은 모습이 된다.

```
virtual float ExpectedDamage(const WeaponContext& context);
virtual float Damage(const WeaponContext& context);
virtual float HitChance(const WeaponContext& context);
```

이런 구조체를 사용하면 기존의 함수 선언들을 수정하지 않고도 함수에 새로운 정보를 제공할 수 있다. 그냥 구조체를 고치면 되는 것이다. 또한 이런 구조체는 무기들의 기대값 계산 시 여러 무기들에 필요한 공통의 문맥 정보를 담는 저장소 역할도 하는데, 이는 효율성에 도움이 된다.

우리는 기대값 기반 무기 선택 시스템을 *Star Trek: Armada*에서 매우 효과적으로 사용했다. *Star Trek: Armada*는 40 개 이상의 무기들이 쓰이는 실시간 전략 게임이다 [Activision00]. 무기들의 효과도 다양하다. 어떤 무기는 하나의 우주선에 효과적이며, 어떤 무기는 여러 대의 우주선들에 효과적이다. 또, 아군 우주선들에 부수적인 피해를 입히는 무기도 있다. 선체의 장갑에 피해를 주는 것도 있고 승무원들을 사살하는 무기도 있다. 그리고 아군 우주선들을 수리하거나 보호하는 아이템들도 있다. 이러한 다양한 효과들 때문에, 무기의 기대값을 그냥 무기의 예상 피해치만으로는 정의할 수 없었으며, 목표의 상대적인 가치, 아군 유닛에 대한 긍정적 효과, 부수적 피해 등 좀 더 다양한 요인들을 고려해야 했다. 기대값을 기존의 정보에서 쉽게 계산할 수 없는 경우에는 인간 전문가가 발견법적 측정 방법을 만들었다.

이처럼 많은 수의 다양한 무기들이 존재했기 때문에, 하나의 명시적 의사결정 트리로 무기를 선택하는 것은 거의 불가능했을 것이다. 한편, 객체지향적 아키텍처의 장점이 프로그래밍의 편이나 유연성뿐인 것은 아니다. Armada의 **AI**는 우리가 프로그래밍한 적이 없는 굉장한 무기 조합으로 우리를 놀라게 했다. 그 무기 조합들은 상황 변화에 따른 무기 효용 변화에 의해서 창발적으로 발생한 지능의 결과였다.

독자도 그러한 창발성을 얻고 싶다면, 인간 전문가의 지식과 평가하고자 하는 객체의 구체적인 성질을 반영해서 기대값 평가 함수를 만들어야 한다. `GetUtility()`와 `GetExpectedDamage()`를 `virtual`로 선언한 것도 바로 그런 목적을 위한 것이다. 또한, 평가 함수를 만들 때에는 과감하고 극단적인 방식을 취해 볼 필요도 있다. 어떤 객체나 행동을 선호하거나 싫어할 이유가 있다면, 모듈 독립성을 깨지 않는 한도 내에서 또는 너무 많은 **CPU** 사이클을 낭비하지 않는다는 조건 하에서 얼마든지 포함시켜도 된다. **CPU** 사이클 이야기가 나왔는데, 같은 값을 여러 평가 함수들에서 계산하는 경우가 있다면 그 값을 한 번만 계산한 다음 그것을 보조 구조체에 저장해 두는 것이 좋다.

또 다른 의사결정 기준들

기대값이 의사결정의 좋은 기준이긴 하지만 유일하게 합리적인 기준은 아니다. 사람들이 항상 최대의 기대값에 근거해서 의사결정을 내리는 것은 아니다.

한 예로, 50 퍼센트의 확률로 5 천만 원이 당첨되는 2 천만 원짜리 복권이 있다고 하자. 그런 복권의 기대값은 0.5×5000만 $+ 0.5 \times 0 = 2500$만 원이다. 그런데 복권을 사지 않을 때의 기대값은 2 천만 원이다. 즉 복권을 사지 않으면 2 천만 원이 굳는 것이다. 기대값 이론만을 생각한다면 복권을 사는 것이 기대값을 최대화하므로, 합리적인 사람이라면 당연히 복권을 사야 한다. 그러나 현실적으로는, 2 천만 원을 날리는 게 겁이 나서 복권을 사지 않을 사람들도 많을 것이다. 이처럼, 사람들이 항상 기대값에 근거해서 판단을 내리는 것은 아니다.

기대값을 최대화하는 것이 완벽하게 합리적이고 지능적이긴 하지만, 다른 의사결정 기준들을 도입함으로써 AI에 어떠한 개성이나 인간적인 특성을 추가할 수 있다. 예를 들어 최대최소(*maximin*) 기준은 모든 행동에 대해 최악의 결과(최소의 이득)를 결정하고 그것을 최대화하는 행동을 택한다. 즉 "최고의" 최악 결과를 찾는 것이다. 최대최소 기준은 본질적으로 비관적인 또는 위험 회피적인 기준이다.

최대최대(*maximax*) 기준은 모든 행동에 대해 최적의 결과를 결정하고 그것을 최대화하는 행동을 택한다. 즉 "최고의" 최적 결과를 찾는 것이다 [Winston91]. 최대최대 기준은 낙관적인 기준이다. 효용 이론에서는 그 두 기준과 기대값, 그리고 그 외의 여러 기준들을 모두 표현할 수 있다.

효용 이론

효용 이론은 사람들이 같은 자료에 대해서 각기 다른(그러나 합리적인) 결정을 내리는 이유를 설명하는 한 가지 방식을 제공한다. 원래 효용 함수는 여러 복권들에 대한 개인의 선호 또는 무관심을 수학적으로 표현하기 위해서 고안된 것으로 [Winston91], 본질적으로는 위기에 대한 개인의 태도를 수학적으로 서술한 것이라 할 수 있다.

폰 노이만-모르겐슈테른 효용 이론(von Neumann-Morgenstern utility theory)의 경우 이성적 존재는 기대 효용을 극대화하는 선택을 한다고 말한다. 기대 효용은 다음과 같이 주어진다.

$$E(U) = \sum_i p_i u(r_i)$$

여기서 효용 함수 $u(x)$는 가능한 보상들의 집합에 대해 증가한다(즉 $u'(x) > 0$). 효용 함수가 반드시 미분 가능이어야 하는 것은 아니지만, 미분 가능할 때 그 효용 함수를 사용하는 의사결정기는 다음 세 범주로 나뉘게 된다.

1) 만일 $u(x)$가 엄밀하게 아래쪽으로 오목이면, 즉 $u''(x) < 0$이면 의사결정기는 위험을 회피한다.

2) 만일 $u(x)$가 선형이면, 즉 $u''(x) = 0$이면 의사결정기는 위험에 중립적이다.

3) 만일 $u(x)$가 엄밀하게 위쪽으로 오목이면, 즉 $u''(x) > 0$이면 의사결정기는 위험을 선호한다.

캐릭터마다 고유한 효용 함수를 사용함으로써, 캐릭터들에게 그럴듯하고 일관적인 방식으로 차별화된 개성들을 부여할 수 있다. 게임에서는 개인의 진짜 개성을 모형화하려는 것이 아니므로, 원하는 효과가 나오기만 한다면 어떤 효용 함수를 사용해도 상관없다. 예를 들어 위험에 중립적인 캐릭터라면 $u(x) = x$를, 위험을 추구하는 캐릭터라면 $u(x) = x^2$를, 그리고 위험을 피하는 캐릭터라면 $u(x) = \sqrt{x}$를 사용하면 된다. 아니면 조각별 선형 함수나 반응 곡선 [Alexander02]을 이용해서 실제 사람들에게서 볼 수 있는, 위험 추구와 위험 회피가 혼합된(예를 들면 복권도 사고 보험도 들고 등등) 개성을 만들 수도 있다.

무기 선택에 대한 의사결정 기준에 최대최소 효용을 사용한다면, 기대 효용을 구하는 함수는 다음과 같은 모습이 될 것이다.

```cpp
float Weapon::GetExpectedUtility(const WeaponContext& context) const
{
    return HitChance(Distance) *
            context.Owner->Utility(Damage(Distance));
}
```

이제 무기의 기대 효용은 무기 소유자(WeaponContext 객체를 통해서 접근한다), 즉 **AI** 자신의 GetUtility() 함수에 의존한다. 이러한 구조 덕분에 의사결정 로직을 변경하지 않고도 캐릭터나 개성에 따라 다른 의사결정을 내리게 할 수 있다.

결론

이 글에서는 기대 효용을 비롯한 여러 가지 의사결정 기준을 선택적으로 사용할 수 있는 객체지향적 의사결정 아키텍처를 소개했다.

확률 추정에 기반한다는 점을 이 방법의 큰 단점으로 볼 수도 있겠지만, 게임에서는 세계를 아주 정밀하게 모형화하는 것이 별로 중요하지 않다. 최적의 결과가 필요한 것은 아니기 때문이다. 이 방법에 필요한 확률들은 게임 로직 자체로부터 끌어낼 수도 있고, 개발자가 직접 설정하거나 베이즈 추론과 게임플레이를 통해 수집한 통계적 자료를 이용해서 만들 수도 있다. 위험에 대한 다른 태도를 가진 대안들이 마련되어 있다면, 효용 함수들을 변화시킴으로써 다양한 의사결정을 이끌어낼 수 있으며, 그럼으로써 캐릭터들에 개성을 부여할 수 있다.

효용 이론을 **AI**의 의사결정 기준에 사용하지는 않는다고 해도, 이 글이 제시한 분산된 아키텍처를 통해서 코드의 유용성과 유지보수성을 높이고 창발적 행동의 가능성을 증가시키는 이점은 얻을 수 있을 것이다. 그러나 효용 이론을 사용한다면 매우 작은 비용으로도 **AI** 의사결정에 인간적인 요소를 추가할 수 있다는 추가적인 장점이 생긴다.

참고자료

[Alexander02] Alexander, Bob, "The Beauty of Response Curves," *AI Game Programming Wisdom*, Charles River Media, 2002. 번역서는 "응답 곡선의 아름다움," *AI Game Programming Wisdom*, 정보문화사, 2003.

[Activision00] *Star Trek: Armada, Activision*, Inc., 2000.

[Champandard02] Champandard, Alex, "The Dark Art of Neural Networks," *AI Game Programming Wisdom*, Charles River Media, 2002. 번역서는 "잘 알려지지 않은 신경망 기법," *AI Game Programming Wisdom*, 정보문화사, 2003.

[Gamma95] Gamma, Erich, et al., *Design Patterns: Elements of Reusable Object-Oriented Software*, Addison-Wesley, 1995.

[McCallum98] McCallum, A., Nigam, K., "A Comparison of Event Models for Naive Bayes Text Classification," *AAAI-98 Workshop on Learning for Text Categorization*, 1998.

[Quinlan93] Quinlan, J. R., C4.5: *Programs for Machine Learning*, Morgan Kaufmann, 1993.

[Winston91] Winston, Wayne, *Operations Research: Applications and Algorithms, Second Edition*, PWS-Kent Publishing Co., 1991.

4.5 분산 추론 투표 아키텍처

John Hancock, *LucasArts*

jhancock93@post.harvard.edu

대부분의 행동 기반 AI 아키텍처들은 여러 행동 모듈들을 동시에 따르는 기능이 없다. 한 순간에서의 AI 시스템은 하나의 활성 행동 또는 상태를 수행하며, 그 나머지 것들은 무시한다. 이러한 시스템으로는 행동들을 절충한다거나 여러 목표들을 동시에 만족시키기가 불가능하다. 특정한 하나의 행동이 다른 행동들과 의사소통할 수 있도록 특별하게 설계하고 구현하지 않는 한(그러나 그런 구현에서는 골치 아픈 코드 의존성 문제가 생길 가능성이 크다), 다른 행동들이 제공하는 정보는 결국 낭비된다.

이 글은 여러 개의 개별적인 추론 모듈(이 글에서는 조언자라고 하겠다)들과 조언자들이 제공한 입력들에 대해 명령 융합을 수행하는 하나의 중재자로 구성된 대안적인 AI 아키텍처를 소개한다. 이 글에서 말하는 투표 기반 아키텍처(voting-based architecture)는 사용하고, 구현하고, 유지보수하기가 쉽다.

이 아키텍처에서는 각 조언자가 투표해야 할 선택사항들의 집합을 "투표 공간"이라고 칭한다. 서로 다른 조언자들이 같은 투표 공간에 투표를 한다는 조건을 만족하는 한, 개발자는 그 조언자들을 개별적으로 구현할 수 있다.

이 글이 서술하는 아키텍처는 비동기 모듈들을 잘 처리할 수 있다. 예를 들어 저수준 모듈은 30 Hz로 실행되고, 길찾기 같은 고수준 모듈은 반응적 행동에 필수적인 고빈도 저수준 출력을 보장하기 위해 그보다 낮은 빈도로 실행되게 하는 것이 가능하다. 이런 비동기 친화적 연산들은 CPU 자원이 제한된 게임들에서 CPU 부하를 균등하게 만드는 데 유용하다.

분산 추론

분산 추론(distributed reasoning)은 인식 공정들과 책임들을 여러 시스템 또는 장소들로 분산시킨다. 반면 중앙집중적 아키텍처의 경우, 세계 자체는 여러 개의 모듈들로 구성된다고 해도, 인식과 계획은 하나의 모듈이 담당한다. 게임 AI는 일반적으로 중앙집중적 방식을 사용한다. 우리가 "AI"라고 부르는 것의 대부분은 행위자의 두뇌 또는 행위자 자체를 대표하는 하나의 C++ 클래스 안에서 일어난다.

여기서 이야기하는 분산 투표 아키텍처는 Rosenblatt의 작업에 기초한 것이다 [Rosenblatt97]. 이 아키텍처는 하나의 중앙 중재자(arbiter)와 의사소통하는 여러 개의 독립적인 조언자(advisor)들로 구성된다(그림 4.5.1). 조언자는 특정한 과제나 목표의 수행을 책임지는, 또는 문제 영역의 특정 측면에 대한 추론을 책임지는 하나의 추론 모듈 또는 행동이다. 각 조언자는 자신의 구체적 과제 또는 측면에만 초점을 두고 상황을 독립적으로 평가하며, 가능한 행동 방침 각각의 효용을 계산한다.

조언자들은 독립적이다. 즉 조언자들은 다른 조언자들의 결과에 의존하지 않으며, 조언자들 사이에는 의사소통이 없다. 이러한 독립성 덕분에 중재자나 다른 모듈들을 고치지 않고도 조언자들을 임의로 추가하거나, 제거하거나, 활성/비활성화할 수 있다. 각 조언자는 각자 주어진 과제에 적합한 기술을 자유롭게 사용할 수 있다. 즉 한 조언자는 베이즈 추론을 사용하는 반면 다른 조언자는 발견법적 지식을 사용하고, 또 다른 조언자는 신경망을 이용해서 투표를 만들어내는 등. 이러한 유연성은 중앙집중적 아키텍처에 비해 두드러지는 장점이다.

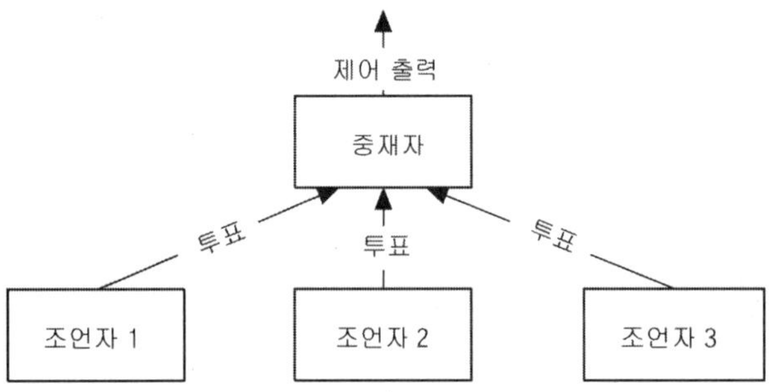

그림 4.5.1 여러 개의 활성 조언자들이 하나의 중재자에게 투표를 보낸다. 중재자는 그것들을 통합하고 최적의 행동 방침을 선택한 후 제어 출력을 만들어낸다.

잘못된 명령 융합 수행 방식

한 로봇이 정적 장애물들을 피해서 목표에 도달하게 만드는 문제를 생각해 보자. 문제 환경에는 동적인 장애물들도 존재하지만, 경로 계획 과정에서는 그런 장애물들을 고려하지 않는다고 하겠다. 이런 상황에서는 적어도 두 개의 조언자들이 필요하다. 한 조언자는 계획된 경로를 따라 로봇을 이끌고, 또 다른 조언자는 동적 장애물들을 피하게 만든다. 각 조언자는 각각 하나의 방향 벡터를 중재자에게 보낸다. 이 때 중재자가 그냥 그 두 벡터의 평균을 출력한다면 어떻게 될까? 그러면 그림 4.5.2의 예처럼 바람직하지 않은 결과가 나올 것이다.

사실 이런 명령 융합 방식은 퍼텐셜 장(potential field) 방법에서 하는 것과 같다. 퍼텐셜 장은 모든 밀개와 끌개에서 비롯된 벡터들의 평균을 낸다. 이런 방식에서는 그림 4.5.2에 나온 것처럼 로봇이 장애물을 향해 돌진하는 바람직하지 않은 결과가 나올 수 있다. 또한 벡터 합은 AI를 국소 최적해에 가둘 수 있다. AI가 국소 최적해에 빠지지 않는다면, 장애물에 가까워질수록 강해지는 장애물의 반발장 때문에 적어도 AI가 장애물과 충돌하는 사태는 벌어지지 않을 것이다. 그러나 이보다 더 나은 방식이 존재한다.

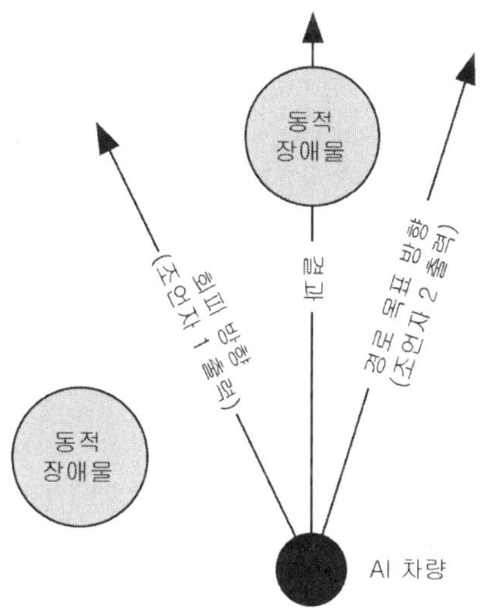

그림 4.5.2 여러 조언자들의 벡터들(회피 방향과 현재 경로 목표 방향)을 평균하는 것은, 각각의 제안된 벡터들보다도 나쁜 출력을 낼 수 있다. 이 그림의 경우 중재자의 결정은 피해야 할 장애물들 중 하나로 AI를 이끈다.

많은 시스템들은 명령들을 융합하는 대신 그냥 명령들에 우선순위를 부여한다. 그런 시스템은 유한상태기계의 상태 전이 로직에 기반해서 또는 Brooks의 포섭 아키텍처(subsumption architecture) [Brooks91]에서와 같은 우선순위에 기반해서 하나의 행동에게 독점적인 제어권을 부여한다. 그런 시스템에서, 동적 장애물과 부딪힐 위험에 맞닥뜨린 에이전트는 장애물 회피 모드로 들어가며 목표 지향적 행동은 무시하게 된다. 위험이 사라지면 다시 목표 지향적(길찾기) 행동으로 복귀한다. 이런 우선순위 기반 행동은 목표들이 배타적일 때에는 만족스럽지만, 여러 목표들을 동시에 수행할 수 있거나 수행해야 하는 상황에서는 쓸모가 없다. 그러나 이 글의 분산 아키텍처에서는 중재자에 의해 여러 행동들이 AI에 대한 병렬적이고 부분적인 제어권들을 가지게 된다. 많은 경우, 원래의 계획된 경로를 크게 벗어나지 않고도 동적 장애물을 회피할 수 있다. 어떤 경우에는, 장애물을 회피하기 위해 경로를 너무 많이 벗어나서 경로 자체를 다시 만들어야 할 수도 있다.

투표를 통한 명령 융합

각 조언자가 하나의 행동에 대한 출력이 아니라 여러 행동들에 대한 출력을 중재자에게 제공하도록 시스템을 다시 설계한다면, 중재자는 명령 융합 과정에서 더 많은 정보를 가지고 더 나은 결정을 내릴 수 있을 것이다. 중재자 투표들의 집합이 하나의 "최적" 행동을 가질 수도 있겠지만, 중요한 것은 그 행동이 다른 대안들에 비해 얼마나 더 나은지를 아는 것이다. 왜냐하면 모듈들 사이의 최적의 절충에는 그런 대안들이 포함될 가능성이 크기 때문이다.

조언자들은 투표 공간의 모든 가능한 명령들에 대한 연속적인 수치 형태의 투표들을 중재자에게 전달함으로써 중재자와 의사소통한다. 양의 투표는 주어진 행동이 바람직함을 뜻하며, 음의 투표는 그 행동이 바람직하지 않다는 뜻이다. 투표 수치의 크기는 바람직함(또는 하지 않음)의 정도를 나타낸다. 중재자는 모든 조언자들의 모든 투표를 조사해서 최적의 명령을 선택하고 그것을 AI 제어기에 전달한다. 조언자들에 대한 유일한 요구사항이라면, 조언자들이 반드시 중재자가 이해할 수 있는 형식으로 투표를 해야 한다는 점과 그 투표를 적절한 범위로 비례시켜야 한다는 점이다. 모든 조언자들은 동일한 투표 공간에 대한 투표를 중재자에게 전달하며, 그 투표는 일반적으로 -1에서 1 사이의 값으로 정규화된다. 다만, 중재자가 여러 형식들을 인식하고 그것들을 일관적인 방식으로 통합할 수 있는 능력을 가지고 있다면 단일한 하나의 투표 공간(또는 투표 비율)을 사용한다는 조건을 강제할 필요가 없다.

조타 중재자 예제

이 아키텍처에 대한 한 가지 예로, 차량 전투 게임에서 거친 지형을 주행하는 AI를 설계해 보자. 좀 더 구체적으로는, 임의의 시점에서 차량의 조타(steering) 곡률을 선택하는 시스템을 설계하려는 것이다. 이상적으로는 AI가 적의 사격 회피, 장애물 회피, 적 차량을 들이받거나 총격을 가해서 파괴, 차량 동역학의 한계 고려(전복 방지), 결승점 도달(필요하다면 계획된 경로를 따라서)과 같은 목표들 모두 또는 일부를 동시에 수행할 수 있어야 한다. 이는 이 글이 말하는 분산 아키텍처에 완벽하게 적합한 종류의 문제이다.

이러한 아키텍처를 설계하는 첫 번째 단계는 투표 형식을 선택하는 것이다. 투표 형식이 차량의 제어 출력 형식과 반드시 같아야 하는 것은 아니지만, 여기서는 중재자 자체가 특정

지식에 국한되지 않도록, 즉 문제 영역에 독립적이 되도록(조언자들은 문제 영역에 독립적일 수 없다) 두 형식을 일치시킨다. 이 예에서 우리는 최적의 조타 원호 또는 곡률 ρ를 찾고자 한다(곡률은 선회 반경의 역수이다). 각 조언자는 곡률이 $(-1/R_{min},\ 1/R_{min})$ 범위인 이산적인 여러 조타 원호들을 중재자에게 전달한다. R_{min}은 차량의 최소 선회 반경이다(그림 4.5.3). 이산적인 원호들의 수는 효율성과 조언자들로부터의 적절한 해상도 사이의 절충을 통해서 결정해야 한다. 그리고 중재자의 출력이 이산적인 원호들 중 하나와 일치할 필요는 없다. 이산적인 원호들로부터 아날로그 출력을 만드는 것이 가능하기 때문인데, 이에 대해서는 잠시 후에 이야기하겠다.

다음으로는 아래의 목표들을 위한 각각의 조언자들을 만든다.

- **전복 방지**: 이 조언자는 차가 전복될 수 있는 선회 반경에 반대하는 투표를 한다. 이 조언자는 낮은 속력에서는 대부분의 조타 원호들을 허용하지만, 높은 속력에서는 극단적인 원호에 반대한다.
- **장애물 회피**: 장애물 회피 조언자는 장애물과의 최소 거리와 원호 상에서의 장애물과의 거리에 근거해서 호들에 반대하는 투표를 한다. 근처의 장애물과 교차하는 호는 강한 반대표를 얻는다. 근처의 장애물을 통과하거나 멀리 있는 장애물과 교차하는 호는 약한 반대표를 얻는다. 이 조언자는 국소적인 장애물들만 고려하면 된다. 일반적으로 멀리 있는 장애물들은 의사결정과 무관하기 때문이다.

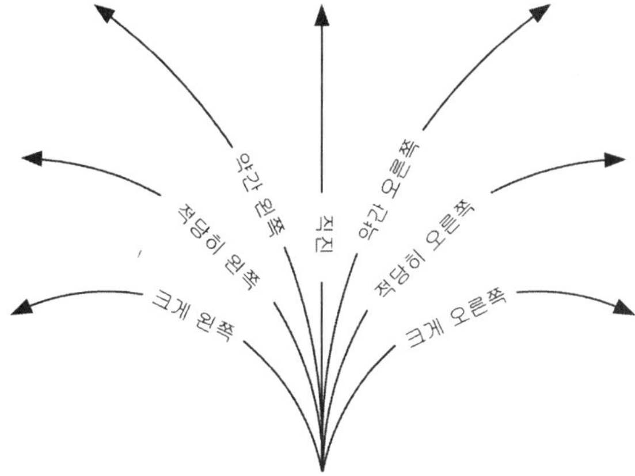

그림 4.5.3 모든 조언자는 이러한 이산적인 조타 원호들의 효용을 계산해야 한다.

- **적 공격 회피**: 이 조언자는 현재의 적 사선(line of fire)들과 교차하는 조타 원호에 반대표를 던진다. 투표 수치의 크기는 차량이 사선 안에 머무르는 시간에 정비례한다.
- **적 조준**: 이 조언자는 가까운 미래에 AI 차량의 무기가 적 차량들을 향하게 만드는 조타 원호들을 선호한다.

■ **목표점 도달**: 이 조언자는 차량을 목표점으로 이끄는 조타 방향들을 선호한다. 예를 들어 차량이 작은 시간 동안 조타 원호를 계속 유지한다고 할 때, 목표로의 방향과 결과적인(조타가 적용된) 차량 방향들의 내적을 이 조언자의 투표 수치로 사용해도 될 것이다.

그림 4.5.4는 이러한 조언자들과 중재자로 구성된 아키텍처이다.

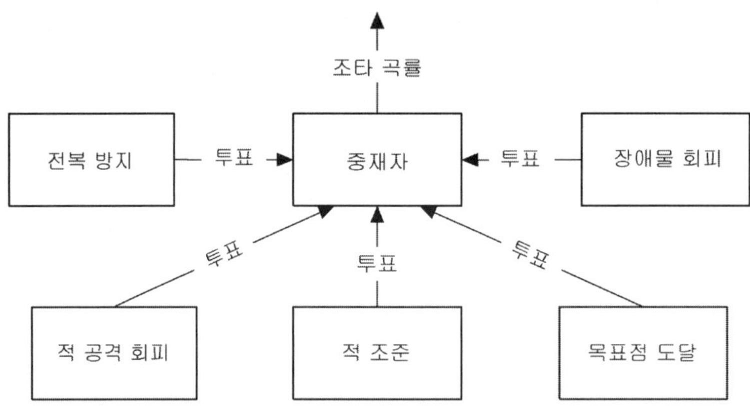

그림 4.5.4 차량 전투 게임의 AI 차량을 위한 조타 곡률을 선택하는 중재자 설계

중재자 설계

마지막으로, 중재자가 조언자들로부터의 입력들에 근거해서 최적의 조타 방향을 선택하는 방법을 결정해야 한다. 그림 4.5.5는 두 조타 곡률 조언자들이 보낸 투표들에 대해 두 가지 표결 중재 방법을 적용한 결과이다. 조언자 투표들이 곡률에 대해 매끄럽게 변한다는 점을 주목하기 바란다.

일반적으로, 이 예에서처럼 중재자가 하나의 아날로그 출력을 택해야 하는 경우, 조언자의 투표들은 입력 범위에 대해 매끄럽게 변해야 한다. 매끄러운 투표 분포는(비슷한 입력들은 비슷한 투표들을 만든다) 중재자 수준에서의 절충이 좀 더 정확한 결정이 되도록 하는 데 도움을 주며, 아날로그 값들에 대한 진정한 선호들을 보다 잘 나타낸다. 예를 들어 한 조언자가 특정한 원호를 선호한다면, 그 원호 근처의 원호들도 그 원호와 비슷한 수치의 투표를 받아야 한다(그 원호들이 멀리 있는 원호들보다 더 나은 대안들일 것이므로). 매끄러운 투표 분포들은 조언자 투표 생성 루틴에서 연속 함수들을 사용해 만들어낼 수도 있고 조언자 투표들에 가우스 함수나 기타 평활화 함수를 적용해서, 즉 어떠한 저대역 필터를 적용해서 만들어낼 수도 있다 [Rosenblatt97].

그림 4.5.5의 중재자 1은 조언자 투표들의 합을 최대로 하는 행동을 택한다. 이에 의해 AI 차량은 오른쪽으로 조금만 선회하게 된다. 중재자 1은 "최대최소(maximin)" 중재자이다. 즉, 이 중재자는 조언자들의 최소 투표들을 최대화하는 곡률을 택하는 것이다. 이 경우 차량은 거의 직진에 가깝게 나아간다. 최대최소 중재자는 위험 회피 중재자이다.

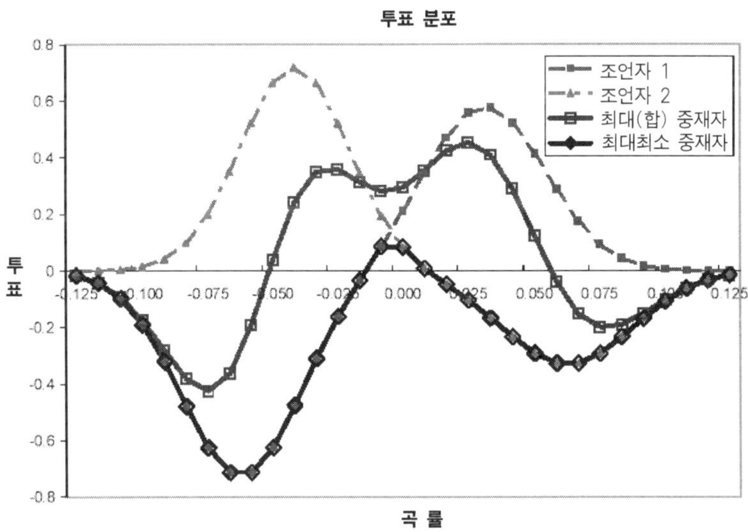

그림 4.5.5 서로 다른 두 중재자들이 있는 2 조언자 시스템. 첫 번째 중재자인 "최대(합)" 중재자는 두 조언자들로부터의 투표들의 합이 최대가 되는 출력을 선택한다. 최대최소 중재자는 두 조언자들의 최소 투표가 최대가 되는 곡률을 택한다.

조언자 투표들의 가중합을 최대화하는 중재자도 매우 효과적일 수 있다. 이 경우, 일반적으로 가장 중요한 안전 관련 조언자들에 높은 가중치들을 부여한다. 최대(합) 중재자에서 조언자들이 행동들을 거부할 수 있게 함으로써 위험 회피 중재자의 장점들을 일부 도입하는 것도 가능하다. 거부(veto)는 절대값이 보통의 투표 수치 크기보다 수십, 수백 배 큰 음의 투표를 통해서 구현할 수 있다 [Sukthankar97].

이산적인 투표들로부터 아날로그 출력을 생성

이러한 조타 중재자에서는 출력을 이산적인 원호들 중 하나에 일치하도록 제한하는 것이 커다란 단점이 된다. 입력 해상도를 크게 높여서 출력 해상도를 높일 수도 있겠지만 계산이 비싸다. 다행히, 2차 보간을 이용하면 이산적인 입력들로부터 아날로그 출력을 비교적 싸게 얻을 수 있다.

2차 곡선은 세 개의 점들에 의해 결정되므로, 최적의 결과에 해당하는 ρ_i에서의 y_{max}와 그에 인접한 투표들 ρ_{i-1}, ρ_{i+1}에서의 결과들을 통과하는 2차 곡선 방정식의 계수 a, b, c를 구할 수 있다.

$$y = a\rho^2 + b\rho + c$$

계수들을 구했다고 할 때 최적 곡률은 다음과 같이 구할 수 있다.

$$\frac{\partial y}{\partial \rho} = 0 \Rightarrow \rho = \frac{-b}{2a}$$

이 새로운 출력은 이산적인 최적 출력을 포함하는 구간 (ρ_{i-1}, ρ_{i+1}) 안에 반드시 포함된다.

투표 공간의 선택

AI가 행동들을 수행하려면, 명령들은 궁극적으로 제어 출력의 형태가 되어야 한다. 물리적 로봇에서 제어 출력은 로봇의 각 모터나 발동기에 가해지는 전류나 전압들의 집합일 것이다. 추가적인 프로그래밍 추상층을 통해서 좀 더 높은 수준의 제어들을 제공할 수도 있겠지만, 어쨌든 언젠가는 명령들을 발동기 공간의 구체적인 수치들로 변환해야 한다. 게임의 경우 프로그래머는 제어 출력을 좀 더 자유롭게 선택할 수 있다. 예를 들어 차를 제어한다고 해서 반드시 가속 페달이나 운전대 같은 것들을 모형화할 필요는 없다. 게임에서는 차의 가속도와 방향을 직접 제어할 수 있기 때문이다. 지금의 예에서는 투표 공간과 제어 공간 모두 조타 원호 곡률 ρ(선회 반경의 역수)을 사용한다.

투표 공간에 선택의 여지가 없는 시스템은 거의 없다. 대부분은 여러 가지 선택이 가능한데, 이 때 어떤 기준으로 선택을 해야 할까? 첫 번째로는, 조언자가 추론하기 쉬우며 효율적인 것을 택해야 한다. 투표 공간이 출력 또는 제어 공간과 같다면 둘 사이에 변환이 필요하지 않으며, 중재자 모듈 자체는 문제 영역에 대한 지식이 필요 없는 문제 영역 독립성을 가지게 된다. 그러나 중재자는 단 하나이므로, 중재자가 투표 공간을 제어 공간으로 변환하는 작업을 하게 하는 것도 그리 문제가 되지 않는다.

제어 공간과는 다른 투표 공간을 사용하는 경우를 앞의 차량 주행 예를 통해서 좀 더 자세히 살펴보자. 차량 조언자들이 조타 곡률 대신 이산적인 맵 위치들의 형태로 투표를 한다고 하자. 맵 기반 투표 공간에서는 장애물 회피 조언자가 좀 더 간단해진다. 왜냐하면 그냥 장애물이 있는 맵 칸에 대해 반대표를 던지면 되기 때문이다. 반면 전복 방지 조언자는 좀 힘들어지는데, 전복에 관련된 동역학은 선회 반경의 관점에서 처리하는 게 더 쉽기 때문이다.

중재자 역시 변해야 한다. 맵 투표들을 처리하고 최적의 조타 곡률 출력을 만들려면(제어 변수는 여전히 곡률을 사용한다고 하자) 문제 영역에 대한 지식이 필요하기 때문이다. 이러한 변경이 부담스러울 수도 있지만, 그래도 맵 기반 투표 공간에서는 조언자들로부터의 갱신 없이도 이전의 국소 맵을 새로운 국소 좌표들로 변환할 수 있기 때문에 조언자 지연 문제가 줄어든다는 장점이 있다. 맵 기반 투표를 차량의 조타 제어에 사용하는 것에 대한 좀 더 자세한 논의는 [Rosenblatt97]에 있다.

마지막으로, 선택된 투표 공간이 중재자가 지능적인 결정을 내리기에 충분한 정보를 제공해야 한다는 점도 중요하다. 바람직한 중재자 출력들이 연속적인 값을 가지는 수라면(즉 실수), 최적의 결과를 얻기 위해서는 조언자들이 사용하는 연속적인 투표 함수들을 완전히 재구축하는 데 충분할 정도의 해상도로 투표 공간을 표본화해야 한다. Nyquist 표본화 정리에 따르면, 신호(함수)의 손실 없는 재구축을 위해서는 표본화 빈도가 신호(함수)의 최대 주파수의 두 배가 되어야 한다. 그러나 게임에의 응용에서 최적의 결과가 반드시 필요한 경우는 별로 없으므로, 정리에서 말하는 것보다 훨씬 더 낮은 표본화 해상도로도 충분하다.

실시간 전략 게임의 기지 건설 중재자

맵 기반 투표를 좀 더 잘 이해할 수 있도록, 실시간 전략 게임의 한 AI 문제를 살펴보도록 하겠다.

RTS 게임에서 흔히 마주치는 AI 문제로는 기지 건설을 들 수 있다. 컴퓨터 플레이어가 적들을 정복하기 위해서는 제국을 확장해서 영토와 자원을 확보하고 그에 기반해서 군대를 육성해야 한다. AI는 기존의 기지에 건물들을 지을 수 있어야 하며, 새로운 기지를 만들어야 할 때도 있다. 건물들은 일반적으로 이동이 불가능하므로, 적절한 부지를 선택하는 것이 중요하다.

새 기지나 건물의 위치를 선택할 때 고려해야 할 요인들은 많이 있다. 그럼 새 건물들의 위치를 선택하기 위한 중재자 하나를 설계해 보자. 건설할 건물 종류는 이미 결정되어 있다고 하겠다.

제어 공간 출력은 건물 부지의 맵 위치이고, 투표 공간은 건물 건설이 가능한 맵 위치들의 집합이다. 필요한 조언자들은 다음과 같다.

- **자유 공간**: 부적합한 위치들을 거부하고, 기지로의 경로가 막히지 않은 칸들을 선호한다.
- **자원 편이**: 자원 수집이 필요한 건물(제재소, 금광 등)이라면 관련 자원과 가까운 장소를 강하게 선호한다(응답 곡선 또는 감쇠 곡선을 사용).

- ■ **적 회피**: 적 기지로부터 먼 위치에 긍정적인 투표를, 적과 가까운 위치에는 부정적인 투표를 한다.
- ■ **보호 필요**: 자기 방어 능력이 없는 중요한 건물일 경우 기지 및 방어용 건물과 가까운 위치들에 긍정적인 투표를 한다.
- ■ **방어 제공**: 가드 타워 같은 방어용 건물일 경우 다른 방어용 건물이 이미 담당하고 있는 위치들에 대해서는 반대표를, 그리고 근처에 보호할 건물이 있거나 전략적 가치를 지닌 위치들에는 찬성표를 던진다.

이 조언자들이나 중재자 자체에 유용한 기법 하나는 영향력분포도(influence map)이다 [Tozour01]. 모든 조언자들이 모든 건물 배치에 관련되는 것은 아니다. 이 아키텍처에서는 AI가 건설하고자 하는 건물 종류에 따라 특정 조언자들을 쉽게 활성화/비활성화할 수 있다. 또한 건물 종류에 따라 건물 고유의 정보를 부호화하는 고유한 조언자를 제공하게 할 수도 있다.

이런 문제에서라면 중재자가 가중합을 사용하고 조언자들이 거부를 할 수 있도록 하는 게 가장 좋은 방식일 것이다. 가중치들을 적절히 설정함으로써 AI에 어떠한 개성을 부여할 수 있다. 특별히 소중한 건물일 경우에는 적에게 파괴될 위험을 최소화할 수 있도록 안전 관련 조언자들의 가중치를 좀 더 높일 필요가 있을 것이다.

각 조언자에 부여할 최상의 가중치를 찾기 위해서는 지식이나 경험에 기초한 추측들과 약간의 시행착오가 필요하다. 시행착오를 좋아하지 않는 독자라면 유전 알고리즘이나 기타 학습 기법들을 이용해서 중재자가 가중치들을 학습하게 할 수도 있다 [Baluja97]. 학습 기법들은 조언자의 내부 매개변수들을 조율하는 용도로도 사용할 수 있다. 어떤 경우이든, 최적의 결과가 반드시 재미를 보장하는 것은 아니므로, 재미를 극대화하기 위해서는 사람의 적절한 조율이 반드시 필요할 것이다.

결론

이 글에서는 여러 개의 행동들이 하나의 AI에 대해 부분적이고 병렬적인 제어권을 가질 수 있도록 하는 아키텍처를 하나 소개했다. 여러 과제들을 동시에 달성하거나 절충하는 수단이 없는 상태 기반 또는 우선순위 기반 아키텍처에 비해 이러한 투표 아키텍처는 상당한 장점을 가지고 있다. 분산 아키텍처는 또한 좀 더 유연하고 관리하기 쉬우며, 예기치 못한 상황들에 대해 보다 안정적이다.

투표 아키텍처는 창발적 행동을 만들어내므로, 증명 가능한 정확성이나 최적의 행동이 필요한 상황에는 적합하지 않을 것이다. 그런 행동에는 중앙집중적 계획 수립 기법이 더 낫다. 분산 아키텍처는 중앙집중적 아키텍처에 비해 예측하기 힘든 출력을 만들어내는데, 이 점은 분산 아키텍처가 덜 과민하며 예기치 못한 상황을 다룰 수 있게 하는 요인이기도 하다. 이 아키텍처는 설계의 유연성이 중요하고, 최적 행동이 별로 필요하지 않으며, 고도로 동적인 환경 때문에 계획 수립이 어려운 게임(사실 대부분의 게임들이 그렇다)에 완벽하게 적합하다.

참고자료

[Baluja97] Baluja, S., R. Sukthankar, R., and J. Hancock, "Prototyping Intelligent Vehicle Modules Using Evolutionary Algorithms," *Evolutionary Algorithms in Engineering Applications*, Springer-Verlag, 1997.

[Brooks91] Brooks, R.A., "Intelligence without Representation," *Artificial Intelligence* 47 (1991), pp. 139-159.

[Rosenblatt97] Rosenblatt, J., "DAMN: A Distributed Architecture for Mobile Navigation," *Journal of Experimental and Theoretical Artificial Intelligence*, Vol. 9, No. 2 / 3, 1997, pp. 339-360.

[Sukthankar97] Sukthankar, R., "Situation Awareness for Tactical Driving," CMU Technical Report, CMU-RI-TR-97-08.

[Tozour01] Tozour, P., "Influence Mapping," *Game Programming Gems 2*, Charles River Media, 2001. 번역서는 "영향력분포도 기법," *Game Programming Gems 2*, 정보문화사, 2002.

John M. Olsen, *Microsoft*

infix@xmission.com

4.6 끌개와 밀개

AI가 제어하는 개체들이 무엇을 가까이 해야 하고 무엇을 피해야 하는지를 알게 하는 것은 좀 더 사실적인 시뮬레이션 행동을 만들어내는 데 도움이 된다. 군중 사이로 걸어간다거나, 경주로를 따라 주행한다거나, 공간을 날아다니는 등의 과제들에서는 특정 물체들과 가까운 거리를 유지하고 특정 물체들은 피하는 행동이 커다란 부분을 차지한다. 끌개(attractor)와 밀개(repulsor)는 무리 짓기 행동의 시뮬레이션, 자동차 경주의 충돌 회피, 2차원 또는 3차원 환경에서 적 추적하기 등의 여러 가지 용도로 쓰인다. 물체들 사이의 끌림, 밀림 수준을 결정하는 함수인 끄는 곡선으로 AI가 제어하는 물체들의 운동을 변화시키는 것이 가능하다. 또한 간단한 곡선들을 결합해서 좀 더 복잡한 복합 곡선을 만들고 그것으로 흥미로운 창발적 행동을 만들어내는 것 역시 가능하다.

이 글에서 말하는 기법은 기존의 조타 또는 길찾기 시스템에 대한 하나의 개선으로 사용할 때 가장 유용하다. 끌개와 밀개 자체를 일차적인 길찾기 시스템으로 사용하는 것은 바람직하지 않다. 왜냐하면 끌개와 밀개 자체는 복잡한 장애물들을 피해서 나아가는 방법을 알려주지 않기 때문이다. 끌개와 밀개를 하나의 조타 기법으로 사용한다면 흥미로운 환경적 반응을 추가할 수 있겠지만, 근본적인 길찾기 시스템이 없다면 AI를 가두는 국소 최적해 같은 문제를 겪게 된다. 끌개/밀개 기법과 여러 AI 제어 계층들 사이의 상호작용에 대해서는 이 글 후반부에서 좀 더 이야기하겠다. 우선 끌개와 밀개 시스템의 작동 방식부터 살펴보자.

힘들의 결합

물체를 움직이기 위해서는 물체에 작용하는 모든 끌힘(견인력)과 밀힘(반발력)들의 총 효과를 나타내는 하나의 결합된 벡터를 만들어야 한다. 이를 위해, 임의의 차단 거리 안에서 물체에 가해지는 모든 끌힘, 밀힘들을 더하고, 그 합을 식 4.6.1(기본적인 뉴턴 역학에 근거한 것이다)을 이용해서 가속도로 바꾼다. 가속도는 모든 힘들의 합을 물체의 질량으로 나눈 것이다.

$$a = \frac{\sum f}{m} \tag{4.6.1}$$

이 글의 목적으로는 오일러 적분법을 이용한 간단한 근사로도 충분하다(식 4.6.2와 4.6.3). 매 프레임마다 원래의 속도에 가속도를 적용해서 새 속도를 구하고, 그 새 속도를 원래의 위치에 적용해서 시뮬레이션의 현재 프레임에 대한 새 위치를 구한다. 이러한 근사는 시간 간격이 속도에 비해 충분히 작을 때 상당히 잘 작동한다.

$$v_f = v_0 + a \times dt \tag{4.6.2}$$

$$p_f = p_0 + v_f \tag{4.6.3}$$

시간 간격이 크다거나 또는 힘 시스템에 감쇠를 도입한 경우에는 진동이나 기타 오차가 생길 수 있다. 그런 문제들이 발생한다면 테일러의 정의(Taylor's Theorem) 같은 좀 더 정확한 물리 시뮬레이션 방법들을 사용해야 할 것이다 [Lander99].

끄는 곡선

끄는 곡선(attraction curve)은 주어진 거리에 대한 힘을 결정하는 함수이다. 주어진 거리에 대해 오직 하나의 힘 값만 존재하는 한, 어떠한 함수라도 끄는 곡선이 될 수 있다. 끄는 곡선에 해당하는 함수 Y가 X의 함수라고 할 때, Y(이하 그림들의 수직축에 해당)는 물체에 가해지는 힘의 양이고 X(수평축에 해당)는 물체와의 거리라고 생각하면 된다. 곡선이 반드시 연속이어야 하는 것은 아니지만, 연속일 경우에는 좀 더 매끄러운 결과를 얻을 수 있다. 그림 4.6.1과 4.6.2는 끄는 곡선의 두 가지 예이다.[12]

---

12) 역주: 그림 4.6.1은 사실 미는 곡선(repulsion curve)이지만, 힘의 방향이 반대인 끄는 곡선이라고 생각하면 될 것이다.

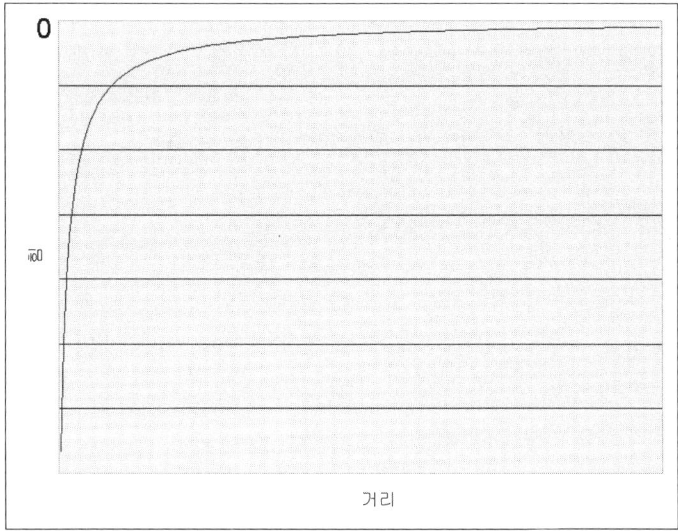

그림 4.6.1 미는 곡선 $y = -x^{-1}$의 그래프. 밀개에 다가갈수록 더욱 강하게 물체를 밀어낸다.

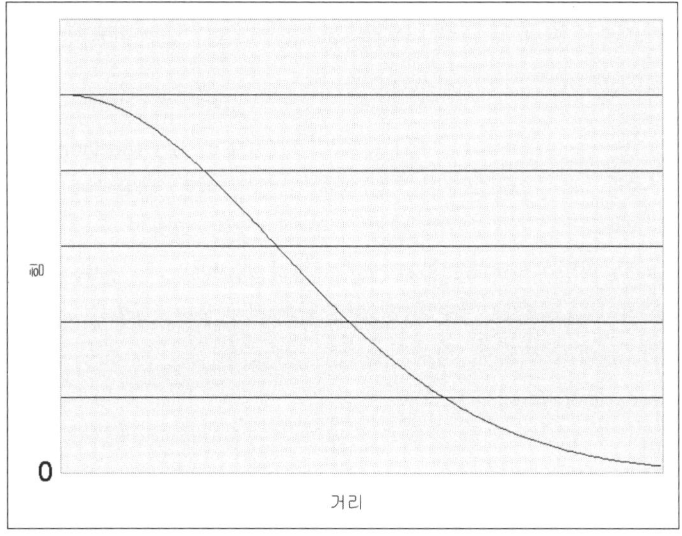

그림 4.6.2 끌개 e^{-x^2}. 종 곡선의 양의 부분은 물체가 가까울수록 더욱 강하게 끌어당긴다.

그래프들에서 X가 0 이하인 부분은 생략되어 있는데, 이는 X 축이 물체의 위치가 아니라 물체와의 거리를 의미하기 때문이다. 음의 거리가 유용한 경우는 드물다.

곡선이 무한대에 접근하는 경우는 조심해야 한다. 물체에 무한대의 또는 극대로 큰 힘을 가하는 일을 방지하기 위해서는 무한대에 접근하는 경우를 특별히 취급해 줘야 한다. 예를 들어 그림 4.6.1의 곡선을 사용하는 경우에는 $x = 0$인 경우를 적절히 처리할 필요가 있다. 한 가지 간단한 방법은 식 4.6.4처럼 x를 0에서 약간 이동시키는 것이다.

$$y = \left(\frac{-1}{x + 0.01} \right) \tag{4.6.4}$$

실제 응용에서는 무한한 밀힘으로 접근하는 것이 큰 문제가 되지 않는데, 왜냐하면 어차피 밀개는 물체가 가까울수록 더욱 큰 힘으로 밀어내므로 물체와의 거리가 0이 되는 일은 자동적으로 방지되기 때문이다.

곡선 합치기

앞에 나온 단순한 곡선들을 합쳐서 좀 더 복잡한 곡선을 만들 수 있다. 그 자체로 복잡한 형태의 고유한 곡선들을 개별적으로 수집하는 것은 어려운 일이지만, 이런 식으로 이전에 정의된 곡선들에 기반해서 곡선을 만들어 나가면 좀 더 응집력 있고 연관된 곡선 집합을 얻을 수 있다.

예를 들어 여러 개의 끄는 곡선들과 미는 곡선들을 합해서 무리 짓기(flocking)를 표현하는 것이 가능하다. 기본적인 무리 짓기 알고리즘을 위한 곡선은 이런 것이어야 한다. 곡선은 매우 큰 밀힘으로 시작한다. 이는 개체들이 서로 부딪히는 일을 피하기 위한 것이다. 그리고 거리가 멀어짐에 따라 밀힘이 줄어들다가 어떤 최적의 거리에서 힘이 0인 선을 통과하는데, 거기서부터는 무리가 흩어지지 않도록 하는 끌힘이 작용한다. 끌힘은 느리게 줄어들다가 0 아래로 떨어지고, 다시 밀힘이 작용하게 된다. 이러한 곡선은 표준적인 무리짓기 [Reynolds87]의 "응집"과 "분리"를 하나의 효과 곡선으로 통합한 것이다. 다만, 응집과 분리 모두 근처의 이웃 개체들이 아니라 무리 전체에 근거한다는 점에서 조금 다른 면을 보인다.

마지막의 밀힘은 개체들이 너무 떨어져 있어서 무리가 나뉘는 효과를 낸다. 또한 무리의 크기를 제한하는 효과도 낸다. 무리가 너무 크면 무리의 경계 바깥으로 밀려나는 개체들이 생기는 것이다. 이러한 행동은 그림 4.6.1과 4.6.2의 예제 곡선들을 더하고 각 곡선이 다른 곡선을 부분적으로 극복할 때까지 종 곡선의 규모를 키움으로써 얻을 수 있다. 그림 4.6.3이 그러한 방식으로 만들어낸 곡선이다.

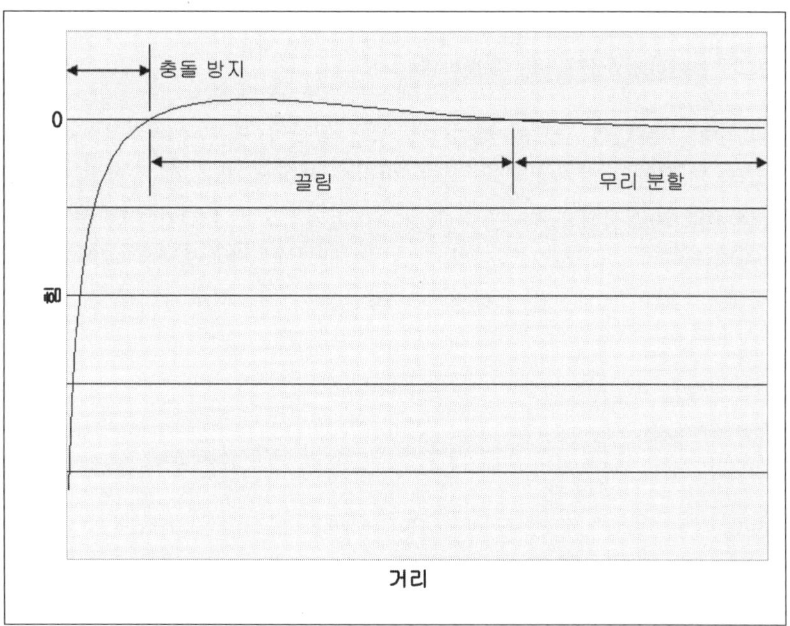

그림 4.6.3 $y = -x^{-1} + 4 \times (e^{-x^2})$ 기본적인 무리 짓기 곡선

객체별 곡선 차별화

객체의 종류에 따라 서로 다른 밀개와 끌개를 사용해서, 그리고 특정한 게임 객체가 다른 객체들에 대한 끌개, 밀개로 작용하도록 함으로써 좀 더 복잡한 시스템을 만들 수 있다.

예를 들어 게임에 늑대들과 토끼들이 나온다고 하자. 토끼들은 집단을 이루어야 한다. 이는 토끼들 사이의 끌힘으로 표현할 수 있다. 그리고 토끼는 늑대를 무서워한다. 늑대로부터 도망치는 행동은 늑대가 토끼에게 밀힘(이것은 늑대에 대한 공포심의 정도를 나타낸다)을 적용함으로써 표현할 수 있다. 늑대들 역시 서로간의 끌힘을 통해서 무리를 형성한다. 그리고 배고픔에 의해 토끼를 쫓는 행동은 토끼에 끌리는 힘(늑대의 배고픔 정도에 해당한다)을 통해서 표현할 수 있다.

동적 곡선

지금까지는 곡선이 일정하다고 가정했지만, 그런 가정을 고집할 이유는 없다. 힘들은 시간에 따라서, 그리고 다른 어떤 외부적인 요인에 의해서도 변할 수 있다. 늑대와 토끼의 예라면, 늑대의 배고픔은 최근 잡아먹은 토끼들의 개수에 따라 달라지고, 또한 늑대가 토끼를 얼마나 열심히 쫓아다닐 것인지를 결정한다.

늑대의 배가 많이 고프다면 근처의 토끼에게 강한 끌힘이 생긴다. 반대로, 늑대의 배가 부르면 토끼에 대한 끌림은 없거나 매우 작다. 이러한 행동은 전체 힘 곡선을 배고픔에 기반한 하나의 계수로 비례시킴으로써 만들어낼 수 있다. 그림 4.6.4가 그러한 예인데, 그림 4.6.1을 세 가지 계수로 비례시킨 것이다. 0.5×는 배가 완전히 불렀을 때이고 4×는 배가 고픈 상태이다. 그 사이의 배고픔에 해당하는 곡선은 그 두 곡선 사이에 위치한다.

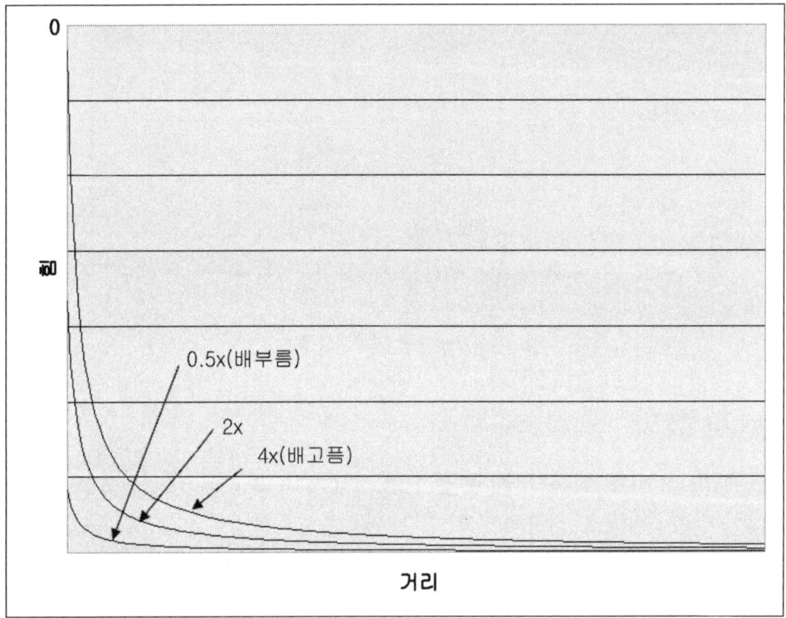

그림 4.6.4 토끼에 끌리는 늑대

여러 개의 곡선들을 그냥 합하는 대신 가중합으로 합침으로써 동적인 힘 곡선을 만들 수도 있다. 식 4.6.5는 두 곡선 f_1과 f_2 사이의 선형 보간으로, w는 0에서 1 사이의 가변적인 가중치이다. 더 많은 곡선들을 이런 식으로 선형 보간하는 것도 가능하다. 각 가중치들의 합이 1이라는 조건만 만족하면 된다. 두 곡선의 경우에는 합이 항상 1인 $(1-w)$와 w를 사용하므로 간단하다.

$$y = (1-w) \times f_1 + w \times f_2 \tag{4.6.5}$$

식 4.6.6은 함수 세 개의 선형 보간(가중합)이다. 이 가중합이 제대로 작동하려면 $(w+x+y)$이 반드시 1이어야 한다.

$$y = w \times f_1 + x \times f_2 + y \times f_3 \tag{4.6.6}$$

그림 4.6.1과 그림 4.6.2의 곡선들을 식 4.6.5를 이용해서 선형 보간한 결과가 그림 4.6.5에 나와 있다. 이 예에서 보듯이, 이런 방식을 이용하면 두 곡선 사이에 수많은 곡선들을 만들어낼 수 있다. 두 곡선 사이의 영역 바깥으로 나가는 혼합 곡선을 만드는 것도 가능하다. 가중치들의 합이 1이어야 한다는 규칙을 버리고, 보간이 아니라 외삽(extrapolation)을 적용하면 된다.

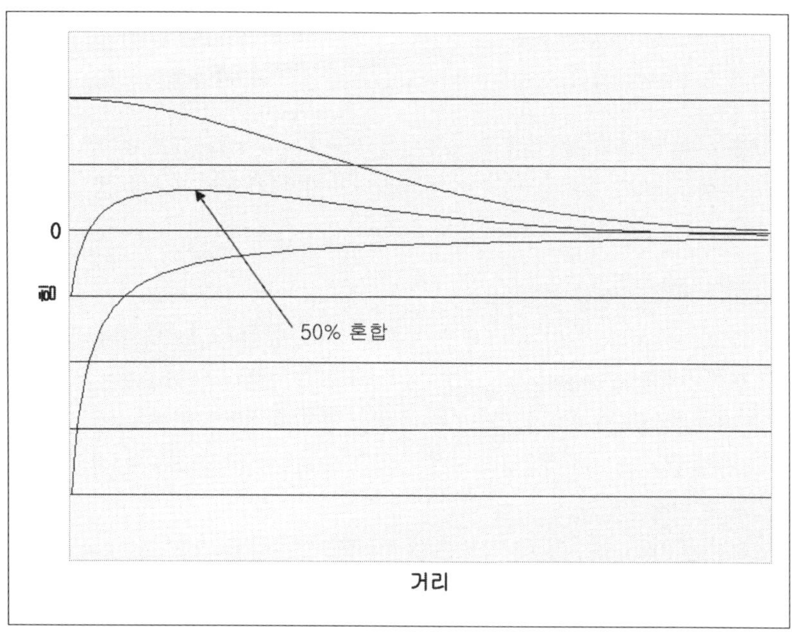

그림 4.6.5 보간으로 만든 곡선들

곡선들을 밀개나 끌개에 대한 상대적인 방향에 근거해서 혼합할 수도 있다. 그러려면 시스템의 요소들에 방향을 추가해야 하나, 사실 거의 모든 경우 AI 개체들은 이미 방향을 가지고 있을 것이다. 늑대와 토끼의 예라면, 늑대 정면에 있는 토끼가 늑대를 더 강하게 끌어당기게 할 수 있다. 늑대의 현재 방향과 토끼로의 방향 사이의 내적을 적절한 범위로 변환한 후 토끼의 끌림을 비례시키거나, 파이 조각 형태의 시야를 만들고 그 바깥에 있는 토끼의 끌림을 줄이는 식으로 구현하면 될 것이다.

방향 이외에 거리, 시간대(낮, 밤 등) 등도 곡선의 선택이나 혼합에 영향을 주는 요인으로 사용할 수 있다.

점, 선, 평면

지금까지는 힘을 방출하는 개체를 하나의 점으로 간주했으나, 꼭 그럴 필요는 없다. 선이나 평면, 다각형, 다면체 등 좀 더 복잡한 기하 객체들을 끌개와 밀개로 사용하는 것이 가능하다. 점을 사용할 때와 비교해 달라지는 부분은 힘 함수의 매개변수가 되는 거리를 측정하는 방식뿐으로, 그냥 3차원 공간 안에서의 점 대 점 거리를 계산하는 대신, 점 대 선이나 평면, 다각형, 다면체의 거리를 계산해야 한다. 다면체(메시)의 경우에는 질량중심과의 거리를 사용할 수도 있고(중력의 경우에 유용) 표면과의 거리를 사용할 수도 있다(전자기력의 경우에 유용). 그 외에도 목적에 따라 편리한 방식을 사용하는 것이 가능하다.

평면은 물체를 어떤 제한된 영역 안에 가두고자 할 때 유용하다. 무한히 큰 평면들의 집합을 이용해서 임의의 볼록 영역을 만들 수도 있지만, 가장 간단한 방식은 XYZ 축들에 정렬된 상자를 사용하는 것이다.

평면은 단면으로 취급할 수도 있고 양면으로 취급할 수도 있다는 점에서 조금 복잡하다. 점이나 선에서와 마찬가지로, 양면 평면과의 거리는 항상 양이다. 그러나 단면의 경우 거리가 음이 될 수 있다. 앞서 말했듯이 힘 그래프는 0에서 출발한다고 가정하므로, 거리가 음이 되어서는 안 된다. 이를 해결하는 한 가지 간단한 방법은, 단면 평면의 잘못된 쪽에 있는 것들은 모두 평면과의 거리가 0이라고 간주하는 것이다. 단, 거리가 0일 때 무한으로 발산하는 그래프의 경우에는 물체에 무한대의 힘이 가해질 수 있다. 그런 일이 벌어지면 물체의 속도가 무한대가 되어서 갑자기 세상 밖으로 사라져버린다.

무한 평면에 의해 생성된 힘 벡터는 항상 평면의 법선 방향이다. 선에 의해 생성된 힘은 선이 힘을 가하는 물체 방향으로 선과 수직이다.

이러한 개념을 확장하면 어떠한 기하학적 형태도 끌개, 밀개로 사용할 수 있다. 물체와의 거리를 계산할 수만 있으면 된다. 3차원 충돌 판정에 대한 내용은 *Real-Time Rendering*[13] [RTR02]에 잘 나와 있다. 책의 웹 페이지 [RTRWeb02]에는 또한 여러 교차 판정 방법들에 대한 참고자료들이 정리되어 있는 섹션도 있다.[14]

---

13) 역주: 번역서는 "Real-Time Rendering 2판", 신병석, 오경수 공역, 정보문화사
14) 역주: GpGiki의 "교차 판정 카탈로그" 페이지 *http://www.gpgstudy.com/gpgiki/IntersectionTestCatalog*에는 한글로 된 책이나 웹 자료들이 정리되어 있다.

AI 제어 계층들

게임 세계를 지능적으로 이동하려는 **AI** 에이전트들에 대해 끌개와 밀개를 사용하려 하면 상황이 좀 더 복잡해진다. 이동 시스템은 많은 구성요소들로 이루어져 있으며 그 요소들은 서로 깔끔한 방식으로 상호작용해야 한다. 첫 번째로, 어디로 갈 것인지를 결정하는 고수준 **AI** 코드가 있다. 이 코드는 세계 공간 안의 목적지를 알려준다. 현재 위치에서 그 목적지에 도달할 수 있는 전반적인 경로를 만들어내는 것은 길찾기 시스템이다. 목적지 결정과 경로 생성 모두 시간이 지남에 따라 변할 수 있다. 대상이 움직여서 목적지가 변할 수도 있고, 길찾기 시스템의 고수준 목표가 변할 수도 있다. 목적지가 변했거나 기존의 경로가 막혔음을 알게 되는 경우에는 항상 경로를 다시 만들어야 한다.

경로가 만들어진 이후에는 조타 제어 모듈이 제어권을 획득해서 프레임의 진행에 따라 계속 **AI** 개체의 방향과 속력을 갱신한다. 조타 제어에는 끌개와 밀개 시스템이 포함될 수 있다. 조타 제어에서 끌개와 밀개는 **AI** 개체가 미리 결정된 경로를 최대한 가까이 따르도록 만드는 효과를 낸다. 이 부분에 의해서 **AI** 개체의 속력과 방향이 결정된다. 그 속력과 방향을 애니메이션 시스템에게 넘겨주어서 **AI** 개체의 실제 이동 모습을 만들어낸다. 마지막으로, 물리 엔진이 필요한 모든 충돌 판정과 반응을 수행한다.

이상의 내용이 자동차 경주 게임에 어떻게 적용되는지 생각해 보자. 자동차 경주의 경우, 하나의 출발선과 결승선을 가진 경주로가 있을 것이다. 그것을 시작과 목표점으로 해서 최상위 **AI** 경로 시스템으로부터 전반적인 경로를 알아낸다. 그런 다음에는 조타 제어 코드가 차를 한 프레임에 한 번씩 움직이는데, 이 때 고수준 길찾기 루틴이 만들어낸 경로를 최대한 가까이 따르도록 한다. 애니메이션 시스템은 조타 제어 시스템이 알려준 방향과 속력에 맞게 자동차의 바퀴를 적절히 회전시키고, 필요에 따라서는 차를 앞뒤로 흔들기도 한다. 물리 시스템은 차가 지면에 대해 정확히 반응하도록 하고, 다른 물체들과의 충돌도 처리한다.

애니메이션 시스템 상호작용들

기존 네비게이션 시스템을 어떠한 형태로든 개선하거나 확장했다면, **AI**를 제어하는 애니메이션 시스템도 그에 따라 고칠 필요가 있다. **AI** 개체가 날아다니거나 굴러다니는 경우에는 처리하기가 쉽다. 왜냐하면 **AI** 개체가 지면과 닿지 않거나, 차량 속력 및 방향에 따라 바퀴의 속력과 각도를 조정하는 규칙이 간단할 것이기 때문이다. 그러나 끌개와 밀개 또는 기타 조타 행동들에 의해서 이동 시스템에 추가된 변화들에 맞게 걷기 애니메이션 시퀀스를 보정하는 것은 훨씬 더 어렵다.

끌개와 밀개는 캐릭터의 속력과 방향 모두를 바꿀 수 있으므로, 걷기 시퀀스가 제대로 행동하도록 조심스럽게 보정해야 한다. 이 경우 애니메이션 속도를 동적으로 제어할 수 있게 하거나, 아니면 속도가 다른 여러 애니메이션들을 만들어 두고 시스템에 의한 속력 변화를 보정할 수 있는 애니메이션을 택하는 방식을 사용해야 할 것이다. 또한 AI 캐릭터가 향하는 방향과 이동하는 방향을 쉽게 조정할 수 있는 수단을 갖추고, 전체 이동 제어 시스템이 각 프레임을 수행한 후에만 방향을 조정해야 한다. 애니메이션 재생 속도를 변경하기 힘들거나 속도가 다른 여러 애니메이션들 사이를 전환하기가 어려운 경우라면 끌개와 밀개가 AI의 방향만 변경하도록 제한할 수도 있다.

애니메이션과 이동이 잘 맞아떨어지게 하기 위해서는 길찾기 시스템 역시 적절히 수정해야 할 것이다. 끌개와 밀개를 미리 계산된 경로를 따라가기 전에 적용한다면 힘들에 의해 추가된, 실제 생물처럼 보이는 효과가 사라져버릴 수 있다. 충돌 점검 이후에 경로를 따라 이동을 한다거나 방향 또는 속도를 바꾸면 AI 개체가 벽을 뚫고 지나가는 현상이 생길 수도 있다.

조타

일반적으로, 이 글이 말하는 기법은 다른 AI 조타 기법들을 개선시키는 목적으로 사용할 때 가장 유용하다. 게임이 끌개와 밀개에 전적으로 의존한다면 AI 개체들이 국소 최적해에 빠져서 움직이지 못하게 될 수도 있다. 따라서 고수준 조타 및 길찾기 시스템이 고수준의 행동들을 결정하고, 끌개와 밀개는 그 행동들의 사실감을 향상시키는 역할을 하게 하는 것이 바람직하다.

경주 게임이라면, 차들 사이의 충돌 빈도를 낮추는 목적으로 각 차에 상호 반발력을 추가하되, 도로를 따라 차를 움직이는 부분은 여전히 고수준 제어 시스템이 담당하게 하는 게 좋다.

같은 방식을 보행자들이 차를 피해 달아나거나 차가 정적 또는 동적 장애물을 피하게 만드는 경우에도 적용할 수 있다. 경주로의 모퉁이들에 끌개와 밀개들을 적절히 배치해서, 길찾기 시스템이 만들어낸 직선 선분들로 이루어진 경로를 차가 좀 더 매끄럽고 사실적인 방식으로 따라가게 만들 수도 있다. 도로의 갈림길에서 어떤 길을 선택할 것인가의 결정을 밀개와 끌개에게 맡길 수는 없을 것이다. 그런 좀 더 긴 범위의 전략적 결정들은 고수준 시스템들이 맡아야 한다.

상황에 따라서는 끌개와 밀개 시스템이 길찾기와 네비게이션의 특정 측면들에 도움이 될 수도 있다. 예를 들어 롤플레잉 게임에서 AI 시스템은 NPC들이 나무나 기타 단순한 장애물들과 부딪히지 않도록 하는 데 밀개를 사용할 수 있다. 또한 AI 캐릭터들이 한 방에서 다른 방으로 이동할 때 복도의 다른 플레이어와 NPC를 본능적으로 피하는 모습을 유지하면서 방이나 복도의 중앙을 향해 나아가도록 만드는 효과도 낼 수 있다.

게임은 항상 더 많은 CPU 사이클을 요구하므로, 한 시스템 안에서 많은 개수의 끌개와 밀개들을 두는 것은 그리 바람직하지 않다. CPU 요구사항을 넘지 않는 수준에서 최소한의 개수만을 사용해야 할 것이다. 또한, 기존의 선별 코드를 재사용할 수 있으려면 끌개와 밀개들이 기존의 공간 분할 시스템 안에 배치되어야 할 것이다.

결론

이 글에서 말한 기법을 게임 세계 안에서 물체들을 움직이는 기본적인 수단으로 사용할 수도 있겠지만, 가장 큰 이득을 얻을 수 있는 형태는 다른 기법들을 개선하는 용도로 사용하는 것이다. 기본적인 힘 곡선들을 정의했다면, 그것들을 결합해서 좀 더 복잡한 행동 수정 곡선들을 만들어낼 수 있다.

비행이나 수영 AI 같은 시스템들에 밀개와 끌개를 통합하는 것은 비교적 쉬운 일이지만, 지면 위를 걷는 애니메이션 시퀀스와 복잡한 상호작용이 필요한 시스템에서는 통합이 훨씬 더 어려울 수 있다. 그러나 신중한 계획을 통해서 그런 장애를 극복한다면 좀 더 사실적이고 정교한 이동 시스템을 갖출 수 있게 된다.

참고자료

〔Lander99〕 Lander, Jeff, "Lone Game Developer Battles Physics Simulator," *Game Developer Magazine* (April 1999) : pp. 15-18.

〔Reynolds87〕 Reynolds, Craig, "Flocks, Herds, and Schools: A Distributed Behavioral Model," *Computer Graphics: ACM SIGGRAPH Conference Proceedings* (1987) : pp. 25-34.

〔RTR02〕 Haines and Akenine-Mller, *Real-Time Rendering, Second Edition*, A. K. Peters Ltd., 2002. 번역서는 *Real-Time Rendering 2판*, 정보문화사, 2003.

〔RTRWeb02〕 Haines and Akenine-Mller, "3D Object Intersection," 웹 주소 *http://www.realtimerendering.com/int/*, September 26, 2002.

4.7 RTS 게임을 위한 개선된 벽 건설

Mario Grimani, *Sony Online Entertainment*
mariogrimani@yahoo.com

대부분의 실시간 전략(RTS) 게임들에는 벽이나 그와 비슷한 수동적인 방어 구조물들이 존재하는데, 그런 구조물은 적 유닛의 이동을 방해하는 역할을 한다 [Pinter01], [Stout96]. 자동화된 벽 건설 알고리즘은 비플레이어 캐릭터(NPC) 적수의 경쟁력을 증가시키며, 무작위 맵 생성에도 도움이 된다. 이 주제에 대해 필자가 썼던 글 [Grimani03]에는 벽 건설의 기본적인 알고리즘과 몇 가지 개선 방안들이 나와 있다. 이 글에서는 그 글에서 제시한 개선 방안들을 구현해 보고 도시를 벽으로 에워싸기, 기존 벽의 재사용, 파괴 가능한 자연 장벽, 해안선 에워싸기 같은 좀 더 진보된 주제들을 논한다.

알고리즘 개요

벽 건설 알고리즘은 벽을 지능적이고도 제어된 방식으로 건설할 수 있게 한다. 벽 건설 알고리즘은 벽의 배치에 직접적으로 초점을 두는 대신, 경계 위치들을 관리하면서 영토를 확장하는 데 집중한다. 알고리즘이 완료된 후에는 그 경계 위치들이 바로 벽 배치 위치들로 쓰인다. 벽 건설을 영토 확장의 문제로 볼 수 있는 이유는, 벽과 그 벽이 보호하는 내부 영역 사이에 1 대 1 관계가 존재하기 때문이다.

알고리즘은 내부 노드들의 목록을 키우는 식으로 영토 확장을 구현한다. 내부 노드들은 내부 영역을 정의한다. 한 단계에서 내부 노드 하나가 추가되면, 그에 따라 내부 영역이 확장된다. 추가할 새 내부 노드는 탐욕법(greedy method)으로 경계 노드들 중 하나를 선택해서 결정한다 [Cormen01]. 즉, 각 단계에서 알고리즘은 발견법적 함수를 이용해 경계 노드의 추가 비용을 평가하고 추가 비용이 가장 작은 경계 노드를 택한다. 탐욕법을 사용한다는 것은 발견법적 함수(heuristic function)가 즉각적인, 국소 최적해에 기반해서 노드들을 평가해야 함을 의미한다. 이러한 접근방식은 빠르고 구현하기도 쉬우나, 발견법적 함수 평가의 국소적 성질 때문에 항상 최적해를 낸다고는 보장할 수 없다. 그러나 전반적으로 이 알고리즘은 최적에 가까운, 주어진 허용 조건을 충분히 만족하는 고품질의 벽을 만들어낸다. 다음은 알고리즘을 의사코드 형태로 나타낸 것이다.

```
List PerimeterList // 내부의 경계를 형성하는 노드들
List InteriorList  // 내부 노드들
List OutputList    // 결과. 알고리즘 종료 시
                   // 벽이 될 노드들을 담게 된다.


WallBuilder(Node StartNode,
         AcceptanceCriteria Criteria)
{
   Node BestNode, SuccessorNode

   PerimeterList, InteriorList, OutputList를 비운다.

   StartNode를 PerimeterList에 추가
   while ((PerimeterList가 비어있지 않음) and
          (종료 조건을 만족하지 않음))
   {
      발견법적 함수로 최적의 노드 BestNode를 찾는다.
      PerimeterList에서 BestNode를 제거
      BestNode를 InteriorList에 추가

      BestNode의 인접 노드 SuccessorNode 각각에 대해
      {
         if (SuccessorNode가 PerimeterList 안에 있음) or
            (SuccessorNode가 OutputList 안에 있음)    or
            (SuccessorNode가 InteriorList 안에 있음)  or
            (SuccessorNode가 자연 장벽임)
             continue

         if (SuccesorNode가 최대 거리에 있음)
            SuccessorNode를 OutputList에 추가
         else
            SuccessorNode를 PerimeterList에 추가
      }
   }
   PerimeterList의 모든 노드들을 OutputList로 옮긴다.
}
```

알고리즘 개선

이상의 알고리즘은 RTS 게임의 일반적인 벽 건설 상황들을 대부분 해결해준다. 그러나 좀 더 풍부한 RTS 환경들에서는 여러 가지 독특한 문제들이 생길 수 있다. 그럼 그 중 몇 가지 흥미로운 것들을 살펴보자.

바다, 강, 호수

RTS 게임의 맵에는 바다나 강, 호수 같은 물 지형들이 포함되곤 한다. 물 위에 벽을 세울 수 있는 경우는 별로 없으므로, 벽 건설에서 물은 자연 장벽으로 간주해야 한다. 게임이 유닛의 수상 이동을 지원하지 않는다면 물은 파괴되지 않는 자연 장벽이 될 수 있으며, 그런 장벽은 알고리즘이 이미 처리할 수 있다.

그러나 수상 이동이 가능한 유닛이 존재한다면 어떨까? 그런 경우 물은 이동은 가능하나 건설은 불가능한 지형이 된다. 따라서 물로부터 접근하는 적 유닛을 막기 위해서는 해안선을 따라 벽을 건설해야 한다.

알고리즘이 새 인접 노드를 처리하는 방식을 조금 변경하면 그런 해안선 벽을 만들어낼 수 있다. 새 인접 노드는 일반적으로 경계 목록에 추가되지만, 물 옆에 있는 인접 노드는 출력 목록에 추가되도록 한다. 이러면 물 옆의 노드가 항상 해안선 벽에 포함된다. 다음은 이러한 변화를 반영한 의사코드이다.

```
if (SuccesorNode가 최대 거리에 있음) or
   (SuccesorNode가 물과 인접함) // 추가된 줄
     SuccessorNode를 OutputList에 추가
else
     SuccessorNode를 PerimeterList에 추가
```

그러나 이 방법에는 두 가지 단점이 존재한다. 우선 알고리즘의 성능이 떨어진다. 그리고 벽으로 둘러싸인 영역 안의 물에 대해서도 그런 식으로 벽을 만들어 버린다.

성능 하락은 주어진 노드가 물에 인접해 있는지를 점검하는 데에서 생겨난다. 예를 들어 한 타일에 인접한 타일이 8개인 맵이라면 내부 목록으로 이동되는 모든 경계 노드들마다 8개의 인접 노드들을 점검해야 하고, 또 각각의 인접 노드 점검에서는 주변 8 타일에 물이 있는지도 점검해야 한다. 해안선 타일을 즉각 식별할 수 있다면 그런 점검을 피할 수 있다. 애초에 해안선 지형을 정의해 두고 맵 제작 시 해안선을 만들어 두거나, 그런 게 힘들다면 맵을 로드할 때 해안선 타일들을 식별해서 특별한 표식을 해 두면 될 것이다.

해안선이 아닌 모든 물 지형을 벽으로 둘러싸는 문제는 물에 인접한 노드에 벽을 만들 것인지의 여부를 너무 일찍 결정하기 때문에 생긴다. 알고리즘의 작동 방식 상, 물 옆에 벽을 세우는 결정은 경계 노드들이 물에 닿자마자 내려야 한다. 그 시점에서, 그 물이 내부 노드들로 완전히 둘러싸일 것인지를 미리 예측할 수는 없으므로 그냥 벽을 만들어 버리는 것이다. 이 문제를 해결하는 유일한 방법은, 일단 알고리즘을 끝낸 후 출력 목록을 다시 훑어서 불필요한 벽 조각들을 제거하는 것뿐이다.

그런 후처리는 다음과 같이 진행하면 된다. 우선 출력 목록에서 모든 해안선 노드들을 식별한다. 그런 다음 그 해안선 노드들에 인접한 물 노드들을 하나의 목록으로 만든다. 그런 후에는 그 물 노드 목록에 대해 홍수 채우기 같은 알고리즘을 적용해서 모든 물 노드들과 관련 해안선 노드들을 검출한다. 이런 식으로 검출한 해안선 노드들은 출력 목록에 포함되어 있는 것일 수도 있고 아닐 수도 있다. 출력 목록에 있는 해안선 노드들은 전체 해안선 노드들의 부분집합이다.

다음으로, 각각의 물 노드에 대해 그것이 벽으로 둘러싸인 영역 안에 있는지를 판정한다. 그러한 판정에는 해당 물 노드에 연관된 해안선 노드들이 중요한 역할을 한다. 만일 한 물 노드에 연관된 모든 해안선 노드들이 자연 장벽이나 출력 목록에 포함된 노드이면, 그 물 노드는 벽으로 둘러쌀 필요가 없으며, 따라서 그에 관련된 해안선 노드들에 '제거 후보'라는 표식을 해 둔다. 그렇지 않다면 벽으로 둘러쌀 필요가 있는 물 노드이므로 그에 관련된 해안선 노드들에 '남겨두어야 함' 표식을 해 둔다.

모든 물 노드들을 점검했다면, 출력 목록에서 제거 후보라는 표식이 붙어 있고 남겨두어야 함이라는 표식은 없는 해안선 노드들을 제거한다. 제거 후보라도 남겨두어야 함 표식이 있으면 제거하지 말아야 하는데, 이는 둘 이상의 물 노드를 감싸는 노드들이 잘못 제거되는 일을 방지하기 위한 것이다. 이러한 알고리즘 개선이 물에만 한정되는 것은 아님을 주목하기 바란다. 벽은 건설할 수 없지만 유닛은 통과할 수 있는 지형이라면 어떤 것이라도 이런 개선을 적용할 수 있다.

벽의 재활용

RTS의 동적인 게임 환경에서는 벽 같은 물체들이 부분적으로 파괴되길 기대하는 게 이상한 일이 아니다. 그와 동시에, 전략적 상황의 변화에 따라 벽 위치에 대한 요구조건이 달라지는 것 역시 가능하다. 이런 설정 하에서는, 새 벽을 건설하는 과정에서 이전에 건설한 벽 조각을 만나게 되는 일이 드물지 않을 것이다.

이런 상황을 적절히 활용하려면 기존의 벽 조각들을 지금 건설하고자 하는 새 벽과 비교해야 한다. 만일 기존 조각들의 품질이 새 벽 조각들과 비교해 같거나 더 낮다면 그것들을 새 벽에 통합해야 할 것이다. 그렇지 않다면 그것들을 폐기할 것인지 결정해야 한다. 열등한 벽 조각을 그대로 남겨두면 벽에 약점이 생기게 되나, 한편 벽을 최대한 빨리 건설하는 게 더 중요한 상황이라면 그런 벽 조각들이라도 재활용하는 게 나을 수 있다. 벽 조각 재활용을 구현하려면 기존 알고리즘의 두 부분을 수정해야 한다.

첫 번째로, 발견법적 함수를 기존 벽 조각을 활용할 수 있도록 수정해야 한다. 구체적으로는, 기존 벽 조각에 해당하는 경계 노드의 건설비용을 보통의 경계 노드보다 낮게 설정한다. 단, 해당 벽 조각이 받아들일 수 없는 품질인 경우에는 비용을 높여야 할 수도 있다. 표 4.7.1은 벽 조각의 여러 품질들과 그에 해당하는 비용을 정리한 것이다.

표 4.7.1 여러 가지 장벽 종류의 발견법적 비용들의 예

장벽 종류	발견법적 비용	자원 비용
파괴되지 않는 자연 장벽	0	0
기존 벽 조각, 더 나은 품질	50	0
기존 벽 조각, 같은 품질	75	0
새 벽 조각	100	50
기존 벽 조각, 더 나쁜 품질	125	0
기존 벽 조각, 받아들일 수 없는 품질	제외 또는 100	제외, 0 또는 반환

파괴되지 않는 자연 장벽은 이미 그 자체로 완벽한 벽 조각에 해당하므로 발견법적 비용을 0으로 둔다. 새 벽 조각의 발견법적 비용은 다른 비용들의 기준이 되므로 어떤 값이든 상관없지만, 계산의 편이를 위해 100을 사용한다. 새 벽 조각과 같은 품질의 기본 벽 조각은 더 낮은 비용을 책정한다. 이에 의해 알고리즘은 기본 벽 조각의 재활용을 선호하게 된다. 더 나은 품질의 기존 벽 조각은 비용을 더욱 낮게 잡는다. 단, 파괴되지 않는 자연 장벽보다는 높게 잡아야 한다. 마지막으로, 받아들일 수 없는 품질의 벽 조각은 재활용되지 않도록 새 벽 조각보다 더 큰 비용을 책정한다.

받아들일 수 없는 품질의 벽 조각은 특별한 처리가 필요하다. 그 주위에 새 벽을 건설할 수도 있고, 파괴한 후 그 위에 새 벽을 만들 수도 있다. 전자는 물을 처리하는 방식과 비슷한데, 비용 면에서는 그리 효과적이지 않다. 이 경우 받아들일 수 없는 품질의 벽 조각을 아예 경계 노드로 치지 않으므로 발견법적 비용을 부여할 필요도 없다. 표 4.7.1의 '제외'가 바로 그런 뜻이다.

두 번째 선택, 즉 새로운 벽을 건설하는 게 더 나은 선택이겠지만, 이 경우 할 일이 좀 더 많아진다. 기존 벽 조각을 제거하려면 새 벽을 배치하기 전에 제거해야 할 조각들을 담는 새로운 '제거 목록'이 필요하다. 이 선택에서는, 알고리즘이 받아들일 수 없는 품질의 벽 조각에 해당하는 노드를 만나면 그것을 막히지 않은 노드로 간주하고 새 벽 조각 배치의 후보가 되도록 한다. 그와 함께 그 노드를 제거 목록에 추가한다. 이러한 노드의 발견법적 비용은 새 벽 조각의 발견법적 비용과 거의 같게 잡으면 된다. 만일 기존 벽 조각의 제거가 비교적 빠르며 제거에 의해 건설비용의 일부분을 돌려받을 수 있다면, 알고리즘이 기존 벽 조각 제거를 더욱 선호할 수 있도록 발견법적 비용을 더 낮춰도 된다. 반대로 기존 벽 조각의 제거가 느리다면 발견법적 비용을 조금 더 올려도 좋을 것이다.

표 4.7.1은 발견법적 비용들의 상대적인 관계를 보여주는 것일 뿐, 실제 비용 값들은 게임에 따라 다를 수 있다. 다른 모든 발견법적 접근방식과 마찬가지로, 바람직한 결과를 내는 수치들을 얻기까지는 어느 정도 시행착오를 겪게 될 것이다. 발견법적 비용 테이블은 장벽 종료를 발견법적 비용으로 사상하는 하나의 참조표 형태로 구현할 수 있다. 이 참조표는 알고리즘의 행동에 큰 영향을 미치므로, 알고리즘을 호출하는 코드가 비용들을 설정할 수 있게 한다면 매우 편리할 것이다. 그런 기능이 있다면, 벽 건설을 처리하는 코드는 여러 가지 벽 건설 상황들 중 주어진 벽 건설에 맞는 적절한 수치들을 사용해서 알고리즘을 호출할 수 있게 된다.

파괴될 수 있는 자연 장벽들

지금까지는 파괴되지 않는 자연 장벽에 대해서만 살펴보았다. 그런 장벽은 최저의 발견법적 비용을 가진다. 그러나 RTS 게임들은 숲 같은 파괴될 수 있는 자연 장벽을 사용하기도 하는데, 그런 장벽의 비용은 좀 다를 수 있다. 파괴될 수 있는 자연 장벽은 파괴되지 않는 자연 장벽에 비해 덜 바람직하므로 발견법적 비용이 좀 더 높아야 한다. 표 4.7.2는 여러 가지 자연 장벽들의 비용들을 정리한 것이다.

표 4.7.2 여러 가지 자연 장벽들의 발견법적 비용 예

장벽 종류	발견법적 비용	자원 비용
파괴되지 않는 자연 장벽	0	0
파괴될 수 있는 자연 장벽, 강함	20	0
파괴될 수 있는 자연 장벽, 중간	40	0
파괴될 수 있는 자연 장벽, 약함	60	0
파괴될 수 있는 자연 장벽, 받아들일 수 없음	제외 또는 100	제외, 0 또는 채취

파괴되지 않는 자연 장벽은 여전히 가장 낮은 발견법적 비용을 가진다. 그 외의 자연 장벽들은 파괴하기가 얼마나 힘드냐에 따라 다른 비용을 가진다. 표 4.7.2의 발견법적 비용들은 표 4.7.1의 것들과 같은 축척을 사용한다(새 벽 조각에 해당하는 100을 기준으로 한다). 이는 이 두 테이블들이 동일한 발견법적 계산의 일부이기 때문이다. 이러한 상호의존성을 보여주기 위해, 파괴될 수 있는 약한 자연 장벽의 발견법적 비용을 일부러 표 4.7.1에 있는 더 나은 품질의 기존 벽 조각의 비용보다 높게 설정했다. 이는 경우에 따라서는 인공적인 벽 조각이 파괴될 수 있는 자연 장벽보다 더 나은 선택이 될 수도 있음을 보여준다.

받아들일 수 없는 품질의 자연 장벽은 받아들일 수 없는 품질의 벽 조각과 비슷한 방식으로 처리해야 한다. 표 4.7.1과 4.7.2의 해당 항목들이 서로 비슷한 이유도 바로 그것이다. 자연 장벽이 채집할 수 있는 자원일 수도 있는데, 그런 자원은 벽 제거에 의한 비용 반환과 동일한 개념으로 처리할 수 있다. 발견법적 계산의 실제 구현에서는 표 4.7.1과 표 4.7.2의 모든 발견법적 비용들을 하나의 참조표에 담아두고 사용하면 될 것이다. 물론 앞서 이야기한 것처럼 각각의 벽 건설 요청에 따라 그 참조표를 변경하게 만드는 것도 좋다.

도시를 벽으로 감싸기

RTS 게임들에서는 많은 수의 건물들과 기타 정적인 개체들이 한데 모여서 마을이나 도시를 형성하곤 한다. 그러한 군락은 보호를 필요로 하므로, 만일 벽 건설 알고리즘이 군락 안의 개체들을 포괄할 수 있다면 매우 유용할 것이다.

그냥 막무가내식 접근방식을 통해서 벽 건설 알고리즘을 그와 같이 개선할 수도 있다. 시작 노드를 대략적인 중심 위치라고 간주하고, 군락에서 가장 멀리 있는 개체를 택한다. 알고리즘이 중심과 그 개체와의 거리를 벽 건설의 최소 거리로 사용하면, 결과적으로는 모든 개체들이 벽 안에 들어가게 된다. 이 접근방식의 경우 효과는 확실하나, 낭비가 심하다. 이 알고리즘은 도시 안의 개체들이 시작 위치에 대칭적으로 배치되어 있다고 가정하기 때문에, 일부 방향에서는 도시 구성 개체들과 벽이 너무 멀리 떨어지게 된다. 결과적으로 벽 건설비용과 내부 영역의 크기가 필요 이상으로 커진다.

좀 더 나은, 그러나 좀 더 복잡한 접근방식은, 벽이 감싸야 할 모든 개체들을 포함하며 서로 연결하는 최소 크기의 내부 영역을 만들고 그 영역을 벽 건설의 출발점으로 사용하는 것이다. 다음은 초기 벽 건설의 의사코드이다.

```
List PerimeterList    // 내부의 경계를 형성하는 노드들
List InteriorList     // 내부 노드들
```

```
List MinInteriorList  // 최소 내부 영역의 일부인
                      // 노드들
List OutputList       // 부분적인 결과

CreateInitialWall(Node StartNode, List ObjectList)
{
    Node   ObstructedNode, NextNode, SuccessorNode
    Object CurrentObject
    PerimeterList, InteriorList, MinInteriorList,
    OutputList를 초기화

    // 도시 개체가 차지하는 위치들을 최소 내부 영역에 추가한다.
    ObjectList에 있는 각 개체 CurrentObject에 대해
        CurrentObject에 가로막힌 각각의 노드 ObstructedNode에 대해
            ObstructedNode를 MinInteriorList에 추가

    // 그 위치들 사이의 경로들을 최소 내부 영역에
    // 추가한다.
    ObjectList의 각 노드 CurrentObject에 대해
    {
        StartNode와 CurrentObject 사이의 경로를 찾는다.
        그 경로의 모든 노드들을 MinInteriorList에 추가한다.
    }

    // 초기 벽을 만든다.
    while (MinInteriorList가 비어있지 않음)
    {
        MinInteriorList에서 NextNode를 제거
        NextNode를 InteriorList에 추가
        NextNode의 인접 노드 SuccessorNode 각각에 대해
        {
            if (SuccessorNode가 PerimeterList 안에 있음) or
               (SuccessorNode가 OutputList 안에 있음) or
               (SuccessorNode가 InteriorList 안에 있음) or
               (SuccessorNode가 MinInteriorList 안에 있음) or
               (SuccessorNode가 자연 장벽임)
                continue

            if (SuccesorNode가 최대 거리에 있음) or
               (SuccesorNode가 물과 인접함)  // 추가된 줄
                SuccessorNode를 OutputList에 추가
            else
                SuccessorNode를 PerimeterList에 추가
        }
    }
}
```

여기까지 마쳤다면, 경계 목록, 내부 목록, 출력 목록에는 일정한 노드들이 들어 있게 된다. 그 목록들로 원래의 벽 건설 알고리즘을 수행하면 최종적인 벽이 나온다. 단, 이미 목록들이 부분적으로 만들어져 있는 상태이므로 원래의 메인 루프에서 목록들을 초기화하는 부분은 제거해야 한다. 그렇게 수정된 메인 루프는 이미 초기화된 내부 목록을 가지고 시작하는 것이므로, 시작 노드가 필요 없다. 초기화 코드에서 도시 개체들 중 하나를 시작 노드로 대체할 수도 있다. 그 경우 초기화 코드는 개체 목록의 모든 개체들이 그 시작 노드와 직접 연결되어 있다고 가정한다. 좀 더 최적의 연결들이 필요한 경우라면 Kruskal 알고리즘이나 Prim 알고리즘 등을 이용해서 최소신장트리(minimum spanning tree)를 만들어 사용할 수도 있다 [Cormen01].

출력 목록 포매팅

게임이 진행됨에 따라 AI는 출력 목록의 노드들에 벽을 건설해 나간다. 이를 위해서는 출력 목록을 실제 건설에 유용한 형식으로 변환할 필요가 있다. 여기서 말하는 유용한 형식이란 AI가 개별 건설 명령을 내리기에 편한 형식을 가리킨다. 개별 건설 명령을 편하게 내릴 수 있으려면 출력 목록의 노드들을 근접성에 기반해서 정렬하고, 정렬된 목록을 좀 더 작고 관리하기 쉬운 그룹들로 분할해야 할 것이다. 그런 후에는 AI 플레이어가 그 그룹들을 이용해서 실제 건설 명령을 수행한다.

이러한 포매팅과 자료 최적화 단계는 건설 유닛을 사용하는 RTS 게임들에서 특히나 중요하다. 건설 유닛들은 AI로부터 명령을 받아서 해당 벽 조각의 위치로 이동한 후 벽을 건설해야 하므로, 건설 유닛들이 가장 효율적인 방식으로 이동하고 건설할 수 있도록 만드는 것이 중요하다.

결론

이 글에서는 벽 건설 알고리즘의 추가적인 개선 방안들과 새로운 아이디어들을 살펴보았다. 이들 중 물 지형 처리나 파괴될 수 있는 자연 장벽 처리는 좀 더 정교한 지형 특징을 다루기 위한 것이다. 그리고 벽 조각 재활용이나 도시 감싸기는 알고리즘 효율성을 향상시키고 기능성을 확장하기 위한 것이다. 이 글에 나온 내용을 출발점으로 삼아서 RTS 게임을 위한 좀 더 진보된 벽 건설 알고리즘을 개발할 수 있기를 바란다.

참고자료

[Cormen01] Cormen, Thomas H., et al., *Introduction to Algorithms, Second Edition*, MIT Press, 2001.

[Grimani03] Grimani, Mario, "Wall Building for RTS Games," *AI Game Programming Wisdom 2*, Charles River Media, 2003. 번역서는 "RTS 게임을 위한 벽 건설," *AI Game Programming Wisdom 2*, 정보문화사, 2004

[Matthews02] Matthews, James, "Basic A* Pathfinding Made Simple," *AI Game Programming Wisdom*, Charles River Media, 2002. 번역서는 "쉽게 설명한 기본적인 A* 길찾기," *AI Game Programming Wisdom*, 정보문화사, 2003.

[Pinter01] Pinter, Marco, "Toward More Realistic Pathfinding," Gamasutra, 웹 주소 *http://www.gamasutra.com/features/20010314/pinter_01.htm*, March 14, 2001.

[Stout96] Stout, Bryan, "Smart Moves: Intelligent Pathfinding," Game Developer Magazine, October 1996, 웹 주소 *http://www.gamasutra.com/features/19970801/pathfinding.htm*.

4.8 프로그래밍 가능한 그래픽 하드웨어를 이용한 인공 신경망 시뮬레이션

Thomas Rolfes
tr@circensis.com

인공 신경망은 생물학적 정보 처리를 흉내내는 것으로, 입력 집합과 출력 집합의 비선형적 사상(mapping)이 필요한 분야에서 광범위하게 쓰이고 있다. 그러나 신경망의 평가나 훈련은 상당한 계산량을 필요로 하기 때문에 실시간 시스템에서는 그리 적합하지 않다. Chellapilla 와 Fogel은 체커를 전문가 수준으로 둘 수 있을 정도로 작은 인공 신경망을 진화시킨 적이 있는데 [Chellapilla00], 비록 프로그램 최적화에 노력을 기울이지는 않았다고 해도, 400MHz Pentium II에서 840 세대를 생성하는 데 무려 6 개월이나 걸렸다는 사실은 무시할 수 없는 부분이다.

제2세대 프로그래밍 가능한 GPU들은 단정도(single-precision), 반정도(half-precision) 부동소수점 텍스처 형식과 부동소수점 픽셀 파이프라인을 도입했다. 얼마 전까지만 해도 소비자 용 그래픽 하드웨어 상에서 신경망을 시뮬레이션하기 위해서는 한정된 8 비트 혼합을 사용할 수밖에 없었고, 그래서 차라리 CPU 기반 구현들이 훨씬 더 빨랐을 정도였다. 그러나 오늘날의 GPU들의 벡터 처리 성능은 표준적인 PC나 게임 콘솔의 CPU를 훨씬 상회해서, 명령과 메모리 산출량은 10 배 이상이다. 이제 GPU들은 좀 더 넓은 응용 분야를 가진, 완전히 프로그래밍 가능한 벡터 보조처리기로 진화하고 있다 [GPGPU].

효율적인 인공 신경망 구현들은 BLAS [Lawson79] 같은 과학 계산용 수치적 선형 대수 라이브러리들을 사용한다. 현재 BLAS의 부분집합을 GPU로 이식하려는 노력이 이미 어느 정도 이루어진 상태이고, 추가적인 작업도 진행중이다. GPU를 범용적인 벡터 처리기로 사용함으로써 프로그래머들은 벡터화 가능 루틴들의 수행 부하를 CPU에서 고성능의 GPU로 옮길 수 있으며, 그럼으로써 부하 균등화의 기회를 좀 더 많이 가질 수 있게 된다.

이 글은 GPU 기반 BLAS 레벨 3 스타일 단정도 일반 행렬-행렬 곱(single-precision geneal matrix-matrix product, SGEMM) [Dongarra88]을 이용해서 인공 신경망을 구현하고 Direct3D

버전 9의 픽셀 셰이더(OpenGL에서는 단편 프로그램(fragment program)이라고 부른다)로 그 신경망을 활성화하는 방법을 제시한다.

CPU 및 GPU 아키텍처들과 시스템들

Flynn은 사용 가능한 명령 스트림들의 개수와 자료 스트림들의 개수에 기반한 하나의 분류법을 제안했다 [Flynn72]. 최근의 콘솔 및 PC의 CPU들은 부분적으로 슈퍼스칼라 SISD(single instruction stream, single data strema) 코어이며, 일부는 부동소수점 SIMD(single instruction stream, multiple data streams) 벡터 확장을 가지고 있다. PC와 Xbox CPU의 Intel SSE, PowerPC(Gamecube PowerPC 750 CPU는 예외)의 Altivec, 그리고 PlayStation 2의 보조 프로세서 벡터 유닛들이 바로 그러한 벡터 확장이다. 또한 플랫폼들은 하위시스템들과의 연결을 위해 통합 메모리 아키텍처(unified memory architectures, UMA)를 사용하거나, 아니면 빠른 DMA 경로들을 가진 비통합 메모리 아키텍처(NUMA)를 사용한다. Xbox는 전자이고 Gamecube, PS2, PC 등은 후자이다.

GPU의 프로그래밍 가능한 구성요소는 SIMD 정점 셰이더 유닛과 픽셀 셰이더 유닛이다. 정점 셰이더 유닛은 정점 스트림을 읽고 정점 프로그램을 실행한다. 정점 셰이더가 출력한 색, 텍스처 좌표, 기타 자료들은 다각형을 따라 보간된 후에 픽셀 셰이더 유닛에 입력된다. 픽셀 셰이더 유닛은 픽셀 셰이더 프로그램을 수행하는데, 픽셀 셰이더 프로그램은 텍스처 요소들을 참조하고 다른 기타 입력 자료에 근거해서 텍스처 값을 계산할 수 있다. 셰이더 프로그램은 어셈블리 형태로 작성할 수도 있고 고수준 언어로 작성할 수도 있다. 현재의 고급 GPU들은 네 개의 정점 셰이더 유닛들과 여덟 개의 픽셀 셰이더 유닛들을 가지고 있는데, 그 유닛들은 완전히 병렬적으로 작동한다. 빠른 캐시들과 그래픽 메모리로의 광대역 버스가 그러한 셰이더 유닛들을 뒷받침한다.

PlayStation 2 벡터 유닛들의 경우 인공지능 신경망을 위한 벡터/행렬 커널로 작동하도록 프로그래밍하는 것이 가능하다 [PS2Neural]. 또, 정점 프로그램을 범용적인 스트림 처리에 사용할 수도 있다. 그리고 Xbox GPU의 정점 상태 셰이더들로 상수 레지스터들을 영구적으로 수정하는 것도 가능하다. 이후의 콘솔들은 빠른 범용 벡터 계산에 적합한 기능을 갖추고 나타나게 될 것이다.

인공 신경망

다층 퍼셉트론(multilayer perceptron)이라고도 하는 피드포워드 망(feed-forward network)은 감독 학습용 인공 신경망을 위한 가장 일반적인 아키텍처일 것이다. 신경망에 익숙하지 못한 독자라면, *Game Programming Gems* [LaMothe00]에서 기초를 배우고 *Game Programming Gems 2* [Manslow01]에서 응용 사례를 살펴보는 게 이를 이해하는 데 도움이 될 것이다.

선형 기저 함수들을 가진 n 계층 피드포워드 망의 평가를 위해서는 다음과 같은 계산이 필요하다.

$$\mathbf{a}_{i+1} = act(\mathbf{a}_i \cdot \mathbf{W}_i) \tag{4.8.1}$$

여기서 act는 활성화 함수이고 $\mathbf{W}_i$는 가중 행렬들이다. 벡터 $\mathbf{a}_1$은 입력층으로, 입력 자료 노드들과 하나의 바이어스 노드(생략 가능)를 담는다. $\mathbf{a}_1 \ldots \mathbf{a}_{n-1}$은 내부의 은닉층들이며, $\mathbf{a}_n$은 출력층이다. 일반적으로, 벡터들과 가중 행렬의 크기는 각 층마다 다르다.

m 개의 입력 집합들에 대한 병렬 계산을 수행하는 경우, 벡터-행렬 곱은 행렬-행렬 곱이 된다.

$$\mathbf{A}_{i+1} = act(\mathbf{A}_i \cdot \mathbf{W}_i) \tag{4.8.2}$$

여기서 $n-1$ 개의 행렬 $\mathbf{A}_i$들은 m 개의 행들을 가진다. 이제 일반화된 활성화 함수는 하나의 행렬 인수를 취한다. 비선형 사상을 위해서는 비선형 활성화 함수들이 필요하다. 그런 용도로 사용할 수 있는 것들을 몇 가지 나열하자면:

가우스 함수: $\exp(-a^2\sigma^{-2})$

하디(Hardy)의 다중이차식: $\sqrt{a^2 + \sigma^2}$

쌍곡탄젠트(hyperbolic tangent): $\tanh(a) = (e^a - e^{-a})/(e^a + e^{-a}) = \tanh_2(a/\ln(2))$

S자 곡선(sigmoid): $(1 + \exp(-a/\sigma))^{-1}$

ATLAS의 최적화된 BLAS3 루틴들 [Whaley98] 같은 효율적인 행렬-행렬 커널들은 캐시 재사용을 향상시키기 위해서 행렬들을 부분행렬들로 분할한다. 그런 기법은 블록 행렬 곱셈(block matrix multiplication)이라고 알려져 있다.

구현

Larsen & McAllister [Larsen01], Moravánszky [Moravánszky03], Krüger & Westermann [Krüger03] 등은 GPU 기반 조밀 및 대역 행렬(dense and baned matrix) 곱셈들을 효율적으로 구현하는 방법을 보여주었다. 기본적인 개념은 이런 것이다. 행렬들을 텍스처로 저장하고, 적절히 선택된 정점 좌표들 및 텍스처 좌표들과 정점 셰이더들을 통해서 사변형들을 렌더링한다. 보간된 텍스처 좌표들은 픽셀 셰이더 단위들로 전달되며, 거기서 실제의 병렬적인 곱셈-누적 연산들을 렌더 대상에 대해 수행한다. 일부 구현들은 추가적인 사후 픽셀 셰이더 혼합을 필요로 하는데, 모든 하드웨어들이 부동소수점 버퍼들에 대해 그런 기능을 지원하는 것은 아니다. 그런 후에는 픽셀 셰이더에서 두 텍스처들을 입력으로 하고 세 번째 텍스처를 렌더 대상으로 하는 혼합을 수행해야 한다. 이 부분은 원본들과 대상들을 반복적으로 순환하는 식으로 수행할 수 있다. 희소 행렬 곱셈은 참조 테이블을 통해서 수행할 수 있으며, 이 부분에서 GPU 구현은 그래픽 시스템들의 고대역 메모리와 저지연 접근의 혜택을 입을 수 있다.

행렬 곱셈을 계산한 후, 곱셈의 결과로 렌더링된 렌더 대상은 활성화 함수의 입력 텍스처가 된다. 이 때에도 전체 행렬 표면에 대해 하나의 사변형을 렌더링한다. 행렬 크기가 허용 텍스처 크기보다 큰 경우에는 둘 이상의 사변형을 렌더링할 수도 있다. 각각의 신경망 계층들에 대해 행렬 곱과 활성화를 반복한다. 다음은 쌍곡탄젠트 활성화 함수의 직접적인 픽셀 셰이더 어셈블리 구현이다.

```
ps_2_0                      // 셰이더 버전
dcl_2d s0                   // 텍스처 단계
dcl t0.xy                   // 텍스처 좌표

texld r0, t0, s0            // r0 <- texel.xyzw
mad r0, r0, c0.x, c0.y      // r0 <- r0*비례+오프셋

// tanh (밑 2)
exp r1.x, r0.x              // r1 <- 2^r0
exp r1.y, r0.y
exp r1.z, r0.z
exp r1.w, r0.w
exp r2.x, -r0.x            // r2 <- 2^(-r0)
exp r2.y, -r0.y
exp r2.z, -r0.z
exp r2.w, -r0.w
add r3, r1, r2             // r3 <- r1+r2
sub r4, r1, r2             // r4 <- r1-r2
```

```
rcp r3.x, r3.x            // r3 <- 1/r3
rcp r3.y, r3.y
rcp r3.z, r3.z
rcp r3.w, r3.w
mul r0, r3, r4            // r0 <- r3*r4
```

```
// 결과를 출력 레지스터에 기록한다.
mov oC0, r0
```

쌍곡탄젠트는 원래 -1에서 1의 범위이나, 픽셀 셰이더 버전 2의 min과 max 명령을 이용해서 특정 범위로 한정할 수 있다.

```
max r0, r0, c0.z   // r0 <- 최대(r0, 하한)
min r0, r0, c0.w   // r0 <- 최소(r0, 상한)
```

또는, frc와 sincos 명령을 제외한 임의의 산술 명령에 사용할 수 있는 포화 명령 수정자 _sat를 이용해서 0과 1 사이로 한정하는 것도 가능하다. 이 수정자가 추가적인 명령 슬롯들을 차지하지는 않는다.

```
mul_sat r0, r3, r4
```

부록 CD-ROM에 수록된 예제 코드는 Chellapilla와 Fogel의 체커 위치 평가 피드포워드 망을 GPU 상에서 구현한 것이다. SSE에 최적화된 SGEMM에 기반한 버전을 3 GHz Pentium 4로 실행했을 때보다 ATI Radeon 9700 Pro에서 이 구현을 실행했을 때가 계산이 훨씬 더 빠르다. 좀 더 큰 행렬들의 경우, [Strassen69]와 Winograd [Winograd68] 같이 재귀적으로 적용되는 알고리즘들을 간단한 부분행렬 곱셈들과 결합한다면 더욱 높은 성능을 얻을 수 있을 것이다.

결론

GPU 구현들은 해당 CPU 구현보다 상당히 큰 성능 향상을 얻을 수 있다. 현재의 그래픽 하드웨어들은 10^6 개의 노드들과 10^8 개의 가중치들로 된, 그리고 평균 연결 개수가 100인 신경망까지도 처리할 수 있다. 이는 뉴런 10^{11} 개, 시냅스 10^{15} 개인 인간의 두뇌에는 훨씬 못 미치는 수준이다. 시뮬레이션 하드웨어는 매우 빠르게 강력해지고 있으며, 인공 신경망 연구의 진정한 도전 과제는 네트웍 조직화와 학습 알고리즘이 될 것이다.

참고자료

온라인에 있는 논문 링크들은 *www.circensis.com/gg4.html*에서 계속 갱신하겠다.

[Chellapilla00] Chellapilla, K., and D. B. Fogel, "Anaconda Defeats Hoyle 6-0: A Case Study Competing an Evolved Checkers Program against Commercially Available Software," *Proceedings of the 2000 Congress on Evolutionary Computation*, IEEE Press, Piscataway, NJ, pp. 857-863, 웹 주소 *http://www. natural-selection. com/NSIPublicationsOnline. htm*.

[Dongarra88] Dongarra, J. J., J. Du Croz, S. Hammarling, and R. J. Hanson, "An Extended Set of FORTRAN Basic Linear Algebra Subprograms," *ACM Trans. Math. Soft.*, Vol. 14 (1988), pp. 117.

[Flynn72] Flynn, M, "Some Computer Organizations and Their Effectiveness," *IEEE Trans. Computers* Vol. 21, 9 (1972), pp. 984-960.

[GPGPU] "General Purpose Computing Using Graphics Hardware," 웹 주소 *http://www. gpgpu. org*.

[Krger03] Krger, J. and R. Westermann, "Linear Algebra Operators for GPU Implementation of Numerical Algorithms," *SIGGRAPH 2003 conference proceedings*, 웹 주소 *http://wwwcg. in. tum. de/Research/Publications/LinAlg*.

[LaMothe00] LaMothe, A., "A Neural-Net Primer," *Game Programming Gems*, Charles River Media, 2000. 번역서는 "신경망 입문," *Game Programming Gems*, 정보문화사, 2000.

[Larsen01] Larsen, E. S. and D. McAllister, "Fast Matrix Multiplies Using Graphics Hardware," Super Computing 2001 Conference, Denver, CO, November 2001. 웹 주소 *http://www. sc2001. org/papers/pap. pap313. pdf*.

[Lawson79] Lawson, C., R. Hanson, D. Kincaid, and F. Krogh, "Basic Linear Algebra Subprograms for FORTRAN Usage," *ACM Trans. Math. Software* Vol. 5 (1979), pp. 308-371.

[Manslow01] Manslow, J., "Using a Neural Network in a Game: A Concrete Example," *Game Programming Gems 2*, Charles River Media, 2001. 번역서는 "게임에서의 신경망 활용 : 구체적인 예," *Game Programming Gems 2*, 정보문화사, 2002.

[Moravánszky03] Moravánszky, Ádám, "Dense Matrix Algebra on the GPU," to appear in ShaderX2, Wordware Publishing, 2003, 웹 주소 *http://www. shaderx2. com/shaderx. pdf*.

[PS2Neural] "PS2 Neural Network Simulator," project site online at *https://playstation2-linux. com/projects/ps2neural*.

[Strassen69] Strassen, V., "Gaussian Elimination Is Not Optimal," *Numerische Mathematik*, Vol. 13 (1969), pp. 353-356.

[Whaley98] Whaley, R. C., and J. Dongarra, "Automatically Tuned Linear Algebra Software," *Super Computing 1998 Conference*, Orlando, FL, November 1998.

[Winograd68] Winograd, S. "A New Algorithm for Inner Product," *IEEE Trans. Computers*, C-17:693694, 1968.

Section 5
그래픽

Alex Vlachos, *ATI Research, Inc.*
Alex@Vlachos.com

게임 그래픽의 품질은 계속 개선되고 있으며, 그래픽 하드웨어 역시 계속 발전하고 있다. 게임 개발자라면 오늘날의 그래픽 하드웨어도 몇 년 안에 구시대의 유물로 변하게 됨을 예상할 수 있을 것이다. 그러나 이 책은 몇 년이 지난 후에도 변하지 않는 가치를 지녀야 하므로, 이 그래픽 섹션에는 현재의 그래픽 하드웨어에만 국한되지 않는 15 개의 글을 수록했다. 예제 프로그램의 소스 코드와 셰이더 코드는 오늘날의 API에 기반해서 작성된 것이지만, 글이 담고 있는 핵심은 현재의 그래픽 하드웨어와 API의 수명보다 더 오랫동안 유효할 것이다.

이 섹션은 글 "포스터 품질 스크린샷"으로 시작한다. 이 글은 *Game Programming Gems* 2에서 소개된 방법을 개선한다. 고해상도 스크린샷을 찍는 것은 제작 파이프라인에서 중요한 부분으로, 이 글은 그에 대한 한 가지 훌륭한 방법을 제시한다.

그래픽 산업에서 그림자는 항상 뜨거운 주제였다. 오늘날 그래픽 하드웨어의 능력은 지난 수년 간 여러 논문들에서 언급된 다양한 그림자 알고리즘들을 개발자가 자유로이 실험해 볼 수 있을 정도로 향상되었다. 이 섹션의 3 분의 1에 해당하는 다섯 개의 글들이 그림자를 주제로 한다. "닫히지 않은 메시를 위한 GPU 그림자 입체 구축"은 모형에 틈이 있는 경우에도 적절한 그림자 입체를 만들어내는 한 가지 멋진 방법을 제공한다. "원근 그림자 맵"은 잘 알려진 그림자 맵 알고리즘을 원근 이후 공간에서 수행함으로써 그림자 맵 텍스처의 상대적인 정밀도를 높이는 방법에 대해서 이야기한다. "결합된 깊이 및 ID 기반 그림자 버퍼"는 깊이 기반 그림자 맵과 ID 기반 그림자 맵의 장점만을 결합하는 방법을 설명한다. "정적 그림자를 기하구조에 새겨 넣기"에서는 날카로운 그림자를 기존의 기하구조에 직접 새겨 넣음으로써 직접적인 그림자 입체의 채움 부하를 피하는 방법이 소개된다. 그리고 그림자에 대한 마지막 글인 "그림자 입체와 최적화된 메시를 위한 실시간 조명 조정"에서는 대부분의 그림자 알고리즘들이 만들어내는 조명 결함들을 해결하는 방법이 제시된다.

게임에서도 렌더링된 이미지를 후처리하는 기법들이 일반화되고 있다. 이 섹션에도 최종적인 이미지에 영향을 미치는 후처리 기법들과 관련 기법들에 초점을 둔 글들이 여럿 있다. "실시간 망점처리: 빠르고 간단한 양식화된 셰이딩"은 흥미로운 비실사 양식 한 가지를 보여준다. "빠른 세피아 색조 변환"은 YUV 색 공간을 이용해서 보통의 RGB 이미지를 고풍스러운 느낌의 세피아 색조로 변환한다. "표본화된 장면 휘도를 이용한 동적 감마 조정"은 눈의 동공 크기에 기반한 빛 인식의 변화를 흉내내는 한 가지 훌륭한 방법을 제시한다. "열과 아지랑이 후처리 효과"는 열에 의해 만들어지는 시각적 패턴을 흉내내는 한 가지 방법을 설명한다.

나머지는 다양한 주제의 글들이다. "3차원 모형에 팀 색상을 적용하는 기법들"은 다중 플레이어 게임의 팀원들에게 색을 입히는 여러 방법들을 비교한다. "사원수를 이용한 하드웨어 스키닝"은 정점 셰이더 안에서 물체를 스키닝하는 한 가지 최적화된 기법을 제시한다. "모션 캡처 자료 압축"은 엄청난 양의 모션 캡처 자료를 다뤄야 하는 독자에게 대단히 가치 있는 글이 될 것이다. "3차원 뼈대 기반 관절 캐릭터를 위한 빠른 충돌 검출"은 뼈대 기반 충돌 검출에 대한 계통적인 접근방식을 제공한다. 마지막으로 "지평선을 이용한 지형 차폐 선별"은 언덕이나 건물에 가려진 기하구조를 선별, 제외하는 한 가지 훌륭한 기법을 설명한다.

이 섹션의 글들을 편집하는 것은 즐거운 일이었다. 이 섹션은 충실한 내용을 담은 글들로 가득 차 있다. 이 글들에서 최대한 많은 것을 얻기 바란다.

5.1 포스터 품질 스크린샷

Steve Rabin, *Nintendo of America Inc.*
steve@aiwisdom.com

게임을 홍보하는 과정에서는 광고물, 상자 표지, 미리보기, 공략집, 잡지 표지, 대형 포스터 등을 위한 스크린샷을 만들어야 하는 일이 생긴다. 그런데 원래의 스크린샷은 그런 목적으로 사용하기에는 품질이 너무 떨어진다. 예를 들어 인쇄 매체의 전형적인 레이아웃은 300dpi를 사용하는데, 그 정도 설정에서는 640×480 콘솔 스크린샷이 단 2.0×1.5 인치 크기로 나타난다. 콘솔 게임의 경우 TV에서는 그럴듯하게 보이지만(TV의 미묘한 색 뭉개짐 때문에), 원래의 프레임버퍼를 컴퓨터 모니터로 보면 소위 계단현상이라고 부르는 앨리어스된 모습이 뚜렷하게 나타난다. 이런 문제들 때문에, 게임 홍보 목적으로 사용하려면 스크린샷을 좀 더 개선시킬 필요가 있다.

포스터 품질의 스크린샷을 렌더링하기 위해서는 다음 두 가지의 목표를 만족해야 한다.

- 해상도 증가
- 픽셀 품질 증가(안티앨리어싱)

해상도 증가

스크린샷의 해상도를 프레임버퍼의 크기 이상으로 증가시키는 매우 간단한 방법이 하나 있다. 사실 이것은 보통의 카메라로 그랜드 캐년의 파노라마 사진을 얻는 것과 같은 문제인데, 이를 위한 방법은 커다란 장면을 나란히 배치된 여러 샷들로 나눠서 찍고 그것을 하나의 커다란 샷으로 합치는 식이라 할 수 있다. 게임 스크린샷의 경우에는 여러 샷들을 한데 이어서 커다란 스크린샷을 만든다고 생각하면 된다(그림 5.1.1). 이미지들이 가장자리에서 이음매 없이 연결되도록 하려면, 각각의 부분 이미지를 찍을 때 시야 절두체를 세심하게 설정해야 한다. 이에 대해서는 [Vlachos01]에 자세히 나와 있다.

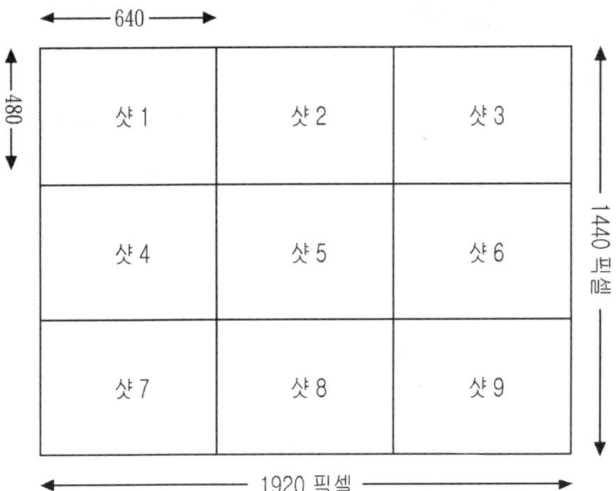

그림 5.1.1 여러 이미지들을 이어 붙여서 하나의 커다란 스크린샷을 만드는 방법. 이 예에서는 9 개의 샷을 이용해서 640×480 해상도를 그 9 배인 1920×1440으로 만든다.

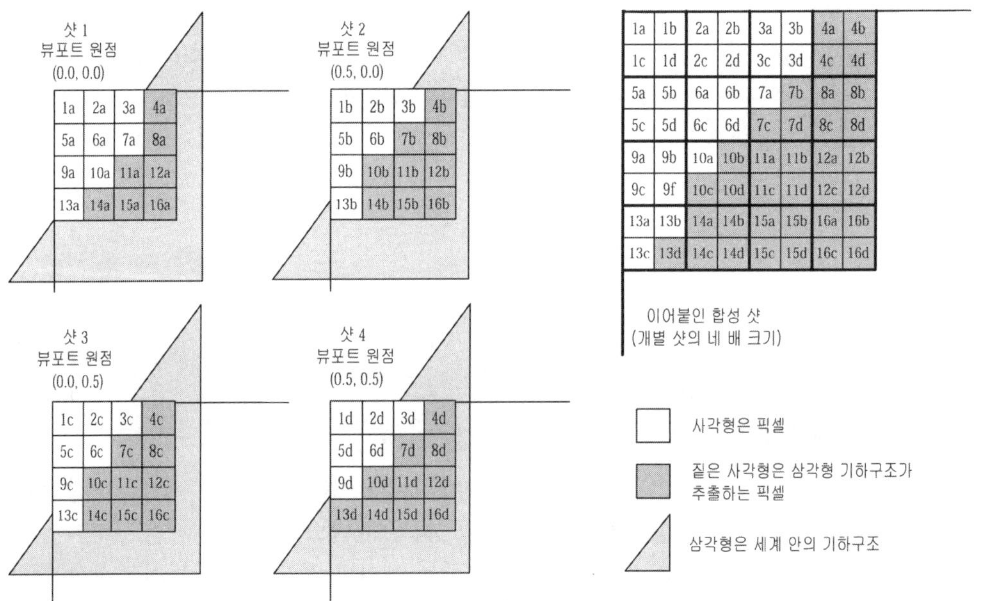

그림 5.1.2 뷰포트를 한 픽셀의 일부분만큼만 이동시켜서 네 개의 샷을 찍는다. 삼각형은 표본화, 래스터화할 기하구조이다(표본들은 각 사각형 픽셀의 왼쪽 위 모서리에서 추출된다). 오른쪽은 최종적인 합성 샷으로, 해상도가 개별 샷의 네 배이다. 각 원본 샷 픽셀이 합성 샷 안에 배치되는 방식을 주목할 것(예를 들어 원본 샷의 픽셀 13a는 합성 샷의 13a 위치에 들어간다).

그림 5.1.1의 방법도 해상도를 증가시키는 데 효과적이긴 하지만, 몇 가지 추가적인 장점을 제공하는 또 다른 방법이 존재한다. 이 개선된 기법 역시 기본적으로는 여러 개의 샷들을 찍지만, 한 픽셀의 일부분만큼만 뷰포트를 이동시켜 샷을 찍는 것이 특징이다(투영 행렬을 변경하는 대신 표준적인 `SetViewport` 명령을 사용한다). 약간씩 이동된 샷들을 다 찍은 후에는 그것들을 이어서 하나의 고해상도 스크린샷을 만든다(그림 5.1.2).

이처럼 뷰포트를 하위픽셀 단위로 이동시켜서 픽셀들을 추출하는 방법의 주된 장점은 다음 세 가지이다.

- 비교적 간단하며 그래픽 파이프라인을 그리 방해하지 않는다.
- 시야 절두체 조정 방식에서 흔히 일어나는 절단(clipping) 문제들이 최소화된다.
- 안티앨리어싱을 위해 표본 지점들을 임의로 선택할 수 있다(다음 절에서 자세히 이야기한다).

이런 뷰포트 이동 기법의 한 가지 문제점은, 세부적인 표본화(sampling)를 위해 밉맵 바이어스를 조정해 주어야 한다는 것이다. 샷에 따라서는 항상 최고 해상도의 텍스처가 쓰이도록 밉맵 수준들을 적절히 조정해야 한다. 아니면 그냥 밉매핑을 완전히 꺼 버릴 수도 있다.

픽셀 품질 증가

픽셀 품질 향상의 핵심은 안티앨리어싱(anti-aliasing)이다. 그러나 많은 게임들은 안티앨리어싱을 사용하지 않거나 혹은 매우 단순한 형태로만 사용한다. 뷰포트 이동 기법을 이용하면 극도로 높은 품질의 안티앨리어싱 효과를 얻을 수 있다. 그림 5.1.3에는 한 픽셀의 일부분만큼 이동시킨(그림 5.1.2와 같은 방식이다) 여러 스크린샷들을 합쳐서 안티앨리어싱 효과를 얻는 방법이 나타나 있다. 이 경우 네 개의 원본 스크린샷들이 합쳐져서 같은 크기의, 그러나 픽셀 당 네 표본들이 혼합된 새로운 스크린샷이 만들어졌다. 뷰포트를 더 조금씩 이동시켜서 더 많은 샷들을 찍는다면 픽셀 당 더 많은 개수의 표본들로(심지어는 1000 개 이상도 가능) 안티앨리어싱을 하는 것이 가능하다.

그림 5.1.3의 기법은 강력한 반면 표본들이 하나의 격자 상에서 균일하게 배치되기 때문에 안티앨리어싱이 이상적이지는 않다. 표본들이 격자 상에서 이산적으로 추출되기 때문에 고주파 잡음이 표본들 사이의 틈으로 떨어져 버리고, 그래서 세부의 손실에 의한 앨리어싱이 생긴다. 그림 5.1.4가 그런 예이다. 고주파 세부를 가진 픽셀 하나를 격자 기반으로 표본화하기 때문에 세부가 사라질 뿐만 아니라 결과적으로 픽셀이 잘못 표현된다(그림).

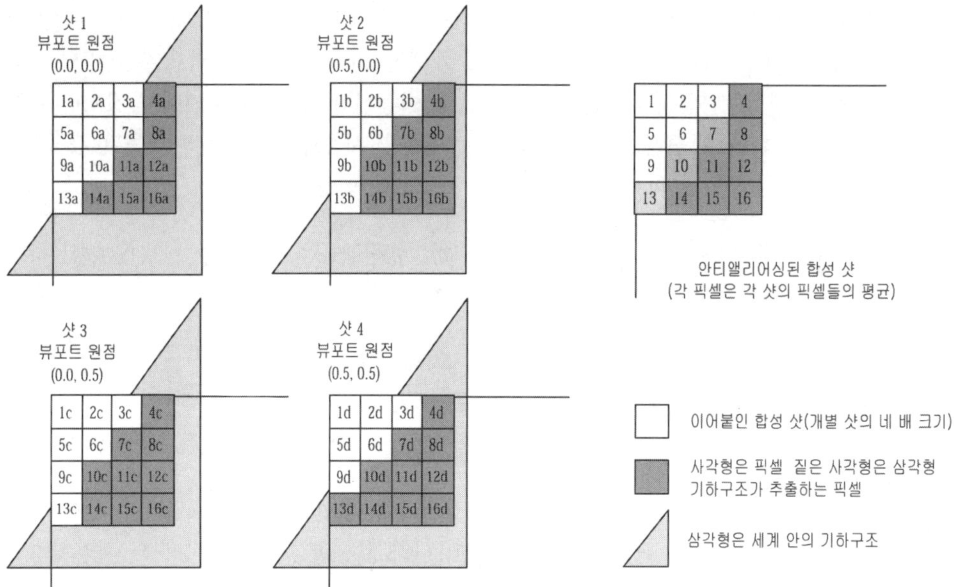

그림 5.1.3 네 스크린샷들을 혼합해서, 픽셀 당 네 표본들로 안티앨리어싱된 샷을 만든다. 각 샷의 같은 번호의 픽셀들(예를 들면 13a, 13b, 13c, 13d)이 합성 샷의 한 픽셀(픽셀 13)로 합쳐진다.

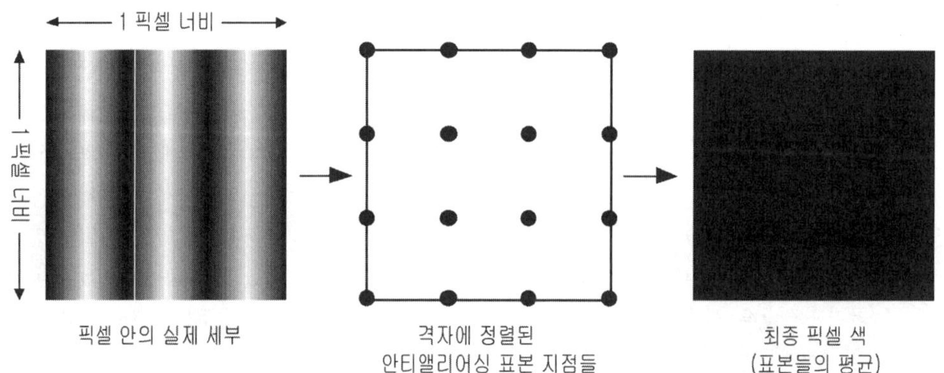

그림 5.1.4 고주파 세부를 가진 픽셀을 격자 상에서 균일하게 표본화한 경우. 세부가 표본화의 틈들 사이로 떨어져 버리며, 결과적으로 픽셀을 잘못 표현한다(그래서 많은 픽셀들에 대해 앨리어싱이 도입된다).

고주파 세부를 하나의 픽셀 안에서 잡아낼 수는 없다고 해도, 적어도 그림 5.1.4처럼 전반적으로 잘못된 표현이 나와서는 안 될 것이다. 이 문제에 대한 해결책은, 평균적으로 실제의 세부가 픽셀 안에서 표현될 수 있도록 고주파 세부를 잡음으로 변환하는 것이다. 이를 위해 사용할 수 있는 확률론적 표본화 분포가 세 가지 있는데, 각각 무작위, 흔들림, 푸아송 원반이다.

무작위 표본화 분포

가장 간단한 방법은 픽셀 안에서 무작위로 표본 지점을 택하는 것인데(그림 5.1.5b), 그럴 듯한 방법처럼 보이긴 하지만 결과적인 이미지에 너무 많은 잡음이 생긴다는 단점을 가지고 있다. 일부 표본들은 너무 뭉쳐 있고, 그래서 표본화되지 않는 열린 공간이 생길 수 있다. 이 방법은 세 가지 방법 중 가장 취약한 것이라 할 수 있다.

떨림 표본화 분포

광선 추적 알고리즘들은 떨림(jittering) 기법을 이용해서 표본 지점들을 선택하곤 한다. 그림 5.1.5c가 떨림의 예이다. 이 기법은 픽셀들을 하나의 격자로 분할하고 각 격자 칸 안에서 무작위로 지점을 선택한다. 또, 표본들의 뭉침을 줄이므로 표본화되지 않은 커다란 영역이 생기지 않는다. 그러나 이 방법이 좋은 결과를 내긴 해도 이상적인 해결책은 아니다.

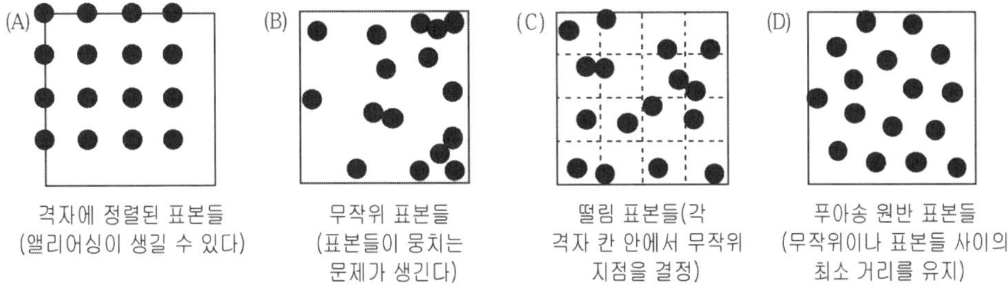

격자에 정렬된 표본들
(앨리어싱이 생길 수 있다)

무작위 표본들
(표본들이 뭉치는 문제가 생긴다)

떨림 표본들(각 격자 칸 안에서 무작위 지점을 결정)

푸아송 원반 표본들
(무작위이나 표본들 사이의 최소 거리를 유지)

그림 5.1.5 하나의 픽셀을 표본화하는 데 사용할 수 있는 네 가지 분포 방식. A는 균일 표본화, B, C, D는 여러 가지 확률론적 표본화 방법들

푸아송 원반 표본화 분포

하위픽셀 표본들을 선택하는 이상적인 해결책은, 표본 지점들을 무작위로 택하되, 선택된 표본들 사이의 거리를 최소한으로 유지하는 것이다. 그림 5.1.5d가 그러한 예이다. 흥미롭게도, 이것은 자연이 표본화 문제를 해결하는 방식이기도 하다. 예를 들어 사람의 눈의 광수용체(photoreceptor)들 역시 이런 형태로 배치되어 있다 [Yellott82]. 그래서 사람의 눈은 앨리어싱을 인식하지 못하는 경향이 있으며, 인식하기 힘든 세밀한 세부가 미묘한 잡음이나 뭉개짐으로 변한다.

푸아송 원반 표본화(Poisson disc sampling)는 최적의 결과를 내긴 하지만, 계산하기가 매우 비싸다. 광선 추적 프로그램들이 떨림 알고리즘을 선호하는 이유도 그것이다. 푸아송 원반 표본화 분포를 만들어내는 알고리즘은 다음과 같다.

1. 픽셀 안에서 한 표본 지점을 무작위로 택한다.
2. 그 지점이 다른 모든 지점들로부터 최소한 d 거리만큼 떨어져 있으면 그 지점을 저장하고 단계 1로 간다.
3. 다른 지점과 너무 가까이 있으면 폐기한다.
4. N 번 연속으로 지점 선택에 실패했다면(N은 100 정도) 알고리즘을 끝낸다(이미 모든 가능한 표본 지점들이 만들어졌을 가능성이 크다).
5. 단계 1로 간다.

이 알고리즘에서 볼 수 있듯이, 푸아송 원반 표본화 분포의 수행 시간은 $O(n^2)$이다(각각의 점을 나머지 모든 점들과 비교해야 하므로). 또, 주어진 공간을 몇 개의 지점들이 채울 것인지가 불확실하다. 최소 거리(d)는 지정할 수 있지만, 알고리즘이 생성할 표본화 지점들의 개수는 그렇지 못하다. 다만, 최소 거리를 여러 가지로 바꿔 가면서 시험해 보면 주어진 최소 거리에서 대략 몇 개의 표본들이 생기게 되는지는 감을 잡을 수 있다. 예를 들어, 픽셀의 너비가 1.0이라 할 때 최소 거리를 0.08로 하면 대략 100 개의 표본 지점들이 만들어진다.

푸아송 원반이라는 이름은 이 분포의 푸리에 변환(Fourier transform)이 원반과 비슷하다는 데서 비롯되었다. 이것이 중요한 이유는, 분포의 푸리에 변환이 저주파, 고주파들이 표본화되는 방식을 알려주기 때문이다. 이에 대한 좀 더 자세한 사항은 [Watt92], [Watt99]를 보기 바란다.

푸아송 원반 표본화 분포의 적용

앞에서 이야기했듯이, 푸아송 원반 표본화 분포는 계산하기가 매우 비싸다. 그러나 스크린 샷 제작에서는 이 분포를 한 번만 계산한 후 모든 샷에서 반복해 사용하기 때문에 계산량이 문제가 되지는 않는다. 그림 5.1.6에는 세 개의 이동된 원본 스크린샷들을 만드는 데 쓰이는, 표본 세 개짜리 푸아송 원반 분포의 예가 나와 있다. 그림 5.1.3에서는 균일한 격자에 맞게 뷰포트를 이동시켰지만, 여기서는 푸아송 원반 표본들을 이용해서 뷰포트를 이동시켜 스크린샷들을 찍는다. 그 스크린샷들을 평균을 통해서 혼합하는 방식은 그림 5.1.3과 같다.

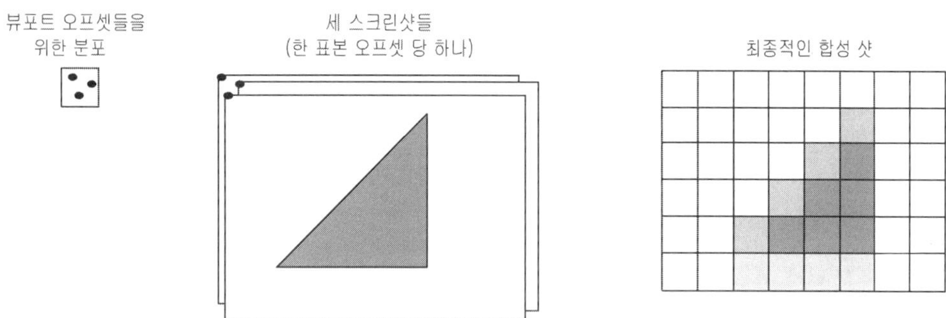

그림 5.1.6 세 원본 스크린샷들을 합쳐서, 픽셀 당 3 픽셀의 안티앨리어싱 효과를 얻는다. 각 원본 스크린샷 뷰포트는 푸아송 원반 분포의 해당 표본 지점들에 근거해서 이동되었다.

안티앨리어싱을 위한 픽셀 표본 너비 조정

픽셀 품질을 높이는 또 한 가지 방법은, 픽셀 표본화 영역을 이웃 픽셀들 쪽으로 더 넓히는 것이다. 픽셀의 경계를 약간 넘는 영역을 표본화하면 앨리어싱이 더욱 줄어든다. 그러나 그 영역이 너무 크면 이미지가 뭉개질 수 있다는 점을 주의해야 한다. 경험상으로 볼 때 1.3 픽셀 정도면 적당하다. 그림 5.1.7은 주어진 푸아송 원반 분포를 세 가지 비율로 비례시켜서 만든 픽셀 표본화 너비들이다. 그림 5.1.8은 다섯 가지 픽셀 너비들의 실제 결과를 보여준다.

그림 5.1.7 푸아송 원반 분포를 비례시켜서 여러 가지 표본화 너비들을 만들어낸다.

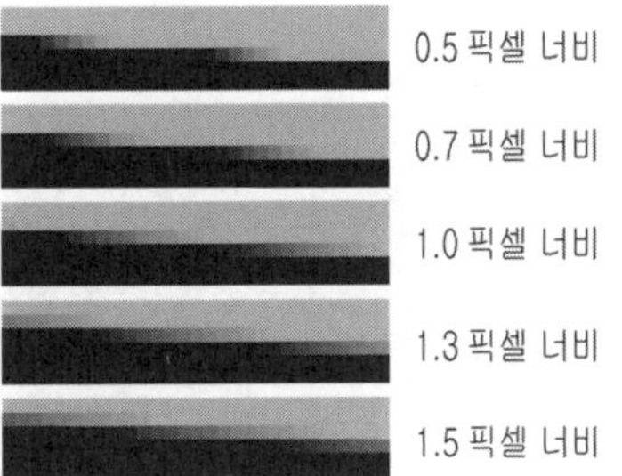

그림 5.1.8 여러 픽셀 표본화 너비들에서의 안티앨리어싱 효과. 너비가 작을수록 또렷하지만 앨리어싱이 보인다. 너비가 크면 앨리어싱은 사라지나 뭉개져 보인다. 필자 개인적으로는 대략 1.3 정도가 게임 스크린샷에 가장 적합한 것 같다.

증가된 해상도와 증가된 픽셀 품질의 결합

지금까지는 해상도와 픽셀 품질을 높이는 방법에 대해서 개별적으로 살펴보았다. 고품질의 스크린샷을 얻기 위해서는 두 가지를 동시에 높여야 한다. 그림 5.1.9는 하나의 픽셀을 28 번 표본화해서 픽셀 당 일곱 표본으로 안티앨리어싱된 픽셀 네 개를 얻는 예이다. 그림 5.1.9에서 28 표본 지점들 각각은 해당 샷의 뷰포트 오프셋을 나타낸다(그림 5.1.6과 같은 방식). 그 28 개의 스크린샷들을 합치고 서로 이으면, 안티앨리어싱이 적용되었으며 크기가 원본의 네 배인 최종적인 이미지가 만들어진다.

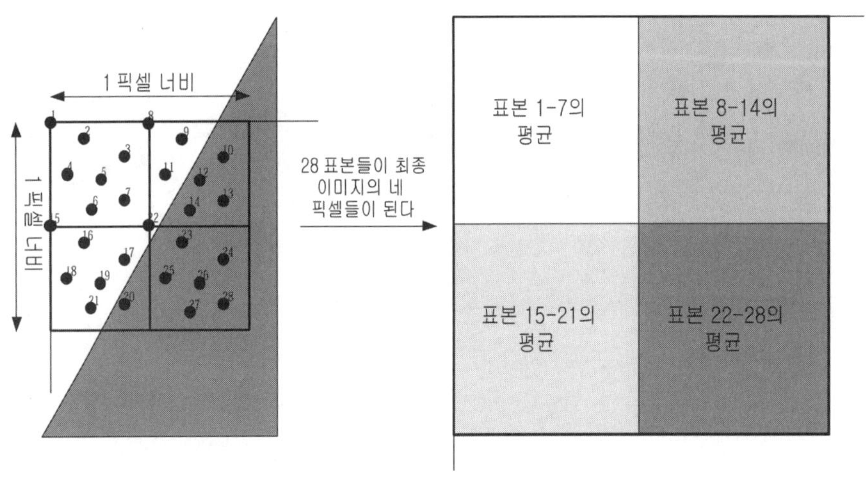

그림 5.1.9 하나의 픽셀을 28 번 표본화해서 네 개의 픽셀들을 만든다. 그 네 픽셀 각각은 7 개의 표본들로 안티앨리어싱된다. 각 점은 각 샷의 뷰포트 원점을 나타낸다. 원본 픽셀의 네 사분면들의 일곱 표본 지점들은 미리 만들어 둔 표본 일곱 개짜리 푸아송 원반 분포를 이용한 것이다. 최종 스크린샷은 원래 크기의 네 배이며 픽셀 당 일곱 표본으로 안티앨리어싱된 것이다.

최종적인 합성 스크린샷이 메모리를 모두 잡아먹을 수도 있는데, 이런 현상은 메모리가 제한적인 비디오 게임 콘솔에서 특히 주의해야 한다. 이를 해결하는 한 가지 좋은 방법은 다음과 같다. 화면 표시용 프레임버퍼와 같은 크기이되 비트 깊이가 더 큰 특수한 프레임버퍼를 CPU가 접근할 수 있는 메모리 안에 만든다. 좀 더 구체적으로 말하자면, 적, 녹, 청 채널 각각에 float 형의 값을 담게 한다. 그리고 안티앨리어싱 단계에서 각 스크린샷들을 이 특수한 프레임버퍼에 누적시킨다. 하나의 프레임버퍼에 누적시키는 것이므로 스크린샷들의 개수는 수십, 수백, 심지어는 수천 개라도 상관이 없다. 다 누적시킨 다음에는, 프레임버퍼의 한 픽셀을 만들어내는 데 쓰인 스크린샷들의 개수로 프레임버퍼를 나눈다. 이를 각 이미지 그룹(1-7, 8-14, 15-21, 22-28)에 대해 반복한다. 게임 콘솔의 경우에는 각 반복마다 그 결과를 PC에 전송해서 저장해 두어야 할 것이다. PC에서는 그 결과 이미지들을 그림 5.1.2에 나온 방식으로 합친다. 이렇게 하면 콘솔 메모리를 최소한으로 사용할 수 있다.

다음은 그림 5.1.9처럼 픽셀 당 일곱 표본으로 된 네 배짜리 스크린샷(640×480의 경우 1280×960)을 찍는 알고리즘의 의사코드이다.

```
int group;     // 안티앨리어싱을 위해 평균할
               // 이미지 그룹들의 개수.
               // 그림 5.1.9의 경우는 4
int size_increase = 4;        // 크기 배율.
int samples_per_pixel = 7;    // 최종 샷의 픽셀 당 표본 개수.

// 원래의 게임 해상도(640x480)와 같은 크기의
// float 기반 프레임버퍼를 할당.
Fbuffer* fb = new Fbuffer(640, 480);

// 각 그룹에 대해:
for(group=0; group<size_increase; group++)
{
    fb->Zero(); // 프레임버퍼를 N으로 비운다.

    // 그룹의 각 이미지에 대해:
    for(int cur=0; cur<samples_per_pixel; cur++)
    {
        // 현재 뷰포트 오프셋을 계산(offset은
        // 그림 5.1.9에 나온 표본화 지점 번호)
        int offset = group * samples_per_pixel + cur;
        // 뷰포트에 현재 오프셋을 설정
        SetViewportToSubPixelOffset(offset);
```

```
        RenderShot(); //640x480 샷을 렌더링
        AddShotIntoFramebuffer(fb);
    }

    // 프레임버퍼를 찍은 샷들의 개수(이 경우는 7)로 나눈다.
    // 그러면 현재 그룹에 대한 안티앨리어싱된 이미지가 된다.
    fb->Average(samples_per_pixel);

    // float 기반 프레임버퍼를 바이트 기반으로 변환한다.
    fb->ConvertToByteBased();

    // 바이트 기반 프레임버퍼 자료를 콘솔에 연결된
    // PC로 전송한다.
    SendToPC(fb);
}

// 모든 샷들을 찍었음.
// PC에서는 전송된 이미지들을 그림 5.1.2와 같은 방식으로
// 합쳐서 최종적인 스크린샷을 만든다.
```

이 알고리즘은 안티앨리어싱 단계에서 그리 많은 메모리를 사용하지 않는다(~3.5MB). 따라서 게임 콘솔에도 적합하다. 또, 여러 샷들을 하나의 `float` 기반 프레임버퍼에 누적하므로 규모가변성도 좋다. 심지어 픽셀 당 1000 개의 표본들을 추출한다고 해도 콘솔에 필요한 메모리의 양은 변하지 않는다. 그러나 게임 콘솔에 연결된 PC에서 이미지들을 합치려면 여전히 많은 메모리가 필요하다(최종 이미지 크기 때문에). 예를 들어서 640×480 스크린샷을 625배 키우면 16,000×12,000이 되는데, 이 정도의 스크린샷은 550MB 정도를 잡아먹는다 (16,00×12,000×3 바이트 = 549.32MB). 결론적으로, 최종 스크린샷의 최대 해상도는 이미지 합치기를 수행하는 PC의 메모리 용량에 제한을 받는다.

결론

이 글에서는 원래의 스크린샷을 더 크고 더 나은 모습으로 개선하는 방법에 대해 이야기했다. 핵심은, 푸아송 원반 분포에 의거해서 한 픽셀의 일부분에 해당하는 오프셋으로 뷰포트를 이동시켜 가면서 여러 개의 스크린샷들을 찍고 그것을 적절히 합친다는 것이다. 수천 개의 스크린샷들을 평균을 통해 혼합하고 이어붙임으로써 하나의 진정으로 인상적인 고해상도 스크린샷을 만들 수 있다.

이 기법은 Nintendo GameCube 하드웨어에서 픽셀 당 100 표본의 19,200×14,400 짜리 스크린샷을 만들어내는 데 성공적으로 쓰인 바 있다. 그 정도 크기의 스크린샷을 위해서는 90,000 개의 개별 스크린샷들이 필요하며, 전체 과정에는 약 한 시간 정도가 소요된다(렌더링에 25 분, PC로 전송하는 데 20 분, 그리고 PC에서 이어붙이는 데 15 분). 반면 픽셀 당 100 표본의 1920×1440 스크린샷은 25 초 정도면 된다.

어떤 샷을 찍기로 했든, 중요한 것은 크기와 품질을 완전히 제어할 수 있어야 한다는 것이다. 그래야 게임을 가장 멋지게 보여줄 수 있으며 모든 홍보 요구들을 만족하는 적절한 크기와 품질을 자유로이 선택할 수 있다.

참고자료

[Vlachos01] Vlachos, A., and E. Hart, "Rendering Print Resolution Screenshots," *Game Programming Gems 2*, Charles River Media, 2001. 번역서는 "인쇄 해상도의 스크린샷 만들기," *Game Programming Gems 2*, 정보문화사, 2002.

[Watt92] Watt, A., and M. Watt, *Advanced Animation and Rendering Techniques: Theory and Practice*, Addison-Wesley Publishing Co., 1992.

[Watt99] Watt, A., *3D Computer Graphics, Third Edition*, Addison-Wesley Publishing Co., 1999.

[Yellot82] Yellot, I., "Spectral Analysis of Spatial Sampling by Photoreceptors: Topological Disorder Prevents Aliasing," *Vision Research*, 22, 1982, pp. 1205-1210.

5.2 닫히지 않은 메시를 위한 GPU 그림자 입체 구축

Warrick Buchanan
warrick@chimeric.co.uk

최근 몇 년 간, 게임의 조명 품질을 개선하기 위한 한 가지 기법으로 그림자 입체(shadow volume) [Crow77]가 인기를 끌었다. 그리고 그 인기의 원인은, 최신 그래픽 하드웨어들의 스텐실 버퍼 향상으로 스텐실 버퍼에 의존하는 이 기법 [Heidmann91]을 더욱 가속화할 수 있게 되었고, 또 지난 몇 년 동안 안정적인 구현 면에서도 진보가 있었기 때문이다 [Kilgard01].

현재 널리 알려진 그래픽 하드웨어 정점 셰이더 유닛 상에서의 그림자 입체 생성 기법들은 대상 기하구조가 단면의(one-sided) 닫힌 메시(closed mesh)이어야 한다는 제한을 가지고 있다. 여기서 닫힌 메시라는 것은, 메시의 모든 변들에 대해 각각의 변을 정확히 두 개의 삼각형이 공유한다는 뜻이다(즉 2 다양체 메시) [Brennan02]. 이것이 항상 큰 문제가 되는 것은 아니지만, 어떠한 형태의 단면 메시 위상구조라도 지원할 수 있다면 더욱 좋을 것이다. 제작 환경에서 닫힌 비 2 다양체 메시가 항상 자동적으로 만들어지는 것은 아니며, 일반적으로는 특별한 배려를 필요로 한다. 이 글은 2 다양체(two-manifold)의 닫힌 메시가 아니더라도 그림자 입체들을 렌더링할 수 있는 한 가지 방법을 소개한다.

기법의 개요

그림자 입체를 제대로 구축하려면, 그림자 입체의 형태가 광원에서 보이는(즉 빛을 실제로 가로막는) 면들로만 이루어져야 한다는 점을 고려해야 한다.

이에 대한 가장 단순한 접근방식은, 그냥 광원에서 보이는 모든 평면 표면들 각각에 대해 하나씩 그림자 입체를 만드는 것이다. 한 표면의 변들을 빛의 방향으로 밀어내서 새로운 표면들을 만들고 그것들을 원래의 표면과 합치면 하나의 그림자 입체를 얻을 수 있다. 이런 방법을 사용하면 어떠한 메시에 대해서도 각 면에 대한 안정된 닫힌 그림자 입체가 만들어진다. 그러나 빛을 가로막는 모든 표면에 대해 그림자 입체를 만들고 렌더링하면 채움 속도 (fill rate)의 부담 때문에 성능이 매우 떨어진다. 그래서 이 방법은 현실적으로 거의 쓸모가 없다.

그러한 비효율성은 메시 면들의 연결성에 대한 정보를 전혀 활용하지 못한다는 데서 비롯한 것이다. 그림자 입체의 측면 표면들은 오직 기하구조의 윤곽 변들만 밀어내서 만드는 것이 바람직하다. 여기서 윤곽 변(silhouette edge)이란 빛을 받는 면과 받지 않는 면의 경계에 해당하는 변을 가리킨다. 그림자 입체 측면들을 윤곽 변들의 돌출로만 만들고 앞, 뒤 마개를 닫으면 바람직한 그림자 입체가 생긴다. 단, 이 방법은 닫힌 2 다양체 메시에 대해서만 유효할 뿐, 열린 메시나 비 2 다양체 메시에는 통하지 않는다.

열린 변들이 있는 메시를 처리하려면 윤곽 변이라는 것의 정의를 조금 수정해야 한다. 앞에서는 빛을 받는 면과 받지 않는 면이 공유하는 변을 윤곽 변이라고 칭했지만, 열린 메시의 경우에는 광원에서 보이는 면의 열린 변(즉 다른 면과 공유되지 않는 변)도 윤곽 변이다. 윤곽 변을 이렇게 정의하면 닫히지 않은 2 다양체 메시에도 앞서의 방법을 사용할 수 있다. 그러나 하나의 변이 둘 이상의 이웃들을 가질 수 있는 경우(즉 비 2 다양체 메시)에는 여전히 통하지 않는다.

이 문제는 변을 공유하는 면들을 짝 지어주는 방식으로 해결할 수 있다. 우선 모든 변들에 대해 열린 변이라고 표시해 둔다. 그런 다음, 각 면의 각 변에 대해, 변을 공유하는 다른 면을 찾는다. 찾은 면이 다른 어떤 면과 현재 변을 공유하고 있지 않다면, 찾은 면과 현재 면을 짝 짓는다. 만일 찾은 면이 이미 다른 면과 짝 지어져 있다면 그들 사이의 연결은 등록하지 않고 그냥 분리된 채로 놔둔다. 이 과정을 모든 면의 모든 변들에 대해 반복하면, 전체 메시를 비 2 다양체 변들을 따라서 여러 부분 메시들로 분할하는 결과가 된다. 각 부분 메시는 2 다양체 연결성을 가지거나 아니면 하나의 윤곽선 변이다. 이렇게 해서 비 2 다양체 메시들을 지원하는 개선된 그림자 입체 구축 기법이 완성되었다.

기법을 정점 셰이더로 구현

이렇게 개선된 기법의 전체 과정은 세 개의 렌더링 패스들로 분할할 수 있다. 첫 번째는 그림자 입체의 앞마개(front cap)를 만드는 것이고, 두 번째는 뒷마개(back cap)를 만드는 것, 그리고 세 번째는 그림자 입체의 측면들을 만드는 것이다. 앞마개와 뒷마개는 같은 기하구조를 사용하긴 하지만, 렌더링 시 면 선별 순서가 달라야 하기 때문에 각각 개별적인 정점 셰이더들을 사용한다. (이 기법에서 뒷마개는 앞마개의 감는 순서를 뒤집어서 형성한다.) 그리고 그림자 입체의 측면 생성 역시 같은 기하구조를 사용하나, 윤곽 변들을 밀어내기 위해서는 그 변들에 해당하는 사각형들의 색인 버퍼가 필요하며, 또한 개별적인 정점 셰이더가 필요하다. 결과적으로 세 작업 모두 개별적인 패스들로 수행해야 한다.

앞마개

앞마개는 쉽다. 그냥 광원을 향하지 않은 모든 면들을 제외시키면 된다. 만일 정점 자료가 중복되어 있으며(모든 삼각형이 각자 세 개의 정점들을 사용하는 경우) 각 정점에 그 정점이 속한 면의 법선 정보가 포함되어 있으면, 그냥 한 번의 내적을 통해서 그 정점이 광원을 향한 삼각형의 일부인지를 알아낼 수 있다. 만일 광원을 향하는 면의 일부인 정점이면 그 정점은 그대로 놔둔다. 그렇지 않으면 그 정점을 원점으로 이동시킨다. 그러면 그런 정점들로 이루어진 삼각형의 크기는 0이 되어버리고, 결과적으로 하드웨어는 그런 삼각형을 그리지 않는다. 목록 5.2.1이 이러한 작업을 수행하는 정점 셰이더이다.

목록 5.2.1 앞마개를 렌더링하는 정점 셰이더

```
; c[0]    0.0, 0.5, 1.0, 2.0
; c[1-4] 세계x뷰x투영 행렬
; c[5]    광원 위치

vs.1.1

dcl_position v0
dcl_normal   v1
dcl_texcoord v2

; 정점에서 광원으로의 벡터를 구하고 정규화한다.
sub r0,c[5],v0
dp3 r0.w, r0, r0
rsq r0.w, r0.w
mul r0, r0, r0.w

dp3 r0,r0,v1
mov oD0,r0

; 법선이 광원을 향하면 r0을 (1, 1, 1, 1)로 만들고
; 그렇지 않으면 (0, 0, 0, 0)으로 만든다.
sge r0, r0, c[0].xxxx

; 정점 위치를 절단 공간으로 변환
dp4 r1.x, v0, c[1]
dp4 r1.y, v0, c[2]
```

```
dp4 r1.z, v0, c[3]
dp4 r1.w, v0, c[4]

mul oPos, r0, r1
```

뒷마개

이 기법의 뒷마개는 기존 방법들에서 쓰이는 것들과 다르다. 이 기법에서의 뒷마개는 앞마개를 뒤집어서 빛 방향으로 일정 거리만큼 밀어낸 것이다. 뒷마개는 렌더링될 다각형들이어야 하므로, 뒷마개의 면들은 앞마개와 반대 방향이 되어야 한다. 정점들을 밀어내는 일은 정점 셰이더 안에서 수행된다. 그러나 방향을 뒤집기 위해서는 이 패스를 수행하기 전에 삼각형의 선별 순서를 뒤집어 주어야 한다. 만일 앞마개 삼각형들을 그냥 그대로 사용하면 감는 순서가 잘못되어 버린다. 다음은 뒷마개를 렌더링하는 정점 셰이더이다.

목록 5.2.2 뒷마개를 렌더링하는 정점 셰이더

```
; c[0]    0.0, 0.5, 1.0, 2.0
; c[1-4] 세계x뷰x투영 행렬
; c[5]    광원 위치

vs.1.1

dcl_position v0
dcl_normal   v1
dcl_texcoord v2

; 정점에서 광원으로의 벡터를 구하고 정규화한다.
sub r0, c[5], v0
dp3 r0.w, r0, r0
rsq r0.w, r0.w
mul r0, r0, r0.w

; 광원 방향과 법선 벡터의 내적
dp3 r1, v1, r0

; 셰이딩을 출력
mov oD0,r1

; 법선이 광원을 향하면 r0을 (1, 1, 1, 1)로 만들고
; 그렇지 않으면 (0, 0, 0, 0)으로 만든다.
sge r2, r1, c[0].xxxx
```

```
; 정점을 밀어낸다.
mad r0, c[5].wwww, -r0, v0

; 정점 위치를 절단 공간으로 변환
dp4 r1.x, r0, c[1]
dp4 r1.y, r0, c[2]
dp4 r1.z, r0, c[3]
dp4 r1.w, r0, c[4]

mul oPos, r1, r2
```

측면 밀어내기

그림자 입체의 측면들은 좀 더 복잡하다. 전통적인 하드웨어 가속 기법은 이런 것이다 [Brennan02]. 우선 각 삼각형 변에 크기가 0인 사각형들을 배치한다. 이 때 새로운 정점들을 만들 필요는 없다. 색인 버퍼로 기존의 삼각형 정점들을 재활용하면 된다. 더 나아가서, 같은 평면 상에 있는 삼각형들 사이의 변에는 사각형을 배치할 필요가 없다. 정점이 광원을 향하고 있다면 그 정점은 밀어내지 말아야 한다. 아니면 빛의 방향을 따라서 정점을 밀어낸다.

이상은 닫힌 메시에만 제대로 작동하는 기법이다. 열린 변들을 위해서는 변의 정점들을 복제하고, 복제된 새 정점의 면 법선을 반대 방향으로 뒤집어야 한다. 그런 다음, 각 변에 대해 새로운 두 정점과 원래의 두 정점들을 이용해서 하나의 사각형을 만든다. 이러한 사각형들을 이용하면 단 한 가지 경우를 제외한 모든 경우에 대해 정확한 그림자 입체 측면들이 만들어진다. 그 예외 경우는, 빛이 열린 변을 가진 삼각형의 뒷면을 볼 수 있는 경우이다.

이 문제를 해결하려면, 뒤를 향하는 삼각형의 한 열린 변에 의해 생긴 윤곽 변들에 대해서는 사각형을 밀어내지 말아야 한다. 이를 위해서는, 열린 변 때문에 추가한 정점에 특별한 표시를 해 두어야 한다. 특별한 표시에는 법선의 길이를 이용한다. 각 정점 법선이 단위 길이로 정규화되어 있다고 가정할 때, 그런 열린 변 중복 정점들의 법선을 단위 길이보다 조금 길게 만든다(어떠한 입실론 범위 안에서). 그러면 정점마다 추가적인 성분을 포함시키지 않아도 된다는 장점이 생긴다. 또한 법선 길이가 변한다고 해서 삼각형/정점이 광원을 향하는지의 판정이 크게 달라지는 일도 생기지 않는다. 따라서 그림자 입체 측면들을 생성할 때 열린 변 중복 정점으로 표시된(즉 법선이 단위 길이가 아니면) 정점은 법선과 광원 방향의 관계와는 무관하게 항상 밀어낸다. 그렇지 않은 정점은 법선이 광원에서 먼 쪽을 바라보는 경우에만 밀어낸다. 이렇게 하면 이전에는 문제를 야기했을 부분들에 대해 퇴화된(크기가 0이고 그래서 렌더링되지 않는) 그림자 입체 측면이 생성되므로, 결과적으로 모든 메시 위상 구조들에 대해 정확한 결과가 나오게 된다. 다음은 이상에 대한 정점 세이더이다.

목록 5.2.3 측면을 밀어내고 렌더링하는 정점 셰이더

```
; c[0]   0.0, 0.5, 1.0, 2.0
; c[1-4] 세계x뷰x투영 행렬
; c[5]   광원 위치

vs.1.1

dcl_position v0
dcl_normal   v1
dcl_texcoord v2

; 정점에서 광원으로의 벡터를 구하고 정규화한다.
sub r0,c[5],v0
dp3 r0.w, r0, r0
rsq r0.w, r0.w
mul r0, r0, r0.w

; 광원 방향과 법선 벡터의 내적
dp3 r1,v1,r0

; 세이딩을 출력
mov oD0,r1

; 법선이 광원을 향하면 r0을 (1, 1, 1, 1)로 만들고
; 그렇지 않으면 (0, 0, 0, 0)으로 만든다.
slt r1, r1, c[0].xxxx
; 법선이 단위길이가 아니면 r0을 (1, 1, 1, 1)로 만들고
; 그렇지 않으면 (0, 0, 0, 0)으로 만든다.
mov r2, v1
dp3 r2, r2, r2
sge r2, r2, c[0].w

add r1, r1, r2
min r1, c[0].zzzz, r1

; 광원에서 먼 쪽을 향한 정점이면 밀어낸다.
mul r0, r0, r1
mad r0, c[5].wwww, -r0, v0

; 정점 위치를 절단 공간으로 변환
dp4 oPos.x, r0, c[1]
dp4 oPos.y, r0, c[2]
dp4 oPos.z, r0, c[3]
dp4 oPos.w, r0, c[4]
```

고려사항들

이 세 패스들(앞마개, 뒷마개, 측면들)을 각각 개별적으로 수행할 수 있으므로, 좀 더 추가적인 그림자 입체 최적화가 필요한 경우에는 특정 패스를 건너뛸 수 있다. 더 나아가서, 만일 모형이 닫힌 메시이며 한 변 당 정확히 두 개의 삼각형만 연결되어 있음을 알고 있다면, 닫힌 2 다양체 메시만을 다루는 좀 더 싼 기존 기법을 사용해도 된다.

원래의 정점 셰이더 그림자 입체 생성 기법들과 마찬가지로, 이 기법에서도 각 면마다 각 정점을 중복해야 한다. 또한 각각의 열린 변에 대해 정점들의 짝을 지어주는 과정도 필요하다. 이 때문에 그래픽 카드에 전송해야 할 정점 자료의 크기가 커질 수 있다. 또, 앞마개, 뒷마개, 측면들을 만들기 위해 같은 기하구조를 세 번 제출해야 한다는 점 역시 이 기법으로 야기되는 부담 요인이다.

최근의 하드웨어는 양면 스텐실 판정을 지원하며, 그 기능을 이용해서 그림자 입체 렌더링을 가속화할 수 있다. 이 기법에서도 그런 기능을 활용하는 것이 가능하다. 한 가지 주의할 점은, 뒷마개 렌더링의 경우 감는 순서를 뒤집어줘야 하기 때문에 양면 스텐실 로직 역시 그에 맞게 뒤집어야 한다는 것이다. 예를 들어서 앞마개와 측면들을 렌더링할 때 앞을 향한 그림자 입체 면들에 대해서는 스텐실 값을 증가시키고 뒤를 향한 면들에 대해서는 스텐실 값을 감소하도록 설정했다면, 뒷마개를 렌더링할 때에는 그 반대의 방식으로 증가, 감소가 일어나도록 설정해야 한다.

이 글에서 소개한 기법은 다른 기법들과 달리 광원을 향하는 면들로부터만 그림자 입체를 생성한다. 또한 이 기법은 열린 변들과 비 2 다양체 변들을 확실하게 식별할 수 있어야 제대로 작동한다.

결론

이 글의 기법을 이용하면 아티스트들의 작업 흐름을 좀 더 여유롭게 만들 수 있으며, 최신 그래픽 카드가 제공하는 가속 기회도 최대한 활용할 수 있다. 게임이 그리는 삼각형 개수가 점점 늘어나는 현실에서, 그림자 입체 생성의 책임을 그래픽 카드에 더 많이 맡길 수 있다는 것은 매우 가치 있는 일이다.

참고자료

〔Brennan02〕 Brennan, Chris, "Shadow Volume Extrusion Using a Vertex Shader," in Engel, Wolfgang, ed., *ShaderX*, Wordware, May 2002.

〔Crow77〕 Crow, Frank, "Shadow Algorithms for Computer Graphics," *Proceedings of SIGGRAPH 1977*, pp. 242-248.

〔Heidmann91〕 Heidmann, Tim, "Real Shadows Real Time," *IRIS Universe*, Number 18, 1991, pp. 28-31.

〔Kilgard01〕 Kilgard, Mark, "Robust Stencil Volumes," CEDEC 2001 presentation, Tokyo, September 4, 2001.

5.3 원근 그림자 맵

Marc Stamminger, *University of Erlangen—Nuremberg*
George Drettakis, *REVES/INRIA Sophia—Antipolis*
Carsten Dachsbacher, *University of Erlangen—Nuremberg*

stamminger@cs.fau.de,
George.Drettakis@sophia.inria.fr,
dachsbacher@cs.fau.de

그림자 맵 기법은 널리 쓰이는 그림자 생성 알고리즘들 중 하나이다. 그림자 맵(shadow map)은 광원의 관점에서 본 깊이 버퍼이다 [Williams78], [Reeves87]. 한 점이 그림자 안에 들어가는지를 판정할 때에는 그 점의 깊이와 그 점에 해당하는 그림자 맵의 깊이를 비교한다. 그림자 맵은 효율적이고, 매우 일반적이며, 상당히 견고하고, 구현하기 쉽고, 현재의 그래픽 하드웨어들이 지원한다. 주된 단점은 픽셀화된(이산적인) 그림자 맵에 의한 그림자 앨리어싱이다. 이 앨리어싱 효과는 그림자 맵이 커다란 영역을 덮어야 하고 그래서 전경 영역들에 비해 그림자 맵의 해상도가 떨어지게 되는 커다란 장면들에서 특히 더 두드러진다.

원근 그림자 맵(perspective shadow map, PSM)은 표준적인 그림자 맵과 매우 비슷하나, 카메라에 가까운 영역들이 멀리 있는 영역보다 더 큰 해상도를 가지도록 왜곡된다는 점이 다르다 [Stamminger02]. 이처럼 관찰자의 원근 왜곡을 고려한 것이라서 원근 그림자 맵이라고 부른다. 그림자 맵 안의 한 물체의 크기는 최종 이미지에서의 크기에 해당한다. 이상적인 상황에서는, 유한한 크기의 PSM 하나로 무한한 크기의 장면들(절차적 지형 등)에 대한, 그림자 픽셀화가 드러나지 않는 그림자들을 만들어낼 수 있다.

소개

원근 그림자 맵의 개념을 이해할 수 있도록, 원근 이후 공간(post-perspective space), 즉 모델 뷰 행렬과 투영 행렬만 적용된 공간을 생각해 보자. 그러한 공간에서 이미 x 좌표와 y 좌표는 최종 이미지의 최종적인 위치로, 그리고 z 좌표는 깊이 값으로 변환된 후이다. 원근 이후 공간은 원근 왜곡이 이미 적용된 공간이다. 즉, 카메라에 가까운 물체는 더 커지고 멀리 있는 물체는 더 작아진 상태이다. 하나의 **PSM**은 그러한 원근 이후 공간 안의 장면을 광원에서 바라본 모습이다. 그렇기 때문에 관찰자에 가까운 영역들은 멀리 있는 영역보다 더 큰 세계 공간 해상도를 차지하며, 따라서 가까운 영역들은 이미지와 그림자 맵 표본화 밀도들이 좀 더 잘 일치하게 된다.

그림 5.3.1을 보자. 세 캐릭터들이 지면에 서 있는 간단한 장면을 평행광원이 위에서 아래로 비추고 있다. 표준적인 그림자 맵에서는 z 축을 따른 평행 투영을 통해서 장면을 렌더링한다(그림 5.3.1의 왼쪽). 원근 이후 공간의 경우에는(그림 5.3.1의 오른쪽) 관찰자의 위치에 맞게 장면이 왜곡되며, 그래서 가장 가까운 캐릭터가 더 커진다. 원근 그림자 맵은 이 원근 이후 공간에서의 광원의 시야를 렌더링한 것이다. 그래서 관찰자에 가까운 캐릭터가 먼 캐릭터보다 좀 더 큰 그림자 맵 해상도를 얻는다. 그림에는 또한 해상도들의 일치 관계도 나타나 있다. 그림자 맵의 한 픽셀을 지면에 투영하고 그런 다음 이미지 평면에 투영하면, 모든 그림자 맵 픽셀들이 같은 이미지 영역을 덮게 된다.

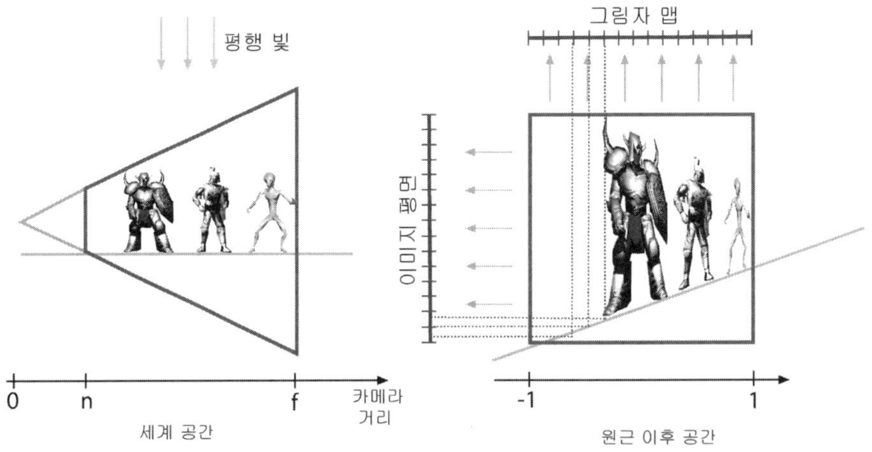

그림 5.3.1 세계 공간 안의 장면(왼쪽)과 그에 해당하는 원근 이후 공간 안의 장면 및 원근 그림자 맵(오른쪽)

이 예는 **PSM**이 더 나은 결과를 보이는 경우를 잘 보여준다. 평행광원의 경우, 이 예처럼 빛의 방향이 카메라 평면과 평행이고 그림자가 드리우는 평면이 빛의 방향과 수직일 때 **PSM**이 이상적이다. 만일 광원을 앞으로 옮겨서 관찰차를 향해 빛을 비추게 하면 그림자들이 관찰자에 드리워지는데, 그러면 그림자가 관찰자에 더 가깝기 때문에 빛을 가리는 물체보다 그림자가 더 커지게 되고, 결과적으로 픽셀화(앨리어싱)가 생긴다. 광원이 카메라 뒤에서 장면을 비춘다면 카메라 절두체 뒤의 물체들도 포함시켜야 하는데, 이러면 특별한 처리가 필요할 뿐만 아니라 그림자 해상도에도 나쁜 영향을 미친다. 광원을 옆쪽으로 옮기면 그림자가 지면 평면을 따라 길게 늘어지고, 그러면 역시 그림자 맵의 픽셀화된 구조가 드러나게 된다.

PSM은 주로 실외 장면 같은 커다란 장면들을 위해 만들어진 것으로, 표준 그림자 맵은 그런 장면들을 제대로 처리하지 못한다. 커다란 장면들은 일반적으로 하나의 평행광원(즉 태양)에 의해 빛을 받기 때문에, 이 글에서는 평행광원만을 다루기로 하겠다. 그림자 맵에 쓰이는 점광원들은 일반적으로 전지향광(omnidirectional light)이 아니라 점적광(spot light)인데, 하나의 그림자 맵으로도 잘 처리할 수 있다. 그런 광원들은 일반적으로 거리에 따라 감쇠하기 때문에 영향을 미치는 영역이 한정적이어서 원근 그림자 맵으로 큰 이득을 얻기가 힘들다.

다음 절에서는 원근 이후 공간 장면의 여러 성질들을 살펴보고, PSM을 생성하는 방법에 대해서 이야기한다. 그런 다음에는 몇 가지 전형적인 함정들을 피하는 방법도 이야기한다. 이 글의 구현은 OpenGL을 사용하지만, DirectX에서 구현하는 것도 그리 다르지 않다. 두 API의 주된 차이라면, DirectX의 경우에는 원근 변환에 의해 생기는 깊이가 0에서 1 범위이고, OpenGL의 경우에는 -1에서 1이라는 점이다.

원근 이후 공간

PSM은 원근 이후 공간에서 만들어지므로, 컴퓨터 그래픽에서 원근이라는 것이 어떻게 적용되는지를 이해할 필요가 있다. 원근 변환은 하나의 4×4 변환 행렬로 표현된다. 이동, 회전, 비례, 전단(shearing)으로 구성되는 통상의 상관(affine) 변환과는 달리 원근 변환은 행렬의 모든 성분들을 사용하며, 따라서 투영 변환도 만들어낼 수 있다. 이하의 설명에서는 독자가 동차좌표와 행렬의 기본적인 개념에 친숙하다고 가정하겠다.

투영 변환들은 선(line)들을 선들로 사상(mapping)한다. 그러나 상관 변환과 달리, 투영 변환에서는 평행한 선들을 변환했을 때 평행성이 유지되지 않는다. 원근 투영에서는 당연히 그런 것이 필요하다. 예를 들어, 철로는 세계 공간에서는 평행하겠지만 실제 렌더링된 이미지에서는 한 점으로 수렴되어야 한다. 달리 해석하자면, 투영 변환은 무한대에 있는 점을 유한한 점으로 사상하며 반대로 유한한 점은 무한대로 사상한다고 말할 수 있다. 철로의 예는 두 평행선의 무한한 교점이 평행하지 않은 두 선의 유한한 교점으로 사상됨을 보여준다.

원근 변환은 일반적으로 `gluPerspective()` 함수로 만든다. 이 함수는 장면을 이 글에서 원근 이후 공간이라고 부르는 공간으로 사상하는 하나의 투영 변환을 만들어낸다. 이 변환에 의해 장면에는 다음과 같은 변화가 생긴다.

- 관찰자는 무한대의 위치 $(0,0,-\infty)$로 옮겨진다. 그래서 관찰자를 지나는 모든 선들은 z 축에 평행하게 된다.

- 카메라 절두체는 단위 입방체 $[-1,1]^3$으로 사상된다. 그 입방체에서 가까운 평면은 $z=-1$ 평면으로 사상되고, 먼 평면은 $z=1$ 평면으로 사상된다.

- 세계 공간 안의 무한대에 있는 점은 평면 $z=z_\infty=(f+n)/(f-n)$으로 사상된다. 여기서 f와 n은 각각 먼 평면, 가까운 평면까지의 거리이다. f가 n보다 큰 일반적인 설정에서 z_∞는 1보다 약간만 더 크다. $z=z_\infty$를 무한 평면이라고 부른다(그림 5.3.2).

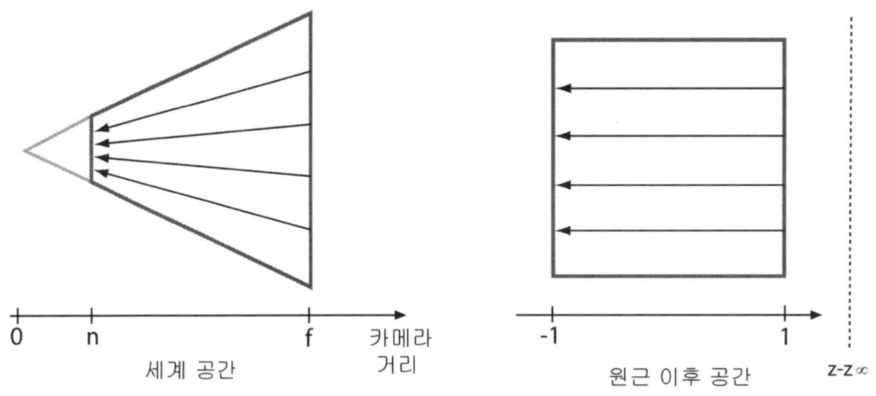

그림 5.3.2 세계 공간(왼쪽)과 원근 이후 공간(오른쪽)의 시야 절두체와 투영 광선들

이러한 원근 이후 장면을 단위 입방체의 앞면에 평행 투영하면 최종적인 이미지가 만들어진다. 이에 의해, 원근 이후 공간의 한 점의 x, y는 그 점의 이미지 좌표들이 되고 z는 그 점의 깊이가 된다. 그런데 원근 이후 공간의 깊이가 세계 공간 깊이에 대해 선형적으로 변하는 것은 아니라는 점을 주의해야 한다.

이를 좀 더 직관적으로 이야기한다면, 원근 변환은 먼 물체들은 작아지고 관찰자에 가까운 물체들은 커지도록 장면을 일그러뜨린다고 할 수 있다(그림 5.3.1 참고). 카메라가 이동하면 일그러지는 정도가 변해서, 가까워지는 물체는 더 커지고 멀어지는 물체는 더 작아진다. 이런 원근 이후 공간의 한 가지 멋진 특성으로는 이 공간 안의 물체의 크기가 최종 이미지에서의 크기와 같다는 점을 들 수 있다. **PSM**은 이 특성을 활용한다.

원근 이후 공간의 광원들

원근 변환은 광원들에게 놀랄만한 영향을 미친다. 하나의 광원은 수많은 빛줄기들을 내뿜는다. 평행광원의 경우 그 광선들은 서로 평행하다. 그리고 점광원의 경우에는 광선들이 한 점으로부터 방사상으로 뻗어나간다. 이 광선들에 원근 변환을 가하면 광선들의 성질이 달라져서, 결과적으로 광원의 종류가 변하는 효과를 낸다.

일반적으로, 세계 공간의 평행광원은 원근 이후 공간에서 점광원이 된다. 평행광원은 세계 공간 안의 무한히 먼 곳에서 빛을 내뿜는 점광원이라고 할 수 있다. 원근 이후 공간으로의 투영 변환은 그 무한대의 광원 위치를 유한한 위치로 사상한다. 따라서 세계 공간의 평행광원은 원근 이후 공간에서 하나의 점광원이 되는 것이다. 마찬가지로, 세계 공간의 한 점광원(유한한 위치)은 원근 이후 공간에서 하나의 무한 광원(무한 위치)이 된다. 이 글에서는 세계 공간 안의 평행광원만을 다루는데, 이는 그런 광원이 가장 흥미로운 PSM 적용 대상이기 때문이다.

앞에서도 말했듯이 원근 변환은 무한대에 있는 점을 유한한 평면 $z=z_\infty=(f+n)/(f-n)$ 으로 사상한다. 이에 의해, 일반적으로 무한대에 있는 평행광원이 유한한 위치에 있는 점광원이 된다. 이 변환을 좀 더 세분해서 분석해 보자(그림 5.3.3 참고).

- 시선 방향과 수직인 평행광원은 원근 이후 공간에서 xy 평면과 평행을 유지한다(그림 5.3.3 위쪽).
- 관찰자를 향한 평행광원은 원근 이후 공간에서 무한 평면 상의 점광원이 된다(그림 5.3.3 왼쪽).
- 관찰자 뒤에서 장면을 비추는 평행광원의 경우, 원래의 평행광원이 뿜어낸 광선들은 원근 이후 공간에서 한 점(소실점)으로 수렴된다. 이는 빛이 무한 평면 상의 한 점에서 장면으로 도달한다는 뜻이 아니라 무한 평면에 있는 빛 싱크(sink)에 도달한다는 뜻이다. 현실 세계에는 그런 광원이 존재하지 않으므로 직관적으로 이해하기가 좀 힘들 수도 있겠지만, 동차좌표 개념을 통해서 수학적으로 이해하는 것은 어렵지 않을 것이다(그림 5.3.3 오른쪽).

평행광원의 세계 공간 위치는 무한대에 있다. 만일 빛이 $(d_x, d_y, d_z)^\mathrm{T}$ 방향에서 비춘다면 그 광원 위치의 동차좌표는 $(d_x, d_y, d_z, 0)^\mathrm{T}$ 이다. 만일 $\boldsymbol{P}$ 가 세계 공간에서 원근 이후 공간으로의 변환 행렬이라고 하면, 원근 이후 광원 위치 $p = (p_x, p_y, p_z, p_w)^\mathrm{T} = \boldsymbol{P}(d_x, d_y, d_z, 0)^\mathrm{T}$ 이다. 만일 $p_w=0$ 이면 원근 이후 공간의 광원 위치 좌표들은 모두 무한대가 된다(그림 5.3.3의 경우 1). 다른 말로 하면, 그러한 평행광원은 원근 이후 공간에서도 여전히 평행광원인 것이다. 이 경우는 d가 시선 방향과 수직일 때에만(그러면 p_z는 항상 0이다) 발생한다. 만일 $p_w \neq 0$ 이면 원근 이후 광원은 유한한 위치 $(p_x/p_w, p_y/p_w, p_z/p_w)$ 가 된다. 이 때 $p_z/p_w=z_\infty$ 이다. 이런 상황에서도 여전히 광원인지 아니면 빛 싱크인지(즉 경우 1인지 경우 2인지)를 결정해야 한다. 한 가지 기준은 시선 방향과 빛 방향의 내적의 부호를 보는 것이다. 그 부호는 빛이 뒤에서 비추는지 앞에서 비추는지를 알려준다. `gluPerspective()`로 표준 OpenGL 투영 행렬을 얻었다고 하면 p_w로 판단할 수도 있다. 만일 $p_w>0$ 이면 하나의 광원(경우 2)인 것이고 $p_w<0$ 이면 빛 싱크(경우 3)인 것이다.

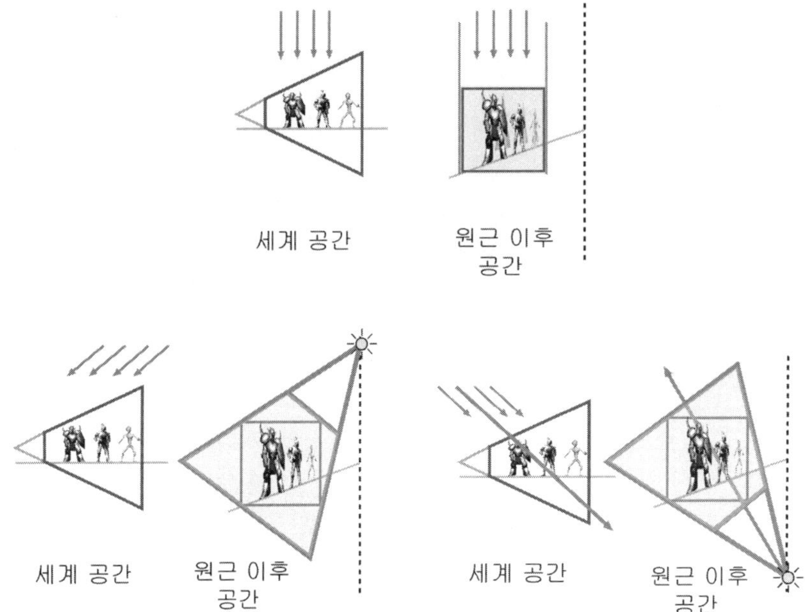

그림 5.3.3 광원 변환들: 시선 방향에 수직인 평행광원은 원근 이후 공간에서도 평행하다(경우 1, 위쪽). 관찰자를 비추는 세계 공간 안의 평행광원은 원근 이후 공간에서 무한 평면에 있는 점광원이 된다(경우 2, 왼쪽). 관찰자 뒤에서 비추는 평행광원은 무한평면에 있는 빛 싱크가 된다(경우 3, 오른쪽).

원근 그림자 맵

표준 그림자 맵은 광원의 시점에서 장면을 렌더링해서 만든다. 점적광의 경우에는 카메라를 광원 위치에 놓고 카메라의 시선 방향과 시야를 점적광의 방향과 시야에 맞춘다. 평행광원의 경우에는 시선 방향이 빛 방향과 평행인 직교 카메라로 장면을 렌더링한다.

그러나 원근 그림자 맵에서는 원근 이후 광원을 이용해서 원근 이후 공간 안에서 그림자 맵을 만든다. 장면과 광원을 먼저 원근 이후 공간으로 변환하고, 원근 이후 점광원에서 본 원근 이후 공간의 장면을 렌더링한다.

원근 이후 공간에서 시점에 가까운 물체는 커지고 먼 물체는 작아진다. 따라서 원근 그림자 맵에서 관찰자에 가까운 물체들은 먼 물체보다 더 큰 해상도를 가지게 된다. 가까운 물체에 의해 가까운 그림자가 생기고 먼 물체에 의해 먼 그림자가 생긴다고 하면, 가까운 그림자는 증가된 그림자 맵 해상도의 혜택을 얻는 반면 먼 그림자 영역들은 줄어든 그림자 맵 해상도를 가지게 된다.

생성

그림자 맵을 만들기 위해서는 우선 세계 공간의 한 점을 그림자 맵 공간으로 변환하는 행렬 S를 만들어야 한다. 그 행렬은 점의 x, y 좌표를 그림자 맵의 텍스처 좌표들로 사상하고 z를 광원 깊이 값으로 사상하는데, 한 광선을 따라 존재하는 모든 점들을 하나의 고유한 (x, y) 위치로 사상하기만 한다면 어떤 행렬이라도 가능하다. 한 점과 그것을 가릴 수 있는 모든 점들은 그림자 맵의 한 점으로 사상된다. 이 때문에 하나의 간단한 깊이 비교만으로 그림자 판정(한 점이 그림자 안에 들어가는지 아닌지의 여부를 알아내는 것)을 수행할 수 있다. 행렬 S는 두 번 쓰인다. 처음에는 그림자 맵을 렌더링할 때 하나의 투영 행렬로 쓰이며, 그 다음으로는 그림자 맵을 적용할 때 하나의 텍스처 좌표 변환 행렬로 쓰인다.

하나의 PSM에서 S는 두 개의 행렬로 만들어진다. 즉 $S = CP$. P는 세계 공간의 점들을 원근 이후 공간으로 변환하며, 현재의 관찰자에 의해 정해진다. C는 원근 이후 공간 시야 절두체(단위 입방체)의 점들을 PSM으로 변환한다. C는 원근 이후 공간 안의 시야 절두체(그림 5.3.3의 원근 이후 빛 절두체)에 의해 정의되는데, 그 시야 절두체는 원근 이후 광원의 위치를 원점으로 하며 단위 입방체를 꼭 맞게 감싼다.

C를 계산하려면 우선 평행광원을 원근 이후 공간으로 변환하고, 경우 1, 2, 3 중 어떤 것에 해당하는지 결정한 다음 그에 맞게 C를 만들어야 한다. 먼저, $p = (p_x, p_y, p_z, p_w)^T = P(d_x, d_y, d_z, 0)^T$를 이용해서 세계 공간 평행광원의 위치를 원근 이후 공간으로 변환한다. 그런 다음에는 세 경우 중 하나를 택한다. 만일 $p_w = 0$이면 원근 이후 평행광원이다(경우 1). 이 경우 C는 시선 방향이 $(p_x, p_y, 0)$이며 단위 입방체 $[-1, 1]^3$ 전체를 정확히 담는 평행 시야 절두체이다. 만일 $p_w > 0$이면 원근 이후 광원이고(경우 2), 이 경우의 C는 원점이 $(p_x/p_w, p_y/p_w, z_\infty)$이며 단위 입방체를 감싸는 시야 절두체이다. 마지막으로, $p_w < 0$이면 빛 싱크이다(경우 3). 이 경우의 C는 본질적으로 단위 입방체 크기의 장면을 위한 표준 그림자 맵에서 사용하는 것과 같은 행렬이다.

기본적으로는 이상의 방법으로 좋은 결과를 얻을 수 있지만, 특정한 상황에서는 품질이 아주 나빠지거나 그림자가 사라지는 결함도 생길 수 있다. 그럼 이 PSM 기법의 몇 가지 함정들과 그 극복 방안을 살펴보자.

함정 1: 가까운 평면에 근접한 경우

PSM은 관찰자의 시야 절두체의 가까운 평면이 너무 가까이 있지 않은 경우에만 좋은 결과를 낸다. 가까운 평면의 거리가 n이라고 할 때, 일반적으로 그림자 맵 해상도의 50 퍼센트는 깊이가 $[n,2n]$ 범위인 영역들에 쓰이고, 나머지 50 퍼센트는 깊이가 $[2n,\infty]$ 범위인 영역들에 쓰인다. 예를 들어 가까운 평면을 1 cm로 잡는다면 시점에서 1 m 이상 떨어져 있는 물체들은 그림자 맵 해상도의 2 퍼센트밖에 얻지 못한다.

따라서 가까운 평면을 최대한 멀리 밀어낼 필요가 있다. 그게 불가능하다면(적이 매우 가깝다거나 해서), 최고의 해결책은 시야 절두체를 가상으로 확장하는 것이다. 관찰자를 가상으로 뒤로 옮기고, 가까운 평면과 먼 평면을 그만큼 앞으로 옮겨서 원래 절두체의 가까운 평면, 먼 평면과 일치하게 한다. 이런 식으로 절두체를 바꿨다면 원근 이후 투영 행렬 P를 그에 맞게 갱신해서 그림자 맵을 만들어야 한다. 새로운 행렬 P는 더 커다란 절두체를 포괄하므로 해상도를 조금 낭비하지만, 가까운 평면 거리가 커졌기 때문에 전반적으로는 더 나은 결과를 낸다.

함정 2: 깊은 광원

지금까지는 그림자 맵이 관찰자의 시야 절두체(원근 이후 공간의 단위 입방체) 전체를 덮는다고 가정했다. 그러나 그렇게 하면 일반적으로 공간의 낭비가 심하다. 시야 절두체는 장면으로부터 만들어지며 따라서 커다란 영역이 비어있게 된다. 만일 시야 절두체와 장면의 경계상자의 교집합에 대해서만 그림자 맵을 생성한다면 해상도를 상당히 크게 올릴 수 있을 것이다.

그림 5.3.4에 그 효과가 나와 있다. 왼쪽은 세계 공간의 시야 절두체와 장면의 경계상자이다. 가운데는 높은 광원과 깊은 광원에 대한 원근 이후 공간 빛 절두체들이 시야 절두체를 감싼 모습이다. 깊은 광원 L2의 경우 절두체들(점선들)의 개방 각도가 크고, 그래서 절두체들이 **퇴화(degeneration)**되어 버린다. 만일 빛 절두체를 시야 절두체와 장면의 경계상자의 교집합에 최대한 맞춘다면 이런 문제를 최소화할 수 있다. 그렇게 하면 깊은 빛 절두체의 개방 각도가 훨씬 작아져서 덜 퇴화된다. 높은 광원 L1의 경우에는 이런 개선의 효과가 크지 않다.

이런 개선을 위해서는 시야 절두체와 경계상자의 교집합을 구해야 한다. 그러려면 닫힌 볼록 다면체를 서술하는 코드와 반공간들을 자르는 코드가 필요하다. 장면 경계상자를 가지고 시야 절두체를 형성하는 여섯 개의 반공간들을 차례로 자르면 된다.

함정 3: 시야 절두체 바깥의 그림자 주조자

제대로 된 그림자들을 얻기 위해서는, 그림자 맵이 시야 절두체 안에 그림자를 드리울 수 있는 모든 점들을 포함해야 한다. 예를 들어 관찰자가 나무 아래에 서 있는 경우, 관찰자는 나무를 볼 수 없어도 그 나무가 장면 안에 그림자를 드리울 수는 있다. 따라서 그 나무를 그림자 맵 안에 포함시켜야 한다. 지금까지 이야기한 알고리즘으로는 그 나무가 빛 절두체의 가까운 평면에 의해 잘려질 것이다.

이런 문제는 빛 절두체의 가까운 평면을 광원을 향해 이동시켜서 모든 가능한 그림자 주조자(shadow caster, 그림자를 드리우는 물체)들을 그림자 맵에 포함시키면 해결되는데, 앞서 이야기한 교집합 계산을 이용하면 쉽게 구현할 수 있다. 단, 앞에서처럼 시야 절두체의 모든 반공간들을 잘라내는 대신, 광원에서 먼 쪽을 향한 반공간들만 잘라내야 한다. 다른 말로 하면, 절두체와 광원 사이의 영역은 잘라내지 말아야 하는 것이다.

최신 그래픽 하드웨어의 기능을 이용하면 좀 더 우아한 해결이 가능하다. NV_DEPTH_CLAMP 확장은 가까운 평면에 의한 절단을 꺼버리고, 그 대신 가까운 평면 앞에 있는 점들을 가까운 평면으로 투영한다. 그림자 맵을 렌더링할 때 이 확장을 사용하면 잠재적인 그림자 주조자들이 절단되지 않으며, 따라서 정확한 그림자가 만들어진다.

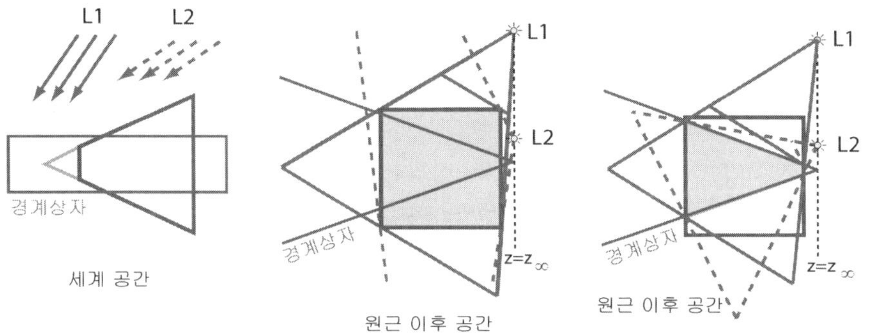

그림 5.3.4 세계 공간 안의 시야 절두체와 장면의 경계상자(왼쪽). 깊은 광원의 경우 원근 이후 공간에서 시야 절두체 전체를 감싸는 빛 절두체는 무효화된다. 왜냐하면 광원 위치가 단위 입방체에 너무 가깝기 때문이다(가운데). 원근 이후 공간 경계상자와 시야 절두체 사이의 교집합을 계산하고 빛 절두체를 그 교집합에 맞춘다면 깊은 광원의 절두체가 덜 무효화된다(오른쪽).

함정 4: 관찰자 뒤의 그림자 주조자

마지막으로, 원근 투영의 덜 직관적인 특성 때문에 생기는 심각한 함정을 살펴보자. 카메라 뒤의 모든 점들은 무한 평면 너머의 점들로 사상된다(그림 5.3.5). 세계 공간에서 원근 이후 공간으로의 변환에 의해 광선의 무한 위치가 유한 위치로 사상되며, 이 때문에 광선을 따라 놓여 있는 점들의 순서가 변할 수 있다. 그래서 무한 평면 너머의 점들이 그림자 맵에 잘못된 방식으로 포함된다. 이 문제에 대한 해결책은 함정 1의 해결책과 비슷하다. 즉, 카메라를 가상으로 뒤로 옮기는 것이다. 다른 말로 하면, 그림자 맵에 포함되어야 할 모든 점들이 관찰자 앞 쪽에 놓이도록 시야 절두체를 확장하는 것이다. 이를 위해, 카메라에서 광원으로 하나의 반직선을 쏘고 장면 경계상자와의 교점을 구한다. 그 교점은 카메라 뒤쪽으로 가장 먼 잠재적인 빛 차단 지점이다. 그 교점을 구했으면 교점이 카메라 평면에 놓이도록 시야 절두체를 뒤쪽으로 늘린다. 그런 다음에는 늘린 시야 절두체를 이용해서 원근 그림자 맵을 생성한다. 이렇게 하면 모든 필요한 점들이 그림자 맵에 포함된다.

구현

원근 그림자 맵은 표준 OpenGL 함수들과 몇 개의 확장들로 구현할 수 있다.

필요한, 그리고 바람직한 OpenGL 확장들

원근 그림자 맵의 주된 장점들 중 하나는, 그냥 또 다른 행렬 S를 선택하기만 하면 표준 그림자 맵들을 원근 그림자 맵들로 대체할 수 있다는 점이다. 따라서 표준 그림자 맵을 지원하는 플랫폼이라면 어떤 플랫폼에서도 원근 그림자 맵을 구현할 수 있다. 즉 OpenGL 1.4에 포함된 확장인 ARB_DEPTH_TEXTURE와 ARB_SHADOW를 지원하는 플랫폼이라면 원근 그림자 맵이 가능하다.

ARB_SHADOW 확장은 0 또는 1의 그림자 값만을 제공한다. 즉 그림자가 없거나 완전히 검은 그림자이거나 둘 중 하나인 것이다. ARB_SHADOW_AMBIENT 확장을 사용하면 0이 아닌 그림자 결과 값을 선택할 수 있지만, 그 확장으로는 그림자를 흐리게만 할 수 있을 뿐 완전히 검은 그림자는 얻을 수 없다. 따라서 그 확장은 사용하면 안 되고, 대신 단편 프로그램(또는 레지스터 컴바이너)을 이용해서 그림자 영역을 흐리게 만들어야 한다. 단편 프로그램으로 반영 반사를 완전히 폐기하고, 분산 반사를 상수 계수로 감쇠시키고, 주변 반사는 그대로 놔두면 된다. 그런데 이 방법은 세 반사 성분들이 단편 프로그램에 개별적으로 제공되는 경우에만 사용할 수 있으며, 그러려면 정점 프로그램의 도움이 필요하다. 정점 프로그램을 사용하는 경우, 그림자 맵 접근을 위한 텍스처 좌표 생성 역시 정점 프로그램에서 수행할 수 있으므로 복잡한 glTexGen()은 사용할 필요가 없어진다.

실험 결과에 따르면, 텍스처 맵의 해상도가 원본 이미지의 두 배가 되어야 좋은 결과를 얻을 수 있다. 그런 텍스처 맵은 p 버퍼로만 얻을 수 있다(즉 GLX_SGIX_PBUFFER나 WGL_ARB_PBUFFER 확장이 필요하다). 그리고 PSM은 시야에 의존적이므로 매 프레임마다 새로 생성해야 한다는 점 역시 기억해야 한다. 대부분의 그림자 맵 구현들은 glCopyTexSubimage()를 이용해서 p 버퍼의 깊이 맵을 그림자 맵 텍스처에 복사한다. p 버퍼의 깊이 버퍼를 텍스처에 연결해 주는 `WGL_ARB_RENDER_TEXTURE` 확장과 `WGL_NV_RENDER_DEPTH_TEXTURE` 확장을 이용하면 그러한 비싼 복사 작업을 피할 수 있다.

앞에서도 이야기했듯이 시야 절두체 바깥의 그림자 주조자들이 제외되지 않게 하려면 `NV_DEPTH_CLAMP` 확장이 필요하다. 이 확장은 또한 그림자 적용 영역 V의 계산을 상당히 단순하게 만들어준다.

의사코드 예제

원근 그림자 맵의 전형적인 구현은 다음과 같은 모습이다.

```
// 가까운 평면이 너무 가깝지 않도록 하는 오프셋
nearOffset = max(0,zNearMin-zNear)

// 관찰자 뒤의 광원을 위한 오프셋
backlightOffset = calcBackOffset();

// 행렬 P를 만든다.
P = frustumWithOffset(max(nearOffset,backLightOffset))

// 그림자 적용 영역 V를 계산한다.
V = intersection(view frustum, scene bounding box)

// 원근 이후 공간 빛 절두체 C를 계산한다.
C = lightFrustumThatSees(postPerspective(V))

// 그림자 맵을 렌더링한다.
setRenderMatrix(C*P)
setRenderTargetShadowMap()
renderSceneWithDepthClamp()

// 장면을 렌더링한다.
setTextureCoordGeneration(C*P)
turnOnShadowMapping()
renderScene()
```

결론

원근 그림자 맵은 카메라에 더 가까운 영역의 그림자들에 좀 더 큰 해상도를 할당함으로써 표준 그림자 맵 알고리즘보다 더 높은 품질의 그림자들을 만들어낸다. 원근 그림자 맵은 원근 이후 공간에서 작동하므로, 시야 절두체 바깥의 광원과 그림자 주조자들에 의해 고유한 문제들이 발생할 수 있다. 이 글에서 소개한 기법은 높은 성능을 유지하면서도 그러한 문제들 대부분을 해결한다.

참고자료

[Reeves87] Reeves, W.T., D.H. Salesin, and R.L. Cook, "Rendering Antialiased Shadows with Depth Maps," *Computer Graphics* (Proc. SIGGRAPH 87), 1987, pp. 283-291.

[Stamminger02] Stamminger, M., and G. Drettakis, "Perspective Shadow Maps," *ACM Transactions on Graphics* 21(3) (Proc. SIGGRAPH 2002), 2002, pp. 557-562.

[Williams78] Williams, L., "Casting Curved Shadows on Curved Surfaces," *Computer Graphics* (Proc. SIGGRAPH 78), 1978, pp. 270-274.

5.4 결합된 깊이 및 ID 기반 그림자 버퍼

Kurt Pelzer, *Piranha Bytes*
kurt.pelzer@gmx.net

그림자는 환경에 대한 우리의 시각적 인지에서 중요한 요소이다. 그림자의 위치와 방향은 물체의 배치와 빛의 위치에 대한 상세한 정보를 제공한다. 장면에 그림자를 추가하면 사실감 향상에 도움이 될 뿐만 아니라, 깊이에 대한 추가적인 단서를 제공할 수 있다.

실시간 응용 프로그램에서 가장 먼저 쓰인 그림자 기법은 그림자들을 부호화한 정적 조명 맵을 미리 계산해 두는 것이었다. 그러나 정적인 조명 맵으로는 움직이는 물체들과 빛들을 제대로 처리할 수 없었으며, 그래서 동적인 그림자 계산이 필요해졌다. 현재 동적 그림자에 대한 실시간적인 기법으로는 투영 그림자 텍스처, 스텐실 그림자 입체, 그림자 매핑이 유명한데, 그 방법 모두 각자 나름대로의 장단점을 가지고 있다.

이 글은 깊이 및 ID 기반 그림자 버퍼 기법들의 장점을 결합한 하나의 혼성 접근방식을 설명한다. 이 접근방식은 자기 그림자가 가능하며 42,875 개의 고유한 ID들을 지원한다.

기존의 그림자 매핑 기법들

실시간에서 동적인 그림자를 계산하는 방법은 여러 가지이다. 그 중 잘 알려진 것 하나가 그림자 매핑(shadow mapping)이다. 그림자 매핑에서 한 픽셀이 그림자 안에 있는지를 판정하기 위해서는, 그림자를 만들어내는 광원 하나 당 두 개의 렌더링 패스가 필요하다.

첫 번째 패스 - 버퍼 값 계산

그림자를 계산하려면 광원으로부터의 가시성을 계산해야 한다. 첫 번째 패스에서는 빛 절두체 안에 들어가는 모든 물체들을 광원의 시점에서 본 하나의 텍스처로 렌더링한다. 그 텍스처 맵의 각 픽셀은 픽셀 깊이를 저장할 수도 있고 빛에 가장 가까운 물체의 ID 정보를 저장할 수도 있다.

두 번째 패스 - 그림자 판정

두 번째 패스에서는 모든 장면 물체들을 관찰자 시점에서 프레임 버퍼에 렌더링한다. 이 때 각 픽셀의 깊이 또는 **ID** 정보를 그림자 맵에 저장되어 있는 해당 값과 비교한다. 이 비교를 수행할 수 있으려면 그림자 맵을 광원에서부터 장면으로 투영해야 한다. 주어진 단편 (**fragment**)이 광원 위치에서 보이는지를 판정해야 한다. 빛에서 볼 수 있는 픽셀이면 조명을 가하고, 볼 수 없으면 그림자 안에 있는 것이므로 조명을 가하지 않는다. 그림 5.4.1에 그 두 경우가 나와 있다.

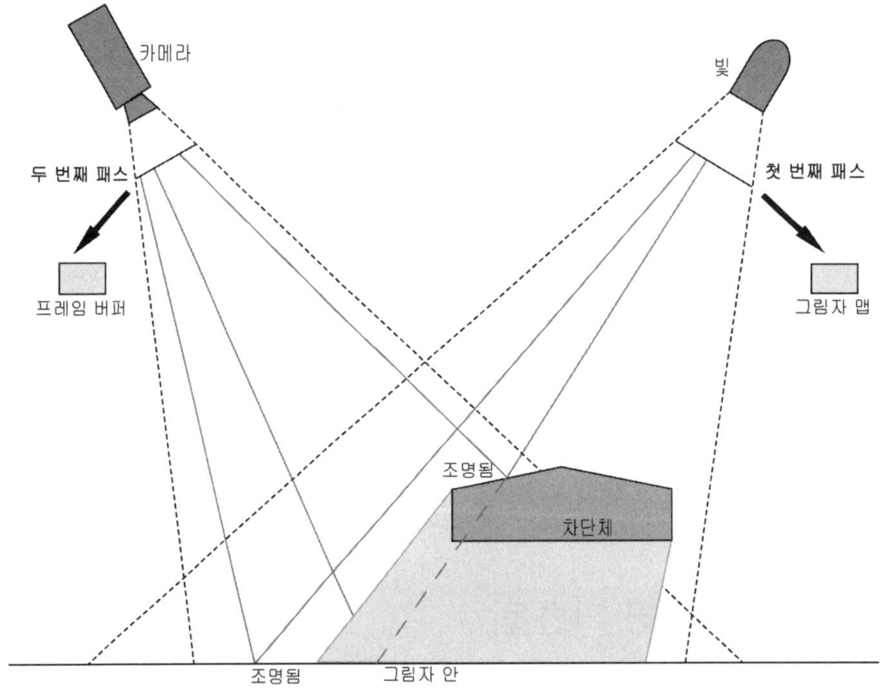

그림 5.4.1 일반적인 그림자 매핑 기법

깊이 및 ID 기반 그림자 버퍼

그럼 가장 유명한 두 가지 그림자 매핑 기법인 깊이 버퍼 기법 [Williams78]과 ID 버퍼 기법([Hourcade85]와 [Dietrich01])을 보자. 두 방법은 매우 비슷하다.

깊이 버퍼 기법에서는 그림자 맵의 각 픽셀이 빛으로부터 계산된 가장 가까운 깊이를 담는다. 그림자 판정 패스에서 이 깊이 값들을 관찰자의 카메라로부터 계산된 깊이 값과 비교한다(판정은 빛의 카메라 공간으로 변환된 후에 일어난다). 카메라의 깊이가 그림자 맵의 깊이보다 크면 그 픽셀은 그림자 안에 있는 것이고 아니면 빛을 받는 것이다. 이에 의해 물체의 자기 그림자도 가능해진다. 한 가지 단점은, 그림자의 품질이 그림자 맵의 깊이 값의 수치적 정밀도에 의존한다는 것이다. 범용 하드웨어(DX8 수준과 그 이하)에서도 이 기법을 수행할 수 있지만, 깊이 버퍼를 텍스처에 하나의 색 또는 알파 채널로 저장해야 하며 그 정밀도가 8 비트 밖에 되지 않는다. 이는 일반적인 경우에 대해 적당한 정밀도가 아니다. DX9 수준과 그 이상의 하드웨어들은 32 비트 부동소수점 텍스처로의 렌더링을 지원한다. 그러나 24나 32 비트 역시 물체들을 세밀하게 식별할 수 있을 정도의 정밀도는 아니다.

ID 버퍼 기법은 ID를 통한 추가적인 물체 차별화를 통해서 이런 정밀도 문제를 극복한다. 이 기법에서는 각 물체에 고유한 ID를 부여한다. 이 ID들은 광원과의 거리를 기준으로 하는 물체의 순서에 근거한다. 첫 번째 패스에서는 깊이 대신 이 ID를 그림자 맵에 렌더링하며, 두 번째 패스에서는 역시 깊이 대신 ID를 비교한다. 현재 ID가 그림자 맵 ID보다 크면 그 픽셀은 그림자 안에 있는 것이고, 아니면 빛을 받는 것이다. 그러나 이 기법 역시 몇 가지 단점들을 가지고 있다.

- ID가 8 비트 정밀도이면 최대 256 개의 물체들만 지원할 수 있다.
- 하나의 물체가 하나의 ID를 가지므로 물체의 자기 그림자가 불가능하다.
- ID는 엄격히 정렬된 순서에 근거하므로(그래서 이 기법을 우선순위 버퍼 기법이라고도 부른다), 그림자를 드리우는 각 빛마다 물체들을 정렬하는 과정이 필요하다.

깊이 버퍼와 ID 버퍼의 결합

ID 기반 그림자 버퍼와 깊이 기반 버퍼는 각기 장단점을 가지고 있다. 이번 절에서는 각각의 장점들을 개괄하고, 두 장점 모두 취할 수 있는 결합된 그림자 버퍼를 소개한다.

ID 버퍼 기법의 수정

표준적인 ID 버퍼 기법의 한 가지 문제는, 물체들을 광원과의 거리에 따라 정확히 정렬해야 한다는 것이다. 이런 정렬이 필요한 이유는, ID 버퍼 기법의 경우 ID가 큰 물체가 ID가 작은 물체를 가린다는 가정 하에서 수행되기 때문이다. 이 글에서 말하는 결합된 버퍼 기법에서는 이러한 정렬을 피하기 위해서 8 비트 색 채널들에 대한 동일성 판정을 수행한다. 이 방식에서는 그냥 동일성 판정이 실패하면(즉 계산된 ID가 투영된 ID와 다르면) 그 물체는 그림자를 받는 것이라고 판단할 수 있기 때문에 물체들을 미리 정렬할 필요가 없다.

표준 ID 버퍼 기법의 또 다른 문제는 ID 개수의 제한이다. 결합된 버퍼에서는 색의 세 채널 모두를 동시에 사용해서 이 문제를 극복한다. 동일성 판정 역시 세 채널 모두에 대해 수행한다. 색 채널들로 동일성 판정을 수행하고, 그 결과들을 알파 채널로 통합한다. 마지막으로 알파 판정을 통해서 픽셀이 그림자에 포함되는지의 여부를 판정한다. 이 과정은 잠시 후에 좀 더 자세히 살펴보겠다. 이후에 나오겠지만, 각 채널 당 식별할 수 있는 ID는 35 개뿐이다. 그러나 세 개의 채널들을 사용하므로 가능한 ID 수는 35×35×35=42,875가 된다. 이는 커다란 장면에도 충분한 개수이다.

물체 내부 깊이 판정의 추가

이상의 수정된 ID 버퍼 기법도 아직은 물체의 자기 그림자를 지원하지 않는다. 자기 그림자를 위해서는 추가적인 물체 내부 깊이 판정이 필요하다. 추가적인 깊이 판정은 알파 채널을 사용한다. 알파 채널은 8 비트이므로 깊이 판정의 해상도는 256이다. 즉 물체 내부의 영역들을 총 256 가지로 차별화할 수 있는 것이다. 표준 깊이 버퍼 기법에서는 빛의 범위 전체에 대해 이 정도의 정밀도가 적용되지만, 이 기법에서는 물체마다 이런 정밀도가 보장되므로 좀 더 정확한 결과를 얻을 수 있다. 이 판정의 결과는 동일성 판정들의 결과와 결합되어서 알파 채널에 통합된다. 마지막으로, 최종적인 알파 판정에 의해 픽셀의 그림자 여부가 결정이 된다.

비교

결합된 버퍼 기법은 높은 정밀도(ID들과 물체 내부 깊이 모두), 매우 낮은 CPU 소비(물체들을 정렬할 필요가 없다), 자기 그림자 지원 등 표준 그림자 매핑 방법들에 비해 여러 가지 장점들을 가진다. 그 장점들을 정리한 것이 표 5.4.1이다.

표 5.4.1 그림자 매핑 기법들의 비교

필요	ID 버퍼	깊이 버퍼	결합된 버퍼
정밀도	**낮음** ID 256 개 (표준 버전)	**낮음** 빛의 범위 전체에 대해 8 비트(표준 버전)	**높음** ID 42,875 개(간소 버전) + 8 비트의 물체 내부 깊이(완전 버전)
자기 그림자	**부분적** 볼록 물체들만 가능	**가능** 낮은 정밀도	**가능** 완전 버전
물체 정렬 필요	**필요** CPU 작업량 낮음	**불필요** CPU 작업량 매우 낮음	**불필요** CPU 작업량 매우 낮음
텍스처에 렌더링	**필요**	**필요**	**필요**

결합된 그림자 버퍼 기법의 개요

이러한 모든 개선 사항들을 염두에 두고, 결합된 그림자 버퍼를 개괄적으로 살펴보자.

버퍼 생성 단계

각 광원에 대해
　결합된 그림자 버퍼 텍스처를 렌더링 대상으로 설정
　결합된 그림자 버퍼 텍스처를 0x00000000으로 초기화
　광원의 시야 절두체 안의 각 물체에 대해
　　물체의 ID를 상수 색(RGB)에 설정하고
　　물체의 내부 깊이를 알파에 설정
　　물체를 상수 색으로 텍스처에 렌더링

그림자 판정 단계

각 광원에 대해
　정점들을 시야 공간에서 빛의 시야 공간으로
　　변환하는 텍스처 행렬을 생성
　플레이어의 시야 절두체 안의 각 물체에 대해
　　물체의 ID를 상수 색(RGB)에 설정하고
　　물체의 내부 깊이를 알파에 설정
　　결합된 그림자 버퍼를 텍스처로 결합
　　각 정점에 대해
　　　투영된 결합된 그림자 버퍼를 위한 텍스처 좌표들을 계산
　　　상수 ID를 가장 가까운 투영된 ID와 비교
　　　만일 상수 ID != 가장 가까운 투영된 ID이면

    그 픽셀은 그림자 안에 있는 것임
  아니면
   상수 깊이를 가장 가까운 투영된 깊이와 비교
   만일 상수 깊이 > 가장 가까운 투영된 깊이이면
    픽셀은 그림자 안에 있는 것임
  아니면
    픽셀은 빛을 받는다

다음 절들에서는 두 단계들을 좀 더 자세히 살펴보고 고정 기능 다중 텍스처링 파이프라인을 이용해서 구현해 보겠다. 고정 기능 파이프라인을 사용하기 때문에 진정한 프로그래밍이 가능하지 않은, 픽셀 셰이더를 지원하지 않는 구식 GPU들에서도 이 구현을 사용할 수 있다. 이 구현을 1세대 프로그래밍 가능 셰이더들(Direct3D ps1.3과 그 이전)로 이식하는 것은 어렵지 않은데, 왜냐하면 그런 버전의 픽셀 셰이더들은 고정 기능 스타일의 명령들을 사용하기 때문이다. 그런 버전들의 능력은 진정으로 프로그래밍 가능한 셰이더에 못 미치는 수준이다(ps1.4 이후가 되어야 진정으로 프로그래밍이 가능하다고 할 수 있다).

첫 번째 패스: 빛의 관점에서 렌더링

첫 번째 단계는 그림자 맵을 만드는 것이다. 그림자 맵은 구체적으로 말하면 빛의 관점에서 장면을 텍스처에 렌더링한 결과이다. 결합된 그림자 매핑 기법의 간소 버전은 광원에서 보이는 물체들의 ID들을 텍스처에 RGB 색 형식으로 기록한다. 완전 버전은 물체 내부 깊이들도 알파 채널에 기록한다(그림 5.4.2).

물체 ID의 부호화 방식에 대해

그림자 판정 패스의 후반부에서는 텍스처 단계의 색 연산에서 내적을 사용해서 색 채널 결과들을 알파 채널에 결합해 넣는다. 이 내적은 모든 입력들(각 색 채널의 값들)을 반만큼 비트 이동시키는 효과를 낸다. 따라서 0x7F는 0으로 해석된다. 그러나 이 계산의 제한된 정밀도 때문에, 0x7F에 가까운 범위(구체적으로 말하면 [0x79, 0x85])의 값들 역시 0이 된다. 만일 색의 적, 녹, 청 성분들이 모두 그 범위 안이면 내적은 여전히 0이 된다. 세 성분 중 하나라도 0x78 이하나 0x86 이상이라야 0이 아닌 내적이 나온다. 이 내적은 ID 동일성 판정 절차에 쓰이는데, 서로 다른 색이 같은 ID로 해석되어서는 안 된다. 이는 중심 0x7F로부터 양쪽으로 7씩 건너뛴 값들만 사용해야 한다는 뜻이다. 결국 채널 당 35 개의 값들만 사용할 수 있으며(256/7은 36이지만 두 번째 패스에서 각 채널에 0x08을 더하기 때문에 사용할 수 있는 값이 하나 줄어든다), 전체적으로는 35×35×35＝42,875 개의 고유한 ID들을 사용할 수 있게 된다.

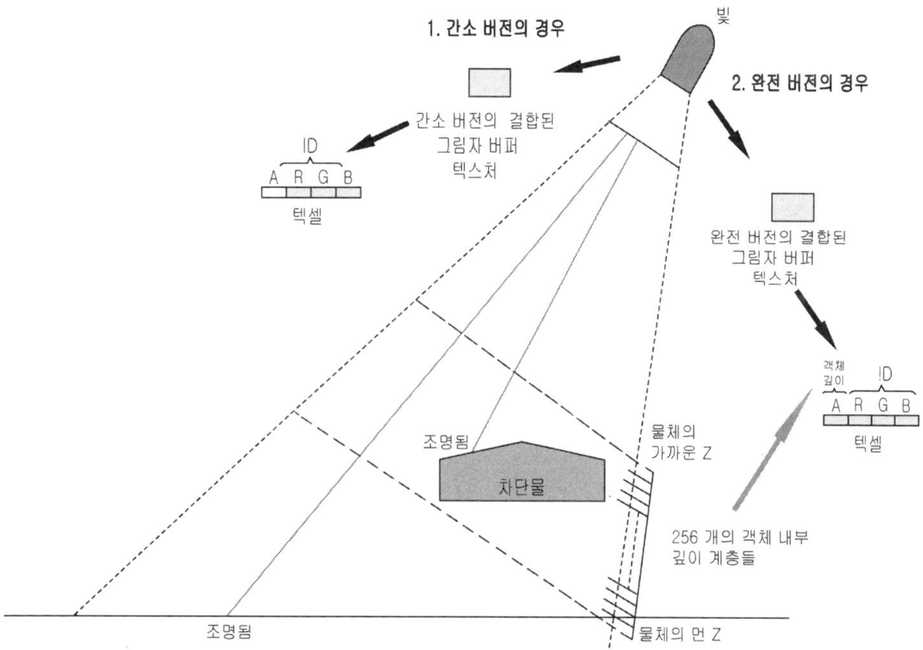

그림 5.4.2 빛의 관점에서 렌더링

간소 버전(자기 그림자를 지원하지 않음)

앞에서 말했듯이 고유한 ID의 각 채널은 적어도 7씩 건너뛴 값들이어야 한다(0, 7, 14, 21, 28, ...). i 번째 물체(i는 0 이상, 42,874 이하)의 ID를 만드는 방법은 다음과 같다.

```
// --- 물체의 자료를 설정 ---
Color.Alpha = 0x00;
Color.Red   = (i/(35*35))*7;
Color.Green = ((i%(35*35))/35)*7;
Color.Blue  = (i%35)*7;
SetColorFactor( Color );
//[ i의 범위는 [0,42874] ]
```

예를 들어 i=3,487이면 ID는 0x000ECB9A가 된다(형식은 A8R8G8B8).

```
Color.Red   = (3,487/1,225)*7   = 2*7 = 14    = 0x0E;
Color.Green = ((3,487%1,225)/35)*7   = 29*7 = 203   = 0xCB;
Color.Blue  = (3,487%35)*7       = 22*7 = 154   = 0x9A;
```

그리고 그 다음 물체인 3,488 번째 물체의 ID는 0x000ECBA1이 된다(이전 물체의 ID에 비해 적색 채널의 값이 7 증가했다).

이렇게 부호화된 **ID**를 색 계수에서 그림자 맵의 픽셀로 전송하기 위한 설정은 다음과 같다.

```
// --- 텍스처 단계 0 ---
TexStage0.SetColorCalc(
  TEXOP_SELECTARG1, TEXARG_COLORFACTOR, TEXARG_CURRENT );
TexStage0.SetAlphaCalc(
  TEXOP_SELECTARG1, TEXARG_COLORFACTOR, TEXARG_CURRENT );
```

완전 버전(자기 그림자 지원)

완전 버전은 위의 기법에 추가해서, 자기 그림자를 위한 물체 내부의 깊이들도 사용한다. 이를 위해, 0.0에서 1.0 범위의 깊이를 계산한다. 그 값은 간단한 깊이-알파 매핑 텍스처에 접근하기 위한 하나의 텍스처 좌표로 사용된다.

```
// --- 초기화 ---
// Depth2AlphaTexture: 깊이-알파 매핑 텍스처. 너비 = 256, 높이 = 1,
//     형식 = A8R8G8B8, 밉맵 수준 = 1
Depth2AlphaTexture.LockLayer( &pBits );
Color.Red = Color.Green = Color.Blue = 0x77;
for( unsigned int i = 0; i<256; i++ )
{
    Color.Alpha = i;
    *((DWORD*)( pBits )+i) = Color;
}
Depth2AlphaTexture.UnlockLayer();

// --- 물체 자료 설정 ---
// 색 계수를 앞의 간소 버전에서와 동일한 방식으로 설정한 후:
matTex.m_Elements.m_f31 = 1.0f/(fObjFarZ-fObjNearZ);
matTex.m_Elements.m_f41 = -fObjNearZ/(fObjFarZ-fObjNearZ);
TexStage0.SetTextureMatrix( matTex );
```

이전과 마찬가지로, 부호화된 **ID**를 색 계수에서 그림자 맵의 픽셀들로 보내야 한다. 그리고 깊이-알파 텍스처에서 객체 내부 깊이도 추출해서 그림자 맵의 알파 채널에 기록해야 한다. 이를 위한 설정은 다음과 같다.

```
// --- 텍스처 단계 0 ---
TexStage0.SetColorCalc(
  TEXOP_SELECTARG1, TEXARG_COLORFACTOR, TEXARG_TEXTURE );
TexStage0.SetAlphaCalc(
  TEXOP_SELECTARG2, TEXARG_COLORFACTOR, TEXARG_TEXTURE );
TexStage0.SetTextureCoordinateCalc(
  TEXCOORDCALC_CAMERASPACEPOSITION );
```

```
TexStage0.SetTextureCoordinateTrafo(
  TEXCOORDTRAFO_COUNT2 );
TexStage0.SetTextureFiltering(
  TEXFILTER_POINT, TEXFILTER_POINT, TEXFILTER_POINT );
TexStage0.SetTextureAdressing(
  TEXADDR_CLAMP, TEXADDR_CLAMP, TEXADDR_CLAMP );
TexStage0.SetTexture( Depth2AlphaTexture );
```

두 번째 패스: 그림자 판정

이제 카메라의 시점에서 계산된 값들을 그림자 맵에 기록된 값들과 비교한다. 이 비교를 위해서는 그림자 맵 텍스처를 광원에서 장면으로 투영해야 한다. 빛이 보지 못하는 것은 모두 그림자 안에 있는 것이므로, 픽셀의 계산된 값이 투영된 값과 같은지를 알아내야 한다(그림 5.4.3).

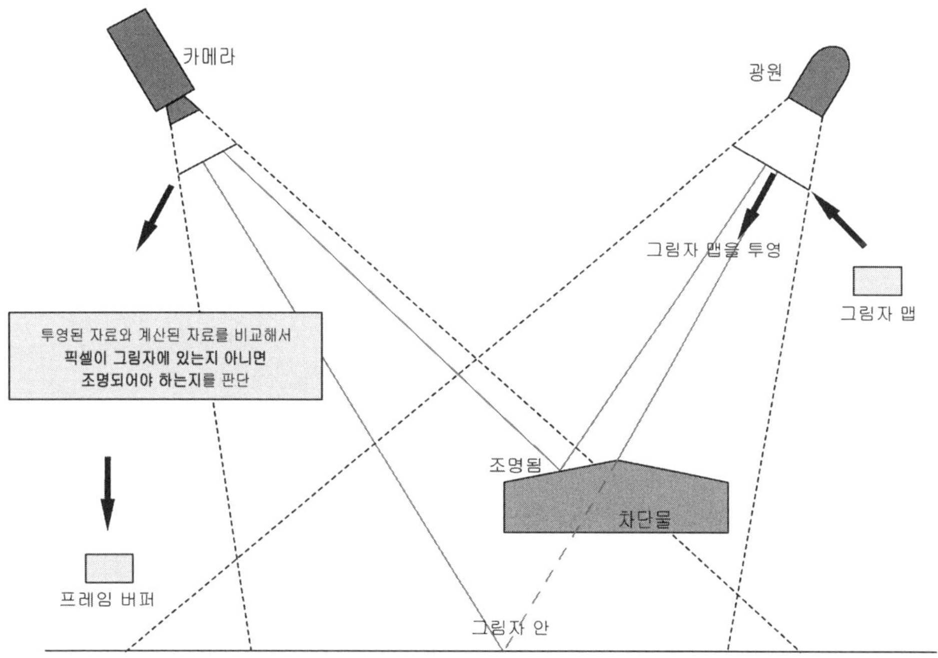

그림 5.4.3 그림자 판정

다음 두 절들에서는 다중 텍스처링 파이프라인에서 그림자 검출 판정을 수행하기 위한 특별한 설정들을 살펴보겠다. 이 파이프라인의 출력에 간단한 알파 판정을 적용하면 최종적으로 픽셀이 그림자 안에 있는지의 여부가 결정된다(그에 따라 스텐실 버퍼를 갱신하는 등의 처리를 하면 될 것이다).

간소 버전

물체 ID의 부호화에 대해서는 첫 번째 패스(빛의 관점에서 렌더링)에서 이야기했었다. 이 패스에서도 비슷한 방식으로 부호화하는데, 이번에는 각 채널의 값에 0x08을 더해서 이동시킨다.

```
// --- Set Object Data ---
Color.Alpha = 0x77;
Color.Red   = (i/(35*35))*7 + 0x08;
Color.Green = ((i%(35*35))/35)*7 + 0x08;
Color.Blue  = (i%35)*7 + 0x08;
SetColorFactor( Color );
// i는 [0,42874] 범위
```

이런 이동이 필요한 이유는 다음 코드에 있는 다중 텍스처링 파이프라인 설정에서 보게 될 것이다. 이 이동 값이 없다면 단계 0에서의 빼기 때문에 각 채널 당 다음 두 경우만을 구분할 수 있다.

($ccIDcc$ = 현재 계산된 ID 색 채널, $psIDcc$ = 투영되어 저장된 ID 색 채널)
- $ccIDcc \leq psIDcc$ (ccIDcc − psIDcc = 0 × 00, 비트 한정 때문)
- $ccIDcc > psIDcc$ (ccIDcc − psIDcc $\geq$ 0x07)

그러나 이동 값을 추가하면 다음과 같은 세 가지 경우를 구분할 수 있게 된다.

- $ccIDcc = psIDcc$ ((ccIDcc+0x08) − psIDcc = 0x08)
- $ccIDcc < psIDcc$ ((ccIDcc+0x08) − psIDcc <= 0x01)
- $ccIDcc > psIDcc$ ((ccIDcc+0x08) − psIDcc >= 0x0F)

각 채널의 빼기 결과가 모두 0x08이면 같은 ID이다. 이것이 이 기법에서의 동일성 판정의 기초이다.

마지막으로, 단계 1에서는 각 채널의 계산된 차이에 0x77을 더하고(색 계수의 알파 채널을 통해서) 단계 2에서는 그 내적을 계산한다. 모든 채널에서 $ccIDcc$가 $psIDcc$와 동일한 경우에만 단계 1에서 색 벡터 (R,G,B) = (0x7F, 0x7F, 0x7F)가 만들어지며, 단계 2에서의 알파 출력은 dot((RGB), (RGB)) = 0x00이 된다. *ccIDcc*가 *psIDcc*와 같지 않으면 항상 0x00보다 큰 알파 값이 나온다. 이는 이 기법이 애초에 의도했던 알파 판정 방식, 즉 알파 값이 0x00이면 빛을 받는 픽셀이고 아니면 그림자 안에 있는 픽셀이라는 것과 일치한다.

```
// --- 그림자 안의 픽셀들은 이 판정을 통과한다 ---
STRUCT_AlphaTestData alphaTestData;
alphaTestData.m_AlphaTestFunc = ENUM_CMPFUNC_NOTEQUAL;
alphaTestData.m_AlphaTestRef  = 0x00;
SetAlphaTesting( ALPHATEST_ENABLE, alphaTestData );
```

그림 5.4.4에 전체적인 작업 흐름이 나와 있다. 다음은 다중 텍스처링 파이프라인을 위한 설정이다.

```
// --- 텍스처 단계 0 ---
TexStage0.SetColorCalc(
  TEXOP_SUBTRACT, TEXARG_COLORFACTOR, TEXARG_TEXTURE );
TexStage0.SetAlphaCalc(
  TEXOP_SELECTARG1, TEXARG_COLORFACTOR, TEXARG_TEXTURE );
TexStage0.SetTextureCoordinateCalc(
  TEXCOORDCALC_CAMERASPACEPOSITION );
TexStage0.SetTextureCoordinateTrafo(
  TEXCOORDTRAFO_COUNT3|TEXCOORDTRAFO_PROJECTED );
TexStage0.SetTextureFiltering(
  TEXFILTER_POINT, TEXFILTER_POINT, TEXFILTER_POINT );
TexStage0.SetTextureAdressing(
  TEXADDR_CLAMP, TEXADDR_CLAMP, TEXADDR_CLAMP );

// [...그림자 맵을 위한 투영 행렬을 여기서 설정한다고 가정...]

TexStage0.SetTexture( ReducedCombinedBufferTexture );

// --- 텍스처 단계 1 ---
TexStage1.SetColorCalc(
  TEXOP_ADD, TEXARG_ALPHAREPLICATE|TEXARG_CURRENT,
  TEXARG_CURRENT );
TexStage1.SetAlphaCalc(
  TEXOP_SELECTARG1, TEXARG_CURRENT, TEXARG_CURRENT );

// --- 텍스처 단계 2 ---
TexStage2.SetColorCalc(
  TEXOP_DOTPRODUCT3, TEXARG_CURRENT, TEXARG_CURRENT );
TexStage2.SetAlphaCalc(
  TEXOP_SELECTARG1, TEXARG_CURRENT, TEXARG_CURRENT );
```

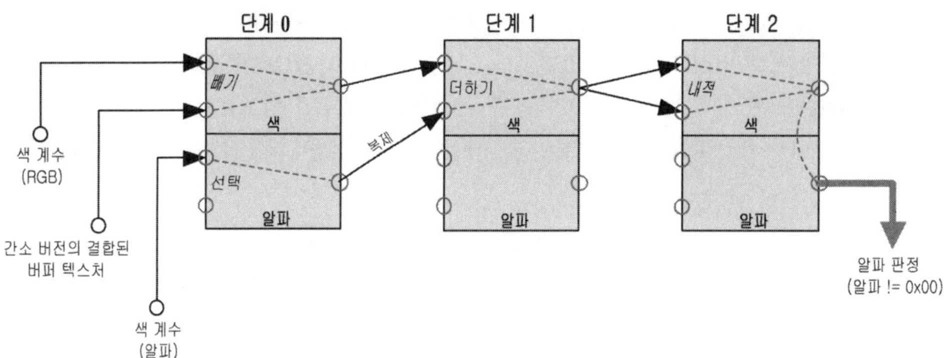

그림 5.4.4 간소 버전의 작업 흐름

완전 버전

첫 번째 패스의 설명에서도 이야기했듯이, 완전 버전은 자기 그림자를 위한 물체 내부 깊이도 고려한다. 그림자 맵에 기록된 깊이와 물체 내부 깊이를 비교하기 위해서는 계산된 텍스처 행렬(깊이-알파 텍스처 접근을 위한 것)을 관찰자의 카메라 공간에서 빛의 카메라 공간으로 변환해야 한다.

```
// --- 물체 자료 설정 ---
Color.Alpha = 0x00;
Color.Red   = (i/(35*35))*7 + 0x08;
Color.Green = ((i%(35*35))/35)*7 + 0x08;
Color.Blue  = (i%35)*7 + 0x08;
SetColorFactor( Color );
// i는 [0,42874] 범위
matTex.m_Elements.m_f31 = 1.0f/(fObjFarZ-fObjNearZ);
matTex.m_Elements.m_f41 = -fObjNearZ/(fObjFarZ-fObjNearZ);
// matVCSpaceToLCSpace: 관찰자의 카메라 공간에서
//                      빛의 카메라 공간으로 변환하는 행렬
MatrixMultiply( &matTex, &matVCSpaceToLCSpace, &matTex );
TexStage1.SetTextureMatrix( matTex );
```

이번 경우, 그림자 판정을 위한 다중 텍스처링 파이프라인 설정에는 ID 비교 결과를 알파 채널의 깊이 판정과 결합하기 위한 설정도 포함되어야 한다.

```
// --- 텍스처 단계 0 ---
TexStage0.SetColorCalc(
  TEXOP_SUBTRACT, TEXARG_COLORFACTOR, TEXARG_TEXTURE );
TexStage0.SetAlphaCalc(
  TEXOP_SELECTARG2, TEXARG_COLORFACTOR, TEXARG_TEXTURE );
TexStage0.SetTextureCoordinateCalc(
  TEXCOORDCALC_CAMERASPACEPOSITION );
TexStage0.SetTextureCoordinateTrafo(
  TEXCOORDTRAFO_COUNT3|TEXCOORDTRAFO_PROJECTED );
TexStage0.SetTextureFiltering(
  TEXFILTER_POINT, TEXFILTER_POINT, TEXFILTER_POINT );
TexStage0.SetTextureAdressing(
  TEXADDR_CLAMP, TEXADDR_CLAMP, TEXADDR_CLAMP );

// [...그림자 맵을 위한 투영 행렬을 여기서 설정한다고 가정...]

TexStage0.SetTexture( CompleteCombinedBufferTexture );

// --- 텍스처 단계 1 ---
TexStage1.SetTextureResultArgument(
  TEXARGUMENT_TEMP );
TexStage1.SetColorCalc(
  TEXOP_ADD, TEXARG_TEXTURE, TEXARG_CURRENT );
TexStage1.SetAlphaCalc(
  TEXOP_SUBTRACT, TEXARG_TEXTURE, TEXARG_CURRENT );
TexStage1.SetTextureCoordinateCalc(
  TEXCOORDCALC_CAMERASPACEPOSITION );
TexStage1.SetTextureCoordinateTrafo(
  TEXCOORDTRAFO_COUNT2 );
TexStage1.SetTextureFiltering(
  TEXFILTER_POINT, TEXFILTER_POINT, TEXFILTER_POINT );
TexStage1.SetTextureAdressing(
  TEXADDR_CLAMP, TEXADDR_CLAMP, TEXADDR_CLAMP );
TexStage1.SetTexture( Depth2AlphaTexture );

// --- 텍스처 단계 2 ---
TexStage2.SetColorCalc(
  TEXOP_DOTPRODUCT3, TEXARG_TEMP, TEXARG_TEMP );
TexStage2.SetAlphaCalc(
  TEXOP_SELECTARG1, TEXARG_CURRENT, TEXARG_CURRENT );

// --- 텍스처 단계 3 ---
TexStage3.SetColorCalc(
  TEXOP_SELECTARG1, TEXARG_CURRENT, TEXARG_CURRENT );
TexStage3.SetAlphaCalc(
```

```
TEXOP_MODULATE, TEXARG_COMPLEMENT|TEXARG_CURRENT,
TEXARG_COMPLEMENT|TEXARG_TEMP );
```

이번 경우에는 단계 1에서 각 색 채널에 0x77을 더하고(깊이-알파 매핑 텍스처를 통해서) 단계 2에서 내적을 계산한다. 단계 3에서는 ID 판정의 결과와 물체 내부 깊이 판정(단계 1의 알파 채널에서 일어난다)의 결과를 합친다. 전반적인 과정은 5.4.4와 같다.

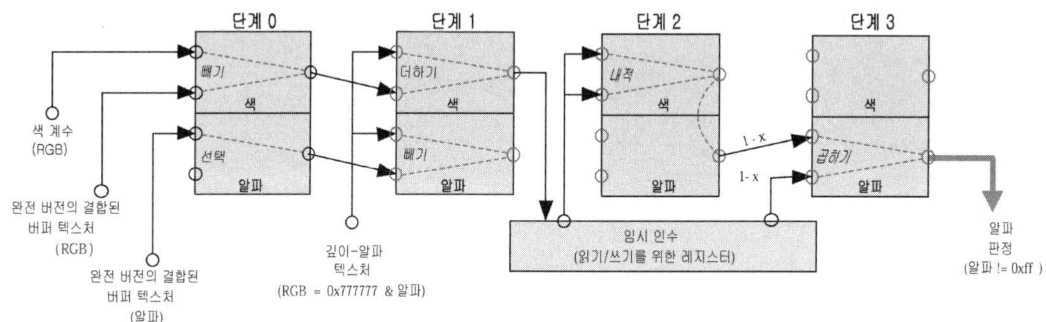

그림 5.4.5 완전 버전의 작업 흐름

다중 텍스처링 파이프라인을 위한 이 설정의 의미는, 단 한 경우에서만 알파 출력이 0xFF가 된다는 것이다. 그 한 경우란, 계산된 ID와 투영된 ID가 같고 계산된 깊이와 투영된 깊이가 같을 때이다. 그런 경우에만 해당 픽셀이 빛을 받는 것이다. 다른 모든 경우들은 픽셀이 그림자 안에 있는 것이며, 알파 출력은 0xFF보다 작은 값이 된다. 따라서 알파 판정은 다음과 같은 형태가 된다.

```
// --- 그림자 안의 픽셀들은 이 판정을 통과한다 ---
STRUCT_AlphaTestData alphaTestData;
alphaTestData.m_AlphaTestFunc = ENUM_CMPFUNC_NOTEQUAL;
alphaTestData.m_AlphaTestRef  = 0xff;
SetAlphaTesting( ALPHATEST_ENABLE, alphaTestData );
```

DX9 2.0 수준 셰이더를 이용한 구현

DX9 수준 하드웨어를 이용하면 결합된 그림자 버퍼 기법의 정밀도를 개선할 수 있다. 이번 절에서는 65,536 개의 고유한 ID들을 지원하며 물체 내부 깊이에 대해 16 비트 전체를 사용할 수 있는, 픽셀 셰이더 버전 2.0에 기반한 구현을 살펴보겠다.

이 구현에서는 물체의 ID를 부호화할 필요가 없다. 왜냐하면 픽셀 셰이더에서는 동일성 판정이 훨씬 간단하기 때문이다. 이 구현에서는 새로운 픽셀 형식인 R16G16을 사용한다. 또, 녹색 성분의 16 비트 전체를 ID에 사용하므로 총 65,536 개의 고유한 ID들을 지원할 수 있다(이전의 RGB 부호화 방식은 42,875 개였다). 적색 성분 16 비트는 객체 내부 깊이로 사용한다. 깊이-알파 매핑 텍스처 대신에 깊이-적색 매핑 텍스처를 사용하는데, 그 텍스처는 2048 개의 16 비트 텍셀들을 담으며(2048이 DX9 수준 하드웨어가 지원하는 최대 텍스처 너비이다), [0,65535] 범위의 깊이들을 표현한다. 그리고 선형 텍스처 필터링을 이용해서 가장 가까운 표본 지점 바로 옆의 값들을 가중평균으로 혼합한다.

```
// --- 초기화 ---
// [ Depth2RedTexture: 깊이-적색 매핑 텍스처. 너비 2048, 높이 1,
//    형식 R16G16, 밉맵 수준 1 ]
Depth2RedTexture.LockLayer( &pBits );
for( unsigned int i = 0; i<2048; i++ )
{
    ColorR16G16.Red = i*32;
    *((DWORD*)( pBits )+i) = ColorR16G16;
}
Depth2RedTexture.UnlockLayer();
```

첫 번째 패스: 빛의 관점에서 렌더링

그림자 맵의 픽셀 형식은 R16G16이다. 다음과 같은 픽셀 셰이더를 이용해서 물체의 ID와 내부 깊이를 그림자 맵의 적색 채널과 녹색 채널에 넣는다.

```
// --- 픽셀 셰이더 ---
// c2의 녹색 채널에는 현재 물체의 ID가 들어 있다.
ps_2_0
// 사용하는 자원들을 선언
dcl   t0        // 깊이-적색 맵을 위한 텍스처 좌표들
dcl_2 s0        // 깊이-적색 맵에 대한 샘플러
// 텍스처를 로드한다.
texld r0, t0, s0
```

```
// 현재 물체 ID를 녹색 성분에 넣는다.
mov   r0.g, c2.g
// 출력 색을 설정한다.
mov   oC0, r0
```

두 번째 패스: 그림자 판정

이 패스에서는 픽셀 셰이더를 이용해서 ID의 동일성 판정과 객체 내부 깊이 비교 판정을
수행한다. 고정 기능 파이프라인 버전에서와 마찬가지로, 두 판정의 결과를 출력 색의 알파
채널에 결합해 넣는다(알파가 0xFF이면 해당 픽셀은 빛을 받는 것이다).

```
// --- 픽셀 셰이더 ---
// c2의 녹색 채널에는 현재 물체의 ID가 들어 있다.
ps_2_0
// c0과 c1을 정의
def   c0, 0.0f, 0.0f, 0.0f, 0.0f
def   c1, 1.0f, 1.0f, 1.0f, 1.0f
// 사용하는 자원들을 선언
dcl   t0          // 깊이-적색 맵을 위한 텍스처 좌표들
dcl   t1          // 그림자 맵을 위한 텍스처 좌표들
dcl_2 s0          // 깊이-적색 맵에 대한 샘플러
dcl_2 s1          // 그림자 맵에 대한 샘플러
// 텍스처를 로드한다.
texld r0, t0, s0
texld r1, t1, s1
// ABS(계산된 ID - 투영된 ID)와
// MAX(0, 계산된 깊이 - 투영된 값이)를 계산
mov   r0.g, c2.g              // r0.r=계산된 깊이, r0.g=계산된 ID
sub   r2, r0, r1              // ID와 깊이 차이를 계산
abs   r1, r2                  // r1.g=ABS(계산된 ID - 투영된 ID)
max   r1.r, c0.r, r2.r       // r1.r=MAX(0,계산된 깊이 - 투영된 깊이)
// 계산된 ID와 투영된 ID가 같고 계산된 깊이가 투영된 깊이 이하이면
// ( r1.g<=0.0f && r1.r<=0.0f )
//   oC0.a = 1.0f
// 아니면
//   oC0.a = 0.0f
cmp   r0, -r1, c1, c0        // ID와 깊이 판정을 수행
mul   r0.a, r0.g, r0.r       // 판정 결과들을 결합
mov   oC0, r0                // 출력 색을 설정한다.
```

결론

이 글에서는 좀 더 많은 물체 **ID**들을 처리할 수 있으며 자기 그림자를 지원하는 개선된 그림자 매핑 기법에 대해서 살펴보았다. 텍스처 단계 상태들을 교묘히 조합함으로써, 기존 방법들의 한계를 극복하고 알고리즘의 유용성을 크게 증가시킬 수 있다. 또한 이 기법의 구현은 대부분의 그래픽 카드들에서 작동한다. 간소 버전의 경우에는 하나의 텍스처와 세 텍스처 단계들만 사용하며, 완전 버전의 경우에는 두 개의 텍스처와 네 개의 텍스처 단계들을 사용한다.

부록 CD에는 이 글이 설명한 결합된 그림자 버퍼 기법의 완전한 구현이 수록되어 있다(소스 코드 포함). 또한 이 기법을 이용해서 동적인 그림자를 계산하는 간단한 데모 프로그램도 들어 있다.

이 기법을 여러 가지 방법으로 개선하고 확장하는 것도 가능하다. [Woo90], [Vlachos00], [Bloom01], [Haines01]나 [Haines02], [Stamminger 02], [Dietrich03]에서 좋은 아이디어들을 찾을 수 있을 것이다.

참고자료

〔Bloom01〕 Bloom, Charles, and Phil Teschner, "Advanced Techniques in Shadow Mapping," 웹 주소 *http://www. cbloom. com/3d/techdocs/shadowmap_advanced. txt*, June 2001.

〔Dietrich01〕 Dietrich, D. Sim, "Practical Priority Buffer Shadows," *Game Programming Gems 2*, Charles River Media, 2001. 번역서는 "실용적인 우선순위 버퍼 그림자," *Game Programming Gems 2*, 정보문화사, 2002.

〔Dietrich03〕 Dietrich, D. Sim, "Robust ObjectID Shadows," *ShaderX2*, Wordware Publishing, 2003.

〔Haines01〕 Haines, Eric, and Tomas Moeller, "Real-Time Shadows," GDC 2001 Proceedings, 웹 주소 *http://www. gdconf. com/archives/2001/haines. pdf*, March 2001.

〔Haines02〕 Haines, Eric, and Tomas Moeller, *Real-Time Rendering, Second Edition*, A. K. Peters Ltd. , 2002. 번역서는 *Real-Time Rendering 2판*, 정보문화사, 2003.

〔Hourcade85〕 Hourcade, J. C. , and A. Nicolas, "Algorithms for Antialiased Cast Shadows," *Computers and Graphics*, Vol. 9, No. 3, pp. 259-265, 1985.

〔Stamminger02〕 Stamminger, Marc, and George Drettakis, "Perspective Shadow Maps," Proceedings of ACM SIGGRAPH 2002, 웹 주소 *http://www-sop. inria. fr/reves/publications/data/2002/SD02/PerspectiveShadowMaps. pdf*, July 2002.

[Vlachos00] Vlachos, Alex, David Gosselin, and Jason L. Mitchell, "Self-Shadowing Characters," *Game Programming Gems*, Charles River Media, 2000. 번역서는 "캐릭터 자신에 대한 그림자 만들기," *Game Programming Gems 2*, 정보문화사, 2002.

[Williams78] Williams, Lance, "Casting Curved Shadows on Curved Surfaces," *Computer Graphics* (SIGGRAPH '78 Proceedings), pp. 270-274, August 1978.

[Woo90] Woo, Andrew, Pierre Poulin, and Alain Fournier, "A Survey of Shadow Algorithms," *IEEE Computer Graphics and Applications*, Vol. 10, No. 6, pp. 13-32, November 1990.

5.5 정적 그림자를 기하구조에 새겨 넣기

Alex Vlachos, *ATI Research, Inc.*
Alex@Vlachos.com

움직이는 캐릭터들을 위한 안정적인 동적 그림자 해결책으로 널리 쓰이는 것이 스텐실 그림자 입체 기법이다. 이 기법은 날카로운 그림자를 만들어낸다. 그러나 게임 개발자들은 동적인 캐릭터들과 정적인 장면 기하구조에 대해 각각 다른 렌더링 방법을 사용하기도 한다. 문제는, 두 기법이 만들어내는 그림자의 모습이 일관되지 못할 수 있다는 점이다. 이 글은 그림자를 장면 기하구조에 직접 새겨 넣어서, 캐릭터에 흔히 쓰이는 스텐실 그림자와 일관된 모습을 보이는 날카롭고 또렷한 장면 그림자들을 만드는 한 가지 방법에 대해서 설명한다. 그림자를 새겨 넣는 과정을 거치면, 각각의 장면 다각형들에는 이후의 렌더링을 위한 "빛 안" 또는 "그림자 안" 표시가 매겨진다. 이 덕분에 장면의 모든 세부에 대해 완전한 그림자 입체들을 렌더링하는 추가부담이 줄어들며, 결과적으로 채움 비율(fill-rate)을 상당히 절약할 수 있다. 또한 이 글에서는 저해상도 프록시 그림자 입체들을 이용해서 움직이는 물체들에 동적으로 그림자를 드리우는 방법도 간략히 설명한다.

이전의 성과들

수정된 Weiler-Atherton 알고리즘 [Weiler77]을 이용해서도 이 글의 방법과 비슷한 결과를 얻을 수 있지만, 그 알고리즘은 64 비트 부동소수점 변수들의 정밀도 오차 때문에 무한 재귀에 빠질 수 있다. 그 접근방식을 좀 더 개선한 방법이 *Game Programming Gems 3*에 수록된 "복잡한 데이터 집합에 대한 최적화된 그림자 입체의 계산" [Vlachos02]에 나와 있지만, 그 글은 단지 그림자 입체의 앞마개 기하구조를 계산하는 방법에 대해서 설명할 뿐이다.

이 글은 빛에서 보이는 다각형뿐만 아니라 빛 안팎의 모든 기하구조를 유지할 수 있도록, 그림자들을 기하구조에 새겨 넣는 좀 더 집적적인 접근방식을 취한다. 이 글에서 말하는 방법은 부동소수점 변수들의 수치적 정밀도 문제도 극복한다.

빔의 기초

이 글에서 소개하는 기법은 빔(beam)을 이용해서 그림자를 새겨 넣는다. 여기서 이야기하는 빔은 공간의 한 점(광원 위치)을 꼭대기로 하며 측면 평면들이 한 삼각형의 세 변들을 지나는 피라미드 형태의 입체이다(그림 5.5.1). 이 입체는 세 개의 평면들로 정의된다.

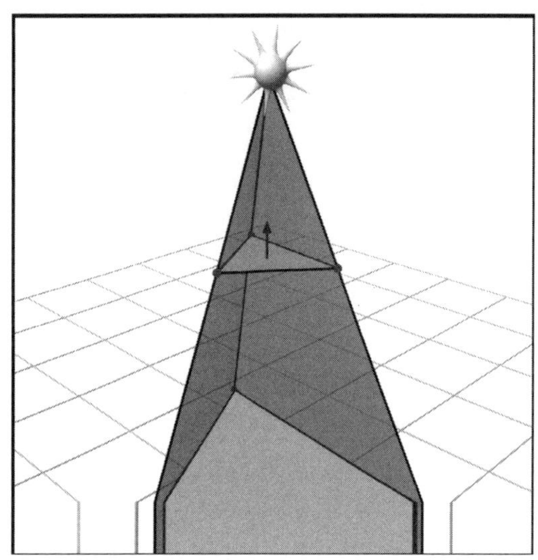

그림 5.5.1 하나의 광원과 하나의 삼각형에 의해 만들어진 완전한 빔

앞에서 이야기한 빔을 완전한 빔이라고 부른다. 그 외에도 두 가지 종류의 빔들이 있는데, 바로 가까운 빔과 먼 빔이다. 가까운 빔은 완전한 빔 중 꼭대기에 가까운 부분을 가리키며(그림 5.5.2의 왼쪽), 먼 빔은 그 나머지 부분을 가리킨다(그림 5.5.2의 오른쪽). 둘 모두 네 개의 평면들로 정의된다.

고수준 알고리즘

궁극의 목표는, 원래의 메시를 새로운, 좀 더 분할된 메시로 대체하는 것이다. 그런 목표를 달성하기 위한 접근방식으로는 여러 가지가 있는데, 메모리 저장 효율과 단순성 면에서 비교할 때, 가장 막무가내식인 방법이 가장 나은 선택이 될 수 있다.

실제의 새겨 넣기는 하나의 다각형이 다른 다각형으로 가는 빛을 막을 때 일어난다. 빛에 좀 더 가까운 다각형의 먼 빔은 가려진 다각형을 분할하는데, 이 때 먼 빔을 구성하는 네 평면들이 절단 평면으로 사용된다. 네 평면 모두로 가려진 다각형을 잘라낸 후, 먼 빔 안에 있는 조각들은 그림자 안에 있는 것으로 설정해 둔다. 이상의 알고리즘을 의사코드로 표현한다면 다음과 같다.

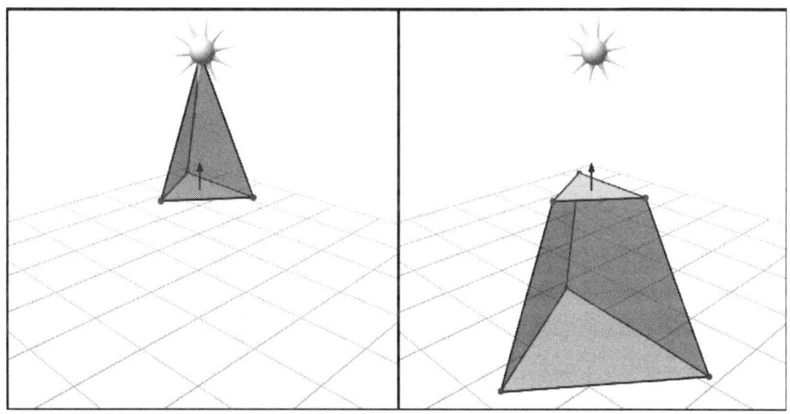

그림 5.5.2 (왼쪽) 가까운 빔, (오른쪽) 먼 빔

```
장면 안의, 그림자를 만드는 각각의 광원 L에 대해,
{
    빛의 절두체 안에 있는 각각의 다각형 A에 대해,
    {
        통 X(다각형들의 배열)에 다각형 A를 넣고 '빛 내부'로 설정.
        다각형 A의 가까운 빔 안에 있는 각각의 원래 장면 다각형 B에 대해,
        {
            다각형 B의 먼 빔으로 통 X 안의 모든 다각형들을 분할하고
            통 X 안의 내용을 그 분할의 출력으로 대체.
            통 X 안의 한 다각형이 B의 먼 빔 안에 있으면 그 다각형을
            '그림자 내부'로 설정.
            통 X 안에 있는 '빛 내부' 다각형들을 최적화.
            통 X 안에 있는 '그림자 내부' 다각형들을 최적화.
        }
        통 X 안의 다각형들을 출력 다각형 배열에 추가.
    }
}
빛 절두체 안팎에 걸친 다각형들 사이의, 원래 다각형 경계들을 따른 T 자 접합부들을 해소.
```

T 접합부

이 그림자 절단 알고리즘에 의해서 분할된 다각형 내부에는 T 접합부가 생기지 않지만, 원래 다각형들의 빛/그림자 경계 부분에는 T 접합부들이 생길 수 있다. 예를 들어, 한 삼각형이 하나의 그림자에 의해서 반으로 잘려 두 변이 각각 분할된다고 하자. 그런데 삼각형의

이웃 삼각형이 빛 반대 방향이면 그 이웃 삼각형의 변은 원래 삼각형의 변처럼 분할되지 못한다(그림 5.5.3). 이를 해결하는 유일한 방법은 그런 T 접합부를 직접 처리하는 것뿐이다. T 접합부의 제거는 *Game Programming Gems 3*의 "T 접합부의 제거 및 재삼각화" [Lengyel02]에 잘 나와 있다.

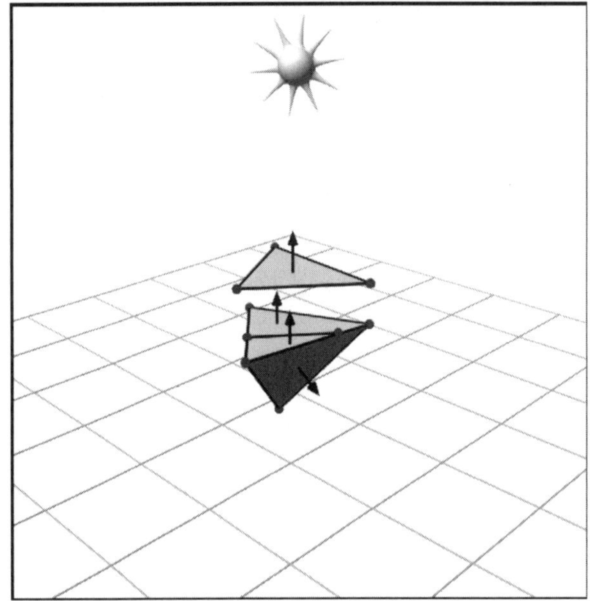

그림 5.5.3 빛을 향한 다각형과 그렇지 않은 다각형의 경계에서 T 접합부가 생긴다.

메시 최적화 알고리즘

이 알고리즘에 적절한 최적화를 가하지 않으면 비교적 간단한 장면에서도 메모리 부족이 일어날 수 있다. 따라서 메시 최적화는 필수적이다.

여기서 필요한 것은, 앞의 의사코드 중 어느 부분에서 최적화가 일어나는지를 이해하는 것이다. 통 X는 중간 루프의 각 반복마다 초기화된다. 이는 매 반복에서 통 X 안의 모든 다각형들이 동일한 원본 다각형으로부터 만들어진다는 뜻이다. 통 X의 모든 다각형들을 다시 이어붙이면, 원래 메시의 원래의 다각형 하나가 된다. 메시 최적화에서는 이 사실을 활용한다.

메시 최적화는 두 단계로 나뉜다. 하나는 정점 제거이고 또 하나는 변 제거이다. 전체 메시에 대해 정점 제거를 수행한 후에 변들을 제거한다. 최적화할 다각형 메시는 하나의 삼각형으로부터 비롯된 것이므로, 정점 제거와 변 축약 이전에 텍스처 좌표나 법선, 평면 방정식 등을 점검할 필요가 없다. 정점들의 모든 정점 당 자료는 삼각형의 원래 세 정점들의 선형 보간으로 얻은 것이므로, 표면 법선들은 모두 같다.

다각형들에는 빛 내부 또는 그림자 내부 표시가 되어 있다. 그림자 경계들을 보존하기 위해서는 빛 내부 다각형들과 그림자 내부 다각형들을 개별적으로 처리해야 한다.

정점 제거

정점 제거 최적화는 원래의 다각형의 내부에 있는 정점들에 대해서만 수행한다.

1. 메시의 모든 변들의 정보를 담은 변 테이블을 만든다. 테이블의 각 항목은 해당 변의 두 정점과 그 변을 공유하는 하나 또는 두 개의 삼각형들을 담는다.

2. 각각의 고유한 정점에 대해, 그 정점을 담은 삼각형들 중 하나를 시작 삼각형으로 택하고, 변 테이블을 이용해서 그 정점을 중심으로 이웃 삼각형들을 시계 방향으로 차례로 방문한다. 원래의 시작 삼각형에 도달하지 못한다면 이 정점은 정점 제거의 대상이 아니다. 그러면 다음 정점을 택해서 이 단계를 반복한다.

3. 원래의 삼각형에 도달했다면 이 정점을 제거하고, 남은 다각형을 분할한다(그림 5.5.4). 이 과정에서 오차를 만들지 않으려면 안정적인 분할 알고리즘이 필요하다. [deBerg00]에 그런 알고리즘 하나가 나와 있다.

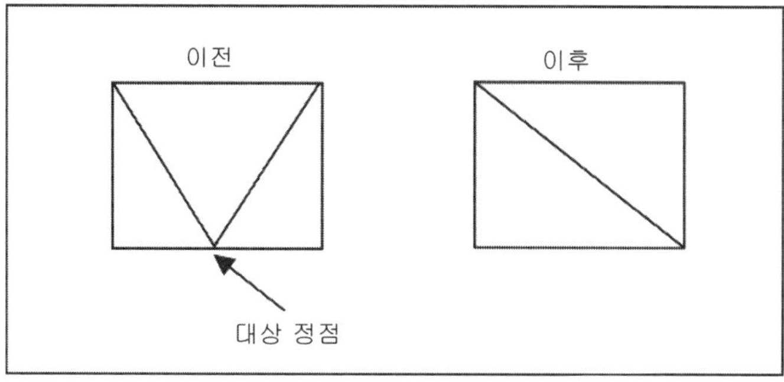

그림 5.5.4 정점 제거 결과

변 축약

이 최적화는 메시의 모든 정점들에 대해 수행한다.

1. 정점 제거에서와 마찬가지로, 메시의 모든 변들의 정보를 담은 변 테이블을 만든다. 테이블의 각 항목은 해당 변의 두 정점과 그 변을 공유하는 하나 또는 두 개의 삼각형들을 담는다.

2. 각각의 고유한 정점에 대해, 그 정점을 담은 삼각형들 중 하나를 시작 삼각형으로 택하고, 변 테이블을 이용해서 그 정점을 중심으로 이웃 삼각형들을 시계 방향으로 차례로 방문한다. 그 과정에서, 시작 삼각형의 변과 동일 직선상에 있는 변들을 찾는다. 만일 그런 변을 찾을 수 없다면 이 정점은 변 축약의 대상이 아니므로 다음 정점으로 넘어간다.

3. 그런 변이 있다면, 이 정점을 제거하고 남은 다각형을 분할한다. 이 과정에서 오차를 만들지 않으려면 안정적인 분할 알고리즘이 필요하다. [deBerg00]에 그런 알고리즘 하나가 나와 있다.

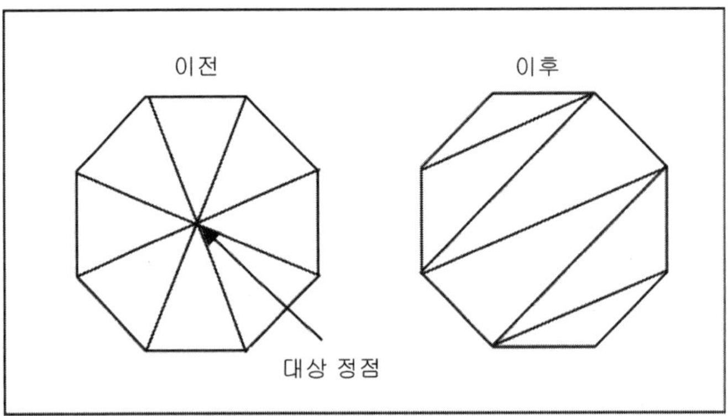

그림 5.5.5 변 축약 결과

구현 세부

이 알고리즘은 상당히 직접적이지만, 구현하기가 꽤 힘들 수 있다. 가장 어려운 부분은, 최적화 코드가 결함 없이 작동하도록 만드는 것이다. 최적화 단계를 제외한 나머지 부분은 숙련된 프로그래머라면 반나절만에 구현할 수 있을 것이다. 최적화 코드가 모든 상황들에서 성공적으로 작동하게 하려면 64 비트 부동소수점의 정밀도 문제를 해결해야 한다.

논리적 위상관계 대 수치적 정밀도

64 비트 부동소수점이면 상당히 정밀할 것 같지만, 이런 종류의 알고리즘에는 64 비트도 부족하다. 세 정점들 모두가 비트 대 비트 차원에서 정확히 동일한 위치에 있는 삼각형은 드물지 않으며, 또한 모든 정점 위치들이 64 비트 부동소수점의 최하위 비트에서만 차이가 나는 경우도 드물지 않다. 그런 경우 동일 직선 판정을 위한 수치적 판정이나 표면 법선의 수치적 계산이 충분히 정밀한 결과를 내지 못한다. 그런 변들을 따라 다각형을 절단하면 퇴화된 변들이 나오게 된다. 그러나 그런 점을 미리 가정해 두었다면 별로 문제가 되지 않을 수도 있다.

변 ID

변 축약 최적화 단계를 성공적으로 구현하려면, 수치적 판정을 위상적 판정으로 바꾸어야 한다. 수치적인 동일 직선 판정은 신뢰할 수가 없으므로 다음과 같은 또 다른 대안이 필요하다. 하나의 다각형을 먼 빔의 평면들로 조각낼 때, 절단 평면 하나로 다각형을 자르고 재삼각화한 결과로 만들어진 변들 중 그 절단 평면에 있는 변들에게는 모두 동일한 ID를 부여한다. 그리고 그 평면에 있지 않은 변들에게는 각자 다른 ID를 부여한다. 이렇게 해 두면, 그냥 ID만 비교해서 동일 직선상의 변들인지를 알아낼 수 있으므로 수치적 정밀도 문제에 의한 잘못된 판정을 걱정할 필요가 없다. 그림 5.5.6이 이를 보여주는 그림이다.

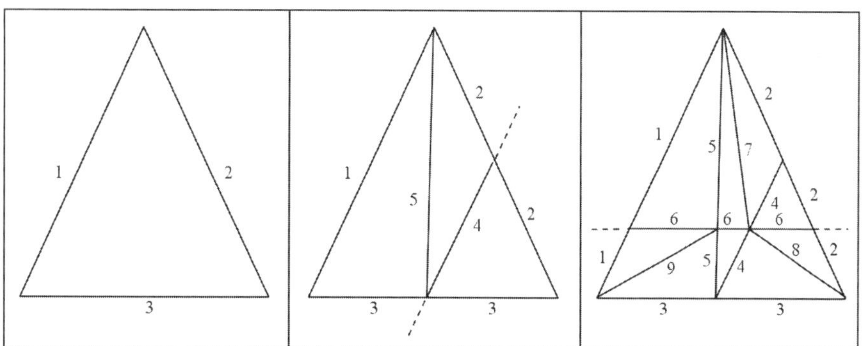

그림 5.5.6 숫자들은 변 ID들이다. (왼쪽) 하나의 삼각형. (중앙) ID=4로 해서 첫 번째 절단 평면으로 삼각형을 분할한 후의 모습. (오른쪽) ID=6으로 해서 두 번째 절단 평면으로 삼각형을 분할한 후의 모습.

빈틈없는 메시와 절단

메시의 위상구조에 의존해서 판정을 수행하려면 메시의 연결성 성질에 대한 지식이 필요하다. 이 때 지켜야 할 가장 간단한 규칙은, 메시가 "빈틈없는(watertight)" 성질을 유지하게 해야 한다는 것이다. 이는 간단히 말하면 원래의 메시 안에 어떠한 T 접합부도 만들어지지 않아야 한다는 뜻이다. 다행히 이 글에서 말하는 기법은 다음 두 가지의 이유로 빈틈없는 메시를 유지한다.

첫 번째는 절단 평면을 사용한다는 것이다. 개발자들은 모든 것을 최적의 형태로 만들기를 좋아하며, 그래서 반드시 잘라야 할 다각형만 자르도록 절단 알고리즘을 최적화하려는 유혹에 빠진다. 그러나 그렇게 최적화된 알고리즘은 오히려 T 접합부를 만들어낸다. 절단 알고리즘 자체가 T 접합부를 만들어내지 않도록 하는 것이 중요하다.

두 번째는 알고리즘 자체의 특징 때문이다. 다각형을 잘라낸 후, 그림자 경계를 따라 정점 제거의 대상이 되지 않는 정점들이 생길 수 있다. 이는 빛을 받는 다각형과 받지 않는 다각형을 개별적으로 최적화하기 때문이다. 변 축약은 변의 빛을 받는 쪽 부분에서 먼저 일어나며, 이에 의해 T 접합부가 만들어진다. 이는 문제가 아닌데, 왜냐하면 그 바로 다음 단계에서 그림자에 속한 다각형들을 최적화하며, 그 때 정점의 그림자 쪽에서 비슷한 변 축약이 일어나기 때문이다. 그림자 경계를 따라 일어나는 변 축약에 의해 T 접합부가 사라진다.

동적 물체에 대한 그림자

앞에서 말했듯이, 이 기법의 한 가지 목표는 정적인 장면 그림자들과 동적인 스텐실 그림자들이 일관된 모습으로 나타나도록 하는 것이다. 장면에 대해 지금까지 이야기한 그림자 자르기 알고리즘을 오프라인 상에서 수행해 두었다면, 장면 안의 물체들이 장면 안의 동적인 물체들에 그림자를 드리우지는 못한다. 눈에 띄는 결함이 별로 드러나지 않는 경우도 많겠지만, 그래도 일반적인 경우에 대한 해결책을 마련할 필요가 있다.

정적 그림자에 대해 이 글의 기법을 사용하고자 하는 이유 중 하나는, 동적인 물체들에 영향을 미치는 그림자 입체들에 대해 훨씬 더 낮은 해상도의 기하구조를 사용할 수 있기 때문이다. 이 덕분에 정점 변환과 픽셀이 겹쳐 그림에 의한 추가부담이 크게 줄어든다. 또, 동적 물체가 빛의 절두체 안에 있는 경우에만 그림자 입체를 그리면 된다. 응용 방법에 따라서는 이런 장점들이 성능을 크게 향상시킬 수 있다.

결과

그림 5.5.7은 정적 그림자 알고리즘을 상당히 조밀한 환경에 적용한 결과이다. 바닥의 그림자들에서 내부 변들과 정점들이 상당히 많이 제거되어 있음을 주목하기 바란다.

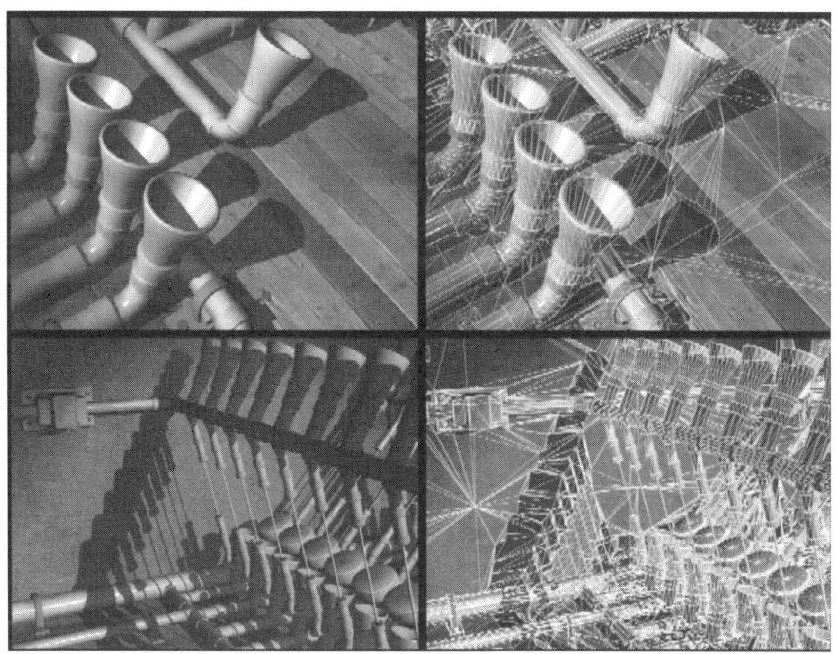

그림 5.5.7 *ATI RADEON 9700 Pipe Dream* 데모의 두 장면들. (왼쪽) 보통의 스크린샷. (오른쪽) 이 글의 기법을 적용한 결과를 보여주는 와이어프레임.

결론

이 글은 날카로운 그림자를 장면 기하구조에 직접 새겨 넣는 한 가지 방법에 대한 것이다. 이 글의 방법은 동적인 캐릭터와 물체들에 대해 스텐실 그림자 입체를 사용해서 만든 그림자와 일관된 모습을 가진 정적 그림자를 만들어낸다. 이 방법은 또한 오늘날의 게임들이 사용하는 막무가내식 스텐실 그림자 입체와 관련된 겹쳐 그림 병목을 줄임으로써, 궁극적으로는 프레임률을 높여준다.

참고자료

〔deBerg00〕 de Berg, Mark, et al., "Polygon Triangulation," *Computational Geometry Algorithms and Applications, Second Edition*, pp. 45-61, 2000.

〔Lengyel02〕 Lengyel, E., "T-Junction Elimination and Retriangulation," *Game Programming Gems 3*, Charles River Media, 2002. 번역서는 "T 접합부의 제거 및 재삼각화," *Game Programming Gems 3*, 정보문화사, 2003.

〔Vlachos02〕 Vlachos, A., and D. Card, "Computing Optimized Shadow Volumes for Complex Data Sets," *Game Programming Gems 3*, Charles River Media, 2002. 번역서는 "복잡한 데이터 집합에 대한 최적화된 그림자 입체의 계산," *Game Programming Gems 3*, 정보문화사, 2003.

〔Weiler77〕 Weiler, K., and P. Atherton, "Hidden Surface Removal Using Polygon Area Sorting," *Computer Graphics*, Vol. 11, pp. 214-222, 1977 (SIGGRAPH '77).

이 글에 나온 이미지들은 ATI Research, Inc.의 Eli Turner가 제공했다.

5.6 그림자 입체와 최적화된 메시를 위한 실시간 조명 조정

Alex Vlachos, Chris Oat, *ATI Research, Inc.*
Alex@Vlachos.com, coat@ati.com

현재의 컴퓨터 그래픽 수준에서는 메시 전체를 조명하는 것이 별로 어렵지 않으며, 어떤 예기치 못한 결함이 드러나는 일도 없다. 그러나 좀 더 복잡한 렌더링 시스템들이 빛의 관점에서 본 후면 선별 같은 기법을 통해서 렌더링되는 다각형들의 개수를 최적화하다 보면 조명 상의 결함이 만들어지게 된다. 선별(culling, 또는 제외)은 면의 법선에 근거하며 조명은 정점 법선에 근거해서 일어나므로, 뭔가 조율이 필요하다. 이는 스텐실 그림자 입체를 사용하는 메시 자기 그림자에도 적용되는 이야기이다. 그림자 입체가 면 법선에 근거해서 돌출되기 때문이다. 그리고 범프 매핑은 더 많은 조정이 필요하다. 왜냐하면 법선이 메시의 기하학적 형태와 무관하기 때문이다. 이 글은 이러한 문제들을 살펴보고 픽셀 셰이더만으로 수행할 있는 한 가지 해결책을 제시한다.

조명 문제

하나의 메시가 정점 법선들에 근거해서 조명된다면, 조명에서 정점 법선과 면 법선의 관계를 이해하는 것이 중요하다. 그림 5.6.1은 연결된 두 다각형을 옆에서 본 모습으로, 정점 법선과 면 법선이 어떻게 보간되고 조명에서 어떻게 쓰이는지를 나타낸다. 면 법선이 $\vec{N} \cdot \vec{L}$에 대해 음의 결과를 내는 반면, 면을 따라 보간된 정점 법선은 양의 결과를 낸다. 이러한 차이가 여러 알고리즘들에서 문제를 일으킨다.

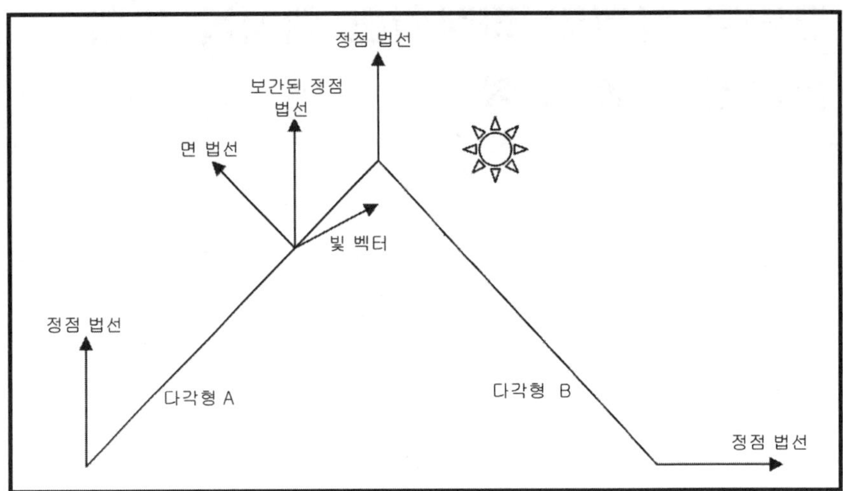

그림 5.6.1 다각형 A의 면을 따른 빛 기여를 계산할 때 면 법선을 사용하면 다각형에 빛이 비치지 않는 것으로 되어 버린다. 반면 보간된 정점 법선을 이용하면 다각형에 빛이 비친다는 결과가 나온다. 면 법선을 사용하면 다각형 A는 광원을 향하지 않는 것으로 간주되어서 조명 계산에서 제외되고, 그러면 다각형 A와 B의 경계를 따라 조명 결함이 생기게 된다.

면 법선들에 대한 연산들

조명에 관련된 연산들 중에는 래스터화 이전에 다각형에 대해 수행되는 것들이 있다. 그런 연산들에서는 종종 메시를 면 법선들에 따라 처리하거나 수정해야 하며, 조명은 그 이후에 보간된 정점 법선들에 근거해서 적용된다. 눈에 거슬리는 조명 결함들이 생기지 않도록 하려면 이러한 불일치를 적절히 보정해 주어야 한다.

그림자 입체 밀어내기

그림자 입체를 위해 메시 가장자리를 밀어낼 때 면 법선들이 쓰인다 [Brennan02]. 이 때문에 메시의 윤곽에 부드러운 조명 대신 그림자 경계 같은 날카로운 선이 나타나게 된다. 그림 5.6.1의 경우 다각형 A는 그림자 입체 안에 포함되어서 빛을 받지 않는 반면 다각형 B는 빛을 충분히 받는다. 이러면 두 다각형 사이에 눈에 거슬리는 조명 경계선이 나타난다. 그림 5.6.2는 하나의 그림자 입체로 하나의 구를 렌더링한 장면인데, 왼쪽 구에 바로 그런 경계선이 나타나 있다.

다각형 선별

프로그래밍 가능한 그래픽 가속기를 사용하는 요즘의 그래픽 엔진들은 주어진 한 다각형에 영향을 미치는 빛의 개수에 근거해서 기하구조를 분류하는 방법을 사용하곤 한다. 예를 들어 어떠한 광원에도 영향을 받지 않는 다각형들은 빛이 없다고 가정하는 셰이더를 통해서 그리고, 하나의 광원에 영향을 받는 다각형들은 광원이 하나라고 가정하는 셰이더를 통해서 그리는 식이다. 그림 5.6.3은 각 다각형을 비추는 정적 장면 광원의 개수에 따라 다각형들을 분류해서 렌더링한 예이다. 왼쪽은 다각형들이 어떻게 분류되었는지를 보여준다. 가운데 구에는 조명이 불연속적인 결함이 나타나 있다. 2 광원 셰이더와 1 광원 셰이더를 나누는 경계의 일부를 따라 날카로운 조명 경계가 보인다. 이는 다각형들을 면 법선과 빛의 방향에 근거해서 분류했는데 일부 면 법선이 분산 조명의 계산에 쓰이는 정점 법선과 일치하지 않기 때문이다.

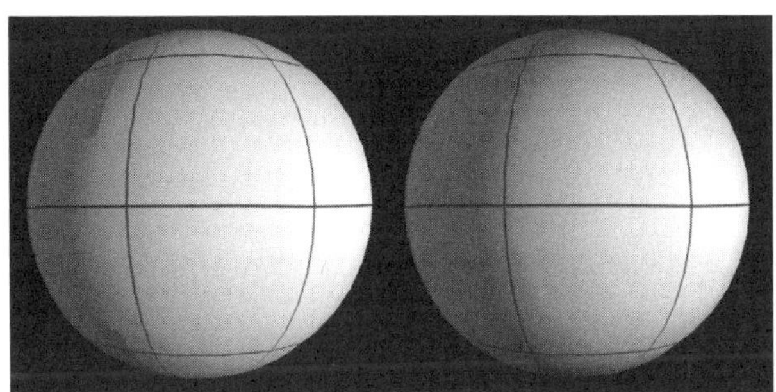

그림 5.6.2 (왼쪽) 정점 조명과 그림자 입체를 이용해서 조명한 구. 정점 조명은 정점 법선을 이용해서 조명 값을 계산하는 반면 그림자 입체는 다각형의 면 법선들에 근거한다. 그 차이 때문에 그림자 경계에서 조명 불연속이 생겼다. (오른쪽) 빛 감쇠가 그림자 입체 경계를 따라 매끄럽게 전이되도록 정점 조명을 조정한 결과.

그림 5.6.3 (왼쪽) 하나의 구를 다각형에 빛을 기여하는 광원들의 개수에 따라 여러 개의 메시들로 분할한 모습. 가장 밝은 색조의 메시는 세 개의 장면 광원들이 비추는 것이고, 가장 어두운 메시는 영향을 주는 장면 광원이 없는 것이다. (가운데) 각 메시를 기여 광원 개수에 해당하는 개별 셰이더로 조명한 결과. 광원 기여 여부는 전처리 과정에서 면 법선을 이용해 결정하지만, 실행 시점에서의 실제 조명은 정점 법선을 통해서 계산된다. 이러한 불일치 때문에 조명의 불연속성이 생긴다. (오른쪽) 선별 불일치의 보정을 위해 빛의 감쇠가 매끄럽게 일어나도록 분산 조명을 조정한 결과.

분산 조명의 조정

지금까지 이야기한 문제를 해결하는 논리적인 접근방식은 크게 두 가지이다. 첫 번째는, 하나의 면 법선 대신 세 정점 법선들 모두를 이용해서 다각형을 선별하도록 선별 알고리즘을 수정하는 것이다. 이것은 다각형 선별 문제에 대해서는 효과가 있지만 그림자 입체 문제는 해결하지 못한다.

더 낫고 좀 더 일반적인 해결책은, 픽셀 셰이더에서 조명 불연속을 보정하는 것이다. 기본적인 아이디어는, 조명의 분산 성분을 비례, 이동시켜서 새로운 빛 감쇠(falloff) 각도를 만드는 것이다. 그래서 빛이 90도 대신 그보다 더 작은 각도인 75도에서 감쇠하도록 한다(75는 실험을 통해서 얻은 값일 뿐이다). 이러한 보정은 보간된 정점 법선에 대한 조명에 적용할 수도 있고 법선 맵에서 참조한 픽셀 당 법선에 의한 조명에 적용할 수도 있다. 그럼 그 두 경우를 차례로 살펴보자.

보간된 정점 법선

다음은 분산 조명 성분의 기여를 비례, 이동시키는 DirectX 9 HLSL 코드이다.

```
float ComputeDiffuseAdjustment (float diffuseNdotL)
{
    return saturate ((diffuseNdotL * (5.0f/4.0f)) -
              (1.0f/4.0f));
}
```

이 함수는 $\vec{N} \cdot \vec{L}$을 받아서(여기서 $\vec{N}$은 정점 법선) 감쇠가 좀 더 일찍 일어나게 한다. 이에 의해 0.25~1.0 범위의 $\vec{N} \cdot \vec{L}$ 값이 0~1 범위가 된다. 일단 $\vec{N} \cdot \vec{L}$을 이렇게 보정을 한 후에는 그 결과를 빛 색, 재질 기본 색 등으로 변조할 수 있다.

법선 맵에서 얻은 픽셀 당 법선

법선 맵에서 추출한 법선은 좀 다르게 처리해야 한다. 왜냐하면 법선 맵들은 기반 위상구조에 따라 크게 다를 수 있기 때문이다. 기본적인 알고리즘은 보간된 정점 법선의 경우와 비슷하지만, 법선 맵의 경우에는 요철에 의해 생기는 조명 결함을 가릴 수 있도록 좀 더 가혹한 감쇠 계수를 계산한다. 다음은 법선 맵을 사용할 때 분산 조명을 조정하는 HLSL 함수이다.

```
float ComputeDiffuseBumpAdjustment (float diffuseNdotL,
       float diffuseBumpNdotL)
{
```

```
float adjustment =
        ComputeDiffuseAdjustment(diffuseBumpNdotL);
adjustment *= 1.0f - (pow (1.0f -
        ComputeDiffuseAdjustment(diffuseNdotL), 8.0f));
return saturate (adjustment);
}
```

이 함수는 앞에 나온 함수를 두 번 호출한다. 처음 호출에서는 법선 맵에서 얻은 픽셀 당 법선에 기반한 분산 조명 내적 값을 인수로 사용한다(보간된 정점의 경우에는 보통의 정점 보간 분산 조명 내적을 사용했다). 일반적으로 법선 맵은 차이가 많이 나는 법선들을 담고 있으므로, 보간된 정점 법선에 기반한 가혹한 감쇠 계수를 도입할 필요가 있다. 두 번째 호출이 그런 역할을 한다. 이 함수에서는 보정된 분산 조명 값의 역을 여덟 번 거듭 제곱한 값을 사용하는데, 이는 실험에 의해 경험적으로 밝혀낸 것이다(그림 5.6.4).

그림 5.6.4 (왼쪽) 다각형에 빛을 기여하는 정적 장면 광원들의 개수에 따라 여러 메시들로 분할된 구를 픽셀 당 조명을 위한 범프 맵을 이용해서 렌더링한 모습. 픽셀 당 법선이 표면 법선과 크게 차이가 나는 부분에서 조명 불연속이 보인다. (오른쪽) 분산 조명을 조정해서 그러한 불연속을 보정한 결과.

결론

최적화를 위해 또는 알고리즘 자체의 필요 때문에, 조명 관련 연산들을 다각형 면 법선을 이용해서 수행하곤 한다. 이 글에서는 면 법선들에 의존하는 조명 연산들이 만들어내는 조명 불연속을 분산 조명 방정식을 보정함으로써 제거하는 한 가지 기법을 설명했다.

참고자료

〔Brennan02〕 Brennan, Chris, "Shadow Volume Extrusion Using a Vertex Shader," *Direct3D ShaderX: Vertex Shader Tips and Tricks*, Wordware Publishing, Inc., 2002.

이 글에 나온 이미지들은 ATI Research, Inc.의 Eli Turner가 제공했다.

5.7 실시간 망점처리: 빠르고 간단한 양식화된 셰이딩

Bert Freudenberg, Maic Masuch, Thomas Strothotte, *University of Magdeburg*

bert@isg.cs.uni-magdeburg.de,

masuch@isg.cs.uni-magdeburg.de,

tstr@isg.cs.uni-magdeburg.de

이 글은 컴퓨터 게임을 위한 비실사(nonphptorealistic) 렌더링 양식의 한 방법인 망점처리(halftoning)를 소개한다. 이 글이 이야기하는 기법은 보통의 하드웨어에서 평범한 다중 텍스처링 파이프라인만을 사용한다. 이 글에서는 펜화 양식과 비슷한 망점 스크린을 만드는 방법과 적당한 픽셀 셰이딩 하드웨어로 빠른 망점 렌더링을 구현하는 방법에 대해서 살펴보게 될 것이다.

소개

이 글은 실시간 환경에 대한 비상호작용적 복사본 생성 기법에서 착안한 한 가지 기법을 소개한다. 기존의 비슷한 접근방식들로부터도 많은 영감을 얻을 수 있었는데, 어떤 것들은 덜 유연하고 [Lake00], [Praun01], 또 어떤 것들은 너무 복잡했다 [Webb02].

원래 형태의 망점처리는 검은 잉크만을 사용해서 이미지를 그레이스케일로 인쇄하는 데 쓰이는 절차이다. 그러한 망점처리는 주어진 영역의 회색조에 따라 잉크 도트의 크기를 다르게 하는데, 멀리서 보면 명암과 색조를 느낄 수 있다. 펜과 잉크로 그림을 그리는 화가 역시 비슷한 방법을 사용한다. 화가들의 경우 좀 더 어둡게 나타내고 싶은 부분에 대해서는 선을 더 많이 긋는다. 또한 목판화에서는 선의 굵기를 다르게 해서 다양한 음영을 표현한다. 이 글에서 말하는 실시간 망점처리는 이런 모든 양식들을 흉내낼 수 있다.

전통적인 망점처리와 비슷하게, 이 글의 기법 역시 어떠한 색조를 나타내기 위해 픽셀 자체의 색을 변화시키지는 않는다. 그 대신 어두운 부분에는 검은 픽셀들을 더 많이 배치하고 밝은 부분에는 흰 픽셀들을 더 많이 배치하는 식으로 전반적인 음영을 표현한다. 정적인 이미지의 망점처리와 상호작용적 환경에 대한 망점처리 사이의 한 가지 흥미로운 차이는, 상호작용적 환경에서는 망점 스크린이 화면 이미지 자체에 고정되지 않고 3차원 공간 안의 물체들에 부착된다는 점이다. 만일 그렇게 하지 않는다면 물체들이 망점 스크린 뒤에서 "헤엄치는" 듯한 모습이 된다. 그런 것을 "샤워 문(shower-door)" 효과라고도 한다.

원리

망점처리에서 시각적인 외양을 가장 크게 결정하는 것은 망점 스크린(halftone screen. 망목 스크린이라고도 한다)이다. 망점 스크린은 문턱값들을 담은 하나의 회색조 텍스처이다. 주어진 입력 이미지로부터 망점처리된 이미지를 만드는 과정은 이렇다. 원본 이미지의 각 픽셀의 세기를 그에 해당하는 망점 스크린의 문턱값과 비교한다. 그리고 그 비교에 따라 흰 픽셀 또는 검은 픽셀을 출력한다(그림 5.7.1). H가 망점 스크린 문턱값이고 L이 대상 세기라 할 때, C 비슷한 언어에서 문턱 함수는 다음과 같이 구현할 수 있다.

```
H > (1-L) ? 1 : 0
```

여기서 $(1-L)$은 어두운 정도를 나타내는 "음영도(darkness)"이다. 이는 종이에 쓰여진 잉크의 감산적 색 모형을 반영한 것이다.

실시간 망점처리를 위해서는 하나의 망점 스크린 텍스처와 문턱 연산을 수행하는 하나의 함수가 필요하다. 망점 스크린 텍스처는 이미지 세기가 흑백 렌더링으로 사상되는 방식을 결정한다. 망점 스크린 텍스처는 이 책의 그림을 인쇄하는 데 쓰인 정규적인 망점 스크린처럼 간단할 수도 있고, 그림 5.7.3에 나온 벽돌 텍스처처럼 복잡할 수도 있다.

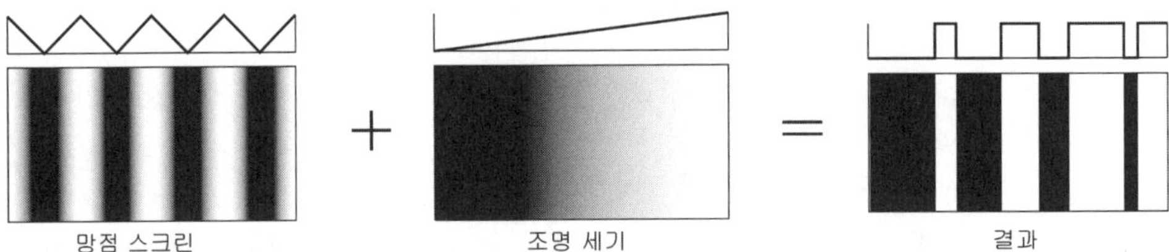

그림 5.7.1 하나의 문턱 함수를 사용하는 전통적인 망점처리. 망점 스크린의 각 값을 이미지의 조명 세기와 비교한다. 망점 값이 음영도(1에서 세기를 뺀 것)보다 크면 흰 픽셀을 찍는다. 그렇지 않으면 검은 픽셀을 찍는다.

망점 스크린 만들기

망점 스크린은 절차적으로 만들 수도 있고 손으로 직접 만들 수도 있다. 예술적 유연성의 측면에서 보자면 후자가 좀 더 바람직하다. 그림 5.7.1에 나온 것과 같은 매끄러운 회색조 띠들이 절차적 망점 스크린의 예이다. 이 망점 스크린은 너비가 조명에 의존하는 선들을 만들어내며, 그래서 마치 목판화 양식과 비슷한 효과를 낸다(그림 5.7.2). 그 외에, 빗금을 위한 절차적 스크린들을 만드는 방법이 [Lake00], [Praun01]에 나와 있다.

손으로 직접 망점 스크린을 만들기 위해서, 우리는 괜찮은 결과를 내는 계층 기반 절차를 하나 고안해 내었다(그림 5.7.3의 왼쪽 세 이미지들을 참고할 것). 각 계층은 Adobe Photoshop에서 검은 색으로 투명 계층에 그린 이미지이다. 계층들을 누적함에 따라 스크린은 점점 어두워지는데, 이는 우리가 망점처리에 대해 원했던 것과 정확히 일치한다. 모든 계층들을 만든 후에는, 각 층을 개별적인 회색조로 변경해서 하나의 망점 스크린으로 결합한다. 기본 계층은 여전히 검은 색으로 남지만 그 이후의 계층들에는 좀 더 밝은 회색들이 배정된다. 이러한 결합은 검은 계층이 더 밝은 계층들 위에 그려지도록 밝기의 역순으로 수행해야 한다. 최종적인 결과는 8 비트 회색조 텍스처로 저장되어 바로 망점 스크린으로 사용된다.

그림 5.7.2 그림 5.7.1 같은 회색조의 띠들로 망점처리를 하면 목판화 같은 모습이 나온다. 음영은 선의 굵기를 통해서 표현된다.

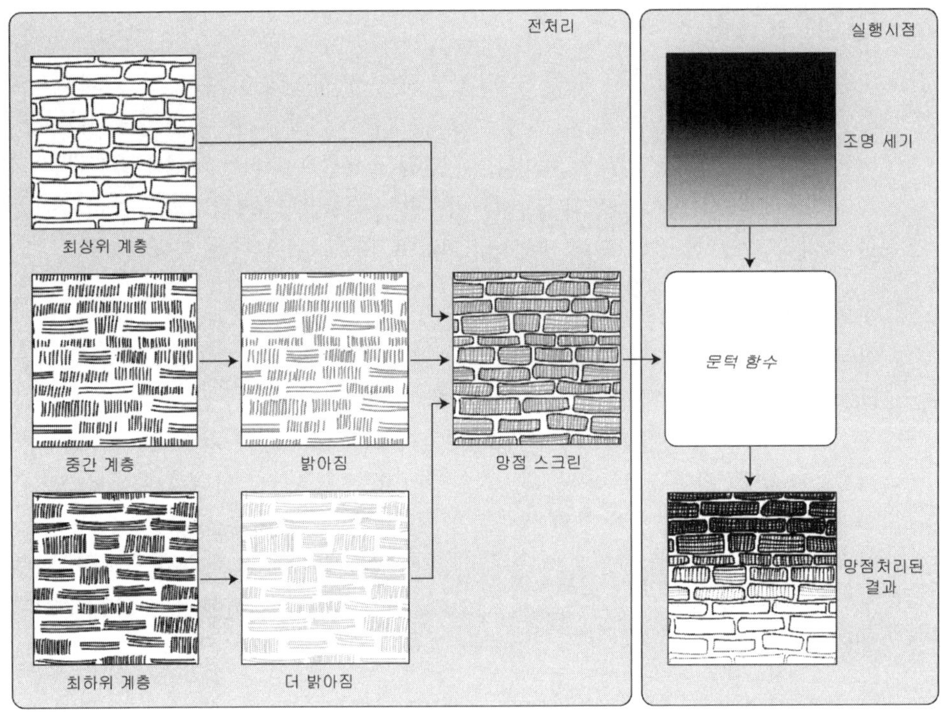

그림 5.7.3 계층화된 획들을 이용한 망점처리. 여러 획 계층들을, 계층의 우선순위를 회색조 수준으로 부호화함으로써 하나의 망점 텍스처로 결합한다. 실행시점에서는 이 텍스처의 값과 빛 세기를 비교해서 망점화된 이미지를 만들어낸다. 그 결과, 빛의 세기가 더 낮은 부분에서 더 많은 획들이 나타난다.

우리의 경우에는 이러한 계층 기반 제작 방법으로 좋은 결과를 얻었지만, 꼭 이 방법을 사용해야 하는 것은 아니다. 독자의 환경에 맞게 다른 방법을 개발해 보는 것도 좋을 것이다. 한 가지 조언하자면, 망점 스크린의 값들을 필획의 "우선순위"라고 생각하는 것이 도움이 될 수 있을 것이다. 더 어두운 획은 더 높은 우선순위를 가지며 따라서 더 먼저 표시된다 (밝은 영역에서도). 그리고 우선순위가 낮은 획들(밝은 회색으로 표시된다)은 어두운 영역에서만 표시되며, 망점 스크린의 밝은 부분(획이 없는 부분)은 렌더링에서도 그대로 빈 상태로 남는다.

제한된 픽셀 셰이더를 위한 문턱 함수

실시간 망점처리에서는 문턱 함수를 매 픽셀마다 평가해야 한다. 문턱 함수는 주어진 텍스처와 조명 세기를 비교하고 그 결과에 따라 검은 픽셀 또는 흰 픽셀을 출력한다. 좀 더 최신의 픽셀 셰이더 버전들은 그런 용도로 사용할 수 있는 비교 명령을 제공하지만, 그런 픽셀 셰이더들을 지원하는 하드웨어가 완전히 대중화된 것은 아니다. OpenGL에서 최소공통분모는 texture_env_combine_ARB 확장이라 할 수 있다. 우리는 그 확장이 제공하는 기능성만을 사용하는 하나의 매끄러운(문턱 판정에 일반적으로 쓰이는 날카로운 함수가 아니라) 문턱 함수를 위한 공식을 개발했다. 아래의 공식에서, H는 망점 스크린의 값, L은 조명 세기를 의미한다.

$$1 - 4(1 - (H + L))$$

지금 우리는 색을 다루는 것이므로, 모든 연산들은 결과를 [0,1]로 한정해야 한다. 이 공식을 직접적으로 구현하기 위해서는 세 개의 텍스처 단계들이 필요하다(합, 역과 비례, 다시 역[15]). 그러나 최대 텍스처 단계가 2인 그래픽 하드웨어들도 아직 쓰이고 있다. 다행이 위의 공식을 다음처럼 바꾸면

$$1 - 4((1 - H) - L)$$

두 단계(역의 차의 비례, 역)만으로 구현하는 것이 가능하다. 4는 실험적으로 얻은 상수인데, 이보다 큰 값을 사용하면 매끄러운 문턱 함수가 제공하는 안티앨리어싱 특징이 사라져 버린다. 이것은 셰이더에 의해 도입된 높은 이미지 주파수들을 제거하는 셰이더 안티앨리어싱의 일종이라 할 수 있다(날카로운 문턱 함수는 본질적으로 제한이 없는 주파수를 가지며 어떠한 해상도에서도 앨리어싱이 생긴다). (그림 5.7.4 참고)

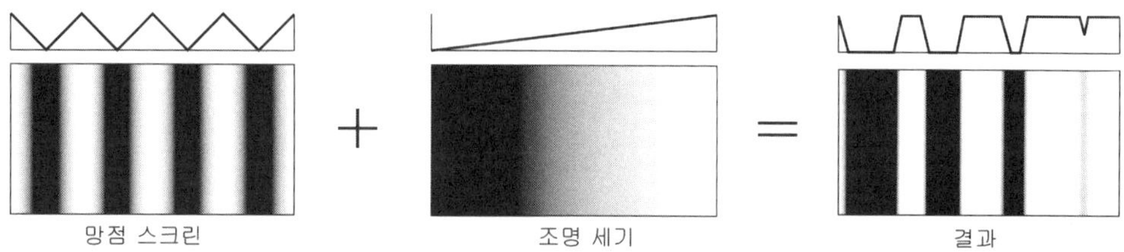

그림 5.7.4 매끄러운 문턱 함수를 사용하면 흑백뿐만 아니라 일부 회색조들도 보존된다. 이는 셰이더 앨리어싱 결함을 줄이는 효과를 낸다.

문턱 함수의 구현

앞서 이야기한 문턱 함수를 구현하기 위해서는 우선 두 텍스처 단계들을 설정해야 한다.

```
// 타이핑을 줄이는 매크로
#define TexEnv(pname, param) \
    glTexEnvi(GL_TEXTURE_ENV, pname, param)
```

---

15) 역주: 여기서 말하는 역은 덧셈에 대한 역이다.

```
// 단계 0: 매끄러운 문턱 함수 4*((1-L)-H)
glActiveTexture(GL_TEXTURE0);
TexEnv(GL_TEXTURE_ENV_MODE, GL_COMBINE);
TexEnv(GL_COMBINE_RGB, GL_SUBTRACT);
TexEnv(GL_SOURCE0_RGB, GL_PREVIOUS);
TexEnv(GL_SOURCE1_RGB, GL_TEXTURE);
TexEnv(GL_OPERAND0_RGB, GL_ONE_MINUS_SRC_COLOR);
TexEnv(GL_OPERAND1_RGB, GL_SRC_COLOR);
TexEnv(GL_RGB_SCALE,  4);

// 단계 1: 역 함수 (1-이전 결과)
glActiveTexture(GL_TEXTURE1);
TexEnv(GL_TEXTURE_ENV_MODE, GL_COMBINE);
TexEnv(GL_COMBINE_RGB,GL_REPLACE);
TexEnv(GL_SOURCE0_RGB,GL_PREVIOUS);
TexEnv(GL_OPERAND0_RGB, GL_ONE_MINUS_SRC_COLOR);
```

첫 번째 텍스처 단계는 SOURCE0으로 정점 당 조명 값을, SOURCE1로 망점 텍스처 값을 받는다. 1-H를 위해 첫 번째 연산자를 ONE_MINUS_SRC_COLOR로 설정한다. 그리고 전체적인 연산을 SUBTRACT로 설정해서 $(1-H)-L$이 되게 한다. 마지막으로, 거기에 4를 곱하게 한다. 두 번째 단계에서는 앞 단계의 결과를 1에서 뺀 값을 출력하도록 설정한다.

이 모든 연산을 텍스처 컴바이너의 알파 성분에서 수행하는 것도 가능하다. 그러면 RGB 성분들을 다른 용도로 사용할 수 있게 된다. 그래픽 하드웨어가 픽셀 셰이더를 지원한다면 이 연산을 하나의 셰이더 프로그램으로 구현할 수도 있을 것이다.

구현 예제

실시간 망점처리를 얼마나 쉽게 기존의 한 게임 엔진 [Shark3D]에 통합할 수 있는지를 보여주기 위해서, 전통적인 방식으로 텍스처를 입힌 데모 레벨 하나 [Requiem00]를 펜선 만화 양식으로 변환해 보았다. 그림 5.7.5에 수정 전과 수정 후의 장면이 나와 있다.

우선, 텍스처들을 회색조로 변환했다. 그리고 색이 있는 광원들도 회색조의 광원들로 바꾸었다. 천장이나 색유리창 등에 해당하는 일부 텍스처들은 그냥 회색조로만 바꾸고 별다른 손질을 하지 않아도 그럴듯한 모습이 나왔다. 그러나 다른 대부분의 텍스처들, 특히 벽과 바닥은 앞에서 설명한 계층화 기법을 통해서 적절한 펜선 빗금 스타일로 바꿔줘야 했다. 또한 촛불의 발광 효과를 위해 새로운 텍스처를 추가했고 좀 더 날카로운 그림자를 위해 조명 세기를 조정했다. 프로그래밍 측면에서는, 그냥 기존 셰이더들을 문턱 함수를 구현한 셰이더들로 대체한 것밖에 없다.

그림 5.7.5 전통적인 방식의 텍스처와 조명으로 렌더링한 데모 레벨(오른쪽 상단)을 실시간 망점처리를 통해서 어두운 만화 스타일로 바꾼 모습. 음영과 명암을 펜선 빗금의 개수를 통해서 표현하는 방식을 유심히 볼 것.

결론

이 글에서는 게임에 적합한, 빠르고 간단한 비실사 셰이딩 기법의 하나인 실시간 망점처리에 대해서 살펴보았다. 실시간 망점처리는 게임 전체의 모습을 바꾸기 위해 사용할 수도 있고 특별한 장면에만 사용할 수도 있다. 예를 들어 게임 도입부에서 주인공 캐릭터가 만화책을 읽다가 그 속으로 빨려 들어가는 장면을 연출할 때 이를 사용한다면 매우 효과적일 것이다. 실시간 그래픽에서 비실사적인 시각 양식은 아직도 탐험할 부분이 많이 남아 있다.

참고자료

〔Lake00〕 Lake, Adam, Carl Marshall, Mark Harris, and Marc Blackstein, "Stylized Rendering Techniques for Scalable Real-Time 3D Animation," *Proceedings of NPAR 2000, Symposium on Non-Photorealistic Animation and Rendering*, pp. 13-20.

〔Praun01〕 Praun, Emil, Hughes Hoppe, Matthew Webb, and Adam Finkelstein, "Real-Time Hatching," *Proceedings of SIGGRAPH 2001*, pp. 581-586.

〔Requiem00〕 Punkt im Raum, "Requiem: A Technology Study for the Shark 3D Engine," 웹 주소 *http://www. punkt-im-raum. com/eng/projekte_requiem. shtml*.

〔Shark3D〕 Spinor GmbH, "Renderer and Shader Architecture," Shark3D engine technology white papers, 웹 주소 *http://www. shark3d. com/goto/technology_render. html*.

〔Webb02〕 Webb, Matthew, Emil Praun, Adam Finkelstein, and Hugues Hoppe, "Fine Tone Control in Hardware Hatching," *Proceedings of NPAR 2002, International Symposium on Non Photorealistic Animation and Rendering*, pp. 53-58.

5.8 3차원 모형에 팀 색상을 적용하는 기법들

Greg Seegert, *Stainless Steel Studios*
gseegert@alum.wpi.edu

여러 명의 플레이어들(AI이든 사람이든)이 등장하는 게임이라면, 그럴듯하게 보이는 팀 색상을 3차원 모형에 적용하기 위한 기법이 중요할 수 있다. 이 글은 팀 색상을 임의의 3차원 모형에 적용하는 몇 가지 기법들을 살펴본다. 각 기법의 구현을 상세히 설명하고, 각각의 장단점도 논의한다.

팀 색상을 3차원 모형에 적용하는 방법은 그래픽 팀이 게임 자산을 만드는 방법에 영향을 미친다. 따라서 적절한 팀 색상 기법을 최대한 프로젝트의 초기 시점에서 결정하고 그것을 알려주는 것이 중요하다. 독자의 프로젝트 목표에 가장 잘 맞는 적절한 기법을 선택한다면, 그래픽 팀의 귀중한 시간을 상당히 절약할 수 있을 것이다.

팀 색상이란

팀 색상은 많은 게임 장르들에서 흔히 쓰이는 기법이다. 기본적인 용도는 팀들을 쉽게 구분할 수 있도록 하는 것이다. 또, 각 팀마다 개별적인 텍스처를 만드는 데 필요한 그래픽 작업량이나 실행 시의 메모리 소비를 줄이기 위한 용도로도 사용된다. 예를 들어 대부분의 실시간 전략 게임들은 같은 종족의 서로 다른 팀의 유닛들을 색깔로써 구분한다. 물론 이 글에서 말하는 기법의 용도가 팀 구분에만 한정되어 있는 것은 아니며, 경주 게임이나 우주선 시뮬레이션 게임에서 플레이어의 차량을 커스텀화하는 등의 다른 용도로도 사용하는 것이 가능하다.

팀 색상 알고리즘

팀 색상을 3차원 모형에 적용하는 알고리즘은 여러 가지가 있으며, 각기 나름의 장단점들도 가지고 있다. 여기서는 고유한 텍스처를 각 팀 색상으로 사용하는 방법, 모형의 다각형들의 색을 바꾸는 방법, 다중 텍스처링을 이용한 텍스처 마스킹, 다중 패스를 이용한 텍스처 마스킹, 마지막으로 픽셀 셰이더를 이용한 방법을 살펴보겠다.

고유한 텍스처

이 기법은 이 글의 방법들 중 가장 단순하고 직접적이다. 이 기법은 그냥 각 팀 색상마다 고유한 텍스처를 만들어서 사용하는 것이다. 그렇기 때문에 프로그래밍 팀에서 해야 할 일이 거의 없으며, 그래픽 팀은 모형의 최종적인 모습을 얼마든지 제어할 수 있다. 주된 단점은 실행 시 메모리가 많이 소비된다는 것이다.

장점

- 프로그래밍에서 할 일이 거의 없다.
- 그래픽 팀이 모형의 최종적인 모습을 매우 높은 수준으로 제어할 수 있다.

단점

- 텍스처 메모리가 상당히 많이 낭비된다.
- 텍스처에 대한 변경들을 그래픽 팀이 관리하는 게 어렵다.
- 메모리 제약 때문에 낮은 해상도의 텍스처를 사용하면 결과적으로 품질이 떨어질 수 있다.

구현

- 생략

다각형 색조 변경

다각형 색조 변경(tinting)은 모형의 다각형들 중 색이 변해야 할 다각형들(아티스트가 지정한다)의 색을 플레이어의 팀 색상으로 바꾸는 것이다. 많은 게임들에서 상당히 흔히 쓰이는 방법이나, 몇 가지 심각한 한계를 지니고 있다.

장점

- 팀 개수에 상관없이 추가적인 텍스처 메모리가 필요 없다.

단점

- 그래픽 팀의 부담이 크다. 아티스트들은 커다란 다각형 영역들을 팀 색상 다각형들로 지정해 주어야 하는데, 그러면 모형이 덜 멋지게 나올 수 있다. 적절한 팀 색상이 표시되도록 하려면 그런 다각형들에 색을 사용하지 말아야 하며, 결과적으로는 그래픽 자산 생성 과정에 나쁜 영향을 미친다.

- 렌더링 성능이 떨어진다. 하나의 메시를 두 개의 개별적인 그리기 호출들로 그려야 하고 그 사이에 렌더 상태들을 변경해야 한다. 그러면 일괄 처리의 기회가 줄어들어서 렌더링 성능에 나쁜 영향을 미칠 수 있다. 그러나 이런 문제는 정점 셰이더를 적절히 사용함으로써 극복하는 것이 가능하다.

DirectX 구현

```
/* 재질을 순백색으로 설정 */
D3DMATERIAL9   theMaterial;
theMaterial.Diffuse.r = theMaterial.Ambient.r = 1.0F;
theMaterial.Diffuse.g = theMaterial.Ambient.g = 1.0F;
theMaterial.Diffuse.b = theMaterial.Ambient.b = 1.0F;
theMaterial.Diffuse.a = theMaterial.Ambient.a = 1.0F;
mD3DDevice->SetMaterial(&theMaterial);

/* 텍스처 단계 0: 보통의 방식으로 텍스처를 설정 */
mD3DDevice->SetTextureStageState(0, D3DTSS_COLOROP,   D3DTOP_MODULATE);
mD3DDevice->SetTextureStageState(0, D3DTSS_COLORARG1, D3DTA_TEXTURE);
mD3DDevice->SetTextureStageState(0, D3DTSS_COLORARG2, D3DTA_DIFFUSE);
mD3DDevice->SetTextureStageState(0, D3DTSS_ALPHAOP,   D3DTOP_MODULATE);
mD3DDevice->SetTextureStageState(0, D3DTSS_ALPHAARG1, D3DTA_TEXTURE);
mD3DDevice->SetTextureStageState(0, D3DTSS_ALPHAARG2, D3DTA_DIFFUSE);

/* 텍스처 단계 1: 비활성화 */
mD3DDevice->SetTextureStageState(1, D3DTSS_COLOROP,   D3DTOP_DISABLE);
mD3DDevice->SetTextureStageState(1, D3DTSS_ALPHAOP,   D3DTOP_DISABLE);

/* 팀 색상 적용 대상이 아닌 다각형들만 그린다. */
mD3DDevice->DrawIndexedPrimitive(D3DPT_TRIANGLELIST ...

/* 재질을 팀 색상으로 설정(이 경우 노란색) */
theMaterial.Diffuse.r = theMaterial.Ambient.r = 1.0F;
theMaterial.Diffuse.g = theMaterial.Ambient.g = 1.0F;
theMaterial.Diffuse.b = theMaterial.Ambient.b = 0.0F;
theMaterial.Diffuse.a = theMaterial.Ambient.a = 1.0F;
mD3DDevice->SetMaterial(&theMaterial);
```

```
/* 팀 색상 다각형들만 그린다. */
mD3DDevice->DrawIndexedPrimitive(D3DPT_TRIANGLELIST ...
```

다중 텍스처링을 이용한 텍스처 마스킹

이 기법은 모형 텍스처의 알파 채널을 이용하는 것으로, 본질적으로는 아티스트가 텍스처의 팀 색상 영역을 "칠하게" 하는 것이라 할 수 있다. 이 기법은 아티스트에게 많은 자유를 제공하며, 텍스처 메모리도 덜 사용하고, 하드웨어 지원이 있다면 성능도 좋다.

장점

- 아티스트의 제어성이 좋다. 본질적으로 아티스트는 텍스처의 알파 채널을 통해서 팀 색상 영역을 마음대로 칠할 수 있다. 얼마든지 정교한 문양을 만들어서 팀 색상을 모형에 완전히 새겨 넣을 수 있는 것이다. 예를 들어서 군용 차량이라면 긁힌 자국이나 페인트가 벗겨진 자국과 매끄럽게 혼합된 위장용 문양을 팀 색상으로 칠해 넣을 수 있다.

- 텍스처 메모리를 덜 사용한다. 이 기법은 텍스처의 알파 채널을 사용하므로 팀이 몇 개이든 팀 색상을 지정하기 위해 추가적인 텍스처를 도입할 필요가 없다. 모형에 대해 반드시 고해상도 팀 색상이 요구되는 것이 아니라면 그냥 1 비트 알파 채널을 사용하는 것으로 충분하며, 또 다양한 텍스처 압축 알고리즘으로 그 1 비트 알파 채널들을 압축해서 메모리를 더욱 줄일 수도 있다.

- 성능이 향상된다. 투명 효과를 위해 알파 채널을 사용할 필요가 없는 모형의 경우 모형 전체를 한 번의 그리기 호출로 렌더링할 수 있다. 또한 이 기법에 필요한 다중 텍스처링 기능을 지원하는 하드웨어라면 더욱 높은 성능을 낼 수 있다.

단점

- 하드웨어 호환성의 문제가 있다. 그래픽 하드웨어에 따라서는 이 기법에 필요한 텍스처 단계들과 연산들을 지원하지 못할 수 있다. 따라서 그런 하드웨어에는 이 기법을 사용할 수 없으며, 만일 팀 색상이 게임플레이의 필수 요소라면 이는 심각한 문제가 된다.

- 투명 효과를 위해 알파 채널을 사용할 수 없게 된다. 이 기법은 텍스처의 알파 채널에 의존하므로, 하나의 모형에 대해 팀 색상과 투명 효과를 모두 적용할 수는 없다. 이에 대한 한 가지 우회책은, 메시의 다각형들 중 이 기법을 적용할 것과 그렇지 않은 것을 아티스트가 지정해 두도록 하는 것이다. 그러면 팀 색상이 필요한 다각형에는 이 기법을 적용하고 그렇지 않은 다각형에는 일반적인 렌더링을 사용해서 투명 효과를 얻을 수 있다. 그러나 그러면 모형을 여러 번 그려야 하기 때문에 성능이 나빠질 수 있다. 반드시 필요할 때에만 투명을 지정한 텍스처를 사용하는 식으로 성능 하락을 최소화할 수도 있을 것이다. 더 많은 텍스처 단계들이나 픽셀 셰이더를 지원하는 좀 더 최신의 하드웨어라면 이런 것이 문제되지 않는다.

DirectX 구현

```
/* 팀 색상을 TFACTOR에 설정(이 예에서는 노란색) */
mD3DDevice->SetRenderState(D3DRS_TEXTUREFACTOR,
D3DCOLOR_COLORVALUE(1.0F, 1.0F, 0.0F, 1.0F));

/* 텍스처 단계 0: 텍스처의 알파에 기반해서 텍스처 색과
 * TFACTOR 색을 혼합한다. 알파에 대해 분산 성분만
 * 사용한다. */
mD3DDevice->SetTextureStageState(0, D3DTSS_COLOROP,
D3DTOP_BLENDTEXTUREALPHA);
mD3DDevice->SetTextureStageState(0, D3DTSS_COLORARG1, D3DTA_TEXTURE);
mD3DDevice->SetTextureStageState(0, D3DTSS_COLORARG2, D3DTA_TFACTOR);
mD3DDevice->SetTextureStageState(0, D3DTSS_ALPHAOP,  D3DTOP_SELECTARG1);
mD3DDevice->SetTextureStageState(0, D3DTSS_ALPHAARG1, D3DTA_DIFFUSE);
mD3DDevice->SetTextureStageState(0, D3DTSS_ALPHAARG2, D3DTA_DIFFUSE);

/* 텍스처 단계 1: 현재 색을 분산 성분으로 변조해서 조명 효과를 얻는다.
 * 알파는 건드리지 않는다. */
mD3DDevice->SetTextureStageState(1, D3DTSS_COLOROP,  D3DTOP_MODULATE);
mD3DDevice->SetTextureStageState(1, D3DTSS_COLORARG1, D3DTA_CURRENT);
mD3DDevice->SetTextureStageState(1, D3DTSS_COLORARG2, D3DTA_DIFFUSE);
mD3DDevice->SetTextureStageState(1, D3DTSS_ALPHAOP,  D3DTOP_SELECTARG1);
mD3DDevice->SetTextureStageState(1, D3DTSS_ALPHAARG1, D3DTA_CURRENT);
mD3DDevice->SetTextureStageState(1, D3DTSS_ALPHAARG2, D3DTA_CURRENT);

/* 텍스처 단계 2: 비활성화 */
mD3DDevice->SetTextureStageState(2, D3DTSS_COLOROP,  D3DTOP_DISABLE);
mD3DDevice->SetTextureStageState(2, D3DTSS_ALPHAOP,  D3DTOP_DISABLE);

/* 모형을 그린다. */
mD3DDevice->DrawIndexedPrimitive(D3DPT_TRIANGLELIST ...
```

다중 패스를 이용한 텍스처 마스킹

다중 텍스처링 기법과 동일한 결과를 다중 패스로 얻는 것도 가능하다. 이 기법에서는 메시의 부분들을 두 번 렌더링해야 한다. 처음에는 메시를 보통의 방식으로 렌더링한다. 두 번째 패스에서는 메시의 색을 원하는 팀 색상으로 수정하고, 텍스처의 알파 채널에 투명도가 존재하는 부분에서만 메시가 렌더링되도록 혼합 모드들을 뒤집는다.

장점

▣ 하드웨어 호환성이 좋다. 이 기법의 기본적인 장점은 다중 텍스처링 기법에서와 동일하다. 거기에 더 다양한 하드웨어들에서 이 기법을 구현할 수 있다는 장점이 추가된다.

단점

▣ 메시 다각형들 중 일부가 두 번 렌더링되어야 하며, 게다가 패스 사이에서 렌더 상태를 바꿔야 하기 때문에 성능 하락이 생긴다. 팀 색상을 적용해야 할 다각형들을 아티스트가 미리 지정해 둔다면 추가적으로 렌더링될 다각형들의 개수를 최소화할 수 있다.

DirectX 구현

```
/* 재질을 순백색으로 설정 */
D3DMATERIAL9  theMaterial;
theMaterial.Diffuse.r = theMaterial.Ambient.r = 1.0f;
theMaterial.Diffuse.g = theMaterial.Ambient.g = 1.0f;
theMaterial.Diffuse.b = theMaterial.Ambient.b = 1.0f;
theMaterial.Diffuse.a = theMaterial.Ambient.a = 1.0f;
mD3DDevice->SetMaterial(&theMaterial);

/* 보통의 혼합을 설정 */
mD3DDevice->SetRenderState(D3DRS_SRCBLEND, D3DBLEND_SRCALPHA);
mD3DDevice->SetRenderState(D3DRS_DESTBLEND,D3DBLEND_INVSRCALPHA);

/* 텍스처 단계 0: 보통 방식으로 텍스처를 설정.
 * 분산 알파만 통과하게 한다.  */
mD3DDevice->SetTextureStageState(0, D3DTSS_COLOROP,   D3DTOP_MODULATE);
mD3DDevice->SetTextureStageState(0, D3DTSS_COLORARG1, D3DTA_TEXTURE);
mD3DDevice->SetTextureStageState(0, D3DTSS_COLORARG2, D3DTA_DIFFUSE);
mD3DDevice->SetTextureStageState(0, D3DTSS_ALPHAOP,   D3DTOP_SELECTARG2);
mD3DDevice->SetTextureStageState(0, D3DTSS_ALPHAARG1, D3DTA_TEXTURE);
mD3DDevice->SetTextureStageState(0, D3DTSS_ALPHAARG2, D3DTA_DIFFUSE);

/* 텍스처 단계 1: 비활성화 */
mD3DDevice->SetTextureStageState(1, D3DTSS_COLOROP,   D3DTOP_DISABLE);
mD3DDevice->SetTextureStageState(1, D3DTSS_ALPHAOP,   D3DTOP_DISABLE);

/* 모형의 모든 다각형들을 그린다 */
mD3DDevice->DrawIndexedPrimitive(D3DPT_TRIANGLELIST ...

/* 혼합 모드들을 뒤집는다. */
mD3DDevice->SetRenderState(D3DRS_SRCBLEND,  D3DBLEND_INVSRCALPHA);
mD3DDevice->SetRenderState(D3DRS_DESTBLEND, D3DBLEND_SRCALPHA);
```

```
/* 재질을 팀 색상으로 설정(이 예의 경우 노란색) */
theMaterial.Diffuse.r = theMaterial.Ambient.r = 1.0f;
theMaterial.Diffuse.g = theMaterial.Ambient.g = 1.0f;
theMaterial.Diffuse.b = theMaterial.Ambient.b = 0.0f;
theMaterial.Diffuse.a = theMaterial.Ambient.a = 1.0f;
mD3DDevice->SetMaterial(&theMaterial);

/* 텍스처 단계 0: 분산 성분은 색으로만, 텍스처는 알파로만 사용한다. */
mD3DDevice->SetTextureStageState(0, D3DTSS_COLOROP,   D3DTOP_SELECTARG2);
mD3DDevice->SetTextureStageState(0, D3DTSS_COLORARG1, D3DTA_TEXTURE);
mD3DDevice->SetTextureStageState(0, D3DTSS_COLORARG2, D3DTA_DIFFUSE);
mD3DDevice->SetTextureStageState(0, D3DTSS_ALPHAOP,   D3DTOP_SELECTARG1);
mD3DDevice->SetTextureStageState(0, D3DTSS_ALPHAARG1, D3DTA_TEXTURE);
mD3DDevice->SetTextureStageState(0, D3DTSS_ALPHAARG2, D3DTA_DIFFUSE);

/* 텍스처 단계 1: 비활성화 */
mD3DDevice->SetTextureStageState(1, D3DTSS_COLOROP,   D3DTOP_DISABLE);
mD3DDevice->SetTextureStageState(1, D3DTSS_ALPHAOP,   D3DTOP_DISABLE);

/* 팀 색상 다각형들만 다시 그린다. */
mD3DDevice->DrawIndexedPrimitive(D3DPT_TRIANGLELIST ...
```

픽셀 셰이더를 이용한 고급 텍스처 마스킹

픽셀 셰이더를 이용한다면 앞서 나온 기법들의 여러 단점들을 쉽게 극복할 수 있다. 픽셀 셰이더 안에서 텍스처 마스킹을 흉내내는 것은 상당히 간단하다. 또, 기존 기법들을 흉내내는 수준이 아니라, 좀 더 개선된 효과를 구현할 수 있는 여지도 많다. 예를 들어 한 모형에 여러 개의 팀 색상들을 사용한다거나, 미묘한 색조 전이들을 나타내거나, 팀 색상 부분에만 다른 조명 모형을 적용한다거나, 시점에 의존적인 특수 효과를 가하거나, 다중 텍스처를 좀 더 유연하게 응용하는 등 그 가능성은 무궁무진하다. 부록 CD-ROM에는 두 팀 색상을 하나의 2차 텍스처를 통해서 혼합하는 기법을 보여주는 예제 코드가 수록되어 있다. 그 기법은 2차 텍스처의 UV 좌표들을 비등방 반사율에 기반해서 수정하며, 또한 개별적인 조형 모형을 적용하는 한 예로써 반영 항(specular term)을 하나 추가해 팀 색상 영역을 좀 더 반짝거리게 만든다.

장점

■ 구현 상의 유연성이 가장 높다. 고정 기능 파이프라인으로는 불가능하거나 극도로 어려운 특수 효과들도 자유롭게 구현할 수 있다.

단점

■ 하드웨어 호환성 문제 - 대상 그래픽 하드웨어가 픽셀 셰이더를 지원하지 않는다면 다른 기법을 사용해야 한다.

구현

■ 부록 CD-ROM에 정점 셰이더와 픽셀 셰이더의 전체 코드가 들어 있다.

실제 적용 사례

Stainless Steel Studios에서 우리는 첫 번째 게임인 *Empire Earth*에 쓰인 팀 색상 기법을 개선하기로 결정했다. Empire Earth는 다각형 색상 변경 알고리즘을 사용했는데, 그 기법은 저 다각형 모형과 대상 플랫폼에 잘 맞았다. 그러나 두 번째 게임인 *Empires: Dawn of the Modern World*를 개발하면서, 우리는 그 기법이 좀 더 세밀한 모형들에는 잘 맞지 않는다는 점을 확실히 깨닫게 되었다. 아티스트의 제어권 부족으로 그래픽 팀의 불만이 증가되었고, 새 모형들의 전반적인 품질도 떨어졌던 것이다. 이 문제를 해결하기 위해서 여러 가지 알고리즘들의 프로토타입을 시험해 보았는데(그 중 괜찮은 결과를 낸 것들이 바로 이 글에 소개된 기법들이다), 하나의 알고리즘만을 채용하는 대신 우리가 택한 것은 좀 더 복합적인 해결책이었다.

다각형 색상 변경 기법을 지원

원래 사용했던 다각형 색상 변경 기법의 단점은 명백했지만, 그래도 우리의 경우 그것을 계속 지원하는 것이 중요했다. 새로운 그래픽 자산들이 만들어지고 있었지만, 기존 자산들에 팀 색상을 적용하는 방법 역시 여전히 필요했다. 다각형 색상 변경 기법은 건물이나 일부 차량 유닛들에 대해서는 충분히 유용했다. 그런 모형들은 원래 모양이 뭉툭하기 때문에 다른 기법들의 정교한 세부 표현이 필요 없었다.

다중 텍스처링 텍스처 마스킹 기법을 지원

*Empires: Dawn of the Modern World*의 경우 가장 이상적인 기법은 텍스처 마스킹 기법이었다. 이 기법에서는 그래픽 팀이 자유롭게 작업할 수 있었지만, 몇 가지 잠재적인 문제들도 발견할 수 있었다. 우선, 추가적인 알파 채널 때문에 텍스처의 크기가 커졌다. 이 문제는 1 비트 알파 채널과 DXTC(DirectX 텍스처 압축 형식)을 적절히 사용해서 해결할 수 있었다. 다중 텍스처링 기법을 사용하는 데에서도 문제가 있었다. 우리가 대상으로 삼은 모든 하드

웨어들이 이 기법에 필요한 수준의 다중 텍스처링을 지원하지는 않았던 것이다. 그래서 우리는 다중 패스 기법도 지원해야 했다.

다중 패스 텍스처 마스킹 기법을 지원

팀 색상은 게임플레이에서 빠져서는 안 될 요소이며, 또한 우리는 좀 더 많은 하드웨어를 지원하고자 했기 때문에, 다중 텍스처링 기법의 하드웨어 비호환성은 반드시 해결되어야 하는 문제였다. 그래서 우리는 다중 패스를 통해서 다중 텍스처링 기법을 흉내내기로 결정했는데, 충분히 좋은 결과를 얻을 수 있었다. 렌더링 엔진은 다중 텍스처링 기법을 지원하지 않는 그래픽 하드웨어를 검출하면 다중 패스 기법으로 대체한다.

성능 문제들

우리는 성능 문제를 해결하기 위해 다양한 시도를 했다. 우선 텍스처 메모리 사용량 문제는, 그래픽 팀에게 가능한 한 1 비트 알파를 사용하도록 요구함으로써 어느 정도 해결할 수 있었다. 또, 다중 텍스처링을 지원하지 않는 하드웨어에서 모형 다각형들을 두 번 그려야 하기 때문에 생기는 성능 문제는, 모형의 전체 다각형들 중 팀 색상 다각형들의 비율을 제한하는 것으로 해결했다. 모든 모형들을 두 번의 개별적인 그리기 호출들로 렌더링해야 하는 것은 여전했지만, 그래도 성능 하락을 최소화할 수는 있었다.

부록 CD-ROM의 예제

부록 CD-ROM에는 Stainless Steel Studios의 게임 *Empires: Dawn of the Modern World*에 쓰인 모형을 이용해서 이 글에 나온 기법들 각각을 보여주는 DirectX 9.0 예제 프로그램이 수록되어 있다. 또한 정점 셰이더와 픽셀 셰이더를 이용한 고급 기법의 구현 코드도 들어 있다.

결론

이 글에서는 팀 색상을 3차원 모형에 적용하는 여러 기법들을 살펴보았다. 각 기법은 나름의 장단점을 가지고 있다. 각각을 신중히 평가해서, 주어진 게임의 요구에 가장 적합한 기법을 프로젝트 초반부에 결정하는 것이 중요하다. 적절히 선택된 팀 색상 기법은 그래픽 팀과 프로그래밍 팀의 귀중한 시간을 절약해 주며, 또한 게임에 나오는 모형들의 전반적인 품질을 향상시키고 적은 수의 모형들로 많은 수의 플레이어들을 지원할 수 있게 한다.

5.9 빠른 세피아 색조 변환

Marwan Y. Ansari, *ATI Research, Inc.*
mansari@ati.com

후처리(post-processing)를 이용해서 양식화된 이미지를 만들어내는 기법들이 게임 분야에도 점차 보급되고 있다. 이미지를 RGB 공간에서 세피아 색조(sepia tone)로 변환하는 것도 그런 기법들 중 하나이다. 세피아 색조는 이미지를 바래고 오래된 모습으로 표현할 때 쓰이는 하나의 색 공간이다. RGB 이미지를 세피아 이미지로 변환할 때, 하나의 RGB 색을 하나의 참조표로 사상하는 방법을 많이 사용한다. 그런 방법이 간단하고 효과적이긴 하지만, 필자는 참조표를 전혀 사용하지 않고 단 몇 개의 픽셀 셰이더 명령만으로 동일한 변환을 수행하는 좀 더 간단하고 빠른 방법을 고안할 수 있었다.

전반적인 과정은, 입력 이미지의 RGB 표본을 YIQ 공간으로 변환하고, 세피아 효과가 나타나도록 적절히 처리하고, 다시 RGB 공간으로 변환하는 것이다. 이 글은 그러한 변환의 일반적인 접근방식을 이야기하고, 좀 더 최적화된 방법도 설명한다.

배경

YIQ 공간은 YUV 공간과 비슷하며, TV 방송에서도 종종 쓰인다 [Jack93]. YIQ 공간은 R, G, B 값들의 하나의 선형 결합으로 정의된다. RGB 색에 다음과 같은 행렬을 곱하면 RGB 색이 YIQ 공간으로 변환된다 [Foley96].

$$M = \begin{matrix} 0.299 & 0.587 & 0.114 \\ 0.596 & -0.275 & -0.321 \\ 0.212 & -0.523 & 0.311 \end{matrix}$$

M의 첫 번째 행은 RGB 표본의 휘도(luminance)를 계산한다. 그 휘도는 YIQ 색의 Y 성분이 된다. 두 번째 행과 세 번째 행은 RGB 색의 색도(chomiticity)를 I와 Q로 부호화한다 [Foley96].

YIQ 색을 다시 RGB 색으로 변환할 때에는 M의 역행렬을 사용한다.

$$M' = \begin{matrix} 1.0 & 0.956 & 0.620 \\ 1.0 & -0.272 & -0.647 \\ 1.0 & -1.108 & 1.705 \end{matrix}$$

일반적인 접근방식

세피아 색조를 만드는 최적화된 방법을 이야기하기 전에, 직접적인 방법부터 먼저 살펴보도록 하자. RGB 색을 세피아 색조로 변환하는 직접적인 방법은 다음과 같다.

1. RGB 표본에 행렬 M을 곱해서 YIQ로 변환한다.
2. 그 YIQ 색의 I와 Q 성분을 각각 0.2, 0.0으로 대체한다.
3. YIQ 색에 M'를 곱해서 다시 RGB 색으로 변환한다.

이 연산에서 세피아 변환의 핵심은 I와 Q를 0.2와 0.0으로 대체하는 부분이다. 이러한 연산의 의미를 이해하기 위해, YIQ에서 RGB로의 변환을 살펴보도록 하겠다. $M'[YIQ]^{T}$는 다음과 같이 확장된다.

$$R' = Y + 0.956 * I + 0.620 * Q$$

$$G' = Y - 0.272 * I - 0.647 * Q$$

$$B' = Y - 1.108 * I + 1.705 * Q$$

I와 Q에 각각 0.2, 0.0을 대입하면:

$$R' = Y + 0.191$$

$$G' = Y - 0.054$$

$$B' = Y - 0.221$$

결국 이 알고리즘은 RGB 색의 각 성분을 그 색의 휘도에서 각각 특정한 값들을 더하거나 뺀 값들로 설정하는 것임을 알 수 있다. 그에 의해 세피아 색조가 만들어진다.

0.2와 0.0은 실험을 통해서 얻은 값으로, 다른 값을 사용하면 다른 색조의 이미지가 만들어진다. 주어진 프로젝트의 요구에 가장 잘 맞는 모습을 만들어내는 적절한 값을 찾아내는 일은 프로그래머 또는 아티스트의 몫이다.

이 방법은 입력 이미지의 휘도에만 의존한다. 따라서 회색조(grayscale) 이미지를 세피아 색조로 직접 변환하는 데에도 이 방법을 사용할 수 있다.

최적화

앞에서도 말했듯이 이러한 색 공간 변환은 계산된 휘도에 오프셋을 적용하는 것일 뿐이며, 그래서 단 몇 개의 명령들만으로도 이 알고리즘을 구현할 수 있다. RGB 표본의 휘도 값을 구하고 거기에 상수들을 더하기만 하면 되므로, 필요한 것은 하나의 내적과 하나의 벡터 덧셈 계산 뿐이다. 이는 행렬 곱셈이나 기존의 참조표 방식보다 훨씬 효율적이다.

다음은 DirectX 9 HLSL(High-Level Shading Language)로 이 알고리즘을 구현한 코드이다.

```
sampler inputImage;

float4 Sepia_Optimized(float2 tc : TEXCOORD0) : COLOR
{
    float  Y;
    float4 c, currFrameSample;
    float3 IntensityConverter= {0.299, 0.587, 0.114};
    float4 sepiaConvert = {0.191, -0.054, -0.221, 0.0};

    // 표본을 얻는다.
    currFrameSample = tex2D(inputImage, tc);

    // 휘도 값(YIQ의 Y 성분)을 얻는다.
    Y = dot(IntensityConverter, currFrameSample);

    // 상수를 더해서 세피아 색조로 변환한다.
    c = Y + sepiaConvert;

    return c;
}
```

다음은 이 **HLSL** 코드의 컴파일 결과이다. 예상대로, 산술 명령은 단 두 개만 사용한다.

```
ps_1_1
def c0, 0.299, 0.587, 0.114, 0
def c1, 0.191, -0.054, -0.221, 0
tex t0
dp3 r0, c0, t0
add r0, r0, c1
```

결론

이 글에서는 참조표 없이 실시간으로 단 두 개의 픽셀 셰이더 연산만을 사용해서 하나의 **RGB** 이미지를 세피아 색조로 변환하는 방법을 제시했다. 이 방법은 시간과 메모리를 줄여 주면서도 적당한 품질의 결과를 만들어낸다.

참고자료

[Foley96] Foley, James, Andries van Dam, et al., *Computer Graphics: Principles and Practice, Second Edition*, Addison-Wesley, 1996.

[Jack93] Jack, Keith, *Video Demystified: A Handbook for the Digital Engineer*, HighText, 1993.

5.10 표본화된 장면 휘도를 이용한 동적 감마 보정

Michael Dougherty, Dave McCoy

mdougher@hotmail.com, david.mccoy@comcast.net

사람의 눈은 끊임없이 빛의 밝기를 표본화하고 그에 따라 동공을 팽창시킨다. 이런 가변적인 민감도 덕분에, 사람의 눈은 암흑에서부터 대낮에 이르기까지 매우 광범위한 조명 조건들에서도 잘 작동한다. 이 글은 프레임버퍼를 표본화하고 그 자료에 근거해서 출력 감마를 조정함으로써 그런 가변적인 민감도를 흉내내는 기법에 대해 소개한다. 이러한 기법을 이용하면 비디오의 제한된 동적 대역(dynamic range)을 좀 더 잘 활용할 수 있으며, 또한 가변적인 높은 동적 대역 조명에 대해 눈이 반응하면서 생기는 여러 가지 시각적 현상들도 흉내낼 수 있다.

법 조명

분산 법 조명(modulus lighting)은 곱셈에 기반하기 때문에(즉 빛 색×재질 색), 3차원 게임 영상에서 흰 색이나 그에 가까운 밝은 색의 픽셀들은 별로 나타나지 않는다. 순백광원 이외의 다른 광원들이 순백의 재질에 반사되면 순백보다 더 어두운 색조가 나타난다. 광원이 아무리 밝아도, 회색 재질은 애초의 색보다 더 밝아지지 않는다. 최신의 실시간 그래픽 하드웨어들에서는 좀 더 높은 정밀도의 셰이딩 계산이 가능하나, 24 비트 고정 소수점을 사용하는 하드웨어에서는 1.0보다 더 밝은 광원들을 표현할 수 없다.

결과적으로, 대부분의 게임들은 안 그래도 제한된 비디오 동적 대역을 완전히 사용하지 못하며, 그래서 이상적인 수준보다 더 어둡고 대비(contrast)가 낮은 출력을 낸다. 이 글은 조명 조건의 변화에 대한 눈의 반응을 실시간적으로 흉내냄으로써 그러한 한계를 보상하는 방법에 대해서 이야기한다.

제한된 동적 대역

그림 5.10.1은 상당히 전형적인 명도(brightness) 분포를 보여주는 스크린샷 이미지이다. 그림 5.10.2는 이 이미지의 휘도(luminance, 명도와 같은 의미)의 히스토그램으로, 이 이미지가 사용 가능한 동적 대역을 완전히 활용하지 못하며 좀 더 어두운 값들에 편중되어 있음을 보여준다. 마치 모니터에 흐린 차단막을 덮은 느낌인데, 원래 의도가 맑게 갠 한낮의 거리를 표현하는 것이었다고 해도, 결과적으로는 마치 먹구름이 낀 날씨의 거리처럼 보인다.

그림 5.10.1 법 조명을 적용한 전형적인 야외 장면

그림 5.10.2 그림 5.10.1의 휘도 히스토그램

비디오 모니터들이 10000 배 더 밝아진다면 게임은 인간의 눈이 감지할 수 있는 대역 전체를 표현할 수 있을 것이며, 그러면 눈은 게임 그래픽에 대해 실제 현실에서와 같은 방식으로 반응하게 될 것이다. 그러나 현실의 비디오 모니터는 여전히 어둡다. 하나의 비디오 화면이 만들어낼 수 있는 가장 밝은 빛은 암흑보다 약 100 배 정도 밝은 수준이며, 그래서 어

쩔 수 없이 50 와트짜리 전구보다도 어두운 출력으로 다양한 조명 조건들에 대한 눈의 반응을 흉내내야 한다.

이미지 최적화

빛이 거의 없는 환경에서의 사람의 눈은 빛을 더 많이 받아들이기 위해 동공을 크게 연다. 이러한 현상은 이미지의 픽셀들을 분석해서 만일 밝은 픽셀이 없거나 매우 적으면 그에 따라 출력의 명도를 적절히 높이는 식으로 흉내낼 수 있다. 이런 사후 처리 단계를 사용하면 게임의 명도 수준의 변화에 대해 디스플레이의 동적 대역에 최적화된 출력으로 반응할 수 있게 된다. 또, 아티스트와 디자이너가 더 어둡거나 더 밝은 레벨들을 만들 때 출력 적합성에 대한 걱정을 덜 수 있다는 추가적인 장점도 생긴다. 이러한 사후 처리는 좀 더 만족스럽게 균형 잡히고 채도와 대비가 높은 이미지를 만들어낼 뿐만 아니라, 이미지의 가장 밝은 픽셀들의 명도 수준이 매우 높아지는 효과도 낸다. 이런 사실적인 과대채도(over-saturation)는 밝은 빛이 밝은 색의 표면을 비출 때 볼 수 있는 모습을 표현해낸다. 그림 5.10.3은 이와 같은 사후 처리를 통해서 그림 5.10.1의 동적 대역을 확장한 이후의 모습이다. 그림 5.10.4는 그림 5.10.3의 휘도 히스토그램이다.

그림 5.10.3 법 조명 장면을 동적 감마로 보정한 후의 모습

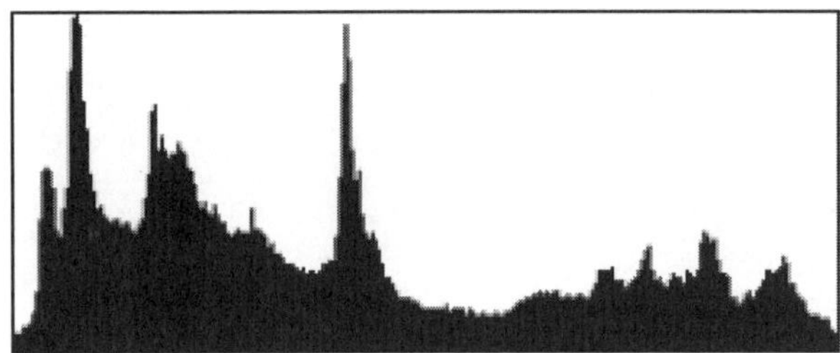

그림 5.10.4 그림 5.10.3의 휘도 히스토그램

사람의 눈이 달도 없는 캄캄한 밤을 낮처럼 밝게 볼 수 있을 정도로 빛을 받아들이지는 않듯이, 알고리즘에 의한 보정의 양에도 적당한 제한을 가해야 바람직하지 않은 결과가 나오는 일을 방지할 수 있다. 매우 어두운 이미지를 너무 밝게 만들면 24 비트 색상의 정밀도 한계 때문에 양자화(qunatiztion) 결함들이 생길 수 있다. 다만, 텍스처에 어느 정도의 고주파 세부를 추가한다면 그러한 양자화 문제를 크게 누그러뜨릴 수 있다.

빛에 대한 가변적인 민감도

눈의 가변적인 민감도는 급변하는 조명 조건 하에서 최대한 높은 동적 대역의 이미지를 만들어낼 뿐만 아니라, 여러 가지 흥미로운 현상들을 만들어내기도 한다. 예를 들어 우리는 같은 광원이라도 전반적인 조명 조건에 따라 다르게 인식한다. 플래시 불빛은 밤에 보면 눈이 멀 정도이지만 낮에는 거의 보이지도 않는다. 이 글의 알고리즘도 그와 비슷한 효과를 낸다. 밝은 픽셀들의 명도는 전반적으로 밝은 이미지보다 전반적으로 어두운 이미지에서 더욱 크게 증가한다. 그림 5.10.5와 그림 5.10.6이 그러한 차이를 보여준다.

그림 5.10.5 전반적으로 밝은 이미지에서는 밝은 픽셀들의 명도 증가가 그리 크지 않다.

그림 5.10.6 그림 5.10.5와 동일한 밝기의 렌즈 플레어와 표면이 전반적으로 어두운 이미지에서 더욱 많이 밝아졌다.

전이

동공이 확장되는 데에는 시간이 걸리며, 그에 의해 어두운 조명 조건과 밝은 조명 조건 사이에 일련의 전이들이 일어난다. 그러한 전이들 때문에 눈이 인지하는 조명은 좀 더 극적으로 변하게 된다. 어두운 극장에서 밝은 곳으로 나오면 눈이 멀 정도로 눈이 부시다. 반대로 밝은 곳에서 어두운 곳으로 들어가면 눈앞이 깜깜해졌다가 시간이 흐르면서 점차 시력이 회복된다. 이러한 현상들은 알고리즘의 보정 속도를 적절히 정규화해서 흉내낼 수 있다. 그림 5.10.7에서 5.10.11까지의 그림들이 이에 해당한다. 각 그림에서 왼쪽은 변경을 가하지 않은 이미지이고 오른쪽은 감마 보정을 가한 이미지이다.

그림 5.10.7 어두운 실내에서, 알고리즘은 동적 대역을 확장한다. 그래서 이미지가 더 밝아진다.

그림 5.10.8 여전히 어두운 실내에 대해 보정한 모습. 실외의 햇빛이 밝게 나타난다.

그림 5.10.9 여기서부터는 밝은 실외 장면에 대한 보정이 시작된다.

그림 5.10.10 밝은 실외에 대해 보정을 한 모습

그림 5.10.11 실외의 명도 수준에 대해 감마 수준이 조정되었기 때문에 실내가 어둡게 나타났다.

이러한 알고리즘은 좀 더 사실적인 영상을 만들어내는 것 외에, 게임플레이를 향상시키는 효과까지 제공한다. 예를 들어 밝은 실외에서 어두운 환경으로 들어갔을 때에는 적을 발견하는 데 시간이 좀 걸린다거나, 태양을 등지고 다가서는 적들이 후광 때문에 잘 보이지 않게 된다거나, 섬광탄 때문에 일시적으로 눈이 머는 듯한 효과가 가능하다.

알고리즘

동적 감마 보정을 수행하는 알고리즘은 상당히 간단하며 여러 개의 분리된 단계들로 분할할 수 있다. CPU와 GPU 부담은 매우 낮다. 단계들 모두를 매 프레임마다 수행할 필요는 없기 때문에 성능 상의 부담을 더욱 줄일 수 있다. 그림 5.10.12에 알고리즘의 전반적인 단계들이 나와 있다.

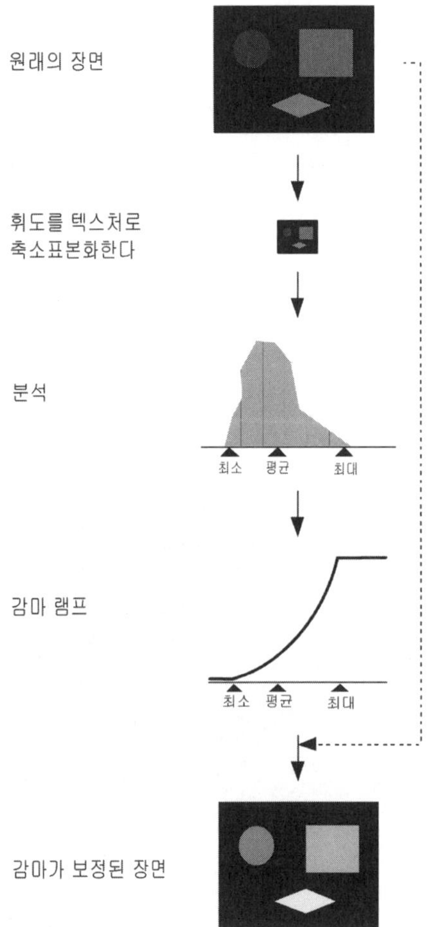

그림 5.10.12 동적 감마 보정 단계들

단계 1: 휘도 변환과 함께 장면을 축소표본화

우선, GPU를 이용해서 장면을 축소표본화(downsampling)한다. 그 과정에서 휘도 변환도 적용한다. 방법은 간단하다. 화면보다 훨씬 작은 채널 당 8 비트의 텍스처를 렌더링 대상(render target)으로 설정해서 장면을 렌더링하면 된다. 실험에 의하면, 텍스처 크기는 가로세로 모두 원래 화면의 10 분의 1 정도면 적당하다. 예를 들어 640×480 화면이면 64×48의 8 비트 휘도 텍스처를 렌더링 대상으로 하면 된다. 그리고 이 알고리즘에서는 장면의 최대, 최소 휘도만을 알면 되므로 기본적인 점 표본화를 사용한다. 겹선형 필터링을 사용한다면 가장 어두운 픽셀이나 가장 밝은 픽셀이 의도하지 않게 밝아지거나 어두워지는 바람직하지 않은 결과가 나온다. 휘도 변환은 픽셀 셰이더에서 수행한다.

$$\text{휘도} = 0.30 * R + 0.59 * G + 0.11 * B$$

단계 2: 휘도 텍스처의 분포 분석

다음으로, CPU에서 휘도 텍스처를 분석한다. PC의 경우에는 GPU 메모리에서 텍스처를 CPU 메모리로 복사해야 한다. 통합 메모리 아키텍처를 사용하는 플랫폼이라면 시스템 메모리로의 복사는 필요 없다.

휘도 텍스처의 각 픽셀을 훑으면서 각 휘도 값에 해당하는 픽셀 개수를 센다. 그리고 장면의 최대, 최소, 평균 휘도도 구한다. 최소, 최대를 계산할 때에는, 극단적인 특이값들을 제거하기 위해 하위 5 퍼센트와 상위 5 퍼센트에 해당하는 값들을 생략한다. 평균은 50 퍼센트에 해당하는 값으로 결정한다.

```
struct Histogram
{
    float Lum[255];      // Lum[i] = i 번째 휘도 값을 가진
                         //    픽셀들의 비율
    float Min;           // 가장 작은 휘도 값
    float Max;           // 가장 큰 휘도 값
    float Avg;           // 평균 휘도 값
};


struct LuminanceImage
{
    uint NumPixels;
    byte* pPixels;       // 텍스처는 휘도 자료만 담고 있으므로
                         // 텍스처의 각 픽셀은 1 바이트이다.
};
```

```cpp
void BuildNormalizedHistogram( const LuminanceImage* pImg,
                               Histogram* pHG )
{
    // 특이값들을 제거하는 데 쓰이는 비율들
    const float LowerPercent = 0.05f;
    const float UpperPercent = 0.95f;

    // 평균은 50 퍼센트에 해당
    const float AveragePercent = 0.50f;

    // 휘도 값 당 픽셀 비율을 합해서
    // 정규화된 히스토그램을 만든다.
    memset( &pHG->Lum, 0, 255 * sizeof(float) );
    float InvNumPixels = 1.0f/pImg->NumPixels;
    for( uint i = 0; i < pImg->NumPixels; i++ )
        pHG->Lum[pImg->pPixels[i]] += InvNumPixels;

    // 최대, 최소, 평균을 찾는다.
    float Sum = 0.0f;
    for( byte c = 0; c < 255; c++ )
    {
        Sum += pHG->Lum[c];
        if( Sum <= LowerPercent )
            pHG->Min = c/255.0f;
        else if( Sum <= AveragePercent )
            pHG->Avg = c/255.0f;
        else if ( Sum <= UpperPercent )
            pHG->Max = c/255.0f;
        else
            break;
    }
}
```

단계 3: 현재의 감마 램프를 갱신

다음으로, 최대, 최소, 평균값들로 감마 램프를 만들고, 밝음과 어두움에 대한 눈의 반응을
흉내내기 위해 시간의 흐름에 따라 감마 램프를 조정한다.

```cpp
struct GammaRamp
{
    byte Ramp[255];   // 현재 램프 값
    float Min;        // 현재 최소
    float Max;        // 현재 최대
    float Avg;        // 현재 평균
```

```cpp
};

void UpdateGammaRamp( const Histogram* pHG,
                      float Dt,
                      GammaRamp* pGR )
{
    // 변화가 이 Delta보다 크면
    // 현재 값들을 갱신한다.
    const float Delta = 0.01f;

    // 이 예제에서는 상수들이지만, 이 값들을 다양한
    // 장면 휘도로의 보정에 걸리는 시간들에 기반해서
    // 상황에 따라 동적으로 갱신할 수도 있을 것이다.
    const float DMinDt = 0.1f;    // 시간에 따른 최소값의 변화량
    const float DMaxDt = 0.1f;    // 시간에 따른 최대값의 변화량
    const float DAvgDt = 0.1f;    // 시간에 따른 평균의 변화량

    // 현재의 최소, 최대, 평균을 시간에 따라 갱신
    float Change;
    Change = pHG->Min - pGR->Min;
    if( fabsf( Change ) > Delta )
        pGR->Min += sign(Change)*DMinDt*Dt;
    Change = pHG->Avg - pGR->Avg;
    if( fabsf( Change ) > Delta )
        pGR->Avg += sign(Change)*DAvgDt*Dt;
    Change = pHG->Max - pGR->Max;
    if( fabsf( Change ) > Delta )
        pGR->Max += sign(Change)*DMaxDt*Dt;


    // 극단적으로 어둡거나 밝은 장면에 대한 과도한 보정을
    // 방지하기 위해, 최대, 최소, 평균을 특정 범위로 한정한다.
    const float LargestMin = 0.25f;
    const float SmallestMax = 0.50f;
    clamp( &pGR->Min, 0.0f, LargestMin );
    clamp( &pGR->Max, SmallestMax, 1.0f );
    clamp( &pGR->Avg, pGR->Min, pGR->Max );

    // 가시 색상 값들을 약간 포화시키기 위한 바이어스.
    // 색이 바랜 듯한 모습이 되지 않게 하는 것이다.
    const float BiasMax = 0.5f;
    float Diff = ( pGR->Avg - pGR->Min ) /
             ( pGR->Max - pGR->Min );
    float Bias = 1.0f + Diff * BiasMax;

    // 최소, 최대를 이산화한다.
    byte Min = (byte) roundf( pGR->Min * 255.0f );
```

```
byte Max = (byte) roundf( pGR->Max * 255.0f );

// 갱신된 최소, 최대, 바이어스에 기반해서
// 감마 램프를 설정한다.
// 최소값보다 작은 값들은 모두 0으로 설정하고,
// 최소와 최대 사이의 모든 값들은 바이어스 값으로
// 정해지는 곡선을 따라 설정한다.
// 최대값보다 큰 값들은 모두 255로 설정한다.
byte c = 0;
for( ; c < Min; c++ )
    pGR->Ramp[c] = 0;
for( ; c < Max; c++ )
    pGR->Ramp[c] = (byte) ( powf( (float)( c - Min ) /
                  ( Max - Min ), Bias ) * 255.0f );
for( ; c < 255; c++ )
    pGR->Ramp[c] = 255;
}
```

단계 4: 현재의 감마 램프를 장면에 적용한다

마지막으로, 감마 램프로 최종적인 장면을 갱신한다. 이 갱신은 픽셀 셰이더로 할 수도 있고 하드웨어 감마 램프를 직접 설정할 수도 있다. 두 방식 모두 나름대로의 장단점을 가지고 있다. 하드웨어 감마 램프를 직접 설정하면 장면 전체를 한 번 더 그릴 필요가 없지만, 장면의 조명에 영향을 받지 말아야 할 것들(HUD와 기타 오버레이 그래픽 요소들)까지 영향을 받는다. 그런 요소들이 있다면 픽셀 셰이더를 사용해야 한다(구체적인 픽셀 셰이더 코드는 부록 CD-ROM에 들어 있다). 픽셀 셰이더로 이 기법을 구현하면 성능 부담이 추가되긴 하지만, 변경된 감마가 HUD 요소들에 영향을 주지 않게 할 수 있다. 또한, 픽셀 셰이더로 블루밍(blooming[16])이나 피사체 심도(depth of field) 같은 다른 사후 처리 기법들을 적용한다면 그 패스 안에서 감마 보정을 함께 수행할 수 있으므로 큰 부담이 되지 않을 것이다.

결론

최신 하드웨어는 좀 더 높은 정밀도의 렌더링 대상 형식들을 지원한다. 이 기법은 좀 더 높은 정밀도의 형식들에서 더욱 흥미로운 결과를 낸다. 높은 정밀도에서는 장면을 더욱 극적으로 보정할 수 있으며, 그러면서도 밴딩은 더 적다. 그리고 선택된 최대 휘도 이상의 색 값들을 블루밍시킬 수도 있다. 이 기법은 후처리 기법이므로, 기존 엔진에 통합하기도 쉽다. 이 기법의 모든 소스 코드가 부록 CD-ROM에 수록되어 있다.

---

16) 역주: 강한 빛 반사에 의해 흰색이 번지는, 소위 "뽀샤시" 효과

5.11 열과 아지랑이 후처리 효과

Chris Oat, Natalya Tatarchuk, *ATI Research, Inc.*
Coat@ati.com, Natasha@ati.com

현재 세대의 하드웨어 그래픽 가속기들은 단 몇 년 전의 가속기들에 비해 엄청난 채움 속도를 제공한다. 그러나 "최소공통분모" 시장을 넓히고자 하는 게임 개발사들의 시도 때문에, 게임이 그래픽 가속기의 넓은 대역폭을 다 사용하지 못하는 경우도 흔하다. 게임의 렌더링 파이프라인을 뜯어고치지 않고도 강력한 그래픽 하드웨어의 장점을 활용할 수 있는 한 가지 간단한 방법이 있는데, 바로 후처리(post-processing) 효과를 추가하는 것이다. 후처리 효과는 어떠한 렌더링 파이프라인이라도 그 끝에 간단하게 추가할 수 있으며, 프로그래머의 비교적 작은 수고로도 놀랄만한 시각적 효과를 만들어낸다.

열과 아지랑이의 가물거림

독자도 더운 여름날 아스팔트 도로 위에서 가물거리는 아지랑이를 본 적이 있을 것이다. 이러한 가물거림 현상을 전문적인 용어로는 하강 신기루(inferior mirage)라고 부른다 [Berger 90]. 하강 신기루는 아스팔트 훨씬 위쪽에 있는 밀도가 높은 찬 공기층들과 아스팔트 바로 위의 뜨거운 팽창 공기층 사이를 광선이 통과하면서 나타나는 현상이다. 기체의 굴절률은 밀도에 따라 다르며 기체의 밀도는 온도에 따라 다르다. 결과적으로, 빛은 온도가 다른 기층들에서 다른 방식으로 굴절하게 된다. 한편, 용암 웅덩이 같은 열원에 의해 대량의, 빠르게 움직이는 대류 흐름이 생기면 매우 뚜렷하고 활기찬 열 가물거림 효과가 나타난다.

고수준 알고리즘

대부분의 게임 엔진들에서, 열 아지랑이를 굳이 고도로 정밀한 물리 시뮬레이션으로 구현할 필요는 없을 것이다. 이 글에서는 후처리 단계에서 시각적으로 그럴듯한 이미지를 근사함으로써 기체 대류의 시각적 현상을 재현하는 데 초점을 둔다. 그림 5.11.1은 이 글에서 설명하는 열 및 아지랑이 효과를 보여주는 ATI Caves 데모의 한 스크린샷이다. 기본적인 알고리즘은 다음과 같다.

1. 후면 버퍼와 동일한 크기의 RGB 텍스처를 만들고 그것을 렌더링 대상으로 설정한다.
2. 렌더링 대상 텍스처 전체를 (0.0, 0,0, 0.0, 1.0)으로 초기화한다.
3. 전체 장면을 그 텍스처에 렌더링한다. 색은 RGB 채널들에, 그리고 깊이/왜곡 스칼라 값은 알파 채널에 기록한다.
4. 렌더링 대상 텍스처를 텍스처 단위들 중 하나에 연결하고 장면에 정렬된 사각형 하나를 후면 버퍼에 렌더링한다. 정규화된 장치 좌표들을 텍스처 좌표로 사용해서 렌더링 대상 텍스처의 알파 채널에 있는 스칼라 왜곡값을 뽑는다. 그 왜곡값으로 정규화된 장치 좌표들을 이동시키고, 다시 텍스처를 추출해서 왜곡된 RGB 값들을 얻는다. 그것들을 후면 버퍼에 출력한다.

그림 5.11.1 Caves 데모의 열 아지랑이 효과

왜곡값들의 계산

가물거리는 효과를 위해서는 픽셀들을 왜곡시켜야 하며, 주어진 한 픽셀을 얼마나 왜곡시켜야 하는지를 결정하려면 픽셀 당 왜곡값이 필요하다. 여기서는 왜곡값들을 생성하는 세 가지 방법을 이야기한다. 첫 번째 방법은 픽셀 당 장면 깊이값을 이용해서 왜곡 가중치를 결정한다. 이 방법은 구현하기가 간단하며, 그 자체로 상당히 괜찮은 결과를 낸다. 두 번째 방법은 열 기하구조와 열 텍스처를 장면 깊이와 결합해서 사용하는 것이다. 이 두 방법 중 하나를 사용해도 나름대로의 왜곡값들을 얻을 수 있지만, 이 두 가지 방법을 결합한다면 더욱 이상적인 결과가 나온다. 그것이 세 번째 방법이다.

장면 깊이

빛이 공기층들을 통과함에 따라, 밀도가 다른 여러 공기 덩어리들을 만나게 된다. 광선과 교차하는 공기 덩어리가 많을수록 그 광선이 굴절될 확률도 커진다. 따라서 장면 깊이는 열 아지랑이 효과의 시뮬레이션에서 중요한 역할을 한다. 눈과 정점 사이의 거리는 정점을 시점공간에 투영하고 그 정점 위치의 z 성분을 추출해서 얻을 수 있다. 이러한 정점 당 깊이값을 픽셀 셰이더에 넘겨주어서 적절한 왜곡값으로 사용하게 한다. 대상 버퍼를 최대 왜곡을 의미하는 하나의 알파값으로 미리 채워 두는 것이 중요한데, 왜냐하면 프레임의 픽셀들 중 대상에 기록되지 않는 픽셀들은 무한히 멀리 있는 것으로 간주될 것이기 때문이다(이는 프레임 버퍼에 모든 픽셀들을 그리지 않을 때에만 필요하다). 이 깊이값을 대상 알파에 기록하는 것까지가 첫 번째 방법에 해당한다. 여기에서 그친다면 전체 이미지에 대해 고정된 왜곡이 생긴다.

열 기하구조

화면 밖 버퍼의 알파 채널에 왜곡값을 렌더링하기 위해서는 반드시 어떠한 기하구조를 그려야 한다. 예를 들어 뜨거운 용암 웅덩이가 있다면 그 위에 돔 형태의 메시를 그리면 될 것이다. 그림 5.11.2는 중앙의 용암 웅덩이에 대한 와이어프레임 돔 메시를 보여준다. 이 메시는 오직 열 왜곡값들을 알파 채널에 그려 넣는 목적으로만 쓰이기 때문에 "열 기하구조"라고 부른다.

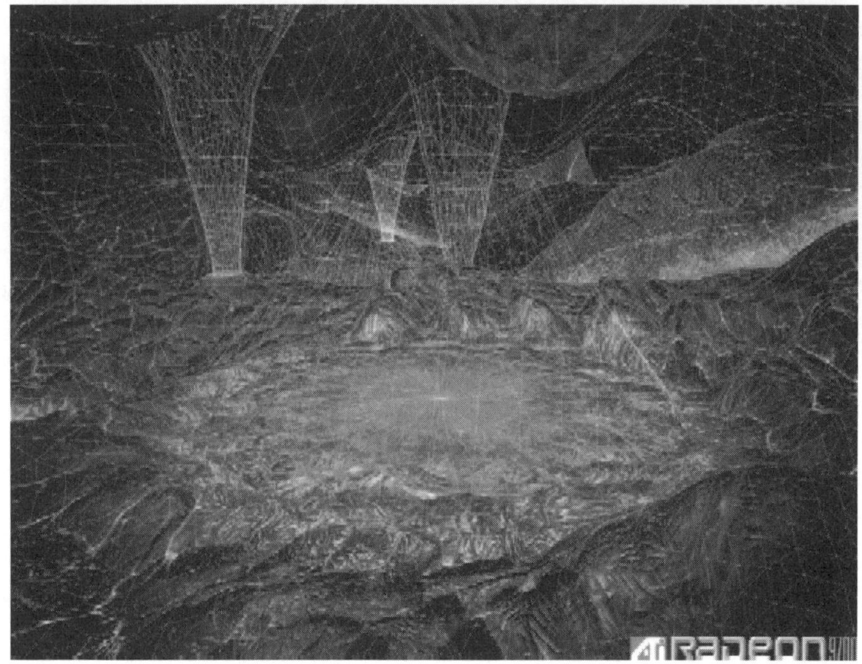

그림 5.11.2 뜨거운 용암 웅덩이를 위한 왜곡 기하구조 와이어프레임

열 기하구조를 그릴 때에는 날카로운 모서리들이 화면 밖 버퍼의 알파 채널에 그려지지 않도록 하는 것이 중요하다. 열 기하구조는 개념적으로 기체 덩어리를 감싸고 있는 것인데, 실제의 기체 덩어리는 경계가 뚜렷하지 않다. 따라서 이 메시의 가장자리가 뚜렷이 나타나서는 안 된다. 아스팔트 위의 아지랑이는 시작과 끝이 뚜렷하게 나타나지 않는다는 점을 생각해 보기 바란다. 돔이나 기둥 형태의 열 기하구조라면 알파를 $N \cdot V$로 비례시켜서 시선 벡터와 표면 법선 벡터의 차이가 커짐에 따라 알파가 줄어들게 만들면 된다. 그림 5.11.3은 열원으로부터 뿜어져 나오는 뜨기운 기체를 모형화하는 열 기하구조를 이용해서 열 배출구를 표현한 모습이다.

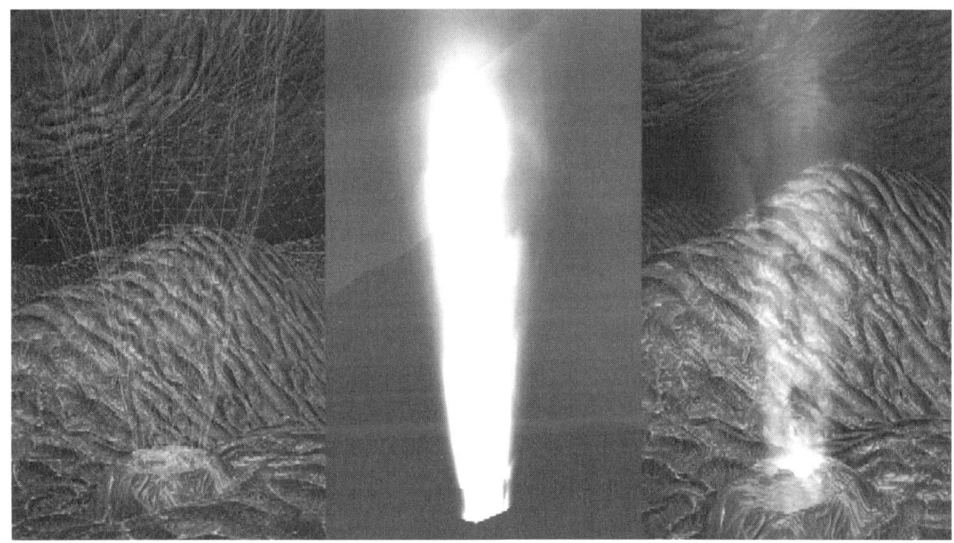

그림 5.11.3 (왼쪽) 뜨거운 기체 배출구에 대한 열 기하구조를 와이어프레임 모드로 나타낸 것. (가운데) 이 배출구의 왜곡값들을 높이와 $N \cdot V$로 비례시켜서 날카로운 모서리를 제거한 모습. (오른쪽) 최종적인 왜곡된 이미지.

열 텍스처

열 기하구조는 밀도가 균일한 기체 덩어리를 감싸는 데에는 좋다. 그러나 기체 덩어리의 밀도 분포가 좀 더 무작위적이라면 그림 5.11.4 같은 열 텍스처를 추가해서 좀 더 자연스러운 효과를 낼 필요가 있다. 열 텍스처는 열 기하구조의 표면을 따라 스크롤되며, 각 픽셀마다 깊이와 열 기하구조 자체에 의한 왜곡값을 통해서 변조된다. 텍스처의 스크롤 방향이 중요한데, 방향은 열 기하구조의 종류에 따라 다르다. 뜨거운 아스팔트에서 올라오는 열의 대류를 흉내내려면 텍스처를 세계 공간의 위쪽으로 스크롤해야 할 것이다. 그리고 제트엔진의 열기류를 나타내고자 한다면 엔진 분사구 바깥쪽으로 스크롤해야 한다. 그림 5.11.5는 장면 깊이, 열 기하구조, 그리고 열 텍스처를 결합해서 얻은 왜곡값들을 보여준다.

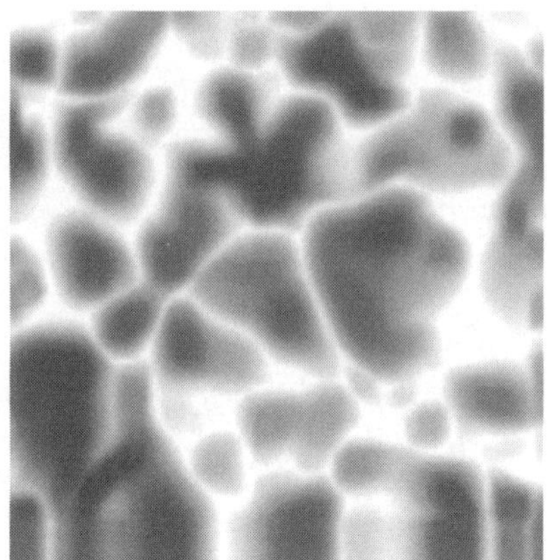

그림 5.11.4 용암 데모에 쓰인 열 텍스처

그림 5.11.5 장면 깊이, 열 기하구조, 열 텍스처를 결합해서 얻은 최종적인 왜곡값

왜곡값의 해석

지금까지는 화면 밖 버퍼의 알파 채널에 넣을 왜곡값들을 렌더링하는 세 가지 방법을 살펴
보았다. 어떤 방법으로든 왜곡값들을 담은 버퍼를 만들었다면, 다음으로 할 일은 그 화면
밖 버퍼를 하나의 텍스처로 사용해서 화면 전체를 덮는 사각형을 후면 버퍼에 그리는 것이

다. 그 과정에서 알파 채널을 해석하고 그에 따라 적절히 RGB 성분들을 변조한다. 그럼 알파 채널의 왜곡값으로 RGB 성분들을 변조하는 방법들을 살펴보자.

픽셀 당 섭동

빛이 밀도가 다른 여러 공기층들을 통과하면서 굴절되는 현상을 흉내내고자 할 때 사용할 수 있는 것이 섭동맵(perturbation map)이다. 섭동맵은 픽셀 당 텍스처 오프셋들을 담은 하나의 텍스처이다. 이것은 범프 매핑에 쓰이는 법선맵과 비슷하나, 이미지 공간에서 섭동을 하는 것이기 때문에 법선들은 2차원 벡터로도 충분하다. 이 하나의 맵을 정점 셰이더에서 서로 다른 두 방향으로 스크롤하고, 픽셀 셰이더에서는 픽셀 당 두 번씩 이 맵을 추출해서 두 개의 섭동 벡터를 얻는다(그림 5.11.6). 그 두 벡터들을 평균내고 화면 밖 렌더링 대상 텍스처의 알파 채널에 있는 왜곡값으로 비례시킨다. 비례시킨 벡터를 정규화된 장치 좌표와 합치고 그 결과를 화면 밖 렌더링 대상 텍스처에 대한 하나의 종속적 텍스처 읽기에 사용해서 최종적인, 섭동된 RGB 장면 픽셀을 출력한다.

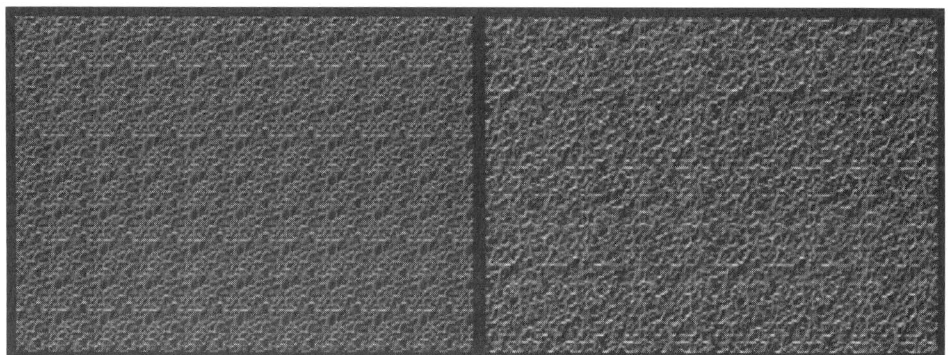

그림 5.11.6 (왼쪽) 섭동맵. (오른쪽) 섭동맵을 두 방향으로 스크롤하고 평균한 결과.

픽셀 당 블러링

픽셀을 그냥 섭동시키는 것으로도 적절한 아지랑이 효과가 나지만, 관찰자의 눈으로 굴절되어 들어온 빛에 의해 생기는 전반적인 블러링(blurring) 효과는 만들어지지 않는다. 그런 효과를 얻으려면 왜곡값에 의해 섭동된 픽셀을 흐리는 방법이 필요하다. 픽셀 당 블러링 효과를 위한 한 가지 방법은, 성장가능 푸아송 원반 표본화(Growable Poisson Disc smapling) 접근방식을 사용하는 것이다 [Riguer03]. 일단의 표본점들을 푸아송 분포에 따라 배치하고 왜곡값으로 비례시킨다. 그리고 비례된 표본점들을 평균해서 하나의 흐려진 표본을 얻는다.

다음은 성장가능 푸아송 원반 블러링을 수행하는 DirectX 9 HLSL 픽셀 셰이더 코드이다.

```
//=================================================================
// 성장가능 푸아송 원반 필터(탭 13 개)
//
// sampler tSource = 필터링할 원본 텍스처
// float2 texCoord = 대상 텍셀에 대한 텍스처 좌표
// float2 pixelSize = 원본과 대상 이미지의 텍셀 하나의 크기. 일반적으로는
//                    <1/너비, 1/높이> 형태의 벡터이다.
// float discRadius = 성장 원반의 크기(0은 texCoordDest의 텍셀만 추출하며,
//                    1.0은 임의의 방향에 있는 한 픽셀까지의 범위에서
//                    표본들을 추출한다)
//=================================================================
float3 SiGrowablePoissonDisc13FilterRGB (sampler tSource, float2
  texCoord, float2 pixelSize, float discRadius)
{
  float3 cOut;
  float2 poissonDisc[12] = {float2(-0.326212f, -0.40581f),
                    float2(-0.840144f, -0.07358f),
                    float2(-0.695914f, 0.457137f),
                    float2(-0.203345f, 0.620716f),
                    float2(0.96234f, -0.194983f),
                    float2(0.473434f, -0.480026f),
                    float2(0.519456f, 0.767022f),
                    float2(0.185461f, -0.893124f),
                    float2(0.507431f, 0.064425f),
                    float2(0.89642f, 0.412458f),
                    float2(-0.32194f, -0.932615f),
                    float2(-0.791559f, -0.59771f)};

  // 가운데 탭
  cOut = tex2D (tSource, texCoord);

  for (int tap = 0; tap < 12; tap++)
  {
    float2 offset = (pixelSize*poissonDisc[tap]*discRadius);
    float2 coord = texCoord.xy + offset;

    // 픽셀 추출
    cOut += tex2D (tSource, coord);
  }

  // 평균을 반환
  return (cOut / 13.0f);
}
```

좀 오래된 그래픽 가속기에게는 이런 형태의 픽셀 당 블러링이 너무 비쌀 수 있다. 비슷한 효과를 조금 싸게 얻을 수 있는 한 가지 방법은, 축소표본화된 화면 밖 버퍼의 또 다른 복사본에 가우스 블러를 적용하고 원래의 화면 밖 버퍼와 블러링된 버퍼를 왜곡값에 기반해서 선형보간하는 것이다.

다음은 지금까지의 열 아지랑이 효과를 위한 완전한 HLSL 픽셀 셰이더이다.

```
sampler tRBFullRes; // 화면 밖 버퍼(알파 채널에 왜곡값이 들어 있다)
sampler tNormalMap; // 섭동 맵

float  fBumpStrength;

struct PsInput
{
   float2 texCoord0    : TEXCOORD0;  // 정적 화면 사각형 좌표들
   float2 texCoord1    : TEXCOORD1;  // 첫 번째 스크롤 좌표들
   float2 texCoord2    : TEXCOORD2;  // 두 번째 스크롤 좌표들
};

float4 main (PsInput i) : COLOR
{
   // 스크롤 좌표들로 섭동맵의 값들을 추출한다.
   float3 vNormal0 = tex2D (tNormalMap, i.texCoord1);
   float3 vNormal1 = tex2D (tNormalMap, i.texCoord2);

   // 비례, 이동
   vNormal0 = SiConvertColorToVector(vNormal0);
   vNormal1 = SiConvertColorToVector(vNormal1);

   // 합산, 비례
   float2 offset = (vNormal0.xy + vNormal1.xy) * fBumpStrength;

   // 렌더링 대상 텍스처에서 색과 왜곡값을 추출한다.
   float4 cScene = tex2D (tRBFullRes, i.texCoord0);

   // 왜곡값을 제곱한다.
   cScene.a *= cScene.a;

   // 섭동된 텍스처 좌표들을 계산한다.
   offset.xy = ((offset.xy * cScene.a) * fBumpScale);
   float2 newCoord = i.texCoord0 + offset.xy;

   // 픽셀 하나의 크기(화면 밖 버퍼의 크기가 1600x1200일 때)
   float2 pixelSize = float2(1.0f/1600.0f, 1.0f/1200.0f);
```

```
    // 왜곡된 색을 추출
    float4 o;

    // 최대 원반 반경은 5.0 픽셀
    o.rgb = SiGrowablePoissonDisc13FilterRGB(tRBFullRes,
            newCoord, pixelSize, 5.0f * cScene.a * cScene.a);

    o.a = 1.0f;

    return o;
}
```

결론

이 글에서는 하나의 후처리 단계로 열과 아지랑이 효과를 추가하는 방법에 대해서 이야기했다. 그리고 그런 효과를 만들어내는 과정을 여러 단계들로 나눠서, 그래픽 복잡도가 증가하는 순서로 제시했다. 가장 간단한 섭동 왜곡은 구형의 그래픽 가속기로도 수행할 수 있으며, 좀 더 강력한 하드웨어라면 열 기하구조와 열 텍스처, 픽셀 당 블러링까지 추가해서 좀 더 사실적인 결과를 얻을 수 있다. 이 글에서는 이야기하지 않았지만, 기체와 물체 사이의 복잡한 상호작용을 위해 입자 시스템을 도입할 수도 있을 것이다. 이 글에 쓰인 이미지들을 위한 그래픽 자원을 제공해 준 **Eli Turner**에게 특별한 감사의 뜻을 전한다.

참고자료

[Berger90] Berger, M., T. Trout, and N. Levit, *IEEE Computer Graphics and Applications*, pp. 36-41, May 1990, Vol. 10, Issue 3.

[Riguer03] Riguer, G., N. Tatarchuk, and J. Isidoro, "Real-Time Depth of Field Simulation," *ShaderX2: Shader Programming Tips & Tricks with DirectX 9*, Wordware Publishing, Inc., 2003.

5.12 사원수를 이용한 하드웨어 스키닝

Jim Hejl, *Electronic Arts Tiburon*

jhejl@ea.com

기존의 상세한 스킨 메시 하나와 그에 관련된 애니메이션 계통구조가 주어졌다고 할 때, 내부적인 골격 구조가 애니메이션됨에 따라 메시가 자동적으로 변형되게 하는 것을 스키닝(skinning)이라고 부른다.

요즘 대부분의 비디오 게임 캐릭터들에 쓰이는 스키닝 기법은 정점 혼합(vertex blending)이라고 하는 선형 혼합 기법을 사용한다. 골격 하위공간 변형(skeletal-subspace deformation), 행렬 팔레트 스키닝(matrix palette skinning), 그리고 Maya에서 말하는 smooth skinning도 다 정점 혼합 스키닝과 같은 의미이다. 정점 혼합은 널리 쓰이는 반면, 중요한 단점들을 가지고 있다. 가장 심각한 문제는, 관절이 휘는 각도가 커짐에 따라 관절이 물리적으로 찌그러진다는 것이다. 이는 정점 혼합의 선형적인 접근방식에 직접적으로 기인한 결과이다. 한 가지 극단적인 예는 관절을 그대로 비틀면 사탕 껍질(candy wrapper) 변형이라고 하는 특징적인 모습이 나타나는 것으로, 그림 5.12.1이 그 예이다. 이 그림에서 관절에는 비틀림과 회전이 동시에 가해졌다.

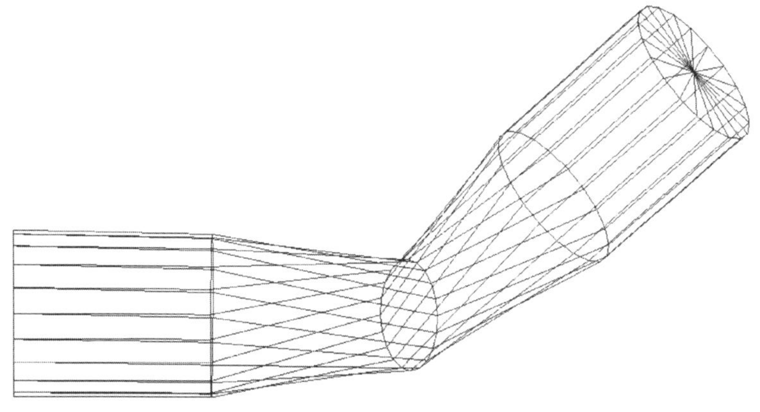

그림 5.12.1 선형 정점 혼합

이러한 부작용이 있긴 하지만, 정점 혼합 기법은 기본적인 알고리즘 자체가 상당히 간단하고 효율적이기 때문에 널리 쓰여 왔다. 어느 정도로 간단하고 효율적이냐 하면, 기법 전체를 프로그래밍 가능한 정점 처리를 지원하는 최종 소비자용 하드웨어로 쉽게 구현할 수 있을 정도이다 [Domine03].

정점 혼합이 드러내는 문제점의 근본적인 원인은, 구면 보간이라는 개념이 빠져 있다는 것이다. 이 글은 선형성에 의한 결함이 생기지 않는 또 다른 스키닝 알고리즘인 구형 관절 혼합 기법을 소개한다. 구형 관절 혼합(spherical joint blending)은 사원수를 통해서 구현할 수 있으며, 전적으로 정점 세이더 안에서 수행할 수 있다. 이후 보게 되겠지만, 최종적인 구현은 동등한 수준의 정점 혼합 기법에 비해 더 적은 GPU 명령들을 사용하며, GPU 메모리도 훨씬 덜 사용한다.

그림 5.12.2와 그림 5.12.1을 비교해 보면, 동일한 변형 각도에 대해 구형 관절 혼합이 더 나은 결과를 낸다는 점을 알 수 있다.

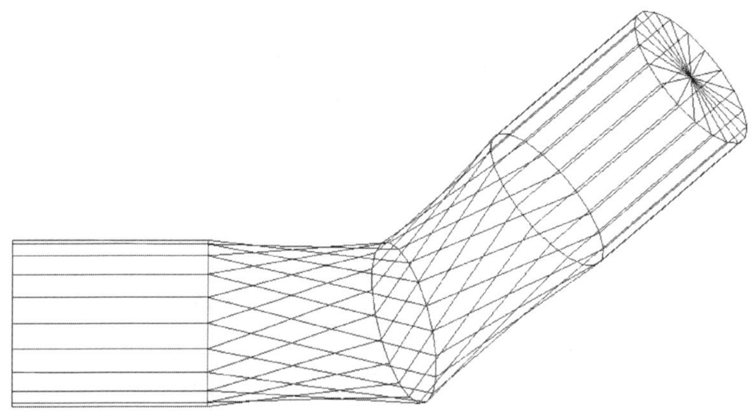

그림 5.12.2 구성 관절 혼합

스키닝의 기초

기본적인 스키닝 알고리즘은 대략 이런 것이다. 우선, 정적인 캐릭터 모형 안에 계통적 골격(skeleton)을 배치하고 그 둘을 적절히 연결한다. 골격과 메시는 신중하게 정렬되며, 일반적으로는 어떠한 중립적인 자세를 취하도록 연결된다. 그런 다음, 메시의 각 정점마다 그 정점에 영향을 미치는 관절들을 배정하고, 각 관절이 어느 정도의 영향을 미치는지를 의미하는 혼합 가중치들도 배정한다. 이후 골격이 움직이면 그에 따라 메시가 변형된다. 이러한 변형을 계산하는 것, 본질적으로는 정점들에 대한 움직이는 뼈대의 영향을 계산하는 것이 바로 스키닝 알고리즘의 과제이다.

골격 개요

골격은 각 뼈대들을 노드로 하는 하나의 트리 구조라 할 수 있다. 트리에서 가장 높은 수준의 노드를 루트 노드라 하는데, 골격에서 루트 노드는 골격 계통구조의 최상위 객체에 해당한다. 루트 노드의 이동과 회전을 "루트 회전"이라고 부른다. 계통구조의 나머지 모든 노드들의 변환은 그 루트 노드를 기준으로 한다. 계통구조에서 루트 노드에 더 가까운 노드들이 더 상위의 노드들이다. 두 노드가 연결되어 있을 때, 더 상위의 노드를 부모 노드, 하위의 노드를 자식 노드라고 부른다. 골격의 루트로부터 최하위 자손 노드까지의 모든 자식 노드들은 하나의 관절 사슬을 형성한다. 그러한 사슬에서, 각 자식의 좌표계는 항상 바로 위 부모의 좌표계에 상대적이다.

골격 안의 한 노드는 하나의 관절을 의미하며, 그 관절은 하나의 강체 회전을 의미한다. 두 관절을 연결하는 구간은 하나의 뼈대 변위(bone displacement)인데, 이는 하나의 강체 이동을 의미한다. 하나의 관절 회전과 하나의 뼈대 변위를 순서대로 결합한 완성된 하나의 변환을 뼈대(bone)라고 부른다.

정점 혼합 개요

정점 혼합 알고리즘은 정점을 여러 번 변환한다. 정점에 영향을 미치는 뼈대 하나 당 한 번의 변환이 가해지며, 그 결과들은 정점에 저장된 해당 가중치들을 통해서 혼합된다. 이러한 보간을 위해서는 변환을 가하기 전에 정점을 각 대상 뼈대에 국소화해야 한다. 이에 대한 자세한 내용은 [Domine03]을 보기 바란다. 이러한 국소화는 정점을 하나의 단일한 좌표계에서 여러 번 스키닝하는 효과를 낸다. 이런 결과들을 가중혼합, 누적하면 최종적인 정점이 나온다.

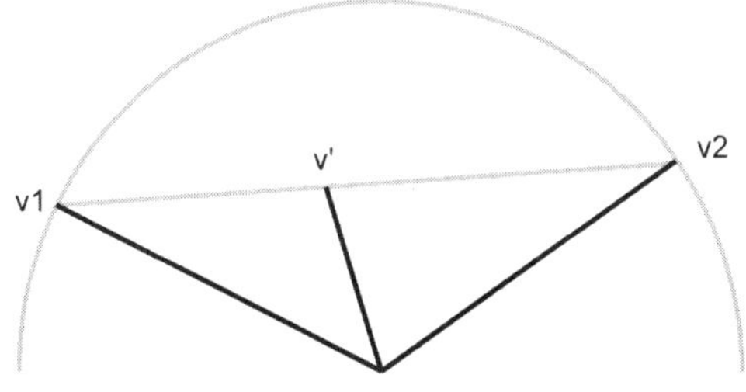

그림 5.12.3 정점 혼합

$\mathbf{v}_1$과 $\mathbf{v}_2$ 사이의 선에 의해 생긴 하위공간을 주목하자. 정점 혼합의 가장 중요한 단점은 $\mathbf{v}$의 변형이 이 하위공간에 한정된다는 점에서 직접적으로 비롯된다. 이 하위공간은 구부러지는 각도가 증가함에 따라 점점 줄어들게 되고, 180 도에 이르면 하나의 특이점으로 소실되어 버린다. 바람직한 변형이 이 하위공간 안에 있을 가능성은 별로 높지 않으며, 따라서 정점 가중치를 아무리 조정한다고 해도 원하는 결과는 나오지 않는다.

정점들의 선형 혼합은 뼈대 행렬들을 직접 보간하는 것과 본질적으로 동일하다. 즉, 행렬들의 가중합에 의해 변환된 점은 변환된 점들의 가중합과 같다 [Shoemake92]. 행렬들을 보간하려 들 때 어떤 결과가 나오는지를 잘 아는 독자라면 이러한 사실이 왜 중요한지도 잘 알 것이다. 행렬을 보간하고 나면, 보간된 기저 벡터들이 단위 길이가 아니게 될 수 있다(그림 5.12.3의 벡터들처럼). 또한, 보간된 기저 벡터들이 서로 직교성을 유지하지 않을 수도 있으며, 그런 행렬로 변환을 하면 결과가 기울어지게 된다. 직접적인 행렬 보간의 이러한 문제들은 선형적인 정점 혼합이 실패하는 이유를 잘 말해준다.

가중치가 부여된 여러 회전들을 보간하려면 어떻게 해야 할까? 3차원 회전의 공간은 단순한 벡터 공간과는 다른, 하나의 닫힌 3차원 다양체(manifold)이다. 닫힌 다양체라는 용어에 익숙지 않다고 해서 걱정할 필요는 없다. 개념 자체는 단순하다. 닫힌 다양체는 국소적으로는 유클리드 공간(하나의 평면)처럼 보이지만, 실제로는 자기 자신에 대해 뒤로 구부러져 있는 공간이다. 이는 지구가 평평해 보이는 이유, 그리고 정점 혼합이 작은 각도에 대해서는 별 문제가 없어 보이는 이유와 일치한다. 특수직교군에 대해, 회전 공간의 이런 3차원 다양체 개념을 SO(3)라고 칭한다(특수직교군(special orthogonal group)은 "적절한 회전들", 즉 행렬식이 1인 직교 행렬들의 집합이다).

SO(3)의 토폴로지 때문에, 앞에서도 언급했듯이 정점 혼합은 작은 각도에 대해서는 잘 작동하는 것으로 나타난다. *Game Programming Gems 3*의 글 [Weber02]와 SIGGRAPH 2003의 글 [Mohr03]에는 골격에 추가적인 관절들을 더 넣어서 커다란 구부러짐 각도를 분할하는 방법이 제시되어 있다. 하나의 회전을 작은 각도들로 분할한다고 하자(그림 5.12.4). 그 작은 각도들 사이의 선형 보간은 조각별 선형 근사들을 만들어낸다. 그러한 각도들을 더욱 더 작게 분할해나가면, 이 글의 기법이 추구하는 구면 보간(spherical interpolation)에 점점 수렴하게 된다.

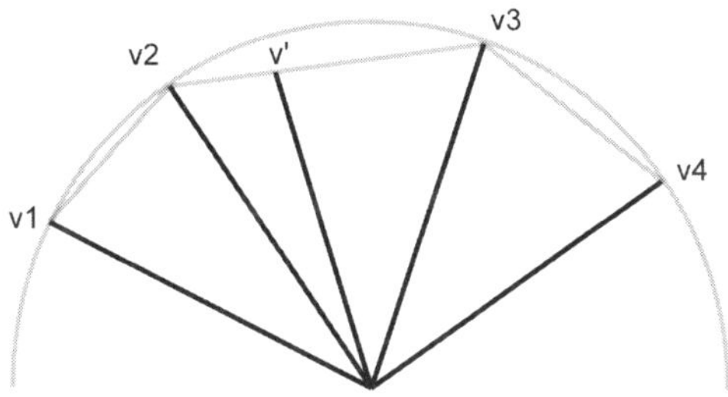

그림 5.12.4 조각별 선형 근사

관절 혼합의 도입

변환된 정점들을 평균하는 대신, 보간을 관절들로 옮기면 어떨까? 즉, 스키닝된 벡터들을 합성하는 대신, 벡터를 적절히 스키닝하는 변환을 합성하자는 것이다.

개괄하자면 이런 것이다. 메시의 각 정점은 하나의 뼈대에 견고하게 결합되어 있으나, 관절에서의 회전은 여러 관절들의 평균이다. 다른 말로 하면, 여러 개의 다른 좌표계들을 평균해서 새로운 좌표계를 합성하는 것이다. 이러한 새로운 좌표계의 위치는 부착된 뼈대의 계통적 위치에 의해 결정된다. (일반적으로 애니메이션 도중에 뼈대의 길이가 변하지는 않으므로, 뼈대들을 관절 사슬을 따라 내려가는 일련의 고정된 변위들이라고 간주한다.) 합성된 좌표계 $\mathbf{M}'$의 회전 부분은 여러 관절들에 의해 영향을 받는다. 그림 5.12.5에 나와 있듯이, 좌표계 $\mathbf{M}'$는 정점 $\mathbf{v}$를 스키닝된 위치 $\mathbf{v}'$로 직접 변환한다.

그럼 $\mathbf{M}'$를 어떻게 합성해야 할까? 회전 행렬들 사이의 직접적인 보간은 문제가 있음을 이미 이야기했다. 실제로, 행렬 보간을 통한 관절 혼합은 정점 혼합에서와 동일한 결과를 낸다. 우리에게 필요한 것은, 새로운, 매개변수화된 회전들이다.

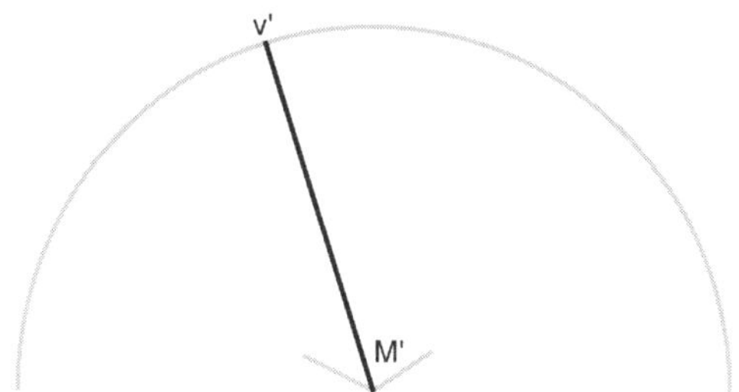

그림 5.12.5 구형 관절 혼합

사원수 매개변수화

사원수는 4차원 벡터 공간을 구성하는 초복소수(hypher-complex number)이다. 단위 사원수들의 집합은 하나의 사차원 구면을 형성한다. 그러한 공간은 S^3이라고 표기한다. 이런 표기법에 익숙한 독자라면, 지수 "3"이 기하학적 정의가 아니라 위상적(topological) 정의를 의미한다는 것을 알고 있을 것이다. 지수는 기하학에서는 기반 공간의 좌표 개수를 의미하지만, 위상수학에서는 표면 자체의 차원을 의미한다 [Coxeter73]. S^3이라는 것을 두 개의 고체 구(공)가 서로 붙어 있는 것으로 생각해 볼 것. 보통의 구를 가장자리를 따라 결합된 두 원반의 합집합으로 생각할 수 있다면, 두 고체구가 결합되어서 하나의 초구면(hypersphere)을 만들어낸다는 것도 이해할 수 있을 것이다.

S^3이 SO(3)의 "이중 덮개(double cover)"가 된다는 점도 흥미롭다. 즉, 단위 사원수들은 3차원 회전군의 이중 덮개이다. 전문 용어로는 보편 덮개(universal covering)라고 하는데, 이런 개념에서는 단위 사원수들이 3차원 회전들의 모든 기하구조와 위상구조를 가장 단순한 형태로 포괄할 수 있다 [Shoemake94]. 더 자세히 파고 들어가면 더욱 매력적인 사실들이 드러나지만, 이 글의 범위를 벗어나는 주제들이므로 생략하겠다.

구면 보간

지금까지 살펴보았듯이, 단위 사원수는 S^3 구면 상의 한 벡터에 대한 하나의 회전을 나타낸다. 즉, 사원수들은 회전군을 근사 없이 선형화하는 것이다. 따라서 하나의 회전 보간은 하나의 벡터를 보간하는 것만큼이나 직접적이다.

두 회전들을 보간하면, S^3 상의 두 점 사이의 대원호(great circle arc) 위에 점들이 만들어진다. 초구면의 표면을 따른 이러한 보간을 구면 선형 보간(spherical linear interpolation, SLERP)이라고 부른다. 사원수 p와 q, 그리고 그 사이의 예각 θ가 주어졌을 때, 위치 w에서의 SLERP는 다음과 같이 정의된다 [Shoemake85].

$$\text{slerp}(w; p, q) = \frac{\sin((1-\omega)\theta)p + \sin(\omega\theta)q}{\sin(\theta)} \qquad (5.12.1)$$

성능 최적화의 한 방편으로, **SLERP**를 다음과 같이 근사할 수도 있다.

$$\text{slerp}(w; p, q) = \|(1-\omega)p + \omega q\| \qquad (5.12.2)$$

이 근사는 사원수 공간의 한 직선 상의 4차원 점들로 볼 수 있는 방향들을 만들어낸다. 보간된 사원수는 더 이상 단위 사원수가 아닐 수 있으므로, 결과를 다시 초구면에 투영한다.

식 5.12.2의 근사는 식 5.12.1의 SLERP와 정확히 동일한 곡선을 따르나, 구면을 따른 지름길 때문에 호를 따라가는 속력이 일정하지 않게 된다. 이런 단점은 보다 간단한 계산을 위한 절충으로 받아들이는 게 좋을 것이다.

보간된 사원수로 정점을 변환하려면 먼저 그 사원수를 행렬로 변환해야 한다. 다행히 삼각 함수를 사용하지 않고 일련의 다항식들로 그러한 변환을 수행할 수 있다. 따라서, 하나의 사원수를 보간하고 회전 행렬로 변환하는 전 과정을 벡터 하드웨어 상에서 간단한 산술 명령들만으로 수행할 수 있다.

대척 사원수들

앞에서 S^3이 SO(3)의 이중 덮개라고 언급한 바 있는데, 이것의 의미를 좀 더 자세히 살펴 보자. 하나의 구면에 두 개의 점 A와 B가 있다고 하자. A와 B를 연결하는 하나의 최단호 (측지선)가 존재하며, 또 A와 B를 길게 연결하는 호도 하나 존재한다. 모든 회전에는 그런 두 가지 경로가 존재하므로, 보편 덮개군 S^3은 SO(3)보다 두 배가 많은 원소들을 가진다. 이는 서로 다른 두 단위 사원수가 SO(3) 안에서 동일한 회전을 나타낼 수 있다는 뜻이다. SO(3)과 S^3의 관계를, S^3의 각각의 두 대척점 쌍들이 SO(3)의 각각의 한 점에 투영된 것 으로 생각하는 게 도움이 될 것이다.

이러한 이중 덮개 성질은 보간에도 영향을 미친다. 두 단위 사원수들 사이를 보간할 때, 우 리가 원하는 것은 항상 구의 최단호 상의 사원수들이지 멀리 돌아가는 원호 상의 사원수들 이 아니다. 최단호 사원수들을 얻기 위해서는 둘 사이의 내적이 음이 아닌 사원수들을 택해 야 한다. 그러면 최단경로를 선택하는 효과가 난다. 스키닝의 경우 이는 한 골격을 위한 모 든 사원수들이 반드시 동일한 4차원 반구(hemisphere) 상에 형성되도록 해야 한다는 뜻이다. 알고리즘은 간단하다. 골격의 각 관절을 첫 번째 관절에 대해 판정한다. 둘 사이의 내적이 음이면 선택된 관절의 사원수를 뒤집는다. 그러면 골격의 모든 회전들이 첫 번째 관절 방향 에 의해 결정된 반구 안을 가리키게 되고, 결과적으로는 정확한 보간이 이루어진다. 이러한 연산은 사원수들을 셰이더의 상수 레지스터들로 제출하기 전에 수행해야 한다. 이 단계를 건너뛰면 예기치 않은 결과가 나온다.

하드웨어 구현

하드웨어 스키닝을 위해서는, CPU 상에서 관절 변환들을 정점 셰이더 상수 레지스터들로 제출해야 한다. 골격 안의 관절 하나 당 하나의 사원수 회전과 하나의 뼈대 변환을 상수 레지스터들에 넣어야 한다. 하나의 회전, 변환 쌍은 4 성분 레지스터 두 개의 일곱 성분들을 사용한다(쓰이지 않는 여덟 번째 성분은 균일 비례 상수에 사용할 수도 있다. 사원수에는 비례 계수가 포함되지 않는다). 만일 뼈대가 28 개인 캐릭터라면 56 개의 정점 셰이더 레지스터들이 필요하다.

셰이더 어셈블리 코드에서, GPU는 여러 관절 회전들을 정점에 저장되어 있는 해당 혼합 가중치들을 이용해서 보간하고, 그 결과로 나온 사원수를 3×3 행렬로 변환한다. 이 회전 행렬로 필요한 벡터들(위치, 법선, 종법선, 접선 등등)을 스키닝한다. 정점은 영향을 미치는 뼈대들 중 첫 번째 뼈대에 단단히 결합되어 있으며 그 뼈대 변위에 의해 이동된다고 간주한다.

구면 보간 근사

다음은 주어진 사원수를 가중 혼합하는 Microsoft의 DirectX 정점 셰이더 어셈블리 코드이다.

```
; 뼈대 네 개에 대한 보간
mov     a0.x, v[BONE].x
mul     r0, c[a0.x], v[WGT].x      ; 사원수 1
mov     a0.x, v[BONE].y
mad     r0, c[a0.x], v[WGT].y, r0 ; 사원수 2
mov     a0.x, v[BONE].z
mad     r0, c[a0.x], v[WGT].z, r0 ; 사원수 3
mov     a0.x, v[BONE].w
mad     r0, c[a0.x], v[WGT].w, r0 ; 사원수 4
```

앞에서 말했듯이, 혼합된 사원수를 다시 정규화하려면 4차원 구면에 투영할 필요가 있다.

```
; 사원수를 정규화
dp4     r1.w, r0, r0
rsq     r1.w, r1.w
mul     r0, r0, r1.w
```

이렇게 하면 네 개의 관절들에 대한 하나의 가중 구면 보간을 근사해서 얻은 혼합된 사원수가 $r0$ 안에 저장된다.

사원수를 행렬로

벡터들을 변환하려면, 보간된 사원수를 다시 행렬 형태로 변환해야 한다. 사원수를 (x, y, z, w)라 할 때 그에 해당하는 회전 행렬은 다음과 같다.

$$R = \begin{bmatrix} 1-2y^2-2z^2 & 2xy+2wz & 2xz-2wy \\ 2xy-2wz & 1-2x^2-2z^2 & 2yz+2wx \\ 2xz+2wy & 2yz-2wx & 1-2x^2-2y^2 \end{bmatrix}$$

아래 코드와 관련된 성분들의 순서는: $\begin{bmatrix} A & B & C \\ D & E & F \\ G & H & I \end{bmatrix}$ (5.12.3)

이를 C 코드로 표현한다면 다음과 같다.

```
Mat[A]  = 1.0 - (2.0 * Quat.y * Quat.y);
Mat[A] -= 2.0 * Quat.z * Quat.z;
Mat[B]  = 2.0 * Quat.x * Quat.y;
Mat[B] += 2.0 * Quat.z * Quat.w;
Mat[C]  = 2.0 * Quat.x * Quat.z;
Mat[C] -= 2.0 * Quat.y * Quat.w;
Mat[D]  = 2.0 * Quat.x * Quat.y;
Mat[D] -= 2.0 * Quat.z * Quat.w;
Mat[E]  = 1.0 - (2.0 * Quat.x * Quat.x);
Mat[E] -= 2.0 * Quat.z * Quat.z;
Mat[F]  = 2.0 * Quat.y * Quat.z;
Mat[F] +  2.0 * Quat.x * Quat.w;
Mat[G]  = 2.0 * Quat.x * Quat.z;
Mat[G] += 2.0 * Quat.y * Quat.w;
Mat[H]  = 2.0 * Quat.y * Quat.z;
Mat[H] -= 2.0 * Quat.x * Quat.w;
Mat[I]  = 1.0f - (2.0 * Quat.x * Quat.x);
Mat[I] -= 2.0 * Quat.y * Quat.y;
```

이것을 기본적인 컴파일러로 컴파일하면 25 개의 명령들로 이루어진 변환 코드가 나온다 (컴파일된 코드는 지면 관계 상 생략했다). 곱셈, 덧셈 결과를 재활용하거나 하나의 연산을 벡터화하는 최적화가 가해진다면 더 적은 개수의 명령들이 나올 것이다. 자주 실행될 코드 이므로, 그 두 가지 최적화를 출발점으로 해서 최대한 최적화해볼 필요가 있다.

사원수에서 행렬로의 변환 최적화

사원수 변환에 의해 생긴 행렬은 직교이며 따라서 직교 기저(서로 수직인 단위 길이 벡터 들로 구성된다)를 가진다는 점은 이미 알고 있을 것이다. 그러한 행렬에서는 임의의 한 행

또는 열을 다른 두 행 또는 열의 외적으로 얻을 수 있다. 외적의 결과는 손잡이에 따라 두 가지로 나뉜다.

GHI 행을 ABC, DEF를 이용해서 유도한다면:

```
; ABC는 r8에, DEF는 r9에 있다.
mul     r10, r8.yzxw, r9.zxyw     ; 외적으로 GHI를 구한다.
mad     r10, -r9.yzxw, r8.zxyw, r10
```

다음으로, 곱셈, 덧셈 결과들을 최대한 재사용한다면 이런 코드를 만들 수 있다.

```
; 사원수(r5)를 회전 행렬(r8,r9,r10)로 변환
def     c[CONST],0.0,1.0,2.0,0.5
add     r6, r5, r5                      ; 2x, 2y, 2z, 2w
mul     r1, r6.xyyy, r5.xyzw            ; 2xx, 2yy, 2yz, 2yw
mul     r2, r6.xxzz, r5.ywzw            ; 2xy, 2xw, 2zz, 2zw
add     r3, r1.xxyy, r2.zzzz            ; (2xx+2zz),(2xx+2zz)
add     r8.x, c[CONST].y, -r3.z         ; A = 1 - (2yy + 2zz)
add     r8.y, r2.x, r2.w                ; B = 2xy + 2zw
mad     r8.z, r6.x, r5.z, -r1.w         ; C = 2xz - 2yw
add     r9.y, r2.x, -r2.w               ; D = 2xy - 2zw
add     r9.y, c[CONST].y, -r3.x         ; E = 1 - (2xx + 2zz)
add     r9.z, r1.z, r2.y                ; F = 2yz + 2xw
mul     r10, r8.yzxw, r9.zxyw           ; 외적으로 GHI를 구한다.
mad     r10, -r9.yzxw, r8.zxyw, r10
```

이렇게 해서 사원수-행렬 변환 정점 셰이더 코드를 명령 12 개까지로 줄였다.

최종적인 셰이더는 네 개의 임의의 관절들을 혼합하고, 그 결과로 나온 사원수를 행렬로 변환하고, 그 행렬로 정점을 스키닝하고, 법선을 회전시킨다. 그 셰이더는 31 개의 명령들로 이루어지며, 뼈대 28 개짜리 캐릭터에 대해 56 개의 4 성분 레지스터들을 사용한다. 이는 같은 캐릭터에 대해 40 개의 명령들과 84 개의 레지스터들을 사용하는 기존의 정점 혼합 구현 [Domine03]에 비해 상당히 개선된 것이라 할 수 있다.

결론

이 글에서는 사원수를 통한 구면 관절 혼합이 빠르고 정확하며 간결한 스키닝 해결책임을 보여주었다.

참고자료

〔Coxeter73〕 Coxeter, H. S. M., *Regular Polytopes, Third Edition*, New York: Dover, 1973.

〔Domine03〕 Domine, Sebastien, "Mesh Skinning," 웹 주소
http://developer. nvidia. com/object/skinning. html, July 1, 2003.

〔Mohr03〕 Mohr, Alex, and Michael Gleicher, "Building Efficient, Accurate Character Skins from Examples," ACM SIGGRAPH 2003.

〔Shoemake85〕 Shoemake, Ken, "Animating Rotations with Quaternion Curves," ACM SIGGRAPH 1985.

〔Shoemake92〕 Shoemake, Ken, and Tom Duff, "Matrix Animation and Polar Decomposition," *Proceedings of the 1992 Graphics Interface Conference*, pp. 245-254, 1992.

〔Shoemake94〕 Shoemake, Ken, Quaternions, May 1994, 웹 주소
http://ftp://ftp. cis. upenn. edu/pub/graphics/shoemake/quatut. ps. Z, July 1, 2003.

〔Weber02〕 Weber, Jason, "Improved Deformation of Bones," *Game Programming Gems 3*, Charles River Media, 2002. 번역서는 "개선된 뼈대 변형," *Game Programming Gems 3*, 정보문화사, 2003.

5.13 모션 캡처 자료 압축

Søren Hannibal, *Shiny Entertainment*
sorenhan@yahoo.com

비디오 게임 산업의 투자액 규모는 매년 증가하고 있으며, 예산이 수 백억 원이 넘는 프로젝트도 드물지 않다. 종종 예산 중 상당 부분이 쓰이곤 하는 모션 캡처 작업은 수 기가 바이트의 원본 프레임 자료를 만들어낸다. 그러나 게임 개발에서 아주 부족한 자원들 중 하나가 바로 콘솔 메모리이고, 그래서 흥미로운 애니메이션을 대폭 잘라낸 후 최소한의 애니메이션만을 게임에 포함시켜야 하는 상황도 벌어진다.

이 글은 모션 캡처 자료의 메모리 사용을 개선하기 위한 한 가지 유손실 압축 시스템을 소개한다. 이 시스템은 뼈대 계통구조의 장점을 적절히 활용하지만, 미리 녹화된 카메라 이동이나 손으로 작성한 물리 객체 애니메이션 같은 임의의 키프레임 애니메이션에도 사용할 수 있는 좀 더 일반적인 해법도 가능하다.

이 글은 애니메이션 자료의 압축과 해제에 초점을 두며, 모형을 렌더링하는 방법이나 애니메이션들을 혼합하는 방법, 그리고 곡선을 보간하는 방법 등에 대해서는 언급하지 않는다. 이 글에 나온 기법들은 기존의 애니메이션 시스템 안에서 쉽게 구현할 수 있다.

메모리 절약 정도는 압축을 얼마나 과감히 적용하느냐에 따라 다르다. 뼈대 16 개짜리 계통적 모형의 경우에는 애니메이션 자료 크기를 초 당 500 바이트 이하로 줄이는 것이 가능하다(압축하지 않은 자료의 경우에는 초 당 15,000 바이트가 넘는다). 압축 해제에 필요한 성능 비용은 무시할 수 있을 정도이다. 압축은 CPU를 상당히 많이 사용하며, 최적의 결과를 위해서는 사용자의 개입이 조금 필요하다.

공략 계획

다음과 같은 세 가지 단계를 통해서 애니메이션 자료를 압축하고자 한다.

1. 가장 적은 수의 자료 채널들을 저장할 수 있는 형태로 자료를 조직화한다.
2. 애니메이션에 영향을 거의 미치지 않는 키프레임들을 제거해서 키 개수를 줄인다.
3. 나머지 키들을 정밀도를 줄여서 저장한다.

각 단계마다 애니메이터가 설정할 수 있는 몇 가지 사항들이 존재한다. 약간의 실험을 거치고 나면 애니메이터는 최소한의 조정으로 좋은 결과를 내는 수치들을 결정할 수 있을 것이다. 애니메이터의 부담을 줄이기 위해서는 설정 개수를 최소화하는 것이 중요하다.

자료 채널 조직화

첫 번째 단계는 필수적인 자료 채널들을 파악하는 것이다. 이 시스템의 경우 자료 채널은 하나의 뼈대를 회전, 이동, 비례시키는 일련의 키들로 정의된다. 표준적인 인체의 경우 일반적으로는 각 키마다 루트의 위치와 모든 뼈대들의 방향을 저장해야 한다. 그러나 시스템이 안면 애니메이션이나 손 애니메이션, 늘어나고 줄어드는 애니메이션을 지원해야 한다면, 또는 자동차나 무기 같은 다른 종류의 관절 모형들을 렌더링해야 한다면, 채널 선택에서의 유연성이 좀 더 중요해진다.

마찬가지로, 시스템이 하나의 캐릭터에 대해서 동시에 여러 개의 애니메이션들을 재생해야 한다면, 모든 애니메이션들에 대해 모든 뼈대들을 계산하는 것은 비효율적이다. 한 예로, 캐릭터가 달려감과 동시에 조준을 한다고 하자. 그러면 캐릭터의 다리와 몸통에 대해서는 표준적인 달리기 애니메이션을, 그리고 어깨와 팔에 대해서는 무기를 쥐고 조준하는 애니메이션을 수행해야 할 것이다.

세 축 모두에서의 완전한 회전 자유도가 꼭 필요하지 않는 경우라면 몇몇 채널들을 좀 더 최적화할 수 있다. 예를 들어서 턱뼈나 눈꺼풀, 몇몇 손가락 뼈대들은 하나의 축에 대해서만 회전해도 된다. 그런 경우 하나의 축만 저장함으로써 공간을 크게(3 분의 1 정도로) 절약할 수 있다. 키프레임들을 보간하거나 애니메이션들을 혼합하는 속도 역시 개선되는데, 왜냐하면 하나의 축에 대한 국소 행렬을 만드는 것은 세 축으로 국소 행렬을 만들거나 하나의 사원수 SLERP(구면 선형 보간, spherical linear interpolation)로부터 행렬을 얻는 것에 비해 훨씬 빠르기 때문이다.

경우에 따라서는 일부 관절이 단축 회전에서 다중축 회전으로 변할 수도 있다. 예를 들어 입을 여닫을 때에는 턱이 하나의 축에 대해 회전하는 것으로 충분하지만, 주먹에 맞아서 턱이 돌아가야 한다면 또 다른 축에 대한 회전이 필요해진다.

저장할 키 개수 줄이기

모든 자료를 조직화했다면, 다음으로는 시각적인 영향을 (거의)주지 않는 키들을 제거해야 한다.

알고리즘 자체는 간단하다.

1. 각 키의 중요도를 측정한다.

2. 일정한 조건들에 근거해서 더 많은 키들을 제거한다.

3. 중요도가 가장 낮은 키를 제거한다.

4. 제거된 키의 두 이웃 키들의 중요도를 다시 계산한다.

알고리즘은 간단하지만, 다음 두 문제를 염두에 두고 자료를 조직화하지 않았다면 수행 속도가 매우 느릴 것이다. 여기서 두 문제란, 어떤 키의 중요도가 가장 낮은가, 그리고 나머지 키들 중에서 어떤 키가 이웃한 두 키인가이다.

두 번째 문제에 대한 해결책은 간단하다. 각 채널에 대해, 키들의 배열을 프레임 번호 순으로 정렬한다. 이 키들은 또한 하나의 연결된 목록 형태로 연결되어 있어야 한다. 키를 제거할 때마다, 그 키를 연결된 목록에서도 제거한다. 따라서 어떤 키가 유효하며 어떤 키가 폐기되었는지는 금방 알 수 있다. 또한 제거된 키의 이웃 키들, 즉 재계산해야 하는 키들도 바로 알 수 있다.

또한 중요도를 기준으로 해서 모든 채널들의 키들을 균형 이진 트리 형태로 조직화하는 것 역시 도움이 된다. 그러면 중요도가 가장 낮은 키를 찾는 시간이 크게 줄어들며, 중요도를 재계산한 후 키들을 재배치하는(이진 트리 안에서) 시간도 줄어든다.

각 키의 중요도 측정

각 키의 중요도를 측정하기 위한 발견적 방법을 제대로 결정하지 못하면 압축 시스템이 잘못된 길로 빠질 수 있다. 발견적 방법은 낮은 수준의 압축에서는 큰 문제가 되지 않지만, 고비율 압축에서는 매우 중요해진다. 이 부분을 제대로 해내느냐에 따라, 3차원 모형이 사지를 부자연스럽게 흔드느냐 아니면 실제 사람처럼 살아 숨쉬느냐가 판가름 난다.

애니메이터는 각 애니메이션에서 제거할 키 개수를 개별적으로 설정할 수 있어야 한다. 이때 애니메이터가 제거할 키 개수를 명시적으로 지정하는 대신 애니메이션이 유지해야 할 초 당 목표 키 개수를 설정하게 할 수도 있을 것이다. 최적의 결과를 위한 수치는 각 애니메이션마다 다를 수 있지만, 좋은 발견적 방법을 사용한다면 초 당 5에서 10 개의 키들로 자연스러운 애니메이션을 얻을 수 있다.

가장 간단한 발견적 평가 방법은, 최적화된 자료 집합에서의 키 제거를 시뮬레이션하는 것이다. 즉, 어떠한 키를 제거하기 전의 자료집합과 키를 제거한 후의 자료집합 두 가지를 두고, 그 자료집합들의 프레임들을 해제해서 그 둘을 비교해서 해당 키의 중요도를 판정한다.

원래의 자료집합에 기반해서 키의 중요도를 찾는 것은 별로 바람직하지 않다. 왜냐하면 많은 키들이 동일 직선 상에 있기 때문이다. 문제는 이런 것이다. 동일 직선 상의 키들 중 하나를 제거해도 나머지 키들은 이전과 동일한 경로를 따라 곡선을 제어할 것이고, 만일 동일 직선 키들을 모두 제거한다면 곡선의 경로가 달라질 것이다.

키들의 중요도를 계산할 때와 게임 안에서 프레임들을 해제할 때 모두 동일한 보간 방법을 사용해야 한다는 것이 중요하다. 선형 보간은 결과가 가장 나쁘며, 따라서 권장하지 않겠다. 선형 보간을 사용하면 애니메이션이 부자연스럽고 딱딱해지는 경우가 많다. 애니메이션을 평활화하는 스플라인 보간은 훨씬 더 나은 결과를 낸다.

적절한 키 제거 기준 찾기

키 제거 조건으로는 여러 가지가 가능하다. 가장 명백한 기준은, 두 자료집합(제거 전과 제거 후)에서 키들이 얼마나 멀리 떨어질 것인가이다. 이 기준은 예를 들면 피타고라스의 방법으로 적용할 수 있다. 이 기준을 적용한다면, 해제된 모든 프레임들은 원래 애니메이션의 프레임들과 매우 유사할 것이다.

그러나 애니메이션의 사실적인 모습에는 개별 프레임보다 최종적인 애니메이션의 전반적인 느낌이 더 중요하다. 발견적 방법이 어떤 절대적인 수치만을 추구한다면 그를 통해서 각 프레임이 제대로 나타나더라도 그것이 연결되어 움직이는 모습은 원래의 애니메이션과 상당히 다를 수 있다. 곡선의 1차 도함수와 2차 도함수인 속력과 가속은 둘 다 동일하게 중요한 기준이다. 예를 들어, 펀치 애니메이션이 빠르면서도 제어된 느낌을 주려면 가속과 감속 모두가 정확해야 한다. 비디오 게임 플레이어들은 원래의 모션 캡처 세션에서 하나의 펀치가 어디에 떨어졌었는지는 알지 못해도, 게임 플레이 도중 애니메이션이 뭔가 어색하다는 점은 금방 알아챈다.

계통적 애니메이션을 다룰 때에는 각 뼈대의 위치가 매우 중요해진다. 회전은 물체의 중심보다 물체의 범위에 더 많은 영향을 미친다. 손 관절의 1차 불일치는 어깨 관절의 1차 불일치보다 눈에 덜 띄는데, 이는 손과 손가락 끝 사이의 뼈대 개수가 어깨와 손가락 끝 사이의 뼈대 개수보다 훨씬 적기 때문이다. 이런 부분은 절차적인 방식으로 결정하는 것보다 애니메이터에게 맡기는 게 더 좋다. 경우에 따라서는 애니메이터가 몸의 특정 부분에 좀 더 초점을 두고 싶어할 것이기 때문이다. 예를 들어 손이 클로즈업 되는 장면이 있다면 루트 뼈대와 손 뼈대 사이의 모든 뼈대들은 높은 품질로 저장하고 반대쪽 팔과 다리들은 그보다 낮은 품질로 저장할 수도 있다. 따라서 좀 더 나은 결과를 위해서는 보다 세밀해야 할 부분을 애니메이터가 직접 선택할 수 있는 수단을 제공할 필요가 있다.

마지막으로, 뼈대에 특정 프레임의 키를 저장한다면, 자식과 부모 뼈대들도 동일한 프레임에 대한 키를 저장해야 한다. 그러면 좀 더 침착하고 정밀한 애니메이션이 만들어지는 경향이 있다(특히 선형 보간을 사용할 때).

이웃 키들의 중요도 재계산

한 키를 제거하면 그 이웃 키들이 영향을 받게 되므로, 동일 직선성 관련 문제를 제거하기 위해서는 이웃 키들의 중요도를 다시 계산해야 한다. 스플라인 보간을 사용한다면, 제거된 키 양쪽에서 각각 두 개의 이웃 키들이 영향을 받는다. 선형 보간의 경우에는 양쪽의 키 하나씩만 영향을 받는다.

발견적 방법이 부모나 자식 뼈대들을 고려한다면, 그런 뼈대들에 의해 영향을 받는 키들 역시 중요도를 다시 계산을 해야 한다.

나머지 키들을 효율적으로 저장

어려운 부분은 다 지나갔다. 이제 저장할 키들을 찾아냈으므로, 자료를 어떻게 꾸릴 지 생각해야 한다. 모든 것을 32 비트 부동소수점으로 저장하는 대신 좀 더 낮은 정밀도로 저장한다면 저장 공간을 크게 줄일 수 있다.

사원수는 품질을 크게 떨어뜨리지 않고도 4 바이트로 압축할 수 있다 [Zarb-Adami02]. 위치적인 애니메이션들에 대해서도 비슷한 방법을 고안해낼 수 있을 것이다. 이런 기법의 경우 빠르게 움직이는 애니메이션에 대해서는 좋은 효과를 거둘 수 있으나, 캐릭터의 세부가 플레이어의 주목을 끌 수 있을 정도로 느린 애니메이션에서는 애니메이션이 떨리는 현상을 플레이어가 인식할 수 있다.

계통적인 시스템에서, 떨림은 주로 캐릭터의 루트에 가까운 뼈대들이 만들어내는데, 그런 뼈대들에 대한 키들에 좀 더 높은 정밀도를 사용하면 문제를 완화할 수 있다. 루트에 가까운 뼈대들에 대한 키들은 8이나 12 바이트 정밀도를, 그리고 팔다리에 대해서는 4 바이트 정밀도를 사용하면 될 것이다.

뼈대 별 차별화 개념을 애니메이션 별 차별화 개념으로 확장하는 것도 가능하다. 즉, 애니메이션마다 다른 정밀도를 사용할 수도 있는 것이다. 만일 한 애니메이션이 클로즈업 장면에 주로 쓰인다면, 또는 특정 정밀도로 압축을 했더니 애니메이션이 별로 좋아 보이지 않는다면 그런 애니메이션에 대해서는 더 높은 정밀도를 사용하는데, 이 역시 애니메이터가 직접 결정하게 하는 게 좋다. 미리 몇 가지 설정들을 정의해 두고 선택하게 한다면 애니메이터가 작업하기에 편할 것이다.

마지막으로 해결할 것은, 그러한 키 자료를 합리적인 형식으로 저장하는 것이다. 각 채널에 대해, 제거하고 남은 키들과 해당 프레임 번호들을 저장해야 한다. 각 키의 프레임 번호를 이전 키의 프레임 번호에 대한 오프셋으로 저장한다면 저장 공간을 더욱 줄일 수 있다. 다중 바이트 기법을 사용해도 좋을 것이다. 즉 프레임 번호 크기에 따라 바이트 하나나 둘을 사용하되, 첫 번째 바이트의 최상위 비트가 두 번째 바이트의 필요 여부를 가리키게 하는 것이다. 이 방법은 애니메이션 프레임 수가 $32768(2^{15})$ 이하인 경우에 유효하다.

실행 시의 압축 해제

실행 시점에서 매 프레임마다 애니메이션을 렌더링하기 위해서는 압축된 자료를 해제해야 한다. 해제는 두 단계로 이루어진다.

1. 키들이 정확한 프레임 범위 안에 있도록 해제 버퍼를 갱신한다.
2. 해제 버퍼 안의 키들을 보간해서 해당 프레임에 대한 애니메이션을 얻는다.

각 애니메이션의 시작에서, 애니메이션 재생 루틴은 각 자료 채널에 대해 하나씩의 해제 버퍼를 할당해야 한다. 그 버퍼들은 해제되지 않은 키들을 저장하는 용도로 쓰인다. 보간 루틴은 해제되지 않은 키들을 보간해서 현재 프레임의 자료를 구한다. 각 해제 버퍼는 자료 채널 당 둘 또는 네 개의 해제되지 않는 키들을 담을 정도로 커야 한다. 둘이냐 넷이냐는 압축 도중 쓰인 보간 방법에 따라 결정된다. 이 버퍼들은 애니메이션이 끝날 때까지 메모리 안에 계속 유지되어야 하며, 각 버퍼는 현재 애니메이션이 유효하지 않을 때마다 갱신되어야 한다.

마지막 단계는 키들 사이의 보간인데, 이는 압축 도중에 사용한 보간 루틴으로 수행하면 된다. 보간을 마치면 모형을 렌더링하는 데 필요한 애니메이션 프레임 자료가 만들어진다.

개선 방안들

지금까지 애니메이션 자료를 압축하고 해제하는 하나의 시스템을 설명했다. 다른 모든 것들과 마찬가지로, 이 시스템 역시 개선할만한 부분들을 여러 개 가지고 있다. 이미 몇 가지를 떠올린 독자도 있을 것이다. 다음은 필자의 제안과 요령들이다.

- **곡선 맞추기(curve fitting)**. 여러 키들을 제거하고 나면 곡선이 더 이상 최적이 아닐 수도 있다. 곡선은 키가 저장된 프레임들의 값들을 거치겠지만, 키들 사이에서는 곡선이 최적의 곡선을 벗어날 수 있다. 모든 키들이 결합된 최고의 결과에 대해 곡선을 맞추려고 노력한다면, 타이밍을 변하게 하지 않고도 전반적인 애니메이션을 원본에 좀 더 가깝게 만들 수 있을 것이다.
- **채널들을 번갈아서 저장한다**. 애니메이션 채널들을 번갈아서(interleave) 저장한다면, 애니메이션들을 한 번에 하나의 작은 조각으로 스트림화할 수 있다. 이렇게 하면 애니메이션 전체를 메모리에 모두 담아 둘 필요가 없으므로, 긴 컷씬의 경우에 유용하다. 또한 보통의 애니메이션에도 도움이 된다. 각 채널이 개별적인 장소에 들어 있는 것이 아니라 여러 채널의 조각들이 같은 장소에 들어 있기 때문에, 임의의 메모리 접근이 줄어드는 것이다.
- **키 제거와 키 압축 저장을 분리한다**. 키 제거는 이 압축 시스템에서 가장 느린 부분에 해당하며, 애니메이터의 손길이 필요한 부분들 중 하나이기도 하다. 키 제거와 키 압축 저장 사이의 중간 결과를 보존해 둔다면, 애니메이터가 압축 관련 설정들만 조정하고 싶을 때 그 결과를 좀 더 빨리 확인할 수 있다.

결론

모든 게임에는 메모리 제약이 따른다. 메모리 요구량을 줄이는 한 가지 방법은 애니메이션 자료를 압축하는 것이다. 이 글에서는 애니메이션의 모습과 느낌에 큰 영향을 주지 않는 키들을 제거하고 나머지 키들은 최대한 꾸려 넣는 간단한 압축 시스템을 소개했다.

가장 중요한 것은 키의 중요도를 측정하기 위한 발견적 방법인데, 그런 만큼 제대로 결정하기가 가장 어렵다. 그러나 세련미가 다소 떨어지는 발견적 방법을 사용한다고 해도 상당한 메모리 절약을 얻는 것이 가능하다. 나머지 키들을 압축해서 저장하는 것 역시 물론 중요하다. 높은 압축 수준에서는 정밀도 손실에 의한 떨림이 생길 수 있으므로, 미묘한 애니메이션의 경우 압축 수준을 낮출 필요가 있다.

이 시스템의 결과는 애니메이션에 따라 다르다. 모든 애니메이션에 보편적으로 적용할 수 있는 하나의 바람직한 설정 집합은 존재하지 않는다. 따라서 애니메이터가 각 애니메이션의 압축 수준이나 기타 설정들을 자유로이 선택할 수 있도록 하는 것이 중요하다. 그러나 많은 수의 애니메이션들을 애니메이터가 빠르게 처리할 수 있으려면, 선택 사항의 개수를 최소한으로 유지할 필요가 있다.

이 글에서 이야기한 기법을 구현하는 것은 생각보다 어렵지 않다. 이 글에서 언급된 내용들은 단지 지침일 뿐, 절대적인 규칙이 아니므로, 여러 가지로 실험해 보길 권한다.

참고자료

〔Zarb-Adami02〕 Zarb-Adami, Mark, "Quaternion Compression," *Game Programming Gems 3*, Charles River Media, 2002. 번역서는 "사원수의 압축," *Game Programming Gems 3*, 정보문화사, 2003.

5.14 3차원 뼈대 기반 관절 캐릭터를 위한 빠른 충돌 검출

Oliver Heim, Carl S. Marshall, Adam Lake, *Intel Corporation*
oliver.heim@intel.com,
carl.s.marshall@intel.com,
adam.t.lake@intel.com

사용자로 하여금 가상 세계 속으로 빠져들게 하기 위한 사실성을 추구하는 게임 엔진에서 시뮬레이션은 절대적으로 중요한 구성요소이다. 사실적인 가상 체험을 추구하다 보면 더 빠른 CPU, 그래픽 카드, 더 큰 대역폭과 메모리를 요구하게 된다. 성능 향상에 큰 영향을 미치는 부분 중 하나는 충돌 검출이다. 정교하고 효율적인 충돌 검출은 게임의 속도와 품질에 중요한 영향을 미친다. 스프라이트를 감싸는 사각형 하나로 충돌을 검출하던 시대는 이미 지나가 버렸다. 지금은 3차원 공간 안에서 수행되며 정교하고도 그럴듯한 결과를 내는 충돌 검출 기법이 요구된다. 이 글은 현대적인 3차원 게임 엔진을 위한 하나의 실용적이고도 효과적인, 그리고 오늘날의 여러 엔진들에서 흔히 쓰이는 기법들에 비해 여러 장점들을 지닌 충돌 검출 구현 방법을 제시하고자 한다.

충돌 검출 대 충돌 해소

충돌 검출(collision detection)은 장면 안의 두 물체가 서로 충돌하는 정확한 순간을 찾는 것이다. 그리고 충돌 해소(collision resolution)는 충돌과 관련된 물체들에 적절한 반발력을 적용함으로써 충돌 상황을 해결하는 것이다. 삼각형들이 서로 교차하지 않도록 물체들을 움직이거나, 물리에 기반한 힘들을 물체에 적용하거나, 두 물체 중 하나를 택해서 반발력을 가하는 등의 작업은 충돌 해소에 속한다. 충돌 해소는 그 자체로도 하나의 커다란 주제이므로, 이 글에서는 기본적으로 충돌 검출에만 초점을 둔다.

용어

뼈대(bone): 골격 캐릭터의 각 뼈대에는 일련의 정점들이 연관되어 있다. 뼈대가 변환되면 정점들도 그 뼈대를 따라 움직인다. 충돌 검출에서는 이러한 뼈대들을 충돌 검출 하위 시스템의 입력으로 사용한다. 일반적으로, 하나의 정점에는 여러 개의 뼈대들이 연관되며, 각 뼈대는 그 정점에 대한 가중치를 가진다. 그리고 뼈대들은 부모-자식 관계로 서로 연결되어서, 전체적으로 모형의 뼈대 계통구조, 즉 골격(skeleton)을 형성한다.

AABB: 축에 정렬된 경계상자(axis-aligned bounding box, 줄여서 축 정렬 경계상자). 상자의 각 면이 주축들 중 하나를 따라 배치된 상자이다.

OBB: 방향이 있는 경계상자(oriented bounding box, 줄여서 유향 경계상자) [Gottschalk96]. OBB는 AABB의 일반화로, 3차원 공간에서 임의로 회전될 수 있다. 상자의 회전은 상관변환이므로, 회전에 의해 상자가 늘어나거나 찌그러지지는 않는다. 각 OBB는 하나의 뼈대에 상대적으로 표현된다. 따라서 뼈대가 변환되었을 때 상자의 위치와 방향을 다시 계산할 필요가 없다(그림 5.14.1).

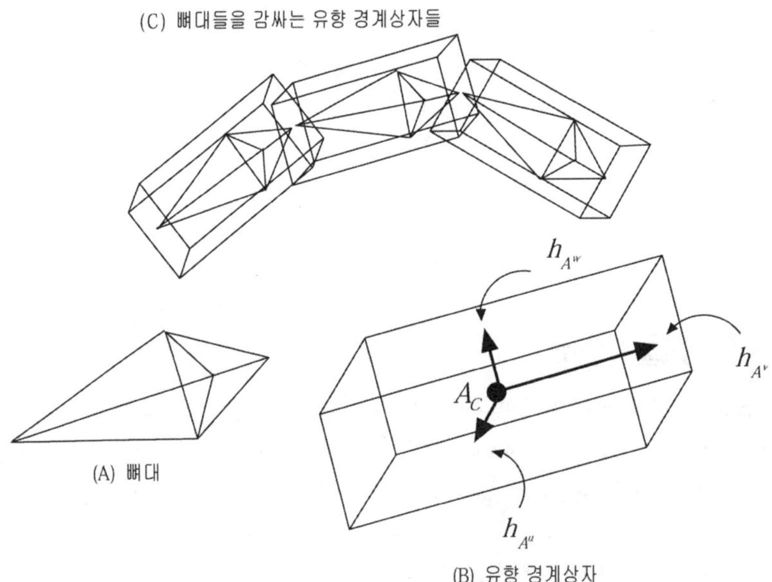

그림 5.14.1 뼈대, 유향 경계상자, 그리고 연결된 세 뼈대들을 감싸는 유향 경계상자들. A_C는 상자의 질량중심(대략적인 평균점)을 뜻하며 $\{\ h^A_u,\ h^A_v,\ h^A_w\ \}$은 상자의 양의 반너비(halfwidth)들이다.

스키닝(skinning): 정점, 삼각형, 정점 가중치 등의 메시 정보를 뼈대 기반 모형의 골격에 연결하는 과정을 말한다. 하나의 정점이 골격의 하나 이상의 뼈대들에 연결될 수 있으며, 그에 해당하는 가중치들은 해당 뼈대의 움직임이 정점에 얼마나 영향을 주는지를 결정한다. 일단 골격을 스키닝하면, 메시는 골격의 방향 변화에 대해 자연스러운 방식으로 변형된다. 스키닝이 빠른 충돌 검출 알고리즘의 실행 시간에 직접적으로 연관된 것은 아니지만, 이 글에서는 어떤 정점/삼각형이 어떤 뼈대에 연관되는지를 결정하기 위해 전처리 과정에서 스키닝 연산을 적용한다.

충돌 검출과 3차원 엔진의 통합

뼈대 기반 캐릭터를 위한 충돌 검출은 계산량이 크다. 왜냐하면 두 개의 개별적인 변환 단계들이 필요하기 때문이다. 시뮬레이션 단계에서는 모든 정점들을 충돌 검출 엔진의 좌표계로 변환해야 한다. 그리고 렌더링 단계에서는 모든 정점들을 스키닝 알고리즘에 맞게 변환해야 한다. 비효율성은 충돌 검출 도중 완전한 변환이 필요하다는 점에서 비롯된다. 이 계산 요구량을 줄일 수 있다면 좋을 것이다.

이 글이 제시하는 기법의 세부 사항으로 들어가기 전에, 게임의 매 프레임마다 어떤 일이 일어나는지를 잠깐 살펴보도록 하자. 게임 엔진이 매 프레임마다 다음과 같은 루프를 수행한다고 하겠다.

```
매 프레임마다:
        시뮬레이션 시간이 남아 있는 동안:
                시스템을 현재 시간으로 진척시킨다
                        각 모형에 대해:
                                모형을 세계 공간으로 변환
                                뼈대 기반 모형들 안의 뼈대들을 변환
                        충돌검출을 수행
                        충돌해소를 수행
        뼈대 기반 모형에 스키닝을 적용
        장면을 렌더링
```

이 의사코드에서, 최종적으로 표시되는 이미지를 만들기 위해 여러 분리된 단계들 사이에 순서 의존성이 존재함을 주목하자. 예를 들어 충돌 검출 이전에 프레임을 렌더링해서는 안 되며, 마찬가지로 각 모형에 다음번의 일련의 세계 공간 변환들을 가하기 전에 충돌 검출을 수행해서도 안 된다.

전통적인 충돌 검출 접근방식

이 문제에 대한 한 가지 직접적인 접근방식은, 충돌 검출을 위한 메시와 렌더링을 위한 메시를 따로 두는 것이다. 이러한 방법에서는 충돌용 메시가 렌더링용 메시보다 훨씬 낮은 해상도를 가지는 것이 일반적이다. 이런 방법이 효과가 있긴 하지만, 개별적인 메시 위상구조를 사용하기 때문에 부정확한 충돌 검출 결과가 나올 수 있다. 더 중요한 문제는, 충돌용 메시가 렌더링용 메시보다 작긴 하겠지만 그래도 변환들을 가해야 한다는 것이다. 충돌 영역은 메시의 전체 다각형들의 작은 부분집합일 것이라는 점에서, 이는 비효율적인 방식이라 할 수 있다.

또 다른 접근방식은 렌더링 메시를 근사하는 어떤 대용 기하구조를 사용하는 것이다(예를 들면 경계입체 계통구조 등). 경계입체 계통구조는 기하구조를 트리 비슷한 구조로 조직화한다. 그러한 트리 구조에서, 더 낮은 수준은 더 높은 수준(부모)을 미리 정해진 개수의 부분입체들로 분할한다. N 개의 다각형으로 이루어진 하나의 모형에 대해 그런 식으로 트리를 만들고 나면, 루트는 모형 전체를 감싸는 입체이고, 그 밑에 여러 중간 수준들이 있고, 가장 낮은 수준에는 N 개의 말단 노드들이 있는 형태의 트리가 된다. 각 말단 노드는 하나의 삼각형을 감싸는 하나의 경계입체이다. 이런 트리 구조가 만들어져 있다면 충돌 검출을 좀 더 빠르게 수행할 수 있다. 트리 구조의 특성 상, 주어진 충돌 상황과 무관한 수많은 경계상자들을 빠르게 제외시킬 수 있기 때문이다. 다만, 그러한 트리 계통구조를 구성하는 데에는 많은 계산이 필요하기 때문에 정적인 모형에 대해 오프라인 상에서 또는 로딩 시점에서 한 번만 계산해 두는 방식으로 사용해야 한다. 뼈대 기반 캐릭터 같은 동적인 모형의 경우에는 모형의 방향이나 자세가 변할 때마다 트리를 재계산해야 하기 때문에 전혀 적합하지 않다.

빠른 뼈대 기반 충돌 검출 알고리즘

이 글의 알고리즘은 모형의 뼈대들을 이용해서 모형과 임의의 물체 사이의 빠른 충돌 검출을 제공한다. 알고리즘은 이런 식이다. 모형 전체에 대한 완전한 경계입체 계통구조를 만드는 대신, 모형의 각 뼈대마다 단순한 형태의 경계입체를 계산한다. 뼈대 목록 안의 각 뼈대로부터 그에 관련된 정점들의 집합에 접근할 수 있으므로 충돌이 어디서 일어났는지를 빠르게 알 수 있으며, 또한 충돌과 관련된 경계입체들에 연관된 정점들만 변환할 수 있다. 이 알고리즘이 사용하는 자료구조와 전처리 단계, 그리고 알고리즘 자체는 차차 이야기하겠다.

이 알고리즘이 앞에서 설명한 알고리즘보다 나은 점들을 몇 가지 들자면:

필요한 정점들만 변환하면 된다.

■ 뼈대의 크기가 변하지 않는 한, OBB들을 다시 계산할 필요가 없다.

■ 매 프레임마다 경계입체 계통구조를 다시 계산할 필요가 없다(경계입체들은 뼈대에 대해 고정되어 있으므로).

■ 시뮬레이션용 메시와 렌더링용 메시를 따로 둘 필요가 없다.

유향 경계상자를 이용한 충돌 검출

이 알고리즘의 핵심은 Stephan Gottschalk의 유향 경계상자 교차 판정[Gottschalk96]에 근거한다. 이 알고리즘은 축 분리 정리(separating axis theorem)를 사용하는데, 정리를 간단히 요약하자면, OBB_A와 OBB_B 사이에서 어떤 축 하나만 찾으면 그 둘의 분리 여부를 증명할 수 있다는 것이다. 이를 위해서는 최대 15 개의 축들을 판정해야 한다. 축 세 개는 OBB_A의 면들에서 비롯된 것이고, 축 세 개는 OBB_B의 면들, 그리고 아홉 축은 OBB_A와 OBB_B 변들의 조합으로부터 비롯된 것이다. 각각의 판정은 각 상자의 반지름들을 판정 대상 축에 투영하는 식으로 이루어진다. 만일 15 개의 축들 모두에서 그런 투영들이 서로 겹친다면 두 상자는 충돌하는 것이고, 겹치지 않는 축들이 하나라도 존재하면 두 상자는 충돌하지 않는 것이다. 한 축에 대한 투영 판정의 2차원 버전이 그림 5.14.2에 나와 있는데, 그림에서 보듯이 두 반지름 투영들이 겹치지 않으므로 두 상자는 충돌하지 않는다. 이러한 판정 방법에 대해 좀 더 알고 싶은 독자는 [Gottschalk96]을 보기 바란다.

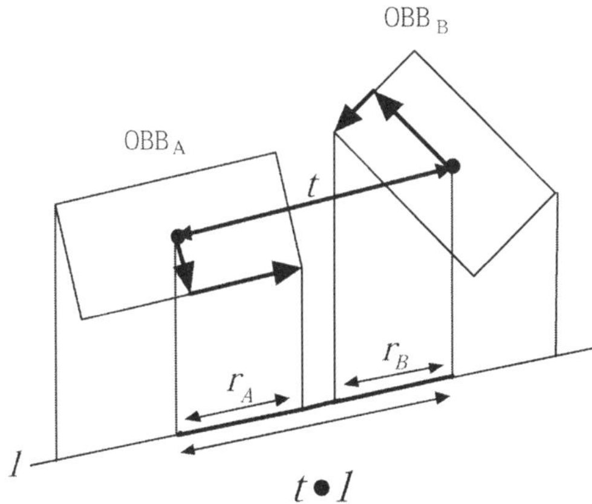

그림 5.14.2 축 분리 판정법 - 축 L에 대한 각 반지름 r_A, r_B의 투영들이 서로 겹치지 않으므로 OBB_A와 OBB_B는 서로 분리되어 있다.

자료구조

알고리즘 자체로 들어가기 전에 어떤 자료구조들을 사용하는지부터 살펴보자. 이 알고리즘은 대용 기하구조로 유향 경계상자를 사용하며, 자료구조도 그러한 점을 반영해야 한다. 다음은 알고리즘이 사용하는 자료구조들 중 가장 중요한 것들의 간략화된 코드이다.

```
class OrientedBone
{
    // 뼈대 정보
    Matrix4x4    m_mReferenceTransform;    // 뼈대 변환
    int          m_iID;                    // 뼈대 ID
    TriList*     m_pTriangleList;          // 뼈대에 연결된
                                           // 삼각형들
    Vector3*     m_pVertexList;            // 정점 색인들

    // 유향 경계상자 정보
    Vector3  m_vCentroid;
    Vector3  m_vAxisU, m_vAxisV, m_vAxisW;

    // OBB의 양의 반너비들
    float        m_fHalfWidthU, m_fHalfwidthV,
                 m_fHalfWidthW;
};

class BoneModel
{
    // 뼈대 계통구조를 가리키는 포인터
    OrientedBone** m_pBoneList;

    // 구의 위치와 {h} 반지름을 담은 벡터
    Vector4  m_vBoundingSphere;

    // 모형 전체의 세계공간 위치/방향
    Matrix4x4        m_mPreviousOrientation,
    Matrix4x4        m_mCurrentOrientation;
    Matrix4x4        m_mNextOrientation;
};
```

전처리

전처리 과정에서는 3차원 그래픽 저작 패키지에서 저장한 장면 정보를 읽어 들이면서 알고리즘을 위한 자료구조들을 적절히 생성, 설정한다. 장면 정보를 읽다가 골격을 가진 모형을

만나면, 그 모형의 원래 위치와 방향, 그리고 골격을 구성하는 뼈대 개수를 읽어 들인다. 그런 다음에는 그 뼈대 개수만큼의 OrientedBone 객체들을 담을 배열을 만든다. 다음으로, 골격의 각 뼈대를 처리한다. 즉 장면 파일로부터 각 뼈대의 고유한 식별자, 부모 뼈대의 식별자, 그리고 루트 뼈대에 대한 위치 및 방향을 구하기 위한 변환 등 뼈대 정보를 읽어서 뼈대 관련 자료구조에 채운다. 루트 뼈대 이외의 모든 뼈대들은 하나의 부모를 가지며 0 또는 그 이상의 자식들을 가진다. 뼈대들은 전위 운행을 통해서 재귀적으로 처리한다. 즉, 루트 뼈대로부터 말단 뼈대들을 향해 바깥쪽으로 훑어나가면서 각각을 해당 뼈대 식별자와 함께 뼈대 목록에 삽입한다. 하나의 말단 노드에 도달하면 다시 루트 노드로 돌아가서 다른 가지를 따라 또 다른 말단 뼈대까지 나아간다. 그런 과정을 모든 뼈대들이 처리될 때까지 반복한다.

모든 뼈대들을 처리한 후에는, 모형의 메시 정보를 읽어 들인다. 메시 정보에는 뼈대 골격에 피부를 입히는 스키닝과 자료구조들을 위한 경계입체 계산에 필요한 정점들, 삼각형들, 뼈대 가중치들이 포함된다. 전처리 단계에서 스키닝을 수행하는 이유는, 각 뼈대에 연관된 정점들을 알아내야 하기 때문이다. 각 뼈대의 정점 목록은 해당 뼈대와 그 정점들을 완전히 감싸는 유향 경계상자를 계산하는 데 쓰인다. 이 계산은 모형공간 안에서 일어나므로, 각 주축에 대한 정점들의 최대, 최소 위치들만 알아내면 표준적인 축 정렬 경계상자 기법을 이용해서 유향 경계상자를 계산할 수 있다. 이 기법이 최소 부피 경계상자를 만들어내지는 않지만, 그래도 주어진 정점들에 충분히 잘 맞는 경계상자는 얻을 수 있다. 주어진 정점 집합에 대한 최소 경계상자를 계산하는 방법은 [Eberly01]나 [Gottschalk96]에서 참고하기 바란다. 여기까지의 처리를 마치면 뼈대 ID를 기준으로 정렬된 뼈대들의 목록이 생긴다. 그 목록의 각 뼈대에는 그 뼈대를 감싸는 유향 경계상자 정보와 그 뼈대에 연관된 정점들 및 삼각형들의 정보도 들어 있다.

실행시점 알고리즘

뼈대 기반 모형에 대한 알고리즘 실행은 두 과정으로 나뉜다. 첫 번째는 시뮬레이션 과정(즉 골격 이동 및 충돌 검출)이고, 두 번째는 렌더링 과정(스키닝)이다. 여기서는 시뮬레이션 과정에 초점을 두겠다.

게임 엔진의 시뮬레이션 과정은 일반적으로 하나의 스케줄러가 제어한다 [Harvey02]. 스케줄러는 여러 시뮬레이션 구성요소들에 시간 조각들을 분배함으로써 특정한 하나의 구성요소가 모든 시스템 자원을 소비하는 일을 방지하며, 그럼으로써 게임플레이가 매끄럽게 흘러가도록 만든다. 충돌 검출을 위해, 스케줄러는 충돌 엔진에게 충돌 가능한 모형들의 목록과 시작 시간 및 종료 시간이 지정된 하나의 시간 조각을 제공한다. 시작 시간은 각 모형의 현재 세계공간 위치와 방향을 대표하며, 종료 시간은 모든 충돌들이 검출, 해소된 이후의 세계공간 위치와 방향을 대표한다.

충돌 엔진은 각 모형의 새 세계공간 위치와 방향을 계산한다. 모형이 뼈대들을 담고 있다면, 각 뼈대의 새 세계공간 위치와 방향도 계산해야 한다. 그런 다음, 두 물체의 쌍 각각에 대해 교차 판정을 수행한다. 효율성을 위해, 각 모형을 감싸는 경계구들로 먼저 교차 판정을 수행하고 구들이 교차하는 경우에만 좀 더 세부적인 교차 판정들을 수행하게 된다(그림 5.14.3).

```
DetectCollisions()
{
    while( FrameTimeLeft )
    {
        // 각 모형의 세계공간 위치/방향을 nextTime까지
        // 진척시킨다. 뼈대들이 있다면 뼈대들의 위치/방향도
        // 진척시킨다.
        AdvanceModels(nextTime);

        for(각각의 두 모형 modelA, modelB  쌍에 대해)
        {
            collision = false;

            if( SphereIntersection(modelA, modelB) )
            {
                if( modelA->HasBones() ||
                    modelB->HasBones() )
                    collision = OBB_Bone_Traverse();
                else if( modelA->HasBones() &&
                         modelB->HasBones() )
                    collision = Bone_Bone_Traverse();
                else
                    collision = OBB_OBB_Traverse();
            }

            if( collision &&
                collisionTime > firstCollisionTime )
            {
                SaveModelInformation();
                firstCollisionTime = collisionTime;
            }
        }
    }
```

```
    if( collisionOccurred )
    {
        ResolveFirstCollision();
        nextTime = collisionTime;
    }
    else
        nextTime += Step;
    }
}
```

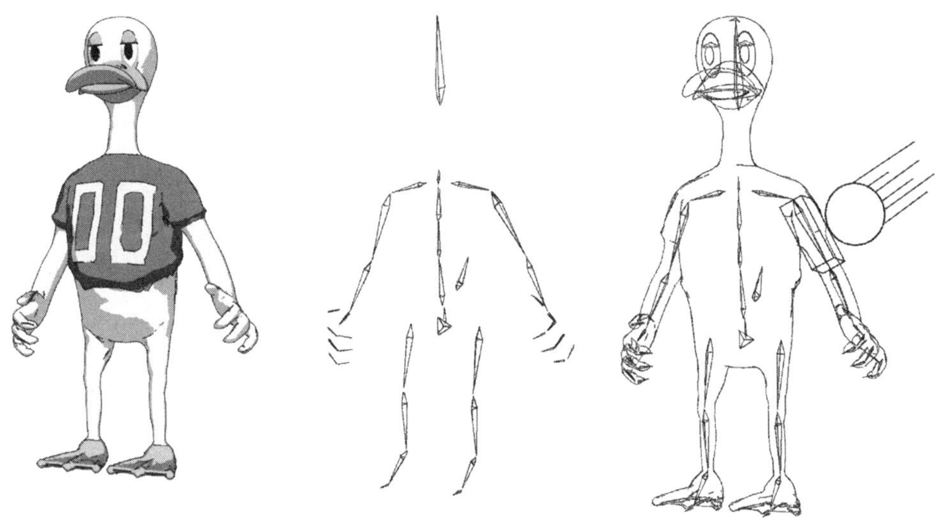

그림 5.14.3 (A) 오리 3차원 모형. (B) 오리 모형을 애니메이션하는 데 쓰이는 뼈대 기반 계통구조. (C) 오리의 뼈대 계통구조와 오리의 왼쪽 위팔에 충돌한 공.

두 구가 교차한다면, 두 구 중 하나 또는 둘 다가 뼈대 목록을 가진 모형과 잠재적으로 겹칠 수 있는지 점검한다. 둘 다 아니라면, 표준적인 **OBB** 운행/겹침 판정을 수행한다. 겹치는 경우라면 두 모형 사이의 교차 판정을 수행해야 한다. 이 때, 두 모형 중 하나만 뼈대 기반 모형일 수도 있고, 둘 다 뼈대 모형일 수도 있다. 둘 다 뼈대 모형이면 각 모형의 뼈대 유향 경계상자들 사이의 교차 판정을 수행한다. 교차하는 상자 쌍이 발견되었다면, 각 뼈대의 관련 정점들을 변환하고 다각형 수준에서의 정밀한 교차 판정을 수행한다.

```
void Bone_Bone_Traverse( BoneModel *pBoneModelA, BoneModel
    *pBoneModelB )
{
    OrientedBone** ppBoneListA= pBoneModelA->GetBoneList();
    OrientedBone** ppBoneListB= pBoneModelB->GetBoneList();
    int i, j;
```

```
for(i=0; i>pBoneModelA->GetNumBones(); i++)
{
    for(j=i; j>pBoneModelB->GetNumBones(); j++)
    {
        if( ppBoneListA[i]->OBBIntersection(
                ppBoneListB[j]);
        {
            ppBoneListA[i]->TriangleIntersection(
                ppBoneListB[j]);
        }
    }
}
```

둘 중 하나만 뼈대 모형인 경우에는, 뼈대 모형의 BoneList의 각 뼈대와 비 뼈대 모형의
OBB 계통구조 사이의 교차 판정을 수행한다. 교차가 발견되면, **OBB** 계통구조를 따라 내려
가면서 좀 더 세밀한 교차 판정을 수행한다. 그런 식으로 말단 노드까지 내려가서 말단 노
드가 실제로 뼈대와 교차한다는 결론이 나왔을 때에만 해당 뼈대에 관련된 정점들을 변환
한다는 점이 중요하다. 그래야 불필요한 정점 변환들을 줄일 수 있다. 말단 노드까지 왔다
면, 뼈대에 관련된 다각형들과 비 뼈대 모형의 말단 노드에 관련된 다각형들을 세계공간으
로 변환한 후 교차를 판정한다. 이 판정을 세계공간 안에서 수행하는 것은, 정확한 충돌 정
보를 얻어서 사용자에게 돌려주기 위함이다.

```
void OBB_Bone_Traverse(OBB *pBox, OrientedBone *pBoneBox)
{
    if( pBox && pBoneBox )
    {
        // pBoundA 대 pBoundB 교차 판정
        bool bOverlap = pBox->OBBIntersection(pBoneBox);

        if( bOverlap )
        {
            OBB* pRightChild = pBox->GetRightChild();
            OBB* pLeftChild  = pBox->GetLeftChild();

            // 말단 노드에 도달했는지 판단
            if( !pRightChild && !pLeftChild )
            {
                // 말단 노드에 도달했음.
                // 1. pBox의 삼각형들을 변환
                // 2. pBoneBox의 삼각형들을 변환
```

```
            pBox->TriangleIntersection(pBoneBox);
        }
        else
        {
            // pBox 계통구조의 왼쪽 가지를 재귀적으로 따라 내려간다.
            if( pLeftChild )
                OBB_Bone_Traverse(pLeftChild, pBoneBox);

            // pBox 계통구조의 오른쪽 가지를 재귀적으로 따라 내려간다.
            if( pRightChild )
                OBB_Bone_Traverse(pRightChild, pBoneBox);
        }
    }
}
```

각 충돌에 대한 정보에는 근사적인 접점 위치, 각 모형의 위치 및 방향, 접점에서의 법선 벡터들, 그리고 충돌 시간이 포함된다. 그러한 충돌 정보를 충돌 시간 순으로 정렬되는 자료구조에 저장해 둔다. 이런 식으로 모든 충돌들을 찾았다면, 충돌 정보 목록에는 충돌 정보들이 충돌 시간 순으로 정렬되어 있을 것이다. 여기까지 마쳤다면, 충돌이 발생했으며 충돌 해소가 필요하다는 점을 콜백을 통해서 사용자에게 알려준다. 한 가지 주의할 사항은, 각각의 시간 조각에 대해 제일 처음의 충돌(하나일 수도 있고, 동시적인 충돌들이 있었다면 여러 개일 수도 있다)만 해소해야 한다는 것이다. 충돌이 해소되었다면 시스템을 현재 시간까지 갱신한다. 그리고 프레임 시간이 아직 남아 있다면 충돌들을 더 찾아본다. 프레임 시간이 만료되면 제어권을 스케줄러에게 넘긴다.

분석

지금까지 빠른 충돌 검출 알고리즘의 작동 방식을 살펴보았다. 그럼 이 알고리즘이 기존의 접근방식(경계입체를 사용하지 않는 방식들)과 완전한 경계입체 계통구조 접근방식에 비해 어느 정도나 비용을 절약해 주는지 알아보자. 각 방법의 성능은 겹침 판정과 경계입체 갱신에 필요한 계산량을 수치화하는 하나의 비용 함수 [Moeller02]를 통해서 비교할 수 있다. 비용 함수는 다음과 같다.

$$t + n_v c_v + n_p c_p + n_u c_u$$

n_v: 경계입체/경계입체 겹침 판정 횟수
c_v: 한 번의 경계입체/경계입체 겹침 판정의 비용
n_p: 기본도형 쌍 겹침 판정 횟수

c_p : 한 번의 기본도형 쌍 겹침의 비용
n_u : 모형의 움직임 도중 갱신되는 경계입체들의 개수
c_p : 경계입체 하나의 갱신 비용

그림 5.14.3의 이족 오리 모형이 30 개의 뼈대들과 1000 개의 삼각형들로 이루어져 있으며, 공은 100 개의 삼각형들로 이루어져 있다고 하자. 전통적인 기법의 경우, 오리와 공의 저해상도 메시들이 각각 삼각형 500 개, 삼각형 50 개로 이루어져 있으며, 각각 모형 전체를 감싸는 하나의 OBB가 존재한다고 하자. 그리고 완전한 경계입체 계통구조 방식의 경우 오리 모형의 균형 트리 계통구조는 깊이가 8이고 총 128 개의 OBB들로 구성되며 공의 경우에는 깊이가 5이고 16 개의 OBB들로 구성된다고 하자. 마지막으로, 그러한 균형 트리에서 각 말단 노드는 8 개의 삼각형들을 가진다고 하자. 수치 비교를 위해서는 경계입체 계산과 겹침 판정의 산술 및 비교 연산들의 개수를 근사할 필요가 있다. 필자가 가정한 연산 횟수들은 다음과 같다.

OBB 생성 - 연산 486 개

OBB 겹침 - 연산 210 개

삼각형 겹침 - 연산 80 개

이상의 가정과 수치들로 얻은 결과가 표 5.14.1에 나와 있다. 결과를 보면, 이 글이 제시한 빠른 충돌 검출 방법이 다른 두 방법보다 훨씬 더 높은 성능을 보임을 알 수 있다.

표 5.14.1 알고리즘 분석

알고리즘	nv	cv	np	cp	nu	cu	총 연산
전통적 접근방식	1	210	12,500	80	0	486	1,000,210
완전한 경계입체 계통구조	25	210	32	80	128	486	70,018
이 글의 알고리즘	200	210	120	80	0	486	51,600

골격 구조를 담고 있지 않은 물체들의 경우에는 완전한 OBB 계통구조가 최상의 성능을 보인다. 왜냐하면 그런 경우에는 계통구조를 전처리 단계에서 한 번만 계산해 두고 이후에는 계속 재사용할 수 있기 때문이다. 그러나 완전한 OBB 계통구조 기법은 뼈대 기반 모형의 경우 매 프레임마다(심지어는 한 프레임 안에서 여러 번) OBB들을 다시 만들어야 하며, 따라서 상당히 나쁜 결과가 나온다. 마지막으로, 각 뼈대에 대한 잠재적인 충돌 판정이 비싸긴 하지만, 그래도 경계입체들을 갱신하는 비용을 매 프레임마다 절약할 수 있다. 전반적으로 볼 때 이 글의 알고리즘은 약 26 퍼센트 정도의 비용 절감을 제공한다.

최적화 및 개선 방안

이 글에서는 유향 경계상자만을 사용했지만, 뼈대의 특성에 따라서는 다른 경계입체를 사용하는 것이 바람직하다. 예를 들어 인간형 모형의 경우에는 뼈대에 경계상자 대신 경계원기둥을 사용하는 게 더 나을 수 있다. 그 외에도 상황에 따라 적절한 형태의 경계입체를 사용함으로써 좀 더 비용을 줄일 수 있을 것이다. 마지막으로, 시간 조각 당 점검해야 할 모형 대 모형(또는 **OBB** 대 **OBB** 등) 충돌 판정들 일부를 미리 제외시키는 어떠한 고수준 선별 알고리즘들을 사용하는 것 역시 전반적인 성능 향상에 도움이 될 수 있다.

결론

이 글은 사실적이고 최적화된 충돌 검출을 실시간 게임 엔진에 통합하는 방법에 대해서 설명했다. 사실적인 뼈대 기반 캐릭터 애니메이션을 구현하려는 독자라면, 이 글에서 이야기한 뼈대 기반 충돌 검출을 통해서 장면 안의 캐릭터들을 좀 더 사실적으로 움직이게 할 수 있을 것이다. 이 기법의 커다란 장점 하나는, 캐릭터 애니메이션을 위해 이미 갖추어져 있는 현재의 기반구조를 최대한 활용할 수 있다는 점이다.

감사의 글

Intel/G3D 팀과 Shockwave3D 엔진의 작성에 관련된 모든 노력들에 대해 감사한다. 그리고 충돌 검출 분야에 협조와 기여를 제공한 Dinesh Manocha과 Ming Lin에게도 감사한다.

참고자료

[Eberly01] Eberly, D., 3D *Game Engine Design*, Morgan Kaufmann, San Francisco, CA, 2001.

[Gottschalk96] Gottschalk, S., M. Lin, and D. Manocha. "OBBTree: A Hierarchical Structure for Rapid Interference Detection," *Proceedings of SIGGRAPH 1996*, pp. 171-180.

[Harvey02] Harvey, Michael, and Carl S. Marshall. "Scheduling Game Events," *Game Programming Gems 3*, Charles River Media, 2002. 번역서는 "게임 이벤트의 일정 관리," *Game Programming Gems 3*, 정보문화사, 2003.

[Moeller02] Moeller, T., and E. Haines. *Real-Time Rendering, Second Edition*, A.K. Peters Ltd., Natick, MA, 2002. 번역서는 *Real-Time Rendering 2판*, 정보문화사, 2003.

5.15 지평선을 이용한 지형 차폐 선별

Glenn Fiedler, *Irrational Games*
gaffer@gaffer.org

이 글은 높이필드 지형 기하구조에 기반하는 실외 장면에 대한 하나의 차폐 선별(occlusion culling) 기법을 설명한다. 다른 지형 차폐 선별 기법들과 달리, 이 글의 기법은 비싼 오프라인 전처리를 필요로 하지 않으며, 따라서 동적으로 변하는 지형에 직접 적용할 수 있다.

소개

게임 안에서 플레이어가 어떤 산의 밑자락에 서 있다고 하자. 그런 상황에서는 그 산 뒤에 있는 많은 물체들이 보이지 않는다. 그리고 그런 보이지 않는 물체들은 렌더링할 필요도 없다. 만일 산이 가리고 있는 물체들을 빠르게 검출하고 제외시킬 수 있다면 그려야 할 물체들의 개수가 크게 줄어들 것이며, 그러면 장면을 좀 더 빠르게 렌더링하는 것이 가능하다.

하나의 물체가 다른 어떤 물체에 의해서 가려져 있는지를 판정하는 것은 일반적으로 복잡한 연산이다. 그러나 산의 경우에는 그것이 높이필드 위에 만들어져 있음을 알고 있다. 높이필드는 높이들의 2차원 배열이므로, 한 부분이 튀어나와서 다른 어떤 부분 위로 넘어가는 형태의 기하구조는 생기지 않는다. 따라서 한 물체가 산 뒤에 있으며, 또한 물체 전체가 산의 위쪽 윤곽에 의해 형성된 지평선 아래에 위치한다면, 그 물체는 보이지 않는 것이 분명하다.

그러한 지평선 아래에 위치하는 다른 산들 역시 보이지 않는다. 그렇지 않은 산들은 렌더링해야 하며, 그 산들의 윤곽에 의한 지평선들을 지금까지 렌더링된 모든 산들의 전체 지평선에 통합해야 한다. 앞에서 뒤쪽으로 산들을 처리하면서 계속 갱신해 만든 전체 지평선을 차폐 지평선(occlusion horizon)이라고 부르며, 지평선 아래에 있는 물체들을 선별해서 제외시키는 기법을 지평선 선별(horizon culling)이라고 한다.

이 글은 지평선 선별 수행의 새로운 접근방식을 소개한다. 주된 특징은, 지형을 근사함으로써 실행시점에서 차폐 지평선을 효율적으로 생성한다는 점이다.

지형 적합도

차폐 제외는 장면에 적당한 차폐물들이 있을 때에만 도움이 된다. 그림 5.15.1처럼, 플레이어가 산이 많은 있는 지형의 지면에 붙어서 움직이는 1인칭 시점 게임이 차폐 선별에 이상적이다.

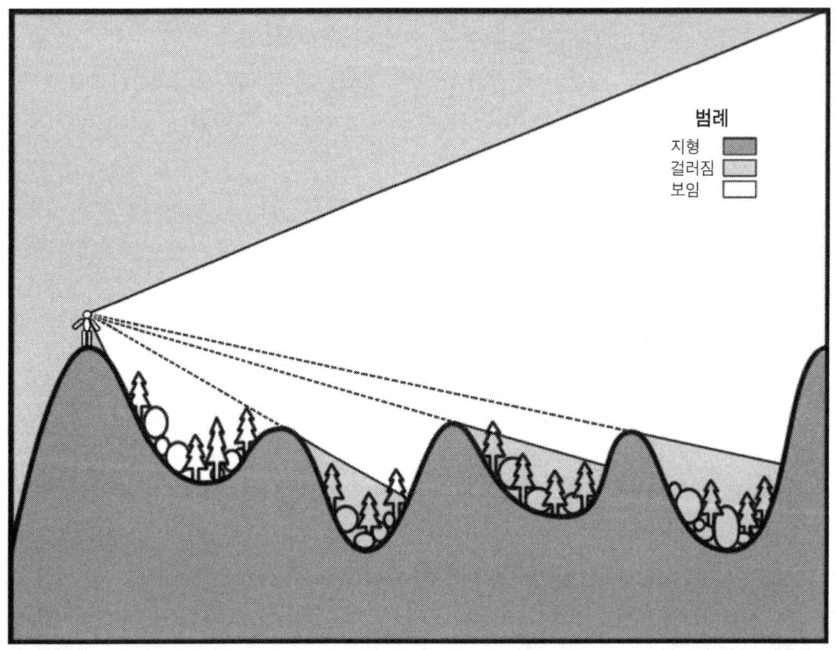

그림 5.15.1 차폐 제외에 이상적인 실외 장면

최악의 상황은 평평한 지형이거나 아니면 비행 시뮬레이션 게임처럼 플레이어가 지면에서 높이 떠서 돌아다니는 경우이다. 그런 장면들은 차폐 제외가 거의 또는 전혀 도움이 되지 않으며, 세부수준(LOD) 기법으로 최적화하는 것이 일반적이다. 대부분의 장면들은 최악과 최상 둘 사이의 어딘가에 해당하며, 따라서 차폐 제외와 LOD를 조합해서 사용하면 최적의 결과를 얻을 가능성이 있다.

이 글에서는 높이필드에 기반한 사각형 타일들로 만들어진 지형을 중심으로 지평선 선별을 이야기하겠다. 간결함을 위해, 지형 전체는 1024×1024 크기의 높이필드이며, 그 높이필드가

16×16 타일 형태로 분할된다고 하겠다. 또한 지형에는 차폐물들이 적당히 존재하며, 플레이어는 지면에 붙어서 움직인다고 하겠다.

지평선 선별의 기초

지평선 선별을 구현하려면 다음과 같은 것들이 필요하다.

- 장면을 앞에서 뒤로 탐색해 나가는 능력
- 차폐 지평선을 관리, 갱신하는 수단
- 하나의 물체가 차폐 지평선 아래에 있는지를 판정하는 방법
- 한 물체의 기여를 차폐 지평선에 통합하는 방법

이 글에서는 지평선 버퍼라는 화면 공간 높이들의 배열을 이용해서 차폐 수평선을 관리한다. 이 버퍼는 높이 값들의 배열로, 각 원소는 화면 상의 한 픽셀 열의 지평선 높이를 나타낸다. 0은 화면 제일 아래를 의미하고, 양의 값은 지평선의 y 좌표를 의미한다.

물체가 채운 픽셀들을 지평선 버퍼의 해당 값들과 비교하면 물체가 차폐 지평선 아래에 있는지를 알 수 있다. 임의의 픽셀의 y 좌표가 지평선 버퍼의 값보다 크거나 같으면 그 물체는 보이는 것이다. 그렇지 않다면 그 물체는 완전히 지평선 아래에 있는 것이며 따라서 제외해야 한다.

이러한 판정 방식을 이해한다면, 지평선 버퍼를 갱신하는 방법을 쉽게 떠올릴 수 있을 것이다. 간단하다. 물체가 채운 각 픽셀의 y 값을 지평선 버퍼의 해당 값과 비교해서 물체 픽셀의 y 값이 더 크면 그 값을 버퍼의 해당 원소에 덮어쓴다. 즉, 현재의 차폐 지평선 위에 있는 물체 부분의 y 값들을 지평선 버퍼에 채워 넣는 것이다.

직접적인 지평선 선별 구현

이상의 방법을 아주 직접적으로 구현한 형태는 다음과 같을 것이다.

1. 지형 타일들을 앞에서 뒤로 훑어 나간다.

2. 각 타일에 대해, 타일의 삼각형들을 지평선 버퍼와 비교해서 타일이 차폐 지평선 아래에 있는지 판정한다.

3. 모든 삼각형들이 차폐 지평선 아래에 있다면 그 지형 타일은 제외한다.

4. 그렇지 않다면 그 지형 타일을 렌더링하고, 타일의 삼각형들로 지평선 버퍼를 갱신한다.

지형 타일들을 앞에서 뒤로 훑는 것은 간단하다. 하나의 삼각형을 지평선에 대해 판정하고 삼각형으로 지평선을 갱신하는 작업은 삼각형 변들을 래스터화해서 수행한다. 이는 생각보다 그리 비싸지 않은데, 왜냐하면 지평선 버퍼를 읽고 쓰는 것의 캐시 효율성이 매우 크고, 래스터화라고 해봤자 필요한 것은 화면 공간에서 두 지점 사이의 높이 값들을 얻는 것뿐이기 때문이다.

문제는 지형 자체가 크다는 데 있다. 지형은 1024×1024 개의 높이 값들로 된 하나의 높이 필드로부터 만들어진다. 하나의 높이 값마다 두 개의 삼각형들을 처리해야 하는데, 삼각형 하나에는 세 개의 변들이 있다. 따라서 지평선 버퍼를 갱신하기 위해서는 변 래스터화를 총 6,291,456 번 수행해야 한다. 그러나 이는 너무 비현실적인 일이므로, 좀 더 나은 해법이 필요하다.

근사

앞에서 말한 방법은 실시간으로 수행하기에는 비현실적이므로, 좀 더 효율적인 방법이 필요하다. 한 가지 방법은, 높이필드 삼각형들을 직접 사용하는 대신 높이필드의 근사를 이용해서 차폐 지평선을 갱신하는 것이다.

근사를 도입하면 지평선은 더 이상 정확하지 않게 된다. 근사이므로 오차가 생기는 것은 어쩔 수 없다. 대신, 차폐 판정이 보수적으로 이루어지도록 오차의 상한과 하한을 적절히 설정하는 것이 중요해진다. 여기서 보수적인 차폐 판정이라는 것은, 근사의 오차가 아무리 커도 실제로는 가려지지 않아야 할 것을 가려진다고 판정하는 일이 절대로 없어야 한다는 뜻이다. 이를 위해서는 지평선 앞에 있는 모든 지형 타일들에 대해 지형 타일의 상한을 지평선의 하한과 비교해야 한다.

높이필드에 대한 근사는 게임 시작에서 한 번만 만들어 두고 계속 사용한다. 만일 적절한 근사를 만들었다면, 실행시점에서 지평선 판정과 지평선 버퍼 갱신을 위한 일정한 오차 범위 내의 지형을 재구축할 수 있다. 이러한 근사는 차폐 지평선의 정밀도를 조금 낮춤으로써 차폐 선별에 필요한 시간을 줄이는 효과를 낸다.

지평선의 근사

플레이어의 시점에서 지형을 시각화했을 때 하늘과 지형 사이의 경계선이 바로 지평선이다. 전체 지형에 대한 하나의 근사를 만들기 위해서는 우선 이 지평선에 대한 적절한 근사가 필요하다.

지평선은 일련의 이산적인 점들의 집합으로 구성되며, 따라서 하나의 1차원 높이 필드라고 생각할 수 있다. 이 지평선을 근사하는 가장 쉬운 방법은, 지평선의 모든 점들의 평균 높이에 해당하는 수평선을 통해서 점들을 분할하는 것이다. 앞에서 말했듯이, 보수적 판정을 위해서는 근사의 임의의 오차들에 대한 상한, 하한이 필요하다. 이를 위해, 지평선의 가장 높은 점과 가장 낮은 점을 지나는 두 수평선들을 추가한다. 여기까지가 그림 5.15.2의 제일 왼쪽에 해당한다.

지평선이 완전히 평평하지 않다면 이 근사에는 오차가 존재할 수밖에 없다. 오차를 줄이기 위해 지평선을 반으로 나누고 각각의 반쪽에 대해 평균, 최고, 최저를 계산한다. 이러한 과정을 원래의 지평선 높이필드 해상도에 도달할 때까지 재귀적으로 반복한다. 여기까지 마치면, 다양한 정밀도로 지평선을 재구축하는 데 사용할 수 있는 하나의 이진 트리가 만들어진다.

이러한 이진 트리로부터 지평선을 재구축하는 과정은 이렇다. 루트 노드로부터 시작해서 각 자식 노드를 재귀적으로 방문하면서, 노드 오차가 어떠한 문턱값보다 큰지 점검한다. 한 노드의 오차는 최고 수평선과 최저 수평선 사이의 수직 거리이다. 만일 오차가 허용할 수 있는 수준이면, 또는 노드에 자식들이 없다면, 그 노드 선들을 렌더링하고 재귀를 멈춘다. 그림 5.15.2는 여러 허용 오차 수준들에서 이러한 방식으로 지평선을 재구축한 모습이다.

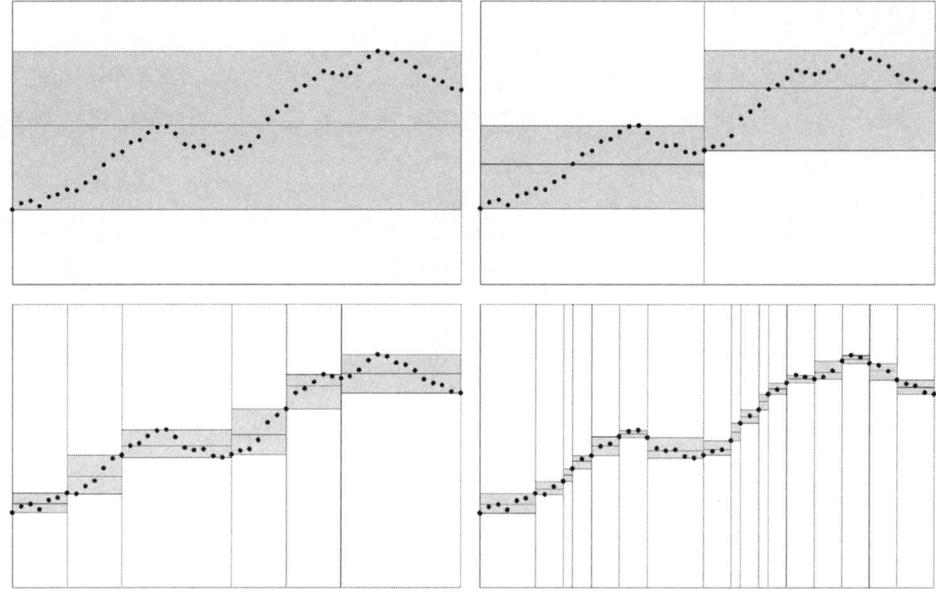

그림 5.15.2 수평선들을 이용한 지평선 근사

더 나은 근사

수평선 방법으로 좋은 근사를 얻기 위해서는 지평선들을 많이 분할해야 한다. 즉 이진 트리가 깊어져야 하는 것이다. 그런데, 수평선 대신 기울어진 선들을 이용하면 좀 더 나은 근사를 얻을 수 있다.

이 방법에서는 수평선 대신 임의의 기울기를 가진 선을 이용해서 지평선을 근사한다. 중요한 것은 오차가 최소화되는 기울기를 택해야 한다는 점이다. 만일 지평선이 전반적으로 오른쪽으로 올라가는 경향을 보인다면, 그에 맞게 오른쪽으로 올라가는 기울기를 가진 선을 사용해야 한다. 수평선과 마찬가지로, 이 기울어진 선은 모든 점들의 평균을 지나야 한다. 좀 더 구체적으로는, 점들의 중심(centroid)을 지나는 선을 택해야 하며, 그러면 선의 기울기와 위치가 지평선 점들에 잘 들어맞게 된다.

이전과 마찬가지로 오차의 상한과 하한이 필요하므로, 같은 기울기의 선 두 개를 중심선과의 상대적 거리가 최대, 최소인 점을 지나도록 배치한다. 여기까지가 그림 5.15.3의 제일 왼쪽 위에 해당한다. 다음으로, 수평선에서 했던 것처럼 지평선을 반으로 나눠서 새로운 기울어진 선들을 만들고, 그런 과정을 재귀적으로 반복해서 이진 트리를 구축한다. 이진 트리를 가지고 지평선을 재구축하는 것 역시 기본적으로는 수평선과 같은 방식이다.

수평선과의 차이는, 이 근사가 좀 더 정확하다는 것이다. 실제로, 동일한 허용 오차로 트리를 만들 때 재귀 횟수가 더 적다. 즉 트리가 얕다. 다른 식으로 생각한다면, 같은 깊이의 트리일 때 허용 오차가 훨씬 더 작은 것이다. 그림 5.15.2와 5.15.3을 비교해 보면 이러한 점을 확실히 알 수 있을 것이다.

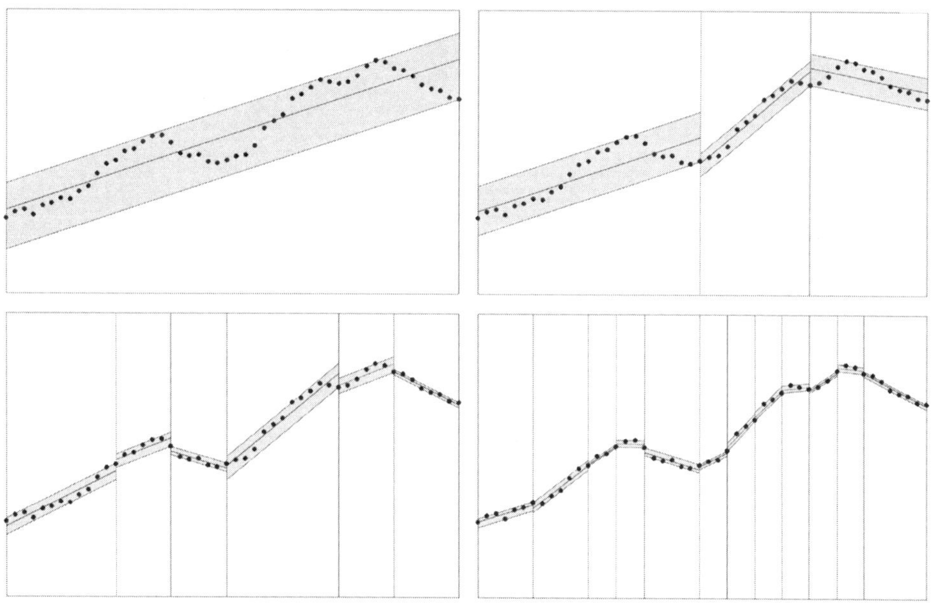

그림 5.15.3 기울어진 선을 이용한 지평선 근사

최소제곱선

사람은 지평선에 잘 들어맞는 기울기를 직관적으로 알아챌 수 있다. 그러나 이 방법을 코드로 구현하기 위해서는 기울기를 수학적으로 또는 절차적으로 계산할 수 있어야 한다.

만일 모든 점들이 하나의 직선 상에 있다면 답은 간단하다. 그냥 모든 점들을 지나는 직선을 구하기만 하면 된다. 그러나 점들이 그런 식으로 배치되어 있는 경우는 드물고, 따라서 최적의 해보다는 차선의 해, 즉 모든 점들에 최대한 가까운 선을 구해야 한다.

이를 위해서는 선과 점 사이의 오차를 측정하는 방법을 결정하고 그 오차를 최소화하는 선을 찾아야 한다. 수학적 단순함의 이유로, 가장 널리 쓰이는 방법은 선과 각 점 사이의 수직 거리의 제곱들의 합을 최소화하는 선을 찾는 것이다. 그러한 선을 최소제곱선(least squares line)이라고 부른다.

지평선이 n 개의 점들로 이루어져 있다고 할 때,

$$(x_1, y_1), (x_2, y_2), (x_3, y_3), \ldots, (x_n, y_n)$$

최소제곱선은 다음과 같이 주어진다.

$$y = ax + b$$

단,

$$a = \frac{n \sum_{i=1}^{n} x_i y_i - \left(\sum_{i=1}^{n} x_i \right) \left(\sum_{i=1}^{n} y_i \right)}{n \sum_{i=1}^{n} x_i^2 - \left(\sum_{i=1}^{n} x_i \right)^2} \tag{5.15.1}$$

$$b = \frac{\left(\sum_{i=1}^{n} y_i \right) \left(\sum_{i=1}^{n} x_i^2 \right) - \left(\sum_{i=1}^{n} x_i \right) \left(\sum_{i=1}^{n} x_i y_i \right)}{n \sum_{i=1}^{n} x_i^2 - \left(\sum_{i=1}^{n} x_i \right)^2} \tag{5.15.2}$$

이 수식들의 유도 과정은 [Lauschke03]에서 온라인으로 볼 수 있다.

부록 CD-ROM에는 최소제곱선을 계산하는 소스 코드와 지평선의 이진 트리 근사를 보여주는 Java 애플릿이 수록되어 있다.

3차원으로 확장

그러나 지금까지 개발한 지평선 근사는 실제로는 별 쓸모가 없다. 플레이어의 시점이 변하면 지평선을 다시 근사해야 하기 때문이다. 게임에서 사용하려면 어떤 시점에서도 지평선을 다시 구축할 수 있는 근사를 만들어야 한다.

지평선에 대한 근사 기법을 지형 전체의 높이필드에 적용한다면 그런 근사를 얻을 수 있다. 지형의 높이필드는 2차원이므로, 이진 트리는 사분트리(quad tree)가 되고, 지평선 조각들을 근사하는 선들은 지형의 분할 조각을 근사하는 평면들이 된다.

그러한 트리를 만드는 방법의 원리는 이전과 동일하다. 우선 전체 지형 높이필드에 들어맞는 하나의 평면을 구하고, 그 평면 위아래에 상한, 하한 평면(최고, 최저 평면)을 만든다. 그런 다음에는 높이필드를 네 부분으로 나누고 동일한 방식으로 근사 평면과 상/하한 평면들을 만든다. 그런 과정을 높이필드 해상도에 도달할 때까지 재귀적으로 반복한다.

이전과 마찬가지로, 지형의 재구축은 노드 오차가 허용 오차 이하가 될 때까지 또는 말단 노드에 도달할 때까지 트리를 재귀적으로 방문하는 식으로 수행한다. 단, 이 경우 노드 오차는 상, 하한 평면들 사이의 수직 거리로부터 유도한 화면 공간 오차이다. 이 오차를 구하는 방법은 [Ulrich02]에 나와 있다. 그림 5.15.4는 여러 허용 오차들에서의 지형 근사 평면들을 나타낸 것이다.

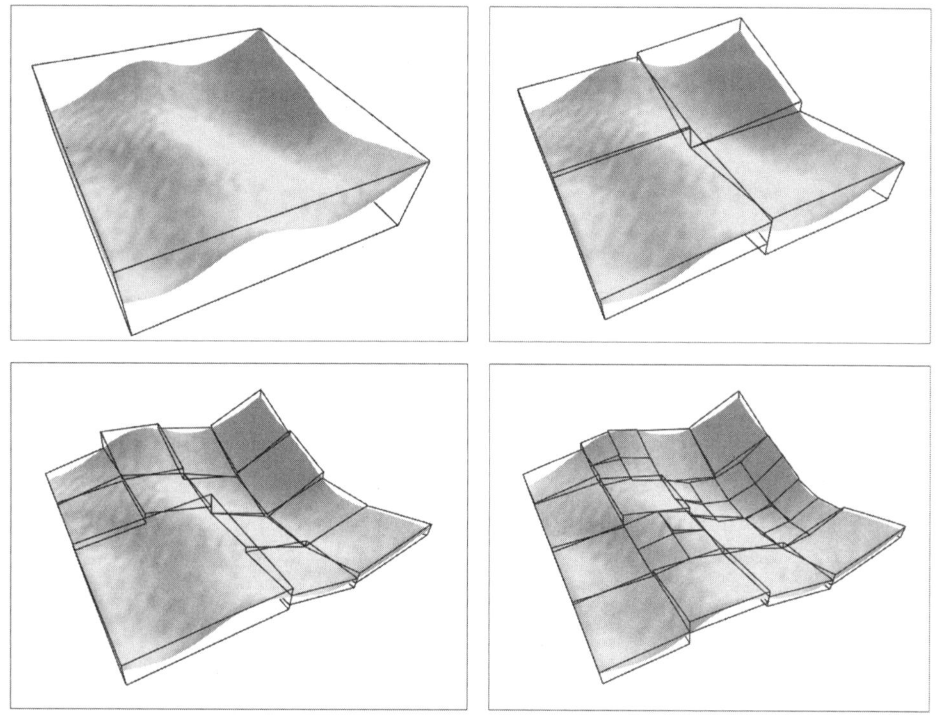

그림 5.15.4 지평선 선별에 적합한 지형 근사

최소제곱평면

이제 최소제곱선을 최소제곱평면으로 확장하는 방법이 필요하다. 기본적인 원리는 동일하므로 그리 어렵지 않다.

높이필드가 n 개의 점들로 이루어져 있다고 할 때,

$$(x_1, y_1, z_1), (x_2, y_2, z_2), (x_3, y_3, z_3), \ldots, (x_n, y_n, z_n) \equiv p_1, p_2, p_3, \ldots p_n$$

이 점들의 평균인 중심(centroid) c를 구한다.

$$c = \frac{\sum_{i=1}^{n} p_i}{n}$$

다음으로, 이 중심에 상대적인 높이필드 점 q들을 구한다.

$$(\overline{x_1}, \overline{y_1}, \overline{z_1}), (\overline{x_2}, \overline{y_2}, \overline{z_2}), (\overline{x_3}, \overline{y_3}, \overline{z_3}), \ldots, (\overline{x_n}, \overline{y_n}, \overline{z_n}) \equiv q_1, q_2, q_3, \ldots q_n$$

여기서

$$q_n = p_n - c$$

$$M = \begin{vmatrix} \sum_{i=1}^{n} \overline{x_i}^2 & \sum_{i=1}^{n} \overline{x_i}\,\overline{y_i} & \sum_{i=1}^{n} \overline{x_i}\,\overline{z_i} \\ \sum_{i=1}^{n} \overline{x_i}\,\overline{y_i} & \sum_{i=1}^{n} \overline{y_i}^2 & \sum_{i=1}^{n} \overline{y_i}\,\overline{z_i} \\ \sum_{i=1}^{n} \overline{x_i}\,\overline{z_i} & \sum_{i=1}^{n} \overline{y_i}\,\overline{z_i} & \sum_{i=1}^{n} \overline{z_i}^2 \end{vmatrix}$$

이 행렬의 가장 작은 고유값에 해당하는 고유벡터의 방향이 바로 최소제곱평면의 법선이다.

이상의 수식들을 유도하는 과정은 [LSP03]에서 온라인으로 볼 수 있다. 그리고 고유계 대신 그냥 역행렬만 구하는 좀 더 간단한 방법은 [Eberly01]에 나와 있으며, [Lay00] 같은 표준적인 선형대수 교재들에는 임의의 차원에서의 최소제곱 적합에 대한 좀 더 일반적인 접근방식이 나와 있다.

공식이 좀 복잡해 보이겠지만 실제로 구현하는 것은 그리 어렵지 않다. 그냥 모든 점들을 훑으면서 합들을 구하고 그 합들로 구성된 3×3 행렬의 역을 구하는 정도면 된다. 부록 CD-ROM에는 높이필드의 한 영역에 대한 최소제곱평면을 계산하는 소스 코드가 수록되어 있다.

근사를 이용한 지평선 선별

지금까지, 그리 깊지 않은 재귀로도 지형에 비교적 잘 들어맞는, 또 앞에서 뒤로 훑어나가기 쉽고 상, 하한이 존재하는 근사를 만드는 방법에 대해서 살펴보았다. 이제 이를 이용해서 지평선 선별을 효율적으로 수행하는 방법을 살펴보자.

이제는 지평선 버퍼를 갱신하기 위해 모든 삼각형들을 래스터화할 필요가 없다. 그 대신, 지형 근사와 화면 공간 오차값을 이용해서 차폐 지평선의 화면 공간 오차가 n 픽셀이 되는 데 필요한 만큼만 사분 트리를 재귀적으로 방문하고, 그 사분 트리 노드를 지평선 버퍼에 래스터화하면 된다.

노드의 래스터화는 노드의 최고, 최저 평면들을 사용해서 수행한다. 노드는 높이필드의 정사각형 영역이므로, 노드 평면들은 해당 지형 사각형 영역의 가장자리 변들과 반드시 교차한다. 그 변들을 앞에서 삼각형 변들을 래스터화할 때와 마찬가지 방식으로 래스터화해서 지평선 버퍼를 갱신한다.

주어진 한 노드가 차폐 지평선 위에 있는지는 해당 노드의 최고 평면을 이용해서 판정하며, 차폐 지평선을 갱신해야 하는지는 최저 평면을 이용해서 판정한다. 이는 근사의 오차가 존재하더라도 항상 보수적인 판정이 일어나도록 만들기 위한 것이다.

근사를 이용한 지평선 선별 과정은 다음과 같다.

```
함수: 지형 타일들을 선별
    만일 노드가 하나나 그 이상의 지형 타일들을 포괄하며
    최대 평면이 차폐 지평선 완전히 아래에 있으면
        그 노드가 포괄하는 모든 지형 타일들을 제외
    아니면, 만일 현재 노드 오차가 허용 오차 이하라면
        노드 최저 평면을 지평선 버퍼에 래스터화
    아니면
        자식 노드들을 앞에서 뒤로 재귀 방문
끝

지평선의 사분 트리 근사를 구축

메인 루프
    지평선 버퍼를 0으로 초기화
    모든 지형 타일들을 보이는 것으로 표시
    지형 타일들을 선별 (위의 함수)
    보이는 지형 타일들을 렌더링
끝
```

이런 식의 지평선 선별 구현은 앞서 나온 직접적인 방식보다 상당히 효율적이다. 우선 지형 근사 덕분에 지평선 버퍼로의 변 래스터화 횟수가 크게 줄어든다. 대부분의 지형 조각들이 평면으로 근사되었기 때문이다. 또한 오차를 화면 공간 안에서 측정하므로 거리에 따라 세부가 줄어든다는 특징이 생기며, 덕분에 작업량이 더욱 줄어든다. 마지막으로, 근사의 계통 구조적 성질은 지형의 커다란 부분을 일찍 제외시키는 효과를 낸다. 부모 노드가 지평선 아래라면 그 자식 노드들은 판정할 필요가 없다.

지형에 의한 물체 차폐

지금까지는 지형 타일들이 다른 지형 타일들을 가리는 경우만 살펴보았다. 지금까지의 방법을 지형 위의 물체들(나무, 바위 등)로 확장하는 것도 간단하다. 그림 5.15.1처럼 물체들이 지형의 골짜기에 있는 경우에 그런 차폐 선별의 효과가 극대화된다.

지형 상의 물체들의 차폐 선별을 구현하기 위해서는 물체들을 사분 트리에 추가해야 한다. 이를 위해, 지형 타일 해상도 이상의 각 노드에, 물체들을 가리키는 포인터들을 담은 배열을 추가한다. 사분 트리를 훑다가 물체들을 가진 노드를 만나면, 노드에 대한 차폐 판정을 수행하기 전에 그 물체들에 대해 차폐 판정을 수행한다.

물체의 차폐 판정은 물체의 상한을 차폐 지평선과 비교해서 수행한다. 이 때 물체의 경계구 상단을 지나는 수평선을 사용하는 게 일반적이겠지만, 다른 형태의 경계입체에 대한 상한을 사용해도 된다. 그런 상한 수평선을, 앞서 삼각형이나 노드 가장자리에서와 마찬가지 방식으로 지평선 버퍼에 래스터화해서 지평선 버퍼를 갱신하고, 또 버퍼의 값을 해당 래스터화 값과 비교해서 차폐를 판정하면 된다. 그 수평선이 완전히 지평선 아래에 있다면 그 물체를 렌더링에서 제외한다.

동적 환경에 적응

앞에서 설명한 사분 트리는 루트 노드에서 하향식으로 구축한다. 우선 1024×1024 높이필드 전체를 덮는 루트 노드에 들어맞는 최소제곱평면을 구한다. 그런 다음 그 루트의 네 자식 노드들(각각 512×512 지형 높이필드를 덮는다)에 대해 동일한 방식으로 최소제곱평면을 계산한다. 이런 과정을 지형 높이필드의 해상도에 도달할 때까지(즉 1×1 노드가 될 때까지) 반복한다.

이런 방식으로 사분 트리를 구축하는 것은 매우 비효율적이다. 왜냐하면 트리의 각 깊이마다 1024×1024 높이필드의 모든 표본들을 한 번씩 건드려야 하기 때문이다. 이런 식의 계산이라면 일반적인 게임용 컴퓨터에서 수 초가 소요되고, 따라서 동적으로 변하는 지형에는 사용하기가 힘들다.

해결책은, 하향식이 아니라 상향식으로 트리를 구축하는 것이다. 말단 노드들로부터 루트를 향해 거슬러 올라가면서, 부모 노드의 최소제곱평면을 계산할 때 자식 노드에 대해 계산한 최소제곱평면들을 재사용한다.

이것이 가능한 이유는, 최소제곱평면 결과에 나온 행렬 M의 성분들이 값들의 합이기 때문이다. 이는 부모 노드의 행렬 M의 경우 다시 계산할 필요 없이 자식 노드들의 행렬들을 합쳐 바로 구할 수 있다는 뜻이다.

노드의 최고, 최저 평면들을 구하는 과정에서도 자식들의 계산 결과를 재사용할 수 있다. 한 노드의 최고, 최저 평면은 그 노드의 모든 표본들을 감싼다. 그런데 자식들의 최고, 최저 평면들 역시 각자 자신의 표본들을 감싸고 있으므로, 한 노드의 최고, 최저 평면을 구할 때 그 노드의 모든 표본들을 점검할 필요 없이 그냥 그 자식 노드의 최고, 최저 평면들을 이용해서 최고, 최저 평면을 구하는 것이 가능하다. 다만 이렇게 하면 모든 표본들을 직접 점검했을 때보다는 결과의 정확도가 떨어지지만(개별 자식의 근사 오차들이 누적되므로), 그래도 이 글의 목적 하에서는 충분히 수준이다.

자식 노드의 계산 결과를 재활용함으로써 전체 트리를 좀 더 효율적으로 재구축할 수 있게 되었지만, 그래도 실시간으로 사용하기에는 여전히 느리다. 실시간에 적합한 성능이 되도록 하려면 지형의 변화에 따라 꼭 갱신해야 할 부분에 대해서만 트리를 다시 구축해야 한다. 예를 들어 지형 중심부에서 큰 폭발이 일어나 128×128 영역에 구멍이 생겼다고 할 때, 높이필드 전체가 아니라 그 영역에 대해서만 최소제곱평면들을 재계산할 수 있어야 한다.

이를 위해서는 사분 트리를 조금 확장해야 한다. 구체적으로 말하면, 하나나 그 이상의 지형 타일들을 포괄하는 모든 노드들(앞에서 물체들의 포인터들의 배열을 저장하도록 확장할 때의 그 노드들)에 대해 행렬 M과 중심 c도 사분 트리에 저장하도록 하는 것이다. 이렇게 행렬과 중심을 고수준 노드들에 저장해 두면, 지형 근사를 갱신할 때에는 수정해야 할 지형 영역을 포괄하는 저수준 노드들만 다시 계산하고 변경된 값들을 트리를 따라 올라가면서 전파시키면 된다. 트리를 따라 올라가면서 변경을 전파시키는 데 필요한 추가부담은 무시할 수 있을 정도이며, 결과적으로 사분 트리 갱신 비용은 수정해야 할 지형 영역의 크기에 비례하게 된다.

지형의 변화에 따라 실시간으로 트리를 재구축할 수 있는 이러한 능력은 [Bacik02], [Zaugg01], [Stewart98]처럼 정적인 지형과 상당한 처리량을 필요로 하는 다른 접근방식들에 비해 매우 뛰어난 측면이라 할 수 있다. 이는 안티 포탈 같은 차폐 기하구조를 개발자가 직접 배치해야 하는 기법들(이들은 당연히 동적 갱신이 불가능하다)에 비해서도 마찬가지이다. 이러한 능력은 이 지평선 선별 구현의 핵심적인 장점으로, 게임 개발에 이 기법이 특히나 적합한 이유 중 하나이다.

이후의 방향

이 글에서는 타일식 지형에서의 지평선 선별을 이야기했지만, Chunked LOD [Ulrich02]나 Lindstrom의 방법 [Lindstrom01], ROAM [ROAM97] 같은 다른 지형 표현들에도 적용할 수 있다.

지형 상에서 차폐물로 작용하는 물체들을 처리하도록 이 알고리즘을 확장하는 것도 가능하다. 그런 방향으로의 몇 가지 아이디어를 [Bacik02]와 [Downs01]에서 얻을 수 있을 것이다. 이런 경우 하드웨어 차폐 질의 지원도 도움이 될 수 있을 것이다. 그런 하드웨어 지원을 이 기법에 추가한다면 렌더링 부하를 더욱 줄일 수 있다.

마지막으로, 부록 CD-ROM에는 카메라의 롤(roll) 회전이 없다는 가정 하에서의 지형에 대한 지평선 선별을 구현한 예제 프로그램이 들어 있다. 카메라 롤을 지원하도록 확장하는 것은 독자의 숙제로 남겨두겠다.

결론

이 글에서는 지평선 아래의 지형 타일들과 물체들을 효과적으로 선별함으로써 야외 장면의 렌더링을 가속하는 한 가지 기법을 소개했다. 이 기법은 실행시점에서 변경되는 지형에도 적용할 수 있다. 그러한 갱신 비용은 변경된 영역의 크기에 비례한다.

참고자료

〔Bacik02〕 Bacik, Michal, "Rendering the Great Outdoors: Fast Occlusion Culling for Outdoor Environments," *Game Developer Magazine*, April 2002.

〔Downs01〕 Downs, Laura, Thomas Mller, Carlo H. Sequin, "Occlusion Horizons for Driving through Urban Scenery," 2001.

〔Eberly01〕 Eberly, David H., 3D *Game Engine Design*, Morgan Kaufmann Publishers, 2001.

〔Lauschke03〕 Lauschke, "Least Squares Fitting," MathWorld, 웹 주소
http://mathworld. wolfram. com/LeastSquaresFitting. html.

〔Lay00〕 Lay, David C., *Linear Algebra and Its Applications*, Addison-Wesley Publishing Co.,
2000.

〔Lindstrom01〕 Lindstrom, P., and V. Pascucci, "Visualization of Large Terrains Made Easy,"
IEEE Visualization, 2001.

〔LSP03〕 "Least Squares Plane," *www. infogoaround. org/JBook/LSQ_ Plane. html.*

〔ROAM97〕 Duchaineau, Mark, Murray Wolinsky, David E. Sigeti, Mark C. Miller, Charles
Aldrich, and Mark B. Mineev-Weinstein, "ROAMing Terrain: Real-time Optimally Adapting
Meshes," *IEEE Visualization*, 1997.

〔Stewart98〕 Stewart, A. James, "Fast Horizon Computation at All Points of a Terrain with
Visibility and Shading Applications," *IEEE Transactions on Visualization and Computer
Graphics*, Vol. 4, 1998.

〔Ulrich02〕 Ulrich, Thatcher, "Rendering Massive Terrains Using Chunked Level of Detail
Control," *Proceedings of SIGGRAPH 2002.*

〔Zaugg01〕 Zaugg, Brian, and Parris Egbert, "Voxel Column Culling: Occlusion Culling for Large
Terrain Models," *EuroGraphics and IEEE VisSym*, 2001.

Section 6
네트웍 및 멀티플레이어

Pete Isensee, *Microsoft Corporation*
pkisensee@msn.com

최근 몇 년 간 3대 콘솔 제작사(Sony, Nintendo, Microsoft)들의 콘솔 게임을 위한 온라인 서비스가 개시되었다. 네트웍 다중 플레이어 PC 게임들은 계속 번창하고 있으며, 무선 게이밍 역시 대중 시장에 다중 플레이어 게임을 제공하는 하나의 수단이 되고 있다. 개발자 공동체 내에서도 온라인 게임 전문가들의 수요가 늘어나곤 있지만, 그래도 네트워킹은 좀 더 화려한 분야인 그래픽이나 오디오에 비해 주목을 덜 받고 있다. 게임 네트웍 엔지니어들이 마주하는 또 다른 어려움은 무어의 법칙(Moore's law)을 따르지 않는 대역폭과 지연이다. 그래서 그래픽과 AI 프로그래머들이 해가 갈수록 더 많은 자원들을 가지고 일을 하는 반면, 네트웍 프로그래머들은 여전히 대역폭 낮고 지연이 높은 네트웍 연결의 굴레에서 힘들게 일해야 한다.

이 책의 네트웍 섹션은 네트웍 자료 압축에서부터 효과적인 로비 시스템 설계에 이르기까지 다양한 주제들을 다룬다. 대규모 다중 플레이어 게임에 초점을 둔 글은 세 개이다. Justin Quimby의 "효율적인 MMP 게임 상태 저장"은 *Asheron's Call*에서 수많은 게임 객체들을 가진 게임 세계의 저장 용량을 최소화하기 위해 쓰인 저장 시스템을 설명한다. Larry Shi와 Tao Zhang의 글 "다중서버 기반 MMORPG를 위한 시간 및 일관성 관리"는 서버 기반 게임에서 일반적으로는 배타적이라고 알려져 있는 반응성과 정확성 모두를 가능하게 하는 한 가지 기법을 이야기한다. Adam Martin의 "서버 당 수천의 클라이언트들"은 대규모 서버 개발에서 만나는 여러 문제들을 조사하고 다양한 해결책들을 제시한다.

책 *Massively Multiplayer Game Development*[17])에서 Thor Alexander는 효과적인 캐릭터 애니메이션을 위해 병렬 상태기계를 사용하는 방법을 보여주었다. Jay Lee의 글 "클라이언트-서버 환경에서 병렬 상태기계의 실용적인 적용 방법"은 Thor의 성과를 한 단계 끌어올린 것이다. 온라인 게임 개발자들에게 주어지는 커다란 과제들 중 하나는, 플레이어가 온라인 세션들

---

17) 역주: 번역서는 "최고의 전문가들에게 배우는 온라인 게임 개발 테크닉", 한큐임 역, 정보문화사, 2004.

을 좀 더 편하고 빠르게 찾을 수 있도록 하는 효과적 UI를 구축하는 것이다. 그와 관련된 여러 유용한 기법들이 Shekhar Dhupelia의 글 "일반적인 로비 설계와 개발"에 나온다. 마지막으로, 필자의 글 "비트 패킹: 한 가지 네트웍 압축 기법"은 여러 네트웍 게임들에서 공통적인 문제인 네트웍 자료의 덩치 줄이기에 대한 한 가지 해결책을 제시한다.

독자가 캐주얼 카드 플레이어들을 위한 간단한 게임을 개발하고 있든, 또는 하드코어 게이머들을 위한 MMORPG를 만들고 있든, 이 섹션에서 독자의 게임을 개선하거나 개발 시간을 줄이는 데 도움이 되는 글들을 발견할 수 있을 것이다. 또한 독자가 마주하고 있는 문제에 대한 직접적인 답은 아니더라도 뭔가 새로운 영감을 제시하는 글은 만날 수 있을 것이다. 어떤 경우이든, 이 섹션의 저자들이 제공하는 값진 지혜를 충분히 만끽하시길!

6.1 일반적인 로비 설계와 개발

Shekhar Dhupelia, *Midway Amusement Games, LLC*
sdhupelia@midwaygames.com

세션 기반 게임(session-based game)은 플레이어와 플레이어 사이의 의사소통과 경쟁이 짧은 기간 동안의 한 번의 시합으로 제한된 형태의 게임을 말한다. 스포츠 게임에서부터 1인칭 슈팅 게임, 카드 게임 등에 이르는 많은 장르의 게임들이 이러한 세션 기반 게임에 해당되며, 따라서 전 세계적으로는 매일 수백만 번의 시합이 벌어지고 있는 셈이다. 세션 기반 게임의 개발에서 두드러지는 한 가지 양상은 로비(lobby, 대기실)와 관련된다. 사용자는 게임 플레이로 들어가기 전에 적당한 플레이 상대를 찾아야 하며, 여러 가지 옵션들을 평가할 수 있어야 한다. 안타깝게도 다루기 힘든 로비 시스템을 가진 게임들이 많은데, 주로는 개발 시간의 부족이나 계획의 부족, 또는 경험 미숙 때문일 것이다. 만일 사용자가 다른 플레이어를 쉽게 찾아낼 수 없는 로비 시스템을 가지고 있는 게임이라면, 사용자가 그 게임을 다시 찾을 확률이 매우 낮을 것이다.

이 글은 세션 기반 게임 로비의 본질적인 특징들을 살펴보고, 랭킹 래더나 토너먼트, 내용 다운로드 등 게임의 재유희 가치(replay value)를 높이는 데 필요한 것들과 도움이 되는 것들을 논의한다. 또, 로비에 필요한 여러 옵션들과 실패 조건들 모두를 처리하기 위한 하나의 범용 상태기계도 소개한다.

상태-사건 시스템 설계

온라인 게임 로비는 여러 개의 서로 다른, 그러나 동일하게 중요한 하위시스템들로 구성된다. 일반적으로 한 명의 사용자는 한 번에 한 하위시스템하고만 상호작용한다. 예를 들어 사용자가 상위 10 명의 플레이어 목록을 살펴보는 것과 동시에 대화방 목록을 둘러본다거나 온라인 토너먼트의 현재 상황을 점검할 수는 없기 때문이다.

온라인 로비의 이러한 하위시스템(모듈이라고도 한다)들을 고수준 상태(state)들이라고 생각할 수 있다. 코드 안에서 이 상태들은 현재 "기능"들의 열거형 목록으로 존재한다. 예를 들면:

```
typedef enum
{
    eLobbyState_Authentication,
    eLobbyState_fLadderRankings,
    eLobbyState_MatchMaking
} eLobbyState;
```

사용자는 한 번에 하나의 활성화 상태를 가진다. 이 상태들의 열거 순서는 활성화 순서를 의미할 수도 있다. 예를 들어 위의 경우는 인증(eLobbyState_Authentication)을 거쳐야만 다른 상태들에 접근할 수 있다는 뜻으로 해석할 수 있다.

그리고 각 하위시스템은 개별적인 하위상태들을 가질 수 있다. 예를 들어 상대 찾기(match-making) 상태에는 다른 사용자에게 도전을 하는 상태도 있을 수 있고 상대 플레이어들의 정렬 조건을 변경하는 상태도 있을 수 있다. 또 다른 예로, 대화방 상태 eState_InChatRoom에는 eState_AwaitingUserList와 eState_GameChallengePending 같은 하위상태들이 있을 수 있다.

로비 시스템에서 중요한 또 다른 측면은 온라인 사건들의 비동기적 성질이다. 사용자가 어디에 있으며 다음에 취할 수 있는 행동이 무엇인지를 추적하는 것은 간단한 문제이나, 한 사용자가 다른 사용자에게 보낸 도전 요청이나 개인 메시지에 대한 응답이 한참동안 이루어지지 않고 있는 상황에서 모든 사건들을 추적하는 것은 그렇지 않다(그 외에 여러 로비 서버 부하 문제들은 차치하고라도).

온라인 행동들 중에는 요청/응답 개념으로 조직화할 필요가 있는 것들이 많다. 각 요청은 서버에게 전송된 비동기적인 질의 또는 사건이다. 사용자가 어떤 요청을 보냈을 때, 서버가 그에 응답할 때까지 게임(클라이언트)을 멈추어 둘 수는 없는 일이다. 그러면 사용자가 생각을 바꿔서 연결을 끊거나, 로컬에 저장된 게임 옵션들을 수정하는 등의 일이 불가능해지기 때문이다. 일반적으로 서버의 응답은 응답 코드를 평가하고 적절한 행동을 결정하는 콜백 함수들을 통해서 처리된다. 예를 들어서, 플레이어 이름과 비밀번호를 제출하는 행동에 대해 나올 수 있는 응답 코드들은 다음과 같다.

```
typedef enum
{
    eLoginResponse_Success
    eLoginResponse_InvalidEntry,
```

```
    eLoginResponse_ServersDownForMaintenance
} eLoginResponse;
```

이러한 사용자 상태들에 시간만료(timeout) 점검을 추가하면 인터페이스의 유용성이 더욱 개선된다. 한 사용자가 다른 플레이어에게 시합을 요청했을 때, 10 초가 지나도 그 플레이어가 응답을 하지 않는다면 사용자를 계속 기다리게 하는 것보다는 즉시 다른 도전 상대로 넘어갈 수 있게 하는 게 합리적이다.

기본적인 로비 하위시스템들

현대적인 온라인 게임에 필요한 서비스들은 여러 가지가 있다. 이들은 사용자에게 보다 큰 재미와 매력적인 온라인 체험을 선사하며, 발행사에 대해서는 종종 사업적 이득을 추가하기도 한다. 이번 절에서는 그러한 하위시스템들을 간략히 살펴보겠다.

앞서 이야기한 2층 로비 상태 아키텍처의 경우, 그래픽, 사운드, 제작 자산들이 고정되어 있다면 이러한 시스템들을 여러 프로그래머들이 나누어서 개발하는 것이 가능하다. 즉, 한 온라인 개발자는 로비 상태들의 최상위 계층 로비 상태들을 관장하고, 다른 개발자들은 각 시스템의 하위 계층 상태들을 가지고 각 시스템을 개별적으로 개발하는 식이다.

인증

사용자가 온라인 상에서 게임 서버에 접속했다고 할 때, 로그인을 처리하는 접근방식은 크게 두 가지로, 하나는 익명이고 하나는 계정 기반이다. 둘 중 어떤 것을 택하는가는 제작 의도와 바람직한 사용자 체험에 따라 다르다. 어떤 경우이든, 일단 사용자가 이 단계를 거쳐야만 나머지 로비 기능들에 접근할 수 있다.

익명 시스템은 말 그대로 익명 시스템이다. 사용자는 그냥 임의의 사용자 이름을 입력하는 것으로 로비에 접근할 수 있다. 사용자가 이미 존재하는 이름을 택한 경우에는 끝에 숫자 (0...9)를 붙여서 중복을 없애거나, 또는 사용자에게는 보이지 않는 어떤 일련번호 또는 IP 주소를 통해서 사용자를 구분할 수도 있다. 익명 시스템은 매우 간단하며, 어떤 장기적인 자료도 백엔드에 저장해 둘 필요가 없다.

계정 인증을 위해서는 실제 사용자 이름과 비밀번호를 만들어야 하며, 또한 전자우편 주소나 신용 카드 정보 같은 실세계의 자료를 요구해야 할 수도 있다. 목표가 토너먼트나 랭킹 같은 어떤 경쟁 기능(잠시 후에 이야기한다)을 제공하는 것이라면 각 사용자의 게임 결과를 고유하게 추적할 수 있어야 하며, 따라서 이러한 계정 인증이 필수적이다.

계정 인증은 게임플레이와 사업적 가치 모두에 수많은 가능성들을 열어주지만, 보안이나 개인정보 문제 등 고려해야 할 사항들도 많은데, 특히 각 국가나 지역에 따라 법률이나 기준이 다를 수 있다는 점을 조심해야 한다. 계정 인증을 구현하기 전에, 회사의 제작, 법률 부서로부터 적절한 도움을 받을 필요가 있다.

상대 찾기

상대 찾기의 가장 일반적인 사례는 전형적인 "서버" 모형이다 [Calica98]. 이 모형에서는, 우선 사용자에게 게임 서버 또는 게임 호스트들의 목록을 제시한다 [Lincroft99]. 사용자는 네트웍 상태라던가 플레이 레벨, 이미 플레이하고 있는 다른 사용자들의 수 등 게임에 고유한 조건을 통해서 그 목록을 정렬할 수 있다. 사용자는 이미 존재하는 게임들 중 하나에 합류할 수도 있고, 자신이 새로운 게임을 열 수도 있다.

정렬 조건이 모든 사용자들에게 동일하다면, 가능한 게임들을 적절한 계통구조 형태로 조직화해서 보여주는 폴더 시스템을 채용해볼 수 있을 것이다. 예를 들면 스포츠 게임의 경우 플레이하고 싶은 스타디움을 먼저 정하게 하고, 해당 스타디움에서 벌어지는 게임들 중 특정 게임을 선택하게 하는 식인데, 그렇게 하면 사용자가 게임들을 더 쉽게 정렬하고 찾아볼 수 있으며, 백엔드 쪽에서도 게임들과 서버들을 분할하는 게 더 쉬워진다.

체스나 테니스 단식 경기처럼 단 두 명만 참여하는 게임이라면 도전/응답 시스템을 구현하는 게 합리적이다. 이런 시스템에서는 한 사용자가 게임이나 서버를 열고(hosting) 다른 사용자들이 거기에 합류하는 게 아니라 그냥 사용자가 다른 플레이어들의 목록(지리적 위치, 승리/패배 기록 등의 추가적인 정보가 함께 표시될 수 있다)을 보고 적절한 플레이어에게 도전 신청을 보낸다. 도전을 받은 플레이어는 그것을 받아들일 수도 있고 거부할 수도 있다. 도전을 받아들인 경우 도전한 사용자가 게임을 열게 할 수도 있고 네트웍 조건이 더 좋은 사용자가 게임을 열게 할 수도 있다.

대화

게임 안의 대화(chatting)는 플레이어들에게 극히 사적인 체험을 제공한다. 게임 안에 대화 기능이 있으면 사용자는 다른 사용자와 게임을 즐기는 차원을 넘어서, 게임 안의 모든 것들에 대해, 심지어는 게임 외의 실생활의 사건들에 대해서도 다른 사용자와 자유로이 의사소통을 할 수 있다. 또한 대화는 상대방을 도발하는 등의 한 차원 높은 상호작용을 가능하게 하며, 팀플레이를 더욱 역동적으로 만들어 주기도 한다. 대화는 오늘날의 게임 시장에서 게임이 당연히 갖춰야 할 요소로 간주되고 있다.

대화 세션은 "방"들로 구성될 수 있으며, 상대 찾기 폴더 계통구조와 비슷한 형태로 조직화 될 수 있다. 즉 사용자의 대화 상태는 "대화 중"에서 "방 1에서 대화 중", "방 2에서 대화 중" 같은 하위상태로 전이된다. 그런데 대화를 상대 찾기와 반드시 구분할 필요는 없다. 오히려 대화와 상대 찾기를 합치는 게 더 매력적인 체험을 가능하게 한다. 대화와 상대 찾기가 결합되어 있으면, 플레이어는 다른 게임들과 플레이어들을 둘러보고 전반적인 게임 랭킹들을 살펴보면서 대화를 통해 상대 플레이어에 도전하거나 도발하는 등의 행동을 취할 수 있다. 대화는 어떤 종류의 상대 찾기에도 결합될 수 있다. 예를 들어 하나의 게임에 참여할 사용자들이 하나의 방에 모이고 그 방 안에서 서로 대화를 나누는 등.

인증과 마찬가지로, 텍스트나 음성 대화를 제공할 때에는 개인 정보 보호나 법적인 문제를 고려해야 한다. 이 부분 역시 법률 관련 부서의 도움을 받아야 할 것이다.

고급 로비 하위시스템들

진정한 재유희 가치와 경쟁을 추가하기 위해서는 좀 더 진보된 로비 시스템들이 필요하다. 이에 대한 아이디어는 무궁무진하며, 온라인 게임에 아직 구현된 적이 없는 아이디어들도 대단히 많다. 그러나 가장 경쟁력 있는 또는 진보적 기능들은 몇 가지 중심적인 아이디어들에서 파생된 것들이다. 다음은 점차 일반화되고 있는 몇 가지 고급 시스템들이다. 아마 얼마 안 있으면 이들 역시 "필수적인" 기능들로 자리잡게 될 것이다.

내용 다운로드

내용 다운로드(content download)는 여러 가지 기능들을 통틀어 칭하는 용어이다. 스포츠 게임에서 내용 다운로드의 가장 좋은 예는 선수 명단 갱신이다. 축구나 농구 같은 게임들에서는 시즌 도중에 선수들이 개별적으로 팀을 바꾸는 경우가 별로 없다. 선수 이적은 보통 특정 시기에 팀 대 팀 차원에서 다양한 종류의 거래를 통해 일어난다. 선수가 다른 팀으로 이적하더라도 게임 내 플레이어 모형의 변화는 보통 유니폼과 등번호 정도에 국한되므로, 전체 리그에 대한 주별 또는 월별 선수 명단 갱신의 구현은 전혀 어려운 일이 아니다. 선수 명단 갱신은 스포츠팬들로 하여금 실제의 리그 변화에 맞춰 게임을 계속 즐길 수 있도록 만들어 주므로, 다중 플레이어 모드뿐만 아니라 단일 플레이어 모드의 재유희 가능성 (replayability)도 높여준다.

다운로드 여부를 판정하는 한 가지 방법은, 하드 드라이브나 메모리 카드에서 가장 최근의 갱신을 찾고 그것을 서버의 버전과 비교하는 것이다. 갱신 정보는 그냥 단순한 텍스트 형식일 수도 있고 **XML**일 수도 있다. 안전을 위해서는 이 자료에 대해 암호화나 기타 보안 대책을 적용해야 할 것이다.

내용 다운로드의 또 다른 좋은 예는 새 맵이나 캐릭터 모형을 다운받게 하는 것이다. 이러한 그래픽 추가물은 가장 엄격한 테스팅과 게임 자원 재제출 과정 및 기타 관리적인 작업을 필요로 한다는 점에서 개발자에게 부담을 줄 수 있지만, 사용자들에게는 가장 인기 있는 갱신이라는 점을 잊어서는 안 된다. 시뮬레이션이나 1인칭 슈팅 게임 등 액션 기반 게임들에서는 이러한 다운로드가 혼한 일이 되고 있다. 그런 게임에서, 그래픽 추가물들은 사용자에게 완전히 새로운 체험을 제공할 수 있다. 실제로 1인칭 슈팅 게임에서는 원래의 게임이 출시된 후 몇 년이 지나도 새로운 맵이나 기타 조정 설정들이 끊이지 않곤 하며, 그래서 게임이 소매점의 진열대에 계속 살아남는 사례도 흔히 볼 수 있다.

내용 다운로드를 위해서는 내용 다운로드 기능 이외에도 추가적으로 손을 봐야 할 것들이 있다. 상대 찾기 인터페이스가 새로운 내용을 처리할 수 있어야 하며 플레이어들이 새 자료에 기반해서 상대 찾기 결정을 내릴 수 있어야 한다. 예를 들어 플레이어들이 선호하는 맵에 근거해서 모인다면, 인터페이스는 새로운 맵들을 선택하고 다운받을 수 있는 새로운 옵션을 표시해 주어야 한다.

내용 다운로드의 또 다른 독창적인 용도 하나는, "날씨 다운로드"이다. 이것은 사용자 거주 지역(사용자 등록 시 입력한 주소에 근거)의 실제 날씨에 기반해서 게임 안의 날씨(비, 눈, 또는 맑은 날씨 등)를 표시하는 것이다. 게임 내 날씨는 다음과 같은 간단한 열거형으로 구성할 수 있다.

```
typedef enum
{
    eGameWeather_Sunshine,
    eGameWeather_Rain,
    eGameWeather_Snow,
    eGameWeather_Hail
} eGameWeather;
```

게임은 서버에게 사용자의 현재 날씨에 해당하는 이 열거형 값을 받아서 그것으로 게임 내 날씨를 적절히 표시하면 된다.

경쟁

경쟁에 관련된 시스템으로 들 수 있는 것은 리더 보드와 온라인 토너먼트이다. 이 둘 모두 점점 더 널리 쓰이고 있다. 이들은 사용자가 좀 더 높은 순위를 얻기 위해 게임을 계속 플레이하도록 만든다는 점에서 게임의 재유희 가치를 높여준다. 이 시스템들은 게임의 장르나 특성에 상관없이 대부분 비슷하며, 따라서 로비에 통합하는 것도 상당히 쉽다.

리더 보드(leader board) 또는 흔히 "래더(ladder)"라고 부르는 것은 그냥 상위 사용자들의 목록 또는 모든 사용자들의 순위별 목록이다. 순위의 기준 자체는 게임마다 다를 수 있다. 예를 들어 1인칭 슈팅 게임이라면 사살한 플레이어 수, 축구라면 득점 순위 등. 그 외에 달성한 임무 개수나 달성 시간, 해결한 퍼즐 개수 등으로도 순위를 매길 수 있다. 또, 최하위 100 명을 표시할 수도 있는데, 이를 통해서 초보 플레이어들이 더 자주, 더 열심히 게임을 플레이하도록 만드는 효과를 낼 수 있다. 또는 현재 접속한 플레이어를 중심으로 그 상위 몇 명, 하위 몇 명을 보여줄 수도 있다. 어떤 형태이든, 이러한 순위 시스템을 위해서는 각 게임이 끝난 후 승패 정보를 서버에 보내고 서버에서 순위 목록을 갱신하게 해야 한다.

온라인 토너먼트는 좀 더 복잡하다. 온라인 토너먼트는 게임 상태 자료나 게임 결과와 관련된 것이라기보다는 사용자들을 어떻게 묶고 관리하느냐의 문제이다. 예를 들어 16 명의 사용자들이 하나의 토너먼트를 구성하기로 했다면, 그 토너먼트에는 하나의 고유한 이름이 부여되어야 하며, 참가를 위한 패스워드와 참가 플레이어 명단, 그리고 각 게임 결과를 관리해야 한다. 토너먼트의 각 게임 결과에 따라, 승리한 사용자들은 새로운 게임을 시작하게 해야 하고 패배한 사용자들은 토너먼트에서 제외시켜야 한다.

이 기능에서 핵심적인 측면은 페어플레이이다. 플레이어는 언제라도 속임수를 쓸 수 있으며 또 쓰려고 할 것이다. 따라서 그런 시도를 무력화할 수 있는 논리적인 규칙들을 구현해야 한다. 일반적인 규칙들을 들자면:

- **연결 끊기(disconnect)를 관리한다.** 플레이어는 패배가 확실해지면 패배 기록이 남지 않도록 최종 결과가 서버에 전송되기 전에 일부러 게임을 꺼버리곤 한다. 이런 시도를 방지하기 위한 한 가지 방법은 사용자의 연결 끊기를 등급 계산에 포함시키는 것이다. 예를 들면 사용자의 등급을 계산할 때 승리는 1 점, 패배는 0 점, 연결 끊어짐은 -1 점으로 간주하는 등. 이러면 일부러 연결을 끊는 시도를 줄일 수 있다.
- **사용자 계정을 실세계의 정보와 연관시킨다.** 플레이어가 흔히 시도하는 또 다른 속임수 하나는, 사용자 계정을 두 개 만들고, 두 컴퓨터에서 로그인하고, 한 계정이 계속 이기게 해서 순위를 올리는 것이다. 사용자 계정을 신용카드 번호나 전자우편 주소 등 실세계의 자료와 연계시키면 이러한 시도가 좀 더 어려워진다. 다만 개인 정보 보호나 보안 관련 문제에 대해 더욱 신경을 써야 한다.

결론

경쟁적인 게임이든 협동적인 게임이든, 이후에 나올 게임들에서는 온라인 게임플레이가 3차원 그래픽만큼이나 중요해질 것이다. PC 게임 시장에서는 이러한 경향이 이미 뚜렷하게 드러나고 있다. PC 게임 시장의 경우 대부분의 흥행 성공작들이 온라인 플레이를 지원한다. 콘솔 쪽에서도 그러한 경향이 나타나고 있다 [Ganem03]. 게임은 종류도 많고 그래서 온라인 플레이 스타일도 다양하지만, 온라인 로비는 대체로 비슷한 면이 많다. 시간이 지남에 따라 새롭고 혁신적인 기능들과 모드들 역시 계속 나오겠지만, 로그인, 공동체, 플레이 상대 찾기 같은 기본적인 개념들은 변하지 않을 것이다.

로비 시스템을 설계할 때에는 개발자가 구현하기 쉽고 다루기 쉬워야 한다는 점뿐만 아니라, 우연한, 심각하지 않은 플레이어들도 쉽게 접근하고 친숙해질 수 있어야 한다는 점 역시 고려해야 한다. 처음 보는 온라인 게임에 접근한 사용자에게는 게임 자체도 중요하지만 간단히 로그인해서 최대한 빨리 플레이 상대를 찾을 수 있느냐의 문제도 매우 중요하다. 그렇게 하기 위해서는 간단하고도 일관된 로비 설계가 필수적이다. 또한 로비 설계에서는 고급 기능들을 쉽게 추가할 수 있는 확장성에도 신경 써야 한다. 훅들과 콜백들을 쉽게 유지 보수하고 편하게 관리하려면, 상태 주도적 설계를 적절한 다이어그램으로 도식화하고 개발 도중 그것을 잘 지켜나가는(필요하다면 설계 자체를 적절히 갱신하면서) 것이 중요하다 그러면 테스팅과 반복적 개발 단계들을 좀 더 빠르게 진행할 수 있으며, 전체적인 피드백 주기가 크게 줄어든다.

로비 설계에 대한 모범들을 좀 더 많이 배울 수 있는 한 가지 좋은 방법은 다른 게임들을 많이 해 보는 것이다. PC 게임들뿐만 아니라 콘솔 게임들 역시 해 볼 필요가 있으며, 다양한 장르들에도 접해 볼 필요가 있다. 그리고 게임 내 상대 찾기뿐만 아니라 써드파티 상대 찾기 서비스들도 시험해 볼 것. 여러 가지 게임들을 플레이해 보면 모범 관행들을 배울 수 있을 뿐만 아니라 가장 흔한 실수들을 피하는 지혜도 얻을 수 있다.

참고자료

〔Calica98〕 Calica, Ben, "Multi-Player Lobbying, or, Gathering the Team," 웹 주소 *http://www.gamasutra.com/features/game_design/rules/19980904.htm*.

〔Ganem03〕 Ganem, Steve, and Pete Isensee, "Developing Online Console Games," 웹 주소 *http://www.gamasutra.com/features/20030328/isensee_01.shtml*, March 2003.

〔Lincroft99〕 Lincroft, Peter, "The Internet Sucks: Or, What I Learned Coding X-Wing vs. TIE Fighter," 웹 주소 *http://www.gamasutra.com/features/ 19990903/lincroft_01.htm*, September 1999.

Adam Martin, *Grex Games*
gpg@grexengine.com

6.2 서버 당 수천의 클라이언트들

요즘 온라인 게임들에서는 서버 당 클라이언트 수가 매우 크고, 게다가 계속 커지고 있다. 클라이언트 동시접속수의 주된 임계치들은 2, 50, 500, 1,000, 50,000이다. 50000 이상이 되면 서버 쪽에서는 클러스터를 형성하고 트랜잭션 처리 [Gray93] 같은 기법들을 이용해서 부하를 분산시켜야 한다. 이 글의 내용은 동시접속이 1,000-50,000인 독립형 서버와 클러스터 안의 서버 모두에 유용하다. 이 글은 수천의 클라이언트들로 확장할 수 있는 범용적인 서버의 설계를 보여주므로(소스 코드는 부록 CD-ROM에 들어 있다), 독자의 대규모 서버 구축의 출발점으로 삼을 수 있을 것이다.

서버 설계의 임계치들

서버 개발에는 매우 다양한 알고리즘들과 아키텍처들이 쓰인다. 그런 알고리즘과 아키텍처들 사이의 차이는 적합한 동시접속 클라이언트 수에서 비롯된다.

적은 수의 클라이언트들을 다루는 접근방식들은 대체로 이해하기가 훨씬 간단하며, 시험용 버전을 만드는 데 걸리는 시간도 짧다. 그러나 더 많은 클라이언트들을 처리할 수 있도록 확장하기 시작하면, 접근방식에 따라 구현이나 테스팅 비용이 크게 달라지곤 한다. 만일 잘못된 접근방식으로 시작한다면, 초기 평가에서는 좋은 결과를 얻을 수 있을지 몰라도, 개발 후반부에 가서는 거의 손을 쓸 수 없을 정도의 사태가 벌어질 수 있다.

클라이언트 500-1,000

비동기, 비차단(nonblocking) 입출력 시스템의 경우 500에서 1,000 개의 클라이언트들에서는 잘 작동하나, 클라이언트마다 스레드를 하나씩 부여하는 시스템으로는 500에서 1,000 정도도 버티기 힘들다. 또, 비동기 입출력이라도 모든 클라이언트를 하나의 스레드로 처리하는 방식에서는 500에서 1,000의 클라이언트들을 버티지 못한다. 클라이언트 100 개 당 스레드 하나를 할당해서 총 5에서 10 개의 스레드들을 돌리는 방식이 일반적이다.

클라이언트 50,000 이상

50,000 개 이상의 클라이언트들을 처리하는 방식은 크게 두 가지이다. 하나는 비싸고 좋은 하드웨어를 사용하는 것이고, 또 하나는 물리적인 서버들을 여러 개 묶은 다중서버 분산 시스템 클러스터를 이용해서 클라이언트 부하를 분산하는 것이다. 하드웨어 상의 주된 제약은 서버의 여러 부분들에 대한 너무 낮은 대역폭과, 많은 클라이언트들에 대한 OS 처리 능력의 부족이다. 각 클라이언트가 매우 작은 추가부담을 야기한다고 해도 그것들이 모두 합쳐지면 서버에게는 큰 부담이 된다.

Intel/AMD 단일 프로세서 서버로는 50k 동시접속을 처리하기가 거의 불가능하다. 단, 예를 들어 PCI-X 같은 매우 빠른 지역 버스 등의 특별한 하드웨어를 장착하고 있다면 가능할 수도 있다. PCI-X는 133MHz, 64 비트로 작동하며 PCI에 비해 10 배나 큰 대역폭을 제공한다 [Compaq00]. 비싸지만 매우 큰 대역폭과 낮은 지연을 제공하는 크로스바 스위칭 버스 [Spacewire03] 역시 그런 용도로 사용할 수 있는 특수한 하드웨어이다.

동시접속수는 서버의 클라이언트 당 처리 부담에 크게 의존하며, 또한 개별 클라이언트의 사용 패턴에도 크게 의존한다. 예를 들어 전형적인 게임 서버에 300-400 명의 플레이어가 동시에 접속한다고 하면 임계치를 500 이상으로 예상하고 그에 맞는 서버 설계를 사용해야 한다. 그러나 만일 서버 처리가 매우 간단하다고 하면, 50-500 정도에 적합한 기법으로도 1,000 명의 플레이어를 처리할 수 있다. 오차의 폭이 매우 작긴 하지만, 나중에 필요하다면 간단한 분산 시스템으로 전환하고 여러 서버들이 각각 1000 이하의 플레이어들을 맡아서 각자 독립적인 게임들을 실행하게 할 수도 있다.

이렇게 해서 500-1,000과 50,000 이상의 경우를 간략히 살펴보았다. 이 글 나머지 부분에서는 1000에서 50,000 사이의 클라이언트들을 처리하는 서버에 대한 문제점과 그 해결책을 이야기하겠다.

문제점

수천의 클라이언트들을 처리하는 서버는 여러 가지 어려운 문제점들을 해결해야 한다. 그런 종류의 게임 서버를 성공적으로 구축하기 위해서는 먼저 문제점들을 제대로 이해하는 것이 중요하다.

비결정론

비결정론(nondeterminism)은 가장 큰 문제들을 일으킨다. 비결정론이란, 소스 코드만 봐서는 하나의 코드 조각이 무엇을 하게 될 것인지를 알 수가 없다는 뜻이다. 코드가 덜 결정론적일수록 코드를 분석하는 게 어렵다. 디버깅의 경우 이러한 비결정론은 재현할 수 없는 버그들을 수없이 만들어내며, 그래서 디버깅을 극도로 어렵게 만든다.

게임 프로그래밍은 대부분 비결정론을 피하는 방식으로 이루어진다. 대부분의 게임들에 쓰이는 메인 게임 루프를 보면 비결정론을 피하는 전형적인 노력을 찾을 수 있다. 메인 루프는 게임의 여러 부분들에 대한 정적인 일정 관리를 구현한다. 그런 식으로 만들어진 메인 루프를 보면 게임의 여러 구성요소들이 정확히 어떤 순서로 실행되는지 알 수 있다. 그러나 많은 수의 클라이언트들을 다루려다 보면 동적인 스케줄링과 다중 스레드가 필요하게 되고, 결과적으로 비결정론이 도입된다. 또한 분산 시스템에서는 각 컴퓨터가 고유하며, 프로세서 속도도 다르기 마련이다. 그래서 코드가 컴퓨터마다 다른 속도로 실행된다.

자명하지 않은 실패 모드들

클라이언트나 서버가 네트웍에서 떨어져 나가거나 다운되면, 나머지 단위들은 무슨 일이 있었는지 알 수가 없는 상태가 되곤 한다. 특정 컴퓨터가 반응을 멈추었을 때 정확히 어떤 행동을 취할 것인지 결정하기란 쉽지 않은 일이다. 그런 실패 상황들에서는 실패의 이유를 잘못 판단해서 부적절한 행동으로 반응하는 실수를 범하기가 쉽다. 예를 들어 어떤 게임들은 네트웍의 일시적 장애 때문에 클라이언트를 게임에서 튕겨내고, 그래서 플레이어를 당황하게 만들기도 한다. 좀 더 나은 설계는 네트웍 장애를 훨씬 더 안정적으로 처리해야 할 것이다.

규모의 문제

규모(scale) 역시 많은 문제들의 근원이다. 규모가 문제가 되는 이유는 크게 두 가지이다. 첫 번째로, 작은 추가부담이라도 클라이언트들의 수가 많아지면 결과적으로 부담의 규모가 커지게 되고, 따라서 심각한 문제로 작용한다. 작은 추가부담의 차이가 시스템에 커다란 영향을 미칠 수 있는 것이다. 두 번째로, 게임 서버 개발 시의 테스팅 방식과 관련이 있다. 게임 서버 개발 주기의 초기에는 하나나 둘 정도의 클라이언트들로 테스트를 하다가 점차 그 수를 20, 100 등으로 늘려가게 되는데, 현실적인 수의 클라이언트들로 서버를 테스트하는 것은 서버 개발이 거의 완료된 시점에서야 가능하다. 그 때가 되어서 자원 관리와 비결정론에 의한 중요한 버그들이 드러나기 시작하면 골치가 아파진다.

게임 디자인의 어떠한 이유로 게임 내 최대 플레이어 수를 어느 정도 정확히 예상할 수 있다면 그 수를 사용해야 한다. 그러면 테스팅에서 시뮬레이션할 클라이언트 수를 좀 더 일찍, 그리고 좀 더 정확하게 계획하는 데 도움이 된다. 지원할 수 있는 최대 상한을 가지고 테스트를 한다면 수많은 과부하(overload) 관련 문제들을 피할 수 있다.

과부하의 연쇄반응

서버에 과부하가 걸리면 그 여파가 시스템 전체로 전파되어서 게임이 재앙에 빠질 수 있다. 서버에 부하가 과하게 걸리면 단위 작업 당 처리 시간이 증가한다. 각 작업을 처리하는 시간이 길어지면 비결정론적인 행동이 나타날 가능성도 더 커지며, 그러면 이전에는 보이지 않았던 완전히 새로운 버그들이 고개를 내밀게 된다. 더욱 골치 아픈 것은, 그런 버그들의 경우 과부하가 없는 상황에서는 재현할 수 없을 때가 많다는 점이다.

그와 동시에, 자원들(CPU, RAM 등)의 가용성이 떨어지면서 같은 서버의 다른 프로세스들의 산출량(throughput)도 떨어지게 되고, 그래서 그 프로세스들 역시 과부하를 겪게 된다. 첫 번째 프로세스의 과부하를 해결하는 것은 잠깐이면 가능하겠지만, 시스템이 이러한 연쇄반응에 의한 효과를 극복하고 정상으로 돌아오는 데에는 더 많은 시간이 걸린다. 이 때문에, 서버가 "정상 조건"에서 필요 이상으로 빠르게 돌아가도록 시스템의 예비를 충분히 마련해 둘 필요가 있다. 그렇게 해야 일시적인 과부하의 원인이 사라졌을 때 서버가 보통의 부하 상태로 빠르게 복귀할 수 있다.

인간 요소와 악순환

플레이어가 게임에 대해 취하는 행동들을 예측하기란 어려운 일이고, 또 그런 플레이어들의 수가 수천 명에 이르기도 하므로, 이런 부분에 의해 시스템이 받게 되는 영향은 매우 클 수밖에 없다. 플레이어들은 예측할 수 없을 뿐만 아니라 게임 서버의 문제점들에 대해 가장 나쁜 방식으로 반응하기도 한다. 예를 들어서 서버에 일시적인 문제가 생기는 바람에 게임이 잠시 멈추면 플레이어는 신경질적으로 버튼을 눌러대곤 한다. 그러면 서버에는 더 많은 요청과 명령들이 들어오므로 일시적인 문제가 더 나빠진다.

서버가 일시적인 과부하를 완전히 회복하는 데 긴 시간이 걸린다면, 지연과 신경질적 반응의 악순환에 의해 서버가 다운되는 사태까지 벌어질 수 있다. 하나의 프로세스가 자원 부족에 빠졌을 때 그런 일이 일어나곤 한다. 크래커들이 웹 서버를 다운시킬 때 사용한다고 알려져 있는 **SYN** 홍수 공격이 바로 그러한 예이다. "경우에 따라서는 시스템이 메모리를 다 소비하거나, 다운되거나, 기타 작동 불능 상태에 빠질 수 있다" [CERT96].

정당한 스케줄링

동시접속이 수천이 되면, 다음에 처리할 것을 결정하기 위해 모든 클라이언트들을 훑는 식의 소박한 접근방식은 통하지 않는다. 전형적인 게임에서 각 클라이언트가 서버에 새로운 명령을 제출하는 속도는 서버가 응답을 돌려보내는 속도에 비례한다. 각각의 반응에 10 밀리 초가 걸린다면, 50 개의 클라이언트들이 경험하는 응답 시간은 10에서 500 밀리 초까지 (모든 명령들이 한 번에 전송된다고 할 때) 다양해진다. 그 정도의 차이는 플레이어의 의사결정 속도에 비해 충분히 작기 때문에 500 밀리 초의 클라이언트가 10 밀리 초의 클라이언트보다 특별히 더 불리하다고 볼 수 없다. 그러나 클라이언트가 10,000 개이고 하나의 스레드가 그 클라이언트들을 순차적으로 처리한다면 응답 시간의 범위는 10에서 100,000 밀리 초 사이가 된다. 개별 응답이 한 자리수 밀리 초라고 해도 클라이언트들 사이의 응답 시간은 몇 초씩이나 차이를 보인다. 게다가 클라이언트와 서버 사이의 추가적인 네트웍 지연까지 가세하면, 일부 클라이언트들은 게임을 도저히 쫓아갈 수 없을 정도가 된다.

주된 기법들

임의의 대규모 온라인 게임에 공통적으로 쓰일 수 있는 일반적인 규모가변성 접근방식들이 있다. 이번 절에서는 수천의 클라이언트들로의 규모 확장과 관련된 성능 상의 난제들을 살펴보고, 그러한 대규모 시스템에 본질적으로 존재하는 테스팅 및 신뢰성 문제들도 살펴보겠다.

자원 할당

수천의 클라이언트들이 접속하고 있는 상황에서는 각 클라이언트에 배정하는 자원들(CPU, 메모리, 데이터베이스 연결 등)의 수를 관리하는 것이 매우 중요하다. 이 부분에 대한 접근 방식은 크게 세 가지이다.

- **자명한 할당**: N 개의 클라이언트들에게 N 개의 자원들을 할당한다. 자원 공유는 없다.
- **풀링**: N 개의 클라이언트들에게 N보다 작은 P 개의 자원들을 할당한다. 자원들은 공유될 수 있으며, 또는 선입선출 방식으로 제공될 수도 있다.
- **단계/파이프라인 방식**: 파이프라인 안에 S 개의 단계(stage)들이 있으면 자원 역시 S 개가 할당된다. S는 클라이언트 수 N과는 독립적이다. 성능과 행동의 예측가능성이 크다.
- **일괄 방식**: 풀링과 비슷하게, 주어진 임의의 시간 간격 안에서 R 개의 요청에 대해 B < R인 B 개의 자원들이 할당된다(요청들은 시간에 대해서만 측정될 수 있다).

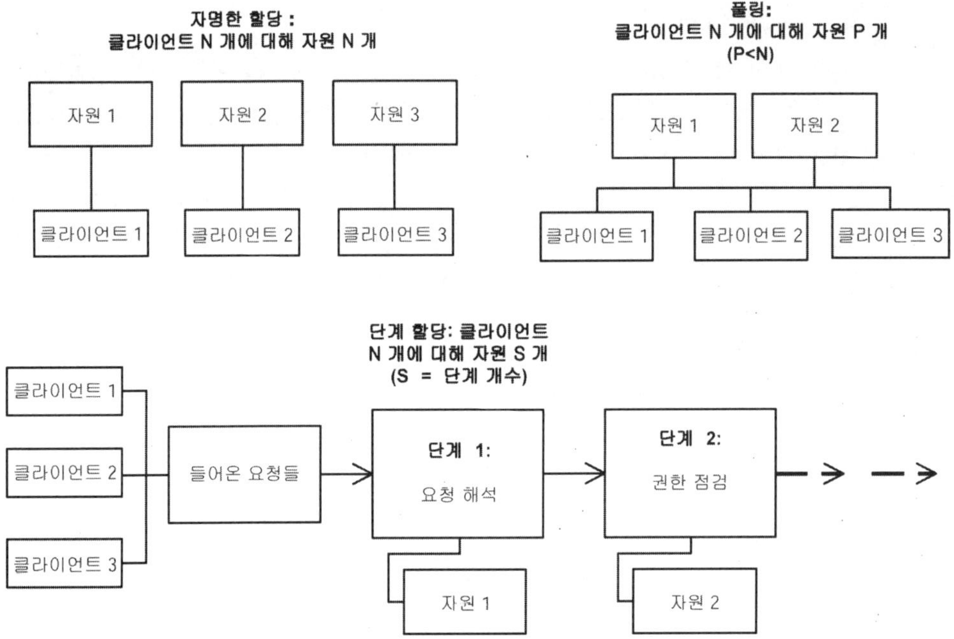

그림 6.2.1 여러 가지 할당 전략들

자명한 할당은 구현하기가 매우 간단하지만, 수백의 클라이언트 이상으로 규모를 확장시키는 것은 거의 불가능하다. 이러한 할당의 가장 일반적인 사례는 들어온 연결에 대해 클라이언트 당 스레드 하나를 배정하는 것이다. 풀링은 널리 쓰이며 형태도 여러 가지이다. 가장 진보된 형태로는 스레드 풀의 부하 균등화를 들 수 있는데, 그런 방식에서는 하나의 추가적인 스레드가 풀의 회소 자원들을 어디에 배정할 것인지를 미리 결정하게 한다. 이런 추가적인 스레드는 최적의 산출량을 낼 수 있도록 나머지 모든 스레드들을 관리하는데, 이는 여러 OS들의 스레드 스케줄러와 비슷한 방식이다 [Josephs03].

단계별 할당은 규모를 키우기가 제일 쉬우며, 분산 시스템에서 사용하기도 매우 쉽다. 각 단계는 서로 독립적이며, 코드를 고치지 않고도 각기 다른 물리적 서버에서 실행할 수 있다. 또한 각 단계를 개별적으로 테스트할 수 있으므로 디버깅도 편하다. 수만의 클라이언트들을 처리하는 최신의 MMOG 서버 시스템은 모두 이런 단계별 할당에 기초한 변형들을 사용한다. 이 글에서 이야기하는 서버의 한계 이상을 원하는 독자라면 이런 단계별 방식이 필요할 것이다. 그런 독자라면 SEDA [Welsh03]를 출발점으로 삼아도 좋을 것이다.

일괄 할당은 수행해야 할 작업량과는 상관이 없는, 어떠한 행동의 시작과 관련된 지연 상황을 위해 고안된 것이다. 전형적인 예는 데이터베이스 접근이다. 이 경우 데이터베이스의 한

테이블의 행들을 한 번에 하나씩 가져오는 것보다는 한 번 연결한 후 여러 행들을 한꺼번에 가져오는 것이 속도가 훨씬 빠르다. 데이터베이스의 재연결, 협상, 로그인 등의 추가부담을 피하기 위해서 데이터베이스 연결들 자체를 풀링을 통해 재사용하는 것도 흔한 일이다. 대부분의 서비스들은 내부적인 일괄 처리를 자동적으로 수행하는 데이터베이스를 포함하나, 만일 데이터베이스가 자동적인 일괄 처리를 지원하지 않는다면 일괄 할당을 통해서 속도를 수십 수백 배까지 높일 수 있다. 특히 게임 서버의 특정한 사용 패턴(몇 분마다 커다란 요청들을 받는 게 아니라 초 당 수천 개의 작은 요청들을 받는 등)에 최적화되지 않은 써드파티 제품들의 경우에 이런 방식이 유용하다.

비결정론 다루기

이상적인 상황이라면, 모든 코드가 방어적이며, 모든 메서드가 적절한 단언문(assert)들로 보호되어 있고, 깨진 자료도 자동적으로 검출될 것이다. 그러나 실제 상황에서의 소프트웨어는 그냥 겉으로 보기에 잘 돌아가는 것일 뿐이다. 많은 프로그래머들이 사용하는 단언문들은 계약에 의한 설계(design-by-contract) [Eiffel03]의 가장 약한 형태인데, 사실 좀 더 강한 형태의 계약들을 사용하는 것이 훨씬 낫다 [jContractor98]. 이를 위해서는 유지보수에 더 많은 노력이 필요한데, 표준적인 응용 프로그램의 경우 몇 개의 계약들로 얻을 수 있는 것은 그리 크지 않다. 즉 모든 것을 계약에 의한 설계로 하거나 아니면 아예 말거나 둘 중 하나인 것이다. 그러나 몇 달씩 멈추지 않고 실행되는 여러 프로세스들이 서로 상호작용하는 서버에서는 이야기가 좀 달라진다. 서버에서는 시간이 흐름에 따라 모든 코드 조각들이 서로 상호작용하게 되고, 따라서 아주 약간의 계약들(또는 단언문들)이라도 피해 통제에 매우 효과적일 수 있다.

개발 시간이 부족한 경우라면 점검 개수를 줄이되 각 점검이 좀 더 복잡한 행동과 불변식(invariant)들을 테스트하게 하는 게 낫다. 왜냐하면 그런 점검은 여러 프로세스들의 좀 더 미묘한 상호작용을 테스트하기 때문이다. 단계별 자원 할당의 경우 적어도 각 단계의 진입에는 점검을 배치할 필요가 있다. 그러한 점검은 깨진 자료가 단계에 진입하는 것을 원천봉쇄함으로써 시스템 전체로 퍼지는 것을 막는다.

서버에서는 비결정론적인 문제들이 더 자주 나타나는데, 그 이유 중 하나는 서버가 몇 주, 몇 달씩 쉬지 않고 실행된다는 데 있다. 이 때문에 생길 수 있는 최악의 오류들을 줄이는 한 가지 효과적인 방법은 게임 서버를 자주(그리고 될 수 있으면 자동적으로) 리셋하는 것이다. 리셋은 완전할수록 좋다. 서버에서는 게임 자료 이외의 상태는 유지되지 않아야 한다. 조금 막무가내식 접근방식이긴 하지만, 게임 디자인이 허용하는 한에서는 이것이 매우 효율적인 해결책일 수 있다.

서버의 종류

게임 프로그래밍에서 일반적으로 쓰이는 게임 서버는 크게 세 가지로 나뉜다.

- **요청-응답 서버**: 하나의 요청에 대해 하나의 응답이 만들어진다. 가장 중요한 자료는 응답의 내용이다.
- **명령 스트림**: 클라이언트는 게임 명령들의 스트림만을 전송한다. 서버는 각 명령의 수신자를 인식할 수도 있고 아닐 수도 있다. 서버가 클라이언트에게 응답 자료를 전송하지는 않는다.
- **구독(subscription) 채널**: 클라이언트가 서버에 연결하긴 하지만 초기의 제어신호 교환 이외에는 메시지를 보내지 않는다. 클라이언트는 서버로부터 메시지 스트림(대화 메시지나 게임 상태 등)을 받는다.

세 종류의 성능 특성은 서로 상당히 다르다. 일반적으로 두 번째 종류, 즉 명령 스트림 서버의 구현에는 별로 문제될 것이 없으나, 첫 번째와 세 번째 서버는 덩치 큰 자료를 주고받아야 하고 각 요청마다 적지 않은 처리가 필요하거나(첫 번째 종류) 메시지를 보내야 한다는 점(세 번째 종류) 때문에 상당한 성능 하락이 생길 수 있다. 부록 **CD-ROM**에 수록된 예제 서버는 기본적으로 첫 번째 종류이지만 서버 주도적 메시지들(클라이언트의 요청에 대한 응답이 아닌, 서버가 자발적으로 클라이언트에게 보내는 메시지들)이 존재한다는 점에서 세 번째 종류도 결합된 것이라 할 수 있다. 두 개의 첫 번째 종류 서버들을 클라이언트와 서버에 각각 하나씩 두는 구조도 가능하지만, 그러면 클라이언트-서버 로직이 복잡해진다. 그리고 첫 번째 종류 서버를 하나만 두고 클라이언트가 주기적으로 갱신을 점검하게 할 수도 있지만, 이 경우 불필요한 부하를 가중시킨다는 점이 문제된다.

자동화된 테스팅

The Sims Online(TSO)을 개발하는 도중 Maxis는 비결정론에 관련된 아주 어려운 문제들에 봉착한 적이 있다[Mellon03]. 그들은 그 문제들을 해결하기 위해 여러 가지 기법들을 사용했는데, 가장 효과적인 것은 자동화된 테스팅이었다. 자동적인 테스트의 접근방식은 크게 두 가지이다.

- 짧은 테스트를 여러 번 반복하되, 연속적인 테스트들 사이에서 테스트 조건을 완전히 다시 재설정한다.
- 한 테스트를 오랜 시간동안 지속한다.

짧은 테스트들의 반복은 반복적인 상황에서만 발생하는 버그들을 찾아내는 데 특히 효과적이다. 장기간의 테스트는 몇 시간, 며칠 동안 실행이 지속될 때에만 나타나는 버그들에 효과적이다.

테스트는 스스로 실행되므로, 사람의 개입 없이 며칠씩 그대로 놔둘 수 있다. 자동화된 테스트는 또한 각 단위가 커다란 작업부하를 어떻게 견디는지 점검하는 데에도 좋다. 이는 자동화된 테스트들을 스트레스 테스트의 일환으로 재사용할 수 있다는 뜻도 된다. 이런 자동화된 테스트와 전통적인 스트레스 테스트의 주된 차이는, 자동화된 테스트는 프로젝트 시작부터 꾸준히 해야 하는 것인 반면 스트레스 테스트는 개발 막바지에 주로 진행된다는 점이다. 개발 환경에 따라서는 서버가 거의 완성되기 전까지는 스트레스 테스팅이 별 의미가 없으나, 그런 상황에서도 간단한 자동 테스트들은 유용한 결과를 낼 수 있다. 대규모 서버의 경우 이런 자동화된 테스팅은 많은 버그들을 드러내 주므로, 개발 주기의 초기에서부터 수행할 필요가 있다.

TSO 팀은 아주 간단한 테스트라도 유용한 결과를 빠르게 만들어낼 수 있다는 점을 알게 되었다. 간단한 테스트들을 여러 개 합쳐서 좀 더 복잡한 테스트를 만드는 것도 가능하다. 서버 자체가 여러 시스템들의 조합이라는 점을 생각한다면 당연한 일이다. 복잡한 테스트를 통해서 비결정론적인 문제를 발견했다면, 테스트를 다시 단순한 테스트들로 분해해서 각각을 개별적으로 문제에 적용해 본다. 만일 그런 방식이 통하지 않는다면 단순한 테스트들 사이의 연결 지점들을 조사하는 데 집중해 보는 것도 좋다. 그런 지점들에서 비결정론적 문제들이 도입되는 경우가 많기 때문이다.

비동기 입출력

비동기 입출력(asynchronous I/O, AIO)은 임의의 개수의 스레드들이 임의의 개수의 연결들을 처리할 수 있게 한다. AIO를 사용하지 않는다면 클라이언트 당 스레드 하나를 사용해야 한다. 효율적인 AIO를 위해서는 OS가 저수준 자료구조들과 입출력 기능들에 대한 접근을 허용해야 한다. 그런데 그런 저수준 기능들은 OS의 내부에 밀접하게 연관되어 있을 뿐만 아니라, OS마다 입출력을 다루는 수단들도 상당히 다르다. 비동기 입출력에 대한 API로 많이 쓰이는 것은 네 가지 정도인데 [Kegel03], 다른 플랫폼들에 이식된 것들도 있지만 그렇지 않은 것들도 많다(Windows의 완성 포트 등).

부록 CD-ROM의 예제 코드는 Java로 작성되었으며, 이 글에 나오는 이름들은 Java의 것들이다. Java 1.4에는 AIO를 위한 공동의 API가 도입되었으며, Sun은 그 API를 Windows, Solaris, Linux에 대해 보급하고 있다. 그 API는 해당 플랫폼 고유의 비동기 API에 대한 상당히 효율적인 래퍼(wrapper)들을 사용한다. 또, 여러 주류 비동기 API들과 상당히 비슷한데, Windows의 완성 포트(completion ports, 소위 IOCP)와 Unix AIO를 모두 고려한 가장 최신의 성과라고 할 수 있다. 그러나 독자가 사용하는 API의 함수나 자료구조 이름들이 Java

의 것과 비슷하다고 해서 성능 역시 비슷할 것이라고 가정해서는 안 된다. 반드시 해당 API 문서들을 참고할 것.

Java AIO API("NIO"라고 부른다)의 핵심 요소들은 다음과 같다.

- SelectableChannel: I/O 채널 또는 파이프
- Selector: 일단의 I/O 채널들을 자동으로 관리한다.
- SelectionKey: 각 Selector/SelectableChannel 쌍의 관계에 대한 정보를 담는다.

[Sun-nio03], [Sun-channels03], [Hitchens03] 등등 이 기본 수단들의 사용법을 자세히 설명하는 문서들은 많이 있다. 그러나 이들을 하나의 서버 안에서 결합하는 가장 효과적인 기법들의 경우는 다루는 자료가 많지 않다.

단계별 요청-응답 서버에서는 연결 승인, 요청 읽기, 응답 쓰기 같은 주요 기능 각각에 대해 개별적인 Selector를 두는 것이 유용하다. 그러면 각 기능들을 개별적으로 개발, 테스트, 조율할 수 있을 정도로 기능들을 깔끔하게 분리할 수 있다. 이 글의 예제 서버가 그런 전략을 사용하며, 각각의 시스템들(물리 시스템, 대화 시스템 등)에 대해 요청을 받고 응답을 만드는 단계 하나씩을 배정한다.

표준적인 경우에는 하나의 요청이 완성될 때까지 입력 ByteBuffer에서 요청 자료를 읽고, 그것을 적절히 처리해서 응답을 만들고, 그 응답을 다른 출력용 ByteBuffer에 쓰고, SocketChannel이 실제로 그 응답 내용을 전송하는 식으로 일이 진행된다. ByteBuffer 는 일반적인 Java 객체들에 비해 할당과 해제 비용이 매우 크기 때문에 최대한 재사용해야 한다는 점이 중요하다.

서버가 만들어내는 전형적인 응답들이 길이가 매우 다양하다거나, 긴 내용을 담는다거나, 동일한 섹션들을 여러 개 담는다고 하면 집합적 쓰기(gathering write)를 사용하는 게 좋다. 그러면 SocketChannel이 전송을 보낼 때 여러 ByteBuffer들을 결합해서 처리하게 된다. 과도한 자료 복사를 피하기 위해, 그러한 결합을 저수준 OS 루틴들을 이용해서 수행하는 것도 가능하다. 또, 집합적 쓰기 방식에서는 응답의 일부분들을 미리 생성해 두고 필요할 때마다 재사용하는 것도 가능하다. 즉 매번 String의 내용을 복사할 필요가 없는 것이다. 다만, 몇몇 플랫폼들의 현재 NIO 구현에는 버그가 조금 있다(이에 대한 우회책은 부록 CD-ROM의 소스 코드에서 참고할 것).

과부하 다루기

서버를 잘 구현해도, 언젠가는 과부하가 걸릴 수 있다. 가장 중요한 것은 그런 상황에서 무엇을 어떻게 할 것인지를 미리 결정한 다음, 결정한 전략을 염두에 두고 서버의 여러 구성 요소들을 코딩해야 한다는 점이다. 일시적인 서버 과부하는 플레이어 수가 갑자기 많아졌기 때문일 수도 있고 내부적인 지연에 의해 요청/응답들이 갑자기 밀렸기 때문일 수도 있다. 서버의 과부하를 처리하지 않으면 악순환에 의해 최악의 시나리오가 현실화된다. 과부하가 발생하면 게임은 순식간에 플레이할 수 없는 상태가 되어 버리고, 그러면 서버에 연결하고자 하는 플레이어들은 게임이 죽었다고 생각할 것이다. 그러나 실제로는 그냥 서버가 응답할 때까지 기다리는 것일 뿐, 클라이언트가 다운된 것은 아니다. 그런 상황에서 또 다른 플레이어들이 서버에 연결하려 들면 정상으로의 복구는 더욱 힘들어진다.

서버의 효율성을 개선해서 과부하가 덜 생기도록 만드는 것을 제외할 때, 우선적으로 필요한 일은 부하가 더 늘어나지 않도록 하는 것이다. 그런 다음에는 부하를 줄여나갈 수 있어야 한다. 어떤 서버들은 그 두 단계를 잘못된 순서로 수행하기도 한다. 즉 성급하게 클라이언트들을 끊어버리려고 하는데, 그러면 클라이언트들은 즉시 연결을 시도할 것이므로 상황이 나아지지 않는다.

이미 연결되어 있는 클라이언트들보다는, 과부하된 서버에 접근하려 하는 새 클라이언트들을 처리하는 게 급선무이다. 그런 클라이언트들을 최대한 빨리 쫓아내고 다시 돌아오지 못하게 해야 한다. 이를 위해서는 클라이언트가 일정 기간 동안 연결을 시도하지 못하도록 하는 특별한 메시지를 보낼 필요가 있다. 그 기간은 클라이언트마다 무작위로 지정해야 한다. 만일 모든 클라이언트들에게 동일한 기간을 지정한다면, 그 기간이 지난 시점에서 수많은 클라이언트들이 동시에 몰려들 것이기 때문이다. 그러면 서버는 다시 과부하에 빠진다.

기존의 부하를 줄이는 방식은 여러 가지인데, 고정된 단순한 로직을 사용할 수도 있고(과도하게 활동적인 플레이어들의 연결을 끊는 등), 다음 절에서 이야기하는 산출량 개선 알고리즘을 사용할 수도 있다. 극단적인 경우라면 클라이언트들을 그런 알고리즘으로 평가하고 가장 바람직하지 않은 10 퍼센트를 튕겨낼 수도 있다. 서버 과부화는 모두에게 나쁜 상황이며, 대부분의 경우 몇몇 플레이어들을 끊는 것이 아예 플레이할 수 없는 상황을 지속하는 것보다는 나을 수 있다.

산출량 개선: SRPT와 FCF

SRPT(shortest remaining processing time)와 FCF(fastest connection first)는 전통적인 OS 스케줄러들에서 채용한 일정관리 알고리즘으로, HTTP 서버들에서 상당히 많이 쓰이고 있다. 이들은 응답에 대부분의 자료가 들어가는 형태의 서버(종류 1과 3)에 적합하다.

SRPT에서는 각각의 후보(유보된 요청 또는 지연된 응답)를 조사해서 하나의 처리 등급을 부여한다. 등급이 낮다는 것은 과제를 완수하는 데 필요한 처리량이 작다는 것이다. 예를 들어, 응답이 캐시 안에 있다면 +0을 부여한다. 캐시에 없는 응답에는 +2를 부여한다. 복잡한 계산이 필요한 요청이라면 +3을 부여한다. 이런 식으로 등급을 매긴 후에는 후보들을 등급 순으로 정렬하고 가장 낮은 등급부터 처리해 나간다. 언뜻 이해가 가지 않을 수도 있겠지만 고갈(starvation)이 반드시 문제가 되는 것은 아니며 [Bansal01], 후보가 거부될 때마다 후보의 등급을 낮추는 게 모든 후보들이 합리적인 시간 안에서 처리될 수 있도록 하는 데 도움이 된다.

FCF는 저지연 연결들을 먼저 처리하면 나가는 메시지를 위한 응답 시간을 낮출 수 있다는 관찰 결과에 기반한 것이다 [FCF02]. 이런 부분은 성능 상의 이유로 프로토콜 또는 OS 차원에서(예를 들면 커널 안에서) 처리되는 것이 일반적이다. 그러나 대부분의 종류 3 서버들은 이를 응용 소프트웨어 안에서 상당히 쉽게 구현할 수 있다. 일반적으로 그런 서버들은 여러 클라이언트들에게 동일한 자료를 보낸다. 클라이언트에 대해 보낼 바이트들을 연결된 클라이언트마다 각각 개별적인 버퍼에 담아두는 대신, 같은 응답을 받는 클라이언트들을 그룹으로 묶고 그룹 당 하나의 대기열(queue)을 둔다. 그리고 각 클라이언트에는 해당 대기열의 자료를 얼마만큼 전송했는지를 가리키는 포인터를 둔다. 이런 구조에서, 연결이 가장 빠른 클라이언트는 해당 대기열의 가장 깊은 곳을 가리키는 포인터를 가진 클라이언트이다. 전형적인 `Buffer` 클래스의 `duplicate()` 메서드는 이런 방식을 상당히 잘 지원한다. 그런 클래스는 메모리를 보존하는 한편 각 중복에 대해 개별적인 "현재 위치" 포인터를 유지하기 때문이다.

응용 수준의 캐싱

클라이언트 캐시 프로그래밍은 이미 존재하는 하드웨어 캐시를 최대한 활용하는 것에 목표를 두지만, 네트웍/서버("응용 수준") 캐싱에서는 소프트웨어 안에서 캐시를 만들어야 한다. 캐싱(caching)은 종종 성능을 증가시키는 가장 효과적인 방식이지만, 자동적으로 주어지지는 않으므로 직접 구현할 것인지 말 것인지를 판단해야 한다. 게임에 따라서는 캐싱이 별로 필요 없다고 생각할 수도 있지만, 무엇이든 1 초 정도만 캐싱한다고 해도 CPU 부하를 상당히 줄일 수 있다. 두 요청이 같은 응답을 만들어내는 경우가 없기 때문에 캐싱이 불가능해 보이는 상황이라고 해도, 요청들을 부분요청들로 나누어 보면 캐싱이 가능한 것들이 나오기도 한다. 이를 위한 판단에는 CPU 병목에 대한 지식과 구체적인 측정이 필요하다. 다른 형태의 최적화들과 마찬가지로, 캐싱은 메인 서버를 완성한 후에 구현해야 한다. 캐시를 관련 클래스들에 투명하게 구현한다면 개발 마지막 단계에서 캐시를 집어넣는 것도 그리 어렵지 않을 것이다.

서버 설계

그림 6.2.2는 하나의 UML 활동(activity) 다이어그램으로, 서버의 주된 네 단계들을 보여준다. 각 열은 해당 단계 안에서 일어나는 행동들이다.

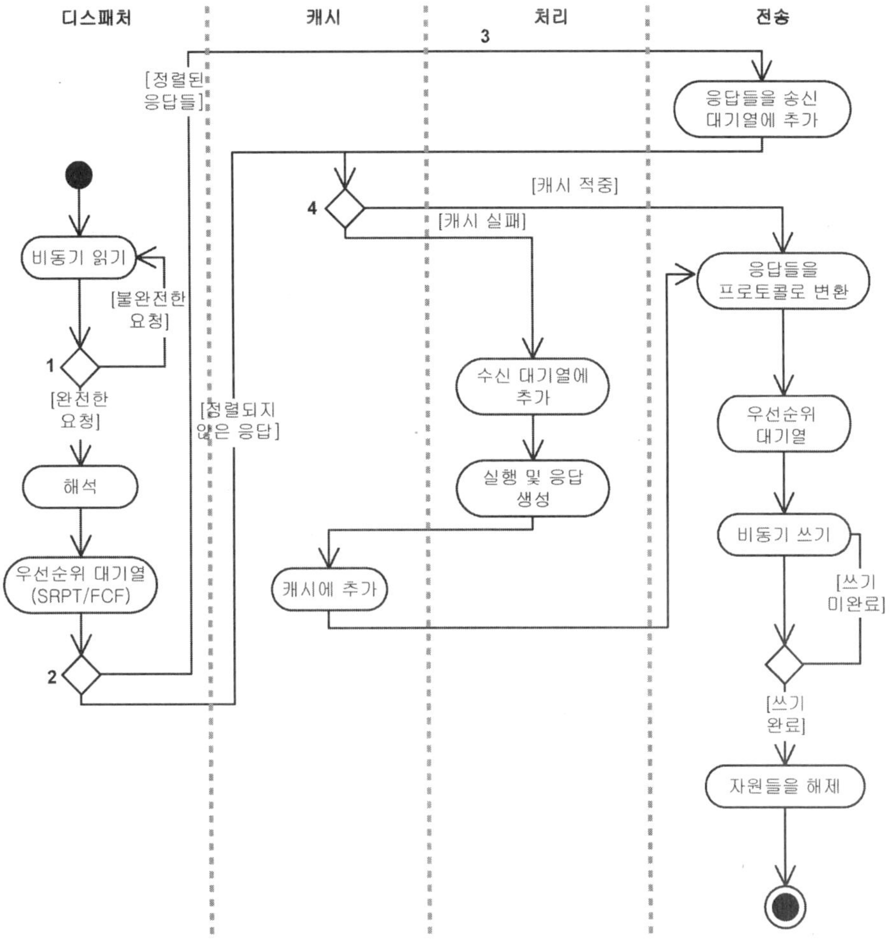

그림 6.2.2 서버 설계의 개요

핵심 지점들

- 해석 전단계에서는 Buffer가 완전한 요청을 담고 있는지를 빠르게 판단할 수 있어야 한다. 일단 해석을 해 보고 실패하면 아직 완전한 요청이 아니라고 판단하는 것도 가능하겠지만, 비동기 서버에서는 하나의 요청에 대한 재해석이 매우 많이 일어날 수 있다. 따라서 아예 클라이언트-서버 프로토콜에 요청의 시작과 끝을 명시적으로 알려주는 MSG_START, MSG_END 문자열을 두는 것이 좋다.

- HTTP 〔RFC2616〕 같은 일부 프로토콜들에서는 클라이언트가 보낸 일련의 요청들과 정확히 동일한 순서로 응답들을 보내야 한다. HTTP의 경우에는 어떤 응답이 어떤 요청에 대한 것인지를 알 방도가 없기 때문에 이렇게 순서를 지켜야 하는 것이다. 그런 프로토콜들에서 응답들이 제대로 된 순서로 전송되게 하려면, 요청을 처리하기 전에 먼저 "응답 객체"를 하나 생성하고 그 응답 객체를 송신 대기열에 삽입하는 과정이 필요하다. 이 부분을 잘 처리하지 못하면 잡아내기가 매우 어려운 버그가 발생할 수 있다.

- 그림 6.2.2의 "프로세스" 열은 요청 처리에 필요한 임의의 개수의 처리 단계들을 나타낸다. 일반적인 처리 단계들로는 이동, 세계-뷰, 구성 설정 등을 들 수 있다.

- 명령들은 캐시에 의해 적절한 단계들로 배분된다. 배분은 "명령 이름"을 키로 하고 "그 명령을 처리하는 처리 단계"를 값으로 하는 간단한 해시 테이블을 통해서 이루어진다.

결론

경솔한 개발자에게 있어 많은 수의 클라이언트들을 위한 서버 개발이란 어렵고, 예측하기 힘들고, 수많은 함정들이 존재하는 일이 아닐 수 없다. 비결정론적인 요인들을 유발하는 근원들도 많이 존재하는데, 그런 비결정론적인 요인들 때문에 테스트 당시에는 완벽해 보이는 서버라도 실제 운영에서는 허무하게 죽어버리는 사태가 벌어지곤 한다. 때로는 막무가내식 방법이 매우 효과적인 경우도 있다(예를 들면 24 시간마다 서버를 재부팅하는 등). 단순한 방법이지만 장애를 방지하는 데 상당한 효과가 있다. 그렇지 않은 경우라면 게임에 적합한 기법들을 선택해고 조합해서 적용할 필요가 있으며, 또한 전반적인 상황에 계속 주의를 기울일 필요가 있다. 특히 각각의 기법이 수천의 클라이언트들에 대해 얼마나 잘 작동하며, 고도로 비결정론적인 환경에서 어떠한 취약점을 보이는지에 주의를 기울여야 한다.

문제가 발생한 후에야 그것들을 하나씩 처리하기보다는, 이 글의 기법들을 하나의 든든한 기반으로 삼아서 개발을 시작하는 것이 보다 바람직할 것이다. 또한 이 글의 내용은 서버를 어떻게 확장하고 개선하는 것이 가장 좋은지 추측하고 계획할 때에도 도움이 될 수 있을 것이다.

이 글에 대한 추가적인 자료와 정오표는 [Martin03]에서 볼 수 있다.

이 글의 작성에 도움을 준 D. Blake, G. van den Driessche, J. Fowlston, J.C. Lawrence에게 고 마움을 표한다.

참고자료

[CERT96] CERT, "CERT Alert CA-96. 21," 웹 주소 *http://www. mycert. org. my/network-abuse/dos. htm.*

[Compaq00] Compaq/HP, "PCI-X Frequently Asked Questions," 웹 주소 *http://h18000. www1. hp. com/products/servers/technology/pci-x-qa. html.*

[Eiffel03] Eiffel Software Inc., "An Introduction to Design by Contract," 웹 주소 *http://archive. eiffel. com/doc/manuals/technology/contract/,* 2003.

[FCF02] Murta, C., and T. Corlassoli, "Fastest Connection First: A New Scheduling Policy for Web Servers," 웹 주소 *http://www2002. org/CDROM/poster/110/,* 2002.

[Gray93] Gray, Jim, and Andreas Reuter, *Transaction Processing: Concepts and Techniques,* Morgan Kaufmann Publishers, 1993.

[Hitchens03] Hitchens, Ron, *Java NIO,* O'Reilly, August 2002 .

[jContractor98] Karaorman, Holzle, Bruno, "jContractor: a Reflective Java Library to Support Design by Contract," 웹 주소 *http://www. cs. ucsb. edu/labs/oocsb/ papers/TRCS98-31. pdf,* December 1998.

[Josephs03] Josephs, Mark, "Scheduling Algorithms," 웹 주소 *http://www. scism. sbu. ac. uk/ccsv/josephmb/CS-L2-OS/oss/week9. html#Scheduling Algorithms,* June 2003.

[Kegel03] Kegel, Dan, "The C10K Problem," 웹 주소 *http://www. kegel. com/c10k. html,* June 2003.

[Martin03] Martin, Adam, "Supporting Material for GPG4," 웹 주소 *http://www. grexengine. com/sections/people/adam/gpg4/,* July 2003.

[Mellon03] Mellon, Larry, "Automated Testing of Massively Multiplayer Games," GDC 2003, 웹 주소 *http://www. gdconf. com/archives/2003/Mellon_Larry-AutomatedTesting. ppt,* March 2003.

[RFC2616] Fielding, R., et al., "Hypertext Transfer ProtocolHTTP/1. 1," 웹 주소 *http://www. w3. org/Protocols/rfc2616/rfc2616. html,* November 7, 2002.

[Spacewire03] Spacewire, "Spacewire Crossbar Switch," 웹 주소 *http://www. mrcmicroe. com/SpaCroSwit. htm.*

〔Sun-channels03〕 Sun Microsystems, "java. nio. channels: Java 2 SDK SE Developer Documentation," 웹 주소 *http://java. sun. com/j2se/1. 4. 2/docs/api/java/nio/channels/package-summary. html.*

〔Sun-nio03〕 Sun Microsystems, "java. nio: Java 2 SDK SE Developer Documentation," 웹 주소 *http://java. sun. com/j2se/1. 4. 2/docs/api/java/nio/package-summary. html.*

〔Welsh03〕 Welsh, Matt, "SEDA: An Architecture for Highly Concurrent Server Applications," 웹 주소 *http://www. eecs. harvard. edu/~mdw/proj/seda/,* March 2003.

6.3 효율적인 MMP 게임 상태 저장

Justin Quimby, *Turbine Entertainment Software*
Justin@TurbineGames.com

대규모 다중 플레이어(massively multiplayer, MMP) 게임이란 수천, 수만의 사람들이 동일한 가상 세계 안에서 살고 모험하는 온라인 게임을 말한다. MMP만의 고유한 난제로 들 수 있는 것은 바로 대규모의 규모가변성(scalability)이다. 서버 코드는 수천 수만 개의 게임 객체들을 찾고, 죽이고, 모으고, 사용하고, 트리거를 발동시키는 수천의 플레이어들을 다루어야 한다. 게다가 그 수천의 플레이어들 각각이 게임 서버가 사용하는 수십 개의 변수들을 가지고 있다. 이러한 수치들은 실행시점의 메모리 사용량과 게임 상태 크기 모두의 규모가변성에 커다란 영향을 미친다. 이 글은 게임 상태의 크기가 불어나는 문제점의 해결과 관련된 한 가지 프로그래밍 패턴을 소개한다.

MMP의 문제점들

모든 게임 객체는 게임 세계 안에서 자신의 존재를 고유하게 만드는 어떠한 상태(state)를 가진다. 예를 들면 거대 거미의 생명치라던가 레일건의 남은 탄알 수, 또는 지난 5 분 동안 술집주인이 싸구려 맥주를 판 횟수 등이 모두 그러한 상태의 예이다. 객체들은 서로 다르지만, 같은 부류의 객체들 사이에서는 별 차이가 없는 상태들도 존재한다. 예를 들어 모든 오크들은 최대 4 개의 아이템들을 가지고 다닐 수 있으며, 모든 문들은 14 초가 지나면 자동으로 닫히는 등. 객체 저장의 가장 단순하고도 메모리 효율이 낮은 구현은 모든 객체가 자신에 필요한 자료 모두를 가지는 것이다. 이러한 접근방식의 경우 작은 자료 집합에는 통할 수 있어도 객체의 개수가 커지면 문제를 일으키게 된다.

한 가지 극단적인 예로, 하나의 게임 세계 공간에서 백만 사용자를 지원하는 게임을 생각해 보자. 만일 모든 플레이어가 아이템 100 개를 가지고 있으며 각 아이템이 메모리 1 KB를 차지한다면 서버 팜(farm)은 플레이어의 인벤토리들을 저장하는 데에만 디스크 100 GB를 필요로 할 것이다. 게임 서비스 운영이라는 관점에서 볼 때 이는 자료 백업에 더 많은 시간을 소비하고, 자료 깨짐의 위험이 증가하며, 게임 상태의 롤백에 의한 서버 불능 시간이 길어짐을 의미한다.

또, 게임 상태를 그대로 저장하면 실행 시점의 메모리 사용량이 늘어난다. 가입자가 백만인 게임에서 10,000 명이 동시에 서버에 접속한다고 하면 플레이어 인벤토리들에만 RAM 10 GB가 필요한데, 이는 거의 비현실적인 수치이다.

전산학의 다른 여러 문제들과 마찬가지로, 바퀴를 다시 발명할 필요는 없다. 이런 MMP 규모가변성 문제는 운영체제 설계자들이 수십 년 간 고민해온 문제들과 본질적으로 같은 성격의 문제이다. 다중 스레딩 방식의 운영체제에서는 하나의 프로그램이 자신의 스레드의 개별적인 복사본을 만드는 상황이 생긴다. 이를 흔히 포킹(forking)이라고 하는데, 소박한 포킹 구현은 포킹된 모든 프로세스에 대해 새로운 주소 공간 복사본을 생성한다. 그러나 주소 공간을 복사하는 작업은 비용이 크다. 경우에 따라서는 포킹된 프로세스가 그 주소 공간을 실제로 수정하지는 않는데, 그런 경우 자식 프로세스는 자신의 부모와 주소 공간을 공유한다. 따라서 복사의 비용을 절약할 수 있다.

현대적인 운영체제들은 새 프로세스가 자신의 주소 공간을 수정해야 하는 경우에만 고유한 주소 공간을 만드는 식으로 포킹을 최적화한다. 이런 기법을 "쓸 때 복사(copy-on-write)"라고 부른다. 쓸 때 복사의 좀 더 공식적인 정의는, "복제 초기화 순간 이후에 자료를 수정할 때에만 자료를 복사함으로써 해당 시점의 자료 집합 복사본을 관리하는 기법이다. 원본 자료 자체뿐만 아니라 해당 시점의 복사본의 수정되지 않은 부분에 대한 읽기에도 원래의 원본 자료가 쓰인다." [SNIA03].

쓸 때 복사는 극도로 큰 자료 집합을 가진 게임의 실행시점 메모리 사용량과 게임 상태 저장의 규모가변성 문제를 완화시키는 수단으로도 사용할 수 있다. 그럼 객체 게임 상태의 저장을 위한 "쓸 때 복사" 메커니즘을 제공하는 *Qualities*라는 이름의 자료구조를 살펴보자.

Qualities의 개요

Qualities는 Turbine이 개발한, 키-값 쌍 형태로 게임 자료를 저장하기 위한 메커니즘이다. Qualities는 기본 자료형들 중 정수, 부동소수점, 부울형 값을 저장할 수 있다. 이러한 형식 각각에 대해, 각각의 자료 값을 하나의 고유한 키로 참조한다. 이 키는 Qualities 안에서 해당 값에 대한 색인으로 쓰인다. 그림 6.3.1에 몇 가지 예들이 나와 있다. 복합 자료형도 Qualities 에 저장할 수 있지만, 그에 따른 문제들은 이 글의 주제를 넘는 것이므로 생략하겠다.

색인 키들을 할당하는 방법은 여러 가지다. 키들이 키 이름공간 안에서 충돌을 일으키지 않는 한, 키 배정을 구현하는 구체적인 방식은 중요하지 않다. 이름공간 충돌을 적절히 제거했다면, 해시 참조를 통한 임의의 자료 멤버에 대한 접근 시간은 $O(1)$이 된다. Turbine Engine의 구현은 저장할 각 값에 대해 typedef로 키를 정의한다. 이런 방식의 단점은, Qualities API를 사용하고자 하는 모든 클래스에 typedef들을 포함시켜야 하며, 그래서 새로운 키를 추가할 때마다 형식 정의들을 담은 헤더를 포함하는 모든 클래스들이 다시 컴파일되어야 한다는 점이다. 형식 정의들을 논리적인 단위로 분할한다면 그러한 재컴파일을 조금은 줄일 수 있다. 이런 구현의 또 다른 문제는 typedef가 약한 형식이기 때문에 [Wilson03] 형식 안정성을 전혀 제공하지 못한다는 데 있다. 이상의 잠재적인 약점들도 존재하지만, Turbine에서 typedef로 된 키들 때문에 특별히 커다란 문제를 겪은 일은 없었다.

게임 객체를 위한 Qualities	
키	자료 값
Health_Max_IntStat	100 (정수)
Health_Current_IntStat	100 (정수)
XP_Value_IntStat	1700 (정수)
AttackDelay_FloatStat	5.5 (부동소수점)
UsesMagic_BoolStat	true (부울형)

그림 6.3.1 Qualities에 저장되는 키-값 쌍의 예

```
// IntStat.H

typedef int IntStat;
IntStat Undef_IntStat = 0;


// IntStatList.H

#include "IntStat.H"

IntStat Health_Current_IntStat = 1;
IntStat Health_Max_IntStat = 2;
// 이하 생략
```

키와 자료형들을 정의했다고 할 때, 다음으로 할 일은 자료를 어디에 저장할 것인지 결정하는 것이다. Qualities는 두 부분으로 구성된다. 하나는 객체 형식 당 기본 자료이고 또 하나는 객체 인스턴스 당 자료이다(그림 6.3.2). 주어진 하나의 세계 객체에 대한 기본값들은

"기본" Qualities 객체 안에 보존된다. 그리고 각 객체는 기본값들과는 다른 모든 자료 멤버들의 저장소 역할을 하는 하나의 "지역" Qualities를 관리한다. 변경되지 않은 자료는 객체의 지역 저장소에 저장되지 않는다. 수정된 자료 멤버들만 저장한다는 것이 Qualities 패턴의 핵심적인 특징인데, Qualities가 객체 상태 메모리 부담을 최소화할 수 있는 것은 모두 이러한 특징 덕분이다.

객체들에 대한 기본 Qualities는 내용 디자이너가 정의하며, 백엔드 자료 저장 메커니즘의 전처리를 거쳐서 저장된다. 실행시점에서, 그 값들은 단일체(singleton) [Gamma95]로 작동하는 서버 당 전역 객체에 의해 필요에 따라 로드된다. 기본 Qualitiese 객체는 게임 객체들에 대한 기본 자료 멤버로의 접근을 제공한다. 전역 기본 Qualities 객체가 단일체로 작동한다는 것은 객체의 기본 상태에 대한 요청이 들어올 때가 되어서야 그 기본 상태들을 로드한다는 뜻으로, 이에 의해 메모리 추가부담이 최소화된다. 일단 로드가 끝난 후에는 메모리 안에 하나의 복사본만 유지되며, 기본값에 대한 모든 요청들은 그 복사본을 참조한다.

모든 오크들을 위한 기본값 Qualities	
Health_Max_IntStat	100
Health_Current_IntStat	100
XP_Value_IntStat	1700
PlayerKills_IntStat	0
UsesMagic_BoolStat	true

특정한 한 오크를 위한 지역 Qualities	
Health_Current_IntStat	75

특정한 한 오크를 위한 지역 Qualities	
Health_Current_IntStat	23
PlayerKills_IntStat	5

그림 6.3.2 두 오크를 위한 Qualities 구조의 도해

Qualities API들

게임 세계의 모든 자료는 접근하고 수정할 수 있어야만 의미가 있다. 그런 차원에서, Qualities API들은 값의 질의를 위한 범주와 값의 조정을 위한 범주로 나뉘어져 있다. 값 질의는 게임 로직이 한 상태의 현재 값을 알고자 할 때 쓰인다. 값 조정은 값 설정과 값 재설정(초기화)으로 나뉜다. 값 설정은 객체의 지역 Qualities에 새로운 값을 추가함으로써 상태를 수정하는 것이고, 값 재설정은 추가된 값을 지역 Qualities에서 제거함으로써 상태를 객체의 기본 상태로 되돌리는 것이다.

게임 로직이 어떠한 자료 값을 알기 위해서 값 질의를 요청하면, Qualities 메커니즘은 우선 객체의 지역 Qualities를 점검한다. 만일 요청된 값이 지역에 저장되어 있으면 지역의 값을 돌려준다. 그렇지 않으면 객체의 기본 Qualities를 점검한다. Qualities 접근을 위한 API들은 게임 객체 계통구조의 최상위에 배치된다. 이 API들은 전체 게임플레이 코드 기반에 대한 Qualities의 인터페이스를 감싸는 간단한 래퍼이다. API의 배치는 엔진과 아키텍처에 크게 의존하므로, 독자의 게임 엔진에서는 이 API들을 다른 위치에 둘 수도 있다.

```cpp
class BaseGameObject
{
public:
    bool GetInt(IntStat intStat, int32& val) const {
        return m_qual.GetInt( intStat, val );
    }
    bool SetInt(IntStat intStat, int32 val) {
        return m_qual.SetInt( intStat, val );
    }

private:
    Qualities m_qual;
};
```

Qualities의 내부는 간단하다. 각각의 자료형에 대해 키 typedef와 자료형을 연관시키는 하나의 해시 테이블이 있으며, 또 해당 객체의 기본값들의 ID도 있다. 이 ID는 객체가 생성될 때 초기화되는데, 같은 부류의 객체들은 동일한 ID를 가지게 된다. 이에 의해, 예를 들어 모든 오크 인스턴스들은 기본 오크 Qualities와 연결된다.

기본 Qualities는 지역 Qualities와 동일한 클래스를 사용하나, 자료 멤버의 초기화 방식이 다르다. 지역 Qualities는 게임플레이 코드가 생성하지만 기본 Qualities는 게임의 내용 데이터 베이스로부터 초기화된다.

```cpp
typedef hash_table< IntStat, int32 > IntStorage;
// 각 자료형에 대해 이런 typedef들이 있다.

class Qualities
{
public:

    // 주 접근자들
    bool GetInt(IntStat intStat, int32& val) const;
    bool SetInt(IntStat intStat, int32 val);
    // repeated for each data type

    // 기본 Qualities 객체인지?
    inline bool IsDefaultQualities() const {
        return (m_BaseQual == INVALID_DATABASEID);
    }

private:

    // 기본값들의 ID
    DatabaseID    m_BaseQual;

    // 각 자료형에 대한 저장소
    IntStorage*   m_IntStore;
    FloatStorage* m_FloatStore;
    BoolStorage*  m_BoolStore;
};
```

하나의 값을 질의할 때, Qualities는 우선 지역 Qualities를 점검한다. 거기에 해당 값이 없으면 기본 Qualities 객체를 점검한다.

```cpp
bool
Qualities::GetInt(IntStat intStat, int32& val) const
{
    // 주어진 자료형에 대한 지역 해시 테이블이 있는지 점검한다.
    // 있으면 주어진 값의 지역 버전이 있는지 점검한다.
    if (m_IntStore != NULL &&
        (m_IntStore->Lookup(intStat,val))) {
        return true;
    }

    // 기본 Qualities이면 요청된 값은
    // 저장되어 있지 않은 것이므로 여기서 끝낸다.
```

```
if (IsDefaultQualities()) {
    // 오류를 기록하고 실행을 중지할 수도 있다.
    return false;
}

// 기본 Qualities의 값을 점검한다.
// Database:: 호출은 독자의 코드 기반의
// 단일체 접근 메서드로 적절히 대체하면
// 된다.
Qualities* baseQualities =
Database::GetBaseQual(m_BaseQual);
if (!baseQualities) {
    // 오류를 기록하고 실행을 중지할 수도 있다.
    return false;
}

// 기본 Qualities에 있는 값을 돌려준다.
return baseQualities->GetInt(intStat,val);
}
```

실행시점에서 Qualities의 한 값을 설정하는 것도 간단하다. 기존의 지역 저장소가 존재하지 않으면 새로 하나 만든다. 그런 다음에는 해시 테이블에 해당 키-값 쌍을 추가한다.

```
bool
Qualities::SetInt(IntStat intStat, int32 val)
{
    // 지역 Qualities 복사본이어야 함.
    // 기본 Qualities이면 안 된다.
    if (IsDefaultQualities()) {
        // 오류를 기록하고 실행을 중지할 수도 있다.
        return false;
    }

    // 필요하다면 새 지역 저장소를 생성
    if (m_IntStore == NULL) {
        m_IntStore = new IntStorage();
    }

    // 지역 복사본에 값을 실제로 저장
    return m_IntStore->AddValue(intStat,val);
}
```

Qualities를 사용할 때 생기는 이득

Qualities 패턴을 사용함으로써 생기는 이득은 여러 가지이다. 쓸 때 복사 접근방식에서 비롯한 즉석 메모리 할당은 여러 개의 동일한 객체들이 차지하는 메모리 크기를 크게 줄여준다. 게임 세계 상태를 저장해야 할 때, 한 객체의 상태를 가장 효율적으로 저장하는 방식은 기본 값들과 다른 상태만을 저장하는 것이다. 각 게임 객체의 지역 Qualities를 저장하면 자동적으로 기본값과는 다른 것들만 저장하게 된다. Qualities를 사용하면 기본 객체와의 차이를 결정하기 위해 객체의 상태를 처음부터 끝까지 훑어나갈 필요가 없다.

Qualities는 게임플레이 로직과 게임플레이 상태 사이의 깔끔한 인터페이스를 제공한다. 게임플레이 시스템들에 대해 오직 하나의 간결한 인터페이스만 노출되기 때문에 게임플레이 코드가 더욱 깔끔해진다. 이러한 분리 덕분에, Qualities의 자료구조와 내부 코드 경로들을 변경한다고 해도 Qualities를 사용하는 코드는 고치지 않아도 된다. 이러한 분리는 또한 Qualities의 구조를 변경했을 때의 재컴파일 시간도 줄여준다.

Qualities는 객체의 기본값들을 객체와는 다른 곳에 저장하기 때문에, 게임 세계 안에 존재하는 모든 객체 인스턴스들을 단번에 수정할 수 있다. 즉 전역 Qualities의 값들만 바꾸면 그 전역 Qualities를 참조하는 모든 객체들의 값이 바뀌는 효과가 난다. 예를 들어 게임의 모든 장검들의 기본 피해치를 갱신해야 한다고 할 때, 저장된 모든 게임 상태들을 훑으면서 모든 객체 인스턴스를 갱신하는 스크립트를 실행할 필요 없이 그냥 디자이너가 게임 내용 데이터베이스의 항목 하나만 고치면 되는 것이다. 결과적으로 게임 자료 변경을 위해 서버를 멈추는 시간을 줄일 수 있으며, 이는 모든 플레이어들이 고마워할 일이다.

결론

게임이 더 많은 플레이어들을 지원함에 따라, 서버 개발자는 새로운 도전들에 마주하게 된다. 메모리 사용량과 게임 상태 저장소의 크기는 대규모 게임을 계획할 때 고려해야 할 두 가지 중요한 사항이다. Qualities 프레임웍은 쓸 때 복사 메커니즘을 통해서 그러한 규모 확장 관련 문제들을 해결한다. Turbine은 Turbine Engine에서 Qualities를 사용해서 큰 성과를 거뒀다.

참고자료

[Gamma95] Gamma, Erich, et al., *Design Patterns: Element of Reusable Object-Oriented Software*, Addison-Wesley Publishing Co., 1995.

[SNIA03] Storage Networking Industry Association, "A Dictionary of Storage Networking Terminology: Common Storage Networking-Related Terms and the Definitions Applied to Them," 웹 주소 *http://www.snia.org/education/dictionary/c/#copy_on_write*, 2003.

[Wilson03] Wilson, Matthew, "True typedefs," March 2003, *C/C++ Users Journal* (March 2003), pp. 35-38.

6.4 클라이언트-서버 환경에서 병렬 상태기계의 실용적인 적용 방법

Steve Rabin, *Nintendo of America Inc.*
jlee@ncaustin.com

[Alexander03]에는 병렬 상태기계(parallel-state machine, PSM)의 개념과 병렬 상태기계를 이용해서 좀 더 그럴듯하고 매력 있는 게임 캐릭터를 만드는 방법이 나와 있다. PSM은 여러 개의 단순한 상태기계들을 병렬적으로 협동시킴으로써, 하나의 상태기계만으로는 표현할 수 없는 좀 더 복잡한 캐릭터 행동 모형을 가능하게 한다.

[Alexander03]에 나와 있는 PSM은 캐릭터 행동을 서술하기 위해 세 개의 계층 또는 상태기계들을 사용한다. 세 상태기계는 각각 자세, 이동, 행동을 담당하는데, 이 글도 그런 방식을 따른다. 자세(posture) 상태기계는 캐릭터가 세계 안에서 어떻게 보이는지를 처리하며, 직립, 수영, 떠다니기, 걸터앉기 같은 자세들을 표현한다. 이동(movement) 상태기계는 게임 세계 안에서의 캐릭터의 이동을 처리한다. 여기에는 전진, 후진, 왼쪽, 오른쪽 이동이 포함되며, 캐릭터가 멈춰 있는 상태도 포함된다. 행동(action) 계층은 캐릭터가 취할 수 있는 여러 가지 게임 내 행동들을 다룬다. 행동 상태는 다른 두 계층들의 상태와 공존할 수 있다. 예를 들어 수영을 하면서 적에게 공격을 가하는 등.

PSM은 AI, 사용자 인터페이스, 마법 효과, 애니메이션 시스템 등 여러 게임 하위시스템들에서 재사용할 수 있다. 흥미롭게도, 각 하위시스템이 서로 간의 일관성 보장을 위해 신경써야 할 것은 PSM 안의 상태들뿐, 상태 플래그들을 전달한다거나 복잡한 조건문들을 사용할 필요가 없다.

이 글은 클라이언트-서버 환경에서 PSM을 사용하는 방법에 대해 이야기한다. 이 글의 시스템에서 PSM은 AI와 플레이어가 제어하는 캐릭터들의 시각적 행동을 주도하고, 그와 함께 클라이언트와 서버 사이의 동기를 유지하는 용도로 쓰인다. 예제 코드는 파이썬(Python)으로 되어 있지만, 핵심적인 개념들은 독자가 사용하는 언어에도 쉽게 적용할 수 있을 것이다.

개별 상태들

PSM의 기본적인 구축 요소는 상태(state)이다. 이 글에서 말하는 상태는 [Gamma95]에 소개된 상태 패턴의 개념을 따른다.

각 상태는 다음과 같은 인터페이스를 공유한다.

```python
def GetStateId():
    # 상태의 고유한 식별자를 돌려준다.

def GetStateTypeId():
    # 상태가 속한 계층의 식별자를 돌려준다.

def OnEnterState(actor):
    # 이 상태에 진입할 때 수행되는 초기화 코드

def OnExitState(actor):
    # 이 상태에서 나갈 때 수행되는 마무리 코드
```

다음은 상태들 사이의 전이 과정을 보여주는 코드이다.

```python
def Transition(self, actor, newState):
    self.currentState.OnExitState(actor)
    self.currentState = newState
    self.currentState.OnEnterState(actor)
```

각각의 전이에서는 기존 상태에 대한 마무리 코드가 수행되고, 기존 상태가 새 상태로 갱신되고, 새 상태의 초기화 코드가 수행된다. 예를 들어서 한 캐릭터가 앉은 자세로 변한다고 하면, 그 캐릭터는 이동이 불가능해지며, 따라서 앉은 자세 상태의 초기화 코드에서는 이동을 불가능하게 하는 뭔가를 수행해야 할 것이다.

상태 패턴의 지침들 중 하나는, 메모리 사용량을 최소화하기 위해서는 각 상태를 반드시 단일체(Singleton) 패턴으로 구현해야 한다는 것이다. 임의의 상태는 반드시 하나의 단일한 인스턴스로 존재해야 하며, 한 클라이언트가 어떤 상태인지는 그 클라이언트가 어떤 상태 단일체에 대한 참조를 가지고 있는지에 의해 결정된다. 파이썬에는 단일체 구현을 위한 한 가지 편리한 메커니즘이 있는데, 바로 모듈이다. 파이썬의 모듈은 파이썬 파일 하나 범위의 캡슐화 단위이다. 상태가 필요한 부분은 상태 모듈에 대한 참조를 가짐으로써 상태를 가지게 된다.

다음은 하나의 상태를 하나의 모듈로 구현하는 예이다.

```python
# dead.py

import shared
import shared.characterstatedata as _csd

# 참조의 편의를 위해 이 상태를 등록.
# ID로는 모듈을 사용한다.
shared.RegisterState(__name__)

def GetStateId():
    return _csd.DEAD

def GetStateTypeId():
    return _csd.POSTURE

def OnEnterState(actor):
    # 죽었다면 이동을 금지
    actor.BlockMovement()

def OnExitState(actor):
    # 죽음 상태에서 벗어나므로 이동 금지를 해제
    actor.UnblockMovement()
```

상태가 단일체이며 인스턴스 자료 멤버가 없기 때문에, 실행에 대한 문맥은 인수들을 통해서 파악한다. `OnEnterState`와 `OnExitState`는 상태를 적용할 게임 객체에 대한 참조를 받는다. 이 덕분에 상태는 캐릭터의 구체적인 인스턴스를 사용할 수 있다. 위의 예제 코드에서는, 한 캐릭터가 자세 계층의 죽음 상태로 들어갔을 때 그 캐릭터에 대한 이동 계층의 모든 전이를 금지시킨다. 반대로, 죽음 상태에서 벗어날 때에는 다시 이동 계층의 전이들을 가능하게 만든다. 이 예에서 보듯이, 상태의 진입과 종료에서 적절한 게임 규칙을 구현하는 것은 각각의 상태가 책임진다.

시스템이 발전함에 따라 새로운 상태의 추가가 용이해지는데, 상태를 추가한다고 해도 기존의 **PSM** 상태들은 수정할 필요가 없다. 그냥 상태를 추가할 적절한 계층을 택하고, 새 상태의 이름이 그 계층에 있는 기존 상태 이름들과 충돌하지 않도록 하는 데에만 신경 쓰면 된다. 다만, 새 상태가 기존 상태들과 잘 맞지 않는 경우는 조심해야 한다. 특히 새 상태 이름이 기존 상태 이름들을 조합한 것처럼 들리는 경우에는 실수하기 쉽다.

각 상태에 고유한 **ID**를 부여하는 일이 괜히 필요한 건 아니다. 각 상태에 고유한 **ID**를 부여함으로써 **PSM**의 여러 클라이언트들에 대한 자료주도적 접근방식이 가능해진다. 이에 대해서는 잠시 후에 다시 이야기하겠다.

캐릭터 상태 관리자

CharacterStateMgr는 여러 상태들을 하나의 협동적인 상태기계(또는 계층)로 만드는 역할의 관리자 클래스이다.

생성 시 CharacterStateMgr 인스턴스는 다음과 같이 초기화된다.

```
self.__stateMachine = {}
self.__stateMachine[_csd.POSTURE]  = _standing
self.__stateMachine[_csd.MOVEMENT] = _stopped
self.__stateMachine[_csd.ACTION]   = _idle
self.__blockedState = {}
```

self.__stateMachine는 파이썬의 사전(dictionary) 자료구조로, 키는 각각의 상태기계이다. 각 상태기계는 적절한 기본 상태들로 초기화된다.

self.__blockedState 역시 하나의 사전으로, 현재 전이가 금지된 상태들을 담는다. 상태 전이 금지는 참조 계수 메커니즘을 통해서 구현된다. 이 사전의 키는 상태 참조이고 값은 참조하는 상태의 전이가 금지된 횟수이다. 이러한 참조 계수(reference counting) 방식 덕분에, 여러 하위시스템들이 각자 독립적으로 Block()과 Unblock()을 호출해도 전체적으로 전이 금지 효과가 정확하게 적용된다.

예를 들어보자. 지속 기간이 다른 두 마법 주문이 하나의 캐릭터에 대해 시전되었으며, 두 주문 모두 캐릭터가 자세 계층의 전투 상태로 전이하지 못하게 한다고 하자. 두 주문 모두 지속되는 동안 전투 상태 전이 금지의 참조 횟수는 2이며, 따라서 캐릭터는 싸우지 못한다. 지속시간이 짧은 쪽의 주문 효과가 사라지면 참조 횟수는 1이며, 따라서 캐릭터는 여전히 싸우지 못한다. 나머지 주문까지 사라지면 참조 횟수는 0이 되고, 그러면 캐릭터가 전투 상태로 전이할 수 있게 된다.

CharacterStateMgr 클래스는 다음과 같은 기능성을 가진 메서드들을 제공한다.

- 한 상태로 전이한다. 단 전이 금지를 존중한다.
- 전이 금지를 무시하고 무조건 한 상태로 전이한다.
- 여러 상태 계층들과 그 값들에 접근한다.
- 개별 상태의 전이를 금지 또는 해제한다.
- 일단의 상태들의 전이를 금지 또는 해제한다.

 좀 더 자세한 내용은 부록 **CD-ROM**의 characterstatemgr.py 소스를 보기 바란다.

CharacterStateMgr 용법

CharacterStateMgr는 기반 클래스로 쓰이도록 만들어진 클래스인데, 이는 캐릭터 상태 관리 서비스가 필요한 어떠한 클래스에도 상속을 통해서 이 클래스의 기능성을 집어넣을 수 있다는 뜻이다. 예를 들어 플레이어 캐릭터와 비플레이어 캐릭터의 기반 클래스를 대표하는 Actor라는 클래스가 있다고 하자. 만일 Actor가 CharacterStateMgr를 상속하게 하면 Actor는 CharacterStateMgr의 일종(IS-KIND_OF)이 되고, 따라서 Actor 인스턴스들을 통해서 PSM 인터페이스에 직접 접근할 수 있다. 클라이언트와 서버에 있는 두 Actor 모두 같은 방식으로 CharacterStateMgr를 상속해야 할 것이다.

클라이언트와 서버의 동기화

CharacterStateMgr의 전체 소스와 관련 상태들은 모두 플랫폼 독립적임을 주목할 것. 소스에는 클라이언트나 서버에 국한된 코드가 들어 있지 않다. 플랫폼 국한 코드는 CharacterStateMgr API를 사용하는 PSM 외부의 시스템에서 구현해야 한다.

클라이언트와 서버에서 각 Actor의 CharacterStateMgr 자료의 현재 값들이 동기화되도록 하는 것은 매우 중요한 문제이다. 그런 동기화는 다음과 같은 방식으로 이루어진다.

클라이언트는 CharacterStateMgr에 대해 RequestTransition() 메서드를 이용해서 한 상태로의 진입을 요청한다. 클라이언트 쪽의 이 코드는 현재 알려진 상태를 존중하면서 그에 따라 적절히 반응한다. 일단 클라이언트가 움직이기 시작하면, 클라이언트는 그 전이 요청과 동일한 요청을 서버에게 보내서 처리하게 한다. 또한 클라이언트는 UpdateState DependentSystems()를 호출하는데, 그 메서드는 해당 행위자(Actor의 인스턴스)의 PSM 에 의존적인 모든 하위시스템들(애니메이션 시스템 등)에게 상태 전이를 적절히 처리하라고 통지하는 역할을 한다. 다음 코드는 클라이언트가 보낸 전진 이동 요청의 처리 과정을 보여주고 있다.

```
def HandleMoveForward():
  if actor.RequestTransition(_moveforward):
    actor.MoveForward()
    SendServerRequest("StateChangeRequest",
       actor.GetId(), _moveforward.GetStateId())
    UpdateStateDependentSystems(actorId)
  else:
    DisplayMessage("Unable to move at this time")
```

서버에서는 요청을 받아 처리한다. 서버는 전이 금지 메커니즘을 통해 적용된 전이 금지항목들을 참고해서 전이의 유효성을 판정한다. 전이가 가능하다면, 서버의 `RequestTransition()`은 `TransitionTo()`를 호출해서 지정된 상태로 전이한다. `CharacterStateMgr()` 외부에서는 그 상태 전이를 원래 요청한 클라이언트를 제외한 모든 관련 클라이언트들에게 방송한다 (broadcast). 원래 요청한 클라이언트를 제외하는 것은, 그 클라이언트의 경우 이미 해당 상태이므로, 대역폭을 조금이라도 아낄 수 있는 기회를 놓치기 않기 위해서이다.

요청이 거부되었을 때에는 요청을 보낸 클라이언트에게만 통지가 간다. 예를 들어 캐릭터 전진 이동 요청이 왔는데 캐릭터가 죽어서 움직일 수 없는 상태라면 원래의 클라이언트에게만 상태 교정 메시지를 보낸다. 그 외의 관련 클라이언트들은 이미 서버 상태와 일치해 있으므로, 앞에서와 마찬가지로 대역폭의 절약을 위해서 불필요한 통지를 생략하는 것이다. 다음은 서버가 상태 변경 요청을 처리하는 과정을 보여주는 코드이다.

```
def StateChangeRequest(clientId, actorId, stateId):
    actor = GetActorInstance(actorId)
    state = characterstatemgr.GetState(stateId)
    if actor.RequestTransition(state):
        BroadcastToAllButSender("StateChange",
            actorId, stateId)
    else:
        # 클라이언트에게 교정 메시지를 보낸다.
        SendClientMessage("StateCorrection",
            clientId, actorId, actor.GetAllStateIds())
```

상태 교정 요청을 받은 클라이언트는 즉시 지정된 상태 집합을 동기화한다. 이 때에는 각 상태를 어떠한 점검도 없이 지정된 행위자에 대해 그대로 전이한다. 그리고 하위시스템들이 그 교정을 적절히 처리할 수 있도록 `UpdateStateDependentSystems()`를 호출한다. 다음은 이상을 보여주는 코드이다.

```
def StateCorrection(self, actorId, stateList):
    actor = GetActorInstance(actorId)
    for stateId in stateList:
        state = GetStateModuleById(stateId)
        actor.TransitionTo(state)
        UpdateStateDependentSystems(actorId)
```

서버에게 요청된 전이가 유효한 경우에는 요청을 보낸 클라이언트를 제외한 모든 관련 클라이언트들에게 상태 변경 메시지가 전송된다. 클라이언트에서는 그에 따라 행위자를 갱신하고 하위시스템들이 적절히 반응할 수 있도록 `UpdateStateDependentSystems()`를 호출한다. 다음은 관련 클라이언트에서 그러한 상태 변경을 처리하는 `StateChange` 메서드이다.

```
def StateChange(actorId, stateId):
    actor = _GetActorInstance(actorId)
    state = _characterstatemgr.GetState(stateId)
    actor.TransitionTo(state)
    UpdateStateDependentSystems(actorId)
```

서버가 주도한 활동 또는 다른 클라이언트들의 활동에 대한 서버의 결정에 의해서, 상태들이 행위자 상에서 변할 수도 있다. 예를 들어서, NPC들은 서버에 의해 제어되며 관련 클라이언트 상에서 제대로 된 모습으로 나타나야 한다. 하나의 NPC가 아직 공격 범위 안에 있지 않은 다른 행위자를 향해 나아갈 것인지를 결정하는 예가 아래의 코드에 나와 있다. 상태 변화는 모든 관련 클라이언트들에게 방송되며, 각 클라이언트는 앞에 나온 StateChange() 메서드를 통해서 그 변화를 처리한다. NPC의 상태는 전적으로 서버가 제어하므로, 클라이언트에서는 전이의 유효성을 점검할 필요가 없다. 상태가 서버에서 클라이언트로 전송되면 클라이언트는 서버의 결정을 신뢰하고는 아무 의심 없이 전이를 수행한다. 이런 방식의 경우, 서버와의 동기화가 깨진 클라이언트는 뭔가 불순한 조작을 시도한 것이라고 확신할 수 있다. 다른 모든 클라이언트들은 조작된 클라이언트가 올바른(조작되지 않은) 상태에 있는 것으로 인식하므로, 해커가 무슨 짓을 하던 신경 쓸 필요가 없다.

```
def Attack(self, actorId):
    actor = _GetActorInstance(actorId)
    if InRange(self.GetPos(), actor.GetPos()):
        # attack with weapon
    else:
        if self.RequestTransition(_moveforward):
            BroadcastToAll("StateChange",
                self.GetId(),
                _moveforward.GetStateId())
```

상태 의존적 하위시스템들

한 행위자 안에서 상태가 변했을 때, 그 변화는 각각의 상태 의존적 시스템들에게도 통지되며, 각 시스템은 그에 맞게 적절한 반응을 수행한다. 애니메이션 시스템의 경우는 그러한 반응의 일환으로 아래와 같은 UpdateAnimation() 메서드를 수행할 것이다.

```
def UpdateAnimation(actorId):
    actor = _GetActorInstance(actorId)
    if actor.GetMovementState() == _stopped:
        baseAnimName = GetIdleAnim(actor)
```

```
else:
    baseAnimName = GetMovementAnim(actor)

actionAnim = None
if actor.GetActionState() != _idle:
    actionAnim = GetActionAnim(actor)

PlayAnimations(baseAnimName, actionAnimName)
```

이 애니메이션 시스템은 항상 현재의 이동과 자세 상태의 조합에 근거한 하나의 기본 애니메이션을 재생한다. 캐릭터가 휴지(rest) 상태이면 적절한 휴지 애니메이션을 선택한다. 마찬가지로, 캐릭터가 이동중이면 적절한 이동 애니메이션을 선택한다. 이 시스템은 또한 하나의 애니메이션 안에서의 뼈대들의 우선순위에 따른 개별적인 적용도 지원한다. 예를 들어 캐릭터가 서 있는 상태에서 어떤 행동을 취한다면, 그 행동 애니메이션은 캐릭터의 몸 전체에 작용하게 된다. 캐릭터가 무기를 휘두르는 경우라면 상반신뿐만 아니라 다리와 발 역시 무기 휘두르기에 걸맞은 움직임을 보이고, 캐릭터가 이동하는 도중이라면 상반신에만 행동 애니메이션이, 그리고 하반신에는 이동에 필요한 애니메이션이 적용되는 것이다. 캐릭터가 이동하면서 적을 공격할 수 있으려면 이러한 지원이 필수적이다.

다음 코드에는 애니메이션 시스템이 PSM 안의 현재 상태 값에 따라 각 종류의 애니메이션을 조회하는 메서드들을 구현하는 방식이 나타나 있다.

```
idleAnims = {_standing : 'fidget.ani',
             _swimming : 'tread_water.ani'}

moveAnims = {
    (_standing, _moveforward) : 'runforward.ani',
    (_hover, _moveright)      : 'hover_right.ani'}

actionAnims = {_crafting : 'crafting.ani',
               _fighting : 'fighting.ani'}

def GetIdleAnim(actor):
    # 자세 상태에 기반해서 유휴 애니메이션을 돌려준다.
    stateId = actor.GetPostureState().GetStateId()
    return idleAnims[stateId]

def GetMovementAnim(actor):
    # 자세와 이동 상태에 기반해서 이동 애니메이션을
    # 돌려준다.
```

```
    posStateId = actor.GetPostureState().GetStateId()
    movStateId = actor.GetMovementState().GetStateId()
    return moveAnims[posStateId, movStateId]

def GetActionAnim(actor):
    # 현재 행동에 기반한 애니메이션을 돌려준다.
    stateId = actor.GetActionState().GetStateId()
    return actionAnims[stateId]
```

이 코드는 한 가지 중요한 개념을 보여준다. CharacterStateMgr의 상태들에 기반한 행동 변경은 전적으로 자료주도적이다. 각 상태에는 고유한 식별자가 부여되어 있으므로, 코드는 간단한 자료구조(이 경우는 하나나 그 이상의 식별자들을 하나의 애니메이션 파일이름에 사상하는 사전)를 통해서 결과를 참조할 수 있다. 이 예에서는 그 자료구조가 코드 안에 직접 들어 있지만, 실제 구현이라면 외부의 텍스트 파일에서 읽어 들일 수 있다. 관계형 데이터베이스 같은 중앙 저장소로부터 자동으로 생성한다면 더욱 좋을 것이다. 이 부분에 대해서는 [Lee03]을 참고할 것.

다른 하위시스템들 역시 이런 식으로 PSM을 활용할 수 있다. 예를 들어 캐릭터의 현재 상태에 기반해서 적절한 배경음악이나 효과음을 선택하는 등. 그러나 PSM을 어떻게 응용하든, 서버와 클라이언트에서 동일한 결과가 나온다는 점에는 변함이 없다.

결론

이 글에서는 복잡한 캐릭터 상태 관리와 클라이언트-서버 환경의 동기화 문제를 크게 단순화시켜주는, 간단하지만 강력한 개념인 병렬 상태기계를 소개했다.

상태들과 CharacterStateMgr을 구현하는 기본적인 소스 코드는 클라이언트와 서버 모두에서 동일하기 때문에, 코드를 이해하고 관리하기가 쉽다. 클라이언트와 서버의 게임 시스템은 CharacterStateMgr를 적절히 상속함으로써 여러 클라이언트들과 공유 서버 사이의 동기화를 자동적으로 얻게 되며, 그러면서도 자신이 원하는 기능성의 구현에 큰 제약을 받지 않는다. 요구사항이 증가해서 새로운 기능들을 추가한다고 해도 관리 부담이 지수적으로 증가하지는 않는다.

참고자료

〔Alexander03〕 Alexander, Thor, "Parallel State Machines for Believable Characters," *Massively Multiplayer Game Development, Charles River Media*, 2003. 번역서는 "그럴듯한 캐릭터를 위한 수평적 상태 기계," *최고의 전문가들에게 배우는 온라인 게임 개발 테크닉*, 정보문화사, 2004.

〔Gamma95〕 Gamma, et al., *Design Patterns, Addison-Wesley Longman*, Inc., 1995.

〔Lee03〕 Lee, Jay, "Leveraging Relational Database Management Systems to Data-Drive MMP Gameplay," *Massively Multiplayer Game Development*, Charles River Media, 2003. 번역서는 "데이터 주도형 온라인 게임 플레이에 관계형 데이터베이스 관리 시스템 적용하기," *최고의 전문가들에게 배우는 온라인 게임 개발 테크닉*, 정보문화사, 2004.

6.5 비트 패킹: 한 가지 네트웍 압축 기법

Pete Isensee, *Microsoft Corporation*

pkisensee@msn.com

네트웍 게임들은 위치, 속도, 가속도, 상태 플래그들, 기타 중요한 게임 상태 정보를 담은 자료구조들을 네트웍 너머로 전송한다. 그런데 전송된 정보의 많은 비트들이 중요한 정보를 담지 않는 경우도 있다. 예를 들어서 게임이 0에서 100,000 범위의 위치를 32 비트 정수로 전송한다고 하자. 그러면 각 위치는 17 비트만 차지할 뿐이며, 따라서 15 비트가 낭비된다. 자료구조가 크면 그런 쓰이지 않는 비트들이 많이 누적될 수 있다.

네트웍 게임 프로그래머라면 네트웍을 통해 전송되는 자료의 양을 줄이는 것이 얼마나 중요한 문제인지를 잘 알고 있을 것이다. 이 글은 네트웍 자료구조의 개별 요소들을 하나의 이진 스트림으로 모으되 스트림의 모든 비트가 의미 있는 정보를 가지게 하는 식으로 압축을 수행하는 비트 패킹(bit packing) 기법을 소개한다. 이 기법은 네트웍 패킷의 크기를 크게 줄일 수 있다. 또한 디버깅 버전에서는 네트웍 자료구조 안의 각 요소들이 개발자가 지정한 허용 범위 안에 있는지를 확인할 수 있다는 부차적인 이득도 생긴다. 비슷한 패킹 기법들이 기존의 온라인 게임들에 쓰였다 [Frohnmayer00].

한 가지 사례

이 기법은 표준적인 소켓을 통해 전송하는 기존의 C 구조체나 C++ 클래스에 쉽게 통합될 수 있도록 고안되었다. 다음은 단순화된 게임 네트워킹 예제 코드이다.

```
struct NetData
{
   unsigned char  MsgType;  // 0 - 28
   unsigned long  Time;     // 0 - 0xFFFFFFFF
   unsigned short Element;  // 148 - 1153
   int            XPosition; // -100,000 - 100,000
   int            Yposition; // -100,000 - 100,000
```

```
};

NetData nd;
send( s, (const char*)( &nd ), sizeof(nd), 0 );
```

32 비트 플랫폼에서, 이 코드가 전송하는 자료의 크기는 적어도 17 바이트이다. 만일 구조체에 바이트 정렬이 적용되지 않는다면 자료 크기는 20 바이트까지 올라간다. 또, 수신자와 송신자의 플랫폼이 다르다면 바이트 순서 문제 때문에 송신자는 자료를 네트웍 순서로 변환하고 수신자는 그것을 다시 호스트 순서로 변환하는 작업도 요구된다.

다음은 위의 구조체를 비트 패킹 기법을 이용해서 정의한 예이다.

```
struct NetData : public BitPackCodec< 5 >
{
    PkUint<unsigned char,5>                 MsgType;
    PkUint<unsigned long>                   Time;
    PkUintRange<unsigned short,148,1153> Element;
    PkInt<int,-100000,100000>               XPos;
    PkInt<int,-100000,100000>               YPos;
};
```

원본 자료 항목들이 "패킹 가능" 자료 항목들로 대체되었다. 이러한 자료 항목들의 사용자는 이들을 원래의 정수 형식과 동일한 방식으로 다룰 수 있다. 즉 이 자료들을 정수 형식과 동일한 구문을 통해서 배정하고, 읽고, 쓸 수 있는 것이다. 패킹 가능 항목의 장점은, 스스로가 자신을 비트 스트림으로 패킹하는 방법을 알고 있다는 점이다. 게다가 정수의 허용 범위를 컴파일러가 알게 된다는 점 역시 중요한 장점이다. 범위는 템플릿 인수들로 지정되므로, 추가적인 메모리 부담 없이 컴파일러가 범위의 상한, 하한을 인식하고 적절히 활용하게 된다.

NetData 구조체는 BitPackCodec이라는 기반 클래스를 상속하는데, 그 기반 클래스는 Pack()과 Unpack()이라는 패킹 관련 메서드들 제공한다. 또한 코덱에게 어떤 항목을 스트림에 삽입할 것이며 그것들이 어떤 순서로 나타나야 하는지를 알려주는 등록 메서드도 제공한다.

이 NetData 자체를 그대로 전송하는 것은 아니다. 우선 비트 스트림으로 패킹을 해야 한다. 위의 예에 필요한 비트 스트림 버퍼의 크기는 83 비트에 불과하다. 원래의 구조체라면 136 비트가 필요했을 것이고, 따라서 40 퍼센트 정도가 절약되는 셈이다.

```
NetData nd;
int size = nd.GetPackedBytes();
char* pBitStream = new char [ size ];
send( s, nd.Pack( pBitStream ), size, 0 );
```

이 비트 스트림을 받은 곳에서는 다음과 같은 코드를 통해서 비트 스트림을 원래의 구조체로 복원한다.

```
nd.Unpack( pBitStream );
```

패킹 함수들은 바이트 순서 교환 등의 모든 세부적인 작업들을 자동적으로 처리한다. NetData 같은 구조체는 주어진 요구에 가장 효율적인 임의의 정수 형식들로도 자유로이 구성할 수 있다. 비트 필드들의 미묘한 순서 문제라던가 기타 메모리 내 압축 방법들을 처리할 필요가 없으므로 편하다.

구현 상의 어려움들

이 기법을 구현하기 위해서는 세 가지 난제를 해결해야 한다. 가장 어려운 것은 비트 패킹 자체이다. 한 번에 한 비트씩 패킹하는 간단한 함수라면 단 몇 줄의 코드로 끝나겠지만, 대신 성능이 비효율적이다. 한 번에 몇 바이트씩 패킹하는 알고리즘은 작성하기가 훨씬 더 복잡하다. 두 번째의 난제는 기법의 메모리 사용량이다. 이 기법은 비트 스트림에 대해 개별적인 버퍼를 두어야 하며, 패킹할 원소들도 기억해야 한다. 세 번째는 기존의 게임 코드에 쉽게 통합할 수 있도록 유연성을 갖추는 문제이다. 그럼 이 세 문제들을 차례로 살펴보자.

비트 패킹

이 글에서 사용하는 알고리즘의 핵심은 원본 정수와 대상 비트 버퍼를 적절히 정렬하는 데 있다. 대상에서 다음에 사용가능한 비트와 원본의 첫 번째 의미 있는 비트를 정렬하는 식이다. 원본 비트들은 한 번에 한 구간씩 비트 버퍼로 복사되는데, 각 구간은 원본이나 대상 중 다음으로 가까운 바이트 경계에 의해 결정된다. 그림 6.5.1에 예가 나와 있다. 대상에서 첫 번째의 사용 가능 비트는 비트 6이다. 복사할 비트는 13 개이다. A, B, C, D는 복사할 비트들(회색 영역)을 바이트 경계에 맞게 나눈 구간들이다. 예를 들어 구간 B는 비트 버퍼의 첫 번째 바이트 경계(비트 8)와 원본 정수의 다음 바이트 경계(비트 8)에 의해 결정되었다. 이 예에서는 구간이 넷이므로 복사도 네 번 수행해야 한다.

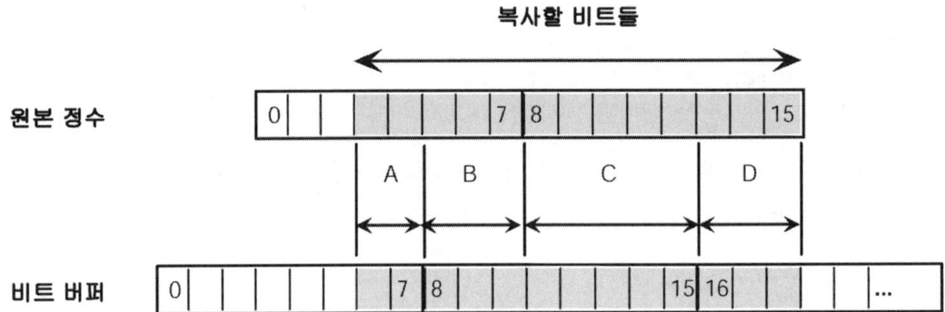

그림 6.5.1 비트 패킹 알고리즘

원본 정수의 바이트 경계들과 비트 버퍼의 바이트 경계들이 일치한다면 한 번에 8 비트씩 복사하면 된다. 그러나 일치하지 않는다면 한 바이트를 두 번으로 나눠서 복사해야 한다. 패킹 풀기는 이 알고리즘에서 원본과 대상을 바꾼 것이라고 생각하면 된다. 정수의 비트들을 비트 버퍼로 복사하기 전에, 우선 정수를 네트웍 형식(빅 엔디안)으로 변환해야 한다는 점을 주의할 것. 마찬가지로 패킹 풀기 과정에서는 복원된 정수를 다시 호스트 형식으로 변환해야 한다.

패킹 알고리즘에 대해 이 글이 제시하는 구현은, 8 비트에서 64 비트까지 모든 부호 없는 정수 형식들을 지원하는 하나의 C++ 템플릿 함수이다. 다음은 그 함수의 원형이다. 표준 소켓 함수들과의 호환성을 유지하기 위해서, 비트 버퍼로는 unsingned char 포인터 대신 보통의 char 포인터를 사용한다. 또한 버퍼 크기 역시 unsinged 대신 int를 사용한다.

```cpp
template< typename T > // T는 임의의 정수형
void Pack( const T& tSrc, int nSrcBits,
        char* pDestBitBuffer, int nDestStartBit );
```

바이트 교환 역시 템플릿 함수들로 구현했다. 템플릿 덕분에 htonl()를 사용할 것인지 htons()를 사용할 것인지를 결정하기 위한 부자연스러운 switch 문들을 피할 수 있었다. 아래에 그 함수들이 나와 있는데, 실제 교환 작업은 STL reverse 함수를 사용한다. 효율적인 컴파일러라면 IsPlatformLittleEndian() 호출을 제거하고 바이트 뒤집기 알고리즘 전체를 인라인으로 만들 수 있을 것이다. 그러면 효율이 극대화된다.

```cpp
inline bool IsPlatformLittleEndian()
{
    const int n = 1;
    return( *((char*)( &n ) ) ? true : false );
}
```

```cpp
template< typename T >
T ReverseBytes( T n )
{
    unsigned char* p = (unsigned char*)( &n );
    std::reverse( p, p + sizeof( T ) );
    return n;
}

template< typename T >
T HostToNetworkOrder( T n )
{
    if( IsPlatformLittleEndian() )
        return ReverseBytes( n );
    return n;
};
```

패킹 가능 자료형에 대한 일반적 인터페이스

정수들만 효율적인 패킹이 가능한 것은 아니다. 예를 들어 IEEE 부동소수점 값들도 가수 비트들을 추출해서 패킹할 수 있다. 문자열 역시 여러 가지 압축 기법들을 통해서 패킹할 수 있다. 이 글에서는 여러 정수형들에 초점을 두지만, 이 글의 기법 자체는 어떠한 자료형에도 적용할 수 있다. 임의의 자료형을 지원하는 가장 좋은 방법은, 패킹이라는 개념을 추상 기반 클래스를 통해서 추상화하는 것이다.

```cpp
class Packable
{
public:
    virtual ~Packable() = 0;
    virtual int GetBits() const;
    virtual void Pack( char*, int* StartBit ) const;
    virtual void Unpack( const char*, int* StartBit );
};
```

Packable 클래스는 위에 나온 것 외에도 여러 가지 보조 함수들을 가지고 있지만, 위에 나온 세 가지가 핵심이다. GetBits()는 Packable 객체의 의미 있는 비트들의 개수를 돌려준다. 객체는 그 의미 있는 비트들만 패킹, 언패킹한다. Pack()은 Packable 객체의 GetBits() 만큼의 비트들을 주어진 스트림의 주어진 시작 비트에서부터 복사한다. 그리고 그 시작 비트를 GetBits()만큼 증가시킨다. Unpack()은 주어진 비트 버퍼의 주어진 시작 비트에서 비트들을 읽고 그것으로 새 Packable 객체를 생성한다. 이 메서드 역시 시작 비트를 `GetBits()`만큼 증가시킨다. `Packable` 인터페이스는 표준 소켓 인터페이스와의 호환성을 위해 보통의 `char` 포인터를 사용한다.

Packable 자료형을 위한 구체 인터페이스

이 글은 정수들을 패킹한다. 각 정수형(unsigned char, short, long 등)마다 개별적인 클래스를 만드는 대신 하나의 템플릿으로 모든 정수형들을 포괄한다. 모든 정수들은 다음 세 인터페이스들 중 하나를 통해서 지원된다.

```
template< typename T, int Bits >
class PkUint : public Packable

template< typename T, uint64 Min, uint64 Max >
class PkUintRange : public Packable

template< typename T, int64 Min, int64 Max >
class PkInt : public Packable
```

`PkUint` 클래스는 특정한 개수의 비트들을 담은 부호 없는 정수를 위한 것이다. 비트 개수는 템플릿 매개변수를 통해서 지정한다. 예를 들어 5 비트로 저장할 수 있는 네트웍 메시지 형식(0에서 31 사이의 값을 가지는 메시지나 5 개의 주요 비트들을 걸러내는 비트마스크 등)이라면 두 번째 템플릿 매개변수에 5를 지정하면 된다. `PkUintRange` 클래스는 특정 범위의 부호 없는 정수들을 위한 것이다. 범위의 하한은 0일 수도 있고 임의의 양의 정수일 수도 있다. 어떤 경우이든, `PkUintRange`는 패킹하기 전에 값을 적절히 정규화하고 패킹을 푼 후에는 다시 복원한다. 예를 들어 범위가 1000-1127이면, 패킹 이후 비트 버퍼에서는 7 비트만을 차지한다. `PkInt` 클래스는 특정 범위의 부호 있는 정수들을 위한 것이다. 이 클래스 역시 값들을 적절히 부호 없는 값으로 변환한 후에 패킹한다.

이 세 구체 클래스들은 `Packable` 클래스를 상속하며, 적절한 `Packable` 함수들을 구현한다. 또한 패킹 가능 정수들을 보통의 정수들과 동일하게 다룰 수 있게 하는 생성자들과 변환 연산자들도 제공한다. 이 클래스들은 템플릿 매개변수들을 사용하므로, 비트 수나 범위를 위해 추가적인 메모리를 소비하지는 않는다. 이 클래스들의 유일한 추가부담은 `sizeof(T)`와 `Packable` 클래스에 필요한 가상 함수 테이블 포인터의 크기뿐이다.

코덱

이제 구조체들과 클래스들 또는 `Packable` 객체들의 목록을 쉽게 패킹하는 방법만 만들어 내면 된다. 설계 상의 목표는, 메서드가 투명해야 하며, 메모리를 최소한으로만 소비해야 한다는 것이다. 이를 염두에 두고 만든 것이 `BitPackCodec` 클래스이다. `BitPackCodec`이 알아야 하는 것은 패킹할 항목 개수, 패킹 순서, 그리고 패킹 결과를 담을 비트 버퍼뿐이다. 비트 버퍼를 클래스 내부에서 관리할 수도 있지만 그러면 성능과 효율성이 좀 떨어진다. 게임 전체에서 가장 큰 네트웍 패킷을 처리하기에 충분한 크기의 버퍼 하나만 만들어 두고, 필요할 때마다 그 버퍼를 코덱에 넘겨주는 방식이 더 합리적이다.

패킹할 항목들의 목록을 관리하는 부분을 살펴보자. `std::vector`나 `std::list` 같은 자료구조는 유연하긴 하지만 메모리 할당 상의 부담이 있기 때문에 피하기로 한다. 이 글의 구현에서는 `Packable` 객체들의 목록을 C 스타일 배열에 저장하되, 최대의 유연성과 성능을 위해 그 배열의 크기를 템플릿 매개변수로 지정하게 한다. 이런 접근방식의 장점은 최소한의 메모리를 사용하며, 힙 할당이 없으며, 매우 빠르다는 것이다. 디버그 빌드에서는 배열의 경계를 넘는 경우를 클래스가 점검한다.

```cpp
template< int N >
class BitPackCodec
{
private:
    Packable* mPackList[ N ];

public:
    void  Register( Packable& );
    char* Pack( char* ) const;
    void  Unpack( const char* ) const;
    int   GetPackedBytes() const;
};
```

`BitPackCodec` 역시 기반 클래스로 쓰이도록 설계되었다. 즉, 여러 개의 `Packable` 객체들을 담은 임의의 구조체 X 만들 때, X가 `BitPackCodec`을 상속하게 하는 것이다. `Register()` 메서드는 패킹 가능 항목들의 목록에 새 항목들을 추가한다. `Register()`는 X의 생성자에서 호출해야 한다. 다음은 `NetData` 자료를 사용하는 예이다.

```cpp
NetData() // NetData 생성자
{
    Register( MsgType );
    Register( Time );
    Register( Element );
```

```
    Register( XPos );
    Register( YPos );
}
```

실질적인 패킹, 언패킹은 `Pack()`과 `Unpack()`이 처리한다. 이들은 호출자가 할당한 외부 버퍼를 사용하는데, 그 버퍼의 크기는 `GetPackedBytes()` 이상이어야 한다. 다음은 `Pack()` 함수의 구현 코드이다.

```cpp
char* Pack( char* pPackBuffer )
{
memset( pPackBuffer, 0, GetPackedBytes() );
    int nCurrBit = 0;
    for( int i = 0; i < N; ++i )
        mPackList[i]->Pack( pPackBuffer, &nCurrBit );
    return pPackBuffer;
}
```

이 함수는 우선 비트 버퍼를 비우고, 등록된 각 `Packable` 항목을 `Packable::Pack()` 메서드를 이용해서 비트 버퍼에 꾸려 넣는다. `Packable` 인터페이스를 구현하기만 한다면 어떠한 객체라도 이러한 처리가 가능하다. 이와 같은 설계 유연성 덕분에, 어떠한 자료형이라도 손쉽게 패킹 가능한 객체로 만들 수 있다.

장단점 비교

비트 패킹의 가장 큰 장점은 네트웍 대역폭의 감소이다. 그 외에도 몇 가지 부가적인 장점들이 존재한다. 우선, 네트웍 자료구조에 특별한 바이트 정렬이나 비트 필드, 또는 비정상적으로 큰 자료형이 필요하지 않다. 디버그 모드의 경우 패킹된 값에 대한 범위 점검도 이루어진다. 그리고 패킹은 사용자가 우연히 네트웍 메시지를 들여 본다고 해도 그 의미를 쉽게 파악하지 못하도록 만드는 효과도 있다.

비트 패킹의 단점은 세 가지 측면에서 드러난다. 하나는 가독성, 또 하나는 성능, 마지막 하나는 메모리이다. 하나의 네트웍 구조체를 그냥 전송하는 것은 간단하고 이해하기도 쉽다. 그러나 구조체를 비트 스트림으로 패킹하는 것은 좀 더 복잡할 뿐만 아니라 네트웍 패킷의 디버깅도 더 어렵게 만든다. 성능 면에서 보면, 비트들을 패킹, 언패킹하는 연산은 $O(N)$이다. 여기서 N은 패킹하는 항목들의 개수이다. CPU 비용은, 요즘 게임들의 비교적 작은 네트웍 패킷 크기를 생각한다면 상당히 낮다고 할 수 있다. 이 글에 나온 클래스들은 추가적인 메모리를 거의 사용하지 않는다. 하나의 패킹 가능 정수에 필요한 추가적인 메모리 크기는 sizeof(T) 더하기 Packable 가상 함수 테이블 포인터 크기이다. 코덱 클래스에는 크기 N의 배열이 필요하며, 게임 전체에는 가장 큰 네트웍 패킷 크기의 비트 버퍼가 적어도 하나 필요하다. 전체적으로 볼 때, 대역폭의 상당한 절약에 비한다면 이러한 추가 비용은 그리 크지 않다고 할 수 있다.

개선

이 글에서는 8 비트에서 64 비트 정수들을 패킹하는 코드가 제시되었다. 이 글에 나온 기본적인 기법을 부동소수점이나 문자열을 비롯한 다른 자료형들에 맞게 확장하는 것도 그리 어렵지 않다. 비트 패킹은 네트웍 자료에 잘 작동하는 뛰어난 무손실 압축 기법이다. 그러나 독자의 상황에서 항상 최고의 기법인 것은 아니다. 좀 더 나은 방법을 원하는 독자라면 [Blow03]과 [Nelson96]의 산술 부호화나 기타 압축 기법들 [Bloom]을 참고해도 좋을 것이다.

결론

비트 패킹은 다음과 같은 목표를 만족한다.

- 자료구조들을 "중요한" 비트들만 담은 스트림들로 패킹한다. 비본질적인 비트들은 모두 제거된다. 그 결과로 네트웍 대역폭을 상당히 절약할 수 있다.
- 기존 코드에 쉽게 통합할 수 있다. 기존의 네트웍 구조체 필드들을 패킹 가능한 객체로 바꾼다고 해도, 원래의 필드들의 경우와 완전히 같은 방식으로 다룰 수 있다.
- 네트웍 자료구조들을 크기보다는 속도를 위해 정렬하는 것도 가능하다.
- 최대한 투명하게 만든다.
- 성능 상의 부담을 최소화한다.
- 메모리 추가부담을 최소화한다.

참고자료

〔Bloom〕 Bloom, Charles, "Compression Algorithms," 웹 주소 *http://www.cbloom.com/algs/index.html.*

〔Blow02〕 Blow, Jonathan, "Packing Integers," *Game Developer Magazine* (May 2002): pp. 16-19.

〔Blow03〕 Blow, Jonathan, "Using an Arithmetic Coder: Part 1," *Game Developer Magazine* (August 2003): pp. 14-18.

〔Frohnmayer00〕 Frohnmayer, Mark, and Tim Gift, "The TRIBES Engine Networking Model," 웹 주소 *http://www.gdconf.com/archives/2000/frohnmayer.doc.*

〔Nelson96〕 Nelson, Mark, and Jean-Loup Gilly, *The Data Compression Book, Second Edition*, M & T Books, 1996.

Larry Shi, Tao Zhang, *Georgia Institute of Technology*
shiw@cc.gatech.edu, zhangtao@cc.gatech.edu

6.6 다중서버 기반 MMORPG를 위한 시간 및 일관성 관리

*Ultima Online*의 상업적 성공 이후, MMORPG(massively multiplayer online role-playing game, 대규모 다중 플레이어 온라인 롤플레잉 게임)이 계속 인기를 끌고 있다. MMORPG들은 대부분 하나의 다중 클라이언트-단일 서버 기반 접근방식을 채용하는데, 이는 그런 접근방식이 간단하기 때문이다. 개발자들은 대단히 많은 수의 플레이어들을 지원하기 위해 하나의 영속적인 게임 세계를 여러 개의 격리된 지역들로 분할하곤 한다. 각 지역은 하나의 서버로 관리하기에 충분할 정도로 작으며, 각 지역들 사이에는 동기화나 상호작용이 존재하지 않는 경우도 종종 있다. 그런 구조는 다루기도 쉽고 개발하기도 쉽다. 그런데 하나의 가상 세계를 상주하는 플레이어가 너무 많지 않을 정도의 작은 크기의 지역들로 분할하는 게 어렵다면 어떻게 할까? 규모가변성을 달성하려면 하나의 지역을 여러 개의 서버들로 처리해야 할 것이다. 다중서버 설계를 위해서는 두 개의 새로운 난제들을 해결해야 하는데, 하나는 시간 관리이고 또 하나는 일관성(consistency) 관리이다. 이 글은 다중서버 기반 MMORPG의 시간 및 일관성 관리 문제에 대한 설계 해법에 초점을 둔다. 그 해법들을 독자의 게임에 쉽게 구현할 수 있을 정도로 상세하게 설명해 보겠다.

시간과 일관성을 관리해야 하는 이유

다중서버(mutliserver) 기반 MMORPG에서, 서버들은 일반적으로 하나의 자료 분산 네트웍을 통해 연결된다. 각 게임 서버는 사건 주도적 시뮬레이션을 통해서 개체들의 집합을 시뮬레이션한다. 여기서 개체는 몬스터, 플레이 가능한 캐릭터, 건물, 아이템 등 게임 세계 안에 존재하는 대부분의 것들을 가리킨다. 만일 다른 서버에 있는 개체들 사이에는 상호작용이 전혀 일어나지 않음을 보장할 수 있다면, 각 서버는 다른 서버와는 무관하게 자신의 개체들의 정확한 상태를 계산할 수 있으므로 시간과 일관성 관리 문제가 생기지 않는다. 그러나 그런 것을 보장할 수 없다면 "죽은 캐릭터가 총을 쏘는"[Mauve02] 등의 비정상적인 상황들이 발생한다. 그런 문제들은 서버들이 사건들을 주고받는 과정에서 네트웍 지연이 생기고 그래서 각 서버의 게임 상태들의 일관성이 깨지기 때문에 발생한다. 모든 서버들이 사건들을 정확한 시간 순으로 처리한다면 일관성을 유지할 수 있다. 그런 방식을 강제하기 위해서는 적절한 시간 관리 서비스가 필요하다.

클럭 동기화

시간 관리를 수행하기 위해서는, 비유하자면 서버들과 클라이언트들이 모두 같은 시계를 보고 있어야 한다. 클럭을 동기화하는 수단은 네트웍 시간 프로토콜(Network Time Protocol, NTP) [Mills92]을 비롯해서 여러 가지가 있다. 그러나 클럭 동기화는 이 글의 주된 논의 대상이 아니다. 따라서 모든 서버와 클라이언트는 특정 오차 범위 이내로 하나의 클럭에 동기화된다고 하겠다.

일관성 대 반응성

반응성(responsiveness)은 많은 게임 디자이너들이 추구하는 하나의 특징이다. 그러나 네트웍 게임에서는 예측할 수 없는 네트웍 지연 때문에 일관성과 반응성이 모순되며, 둘 다 얻는 것이 그리 쉽지 않다는 점을 인식해야 한다. 높은 수준의 반응성을 얻기 위해서는 각 클라이언트나 서버가 자신의 지역 플레이어의 행동에 기반해서 자신의 지역 상태를 즉시 갱신해야 한다. 그러면 반응성이 최대화되지만, 대신 결과가 부정확할 수 있으며 그러면 일관성이 깨진다. 강한 일관성을 유지하기 위해서는, 각 클라이언트나 서버가 안전이 보장되지 않은 사건은 처리하지 말아야 한다. 그러나 네트웍 지연이 크면 그런 보수적인 태도는 반응성을 떨어뜨리는 결과를 낳는다.

일관성과 반응성을 모두 얻는 한 가지 방법 – 다중시간 관리

일관성과 반응성에 대한 요구는 다양하며, 따라서 시간과 일관성 관리에 대한 접근방식도 다양하다. 기존의 시간 및 일관성 관리 기법들은 크게 보수적인 방법과 낙관적인 방법으로 나눌 수 있다. 보수적인 방법은 절대적인 일관성을 제공하나 반응성을 보장하지 않으므로 실시간 응용 프로그램에는 적합하지 않은 경우가 많다. 일관성이 매우 중요한 일부 동위간(peer-to-peer) RPG 게임들에서 보수적 방법들이 쓰였다 [Bettner01]. 낙관적 방법은 롤백(rollback) 같은 기법을 이용해서 게임 상태의 일관성을 유지하나, 게임플레이 방식에 따라서는 일시적인 비일관적 상태들을 허용하지 못할 수 있다. 한 가지 관련 기법으로, 추측항 법(dead reckoning) 같은 예측 계약(predictive contract)을 사용하는 방법 [Aronson97]도 있다 (이를 낙관적 컴퓨팅의 한 형태로 생각할 수도 있지만, 일반적으로는 그렇게 간주하지 않는 다). 이런 기법들의 경우 실시간 응용에 적합하긴 하지만, 그 자체로 강한 일관성을 보장하 지는 않는다.

이 글은 개체 특성들을 일관성 요구조건에 기반해서 분류하는 접근방식을 취한다. 개체 위 치 같은 특성들은 비교적 느슨한 형태의 일관성을 요구한다고 할 수 있다. 다른 말로 하면 어느 정도의 위치 차이는 허용할 수 있다는 뜻이다. 반면 개체의 생사여부 같은 특성은 좀 더 강한 일관성을 요구한다. 느슨한 일관성만을 요구하는 특성이라면 예측 계약을 적용할 수 있다. 클라이언트는 그런 특성들을 지역 플레이어의 입력에 기반해서, 그리고 적절한 예 측 기법 [Aronson97]을 이용해서 즉시 갱신해도 된다. 그 개체를 제어하는 서버는 공식적인 상태 갱신을 수행하고 그것을 클라이언트에게 전송한다(클라이언트의 갱신으로부터 약간의 시간이 지난 후이다). 만일 두 상태의 차이가 특정한 허용 오차 이상이라면 클라이언트는 자신의 지역 갱신을 폐기하고 공식 갱신을 적용한다. 아니면 지역 갱신을 공식 갱신으로 점 차적으로 수렴할 수도 있다. 예를 들면 시각적 출력의 돌연한 변화를 피하기 위한 평활화 기법을 사용하는 등. 강한 일관성을 요구하는 특성이라면 보수적인 시간 관리를 이용해서 사건들을 타임스탬프 순으로 처리하도록 해야 한다. 그런 방식에서는 서버가 정확한 상태 를 계산하는 데 더 많은 시간이 걸리지만, 그래도 안정성은 보장된다. 이상의 접근방식을 다중시간 관리(multitime management)라고 부르는데, 다중이라는 말이 붙은 것은 예측 계약 과 보수적 시간 관리 메커니즘 모두를 사용하기 때문이다. 다중시간 시뮬레이션은 다중시 간 관리를 이용해서 반응성과 일관성 사이의 적절한 절충선을 얻는다. 반응성은 예측 계약 이, 그리고 일관성은 보수적 시뮬레이션이 제공한다.

다중시간 관리의 구현

이 절에서는 다중시간 관리의 한 구현을 제시한다. 그 구현은 다음과 같은 것들을 가정한다.

- ▣ 게임의 가상 세계는 여러 개의 분리된 지역들로 나뉘어져 있다. 각 지역은 하나의 서버 팜 (farm)에 속한 일단의 서버들이 시뮬레이션한다(그림 6.6.1).
- ▣ 한 서버 팜의 서버들은 다중전송(multicasting)이 가능한 고속 지역망으로 연결된다.
- ▣ 지역 플레이어가 만들어낸 사건에는 클라이언트가 타임스탬프를 찍는다. 시간과 일관성 관리를 단순화하기 위해 서버쪽에서 타임스탬프를 만들 수도 있지만, 그러면 클라이언트들의 공정성이 감소하고 네트웍 지연에 의해 반응성이 떨어질 수 있다. 따라서 클라이언트 쪽에서 타임스탬프 를 찍는 것이 바람직하다.

■ 클라이언트와 클라이언트가 연결한 서버, 그리고 서로 연결된 임의의 두 서버 사이에는 신뢰할 수 있는 연결이 존재한다. 이를 위해 TCP 연결을 사용할 수도 있고 신뢰성을 보강한 커스텀 UDP 구현을 사용할 수도 있다.

잠시 후에 구현의 의사코드가 나온다. 코드는 다중 스레딩 방식이다. 반드시 다중 스레드를 사용해야 하는 것은 아니지만, 다중 스레드 쪽이 코드를 이해하기가 쉽다. 각 클라이언트와 서버에는 두 개의 스레드들이 돌아간다. 하나는 주 스레드이고, 또 하나는 시간 관리와 통신을 전담하는 스레드이다. 클라이언트의 경우 주 스레드는 사용자 입력, 개체 예측, 장면 렌더링 등을 담당한다. 서버의 주 스레드는 게임 로직과 개체 시뮬레이션을 담당한다.

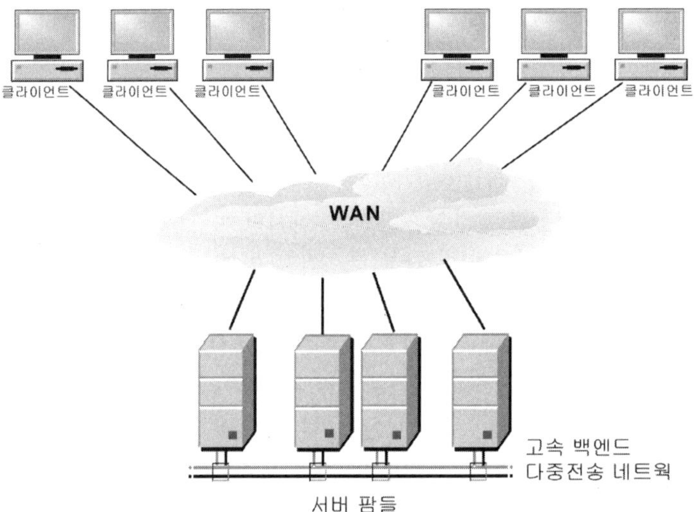

그림 6.6.1 다중서버 아키텍처

메시지 구조체는 다음과 같다.

```
typedef MSG_t struct
{
    DWORD type;         // 메시지 종류
    DWORD client_id;    // 클라이언트 컴퓨터의 식별자
    DWORD server_id;    // 서버 컴퓨터의 식별자
    struct time_t timestamp; // 메시지의 타임스탬프
    struct time_t safe_time; // 클라이언트/서버 안전 시간
    struct user_input_t user_input; // 사용자 입력/명령

    ...
} MSG_t;
```

표 6.6.1은 시간 관리를 위한 메시지 종류들과 그 목적들을 정리한 것이다.

표 6.6.1 메시지 종류와 설명

종류	목적
SERVER_SAFE_TIME	서버 안전 시간
CLIENT_SAFE_TIME	클라이언트 안전 시간
CLIENT_INPUT	타임스탬프가 찍힌 클라이언트 입력/명령
PREDICTIVE_STATE_UPDATE	예측 시뮬레이션으로 계산한 상태 갱신
CONSERVATIVE_STATE_UPDATE	보수적 시뮬레이션으로 계산한 상태 갱신

클라이언트/서버 안전 시간(safe time) 메시지는 보수적 시간 관리의 진행에 필요한 것이다. 보수적 시간 관리에서는 주어진 사건의 타임스탬프보다 작은 타임스탬프를 가진 다른 사건들이 더 이상 들어오지 않을 때에만 그 사건을 처리한다. 안전 시간 메시지는 메시지에 지정된 값보다 작은 타임스탬프를 가진 메시지는 이제 더 이상 보내지 않겠다는 약속이라고 할 수 있다. 이런 안전 시간 메시지를 받은 서버는 이 메시지에 있는 타임스탬프 이전의 타임스탬프를 가진 사건들을 안심하고 처리할 수 있다. 안전 시간 메시지는 [Chandy78]에 쓰인 널 메시지와 비슷하다.

클라이언트

이번 절에서는 클라이언트 쪽 코드를 살펴보겠다. 클라이언트는 지난 **MAX_NOTIFY_INTERVAL** 밀리 초 동안 클라이언트 안전 시간 메시지를 보낸 적이 있는지를 계속 점검한다. 만일 보내지 않았다면 자신의 안전 시간 메시지를 생성하고 그것을 연결된 서버에 전송한다. 클라이언트가 보낸 메시지의 타임스탬프가 이전에 보낸 메시지의 타임스탬프보다 작은 경우는 발생하지 않는다. 이는 클라이언트가 자신의 클럭을 되돌리는 일이 없으며, 또한 메시지들이 반드시 순서대로 도착하기 때문이다(신뢰성 있는 연결에 의해). 클라이언트가 보내는 타임스탬프가 찍힌 입력/명령 메시지들은 그 자체로 안전 시간 메시지 역할을 하므로, 그런 메시지들을 보내는 경우에는 전용 안전 시간 메시지를 생략한다. 전용 안전 시간 메시지는 지역 플레이어가 아무 일도 하지 않을 때에만 전송된다.

클라이언트는 유명한 지연 숨기기 기법 하나도 사용한다. 구체적으로 말하면, 클라이언트는 각 입력/명령 메시지의 타임스탬프를 약간 미래로 미룬다(의사코드의 **DELAY_COMPENSATION** 만큼). 클라이언트 쪽과 서버 쪽에서는 그런 메시지를 주어진 시간에 맞게 적절히 지연해서 처리한다. 미루는 시간은 네트웍 지연 시간을 어느 정도 보정하는 효과를 내며, 따라서 네트웍 지연의 영향을 감소시키는 데 도움이 된다. 100 ms 이하의 시간을 사용하면 사람 플레이어가 거의 눈치 채지 못한다고 알려져 있다 [DIS94]. 그러나 인터넷 지연은 100에서

600 ms 사이인 경우가 많으므로, 이 기법만으로 시간과 일관성 관리 문제를 해결할 수는 없다. 표 6.6.2는 서버와의 동기화를 위해 클라이언트가 사용하는 타이밍 매개변수들이다.

표 6.6.2 의사코드에 쓰이는 상수들과 그 의미

이름	의미
MAX_NOTIFY_INTERVAL	클라이언트가 보내는 일련의 두 약속 메시지 사이의 최대 기간
DELAY_COMPENSATION	클라이언트 입력/명령의 처리를 이 시간만큼 지연한다.
MAX_SAFE_TIME_UPDATE_INTERVAL	서버의 두 전역 안전 시간 계산 사이의 최대 기간
SERVER_LOOKAHEAD_TIME	보수적 시뮬레이션이 생성한 모든 새로운 사건의 타임스탬프에 추가되는 작은 양의 값

다음은 클라이언트 시간 관리/통신 스레드이다.

```
while (1)
{
   // 출력 FIFO의 메시지들에 타임스탬프를 찍고
   // 송신한다.
    MSG_t* msg;
   msg = out_msg_FIFO->pop_front();
   while (msg)
   {
      msg->timestamp  = now + DELAY_COMPENSATION;
      msg->safe_time  = msg->timestamp;
      send_msg(msg);
      last_safe_time  = msg->safe_time;
      // 타임스탬프 순의 작업 대기열
      work_queue->enqueue(msg);
      msg = out_msg_FIFO->pop_front();
   }

   if (now + DELAY_COMPENSATION - last_safe_time >
      MAX_NOTIFY_INTERVAL)
   {
      msg             = new_msg();
      msg->type       = CLIENT_SAFE_TIME;
      msg->client_id = self_id;
      msg->safe_time = now + DELAY_COMPENSATION;
      send_msg(msg);
      last_safe_time = msg->safe_time;
   }
```

```
// 서버 갱신 메시지를 받는다.
MSG_t* msg;
while(msg = nonblocking_receive_from_server())
{
    work_queue->enqueue(msg);
}
// ...
}
```

다음은 클라이언트의 주 스레드이다.

```
while (1)
{
    UserInput* new_input      = collect_user_input();
    MSG_t* input_msg          = new_message();
    input_msg->type           = CLIENT_INPUT;
    input_msg->user_input     = *new_input;
    // 메시지를 출력 FIFO에 넣는다.
    out_msg_FIFO->push_back(input_msg);

    // 타임스탬프가 지금보다 이전인, 가장 이른 메시지를
    // 얻는다. 그런 메시지가 없으면 널이 반환된다.
    MSG* cur_msg = work_queue->dequeue(now);
    // 사용자 입력들과 서버 갱신들을 처리한다.
    while (cur_msg)
    {
        if(cur_msg->type == CLIENT_INPUT)
            client_predictive_simulation(cur_msg);
        else
            process_server_updates(cur_msg);
        cur_msg = work_queue->dequeue(now);
    }
    // ...
}
```

서버

이제 서버 쪽을 보자. 서버는 다중시간 관리를 구현한다. 각 서버에는 두 개의 타임스탬프 순 사건 대기열이 있다. 하나는 예측 계약 메시지를 위한 예측 대기열이고, 또 하나는 보수적 시뮬레이션을 위한 보수적 대기열이다. 예측 대기열은 현재의 서버 클럭을 이용해서 시간을 처리한다. 이 대기열에서는 타임스탬프가 현재 서버 클럭보다 이전인 사건들을 그대로 처리한다. 보수적 대기열은 그렇지 않다. 보수적 대기열은 서버가 받은 최소의 전역 안전 시간에 기반해서 사건들을 처리한다. 최소 전역 안전 시간은 클라이언트들과 다른 서버

들이 보낸 모든 약속들 중 가장 이른 시간을 가리킨다. 만일 서버가 객체들의 시뮬레이션을 담당한다면, 전역 안전 시간을 계산할 때 서버의 지역 시간도 고려한다. 각각의 순간에서, 보수적 대기열 안에 있는 사건들과 입력들 중 전역 안전 시간보다 이른 모든 것들은 그대로 처리해도 일관성이 깨지지 않는다. 보수적 시뮬레이션에서 시뮬레이션 클럭은 실제 서버 클럭이 아니라 보수적 시간임을 명심해야 한다.

한 가지 까다로운 문제는, 보수적 시뮬레이션이 타임스탬프가 찍힌 몇 개의 새로운 사건들에 걸쳐서 일어나야 할 수도 있다는 점이다. 예를 들어서, 보수적 시뮬레이션에서 하나의 화살이 몬스터를 맞힌다면 서버는 하나의 타격 사건을 생성할 것이다. 그런 사건의 타임스탬프 값은 현재의 보수적 시간에 약간의 미룸 시간(SERVER_LOOKAHEAD_TIME)을 더한 것이 된다. 이 작은 미룸 시간은 보수적 시뮬레이션의 교착(deadlock)을 피하기 위한 것이다. 그리고 이 작은 미룸은 보수적 시뮬레이션의 성능을 개선시키는 데에도 매우 중요한 역할을 한다. 이 부분에 흥미가 있는 독자는 [Fujimoto98]을 보기 바란다. 또 다른 미묘한 문제는, 서버가 보수적 대기열에서 하나의 메시지를 제거하는 것은 그 메시지를 처리하고 (필요하다면)새로운 사건을 만든 후라는 점이다. 그렇게 하지 않으면 다른 서버들은 그 서버로부터 순서가 뒤바뀐 새로운 사건 메시지들을 받게 된다. 왜냐하면 중간에 보수적 시뮬레이션의 문맥이 전환될 수도 있기 때문이다. 서버 쪽의 예측 시뮬레이션은 새로운 사건들을 생성하지 않으므로 그런 문제가 없다.

다음은 서버의 시간 관리/통신 스레드이다.

```
while (1)
{
  MSG_t* msg;
  if (now - last_safe_time_update >
    MAX_SAFE_TIME_UPDATE_INTERVAL)
  {
    // conservative_queue->get_minimum()은
    // 대기열 안의 최소 타임스탬프를 돌려준다. 만일 대기열이
    // 비어 있으면 최대 타임스탬프 값을 돌려준다.
    local_safe_time = MIN(client_safe_time_array->
      get_minimum(), now, conservative_queue->
      get_minimum()) + SERVER_LOOKAHEAD_TIME;
    server_local_safe_time_array[self_id] =
      local_safe_time;
    global_safe_time =
      server_local_safe_time_array->get_minimum();
    last_safe_time_update = now;
```

```
      if (local_safe_time != old_local_safe_time)
      {
         msg                     = new_msg();
         msg->type               = SERVER_SAFE_TIME;
         msg->server_id          = self_id;
         msg->safe_time          = local_safe_time;
         reliable_multicast_to_other_servers(msg);
         old_local_safe_time  = local_safe_time;
      }
   }
   // 여기서 모든 종류의 메시지들을 처리한다.
   while (msg = nonblocking_receive_msg())
   {
      if (msg->type == SERVER_SAFE_TIME)
      {
         server_local_safe_time_array
            [msg->server_id] = msg->safe_time;
      }
      else if (msg->type == CLIENT_SAFE_TIME)
      {
         client_safe_time_array [msg->client_id] =
            msg->safe_time;
      }
      else if (msg->type == CLIENT_INPUT)
      {
         client_safe_time_array [msg->client_id] =
            msg->safe_time;
         // 타임스탬프 순 작업 대기열
         predictive_queue->enqueue(msg);
         conservative_queue->enqueue(msg);
      }
      else if (msg->type == PREDICTIVE_STATE_UPDATE)
      {
         predictive_queue->enqueue(msg);
      }
      else if (msg->type ==
            CONSERVATIVE_STATE_UPDATE)
         conservative_queue->enqueue(msg);
   }
}
```

다음은 서버의 주 스레드이다.

```c
while (1)
{
    MSG_t* cur_msg;
    cur_msg = predictive_queue->dequeue(now);
    while (cur_msg)
    {
        server_side_predictive_simulation(cur_msg);
        cur_msg = predictive_queue->dequeue(now);
    }
    // 대기열에서 메시지를 뽑되 메시지를 제거하지는 않는다.
    cur_msg = conservative_queue->
            peek(global_safe_time);
    while (cur_msg)
    {
        server_side_conservative_simulation(cur_msg);
        conservative_queue->dequeue(global_safe_time);
        cur_msg = conservative_queue->
                peek(global_safe_time);
    }
    // ...
}
```

이 의사코드에는 예측 계약과 보수적 시뮬레이션 메시지 사이의 차이가 보이지 않음을 주목할 것. 예측 시뮬레이션과 보수적 시뮬레이션 둘 다 모든 사용자 입력들을 처리하며, 둘 다 처리 도중 게임 상태에 대한 갱신 메시지들을 발생시킨다. 그러나 예측 시뮬레이션은 느슨한 일관성을 요구하는 개체 특성들에 대해서만 상태 갱신을 만들어낼 수 있으며, 반면 보수적 시뮬레이션은 모든 개체 특성들에 대해 상태 갱신들을 만들어낼 수 있다. 또 다른 중요한 차이는, 새로운 사건은 오직 보수적 시뮬레이션만 만들 수 있다는 점이다. 만일 예측 시뮬레이션이 새로운 사건을 만들어내게 한다면 매우 복잡한 롤백이 필요하다. 그 부분을 제대로 처리하지 않으면 매우 짜증나는 게임플레이가 될 수 있으며[Mauve02], 그래서 여기서는 아예 예측 시뮬레이션이 새 사건을 만들지 못하게 했다.

해결해야 할 또 다른 문제는, 클라이언트가 죽거나 재전송이 아주 오래 지연되는 상황이다. 하나의 클라이언트가 죽었다고 해서 보수적 시뮬레이션 전체가 멈추어서는 안 된다. 각 서버는 특정 기간동안 각 클라이언트로부터 약속 메시지가 오기를 기다린다(의사코드에는 나와 있지 않음). 만일 어떤 클라이언트가 주어진 기간 안에 안전 시간 메시지를 보내지 않는다면 그 클라이언트는 죽은 것으로 간주한다. 서버는 그 클라이언트를 무시하며, 그 클라이언트는 게임에 다시 참가해서 서버와 동기화해야 한다. 죽은 클라이언트가 보낸, 순서가 틀린 타임스탬프가 찍힌 사건들은 그냥 폐기한다.

다중시간 관리를 언제 사용할 것인가

어떤 다중시간 관리 해법을 사용할 것인가는 네트웍 위상구조와 게임 디자인 등 여러 가지 요인들에 따라 다르다. 표 6.6.3은 몇 가지 **MMORPG** 아키텍처들과 그에 적합한 시간 관리 접근방식들을 정리할 것이다.

표 6.6.3 MMORPG 아키텍처와 적합한 시간 관리 접근방식

	클라이언트가 지역에서 예측을 수행. 플레이어 명령/입력의 타임스탬프도 클라이언트가 찍음	플레이어 명령/입력의 타임스탬프를 서버에서 찍음(클라이언트는 예측 기법을 사용할 수도 있고 안할 수도 있음)
단일 서버	서버 쪽 롤백. 지연 보정〔Bernier01〕	서버 쪽에서 특별한 시간/일관성 관리가 필요 없음
서버 팜	다중시간 관리	서버 쪽의 보수적 시간 관리. 다중시간 관리는 필요 없음

결론

이 글은 다중서버 기반 **MMORPG**의 시간 및 일관성 관리 문제를 해결하는 방법에 대해서 설명했다. 이 글의 해법은 반응성과 일관성 사이의 적절한 절충을 제공한다.

감사의 글

이 글에 대해 건설적인 제안을 제공하고 글을 사려 깊게 다듬어 준 **Dr. Richard Fijimoto**에게 깊은 감사의 뜻을 전한다.

참고자료

〔Aronson97〕 Aronson, "Dead Reckoning: Latency Hiding for Networked Games," Gamasutra, 1997, 웹 주소 *http://www.gamasutra.com/features/19970919/aronson_01.htm.*

〔Bernier09〕 Bernier, "Latency Compensating Methods in Client/Server In-game Protocol Design and Optimization," GDC Proceedings, 웹 주소 *http://www.gdconf.com/archives/2001/bernier.doc,* 2001.

〔Bettner01〕 Bettner, Terrano, "1,500 Archers on a 28.8: Network Programming in Age of Empires and Beyond," in the 2001 GDC Proceedings, 웹 주소 *http://www.gdconf.com/archives/2001/terrano_1500arch.doc.*

〔Chandy78〕 Chandy, Misra, "Distributed Simulation: A Case Study in Design and Verification of Distributed Programs," IEEE Transactions on Software Engineering, SE-5(5): pp. 440-452, 1978.

〔DIS94〕 DIS Steering Committee, "The DIS Vision: A Map to the Future of Distributed Simulation," Institute for Simulation and Training, 1994.

〔Fujimoto98〕 Fujimoto, "Time Management in the High Level Architecture," Simulation, Vol. 71, No. 6, pp. 388-400, December 1998, 웹 주소 *http://www.cc.gatech.edu/computing/pads/PAPERS/Time_mgmt_High_Level_Arch.pdf.*

〔Mauve02〕 Mauve, "How to Keep a Dead Man from Shooting," in the Proceedings of 7th International Workshop on Interactive Distributed Multimedia Systems and Telecommunication Services, October 2002, 웹 주소 *http://www.informatik.uni-mannheim.de/informatik/pi4/publications/library/Mauve2000a.pdf.*

〔Mills92〕 Mills, David L., "Network Time Protocol (version 3) Specification, Implementation and Analysis," RFC1305, 1992, 웹 주소 *http://www.faqs.org/rfcs/rfc1305.html.*

Section 7
오디오

Eddie Edwards, *Sony Computer Entertainment Europe*
eddie@tinyted.net

지난 십 년 간 오디오는 게임 개발의 뒷자리를 차지하고 있었던 것 같다. 나는 British Acorn Archimedes 컴퓨터(최초의 32 비트 RISC 데스크탑 컴퓨터이다)로 처음 프로그래밍을 접했는데, 당시에는(1988 년 쯤) 컴퓨터 게임이 CPU의 20 퍼센트 정도를 음악과 효과음에 사용하는 경우도 드물지 않았다. 요즘 게임들은 CPU의 대부분을 그래픽, AI, 물리 등에 사용하며, 몇몇 특별한 경우를 제외하면 오디오에는 아주 약간의 자원만이 할당된다. 게임 제작 공정 자체에서도 음악과 효과음 생성은 뒷전으로 밀려나 있다. 자신을 "오디오 전문가"라고 부르는 프로그래머는 찾기가 힘든 지경이며, 게임 오디오 분야의 발전 속도 역시 더디게 보인다. 그래도 우리는 음향 분야의 전문가들이 창출한 여러 훌륭한 새 기술들을 잘 따라잡고 있다.

이 섹션에는 게임 오디오를 주제로 하는 여섯 개의 글들이 있다. James Boer와 Jake Simpson은 구체적인 프로그래밍 기법들을 설명한다. 전자는 오디오 시퀀싱을 돕는 일단의 C++ 클래스들을 설명하며, 후자는 음성과 애니메이션 사이의 자동적인 립싱크를 위한, 매우 단순하지만 효과적인 방법 하나를 알려준다. Borut Pfeifer와 Frank Luchs는 시스템 전체에 관련된 주제들을 다룬다. 전자는 사운드 스크립팅 시스템 작성을, 후자는 음 합성을 게임 물리에 연결하는 문제를 이야기한다. 마지막으로, Scott Velasquez와 Joe Valenzuela는 특정한 오디오 API에 대한 글을 제공한다. 전자는 환경 음향을 위한 EAX와 ZoomFX를, 후자는 사운드 하드웨어로의 접근을 위한 개방적, 크로스플랫폼 API인 OpenAL을 소개한다.

이 글들로 해서 오디오 프로그래밍의 불꽃이 다시 타오르고, 한계가 극복되고, 새로운 글들이 쏟아져 나올 수 있도록 독자에게 영감을 주고, CPU와 개발 자원을 오디오에 좀 더 많이 투여하게 되는 계기가 마련되었으면 한다.

Joe Valenzuela, *Treyarch*
jvalenzu@infinite-monkeys.org

7.1 OpenAL에 대한 간략한 소개

OpenAL은 3차원 위치적(positional) 오디오 라이브러리로, 요즘의 게임들에 좀 더 많이 쓰이는 덩치 큰 객체지향적 라이브러리들에 비해 간단하고 간결하다. 이 글은 이 작은 라이브러리에 대한 간략한 입문서 역할을 한다.

간략한 역사

OpenAL은 비공식적으로 출발했다. 초기 버전들은 하나의 헤더 파일과 하나의 메일링 리스트 수준이었다. Terry Sikes, Jonathan Blow, Sean Pamler 같은 재능 있는 프로그래머들의 열정과 통찰이 녹아들면서 OpenAL의 독특한 초점이 형태를 갖추게 되었다. 여기서 독특한 초점이란, 현대적인 그래픽 라이브러리들을 보충할 수 있는 하나의 API를 통해서 공간적인 오디오 기능성을 제공한다는 것이다.

초기 설계는 OpenGL의 영향을 크게 받았는데 [Kreimeier02], 가장 두드러졌던 것은 단순함에 대한 강조와 가장 단순한 형태의 이름공간 해결 방식이라고 할 수 있다. OpenGL에서 유용하다면 OpenAL도 따른다는 자세였다. OpenAL의 초기 진화에서 한 가지 중요한 측면은, 최초의 구현이 개발되자마자 상용 응용 프로그램 개발에 쓰이기 시작했다는 점이다. 덕분에 응용 프로그램 개발자들의 직접적인 피드백을 받을 수 있었으며, 그래서 초기 개발의 보조가 매우 빨랐다. 물론 이와 같은 초기의 열광적인 발전에 문제가 전혀 없는 것은 아니었다. 음원 반복을 지정하는 토큰이 1 년에 네 번이나 바뀐 적도 있었다.

구현 단순성은 초기 설계의 가장 큰 특징이었으며, 오늘날까지 제안된 모든 기능들과 확장들의 시금석 역할을 했다. 어떤 한 기능이 핵심 라이브러리에 추가되려면 매우 높은 표준을 만족해야 한다. 그 결과로, 예를 들어 대부분의 장면 관리는 OpenAL이 아닌 응용 프로그램이 책임지게 되었다. 3차원 오디오 응용 프로그램들이라면 이미 그래픽 부분에 대한 정교한 장면 관리 시스템을 갖추고 있을 것이므로, 장면 관리를 OpenAL이 책임지지 않는다는 것은 큰 부담이 아니라, 오히려 라이브러리를 단순하게 만들어 주는 순기능으로 작용한다.

OpenAL API

이 절에서는 기본적인 개념에서 추가적인 확장들까지 OpenAL의 인터페이스의 여러 측면들을 살펴보겠다.

API의 개요

필수적인 OpenAL 라이브러리 함수들은 성냥갑에 다 적을 수 있을 정도로 적다는 농담이 있다. 그것도 과장은 아니다. 그 농담은 단순한 것은 단순하게 처리해야 하며 어려운 일은 다른 사람에게 맡긴다는 원칙을 깔고 있다. 그렇다고 초보자가 아무 준비 없이도 의미 있는 OpenAL 응용 프로그램을 작성할 수 있다는 것은 아니며, 초기의 혼란을 피하기 위해서는 API의 여러 용어들과 개념들을 확실하게 이해할 필요가 있다.

OpenAL은 본질적으로 하나의 오디오 장면 그래프 라이브러리이다. 이 라이브러리는 여러 객체들 사이의 일련의 관계들을 서술한다. 대부분의 객체들은 각각 하나의 개별적인 개념을 감싼다. 중요한 것들로는 장치, 문맥, 청취자, 음원, 버퍼가 있다. 대부분의 OpenAL 함수들은 이러한 객체들을 생성하고, 파괴하고, 그 특성들을 변경하는 것에 관련되어 있다 [Kreimeier02].

이 객체들과 그 관계들을 전반적으로 이야기하자면 이렇다. 하나의 장치(device)는 궁극적으로 PCM 자료를 출력하는 하드웨어이다. 하나의 청취자(listener)는 정확히 하나의 문맥(contex)에 속하며, 각 문맥 역시 정확히 하나의 청취자를 가진다. 따라서 하나의 청취자는 한 장면 안의 음을 듣는 무언가의 인스턴스이다. 일반적으로 하나의 장면에는 하나의 청취자가 존재하며, 그 청취자는 응용 프로그램의 사용자의 위치와 기타 특성들에 해당한다. 버퍼(buffer)는 생(raw) PCM 표본들을 담는데, 그 자체가 직접 재생될 수는 없다. 버퍼는 반드시 하나의 음원과 연관되어야 하며, 음원을 재생함으로써 버퍼의 음 표본들이 실제로 재생된다. 하나의 음원(source)은 여러 개의 버퍼들에 연관될 수 있는데, 그런 경우 음원은 하나의 버퍼 대기열을 가진다.

음원과 버퍼는 일반적으로 이름을 통해서 참조되는데, 이름은 OpenGL과 마찬가지로 정수 식별자(각 객체 종류마다 고유하다)이다. 예를 들어 두 음원이 같은 이름을 가질 수는 없지만, 두 음원이 일단의 버퍼들을 지칭하기 위해 동일한 수치 식별자들을 사용할 수는 있다.

객체들을 인스턴스화하고 이름을 배정할 때에는 `alGen{객체}` 구문을 사용한다. 객체들을 파괴할 때에는 `alDelete{객체}` 구문을 사용한다. 예를 들어 음원을 생성하고 파괴할 때에는 각각 `alGenSources()`와 `alDeleteSources()`를 사용한다. 문맥과 장치는 다른 종류의 함수들을 사용하는데, 이에 대해서는 잠시 후에 이야기하겠다.

음원은 문맥 의존적이다. 즉, 한 문맥 안의 음원 이름들은 다른 문맥에서는 유효하지 않다. 버퍼는 문맥에 독립적이며, 다른 어떤 활성 문맥을 참조하지 않고 생성한다. 하나의 버퍼가 동시에 여러 문맥의 여러 음원들에 연결될 수 있다.

이런 대부분의 객체들은 명시적으로 설정하고 조회할 수 있는 특성들을 가진다. 그 특성 (**attribute**)들에는 구체적인 자료형과 기본값이 정의되어 있다. 가장 일반적인 것은 음원 특성들로, 그 특성들을 통해서 버퍼를 음원에 연관시키거나 음원 위치를 설정하는 등의 작업이 가능하다. 청취자와 음원의 특성들을 설정하고 조회하는 구문은 모두 `al{객체}{n}{if}{v}` 형태이다. OpenGL에 익숙한 독자라면 이런 구문 지정 방식에 익숙할 것이다. 대부분의 특성 접근 함수들은 매개변수로 여러 개의 수치들을 받는 것들(n)과 벡터를 받는 것들(v)로 나뉜다. 그리고 `i`와 `f`는 매개변수가 정수냐 부동소수점이냐를 결정한다. 예를 들어서 음원의 위치를 지정할 때에는 `alSource3f()`나 `alSourcefv()`를 `AL_POSITION`과 함께 사용해서 호출한다.

버퍼에서 가장 중요한 특성은 음을 구성하는 PCM 표본들의 집합이다. 그 표본 집합은 `alBufferData()`로 설정한다.

다음은 간단한 **OpenAL** 프로그램의 예이다.

```
// 장치를 열고 문맥을 생성
ALCdevice *dev = alcOpenDevice(NULL);
ALCcontext *cc = alcCreateContext(dev, NULL);

alcMakeContextCurrent(cc);

// 음원과 버퍼를 만든다.
ALuint bid, sid;
alGenSources( 1, &sid );
alGenBuffers( 1, &bid );

// PCM 자료를 얻고 버퍼와 연관시킨다.
ALvoid *data;
ALsizei size, bits, freq;
ALenum format;
```

```
ALboolean loop;

alutLoadWAVFile("boom.wav", &format, &data, &size,
        &freq, &loop);
alBufferData(bid, format, data, size, freq);

// 버퍼를 음원에 연관시킨다.
alSourcei( sid, AL_BUFFER, bid );

// 음원을 재생하고, 끝날 때까지 기다리고,
// 끝나면 음원을 파괴한다.
alSourcePlay(sid);
ALint state;
do {
    alGetSourcei(sid, AL_SOURCE_STATE, &state);
} while(state == AL_PLAYING);

alDeleteSources(1, &sid);
alDeleteBuffers(1, &bid);

alcMakeContextCurrent(NULL);
alcDestroyContext(cc);
alcCloseDevice(dev);
```

코드에서 볼 수 있듯이, 장치는 alcOpenDevice()로 연다. 이 함수는 추가적인 장치 지정 문자열을 받는다. 그 문자열의 구문과 의미는 구현에 따라 다를 수 있다. 이 부분은 응용 프로그램이 또 다른 백엔드를 지정하거나 특정 장치에 고유한 구성 매개변수들을 지정할 수 있게 하기 위한 것이다. GNU/Linux 참조 구현의 경우 장치 지정 문자열은 LISP와 비슷한 토큰으로, 이를 통해서 여러 개의 백엔드들을 지정할 수 있으며 표본화 비율이나 특정 백엔드 고유의 기능들도 지정할 수 있다.

문맥은 alcCreateContext()로 생성하는데, 이 때 그 문맥 안에서 음 믹싱을 위한 렌더링 대상으로 쓰일 장치를 지정해야 한다. 그리고 추가적으로 문맥 특성 목록도 지정할 수 있는데, 그 목록은 0으로 끝나는 정수 쌍들의 형태이다. 모든 구현이 반드시 지원해야 하는 문맥 특성은 ALC_SYNC, ALC_REFRESH, ALC_FREQUENCY이다. ALC_FREQUENCY와 ALC_REFRESH는 문맥의 음 렌더링의 성능과 음질에 영향을 미친다. ALC_SYNC를 지정하면, 문맥은 alcProcessContext()의 호출에 의해 버퍼가 명시적으로 배출될 때까지 믹싱을 미룬다. 문맥은 여러 개일 수 있으므로, 문맥에 대한 작업을 할 때에는 alcMakeContextCurrent()로 현재 문맥을 지정해 주어야 한다.

앞의 예제 코드에서 볼 수 있듯이 OpenAL의 구문과 코딩 스타일, 관례들은 OpenGL을 그대로 흉내낸 것이다. 이러한 설계 상의 결정은 OpenGL이라는 대중적인 그래픽 라이브러리에 익숙한 개발자들의 편의를 위한 것이자, 또한 OpenGL ARB가 제창한 현명한 설계 원칙들을 따라 배우기 위함이다.

음원 특성들

음원 특성들은 alSource{n}{if}{v} 함수들로 지정한다.

음원 특성들은 세 부류로 나뉠 수 있는데, 하나는 OpenAL 세계 안에서의 음원의 물리적 배치에 영향을 주는 것들이다. AL_POSITION과 AL_VELOCITY가 그에 해당한다. 또 하나는 음원재생 방식에 영향을 주는 것들로, AL_PITCH가 대표적이다. 마지막은 고수준 음원 관리에 유용한 상태 특성들로, AL_LOOPING와 AL_SOURCE_STATE 등이 해당한다 [Kreimeier02].

AL_POSITION 특성으로 설정하는 음원 특성들은 세계공간을 기준으로 한다. 단, 추가적인 특성인 AL_SOURCE_RELATIVE로 지정된 음원들은 예외이다. 그런 음원들은 문맥의 청취자 위치를 기준으로 한다. 이는 위치 정보가 필요 없는, 예를 들어 헬멧에서 발생하는 음 같은 머리 상대적(head-relative) 음들이나 음악 같은 "2차원" 음들에 유용하다. 비 위치적 음들은 internalFormat(다채널) 확장과 함께 쓰이는 경우가 많은데, 이에 대해서는 잠시 후에 이야기하겠다.

AL_PITCH 음원 특성은 음의 상대적 높이(pitch)를 제어한다. 1.0은 원래의 음 높이 그대로이다. 이 특성이 반이 되면 음의 높이는 한 옥타브 낮아진다 [Kreimeier02]. GNU/Linux 구현에서는 음 높이 계산에 도플러(Doppler) 효과를 내는 도플러 필터가 관여한다. 도플러 효과는 제대로 사용하면 매우 극적인 효과를 낼 수 있다. 그러나 음 높이 변경이 소프트웨어로 구현되는 경우라면 성능에 큰 영향을 미칠 수 있으므로 잘 판단해야 할 것이다.

도플러 효과는 OpenAL API의 좀 더 세부적인 부분들에 관련되어 있다. 도플러 효과를 사용하려면 음원뿐만 아니라 청취자의 특성들도 설정해 주어야 한다.

```
ALfloat l_pos[] = { 0, 0, 5 };
ALfloat s_pos[] = { 0, 0, -5}, s_vel[] = {0,0,1};
ALfloat zeros[] = { 0, 0, 0 };

alListenerfv(AL_POSITION, l_pos);
alListenerfv(AL_VELOCITY, zeros);
alSourcefv(sid, AL_POSITION, s_pos);
alSourcefv(sid, AL_VELOCITY, s_vel);
```

```
alSourcePlay(sid);
ALint state;
do {
    s_vel[2] += 0.001;
    s_pos[2] += 0.001;

    alSourcefv(sid, AL_VELOCITY, s_vel);
    alSourcefv(sid, AL_POSITION, s_pos);

    alGetSourcei(sid, AL_SOURCE_STATE, &state);
} while(state != AL_PLAYING);
```

이 예에서 주목할 것은, OpenAL이 음원의 위치나 속도를 기억하지는 않으며, 매번 응용 프로그램이 직접 설정한다는 점이다. OpenAL은 모든 위치들과 속도들을 일시적인 것으로 간주한다.

OpenAL은 버퍼 큐잉(queuing)을 통해서 음원 스트리밍을 지원한다. 버퍼 큐잉은 하나의 음원에 여러 개의 버퍼들을 연관시키는 메커니즘이다. 음원이 재생될 때에는 각 버퍼가 마치 하나의 연속적인 음을 구성하듯이 차례로 렌더링된다. 이들은 몇 가지 특별한 함수들로 관리한다.

일반적으로, 음원 스트리밍은 이런 식으로 작동한다. 우선 하나의 음원과 그에 대한 버퍼들을 alSourceQueueBuffers()를 통해서 대기열에 넣는다. 그런 다음 응용 프로그램은 음원을 재생하고, 얼마 후 AL_BUFFERS_PROCESSED를 이용해서 버퍼가 몇 개나 처리되었는지를 점검한다. 처리된 버퍼 개수를 얻은 후에는 alSourceUnqueueBuffers()로 처리된 버퍼들을 제거한다. 이 때 버퍼들은 대기열의 앞에서부터 차례로 제거된다. 그런 다음 다시 추가적인 버퍼들을 대기열에 넣는다 [Creative03]. 아직 재생 중인 버퍼를 제거하려 하면 오류가 발생한다.

```
// 버퍼들의 첫 번째 집합을 큐잉 메커니즘을 이용해서 연관시킨다.
alSourceQueueBuffers(sid, NUMBUFFERS, Buffers);

alSourcePlay(sid);

ALuint count = 0;
ALuint buffers_returned = 0;
ALint processed = 0;
ALboolean bFinished = AL_FALSE;
ALuint buffers_in_queue = NUMBUFFERS;

while (!bFinished)
```

```
{
    // 상태를 얻는다.
    alGetSourceiv(sid, AL_BUFFER_PROCESSED, &processed);

    // 재생이 끝난 버퍼들이 있으면 그것들을 대기열에서 제거하고,
    // 새 음들을 거기에 넣고, 다시 대기열에 추가한다.
    if (processed > 0)
    {
        buffers_returned += processed;

        while(processed)
        {
            ALuint bid;
            alSourceUnqueueBuffers(sid, 1, &bid);

            if(!bFinished)
            {
                DataToRead = (DataSize > BSIZE) ? BSIZE : DataSize;
                if (DataToRead == DataSize)
                    bFinished = AL_TRUE;

                // (생략 - 음원 자료에서 DataToRead만큼의 바이트들을 읽어서
                // data에 채워 넣는 코드가 여기에 들어가야 한다.)

                DataSize -= DataToRead;

                if (bFinished == AL_TRUE)
                    memset(data + DataToRead, 0, BSIZE - DataToRead);

                alBufferData (bid, format, data, DataToRead, wave.SamplesPerSec);

                // 대기열에 버퍼들을 넣는다.
                alSourceQueueBuffers(sid, 1, &bid);
                processed--;
            }
            else
            {
                processed--;
                if (buffers_in_queue-- == 0)
                {
                    bFinished = AL_TRUE;
                    break;
                }
            }
        }
    }
}
```

공간화

OpenAL의 심장부는 거리의 함수로서의 음의 감쇠이다. OpenAL에는 호환성 수준이나 응용 프로그램 지원 편이성, 그리고 물리 공식들에 대한 충실도 면에서 Direct3D와 차이를 보이는 여러 가지 거리 모형들이 있다. 그 모형들은 실행시점에서 선택할 수 있다.

거리 모형을 선택할 때에는 `alDistanceModel()`을 사용한다. 기본 거리 모형인 `AL_INVERSE_DISTANCE`은 다음 공식을 만족한다.

$$G\_db = \text{clamp}(GAIN - 20 \times \log_{10}(1 + Rf \times (dist - Rd) \mathbin{/} Rd, MinG, MaxG)$$

Rf와 **Rd**는 각각 감쇠 계수와 기준 거리로, 음원 특성 `AL_ROLLOFF_FACTOR`와 `AL_REFERENCE_DISTANCE`에 해당한다. `MinG`와 `MaxG`는 최소 이득과 최대 이득으로, 역시 음원 특성 `AL_MIN_GAIN`과 `AL_MAX_GAIN`에 해당한다. 기준 거리는 청취자가 `GAIN`(이득)을 체험하는 거리이다. 음원 고유의 감쇠 계수는 음원의 범위를 지정하는 데 사용할 수 있다. 감쇠 계수가 클수록 범위는 작아진다. 감쇠 계수가 0이면 음원에는 감쇠가 적용되지 않는다 [Kreimeier02].

OpenAL은 또한 IASIG I3DL2 호환 거리 모형도 제공한다. DS3D 사용자라면 이 모형에 익숙할 것이다. 이 거리 모형은 다음과 같은 공식을 따른다.

$$G\_db = \text{clamp}(GAIN - 20 \times \log_{10}(1 + Rf \times \text{clamp}(dist, Rd, Md) \mathbin{/} Rd, MinG, MaxG)$$

이전 공식에 비해 다른 점은, 음원 거리를 기준 거리와 음원 고유의 `AL_MAX_DISTANCE` 사이로 한정한다는 점이다. 이상의 두 가지 이외에, 단순화된 선형 모형들(이득이 0으로 감소할 수 있다)을 이후 명세에 포함시키는 문제가 고려되고 있다.

확장과 alut 라이브러리

OpenAL의 확장 방식은 OpenGL과 비슷하다. 응용 프로그램은 `alGetString(AL_EXTENSIONS)`을 이용해서 특정 확장의 지원 여부를 조회한다. 이 함수는 확장 문자열을 돌려주는데, 그 문자열에서 특정 확장을 검색해서 만약 있으면 해당 확장이 지원되는 것이다. 아니면 `alIsExtensionPresent()`를 이용해서 특정한 하나의 확장의 지원 여부를 확인할 수도 있다. 어떤 방법으로든 원하는 확장이 있음을 확인한 후에는, `alGetProcAddress()`와 `alGetEnumValue()`를 이용해서 해당 확장 함수들과 열거형 토큰들을 얻는다.

확장은 구현 의존적이며, 확장의 존재 여부나 필수 여부는 환경마다 크게 다를 수 있다. GNU/Linux 구현에서 가장 흔히 쓰이는 확장으로는 Ogg Vorbis와 MP3 확장들이 있다. 이들은 해당 압축 파일의 재생을 위한 함수들을 제공한다. 그리고 4채널을 지원하는 확장과 다채널 오디오 표본 형식(스테레오 음원 등)을 사용할 수 있게 하는 `internalFormat` 확장도 중요하다.

Creative 구현의 경우에는 **EAX** 속성들을 제어할 수 있게 하는 **EAX** 함수들을 제공한다. **EAX**는 잔향(리버브), 반향, 그리고 청취자와 개별 음원 사이의 차폐 같은 고급 기능들을 핵심 라이브러리에 추가하는 데 쓰인다. Creative Labs의 Garin Hiebert는 EAX 최신 버전이 "청취자 주변으로 효과를 패닝, 청취자와 음원 사이의 가변 크기 열린 공간에 기반한 필터링... 등등 좀 더 많은 제어를 도입했다"라고 언급한 바 있다. EAX 속성들은 `EAXGet()`과 `EAXSet()`으로 조작할 수 있다. 둘 다 다음과 같은 형태이다.

```
ALenum EAX{Get,Set}(const struct* propertySetID,
ALuint property, ALuint source,
ALvoid* value, ALuint size);
```

다음은 **EAX** 속성들을 설정하는 방법을 보여주는 코드이다.

```
// 음원과 버퍼를 할당하고 속성들을 설정하는 부분은
// 생략했음.
ALuint Env = EAX_ENVIRONMENT_HANGAR;
eaxSet(&DSPROPSETID_EAX20_ListenerProperties,
    DSPROPERTY_EAXLISTENER_ENVIRONMENT |
    DSPROPERTY_EAXLISTENER_DEFERRED, NULL, &Env,
    sizeof(ALuint));
```

일반적으로 **EAX**는 응용 프로그램에 사실감(정확한 물리적 모형을 따르지는 않더라도)을 추가하는 데 사용할 수 있는 방(room) 중심의 효과들을 제공한다 [EAX02].

코드 라이브러리에는 파일 형식들을 다루는 도구들이 빠져 있다. 이 기능성은 보조 라이브러리인 alut 라이브러리(플랫폼에 따라서는 이 라이브러리가 제공되지 않을 수도 있다)가 담당한다. 이 라이브러리에는 다양한 **WAV** 파일 형식들을 로드하는 `alutLoadWavFile()` 함수와 `alutLoadWavMemory()` 함수가 있다. alut는 오디오 파일을 로드하는 그런 편의성 함수들뿐만 아니라, **OpenAL**의 초기화와 마무리를 단순화시켜주는 `aluInit`과 `alutExit` 함수들도 제공한다. 이들은 문맥과 장치 초기화의 세부를 숨겨주나, 유연성은 조금 희생된다.

OpenAL 구현들

OpenAL 자체는 구현이 아니라 하나의 명세이므로, 개발자가 실제로 사용할 구체적인 구현들은 서로 조금씩 다를 수 있음을 주의해야 한다. 구현들의 작동 방식을 제대로 이해하지 못하면 음질이나 성능이 손상될 수 있다.

일반적인 실수들

OpenAL 초보자는 비슷한 문제들을 겪기 마련이다. 여기서는 가장 흔한 실수들을 살펴보겠다.

다채널 오디오

alBufferData()를 통해 하나의 버퍼 이름에 연관시킨 자료는 라이브러리가 복사한다. 이때 라이브러리는 필요에 따라 그 자료를 좀 더 적절한 형식으로 변환된다. 명세 자체는 구현이 구체적으로 어떤 형식을 사용할 것인지를 강제하지 않는다. 이는 성능을 위한 것이다. 왜냐하면 백엔드나 드라이버에 따라 자신의 자료 형식들에 대한 특별한 요구사항들이 존재하기 때문이다. 공간화된 음의 많은 부분은 채널 독립적인 효과들의 적용에 의한 것이다. 이를 염두에 둔다면 다채널 오디오가 "미리 공간화된" 음임을 쉽게 이해할 수 있을 것이다. 따라서 위치적 오디오의 문맥에서 다채널 오디오를 사용한다는 것은 좀 비합리적이다. 게임에서 다채널 오디오는 주로 음악의 재생에 쓰인다. 그런 경우 공간화(spatialization)는 무시할 수 있으며, 음원은 하나의 배경음으로 재생된다.

그러나 응용 프로그램은 구현의 내부 형식을 강제할 수 없기 때문에, 만일 구현이 모노 형식을 사용한다면 다채널 음원의 음질이 손실될 수 있다. 이런 문제를 피하기 위해 일부 구현들은 internalFormat이라는 확장을 제공한다. 응용 프로그램은 이 확장을 통해서 구현에게 자료의 다채널 특징을 보존하는 게 중요함을 알려줄 수 있다. 이 확장은 하나의 추가적인 함수를 제공한다.

```
alBufferWriteData_LOKI(ALuint buffer, ALenum format,
    ALvoid *data, ALsizei size,
    ALsizei freq, ALenum internalFormat);
```

이 함수의 의미와 구문은 추가적인 internalFormat 매개변수만 제외하면 alBuffer Data()와 동일하다 [Kreimeier02].

배경음

주어진 음원이 배경음(ambient sound)으로 쓰여야 하며 따라서 위치와는 무관함을 드라이버에게 알려주는 특별한 특성은 없다. 배경음 효과를 위해서는 AL_SOURCE_RELATIVE 특성을 이용해서 음을 머리 주변에 배치하고, 필요하다면 internalFormat 확장을 사용하는 수밖에 없다.

열거형 값들

AL_TRUE와 AL_FALSE를 제외한 나머지 열거형 토큰 값들이 모든 구현에서 동일한 수치 값들을 가진다는 보장은 없다. 응용 프로그램의 재컴파일 없이 드라이버가 변할 수 있는 상황이라면 응용 프로그램은 필요한 토큰 값들을 반드시 alGetEnumValue()로 조회해야 한다.

일반적인 성능 문제들

초보자들은 호환성이나 음질 문제뿐만 아니라 성능 문제도 겪곤 한다. 특히 소프트웨어 구현(GNU/Linux 참조 구현 등)의 경우 성능 문제가 더 두드러지나, 어차피 모든 응용 프로그램은 제한된 예산을 가지고 사운드를 처리한다. 하드웨어 가속이 지원되는 상황이라고 해도, 많은 복잡한 효과들이 여전히 CPU에서 수행된다 [Kreimeier01]. 이 때문에, 정도의 차이는 있겠지만 소프트웨어 구현들에서 흔히 볼 수 있는 일반적인 문제들이 모든 드라이버들에도 적용된다.

당연한 말이겠지만 처리할 자료의 양이 많으면 CPU가 소비하는 시간도 많아진다. 따라서 응용 프로그램은 허용할 수 있는 한도 내에서 가장 낮은 표본 비율을 사용해야 한다. 내부 변환을 최소화하기 위해서는 장치와 렌더링 문맥 모두에 동일한 표본 비율을 사용해야 한다. alcOpenDevice()의 구현 의존적 장치 지정 문자열의 주된 용도가 바로 표본 비율을 지정하는 것이다. 다음은 GNU/Linux 구현에서 장치의 표본 비율을 지정하는 예이다.

```
int attrlist[] = { ALC_FREQUENCY, 22050, 0 };
ALCdevice* dev = alcOpenDevice("'((sampling-rate 22050))");
ALCcontext* cc = alcCreateContext(dev, attrlist);

alcMakeContextCurrent(cc);
```

음원에 대한 필터들 중 가장 비싼 것은 높이에 영향을 주는 필터들이다. GNU/Linux 구현의 경우 AL_PITCH와 도플러 필터가 그런 필터이다. 높이 값을 1.0으로 하면 구현은 높이 처리를 생략한다. 그리고 alDopplerFactor()에 0을 사용하면 모든 음원들에 대해 도플러 효과가 꺼진다. `AL_SOURCE_RELATIVE`을 이용해서 음원을 청취자에 상대적으로 지정하고 속도를 0으로 두어도 같은 효과가 된다.

구현 일관성을 위한 로드맵

라이브러리 개발에서 플랫폼 독립적이고 구현 독립적인 호환성을 보장하기란 대단히 힘든 일이다. 처음에는 열의를 가지고 개발을 진행하겠지만, 구현 의존적인 행동에서 생긴 버그를 잡느라 많은 시간을 보내고 나면 좌절하기 쉽다. 혼란을 줄이고 상호운용성을 촉진하기 위해, 구현마다 또는 1.0 API 명세와 불필요하게 다른 여러 영역들을 하나로 통합하는 노력이 진행중이다. 이러한 노력은 다음과 같은 여러 단계들로 이루어진다.

- 더 많은 공유 코드와 공통의 열거값들
- 스피커 배치
- 표준화된 확장

더 많은 공유 코드와 공통의 열거값들

현재, 오디오 관련 코드 중 상당 부분이 사운드 라이브러리의 전통적인 과제들, 즉 객체 관리, 오디오 파일 로드, 여러 내부 형식들 사이의 변환 같은 것들에 할애되어 있다(심지어는 하드웨어 가속 구현들에서도). 그런 과제들은 모든 플랫폼들에서 비슷하다. 그런 것들은 어떠한 개발자도 비슷한 결과를 쉽게 얻을 수 있는 "낮게 매달린 열매"라고 할 수 있다. Creative와 GNU/Linux 구현들의 관대한 라이선스 조항들은 코드 재사용을 장려하기 위한 것인 만큼, 그런 과제에 대한 코드를 최대한 공유하고 재사용할 필요가 있다.

앞에서 말했듯이, 열거형 토큰 값들은 1.0 명세에 정의되어 있지 않다. 구현들 사이의 이진 호환성이 필수적이지는 않지만, 그래도 이 부분은 작은 변경이 사용자의 편의를 크게 높일 수 있는 경우에 속한다.

스피커 배치

OpenAL API에는 스피커 배치(placement)를 위한 인터페이스가 없는데, 그럴만한 이유가 있다. 스피커 배치를 결정하는 것은 응용 프로그램 개발자가 아니라 최종 사용자라는 점이다. 따라서 스피커 배치는 운영체제 수준에서 처리하는 게 최선이다. 사운드 카드 제조사들은 사용자가 스피커 배치를 임의로 지정할 수 있게 하는 유틸리티들을 제공하곤 한다. 스피커 배치를 위한 상세한 API가 OpenAL의 핵심 라이브러리에 포함될 가능성은 거의 없지만, 운영체제 기능들을 보조하거나 보충하는 수단들은 계획에 있다.

표준화된 확장들

각 플랫폼의 기존 확장들 중 많은 것들이 궁극적으로는 OpenAL의 핵심부나 보조 라이브러리로 통합될 것이다. 압축 오디오를 로드하기 위한 여러 파일 형식 확장들과 추가적인 거리 모형들에 관련된 확장들이 적어도 둘 이상의 구현들에 채용되었다. 향후에는 공통의 확장들을 공유함으로써 좀 더 호환성 있는 코드를 만들 수 있게 될 것이다.

OpenAL 로드맵 – 향후 계획

Woody Allen의 말을 빌자면, 라이브러리 개발은 상어와 같다. 나아감을 멈추면 죽는다. OpenAL이 살아남고 번창하기 위해서는 지속적인 성장, 기술 발전과의 발맞춤, 그리고 공동체의 기여가 필요하다. 조직적인 성장 없이는 개발 노력들이 좌절될 것이며, 기술적 진보 없이는 전문적인 이해가 쇠퇴할 것이다. 그리고 공동체의 기여가 없다면 OpenAL 같은 "풀뿌리" 노력은 DirectSound 같은 업계 표준과의 경쟁에서 살아남지 못할 것이다.

향후의 조직화 계획들로 중요한 것은 OpenAL 명세의 향후 개발을 조직화하기 위한 아키텍처 검토단(architectural review board, ARB)을 형성하는 것이다. 이전에는 명세 작성을 Loki와 Creative의 몇몇 엔지니어들이 비공식적으로 책임졌다. 이후에는 전문적인 ARB가 라이브러리의 구조와 조합에 대한 결정(또는 성문화)을 맡게 될 것이다. 좀 더 구체적으로 말하면, ARB는 전반적인 API 경향을 결정할 뿐만 아니라, 어떤 행동들을 표준화하고 어떤 부분을 구현자의 재량에 맡길 것인지도 결정한다. 이러한 점들은 물론 OpenGL ARB의 모범을 따른 것이다. OpenGL ARB는 핵심부를 크게 변화시키지 않고도 새 기능들을 지속적으로 통합할 수 있음을 보여주었다. 이는 실로 중요한 성과이다.

그러나 이러한 ARB도 장려할만한 기술이 없다면 무용지물이다. OpenAL은 오디오 API들이 오디오보다는 API에 더 큰 방점이 찍혀 있는 현실에서 어느 정도는 합리적인 대안을 제시하기 위해 고안된 것이다. 단순함과 완전함을 위해 설계된 인터페이스는 3차원 위치적 오디오를 지원하는 작고, 크로스플랫폼적인 오디오 라이브러리를 원하는 프로그래머들의 심장과 영혼을 사로잡을 것이다.

OpenAL과 다른 라이브러리들 사이의 진정한 차이는 바로 사용자(개발자)들에 있다. 사용자들은 소스 코드의 기여, 보조적인 문서의 작성, 그리고 비공식 포럼들을 통한 지원 제공 등에서 필수적인 역할을 수행한다. 여타의 위치적 오디오 라이브러리들에 비해 OpenAL은 라이브러리를 사용하는 개발자들로부터 더 많은 도움을 얻는 라이브러리이며, 또한 라이브러리의 발전에 개발자들의 능동적인 역할이 반드시 필요한 라이브러리이기도 하다.

OpenAL에 대한 좀 더 많은 정보를 원하는 독자는 *www.openal.org*와 *http://developer.creative.com/*의 OpenAL 섹션을 방문하길 권한다. 이 사이트들에는 OpenAL의 설치, 사용, 배포에 대한 정보뿐만 아니라 메일링 리스트와 개발자 기여에 대한 사항도 들어 있다. OpenAL은 바로 독자 자신의 라이브러리임을 강조하고 싶다. 활발한 참여를 기대한다.

결론

OpenAL은 크로스플랫폼 오디오 인터페이스로, 그래픽 분야의 OpenGL에 걸맞은 오디오 라이브러리를 목표로 하고 있다. 이 인터페이스가 발전함에 따라, 오디오 프로그래머들은 하드웨어의 차이를 극복하는 문제에 낭비하는 시간을 줄여 실제 게임 오디오의 개선에 보다 많은 시간을 투여할 수 있을 것이다.

참고자료

〔Creative03〕 Creative Labs, OpenAL Programmers Guide, 웹 주소
http://developer. creative. com.

〔EAX02〕 Creative Labs, Environmental Audio Extensions: EAX 2.0, 웹 주소
http://http://developer. creative. com.

〔Kreimeier01〕 Kreimeier, Bernd, "The Story of OpenAL," *Linux Journal* (January 2001): pp. 102-107.

〔Kreimeier02〕 Kreimeier, Bernd, et al., *OpenAL Specification and Reference*, Snapshot, 웹 주소
http://www. openal. org.

7.2 간단한 실시간 립싱크 시스템

Jake Simpson, *Maxis*
jmsimpson@maxis.com

사람이 말을 할 때에는 입과 혀가 어떠한 형상을 이루고 그것을 통해 공기가 방출되면서 음이 만들어진다. 특정 형상에 의한 개별적인 음들을 음소(phoneme)이라고 부른다. 영어에는 모음, 비음, 반모음, 파열음 등을 통틀어서 약 40 개의 음소들이 있다. 40은 다양한 지역 억양과 지방 사투리를 고려한 근사치일 뿐이다.

이 글에서 이야기하는 간단한 립싱크 시스템은 음소를 흉내내려는 것이 아니다. 음소를 흉내내는 비싼 상용 시스템은 수없이 많이 나와 있다. 그런 제품들은 기반 기술도 다양하고 결과의 품질도 여러 가지이다.

독순술을 배운 사람들은 입모양을 통해서 음소를 추측하고 단어를 인식할 수 있지만, 독순술을 배우지 않은 대부분의 사람들은 입 모양이 정확히 어떤 음에 해당하는지를 알아채지 못한다(적어도 의식 수준에서). 그러나 발생된 음과 입 모양이 일치하지 않는 경우는 잘도 알아챈다. 예를 들어 사운드트랙이 영상과 어긋난 영화를 볼 때 사람의 뇌는 음성과 입 움직임이 일치하지 않음을 (마치 본능적으로)알아챈다.

이 글의 간단한 립싱크 시스템도 그런 점을 활용한다. 이 시스템은 정확한 음소를 흉내내려는 것이 아니다. 그런 것은 상황에 따라서는 너무 많은 작업을 필요로 하기 때문이다. 그 대신, 입의 위치가 적절한 타이밍으로, 발생하는 음과 동기화되어서 움직이도록 만드는 데 주력한다. 이 시스템은 여러 상용 게임들에 쓰였으며, 실제와는 달리 정확한 립싱크가 일어나는 것으로 오해하는 플레이어들도 많았다.

구현

가장 단순하게 이야기하면, 구현이 하는 일은 매 프레임마다 현재 사운드 파일의 현재 "재생 위치" 주변 특정 범위의 표본들의 평균 진폭(amplitude)을 계산하고, 그것을 이용해서 미리 정의된 일단의 입 위치들 중 하나를 표시하는 것뿐이다.

좀 더 구체적으로 말하면 이렇다. 하나의 음성을 재생하면서, 각 프레임마다 현재 위치 이후로 약 100 밀리 초 정도까지의 표본 값들을 평균한다. 그런 다음 그 평균 진폭을 이용해서 사용할 입 모양을 결정한다. 음성의 일부분은 묵음일 수 있으며 그러면 평균은 0이 된다. 그런 경우에는 닫힌 입 모양이 선택된다(-1은 음성 재생이 완료되었음을 뜻하는 특별한 값으로 사용한다. 그런 경우 얼굴은 대사를 멈춘 모습이 된다).

이러한 시스템으로 효과를 보기 위해서는 그래픽 아티스트(모델러, 애니메이터, 텍스처 아티스트 등)의 역할이 크다. 그래픽 아티스트는 프로그래머가 실제로 말하는 입처럼 보이게 하기 위해 빠르게 혼합할 수 있는 여러 개의 기본적인 입 모양들을 제공해야 한다.

이런 방법이 그럴듯한 결과를 낼 수 있으려면 프레임률이 어지간히 뒷받침을 해야 한다. 그러나 다른 모든 립싱크 해법들 역시 괜찮은 프레임률을 필요로 하므로, 이 부분에서는 별로 차이날 것이 없다. 새 진폭에 대해 입 모양을 갱신하는 비율을 결정하는 데 어떤 특별한 규칙이 있는 것은 아니므로, 눈으로 보면서 조정해 나가야 할 것이다. 일반적으로 말하자면 애니메이션을 새 위치로 혼합하는 데 충분한 시간이 필요하고, 또 그것을 눈으로 인식하는 데 충분한 시간이 필요하다. 입 모양이 너무 빨리 바뀌면 보기에 부자연스러울 뿐만 아니라 입이 펄럭거리는 듯한 느낌을 줄 수도 있다. 너무 느리면 입이 열려야 할 시점에 닫혀 있고 닫혀야 할 때 열려 있는 불일치가 생기게 되고, 그러면 립싱크의 의미가 사라진다. 약간의 실험에 따르면, 표본 비율을 10 Hz나 그 이하로 잡았을 때 최적의 결과가 나왔다. 물론 독자가 직접 시험해 보면서 결정해야 할 문제이다.

표본 비율이 높은 음성을 사용한다면, 평균 진폭을 계산할 때 모든 표본 값들을 읽는 대신 몇 개씩 걸러서 읽어도 괜찮은 결과를 얻을 수 있다.

애니메이션 고려사항

립싱크 시스템을 최대한 잘 활용하려면 그래픽 아티스트가 제공한 입술 모양 자료를 제대로 다루어야 한다. 애니메이션이나 텍스처를 실제로 보여주는 데에는 약간의 솜씨가 필요하다.

게임에 따라서는 다각형 메시를 전혀 사용하지 않고 그냥 여러 입 모양 텍스처들을 표시할 수도 있다. Raven Software의 *Star Trek Voyager: Elite Force*에서 실제로 그런 방법이 매우 효과적으로 쓰였다. 이런 접근에서 중요한 점은, 입 모양 텍스처를 입 부근에만 사용해야 한다는 것이다. 만일 얼굴 전체에 적용하게 되면 립싱크를 위해 얼굴 윗부분의 표정 제어 능력을 희생해야 할 수도 있다.

메시를 움직이는 경우라면 Ritual Entertainment의 *F.A.K.K.* 2가 좋은 참고가 될 것이다. 턱에 하나의 뼈를 붙이고 그것만 위아래로 움직이는 방식은 피해야 한다. 실제 사람의 입 주변은 그런 식으로 움직이지 않는다. 그런 식으로 하면 손으로 조작하는 인형 같은 느낌을 줄 수 있다. 우리가 최근 개발하는 게임에서는 뼈대 애니메이션과 변형 대상(morph target)을 합친 기법을 사용하는데, 결과가 상당히 만족스럽다. 우리는 여러 개의 입 모양들을 마련해 두고 매 프레임마다 그것들을 빠르게 혼합하는 방법을 사용한다.

경험에 따르면, 어느 정도 받아들일 수 있는 수준의 다양한 입 모양들을 혼합하는 데에는 5에서 6 개의 입 모양들로도 충분하다. 그림 7.2.1은 그런 용도로 사용할 수 있는 구별되는 입 모양들의 예이다.

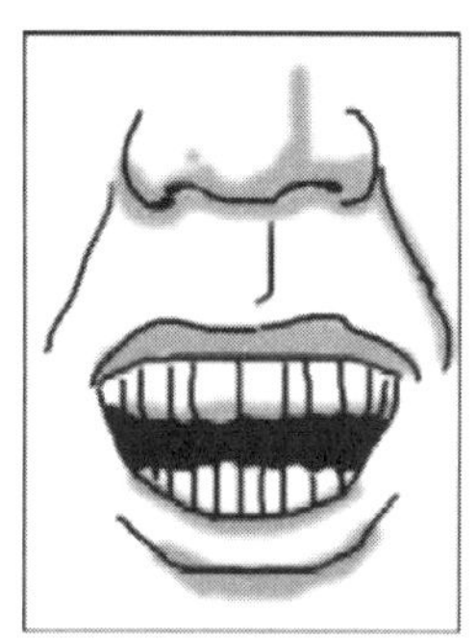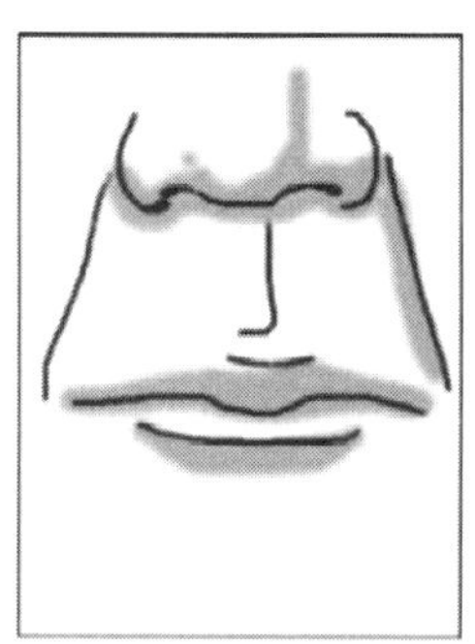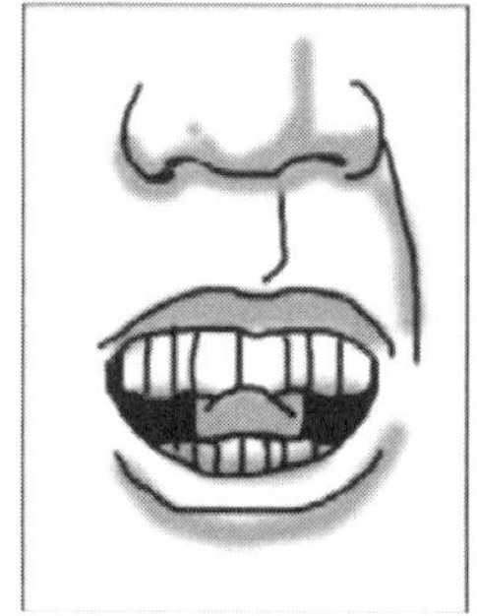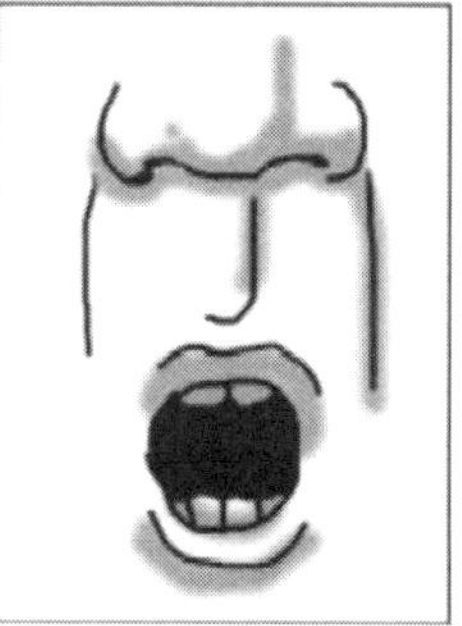

그림 7.2.1 닫힌 모습에서 완전히 열린 모습까지 다양한 입 모양들

아티스트가 얼굴을 제대로(실제 근육이 있는 곳에 변형 대상들을 배치해서) 만들었다면, 하나의 "감정 집합"을 이용해서 음성 대사 애니메이션을 얼굴 위에 혼합할 수 있다. 감정 집합이라는 개념을 사용하면, 예를 들어 눈을 깜박이거나 눈썹을 치켜뜨는 등의 표정 애니메이션으로 음성 대사를 더욱 강조할 수 있다. 음성 대사 도중의 이러한 감정 반응은 강력한 효과를 낸다. 할 수만 있다면 꼭 해봐야 할 일이다.

입 모양들을 만들 때, 그냥 열린 입 모양을 크기만 차츰 다르게 하는 것으로는 부족하다. 그러면 캐릭터가 "우~"를 소리 크기만 다르게 해서 말하는 느낌을 주게 된다. 따라서 각각 다른 음소 입 모양들을 마련하는 게 바람직하다. 물론 가장 높은 음량(진폭)에는 열린 입 모양을 배정해야 자연스러울 것이다. 그런 모양들이 실제 대사의 입 모양과 일치하지는 않더라도 문제가 되지는 않는다. 이 시스템이 추구하는 것은 전반적인 효과이기 때문이다.

수위표

개별적인 입 모양들이 다섯 개라고 할 때(하나의 예일 뿐 꼭 다섯이어야 하는 것은 아니다), 그들에 대한 진폭 비율들을 예를 들어 12, 26, 47, 58, 80 퍼센트로 배정할 수 있다. 그렇다면, 예를 들어 47 퍼센트에 구체적으로 어떤 모양을 배정해야 할까?

이 립싱크 시스템은 진폭 즉 음량으로 입 모양을 결정한다. 대사 표본들의 음량이 서로 차이가 나는 것은 확실하다. 만일 캐릭터가 계속 속삭인다면 낮은 평균 진폭들이 지속될 것이며, 그러면 립싱크 시스템은 그 대사 전체에 대해 동일한 입 모양을 택할 것이다. 이는 심각한 문제이다.

이를 해결하는 한 가지 방법은, 각 음성 표본들을 차례로 훑으면서 표본의 가장 큰 음량의 비율에 기반해서 표본에 일종의 수위표(watermark) 음량 값들을 배정하는 것이다. 이를 위해서는 주어진 표본의 최대 음량이 정확히 얼마인지 알아내야 한다. 그래야 그 비율들에 대해 구체적인 값들을 배정할 수 있다. 이런 작업은 로딩 시점에서 수행할 수도 있고(스트리밍의 경우에는 로딩 시간이 길어지므로 적합하지 않다), 아니면 하나의 전처리 단계로 수행할 수도 있다.

수위표 비율들(20 퍼센트, 40 퍼센트, 60 퍼센트 등)을 설정하는 게 효과가 있을 수도 있지만, 경험에 따르면 반드시 그런 것만은 아니다. 대사 음성의 4분의 3 정도의 음량이 60 퍼센트에서 80 퍼센트 사이라면 애니메이션의 상당 부분이 동일한 입 모양을 보여주게 된다. 핵심은, 같은 입 모양이 너무 자주 나오지 않도록 입 모양들을 적절히 섞어야 한다는 것이다. 어떤 범위가 가장 좋은 결과를 내는지는 실험을 거쳐야 알 수 있을 것이다. 이 부분을 너무 무작위로 처리해서도 안 된다. 그렇게 해서 괜찮은 모습이 나올 수도 있지만, 적절한 난수 범위를 잡아내는 것 역시 많은 조율을 필요로 하기 때문이다. 일반적으로는 노력에 비해 얻을 수 있는 성과가 별로 크지 않다.

최대 음량을 점검하고, 표본이 너무 조용하면 약간 다른 수위표 비율을 사용해서(또는 최상위 수준을 완전히 제거할 수도 있다) 시스템을 개선할 수도 있다. 가장 높은 음량 수준에 대해 완전히 열린 입 모양을 사용한다고 할 때, 음성 표본의 최대 음량을 고려하지 않는다면 캐릭터가 입을 최대로 벌린 채로 속삭이는 모습이 나올 수 있다는 점을 주의해야 한다.

주의사항

이 시스템을 사용하려면 압축되지 않은 표본 자료가 필요하다. 만일 압축 해제를 하드웨어에 맡긴다면 이 시스템은 사용할 수 없다. 또한 임의의 주어진 밀리 초에서 믹서의 현재 음성 재생 위치를 알 수 있어야 한다. 내부적인 믹싱을 수행하는 일부 하드웨어는 그런 정보를 제공하지 않는다. 그런 문제는 절대 시간 측정을 통해서 해결할 수도 있지만, 오차가 생길 가능성이 크다.

이 시스템의 또 다른 잠재적인 단점은, 매 프레임마다 원본 파형 자료 중 적어도 100 밀리 초 분량을 미리 읽어야 한다는 것이다. 이는 예를 들어 MP3을 스트리밍하는데 압축된 표본을 미리 해제하지 못하는 경우라면 문제가 되는 요구사항이다. MP3 스트리밍에서 해결해야 할 또 하나의 (좀 덜 심각한)문제는, MP3은 4K 단위로 해제되므로 평균 진폭 계산을 제대로 해내려면 두 개의 버퍼들이 필요할 수도 있다는 점이다.

결론

이 글은 구현하기가 간단하며 값싼 한 가지 립싱크 시스템을 제시했다. 가장 큰 장점은, 특별한 추가 작업 없이도 모든 언어(자연어)에 대해 적용할 수 있다는 점이다.

이 글만 보고는 이 시스템으로 별반 좋은 결과를 얻을 수 있을 것 같지 않다는 느낌을 받을 수도 있다. 그러나 실제로 이 시스템을 사용한 게임을 해 본 사람들의 말을 들어본다면, 또는 직접 한 번 구현해서 결과를 보고 나면 생각이 달라질 것이다. 추가적으로, 음성이 아닌 사운드에 대해서도 한 번 시험해 보면 상당히 재미있는 결과를 얻을 수 있을 것이다.

입 모양 이미지들을 제공한 **BJ West**에게 고마움을 전한다.

7.3 동적 변수와 오디오 프로그래밍

James Boer
james.boer@gte.net

음향과 음악 프로그래밍에서 매우 일반적인 과제 중 하나는, 음 재생 음량 같은 어떠한 변수를 주어진 시간 동안 한 값에서 다른 값으로 차츰 변경하는 것이다. 이런 종류의 기본적인 보간의 구현 자체는 별로 어려울 게 없지만, 같은 코드를 쓰고 또 쓰는 것은 좀 지루한 일이다. 이런 문제를 해결하는 한 가지 방법은, C++ 연산자 중복을 이용해서 자신의 값을 시간에 따라 보간하는 법을 스스로 알고 있는 "똑똑한" 변수를 만드는 것이다 [Boer02].

동적 변수란?

동적 변수(dynamic variable)는 보통의 변수(일반적으로는 부동소수점)처럼 행동하나, 주어진 기간동안 주어진 두 값 사이에서 자신을 자동적으로 보간하는 능력을 가지고 있다는 점에서 차이를 보인다. 동적 변수 시스템은 매우 간단한 하나의 클래스로 구현할 수 있으며, 좀 더 복잡한 보간 시나리오에 사용한다면 지루한 작업을 상당히 줄일 수 있다. C++는 기본적인 연산자들의 중복을 지원하며 그것들을 적절히 이용하면 하나의 클래스로 내장 자료형들을 흉내내는 것이 가능하다. 그러면 클래스를 좀 더 직관적으로 사용할 수 있게 되고, 코드도 좀 더 깔끔해진다 [Meyers96], [Meyers98].

동적 변수 클래스

목록 7.3.1은 기본적인 동적 변수 클래스이다.

목록 7.3.1 DynamicVar 클래스는 변수의 값을 시간에 따라 변경한다.

```
class DynamicVar
{
public:
```

```cpp
    DynamicVar()
    {
      m_fVar        = 0.0f;
      m_fTime       = 0.0f;
      m_fTimeTarget = 0.0f;
    }

    void setVar(float fVal, float fTime)
    {
      m_fTime       = 0.0f;
      m_fTarget     = fVal;
      m_fDelta      = m_fTarget - m_fVar;
      m_fTimeTarget = fTime;
    }

    void update(float fDeltaTime)
    {
      m_fTime += fDeltaTime;

      if (hasReachedTarget())
        m_fVar = m_fTarget;
      else
        m_fVar += (m_fDeltaTime / mfTimeTarget) * m_fDelta;
    }

    operator float()
    { return m_fVar;  }

    void operator  = (float fVal)
    {
      m_fVar        = fVal;
      m_fTarget     = fVal;
      m_fTime       = 0.0f;
      m_fTimeTarget = 0.0f;
    }

    bool hasReachedTarget()
    { return (m_fTime >= m_fTimeTarget);  }

private:
  float   m_fVar;           // 현재 값
  float   m_fTarget;        // 목표 값
  float   m_fDelta;         // 차분 (기울기)
  float   m_fTime;          // 현재 시간
  float   m_fTimeTarget;    // 목표 시간
};
```

이 클래스는 객체가 대표하는 "변수"의 값을 설정하기 위한 배정 연산자, 시간에 따른 변수의 보간 방식을 설정하는 초기화 함수, 실제 보간을 수행하는 갱신 함수, 그리고 객체로부터 변수 값을 조회하는 데 쓰이는 중복된 float 연산자, 그리고 보간이 목표 값에 도달했는지를 판정하기 위한 조회 함수 hasReachedTarget()으로 이루어져 있다.

오디오 프로그래밍에서 동적 변수를 사용

오디오 프로그래밍에서 간단한 보간이 유용한 부분은 수십 군데나 이른다. 음악 스트림의 페이드아웃이 간단한 예이다. 바람 소리를 루프로 돌리는 등 어떤 자연의 소리를 재생하는 경우, 음의 높이, 크기, 팬(pan, 좌우 비율. 3차원 사운드의 경우는 공간 위치) 등을 시간에 따라 변경함으로써 좀 더 사실적이고 동적인 체험을 사용자에게 제공할 수 있다. 이런 부분에 대해 동적인 보간을 사용한다면 반복적인 배경음에서 고질적인 문제, 즉 사용자가 음의 반복을 쉽게 알아채는 문제를 피할 수 있다. 부록 **CD-ROM**의 예제 프로그램 Soundscape Test.exe에서 이러한 배경음에 대한 동적 변수 사용례를 체험할 수 있다.

이 글에서는 동적 변수의 좀 더 흥미로운 응용 사례로, DynamicVar 클래스에서와 동일한 원칙 및 기본 메커니즘을 이용해서 하나의 엔빌로프 제어 클래스를 구현해 보겠다.

그림 7.3.1에 음향 엔빌로프(envelope)의 도해가 나와 있다. 엔빌로프는 시간에 대한 일련의 기본적인 선형 보간들일 뿐이다. 경우에 따라서는 유지(sustain) 시간이 미리 정해져 있지 않고 실행시점에서 결정될 수도 있다. 자동차 엔진이나 승강기 등 플레이어가 실시간으로 조작할 수 있는 장치의 소리가 그런 예이다. 그리고 게임 안에서 반복적으로 재생되는 음이면 다 그런 예라고도 할 수 있다. 하나의 클래스에서 미리 정의된 유지 시간과 실시간으로 제어되는 유지 시간 모두를 제어하는 것도 어려운 일은 아니다. 잠시 후 제시할 클래스의 경우, 양의 유지 시간은 고정된 시간을 의미하며, 음의 유지 시간은 실행시점에서 제어될 유지 시간을 뜻한다.

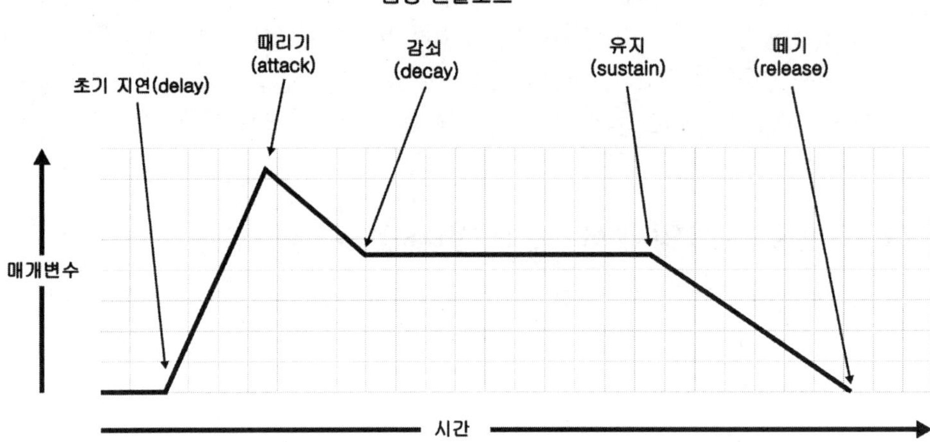

그림 7.3.1 음향 엔빌로프

이러한 엔빌로프 제어를 음량에만 사용할 수 있는 것은 아니다. 예를 들어 음의 높이(pitch) 역시 이러한 엔빌로프로 제어할 수 있다. 승강기 효과음의 경우, 승강기가 움직이기 시작할 때에는 낮은 음으로 시작해서 승강기의 속력이 붙으면 점차 높아지다가 멈출 때가 되면 다시 점차 낮아지게 하는 식으로 응용할 수 있다.

목록 7.3.2는 엔빌로프 제어 클래스인 `EnvelopeVar`와 관련 구조체의 코드이다. `Dynamic Var` 클래스와 마찬가지로, `EnvelopeVar` 클래스는 시간에 따라 보간되는 하나의 변수를 나타낸다. 다만 보간 방식이 좀 더 복잡한데, 이 클래스의 경우 내부적으로 `DynamicVar`을 사용해서 복합적인 보간들을 처리한다.

목록 7.3.2 DynamicVar 클래스를 이용해서 만든 EnvelopeVar 클래스. 시간에 따라 좀 더 흥미로운 보간을 수행한다.

```cpp
struct SoundEnvelope
{
public:
    SoundEnvelope()
    { clear(); }

    void clear()
    {
        m_fInitialTime    = 0.0f;
        m_fAttackTime     = 0.0f;
        m_fAttackLevel    = 0.0f;
        m_fDecayTime      = 0.0f;
```

```cpp
        m_fDecayLevel     = 0.0f;
        m_fSustainTime    = 0.0f;
        m_fSustainLevel   = 0.0f;
        m_fReleaseTime    = 0.0f;
        m_fReleaseLevel   = 0.0f;
    }

    float m_fInitialTime;
    float m_fAttackTime;
    float m_fAttackLevel;
    float m_fDecayTime;
    float m_fDecayLevel;
    float m_fSustainTime;
    float m_fSustainLevel;
    float m_fReleaseTime;
    float m_fReleaseLevel;
};


class EnvelopeVar
{
public:

    enum Progression
    {
        ENV_FLOOR,
        ENV_INITIAL,
        ENV_ATTACK,
        ENV_RELEASE,
        ENV_SUSTAIN,
        ENV_DECAY
    };
    EnvelopeVar()
    { clear();  }

    void clear()
    {
        m_Envelope.clear();
        m_Level  = 0.0f;
        m_eState = ENV_FLOOR;
    }

    void setVar(const SoundEnvelope& env)
    {
        m_Envelope = env;
```

```cpp
      m_eState  = ENV_INITIAL;
      m_Level.setVar(
         m_Level, m_Envelope.m_fInitialTime);
   }

   operator float()
   { return m_Level;  }

   void update(float fDeltaTime)
   {
      m_Level.update(fDeltaTime);
      if(m_Level.hasReachedTarget())
      {
         switch(m_eState)
         {
         case ENV_FLOOR:
            break;
         case ENV_INITIAL:
            m_eState = ENV_ATTACK;
            m_Level.setVar(
               m_Envelope.m_fAttackLevel,
               m_Envelope.m_fAttackTime);
            break;
         case ENV_ATTACK:
            m_eState = ENV_DECAY;
            m_Level.setVar(
               m_Envelope.m_fDecayLevel,
               m_Envelope.m_fDecayTime);
            break;
         case ENV_DECAY:
            m_eState = ENV_SUSTAIN;
            m_Level.setVar(
               m_Envelope.m_fSustainLevel,
               m_Envelope.m_fSustainTime);
            break;
         case ENV_SUSTAIN:
            m_eState = ENV_RELEASE;
            m_Level.setVar(
               m_Envelope.m_fReleaseLevel,
               m_Envelope.m_fReleaseTime);
            break;
         case ENV_RELEASE:
            m_eState = ENV_FLOOR;
            break;
         };
```

```
        }
    }

private:
    SoundEnvelope    m_Envelope;
    DynamicVar       m_Level;
    Progression      m_eState;
};
```

 EnvelopeVar::update() 함수는 상태들을 목록을 훑으면서 Progression 열거형 값으로 표현되는 상태들을 점검하고, 현재 상태에 따라 SoundEnvelope 구조체에 담긴 자료를 적절히 한 보간에서 다른 보간으로 옮긴다. 이 예제 코드에서 보듯이, 동적 변수 기법을 이용하면 시간에 따라 보간하고자 하는 변수(음량, 피치, 팬 등)를 나타내는 객체를 이용해서 한 음의 전체 음향 엔빌로프를 제어하는 것이 어렵지 않다. 부록 **CD-ROM**의 **SoundEnvelope** 데모 프로그램에서는 이 클래스의 실제 적용 결과를 들을 수 있다.

추가적인 개선

독자의 게임 엔진과 상황에 따라서는 이런 클래스들을 다른 식으로 구현할 수도 있다. 예를 들어서 게임 콘솔용 게임을 만들고 있으며 엔진의 시뮬레이션(렌더링이 아님) 갱신 비율이 초 당 60 주기로 고정되어 있다면 보간 공식을 더욱 단순하게 만들 수 있을 것이고, 그러면 DynamicVar 클래스의 갱신 부분을 미리 계산된 값들을 이용한 좀 더 단순한 정수 연산들로 크게 최적화할 수 있을 것이다. 이 글의 예제 코드는 가변 갱신율을 사용하는 대부분의 **PC** 스타일 엔진들에 좀 더 적합하다.

그리고 프로그램이 EnvelopeVar 클래스 안의 엔빌로프 상태 전이를 직접 제어하게 하는 게 유용한 경우도 있을 것이다. 예를 들어 길이를 미리 예측하기 힘든 동적인 시퀀스들을 재생하는 경우 등. 그런 경우를 위해, 엔빌로프가 특정 상태(일반적으로는 유지 상태)를 넘지 않도록 하는 메서드를 추가하는 것도 어렵지 않을 것이다. 마지막으로, 이 글에서 제시한 예제 코드는 글의 개념을 명확히 보여주는 것에 중점을 두고 작성한 것이다. 따라서 최적화할 여지가 분명히 있다. 만일 음악 시퀀서 안에서 재생되는 모든 성부들에 대해 엔빌로프 제어를 구현한다거나 이 글에서 제시한 객체들을 동시에 여러 개 사용하는 경우라면 최적화에도 많은 노력을 들일 필요가 있을 것이다.

결론

스스로 자신의 값을 동적으로 보간하는 커스텀 자료형의 작성은 개념도 간단하고 구현도 어렵지 않다. 그러나 그런 개념을 오디오 프로그래밍에서 현실적으로 응용하는 것은 그리 명백하지 않을 수 있다. 유기적으로 자연스럽게 흐르는 음향 출력을 프로그래밍적으로 좀 더 쉽게 만들 수 있는 적절한 프로그래밍 도구들과 유틸리티들을 프로그래머가 갖추고 있다면, 결과적으로 오디오 디자이너들은 기존 하드웨어를 좀 더 잘 활용할 수 있게 될 것이다.

참고자료

〔Boer02〕 Boer, James, *Gme Audio Programming*, Charles River Media, Inc., 2002.

〔Meyers96〕 Meyers, Scott, *More Effective C++*, Addison-Wesley Longman, Inc., 1996. 번역서는 *More Effective C++*, 인포북, 2003.

〔Meyers98〕 Meyers, Scott, *Effective C++*, *Second Edition*, Addison-Wesley Longman, Inc., 1998.

7.4 오디오 스크립팅 시스템 만들기

Borut Pfeifer, *Radical Entertainment*
borut_p@yahoo.com

최근 몇 년 간 게임 오디오의 중요성이 점점 강조되고 있다. 오랜 기간 동안, 기술적인 한계로 게임이 고품질의 사운드를 지원할 수가 없었다. 기술이 개선된 지금에도, 플레이어를 게임에 몰입하게 하는 수단으로서의 오디오가 간과되는 경우가 있다. 게임의 매력적인 청각적 체험을 만드는 데 도움을 주는 도구들은 매우 많이 나와 있다. 그러나 그러한 체험을 만들어내는 데 꼭 필요한 기능성을 정확히 결정하는 것은 어려운 일이다. 특히 초보 오디오 프로그래머에게는 더욱 그렇다. 다행히, 흥미로운 음향 체험을 만들어내는 데 사용할 수 있는 비교적 간결한 기능성 집합을 정의하고, 그것을 하나의 스크립팅 시스템을 통해서 작곡가나 사운드 디자이너에게 제공하는 것이 가능하다.

이 글은 음을 이용해서 플레이어를 게임에 몰입시키는 데 도움을 주기 위한, 음향 재생 요소들을 제어하고 무작위화하는 하나의 스크립팅 시스템을 설명한다. 이 시스템은 오디오 태그 ID를 각 음의 재생에 영향을 미치는 제어 매개변수들과 연관시키는 XML 기반 오디오 데이터베이스를 사용한다. 게임의 음향은 크게 효과음, 음악, 배경음으로 나뉘며, 각각의 효과적인 사용을 위해서는 각자 고유의 문제들을 해결해야 한다. 플레이어가 게임을 몇 시간 정도 계속 하다 보면, 최고의 오디오라고 해도 반복이 드러날 수밖에 없다. 그런 문제들의 한 해결책으로, 이 시스템은 오디오 조각들의 그룹의 재생을 무작위화하는 기능도 제공한다.

게임 오디오에는 몇 가지 목표들이 있다. 첫 번째는 게임 세계 안에서 무엇이 일어나고 있는지에 대한 간단한 정보를 플레이어에게 제공하는 것이다. 즉 플레이어가 어떤 아이템을 사용하는지, 어떤 장소에 있는지, 앞으로 어떤 일이 일어날 것인지 등등. 두 번째로, 음성 대사는 주로 이야기 요소들을 전달하는 데 쓰이지만, 게임 플레이 도중의 대사를 통해서 분위기와 정취를 제공하는 것도 가능하다. 마지막으로, 이는 좀 더 인식하기 힘든 부분인데, 음향은 플레이어의 기분을 게임이 의도하는 쪽으로 이끄는 역할도 한다. 게임을 하다 보면 플레이어는 흥분하기도 하고, 평온함을 느끼거나, 공격적이 되거나, 우울해지기도 한다.

이 마지막 목표를 달성하기 위해 여러 가지 기법들이 쓰인다. 대표적인 것은 음악이다. 그리고 배경음(ambient audio)은 게임이 전달하고자 하는 서사적 상황에 플레이어를 몰입시킨다. 인생의 매 순간은 작은 음들로 가득 차 있다. 우리는 그런 배경음을 별로 의식하지 못하지만, 그런 음들 덕분에 무의식적으로라도 주변의 상황을 인식하게 된다.

좋은 오디오 스크립팅 시스템은 사운드 디자이너가 좀 더 직접적인 방식으로 게임의 청각적인 정보(이야기를 포함한)를 전달하고 게임의 분위기를 설정할 수 있게 해야 한다.

게임 음향의 범주들

게임에 쓰이는 음향은 몇 가지 범주들로 나뉜다. 각각은 고유한 기술적 요구사항과 설계 고려사항, 그리고 스크립팅 요구들을 가진다. 이 스크립팅 시스템은 그러한 서로 다른 범주의 재생을 오디오 파일들과 그에 관련된 매개변수들의 데이터베이스를 통해서 제어한다.

그 데이터베이스는 하나의 XML 파일이다. 그 XML 파일의 각 태그는 게임 안에서 재생하고자 하는 각각의 오디오 조각에 대응된다. 그냥 하나의 .wav 파일을 지정하는 정도의 간단한 태그도 있고, 여러 개의 파일들을 지정하고 반복 시의 무작위 선택 확률들까지 지정하는 복잡한 태그도 있다. 각 태그는 오디오 파일 재생의 제어, 무작위화에 관련된 여러 개의 매개변수들을 가진다. 그것들을 통해서 플레이어에게 좀 더 다양하고 독특한 청각적 체험을 제공할 수 있다.

각 오디오 조각에는 범주와는 무관한 몇 가지 공통적인 제어 또는 스크립팅 요구들이 있다. 예를 들어서, 제한된 개수의 오디오 버퍼들을 다루는 상황에서는 모든 버퍼들이 찬 상황에서 새 사운드가 요청되었을 때 기존의 버퍼들 중 어떤 것을 중단시킬 것인지를 결정해야 하며, 그것을 위해서는 각 오디오 조각에 우선순위 수준을 부여할 필요가 있다. 요청된 사운드의 우선순위가 가장 낮은 수준이라면 현재 재생되고 있는 사운드들을 그냥 그대로 두고 요청된 사운드는 무시한다. 그 외에, 음량 조정 범위라던가(음들을 무작위로 조금 크게 또는 작게 재생하기 위한) 무작위적인 구간에서의 반복 재생 능력 등도 범주에 관계없이 공통적인 요구사항들이다.

효과

효과음은 게임 안에서 생긴 변화들에 대한 반응이다. 이들은 일반적으로 지속 기간이 매우 짧다. 이러한 동적인 효과음의 예로는 총성, 으르렁대는 소리, 발소리 등이 있다. 이런 효과음들은 게임 안에서 현재 일어나고 있는 것들에 근거하므로, 다른 하위시스템들의 처리와는 무관하게 **빠른** 반응성이 필요하다. 그래야 플레이어에게 완벽히 동기화된 시각적 피드백과 청각적 피드백을 제공할 수 있다.

대부분의 효과음 파일들은 짧으며 빈번하게 재생되므로, 디스크에서 메모리로 한 번만 읽어 들인 후 필요할 때마다 즉시 재생할 수 있어야 한다. (만일 덜 자주 재생되는 좀 더 긴 효과음들도 존재한다면, 그 중 일부는 디스크로부터 스트리밍하고 가장 자주 쓰이는 것만 메모리에 담아두어야 할 것이다). 효과음을 실제로 재생할 때에는 메모리 안의 사운드를 개별적인 사운드 버퍼로 로드해야 한다. 그래야 사운드라이브러리가 사운드의 공간감을 처리할 수 있다(같은 효과음이라도 발생한 위치와 플레이어 사이의 거리가 다르면 약간 다르게 들려야 한다).

하나의 효과음이 연속적으로 여러 번 재생되는 경우, 즉 여러 개의 복사본들이 겹쳐서 재생되는 경우 플렌징(flanging)이라고 하는 불쾌한 청각적 결함이 생길 수 있다. 이는 같은 음들이 위상만 약간씩 다르게 겹쳐져서 생기는 왜곡 현상이다. 게임에서는, 예를 들어 여러 명의 적들이 같은 총으로 거의 동시에 사격을 할 때 그런 현상이 생기곤 한다. 이런 결함은 같은 효과음의 재생 요청이 특정 횟수일 때 또 다른 2차적인 사운드를 재생하는 식으로 피할 수 있다. 이런 효과를 중첩하는 것도 가능하다. 즉 새 효과음이 각자 고유한 2차 사운드를 가지게 하는 등. 이런 방식을 좀 더 일반적인 게임 상황들에 적용할 수도 있다. 예를 들어, 작은 유리 조각이 깨지는 소리를 여러 개 합친다고 해서 한 장의 유리가 박살나는 소리와 같아지지는 않는다. 따라서 작은 유리가 깨지는 소리가 여러 번 요청되는 경우 하나의 더 큰 유리가 깨지는 소리를 재생하고, 더 큰 유리들이 여러 개 깨지는 소리가 요청된 경우에는 그보다 더 큰 유리가 깨지는 소리로 대신하는 등. 이는 또한 여러 음들을 재생하는 데 필요한 하드웨어 사운드 버퍼의 개수를 줄이는 데에도 도움이 된다.

음악

게임 업계에서 상호작용적 음악에 대한 관심이 높아지고 있다. DirectMusic 같은 도구들이 제공하는 기능성을 이용하면 완전히 계층화된 사운드트랙을 얻을 수 있으며, 심지어는 하나의 악기가 최종적인 악보에 기여하는 양을 동적으로 조정하는 것도 가능하다. 이런 수준의 복잡성은 상당히 난해해 보이겠지만, 멋진 상호작용적 음악으로 잘 알려진 *Halo* [O'Donnell02]도 상당히 간단한 시스템을 이용해서 게임 도중 재생되는 음악을 제어한다는 점을 생각하면 너무 겁을 먹을 필요가 없다.

하나의 곡은 크게 세 가지 하위요소들로 나뉜다. 하나는 곡의 도입부에서 재생되는 음악이고, 또 하나는 곡이 지속되는 동안 반복되는 음악, 마지막은 반복이 끝날 때 재생되는 종결부이다. 이 세 가지 조각들에도 이 시스템의 제어, 무작위화 태그를 적용할 수 있다. 그러면 하나의 곡으로도 좀 더 다양한 음악적 체험을 제공할 수 있다. 사운드 디자이너가 다루어야 할 인터페이스는 상당히 간단하다. 기본적으로는 스크립팅 시스템을 통해서 재생할 곡과 곡의 반복 부분과 종료 부분 사이의 전이 방식 정도만 지정하면 된다. 시스템은 특정한 시간동안 개별적인 두 조각이 서로 섞이면서 전이되게 하는 기능(cross-fading)도 제공한다. 물론 즉시 전이되게 하는 것도 가능하다. [O'Donnell02]에 쓰인 시스템은 스크립팅 시스템과는 개별적으로 요청할 수 있는 추가적인 반복 및 종료 태그 집합을 사용한다. 다만 그 기능성 중 일부는 비슷한 태그들을 합성해서 흉내낼 수도 있다.

상호작용적인 음악을 제대로 만들어내는 데 있어 핵심 중 하나는, 재생되는 음악을 플레이어가 직접적으로 제어하지 않고서도 음악이 플레이어 행동의 분위기에 잘 맞아떨어지게 하는 것이다. 플레이어가 음악에 너무 직접적으로 영향을 미치면, 플레이어의 몰입이 깨질 수도 있다. 예를 들어 플레이어가 으스스한 복도로 진입했을 때 음악이 매우 긴장된 곡조로 변했는데 플레이어가 몸을 다시 돌리자마자 평온한 음악으로 바뀐다면 플레이어는 맥이 풀릴 것이다. 작곡자는 플레이어의 전반적인 감정과 정서를 이끄는 데 주력해야지, 플레이어의 움직임 하나하나마다 반응하려 해서는 안 된다.

또 다른 중요한 문제는, 대부분의 게임들은 20 시간 이상 플레이되지만, 사운드트랙의 총 길이는 길어야 1 시간 정도라는 점이다. 만일 게임플레이 내내 음악을 재생한다면 플레이어는 대부분의 시간동안 같은 음악을 계속 반복해서 듣게 된다. 게임 음악의 목표가 플레이어의 감흥을 높이는 것이라면, 음악이 주는 정서적 영향을 유지하기 위해서는 게임플레이 도중 가끔씩만 쓰여야 한다.

배경음

배경음은 공간화된다는 점에서는 다른 일반적인 효과음들과 비슷하다. 배경음은 게임의 음향 공간을 창출하는 데 쓰인다. 늪에서 귀뚜라미가 우는 소리, 거리에서 사람들이 떠드는 소리 같은 작고 세부적인 음들은 플레이어가 게임에 몰입하는 데 생각 외로 큰 역할을 한다. 배경음에는 다른 효과음들만큼의 반응성이 필요없으며, 또한 배경음은 일반 효과음보다 재생 시간이 길 것이므로, 실행시점에서 스트리밍으로 재생하는 것이 적합하다.

게임을 위한 배경음 공간을 만들기 위해서는 무작위화와 그룹화를 지원하는 스크립트 태그들이 필요하다. 예를 들어서 정글 관련 배경음의 경우에는 벌레 울음소리나 바람소리, 기타 동물 잡음들을 위한 태그가 필요할 것이다. 이러한 개별적인 요소들의 반복 시간은 무작위화할 수 있어야 하며, 또한 음원의 3차원 위치도 무작위화할 수 있어야 할 것이다. 그러면 배경음이 같은 위치, 같은 순서로 반복됨을 플레이어가 알아차리는 경우를 줄일 수 있다.

대사

게임의 음성 대사는 크게 두 가지로 나뉜다. 하나는 컷씬(cut-scene) 안에서의 대사이고, 또 하나는 게임플레이 도중 캐릭터들 사이의 자동적인 응답들이다. 컷씬 대사의 제어는 간단하다. 다른 효과음들과는 달리 대사를 메모리에 저장해 둘 필요가 없으며, 또한 대부분의 경우는 3차원 오디오를 사용할 필요도 없다. 컷씬 대사는 거의 항상 중앙 채널에서 재생된다. 만일 컷씬에도 3차원 공간감을 적용한다면, 플레이어가 좀 먼 위치에서 컷씬을 발동시킨 경우에는 대사가 잘 들리지 않을 수 있다. 다만 컷씬이 일어나는 위치에 기반해서 **환경적 효과들**(잔향, 메아리 등)을 처리하는 것은 큰 문제가 없을 것이다. 이런 컷씬 대사의 주된 목표는 플레이어에게 게임 이야기(story)를 전달하는 것이다.

게임플레이 도중의 대사 역시 기본적으로는 이야기 전달을 위한 것이지만, 설정이나 분위기가 중요한 역할을 한다는 점이 다르다. 게임플레이 도중의 대사에서는 어조나 말투를 통해서 분노나 공포 같은 캐릭터의 감정을 좀 더 직접적으로 표현할 수 있다. 대사 자체가 실제 이야기 요소를 그리 많이 담고 있지는 않다고 해도 말투를 통해서 좀 더 넓은 범위의 의사소통이나 표현이 가능하며, 그래서 적들이나 팀 동료들이 좀 더 살아있는 사람 같은 느낌을 주는 데 활용할 수 있다. 특히 AI 의사결정을 전달함으로써 플레이어가 자신이 플레이하고 있는 세계를 이해하고 적절한 전략을 수립하는 데에 도움이 된다. 이런 종류의 대사는 게임의 종류에 따라 다를 것이다. *Halo*는 해병들에 대해 제한된 개수의 음성 녹음 자료를 가진 시스템을 사용한다. 각 해병은 여러 상황에 대해 각기 다른 대사를 가지고 있다. 한 해병이 죽었을 때 주변의 여러 해병들이 같은 말을 하는 것은 부자연스러우므로, *Halo*는 중복이 최소화되도록 적절히 대사들을 선택한다. 물론 게임에 따라 요구사항도 다르고 반응들의 범주들도 다를 것이므로, 게임 내 대사에 대한 요구사항들은 게임 디자인에 따라 분석할 필요가 있다.

도구들

부록 CD-ROM에 수록된 예제 구현은 DirectSound [DirectX]를 사용한다. DirectSound는 DirectMusic을 포함해서 광범위한 기능성을 제공하나, 여기서는 기본적인 저수준 사운드 재생과 3차원 음향을 위한 기능만 사용한다. 비슷한 기능성을 구현하는 라이브러리들은 많이 있으므로(공개도 있고 상용도 있고 플랫폼도 다양하다) 반드시 DirectSound를 사용해야 하는 것은 아니다. 다만, 게임을 여러 플랫폼들에서 출시하고자 한다면 이식하기 쉬운 것을 택할 필요가 있다.

오디오 태그 데이터베이스를 정의하는 데에는 XML을 사용한다. XML을 이용하면 필수 오디오 매개변수들을 정의하고 로드하는 게 간단해진다. 게임 개발에서 XML을 활용하는 문제에 대해서는 [Seegert02]가 논의한 바가 있고 또 XML 자체에 대한 자료는 웹에 많이 있으므로, XML의 사용법에 대한 이야기는 생략하겠다.

음악 재생에는 Ogg Vorbis SDK([Moffit02], [OggVorbis])를 사용한다. 예제 구현은 다른 압축 형식도 쉽게 추가할 수 있는 구조로 만들어져 있다(새 C++ 클래스를 파생시키기만 하면 된다. Ogg Vorbis의 예를 참고할 것). Ogg Vorbis는 MPEG Layer 3(mp3)과 비슷한 압축률을 제공하나, 디코더 구현에 대해 라이선스 비용을 요구하지 않는다는 점이 다르다. Ogg Vorbis가 매력적인 음악 재생 솔루션으로 자리잡고 있는 이유도 바로 그것이다. 특히 예산이 빠듯한 독립 개발사들에게는 매우 매력적일 것이다.

XML 오디오 태그 데이터베이스

태그 데이터베이스 파일은 게임이 참조할 수 있는 일단의 오디오 태그들을 담는다. 하나의 오디오 태그는 사운드 디자이너가 임의의 시점에서 재생하고자 하는 논리적인 오디오 조각을 나타낸다. 여기서 논리적이라는 말이 나왔는데, 이는 하나의 오디오 조각이 여러 개의 물리적인 사운드 파일들로 구성될 수도 있기 때문이다. 그런 오디오 태그들은 다음과 같은 틀 안에 들어간다.

```
<?xml version="1.0"?>
<AudioTagDatabase>
...
</AudioTagDatabase>
```

오디오 태그는 총 여섯 가지로, EFFECT, AMBIENT, MUSIC, COMPOSITION, GROUP, RANDOM이다. 다음은 모든 태그에 공통적인 특성들을 보여주는 예이다.

```
<TAG_TYPE_NAME  ID="FOO"  PRIORITY="0"
   VOLUME_ADJUST="5.0"  VOLUME_ADJUST_RANGE="3.0"
   LOOP_DELAY="10.0"  LOOP_DELAY_RANGE="5.0"/>
```

표 7.4.1 모든 태그들에 공통적인 XML 특성들

ID	게임 코드나 스크립트가 재생하고자 하는 사운드를 엔진에게 알려 줄 때 사용하는 문자열 이름
PRIORITY	이 오디오 태그의 우선순위를 나타내는 정수. 모든 버퍼들이 쓰이고 있을 때 새로운 요청이 발생하면 기존 오디오들의 우선순위와 새로 요청된 오디오의 우선순위에 따라 새 요청이 무시될 수도 있고 기존 것들 중 하나가 제거될 수도 있다. 이 특성 값이 클수록 우선순위가 높으며, 우선순위가 높을수록 버퍼에 남아 있을 가능성도 커진다. 기본값은 0
VOLUME_ADJUST	게임의 기본 음량에 대한 이 오디오의 조정량으로, 단위는 데시벨이다. 양의 수치를 지정하면 음량이 커지고 음의 수치를 지정하면 작아진다. 단, 조정된 음량은 최대 음량과 0 범위를 벗어나지 않도록 한정된다.
VOLUME_ADJUST_RANGE	음량 조정량에 대한 무작위 오프셋의 범위. 예를 들어 VOLUME_ADJUST를 3.0으로 지정하고 이 VOLUME_ADJUST_RANGE를 1.0으로 지정했다면, 효과음이 재생될 때마다 음량에는 2에서 4 데시벨 사이의 무작위 값이 더해지거나 빼진다.
LOOP_DELAY	이 사운드의 반복 기간(초 단위). 이 특성을 지정하지 않거나 음의 수치를 지정하면 사운드는 반복되지 않는다.
LOOP_DELAY_RANGE	반복 기간에 대한 무작위 오프셋(초 단위)
LOOP_TIMES	이 사운드의 반복 횟수. 이것을 0으로 하고 LOOP_DELAY를 지정하지 않으면 이 사운드는 계속 반복된다.

EFFECT 태그

표 7.4.2는 효과음을 지정하는 **EFFECT** 태그의 추가적인 특성들이다.

표 7.4.2 EFFECT 태그의 XML 특성들

FILE	이 효과음을 위해 재생할 .wav 파일
MINDIST	플레이어와 음원 사이의 거리가 이 거리 이내이면 음은 들리지 않는다.
MAXDIST	플레이어와 음원 사이의 거리가 이 거리 이상이면 음은 들리지 않는다.
CASCADENUM	이 효과음이 동시에 이 특성의 값보다 더 많이 요청되면, 이 효과음 대신 CASCADETAG로 지정된 효과음을 재생한다.
CASCADETAG	이 태그가 현재 CASCADENUM으로 지정된 것보다 더 많이 재생되고 있으면, 오디오 관리자는 이 특성에 지정된 효과음을 재생한다.

AMBIENT 태그

배경음은 **AMBIENT** 태그로 지정한다. 배경음도 일종의 효과음이므로 **EFFECT** 태그와 동일한 특성들을 가진다. 표 7.4.3은 **AMBIENT** 태그만의 특성들이다.

표 7.4.3 AMBIENT 태그의 XML 특성들

X	이 배경음의 위치의 X 좌표(세계공간 기준)
Y	이 배경음의 위치의 Y 좌표(세계공간 기준)
Z	이 배경음의 위치의 Z 좌표(세계공간 기준)
XRANGE	배경음 위치 X 좌표에 대한 무작위 오프셋의 범위. X가 5.0이고 XRANGE가 10.0이면, 배경음이 재생될 때마다 x 좌표는 -5.0에서 15.0 사이의 무작위적인 값이 된다. 이 값의 단위는 게임이 사용하는 단위를 따른다.
YRANGE	배경음 위치 Y 좌표에 대한 무작위 오프셋 범위
ZRANGE	배경음 위치 Z 좌표에 대한 무작위 오프셋 범위

MUSIC 태그

음악을 지정하는 **MUSIC** 태그는 재생할 파일을 지정하는 특성 하나만 가진다(표 7.4.4).

표 7.4.4 MUSIC 태그의 XML 특성

FILE	이 곡의 스트리밍에 사용할 .ogg 파일

COMPOSITION 태그

COMPOSITION 태그는 반복적인 음악 한 곡을 서술한다. 곡의 도입부, 반복부, 종결부에 쓰일 오디오를 지정하는 특성들이 있다(표 7.4.5)

표 7.4.5 COMPOSITION 태그의 XML 특성들

IN	제일 먼저 재생할 오디오 태그를 지정한다.
LOOP	IN 특성의 재생이 완료된 후 재생할 오디오 태그를 지정한다. 그 오디오는 이 태그에 요청된 기간동안 반복된다.
OUT	LOOP 특성의 재생이 끝난 후에 재생할 오디오 태그를 지정한다.
CROSS_FADE_TO_OUT_TIME	LOOP의 끝과 OUT의 시작의 크로스페이딩을 수행할 시간(초 단위). 이 특성을 0으로 하거나 지정하지 않으면 크로스페이딩은 일어나지 않으며, 그러면 LOOP가 끝난 후 즉시 OUT이 시작된다.

GROUP 태그

이 태그 자체에는 아무런 특성도 없다. 대신 다음과 같은 형태의 ITEM 태그를 여러 개 감싸는 역할을 한다.

```
<ITEM TAG="태그이름" DELAY="지연 시간" DELAY_RANGE="지연 범위"/>
```

오디오 관리자는 GROUP 태그가 요청되면 그 안의 ITEM 태그들이 가리키는 오디오 태그들을 모두 재생한다. 만일 ITEM에 DELAY 특성이 지정되어 있으면, 그 특성의 수치만큼 기다렸다가 해당 오디오를 재생한다. **DELAY_RANGE**는 지연 시간에 대한 무작위 오프셋의 범위이다. 모든 시간은 초 단위이다.

RANDOM 태그

GROUP 태그와 마찬가지로 특성은 없으며, 다음과 같은 형태의 태그들을 담는다.

```
<ITEM TAG="태그이름" PROB="0-100 사이의 퍼센트">
```

이런 ITEM 태그들의 개수에는 제한이 없으나, 모든 **PROB** 특성 값들의 합이 100을 넘어서는 안 된다. **PROB** 특성은 해당 ITEM 태그가 재생될 확률(퍼센트 단위)을 가리킨다. 따라서 합이 100을 넘는 것은 말이 되지 않는다.

구성요소들

그럼 부록 CD-ROM에 수록된 예제 구현을 구성하는 기본적인 클래스들을 살펴보자. 예제 코드는 Microsoft Visual C++ 6.0으로 컴파일했다.

AudioManager 클래스

이 클래스는 오디오 엔진에 대한 주 인터페이스 역할을 하는 하나의 단일체(singleton)이다. 이 클래스는 하드웨어 사운드 버퍼들을 할당하고, 주기적으로 그것들을 현재 재생되는 사운드들로 갱신하는 작업을 담당한다. 사운드 버퍼 메모리는 유한하므로 이 관리자는 고정된 개수의 버퍼들을 할당하고 요청된 사운드를 버퍼에 할당한다(사운드가 버퍼보다 길면 그 다음 버퍼까지 차례로 할당한다). 표 7.4.6은 이 클래스의 몇 가지 중요한 함수들이다.

표 7.4.6 AudioManager 클래스의 주요 인터페이스

LoadAudioTags	오디오 XML 데이터베이스 파일을 매개변수로 받고 그 데이터베이스를 로드한다.
Play	오디오 태그 이름, WorldObject를 가리키는 포인터(3차원 오디오를 위한 것으로 공간감을 사용하지 않는 경우에는 NULL을 지정할 수 있다), 밀리 초 단위 재생 기간(0이면 사운드 파일의 원래의 기간을 사용한다), 밀리 초 단위 지연 시간(이 시간이 흐른 후에 오디오 태그의 재생을 시작한다), IAudio Listener 포인터(사운드 재생이 끝났을 때의 통지를 위한 것으로, NULL을 지정할 수 있다)를 받고 그에 따라 해당 오디오를 재생한다.
Update	지난 갱신 이후 흐른 시간(밀리 초)을 받는다. 현재 재생 중인 사운드들의 버퍼 위치를 그만큼 전진시킨다.
SetOverallVolume	재생중인 모든 버퍼들의 음량을 조정한다(각 태그의 음량 조정량들도 고려한다).
SetListenerCamera	음들의 공간감을 위한 것으로, Camera 객체의 포인터를 받고 그에 따라 3차원 청취자 위치를 설정한다.

Audio 클래스와 파생 클래스들

각 오디오 종류마다 그에 해당하는 구체적인 오디오 클래스들이 존재하며, 그런 클래스들은 모두 Audio 클래스를 상속한다. 구체적인 오디오 클래스들은 AudioManager가 소유한 버퍼에 자신의 자료를 로드하는 방법을 알고 있다. 그런 클래스들은 자신의 가상 함수 FillBuffer()로 자신의 자료를 AudioManager가 사용할 수 있는 형식(예제 구현의 경우 DirectSound가 사용하는 **PCM** 형식)으로 변환하고 그 결과를 버퍼에 채운다. 또한 AudioManager에게 재생할 오디오가 더 남아 있는지를 알려주는 기능도 제공한다.

예제 구현에 있는 그런 오디오 클래스들로는, 우선 Sound 클래스가 있다. 이 클래스는 FillBuffer() 인터페이스를 통해서 .wav 파일 로딩 기능을 제공한다. Sound의 파생 클래스인 **Sound3D**는 세계 안에서의 음원의 위치를 지정하는 기능이 추가된 것이다. MusicOgg Vorbis 클래스는 .ogg 파일의 스트리밍을 이용하는 오디오 객체를 구현한다. 이 클래스는 Audio의 파생 클래스인 Music을 상속한다. **Ogg Vorbis** 이외의 음악 형식을 지원해야 한다면 그 Music 클래스를 상속하는 것이 가장 **빠른** 길이다.

IAudioListener 인터페이스

특정한 오디오 조각의 재생이 끝났을 때 그 사실을 알고자 하는 클래스는 반드시 이 추상 클래스를 상속해야 한다. 이 클래스는 가상 함수 하나를 제공한다(표 7.4.7).

표 7.4.7 IAudioListener 클래스의 순수 가상 함수

AudioFinished	지정된 오디오 조각의 재생이 끝나면 AudioManager는 이 함수를 호출한다. 이 함수는 재생이 끝난 Audio 객체를 가리키는 포인터를 받는다(IAudioListener가 여러 Audio 객체들의 재생 종료를 기다리는 경우를 위한 것이다).

AudioTag 클래스

AudioTag는 **XML** 데이터베이스에 정의된 모든 오디오 태그들에 대한 기반 클래스이다. 이 클래스에는 사운드 버퍼가 모두 찬 상태에서 새 오디오가 요청되었을 때 버퍼를 교체하기 위한 우선순위에 관련된 속성 하나와, 음량 조정 방식에 영향을 미치는 속성 두 개가 있다. 그리고 하위 클래스들이 재정의할 수 있는 세 가지 함수들도 제공한다(표 7.4.8).

표 7.4.8 AudioTag 클래스의 인터페이스

LoadTag	이 함수는 XML 문서 요소로부터 태그의 자료를 불러온다.
CreateAudio	이 함수는 적절한 Audio 파생 클래스의 객체를 생성한다(예를 들어 AudioEffectTag의 이 함수는 Sound3D 객체를 생성한다). 이 함수가 할당한 메모리는 Audio 객체의 재생이 끝났을 때 AudioManager가 해제한다. 각 파생 클래스는 반드시 이 함수를 구현해야 한다.
AudioFinished	AudioTag는 이 클래스를 IAudioListener 인터페이스로부터 파생하며, 반복이 필요한 경우 이 함수 안에서 해당 오디오 객체의 또 다른 인스턴스를 생성함으로써 같은 오디오가 반복되게 한다. 파생 클래스들은 이러한 행동을 다른 식으로 재정의할 수 있다.

AudioTag를 상속하는 클래스들(AudioEffectTag, AudioAmbientTag; AudioMusicTag, AudioCompositionTag, AudioGroupTag, AudioRandomTag)은 모두 **XML** 오디오 데이터베이스 파일 안에 있는 특성들에 해당하는 고유한 자료 멤버들은 가진다.

WaveFile 클래스

WaveFile 클래스는 **DirectSound SDK** 예제들에 있는 같은 이름의 클래스를 좀 단순화시킨 버전이다. WaveFileFactory 클래스는 WaveFile 객체들의 메모리 관리를 담당한다. 예제 구현에서 팩토리의 메모리 관리는 비교적 단순한 방식으로, 그냥 요청된 .wav 파일에 대해 메모리를 할당하는 것뿐이다. 파일의 재생 빈도나 메모리 요구사항에 근거해서 메모리 안에 항상 특정 개수의 파일들만 존재하게 하는 등 좀 더 정교한 관리 방식을 구현해도 좋을 것이다.

OggVorbisFile 클래스

OggVorbisFile 클래스는 문서화된 Ogg Vorbis 예제들([OggVorbis], [Moffit02])에 있는 클래스를 참고해서 만들었다. 이 클래스는 Ogg Vorbis SDK(좀 더 구체적으로 말하면 .ogg 파일 로딩에 관련된 vorbisfile 라이브러리)를 감싸는 얇은 래퍼 역할을 한다

Camera 클래스

이 클래스는 게임 세계 안의 플레이어의 시점을 대표하는 것으로, 카메라 위치, 시선 방향, 카메라 수직 방향 등의 멤버들을 가진다. AudioManager는 그런 정보를 이용해서 3차원 오디오 공간화를 위한 DirectSound의 3차원 청취자를 갱신한다.

WorldObject 클래스

이 클래스는 3차원 게임 세계 안에 배치된 임의의 게임 객체를 대표한다. 공간화된 음들은 자신의 3차원 위치와 속도를 갱신하기 위한 WorldObject 객체를 가진다. 위치와 속도는 GetPosition(), SetPosition(), GetVelocity(), SetVelocity() 함수들로 조회하거나 설정한다.

스크립팅 제어

어떠한 오디오 태그도 스크립트 안에서 호출할 수 있으며, 다른 게임 객체나 애니메이션, 입자 시스템, 캐릭터, 장소 등에 부착할 수 있다. 그에 필요한 인터페이스는 AudioManager 클래스의 Play() 메서드뿐이다.

예제 응용 프로그램

부록 CD-ROM의 예제 응용 프로그램은 게임에서 쓰일만한 여러 오디오 특성들을 시험해 볼 수 있도록 하기 위한 매우 간단한 GUI 프로그램이다. 데이터베이스에 있는 오디오 태그들을 선택해서 재생하거나, 청취자의 위치를 변경하거나, 전체적인 음량을 조정할 수 있다. 여러 가지 배경음, 음악, 효과음 태그들과 그 특성들이 어떻게 서로 상호작용해서 하나의 몰입감있는 음향 공간을 만들어내는지 시험해 보기 바란다.

이후 작업

이 **XML** 스크립팅 시스템을 개선하고 확장할 여지는 매우 많다. 우선, 음성 대사에 대한 지원을 강화할 필요가 있다. 컷신 대사의 공간화 여부 설정이라던가 게임 디자인에 따른 게임 내 대사의 특별한 요구사항 등 여러 가지 것들을 고려할 수 있을 것이다. 그런 기능성을 위해서는 효과음에 대한 2차원 전용 특성이라던가, 부상, 죽음 같은 여러 범주들에 대한 선택 가능한 대사들을 담는 특별한 대사 태그 등 여러 가지 새로운 태그들과 특성들을 만들어야 할것이다.

또한 게임의 종류에 따라서는 게임 음향이 게임의 환경에 따라 동적으로 변경되어야 할 수도 있다(예를 들면 자동차가 가속됨에 따라 엔진음의 높이가 올라가는 등). 그런 기능 역시 특화된 오디오 태그를 통해서 쉽게 구현할 수 있다. 그리고 메아리나 잔향 같은 추가적인 3D 효과들과 그에 대한 무작위화 역시 **EFFECT** 태그의 또 다른 특성들을 통해서 도입할 수 있을 것이다.

결론

스크립트로 제어할 수 있는 사운드 특성들의 집합을 갖춘다면 좀 더 흥미로운 게임 음향을 빠르게 개발할 수 있다. 그러한 자료를 정의하고 사용하기 위해 새로운 무언가를 개발할 필요는 없다. **XML** 같은 기존 기술들을 활용하면 된다. 추가로, 그런 특성들을 편하게 편집할 수 있는 도구가 있다면 더욱 좋을 것이다.

참고자료

〔DirectX〕 DirectX 9.0 SDK DirectSound examples, 웹 주소 *http://www.msdn.com/directx.*

〔Moffitt02〕 Moffitt, Jack, "Audio Compression with Ogg Vorbis," *Game Programming Gems 3*, Charles River Media, 2002. 번역서는 "*Ogg Vorbis를 이용한 오디오 압축*," *Game Programming Gems 3*, 정보문화사, 2003.

〔O´Donnell02〕 O´Donnell, Marty, "Producing Audio for Halo," 웹 주소 *http://www.gamasutra.com/resource_guide/20020520/odonnell_01.htm*, May 20, 2002.

〔OggVorbis〕 Ogg Vorbis SDK, 웹 주소 http://www.vorbis.com.

〔Seegert02〕 Seegert, Greg, "Real-Time Input and UI in 3D Games," *Game Programming Gems 3*, Charles River Media, 2002. 번역서는 "*3D 게임에서의 실시간 입력 및 UI*," *Game Programming Gems 3*, 정보문화사, 2003.

7.5 EAX와 ZoomFX를 이용한 환경 음향 솔루션 구현

Scott Velasquez, *Gearbox Software*
scottv@gearboxsoftware.com

이 글의 제목에 솔깃한 독자라면, 현재 프로젝트에 환경 음향(environmental audio)을 추가하라는 빡빡한 과제를 부여받은 초보 오디오 프로그래머일 수도 있을 것이다. 아니면, 숙련된 프로그래머이긴 하지만 2차원 오디오 경험밖에 없는 독자일 수도 있다. 어떤 경우이든 이 글이 큰 도움이 될 것이다.

이 글은 게임에서 환경 음향을 구현하는 데 대한 여러 아이디어들과 제안들을 논의한다. 예제 코드는 C++로 작성되었으며, Windows 플랫폼에서 DirectSound를 사용한다. 이 글은 독자가 DirectSound와 DirectSound3D에 익숙하다고 가정하며, 그래서 DirectSound의 기본적인 사항들에 대해서는 이야기하기 않는다. 경험 있는 독자라면 예제 코드를 다른 언어나 다른 오디오 라이브러리에 맞게 이식할 수도 있을 것이다. 단, ZoomFX 확장은 DirectSound에서만 사용할 수 있다.

환경 음향이란?

3차원 공간에 음들을 정확히 배치했다고 할 때, 완전히 몰입적인 세계를 만들기 위해 해야 할 가장 중요한 일은, 게임의 사운드들에 영향을 미치는 환경적 속성들로 하나의 청각 환경을 만드는 것이다. James Boer는 사운드에 환경 음향이 얼마나 중요한지를 조명이 렌더링에 얼마나 중요한지에 비유한 바 있다 [Boer03].

하나의 음이 음원에서 청취자로 가는 도중, 음은 여러 환경적인 요소들에 의해 변하게 된다. 음 에너지의 일부는 도달 경로에 놓여 있는 물체들에 의해 반사되거나 흡수된다.

환경 음향은 그러한 효과들에 대한 소프트웨어적 시뮬레이션이다. 환경 음향에서는 원래의 음 표본에 메아리(echo), 잔향(reverb), 주파수 거르기 같은 여러 환경적인 효과들을 적용함으로써 현실의 음이 변하는 방식을 흉내낸다. 메아리와 잔향(각각 "이른" 반향과 "늦은" 반향이라고도 한다)을 통해서 플레이어는 음원이 얼마나 떨어져 있으며 어떤 환경이 다가오고 있는 지에 대한 단서를 얻는다. 어떠한 장애물도 거치지 않고 청취자에게 직접 도달한 음을 "직접 경로 음(direct path sound)"라고 부른다(그림 7.5.1).

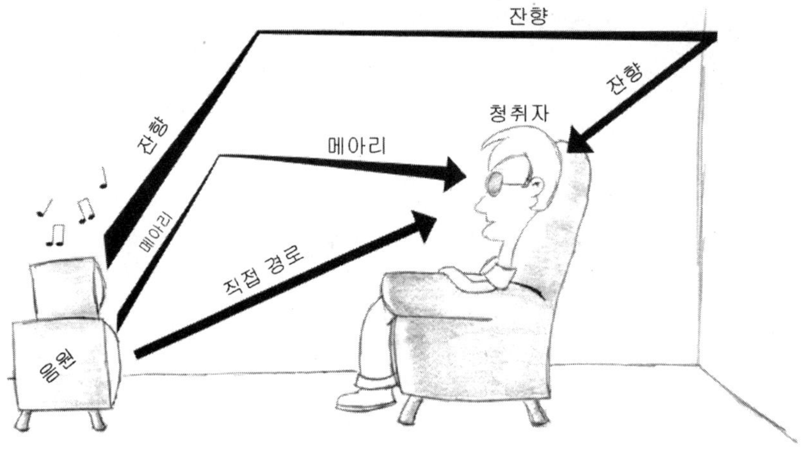

그림 7.5.1 직접 경로, 메아리, 잔향

주파수 거르기(frequency filtering)는 음 표본의 고주파 성분의 일부를 제거함으로써 음이 게임 내 물체들에 막혀서 좀 둔탁해지는 효과를 만든다. 고주파 성분을 얼마나 걸러내는지는 음을 차단(obstruction)하는 물체의 속성(재질 등)이나 크기에 따라 다르다. 그림 7.5.2가 이러한 주파수 거르기를 나타낸 것이다.

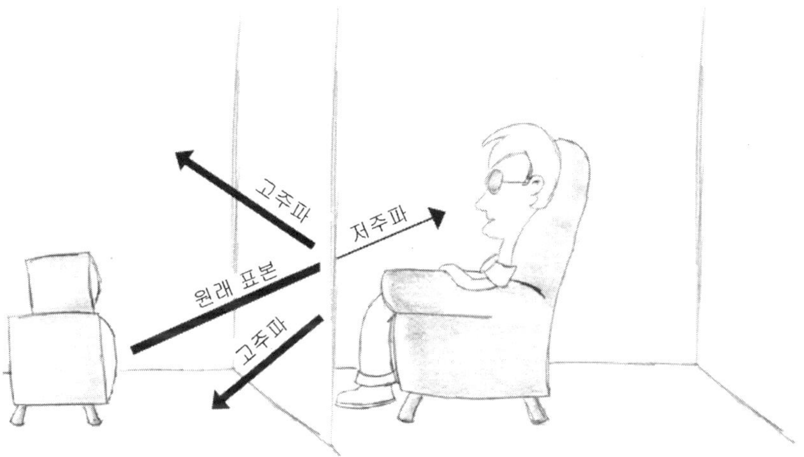

그림 7.5.2 차단/차폐에 의한 주파수 제거

주파수 거르기는 또한 말을 하고 있는 캐릭터의 상대적 위치 같은 방향성 정보를 음에 적용하는 데에도 쓰인다. 화자의 음성은 화자의 앞쪽으로 투사된다. 따라서 화자가 플레이어 옆이나 뒤에 있으면 플레이어는 원래의 고주파 성분들 중 일부가 제거된 음성을 듣게 된다. 이러한 효과들이 합쳐져서 흔히 잔향 모형이라고 하는 것을 만들어내는데, 이에 대해서는 Creative Labs의 EAX(Environmental Audio Extensions)를 설명할 때 다시 이야기하겠다.

요즘 대부분의 사운드 카드들은 이러한 효과들을 하드웨어 상에서 믹싱하는 능력을 가지고 있다. 그러나 온보드 사운드 칩들(대부분의 새 tDell PC들에 달려있는 SoundMax 등)의 경우에는 하드웨어에서 완전한 환경 효과들은 말할 것도 없고 기초적인 3D 공간화도 수행하지 못한다. 따라서 오디오 기능들을 계획할 때에는 환경 효과라는 것이 아직도 고급 효과이며 플레이어의 하드웨어가 지원하지 않는다고 해서 게임플레이가 깨지지는 않게 해야 한다는 점을 명심해야 한다.

음향 엔진 요구사항들

환경 음향 시스템에 필요한 소프트웨어 요소들 중 가장 만들기 어려운 것은, 아마도 공간 자료의 효율적인 저장과 빠른 조회일 것이다. 매우 상세한 기하구조에 기반한, 그럴듯하고 동적인 청각 환경을 위해서는 적지 않은 처리량과 저장공간이 필요하다. 오늘날의 오디오 프로그래머들은 BSP 트리가 대중화되기 이전의 그래픽 프로그래머들과 비슷한 곤경에 처해 있다(BSP 트리는 오늘날 대부분의 그래픽 프로그래머들이 그래픽 자료를 효율적으로 저장하고 조회하기 위해 사용하는 자료구조이다).

음향 엔진의 이 부분을 구현하는 게 얼마나 어려운지는 프로그래머가 공간적 정렬(spatial sorting. 이 글의 주제를 넘는 것이므로 자세한 언급은 생략하겠다)에 얼마나 익숙하며, 게임 엔진에 어떤 공간적 정렬 기능이 있으며(렌더링이나 AI를 위한 것이 있을 가능성이 높다), 그리고 아티스트들의 내용 생산 과정에 어느 정도 영향을 미칠 수 있는지에 따라 다르다.

자료의 저장과 조회

환경 자료를 저장하는 방법은 많이 있다. 기본적으로는 어떠한 3차원 그래픽 자료 저장 시스템도 음향 공간 자료의 저장에 사용할 수 있다. 예를 들면 BSP 트리, 사분 트리(quad tree. 각 부모가 네 자식 노드들을 가지는 2차원 공간 트리), 팔분 트리(octree, 각 부모가 여덟 개의 자식 노드들을 가지는 3차원 공간 트리) 같은 시스템들을 음향 공간 자료의 저장에 사용할 수 있다. 또한 Creative Labs가 만든 EAGLE(Environmental Audio Graphical Librarian Editor)이라는 응용 프로그램이 있는데, EAGLE은 단순화된 기하구조를 이용해서 환경 자료를 저장한다(게임에서는 하나의 외부 DLL을 통해서 그 자료를 조회할 수 있다).

저장 시스템에 저장해 두고 매 프레임마다 조회해야 할 자료는 크게 세 가지이다.

■ 음의 환경 자료(플레이어의 현재 환경과, 모핑을 위한 이전 프레임의 환경)
■ 잠재적 가청 집합(potenitally audible set, 플레이어가 들을 가능성이 있는 음들)
■ 차단과 차폐(occlusion) 계산에 필요한 재질 자료

EAX 환경 자료의 저장

청취자와 음원의 환경들을 서술하기 위해서 EAX에 제공하는 환경 자료를 어떻게 저장해야 할까? 최근 프로젝트에서 우리는 이 문제를 환경적 속성들을 담은 포탈들을 만드는 식으로 해결했다. 그 방법은 잘 작동했으며, 게임에 이미 존재하는 렌더링 시스템을 재사용한다는 장점도 있었다. 물론 독자는 독자의 게임에 맞는 방식을 취해야 할 것이다. 예를 들어 자동차 경주 게임에서 대부분의 경주로는 사분트리나 격자 비슷한 구조를 사용할 것이며, 터널이나 기타 특수한 구조물들은 3차원 구조로 표현할 것이다. 자료구조의 결정에서 가장 중요한 기준은 물론 속도와 메모리이다. 그 외에, 자료구조를 사용할 사람(레벨 디자이너, 사운드 디자이너 등)에게 미치는 영향도 고려해야 한다.

잠재적 가청 집합

렌더링 시 보일 수 있는 물체들을 뜻하는 잠재적 가시 집합(potentially visible set, PVS)이라는 말을 들어 봤을 것이다. 잠재적 가청 집합(potentially audible set, PAS)은 그런 개념을 음원들에 적용한 것이다. *Quake* 엔진 게임들에서는 PHS(potentially hearable set)라는 용어를 사용한다. PAS는 현재의 위치에서 청취자가 들을 수 있는 음들의 집합을 정의한다.

독자의 사운드 엔진이 이런 기능을 이미 갖추고 있을 수도 있다. 만일 아니라면, PAS를 계산하는 어떤 마법의 공식이나 업계 표준적인 방식은 없다는 점을 명심해야 할 것이다. PAS 계산은 그 자체로 하나의 주제이므로 여기서 자세히 이야기할 수는 없을 것 같다. 우리가 사용한 사운드 엔진은 렌더러의 PVS 자료를 활용하는 형태였다. 어쨌든, 3차원 오디오가 비디오 게임에서 점차 중요해지고 있는 만큼 이 주제를 연구하는 사람들도 꽤 있다. 이 부분에서의 목표는, 비싼 실행시점 계산을 줄이고 좀 더 사실적인 체험을 만들어내는 것이다.

진정한 PAS의 구현

몇몇 게임들은 파동의 반복적인 반사와 기타 음향학적 속성들을 고려한 진정한 PAS 구조를 만들어서 잠재 가청음들의 목록을 구축한다. 이런 PAS 구조를 구현하려면 상당한 작업이 필요하며 추가적인 메모리 저장 공간도 필요하다. 이는 독자의 대상 플랫폼에 따라서는 상당한 제약이 될 수 있다. 그러나 그러한 PAS 구조는 파동의 반복적인 반사 속성들이나 재질에 따른 음 에너지 흡수를 고려하기 때문에 잠재적 가청음들을 좀 더 정확하게 표현할 수 있다. 진정한 PAS는 메모리 저장량을 줄이고 반직선 투사 계산(차폐, 차단을 검출하기 위한 것이다)의 효율성을 늘리기 위해 기하구조의 단순화된 버전을 만든다.

렌더러의 PVS 활용

시간이나 메모리 제약 때문에 진전한 PAS를 구현하기 힘든 경우에는, 렌더링 엔진의 PVS를 활용해서 덜 사실적이지만 작업량이 적은 PAS를 만들기도 한다. 예를 들어 Quake 2의 PAS는 현재의 PVS와 현재 PVS에서 볼 수 있는 포탈 노드들의 2차적인 PVS들을 결합한 것을 사용한다. 그러한 결합으로 만든 집합은 표준적인 PVS보다는 좀 더 넓은 영역을 포괄한다. 이러한 집합은 오디오 엔진뿐만 아니라 AI나 물리 시뮬레이션 시스템들도 사용할 수 있다. PVS로 잠재적 가청음들을 검출하는 접근방식으로도 훌륭한 결과를 얻을 수 있으나, 3차원 음향 기술이 좀 더 진보한다면 진정한 PAS로 대체될 것이다. 그 외에 현재 상황에서의 한 가지 단점이라면, 매우 상세한 수준의 기하구조에 대해 반직선 투사를 계산해야 한다는 점이다. 만일 좀 더 단순화된 집합을 만든다면 반직선 투사 계산을 좀 더 효율적으로 만들 수 있을 것이다.

음 차단의 계산

Creative Labs의 EAGLE 응용 프로그램을 사용한다면 음 차단을 프로그램 자체가 계산해 주므로, 프로그래머는 그냥 EAX 관리자를 호출할 때 청취자의 위치와 음원의 위치를 넘겨주기만 하면 된다.

그렇지 않다면 어떤 PAS 구현을 사용하든 음 차단을 직접 계산할 필요가 있다. 기본적인 과정은 대략 이런 것이다. 우선, 음원이 PAS 안에 있는지를 점검해야 한다. 음원이 PAS에 속하지 않는다면 음원은 이미 차단된 것이다. 이 때 그냥 음원에 기본적인 차단 수치를 배정하는 것으로 끝낼 수도 있지만, 재질 속성을 고려하는 것이 더 나은 결과를 낸다. 예를 들어서 벽돌로 된 방은 건식 벽체(회반죽을 쓰지 않은 벽)로 된 방과 다른 느낌을 줄 수 있어야 한다.

PAS 바깥에 있는 음원에 대해 차단된 음을 좀 더 사실적으로 만드는 방법들은 여러 가지가 있다. 가장 명백한 것은 차단물의 재질을 고려하는 것이다. 이를 위해서는 청취자로의 경로를 가로막은 물체의 종류를 파악할 필요가 있다. 음원에서 청취자로의 반직선 투사와 청취자에서 음원으로의 반직선 투사를 수행하고, 처음으로 검출된 물체의 재질 프리셋을 얻고(재질 프리셋에 대해서는 EAX를 이야기할 때 좀 더 이야기하겠다), 그에 따라 음의 차단을 다르게 만들 수 있다. 취향에 따라서는 두 번째로 검출된 물체의 재질도 고려한다거나, 또는 둘 중 좀 더 중요한 것의 재질을 고려할 수도 있을 것이다. 또 다른 방법은, 음원에서 청취자에 도달하는 데 필요한 부호화된 거리를 고려하는 것이다. 어떤 방법이든, 그냥 음을 항상 같은 양으로 차단하는 것보다는 더 그럴듯한 차단 효과가 나올 것이다.

음원이 PAS 안에 있다면, 역시 반직선 투사를 통해서 음원과 청취자 사이를 다른 어떤 물체가 가로막는지 판단해야 한다. 충돌이 검출되었다면 그 음원은 차단된 것이다. 이 때 차단물의 재질을 고려하는 게 도움이 되지만, 음을 통과시키는 물체인 경우에만 고려해야 한다. 차단을 계산하는 가장 좋은(그리고 가장 시간이 많이 걸리는) 방법은 차단물을 돌아 나가기 위해 필요한 각도를 계산하는 것이다. 이런 방법은 대부분의 게임들에게 너무 비싼 계산일 것이므로, 그냥 음원에서 청취자로 반직선을 쏴서 충돌을 검출하는 게 가장 일반적인 방법일 것이다.

Creative Labs의 EAGLE

자료의 저장과 조회를 이야기할 때 언급한 EAGLE은 내용 작성자가 EAX를 위해 게임을 설정하는 데 사용할 수 있는 도구들 중 하나이다. 게임 세계 작성 도구가 EAGLE이 지원하는 형식으로 게임 세계를 저장할 수 있다면, 프로그래밍 지원이 거의 없이도 EAGLE을 사용할 수 있다. EAGLE은 3D Studio Max(.ase), LightWave(.lwo), DirectX 메시(.x) 등을 지원한다. EAGLE은 또한 개발자가 직접 커스텀 임포터를 작성할 수 있게 하는 SDK도 제공한다. EAGLE의 현실적인 단점은, 각 레벨을 개별적인 공정을 통해서 처리해야 한다는 요구사항이다. 이는 레벨 기하구조에 따라 큰 단점이 될 수도 있고 문제가 되지 않을 수도 있다. 어쨌든, 게임 세계의 기하구조를 크게 고쳤다면 다시 EAGLE에서 기하구조를 불러들이고 환경 설정들을 수정해야 한다. EAGLE은 하나의 BSP 파일을 생성하며, EAX Manager는 그것을 이용해서 게임 실행 도중 환경 속성들을 계산한다.

사운드/레벨 디자이너 도구들

내용 자산이 필요한 다른 기능들과 마찬가지로, 사운드와 레벨 디자이너들이 ZoomFX에 쓰일 환경들, 재질 프리셋들과 음량들을 만들고 배치하기 위해서는 프로그래머가 그들에게 적절한 사용자 인터페이스를 만들어 주어야 한다. 그러한 인터페이스는 아티스트들의 현재 작업 경로에 최대한 매끄럽게 통합될 수 있어야 한다.

만일 결정권이 아티스트들에게 있다면, 새로운 도구를 작업 경로에 도입하기보다는 기존의 세계 작성 도구에 새 기능을 추가하는 쪽을 선호할 가능성이 많다. 게임이 렌더링에 포탈들을 사용하는 경우라면 환경 설정들을 그 포탈들에 연결시킬 수 있다. 그렇지 않다면, 환경들을 대표할 수 있도록 게임 세계를 분할하는 어떤 시스템이 필요하다. 재질 프리셋을 추가하는 것은 별로 어렵지 않을 것이다. 면이나 브러시에 텍스처들을 배정하는 수단은 이미 갖춰져 있을 것이므로 그것을 활용하면 된다.

EAX 소개

EAX는 Creative Labs가 만든 오디오 확장들의 집합이다. 여기서는 EAX의 인터페이스를 설명하고, DirectSound를 통해서 그 인터페이스에 접근하는 방법도 이야기하겠다.

DirectSound의 기초

EAX를 이용해서 환경을 인식하는 오디오 엔진을 만들기 위해서는, EAX가 DirectSound와 연동되는 방식을 이해할 필요가 있다. DirectSound는 DirectX 5 이후 그리 많이 변하지 않았지만(소프트웨어 기반 I3DL2가 추가된 정도), Direct3D 엔지니어들은 DirectSound가 제공하는 한 가지 기능 때문에 우리 오디오 엔지니어들을 부러워한다. 그 기능은 바로 속성 집합(property set)이다.

속성 집합은 DirectSound가 노출하는 COM 인터페이스들로, 이들을 통해서 EAX나 ZoomFX 효과 같은 DirectSound API의 일부가 아닌 하드웨어 기능들에 접근할 수 있게 해준다. 하드웨어 제조사들은 새로운 기능을 담은 새 속성 집합을 만들어서 제공함으로써 DirectSound를 확장할 수 있다. 각 속성 집합은 하드웨어 제조사가 설정한 고유한 GUID(Globally Unique Identifier)를 통해서 식별된다. 잠시 후에 이 인터페이스들을 통해서 오디오 하드웨어에 직접 접근하는 방법을 이야기하겠다.

EAX의 기초

EAX 속성 집합들을 이용하면, 환경 오디오 효과를 만들고자 할 때 EAX 잔향 엔진이 사용하는 음향 모형의 구축에 내부적으로 쓰이는 매개변수들을 조정할 수 있다. EAX 1.0과 EAX 2.0의 주된 차이는 잔향 엔진이 아니라 EAX 인터페이스를 통해 노출되는 속성들이다. EAX 2.0은 사운드 엔지니어와 디자이너가 더 많은 것들을 조정할 수 있게 해준다.

EAX를 다룰 때 기본적으로 사용하는 속성 집합은 두 가지이다. 하나는 청취자 속성 집합이고, 또 하나는 음원 속성 집합이다. 사운드 엔진의 각 3차원 사운드 버퍼 당 청취자 속성과 음원 속성은 각각 최대 하나만 존재할 수 있다. 시스템을 설계할 때에는 게임의 최소 사운드카드 요구사항을 명심해야 한다. 만일 비 EAX 하드웨어를 지원하려 한다면, 쓰이지 않는 EAX 객체들은 저장하지 않는 식으로 객체들을 조직화해야 할 것이다.

EAX 속성들을 사용할 때 반드시 해 줘야 하는 것들이 있다. DS3D처럼 EAX는 지연 메커니즘을 제공한다. 즉 EAX 속성을 변경하되 그 변경의 실제 수행을 잠시 후로 미룰 수 있는 것이다. 속성들을 개별적으로 설정하면 사운드 드라이버를 여러 번 호출해야 하며 따라서 버퍼마다 불필요한 작업이 여러 번 일어나므로, 될 수 있으면 지연 설정을 사용하는 것이 좋다. 그리고 속성을 설정하기 전에는 반드시 범위를 점검해야 한다. 만일 속성의 범위를 넘는 값을 설정하면 EAX 호출이 실패할 수 있으며, 드라이버에 따라서는 지정된 값을 범위 안으로 한정할 수도 있고 아예 설정이 실패할 수도 있다.

EAX 청취자 속성 집합

DirectSound의 IDirectSoundListener 객체와 마찬가지로, EAX 청취자 속성 집합은 게임 세계 안의 플레이어의 환경을 서술하는 역할을 한다. DirectSound에는 청취자를 대표하는 하나의 기본 버퍼가 있다. 3차원 모드를 활성화했을 때, 이 기본 버퍼는 위치, 방향, 속도 같은 속성들을 담는다. EAX의 청취자 속성 집합은 그런 속성들은 물론 청취자의 환경을 서술하는 데 도움이 되는 추가적인 청취자 속성들도 가진다. 추가적인 속성들로는 청취자가 있는 방의 크기, 방의 반향 및 잔향 성질들, 환경들 사이의 모핑 등을 서술하는 속성들이 있으며, 이들을 통해서 매우 멋진 효과를 얻을 수 있다. DirectSound와 EAX 모두에서, 청취자는 전역적인 효과를 대표한다. 그 전역 효과는 최종적인 믹싱에 적용된다. EAX의 각 버전들은 서로 조금씩 다르지만, 청취자의 환경을 서술하는 최소한의 속성들은 모두 공통적으로 지원한다.

일단 표준 DirectSound 인터페이스를 만든 후에는, DS3D 2차 버퍼들 중 하나로부터 EAX 청취자 속성 집합 인터페이스를 얻을 수 있다. 청취자 속성 집합을 2차 버퍼들 중 하나에서 얻는다는 게 좀 이상하겠지만, DirectSound가 기본 버퍼의 사용을 금지하기 때문에 그런 것이니 어쩔 수 없다. 청취자 속성 집합 인터페이스(IksPropertySet)를 얻기 위해서는 DS3D의 2차 버퍼들 중 하나에 대해 QueryInterface()를 호출해야 한다.

```
LPKSPROPERTYSET pEAXListener = NULL;
if ( FAILED(hr = p3DBuffer[0]->QueryInterface(
    IID_IKsPropertySet, (void**)&pEAXListener))
    || pListener == NULL )
{
    printf("QueryInterface failed to obtain EAXListener property set
interface!");
}
```

청취자 속성 집합 지원 여부 알아내기

EAX 청취자 속성들을 설정하기 전에, 사용자의 사운드 카드가 EAX 청취자 속성 집합을 지원하는지부터 확인해야 한다.

```
ULONG support = 0;

if( FAILED(pEAXListener->QuerySupport(
    DSPROPSETID_EAX_ListenerProperties,
    DSPROPERTY_EAXLISTENER_ALLPARAMETERS,
    &support)) )
```

```
{
    // EAX 청취자 속성 집합을 지원하지 않음.
}

if( (support &
  (KSPROPERTY_SUPPORT_GET|KSPROPERTY_SUPPORT_SET)) !=
  (KSPROPERTY_SUPPORT_GET|KSPROPERTY_SUPPORT_SET) )
{
    // EAX 청취자 속성 집합을 지원하지 않음.
}
```

청취자 환경의 설정과 조작

EAX 청취자를 지원한다면, 다음과 같은 방식으로 속성을 설정할 수 있다.

```
EAXLISTENERPROPERTIES environment = EAX30_PRESET_AUDITORIUM;
if ( FAILED(pEAXListener->Set(
    DSPROPSETID_EAX_ListenerProperties,
    DSPROPERTY_EAXLISTENER_ALLPARAMETERS, NULL, 0,
    &environment, sizeof(EAXLISTENERPROPERTIES)) )
{
    // EAX 청취자 속성 설정 실패
}
```

EAX는 환경 프리셋들을 제공한다. 환경 프리셋(environmental preset)은 청취자의 환경을 표현하는 데 쓰이는 일단의 미리 정의된 속성들이다. 이 기능은 EAX 1.0부터 제공되며, 프로그래밍이 거의 필요가 없기 때문에 사용하기가 매우 쉽다. 그러나 게임에서 단 하나의 환경만 사용할 것이 아니라면 이런 프리셋들은 사용하지 말아야 한다. 왜냐하면, EAX 2.0이나 그 이상을 사용하는 경우 두 프리셋 환경들 사이의 모핑이 불가능하기 때문이다. 더 나은 방법은 개별적인 속성들로 된 독자적인 프리셋들을 만들고 그것들을 직접 보간하는 것이다. 보간을 직접 수행하므로, 여러 가지 설정들을 각각 다른 시간으로 보간하는 것이 가능하다(예를 들면 잔향을 마지막으로 보간하는 등. 이게 무슨 의미인지 모르겠다면 사운드 디자이너에게 물어볼 것). 여러 환경들을 직접 보간하면 EAX 버전 간의 차이를 신경쓰지 않아도 된다. 플레이어가 물 속으로 들어가는 등, 상황에 따라서는 모핑을 사용할 수 없을 수도 있다. 그런 경우라면 모핑을 거치지 않고 즉시 다른 환경으로 전환해야 할 것이다.

환경 모핑을 직접 수행하기로 했다면 다음과 같은 코드가 참고가 될 것이다. 코드의 t는 현재까지 지나간 모핑 시간의 비율이다.

```
/*
[매 프레임마다]
1) 플레이어를 감싸고 있는 최적의 음향 환경을 찾는다.
2) 플레이어가 물 환경으로 들어가거나 물 환경에서 나왔다면
   보간을 생략하고 즉시 새 환경으로 전환한다.
3) 그렇지 않다면 현재 환경의 각 속성을 다음 환경 쪽으로
   보간한다.
*/
// 독자의 상황에서 가장 적합한 방법을 통해서
// 최적의 환경과 현재 환경을 얻는다.
best_environment = get_sound_environment();
current_environment = &sound_globals.environment;
new_environment->decay_time = t * best_envrionment->decay_time
    + (old_environment->decay_time + (1_t));
```

EAX 음원 속성 집합

EAX 음원 속성 집합은 DirectSound 2차 버퍼에 음원의 환경을 서술하는 환경적 속성들과 음원과 청취자 환경 사이의 관계를 서술하는 속성들을 더한 것이다. 예를 들어서, **EAX** 2.0 과 그 이후 버전에는 차폐물의 특성에 따라 음원에 적용될 감쇠량과 필터링을 나타내는 차 폐 속성이 있다.

각 음원은 각자 자신의 속성들을 가지므로, 출력 믹서는 상당히 많은 개수의 환경 효과들을 포함할 수 있다. 이는 게임의 각 3차원 사운드 채널마다 **EAX** 음원 속성들을 저장해야 한다 는 뜻이다. 한 버퍼에 대해 **EAX** 음원 속성들을 조회하거나 설정하려면 DS3D 2차 버퍼를 반드시 하드웨어에서 생성해야 하며, 생성 시 DSBCAPS_CTRL3D 플래그를 설정해야 한다. 그렇게 하지 않으면 속성 설정 호출들이 모두 실패하게 된다. 음성 할당 코드가 하드웨어 버퍼 생성을 실패한 후, 그 버퍼에 대해 **EAX** 기본값들을 설정하려고 할 때 흔히 그런 실패 를 겪게 된다.

EAX 음원 속성 집합 인터페이스는 제어하고자 하는 각각의 DS3D 버퍼에 대해 얻어야 한 다. 속성 집합 인터페이스(IID_IksPropertySet)를 얻으려면 각각의 DS3D 2차 버퍼에 대 해 QueryInterface()를 호출해야 한다.

```
LPKSPROPERTYSET pEAXSource[n] = NULL;
if ( SUCCEEDED(hr = p3DBuffer[i]->QueryInterface(
    IID_IKsPropertySet, (void**)&pEAXSource[i])) &&
    pEAXSource[i] != NULL )
{
```

```
    // 인터페이스를 얻었음.
}
```

음원 속성 집합 지원 여부 알아내기

EAX 청취자 객체에 대해 했던 것과 마찬가지로, 음원 속성 집합을 사용하려면 먼저 사용자의 카드가 EXA 음원 속성들을 지원하는지 점검해야 한다.

```
ULONG support = 0;

if( FAILED(pEAXSource[i]->QuerySupport(
    DSPROPSETID_EAX_BufferProperties,
    DSPROPERTY_EAXBUFFER_ALLPARAMETERS, &support)) )
{
    // EAX 음원 속성 집합을 지원하지 않음.
}

if( (support &
    (KSPROPERTY_SUPPORT_GET|KSPROPERTY_SUPPORT_SET))
!=  (KSPROPERTY_SUPPORT_GET|KSPROPERTY_SUPPORT_SET) )
{
    // EAX 음원 속성 집합을 지원하지 않음.
}
```

제어의 두 수준

EAX의 모든 버전들은 음원 속성 집합에 대해 고수준 제어와 저수준 제어를 제공한다. 고수준 제어는 EAX 잔향 엔진이 음원 속성들을 내부적으로 처리하게 함으로써 EAX를 시스템에 추가하는 복잡한 과정을 생략할 수 있게 한다. 이는 간단한 데모나 게임에는 적합할 수 있겠지만, 음들을 임의로 차단, 차폐하기 위해 음원 속성들을 직접 조작하고자 하는 대부분의 게임들에는 적합하지 않다. 저수준 제어에서는 각 3차원 음원에 대한 환경 속성들을 직접 설정할 수 있다. 이를 위해서는 이것저것 준비할 것이 많다. 특히, 각 음원이 차지하고 있는 환경이 어떤 것인지를 추적하고 조회할 수 있는 수단이 필요하다. 그래야 플레이어가 시각을 통해서 얻는 3차원적 체험에 좀 더 근접한 3차원 음향을 제공할 수 있다.

EAX를 게임에서 사용하기 위해서는, 지원하고자 하는 EAX의 버전(들)을 결정해야 한다. 이 글을 쓰는 현재 EAX의 최신 버전은 3.0이다. 3.0 버전을 EAX Advanced HD라고도 부른다 [EAX01]. 그러나 가장 대중적이고 하드웨어 지원도 가장 좋은 버전은 EAX 2.0이다 [EAX00]. 물론 모든 버전들을 지원하는 것이 이상적이다. 그렇게 하기 위해서는 두 가지 접근방식이 있는데, 하나는 실행시점에서 해당 EAX 버전에 맞는 코드를 선택적으로 수행하는 것이고, 또 하나는 그런 작업을 자동으로 처리해 주는 Creative Labs의 EAX Unified DLL을 사용하는 것이다. 전자의 경우에는 엔진의 EAX 설정들(아마도 EAX 3.0 형식으로 저장해 두었을 것이다)을 게이머의 하드웨어가 지원하는 버전에 맞게 적절히 해석하는 EAX 효과 객체들을 버전 별로 만들어 두어야 한다. 후자의 경우에는 라이브러리가 EAX 3.0 호출들을 적절한 버전으로 변환한다(하드웨어가 EAX를 아예 지원하지 않으면 아무 일도 하지 않는다). Creative Labs는 별다른 수고 없이 모든 버전들을 지원할 수 있다는 점에서 EAX Unified 인터페이스를 권장하지만, 결정은 물론 독자의 몫이다.

EAX Unified 인터페이스를 사용하기 위해 필요한 것은, DirectSound 인터페이스 객체를 생성하는 방식을 바꾸는 것뿐이다. DirectSound의 DirectSoundCreate 함수를 호출하는 대신 EAX의 EAXDirectSoundCreate8을 호출한다. 다음이 그러한 예로, EAX.lib을 정적으로 링크하는 경우에 해당하는 코드이다.

```
HRESULT hr;
LPDIRECTSOUND8 lpDS8 = NULL;     // DirectX 7 응용 프로그램이라면
                                 // LPDIRECTSOUND를 사용해야 한다.
// DirectX 7 응용 프로그램이라면 EAXDirectSoundCreate를 사용해야 한다.
if ( FAILED(hr = EAXDirectSoundCreate8(NULL,
        &lpDS8, NULL)) )
{
    printf("EAXDirectSoundCreate8 failed!");
    return hr;
}
```

EAX Unified 인터페이스로 DirectSound 객체를 생성한 후에는, 보통의 방법으로 생성했을 때와 정확히 같은 방식으로 DiretSound 함수들을 호출할 수 있다.

좀 더 자세한 내용은 Creative Labs 웹사이트에서 다운받을 수 있는 EAX Unified 문서화를 참고하기 바란다.

표 7.5.1은 각 EAX 버전에서 사용할 수 있는 청취자 속성 집합과 음원 속성 집합을 정리한 것이다.

표 7.5.1 각 EAX 버전의 기능 비교

청취자	EAX 1.0	EAX 2.0	EAX 3.0	음원	EAX 1.0	EAX 2.0	EAX 3.0
환경 프리셋	예	예	예	직접	아니오	예	예
음량	예	아니오	아니오	직접 HF	아니오	예	예
감소	예	아니오	아니오	방	아니오	예	예
방	아니오	예	예	방 HF	아니오	예	예
방 HF	아니오	예	예	방 롤오프 계수	아니오	예	예
방 LF	아니오	아니오	예	차단	아니오	예	예
방 롤오프 계수	아니오	예	예	차단 LF 비율	아니오	예	예
감쇠 시간	예	예	예	차폐	아니오	예	예
감쇠 HF 비율	아니오	예	예	차폐 LF 비율	아니오	예	예
감쇠 LF 비율	아니오	아니오	예	차폐 방 비율	아니오	예	예
반사	아니오	예	예	외부 음량 HF	아니오	예	예
반사 지연	아니오	예	예	공기 흡수 계수	아니오	예	예
반사 팬	아니오	아니오	예	제외	아니오	아니오	예
환경 크기	아니오	예	예	제외 LF 비율	아니오	아니오	예
환경 산란	아니오	예	예	도플러 계수	아니오	아니오	예
공기 흡수 HF	아니오	예	예	롤오프 계수	아니오	아니오	예
잔향	아니오	아니오	예	변조 시간	아니오	아니오	예
잔향 지연	아니오	아니오	예	변조 깊이	아니오	아니오	예
잔향 팬	아니오	아니오	예	HF 기준	아니오	아니오	예
메아리 시간	아니오	아니오	예	LF 기준	아니오	아니오	예
메아리 깊이	아니오	아니오	예				

HF: 고주파, LF: 저주파

재질 프리셋

"음 차단의 계산" 절에서 언급했듯이, 재질 프리셋(material preset. 독자가 만들 수도 있고 EAX가 미리 준비한 것일 수도 있다)은 차단 속성이나 차폐 속성들을 설정하는 데 도움이 된다(차단물이 음을 투과하는 물질일 경우). 다행히 Creative는 차폐와 차단 속성들에 동일한 범위를 사용하므로, 차폐와 차단에 대해 같은 재질을 사용할 수 있다.

하나의 재질 프리셋은 다음과 같은 네 가지 값들로 구성된다(두 가지는 차폐에만 쓰인다).

- Occlusion/Obstruction(**차폐/차단**): 고주파의 감쇠
- Occlusion/Obstruction LF Ratio(**차폐/차단 LF 비율**): 저주파 수준
- Occlusion Room(**차폐 방**): 방 효과 제어
- Occlusion Direct Ratio(**차폐 직접 비율**): 직접 경로 제어(보통은 1.0).

재질 프리셋은 EAX 음원 속성 집합을 통해서 적용할 수 있다. 차폐의 경우에는 DSPROPERTY_EAXBUFFER_OCCLUSIONPARAMETERS를, 차단의 경우에는 DSPROPERTY_EAXBUFFER_OBSTRUCTIONPARAMETERS를 이용해서 재질 프리셋 배열을 지정하면 된다.

EAX 3.0에는 8 개의 미리 정의된 재질 프리셋들이 있다. 각각 single window(단일 창), double window(이중 창), thin door(얇은 문), thick door(두꺼운 문), wood wall(나무 벽), brick wall(벽돌 벽), stone wall(돌 벽), curtain(커튼)이다. 독자의 게임에는 이보다 더 많은 종류의 프리셋들이 필요할 텐데, 새로운 프리셋을 직접 만들거나 이것들을 적절히 수정을 해서 만들면 될 것이다.

부록 CD-ROM에는 차단과 차폐 효과 및 여러 가지 EAX 환경들의 효과를 들려주는 간단한 환경 데모가 들어 있다.

ZoomFX

EAX와 DS3D에는 음원을 하나의 3차원 입체(부피)로 표현할 수 있는 능력이 빠져 있다 (A3D에는 그런 것이 있었다). 현재 EAX와 DS3D 모두, 음의 배치 알고리즘에서 음원을 3차원 공간의 한 점으로 표현한다. 그래서 커다란 또는 색다른 형태의 음원 방출 물체는 표현하기가 힘들다. 풀벌레라던가 자동자 경주 게임에서 하늘을 날아가는 흙덩이 같은 것은 플레이어에 비해 상당히 작으므로 점 음원으로 표현하는 게 적합하다(물론 플레이어가 작은 개미라면 귀뚜라미의 발성기관은 점이 아니라 하나의 영역이 되어야 할 것이다).

좀 더 큰 물체는 어떨까? 거리가 멀다면 음을 발생하는 물체들을 하나의 점으로 표현하는 게 현실적이다. 그러나 청취자가 물체에 가까이 다가간다면, 물체가 청취자의 시야를 가득 채우는 것과 마찬가지로, 물체가 음을 뿜어내는 영역이 청취자 머리 주변 영역의 상당 부분을 차지할 것이다. 따라서 사실적인 효과를 위해서는 여러 개의 가상의 음원들을 배치할 필요가 있다(그림 7.5.3).

3차원 플랫폼 게임의 초기 개발 단계에서 사운드 엔진을 만드는 도중에 이런 상황을 만났다고 하자. 3차원 엔진 프로그래머는 방금 물 표현 기술을 완성했으며, 그래서 아티스트는 레벨에 물을 추가할 수 있게 되었다. 그리고 오디오 프로듀서는 물 환경 효과를 집어넣고 싶어한다. 그런데, 만일 레벨 전체를 가로지르는, 길게 굽이치는 강에 대한 사실적인 음향 환경을 만들려면 수많은 음원들을 강을 따라 배치해야 한다. 그러면 음원이 너무 많아질 뿐만 아니라, 인접한 음원들이 자연스럽게 겹치게 하기 위해서는 각 음원들의 최소 거리를 정교하게 설정해야 한다. DS3D의 최소, 최대 거리는 구체(sphere) 형태로 측정되기 때문에, 강 바깥의 불필요한 부분까지 음의 영향 범위에 포함된다. 그래서 플레이어가 강에 매우 가까이 가지 않아도 강 효과음이 완전한 음량으로 들리게 된다(그림 7.5.4와 7.5.5).

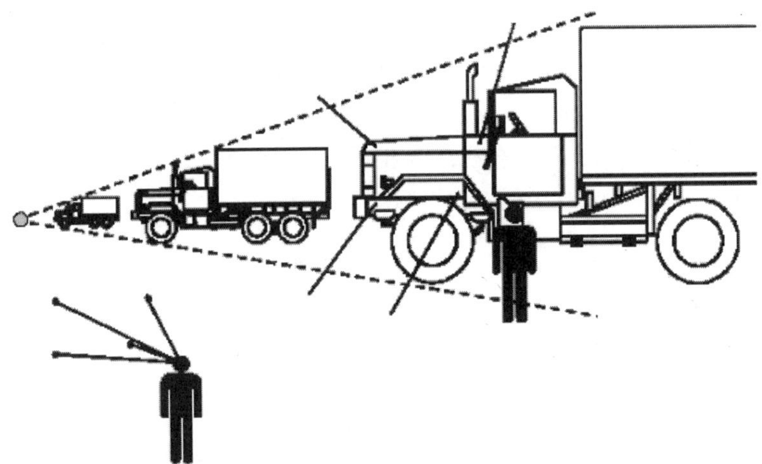

그림 7.5.3 ZoomFx 동적 역상관(decorrelation)

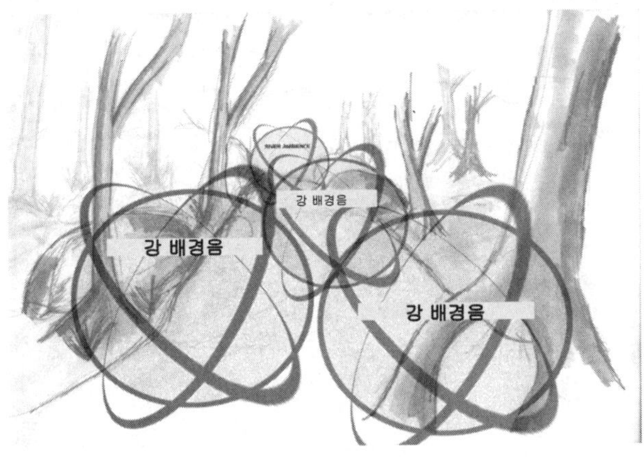

그림 7.5.4 점 음원들이 배치된 강

그림 7.5.5 ZoomFX 입체로 표현한 강

이런 문제는 Sensuara의 ZoomFX API [Zoom02]로 해결할 수 있다. ZoomFX는 하나의 개방 표준 API로, 사운드 디자이너가 발음체의 음향학적 크기를 표현할 수 있게 함으로써 점 음원의 문제를 해결한다. EAX와 마찬가지로, ZoomFX API는 DirectSound 속성 집합을 통해서 접근할 수 있다(하드웨어가 지원한다면). ZoomFX는 음원 버퍼 전용 확장으로, DS3D 청취자 인터페이스는 사용하지 않는다.

오디에 엔진에 ZoomFX를 추가하는 것은 어렵지 않다. ZoomFX 효과가 필요한 각각의 음원에 대해, 축에 정렬된 경계상자 하나, 전방 벡터 하나, 상방 벡터 하나를 저장해야 한다. 이 속성들을 Sensuara 하드웨어에 넘겨주어서 하나의 입체적인 3차원 음원을 생성한다. 일단 음원을 나타내는 경계상자를 설정하고 나면, 전방 벡터와 상방 벡터를 변경함으로써 경계상자를 임의로 회전할 수 있다.

ZoomFX의 구현은 EAX와 상당히 비슷하다. 모든 속성들은 DS3D 속성 집합들을 통해서 접근한다. 다음은 ZoomFX에 쓰이는 경계상자를 정의하는 구조체이다.

```
typedef struct
{
    D3DVECTOR vMin;
    D3DVECTOR vMax;
} ZOOMFX_BOX, *LPZOOMFX_BOX;
#define ZOOMFXBUFFER_BOX_DEFAULT \
    { {0.0f, 0.0f, 0.0f}, {0.0f, 0.0f, 0.0f} }
```

다음은 상자의 방향을 결정하는 구조체이다.

```
typedef struct
{
    D3DVECTOR vFront;
    D3DVECTOR vTop;
} ZOOMFX_ORIENTATION, *LPZOOMFX_ORIENTATION;
#define ZOOMFXBUFFER_ORIENTATION_DEFAULT \
    { {0.0f, 0.0f, 0.0f}, {0.0f, 0.0f, 0.0f} }
```

ZoomFX에 대해서는 이 정도로 마치겠다. 부록 **CD-ROM**의 예제 프로그램을 보면 ZoomFX 속성들을 얻고 설정하는 방법을 볼 수 있을 것이다. EAX와 매우 비슷하다.

결론

이 글에서는 DirectSound, EAX, ZoomFX 인터페이스를 이용해서 사실적인 환경 음향을 창출하는 방법을 살펴보았다. 이 분야에 관심이 있는 독자라면, 이 API들과 함께 사용할 잠재적 가청 집합의 생성 문제에 대해서도 많은 관심을 기울일 필요가 있을 것이다.

참고자료

〔Boer03〕 Boer, James, Game Audio Programming. Charles River Media, 2003.

〔EAX00〕 Creative.com, "EAX 2.0 Application Programming Interface," 웹 주소
    http://developer.creative.com, November 30, 2000.

〔EAX01〕 Creative.com, "EAX 3.0 Application Programming Interface," 웹 주소
    http://developer.creative.com, November 30, 2001.

〔Zoom02〕 Sibbald, Alastair, "ZoomFX for 3D-sound," 웹 주소
    http://www.sensaura.com/whitepapers/pdfs/devpc012.pdf.

7.6 게임 물리에 기반한 실시간 음 합성 제어

Frank Luchs, *Visiomedia Software Corporation*
gameprogramminggems@visiomedia.com

이 글에서는 게임 엔진의 물리 시스템과 음향 시스템을 통합하는 방법을 이야기한다. 음향을 물리와 동기화시키면 사람이 직접 수행해야 하는 지루한 음향 더빙 작업을 피할 수 있다. 그러면 공간적 환경이 애니메이션과 항상 완벽하게 동기화된다. 이 글에서는 일반화된 해법을 제시하기보다는, 가상 세계를 주행하는 차량의 사례에 초점을 두겠다.

주된 목표는, 매개변수화와 타이밍이 자동적으로 처리되는, 동적이고 진화하는 사운드들을 만들어내는 방법을 찾는 것이다. 특히, 이미 가지고 있는 장면을 활용할 수 있어야 하며, 게임 물리와 기하 환경이 음향을 상호작용적인 방식으로 주도하게 해야 한다. 그런 방법을 찾아낸다면, 복잡한 상황들에 대한 시간 가변적인 내용과 정확히 동기화되는 음들을 창출할 수 있다. 그런 음들을 다른 방식으로, 특히 정적인 오디오 표본들로 만들어내는 것은 매우 어려운 일이다.

이 글은 DirectScene 엔진을 사용한다. 이 엔진은 SphinxMM(Sphinx Modular Media) 시스템 [Luchs02]와 ODE(Open Dynamics Engine) [Smith00]을 결합한 것이다.

우선 엔진의 주된 요소들을 살펴보고, 엔진이 음을 합성하는 방법과 가청 객체 속성들의 영향을 설명하고 마지막으로는 데모 프로그램을 소개한다. 데모는 Brown의 BuggyDemo [Brown03]에서 착안한 차량 시뮬레이션으로, 이 글이 말하는 합성 모형을 사실적인 환경 안에서 구현한 사례라고 할 수 있다.

게임 엔진

DirectScene 엔진은 게임 안의 개별적인 물체들을 실체(entity)들로 표현한다. 하나의 실체는 엔진의 주 자료구조인 장면 그래프 안의 한 범용 노드이다. 실체는 구체적인 객체들의 특성들(다른 하위시스템들에 의해 정의된다)을 담은 컨테이너를 관리한다. 구체적인 객체들로는 그래픽 객체, 물리 객체, 오디오 객체가 있으며, 이들은 각각 게임의 그래픽 엔진, 물리 엔진, 오디오 엔진에 해당한다. 그림 7.6.1에 DirectScene 시스템의 고수준 개요가 나와 있다.

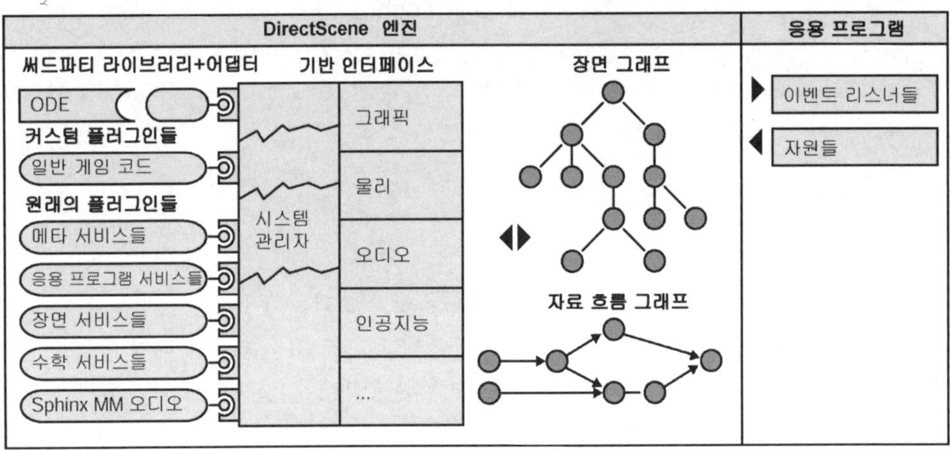

그림 7.6.1 장면 그래프, 그래픽, 물리, 오디오 렌더링 하위시스템들을 포함한 엔진 개요

예를 들어, 장면 안의 잠재적인 장애물들에는 그래픽 메시 하나, 충돌용 메시 하나, 그리고 충돌 효과음이 부여된다.

벽에 대한 그래픽 메시는 수백 개의 다각형들로 구성될 수 있으나, 오디오 시스템이 그렇게 상세한 메시를 알 필요는 없다. 이 엔진의 장면 그래프에서 하나의 객체는 여러 가지 세부 수준(LOD)의 메시들에 대한 참조들을 가진다. 대부분의 엔진들은 충돌 판정을 위해 단순화된 기하구조를 사용하는데, 그러한 저세부 물체들을 오디오에도 사용할 수 있다.

엔진은 객체 인스턴스화 시에 동적인 음원들을 생성한다. 게임 로직이 미리 정의해 둔 음원들도 있고, 하위시스템들이 생성한 사건들에 대한 반응으로 생성되는 음원들도 있다.

차량 시뮬레이션의 예를 통해서 이를 살펴보자. 게임 시작 시 배경 음악을 위한 음원을 하나 만든다. 그리고 엔진음을 만들어서 차량의 일부로 포함시킨다. 모터음의 합성을 위한 오디오 패치에는 음의 변조를 위한 입력 매개변수가 있다. 그 입력 매개변수는 물리 시스템에서 얻은 속도와 그래픽 시스템에서 얻은 위치 정보 모두에 의해 동적으로 갱신된다. 타이어가 마찰되거나 차가 다른 물체와 충돌하는 경우에는 접촉 시점에 기반해서 해당 음원을 생성, 파괴하고 관련 물체의 물리적 상태에 따라 변조 매개변수들을 설정한다.

복잡한 환경의 경우에는 동시에 여러 개의 접촉들이 생길 수 있다. 효율성을 위해서, 같은 시점에서 동시에 활성화될 수 있는 음원들의 개수를 전경(foreground) 이벤트들의 개수로 한정한다. 그리고 객체를 생성하거나 파괴할 때 과도한 자원 할당과 해제를 피하기 위해서, 이후에 쓰일 오디오 패치들을 미리 만들어 둔다.

오디오 패치

음 합성 방식은 오디오 패치가 정의한다. 오디오 패치(audio patch)는 개별 음 처리 단위들 사이의 자료 흐름을 서술하는 것으로, 음의 생성과 변조에 관련된 모든 상태를 담는다. 전형적인 오디오 패치는 하나의 생성기 다음에 하나 이상의 처리 필터들이 연결된 형태이다. 생성기(generator)는 미리 녹음된 사운드 표본들을 재생하는 모듈일 수도 있고 또는 특정한 알고리즘에 따라 합성음을 생성하는 일종의 발진기(oscillator)일 수도 있다. 오디오 패치가 서술하는 정보는 그래픽 분야에서 물체에 입혀지는 표면 특성들을 담은 텍스처, 재질 스크립트와 비슷하다. 사운드 표본들은 실세계의 요소들로, 그래픽 시스템에서 텍스처로 쓰이는 디지털화된 사진 이미지를 연상하면 될 것이다. 그리고 합성음들은 인위적인 요소로, 그래픽 시스템에서 불이나 물 효과로 쓰이는 절차적 텍스처들에 해당한다고 할 수 있다. 효율성을 위해, 여러 실체들이 동일한 오디오 패치들을 공유할 수 있게 한다.

동기화

가상 객체들의 동기화된 처리는 개별 하위시스템들이 응용 프로그램에게 이벤트 리스너를 제공함으로써 이루어진다. 동기화를 위해 하나의 타이머 기반 루프를 사용하며, 이 덕분에 구체적인 프레임률을 강제할 수 있다. 오디오 버퍼 처리는 블럭 단위로 이루어진다. 전형적인 버퍼 크기는 20 ms 단위이다(이는 지연 단위이기도 하다). 이는 전형적인 그래픽 렌더링 프레임률 50 Hz와 일치한다.

혼성 음 합성

이 엔진은 확률론적 잡음 성분과 결정론적 유사 사인 곡선 성분의 혼합 모형에 기반한 혼성 합성 방식을 사용한다. 이것은 명시적인 물리 모형화에 대한 하나의 대안으로, 다른 하위시스템들에서 비롯된 적은 수의 매개변수들을 통해서 음 합성을 좀 더 간단하게 제어할 수 있게 해준다. 그 매개변수들은 물체들의 공명 또는 상호작용 힘들에 관련된 것들이다.

이 엔진은 엄격한 물리 법칙들에 근거한 진동 해석을 수행하는 대신, 정확성과 사실감을 좀 희생하더라도 계산 효율이 높은 음 렌더링 방식에 초점을 둔다. 종종, 음향학적 측면들 중 덜 중요한 것들을 잃더라도 더 중요한 것들을 과장하는 게 더 나은 결과를 낸다.

엔진이 구현하는 합성 모형은 두 가지 뿐이지만, 두 가지라고 해도 돌, 쇠, 나무 등으로 된 일상적인 물체들의 청각적 반응을 **흉내내는** 자연스러운 충돌음들을 다양하게 얻을 수 있다. 두 모형은 서로 다른 방향으로 작동하나, 서로를 보충한다.

첫 번째 합성 모형은 프랙탈 유의 잡음 기반 음으로, 여러 개의 개별적인 음들을 겹치고 더해서 음 입자들을 생성한다. 이런 **PhISEM** 합성은 [Cook02]에 서술되어 있다. 그 책에서 이 합성 방법은 마라카스, 탬버린, 기로(guiro) 같은 높이(pitch)가 없는 타악기를 흉내내는 데 쓰였다. 무작위적인 진폭들과 위상들, 그리고 지수적인 감쇠를 가진 음들을 섞고 하나의 2극 공명 필터를 거쳐서 잡음을 만들어낸다.

이 방법은 음색(timbre)이 덜 두드러지는 나무나 플라스틱 음에 웬만큼 효과적이며, 긁히거나, 미끄러지거나, 구르는 등의 연속적인 접촉음들의 기초로 이상적이다. 그런 상황에서 이 방법은 두 공명하는 형태들 사이의 일련의 무작위적인 미세 충격들을 시뮬레이션한다.

긁히는 잡음은 차량 시뮬레이션에서 가장 자주 쓰이는 효과음이므로, 합성 알고리즘이 효율적이어야 한다. 이 다중 입자 잡음은 극도로 단순한 모형이며, 음원 당 두 번의 난수 계산, 두 번의 지수 감쇠, 그리고 한 번의 공명 필터 계산만 수행하면 된다. 이 방법은 타이어/지면 접촉에 의한 음도 흉내낼 수 있다. 여기서 어려운 부분은 지형의 질감(아스팔트, 자갈 등)에 따라 음의 단위 크기를 모형화하는 것이다. 이를 제대로 해내려면 좀 더 진보된 자동적 매개변수화가 필요한데, 그 부분은 아직 개발중이다.

두 번째 음 합성 방식은 감쇠진동(damped oscillation) 또는 모드 모형에 근거한 것이다. 진동의 모드(mode)[18]라는 것은 주어진 물체의 진동의 잠재 스펙트럼 패턴(latent spectral pattern)을 말한다. 엔진은 지수적으로 감쇠하며 약하게 결합된 사인곡선들을 몇 개 정도만 사용한다. 음을 감쇠하기 위한 파동 방정식의 감쇠 계수는 물체의 속성(질량, 크기, 재질 등)과 충격 에너지에 따라 다르며, 진동수(주파수)에 비례한다. 모드가 높을수록 감쇠 요인이 강하다. 마찰계수 역시 재질에 의존적이며, 물체의 표면에 대해서는 대체로 불변이다. 이 두 모형 매개변수들 모두 입력 힘에 대해 선형적으로 반응한다.

이 방법은 유리와 금속으로 만들어진 공명하는 물체들의 충돌에 요구되는 높이가 있는 음들에 좋다. 정수 비율로 사인들을 추가하면 어울리는 음(조화음, 배음)들이 생긴다. 비정수 비율을 사용하면 어울리지 않는 음들이 생긴다. 변조를 위한 입력 매개변수들로는 진동하는 물체의 자연 모드들에 해당하는 진동수들, 사인곡선의 초기 진폭, 그리고 시간 정의역에 대한 스펙트럼 변화를 서술하는 감쇠 계수가 있다.

---

18) 역주: 진동계의 한 상태를 뜻하는 물리 용어

두 물체가 충돌하는 경우, 오디오 시스템은 배정된 음 재질에 근거에서 다음과 같은 단계들을 수행한다.

1. 우선 프랙탈 잡음과 기본적인 음 요소로 시작한다. 이것은 거친 표면을 가진 두 물체가 서로 마찰되면서 생기는 음을 모형화하는 다중 입자 합성이다. 하나의 2극 필터의 공명을 접촉한 물체의 음량에 맞는 값으로 조정한다. 빠르게 반복되는 충격들을 흉내내기 위해, 시스템은 각각의 새 충돌에 대해 때리기(attack)[19]를 재설정하지 않는다. 이는 신디사이저의 레가토 유절 발음(regato articulation), 즉 한 음의 키를 누른 상태에서 다음 음을 눌렀을 때 음이 재발동되지 않는 것과 비슷하다.

2. 형태 공명이 일어날 정도로 충돌 에너지가 크다면 사인 곡선 기반 신호를 더한다.

3. 디지털 표본음이 배정되어 있는 경우, 잡음 엔빌로프의 정점에 맞춰서 그 표본을 발동시킨다.

가청 객체 속성들

동적인 사운드를 좀 더 직접적으로 제어하려면 장면 그래프 안의 여러 물체들의 특성들에 접근할 수 있어야 한다. 이 엔진의 경우에는 크기, 탄성, 질량, 형태 같은 물리적, 기하학적 특성들을 취하고 그 특성들을 오디오 제어기들에 배정한다. 제어기들은 값들 사이의 매핑 과정을 책임진다. 제어기들은 정규화, 비례, 한정, 총합 등 필요한 모든 계산들을 수행한다.

이 차량 시뮬레이션 게임의 음향 환경 안에 있는 물체들을 크게 두 가지로 나눌 수 있는데, 하나는 정적인 메시들이고 또 하나는 동적인 메시들이다. 정적 메시들은 지형과 움직이지 않는 물체들에 쓰이고, 동적 메시들은 애니메이션되는 물체들에 쓰인다. 대부분의 경우, 정적인 요소들에 대해서는 다중 입자 잡음으로 충분하다. 그러나 동적 메시들은 물리 시스템에 더 많은 영향을 받으며, 따라서 사실적인 시청각 효과를 위해서는 개별 음향 특성들을 시각적인 체험에 근거해서 설정할 필요가 있다.

형태의 영향

물체의 형태는 물체의 특성 진동수 스펙트럼(characteristic frequency spectrum)을 결정한다. 그럼 몇 가지 기본적인 기하 형태들을 둘러보고, 그럴듯한 음을 만들어내는 데 필요한 모드들로는 무엇이 있는지도 살펴보자.

---

19) 역주: 음 엔빌로프에 관련된 개념. 글 7.3 참고

- 단순한 현(string)은 조화 비율들만 가진다.
- 강체 막대의 모드들은 1.0, 2.765, 5.404, 8.933이다. 예를 들어 쇠막대는 희소한 비조화 스펙트럼을 가지고 울리며, 더 높은 모드들은 빠르게 감쇠한다.
- 사각형 막(membrane)은 극도로 조밀한 음 스펙트럼을 가지며, 그래서 풍부하고도 복합적인 음을 만들어낸다.
- 원형 막의 공명(고유함수)들은 베셀 함수들이다.
- 원형 판(plate)은 원형 막보다 덜 조밀한 스펙트럼을 가진다.
- 열린 또는 닫힌 관(tube)은 조화 모드들을 가진다. 한쪽이 닫힌 관은 기본음의 홀수배 배음들만 가진다.
- 상자 공명기는 조화 빗(comb)들의 중첩에 해당하는 주파수 반응을 가진다. 각 빗은 다음 공식으로 계산되는 하나의 기본 진동수를 가진다.

$$f_0, l, m, n = \frac{c}{2} \sqrt{(l/x)^2 + (m/y)^2 + (n/z)^2} \tag{7.6.1}$$

여기서 c는 음의 속력, l과 m, n은 공통분모가 없는 양의 정수들, 그리고 x, y, z는 상자의 가장자리 길이들이다.

구 공명기는 비조화 빗들의 중첩에 해당하는 주파수 반응을 가진다. 각 빗은 구면 베셀 함수(spherical Bessel funtion)의 극점들에서 최고가 된다.

$$fns = \frac{c}{2\pi r} * zns \tag{7.6.2}$$

여기서 fns는 공명 진동수이고 c는 음의 속력, 그리고 r은 구의 반지름, zns는 n 차 베셀 함수의 도함수의 s 번째 근이다.

이상의 공식들에 대한 좀 더 자세한 정보는 [Avanzini01], [O'Brien02], [Riegel00]에서 찾을 수 있다.

합성을 실시간으로 수정하는 데 도움이 되는 규칙들을 몇 가지 제시하자면;

- 생성된 음은 관련 물체의 충격 지점에 의존한다. 충돌 지점이 형태의 가장자리에 가까울수록 높은 주파수들이 상대적으로 더 강조된다. 다른 말로 하면, 중심에 가까울수록 좀 더 뭉툭한 소리가, 가장자리에 가까울수록 날카로운 소리가 난다.
- 커다란 힘들의 경우 비선형적인 효과들이 드러나게 된다.
- 개별 부분음들의 정확한 감쇠율이 공명하는 재질의 중심 음 높이보다 훨씬 더 큰 역할을 한다〔Avanzini01〕.

- 접촉이 길면, 접촉 시간 자체보다 주기가 짧은 표면 진동의 고주파 모드들이 감소한다.
- 접촉 시간 t_0 (충돌 이후 물체들이 서로 떨어져서 움직이기까지의 시간)은 초기 전이의 스펙트럼 특성을 정의하는 데 주된 역할을 차지한다. 짧은 t_0은 풍부한 스펙트럼을 가진 충격 비슷한 스펙트럼에 해당하고, 긴 t_0은 고주파 영역의 에너지가 작은, 매끄러운 전이에 해당한다.

재질의 영향

재질의 음향 속성들은 내부 마찰의 계수들을 통해서 특성화할 수 있다. 이 매개변수는 탄성의 정도에 해당하며, 진동의 감쇠 시간과 스펙트럼 성분들의 대역폭을 결정한다. 재질들을 내부 마찰을 기준으로 분류하면 두 가지로 나뉘는데, 하나는 플라스틱과 나무를 포함한 무른 재질이고, 또 하나는 유리와 금속을 포함한 딱딱한 재질이다. 플라스틱 스펙트럼에서 금속 스펙트럼으로 옮아감에 따라, 감쇠 시간은 점점 증가하며 대역폭은 점점 줄어든다 [Avanzini01]. 이는 자유 진동 형태에만 해당하는 이야기이다. 감소하는 유리 음들은 플라스틱과 비슷하다.

충격과 충돌

이 엔진은 단일 충격(impact)과 여러 개의 연속적인 접촉들 모두에 대해 동일한 합성 방법을 사용한다. 그들의 차이는 전이를 통해서 표현할 수 있기 때문이다. 튀거나, 긁히거나, 구르거나, 깨지는 등의 복합적인 음들은 단일 충격음들을 시간 규모를 다르게 해서 반복하는 식으로 흉내낼 수 있다.

대부분의 충돌들은 하나의 "스키드(skid)" 성분을 가진다. 스키드는 표면들이 충격 도중 짧은 시간동안 서로 미끄러지는 것을 말한다. 튀는 공의 경우 회전이 빠를수록 스키드도 크다. 접촉이 매우 빈번하게 일어나는 경우 음의 혼합은 잡음 부분을 증폭시킨다.

충돌음을 제대로 표현하려면, 접촉이 일어난 시점과 해소된 시점을 추적하고, 그에 따라 적절히 오디오 패치를 시작, 종료할 수 있어야 한다.

이 엔진의 물리 시스템인 ODE에서는 충돌을 처리하기 위해 `NearCallback()` 함수를 등록해야 한다. 시스템은 "접촉 관절"들의 목록을 제공하는데, 그 목록은 주어진 순간에서 충돌 상황에 있는 물체들의 쌍들을 담고 있다. 그러나 그 목록에는 그냥 서로 접촉해 있는 물체들까지 들어 있기 때문에, 충돌을 위한 단일음 발동에 사용하기에는 좀 불편하다. 그냥 서로 접촉해 있는 물체들은 대부분 소리를 내지 않으며, 따라서 그런 물체들은 제외시켜야 한다. 그렇지 않으면 서로 가만히 붙어 있는 물체들이 기관총 같은 소리를 낼 것이기 때문이다. 이를 해결하는 한 가지 방법은 현재 프레임의 충돌 목록을 이전 프레임의 충돌 목록과 비교하고, 현재 프레임에서 비로소 충돌한 물체 쌍들에 대해서만 충돌음을 발동시키는 것이다.

그냥 서로 계속 붙어 있는 물체들도 문제가 되지만, 서로 튀기면서 빈번하게 충돌하는 물체들도 문제가 된다. 그런 경우 충돌할 때마다 음을 발동시켜서는 안 된다. 특히 음의 "때리기" 페이즈가 빠른 경우, 접촉해 있는 물체 쌍의 경우와 마찬가지로 기관총 같은 잡음이 생길 수 있다. 이를 해결하고 좀 더 자연스러운 음을 만들어내는 한 가지 방법은, 접촉의 빈도에 의존해서 음의 진폭(특히 때리기 페이즈)을 제어하는 것이다. 구체적으로 말하면, 시간에 대해 충격들을 합하고, 그에 따라 이미 재생 중인 음의 음량을 점차 올린다.

데모 프로그램

*www.directscene.com*에서 여러 가지 장애물들이 있는 환경 안에서 차를 주행할 수 있는 데모 프로그램을 다운받을 수 있다. 그 데모에서, 장애물과 차가 충돌하면 적절한 충돌음이 발생한다. 차의 엔진음은 차의 속도에 따라 변한다. 그리고 타이어/지면 잡음은 지면의 재질에 따라 달라지며, 타이어가 미끄러질 때에는 그에 적합한 음이 발생한다. 컴퓨터가 하나 있는 큰 방은 차폐, 오디오 포탈, 미리 계산된 잔향 같은 개념들을 표현하기 위한 것이다.

음원

차의 속도 벡터가 주어진다면 차의 속력을 계산하는 것은 쉬운 일이다. 2차원의 경우에는 $\sqrt{v.x^2 + v.z^2}$으로 계산하면 된다. 데모는 그 속력을 음원의 높이 변조에 연결하는 단순한 모형을 사용한다. 좀 더 복잡한 모형의 경우라면 합성된 엔진음이 입력된 속력 매개변수에 따라 좀 더 복잡한 방식으로 변하게 해야 할 것이다.

바퀴 회전음

지면의 거친 정도에 따른 바퀴 회전음(바퀴가 지면 위를 구르면서 생기는 음)의 차이는 잡음 필터링만으로 표현할 수 있다. 그러나 어느 정도 규칙적인 패턴을 가진 지면의 경우에는 프랙탈 잡음을 적절히 걸러내는 것만으로는 제대로 표현할 수가 없다. 그런 지면을 위해서는 기본적인 잡음에 대해 진폭 변조를 가해야 한다.

미끄러지기

데모는 바퀴가 지면에 미끄러지면서 나는 "찍찍거리는" 음도 표현한다. 자동적인 미끄러짐 (slipping) 음을 위해, 바퀴의 현재의 각속도를 미끄러지지 않는 상황에서의 각속도와 비교한다. 미끄러짐이 전혀 없이 자유로이 회전하는 바퀴의 경우 각속도는 다음과 같이 주어진다.

$$\omega = v/2\pi r$$

여기서 r은 바퀴의 반지름, v는 경도 상의 속도이다.

두 속도의 절대 차이로 미끄러짐 음 생성 수준을 제어한다(물론 바퀴가 지면에 붙어 있는 경우에만 미끄러짐 음을 생성한다).

결론

물리적 모형들에 기반해서 사실적인 물체 효과음들을 실시간적으로 생성하는 과제는 오늘날의 게임들에서 점점 더 중요해지고 있다. DirectScene은 3차원 그래픽 API들에서 잘 알려진 패러다임들을 구현하며, 또한 알려진 기하 및 물리 정보에 기반해서 상세한 청각적 환경을 만들어내는 데 필요한 기능성도 제공한다. 음을 생성하고 동기화하는 작업을 개발자가 직접 수행하려면 복잡하고 시간도 많이 걸리지만, 물리 및 기하 속성들을 실시간으로 통지 받고 그것들을 유용한 합성 매개변수들로 연결하는 오디오 제어기들을 사용하면 그런 과정을 피할 수 있다.

오디오 패치 기반 아키텍처는 확장성이 좋기 때문에, 환경적 음향을 위한 새로운 합성 방법을 쉽게 추가할 수 있다.

참고자료

〔Avanzini01〕 Avanzini, Frederico, and Davide Rocchesso, "Controlling Material Properties in Physical Models of Sounding Objects," 웹 주소 *http://www.soundobject.org/papers/avaroc_icmc2001.pdf*, 2001.

〔Brown03〕 Brown, Si, "BuggyDemo," 웹 주소 *http://freefall.freehosting.net/downloads/buggydemo.html*, 2002.

〔Cook02〕 Cook, Perry R., *Real Sound Synthesis for Interactive Applications*, AK Peters LTD, 2002.

〔Luchs02〕 Luchs, Frank, "Real-Time Modular Audio," *Game Programming Gems 3*, Charles River Media, 2002. 번역서는 "게임을 위한 실시간 모듈식 오디오 처리," *Game Programming Gems 3*, 정보문화사, 2003.

〔O'Brien02〕 O'Brien, James F., Chen Shen, and Christine M. Gatchalian. "Synthesizing Sounds from Rigid-Body Simulations," 웹 주소 *http://citeseer. nj. nec. com/518076. html*, 2002.

〔Riegel00〕 Edward Riegelsberger, Micah Mason, and Suneil Mishra, "Advancing 3D Audio through an Acoustic Geometry Interface," 웹 주소 *http://www. gdconf. com/archives/2000/riegelsb. pdf*, 2000.

〔Smith2000〕 Smith, Russell, "Open Dynamics Engine," 웹 주소 http://*opende. sourceforge. net*, 2000.

〈F〉

〈I〉

〈N〉

〈U〉

〈V〉

〈ㅇ〉

〈ㅍ〉

〈ㅎ〉

게임 개발 관련 최신 테크닉 – 기획부터 프로그래밍까지 – 을 총망라!

최고의 전문가들에게 배우는 온라인 게임 개발 테크닉

❱ 업계 최고의 온라인 게임 개발자들에 의해 쓰여진 포괄적이며, 통찰력 있는 글들을 모아 그동안 온라인 게임을 개발하면서 얻은 귀중한 지식들을 전해준다. 데이터베이스 기술과 게임 시스템에 대한 상세한 내용도 포함되어 있다.

토르 알렉산더 외 저 | 게임 개발자 모임 '한쿨임' 역 | 593쪽 | 25,000원

게임 디자인 이론과 실제

❱ 게임 디자인의 배경에 있는 이론들을 배우고, 디자이너가 좋은 게임을 만들기 위해 노력해야 하는 부분을 알아본다. 이 책은 게임 아이디어의 브레인 스토밍에서부터 포커스의 제작, 스토리 전달 방식의 결정, 게임 플레이가 동작하도록 만드는 과정, 디자인의 문서화, 플레이 테스팅 등의 모든 과정을 다루고 있다.

Richard Rouse Ⅲ 저 | 최현호 역 | 611쪽 | 25,000원

게임 개발 프로젝트를 성공으로 이끄는 게임 기획 & 디자인

Francois Dominic Laramee 저 | 염태선 역 | 532쪽 | 23,000원

3D 게임 프로그래밍 & 컴퓨터 그래픽을 위한 수학 제2탄

Eric Lengyel 저 | 류광 역 | 637쪽 | 23,000원

로우 폴리곤 테크닉을 활용한 게임 모델링

Chad Walker · Eric Walker 공저 | 최광일 역 | 349쪽 | 15,000원

게임 프로그래머에게 배우는 게임 개발 테크닉

문기영 외 9인 공저 | 365쪽 | 16,000원

레벨 디자인, 지형 그리고 사운드

가이 W. 렉키 톰슨 저 | 장원석 외 공역 | 410쪽 | 18,000원

게임 속 무한 우주 : 게임 개발 수학적 테크닉

Guy W. Lecky Thompson 저 | 장원석 역 | 320쪽 | 13,000원

온라인 게임 기획 & 인터랙티비티

마커스 프라이들 저 | 염태선 역 | 447쪽 | 18,000원

네트워크 가상 환경 : 디자인 & 테크닉

Sandeep Singhal · Michael Zyda 공저 | 신동원 역 | 342쪽 | 15,000원

게임 개발 관련 최신 테크닉 – 기획부터 프로그래밍까지 – 을 총망라!

Real-Time Rendering 2판

❱ 실사에 가까운 3D 이미지의 렌더링 구현을 위한 그래픽 프로그래밍 분야 세계적인 명서인 이 책은 업계 최신 기술들을 깊이있게 소개하고 있습니다.

Tomas Akenine-Moller 외 공저 | 신병석 외 공역 | 800쪽 | 35,000원

Microsoft DirectX 9 Programmable Graphics Pipeline

❱ Microsoft DirectX 팀(또한 첨단 기술의 비디오 카드 제조업자들로부터의 통찰) 개발들에 의해 수백 시간에 걸쳐 정제된 단계적인 학습과 예제를 통해, 프로그램 가능한 파이프라인을 탐험할 수 잇도록 구성된 실전(hands-on) 안내서이다. 이 책을 통해 어셈블리 언어와 고수준 쉐이더 언어(HLSL)로 쉐이더를 작성하는 방법을 배울 수 있다.

Kris Gray 저 | 차승주 역 | 526쪽 | 22,000원

게임 프로그래머를 위한 자료구조와 알고리즘

Ron Penton 저 | 류광 역 | 1,002쪽 | 38,000원

Cg 배우는 셰이더 프로그래밍

Randima Fernando · Mark J. Kilgard 공저 | 김규열 역 | 350쪽 | 18,000원

DirectX 실시간 렌더링 실전 테크닉

켈리 뎀스키 저 | 최광일 역 | 897쪽 | 32,000원

Direct3D ShaderX
정점 & 픽셀 셰이더 팁과 트릭

Wolfgang F. Engel 저 | 류광 · 최지호 공역 | 681쪽 | 28,000원

초보자를 위한 게임 프로그래밍

Bruno Miguel Teixeira de Sousa 저 | 여인춘 역 | 320쪽 | 13,000원

게임 프로그래머를 위한 C++

Noel Llopis 저 | 최현호 역 | 500쪽 | 18,000원 |

DirectX
비주얼 베이직 게임 프로그래밍

Jonathan S. Harbour 저 | 예승철 역 | 1142쪽 | 38,000원

3D 캐릭터 애니메이션 프로그래밍

David Paull 저 | 최지호 · 조종근 공역 | 316쪽 | 15,000원